# Elogios para Arquitetura de Computadores: uma Abordagem Quantitativa, 6ª Edição

"Embora os conceitos importantes da arquitetura de computadores sejam os mesmos, esta edição foi completamente atualizada com os desenvolvimentos tecnológicos mais recentes, custos, exemplos e referências. Acompanhando o desenvolvimento recente em arquitetura de fonte aberto, a arquitetura do conjunto de instruções usada no livro foi atualizada para usar o ISA RISC-V."

— da introdução de Norman P. Jouppi, Google

"*Arquitetura de Computadores: uma Abordagem Quantitativa* é um clássico que, como um bom vinho, fica cada vez melhor. Eu comprei meu primeiro exemplar quando estava terminando a graduação e ele continua sendo um dos volumes que eu consulto com mais frequência."

— James Hamilton, Amazon Web Services

"Hennessy e Patterson escreveram a primeira edição deste livro quando os estudantes de pós-graduação construíam computadores com 50.000 transistores. Hoje computadores em escala warehouse contêm esse mesmo número de servidores, cada qual consistindo de dúzias de processadores independentes e bilhões de transistores. A evolução da arquitetura de computadores tem sido rápida e incansável, mas *Arquitetura de Computadores: uma Abordagem Quantitativa* acompanhou o processo com cada edição explicando e analisando com precisão as importantes novas ideias que tornam esse campo tão excitante."

— James Larus, Microsoft Research

"Outra atualização oportuna e relevante para um clássico, mais uma vez servindo como janela para a implacável e excitante evolução da arquitetura dos computadores! As novas discussões nesta edição, sobre a redução da lei de Moore e as implicações para os sistemas futuros são leituras essenciais para arquitetos e profissionais de computador trabalhando com sistemas em geral."

— Parthasarathy (Partha) Ranganathan, Google

"Eu amo os livros de 'Abordagem Quantitativa' porque são escritos por engenheiros e para engenheiros. John Hennessy e Dave Patterson mostram os limites impostos pela matemática e as possibilidades permitidas pela ciência dos materiais. Eles conseguem ensinar, através de exemplos do mundo real, como os arquitetos analisam, medem e se comprometem a montar sistemas funcionais. Esta sexta edição chega em um momento crítico: a Lei de Moore está desaparecendo, assim como o aprendizado profundo exige ciclos de computação sem precedentes. O novo capítulo sobre arquiteturas específicas do domínio documenta uma série de abordagens promissoras e profetiza um renascimento na arquitetura de computadores. Como os estudiosos do Renascimento Europeu, os arquitetos de computação precisam compreender nossa própria história e depois combinar as lições dessa história com novas técnicas para refazer o mundo."

—Cliff Young, Google

# Arquitetura de Computadores

## Uma abordagem quantitativa

*Tradução da 6ª Edição*

Do original *Computer Architecture, Sixth Edition*

Tradução autorizada do idioma inglês da edição publicada por Morgan Kaufmann, an imprint of Elsevier, Inc.

Copyright © 2019, by Elsevier Inc. All rights reserved.

© 2019, Elsevier Editora Ltda.

Todos os direitos reservados e protegidos pela Lei 9.610 de 19/02/1998.

Nenhuma parte deste livro, sem autorização prévia por escrito da editora, poderá ser reproduzida ou transmitida sejam quais forem os meios empregados: eletrônicos, mecânicos, fotográficos, gravação ou quaisquer outros.

ISBN Original: 978-0-12-811905-1

ISBN: 978-85-352-9174-2

ISBN (versão digital): 978-85-352-9175-9

**Copidesque:** Silvia Lima
**Revisão Tipográfica:** Tathyana Viana
**Editoração Eletrônica:** Thomson Digital

Elsevier Editora Ltda.
**Conhecimento sem Fronteiras**

Rua da Assembléia, nº 100 – 6º andar
20011-904 – Centro – Rio de Janeiro – RJ

Av. Dr. Chucri Zaidan, nº 296 – 23º andar
04583-110 – Brooklin – São Paulo – SP – Brasil

Serviço de Atendimento ao Cliente
0800 026 53 40
atendimento1@elsevier.com

Consulte nosso catálogo completo, os últimos lançamentos e os serviços exclusivos no site www.elsevier.com.br

---

**NOTA**

Muito zelo e técnica foram empregados na edição desta obra. No entanto, podem ocorrer erros de digitação, impressão ou dúvida conceitual. Em qualquer das hipóteses, solicitamos a comunicação ao nosso serviço de Atendimento ao Cliente para que possamos esclarecer ou encaminhar a questão.

Para todos os efeitos legais, a Editora, os autores, os editores ou colaboradores relacionados a esta tradução não assumem responsabilidade por qualquer dano/ou prejuízo causado a pessoas ou propriedades envolvendo responsabilidade pelo produto, negligência ou outros, ou advindos de qualquer uso ou aplicação de quaisquer métodos, produtos, instruções ou ideias contidos no conteúdo aqui publicado.

A Editora

---

**CIP-BRASIL. CATALOGAÇÃO NA PUBLICAÇÃO**
**SINDICATO NACIONAL DOS EDITORES DE LIVROS, RJ**

H443a
6. ed.

Hennessy, John L.
    Arquitetura de computadores : uma abordagem quantitativa / John L. Hennessy, David A. Patterson ; tradução Daniel Vieira. - 6. ed. - Rio de Janeiro : Elsevier, 2019.

    Tradução de: Computer architecture, sixth edition
    Apêndice
    Inclui bibliografia e índice
    ISBN 978-85-352-9174-2

    1. Arquitetura de computadores. I. Patterson, David A. II. Vieira, Daniel. III. Título.

19-56013                         CDD: 004.22
                                   CDU: 004.2

Leandra Felix da Cruz - Bibliotecária - CRB-7/6135
21/03/2019    22/03/2019

# Arquitetura de Computadores:

## Uma Abordagem Quantitativa

*Tradução da 6ª Edição*

**John L. Hennessy**
*Universidade de Stanford*

**David A. Patterson**
*Universidade da Califórnia, Berkeley*

# Os Colaboradores

**Krste Asanovic**
*Universidade da Califórnia, Berkeley*

**Jason D. Bakos**
*Universidade da Carolina do Sul*

**Robert P. Colwell**
*R&E Colwell & Assoc. Inc.*

**Abhishek Bhattacharjee**
*Rutgers University*

**Thomas M. Conte**
*Georgia Tech*

**José Duato**
*Proemisa*

**Diana Franklin**
*Universidade de Chicago*

**David Goldberg**
*eBay*

**Norman P. Jouppi**
*Google*

**Sheng Li**
*Intel Labs*

**Naveen Muralimanohar**
*HP Labs*

**Gregory D. Peterson**
*Universidade do Tennessee*

**Timothy M. Pinkston**
*Universidade do Sul da Califórnia*

**Parthasarathy Ranganathan**
*Google*

**David A. Wood**
*Universidade do Wisconsin–Madison*

**Cliff Young**
*Google*

**Amr Zaky**
*Universidade de Santa Clara*

*Para Andrea, Linda, e nossos quatro filhos*

**John L. Hennessy** é Professor de Engenharia Elétrica e Ciência da Computação da Universidade de Stanford, onde é membro do corpo docente desde 1977 e, de 2000 a 2016, seu décimo presidente. Atualmente, trabalha como diretor do Knight-Hennessy Fellowship, que oferece bolsas de pós-graduação aos futuros líderes em potencial. Hennessy é membro do IEEE e ACM, membro da Academia Nacional de Engenharia e da Sociedade Americana de Filosofia e membro da Academia Americana de Artes e Ciências. Entre seus muitos prêmios estão o Prêmio Eckert-Mauchly de 2001, por suas contribuições para a tecnologia RISC, o Prêmio Seymour Cray de Engenharia da Computação de 2001 e o Prêmio John von Neumann de 2000, que ele dividiu com David Patterson. Ele também recebeu dez doutorados honorários.

Em 1981, ele iniciou o Projeto MIPS, em Stanford, com um grupo de estudantes de pós-graduação. Depois de completar o projeto em 1984, tirou licença da universidade para cofundar a MIPS Computer Systems (hoje MIPS Technologies), que desenvolveu um dos primeiros microprocessadores RISC comerciais. Em 2017, mais de 5 bilhões de microprocessadores MIPS foram vendidos em dispositivos, variando de videogames e computadores palmtop a impressoras laser e switches de rede. Em seguida, Hennessy liderou o projeto DASH (Director Architeture for Shared Memory – Arquitetura Diretora para Memória Compartilhada), que criou o protótipo do primeiro multiprocessador com cache coerente escalável. Muitas das ideias-chave desse projeto foram adotadas em multiprocessadores modernos. Além de suas atividades técnicas e responsabilidades na universidade, ele continuou a trabalhar com diversas empresas startup como conselheiro nos estágios iniciais e como investidor.

**David A. Patterson** tornou-se Engenheiro Notável na Google em 2016, depois de 40 anos atuando como professor na Universidade da Califórnia, em Berkeley, desde que se juntou ao corpo docente em 1977, imediatamente após formar-se pela UCLA. Ele ainda passa um dia por semana em Berkeley, como Professor Emérito de Ciência da Computação. Sua docência foi honrada com o Prêmio de Ensino Notável da Universidade da Califórnia, o Prêmio Karlstrom da ACM, a Medalha Mulligan de Educação e o Prêmio de Ensino Universitário do IEEE. Patterson recebeu o Prêmio de Realização Técnica do IEEE e o Prêmio Eckert-Mauchly por contribuições para o RISC e dividiu o Prêmio Johnson de Armazenamento de Informações por contribuições para o RAID. Ele também dividiu a Medalha John von Neumann do IEEE e o Prêmio C&C com John Hennessy. Como seu coautor, Patterson é membro da Academia Americana de Artes e Ciências, do Museu da História dos Computadores, ACM e IEEE, e foi eleito para a Academia Nacional de Engenharia, Academia Nacional de Ciências e para o Hall da Fama da Engenharia do Vale do Silício. Ele atuou no Comitê Consultivo de Tecnologia da Informação do presidente dos Estados Unidos, como presidente da divisão de CS no departamento EECS em Berkeley, como presidente da Associação de Pesquisa em Computação e como Presidente da ACM. Este histórico levou a prêmios de Serviço Destacado da ACM, CRA e SIGARCH. Atualmente, é vice-presidente do Conselho de Diretores da Fundação RISC-V.

Em Berkeley, Patterson liderou o projeto e a implementação do RISC I, provavelmente o primeiro computador com conjunto reduzido de instruções VLSI, e a fundação da arquitetura comercial SPARC. Ele foi líder do projeto Arrays Redundantes de Discos Baratos (Redundant Array of Inexpensive Disks – RAID), que levou a sistemas de armazenamento confiáveis para muitas empresas. Ele também se envolveu no projeto Rede de Workstations (Network of Workstations – NOW), que levou à tecnologia de clusters usada pelas empresas de Internet e, mais tarde, à computação em nuvem. Seus interesses atuais estão no projeto de arquiteturas específicas do domínio para aprendizado de máquina, na divulgação da arquitetura do conjunto de instruções aberto RISC-V e na ajuda ao UC Berkeley RISELab (Real-time Intelligent Secure Execution).

# Agradecimentos

Embora este livro ainda esteja na sexta edição, criamos dez versões diferentes do conteúdo: três versões da primeira edição (alfa, beta e final) e duas versões da segunda, da terceira e da quarta edições (beta e final). Nesse percurso, recebemos a ajuda de centenas de revisores e usuários. Cada um deles ajudou a tornar este livro melhor. Por isso, decidimos fazer uma lista de todas as pessoas que colaboraram em alguma versão deste livro.

## COLABORADORES DA SEXTA EDIÇÃO

Assim como nas edições anteriores, este é um esforço comunitário que envolve diversos voluntários. Sem a ajuda deles, esta edição não estaria tão bem acabada.

### Revisores

Jason D. Bakos, Universidade do Sul da Carolina; Rajeev Balasubramonian, University of Utah; Jose Delgado-Frias, Washington State University; Diana Franklin, The University of Chicago; Norman P. Jouppi, Google; Hugh C. Lauer, Worcester Polytechnic Institute; Gregory Peterson, University of Tennessee; Bill Pierce, Hood College; Parthasarathy Ranganathan, Google; William H. Robinson, Vanderbilt University; Pat Stakem, Johns Hopkins University; Cliff Young, Google; Amr Zaky, University of Santa Clara; Gerald Zarnett, Ryerson University; Huiyang Zhou, North Carolina State University.

Membros do Laboratório Par e Laboratório RAD da University of California–Berkeley, que fizeram frequentes revisões dos Capítulos 1, 4 e 6, moldando a explicação sobre GPUs e WSCs: Krste Asanovic, Michael Armbrust, Scott Beamer, Sarah Bird, Bryan Catanzaro, Jike Chong, Henry Cook, Derrick Coetzee, Randy Katz, Yunsup Lee, Leo Meyervich, Mark Murphy, Zhangxi Tan, Vasily Volkov e Andrew Waterman.

### Painel consultivo

Luiz André Barroso, Google Inc.; Robert P. Colwell, R&E Colwell & Assoc. Inc.; Krisztian Flautner, VP de R&D na ARM Ltd.; Mary Jane Irwin, Penn State; David Kirk, NVIDIA; Grant Martin, cientista-chefe, Tensilica; Gurindar Sohi, University of Wisconsin–Madison; Mateo Valero, Universidad Politécnica de Cataluña.

### Apêndices

Krste Asanovic, University of California, Berkeley (Apêndice G); Abhishek Bhattacharjee, Rutgers University (Apêndice L); Thomas M. Conte, North Carolina State University (Apêndice E); Jose Duato, Universitat Politècnica de València and Simula (Apêndice F); David Goldberg, Xerox PARC (Apêndice J); Timothy M. Pinkston, University of Southern California (Apêndice F).

José Flich, da Universidad Politécnica de Valencia, deu contribuições significativas para a atualização do Apêndice F.

### Estudos de caso e exercícios
Jason D. Bakos, University of South Carolina (Capítulos 3 e 4); Rajeev Balasubramonian, University of Utah (Capítulo 2); Diana Franklin, The University of Chicago (Capítulo 1 e Apêndice C); Norman P. Jouppi, Google, (Capítulo 2); Naveen Muralimanohar, HP Labs (Capítulo 2); Gregory Peterson, University of Tennessee (Apêndice A); Parthasarathy Ranganathan, Google (Capítulo 6); Cliff Young, Google (Capítulo 7); Amr Zaky, University of Santa Clara (Capítulo 5 e Apêndice B).

Jichuan Chang, Junwhan Ahn, Rama Govindaraju e Milad Hashemi auxiliaram no desenvolvimento de testes dos estudos de caso e exercícios do Capítulo 6.

### Material adicional
John Nickolls, Steve Keckler e Michael Toksvig da NVIDIA (Capítulo 4, NVIDIA GPUs); Victor Lee, Intel (Capítulo 4, comparação do Core i7 e GPU); John Shalf, LBNL (Capítulo 4, arquiteturas recentes de vetor); Sam Williams, LBNL (modelo *roofline* para computadores no Capítulo 4); Steve Blackburn, da Australian National University, e Kathryn McKinley, da University of Texas, em Austin (Desempenho e medições de energia da Intel, no Capítulo 5); Luiz Barroso, Urs Hölzle, Jimmy Clidaris, Bob Felderman e Chris Johnson do Google (Google WSC, no Capítulo 6); James Hamilton, da Amazon Web Services (Distribuição de energia e modelo de custos, no Capítulo 6).

Jason D. Bakos. da University of South Carolina, desenvolveu os novos *slides* de aula para esta edição.

Este livro não poderia ter sido publicado sem uma editora, é claro. Queremos agradecer a toda a equipe da Morgan Kaufmann/Elsevier por seus esforços e suporte. Pelo trabalho nesta edição, particularmente, queremos agradecer aos nossos editores Nate McFadden e Steve Merken, que coordenaram o painel consultivo, o desenvolvimento dos estudos de caso e exercícios, as revisões dos manuscritos e a atualização dos apêndices.

Também temos de agradecer à nossa equipe na universidade, Margaret Rowland e Roxana Infante, pelas inúmeras correspondências enviadas e por "segurar as pontas" em Stanford e Berkeley enquanto trabalhávamos no livro.

Nosso agradecimento final vai para nossas esposas, pelo sofrimento causado pelas leituras, trocas de ideias e escrita realizadas cada vez mais cedo todos os dias.

## COLABORADORES DAS EDIÇÕES ANTERIORES

### Revisores
George Adams, Purdue University; Sarita Adve, University of Illinois at UrbanaChampaign; Jim Archibald, Brigham Young University; Krste Asanovic, Massachusetts Institute of Technology; Jean-Loup Baer, University of Washington; Paul Barr, Northeastern University; Rajendra V. Boppana, University of Texas, San Antonio; Mark Brehob, University of Michigan; Doug Burger, University of Texas, Austin; John Burger, SGI; Michael Butler; Thomas Casavant; Rohit Chandra; Peter Chen, University of Michigan; as turmas de SUNY Stony Brook, Carnegie Mellon, Stanford, Clemson e Wisconsin; Tim Coe, Vitesse Semiconductor; Robert P. Colwell; David Cummings; Bill Dally; David Douglas; Jose Duato, Universitat Politècnica de València e Simula; Anthony Duben, Southeast Missouri State University; Susan Eggers, University of Washington; Joel Emer; Barry Fagin, Dartmouth;

Joel Ferguson, University of California, Santa Cruz; Carl Feynman; David Filo; Josh Fisher, Hewlett-Packard Laboratories; Rob Fowler, DIKU; Mark Franklin, Washington University (St. Louis); Kourosh Gharachorloo; Nikolas Gloy, Harvard University; David Goldberg, Xerox Palo Alto Research Center; Antonio González, Intel e Universitat Politècnica de Catalunya; James Goodman, University of Wisconsin-Madison; Sudhanva Gurumurthi, University of Virginia; David Harris, Harvey Mudd College; John Heinlein; Mark Heinrich, Stanford; Daniel Helman, University of California, Santa Cruz; Mark D. Hill, University of Wisconsin-Madison; Martin Hopkins, IBM; Jerry Huck, Hewlett-Packard Laboratories; Wen-mei Hwu, University of Illinois at UrbanaChampaign; Mary Jane Irwin, Pennsylvania State University; Truman Joe; Norm Jouppi; David Kaeli, Northeastern University; Roger Kieckhafer, University of Nebraska; Lev G. Kirischian, Ryerson University; Earl Killian; Allan Knies, Purdue University; Don Knuth; Jeff Kuskin, Stanford; James R. Larus, Microsoft Research; Corinna Lee, University of Toronto; Hank Levy; Kai Li, Princeton University; Lori Liebrock, University of Alaska, Fairbanks; Mikko Lipasti, University of Wisconsin-Madison; Gyula A. Mago, University of North Carolina, Chapel Hill; Bryan Martin; Norman Matloff; David Meyer; William Michalson, Worcester Polytechnic Institute; James Mooney; Trevor Mudge, University of Michigan; Ramadass Nagarajan, University of Texas at Austin; David Nagle, Carnegie Mellon University; Todd Narter; Victor Nelson; Vojin Oklobdzija, University of California, Berkeley; Kunle Olukotun, Stanford University; Bob Owens, Pennsylvania State University; Greg Papadapoulous, Sun Microsystems; Joseph Pfeiffer; Keshav Pingali, Cornell University; Timothy M. Pinkston, University of Southern California; Bruno Preiss, University of Waterloo; Steven Przybylski; Jim Quinlan; Andras Radics; Kishore Ramachandran, Georgia Institute of Technology; Joseph Rameh, University of Texas, Austin; Anthony Reeves, Cornell University; Richard Reid, Michigan State University; Steve Reinhardt, University of Michigan; David Rennels, University of California, Los Angeles; Arnold L. Rosenberg, University of Massachusetts, Amherst; Kaushik Roy, Purdue University; Emilio Salgueiro, Unysis; Karthikeyan Sankaralingam, University of Texas at Austin; Peter Schnorf; Margo Seltzer; Behrooz Shirazi, Southern Methodist University; Daniel Siewiorek, Carnegie Mellon University; J. P. Singh, Princeton; Ashok Singhal; Jim Smith, University of Wisconsin-Madison; Mike Smith, Harvard University; Mark Smotherman, Clemson University; Gurindar Sohi, University of Wisconsin-Madison; Arun Somani, University of Washington; Gene Tagliarin, Clemson University; Shyamkumar Thoziyoor, University of Notre Dame; Evan Tick, University of Oregon; Akhilesh Tyagi, University of North Carolina, Chapel Hill; Dan Upton, University of Virginia; Mateo Valero, Universidad Politecnica de Cataluña, Barcelona; Anujan Varma, University of California, Santa Cruz; Thorsten von Eicken, Cornell University; Hank Walker, Texas A&M; Roy Want, Xerox Palo Alto Research Center; David Weaver, Sun Microsystems; Shlomo Weiss, Tel Aviv University; David Wells; Mike Westall, Clemson University; Maurice Wilkes; Eric Williams; Thomas Willis, Purdue University; Malcolm Wing; Larry Wittie, SUNY Stony Brook; Ellen Witte Zegura, Georgia Institute of Technology; Sotirios G. Ziavras, New Jersey Institute of Technology.

## Apêndices

O apêndice sobre vetores foi revisado por Krste Asanovic, do Massachusetts Institute of Technology. O apêndice sobre ponto flutuante foi escrito originalmente por David Goldberg, da Xerox PARC.

## Exercícios

George Adams, Purdue University; Todd M. Bezenek, University of Wisconsin–Madison (em memória de sua avó, Ethel Eshom); Susan Eggers; Anoop Gupta; David Hayes; Mark Hill; Allan Knies; Ethan L. Miller, University of California, Santa Cruz; Parthasarathy

Ranganathan, Compaq Western Research Laboratory; Brandon Schwartz, University of Wisconsin-Madison; Michael Scott; Dan Siewiorek; Mike Smith; Mark Smotherman; Evan Tick; Thomas Willis

## Estudos de caso e exercícios

Andrea C. Arpaci-Dusseau, University of Wisconsin-Madison; Remzi H. ArpaciDusseau, University of Wisconsin-Madison; Robert P. Colwell, R&E Colwell & Assoc., Inc.; Diana Franklin, California Polytechnic State University, San Luis Obispo; Wen-mei W. Hwu, University of Illinois em Urbana-Champaign; Norman P. Jouppi, HP Labs; John W. Sias, University of Illinois em Urbana-Champaign; David A. Wood, University of Wisconsin-Madison.

## Agradecimentos especiais

Duane Adams, Defense Advanced Research Projects Agency; Tom Adams; Sarita Adve, University of Illinois em Urbana-Champaign; Anant Agarwal; Dave Albonesi, University of Rochester; Mitch Alsup; Howard Alt; Dave Anderson; Peter Ashenden; David Bailey; Bill Bandy, Defense Advanced Research Projects Agency; Luiz Barroso, Compaq's Western Research Lab; Andy Bechtolsheim; *C. Gordon* Bell; Fred Berkowitz; John Best, IBM; Dileep Bhandarkar; Jeff Bier, BDTI; Mark Birman; David Black; David Boggs; Jim Brady; Forrest Brewer; Aaron Brown, University of California, Berkeley; E. Bugnion, Compaq's Western Research Lab; Alper Buyuktosunoglu, University of Rochester; Mark Callaghan; Jason F. Cantin; Paul Carrick; Chen-Chung Chang; Lei Chen, University of Rochester; Pete Chen; Nhan Chu; Doug Clark, Princeton University; Bob Cmelik; John Crawford; Zarka Cvetanovic; Mike Dahlin, University of Texas, Austin; Merrick Darley; the staff of the DEC Western Research Laboratory; John DeRosa; Lloyd Dickman; J. Ding; Susan Eggers, University of Washington; Wael El-Essawy, University of Rochester; Patty Enriquez, Mills; Milos Ercegovac; Robert Garner; K. Gharachorloo, Compaq's Western Research Lab; Garth Gibson; Ronald Greenberg; Ben Hao; John Henning, Compaq; Mark Hill, University of WisconsinMadison; Danny Hillis; David Hodges; Urs Hölzle, Google; David Hough; Ed Hudson; Chris Hughes, University of Illinois em Urbana-Champaign; Mark Johnson; Lewis Jordan; Norm Jouppi; William Kahan; Randy Katz; Ed Kelly; Richard Kessler; Les Kohn; John Kowaleski, Compaq Computer Corp; Dan Lambright; Gary Lauterbach, Sun Microsystems; Corinna Lee; Ruby Lee; Don Lewine; Chao-Huang Lin; Paul Losleben, Defense Advanced Research Projects Agency; Yung-Hsiang Lu; Bob Lucas, Defense Advanced Research Projects Agency; Ken Lutz; Alan Mainwaring, Intel Berkeley Research Labs; Al Marston; Rich Martin, Rutgers; John Mashey; Luke McDowell; Sebastian Mirolo, Trimedia Corporation; Ravi Murthy; Biswadeep Nag; Lisa Noordergraaf, Sun Microsystems; Bob Parker, Defense Advanced Research Projects Agency; Vern Paxson, Center for Internet Research; Lawrence Prince; Steven Przybylski; Mark Pullen, Defense Advanced Research Projects Agency; Chris Rowen; Margaret Rowland; Greg Semeraro, University of Rochester; Bill Shannon; Behrooz Shirazi; Robert Shomler; Jim Slager; Mark Smotherman, Clemson University; the SMT research group at the University of Washington; Steve Squires, Defense Advanced Research Projects Agency; Ajay Sreekanth; Darren Staples; Charles Stapper; Jorge Stolfi; Peter Stoll; os estudantes de Stanford e de Berkeley que deram suporte às nossas primeiras tentativas de escrever este livro; Bob Supnik; Steve Swanson; Paul Taysom; Shreekant Thakkar; Alexander Thomasian, New Jersey Institute of Technology; John Toole, Defense Advanced Research Projects Agency; Kees A. Vissers, Trimedia Corporation; Willa Walker; David Weaver; Ric Wheeler, EMC; Maurice Wilkes; Richard Zimmerman.

*John Hennessy & David Patterson*

# Apresentação

## por Norman P. Jouppi, Google

Grande parte da melhoria no desempenho do computador nos últimos 40 anos foi proveniente dos avanços da arquitetura de computadores que alavancaram a Lei de Moore e a escalada de Dennard para construir sistemas maiores e mais paralelos. A Lei de Moore compreende a observação de que o número máximo de transistores em um circuito integrado dobra aproximadamente a cada dois anos. A escalada de Dennard refere-se à redução da tensão de alimentação da MOS em conjunto com a escalada de tamanhos de recursos, de modo que, à medida que os transistores ficam menores, sua densidade de potência permanece mais ou menos constante. Com o fim da escalada de Dennard há uma década e a recente desaceleração da Lei de Moore devido a uma combinação de limitações físicas e fatores econômicos, a sexta edição deste livro de destaque para o nosso campo não poderia ser mais oportuna. Aqui estão algumas razões.

Primeiro, como as arquiteturas específicas de domínio podem fornecer desempenho equivalente e benefícios de energia de três ou mais gerações históricas da Lei de Moore e da escalada de Dennard, elas agora podem fornecer implementações melhores do que nunca com a escalada futura das arquiteturas de uso geral. E com o espaço de aplicações diversificado dos computadores de hoje, há muitas áreas em potencial para inovação arquitetônica, com as arquiteturas específicas do domínio. Em segundo lugar, implementações de alta qualidade de arquiteturas de código aberto agora têm uma vida útil muito maior devido à desaceleração da Lei de Moore. Isso lhes dá mais oportunidades para otimização e refinamento contínuos e, portanto, as torna mais atraentes. Terceiro, com a desaceleração da Lei de Moore, diferentes componentes de tecnologia foram escalonados de forma heterogênea. Além disso, novas tecnologias, como o empilhamento 2.5D, novas memórias não voláteis e interconexões ópticas foram desenvolvidas para fornecer mais do que a Lei de Moore pode fornecer sozinha. Para usar essas novas tecnologias e dimensionamento não homogêneo de forma eficaz, as decisões fundamentais de projeto precisam ser reexaminadas a partir dos primeiros princípios. Por isso, é importante que os estudantes, professores e profissionais da indústria sejam qualificados em uma ampla gama de técnicas arquitetônicas antigas e novas. Dito isto, acredito que este é o momento mais emocionante na arquitetura de computadores desde a exploração industrial do paralelismo em nível de instrução dos microprocessadores, 25 anos atrás.

A maior mudança nesta edição é a adição de um novo capítulo sobre arquiteturas de domínios específicos. Sabe-se há muito tempo que as arquiteturas personalizadas específicas do domínio podem ter maior desempenho, menor consumo de energia e exigem menos área de silício do que as implementações com processadores de uso geral. No entanto, quando os processadores de uso geral aumentavam em desempenho de única thread em 40% ao ano (veja a Figura 1.11), o tempo extra para o mercado necessário para desenvolver uma arquitetura personalizada ao invés de usar um microprocessador padrão de ponta poderia fazer com que a arquitetura personalizada perdesse grande parte de sua vantagem. Em contraste, hoje o desempenho de um único núcleo está melhorando muito lentamente, o que significa que os benefícios das arquiteturas personalizadas não se tornarão obsoletos pelos processadores de uso geral por um longo tempo, ou nunca. O Capítulo 7 abrange várias arquiteturas específicas do domínio. As redes neurais profundas têm requisitos de computação muito altos, mas requisitos de precisão de dados mais baixos — essa combinação pode se beneficiar significativamente de arquiteturas personalizadas. Duas arquiteturas e implementações de exemplo para redes neurais profundas são apresentadas: uma otimizada para inferência e uma segunda otimizada para treinamento. O processamento de imagens é outro domínio de exemplo; ele também possui altas demandas de computação e se beneficia com tipos de dados de menor precisão. Além disso, uma vez que é frequentemente encontrado em dispositivos móveis, a economia de energia das arquiteturas personalizadas também é muito valiosa. Finalmente, pela natureza de sua facilidade de reprogramação, os aceleradores baseados em FPGA podem ser usados para implementar diversas arquiteturas específicas de domínio em um único dispositivo. Eles também podem beneficiar aplicações mais irregulares que são atualizadas com frequência, como a aceleração da busca pela Internet.

Embora os conceitos mais importantes da arquitetura sejam atemporais, esta edição foi completamente atualizada com os mais recentes desenvolvimentos tecnológicos, custos, exemplos e referências. Acompanhando os desenvolvimentos recentes na arquitetura de código aberto, a arquitetura do conjunto de instruções usada no livro foi atualizada para usar o ISA RISC-V.

Como uma nota pessoal, depois de desfrutar do privilégio de trabalhar com John ainda sendo um estudante de pós-graduação, agora estou aproveitando o privilégio de trabalhar com Dave na Google. Que dupla incrível!

# Prefácio

## Por que escrevemos este livro?

Ao longo das seis edições deste livro, nosso objetivo tem sido descrever os princípios básicos por detrás dos desenvolvimentos tecnológicos futuros. Nosso entusiasmo com relação às oportunidades em arquitetura de computadores não diminuiu, e repetimos o que dissemos sobre essa área na primeira edição: "Essa não é uma ciência melancólica de máquinas de papel que nunca funcionarão. Não! É uma disciplina de interesse intelectual incisivo, que exige o equilíbrio entre as forças do mercado e o custo-desempenho-potência, levando a gloriosos fracassos e a alguns sucessos notáveis".

O principal objetivo da escrita de nosso primeiro livro era mudar o modo como as pessoas aprendiam e pensavam a respeito da arquitetura de computadores. Acreditamos que esse objetivo ainda é válido e importante. Esse campo está mudando diariamente e precisa ser estudado com exemplos e medidas reais sobre computadores reais, e não simplesmente como uma coleção de definições e projetos que nunca precisarão ser compreendidos. Damos boas-vindas entusiasmadas a todos os que nos acompanharam no passado e também àqueles que estão se juntando a nós agora. De qualquer forma, prometemos o mesmo enfoque quantitativo e a mesma análise de sistemas reais.

Assim como nas versões anteriores, nos esforçamos para elaborar uma nova edição que continuasse a ser relevante tanto para os engenheiros e arquitetos profissionais quanto para aqueles envolvidos em cursos avançados de arquitetura e projetos de computador. Como na primeira edição, esta possui um foco marcante em novas plataformas — dispositivos móveis pessoais e computadores em escala warehouse — e novas arquiteturas — especificamente, arquiteturas específicas do domínio. Assim como os livros anteriores, esta edição visa desmistificar a arquitetura de computadores com ênfase nas escolhas de custo-benefício-potência e no bom projeto de engenharia. Acreditamos que o campo tenha continuado a amadurecer, seguindo para o alicerce quantitativo rigoroso das disciplinas científicas e de engenharia bem estabelecidas.

## Esta edição

A desaceleração da Lei de Moore e da escalada de Dennard está tendo um efeito profundo sobre a arquitetura de computadores, assim como a mudança para o multicore. Mantivemos o foco nos extremos em tamanho da computação, com dispositivos móveis pessoais (PMDs), como telefones celulares e tablets como clientes e computadores em escala warehouse oferecendo computação em nuvem como servidores. Também mantivemos o outro tema de paralelismo em todas as suas formas: *paralelismo em nível de dados (DLP)* nos Capítulos 1 e 4, *paralelismo em nível de instrução (ILP)* no Capítulo 3, *paralelismo em nível de thread* no Capítulo 5 e *paralelismo em nível de requisição (RLP)* no Capítulo 6.

A principal mudança nesta edição é a passagem de MIPS para o conjunto de instruções RISC-V. Acreditamos que esse conjunto de instruções moderno, modular e aberto possa se tornar uma força significativa no setor de tecnologia da informação. Ele pode se tornar tão importante na arquitetura de computadores quanto o Linux é para os sistemas operacionais.

O Capítulo 7 é novo nesta edição, apresentando as arquiteturas específicas do domínio, com vários exemplos concretos retirados da indústria.

Como nas edições anteriores, os primeiros três apêndices do livro fornecem o conteúdo básico sobre o conjunto de instruções (mas agora, RISC-V), hierarquia de memória e pipelining aos leitores que não leram livros como *Organização e projeto de computadores*. Para manter os custos baixos e ainda assim fornecer material complementar que seja do interesse de alguns leitores, disponibilizamos mais dez apêndices on-line exclusivamente em inglês na página https://www.elsevier.com/books-and-journals/book-companion/9780128119051. Há mais páginas nesses apêndices do que neste livro!

Esta edição dá continuidade à tradição de usar exemplos reais para demonstrar as ideias, e as seções "Juntando tudo" são novas – as desta edição incluem as organizações de pipeline e hierarquia de memória do processador ARM Cortex A8, o processador Intel Core i7, as GPUs NVIDIA GTX-280 e GTX-480, além de um dos computadores em escala warehouse da Google.

## Seleção e organização de tópicos

Como nas edições anteriores, usamos uma técnica conservadora para selecionar os tópicos, pois existem muito mais ideias interessantes em campo do que poderia ser abordado de modo razoável em um tratamento de princípios básicos. Nós nos afastamos de um estudo abrangente de cada arquitetura, com que o leitor poderia se deparar por aí. Nossa apresentação enfoca os principais conceitos que podem ser encontrados em qualquer máquina nova. O critério principal continua sendo o da seleção de ideias que foram examinadas e utilizadas com sucesso suficiente para permitir sua discussão em termos quantitativos.

Nossa intenção sempre foi enfocar o material que não estava disponível em formato equivalente em outras fontes, por isso continuamos a enfatizar o conteúdo avançado sempre que possível. Na realidade, neste livro existem vários sistemas cujas descrições não podem ser encontradas na literatura. (Os leitores interessados estritamente em uma introdução mais básica à arquitetura de computadores deverão ler *Organização e projeto de computadores: a interface hardware/software.*)

## Visão geral do conteúdo

O Capítulo 1 inclui fórmulas para energia, potência estática, potência dinâmica, custos de circuito integrado, confiabilidade e disponibilidade. (Essas fórmulas também são encontradas no verso da capa da frente deste livro.) Esperamos que esses tópicos possam ser usados ao longo do livro. Além dos princípios quantitativos clássicos do projeto de computadores e medição de desempenho, ele mostra a redução da melhoria de desempenho dos microprocessadores de uso geral, que é uma inspiração para as arquiteturas específicas do domínio.

Nossa visão é de que hoje a arquitetura do conjunto de instruções está desempenhando um papel inferior ao de 1990, de modo que passamos esse material para o Apêndice A. Ele agora usa a arquitetura RISC-V (para uma rápida revisão, um breve resumo do ISA RISC-V pode ser encontrado no verso da contracapa). Para os fãs de ISAs, o Apêndice K desta edição foi revisado e aborda 8 arquiteturas RISC (5 para uso de desktop e servidor e 3 para uso embutido), o 80x86, o VAX da DEC e o 360/370 da IBM.

Então, prosseguimos com a hierarquia de memória no Capítulo 2, uma vez que é fácil aplicar os princípios de custo-desempenho-energia a esse material e que a memória é um recurso essencial para os demais capítulos. Como na edição anterior, Apêndice B contém uma revisão introdutória dos princípios de cache, que está disponível caso você precise dela. O Capítulo 2 discute 10 otimizações avançadas dos caches. O capítulo inclui máquinas virtuais, que oferecem vantagens em proteção, gerenciamento de software e gerenciamento de hardware, e tem um papel importante na computação na nuvem. Além de abranger as tecnologias SRAM e DRAM, o capítulo inclui material novo sobre a memória Flash e o uso do empacotamento do die empilhado para estender a hierarquia de memória. Os exemplos PIAT são o ARM Cortex A8, que é usado em PMDs, e o Intel Core i7, usado em servidores.

O Capítulo 3 aborda a exploração do paralelismo em nível de instrução nos processadores de alto desempenho, incluindo execução superescalar, previsão de desvio (incluindo os novos previsores híbridos etiquetados), especulação, escalonamento dinâmico e multithreading simultâneo. Como já mencionamos, o Apêndice C é uma revisão do pipelining, caso você precise dele. O Capítulo 3 também examina os limites do ILP. Assim como no Capítulo 2, os exemplos PIAT são o ARM Cortex A8 e o Intel Core i7. Como a terceira edição continha muito material sobre o Itanium e o VLIW, esse conteúdo foi deslocado para o Apêndice H, indicando nossa opinião de que essa arquitetura não sobreviveu às primeiras pretensões.

A crescente importância das aplicações multimídia, como jogos e processamento de vídeo, também aumentou a relevância das arquiteturas que podem explorar o paralelismo em nível de dados. Particularmente, há um crescente interesse na computação usando unidades de processamento gráfico (Graphical Processing Units – GPUs). Ainda assim, poucos arquitetos entendem como as GPUs realmente funcionam. Decidimos escrever um novo capítulo em grande parte para desvendar esse novo estilo de arquitetura de computadores. O Capítulo 4 começa com uma introdução às arquiteturas de vetor, que serve de base para a construção de explicações sobre extensões de conjunto de instrução SIMD e GPUS (o Apêndice G traz mais detalhes sobre as arquiteturas de vetor). Esse capítulo apresenta o modelo *roofline* de desempenho, usando-o para comparar o Intel Core i7 e as GPUs NVIDIA GTX 280 e GTX 480. O capítulo também descreve a GPU Tegra 2 para PMDs.

O Capítulo 5 descreve os processadores multicore. Ele explora as arquiteturas de memória simétricas e distribuídas, examinando os princípios organizacionais e o desempenho. Os principais acréscimos neste capítulo incluem mais comparação das organizações multicore, incluindo a organização de caches multicore em multinível, esquemas de coerência multicore e interconexões multicore no chip. Os tópicos de sincronismo e modelos de consistência de memória vêm em seguida. O exemplo é o Intel Core i7. Os leitores interessados em se aprofundar no tópico de redes de interconexão deverão ler o Apêndice F, e aqueles interessados em multiprocessadores em maior escala e aplicações científicas deverão ler o Apêndice I.

O Capítulo 6 descreve os computadores em escala de warehouse (Warehouse-Scale Computers – WSCs). Com base na ajuda de engenheiros da Amazon Web Services e Google, esse capítulo integra detalhes sobre projeto, custo e desempenho dos WSCs que poucos arquitetos conhecem. Ele começa com o popular modelo de programação MapReduce antes de descrever a arquitetura e implementação física dos WSCs, incluindo o custo. Os custos nos permitem explicar o surgimento da computação em nuvem, porque pode ser mais barato usar WSCs na nuvem do que em seu datacenter local. O exemplo PIAT é uma descrição de um WSC da Google que inclui informações publicadas pela primeira vez neste livro.

O novo Capítulo 7 motiva a necessidade das arquiteturas específicas do domínio (Domain-Specific Architectures — DSAs). Ele traça princípios de orientação para DSAs com base nos quatro exemplos de DSAs. Cada DSA corresponde a chips que foram implementados em ambientes comerciais. Explicamos também por que podemos esperar um renascimento na arquitetura de computadores via DSAs, dado que o desempenho de única thread dos microprocessadores de uso geral ficou estagnado.

Isso nos leva aos Apêndices A a M. O Apêndice A aborda os princípios de ISAs, incluindo RISC-V, e o Apêndice K descreve as versões de 64 bits do RISC-V, ARM, MIPS, Power e SPARC, além de suas extensões de multimídia. Ele inclui também algumas arquiteturas clássicas (80x86, VAX e IBM 360/370) e conjuntos de instruções embutidas populares (Thumb-2, microMIPS e RISC V C). O Apêndice H está relacionado a esses conteúdos, pois aborda arquiteturas e compiladores para ISAs VLIW.

Como já dissemos, os Apêndices B e C são tutoriais sobre conceitos básicos de pipelining e caching. Os leitores relativamente iniciantes em caching deverão ler o Apêndice B antes do Capítulo 2, e os novos em pipelining deverão ler o Apêndice C antes do Capítulo 3.

O Apêndice D, "Sistemas de Armazenamento", traz uma discussão maior sobre confiabilidade e disponibilidade, um tutorial sobre RAID com uma descrição dos esquemas RAID 6, e estatísticas de falha de sistemas reais raramente encontradas. Ele prossegue oferecendo uma introdução à teoria das filas e benchmarks de desempenho de E/S. Nós avaliamos o custo, o desempenho e a confiabilidade de um cluster real: o Internet Archive. O exemplo "Juntando tudo" é o arquivador NetApp FAS6000.

O Apêndice E, elaborado por Thomas M. Conte, consolida o material embutido em um só lugar.

O Apêndice F, sobre redes de interconexão, foi revisado por Timothy M. Pinkston e José Duato. O Apêndice G, escrito originalmente por Krste Asanovic, inclui uma descrição dos processadores vetoriais. Esses dois apêndices são parte do melhor material que conhecemos sobre cada tópico.

O Apêndice H descreve VLIW e EPIC, a arquitetura do Itanium.

O Apêndice I descreve as aplicações de processamento paralelo e protocolos de coerência para o multiprocessamento de memória compartilhada em grande escala. O Apêndice J, de David Goldberg, descreve a aritmética de computador.

O Apêndice L, por Abhishek Bhattacharjee, é novo e discute técnicas avançadas para gerenciamento de memória, focalizando o suporte para máquinas virtuais e projeto de tradução de endereço para espaços de endereço muito grandes. Com o crescimento nos processadores em nuvem, essas melhorias arquitetônicas estão se tornando cada vez mais importantes.

O Apêndice M agrupa as "Perspectivas históricas e referências" de cada capítulo em um único apêndice. Ele tenta dar o crédito apropriado às ideias presentes em cada capítulo e o contexto histórico de cada invenção. Gostamos de pensar nisso como a apresentação do drama humano do projeto de computador. Ele também dá referências que o aluno de arquitetura pode querer pesquisar. Se você tiver tempo, recomendamos a leitura de alguns dos trabalhos clássicos dessa área, que são mencionados nessas seções. É agradável e educativo ouvir as ideias diretamente de seus criadores. "Perspectivas históricas" foi uma das seções mais populares das edições anteriores.

## Navegando pelo texto

Não existe uma ordem melhor para estudar os capítulos e os apêndices, mas todos os leitores deverão começar pelo Capítulo 1. Se você não quiser ler tudo, aqui estão algumas sequências sugeridas:

- *Hierarquia de memória*: Apêndice B, Capítulo 2 e Apêndices D e M.
- *Paralelismo em nível de instrução*: Apêndice C, Capítulo 3 e Apêndice H.

- *Paralelismo em nível de dados*: Capítulos 4, 6 e 7 e Apêndice G.
- *Paralelismo em nível de* thread: Capítulo 5, Apêndices F e I.
- *Paralelismo em nível de requisição*: Capítulo 6.
- *ISA*: Apêndices A e K.

O Apêndice E pode ser lido a qualquer momento, mas pode ser mais bem aproveitado se for lido após as sequências de ISA e cache. O Apêndice J pode ser lido sempre que a aritmética atraí-lo. Você deve ler a parte correspondente ao Apêndice M depois de finalizar cada capítulo.

## Estrutura dos capítulos

O material que selecionamos foi organizado em uma estrutura coerente, seguida em todos os capítulos. Começamos explorando as ideias de um capítulo. Essas ideias são seguidas pela seção "Questões cruzadas", que mostra como as ideias abordadas em um capítulo interagem com as dadas em outros capítulos. Isso é seguido pela "Juntando tudo", que une essas ideias, mostrando como elas são usadas em uma máquina real.

Na sequência vem a seção "Falácias e armadilhas", que permite aos leitores aprender com os erros de outros. Mostramos exemplos de enganos comuns e armadilhas arquitetônicas que são difíceis de evitar, mesmo quando você sabe que estão à sua espera. "Falácias e armadilhas" é uma das seções mais populares do livro. Cada capítulo termina com uma seção de "Comentários finais".

## Estudos de caso com exercícios

Cada capítulo termina com estudos de caso e exercícios que os acompanham. Criados por especialistas do setor e acadêmicos, os estudos de caso exploram os principais conceitos do capítulo e verificam o conhecimento dos leitores por meio de exercícios cada vez mais desafiadores. Provavelmente, os instrutores vão achar os estudos de caso detalhados e robustos o bastante para permitir que os leitores criem seus próprios exercícios adicionais.

A numeração de cada exercício (<capítulo.seção > ) indica a seção de maior relevância para completá-lo. Esperamos que isso ajude os leitores a evitarem exercícios relacionados a alguma seção que ainda não tenham lido, além de fornecer a eles um trecho para revisão. Os exercícios possuem uma classificação para dar aos leitores uma ideia do tempo necessário para concluí-los:

[10] Menos de 5 minutos (para ler e entender).

[15] 5-15 minutos para dar uma resposta completa.

[20] 15-20 minutos para dar uma resposta completa.

[25] 1 hora para dar uma resposta completa por escrito.

[30] Pequeno projeto de programação: menos de 1 dia inteiro de programação.

[40] Projeto de programação significativo: 2 semanas para completar.

[Discussão] Tópico para discussão com outros.

## Material complementar

Uma variedade de recursos está disponível on-line, exclusivamente em inglês, no site: https://www.elsevier.com/books-and-journals/book-companion/9780128119051, incluindo:

- Apêndices de referência — alguns com autoria de especialistas sobre o assunto, convidados — abordando diversos tópicos avançados.
- Material de perspectivas históricas que explora o desenvolvimento das principais ideias apresentadas em cada um dos capítulos do texto.
- Slides para o instrutor em PowerPoint.
- Figuras do livro nos formatos PDF, EPS e PPT.
- Links para material relacionado na Web.
- Lista de erratas.

Novos materiais e links para outros recursos disponíveis na Web serão adicionados regularmente.

## Ajude a melhorar este livro

Finalmente, é possível ganhar dinheiro lendo este livro (Isso é que é custo-desempenho!). Se você ler os "Agradecimentos", a seguir, verá que nos esforçamos muito para corrigir os erros. Como um livro passa por muitas reimpressões, temos a oportunidade de fazer várias correções. Por isso, se você descobrir qualquer bug extra, entre em contato com a editora norte-americana pelo e-mail <ca6bugs@mkp.com>.

Se quiser fazer comentários gerais sobre o texto, convidamos para que os envie para um endereço de e-mail diferente, em ca6comments@mkp.com.

## Comentários finais

Mais uma vez, este livro é resultado de uma verdadeira coautoria: cada um de nós escreveu metade dos capítulos e uma parte igual dos apêndices. Não podemos imaginar quanto tempo teria sido gasto sem alguém fazendo metade do trabalho, servindo de inspiração quando a tarefa parecia sem solução, proporcionando um insight-chave para explicar um conceito difícil, fazendo críticas aos capítulos nos fins de semana e se compadecendo quando o peso de nossas outras obrigações tornava difícil continuar escrevendo.

Assim, mais uma vez, compartilhamos igualmente a responsabilidade pelo que você está para ler.

*John Hennessy & David Patterson*

# Sumário

INTRODUÇÃO ............................................................................ ix
PREFÁCIO ................................................................................ xv
AGRADECIMENTOS ................................................................ xxi

**Capítulo 1**    Fundamentos do projeto e análise quantitativos ............................ 1
 1.1 Introdução ............................................................................... 1
 1.2 Classes de computadores ........................................................ 6
 1.3 Definição da arquitetura do computador ................................ 11
 1.4 Tendências na tecnologia ....................................................... 17
 1.5 Tendências na alimentação dos circuitos integrados ............ 22
 1.6 Tendências no custo ............................................................... 27
 1.7 Confiabilidade ........................................................................ 33
 1.8 Medição, relatório e resumo do desempenho ....................... 35
 1.9 Princípios quantitativos do projeto de computadores ........... 43
 1.10 Juntando tudo: desempenho, preço e alimentação .............. 50
 1.11 Falácias e armadilhas ............................................................ 52
 1.12 Comentários finais ................................................................. 58
 1.13 Perspectivas históricas e referências ..................................... 60
   Estudos de caso e exercícios por Diana Franklin ................... 60

**Capítulo 2**    Projeto de hierarquia de memória ............................................. 69
 2.1 Introdução ............................................................................. 69
 2.2 Tecnologia de memória e otimizações ................................... 75
 2.3 Dez otimizações avançadas de desempenho de cache .......... 85
 2.4 Memória virtual e máquinas virtuais ................................... 105
 2.5 Questões cruzadas: o projeto de hierarquias de memória ........... 113
 2.6 Juntando tudo: hierarquias de memória no ARM Cortex-A53
   e Intel Core i7 6700 ............................................................. 116
 2.7 Falácias e armadilhas .......................................................... 128
 2.8 Comentários finais: olhando para o futuro ........................... 131
 2.9 Perspectivas históricas e referências ................................... 133
   Estudos de caso com exercícios por Norman P. Jouppi, Rajeev
   Balasubramonian, Naveen Muralimanohar e Sheng Li ........... 133

**Capítulo 3**    Paralelismo em nível de instrução e sua exploração ................. 149
 3.1 Paralelismo em nível de instrução: conceitos e desafios ........... 150
 3.2 Técnicas básicas de compilador para expor o ILP ........... 157
 3.3 Redução de custos com previsão de desvio avançada ........... 162
 3.4 Contornando hazards de dados com o escalonamento
   dinâmico ............................................................................... 171
 3.5 Escalonamento dinâmico: exemplos e algoritmo ........... 179
 3.6 Especulação baseada em hardware ...................................... 185

| | | |
|---|---|---|
| 3.7 | Explorando o ILP com múltiplo despacho e escalonamento estático | 194 |
| 3.8 | Explorando o ILP com escalonamento dinâmico, múltiplo despacho e especulação | 198 |
| 3.9 | Técnicas avançadas para o despacho de instruções e especulação | 202 |
| 3.10 | Questões cruzadas | 213 |
| 3.11 | Multithreading: explorando o paralelismo em nível de thread para melhorar o throughput do uniprocessador | 215 |
| 3.12 | Juntando tudo: o Intel Core i7 6700 e o ARM Cortex-A53 | 221 |
| 3.13 | Falácias e armadilhas | 228 |
| 3.14 | Comentários finais: o que temos à frente? | 234 |
| 3.15 | Perspectivas históricas e referências | 236 |
| | Estudos de caso e exercícios por Jason D. Bakos e Robert P. Colwell | 236 |

**Capítulo 4** — Paralelismo em nível de dados em arquiteturas vetoriais, SIMD e GPU ......249

| | | |
|---|---|---|
| 4.1 | Introdução | 249 |
| 4.2 | Arquitetura vetorial | 250 |
| 4.3 | Extensões de conjunto de instruções simd para multimídia | 269 |
| 4.4 | Unidades de processamento gráfico | 275 |
| 4.5 | Detectando e melhorando o paralelismo em nível de loop | 298 |
| 4.6 | Questões cruzadas | 306 |
| 4.7 | Juntando tudo: GPUs embarcadas *versus* GPUs de servidor e Tesla *versus* Core i7 | 307 |
| 4.8 | Falácias e armadilhas | 314 |
| 4.9 | Considerações finais | 316 |
| 4.10 | Perspectivas históricas e referências | 316 |
| | Estudo de caso e exercícios por Jason D. Bakos | 317 |

**Capítulo 5** — Paralelismo em nível de thread ......325

| | | |
|---|---|---|
| 5.1 | Introdução | 326 |
| 5.2 | Arquiteturas de memória compartilhada centralizada | 333 |
| 5.3 | Desempenho de multiprocessadores simétricos de memória compartilhada | 348 |
| 5.4 | Memória distribuída compartilhada e coerência baseada em diretório | 358 |
| 5.5 | Sincronismo: Fundamentos | 365 |
| 5.6 | Modelos de consistência de memória: Uma introdução | 370 |
| 5.7 | Questões cruzadas | 374 |
| 5.8 | Juntando tudo: Processadores multicore e seu desempenho | 377 |
| 5.9 | Falácias e armadilhas | 388 |
| 5.10 | O futuro da escalada do multicore | 392 |
| 5.11 | Comentários finais | 394 |
| 5.12 | Perspectivas históricas e referências | 395 |
| | Estudos de caso com exercícios por Amr Zaky e David A. Wood | 395 |

**Capítulo 6** — Computadores em escala warehouse para explorar paralelismo em nível de requisição e em nível de dados ......411

| | | |
|---|---|---|
| 6.1 | Introdução | 411 |
| 6.2 | Modelos de programação e cargas de trabalho para computadores em escala warehouse | 417 |
| 6.3 | Arquitetura de computadores em escala warehouse | 421 |

| | | |
|---|---|---|
| 6.4 | Eficiência e custos dos computadores em escala warehouse | 426 |
| 6.5 | Computação em nuvem: o retorno da computação de utilidade | 433 |
| 6.6 | Questões cruzadas | 443 |
| 6.7 | Juntando tudo: o computador em escala Warehouse da Google | 445 |
| 6.8 | Falácias e armadilhas | 455 |
| 6.9 | Comentários finais | 458 |
| 6.10 | Perspectivas históricas e referências | 459 |
| | Estudos de caso e exercícios por Parthasarathy Ranganathan | 459 |

**Capítulo 7** Arquiteturas específicas do domínio .............477

| | | |
|---|---|---|
| 7.1 | Introdução | 477 |
| 7.2 | Diretrizes para DSAs | 480 |
| 7.3 | Domínio de exemplo: redes neurais profundas | 483 |
| 7.4 | Unidade de processamento de tensor da Google, um acelerador de inferência do datacenter | 492 |
| 7.5 | Microsoft Catapult, um acelerador flexível do datacenter | 501 |
| 7.6 | Intel Crest, um acelerador do datacenter para treinamento | 511 |
| 7.7 | Pixel Visual Core, uma unidade de processamento de imagens para dispositivo móvel pessoal | 512 |
| 7.8 | Questões cruzadas | 523 |
| 7.9 | Juntando tudo: CPUs *versus* GPUs *versus* aceleradores dnn | 525 |
| 7.10 | Falácias e armadilhas | 531 |
| 7.11 | Comentários finais | 533 |
| 7.12 | Perspectivas históricas e referências | 535 |
| | Estudos de caso e exercícios por Cliff Young | 535 |

**Apêndice A** Princípios e exemplos de conjuntos de instruções .............A-1

| | | |
|---|---|---|
| A.1 | Introdução | A-1 |
| A.2 | Classificando as arquiteturas de conjunto de instruções | A-3 |
| A.3 | Endereçamento de memória | A-6 |
| A.4 | Tipo e tamanho dos operandos | A-12 |
| A.5 | Operações no conjunto de instruções | A-13 |
| A.6 | Instruções para fluxo de controle | A-15 |
| A.7 | Codificação de um conjunto de instruções | A-19 |
| A.8 | Questões gerais: o papel dos compiladores | A-22 |
| A.9 | Juntando tudo: a arquitetura RISC-V | A-29 |
| A.10 | Falácias e armadilhas | A-36 |
| A.11 | Comentários finais | A-41 |
| A.12 | Perspectiva histórica e referências | A-42 |
| | Exercícios por Gregory D. Peterson | A-42 |

**Apêndice B** Revisão da hierarquia da memória .............B-1

| | | |
|---|---|---|
| B.1 | Introdução | B-1 |
| B.2 | Desempenho de cache | B-13 |
| B.3 | Seis otimizações de cache básicas | B-19 |
| B.4 | Memória virtual | B-35 |
| B.5 | Proteção e exemplos de memória virtual | B-43 |
| B.6 | Falácias e armadilhas | B-50 |
| B.7 | Comentários finais | B-52 |
| B.8 | Perspectivas históricas e referências | B-52 |
| | Exercícios por Amr Zaky | B-52 |

**Apêndice C** Pipelining: conceitos básicos e intermediários ..........................C-1

    C.1  Introdução .................................................................C-1

    C.2  O principal obstáculo do pipelining — hazards do pipeline ...........C-9

    C.3  Como o pipelining é implementado? .............................................C-22

    C.4  O que torna o pipelining difícil de implementar? ........................C-32

    C.5  Estendendo o pipeline de inteiros do RISC-V para lidar com operações multiciclos .....................................................C-39

    C.6  Juntando tudo: o pipeline mips R4000 ..................................C-48

    C.7  Questões cruzadas .................................................................C-55

    C.8  Falácias e armadilhas..............................................................C-60

    C.9  Comentários finais..................................................................C-60

    C.10  Perspectivas históricas e referências.....................................C-61

          Exercícios atualizados por Diana Franklin.................................C-61

REFERÊNCIAS..............................................................................................R-1

ÍNDICE........................................................................................................I-1

ENCARTE.....................................................................................................E-1

> CAPÍTULO 1

# Fundamentos do projeto e análise quantitativos

Um iPod, um telefone, um comunicador móvel pela Internet... estes NÃO são três dispositivos separados! E o estamos chamando de iPhone! Hoje, a Apple irá reinventar o telefone. E aqui está ele.

**Steve Jobs, 9 de janeiro de 2007**

Novas tecnologias de informação e comunicações, particularmente, a Internet de alta velocidade, estão mudando a forma como as empresas fazem negócios, transformando a entrega pública de serviços e democratizando a inovação. Com 10 por cento de aumento nas conexões de alta velocidade com a Internet, o crescimento econômico aumenta em 1,3 por cento.

**Banco Mundial, 28 de julho de 2009**

1.1 Introdução ............................................................................................1

1.2 Classes de computadores .....................................................................6

1.3 Definição da arquitetura do computador ...........................................11

1.4 Tendências na tecnologia ...................................................................17

1.5 Tendências na alimentação dos circuitos integrados ........................22

1.6 Tendências no custo ...........................................................................27

1.7 Confiabilidade ...................................................................................33

1.8 Medição, relatório e resumo do desempenho ....................................35

1.9 Princípios quantitativos do projeto de computadores .......................43

1.10 Juntando tudo: desempenho, preço e alimentação ..........................50

1.11 Falácias e armadilhas .......................................................................52

1.12 Comentários finais ...........................................................................58

1.13 Perspectivas históricas e referências ...............................................60

Estudos de caso e exercícios por Diana Franklin ....................................60

## 1.1 INTRODUÇÃO

A tecnologia de computação teve um progresso incrível no decorrer dos últimos 70 anos, desde que foi criado o primeiro computador eletrônico de uso geral. Hoje, por menos de US$500 se compra um telefone celular com tanto desempenho quanto o do computador mais rápido do mundo comprado em 1993 por US$50 milhões. Essa melhoria rápida vem tanto dos avanços na tecnologia usada para montar computadores quanto da inovação no projeto de computadores.

# CAPÍTULO 1: Fundamentos do projeto e análise quantitativos

Embora as melhorias tecnológicas historicamente tenham sido bastante estáveis, o progresso advindo de arquiteturas de computador aperfeiçoadas tem sido muito menos consistente. Durante os primeiros 25 anos de existência dos computadores eletrônicos, ambas as forças tiveram uma importante contribuição, promovendo a melhoria de desempenho de cerca de 25% por ano. O final da década de 1970 viu o surgimento do microprocessador. A capacidade do microprocessador de acompanhar as melhorias na tecnologia de circuito integrado levou a uma taxa de melhoria mais alta — aproximadamente 35% de crescimento por ano, em desempenho.

Essa taxa de crescimento, combinada com as vantagens do custo de um microprocessador produzido em massa, fez com que uma fração cada vez maior do setor de computação fosse baseada nos microprocessadores. Além disso, duas mudanças significativas no mercado de computadores facilitaram, mais do que em qualquer outra época, o sucesso comercial com uma nova arquitetura: primeiro, a eliminação virtual da programação em linguagem Assembly reduziu a necessidade de compatibilidade de código-objeto. Segundo, a criação de sistemas operacionais padronizados, independentes do fornecedor, como UNIX e seu clone, o Linux, reduziu o custo e o risco de surgimento de uma nova arquitetura.

Essas mudanças tornaram possível o desenvolvimento bem-sucedido de um novo conjunto de arquiteturas com instruções mais simples, chamadas arquiteturas RISC (Reduced Instruction Set Computer — computador de conjunto de instruções reduzido), no início da década de 1980. As máquinas baseadas em RISC chamaram a atenção dos projetistas para duas técnicas críticas para o desempenho: a exploração do *paralelismo em nível de instrução* (inicialmente por meio do pipelining e depois pela emissão de múltiplas instruções) e o uso de caches (inicialmente em formas simples e depois usando organizações e otimizações mais sofisticadas).

Os computadores baseados em RISC maximizaram o padrão de desempenho, forçando as arquiteturas anteriores a acompanhar esse padrão ou a desaparecer. O Vax da Digital Equipment não fez isso e, por essa razão, foi substituído por uma arquitetura RISC. A Intel acompanhou o desafio, principalmente traduzindo instruções 80x86 para instruções tipo RISC, internamente, permitindo a adoção de muitas das inovações pioneiras nos projetos RISC. À medida que a quantidade de transistores aumentava no final dos anos 1990, o overhead do hardware para traduzir a arquitetura x86 mais complexa tornava-se insignificante. Em aplicações específicas, como telefones celulares, o custo com relação à potência e à área de silício relativo ao overhead da tradução do x86 ajudou uma arquitetura RISC, a ARM, a se tornar dominante.

A Figura 1.1 mostra que a combinação de melhorias na organização e na arquitetura dos computadores fez com que o crescimento do desempenho fosse constante durante 17 anos, a uma taxa anual de mais de 50% — ritmo sem precedentes no setor de computação.

Quatro foram os impactos dessa notável taxa de crescimento no século XX. Primeiro, ela melhorou consideravelmente a capacidade disponível aos usuários de computador. Para muitas aplicações, os microprocessadores de desempenho mais alto de hoje ultrapassam o supercomputador de menos de 20 anos atrás.

Em segundo lugar, essa melhoria drástica em custo/desempenho levou a novas classes de computadores. Os computadores pessoais e workstations emergiram nos anos 1980 com a disponibilidade do microprocessador. A última década viu o surgimento dos smartphones e tablets, que muitas pessoas estão usando como plataformas primárias de computação no lugar dos PCs. Esses dispositivos clientes móveis estão usando a internet cada vez mais para acessar depósitos contendo 100 mil de servidores, que estão sendo projetados como se fossem um único gigantesco computador.

# 1.1 Introdução

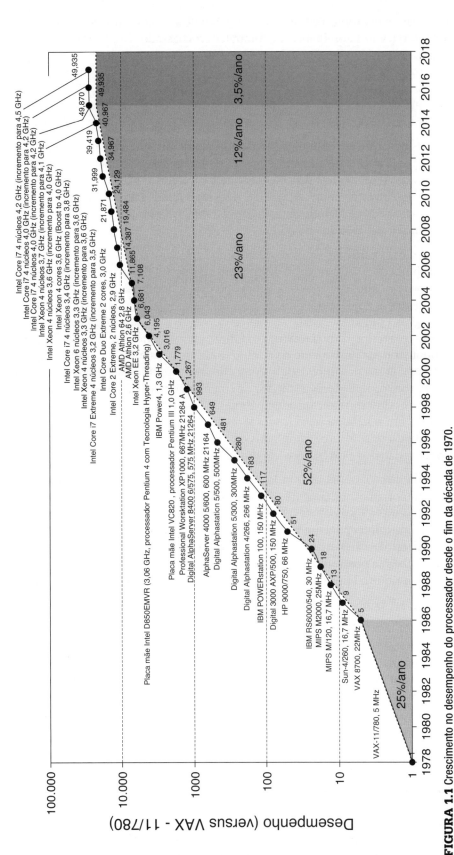

**FIGURA 1.1** Crescimento no desempenho do processador desde o fim da década de 1970.

Este gráfico mostra o desempenho relativo ao VAX 11/780, medido pelos benchmarks SPECint (Seção 1.8). Antes de meados da década de 1980, o crescimento no desempenho do processador era, em grande parte, controlado pela tecnologia e, em média, era de 22% por ano, ou dobrando o desempenho a cada 3,5 anos. O aumento no crescimento, para cerca de 52% a partir de 1986, praticamente dobrando a cada 2 anos, é atribuído a ideias arquitetônicas e organizacionais mais avançadas, tipificadas na arquitetura RISC. Em 2003, esse crescimento levou a uma diferença no desempenho de cerca de um fator de 25 *versus* se tivéssemos continuado com a taxa de 22%. O desempenho para cálculos orientados a ponto flutuante aumentou ainda mais rapidamente. Em 2003, os limites de energia devidos ao final da escalada de Dennard e o paralelismo disponível em nível de instrução e latência longa da memória reduziram o desempenho do uniprocessador para 23% por ano até 2011, ou dobrando a cada 3,5 anos. (O desempenho SPEC mais rápido desde 2007 teve a paralelização automática ativada, então a velocidade do uniprocessador é difícil de medir. Esses resultados se limitam a sistemas de único chip, que geralmente possuem quatro núcleos por chip.) De 2011 até 2015, a melhoria anual foi menor que 12%, ou seja, dobrando a cada 8 anos, parcialmente devido aos limites do paralelismo da Lei de Amdahl. Desde 2015, com o fim da Lei de Moore, a melhoria tem sido de apenas 3,5% por ano, dobrando a cada 20 anos! O desempenho para os cálculos orientados a ponto flutuante segue as mesmas tendências, mas geralmente tem de 1% a 2% a mais de crescimento anual em cada região sombreada. A Figura 1.11 mostra a melhoria nas taxas de clock para essas mesmas eras. Como o SPEC foi alterado no decorrer dos anos, o desempenho das máquinas mais novas é estimado por um fator de escala que relaciona o desempenho para duas versões diferentes do SPEC (por exemplo, SPEC89, SPEC92, SPEC95, SPEC2000 e SPEC2006). *Existem muito poucos resultados no SPEC2017 para que sejam representados neste gráfico.*

Em terceiro lugar, a melhoria contínua da fabricação de semicondutores, como previsto pela Lei de Moore, levou à dominância de computadores baseados em microprocessadores por toda a gama de projetos de computador. Os minicomputadores, que tradicionalmente eram feitos a partir de lógica pronta ou de gate arrays, foram substituídos por servidores montados com microprocessadores. Os mainframes foram praticamente substituídos por um pequeno número de microprocessadores encapsulados. Até mesmo os mainframes e os supercomputadores de ponta estão sendo montados com grupos de microprocessadores.

Essas inovações de hardware levaram ao renascimento do projeto de computadores, que enfatizou tanto a inovação arquitetônica quanto o uso eficiente das melhorias da tecnologia. Essa taxa de crescimento foi aumentada de modo que, em 2003, os microprocessadores de alto desempenho eram cerca de 7,5 vezes mais rápidos do que teriam alcançado contando-se apenas com a tecnologia, incluindo a melhoria do projeto do circuito. Ou seja, 52% ao ano *versus* 35% ao ano.

Esse renascimento do hardware levou ao quarto impacto sobre o desenvolvimento de software. Essa melhoria de 50.000 vezes no desempenho desde 1978 (Figura 1.1) permitiu aos programadores da atualidade trocar o desempenho pela produtividade. Em vez de utilizar linguagens orientadas ao desempenho, como C e C + +, hoje as programações utilizam mais as linguagens, como Java e Scala, chamadas de *managed programming languages*. Além do mais, linguagens script, como JavaScript e Python, que são ainda mais produtivas, estão ganhando popularidade juntamente com frameworks de programação, como AngularJS e Django. Para manter a produtividade e tentar eliminar o problema do desempenho, os interpretadores com compiladores just-in-time e compilação trace-based estão substituindo os compiladores e o linkers tradicionais do passado. A implementação de software também está mudando, com o *software como serviço* (Software as a Service — SaaS) usado na internet, substituindo os softwares comprados em uma mídia (shirink-wrapped software), que devem ser instalados e executados em um computador local.

A natureza das aplicações também muda. Fala, som, imagens e vídeo estão tornando-se cada vez mais importantes, juntamente com o tempo de resposta previsível, tão crítico para o usuário. Um exemplo inspirador é o Google Translate. Esse aplicativo permite apontar a câmera do telefone celular para um texto e enviar a imagem pela internet sem fio para um computador em escala warehouse (WSC), que reconhece o texto na foto e o traduz para o seu idioma. Também é possível falar ao microfone, para que ele traduza o que você disse para um áudio em outro idioma. Ele traduz texto em 90 idiomas e voz em 15 idiomas.

Porém, a Figura 1.1 também mostra que esse renascimento de 17 anos acabou. A razão fundamental é que duas características dos processos usados nos semicondutores, que existiam há décadas, já não existem mais.

Em 1974, Robert Dennard observou que a densidade de energia era constante para determinada área de silício, mesmo que o número de transistores fosse aumentado devido às menores dimensões de cada transistor. Notavelmente, os transistores poderiam ser mais rápidos, porém usando menos energia. A *escalada de Dennard* terminou por volta de 2004, pois corrente e tensão não poderiam continuar caindo e ainda manter a confiabilidade dos circuitos integrados.

Essa mudança forçou a indústria de microprocessadores a usar processadores ou núcleos mais eficientes, ao invés de um único processador menos eficiente. Na realidade, em 2004, a Intel cancelou seus projetos de uniprocessadores de alto desempenho e juntou-se a outras empresas ao mostrar que o caminho para um desempenho mais alto seria através de vários processadores por chip, e não de uniprocessadores mais rápidos. Esse marco sinalizou uma passagem histórica, de contar unicamente com o *paralelismo em nível de instrução* (Instruction-Level Parallelism — ILP), foco principal das três primeiras edições deste livro, para contar com o *paralelismo em nível de dados* (Data-Level Parallelism — DLP) e o *paralelismo em nível de thread* (Thread-Level Parallelism — TLP), que são abordados na quarta edição e expandidos na quinta. A quinta edição também incluiu computadores em escala warehouse (WSCs) e o *paralelismo em nível de requisição* (RLP — Request-Level Parallelism), que foi expandido nesta edição. Embora o compilador e o hardware conspirem para explorar o ILP implicitamente sem a atenção do programador, DLP, TLP e RLP são explicitamente paralelos, exigindo a reestruturação da aplicação para que ela possa explorar o paralelismo explícito. Em alguns casos, isso é fácil. Em muitos, é uma nova grande carga para os programadores.

A *Lei de Amdahl* (Seção 1.9) prescreve limites práticos para o número de núcleos úteis por chip. Se 10% da tarefa for serial, o benefício máximo no desempenho do paralelismo é 10, não importa quantos núcleos você coloque no chip.

A segunda observação que terminou recentemente é a *Lei de Moore*. Em 1965, Gordon Moore previu que o número de transistores por chip dobraria a cada ano, o que foi alterado em 1975 para a cada dois anos. Essa previsão durou cerca de 50 anos, mas não se sustenta mais. Por exemplo, na edição de 2010 deste livro, o microprocessador Intel mais recente tinha 1.170.000.000 de transistores. Se a Lei de Moore tivesse continuado, poderíamos esperar que os microprocessadores em 2016 tivessem 18.720.000.000 transistores. Em vez disso, o microprocessador equivalente da Intel tem apenas 1.750.000.000 transistores, ou seja, dez vezes menos do que a Lei de Moore teria previsto.

A combinação de

- transistores não estão ficando muito melhores devido à diminuição da Lei de Moore e o final da escalada de Dennard;
- os orçamentos de energia invariáveis para microprocessadores;
- a substituição do único processador devorador de energia por vários processadores mais eficientes em termos de energia; e
- os limites do multiprocessamento para alcançar a Lei de Amdahl

geraram atraso nos avanços no desempenho do processador, ou seja, *dobrando a cada 20 anos*, em vez de a cada 1,5 anos, como havia sido previsto entre 1986 e 2003 (ver Figura 1.1).

O único caminho que restava para melhoria de energia-desempenho-custo é a especialização. Os microprocessadores do futuro incluirão vários núcleos específicos do domínio, que realizam bem apenas uma classe de computação, mas fazem isso nitidamente melhor do que os núcleos de uso geral. O novo Capítulo 7, nesta edição, apresenta as *arquiteturas específicas do domínio*.

Este capítulo focaliza as ideias arquitetônicas e as melhorias no compilador que as acompanham e que possibilitaram a incrível taxa de crescimento no século passado, além dos motivos para a surpreendente mudança e os desafios e enfoques promissores iniciais para as ideias arquitetônicas e compiladores para o século XXI. No centro está o enfoque quantitativo para o projeto e a análise de compilador, que usa observações empíricas dos programas, experimentação e simulação como ferramentas. Esse estilo e esse enfoque do projeto de computador são refletidos neste livro. O objetivo, aqui, é estabelecer a base quantitativa na qual os capítulos e apêndices a seguir se baseiam.

Este livro foi escrito não apenas para explorar esse estilo de projeto, mas também para estimulá-lo a contribuir para esse progresso. Acreditamos que essa técnica funcionará para computadores explicitamente paralelos do futuro, assim como funcionou para os computadores implicitamente paralelos do passado.

## 1.2 CLASSES DE COMPUTADORES

Essas alterações prepararam o palco para uma mudança surpreendente no modo como vemos a computação, nas aplicações computacionais e nos mercados de computadores, neste novo século. Nunca, desde a criação do computador pessoal, vimos mudanças tão notáveis em como os computadores se parecem e como são usados. Essas mudanças no uso do computador geraram cinco mercados de computador diferentes, cada qual caracterizado por diferentes aplicações, requisitos e tecnologias de computação. A Figura 1.2 resume essas classes principais de ambientes de computador e suas características importantes.

### Internet das coisas/computadores embarcados

Computadores embarcados são encontrados em máquinas comuns: micro-ondas, máquinas de lavar roupa, a maioria das impressoras, switches de rede e todos os automóveis. A expressão *Internet das coisas* (Internet of Things — IoT) refere-se a computadores embarcados que estão conectados à Internet, geralmente sem fio. Quando aumentados com sensores e atuadores, os dispositivos IoT coletam dados úteis e interagem com o mundo físico, levando a uma grande variedade de aplicações "inteligentes", como relógios, termostatos, alto-falantes, carros, casas, redes e cidades inteligentes.

Computadores embarcados têm a maior extensão da faixa de potência e custo de processamento. Eles incluem processadores de 8 bits a 32 bits que podem custar um centavo e processadores de 64 bits topo de linha para carros e switches de rede, que custam US$100. Embora o alcance do poder de computação no mercado de computação embarcada seja muito grande, o preço é um fator-chave no projeto de computadores para esse espaço. Naturalmente, existem requisitos de desempenho, mas a meta principal geralmente atende à necessidade de desempenho a um preço mínimo, em vez de alcançar mais desempenho a um preço mais alto. As projeções para o número de dispositivos IoT em 2020 variam de 20 a 50 bilhões.

A maior parte deste livro aplica-se ao projeto, uso e desempenho de processadores embarcados, sejam eles microprocessadores prontos para uso ou núcleos de microprocessadores que serão montados com outro hardware para fins especiais.

| Recurso | Dispositivo pessoal móvel (PMD) | Desktop | Servidor | Clusters/computador em escala de warehouse | Internet das coisas/ embarcados |
|---|---|---|---|---|---|
| Preço do sistema | $100–$1000 | $300–$2500 | $5000–$$10.000.000 | $100.000–$200.000.000 | $10–$100.000 |
| Preço do microprocessador | $10–$100 | $50–$500 | $200–$2000 | $50–$250 | $0,01–$100 |
| Questões críticas de projeto do sistema | Custo, energia, desempenho de mídia, capacidade de resposta | Preço-desempenho, consumo de energia, desempenho de gráficos | Throughput, disponibilidade, escalabilidade, energia | Preço-desempenho, throughput, proporcionalidade de energia | Preço, consumo de energia, desempenho específico da aplicação |

**FIGURA 1.2** Um resumo das cinco classes de computação principais e suas características de sistema. As vendas em 2015 incluíram cerca de 1,6 bilhão de PMDs (90% deles em telefones celulares), 275 milhões de PCs desktop e 15 milhões de servidores. O número total de processadores embarcados vendidos foi de quase 19 bilhões. No total, 14,8 bilhões de chips baseados em tecnologia ARM foram vendidos em 2015. Observe a ampla faixa de preços de servidores e sistemas embarcados, que vão de pendrives USB a roteadores de rede. Para servidores, essa faixa varia da necessidade de sistemas multiprocessadores com escala muito ampla ao processamento de transações de alto nível.

Infelizmente, os dados que orientam o projeto quantitativo e a avaliação de outras classes de computadores ainda não foram estendidos com sucesso à computação embarcada (veja os desafios com o EEMBC, por exemplo, na Seção 1.8). Portanto, ficamos por enquanto com descrições qualitativas, que não se encaixam bem com o restante do livro. Como resultado, o material incorporado está concentrado no Apêndice E. Acreditamos que um apêndice separado melhora o fluxo de ideias no texto, permitindo que os leitores vejam como os diferentes requisitos afetam a computação embarcada.

## Dispositivo pessoal móvel (PMD)

*Dispositivo pessoal móvel* (Personal Mobile Device — PMD) é o nome que aplicamos a uma coleção de dispositivos sem fio com interfaces de usuário multimídia, como telefones celulares, tablets, e assim por diante. O custo é a principal preocupação, dado que o preço para o consumidor de todo o produto é de algumas centenas de dólares. Embora a ênfase na eficiência energética seja frequentemente orientada pelo uso de baterias, a necessidade de usar materiais menos caros — plástico em vez de cerâmica — e a ausência de uma ventoinha para resfriamento também limitam o consumo total de energia. Examinamos a questão da energia e da potência em detalhes na Seção 1.5. Aplicativos para PMDs muitas vezes são baseados na web e orientados para a mídia, como no exemplo acima (Google Translate). Os requisitos de energia e tamanho levam ao uso de memória Flash para armazenamento (Capítulo 2) no lugar de discos magnéticos.

Os processadores em um PMD geralmente são considerados computadores embarcados, mas os mantemos como uma categoria separada, porque os PMDs são plataformas que podem executar software desenvolvido externamente e compartilham muitas das características dos computadores desktop. Outros dispositivos embarcados são mais limitados em sofisticação de hardware e software. Usamos a capacidade de executar softwares de terceiros como a linha divisória entre computadores não embarcados e embarcados.

A capacidade de resposta e previsibilidade são características-chave para aplicações de mídia. Um requisito de *desempenho em tempo real* significa que um segmento da aplicação tem um tempo absoluto máximo de execução. Por exemplo, ao se reproduzir vídeo em um PMD, o tempo para processar cada quadro de vídeo é limitado, pois o processador precisa aceitar e processar o próximo quadro rapidamente. Em algumas aplicações, existe um requisito mais sutil: o tempo médio para determinada tarefa é restrito, tanto quanto o número de ocorrências quando um tempo máximo é ultrapassado. Essas técnicas, também chamadas *tempo real flexível*, são necessárias quando é possível perder, ocasionalmente, a restrição de tempo em um evento, desde que não haja muita perda. O desempenho em tempo real costuma ser altamente dependente da aplicação.

Outras características-chave em muitas aplicações PMD são a necessidade de minimizar a memória e a necessidade de usar o consumo de energia com eficiência. A eficiência energética é orientada tanto pela potência da bateria quanto pela dissipação de calor. A memória pode ser uma parte substancial do custo do sistema, e é importante otimizar o tamanho dessa memória nesses casos. A importância do tamanho da memória é traduzida com ênfase no tamanho do código, pois o tamanho dos dados é ditado pela aplicação.

## Computação de desktop

O primeiro e maior mercado em termos financeiros ainda é o de computadores desktop. A computação desktop varia desde notebooks inferiores, vendidos por menos de US$300, até estações de trabalho de ponta altamente configuradas, que podem custar US$2.500. Desde 2008, mais da metade dos computadores desktops fabricados, por ano, corresponde a computadores laptop alimentados por bateria. As vendas de computação desktop estão caindo.

# CAPÍTULO 1: Fundamentos do projeto e análise quantitativos

Por todo esse intervalo de preço e capacidade, o mercado de desktop costuma ser orientado a otimizar a relação *preço-desempenho*. Essa combinação de desempenho (medido principalmente em termos de desempenho de cálculo e desempenho de gráficos) e preço de um sistema é o que mais importa para os clientes nesse mercado e, portanto, para os projetistas de computadores. Como resultado, os microprocessadores mais novos, de desempenho mais alto, e os microprocessadores de custo reduzido normalmente aparecem primeiro nos sistemas de desktop (ver, na Seção 1.6, uma análise das questões que afetam o custo dos computadores).

A computação de desktop também costuma ser razoavelmente bem caracterizada em termos de aplicações e benchmarking, embora o uso crescente de aplicações centradas na web, interativas, imponha novos desafios na avaliação do desempenho.

## Servidores

Com a passagem para a computação desktop nos anos 1980, o papel dos servidores cresceu para oferecer serviços de arquivo e computação em maior escala e mais seguros. Tais servidores se tornaram a espinha dorsal da computação empresarial de alta escala, substituindo o mainframe tradicional.

Para os servidores, diferentes características são importantes. Primeiro, a disponibilidade é crítica (discutimos a disponibilidade na Seção 1.7). Considere os servidores que suportam as máquinas de caixa eletrônico para bancos ou os sistemas de reserva de linhas aéreas. As falhas desses sistemas de servidor são muito mais catastróficas do que as falhas de um único desktop, pois esses servidores precisam operar sete dias por semana, 24 horas por dia. A Figura 1.3 estima as perdas de receita em função do tempo de paralisação para aplicações de servidor.

Um segundo recurso importante dos sistemas de servidor é a escalabilidade. Os sistemas de servidor geralmente crescem em resposta a uma demanda crescente pelos serviços que eles suportam ou a uma expansão nos requisitos funcionais. Assim, a capacidade de ampliar a capacidade de computação, a memória, o armazenamento e a largura de banda de E/S de um servidor é essencial.

Por fim, os servidores são projetados para um throughput eficiente. Ou seja, o desempenho geral do servidor — em termos de transações por minuto ou páginas web atendidas por segundo — é o fator crucial. A capacidade de resposta a uma solicitação individual

| Aplicação | Custo de tempo de paralisação por hora | Perdas anuais com tempo de paralisação de | | |
|---|---|---|---|---|
| | | 1% (87,6 h/ano) | 0,5% (43,8 h/ano) | 0,1% (8,8 h/ano) |
| Operações de corretagem | $4.000.000 | $350.400.000 | $175.200.000 | $35.000.000 |
| Energia | $1.750.000 | $153.300.000 | $76.700.000 | $15.300.000 |
| Telecomunicação | $1.250.000 | $109.500.000 | $54.800.000 | $11.000.000 |
| Manufatura | $1.000.000 | $87.600.000 | $43.800.000 | $8.800.000 |
| Vendas no varejo | $650.000 | $56.900.000 | $28.500.000 | $5.700.000 |
| Assistência médica | $400.000 | $35.000.000 | $17.500.000 | $3.500.000 |
| Mídia | $50.000 | $4.400.000 | $2.200.000 | $400.000 |

**FIGURA 1.3** Os custos arredondados para o milhar mais próximo de um sistema não disponível são mostrados com uma análise do custo do tempo de paralisação (em termos de receita perdida imediatamente), considerando três níveis de disponibilidade diferentes e que o tempo de paralisação é distribuído uniformemente.
Esses dados são de Landstrom (2014) e foram coletados e analisados pela Contingency Planning Research.

ELSEVIER                                    1.2  Classes de computadores    9

continua sendo importante, mas a eficiência geral e a eficiência de custo, determinadas por quantas solicitações podem ser tratadas em uma unidade de tempo, são as principais métricas para a maioria dos servidores. Retornamos à questão de avaliar o desempenho para diferentes tipos de ambientes de computação na Seção 1.8.

## Clusters/computadores em escala warehouse

O crescimento do software como serviço (Software as a Service — SaaS) para aplicações como busca, redes sociais, compartilhamento de vídeo, games multiplayer, compras on-line, e assim por diante, levou ao crescimento de uma classe de computadores chamados *clusters*. Clusters são coleções de computadores desktop ou servidores conectados por redes locais para funcionar como um único grande computador. Cada nó executa seu próximo sistema operacional, e os nós se comunicam usando um protocolo de rede. Os maiores clusters são chamados *computadores em escala warehouse* (Warehouse-Scale Computers — WSCs), uma vez que eles são projetados para que dezenas de milhares de servidores possam funcionar como um só. O Capítulo 6 descreve essa classe de computadores extremamente grandes.

A relação preço-desempenho e o consumo de energia são críticos para os WSCs, já que eles são tão grandes. Como o Capítulo 6 explica, a maior parte do custo de um warehouse é associada à energia e ao resfriamento dos computadores dentro do warehouse. Os próprios computadores e o equipamento de rede custam US$40 milhões e devem ser substituídos após alguns anos de uso. Ao comprar tanta computação, você precisa fazer isso com sabedoria, já que uma melhoria de 10% no desempenho de preço significa uma economia anual de US$4 milhões (10% de 40 milhões) por WSC; uma empresa como a Amazon poderia ter 100 WSCs!

Os WSCs estão relacionados com os servidores no sentido de que a disponibilidade é crítica. Por exemplo, a Amazon.com teve US$136 bilhões de vendas em 2016. Como em um ano há cerca de 8.800 horas, a receita média por hora foi de quase US$15 milhões. Durante uma hora de pico de compras no Natal, a perda potencial seria muitas vezes maior. Como explicado no Capítulo 6, a diferença em relação aos servidores é que os WSCs usam componentes redundantes baratos como blocos de montagem, confiando em uma camada de software para capturar e isolar as muitas falhas que vão ocorrer com a computação nessa escala. Note que a escalabilidade para um WSC é tratada pela rede local que conecta os computadores, e não por um hardware integrado de computador, como no caso dos servidores.

Uma categoria relacionada comos WSCs é a dos *supercomputadores*, que são igualmente caros, custando centenas de milhões de dólares, mas os supercomputadores são diferentes, pois enfatizam o desempenho em ponto flutuante e, a cada vez, executam programas em lotes grandes, com comunicação pesada, por semanas. Esse acoplamento rígido leva ao uso de redes internas muito mais rápidas. Em contraste, os WSCs enfatizam aplicações interativas, armazenamento em grande escala, confiabilidade e grande largura de banda de internet.

## Classes de paralelismo e arquiteturas paralelas

Paralelismo em múltiplos níveis é a força impulsionadora do projeto de computadores pelas quatro classes de computadores, tendo a energia e o custo como as principais restrições. Existem basicamente dois tipos de paralelismo nas aplicações:

1. *Paralelismo em nível de dados* (Data-Level Parallelism — DLP): surge porque existem muitos itens de dados que podem ser operados ao mesmo tempo.

**2.** *Paralelismo em nível de tarefas* (Task-Level Parallelism — TLP): surge porque são criadas tarefas que podem operar de modo independente e principalmente em paralelo.

O hardware do computador, por sua vez, pode explorar esses dois tipos de paralelismo de aplicação de quatro modos principais:

**1.** O *paralelismo em nível de instruções* explora o paralelismo em nível de dados a níveis modestos com auxílio do compilador, usando ideias como pipelining e em níveis médios usando ideias como execução especulativa.
**2.** As *arquiteturas vetoriais e as unidades de processador gráfico* (Graphic Processor Units — GPUs) exploram o paralelismo em nível de dados aplicando uma única instrução a uma coleção de dados em paralelo.
**3.** O *paralelismo em nível de thread* explora o paralelismo em nível de dados ou o paralelismo em nível de tarefas em um modelo de hardware fortemente acoplado, que permite a interação entre threads paralelos.
**4.** O *paralelismo em nível de requisição* explora o paralelismo entre tarefas muito desacopladas especificadas pelo programador ou pelo sistema operacional.

Quando Michael Flynn (1966) estudou os esforços de computação paralela nos anos 1960, encontrou uma classificação simples cujas abreviações ainda usamos hoje. Esses esforços buscam o paralelismo em nível de dados e o paralelismo em nível de tarefa. Ele examinou o paralelismo nos fluxos de instrução e dados exigidos por instruções no componente mais restrito do multiprocessador, colocando todos os computadores em uma de quatro categorias:

**1.** *Fluxo simples de instrução, fluxo simples de dados* (Single Instruction Stream, Single Data Stream — SISD). Essa categoria é o uniprocessador. O programador pensa nela como o computador sequencial padrão, mas ele pode explorar o paralelismo em nível de instrução (ILP). O Capítulo 3 cobre as arquiteturas SISD que usam técnicas ILP, como a execução superescalar e a execução especulativa.
**2.** *Fluxo simples de instrução, fluxos múltiplos de dados* (Single Instruction Stream, Multiple Data Streams — SIMD). A mesma instrução é executada por múltiplos processadores usando diferentes fluxos de dados. Computadores SIMD exploram o *paralelismo em nível de dados* ao aplicar as mesmas operações a múltiplos itens de dados em paralelo. Cada processador tem sua própria memória de dados (daí o MD de SIMD), mas existe uma única memória de instruções e um único processador de controle, que busca e envia instruções. O Capítulo 4 cobre o DLP e três diferentes arquiteturas que o exploram: arquiteturas vetoriais, extensões multimídia a conjuntos de instruções-padrão e GPUs.
**3.** *Fluxos de múltiplas instruções, fluxo simples de dados* (Multiple Instruction Stream, Single Data Stream — MISD). Nenhum microprocessador comercial desse tipo foi construído até hoje, mas ele completa essa classificação simples.
**4.** *Fluxos múltiplos de instruções, fluxos múltiplos de dados* (Multiple Instruction Streams, Multiple Data Streams — MIMD). Cada processador busca suas próprias instruções e opera seus próprios dados, buscando o paralelismo em nível de tarefa. Em geral, o MIMD é mais flexível do que o SIMD e, por isso, em geral é mais aplicável, mas é inerentemente mais caro do que o SIMD. Por exemplo, computadores MIMD podem também explorar o paralelismo em nível de dados, embora o overhead provavelmente seja maior do que seria visto em um computador SIMD. Esse overhead significa que o tamanho do grão deve ser suficientemente grande para explorar o paralelismo com eficiência. O Capítulo 5 cobre arquiteturas MIMD fortemente acopladas que exploram o *paralelismo em nível de thread*, uma vez

que múltiplos threads em cooperação operam em paralelo. O Capítulo 6 cobre arquiteturas MIMD fracamente acopladas — especificamente, *clusters* e *computadores em escala de warehouse* — que exploram o *paralelismo em nível de requisição*, em que muitas tarefas independentes podem ocorrer naturalmente em paralelo, com pouca necessidade de comunicação ou sincronização.

Essa taxonomia é um modelo vago, já que muitos processadores paralelos são híbridos das classes SISD, SIMD e MIMD. Mesmo assim, ela é útil para colocar um framework no espaço de projeto para os computadores que veremos neste livro.

## 1.3  DEFINIÇÃO DA ARQUITETURA DO COMPUTADOR

A tarefa que o projetista de computador desempenha é complexa: determinar quais atributos são importantes para um novo computador, depois projetar um computador para maximizar o desempenho enquanto permanece dentro das restrições de custo, energia e disponibilidade. Essa tarefa possui muitos aspectos, incluindo o projeto do conjunto de instruções, a organização funcional, o projeto lógico e a implementação. A implementação pode abranger o projeto do circuito integrado, o acondicionamento, a energia e o resfriamento. A otimização do projeto requer familiaridade com uma gama de tecnologias muito extensa, desde compiladores e sistemas operacionais até o projeto lógico e o acondicionamento.

Há algumas décadas, o nome *arquitetura de computadores* normalmente se referia apenas ao projeto do conjunto de instruções. Outros aspectos do projeto de computadores eram chamados de *implementação*, normalmente insinuando que a implementação não é interessante ou é menos desafiadora.

Acreditamos que essa visão seja incorreta. A tarefa do arquiteto ou do projetista é muito mais do que projetar o conjunto de instruções, e os obstáculos técnicos nos outros aspectos do projeto provavelmente são mais desafiadores do que aqueles encontrados no projeto do conjunto de instruções. Veremos rapidamente a arquitetura do conjunto de instruções antes de descrever os maiores desafios para o arquiteto de computador.

### Arquitetura do conjunto de instruções: a visão míope da arquitetura do computador

Neste livro, usamos o nome *arquitetura do conjunto de instruções* (Instruction Set Architecture — ISA) para nos referir ao verdadeiro conjunto de instruções visíveis pelo programador. A arquitetura do conjunto de instruções serve como interface entre o software e o hardware. Essa revisão rápida da arquitetura do conjunto de instruções usará exemplos do 80x86, do ARMv8 e do RISC-V para ilustrar as sete dimensões de uma ISA. Os processadores RISC mais populares vêm do ARM (Advanced RISC Machine), que estavam em 14,8 bilhões de chips comercializados em 2015, ou aproximadamente 50 vezes a quantidade comercializada de chips que vinham com processadores 80x86. Os Apêndices A e K oferecem mais detalhes sobre as três *arquiteturas de conjunto de instruções*.

RISC-V ("RISC Five") é um conjunto de instruções RISC moderno, desenvolvido na Universidade da Califórnia, em Berkeley, que foi disponibilizado gratuitamente e adotado abertamente em resposta a solicitações da indústria. Além de uma pilha de software completa (compiladores, sistemas operacionais e simuladores), há várias implementações RISC-V disponíveis gratuitamente para uso em chips personalizados ou em gate arrays programáveis em campo. Desenvolvido 30 anos após os primeiros conjuntos de instruções RISC, o RISC-V herda as boas ideias de seus ancestrais — um grande conjunto de

| Registrador | Nome | Uso | Quem salva |
|---|---|---|---|
| x0 | zero | O valor constante 0 | N.A. |
| x1 | ra | Endereço de retorno | Chamador |
| x2 | sp | Ponteiro de pilha | Chamado |
| x3 | gp | Ponteiro global | – |
| x4 | tp | Ponteiro de thread | – |
| x5-x7 | t0-t2 | Valores temporários | Chamador |
| x8 | s0/fp | Registrador salvo/ponteiro de frame | Chamado |
| x9 | s1 | Registrador salvo | Chamado |
| x10-x11 | a0-a1 | Argumentos/valores de retorno de função | Chamador |
| x12-x17 | a2-a7 | Argumentos de função | Chamador |
| x18-x27 | s2-s11 | Registradores salvos | Chamado |
| x28-x31 | t3-t6 | Valores temporários | Chamador |
| f0-f7 | ft0-ft7 | Valores temporários em PF | Chamador |
| f8-f9 | fs0-fs1 | Registradores salvos em PF | Chamado |
| f10-f11 | fa0-fa1 | Atributos/valores de retorno de função em PF | Chamador |
| f12-f17 | fa2-fa7 | Argumentos de função em PF | Chamador |
| f18-f27 | fs2-fs11 | Registradores salvos em PF | Chamado |
| f28-f31 | ft8-ft11 | Valores temporários em PF | Chamador |

**FIGURA 1.4** Registradores do RISC-V, nomes, uso e convenções e chamada.
Além dos 32 registradores de propósito geral (x0-x31), o RISC-V contém 32 registradores de ponto flutuante (f0-f31) que podem manter um número de precisão simples de 32 bits ou um número de precisão dupla de 64 bits. Os registradores que são preservados entre as chamadas de procedimento são rotulados com o tipo "Chamado".

registradores, instruções fáceis de usar em pipeline e um conjunto enxuto de operações —, evitando suas omissões ou erros. É um exemplo livre e aberto das arquiteturas RISC mencionadas anteriormente, motivo pelo qual mais de 60 empresas aderiram à fundação RISC-V, incluindo AMD, Google, HP Enterprise, IBM, Microsoft, Nvidia, Qualcomm, Samsung e Western Digital. Usamos a ISA com núcleo de inteiros do RISC-V como o exemplo de ISA neste livro.

1.  *Classes de ISA.* Hoje, quase todas as arquiteturas de conjunto de instruções são classificadas como arquiteturas de registradores de propósito geral (GPRs), em que os operandos são registradores ou locais de memória. O 80x86 contém 16 registradores de propósito geral e 16 que podem manter dados de ponto flutuante (FPRs), enquanto o RISC-V contém 32 registradores de propósito geral e 32 de ponto flutuante (ver Figura 1.4). As duas versões populares dessa classe são arquiteturas de conjunto de instruções *registrador-memória*, como o 80x86, que podem acessar a memória como parte de muitas instruções, e arquiteturas de conjunto de instruções *load-store*, como o ARMv8 e o RISC-V, que só podem acessar a memória com instruções load ou store. Todas as arquiteturas de conjunto de instruções desde 1985 são *load-store*.

2.  *Endereçamento de memória.* Praticamente todos os computadores desktop e servidores, incluindo o 80x86, ARMv8 e o RISC-V, utilizam endereçamento de byte para acessar operandos da memória. Algumas arquiteturas, como ARMv8, exigem que os objetos estejam *alinhados*. Um acesso a um objeto com tamanho de $s$ bytes no endereço de byte $A$ está alinhado se $A$ mod $s$ = 0 (ver Figura A.5 na página A-8.)

ELSEVIER                                    1.3  Definição da arquitetura do computador   **13**

O 80x86 e o RISC-V não exigem alinhamento, mas os acessos geralmente são mais rápidos se os operandos estiverem alinhados.

3. *Modos de endereçamento.* Além de especificar registradores e operandos constantes, os modos de endereçamento especificam o endereço de um objeto na memória. Os modos de endereçamento do RISC-V são *registrador*, *imediato* (para constantes) e *deslocamento*, em que um deslocamento constante é acrescentado a um registrador para formar o endereço da memória. O 80x86 suporta esses três modos de endereçamento e mais três variações de deslocamento: nenhum registrador (absoluto), dois registradores (indexados pela base com deslocamento) e dois registradores em que um registrador é multiplicado pelo tamanho do operando em bytes (base com índice em escala e deslocamento). Ele contém mais dos três últimos, sem o campo de deslocamento, mais o indireto por registrador, indexado e base com índice em escala. O ARMv8 tem os três modos de endereçamento do RISC-V mais o endereçamento relativo a PC, a soma de dois registradores e a soma de dois registradores em que um registrador é multiplicado pelo tamanho do operando em bytes. Ele também tem endereçamento por autoincremento e autodecremento, em que o endereço calculado substitui o conteúdo de um dos registradores usados para formar o endereço.

4. *Tipos e tamanhos de operandos.* Assim como a maioria das arquiteturas de conjunto de instruções, o 80x86, o ARMv8 e o RISC-V admitem tamanhos de operando de 8 bits (caractere ASCII), 16 bits (caractere Unicode ou meia palavra), 32 bits (inteiro ou palavra), 64 bits (dupla palavra ou inteiro longo) e ponto flutuante IEEE 754 com 32 bits (precisão simples) e 64 bits (precisão dupla). O 80x86 também admite ponto flutuante de 80 bits (precisão dupla estendida).

5. *Operações.* As categorias gerais de operações são transferência de dados, lógica e aritmética, controle (analisado em seguida) e ponto flutuante. O RISC-V é uma arquitetura de conjunto de instruções simples e fáceis de executar em pipeline, representando as arquiteturas RISC usadas em 2017. A Figura 1.5 resume a arquitetura do conjunto de instruções do RISC-V e a Figura 1.6 lista a arquitetura do conjunto de instruções de ponto flutuante. O 80x86 possui um conjunto de operações maior e muito mais rico (ver Apêndice K).

6. *Instruções de fluxo de controle.* Praticamente todas as arquiteturas de conjunto de instruções, incluindo essas três, admitem desvios condicionais, saltos incondicionais, chamadas e retornos de procedimento. As três usam endereçamento relativo ao PC, no qual o endereço de desvio é especificado por um campo de endereço que é somado ao PC. Existem algumas pequenas diferenças. Desvios condicionais do RISC-V (BE, BNE etc.) testam o conteúdo dos registradores, enquanto os desvios do 80x86 e ARMv8 testam o conjunto de bits de código de condição como efeitos colaterais das operações aritméticas/lógicas. As chamadas de procedimento do ARMv8 e RISC-V colocam o endereço de retorno em um registrador, enquanto a chamada do 80x86 (CALLF) coloca o endereço de retorno em uma pilha na memória.

7. *Codificando uma arquitetura de conjunto de instruções.* Existem duas opções básicas na codificação: *tamanho fixo* e *tamanho variável*. Todas as instruções do ARMv8 e RISC-V possuem 32 bits de extensão, o que simplifica a decodificação da instrução. A Figura 1.7 mostra os formatos de instruções do RISC-V. A codificação do 80x86 tem tamanho variável de 1-18 bytes. As instruções de tamanho variável podem ocupar menos espaço que as instruções de tamanho fixo, de modo que um programa compilado para o 80x86 normalmente é menor que o mesmo programa compilado para RISC-V. Observe que as opções mencionadas anteriormente afetarão o modo como as instruções são codificadas em uma representação binária. Por exemplo, o

# CAPÍTULO 1: Fundamentos do projeto e análise quantitativos

| Tipo de instrução/opcode | Significado da instrução |
|---|---|
| *Transferência de dados* | *Move dados entre registradores e memória ou entre o inteiro e PF ou registradores especiais; somente o modo de endereço de memória é deslocamento de 12 bits + conteúdo de um GPR* |
| `lb, lbu, sb` | Load byte, load byte unsigned, store byte (de/para registradores inteiros) |
| `lh, lhu, sh` | Load half word, load half word unsigned, store half word (de/para registradores inteiros) |
| `lw, lwu, sw` | Load word, load word unsigned, store word (de/para registradores inteiros) |
| `ld, sd` | Load double word, store double word (de/para registradores inteiros) |
| `flw, fld, fsw, fsd` | Load SP float, load DP float, store SP float, store DP float |
| `fmv._.x, fmv.x._` | Cópia de/para registrador inteiro para/de registrador de ponto flutuante; "__" = S para precisão simples, D para precisão dupla |
| `csrrw, csrrwi, csrrs, csrrsi, csrrc, csrrci` | Lê contadores e escreve registradores de status, que incluem contadores: ciclos de clock, tempo, instruções retiradas |
| *Aritmético/lógico* | *Operações sobre dados inteiros ou lógicos em GPRs* |
| `add, addi, addw, addiw` | Add, add immediate (todos os imediatos são de 12 bits), soma 32 bits apenas & estende o sinal para 64 bits, soma imediato 32 bits apenas |
| `sub, subw` | Subtração, subtração de 32 bits apenas |
| `mul, mulw, mulh, mulhsu, mulhu` | Multiplicação, multiplicação de 32 bits apenas, multiplicação da metade superior, multiplicação da metade superior com e sem sinal, multiplicação da metade superior sem sinal |
| `div, divu, rem, remu` | Divisão, divisão sem sinal, resto, resto sem sinal |
| `divw, divuw, remw, remuw` | Divisão e resto: como antes, mas divide apenas os 32 bits inferiores, produzindo resultado de 32 bits estendendo o sinal |
| `and, andi` | And, and imediato |
| `or, ori, xor, xori` | Or, or immediate, exclusive or, exclusive or immediate |
| `lui` | Load upper immediate; carrega bits 31-12 da sequência com imediato, depois estende o sinal |
| `auipc` | Soma imediato nos bits 31–12 com zeros nos bits inferiores para PC; usado com JALR para transferir o controle para qualquer endereço de 32 bits |
| `sll, slli, srl, srli, sra, srai` | Shifts: shift left logical, right logical, right arithmetic; formas variáveis e imediatas |
| `sllw, slliw, srlw, srliw, sraw, sraiw` | Shifts: como antes, mas desloca 32 bits inferiores, produzindo resultado de 32 bits com extensão do sinal |
| `slt, slti, sltu, sltiu` | Set less than, set less than immediate, com e sem sinal |
| *Controle* | *Desvios condicionais e saltos; relativo ao PC ou através do registrador* |
| `beq, bne, blt, bge, bltu, bgeu` | Desvia se GPR igual/não igual; menor; maior ou igual, com e sem sinal |
| `jal, jalr` | Salto e link: salva PC+4, destino é relativo ao PC (JAL) ou a um registrador (JALR); se especifica x0 como registrador de destino, então atua como um salto simples |
| `ecall` | Faz uma requisição ao ambiente de execução de suporte, que normalmente é um sistema operacional |
| `ebreak` | Depuradores usados para fazer com que o controle seja transferido de volta a um ambiente de depuração |
| `fence, fence.i` | Sincroniza threads para garantir a ordenação de acessos à memória; sincroniza instruções e dados para stores na memória de instruções |

**FIGURA 1.5** Subconjunto das instruções no RISC-V.

RISC-V possui um conjunto básico de instruções (R64I) e oferece extensões opcionais: multiplicar-dividir (RVM), ponto flutuante de precisão simples (RVF), ponto flutuante de precisão dupla (RVD). Esta figura inclui RVM e a próxima mostra RVF e RVD. O Apêndice A contém muito mais detalhes sobre RISC-V.

| Tipo de instrução/opcode | Significado da instrução |
|---|---|
| *Ponto flutuante* | *Operações de PF nos formatos DP e SP* |
| `fadd.d, fadd.s` | Soma DP, números de SP |
| `fsub.d, fsub.s` | Subtrai DP, números de SP |
| `fmul.d, fmul.s` | Multiplica DP, ponto flutuante SP |
| `fmadd.d, fmadd.s, fnmadd.d,`<br>`fnmadd.s` | Multiplica-soma DP, números de SP; multiplica-soma negativo DP, números SP |
| `fmsub.d, fmsub.s, fnmsub.d,`<br>`fnmsub.s` | Multiplica-subtrai DP, números de SP; multiplica-subtrai negativo DP, números SP |
| `fdiv.d, fdiv.s` | Divide DP, ponto flutuante de SP |
| `fsqrt.d, fsqrt.s` | Raiz quadrada DP, ponto flutuante SP |
| `fmax.d, fmax.s, fmin.d,`<br>`fmin.s` | Máximo e mínimo DP, ponto flutuante SP |
| `fcvt._._, fcvt._._u,`<br>`fcvt._u._` | Instruções de conversão: `FCVT.x.y` converte do tipo `x` para tipo `y`, onde `x` e `y` são `L` (inteiro de 64 bits), `W` (inteiro de 32 bits), `D` (DP) ou `S` (SP). Os inteiros podem |
| `feq._, flt._,fle._` | ser sem sinal (`U`) Comparação de ponto flutuante entre registradores de ponto flutuante e registro do resultado booleano no registrador inteiro; "`_`"= `S` para precisão simples, `D` para precisão dupla |
| `fclass.d, fclass.s` | Escreve no registrador inteiro uma máscara de 10 bits que indica a classe do número de ponto flutuante ($\infty$, $+\infty$, 0, +0, NaN, ...) |
| `fsgnj._, fsgnjn._,`<br>`fsgnjx._` | Instruções de injeção de sinal que mudam apenas o bit de sinal: copia bit de sinal de outra fonte, o oposto do bit de sinal de outra fonte, XOR dos 2 bits de sinal |

**FIGURA 1.6** Instruções de ponto flutuante para RISC-V.

RISC-V contém um conjunto básico de instruções (R64I) e oferece extensões opcionais para ponto flutuante com precisão simples (RVF) e ponto flutuante com precisão dupla (RVD). SP = precisão simples; DP = precisão dupla.

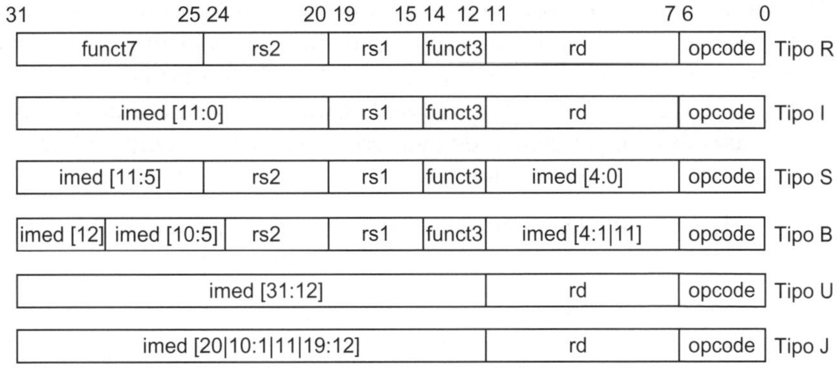

**FIGURA 1.7** Formatos de arquitetura do conjunto básico de instruções do RISC-V.

Todas as instruções possuem 32 bits de extensão. O formato R é para operações registrador para registrador inteiro, como ADD, SUB e assim por diante. O formato I é para loads e operações imediatas, como LD e ADDI. O formato B é para desvios e o formato J é para saltos e link. O formato S é para stores. Ter um formato separado para stores permite que os especificadores de três registradores (rd, rs1, rs2) sempre estejam no mesmo local em todos os formatos. O formato U é para as instruções imediatas largas (LUI, AUIPC).

número de registradores e o número de modos de endereçamento possuem impacto significativo sobre o tamanho das instruções, pois o campo de registrador e o campo de modo de endereçamento podem aparecer muitas vezes em uma única instrução. (Observe que o ARMv8 e o RISC-V, mais tarde, ofereceram extensões, chamadas Thumb-2 e RV64IC, que oferecem uma mistura de instruções com 16 bits e 32 bits de extensão, respectivamente, para reduzir o tamanho do programa. O tamanho do código para essas versões compactas das arquiteturas RISC são menores que o do 80x86. Ver Apêndice K.)

No presente, os outros desafios enfrentados pelo arquiteto de computador, além do projeto da arquitetura do conjunto de instruções, são particularmente críticos quando as diferenças entre os conjuntos de instruções são pequenas e existem áreas de aplicação distintas. Portanto, a partir da quarta edição deste livro, o núcleo do material do conjunto de instruções, além dessa revisão rápida, pode ser encontrado nos apêndices (Apêndices A e K).

### Arquitetura genuína de computador: projetando a organização e o hardware para atender objetivos e requisitos funcionais

A implementação de um computador possui dois componentes: organização e hardware. O termo *organização* inclui os aspectos de alto nível do projeto de um computador, como o sistema de memória, a interconexão de memória e o projeto do processador interno ou CPU (unidade central de processamento, na qual são implementados a aritmética, a lógica, os desvios e as transferências de dados). O termo *microarquitetura* também é usado no lugar de *organização*. Por exemplo, dois processadores com as mesmas arquiteturas de conjunto de instruções, mas com organizações diferentes, são o AMD Opteron e o Intel Core i7. Ambos implementam o conjunto de instruções 80x86, mas possuem organizações de pipeline e cache muito diferentes.

A mudança para os processadores múltiplos de microprocessadores levou ao termo *core* usado também para processadores. Em vez de se dizer *microprocessador multiprocessador*, o termo *multicore* (significando múltiplos núcleos) foi adotado. Dado que quase todos os chips têm múltiplos processadores, o nome *unidade central de processamento*, ou *CPU*, está perdendo popularidade.

*Hardware* refere-se aos detalhes específicos de um computador, incluindo o projeto lógico detalhado e a tecnologia de encapsulamento. Normalmente, uma linha de computadores contém máquinas com arquiteturas de conjunto de instruções idênticas e organizações quase idênticas, diferindo na implementação detalhada do hardware. Por exemplo, o Intel Core i7 (ver Capítulo 3) e o Intel Xeon E7 (ver Capítulo 5) são praticamente idênticos, mas oferecem taxas de clock e sistemas de memória diferentes, tornando o Xeon E7 mais eficiente para computadores de servidor.

Neste livro, a palavra *arquitetura* abrange os três aspectos do projeto de computadores: arquitetura do conjunto de instruções, organização ou microarquitetura e hardware.

Os arquitetos de computador precisam projetar um computador para atender aos requisitos funcionais e também aos objetivos relacionados com preço, energia, desempenho e disponibilidade. A Figura 1.8 resume os requisitos a considerar no projeto de um novo computador. Normalmente, os arquitetos também precisam determinar quais são os requisitos funcionais, o que pode ser uma grande tarefa. Os requisitos podem ser recursos específicos inspirados pelo mercado. O software de aplicação normalmente controla a escolha de certos requisitos funcionais, determinando como o computador será usado. Se houver um grande conjunto de software para certa arquitetura de conjunto de instruções, o arquiteto poderá decidir que o novo computador deve implementar um dado conjunto de instruções. A presença de um grande mercado para determinada classe de aplicações pode encorajar os projetistas a incorporarem requisitos que tornariam o computador competitivo nesse mercado. Muitos desses requisitos e recursos são examinados em profundidade nos próximos capítulos.

Os arquitetos precisam estar conscientes das tendências importantes, tanto na tecnologia como na utilização dos computadores, já que elas afetam não somente os custos no futuro como também a longevidade de uma arquitetura.

| Requisitos funcionais | Recursos típicos exigidos ou admitidos |
|---|---|
| *Área de aplicação* | *Destino do computador* |
| Dispositivo móvel pessoal | Desempenho em tempo real para várias tarefas, incluindo desempenho interativo para gráficos, vídeo e áudio; eficiência energética (Capítulos 2–5 e 7; Apêndice A) |
| Desktop de uso geral | Desempenho balanceado para uma gama de tarefas, incluindo desempenho interativo para gráficos, vídeo e áudio (Capítulos 2–5; Apêndice A) |
| Servidores | Suporte para bancos de dados e processamento de transações; melhorias para confiabilidade e disponibilidade; suporte para escalabilidade (Capítulos 2, 5 e 7; Apêndices A, D e F) |
| Clusters/computadores em escala warehouse | Desempenho de throughput para muitas tarefas independentes; correção de erro de memória; proporcionalidade de energia (Capítulos 2, 6 e 7; Apêndice F) |
| Internet das coisas/ computação embarcada | Normalmente exige suporte especial para gráficos ou vídeos (ou outra extensão específica da aplicação); limitações de potência e controle de potência podem ser exigidas; restrições de tempo real (Capítulos 2, 3, 5 e 7; Apêndices A e E) |
| *Nível de compatibilidade de software* | *Determina quantidade de software existente para o computador* |
| Na linguagem de programação | Mais flexível para o projetista; precisa de novo compilador (Capítulos 3, 5 e 7; Apêndice A) |
| Compatível com código objeto ou binário | A arquitetura do conjunto de instruções é completamente definida — pouca flexibilidade —, mas nenhum investimento é necessário no software ou na portabilidade de programas (Apêndice A) |
| *Requisitos do sistema operacional* | *Recursos necessários para dar suporte ao sistema operacional escolhido (Capítulo 2; Apêndice B)* |
| Tamanho do espaço de endereços | Recurso muito importante (Capítulo 2); pode limitar as aplicações |
| Gerenciamento de memória | Exigido para o sistema operacional moderno; pode ser paginada ou segmentada (Capítulo 2) |
| Proteção | Diferentes necessidades do sistema operacional e da aplicação: página versus segmento; máquinas virtuais (Capítulo 2) |
| *Padrões* | *Certos padrões podem ser exigidos pelo mercado* |
| Ponto flutuante | Formato e aritmética: padrão IEEE 754 (Apêndice J), aritmética especial para gráficos ou processamento de sinais |
| Interfaces de E/S | Para dispositivos de E/S: Serial ATA, Serial Attached SCSI, PCI Express (Apêndices D e F) |
| Sistemas operacionais | UNIX, Windows, Linux, CISCO IOS |
| Redes | Suporte exigido para diferentes redes: Ethernet, Infiniband (Apêndice F) |
| Linguagens de programação | Linguagens (ANSI C, C++, Java, Fortran) afetam o conjunto de instruções (Apêndice A) |

**FIGURA 1.8** Resumo de alguns dos requisitos funcionais mais importantes com os quais um arquiteto se depara. A coluna da esquerda descreve a classe de requisitos, enquanto a coluna da direita oferece exemplos específicos. A coluna da direita também contém referências a capítulos e apêndices que lidam com os requisitos específicos.

## 1.4 TENDÊNCIAS NA TECNOLOGIA

Para ser bem-sucedida, uma arquitetura de conjunto de instruções precisa ser projetada para sobreviver às rápidas mudanças na tecnologia dos computadores. Afinal, uma nova arquitetura de conjunto de instruções bem-sucedida pode durar décadas — por exemplo, o núcleo do mainframe IBM está em uso há mais de 50 anos. Um arquiteto precisa planejar visando às mudanças de tecnologia que possam aumentar o tempo de vida de um computador bem-sucedido.

Para planejar a evolução de um computador, o projetista precisa estar ciente das rápidas mudanças na tecnologia de implementação. Cinco dessas tecnologias, que mudam em ritmo notável, são fundamentais para as implementações modernas:

- *Tecnologia do circuito lógico integrado.* Historicamente, a densidade de transistores tem aumentado em cerca de 35% ao ano, quadruplicando em pouco mais de quatro anos. Os aumentos no tamanho do die são menos previsíveis e mais lentos, variando de

# CAPÍTULO 1: Fundamentos do projeto e análise quantitativos

10%-20% por ano. O efeito combinado foi o crescimento na contagem de transistores de um chip em cerca de 40%-55% por ano, ou dobrando a cada 18-24 meses. Essa tendência é conhecida popularmente como *Lei de Moore*. A velocidade do dispositivo aumenta mais lentamente, conforme mencionamos a seguir. Surpreendentemente, a Lei de Moore não é mais válida. O número de dispositivos por chip ainda continua aumentando, mas a um ritmo bem menor. Diferentemente da era da Lei de Moore, esperamos que o tempo para dobrar seja esticado a cada nova geração da tecnologia.

- *DRAM semicondutora* (memória dinâmica de acesso aleatório). Essa tecnologia é a base da memória principal e será discutida no Capítulo 2. O crescimento da DRAM foi drasticamente retardado, desde que quadruplicou a cada três anos, como no passado. A DRAM de 8 gigabits foi comercializada em 2014, mas a DRAM de 16 gigabits não chegará antes de 2019, e parece que não haverá um DRAM de 32 gigabits (Kim, 2005). O Capítulo 2 menciona diversas outras tecnologias que podem substituir a DRAM quando ela atingir seu limite de capacidade.

- *Flash semicondutor* (memória somente para leitura eletricamente apagável e programável). Essa memória semicondutora não volátil é o dispositivo-padrão de armazenamento nos PMDs, e sua popularidade cada vez maior alavancou sua rápida taxa de crescimento em capacidade. Recentemente, a capacidade por chip Flash vem aumentando em cerca de 50%-60% por ano, dobrando aproximadamente a cada dois anos. Atualmente, a memória Flash é 8-10 vezes mais barata por bit do que a DRAM. O Capítulo 2 descreve a memória Flash.

- *Tecnologia de disco magnético*. Antes de 1990, a densidade aumentava em cerca de 30% por ano, dobrando em três anos. Ela aumentou para 60% por ano depois disso e para 100% por ano em 1996. Entre 2004 e 2011, caiu novamente para cerca de 40% por ano ou dobrou a cada três anos. Recentemente, as melhorias no disco passaram para menos de 5% por ano. Uma forma de aumentar a capacidade do disco é acrescentar mais placas na mesma densidade da superfície, mas já existem sete placas dentro de uma polegada de profundidade dos discos de 3,5 polegadas. Há espaço para, no máximo, uma ou duas placas adicionais. A última esperança para um aumento real de densidade é usar um laser pequeno em cada cabeça de leitura/gravação para aquecer um ponto de 30 nm a 400 °C, de modo que possa ser gravado magneticamente antes que se esfrie. Não se sabe ao certo se a Heat Assisted Magnetic Recording (HAMR) pode ser manufaturada de forma econômica e confiável, embora a Seagate tenha anunciado planos para comercializar a HAMR com produção limitada ainda em 2018. HAMR é a última chance para a melhoria contínua na densidade dos discos rígidos, que agora são 8-10 vezes mais baratos por bit do que a memória Flash e 200-300 vezes mais baratos por bit do que a DRAM. É a principal tecnologia para o armazenamento em servidores e em computadores em escala warehouse (vamos discutir essas tendências em detalhes no Apêndice D).

- *Tecnologia de rede*. O desempenho da rede depende do desempenho dos switches e do desempenho do sistema de transmissão (examinaremos as tendências em redes no Apêndice F).

Essas tecnologias que mudam rapidamente modelam o projeto de um computador que, com melhorias de velocidade e tecnologia, pode ter um tempo de vida de 3-5 anos. As principais tecnologias, como Flash, mudam o suficiente para que o projetista precise planejar essas alterações. Na realidade, em geral, os projetistas projetam para a próxima tecnologia sabendo que, quando um produto começar a ser entregue em volume, essa tecnologia pode ser a mais econômica ou apresentar vantagens de desempenho. Tradicionalmente, o custo tem diminuído aproximadamente na mesma taxa em que a densidade tem aumentado.

Embora a tecnologia melhore continuamente, o impacto dessas melhorias pode ocorrer em saltos discretos, à medida que um novo patamar para uma capacidade seja alcançado. Por exemplo, quando a tecnologia MOS atingiu um ponto, no início da década de 1980, quando cerca de 25.000-50.000 transistores poderiam caber em um único chip, foi possível montar um microprocessador de único chip de 32 bits. Ao final da mesma década, as caches de primeiro nível puderam ser inseridas no mesmo chip. Eliminando os cruzamentos do processador dentro do chip e entre o processador e a cache, foi possível alcançar uma melhoria incrível no desempenho referente ao custo e à energia. Esse projeto era simplesmente inviável até que a tecnologia alcançasse determinado ponto. Com os microprocessadores multicore e o número de cores aumentando a cada geração, mesmo os computadores servidores estão se dirigindo para ter um único chip para todos os processadores. Esses limites de tecnologia não são raros e possuem um impacto significativo sobre grande variedade de decisões de projeto.

## Tendências de desempenho: largura de banda sobre latência

Como veremos na Seção 1.8, *largura de banda* ou *throughput* é a quantidade total de trabalho feito em determinado tempo, como megabytes por segundo, para uma transferência de disco. Ao contrário, *latência* ou *tempo de resposta* é o tempo entre o início e o término de um evento, como milissegundos, para um acesso ao disco. A Figura 1.9 representa a melhoria relativa na largura de banda e a latência para os marcos da tecnologia de microproces-

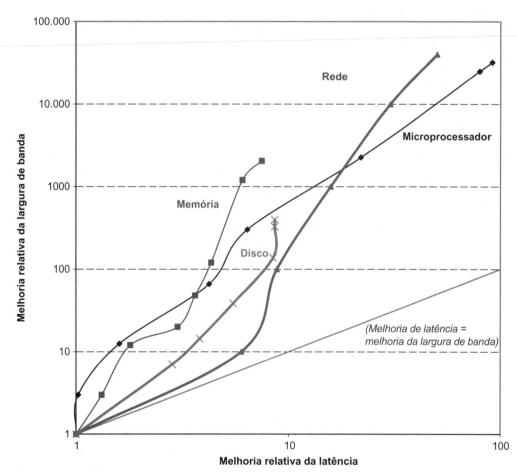

**FIGURA 1.9** Gráfico em escala logarítmica dos marcos de largura de banda e latência da Figura 1.10 em relação ao primeiro marco.
Observe que a latência melhorou de 8-91 ×, enquanto a largura de banda melhorou cerca de 400-32.000 ×.
Exceto para as redes, observamos que houve melhorias modestas na latência e na largura de banda nas outras três tecnologias em seis anos desde a última edição: 0%-23% em latência e 23%-70% em largura de banda. Atualização de Patterson, 2004. Latência atrasada em relação à largura de banda. Commun. ACM 47 (10), 71–75.

sadores, memória, redes e discos. A Figura 1.10 descreve os exemplos e os marcos com mais detalhes.

O desempenho é o principal diferenciador para microprocessadores e redes, de modo que eles têm visto os maiores ganhos: 32.000-40.000× em largura de banda e 50-90× em latência. A capacidade geralmente é mais importante do que o desempenho para memória e discos, de modo que a capacidade melhorou mais, embora seus avanços de largura de banda de 400-2.400× ainda sejam muito maiores do que seus ganhos em latência de 8-9× .

Claramente, a largura de banda ultrapassou a latência por essas tecnologias e provavelmente continuará dessa forma. Uma regra prática simples é que a largura de banda cresce ao menos pelo quadrado da melhoria na latência. Os projetistas de computadores devem levar isso em consideração para o planejamento.

## Escala de desempenho de transistores e fios

Os processos de circuito integrado são caracterizados pela *característica de tamanho*, que é o tamanho mínimo de um transistor ou de um fio na dimensão $x$ ou $y$. Os tamanhos diminuíram de 10 µm em 1971 para 0,016 µm em 2017; na verdade, trocamos as unidades, de modo que a produção em 2017 agora é referenciada como "16 nm", e chips de 7 nm estão a caminho. Como a contagem de transistores por milímetro quadrado de silício é determinada pela superfície de um transistor, a densidade de transistores quadruplica com uma diminuição linear no tamanho do recurso.

Porém, o aumento no desempenho do transistor é mais complexo. À medida que os tamanhos diminuem, os dispositivos encolhem quadruplicadamente nas dimensões horizontal e vertical. O encolhimento na dimensão vertical requer uma redução na tensão de operação para manter a operação e a confiabilidade dos transistores correta. Essa combinação de fatores de escala leva a um inter-relacionamento entre o desempenho do transistor e a carecterística de tamanho do processo. Para uma primeira aproximação, o desempenho do transistor melhora linearmente com a diminuição de seu tamanho.

O fato de a contagem de transistores melhorar em quatro vezes, com uma melhoria linear no desempenho do transistor, é tanto o desafio quanto a oportunidade para a qual os arquitetos de computadores foram criados! Nos primeiros dias dos microprocessadores, a taxa de melhoria mais alta na densidade era usada para passar rapidamente de microprocessadores de 4 bits para 8 bits, para 16 bits, para 32 bits, para 64 bits. Mais recentemente, as melhorias de densidade admitiram a introdução de múltiplos microprocessadores por chip, unidades SIMD maiores, além de muitas das inovações em execução especulativa e em caches encontradas nos Capítulos de 2 a 5.

Embora os transistores geralmente melhorem em desempenho com a diminuição do tamanho, os fios em um circuito integrado não melhoram. Em particular, o atraso de sinal em um fio aumenta na proporção com o produto de sua resistência e de sua capacitância. Naturalmente, à medida que o tamanho diminui, os fios ficam mais curtos, mas a resistência e a capacitância por tamanho unitário pioram. Esse relacionamento é complexo, pois tanto a resistência quanto a capacitância dependem de aspectos detalhados do processo, da geometria de um fio, da carga sobre um fio e até mesmo da adjacência com outras estruturas. Existem aperfeiçoamentos ocasionais no processo, como a introdução de cobre, que oferecem melhorias de uma única vez no atraso do fio.

Porém, em geral, o atraso do fio não melhora muito em comparação com o desempenho do transistor, criando desafios adicionais para o projetista. Nos últimos anos, o atraso do

| Microprocessor | 16-Bit address/ bus, microcoded | 32-Bit address/ bus, microcoded | 5-Stage pipeline, on-chip I & D caches, FPU | 2-Way superscalar, 64-bit bus | Out-of-order 3-way superscalar | Out-of-order superpipelined, on-chip L2 cache | Multicore OOO 4-way on chip L3 cache, Turbo |
|---|---|---|---|---|---|---|---|
| Product | Intel 80286 | Intel 80386 | Intel 80486 | Intel Pentium | Intel Pentium Pro | Intel Pentium 4 | Intel Core i7 |
| Year | 1982 | 1985 | 1989 | 1993 | 1997 | 2001 | 2015 |
| Die size (mm$^2$) | 47 | 43 | 81 | 90 | 308 | 217 | 122 |
| Transistors | 134,000 | 275,000 | 1,200,000 | 3,100,000 | 5,500,000 | 42,000,000 | 1,750,000,000 |
| Processors/chip | 1 | 1 | 1 | 1 | 1 | 1 | 4 |
| Pins | 68 | 132 | 168 | 273 | 387 | 423 | 1400 |
| Latency (clocks) | 6 | 5 | 5 | 5 | 10 | 22 | 14 |
| Bus width (bits) | 16 | 32 | 32 | 64 | 64 | 64 | 196 |
| Clock rate (MHz) | 12.5 | 16 | 25 | 66 | 200 | 1500 | 4000 |
| Bandwidth (MIPS) | 2 | 6 | 25 | 132 | 600 | 4500 | 64,000 |
| Latency (ns) | 320 | 313 | 200 | 76 | 50 | 15 | 4 |
| Memory module | DRAM | Page mode DRAM | Fast page mode DRAM | Fast page mode DRAM | Synchronous DRAM | Double data rate SDRAM | DDR4 SDRAM |
| Module width (bits) | 16 | 16 | 32 | 64 | 64 | 64 | 64 |
| Year | 1980 | 1983 | 1986 | 1993 | 1997 | 2000 | 2016 |
| Mbits/DRAM chip | 0.06 | 0.25 | 1 | 16 | 64 | 256 | 4096 |
| Die size (mm$^2$) | 35 | 45 | 70 | 130 | 170 | 204 | 50 |
| Pins/DRAM chip | 16 | 16 | 18 | 20 | 54 | 66 | 134 |
| Bandwidth (MBytes/s) | 13 | 40 | 160 | 267 | 640 | 1600 | 27,000 |
| Latency (ns) | 225 | 170 | 125 | 75 | 62 | 52 | 30 |
| Local area network | Ethernet | Fast Ethernet | Gigabit Ethernet | 10 Gigabit Ethernet | 100 Gigabit Ethernet | 400 Gigabit Ethernet | |
| IEEE standard | 802.3 | 803.3u | 802.3ab | 802.3ac | 802.3ba | 802.3bs | |
| Year | 1978 | 1995 | 1999 | 2003 | 2010 | 2017 | |
| Bandwidth (Mbits/seconds) | 10 | 100 | 1000 | 10,000 | 100,000 | 400,000 | |
| Latency (μs) | 3000 | 500 | 340 | 190 | 100 | 60 | |
| Hard disk | 3600 RPM | 5400 RPM | 7200 RPM | 10,000 RPM | 15,000 RPM | 15,000 RPM | |
| Product | CDC WrenI 94145-36 | Seagate ST41600 | Seagate ST15150 | Seagate ST39102 | Seagate ST373453 | Seagate ST600MX0062 | |
| Year | 1983 | 1990 | 1994 | 1998 | 2003 | 2016 | |
| Capacity (GB) | 0.03 | 1.4 | 4.3 | 9.1 | 73.4 | 600 | |
| Disk form factor | 5.25 in. | 5.25 in. | 3.5 in. | 3.5 in. | 3.5 in. | 3.5 in. | |
| Media diameter | 5.25 in. | 5.25 in. | 3.5 in. | 3.0 in. | 2.5 in. | 2.5 in. | |
| Interface | ST-412 | SCSI | SCSI | SCSI | SCSI | SAS | |
| Bandwidth (MBytes/s) | 0.6 | 4 | 9 | 24 | 86 | 250 | |
| Latency (ms) | 48.3 | 17.1 | 12.7 | 8.8 | 5.7 | 3.6 | |

**FIGURA 1.10** Marcos de desempenho por 25-40 anos para microprocessadores, memória, redes e discos.
Os marcos do microprocessador são várias gerações de processadores IA-32, variando desde um 80286 microcodificado com barramento de 16 bits até um Core i7 multicore, com execução fora de ordem, superpipelined. Os marcos de módulo de memória vão da DRAM plana de 16 bits de largura até a DRAM síncrona versão 3 com taxa de dados dupla com 64 bits de largura. As redes Ethernet avançaram de 10 Mb/s até 400 Gb/s. Os marcos de disco são baseados na velocidade de rotação, melhorando de 3.600 RPM até 15.000 RPM. Cada caso é a largura de banda no melhor caso, e a latência é o tempo para uma operação simples, presumindo-se que não haja disputa. Atualização de Patterson (2004). Commun. ACM 47 (10), 71–75.

fio tornou-se uma limitação de projeto importante para grandes circuitos integrados e normalmente é mais crítico do que o atraso do chaveamento do transistor. Frações cada vez maiores de ciclo de clock têm sido consumidas pelo atraso de propagação dos sinais nos fios, mas o consumo de energia agora desempenha um papel ainda mais importante do que o atraso nos fios.

## 1.5 TENDÊNCIAS NA ALIMENTAÇÃO DOS CIRCUITOS INTEGRADOS

Hoje, a energia é o segundo maior desafio enfrentado pelo projetista de computadores para praticamente todas as classes de computador. Primeiramente, a alimentação precisa ser trazida e distribuída pelo chip, e os microprocessadores modernos utilizam centenas de pinos e várias camadas de interconexão apenas para alimentação e terra. Além disso, a energia é dissipada como calor e precisa ser removida.

### Potência e energia: uma perspectiva de sistema

Como um arquiteto de sistema ou um usuário devem pensar sobre o desempenho, a potência e a energia? Do ponto de vista de um projetista de sistema, existem três preocupações principais.

Em primeiro lugar, qual é a potência máxima que um processador pode exigir? Atender a essa demanda pode ser importante para garantir a operação correta. Por exemplo, se um processador tenta obter mais potência do que a fornecida por um sistema de alimentação (obtendo mais corrente do que o sistema pode fornecer), em geral o resultado é uma queda de tensão que pode fazer o dispositivo falhar. Processadores modernos podem variar muito em consumo de potência com altos picos de corrente. Portanto, eles fornecem métodos de indexação de tensão que permitem ao processador ficar mais lento e regular a tensão dentro de uma margem grande. Obviamente, fazer isso diminui o desempenho.

Em segundo lugar, qual é o consumo de potência sustentado? Essa métrica é amplamente chamada *projeto térmico de potência* (Thermal Design Power — TDP), uma vez que determina o requisito de resfriamento. O TDP não é a potência de pico, em alguns momentos cerca de 1,5 vez maior, nem a potência média real que será consumida durante um dado cálculo, que provavelmente será ainda menor. Geralmente, uma fonte de alimentação típica é projetada para atender ou exceder o TDP. Não proporcionar resfriamento adequado vai permitir à temperatura de junção no processador exceder seu valor máximo, resultando em uma falha no dispositivo, possivelmente com danos permanentes. Os processadores modernos fornecem dois recursos para ajudar a gerenciar o calor, uma vez que a potência máxima (e, portanto, o calor e o aumento de temperatura) pode exceder, a longo prazo, a média especificada pela TDP. Primeiro, conforme a temperatura se aproxima do limite de temperatura de junção, os circuitos reduzem a taxa de clock, reduzindo também a potência. Se essa técnica não tiver sucesso, um segundo protetor de sobrecarga é ativado para desativar o chip.

O terceiro fator que os projetistas e usuários devem considerar é a energia e a eficiência energética. Lembre-se de que potência é simplesmente energia por unidade de tempo: 1 watt = 1 joule por segundo. Qual é a métrica correta para comparar processadores: energia ou potência? Em geral, a energia é sempre uma métrica melhor, porque está ligada a uma tarefa específica e ao tempo necessário para ela. Em particular, a energia para executar uma carga de trabalho é igual à potência média vezes o tempo de execução para a carga de trabalho.

Assim, se quisermos saber qual dentre dois processadores é mais eficiente para determinada tarefa, devemos comparar o consumo de energia (não a potência) para realizá-la. Por exemplo, o processador A pode ter um consumo de potência médio 20% maior do que o processador B, mas se A executar a tarefa em apenas 70% do tempo necessário para B, seu consumo de energia será $1,2 \times 0,7 = 0,84$, que é obviamente melhor.

Pode-se argumentar que, em um grande servidor ou em uma nuvem, é suficiente considerar a potência média, uma vez que muitas vezes se supõe que a carga de trabalho seja infinita, mas isso é equivocado. Se nossa nuvem fosse ocupada por processadores B em vez de processadores A, faria menos trabalho pela mesma quantidade de energia gasta. Usar a energia para comparar as alternativas evita essa armadilha. Seja uma carga de trabalho fixa, uma nuvem em escala warehouse, seja um smartphone, comparar a energia será o modo correto de comparar alternativas de processador, já que tanto a conta de eletricidade para a nuvem quanto o tempo de vida da bateria para o smartphone são determinados pela energia consumida.

Quando o consumo de potência é uma medida útil? O principal uso legítimo é como uma restrição; por exemplo, um chip pode ser limitado a 100 watts. Isso pode ser usado como métrica se a carga de trabalho for fixa, mas então é só uma variação da verdadeira métrica de energia por tarefa.

## Energia e potência dentro de um microprocessador

Para os chips de CMOS, o consumo de energia dominante tradicional tem ocorrido no chaveamento de transistores, também chamada *energia dinâmica*. A energia exigida por transistor é proporcional ao produto da capacitância de carga do transistor pelo quadrado da tensão:

$$\text{Energia}_{\text{dinâmica}} \propto \text{Carga capacitiva} \times \text{Tensão}^2$$

Essa equação é a energia de pulso da transição lógica de $0 \rightarrow 1 \rightarrow 0$ ou $1 \rightarrow 0 \rightarrow 1$. A energia de uma única transição ($0 \rightarrow 1$ ou $1 \rightarrow 0$) é, então:

$$\text{Energia}_{\text{dinâmica}} \propto 1/2 \times \text{Carga capacitiva} \times \text{Tensão}^2$$

A potência necessária por transistor é somente o produto da energia de uma transição multiplicada pela frequência das transições:

$$\text{Potência}_{\text{dinâmica}} \propto 1/2\, \text{Carga capacitiva} \times \text{Tensão}^2 \times \text{Frequência de chaveamento}$$

Para uma tarefa fixa, reduzir a taxa de clock reduz a potência, mas não a energia.

Obviamente, a potência dinâmica e a energia são muito reduzidas quando se reduz a tensão, por isso as tensões caíram de 5V para pouco menos de 1V em 20 anos. A carga capacitiva é uma função do número de transistores conectados a uma saída e à tecnologia, que determina a capacitância dos fios e transistores.

**Exemplo**  Hoje, alguns microprocessadores são projetados para ter tensão ajustável, de modo que uma redução de 15% na tensão pode resultar em uma redução de 15% na frequência. Qual seria o impacto sobre a energia dinâmica e a potência dinâmica?

**Resposta**  Como a capacitância é inalterada, a resposta para a energia é a razão das tensões, uma vez que a capacitância não muda:

$$\frac{\text{Energia}_{\text{nova}}}{\text{Energia}_{\text{antiga}}} = \frac{(\text{Tensão} \times 0,85)^2}{\text{Tensão}^2} = 0,85^2 = 0,72$$

reduzindo assim a potência para cerca de 72% da original. Para a potência, adicionamos a taxa das frequências

$$\frac{\text{Potência}_{\text{nova}}}{\text{Potência}_{\text{antiga}}} = 0,72 \times \frac{\text{Frequência de chaveamento} \times 0,85)}{\text{Frequência de chaveamento}} = 0,61$$

reduzindo a potência para cerca de 61% do original.

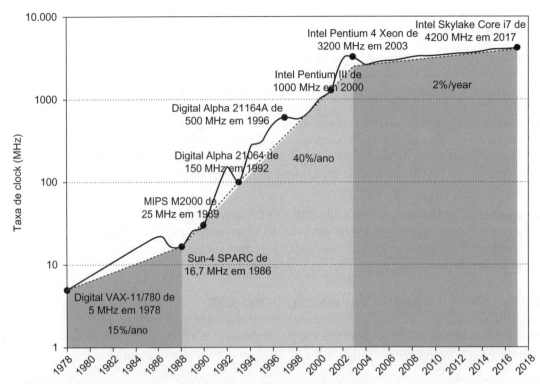

**FIGURA 1.11** Crescimento na taxa de clock dos microprocessadores vistos na Figura 1.1.
Entre 1978 e 1986, a taxa de clock aumentou menos de 15% por ano, enquanto o desempenho aumentou em 22% por ano. Durante o "período de renascimento" de 52% de melhoria de desempenho por ano entre 1986 e 2003, as taxas de clock aumentaram em quase 40% por ano. Desde então, a taxa de clock tem sido praticamente a mesma, crescendo menos de 2% por ano, enquanto o desempenho de processador único melhorou recentemente em apenas 3,5% por ano.

Ao passarmos de um processo para outro, o aumento no número de transistores chaveados e a frequência com que eles variam dominam a diminuição na capacitância de carga e tensão, levando a um crescimento geral no consumo de potência e energia. Os primeiros microprocessadores consumiam menos de 1 watt, e os primeiros microprocessadores de 32 bits (como o Intel 80386) usavam cerca de 2 watts, enquanto um Intel Core i7-6700K de 4,0 GHz consome 95 watts. Visto que esse calor precisa ser dissipado de um chip com cerca de 1,5 cm em um lado, estamos praticamente alcançando os limites do que pode ser resfriado pelo ar, e é por isso que ficamos presos por quase uma década.

Dada a equação anterior, você poderia esperar que o crescimento da frequência de clock diminuísse se não pudéssemos reduzir a tensão ou aumentar a potência por chip. A Figura 1.11 mostra que esse é, de fato, o caso desde 2003, mesmo para os microprocessadores na Figura 1.1 que tiveram os melhores desempenhos a cada ano. Observe que esse período de taxas constantes de clock corresponde ao período de baixa melhoria de desempenho na Figura 1.1.

Distribuir a potência, retirar o calor e impedir pontos quentes têm se tornado desafios cada vez mais difíceis. A energia agora é a principal limitação para o uso de transistores; no passado, era a área bruta do silício. Portanto, os microprocessadores modernos oferecem muitas técnicas para tentar melhorar a eficiência energética, apesar das taxas de clock e tensões de alimentação constantes:

1. *Desativar o que não for necessário.* A maioria dos microprocessadores de hoje desliga o clock de módulos inativos para economizar energia e potência dinâmica. Por

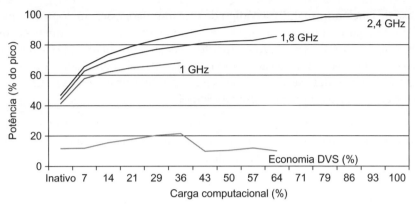

**FIGURA 1.12** Economias de energia para um servidor usando um microprocessador AMD Opteron, 8 GB de DRAM, e um disco ATA.
A 1,8 GHz, o servidor só pode lidar com até dois terços da carga de trabalho sem causar violações de nível de serviço, e a 1,0 GHz ele só pode lidar com segurança de um terço da carga de trabalho (Figura 5.11, em Barroso e Hölzle, 2009).

exemplo, se nenhuma instrução de ponto flutuante estiver sendo executada, o clock da unidade de ponto flutuante será desativado. Se alguns núcleos estiverem inativos, seus clocks serão interrompidos.

2. *Escalamento dinâmico de tensão-frequência* (*Dynamic Voltage-Frequency Scaling — DVFS*). A segunda técnica vem diretamente das fórmulas anteriores. Dispositivos pessoais móveis, laptops e, até mesmo, servidores têm períodos de baixa atividade, em que não há necessidade de operar em frequências de clock e tensões mais elevadas. Os microprocessadores modernos costumam oferecer algumas frequências de clock e tensões que usam menor potência e energia. A Figura 1.12 mostra as economias potenciais de potência através do DVFS para um servidor, conforme a carga de trabalho diminui para três diferentes taxas de clock: 2,4 GHz, 1,8 GHz e 1 GHz. A economia geral de potência no servidor é de cerca de 10%-15% para cada um dos dois passos.

3. *Projeto para um caso típico.* Dado que os PMDs e laptops muitas vezes estão inativos, a memória e o armazenamento oferecem modos de baixa potência para poupar energia. Por exemplo, DRAMs têm uma série de modos de potência cada vez menores para aumentar a vida da bateria em PMDs e laptops, e há propostas de discos que têm um modo de girar a taxas menores quando inativos, para poupar energia. Entretanto, você não pode acessar DRAMs ou discos nesses modos, então deve retornar a um modo totalmente ativo para ler ou gravar, não importa quão baixa seja a taxa de acesso. Como mencionado, os microprocessadores para PCs, ao contrário, foram projetados para um caso mais típico de uso pesado a altas temperaturas de operação, dependendo dos sensores de temperatura no chip para detectar quando a atividade deve ser automaticamente reduzida para evitar sobreaquecimento. Essa "redução de velocidade de emergência" permite aos fabricantes projetar para um caso mais típico e, então, depender desse mecanismo de segurança se alguém realmente executar programas que consumam muito mais potência do que o normal.

4. *Overclocking.* Em 2008, a Intel começou a oferecer o *modo Turbo*, em que o chip decide que é seguro rodar a uma taxa maior de clock por um curto período, possivelmente em alguns poucos núcleos, até que a temperatura comece a subir. Por exemplo, o Core i7 de 3,3 GHz pode rodar por curtos períodos a 3,6 GHz. De fato, todos os microprocessadores de maior desempenho a cada ano desde 2008, indicados na Figura 1.1, ofereceram *overclocking* temporário de cerca de 10% acima

da taxa de clock nominal. Para código de thread único, esses microprocessadores podem desligar todos os núcleos, com exceção de um, e rodá-lo a uma taxa de clock ainda maior. Observe que, enquanto o sistema operacional pode desligar o modo Turbo, não há notificação, uma vez que ele seja habilitado. Assim, os programadores podem se surpreender ao ver que seus programas variam em desempenho devido à temperatura ambiente!

Embora a potência dinâmica seja a principal fonte de dissipação de potência na CMOS, a potência estática está se tornando uma questão importante, pois a corrente de fuga flui até mesmo quando um transistor está desligado:

$$\text{Potência}_{estática} \propto \text{Corrente}_{estática} \times \text{Tensão}$$

ou seja, a potência estática é proporcional ao número de dispositivos.

Assim, aumentar o número de transistores aumenta a potência, mesmo que eles estejam inativos, e a corrente de fuga aumenta em processadores com transistores de menor tamanho. Como resultado, sistemas com muito pouca potência ainda estão desligando a tensão (*power gating*) para módulos inativos, a fim de controlar a perda decorrente da fuga. Em 2011, a meta para a fuga era de 25% do consumo total de energia, mas a fuga nos projetos de alto desempenho muitas vezes ultrapassou bastante esse objetivo. A fuga pode ser de até 50% em tais chips, em parte por causa dos maiores caches de SRAM, que precisam de potência para manter os valores de armazenamento (o "S" em SRAM é de estático — *static*). A única esperança de impedir a fuga é desligar a alimentação de subconjuntos dos chips.

Por fim, como o processador é só uma parte do custo total de energia de um sistema, pode fazer sentido usar um que seja mais rápido e menos eficiente em termos de energia para permitir ao restante do sistema entrar em modo *sleep*. Essa estratégia é conhecida como *race-to-halt*.

A importância da potência e da energia aumentou o cuidado na avaliação sobre a eficiência de uma inovação, então agora a principal avaliação inclui as tarefas por joule ou desempenho por watt, ao contrário do desempenho por $mm^2$ de silício, como acontecia no passado. Essa nova métrica afeta as técnicas de paralelismo, como veremos nos Capítulos 4 e 5.

## A mudança na arquitetura dos computadores devido aos limites de energia

À medida que a melhoria dos transistores desacelera, os arquitetos de computação devem procurar em outro lugar para melhorar a eficiência energética. De fato, dado o orçamento de energia, hoje é fácil projetar um microprocessador com tantos transistores que eles não possam ser todos ligados ao mesmo tempo. Este fenômeno tem sido chamado de *dark silicon* (ou *silício no escuro*), em que grande parte de um chip pode não ser usada (ficar "no escuro") a qualquer momento devido a restrições térmicas. Essa observação levou os arquitetos a reexaminar os fundamentos do projeto dos processadores na busca por um maior desempenho de custo de energia.

A Figura 1.13, que lista o custo de energia e o custo por área dos blocos de construção de um computador moderno, revela proporções surpreendentemente altas. Por exemplo, uma adição de ponto flutuante de 32 bits usa 30 vezes mais energia do que uma adição de inteiros de 8 bits. A diferença na área é ainda maior, em 60 vezes. No entanto, a maior diferença está na memória; um acesso de 32 bits à DRAM consome 20.000 vezes mais energia do que uma adição de 8 bits. Uma pequena SRAM é 125 vezes mais eficiente em termos energéticos do que a DRAM, o que demonstra a importância de usar cuidadosamente caches e buffers de memória.

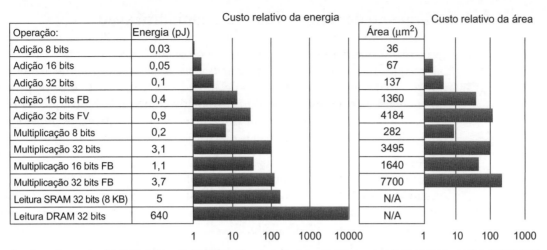

**FIGURA 1.13** Comparação da energia e área do die de operações aritméticas e o custo de energia dos acessos à SRAM e DRAM. [Azizi][Dally]. A área é para o nó de tecnologia TSMC de 45 nm.

O novo princípio de projeto de minimizar a energia por tarefa, combinado com os custos relativos de energia e área da Figura 1.13, inspiraram uma nova direção para a arquitetura de computadores, que descrevemos no Capítulo 7. Processadores específicos de domínio economizam energia reduzindo operações de ponto flutuante largas e implantando memórias de finalidade especial para reduzir os acessos à DRAM. Eles usam essa economia para fornecer de 10 a 100 mais unidades aritméticas inteiras (mais estreitas) do que um processador tradicional. Embora esses processadores executem apenas um conjunto limitado de tarefas, eles as executam de forma notavelmente mais rápida e com mais eficiência energética do que um processador de uso geral.

Como um hospital com clínicos gerais e médicos especialistas, os computadores neste mundo com consciência energética provavelmente serão combinações de núcleos de uso geral, que podem realizar qualquer tarefa, e núcleos de propósito especial que façam algumas coisas extremamente bem e até de forma mais barata.

## 1.6 TENDÊNCIAS NO CUSTO

Embora existam projetos de computador nos quais os custos costumam ser menos importantes — especificamente, supercomputadores —, projetos sensíveis ao custo tornam-se primordiais. Na realidade, nos últimos 35 anos, o uso de melhorias tecnológicas para reduzir o custo, além de aumentar o desempenho, tem sido um tema importante no setor de computação.

Os livros-texto normalmente ignoram a parte "custo" do par custo-desempenho, porque os custos mudam, tornando os livros desatualizados e porque essas questões são sutis, diferindo entre os segmentos do setor. Mesmo assim, ter compreensão do custo e de seus fatores é essencial para os projetistas tomarem decisões inteligentes quanto a um novo recurso ser ou não incluído nos projetos em que o custo é importante. (Imagine os arquitetos projetando prédios sem qualquer informação sobre os custos das vigas de aço e do concreto!)

Esta seção trata dos principais fatores que influenciam o custo de um computador e o modo como esses fatores estão mudando com o tempo.

## O impacto do tempo, volume e comoditização

O custo de um componente de computador manufaturado diminui com o tempo, mesmo sem que haja grandes melhorias na tecnologia de implementação básica. O princípio básico que faz os custos caírem é a *curva de aprendizado* — os custos de manufatura diminuem com o tempo. A própria curva de aprendizado é mais bem medida pela mudança no *rendimento* — a porcentagem dos dispositivos manufaturados que sobrevivem ao procedimento de teste. Seja um chip, uma placa, seja um sistema, os projetos que têm o dobro de rendimento terão a metade do custo.

Entender como a curva de aprendizado melhora o rendimento é fundamental para proteger os custos da vida de um produto. Um exemplo disso é que, a longo prazo, o preço por megabyte da DRAM tem caído. Como as DRAMs costumam ter seu preço relacionado com o custo — com exceção dos períodos de escassez ou de oferta em demasia —, o preço e o custo da DRAM andam lado a lado.

Os preços de microprocessadores também caem com o tempo, mas, por serem menos padronizados que as DRAMs, o relacionamento entre preço e custo é mais complexo. Em um período de competitividade significativa, o preço costuma acompanhar o custo mais de perto, embora seja provável que os vendedores de microprocessador quase nunca tenham perdas.

O volume é o segundo fator importante na determinação do custo. Volumes cada vez maiores afetam o custo de várias maneiras. Em primeiro lugar, eles reduzem o tempo necessário para diminuir a curva de aprendizado, que é parcialmente proporcional ao número de sistemas (ou chips) manufaturados. Em segundo lugar, o volume diminui o custo, pois aumenta a eficiência de compras e manufatura. Via de regra, alguns projetistas estimaram que o custo diminui cerca de 10% para cada duplicação do volume. Além do mais, o volume diminui a quantidade de custo de desenvolvimento que precisa ser amortizada por computador, permitindo que os preços de custo e de venda sejam mais próximos.

*Commodities* são produtos essencialmente idênticos vendidos por vários fornecedores em grandes volumes. Praticamente todos os produtos ofertados nas prateleiras de supermercados são *commodities*, assim como DRAMs, memória Flash, discos, monitores e teclados comuns. Nos últimos 30 anos, grande parte do negócio de computador pessoal tornou-se um negócio de *commodity*, focalizando a montagem de computadores desktop e laptops que rodam o Microsoft Windows.

Como muitos fornecedores entregam produtos quase idênticos, isso é altamente competitivo. É natural que essa competição diminua a distância entre preço de custo e preço de venda, mas que também diminua o custo. As reduções ocorrem porque um mercado de *commodity* possui volume e clara definição de produto, de modo que vários fornecedores podem competir pela montagem dos componentes para o produto. Como resultado, o custo geral desse produto é mais baixo, devido à competição entre os fornecedores dos componentes e à eficiência de volume que eles podem conseguir. Isso fez com que o negócio de computador, de produtos finais, fosse capaz de alcançar melhor preço-desempenho do que outros setores e resultou em maior crescimento, embora com lucros limitados (como é comum em qualquer negócio de *commodity*).

## Custo de um circuito integrado

Por que um livro sobre arquitetura de computadores teria uma seção sobre custos de circuito integrado? Em um mercado de computadores cada vez mais competitivo, no qual partes-padrão — discos, memória Flash, DRAMs etc. — estão tornando-se parte significativa do custo de qualquer sistema, os custos de circuito integrado tornam-se uma

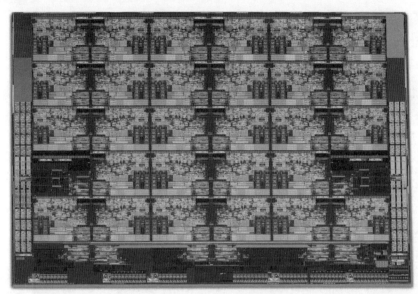

**FIGURA 1.14** Fotografia de um die de microprocessador Skylake, que será avaliado no Capítulo 4.

parte maior do custo que varia entre os computadores, especialmente na parte de alto volume do mercado, sensível ao custo. De fato, com a dependência cada vez maior dos dispositivos pessoais móveis em relação a *sistemas em um chip* (Systems On a Chip — SOC) completos, o custo dos circuitos integrados representa grande parte do custo do PMD. Assim, os projetistas de computadores precisam entender os custos dos chips para entender os custos dos computadores atuais.

Embora os custos dos circuitos integrados tenham caído exponencialmente, o processo básico de manufatura do silício não mudou: um *wafer* ainda é testado e cortado em *dies*, que são encapsulados (ver Figuras 1.14 a 1.16). Assim, o custo de um circuito integrado finalizado é:

$$\text{Custo do c.i.} = \frac{(\text{Custo do die} + \text{Custo de testar o die} + \text{Custo de encapsulamento e teste final})}{\text{Rendimento final do teste}}$$

Nesta seção, focalizamos o custo dos dies, resumindo os principais problemas referentes ao teste e ao encapsulamento no final.

Aprender a prever o número de chips bons por wafer exige aprender primeiro quantos dies cabem em um wafer e, depois, como prever a porcentagem deles que funcionará. A partir disso, é simples prever o custo:

$$\text{Custo do die} = \frac{\text{Custo do wafer}}{\text{Dies por wafer} \times \text{Rendimento do die}}$$

O recurso mais interessante desse primeiro termo da equação de custo do chip é sua sensibilidade ao tamanho do die, como veremos a seguir.

O número de dies por wafer é aproximadamente a área do wafer dividida pela área do die. Ela pode ser estimada com mais precisão por

$$\text{Dies por wafer} = \frac{\pi \times (\text{Diâmetro do wafer}/2)^2}{\text{Área do die}} - \frac{\pi \times \text{Diâmetro do wafer}}{\sqrt{2 \times \text{Área do die}}}$$

O primeiro termo é a razão da área do wafer ($\pi r^2$) pela área do die. O segundo compensa o problema do "pino quadrado em um furo redondo" — dies retangulares perto da periferia

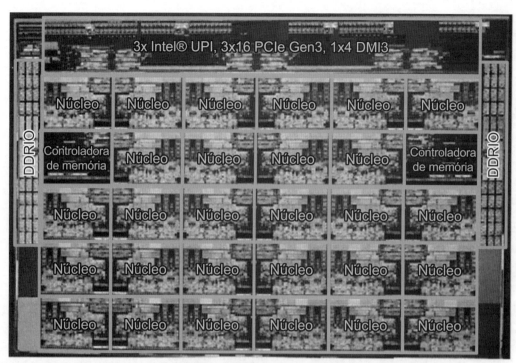

**FIGURA 1.15** Os componentes do die do microprocessador da Figura 1.14 são rotulados com suas funções.

**FIGURA 1.16** Esse wafer de 200 mm de diâmetro de dies RISC-V foi projetado pela SiFive.
Ele possui dois tipos de dies RISC-V usando uma linha de processamento maior e mais antiga. Um die FE310 tem 2,65 mm × 2,62 mm e um die de teste SiFive com 2,89 mm × 2,72 mm. O wafer contém 1846 do primeiro e 1866 do segundo, totalizando 3712 chips.

de wafers redondos. A divisão da circunferência ($\pi d$) pela diagonal de um die quadrado é aproximadamente o número de dies ao longo da borda.

**Exemplo**  Encontre o número de dies por wafer de 300 mm (30 cm) para um die que possui 1,5 cm em um lado e para um die que possui 1,0 cm em outro.

**Resposta**  Quando a área do die é 2,25 cm$^2$:

$$\text{Dies por wafer} = \frac{\pi \times (30/2)^2}{2,25} = \frac{\pi \times 30}{\sqrt{2 \times 2,25}} = \frac{706.9}{2,25} - \frac{94.2}{2,12} = 270$$

Uma vez que a área do die maior é 2,25 vezes maior, há aproximadamente 2,25 vezes dies menores por wafer:

$$\text{Dies por wafer} = \frac{\pi \times (30/2)^2}{1,00} = \frac{\pi \times 30}{\sqrt{2 \times 1,00}} = \frac{706.9}{1,00} - \frac{94.2}{1,41} = 640$$

Porém, essa fórmula só dá o número máximo de dies por wafer. A questão decisiva é: qual é a fração de dies *bons* em um wafer, ou seja, o *rendimento de dies*? Um modelo simples de rendimento de circuito integrado que considera que os defeitos são distribuídos aleatoriamente sobre o wafer e esse rendimento é inversamente proporcional à complexidade do processo de fabricação, leva ao seguinte:

$$\text{Rendimento do die} = \text{Rendimento do wafer} \times 1 / (1 + \text{Defeitos por unidade de área} \times \text{Área do die})^N$$

Essa fórmula de Bose-Einstein é um modelo empírico desenvolvido pela observação do rendimento de muitas linhas de fabricação (Sydow, 2006), e ainda se aplica nos dias atuais. O *rendimento do wafer* leva em consideração os wafers que são completamente defeituosos e, por isso, não precisam ser testados. Para simplificar, vamos simplesmente considerar que o rendimento do wafer seja de 100%. Os defeitos por unidade de área são uma medida dos defeitos de fabricação aleatórios que ocorrem. Em 2017, esse valor normalmente era de 0,08-0,10 defeito por polegada quadrada para um nó de 28 nm e 0,10-0,30 para o nó mais recente e 16 nm, pois isso depende da maturidade do processo (lembre-se da curva de aprendizado mencionada anteriormente). As versões métricas são 0,012-0,016 defeitos por centímetro quadrado para 28 nm e 0,016-0,047 para 16 nm. Por fim, $N$ é um parâmetro chamado *fator de complexidade da fabricação*, uma medida da dificuldade de manufatura. Para processos de 28 nm em 2017, $N$ variou de 7,5-9,5. Para um processo de 16 nm, N variou de 10 a 14.

**Exemplo**  Encontre o rendimento para os dies com 1,5 cm de um lado e 1,0 cm de outro, considerando uma densidade de defeito de 0,047 por cm$^2$ e $N$ de 12.

**Resposta**  As áreas totais de die são 2,25 cm$^2$ e 1,00 cm$^2$. Para um die maior, o rendimento é:

$$\text{Rendimento do die} = 1 / (1 + 0,047 \times 2,25)^{12} \times 270 = 120$$

Para o die menor, ele é o rendimento do die:

$$\text{Rendimento do die} = 1 / (1 + 0,047 \times 1,00)^{12} \times 640 = 444$$

O resultado é o número de dies bons por wafer. Menos de metade de todos os dies grandes são bons, mas quase 70% dos smalls pequenos são bons.

Embora muitos microprocessadores estejam entre 1,00 e 2,25 cm$^2$, os processadores de 32 bits mais simples às vezes possuem até 0,05 cm$^2$, processadores usados para controle embarcado (para dispositivos IoT pouco dispendiosos) geralmente têm menos de 0,01 cm$^2$ e chips de servidor e GPU de alto desempenho podem ter até 8 cm$^2$.

Devido às consideráveis pressões de preço sobre os produtos de *commodity*, como DRAM e SRAM, os projetistas incluíram a redundância como um meio de aumentar o rendimento. Por vários anos, as DRAMs regularmente incluíram algumas células de memória redundantes, de modo que certo número de falhas possa ser acomodado. Os projetistas têm usado técnicas semelhantes, tanto em SRAMs padrão quanto em grandes arrays de SRAM, usados para caches dentro dos microprocessadores. GPUs possuem 4 processadores redundantes dentre 84, pelo mesmo motivo. É óbvio que a presença de entradas redundantes pode ser usada para aumentar significativamente o rendimento.

Em 2017, o processamento de um wafer de 300 mm (12 polegadas) de diâmetro em tecnologia de ponta custava entre US\$4.000 e US\$5.000, e um wafer de 16 nm custava cerca de US\$7.000. Considerando um custo de wafer processado de US\$7.000, o custo do die de 1,00 cm$^2$ seria em torno de US\$16, mas o custo por die de 2,25 cm$^2$ seria cerca de US\$58, quase quatro vezes o custo para um die com pouco mais que o dobro do tamanho.

Por que um projetista de computador precisa se lembrar dos custos do chip? O processo de manufatura dita o custo e o rendimento do wafer, e os defeitos por unidade de área, de modo que o único controle do projetista é a área do die. Na prática, como o número de defeitos por unidade de área é pequeno, o número de dies bons por wafer e, portanto, o custo por die crescem rapidamente, conforme o quadrado da área do die. O projetista de computador afeta o tamanho do die e, portanto, o custo, tanto pelas funções incluídas ou excluídas quanto pelo número de pinos de E/S.

Antes que tenhamos uma parte pronta para uso em um computador, os dies precisam ser testados (para separar os bons dies dos ruins), encapsulados e testados novamente após o encapsulamento. Todos esses passos aumentam consideravelmente os custos, em até 50% do total.

Essa análise focalizou os custos variáveis da produção de um die funcional, que é apropriado para circuitos integrados de alto volume. Porém, existe uma parte muito importante do custo fixo que pode afetar significativamente o custo de um circuito integrado para baixos volumes (menos de um milhão de partes), a saber, o custo de um conjunto de máscaras. Cada etapa do processo de fabricação do circuito integrado requer uma máscara separada. Assim, para os modernos processos de fabricação de alta densidade, com até dez camadas de metal, os custos por máscara são próximos de US\$4 milhões para 16 nm e US\$1,5 milhão para 28 nm.

A boa notícia é que as companhias de semicondutores oferecem rodadas de prototipagem e depuração para reduzir bastante os custos de minúsculos chips de teste. Essas rodadas reduzem os custos ao colocar muitos projetos pequenos em um único die, para amortizar os custos com máscara, e depois separam os dies em pedaços menores para cada projeto. Assim, a TSMC entregou de 80 a 100 dies não testados que possuem 1,57 × 1,57 mm em um processo de 28 nm por US\$30.000 em 2017. Embora esses dies sejam pequenos, eles oferecem ao arquiteto milhões de transistores para trabalhar. Por exemplo, diversos processadores RISC-V caberiam nesse die.

Embora as rodadas de prototipagem e depuração ajudem nas rodadas de prototipagem e depuração, eles não resolvem a produção em baixo volume de dezenas a centenas de milhares de partes. Como os custos por máscara provavelmente continuarão a aumentar, os projetistas podem incorporar a lógica reconfigurável para melhorar a flexibilidade de uma parte e, assim, reduzir as implicações de custo das máscaras.

## Custo *versus* preço

Com os computadores se tornando *commodities*, a margem entre o custo para a manufatura de um produto e o preço pelo qual o produto é vendido tem diminuído. Essa margem considera a pesquisa e desenvolvimento (P&D), o marketing, as vendas, a manutenção do equipamento de manufatura, o aluguel do prédio, o custo do financiamento, os lucros pré-taxados e os impostos de uma empresa. Muitos engenheiros ficam surpresos ao descobrir que a maioria das empresas gasta apenas de 4% (no negócio de PC *commodity*) a 12% (no negócio de servidor de alto nível) de sua receita em P&D, que inclui toda a engenharia.

## Custo de fabricação *versus* custo de operação

Nas primeiras quatro edições deste livro, *custo* queria dizer o valor gasto para construir um computador e *preço* significava a quantia para comprar um computador. Com o advento de computadores em escala warehouse (WSCs), que contêm dezenas de milhares de servidores, o custo de operar os computadores é significativo, além do custo de aquisição. Os economistas se referem a esses dois custos como despesas de capital (CAPEX) e despesas operacionais (OPEX).

Como o Capítulo 6 mostra, o preço de compra amortizado dos servidores e redes corresponde a cerca de metade do custo mensal para operar um computador em escala warehouse, considerando um tempo de vista curto do equipamento de TI de 3-4 anos. Cerca de 40% dos custos operacionais mensais têm relação com o uso de energia e a infraestrutura amortizada para distribuí-la e resfriar o equipamento de TI, apesar de essa infraestrutura ser amortizada ao longo de 10 a 15 anos. Assim, para reduzir os custos em um computador em escala de warehouse, os arquitetos de computadores precisam usar a energia com eficiência.

## 1.7 CONFIABILIDADE

Historicamente, os circuitos integrados sempre foram um dos componentes mais confiáveis de um computador. Embora seus pinos fossem vulneráveis e pudesse haver falhas nos canais de comunicação, a taxa de erro dentro do chip era muito baixa. Mas essa sabedoria convencional está mudando à medida que chegamos a tamanhos de 16 nm e ainda menores: falhas transientes e permanentes se tornarão mais comuns, de modo que os arquitetos precisarão projetar sistemas para lidar com esses desafios. Esta seção apresenta um rápido panorama dessas questões de confiabilidade, deixando a definição oficial dos termos e das técnicas para a Seção D.3, no Apêndice D.

Os computadores são projetados e construídos em diferentes camadas de abstração. Podemos descer recursivamente por um computador, vendo os componentes se ampliarem para subsistemas completos até nos depararmos com os transistores individuais. Embora algumas falhas, como a falta de energia, sejam generalizadas, muitas podem ser limitadas a um único componente em um módulo. Assim, a falha pronunciada de um módulo em um nível pode ser considerada meramente um erro de componente em um módulo de nível superior. Essa distinção é útil na tentativa de encontrar maneiras de montar computadores confiáveis.

Uma questão difícil é decidir quando um sistema está operando corretamente. Esse ponto filosófico tornou-se concreto com a popularidade dos serviços de internet. Os provedores de infraestrutura começaram a oferecer *Service Level Agreements* (SLA) ou *Service Level Objectives* (SLO) para garantir que seu serviço de rede ou energia fosse confiável. Por exemplo, eles pagariam ao cliente uma multa se não cumprissem um acordo por mais de algumas horas por mês. Assim, um SLA poderia ser usado para decidir se o sistema estava ativo ou inativo.

Os sistemas alternam dois *status* de serviço com relação a um SLA:

1. *Realização do serviço*, em que o serviço é entregue conforme o que foi especificado.
2. *Interrupção de serviço*, em que o serviço entregue é diferente do SLA.

As transições entre esses dois *status* são causadas por *falhas* (do *status* 1 para o 2) ou *restaurações* (do *status* 2 para o 1). Quantificar essas transições leva às duas principais medidas de confiabilidade:

- *Confiabilidade do módulo* é uma medida da realização contínua do serviço (ou, de forma equivalente, do tempo para a falha) a partir de um instante inicial de referência. Logo, o *tempo médio para a falha* (Mean Time To Failure — MTTF) é uma medida de confiabilidade. O recíproco do MTTF é uma taxa de falhas, geralmente informada como falhas por bilhão de horas de operação ou *falhas em tempo* (Failures In Time — FIT). Assim, um MTTF de 1.000.000 de horas é igual a $10^9/10^6$ ou 1.000 FIT. A interrupção do serviço é medida como *tempo médio para o reparo* (Mean Time To Repair — MTTR). O *tempo médio entre as falhas* (Mean Time Between Failures — MTBF) é simplesmente a soma MTTF + MTTR. Embora o MTBF seja bastante usado, normalmente o MTTF é o termo mais apropriado. Se uma coleção de módulos tiver tempos de vida distribuídos exponencialmente — significando que a idade de um módulo não é importante na probabilidade de falha —, a taxa de falha geral do conjunto é a soma das taxas de falha dos módulos.
- *Disponibilidade do módulo* é uma medida da realização do serviço com relação à alternância de dois *status* de realização e interrupção. Para sistemas não redundantes com reparo, a disponibilidade do módulo é

$$\text{Disponibilidade do módulo} = \frac{\text{MTTF}}{(\text{MTTF} + \text{MTTR})}$$

Observe que agora a confiabilidade e a disponibilidade são medições quantificáveis, em vez de significar apenas confiabilidade. A partir dessas definições, podemos estimar a confiabilidade de um sistema quantitativamente se fizermos algumas suposições sobre a confiabilidade dos componentes e se essas falhas forem independentes.

**Exemplo**   Considere um subsistema de disco com os seguintes componentes e MTTF:
- 10 discos, cada qual classificado em 1.000.000 horas de MTTF
- 1 controladora ATA, 500.000 horas de MTTF
- 1 fonte de alimentação, 200.000 horas de MTTF
- 1 ventilador, 200.000 horas de MTTF
- 1 cabo ATA, 1.000.000 de horas de MTTF

Usando as suposições simplificadas de que os tempos de vida são distribuídos exponencialmente e de que as falhas são independentes, calcule o MTTF do sistema como um todo.

**Resposta**   A soma das taxas de falha é:

$$\text{Taxa de falha}_{\text{sistema}} = 10 \times \frac{1}{1.000.000} + \frac{1}{500.000} + \frac{1}{200.000} + \frac{1}{200.000} + \frac{1}{1.000.000}$$

$$= \frac{10 + 2 + 5 + 5 + 1}{1.000.000 \, \text{horas}} = \frac{23}{1.000.000} = \frac{23.000}{1.000.000.000 \, \text{horas}}$$

ou 23.000 FIT. O MTTF para o sistema é exatamente o inverso da taxa de falha:

$$\text{MTTF}_{\text{sistema}} = \frac{1}{\text{Taxa de falha}_{\text{sistema}}} = \frac{1.000.000.000 \, \text{horas}}{23.000} = 43.500 \, \text{horas}$$

ou apenas até 5 anos.

A principal maneira de lidar com a falha é a redundância, seja em tempo (repita a operação para ver se ainda está com erro), seja em recursos (tenha outros componentes para utilizar no lugar daquele que falhou). Quando o componente é substituído e o sistema totalmente reparado, a confiabilidade do sistema é considerada tão boa quanto nova. Vamos quantificar os benefícios da redundância com um exemplo.

**Exemplo** Os subsistemas de disco normalmente possuem fontes de alimentação redundantes para melhorar a sua confiabilidade. Usando os componentes e MTTFs do exemplo anterior, calcule a confiabilidade de fontes de alimentação redundantes. Considere que uma fonte de alimentação é suficiente para alimentar o subsistema de disco e que estamos incluindo uma fonte de alimentação redundante.

**Resposta** Precisamos de uma fórmula para mostrar o que esperar quando podemos tolerar uma falha e ainda oferecer serviço. Para simplificar os cálculos, consideramos que os tempos de vida dos componentes são distribuídos exponencialmente e que não existe dependência entre as falhas de componente. O MTTF para nossas fontes de alimentação redundantes é o tempo médio até que uma fonte de alimentação falhe dividido pela chance de que a outra falhará antes que a primeira seja substituída. Assim, se a possibilidade de uma segunda falha antes do reparo for pequena, o MTTF do par será grande.

Como temos duas fontes de alimentação e falhas independentes, o tempo médio até que um disco falhe é $MTTF_{fonte\ de\ alimentação}/2$. Uma boa aproximação da probabilidade de uma segunda falha é MTTR sobre o tempo médio até que a outra fonte de alimentação falhe. Logo, uma aproximação razoável para um par redundante de fontes de alimentação é

$$MTTF_{par\ de\ fontes\ de\ alimentação} = \frac{MTTF_{fonte\ de\ alimentação}/2}{\dfrac{MTTR_{fonte\ de\ alimentação}}{MTTF_{fonte\ de\ alimentação}}} = \frac{MTTF_{fonte\ de\ alimentação}^2/2}{MTTR_{fonte\ de\ alimentação}} = \frac{MTTF_{fonte\ de\ alimentação}^2}{2 \times MTTR_{fonte\ de\ alimentação}}$$

Usando os números de MTTF anteriores, se considerarmos que são necessárias em média 24 horas para um operador humano notar que uma fonte de alimentação falhou e substituí-la, a confiabilidade do par de fontes de alimentação tolerante a falhas é

$$MTTF_{par\ de\ fontes\ de\ alimentação} = \frac{MTTF_{fonte\ de\ alimentação}^2}{2 \times MTTR_{fonte\ de\ alimentação}} = \frac{200.000^2}{2 \times 24} \cong 830.000.000$$

tornando o par cerca de 4.150 vezes mais confiável do que uma única fonte de alimentação.

Tendo quantificado o custo, a alimentação e a confiabilidade da tecnologia de computadores, estamos prontos para quantificar o desempenho.

## 1.8 MEDIÇÃO, RELATÓRIO E RESUMO DO DESEMPENHO

Quando dizemos que um computador é mais rápido do que outro, o que isso significa? O usuário de um telefone celular pode afirmar que um computador é mais rápido quando um programa roda em menos tempo, enquanto um administrador do Amazon. com pode dizer que um computador é mais rápido quando completa mais transações por hora. O usuário do celular está interessado em reduzir o *tempo de resposta* — o tempo entre o início e o término de um evento —, também conhecido como *tempo de execução*. O administrador de um grande centro de computação em escala warehouse pode estar interessado em aumentar o *throughput* — a quantidade total de trabalho feito em determinado tempo.

Comparando as alternativas de projeto, normalmente queremos relacionar o desempenho de dois computadores diferentes, digamos, X e Y. A frase "X é mais rápido do que Y" é usada aqui para significar que o tempo de resposta ou o tempo de execução é inferior em X em relação a Y para determinada tarefa. Em particular, "X é $n$ vezes mais rápido do que Y" significará:

$$\frac{\text{Tempo de execução}_Y}{\text{Tempo de execução}_X} = n$$

Como o tempo de execução é o recíproco do desempenho, existe o seguinte relacionamento:

$$n = \frac{\text{Tempo de execução}_Y}{\text{Tempo de execução}_X} = \frac{\dfrac{1}{\text{Desempenho}_Y}}{\dfrac{1}{\text{Desempenho}_X}} = \frac{\text{Desempenho}_X}{\text{Desempenho}_Y}$$

A frase "O throughput de X é 1,3 vez maior que Y" significa que o número de tarefas completadas por unidade de tempo no computador X é 1,3 vez o número completado em Y.

Infelizmente, o tempo nem sempre é a métrica cotada em comparação com o desempenho dos computadores. Nossa posição é de que a única medida consistente e confiável do desempenho é o tempo de execução dos programas reais, e todas as alternativas propostas para o tempo como medida ou aos programas reais como itens medidos por fim levaram a afirmações enganosas ou até mesmo a erros no projeto do computador.

Até mesmo o tempo de execução pode ser definido de diferentes maneiras, dependendo do que nós contamos. A definição mais direta do tempo é chamada *tempo do relógio*, *tempo de resposta* ou *tempo decorrido*, que é a latência para concluir uma tarefa, incluindo acessos ao disco e à memória, atividades de entrada/saída, overhead do sistema operacional — tudo. Com a multiprogramação, o processador trabalha em outro programa enquanto espera pela E/S e pode não minimizar necessariamente o tempo decorrido de um programa. Logo, precisamos de um termo para considerar essa atividade. O *tempo de CPU* reconhece essa distinção e significa o tempo que o processador está computando, *não* incluindo o tempo esperando por E/S ou executando outros programas. (É claro que o tempo de resposta visto pelo usuário é o tempo decorrido do programa, e não o tempo de CPU.)

Os usuários de computador que executam rotineiramente os mesmos programas seriam os candidatos perfeitos para avaliar um novo computador. Para fazer isso, os usuários simplesmente comparariam o tempo de execução de suas *cargas de trabalho* — a mistura de programas e comandos do sistema operacional que os usuários executam em um computador. Porém, poucos estão nessa situação feliz. A maioria precisa contar com outros métodos para avaliar computadores — e normalmente outros avaliadores —, esperando que esses métodos prevejam o desempenho para o uso do novo computador. Uma técnica utilizada são os programas de benchmark, que são programa que muitas empresas utilizam para estabelecer o desempenho relativo de seus computadores.

## Benchmarks

A melhor escolha de benchmarks para medir o desempenho refere-se a aplicações reais, como o Google Goggles da Seção 1.1. As tentativas de executar programas muito mais simples do que uma aplicação real levaram a armadilhas de desempenho. Alguns exemplos são:

- *Kernels*, que são pequenas partes-chave das aplicações reais.
- *Programas de brinquedo*, que são programas de 100 linhas das primeiras tarefas de programação, como o Quicksort.
- *Benchmarks sintéticos*, que são programas inventados para tentar combinar o perfil e o comportamento de aplicações reais, como o Dhrystone.

Hoje, os três estão desacreditados, porque o projetista/arquiteto do compilador pode conspirar para fazer com que o computador pareça mais rápido nesses programas do que em aplicações reais. Infelizmente para os autores deste livro, que, na quarta edição, derrubaram a falácia sobre usar programas sintéticos para caracterizar o desempenho achando que os arquitetos de programas concordavam que ela era indiscutível, o programa sintético Dhrystone ainda era o benchmark mais mencionado para processadores embarcados em 2017!

Outra questão está relacionada com as condições nas quais os benchmarks são executados. Um modo de melhorar o desempenho de um benchmark tem sido usar flags do compilador específicos para benchmark. Esses flags normalmente causavam transformações que seriam ilegais em muitos programas ou prejudicariam o desempenho de outros. Para restringir esse processo e aumentar a significância dos resultados, os desenvolvedores de benchmark normalmente exigem que o vendedor use um compilador e um conjunto de flags para todos os programas na mesma linguagem (como C++ ou C). Além dos flags (opções) do compilador, outra questão é a que se refere à permissão das modificações do código-fonte. Existem três técnicas diferentes para resolver essa questão:

1. Nenhuma modificação do código-fonte é permitida.
2. As modificações do código-fonte são permitidas, mas basicamente impossíveis. Por exemplo, os benchmarks de banco de dados contam com programas de banco de dados padrão, que possuem dezenas de milhões de linhas de código. As empresas de banco de dados provavelmente não farão mudanças para melhorar o desempenho de determinado computador.
3. Modificações de fonte são permitidas, desde que a versão modificada produza a mesma saída.

O principal problema que os projetistas de benchmark enfrentam ao permitir a modificação do código-fonte é se ela refletirá a prática real e oferecerá ideias úteis aos usuários ou se simplesmente reduzirá a precisão dos benchmarks como previsões do desempenho real. Conforme veremos no Capítulo 7, os arquitetos específicos do domínio geralmente seguem a terceira opção quando criam processadores para tarefas bem definidas.

Para contornar o risco de "colocar muitos ovos em uma cesta", séries de aplicações de benchmark, chamadas *pacotes de benchmark*, são uma medida popular do desempenho dos processadores com uma variedade de aplicações. Naturalmente, esses pacotes são tão bons quanto os benchmarks individuais constituintes. Apesar disso, uma vantagem importante desses pacotes é que o ponto fraco de qualquer benchmark é reduzido pela presença de outros benchmarks. O objetivo de um pacote desse tipo é caracterizar o desempenho relativo dos dois computadores, particularmente para programas não incluídos, que os clientes provavelmente usarão.

Para dar um exemplo cauteloso, existe o EDN Embedded Microprocessor Benchmark Consortium (ou EEMBC). Ele é um conjunto de 41 kernels usados para prever o desempenho de diferentes aplicações embarcadas: automotiva/industrial, consumidor, redes, automação de escritórios e telecomunicações. O EEMBC informa o desempenho não modificado e o desempenho "fúria total", em que quase tudo entra. Por utilizar pequenos kernels, e devido às operações de relatório, o EEMBC não tem a reputação de ser uma boa previsão de desempenho relativo de diferentes computadores embarcados em campo. Essa falta de sucesso é o motivo pelo qual o Dhrystone, que o EEMBC estava tentando substituir, infelizmente, ainda é utilizado.

Uma das tentativas mais bem-sucedidas para criar pacotes de aplicação de benchmark padronizadas foi a SPEC (Standard Performance Evaluation Corporation), que teve suas raízes nos esforços do final da década de 1980 para oferecer melhores benchmarks para estações de trabalho. Assim como o setor de computador tem evoluído com o tempo, também evoluiu a necessidade de diferentes pacotes de benchmark — hoje existem benchmarks SPEC para abranger diferentes classes de aplicação. Todos os pacotes de benchmark SPEC e seus resultados relatados são encontrados em <http://www.spec.org>.

Embora o enfoque de nossa análise seja nos benchmarks SPEC em várias das seções seguintes, também existem muitos benchmarks desenvolvidos para PCs rodando o sistema operacional Windows.

### Benchmarks de desktop

Os benchmarks de desktop são divididos em duas classes gerais: benchmarks com uso intensivo do processador e benchmarks com uso intensivo de gráficos, embora muitos benchmarks gráficos incluam atividade intensa do processador. Originalmente, a SPEC criou um conjunto de benchmarks enfocando o desempenho do processador (inicialmente chamado SPEC89), que evoluiu para sua sexta geração: SPEC CPU2017, que vem após SPEC2006, SPEC2000, SPEC95, SPEC92 e SPEC89. O SPEC CPU2017 consiste em um conjunto de 10 benchmarks inteiros (CINT2017) e 17 benchmarks de ponto flutuante (CFP2017). A Figura 1.17 descreve os benchmarks SPEC atuais e seus ancestrais.

Os benchmarks SPEC são programas reais modificados para serem portáveis e minimizar o efeito da E/S sobre o desempenho. Os benchmarks inteiros variam de parte de um compilador C até um programa de xadrez ou uma compactação de vídeo. Os benchmarks de ponto flutuante incluem códigos de dinâmica molecular, traçado de raios e previsão do tempo. O pacote SPEC CPU é útil para o benchmarking de processador para sistemas de desktop e servidores de único processador. Veremos os dados sobre muitos desses programas no decorrer deste capítulo. Entretanto, observe que esses programas compartilham pouco com linguagens de programação e ambientes e o Google Translate, que a Seção 1.1 descreve. Quase metade deles foi escrita, pelo menos parcialmente, em Fortran! Eles são ligados estaticamente, em vez de serem ligados dinamicamente, como a maioria dos programas reais. Infelizmente, as aplicações SPEC2017 em si podem ser reais, mas não são inspiradoras. Não está claro que o SPECINT2017 e o SPECFP2017 capturam o que é excitante sobre a computação no século XXI.

Na Seção 1.11, descrevemos as armadilhas que têm ocorrido no desenvolvimento do pacote de benchmark SPEC, além dos desafios na manutenção de um pacote de benchmark útil e previsível.

O SPEC CPU2017 visa ao desempenho do processador, mas o SPEC oferece muitos outros benchmarks. A Figura 1.18 lista os 17 benchmarks SPEC que estavam ativos em 2017.

### Benchmarks de servidor

Assim como os servidores possuem funções múltiplas, também existem múltiplos tipos de benchmark. O benchmark mais simples talvez seja aquele orientado a throughput do processador. O SPEC CPU2017 usa os benchmarks SPEC CPU para construir um benchmark de throughput simples, em que a taxa de processamento de um multiprocessador pode ser medida pela execução de várias cópias (normalmente tantas quanto os processadores) de cada benchmark SPEC CPU e pela conversão do tempo de CPU em uma taxa. Isso leva a uma medida chamada SPECrate, que é uma medida de paralelismo em nível de requisição, da Seção 1.2. Para medir o paralelismo em nível de thread, o SPEC oferece o que chamamos benchmarks de computação de alto desempenho com o OpenMP e o MPI, bem como para aceleradores como as GPUs (ver Figura 1.18).

# 1.8 Medição, relatório e resumo do desempenho

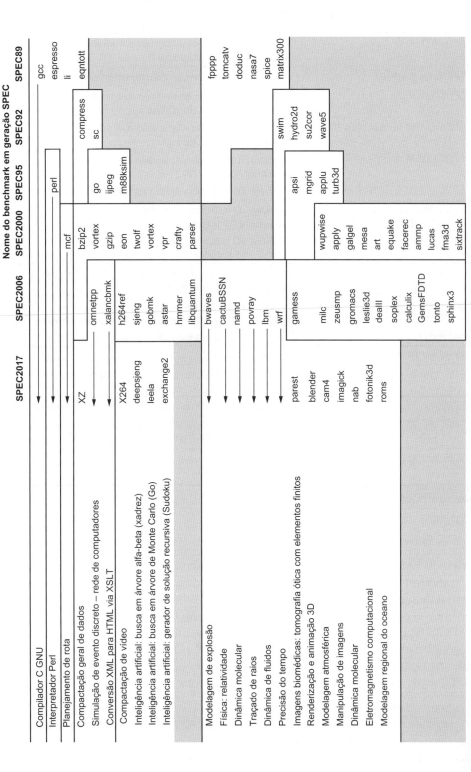

**FIGURA 1.17** Programas inteiros do SPEC2017 e a evolução dos benchmarks SPEC com o tempo, com programas inteiros na parte superior e programas de ponto flutuante na parte inferior. Dos 10 programas inteiros do SPEC2017, cinco são escritos em C, 4 em C++ e um em Fortran. Para os programas de ponto flutuante, a composição é de três em Fortran, dois em C++, dois em C e seis misturados entre C, C++ e Fortran. A figura mostra todos os 82 programas nas versões de 1989, 1992, 1995, 2000, 2006 e 2017. Gcc é o mais antigo do grupo. Somente três programas inteiros e três programas de ponto flutuante sobreviveram por três ou mais gerações. Embora alguns sejam levados de uma geração para outra, a versão do programa muda e a entrada ou o tamanho do benchmark normalmente é alterado para aumentar seu tempo de execução e evitar perturbação na medição ou domínio do tempo de execução por algum fator diferente do tempo de CPU. As descrições de benchmark, à esquerda, são apenas para o SPEC2017 e não se aplicam às versões anteriores. Os programas na mesma linha de diferentes gerações do SPEC geralmente não estão relacionados; por exemplo, fpppp não é o código CFD como bwaves.

| Categoria | Nome | Mede o desempenho de |
|---|---|---|
| Nuvem | Cloud_IaaS2016 | Nuvem usando transação de banco de dados NoSQL e clustering K-Means usando map/reduce |
| CPU | CPU2017 | Cargas de trabalho de inteiros e ponto flutuante com uso intensivo de computação |
| Desempenho de gráficos e estação de trabalho | SPECviewperf® 12 | Gráficos 3D em sistemas rodando OpenGL e Direct X |
| | SPECwpc V2.0 | Estações de trabalho rodando aplicações profissionais sob o sistema operacional Window |
| | SPECapcSM for 3ds Max 2015™ | Gráficos 3D rodando a aplicação comercial Autodesk 3ds Max 2015 |
| | SPECapcSM for Maya® 2012 | Gráficos 3D rodando a aplicação comercial Autodesk 3ds Max 2012 |
| | SPECapcSM for PTC Creo 3.0 | Gráficos 3D rodando a aplicação comercial PTC Creo 3.0 |
| | SPECapcSM for Siemens NX 9.0 e 10.0 | Gráficos 3D rodando a aplicação comercial Siemens NX 9.0 ou 10.0 |
| | SPECapcSM for SolidWorks 2015 | Gráficos 3D rodando a aplicação comercial de CAD/CAM SolidWorks 2015 |
| Computação de alto desempenho | ACCEL | Acelerador e CPU host rodando aplicações paralelas usando OpenCL e OpenACC |
| | MPI2007 | Programas MPI em paralelo, de ponto flutuante e com uso intenso de CPU rodando em clusters e SMPs |
| | OMP2012 | Aplicações paralelas rodando OpenMP |
| Cliente/servidor Java | SPECjbb2015 | Servidores Java |
| Potência | SPECpower_ssj2008 | Potência de computadores da classe de servidores em volume rodando SPECjbb2015 |
| Solution File Server (SFS) | SFS2014 | Throughput e tempo de resposta de servidor de arquivos |
| | SPECsfs2008 | Servidores de arquivos utilizando os protocolos NFSv3 e CIFS |
| Virtualização | SPECvirt_sc2013 | Servidores de datacenter usados na consolidação de servidor virtualizado |

**FIGURA 1.18** Benchmarks ativos do SPEC em 2017.

Além da SPECrate, a maioria das aplicações de servidor e benchmarks possui atividade significativa de E/S vinda do disco ou do tráfego de rede, incluindo benchmarks para sistemas de servidor de arquivos, para servidores Web e para sistemas de banco de dados e processamento de transação. O SPEC oferece um benchmark de servidor de arquivos (SPECSFS) e um benchmark de servidor Java. (O Apêndice D tratará detalhadamente de alguns benchmarks de arquivo e do sistema de E/S.) O SPECvirt_Sc2013 avalia o desempenho de ponta a ponta de servidores virtualizados de um datacenter. Outro benchmark SPEC mede a potência, que examinaremos na Seção 1.10.

Os benchmarks de processamento de transação (Transaction-Processing — TP) medem a capacidade de um sistema para lidar com transações, que consistem em acessos e atualizações de banco de dados. Os sistemas de reserva aérea e os sistemas de terminal bancário são exemplos simples típicos de TP; sistemas de TP mais sofisticados envolvem bancos de dados complexos e tomada de decisão. Em meados da década de 1980, um grupo de engenheiros interessados formou o Transaction Processing Council (TPC) independente de fornecedor, para tentar criar benchmarks realistas e imparciais para TP. Os benchmarks do TPC são descritos em <www.tpc.org>.

O primeiro benchmark TPC, TPC-A, foi publicado em 1985 e desde então tem sido substituído e aprimorado por vários benchmarks diferentes. O TPC-C, criado inicialmente em 1992, simula um ambiente de consulta complexo. O TPC-H molda o suporte à decisão ocasional — as consultas não são relacionadas e o conhecimento de consultas passadas não pode ser usado para otimizar consultas futuras. O benchmark TPC-DI, uma nova tarefa de integração de dados (Data Integration — DI) também conhecida como ETL, é uma parte importante do data warehousing. O TCP-E é uma nova carga de trabalho de processamento de transação on-line (On-Line Transaction Processing — OLTP) que simula as contas dos clientes de uma firma de corretagem.

Reconhecendo a controvérsia entre os bancos de dados relacionais tradicionais e as soluções de armazenamento "No SQL", o TPCx-HS mede os sistemas usando o sistema de arquivos Hadoop rodando programas MapReduce, e o TPC-DS mede um sistema de suporte à decisão que usa um banco de dados relacional ou um sistema baseado em Hadoop. TPC-VMS e TPCx-V medem o desempenho do banco de dados para sistemas virtualizados, e o TPC Energy adiciona métricas de energia a todos os benchmarks TPC existentes.

Todos os benchmarks TPC medem o desempenho em transações por segundo. Além disso, incluem um requisito de tempo de resposta, de modo que o desempenho do throughput é medido apenas quando o limite de tempo de resposta é atendido. Para modelar sistemas do mundo real, taxas de transação mais altas também estão associadas a sistemas maiores, em termos de usuários e do banco de dados ao qual as transações são aplicadas. Finalmente, cabe incluir o custo do sistema para um sistema de benchmark, permitindo comparações precisas de custo-desempenho. O TPC modificou sua política de preços para que exista uma única especificação para todos os benchmarks TPC e para permitir a verificação dos preços que a TPC publica.

## Reportando resultados de desempenho

O princípio orientador dos relatórios das medições de desempenho deve ser a propriedade de serem *reproduzíveis* — listar tudo aquilo de que outro experimentador precisaria para duplicar os resultados. Um relatório de benchmark SPEC exige uma descrição extensa do computador e dos flags do compilador, além da publicação da linha de referência e dos resultados otimizados. Além das descrições de parâmetros de ajuste de hardware, software e linha de referência, um relatório SPEC contém os tempos de desempenho reais, mostrados tanto em formato de tabulação quanto como gráfico. Um relatório de benchmark TPC é ainda mais completo, pois precisa incluir resultados de uma auditoria de benchmarking e informação de custo. Esses relatórios são excelentes fontes para encontrar o custo real dos sistemas de computação, pois os fabricantes competem em alto desempenho e no fator custo-desempenho.

## Resumindo resultados do desempenho

No projeto prático do computador, você precisa avaliar milhares de opções de projeto por seus benefícios quantitativos em um pacote de benchmarks que acredita ser relevante. Da mesma forma, os consumidores que tentam escolher um computador contarão com medidas de desempenho dos benchmarks, que esperam ser semelhantes às aplicações do usuário. Nos dois casos é útil ter medições para um pacote de benchmarks de modo que o desempenho das aplicações importantes seja semelhante ao de um ou mais benchmarks desse pacote e que a variabilidade no desempenho possa ser compreendida. No caso ideal, o pacote se parece com uma amostra estatisticamente válida do espaço da aplicação, mas requer mais benchmarks do que normalmente são encontrados na maioria dos pacotes, exigindo uma amostragem aleatória que quase nenhum pacote de benchmark utiliza.

Depois que escolhermos medir o desempenho com um pacote de benchmark, gostaríamos de poder resumir os resultados desse desempenho em um único número. Uma técnica simples para o cálculo de um resultado resumido seria comparar as médias aritméticas dos tempos de execução dos programas no pacote. Uma alternativa seria acrescentar um fator de peso a cada benchmark e usar a média aritmética ponderada como único número para resumir o desempenho. Uma solução é usar pesos que façam com que todos os programas executem por um mesmo tempo em algum computador de referência, mas isso favorece os resultados para as características de desempenho do computador de referência.

Em vez de selecionar pesos, poderíamos normalizar os tempos de execução para um computador de referência, dividindo o tempo no computador de referência pelo tempo no computador que está sendo avaliado, gerando uma razão proporcional ao desempenho. O SPEC utiliza essa técnica, chamando a razão de SPECRatio. Ele possui uma propriedade particularmente útil, que combina o modo como comparamos o desempenho do computador no decorrer deste capítulo, ou seja, comparando razão de desempenho. Por exemplo, suponha que o SPECRatio do computador A em um benchmark tenha sido 1,25 vez mais rápido que o do computador B; então, você saberia que:

$$1,25 = \frac{SPECRatio_A}{SPECRatio_B} = \frac{\dfrac{Tempo\ de\ execução_{referência}}{Tempo\ de\ execução_A}}{\dfrac{Tempo\ de\ execução_{referência}}{Tempo\ de\ execução_B}} = \frac{Tempo\ de\ execução_B}{Tempo\ de\ execução_A} = \frac{Desempenho_A}{Desempenho_B}$$

Observe que os tempos de execução no computador de referência caem e a escolha do computador de referência é irrelevante quando as comparações são feitas como uma razão, que é a técnica que utilizamos coerentemente. A Figura 1.19 apresenta um exemplo.

| Benchmarks | Tempo no Sun Ultra Enterprise 2 (segundos) | Tempo no AMD A10-6800K (segundos) | Razão SPEC 2006Cint | Tempo no Intel Xeon E5-2690 (segundos) | Razão SPEC 2006Cint | Tempos no AMD/Intel (segundos) | Razão SPEC Intel/AMD |
|---|---|---|---|---|---|---|---|
| perlbench | 9770 | 401 | 24,36 | 261 | 37,43 | 1,54 | 1,54 |
| bzip2 | 9650 | 505 | 19,11 | 422 | 22,87 | 1,20 | 1,20 |
| gcc | 8050 | 490 | 16,43 | 227 | 35,46 | 2,16 | 2,16 |
| mcf | 9120 | 249 | 36,63 | 153 | 59,61 | 1,63 | 1,63 |
| gobmk | 10.490 | 418 | 25,10 | 382 | 27,46 | 1,09 | 1,09 |
| hmmer | 9330 | 182 | 51,26 | 120 | 77,75 | 1,52 | 1,52 |
| sjeng | 12.100 | 517 | 23,40 | 383 | 31,59 | 1,35 | 1,35 |
| libquantum | 20.720 | 84 | 246,08 | 3 | 7295,77 | 29,65 | 29,65 |
| h264ref | 22.130 | 611 | 36,22 | 425 | 52,07 | 1,44 | 1,44 |
| omnetpp | 6250 | 313 | 19,97 | 153 | 40,85 | 2,05 | 2,05 |
| astar | 7020 | 303 | 23,17 | 209 | 33,59 | 1,45 | 1,45 |
| xalancbmk | 6900 | 215 | 32,09 | 98 | 70,41 | 2,19 | 2,19 |
| **Média geométrica** | | | 31,91 | | 63,72 | 2,00 | 2,00 |

**FIGURA 1.19** Tempos de execução do SPEC2006int (em segundos) para o Sun Ultra 5 — o computador de referência do SPEC2006 — e tempos de execução e SPECRatios para o AMD A10 e o Intel Xeon E5-2690.

As duas últimas colunas mostram as razões dos tempos de execução e SPECRatios. Esta figura demonstra a irrelevância do computador de referência no desempenho relativo. A razão dos tempos de execução é idêntica à razão dos SPECRatios, e a razão da média geométrica (63.7231,91/20,86 = 2,00) é idêntica à média geométrica das razões (2,00). A Seção 1.11 discute a respeito do libquantum, cujo desempenho é de algumas ordens de grandeza a mais que os outros benchmarks SPEC.

Como um SPECRatio é uma razão, e não um tempo de execução absoluto, a média precisa ser calculada usando a *média geométrica* (como os SPECRatios não possuem unidades, a comparação de SPECRatios aritmeticamente não tem sentido). A fórmula é:

$$\text{Média geométrica} = \sqrt[n]{\prod_{i=1}^{n} amostra_i}$$

No caso do SPEC, *amostra*$_i$ é o SPECRatio para o programa *i*. O uso da média geométrica garante duas propriedades importantes:

1. A média geométrica das razões é igual à razão das médias geométricas.
2. A razão das médias geométricas é igual à média geométrica das razões de desempenho, o que implica que a escolha do computador de referência é irrelevante.

Logo, as motivações para usar a média geométrica são substanciais, especialmente quando usamos razões de desempenho para fazer comparações.

**Exemplo**    Mostre que a razão das médias geométricas é igual à média geométrica das razões de desempenho e que o computador de referência do SPECRatio não importa.

*Resposta*    Considere dois computadores, A e B, e um conjunto de SPECRatios para cada um.

$$\frac{\text{Média geométrica}_A}{\text{Média geométrica}_B} = \frac{\sqrt[n]{\prod_{i=1}^{n} \text{SPECRatio A}_i}}{\sqrt[n]{\prod_{i=1}^{n} \text{SPECRatio B}_i}} = \sqrt[n]{\prod_{i=1}^{n} \frac{\text{SPECRatio A}_i}{\text{SPECRatio B}_i}}$$

$$= \sqrt[n]{\prod_{i=1}^{n} \frac{\dfrac{\text{Tempo de execução}_{\text{referência}_i}}{\text{Tempo de execução}_{A_i}}}{\dfrac{\text{Tempo de execução}_{\text{referência}_i}}{\text{Tempo de execução}_{B_i}}}} = \sqrt[n]{\prod_{i=1}^{n} \frac{\text{Tempo de execução}_{B_i}}{\text{Tempo de execução}_{A_i}}} = \sqrt[n]{\prod_{i=1}^{n} \frac{\text{Desempenho}_{A_i}}{\text{Desempenho}_{B_i}}}$$

Ou seja, a razão das médias geométricas dos SPECRatios de A e B é a média geométrica das razões de desempenho de A para B de todos os benchmarks no pacote. A Figura 1.19 demonstra a validade usando exemplos da SPEC.

# 1.9 PRINCÍPIOS QUANTITATIVOS DO PROJETO DE COMPUTADORES

Agora que vimos como definir, medir e resumir desempenho, custo, confiabilidade e potência, podemos explorar orientações e princípios que são úteis no projeto e na análise de computadores. Esta seção introduz observações importantes sobre projeto, além de duas equações para avaliar alternativas.

## Tire proveito do paralelismo

Tirar proveito do paralelismo é um dos métodos mais importantes para melhorar o desempenho. Cada capítulo deste livro apresenta um exemplo de como o desempenho é melhorado por meio da exploração do paralelismo. Oferecemos três exemplos rápidos, que serão tratados de forma mais ampla em outros capítulos.

Nosso primeiro exemplo é o uso do paralelismo em nível do sistema. Para melhorar o desempenho de throughput em um benchmark de servidor típico, como SPECSFS ou TPC-C, vários processadores e múltiplos discos podem ser usados. A carga de trabalho de tratar com solicitações pode, portanto, ser distribuída entre os processadores e dispositivos de armazenamento (como os discos), resultando em um throughput melhorado. Ser capaz de expandir a memória e o número de processadores e dispositivos de armazenamento é o que chamamos *escalabilidade*, e constitui um bem valioso para os servidores. A distribuição dos dados por vários discos para leituras e gravações paralelas habilita o paralelismo em nível de dados. O SPECSFS também depende do paralelismo em nível de requisição para usar muitos processadores, enquanto o TPC-C usa paralelismo em nível de thread para o processamento mais rápido de pesquisas em bases de dados.

Em nível de um processador individual, tirar proveito do paralelismo entre as instruções é crucial para conseguir alto desempenho. Uma das maneiras mais simples de fazer isso é por meio do pipelining (isso será explicado com detalhes no Apêndice C, e é o foco principal do Capítulo 3). A ideia básica por trás do pipelining é sobrepor a execução da instrução para reduzir o tempo total a fim de completar uma sequência de instruções. Um *insight* importante que permite que o pipelining funcione é que nem toda instrução depende do seu predecessor imediato; portanto, pode ser possível executar as instruções completa ou parcialmente em paralelo. O pipelining é o exemplo mais conhecido de paralelismo em nível de instrução (ILP).

O paralelismo também pode ser explorado no nível de projeto digital detalhado. Por exemplo, as caches associadas por conjunto utilizam vários bancos de memória que normalmente são pesquisados em paralelo para se encontrar um item desejado. As unidades de lógica e aritmética (Arithmetic-Logical Units — ALUs) modernas utilizam carry-lookahead, que usa o paralelismo para acelerar o processo de cálculo de somas de linear para logarítmico no número de bits por operando. Esses são mais exemplos de *paralelismo em nível de dados*.

## Princípio de localidade

Observações fundamentais importantes vêm das propriedades dos programas. A propriedade dos programas mais importante que exploramos regularmente é o *princípio de localidade*: os programas costumam reutilizar dados e instruções que usaram recentemente. Uma regra prática bastante aceita é a de que um programa gasta 90% de seu tempo de execução em apenas 10% do código. Uma aplicação desse princípio é a possibilidade de prever com razoável precisão as instruções e os dados que um programa usará num futuro próximo com base em seus acessos num passado recente. O princípio de localidade também se aplica aos acessos a dados, embora não tão fortemente quanto aos acessos ao código.

Dois tipos diferentes de localidade têm sido observados. No tocante à *localidade temporal*, é provável que os itens acessados recentemente sejam acessados num futuro próximo. A *localidade espacial* afirma que os itens cujos endereços estão próximos um do outro costumam ser referenciados em curto espaço de tempo. Veremos esses princípios aplicados no Capítulo 2.

## Foco no caso comum

Talvez o princípio mais importante e penetrante do projeto de computador seja focar no caso comum: ao fazer uma escolha de projeto, favoreça o caso frequente em vez do caso pouco frequente. Esse princípio se aplica à determinação de como gastar recursos, pois o impacto da melhoria será mais alto se a ocorrência for frequente.

Focar no caso comum funciona tanto para a potência como para os recursos de alocação e desempenho. As unidades de busca e decodificação de instruções de um processador podem ser usadas com muito mais frequência do que um multiplicador, por isso devem ser otimizadas primeiro. Isso também funciona na confiabilidade. Se um servidor de banco de dados possui 50 dispositivos de armazenamento para cada processador, como na próxima seção, a confiabilidade de armazenamento dominará a confiabilidade do sistema.

Além disso, o caso frequente normalmente é mais simples e pode ser feito com mais rapidez do que o caso pouco frequente. Por exemplo, ao somar dois números no processador, podemos esperar que o estouro (overflow) seja uma circunstância rara e, assim, podemos melhorar o desempenho, otimizando o caso mais comum, ou seja, sem nenhum estouro. Isso pode atrasar o caso em que ocorre estouro, mas, se isso for raro, o desempenho geral será melhorado, otimizando o processador para o caso normal.

Veremos muitos casos desse princípio em todo este capítulo. Na aplicação desse princípio simples, temos que decidir qual é o caso frequente e quanto desempenho pode ser melhorado tornando-o mais rápido. Uma lei fundamental, chamada *Lei de Amdahl*, pode ser usada para quantificar esse princípio.

## Lei de Amdahl

O ganho de desempenho obtido com a melhoria de alguma parte de um computador pode ser calculado usando a Lei de Amdahl. Essa lei estabelece que a melhoria de desempenho a ser conseguida com o uso de algum modo de execução mais rápido é limitada pela fração de tempo que o modo mais rápido pode ser usado.

A Lei de Amdahl define o *ganho de velocidade*, que pode ser obtido usando-se um recurso em particular. O que é ganho de velocidade? Suponha que possamos fazer uma melhoria em um computador que aumentará seu desempenho quando ele for usado. O ganho de velocidade *é a razão*:

$$\text{Ganho de velocidade} = \frac{\text{Desempenho para a tarefa inteira usando a melhoria quando possível}}{\text{Desempenho para a tarefa inteira sem usar a melhoria}}$$

Como alternativa,

$$\text{Ganho de velocidade} = \frac{\text{Tempo de execução para a tarefa inteira sem usar a melhoria}}{\text{Tempo de execução para a tarefa inteira usando a melhoria quando possível}}$$

O ganho de velocidade nos diz quão mais rápido uma tarefa rodará usando o computador com a melhoria em vez do computador original.

A Lei de Amdahl nos dá um modo rápido de obter o ganho de velocidade a partir de alguma melhoria, o que depende de dois fatores:

1. *A fração do tempo de computação no computador original que pode ser convertida para tirar proveito da melhoria.* Por exemplo, se 40 segundos do tempo de execução de um programa que leva 100 segundos no total puderem usar uma melhoria, a fração será 40/100. Esse valor, que chamaremos de $\text{Fração}_{\text{melhorada}}$, será sempre menor ou igual a 1.

2. *A melhoria obtida pelo modo de execução melhorado, ou seja, quão mais rápido a tarefa seria executada se o modo melhorado fosse usado para o programa inteiro.* Esse valor é o tempo do modo original sobre o tempo do modo melhorado. Se o modo melhorado levar, digamos, 4 segundos para uma parte do programa, enquanto é de 40 segundos no modo original, a melhoria será de 40/4, ou 10. Chamaremos esse valor, que é sempre maior que 1, de $\text{Ganho de velocidade}_{\text{melhorado}}$.

O tempo de execução usando o computador original com o modo melhorado será o tempo gasto usando a parte não melhorada do computador mais o tempo gasto usando a melhoria:

$$\text{Tempo de execução}_{\text{novo}} = \text{Tempo de execução}_{\text{antigo}} \times \left( (1 - \text{Fração}_{\text{melhorada}}) + \frac{\text{Fração}_{\text{melhorada}}}{\text{Ganho de velocidade}_{\text{melhorado}}} \right)$$

O ganho de velocidade geral é a razão dos tempos de execução:

$$\text{Ganho de velocidade}_{\text{geral}} = \frac{\text{Tempo de execução}_{\text{antigo}}}{\text{Tempo de execução}_{\text{novo}}} = \frac{1}{\left(1 - \text{Fração}_{\text{melhorada}}\right) + \dfrac{\text{Fração}_{\text{melhorada}}}{\text{Ganho de velocidade}_{\text{melhorada}}}}$$

**Exemplo** Suponha que queiramos melhorar o processador usado para serviço na Web. O novo processador é 10 vezes mais rápido em computação na aplicação de serviço da Web do que o processador original. Considerando que o processador original está ocupado com cálculos 40% do tempo e esperando por E/S 60% do tempo, qual é o ganho de velocidade geral obtido pela incorporação da melhoria?

**Resposta** $\text{Fração}_{\text{melhorada}} = 0,4; \text{Ganho de velocidade}_{\text{melhorado}} = 10; \text{Ganho de velocidade}_{\text{geral}} = \dfrac{1}{0,6 + \dfrac{0,4}{10}} = \dfrac{1}{0,64} \approx 1,56$

A Lei de Amdahl expressa os retornos diminuídos: a melhoria incremental no ganho de velocidade obtida pela melhoria de apenas uma parte da computação diminui à medida que as melhorias são acrescentadas. Um corolário importante da Lei de Amdahl é que, se uma melhoria só for utilizável por uma fração de uma tarefa, não poderemos agilizar essa tarefa mais do que o inverso de 1 menos essa fração.

Um engano comum na aplicação da Lei de Amdahl é confundir "fração de tempo convertida *para usar uma melhoria*" com "fração de tempo *após a melhoria estar em uso*". Se, em vez de medir o tempo que *poderíamos usar* a melhoria em um cálculo, medirmos o tempo *após* a melhoria estar em uso, os resultados serão incorretos!

A Lei de Amdahl pode servir de guia para o modo como uma melhoria incrementará o desempenho e como distribuir recursos para melhorar o custo-desempenho. O objetivo, claramente, é investir recursos proporcionais onde o tempo é gasto. A Lei de Amdahl é particularmente útil para comparar o desempenho geral do sistema de duas alternativas, mas ela também pode ser aplicada para comparar duas alternativas de um projeto de processador, como mostra o exemplo a seguir.

**Exemplo** Uma transformação comum exigida nos processadores de gráficos é a raiz quadrada. As implementações de raiz quadrada com ponto flutuante (PF) variam muito em desempenho, sobretudo entre processadores projetados para gráficos. Suponha que a raiz quadrada em PF (FPSQR) seja responsável por 20% do tempo de execução de um benchmark gráfico crítico. Uma proposta é melhorar o hardware de FPSQR e agilizar essa operação por um fator de 10. Outra alternativa é simplesmente tentar fazer com que todas as operações de PF no processador gráfico sejam executadas mais rapidamente por um fator de 1,6; as instruções de PF são responsáveis por metade do tempo de execução para a aplicação. A equipe de projeto acredita que pode fazer com que todas as instruções de PF sejam executadas 1,6 vez mais rápido com o mesmo esforço exigido para a raiz quadrada rápida. Compare essas duas alternativas de projeto.

**Resposta** Podemos comparar essas alternativas comparando os ganhos de velocidade:

$$\text{Ganho de velocidade}_{\text{FPSQR}} = \frac{1}{(1 - 0,2) + \dfrac{0,2}{10}} = \frac{1}{0,82} = 1,22$$

$$\text{Ganho de velocidade}_{\text{PF}} = \frac{1}{(1 - 0,5) + \dfrac{0,5}{1,6}} = \frac{1}{0,8125} = 1,23$$

Melhorar o ganho de velocidade das operações de PF em geral é ligeiramente melhor devido à frequência mais alta.

A Lei de Amdahl se aplica além do desempenho. Vamos refazer o exemplo de confiabilidade mostrado anteriormente depois de melhorar a confiabilidade da fonte de alimentação, por meio da redundância, de 200.000 horas para 830.000.000 horas de MTTF ou 4.150 vezes melhor.

**Exemplo**     O cálculo das taxas de falha do subsistema de disco foi

$$\text{Taxa de falha}_{sistema} = 10 \times \frac{1}{1,000,000} + \frac{1}{500,000} + \frac{1}{200,000} + \frac{1}{200,000} + \frac{1}{1,000,000}$$

$$= \frac{10+2+5+5+1}{1,000,000\,horas} = \frac{23}{1,000,000\,horas}$$

Portanto, a fração da taxa de falha que poderia ser melhorada é 5 por milhão de horas, das 23 para o sistema inteiro, ou 0,22.

**Resposta**     A melhoria de confiabilidade seria

$$\text{Melhoria}_{par\,de\,fontes} = \frac{1}{(1-0,22)+\dfrac{0,22}{4150}} = \frac{1}{0,78} = 1,28$$

Apesar de uma impressionante melhoria de 4.150 vezes na confiabilidade de um módulo, do ponto de vista do sistema a mudança possui um benefício mensurável, porém pequeno.

Nos exemplos anteriores, precisamos da fração consumida pela versão nova e melhorada; costuma ser difícil medir esses tempos diretamente. Na seção seguinte, veremos outra forma de fazer essas comparações com base no uso de uma equação que decompõe o tempo de execução da CPU em três componentes separados. Se soubermos como uma alternativa afeta esses componentes, poderemos determinar seu desempenho geral. Normalmente é possível montar simuladores que medem esses componentes antes que o hardware seja realmente projetado.

## A equação de desempenho do processador

Basicamente todos os computadores são construídos usando um clock que trabalha a uma taxa constante. Esses eventos de tempo discretos são chamados de *períodos de clock*, *clocks*, *ciclos* ou *ciclos de clock*. Os projetistas de computador referem-se ao tempo de um período de clock por sua duração (por exemplo, 1 ns) ou por sua frequência (por exemplo, 1 GHz). O tempo de CPU para um programa pode, então, ser expresso de duas maneiras:

$$\text{Tempo de CPU} = \text{Ciclos de clock de CPU para um programa} \times \text{Tempo do ciclo de clock}$$

ou

$$\text{Tempo de CPU} = \frac{\text{Ciclos de clock de CPU para um programa}}{\text{Frequência de clock}}$$

Além do número de ciclos de clock necessários para executar um programa, também podemos contar o número de instruções executadas — o *tamanho do caminho de instrução* ou *número de instruções* (Instruction Count — IC). Se soubermos o número de ciclos de clock e o número de instruções, poderemos calcular o número médio de *ciclos de clock por instrução* (Clock Cycles Per Instruction — CPI). Por ser mais fácil de trabalhar e porque neste livro lidaremos com processadores simples, usaremos o CPI. Às vezes, os projetistas também usam *instruções por clock* (Instructions Per Clock — IPC), que é o inverso do CPI.

O CPI é calculado como

$$\text{CPI} = \frac{\text{Ciclos de clock de CPU para um programa}}{\text{Número de instruções}}$$

Esse valor de mérito do processador oferece visões para diferentes estilos de conjuntos de instruções e de implementações, e o usaremos bastante nos quatro capítulos seguintes.

Transpondo o número de instruções na fórmula anterior, os ciclos de clock podem ser definidos como IC $\times$ CPI. Isso nos permite usar o CPI na fórmula do tempo de execução:

$$\text{Tempo de CPU} = \text{Número de instruções} \times \text{Ciclos por instrução} \times \text{Tempo do ciclo de clock}$$

Expandindo a primeira fórmula para as unidades de medida, vemos como as partes se encaixam:

$$\frac{\text{Instruções}}{\text{Programa}} \times \frac{\text{Ciclos de clock}}{\text{Instrução}} \times \frac{\text{Segundos}}{\text{Ciclos de clock}} = \frac{\text{Segundos}}{\text{Programa}} = \text{Tempo de CPU}$$

Conforme a fórmula demonstra, o desempenho do processador depende de três características: ciclo de clock (ou frequência), ciclos de clock por instrução e número de instruções. Além do mais, o tempo de CPU depende *igualmente* dessas três características; por exemplo, uma melhoria de 10% em qualquer um deles leva à melhoria de 10% no tempo de CPU.

Infelizmente, é difícil mudar um parâmetro de modo completamente isolado dos outros, pois as tecnologias básicas envolvidas na mudança de cada característica são interdependentes:

- *Tempo de ciclo de clock* — Tecnologia e organização do hardware
- *CPI* — Organização e arquitetura do conjunto de instruções
- *Número de instruções* — Arquitetura do conjunto de instruções e tecnologia do computador

Por sorte, muitas técnicas potenciais de melhoria de desempenho melhoram principalmente um componente do desempenho do processador, com impactos pequenos ou previsíveis sobre os outros dois.

Às vezes, é útil projetar o processador para calcular o número total de ciclos de clock do processador como

$$\text{Ciclos de clock da CPU} = \sum_{i=1}^{n} \text{IC}_i \times \text{CPI}_i$$

onde $\text{IC}_i$ representa o número de vezes que a instrução $i$ é executada em um programa e $\text{CPI}_i$ representa o número médio de clocks por instrução para a instrução $i$. Essa forma pode ser usada para expressar o tempo de CPU como

$$\text{Tempo de CPU} = \left( \sum_{i=1}^{n} \text{IC}_i \times \text{CPI}_i \right) \times \text{Tempo de ciclo de clock}$$

e o CPI geral como

$$\text{CPI} = \frac{\sum_{i=1}^{n} \text{IC}_i \times \text{CPI}_i}{\text{Número de instruções}} = \sum_{i=1}^{n} \frac{\text{IC}_i}{\text{Número de instruções}} \times \text{CPI}_i$$

A última forma do cálculo do CPI utiliza cada $\text{CPI}_i$ e a fração de ocorrências dessa instrução em um programa (ou seja, $\text{IC}_i \div$ Número de instruções). O $\text{CPI}_i$ deve ser medido, e não apenas calculado a partir de uma tabela no final de um manual de referência, pois precisa levar em consideração os efeitos de pipeline, as faltas de cache e quaisquer outras ineficiências do sistema de memória.

Considere nosso exemplo de desempenho anterior, modificado aqui para usar medições da frequência das instruções e dos valores de CPI da instrução, que, na prática, são obtidos pela simulação ou pela instrumentação do hardware.

**Exemplo**  Suponha que tenhamos feito as seguintes medições:
Frequência das operações de PF = 25%
CPI médio das operações de PF = 4,0
CPI médio das outras instruções = 1,33
Frequência da FPSQR = 2%
CPI da FPSQR = 20

Considere que as duas alternativas de projeto sejam diminuir o CPI da FPSQR para 2 ou diminuir o CPI médio de todas as operações de PF para 2,5. Compare essas duas alternativas de projeto usando a equação de desempenho do processador.

*Resposta*  Em primeiro lugar, observe que somente o CPI muda; a taxa de clock e o número de instruções permanecem idênticos. Começamos encontrando o CPI original sem qualquer melhoria:

$$\text{CPI}_{\text{original}} = \sum_{i=1}^{n} \text{CPI}_i \times \left( \frac{\text{IC}_i}{\text{Número de instruções}} \right)$$
$$= (4 \times 25\%) + (1,33 \times 75\%) = 2,0$$

Podemos calcular o CPI para a FPSQR melhorada subtraindo os ciclos salvos do CPI original:

$$\text{CPI}_{\text{com nova FPSQR}} = \text{CPI}_{\text{original}} - 2\% \times (\text{CPI}_{\text{FPSQR antiga}} - \text{CP}_{\text{da nova FPSQR apenas}})$$
$$= 2,0 - 2\% \times (20 - 2) = 1,64$$

Podemos calcular o CPI para a melhoria de todas as instruções de PF da mesma forma ou somando os CPIs de PF e de não PF. Usando a última técnica, temos

$$\text{CPI}_{\text{novo FP}} = (75\% \times 1,33) + (25\% \times 2,5) = 1,625$$

Como o CPI da melhoria geral de PF é ligeiramente inferior, seu desempenho será um pouco melhor. Especificamente, o ganho de velocidade para a melhoria de PF geral é

$$\text{Ganho de velocidade}_{\text{novo FP}} = \frac{\text{Tempo de CPU}_{\text{original}}}{\text{Tempo de CPU}_{\text{nova FP}}} = \frac{\text{IC} \times \text{Ciclo de clock} \times \text{CPI}_{\text{original}}}{\text{IC} \times \text{Ciclo de clock} \times \text{CPI}_{\text{nova FP}}}$$
$$= \frac{\text{CPI}_{\text{original}}}{\text{CPI}_{\text{nova FP}}} = \frac{2,00}{1,625} = 1,23$$

Felizmente, obtemos esse mesmo ganho de velocidade usando a Lei de Amdahl.

Normalmente, é possível medir as partes constituintes da equação de desempenho do processador. Essa é uma vantagem importante do uso dessa equação *versus* a Lei de Amdahl no exemplo anterior. Em particular, pode ser difícil medir itens como a fração do tempo de execução pela qual um conjunto de instruções é responsável. Na prática, isso provavelmente seria calculado somando-se o produto do número de instruções e o CPI para cada uma das instruções no conjunto. Como os pontos de partida normalmente são o número de instruções e as medições de CPI, a equação de desempenho do processador é incrivelmente útil.

Para usar a equação de desempenho do processador como uma ferramenta de projeto, precisamos ser capazes de medir os diversos fatores. Para determinado processador, é fácil obter o tempo de execução pela medição, enquanto a velocidade do clock padrão é conhecida. O desafio está em descobrir o número de instruções ou o CPI. A maioria dos processadores inclui contadores para instruções executadas e para ciclos de clock. Com o monitoramento periódico desses contadores, também é possível conectar o tempo de execução e o número de instruções a segmentos do código, o que pode ser útil para programadores que estão tentando entender e ajustar o desempenho de uma aplicação. Em geral, um projetista ou programador desejará entender o desempenho em um nível mais detalhado do que o disponibilizado pelos contadores do hardware. Por exemplo, eles podem querer saber por que o CPI é o que é. Nesses casos, são usadas técnicas de simulação como aquelas empregadas para os processadores que estão sendo projetados.

Técnicas que ajudam na eficiência energética, como escalamento dinâmico de frequência, de tensão e overclocking (ver Seção 1.5), tornam essa equação mais difícil de usar, já que a velocidade do clock pode variar enquanto medimos o programa. Uma abordagem simples é desligar esses recursos para tornar os resultados passíveis de reprodução. Felizmente, já que muitas vezes o desempenho e a eficiência energética estão altamente correlacionados — levar menos tempo para rodar um programa geralmente poupa energia —, provavelmente é seguro considerar o desempenho sem se preocupar com o impacto do DVFS ou overclocking sobre os resultados.

## 1.10 JUNTANDO TUDO: DESEMPENHO, PREÇO E ALIMENTAÇÃO

Nas seções "Juntando tudo" que aparecem ao final de cada capítulo, mostramos exemplos reais que utilizam os princípios explicados no capítulo. Nesta seção, veremos medidas de desempenho e desempenho de alimentação em pequenos servidores usando o benchmark SPECpower.

A Figura 1.20 mostra os três servidores multiprocessadores que estamos avaliando e seu preço. Para manter justa a comparação de preços, todos são servidores Dell PowerEdge. O primeiro é o PowerEdge R710, baseado no microprocessador Intel Xeon ×85670, com

| Componente | Sistema 1 | | Sistema 2 | | Sistema 3 | |
|---|---|---|---|---|---|---|
| | Custo (% Custo) | | Custo (% Custo) | | Custo (% Custo) | |
| Servidor base | PowerEdge R710 | $653 (7%) | PowerEdge R815 | $1437 (15%) | PowerEdge R815 | $1437 (11%) |
| Fonte de alimentação | 570 W | | 1100 W | | 1100 W | |
| Processador | Xeon X5670 | $3738 (40%) | Opteron 6174 | $2679 (29%) | Opteron 6174 | $5358 (42%) |
| Frequência de clock | 2,93 GHz | | 2,20 GHz | | 2.20 GHz | |
| Total de núcleos | 12 | | 24 | | 48 | |
| Soquetes | 2 | | 2 | | 4 | |
| Núcleos/soquete | 6 | | 12 | | 12 | |
| DRAM | 12 GB | $484 (5%) | 16 GB | $693 (7%) | 32 GB | $1386 (11%) |
| Interconexão Ethernet | Dual 1-Gbit | $199 (2%) | Dual 1-Gbit | $199 (2%) | Dual 1-Gbit | $199 (2%) |
| Disco | 50 GB SSD | $1279 (14%) | 50 GB SSD | $1279 (14%) | 50 GB SSD | $1279 (10%) |
| SO Windows | | $2999 (32%) | | $2999 (33%) | | $2999 (24%) |
| Total | | $9352 (100%) | | $9286 (100%) | | $12,658 (100%) |
| Máx. ssj_ops | 910,978 | | 926,676 | | 1,840,450 | |
| Máx. ssj_ops/US$ | 97 | | 100 | | 145 | |

**FIGURA 1.20** Três servidores Dell PowerEdge sendo medidos e seus preços com base em julho de 2016.
Nós calculamos o custo dos processadores subtraindo o custo de um segundo processador. Do mesmo modo, calculamos o custo geral da memória vendo qual seria o custo da memória extra. Portanto, o custo-base do servidor é ajustado subtraindo o custo estimado do processador e a memória-padrão. O Capítulo 5 descreve como esses sistemas multissoquetes se conectam, e o Capítulo 6 descreve como os clusters se conectam.

uma frequência de clock de 2,93 GHz. Ao contrário do Intel Core i7-6700 abordado nos Capítulos 2 a 5, que tem 20 núcleos e uma cache L3 de 40 MB, esse chip da Intel tem 22 núcleos e uma cache L3 de 55 MB, embora os próprios núcleos sejam idênticos. Nós selecionamos um sistema de dois soquetes — portanto, 44 núcleos no total — com 12 GB de DRAM DDR4 de 2400 MHz protegida por ECC. O próximo servidor é o PowerEdge C630, baseado no mesmo processador, número de soquetes e DRAM. A principal diferença é um pacote montável em rack menor: "2U" de altura (3,5 polegadas) para o 730 contra "1U" (1,75 polegada) para o 630. O terceiro servidor é um cluster de 16 do PowerEdge 630s conectados com um switch Ethernet de 1 Gbit/s. Todos estão rodando o Oracle Java HotSpot versão 1.7, Java Virtual Machine (JVM) e o sistema operacional Microsoft Windows Server 2012 R2 Datacenter versão 6.3.

Observe que, devido às forças do benchmarking (ver Seção 1.11), esses servidores são configurados de forma pouco usual. Os sistemas na Figura 1.20 têm pouca memória em relação à capacidade de computação e somente um pequeno disco de estado sólido com 120 GB. É barato adicionar núcleos se você não precisar acrescentar aumentos proporcionais em memória e armazenamento!

Em vez de rodar, estatisticamente, programas do SPEC CPU, o SPECpower usa a mais moderna pilha de software escrita em Java. Ele é baseado no SPECjbb e representa o lado do servidor das aplicações de negócios, com o desempenho medido como o número de transações por segundo, chamado *ssj_ops* para *operações Java por segundo do lado do servidor*. Ele utiliza não só o processador do servidor, como o SPEC CPU, mas também as caches, o sistema de memória e até mesmo o sistema de interconexão dos multiprocessadores. Além disso, utiliza a Java Virtual Machine (JVM), incluindo o compilador de runtime JIT e o coletor de lixo, além de partes do sistema operacional subjacente.

Como mostram as duas últimas linhas da Figura 1.20, o vencedor em desempenho é o cluster de 16 R630s, o que não é nenhuma surpresa, pois é de longe o mais caro. O vencedor em preço-desempenho é o PowerEdge R630, porém mal bate o cluster em 213 contra 211 ssj-ops/US\$. Surpreendentemente, o cluster de 16 nós está dentro de 1% do mesmo preço-desempenho de um único nó, apesar de ser 16 vezes maior.

Enquanto a maioria dos benchmarks (e dos arquitetos de computadores) se preocupa somente com o desempenho dos sistemas com carga máxima, os computadores raramente rodam com carga máxima. De fato, a Figura 6.2, no Capítulo 6, mostra os resultados da medição, utilizando dezenas de milhares de servidores ao longo de seis meses no Google, e menos de 1% operam com uma utilização média de 100%. A maioria tem utilização média entre 10%-50%. Assim, o benchmark SPECpower captura a potência conforme a carga de trabalho-alvo varia de pico em intervalos de 10% até 0%, chamado *Active Idle*.

A Figura 1.21 mostra o ssj_ops (operações SSJ/segundo) por watt, e a potência média conforme a carga-alvo varia de 100% a 0%. O Intel R730 tem sempre a menor potência e o único nó R630 tem o melhor ssj_ops por watt em todos os níveis de carga de trabalho-alvo. Visto que watts = joules/segundo, essa métrica é proporcional a operações SSJ por joule:

$$\frac{ssj\_ops/s}{Watt} = \frac{ssj\_ops/s}{Joule/s} = \frac{ssj\_ops}{Joule}$$

Para calcular um número único para comparar a eficiência energética dos sistemas, o SPECpower usa:

$$ssj\_ops/watt\ médio = \frac{\sum ssj\_ops}{\sum potência}$$

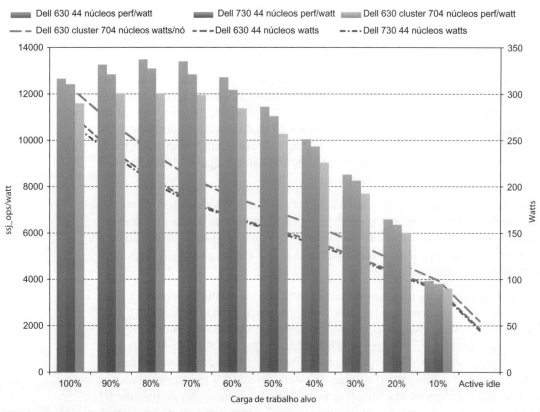

**FIGURA 1.21** Desempenho de potência dos três servidores na Figura 1.20.
Os valores de ssj_ops/watt estão no eixo esquerdo, com as três colunas associadas a eles, e os valores em watts estão no eixo direito, com as três linhas associadas a eles. O eixo horizontal mostra a carga de trabalho-alvo variando de 100% as Active Idle. O único nó R630 tem o melhor ssj_ops/watt em cada nível de carga de trabalho, mas o R730 consome a menor potência a cada nível.

O ssj_ops/watt médio dos três servidores é de 10.802 para o R730, de 11.157 para o R630 e de 10.062 para o cluster de 16 R630s. Portanto, o único nó R630 tem o melhor desempenho de potência. Dividindo pelo preço dos servidores, o ssj_ops/watt/US$1.000 é de 879 para o R730, de 899 para o R630 e de 789 (por nó) para o cluster de 16 nós de R630s. Assim, após adicionar a potência, o único nó do R630 ainda está em primeiro lugar no desempenho/preço, mas agora o único nó R730 é muito mais eficiente do que o cluster de 16 nós.

## 1.11 FALÁCIAS E ARMADILHAS

A finalidade desta seção, que consta de todos os capítulos, é explicar algumas das crenças erradas ou conceitos indevidos que você deverá evitar. Chamamos esses conceitos de *falácias*. Ao analisar uma falácia, tentamos oferecer um contraexemplo. Também discutimos as *armadilhas* — erros cometidos com facilidade. Essas armadilhas costumam ser generalizações de princípios que são verdadeiros em um contexto limitado. A finalidade dessas seções é ajudá-lo a evitar cometer esses erros nos computadores que você projeta.

**Armadilha**

Todas as leis exponenciais devem chegar a um fim.

A primeira a sair foi a escalada de Dennard. A observação de Dennard em 1974 foi de que a densidade de potência era constante à medida que os transistores ficavam menores. Se a região linear de um transistor encolheu por um fator 2, então a corrente e a tensão também foram reduzidas por um fator de 2, e assim a potência usada caiu em 4. Assim, os chips podem ser projetados para operar mais rapidamente e ainda usar menos potência. A escalada de Dennard terminou 30 anos depois de ter sido observada, não porque os transistores não continuaram a ficar menores, mas porque a confiabilidade do circuito integrado limitou o quanto a corrente e a tensão poderiam cair. O limiar de tensão foi levado para tão baixo que a potência estática tornou-se uma fração significativa da potência total.

A próxima desaceleração foi com os discos rígidos. Embora não houvesse lei para discos, nos últimos 30 anos a densidade máxima dos discos rígidos — que determina a capacidade do disco — melhorou em 30%-100% ao ano. Nos últimos anos, tem sido inferior a 5% ao ano. O aumento da densidade por unidade veio principalmente da adição de mais placas a uma unidade de disco rígido.

Em seguida foi a venerável Lei de Moore. Já faz um bom tempo desde que o número de transistores por chip dobrava a cada um a dois anos. Por exemplo, o chip de DRAM introduzido em 2014 continha 8B transistores e não teremos um chip DRAM com 16B transistores em produção em massa até 2019, mas a Lei de Moore prevê um chip de DRAM com 64B transistores.

Além disso, o fim real do escalonamento do transistor lógico planar foi até mesmo previsto para terminar em 2021. A Figura 1.22 mostra as previsões do comprimento físico de gate do transistor lógico, vindo de duas edições do International Technology Roadmap for Semiconductors (ITRS). Diferentemente do relatório de 2013, que projetava que os comprimentos de gate atingiriam 5 nm até 2028, o relatório de 2015 projeta o comprimento máximo de 10 nm até 2021. Melhorias de densidade daí em diante teriam que vir de outras

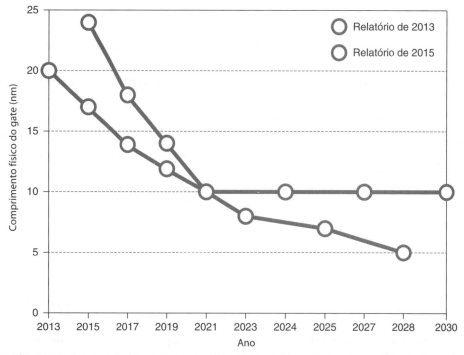

**FIGURA 1.22** Previsões das dimensões do transistor lógico de duas edições do relatório do ITRS. Esses relatórios foram iniciados em 2001, mas 2015 foi a última edição, visto que o grupo se desfez pela diminuição do interesse. As únicas empresas que conseguem produzir chips lógicos de última geração são GlobalFoundaries, Intel, Samsung e TSMC, enquanto havia 19 quando surgiu o primeiro relatório do ITRS. Com apenas quatro empresas restantes, o compartilhamento de planos era muito difícil de sustentar. Fonte: IEEE Spectrum, julho de 2016, "Os transistores deixarão de encolher em 2021, prevê o roteiro da Lei de Moore", por Rachel Courtland.

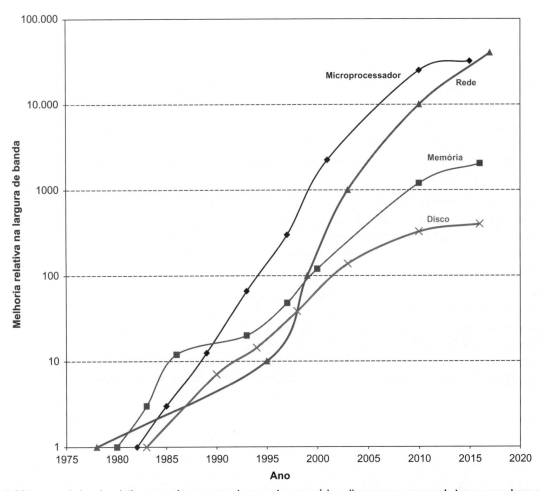

**FIGURA 1.23** Largura de banda relativa para microprocessadores, redes, memória e discos com o passar do tempo, com base nos dados da Figura 1.10.

formas além de encolher as dimensões dos transistores. Não é tão terrível quanto o ITRS sugere, já que empresas como a Intel e a TSMC têm planos de encolher para comprimentos de 3 nm, mas a taxa de variação está diminuindo.

A Figura 1.23 mostra as mudanças no aumento da largura de banda ao longo do tempo para microprocessadores e DRAM — que são afetados pelo fim da escalada de Dennard e da Lei de Moore —, bem como para os discos. A desaceleração das melhorias tecnológicas é aparente nas curvas em queda. A melhoria contínua da rede deve-se aos avanços nas fibras ópticas e a uma mudança planejada na modulação de amplitude de pulso (PAM-4), permitindo a codificação em dois bits para transmitir informações a 400 Gbits/s.

**Falácia**

Multiprocessadores são uma bala de prata.

A mudança para múltiplos processadores por chip em meados de 2005 não veio de nenhuma descoberta que simplificou drasticamente a programação paralela ou tornou mais fácil construir computadores multicore. Ela ocorreu porque não havia outra opção, devido aos limites de ILP e de potência. Múltiplos processadores por chip não garantem redução na potência dissipada; certamente, é possível projetar um chip multicore que use mais potência. O potencial que existe é o de continuar melhorando o desempenho com a substituição de um núcleo ineficiente e com alta taxa de clock por diversos núcleos eficientes e com taxa de clock mais baixa. Conforme a tecnologia melhora na redução dos transistores, isso pode encolher um pouco a capacitância e a tensão de alimentação para que possamos obter um modesto aumento no número de núcleos por geração. Por exemplo, nos últimos anos, a Intel tem adicionado dois núcleos por geração em seus chips de mais alto nível.

Como veremos nos Capítulos 4 e 5, hoje o desempenho é o fardo dos programadores. A época de o programador não levantar um só dedo e confiar nos projetistas de hardware para fazer seus programas funcionarem mais rápido está oficialmente terminada. Se os programadores quiserem que seus programas funcionem mais rápido a cada geração, deverão tornar seus programas mais paralelos.

A versão popular da Lei de Moore — aumentar o desempenho a cada geração da tecnologia — está agora a cargo dos programadores.

Praticamente todo arquiteto de computadores praticante conhece a Lei de Amdahl. Apesar disso, quase todos nós, uma vez ou outra, empenhamos um esforço enorme otimizando algum recurso antes de medir seu uso. Somente quando o ganho de velocidade geral é decepcionante nos lembramos de que deveríamos tê-lo medido antes de fazer tanto esforço para melhorá-lo!

**Armadilha**

Desprezar a desoladora Lei de Amdahl.

Os cálculos de melhoria de confiabilidade utilizando a Lei de Amdahl, mostram que a dependência não é mais forte do que o elo mais fraco de uma corrente. Não importa o quão mais confiáveis as fontes de alimentação se tornem, como fizemos em nosso exemplo, mas o único ventilador limitará a confiabilidade do subsistema de disco. Essa observação da Lei de Amdahl levou a uma regra prática para sistemas tolerantes a falhas para certificar que cada componente fosse redundante, de modo que nenhuma falha em um componente isolado pudesse parar o sistema inteiro. O Capítulo 6 mostra como uma camada de software evita pontos de falha isolados dentro de computadores em escala de warehouse (WSCs).

**Armadilha**

Um único ponto de falha.

Esmaelizadeh et al. (2011) mediram o SPEC2006 em apenas um núcleo de um Intel Core i7 de 2,67 GHz usando o modo Turbo (Seção 1.5). O desempenho aumentou por um fator de 1,07, quando a taxa de clock aumentou para 2,94 GHz (ou um fator de 1,10), mas o i7 usou um fator de 1,37 mais joules e um fator de 1,47 mais watts-hora!

**Falácia**

As melhorias no hardware que aumentam o desempenho incrementam a eficiência energética ou, no pior dos casos, são neutras em termos de energia.

Diversos fatores influenciam a utilidade de um benchmark como previsão do desempenho real e alguns mudam com o passar do tempo. Um grande fator que influencia a utilidade de um benchmark é a sua capacidade de resistir ao "cracking", também conhecido como "engenharia de benchmark" ou "benchmarketing". Quando um benchmark se torna padronizado e popular, existe uma pressão tremenda para melhorar o desempenho por otimizações direcionadas ou pela interpretação agressiva das regras para execução do benchmark. Pequenos kernels ou programas que gastam seu tempo em um número muito pequeno de linhas de código são particularmente vulneráveis.

**Falácia**

Benchmarks permanecem válidos indefinidamente.

Por exemplo, apesar das melhores intenções, o pacote de benchmark SPEC89 inicial incluía um pequeno kernel, chamado matrix300, que consistia em oito multiplicações diferentes de matrizes de 300 $\times$ 300. Nesse kernel, 99% do tempo de execução estava em uma única linha (ver SPEC, 1989). Quando um compilador IBM otimizava esse loop interno (usando uma ideia chamada *bloqueio*, discutida nos Capítulos 2 e 4), o desempenho melhorava por um fator de 9 em relação à versão anterior do compilador! Esse benchmark testava o ajuste do compilador e, naturalmente, não era uma boa indicação do desempenho geral nem do valor típico dessa otimização em particular.

A Figura 1.19 mostra que, se ignorarmos a história, poderemos ser forçados a repeti-la. O SPEC Cint2006 não foi atualizado por uma década, dando aos redatores de compiladores um tempo considerável para aprimorar seus otimizadores para esse conjunto. Observe que as proporções de SPEC de todos os benchmarks, mas libquantum, estão dentro do intervalo de 16 a 52 para o computador AMD e de 22 a 78 para o Intel. O libquantum é cerca de 250 vezes mais rápido no AMD e 7300 vezes mais rápido no Intel! Esse "milagre" é resultado de otimizações do compilador Intel que paraleliza automaticamente o código em 22 núcleos e otimiza a memória usando *bit packing*, que reúne vários inteiros de faixa estreita para economizar espaço de memória e, portanto, largura de banda de memória. Se descartarmos esse benchmark e recalcularmos as médias geométricas, o AMD SPEC Cint2006 cai de 31,9 para 26,5 e o Intel de 63,7 para 41,4. O computador Intel é agora cerca de 1,5 vezes mais rápido que o computador AMD, em vez de 2,0, se incluirmos o libquantum, que certamente está mais próximo de suas performances relativas reais. O SPECCPU2017 substituiu o libquantum.

Para ilustrar as vidas curtas dos benchmarks, a Figura 1.17 lista o status de todos os 82 benchmarks das diversas versões SPEC; o Gcc é o sobrevivente solitário do SPEC89. Surpreendentemente, quase 70% de todos os programas do SPEC2000 ou anteriores foram retirados da versão seguinte.

**Falácia**

O tempo médio para falha avaliado para os discos é de 1.200.000 horas ou quase 140 anos, então os discos praticamente nunca falham.

As práticas de marketing atuais dos fabricantes de disco podem enganar os usuários. Como esse MTTF é calculado? No início do processo, os fabricantes colocarão milhares de discos em uma sala, deixarão em execução por alguns meses e contarão a quantidade que falha. Eles calculam o MTTF como o número total de horas que os discos trabalharam acumuladamente dividido pelo número daqueles que falharam.

Um problema é que esse número é muito superior ao tempo de vida útil de um disco, que normalmente é considerado cinco anos ou 43.800 horas. Para que esse MTTF grande faça algum sentido, os fabricantes de disco argumentam que o modelo corresponde a um usuário que compra um disco e depois o substitui a cada cinco anos — tempo de vida útil planejado do disco. A alegação é que, se muitos clientes (e seus bisnetos) fizerem isso no século seguinte, substituirão, em média, um disco 27 vezes antes de uma falha ou por cerca de 140 anos.

Uma medida mais útil seria a porcentagem de discos que falham, que é chamada de *taxa anual de falha*. Considere 1.000 discos com um MTTF de 1.000.000 de horas e que os discos sejam usados 24 horas por dia. Se você substituir os discos que falharam por um novo com as mesmas características de confiabilidade, a quantidade que falhará em um ano (8.760 horas) será

$$\text{Discos que falham} = \frac{\text{Número de discos} \times \text{Período de tempo}}{\text{MTTF}} = \frac{100\,\text{discos} \times 8760\,\text{horas / drive}}{1,000,000\,\text{horas / falha}} = 9$$

Em outras palavras, 0,9% falharia por ano ou 4,4% por um tempo de vida útil de cinco anos.

Além do mais, esses números altos são cotados com base em intervalos limitados de temperaturas e vibração; se eles forem ultrapassados, todas as apostas falharão. Um estudo das unidades de disco em ambientes reais (Gray e Van Ingen, 2005) afirma que cerca de 3% a 7% dos drives falham por ano, ou um MTTF de cerca de 125.000-300.000 horas. Um estudo ainda maior descobriu taxas de falha de disco de 2%-10% (Pinheiro et al., 2007). Portanto, o MTTF do mundo real é de cerca de 2-10 vezes pior que o MTTF do fabricante.

**Falácia**

O desempenho máximo acompanha o desempenho observado.

A única definição universalmente aceita de desempenho máximo é "o nível de desempenho que um computador, com certeza, não excederá". A Figura 1.24 mostra a porcentagem do desempenho máximo para quatro programas em quatro multiprocessadores. Ela varia de 5% a 58%. Como a lacuna é muito grande e pode variar significativamente por benchmark, o desempenho máximo geralmente não é útil na previsão do desempenho observado.

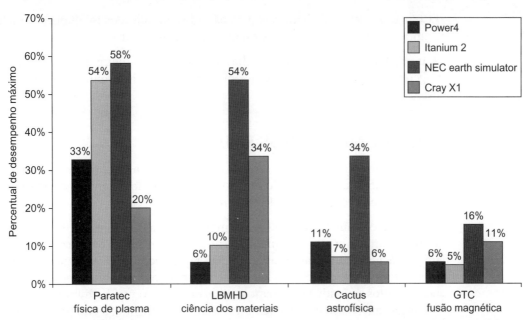

**FIGURA 1.24** Porcentagem do desempenho máximo para quatro programas em quatro multiprocessadores escalados para 64 processadores.
O Earth Simulator e o X1 são processadores vetoriais (ver Capítulo 4 e Apêndice G). Eles não apenas forneceram uma fração mais alta do desempenho máximo, mas também tiveram o desempenho máximo mais alto e as menores taxas de clock. Exceto para o programa Paratec, os sistemas Power 4 e Itanium 2 ofereceram entre 5% e 10% do seu máximo. *De Oliker, L., Canning, A., Carter, J., Shalf, J., Ethier, S., 2004. Computações científicas em sistemas vetoriais paralelos modernos. Em: Proc. ACM/IEEE Conf. on Supercomputing, 6-12 de novembro, 2004, Pittsburgh, Pensilvânia, p. 10.*

Essa armadilha aparentemente irônica ocorre pelo fato de o hardware de computador possuir grande quantidade de estados que nem sempre são cruciais para determinada operação. Por exemplo, não é fatal se um erro ocorrer em uma previsão de desvio (branch), pois somente o desempenho será afetado.

**Armadilha**

Detecção de falha pode reduzir a disponibilidade.

Em processadores que tentam explorar agressivamente o paralelismo em nível de instrução, nem todas as operações são necessárias para a execução correta do programa. Mukherjee et al. (2003) descobriram que menos de 30% das operações estavam potencialmente no caminho crítico para os benchmarks SPEC2000.

A mesma observação é verdadeira sobre os programas. Se um registrador estiver "morto" em um programa — ou seja, se o programa escrever antes de ler novamente —, os erros não importarão. Se você tivesse que interromper um programa ao detectar uma falha transiente em um registrador morto, isso reduziria a disponibilidade desnecessariamente.

A Sun Microsystems, Divisão do Oracle, viveu essa armadilha em 2000, com uma cache L2 que incluía paridade, mas não correção de erro, em seus sistemas Sun E3000 a Sun E10000. As SRAMs usadas para criar as caches tinham falhas intermitentes, que a paridade detectou. Se os dados na cache não fossem modificados, o processador simplesmente os relia. Como os projetistas não protegeram a cache com ECC (código de correção de erro), o sistema operacional não tinha opção a não ser informar um erro aos dados modificados e interromper o programa. Os engenheiros de campo não descobriram problemas na inspeção de mais de 90% desses casos.

Para reduzir a frequência de tais erros, a Sun modificou o sistema operacional Solaris para "varrer" a cache com um processo que escreve proativamente os dados modificados na memória. Como os chips dos processadores não tinham pinos suficientes para acrescentar

ECC, a única opção de hardware para os dados modificados foi duplicar a cache externa, usando a cópia sem o erro de paridade para corrigir o erro.

A armadilha está na detecção de falhas sem oferecer um mecanismo para corrigi-las. Esses engenheiros provavelmente não disponibilizarão outro computador sem ECC nas caches externas.

## 1.12 COMENTÁRIOS FINAIS

Este capítulo introduziu uma série de conceitos e forneceu um framework quantitativo que expandiremos ao longo do livro. A partir da edição anterior, a eficiência energética é a companheira constante do desempenho.

No Capítulo 2, iniciaremos a importantíssima área do projeto de sistema de memória. Vamos examinar uma vasta gama de técnicas que conspiram para fazer a memória parecer infinitamente grande e, ainda assim, o mais rápida possível (o Apêndice B fornece material introdutório sobre caches para leitores sem formação nem muita experiência nisso). Como nos capítulos mais adiante, veremos que a cooperação entre hardware e software se tornou essencial para os sistemas de memória de alto desempenho, assim como para os pipelines de alto desempenho. Este capítulo também aborda as máquinas virtuais, uma técnica de proteção cada vez mais importante.

No Capítulo 3, analisaremos o paralelismo em nível de instrução (Instruction-Level Parallelism — ILP), cuja forma mais simples e mais comum é o pipelining. A exploração do ILP é uma das técnicas mais importantes para a criação de uniprocessadores de alta velocidade. A presença de dois capítulos reflete o fato de que existem várias técnicas para a exploração do ILP e que essa é uma tecnologia importante e amadurecida. O Capítulo 3 começa com uma longa apresentação dos conceitos básicos que o prepararão para a grande gama de ideias examinadas nos dois capítulos anteriores. Ele utiliza exemplos disseminados há cerca de 40 anos, abarcando desde um dos primeiros supercomputadores (IBM 360/91) até os processadores mais rápidos do mercado em 2017. Além disso, enfatiza a técnica para a exploração do ILP, chamada *dinâmica* ou *em tempo de execução*. Também focaliza os limites e as extensões das ideias do ILP e apresenta o multithreading, que será detalhado nos Capítulos 4 e 5. O Apêndice C é um material introdutório sobre pipelining para os leitores sem formação ou muita experiência nesse assunto (esperamos que ele funcione como uma revisão para muitos leitores, incluindo os do nosso texto introdutório, *Computer Organization and Design: The Hardware/Software Interface*).

O Capítulo 4 explica três modos de explorar o paralelismo em nível de dados. A abordagem clássica, mais antiga, é a arquitetura vetorial, e começamos por ela para estabelecer os princípios do projeto SIMD (o Apêndice G apresenta detalhes sobre as arquiteturas vetoriais). Em seguida, explicamos as extensões de conjunto de instruções encontradas na maioria dos microprocessadores desktops atuais. A terceira parte é uma explicação aprofundada de como as unidades de processamento gráfico (GPUs) modernas funcionam. A maioria das descrições de GPU é feita da perspectiva do programador, que geralmente oculta o modo como o computador realmente funciona. Essa seção explica as GPUs do ponto de vista de alguém "de dentro", incluindo um mapeamento entre os jargões de GPU e os termos de arquitetura mais tradicionais.

O Capítulo 5 enfoca como obter alto desempenho usando múltiplos processadores ou multiprocessadores. Em vez de usar o paralelismo para sobrepor instruções individuais, o multiprocessamento o utiliza para permitir que vários fluxos de instruções sejam executados simultaneamente em diferentes processadores. Nosso foco recai sobre a forma dominante dos multiprocessadores, os multiprocessadores de memória compartilhada, embora também apresentemos outros tipos e discutamos os aspectos mais amplos que surgem em qualquer multiprocessador. Aqui, mais uma vez, exploramos diversas técnicas, focalizando as ideias importantes apresentadas inicialmente nas décadas de 1980 e 1990.

O Capítulo 6 apresenta os clusters e, depois, trata detalhadamente dos computadores em escala warehouse (warehouse-scale computers — WSCs) que os arquitetos de computadores ajudam a projetar. Os projetistas de WSCs são os descendentes profissionais dos pioneiros dos supercomputadores, como Seymour Cray, pois vêm projetando computadores extremos. Eles contêm dezenas de milhares de servidores, e seu equipamento e sua estrutura custam cerca de US$200 milhões. Os problemas de preço-desempenho e eficiência energética abordados nos primeiros capítulos aplicam-se aos WSCs, assim como a abordagem quantitativa para a tomada de decisões.

O Capítulo 7 é novo nesta edição. Ele apresenta as arquiteturas específicas do domínio como o único caminho em direção à melhoria do desempenho e da eficiência energética, dado o fim da Lei de Moore e a escalada de Dennard. Ele oferece orientações sobre como montar arquiteturas eficientes, específicas do domínio, introduz o interessante domínio das redes neurais profundas, descreve quatro exemplos recentes que utilizam abordagens muito diferentes para acelerar as redes neurais e depois comparar seu custo-desempenho.

Este livro conta com grande quantidade de material on-line (ver mais detalhes no Prefácio), tanto para reduzir o custo quanto para apresentar aos leitores diversos tópicos avançados. A Figura 1.25 apresenta todo esse material. Os Apêndices A, B e C, incluídos neste volume, funcionarão como uma revisão para muitos leitores. (Os apêndices de D a M aparecem on-line e estão disponíveis em inglês pela editora.)

No Apêndice D, nos desviaremos de uma visão centrada no processador e examinaremos questões sobre sistemas de armazenamento. Aplicamos uma abordagem quantitativa semelhante, porém baseada em observações do comportamento do sistema, usando uma técnica de ponta a ponta para a análise do desempenho. Esse apêndice focaliza a importante questão de como armazenar e recuperar dados de modo eficiente usando principalmente as tecnologias de armazenamento magnético de menor custo. Nosso

| Apêndice | Título |
|---|---|
| A | Princípios e exemplos de conjuntos de instruções |
| B | Revisão da hierarquia da memória |
| C | Pipelining: conceitos básicos e intermediários |
| D | Sistemas de armazenamento |
| E | Sistemas embarcados |
| F | Redes de interconexão |
| G | Processadores vetoriais em mais detalhes |
| H | Hardware e software para VLIW e EPIC |
| I | Multiprocessadores em grande escala e aplicações científicas |
| J | Aritmética de computador |
| K | Inspeção das arquiteturas de conjunto de instruções |
| L | Conceitos avançados sobre tradução de endereço |
| M | Perspectivas históricas e referências |

**FIGURA 1.25** Lista de apêndices.

foco recai sobre o exame do desempenho dos sistemas de armazenamento de disco para cargas de trabalho com uso intenso de E/S, como os benchmarks OLTP que vimos neste capítulo. Exploramos bastante os tópicos avançados nos sistemas baseados em RAID, que usam discos redundantes para obter alto desempenho e alta disponibilidade. Finalmente, o capítulo apresenta a teoria de enfileiramento, que oferece uma base para negociar a utilização e a latência.

O Apêndice E utiliza um ponto de vista de computação embarcada para as ideias de cada um dos capítulos e apêndices anteriores.

O Apêndice F explora o tópico de interconexão de sistemas mais abertamente, incluindo WANs e SANs, usadas para permitir a comunicação entre computadores.

O Apêndice H revê hardware e software VLIW, que, por contraste, são menos populares do que quando o EPIC apareceu em cena, um pouco antes da última edição.

O Apêndice I descreve os multiprocessadores em grande escala para uso na computação de alto desempenho.

O Apêndice J é o único que permanece desde a primeira edição, abordando a aritmética de computador.

O Apêndice K é um estudo das arquiteturas de instrução, incluindo o 80x86, o IBM 360, o VAX e muitas arquiteturas RISC, como ARM, MIPS, Power. ROSC-V e SPARC.

O Apêndice L é novo e discute as técnicas avançadas para gerenciamento de memória, focando no suporte para máquinas virtuais e projeto de tradução de endereços para espaços de endereços muito grandes. Com o crescimento dos processadores em nuvem, essas melhorias arquitetônicas estão se tornando mais importantes.

Descreveremos o Apêndice M mais adiante.

## 1.13 PERSPECTIVAS HISTÓRICAS E REFERÊNCIAS

O Apêndice M inclui perspectivas históricas sobre as principais ideias apresentadas em cada um dos capítulos deste livro. Essas seções de perspectiva histórica nos permitem rastrear o desenvolvimento de uma ideia por uma série de máquinas ou descrever projetos significativos. Se você estiver interessado em examinar o desenvolvimento inicial de uma ideia ou processador, ou em ler mais sobre o assunto, são dadas referências ao final de cada história. Sobre este capítulo, consulte a Seção M.2, "O desenvolvimento inicial dos computadores", para obter uma análise do desenvolvimento inicial dos computadores digitais e das metodologias de medição de desempenho.

Ao ler o material histórico, você logo notará que uma das maiores vantagens da juventude da computação, em comparação com vários outros campos da engenharia, é que muitos dos pioneiros ainda estão vivos — podemos aprender a história simplesmente perguntando a eles!

## ESTUDOS DE CASO E EXERCÍCIOS POR DIANA FRANKLIN

### Estudo de caso 1: custo de fabricação de chip
*Conceitos ilustrados por este estudo de caso*

- Custo de fabricação
- Rendimento da fabricação
- Tolerância a defeitos pela redundância

| Chip | Tamanho do die (mm$^2$) | Taxa de defeito estimada (por cm$^2$) | N | Tamanho de manufatura (nm) | Transistores (bilhões) | Núcleos |
|---|---|---|---|---|---|---|
| BlueDragon | 180 | 0,03 | 12 | 10 | 7,5 | 4 |
| RedDragon | 120 | 0,04 | 14 | 7 | 7,5 | 4 |
| Phoenix[8] | 200 | 0,04 | 14 | 7 | 12 | 8 |

**FIGURA 1.26** Fatores de custo de manufatura para vários processadores modernos.

Existem muitos fatores envolvidos no preço de um chip de computador. A Intel está gastando US$7 bilhões para concluir sua instalação de fabricação Fab 42 para a tecnologia de 7 nm. Neste estudo de caso, exploramos uma empresa hipotética na mesma situação e como diferentes decisões de projeto envolvendo tecnologia de fabricação, superfície e redundância afetam o custo dos chips.

**1.1** [10/10] <1.6> A Figura 1.26 contém uma estatística hipotética relevante de chip, que influencia o custo de vários chips atuais. Nos próximos exercícios, você estará explorando o efeito das possíveis decisões de projeto para os chips da Intel.

  **a.** [10] <1.6> Qual é o rendimento para o chip Phoenix?

  **b.** [10] <1.6> Por que o Phoenix tem uma taxa de defeitos pior do que o BlueDragon?

**1.2** [20/20/20/20] <1.6> Eles venderão uma gama de chips dessa fábrica, e precisarão decidir quanta capacidade dedicarão a cada chip. Imagine que eles venderão dois chips. Phoenix é uma arquitetura completamente nova, projetada visando a tecnologia de 7 nm, enquanto RedDragon é a mesma arquitetura de seu BlueDragon de 10 nm. Imagine que o RedDragon gere um lucro de US$15 por chip livre de defeitos. Phoenix gerará um lucro de US$30 por chip livre de defeitos. Cada wafer tem 450 mm de diâmetro.

  **a.** [20] <1.6> Quanto lucro você obterá com cada wafer dos chips Phonenix?

  **b.** [20] <1.6> Quanto lucro você obterá com cada wafer dos chips RedDragon?

  **c.** [20] <1.6> Se sua demanda é de 50.000 chips RedDragon por mês e 25.000 chips Phoenix por mês, e sua instalação pode fabricar 70 wafers em um mês, quantos wafers de cada chip você deveria produzir?

**1.3** [20/20] <1.6> Seu colega na AMD sugere que, já que o rendimento é tão pobre, você poderia fabricar chips mais baratos se lançasse várias versões do mesmo chip, apenas com diferentes quantidades de núcleos. Por exemplo, você poderia vender Phoenix[8], Phoenix[4], Phoenix[2] e Phoenix[1], que contêm 8, 4, 2 e 1 núcleos em cada chip, respectivamente. Se todos os oito núcleos são livres de defeitos, então ele é vendido como Phoenix[8]. Os chips com quatro a sete núcleos livres de defeitos são vendidos como Phoenix[4], e aqueles com dois ou três núcleos livres de defeitos são vendidos como Phoenix[2]. Para simplificar, calcule o rendimento para um único núcleo como o rendimento para um chip que tem 1/8 da área do chip Phoenix original. Depois, veja esse rendimento como uma probabilidade independente de um único núcleo ser livre de defeitos. Calcule o rendimento para cada configuração como a probabilidade de o número correspondente de núcleos ser livre de defeitos.

  **a.** [20] <1.6> Qual é o rendimento para um único núcleo ser livre de defeitos, bem como o rendimento para o Phoenix[4], Phoenix[2] e Phoenix[1]?

  **b.** [5] <1.6> Usando os resultados do item a, determine quais chips você acredita que compensariam ser embalados e vendidos, e por quê.

**CAPÍTULO 1:** Fundamentos do projeto e análise quantitativos

ELSEVIER

**c.** [10] <1.6> Se anteriormente custava US\$20 por unidade para produzir o Phoenix[8], qual será o custo dos novos chips Phoenix, levando em conta que não existem custos adicionais associados a resgatá-los do lixo?

**d.** [20] <1.6> Você atualmente tem um lucro de US\$30 para cada Phoenix[8] livre de defeitos, e venderá cada chip Phoenix[4] por US\$25. Qual é o seu lucro por chip Phoenix[8] se você (i) considerar que o preço de compra dos chips Phoenix[4] são totalmente lucro e (ii) aplicar o lucro dos chips Phoenix[4] a cada chip Phoenix[8] em proporção a quantos são produzidos? Use os rendimentos calculados no Problema 1.3a, e não no Problema 1.1a.

## Estudo de caso 2: consumo de potência nos sistemas de computador
### *Conceitos ilustrados por este estudo de caso*
- Lei de Amdahl
- Redundância
- MTTF
- Consumo de potência

O consumo de potência nos sistemas modernos depende de uma série de fatores, incluindo a frequência de clock do chip, a eficiência e a tensão. Os exercícios a seguir exploram o impacto sobre a potência e a energia que têm diferentes decisões de projeto e/ou cenários de uso.

**1.4** [10/10/10/10] <1.5> Um telefone celular executa tarefas muito diferentes, incluindo streaming de música, streaming de vídeo e leitura de e-mail. Essas tarefas executam tarefas de computação muito diferentes. O tempo de vida útil da bateria e o superaquecimento são dois problemas comuns para os telefones celulares, de modo que a redução no consumo de potência e energia são fundamentais. Neste problema, consideramos o que fazer quando o usuário não está usando o telefone em sua capacidade total de computação. Para esses problemas, avaliaremos um cenário irrealista em que o celular não possui unidades de processamento especializadas. Em vez disso, ele possui uma unidade de processamento de uso geral com quatro núcleos. Cada núcleo usa 0,5 W em uso pleno. Para tarefas relacionadas a e-mail, os quatro núcleos são 8 vezes mais rápidos do que o necessário.

**a.** [10] <1.5> Quanta energia dinâmica e potência são necessárias em comparação com a potência máxima? Primeiro, suponha que os quatro núcleos operem por 1/8 do tempo e esteja ocioso pelo resto do tempo. Ou seja, o clock é desativado por 7/8 do tempo, sem que ocorra vazamento durante esse período. Compare a energia dinâmica total e a potência dinâmica enquanto o núcleo está em execução.

**b.** [10] <1.5> Quanta energia dinâmica e potência são exigidas usando a escalada de frequência e tensão? Considere que frequência e tensão sejam ambas reduzidas para 1/8 o tempo inteiro.

**c.** [10] <1.6, 1.9> Agora, suponha que a tensão não pode diminuir abaixo de 50% da tensão original. Essa tensão é referida como o *piso de tensão*, e qualquer tensão menor do que isso perderá o estado. Portanto, enquanto a frequência pode continuar diminuindo, a tensão não pode. Quais são as economias dinâmicas de energia e potência neste caso?

**d.** [10] <1.5> Quanta energia é usada com uma abordagem de silício negro? Isso envolve a criação de hardware ASIC especializado para cada tarefa principal e a ativação desses elementos quando não estiverem em uso. Apenas um núcleo de uso geral seria fornecido, e o restante do chip seria preenchido com unidades especializadas. Para o e-mail, o núcleo funcionaria por 25% do tempo e seria desligado completamente com a ativação dos outros 75% do tempo. Durante os outros 75% do tempo, uma unidade ASIC especializada que requer 20% da energia de um núcleo estaria funcionando.

**1.5** [10/10/20] <1.5> Como dissemos no Exercício 1.4, os telefones celulares executam diversas aplicações. Faremos as mesmas suposições para este exercício que as do exercício anterior, que é 0,5 W por núcleo e que um chip de quatro núcleos executa e-mail 3 vezes mais rapidamente.

**a.** [10] <1.5> Imagine que 80% do código possa se tornar paralelo. Em quanto a frequência e a tensão em um único núcleo precisa ser aumentada para executar na mesma velocidade do código paralelo em quatro vias?

**b.** [10] <1.5> Qual é a redução na energia dinâmica pelo uso da escalada de frequência e tensão no item a?

**c.** [10] <1.5> Quanta energia é usada com uma abordagem de silício negro? Nessa abordagem, todas as unidades de hardware são ativadas, permitindo que sejam desligadas totalmente (sem causar vazamento). ASICs especializados são fornecidos para realizar a mesma computação para 20% da potência do processador de uso geral. Imagine que cada núcleo seja ativado. O videogame exige dois ASICS e dois núcleos. Quanta energia dinâmica ele exige em comparação com a linha de base dos quatro núcleos em paralelo?

**1.6** [10/10/10/10/10/20] <1.5, 1.9> Os processos de uso geral são otimizados para computação de uso geral. Ou seja, eles são otimizados para comportamento geralmente encontrado em um grande número de aplicações. No entanto, quando o domínio é restrito de alguma forma, o comportamento encontrado em um grande número de aplicações de destino pode ser diferente das aplicações de uso geral. Uma dessas aplicações é o aprendizado profundo ou redes neurais. O aprendizado profundo pode ser aplicado a muitas aplicações diferentes, mas o bloco fundamental da inferência — usar as informações aprendidas para tomar decisões — é o mesmo em todas elas. As operações de inferência são em grande parte paralelas, portanto, elas são realizadas atualmente em unidades de processamento gráfico, que são mais especializadas para esse tipo de computação e não para a inferência em particular. Em uma busca por mais desempenho por watt, a Google criou um chip personalizado usando unidades de processamento tensor para acelerar as operações de inferência em aprendizado profundo.[1] Essa abordagem pode ser usada para reconhecimento de fala e reconhecimento de imagem, por exemplo. Este problema explora os dilemas entre este processo, um processador de uso geral (Haswell E5-2699 v3) e uma GPU (NVIDIA K80), em termos de desempenho e refrigeração. Se o calor não for removido do computador de forma eficiente, os ventiladores soprarão o ar quente de volta para o computador, e não o ar frio. Nota: As diferenças são mais do que o processador — a memória no chip e a DRAM também entram em ação. Portanto, as estatísticas estão no nível do sistema, não no nível do chip.

**a.** [10] <1.9> Se o datacenter da Google gasta 70% do seu tempo na carga de trabalho A e 30% do tempo na carga de trabalho B ao executar GPUs, qual é a aceleração do sistema TPU em relação ao sistema GPU?

**b.** [15] <1.9> Se o datacenter da Google gasta 70% do seu tempo na carga de trabalho A e 30% do seu tempo na carga de trabalho B ao executar GPUs, qual a porcentagem de Max IPS ele alcança para cada um dos três sistemas?

---

[1] Artigo citado neste website: <https://drive.google.com/file/d/0Bx4hafXDDq2EMzRNcy1vSUxtcEk/view>.

| Sistema | Chip | TDP | Potência ociosa | Potência ocupada |
|---|---|---|---|---|
| Uso geral | Haswell E5-2699 v3 | 504 W | 159 W | 455 W |
| Processador gráfico | NVIDIA K80 | 1838 W | 357 W | 991 W |
| ASIC customizado | TPU | 861 W | 290 W | 384 W |

**FIGURA 1.27** Características de hardware para sistema de processador de uso geral, baseado em unidade de processamento gráfico ou ASIC customizado, incluindo a potência medida (citando artigo do ISCA).

| Sistema | Chip | Throughput | | | % Máxima IPS | | |
|---|---|---|---|---|---|---|---|
| | | A | B | C | A | B | C |
| Uso geral | Haswell E5-2699 v3 | 5482 | 13.194 | 12.000 | 42% | 100% | 90% |
| Processador gráfico | NVIDIA K80 | 13.461 | 36.465 | 15.000 | 37% | 100% | 40% |
| ASIC personalizado | TPU | 225.000 | 280.000 | 2000 | 80% | 100% | 1% |

**FIGURA 1.28** Características de desempenho para sistema de processador de uso geral, baseado em unidade de processamento gráfico ou ASIC customizado, em duas cargas de trabalho de redes neurais (citando artigo do ISCA).

Cargas de trabalho A e B vêm dos resultados publicados. Carga de trabalho C é uma aplicação fictícia, mais de uso geral.

**c.** [10] <1.5, 1.9> Baseando-se em (b), supondo que a potência seja escalonada linearmente de potência ociosa para ocupada quando o IPS aumenta de 0% até 100%, qual é o desempenho por watt do sistema TPU em relação ao sistema GPU?

**d.** [10] <1.9> Se outro datacenter gasta 40% de seu tempo na carga de trabalho A, 10% de seu tempo na carga de trabalho B e 50% de seu tempo na carga de trabalho C, quais são as acelerações dos sistemas GPU e TPU sobre o sistema de uso geral?

**e.** [10] <1.5> Uma porta de resfriamento para um rack custa US$4.000 e dissipa 14 kW (na sala; custo adicional é necessário para tirá-lo da sala). Quantos servidores baseados em Haswell, NVIDIA ou Tensor podem ser refrigerados com uma porta de resfriamento, considerando o TDP nas Figuras 1.27 e 1.28?

**f.** [20] <1.5> Farms de servidores típicos podem dissipar um máximo de 200 W por pé quadrado. Dado que um rack de servidores exige 11 pés quadrados (incluindo a folga frontal e posterior), quantos servidores do item (e) podem ser colocados em um único rack e quantas portas de resfriamento são necessárias?

## Exercícios

**1.7** [10/15/15/10/10] <1.4, 1.5> Um desafio para os arquitetos é que o projeto criado hoje vai requerer muitos anos de implementação, verificação e testes antes de aparecer no mercado. Isso significa que o arquiteto deve projetar, muitos anos antes, o que a tecnologia será. Às vezes, isso é difícil de fazer.

**a.** [10] <1.4> De acordo com a tendência em escala de dispositivo observada pela Lei de Moore, o número de transistores em um chip em 2025 será quantas vezes o número de transistores em 2015?

**b.** [10] <1.5> Um dia, o aumento no desempenho acompanhou essa tendência. Se o desempenho tivesse continuado a crescer na mesma taxa que nos anos 1990, aproximadamente que desempenho os chips teriam em relação ao VAX-11/780 em 2025?

**c.** [15] <1.5> Na taxa de aumento de meados da década de 2000, qual é a projeção mais atualizada do desempenho para 2025?

**d.** [10] <1.4> O que limitou a taxa de aumento da frequência de clock e o que os arquitetos estão fazendo com os transistores adicionais para aumentar o desempenho?

**e.** [10] <1.4> A taxa de crescimento para a capacidade da DRAM também diminuiu. Por 20 anos, a capacidade da DRAM aumentou em 60% por ano. Se a DRAM de 8 Gbit foi disponibilizada em 2015 e se a de 16 Gbit não estiver disponível antes de 2019, qual é a taxa de crescimento atual para a capacidade da DRAM?

**1.8** [10/10] <1.5> Você está projetando um sistema para uma aplicação em tempo real na qual prazos específicos devem ser atendidos. Terminar o processamento mais rápido não traz nenhum benefício. Você descobre que, na pior das hipóteses, seu sistema pode executar o código necessário duas vezes mais rápido do que o necessário.

**a.** [10] <1.5> Quanta energia você economizará se executar na velocidade atual e desligar o sistema quando o processamento estiver completo?

**b.** [10] <1.5> Quanta energia você economizará se configurar a tensão e a frequência para a metade das atuais?

**1.9** [10/10/20/10] <1.5> Farms de servidores, como os do Google e do Yahoo!, fornecem capacidade computacional suficiente para a mais alta taxa de requisições do dia. Suponha que, na maior parte do tempo, esses servidores operem a 60% da capacidade. Suponha também que a potência não aumente linearmente com a carga, ou seja, quando os servidores estão operando a 60% de capacidade, consomem 90% da potência máxima. Os servidores poderiam ser desligados, mas levariam muito tempo para serem reiniciados em resposta a mais carga. Foi proposto um novo sistema, que permite um reinício rápido, mas requer 20% da potência máxima durante esse estado "quase vivo".

**a.** [10] <1.5> Quanta economia de energia seria obtida desligando 60% dos servidores?

**b.** [10] <1.5> Quanta economia de energia seria obtida colocando 60% dos servidores no estado "quase vivo"?

**c.** [20] <1.5> Quanta economia de energia seria obtida reduzindo a tensão em 20% e a frequência em 40%?

**d.** [20] <1.5> Quanta economia de energia seria obtida colocando 30% dos servidores no estado "quase vivo" e desligando 30%?

**1.10** [10/10/20] <1.7> Disponibilidade é a consideração mais importante para o projeto de servidores, seguida de perto pela escalabilidade e pelo throughput.

**a.** [10] <1.7> Temos um único processador com falhas no tempo (FIT) de 100. Qual é o tempo médio para a falha (MTTF) desse sistema?

**b.** [10] <1.7> Se levar um dia para fazer o sistema funcionar de novo, qual será a disponibilidade desse sistema?

**c.** [20] <1.7> Imagine que, para reduzir custos, o governo vai construir um supercomputador a partir de computadores baratos em vez de computadores caros e confiáveis. Qual é o MTTF para um sistema com 1.000 processadores? Suponha que, se um falhar, todos eles falharão.

**1.11** [20/20/20] <1.1, 1.2, 1.7> Em uma farm de servidores como as usadas pela Amazon e pelo eBay, uma única falha não faz com que todo o sistema deixe de

# CAPÍTULO 1: Fundamentos do projeto e análise quantitativos

funcionar. Em vez disso, ela vai reduzir o número de requisições que podem ser satisfeitas em dado momento.

a. [20] <1.7> Se uma companhia tem 10.000 computadores, cada qual com um MTTF de 35 dias, e sofre uma falha catastrófica somente quando 1/3 dos computadores falham, qual é o MTTF do sistema?

b. [20] <1.1, 1.7> Se uma companhia tivesse US$1.000 adicionais, por computador, para dobrar o MTTF, essa seria uma boa decisão de negócio? Mostre seu trabalho.

c. [20] <1.2> A Figura 1.3 mostra a média dos custos dos tempos de paralisação, supondo que o custo é igual durante o ano todo. Para os varejistas, entretanto, a época de Natal é a mais lucrativa (e, portanto, a mais prejudicada pela perda de vendas). Se um centro de vendas por catálogo tiver duas vezes mais tráfego no quarto trimestre do que em qualquer outro, qual será o custo médio do tempo de paralisação por hora no quarto trimestre e no restante do ano?

1.12 [20/10/10/15] <1.9> Neste exercício, suponha que estejamos considerando melhorar uma máquina quad-core adicionando a ela hardware de criptografia. Quando operações de criptografia são executadas, o hardware é 20 vezes mais rápido do que o modo normal de execução. Chamamos *porcentagem de criptografia* a porcentagem de tempo que seria gasta usando as operações de criptografia. O hardware especializado aumenta o consumo de potência em 2%.

a. [20] <1.9> Trace um gráfico que plote o ganho de velocidade como uma porcentagem da computação realizada com criptografia. Chame o eixo $y$ de "Ganho médio de velocidade" e o eixo $x$ de "Porcentagem de criptografia".

b. [10] <1.9> Que porcentagem de criptografia é necessária para atingir um ganho de velocidade de 2?

c. [10] <1.9> Que porcentagem do tempo de execução do processamento será gasta nas operações de criptografia se um ganho de velocidade de 2 for alcançado?

d. [15] <1.9> Suponha que você tenha descoberto que a porcentagem de criptografia é de 50%. O grupo de projeto de hardware estima que pode acelerar ainda mais o hardware de criptografia com significativo investimento adicional. Você questiona se a inclusão de uma segunda unidade, a fim de dar suporte a operações de criptografia paralelas, seria mais útil. Imagine que, no programa original, 90% das operações de criptografia pudessem ser realizadas em paralelo. Qual é o ganho de velocidade ao oferecer duas ou quatro unidades de criptografia, supondo que o paralelismo permitido seja limitado ao número de unidades de criptografia?

1.13 [15/10] <1.9> Suponha que tenha sido feita uma melhoria em um computador que aumente algum modo de execução por um fator de 10. O modo melhorado é usado em 50% do tempo e medido como uma porcentagem do tempo de execução *quando o modo melhorado está em uso*. Lembre-se de que a Lei de Amdahl depende da fração de tempo de execução original e *não melhorado* que poderia fazer uso do modo melhorado. Assim, não podemos usar diretamente essa medida de 50% para calcular o ganho de velocidade com a Lei de Amdahl.

a. [15] <1.9> Qual é o ganho de velocidade que obtemos do modo rápido?

b. [10] <1.9> Que porcentagem do tempo de execução original foi convertida para o modo rápido?

**1.14** [20/20/15] <1.9> Muitas vezes, ao fazermos modificações para otimizar parte de um processador, o ganho de velocidade em um tipo de instrução ocorre à custa de reduzir a velocidade de algo mais. Por exemplo, se adicionarmos uma complicada unidade de ponto flutuante que ocupe espaço e algo tiver de ser afastado do centro para acomodá-la, adicionando um ciclo extra de atraso para alcançar essa unidade. A equação básica da Lei de Amdahl não leva em conta essa troca.

    **a.** [20] <1.9> Se a nova unidade rápida de ponto flutuante acelerar as operações do ponto flutuante numa média de 2x e as operações de ponto flutuante ocuparem 20% do tempo de execução do programa original, qual será o ganho geral de velocidade (ignorando a desvantagem de quaisquer outras instruções)?

    **b.** [20] <1.9> Agora suponha que a aceleração da unidade de ponto flutuante reduziu a velocidade dos acessos à cache de dados, resultando em uma redução de velocidade de 1,5x (ou em ganho de velocidade de 2/3). Os acessos à cache de dados consomem 10% do tempo de execução. Qual é o ganho geral de velocidade agora?

    **c.** [15] <1.9> Depois de implementar as novas operações de ponto flutuante, que porcentagem do tempo de execução é gasto em operações desse tipo? Que porcentagem é gasta em acessos à cache de dados?

**1.15** [10/10/20/20] <1.10> Sua empresa acabou de comprar um novo processador de 22 núcleos e você foi encarregado de otimizar seu software para esse processador. Você executará quatro aplicações nesse sistema, mas os requisitos de recursos não são iguais. Considere o sistema e as características de aplicação listadas na Tabela 1.1.

A porcentagem de recursos considera que todos eles são executados em sequência. Suponha que, quando você paraleliza uma parte do programa em X, o ganho de velocidade para essa parte seja X.

    **a.** [10] <1.10> Que ganho de velocidade resultaria da execução da aplicação A no processador inteiro de 22 núcleos em comparação com sua execução em série?

    **b.** [10] <1.10> Que ganho de velocidade resultaria da execução da aplicação D no processador inteiro de 22 núcleos em comparação com sua execução em série?

    **c.** [20] <1.10> Dado que a aplicação A exige 41% dos recursos, se lhe forem atribuídos estaticamente 41% dos núcleos, qual é o ganho de velocidade geral se A for executado em paralelo, mas tudo o mais for executado em série?

    **d.** [20] <1.10> Qual é o ganho de velocidade geral se todas as quatro aplicações fossem atribuídas estaticamente a alguns dos núcleos, em relação à sua porcentagem de necessidades de recurso, e todas fossem executadas em paralelo?

    **e.** [10] <1.10> Dada a aceleração através do paralelismo, que nova porcentagem dos recursos as aplicações estão recebendo, considerando apenas o tempo ativo em seus núcleos atribuídos estaticamente?

**Tabela 1.1** Quatro aplicações

| Aplicação | A | B | C | D |
|---|---|---|---|---|
| % de recursos necessários | 41 | 27 | 18 | 14 |
| % paralelizável | 50 | 80 | 60 | 90 |

**1.16** [10/20/20/20/25] <1.10> Ao paralelizar uma aplicação, o ganho de velocidade ideal é feito pelo número de processadores. Isso é limitado por duas coisas: a porcentagem da aplicação que pode ser paralelizada e o custo da comunicação. A Lei de Amdahl leva em conta a primeira, mas não a segunda.

a. [10] <1.10> Qual será o ganho de velocidade com $N$ processadores se 80% da aplicação puder ser paralelizada, ignorando o custo de comunicação?

b. [20] <1.10> Qual será o ganho de velocidade com oito processadores se, para cada processador adicionado, o custo adicional de comunicação for de 0,5% do tempo de execução original?

c. [20] <1.10> Qual será o ganho de velocidade com oito processadores se, cada vez que o número de processadores for dobrado, o custo adicional de comunicação for aumentado em 0,5% do tempo de execução original?

d. [20] <1.10> Qual será o ganho de velocidade com $N$ processadores se, cada vez que o número de processadores for dobrado, o custo adicional de comunicação for aumentado em 0,5% do tempo de execução original?

e. [25] <1.10> Escreva a equação geral que resolva esta questão: qual é o número de processadores com o maior ganho de velocidade em uma aplicação na qual P% do tempo de execução original é paralelizável e, para cada vez que o número de processadores for dobrado, a comunicação é aumentada em 0,5% do tempo de execução original?

> CAPÍTULO 2

# Projeto de hierarquia de memória

O ideal seria uma capacidade de memória indefinidamente grande, de modo que qualquer palavra em particular [...] pudesse estar imediatamente disponível [...] Somos [...] forçados a reconhecer a possibilidade de construir uma hierarquia de memórias, cada qual com maior capacidade que a anterior, porém com acesso mais lento que a outra.

**A. W. Burks, H. H. Goldstine e J. von Neumann,**
*Preliminary Discussion of the Logical Design of an Electronic Computing Instrument* (1946)

2.1 Introdução ....................................................................................................69

2.2 Tecnologia de memória e otimizações ...........................................................75

2.3 Dez otimizações avançadas de desempenho de cache ....................................85

2.4 Memória virtual e máquinas virtuais ............................................................105

2.5 Questões cruzadas: o projeto de hierarquias de memória ..............................113

2.6 Juntando tudo: hierarquias de memória no ARM Cortex-A53 e Intel Core i7 6700 ....113

2.7 Falácias e armadilhas ..................................................................................128

2.8 Comentários finais: olhando para o futuro ...................................................131

2.9 Perspectivas históricas e referências ...........................................................133

Estudos de caso com exercícios por Norman P. Jouppi, Rajeev Balasubramonian, Naveen Muralimanohar e Sheng Li...................................................................133

## 2.1 INTRODUÇÃO

Os pioneiros do computador previram corretamente que os programadores desejariam uma quantidade ilimitada de memória rápida. Uma solução econômica para isso é a hierarquia de memória, que tira proveito da proximidade e da relação custo-desempenho das tecnologias de memória. O princípio da proximidade, apresentado no Capítulo 1, afirma que a maioria dos programas não acessa todo o código ou dados uniformemente. A proximidade ocorre no tempo (proximidade temporal) e no espaço (proximidade espacial). Esse princípio, junto com a noção de que, para determinada tecnologia de implementação e orçamento de energia, um hardware menor pode se tornar mais rápido, levou às hierarquias baseadas em memórias de diferentes velocidades e tamanhos. A Figura 2.1 mostra diversas hierarquias de memória multinível diferentes, incluindo os valores típicos do tamanho e da velocidade de acesso. À medida que a memória Flash e as tecnologias de memória de última geração continuam a fechar a lacuna com os discos em custo por bit, essas tecnologias provavelmente substituirão cada vez mais os discos magnéticos para o

# CAPÍTULO 2: Projeto de hierarquia de memória

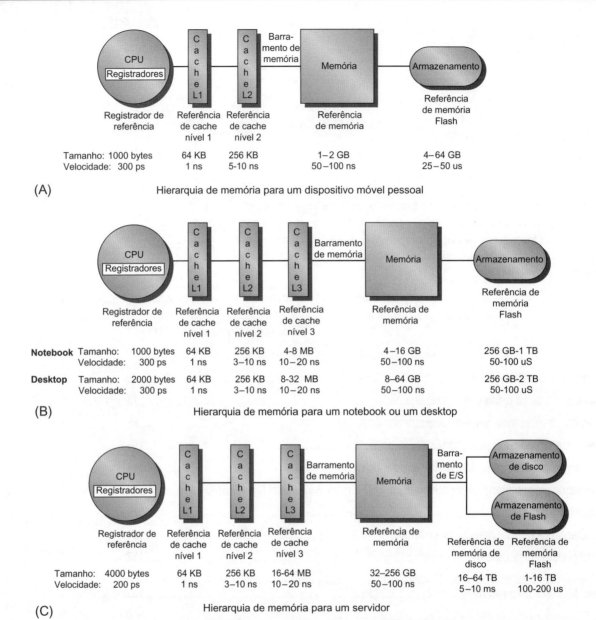

**FIGURA 2.1** Os níveis em uma hierarquia típica de memória em um dispositivo pessoal móvel (PMD), como um telefone celular ou um tablet (A), em um computador notebook ou desktop (B) e em um servidor (C).

À medida que nos distanciamos do processador, a memória no nível abaixo se torna mais lenta e maior. Observe que as unidades de tempo mudam por fatores de $10^9$ — de picossegundos para milissegundos no caso de discos magnéticos — e que as unidades de tamanho mudam por fatores de $10^{10}$ — de milhares de bytes para dezenas de terabytes. Se fôssemos incluir os computadores em escala de warehouse, em vez de chegarmos apenas aos servidores, a escala de capacidade aumentaria em três a seis ordens de grandeza. Os dispositivos em estado sólido (SSDs) compostos de memória Flash são usados exclusivamente em PMDs, e bastante em notebooks e desktops. Em muitos desktops, o sistema de armazenamento principal é SSD, e discos de expansão são principalmente unidades de disco rígido (HDDs). De modo semelhante, muitos servidores atualmente misturam SSDs e HDDs.

armazenamento secundário. Como vemos na Figura 2.1, essas tecnologias já são utilizadas em muitos computadores pessoais e, cada vez mais, em servidores, onde são significativas as vantagens em desempenho, potência e densidade.

Como a memória rápida é mais cara, uma hierarquia de memória é organizada em vários níveis — cada qual menor, mais rápido e mais caro por byte do que o nível inferior seguinte, que está mais distante do processador. O objetivo é oferecer um sistema de

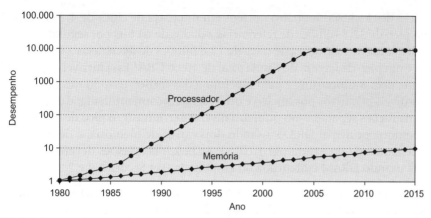

**FIGURA 2.2** Começando com o desempenho de 1980 como uma linha base, a distância do desempenho, medida como a diferença entre as requisições de memória dos processadores (para um uniprocessador ou para um core) e a latência de um acesso à DRAM, é desenhada contra o tempo. Em meados de 2017, AMD, Intel e Nvidia anunciaram *chip sets* usando versões da tecnologia HBM.

Observe que o eixo vertical precisa estar em uma escala logarítmica para registrar o tamanho da diferença de desempenho processador-DRAM. A linha-base da memória é de 64 KiB de DRAM em 1980, com uma melhoria de desempenho de 1,07 por ano na latência (Figura 2.4). A linha do processador pressupõe uma melhoria de 1,25 por ano até 1986, uma melhoria de 1,52 até 2000, uma melhoria de 1,20 entre 2000 e 2005, e apenas pequenas melhorias no desempenho do processador (com base em cada núcleo) entre 2005 e 2015. Como pode ser visto, até 2010, os tempos de acesso da memória na DRAM melhoraram de forma lenta, porém consistente; desde 2010, a melhoria no tempo de acesso foi reduzida, em comparação com os períodos anteriores, embora continuasse a haver melhorias na largura de banda. Veja mais informações na Figura 1.1, no Capítulo 1.

memória com custo por byte quase tão baixo quanto o nível de memória mais barato e velocidade quase tão rápida quanto o nível mais rápido. Na maioria dos casos (mas nem sempre), os dados contidos em um nível inferior são um superconjunto do nível superior seguinte. Essa propriedade, chamada *propriedade de inclusão*, é sempre necessária para o nível mais baixo da hierarquia, que consiste na memória principal, no caso das caches, e no armazenamento secundário (disco ou Flash), no caso da memória virtual.

A importância da hierarquia de memória aumentou com os avanços no desempenho dos processadores. A Figura 2.2 ilustra as projeções do desempenho do processador contra a melhoria histórica de desempenho no tempo para acessar a memória principal. A linha do processador mostra o aumento na média das requisições de memória por segundo (ou seja, o inverso da latência entre referências de memória), enquanto a linha da memória mostra o aumento nos acessos por segundo à DRAM (ou seja, o inverso da latência de acesso à DRAM), considerando uma única DRAM e um único banco de memória. A realidade é mais complexa do que isso, pois a taxa de requisição do processador não é uniforme, e o sistema de memória geralmente possui vários bancos de DRAMs e canais. Embora a lacuna no tempo de acesso tenha aumentado significativamente por muitos anos, a falta de melhoria significativa no desempenho em uniprocessadores tem levado a um retardo no crescimento da lacuna entre os processadores e a DRAM.

Já que os processadores de alto nível possuem múltiplos núcleos, os requisitos de largura de banda são maiores em comparação com os núcleos únicos. Embora a largura de banda de único núcleo tenha aumentado mais lentamente nos últimos anos, a lacuna entre a demanda de memória da CPU e a largura de banda da DRAM continua a crescer à medida que a quantidade de núcleos aumenta. Um processador de desktop de alto nível moderno, como o Intel Core i7 6700, pode gerar duas referências de memória de dados por núcleo a cada ciclo de clock. Com quatro núcleos em uma taxa de clock de 4,2 GHz, o i7 pode gerar um pico de 32,8 bilhões de referências a dados de 64 bits por segundo, além de um pico de demanda de instruções de cerca de 12,8 bilhões de referências a instruções de 128 bits. Isso é um pico de largura de banda total de 409,6 GB/s! Essa incrível largura de banda é alcançada pelo multiporting e pelo pipelining das caches; usando três níveis de caches, com dois níveis privativos por núcleo e uma cache L3 compartilhada; e usando caches de dados e instruções separadas no primeiro nível. Em contraste, o pico de largura de banda para a memória principal DRAM, usando dois canais de memória, é de somente 8% da largura de banda da demanda (34,1 GB/s). As próximas versões deverão ter uma cache DRAM L4 usando DRAM embarcada ou empilhada (ver Seções 2.2 e 2.3).

Tradicionalmente, os projetistas de hierarquias de memória se concentraram em otimizar o tempo médio de acesso à memória, que é determinado pelo tempo de acesso à cache, taxa de falta e penalidade por falta. Mais recentemente, entretanto, a potência tornou-se uma importante consideração. Em microprocessadores de alto nível, pode haver 60 MiB ou mais de cache no chip, e uma grande cache de segundo ou terceiro nível consumirá potência significativa, tanto como fuga, quando ele não está operando (chamada *potência estática*) quanto como potência ativa quando uma leitura ou gravação é realizada (chamada *potência dinâmica*), como descrito na Seção 2.3. O problema é ainda mais sério em processadores de PMDs, nos quais a CPU é menos agressiva e a necessidade de potência pode ser 20-50 vezes menor. Nesses casos, as caches podem ser responsáveis por 25% a 50% do consumo total de energia. Assim, mais projetos devem considerar a relação de desempenho e da potência, que serão examinados neste capítulo.

## O básico das hierarquias de memória: uma revisão rápida

O tamanho crescente e, portanto, a importância dessa diferença levou à migração dos fundamentos de hierarquia de memória para os cursos de graduação em arquitetura de computador e até mesmo para cursos de sistemas operacionais e compiladores. Assim, começaremos com uma rápida revisão das caches e sua operação. Porém, a parte principal deste capítulo descreve inovações mais avançadas, que focam a diferença de desempenho processador-memória.

Quando uma palavra (word) não é encontrada na cache, ela precisa ser recuperada de um nível inferior na hierarquia (que pode ser outra cache ou a memória principal) e colocada na cache antes de continuar. Múltiplas palavras, chamadas *bloco* (ou *linha*), são movidas por questões de eficiência, e porque elas provavelmente serão necessárias em breve, devido à localização espacial. Cada bloco da cache inclui uma *tag* para ver a qual endereço de memória ela corresponde.

Uma decisão de projeto importante é em que parte da cache os blocos (ou linhas) podem ser colocados. O esquema mais popular é a *associação por conjunto* (*set associative*), em que um *conjunto* é um grupo de blocos na cache. Primeiro, um bloco é mapeado para um conjunto; depois pode ser colocado em qualquer lugar dentro desse conjunto. Encontrar um bloco consiste primeiramente em mapear o endereço do bloco para o conjunto e depois em examinar o conjunto — normalmente em paralelo — para descobrir o bloco. O conjunto é escolhido pelo endereço dos dados:

$$(Endereço\ do\ bloco)\ MOD\ (Número\ de\ conjuntos\ da\ cache)$$

Se houver *n* blocos em um conjunto, o posicionamento da cache será denominado *associativo por conjunto com n vias* (*n-way set associative*). As extremidades da associatividade do conjunto têm seus próprios nomes. Uma cache *mapeada diretamente* tem apenas um bloco por conjunto (de modo que um bloco sempre é colocado no mesmo local), e uma cache *totalmente associativa* tem apenas um conjunto (de modo que um bloco pode ser colocado em qualquer lugar).

O caching de dados que são apenas lidos é fácil, pois as cópias na cache e na memória são idênticas. O caching de escritas é mais difícil: por exemplo, como a cópia na cache e na memória pode ser mantida consistente? Existem duas estratégias principais. A *write-through*, que atualiza o item na cache *e* também escreve na memória principal, para atualizá-la. A *write-back* só atualiza a cópia na cache. Quando o bloco está para ser atualizado, ele é copiado de volta na memória. As duas estratégias de escrita podem usar um *buffer de escrita* para permitir que a cache prossiga assim que os dados forem colocados no buffer, em vez de esperar a latência total para escrever os dados na memória.

Uma medida dos benefícios de diferentes organizações de cache é a taxa de falta. A *taxa de falta* (*miss rate*) é simplesmente a fração de acessos à cache que resulta em uma falta, ou seja, o número de acessos em que ocorre a falta dividido pelo número total de acessos.

Para entender as causas das altas taxas de falta, que podem inspirar projetos de cache melhores, o modelo dos três Cs classifica todas as faltas em três categorias simples:

- *Compulsória.* O primeiro acesso a um bloco *não pode* estar na cache, de modo que o bloco precisa ser trazido para a cache. As faltas compulsórias são aquelas que ocorrem mesmo que se tenha uma I-cache infinita.
- *Capacidade.* Se a cache tiver todos os blocos necessários durante a execução de um programa, as faltas por capacidade (além das faltas compulsórias) ocorrerão porque os blocos são descartados e mais tarde recuperados.
- *Conflito.* Se a estrutura de colocação do bloco não for totalmente associativa, faltas por conflito (além das faltas compulsórias e de capacidade) ocorrerão porque um bloco pode ser descartado e mais tarde recuperado se os blocos em conflito forem mapeados para o seu conjunto e os acessos aos diferentes blocos forem intercalados.

A Figura B.8 mostra a frequência relativa das faltas de cache desmembradas pelos "três Cs". Conforme mencionado no Apêndice B, o modelo dos "três Cs" é conceitual e, embora suas ideias normalmente sejam mantidas, ele não é um modelo definitivo para explicar o comportamento da cache de referências individuais.

Como veremos nos Capítulos 3 e 5, o multithreading e os múltiplos núcleos acrescentam complicações para as caches, tanto aumentando o potencial para as faltas de capacidade quanto acrescentando um quarto C para as faltas de *coerência* advindas de esvaziamentos de cache, a fim de manter múltiplas caches coerentes em um multiprocessador. Vamos considerar esses problemas no Capítulo 5.

Entretanto, a taxa de falta pode ser uma medida confusa por vários motivos. Logo, alguns projetistas preferem medir as *faltas por instrução* em vez das faltas por referência de memória (taxa de falta). Essas duas estão relacionadas:

$$\frac{\text{Perdas}}{\text{Instrução}} = \frac{\text{Taxa de perda} \times \text{Acessos à memória}}{\text{Contagem de instruções}} = \text{Taxa de perda} \times \frac{\text{Acessos à memória}}{\text{Instrução}}$$

(Esta equação normalmente é expressa em inteiros, em vez de frações, como faltas por 1.000 instruções.)

O problema com as duas medidas é que elas não levam em conta o custo de uma falta. Uma medida melhor é o *tempo de acesso médio à memória*:

$$\text{Tempo de acesso médio à memória} = \text{Tempo de acerto} + \text{Taxa de falta} \times \text{Penalidade de falta}$$

onde *tempo de acerto* é o tempo de acesso quando o item acessado está na cache e *penalidade de falta* é o tempo para substituir o bloco de memória (ou seja, o custo de uma falta). O tempo de acesso médio à memória ainda é uma medida indireta do desempenho; embora sendo uma medida melhor do que a taxa de falta, ainda não é um substituto para o tempo de execução. No Capítulo 3, veremos que os processadores especulativos podem executar outras instruções durante uma falta, reduzindo assim a penalidade efetiva de falta. O uso de multithreading (apresentado no Capítulo 3) também permite que um processador tolere faltas sem ser forçado a ficar inativo. Conforme veremos em breve, para tirar vantagem de tais técnicas de tolerância de latência, precisamos de caches que possam atender requisições e, ao mesmo tempo, lidar com uma falta proeminente.

Se este material é novo para você ou se esta revisão estiver avançando muito rapidamente, consulte o Apêndice B. Ele aborda o mesmo material introdutório com profundidade e inclui exemplos de caches de computadores reais e avaliações quantitativas de sua eficácia.

A Seção B.3, no Apêndice B, também apresenta seis otimizações de cache básicas, que revisamos rapidamente aqui. O apêndice também oferece exemplos quantitativos dos benefícios dessas otimizações. Também comentamos rapidamente sobre as implicações dessas escolhas sobre a potência.

1. *Tamanho de bloco maior para reduzir a taxa de falta.* O modo mais simples de reduzir a taxa de falta é tirar proveito da proximidade espacial e aumentar o tamanho do bloco. Blocos maiores reduzem as faltas compulsórias, mas também aumentam a penalidade da falta. Já que blocos maiores diminuem o número de tags, eles podem reduzir ligeiramente a potência estática. Blocos de tamanhos maiores também podem aumentar as faltas por capacidade ou conflito, especialmente em caches menores. Selecionar o tamanho de bloco correto é uma escolha complexa que depende do tamanho da cache e da penalidade de falta.

2. *Caches maiores para reduzir a taxa de falta.* O modo óbvio de reduzir as faltas por capacidade é aumentar a capacidade da cache. As desvantagens incluem o tempo de acerto potencialmente maior da memória de cache maior, além de custo e consumo de potência mais altos. Caches maiores aumentam tanto a potência dinâmica quanto a estática.

3. *Associatividade mais alta para reduzir a taxa de falta.* Obviamente, aumentar a associatividade reduz as faltas por conflito. Uma associatividade maior pode ter o custo de maior tempo de acerto. Como veremos em breve, a associatividade também aumenta o consumo de energia.

4. *Caches multiníveis para reduzir a penalidade de falta.* Uma decisão difícil é a de tornar o tempo de acerto da cache rápido, para acompanhar a taxa de clock crescente dos processadores ou tornar a cache grande, para contornar a grande diferença entre o processador e a memória principal. A inclusão de outro nível de cache entre a cache original e a memória simplifica a decisão. A cache de primeiro nível pode ser pequena o suficiente para combinar com um tempo de ciclo de clock rápido, enquanto a cache de segundo nível (ou terceiro nível) pode ser grande o suficiente para capturar muitos acessos que iriam para a memória principal. O foco nas faltas nas caches de segundo nível leva a blocos maiores, capacidade maior e associatividade mais alta. Caches multinível são mais eficientes em termos de energia do que uma única cache agregada. Se L1 e L2 se referem, respectivamente, às caches de primeiro e segundo níveis, podemos redefinir o tempo de acesso médio à memória:

$$\text{Tempo acerto}_{L1} + \text{Taxa falta}_{L1} \times (\text{Tempo acerto}_{L2} + \text{Taxa falta}_{L2} \times \text{Penalidade falta}_{L2})$$

**5.** *Dar prioridade às faltas de leitura, em vez de escrita, para reduzir a penalidade de falta.* Um buffer de escrita é um bom lugar para implementar essa otimização. Os buffers de escrita criam riscos porque mantêm o valor atualizado de um local necessário em uma falta de leitura, ou seja, um risco de leitura após escrita pela memória. Uma solução é verificar o conteúdo do buffer de escrita em uma falta de leitura. Se não houver conflitos e se o sistema de memória estiver disponível, o envio da leitura antes das escritas reduzirá a penalidade de falta. A maioria dos processadores dá prioridade às leituras em vez de às escritas. Essa escolha tem pouco efeito sobre o consumo de potência.

**6.** *Evitar tradução de endereço durante a indexação da cache para reduzir o tempo de acerto.* As caches precisam lidar com a tradução de um endereço virtual do processador para um endereço físico para acessar a memória (a memória virtual é explicada nas Seções 2.4 e B.4). Uma otimização comum é usar o offset de página — a parte idêntica nos endereços virtual e físico — para indexar a cache, como descrito no Apêndice B, página B-38. Esse método de índice virtual/tag físico introduz algumas complicações de sistema e/ou limitações no tamanho e estrutura da cache L1, mas as vantagens de remover o acesso ao *translation lookaside buffer* (TLB) do caminho crítico superam as desvantagens.

Observe que cada uma dessas seis otimizações possui uma desvantagem em potencial, que pode levar a um tempo de acesso médio à memória ainda maior em vez de diminuí-lo.

O restante deste capítulo considera uma familiaridade com o material anterior e os detalhes apresentados no Apêndice B. Na seção "Juntando tudo", examinamos a hierarquia de memória para um microprocessador projetado para um servidor de alto nível, o Intel Core i7 6700, além de um projetado para uso em um PMD, o Arm Cortex-53, que é a base para o processador usado em diversos tablets e smartphones. Dentro de cada uma dessas classes existe significativa diversidade na abordagem, devido ao uso planejado do computador.

Embora o i7 6700 tenha mais núcleos e caches maiores do que os processadores Intel projetados para usos em aparelhos móveis, os processadores têm arquiteturas semelhantes. Um processador projetado para pequenos servidores, como o i7 6700, ou servidores maiores, como os processadores Intel Xeon, geralmente está executando um grande número de processos concorrentes, em geral para diferentes usuários. Assim, a largura de banda da memória torna-se mais importante, e esses processadores oferecem caches maiores e sistemas de memória mais agressivos, para aprimorar essa largura de banda.

Em contraste, os PMDs não só atendem a um usuário, mas geralmente também têm sistemas operacionais menores, geralmente menos multitasking (a execução simultânea de diversas aplicações) e aplicações mais simples. Os PMDs precisam considerar tanto o desempenho quanto o consumo de energia, que determina a vida útil da bateria. Antes de nos aprofundarmos em organizações de cache e otimizações mais avançadas, é preciso compreender as diversas tecnologias de memória e como elas estão evoluindo.

## 2.2 TECNOLOGIA DE MEMÓRIA E OTIMIZAÇÕES

[...] o único desenvolvimento isolado que colocou os computadores na linha foi a invenção de uma forma confiável de memória, a saber, a memória de núcleo [...] Seu custo foi razoável, ela era confiável e, por ser confiável, poderia se tornar grande com o passar do tempo. (p. 209)

**Maurice Wilkes *Memoirs of a Computer Pioneer* (1985)**

Esta seção descreve as tecnologias usadas em uma hierarquia de memória, especificamente na criação de caches e da memória principal. Essas tecnologias são SRAM (memória estática de acesso aleatório), DRAM (memória dinâmica de acesso aleatório) e Flash. A última delas é usada como uma alternativa aos discos rígidos, mas como suas características são baseadas na tecnologia de semicondutores, é apropriado incluí-la nesta seção.

O uso da SRAM aborda a necessidade de minimizar o tempo de acesso às caches. Porém, quando ocorre um erro de cache, precisamos mover os dados da memória principal o mais rápido possível, o que requer uma memória com bastante largura de banda. Essa alta largura de banda de memória pode ser alcançada organizando os muitos chips DRAM que compõem a memória principal em vários bancos de memória e ampliando o barramento de memória, ou fazendo os dois.

Para permitir que os sistemas de memória acompanhem as demandas de largura de banda dos processadores modernos, as inovações de memória começaram a acontecer dentro dos próprios chips de DRAM. Esta seção descreve a tecnologia dentro dos chips de memória e essas organizações inovadoras, internas. Antes de descrever as tecnologias e as opções, vamos apresentar alguma terminologia.

Com a introdução das memórias de transferência pelo modo burst, hoje amplamente usadas em memórias Flash e DRAM, a latência da memória é calculada usando duas medidas: tempo de acesso e tempo de ciclo. O *tempo de acesso* é o tempo entre a requisição de uma leitura e a chegada da palavra desejada, enquanto *tempo de ciclo* é o tempo mínimo entre as requisições não relacionadas à memória.

Quase todos os computadores desktops ou servidores utilizam, desde 1975, DRAMs para a memória principal e quase todos utilizam SRAMs para cache, com um a três níveis integrados no chip do processador com a CPU. Em PMDs, a tecnologia de memória muitas vezes equilibra consumo de energia e desempenho, e por terem necessidades de armazenamento menores, os PMDs utilizam Flash em vez de discos rígidos, uma decisão cada vez mais sendo seguida também por componentes desktop.

## Tecnologia de SRAM

A primeira letra de SRAM significa *estática* (*static*, em inglês). A natureza dinâmica dos circuitos na DRAM exige que os dados sejam escritos de volta após serem lidos — daí a diferença entre o tempo de acesso e o tempo de ciclo, além da necessidade de atualização (*refresh*). As SRAMs não precisam ser atualizadas e, portanto, o tempo de acesso é muito próximo do tempo de ciclo. As SRAMs normalmente utilizam seis transistores por bit para impedir que a informação seja modificada quando lida. A SRAM só precisa de um mínimo de energia para reter a carga no modo de stand-by.

No princípio, a maioria dos sistemas de desktops e servidores usava chip de SRAM para suas caches primárias, secundárias ou terciárias. Hoje, os três níveis de caches são integrados no chip do processador. Nos chips de servidor de alto nível, pode haver até 24 núcleos e até 60 MiB de cache; esses sistemas normalmente são configurados com 128 a 256 GiB de DRAM por chip processador. Os tempos de acesso para grandes caches de terceiro nível no chip são de duas a oito vezes os de uma cache de segundo nível. Ainda assim, o tempo de acesso da cache L3 geralmente é pelo menos cinco vezes mais rápido do que acessar uma memória DRAM.

No chip, as SRAMs de cache normalmente são organizadas com uma largura que corresponde ao tamanho do bloco de cache, com as tags armazenadas em paralelo a cada bloco. Isso permite que um bloco inteiro seja lido ou gravado em um único ciclo. Esse recurso é particularmente útil ao gravar dados buscados após uma falta na cache ou ao gravar um

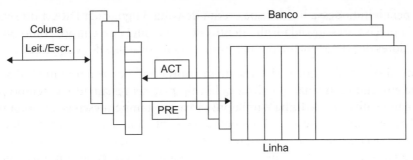

**FIGURA 2.3** Organização interna de uma DRAM.
As DRAMs modernas são organizadas em bancos, de até 16 por DDR4. Cada banco consiste em uma série de linhas. Enviar um comando ACT (Ativar) abre um banco e uma linha, carregando a linha para um buffer de linha. Quando a linha está no buffer, ela pode ser transferida por endereços de coluna sucessivos em qualquer largura da DRAM (geralmente 4, 8 ou 16 bits na DDR4) ou especificando uma transferência de bloco e o endereço de início. O comando Precharge (PRE) fecha o banco e a linha, aprontando-o para um novo acesso. Cada comando, assim como as transferências de bloco, é sincronizado com um clock. Veja a seção seguinte, que discute sobre a SDRAM. Os sinais de linha e coluna às vezes são chamados de RAS e CAS, com base nos nomes originais dos sinais.

bloco que deve ser removido da cache. O tempo de acesso à cache (ignorando a detecção de acertos e seleção em uma cache associativa por conjunto) é proporcional ao número de blocos na cache, enquanto o consumo de energia depende do número de bits na cache (potência estática) e do número de blocos (potência dinâmica). As caches associativas por conjunto reduzem o tempo de acesso inicial à memória porque o tamanho da memória é menor, mas aumentam o tempo de detecção de acertos e seleção de blocos, um tópico que abordaremos na Seção 2.3.

## Tecnologia de DRAM

À medida que as primeiras DRAMs cresciam em capacidade, o custo de um pacote com todas as linhas de endereço necessárias se tornava um problema. A solução foi multiplexar as linhas de endereço, reduzindo assim o número de pinos de endereço para a metade. A Figura 2.3 mostra a organização básica da DRAM. Metade do endereço é enviada primeiro, algo chamado RAS (Row Access Strobe). A outra metade do endereço, enviada durante o CAS (Column Access Strobe), vem depois. Esses nomes vêm da organização interna do chip, pois a memória é organizada como uma matriz retangular endereçada por linhas e colunas.

Um requisito adicional da DRAM deriva da propriedade indicada pela primeira letra, *D*, de *dinâmica*. Para compactar mais bits por chip, as DRAMs utilizam apenas um único transistor para armazenar um bit, que efetivamente atua como um capacitor. Isso tem duas implicações: primeiro, os fios sensores que detectam a carga precisam ser pré-carregados, o que os coloca em uma posição intermediária entre um nível lógico 0 e 1, permitindo que a pequena carga acumulada na célula cause a detecção de um 0 ou 1 pelos amplificadores de percepção. Na leitura, uma linha é colocada em um buffer de linha, onde sinais CAS podem selecionar uma parte da linha e ler a partir da DRAM. A leitura de uma linha destrói a informação, de modo que ela precisa ser escrita de volta quando a linha não for mais necessária. Essa escrita de volta acontece em um padrão sobreposto, mas, nas DRAMs mais antigas, significava que o tempo de ciclo antes que uma nova linha pudesse ser lida era maior que o tempo para ler uma linha e acessar uma parte dessa linha.

Além disso, para evitar perda de informações quando a carga em uma célula é removida (supondo que o bit não seja lido ou escrito), cada bit precisa ser "renovado" periodicamente (refresh). Felizmente, todos os bits em uma linha podem ser renovados simultaneamente apenas pela leitura dessa linha e sua escrita de volta. Logo, cada DRAM do sistema de memória precisa acessar cada linha dentro de certa janela de tempo, como 64 ms. Os controladores de DRAM incluem o hardware para renovar as DRAMs periodicamente.

Esse requisito significa que o sistema de memória está ocasionalmente indisponível, pois está enviando um sinal que diz a cada chip para ser restaurado. O tempo para um refresh é uma ativação de linha e uma pré-carga que também escreve de volta na linha (o que leva aproximadamente 2/3 do tempo para obter um dado, pois nenhuma seleção de coluna é necessária), e isso é exigido para cada linha da DRAM. Como a matriz de memória em uma DRAM é conceitualmente quadrada, em geral o número de etapas em um refresh normalmente é a raiz quadrada da capacidade da DRAM. Os projetistas de DRAM tentam manter o tempo gasto na restauração menor que 5% do tempo total. Até aqui, apresentamos a memória principal como se ela operasse como um trem suíço, entregando suas mercadorias de modo consistente, exatamente de acordo com o horário. Na verdade, com as SDRAMs, um controlador de DRAM (normalmente, no chip processador) tenta otimizar os acessos evitando abrir novas linhas e usando a transferência em bloco quando possível. O refresh acrescenta outro fator imprevisível.

Amdahl sugeriu uma regra prática de que a capacidade da memória deverá crescer linearmente com a velocidade do processador para manter um sistema equilibrado, de modo que um processador de 1.000 MIPS deverá ter 1.000 MiB de memória. Os projetistas de processador contam com as DRAMs para atender a essa demanda. No passado, eles esperavam uma melhoria que quadruplicasse a capacidade a cada três anos, ou 55% por ano. Infelizmente, o desempenho das DRAMs está crescendo em uma taxa muito mais lenta. As melhorias de desempenho mais lentas surgem principalmente devido às menores diminuições no tempo de acesso à linha, que é determinado por questões como limitações de potência e a capacidade de carga (e, portanto, o tamanho) de uma célula de memória individual. Antes de discutirmos essas tendências de desempenho com mais detalhes, precisamos descrever as principais mudanças que ocorreram nas DRAMs a partir de meados da década de 1990.

## Melhorando o desempenho da memória dentro de um chip de DRAM: SDRAMs

Embora as DRAMs muito antigas incluíssem um buffer para permitir acessos de múltiplas colunas a uma única linha, sem exigir um novo acesso de linha, elas usavam uma interface assíncrona, significando que cada acesso e transferência de coluna envolvia o overhead para sincronizar com o controlador. Em meados da década de 1990, os projetistas acrescentaram um sinal de clock à interface DRAM, de modo que as transferências repetidas não sofressem desse overhead, criando assim a *DRAM síncrona* (SDRAM). Além de reduzir o overhead, as SDRAMs permitiram o acréscimo de um modo de transferência de explosão (*burst*), onde várias transferências podem ocorrem sem especificar um novo endereço de coluna. Em geral, oito ou mais transferências de 16 bits podem ocorrer sem enviar novos endereços colocando a DRAM em modo de explosão. A inclusão de tais transferências no modo de exclusão significou que havia uma distância significativa entre a largura de banda para um fluxo de acessos aleatórios e o acesso a um bloco de dados.

Para superar o problema de obter mais largura de banda da memória conforme a densidade da DRAM aumenta, as DRAMs se tornaram mais largas. Inicialmente, elas ofereciam um modo de transferência de 4 bits; em 2017, as DRAMs DDR2, DDR3 e DDR4 tinham barramentos de 4, 8 ou 16 bits.

No início da década de 2000, outra inovação foi introduzida: a *taxa de dados dupla* (Double Data Rate — DDR), permitindo que uma DRAM transfira dados tanto na borda de subida quanto na borda de descida no sinal de clock da memória, dobrando assim a taxa de dados de pico.

Por fim, as SDRAMs também introduziram os *bancos*, para ajudar com o gerenciamento de energia, melhorar o tempo de acesso e permitir os acessos intercalados e sobrepostos a diferentes bancos. O acesso a diferentes bancos pode ser sobreposto, e cada banco tem seu próprio buffer de linha. Criar múltiplos bancos dentro de uma DRAM efetivamente adiciona outro segmento ao endereço, que agora consiste em número do banco, endereço da linha e endereço da coluna. Quando é enviado um endereço que designa um novo banco, esse banco deve ser aberto, incorrendo em um atraso adicional. O gerenciamento de bancos e buffers de linha é manipulado completamente por interfaces modernas de controle de memória, de modo que, quando um acesso subsequente especifica a mesma linha para um banco aberto, o acesso pode ocorrer rapidamente, enviando somente o endereço da coluna.

Para iniciar um novo acesso, o controlador de DRAM envia um número de banco e linha (chamado *Ativar* em SDRAMs e anteriormente chamado de RAS — seleção de linha). Esse comando abre a linha e a lê inteiramente para um buffer. Um endereço de coluna pode então ser enviado, e a SDRAM pode transferir um ou mais itens de dados, dependendo se é uma requisição de item único ou uma requisição de explosão. Antes de acessar uma nova linha, o banco deve ser pré-carregado. Se a linha estiver no mesmo banco, o atraso da pré-carga será visto; no entanto, se a linha estiver em outro banco, o fechamento da linha e o pré-carregamento poderão se sobrepor ao acesso à nova linha. Em DRAMs síncronas, cada um desses ciclos de comando requer um número inteiro de ciclos de clock.

De 1980 a 1995, as DRAMs eram aumentadas conforme a Lei de Moore, dobrando a capacidade a cada 18 meses (ou um fator de 4 em 3 anos). De meados da década de 1990 a 2010, a capacidade aumentou mais lentamente, precisando de cerca de 26 meses para haver uma duplicação. De 2010 a 2016, a capacidade só dobrou! A Figura 2.4 mostra a capacidade e o tempo de acesso para várias gerações de SDRAMs DDR. De DDR1 a DDR3, os tempos de acesso melhoraram em um fator de cerca de 3, ou cerca de 7% ao ano. A DDR4 melhora a potência e a largura de banda em relação à DDR3, mas tem uma latência de acesso semelhante.

Como vemos na Figura 2.4, a DDR é uma sequência de padrões. A DDR2 reduz a potência diminuindo a tensão de 2,5 volts para 1,8 volt e oferece maiores taxas de clock: 266, 333 e 400 MHz. A DDR3 reduz a tensão para 1,5 volt e tem velocidade de clock máxima de

| Ano de produção | Tamanho do chip | Tipo de DRAM | Tempo de acesso no melhor caso (sem pré-carga) | | | Pré-carga necessária |
| | | | Tempo RAS (ns) | Tempo CAS (ns) | Total (ns) | Total (ns) |
| --- | --- | --- | --- | --- | --- | --- |
| 2000 | 256M bits | DDR1 | 21 | 21 | 42 | 63 |
| 2002 | 512M bits | DDR1 | 15 | 15 | 30 | 45 |
| 2004 | 1G bits | DDR2 | 15 | 15 | 30 | 45 |
| 2006 | 2G bits | DDR2 | 10 | 10 | 20 | 30 |
| 2010 | 4G bits | DDR3 | 13 | 13 | 26 | 39 |
| 2016 | 8G bits | DDR4 | 13 | 13 | 26 | 39 |

**FIGURA 2.4** Capacidade e tempos de acesso para SRAMs DDR por ano de produção.
O tempo de acesso é para uma palavra de memória aleatória e considera que uma nova linha deve ser aberta. Se a linha estiver em um banco diferente, assumimos que o banco está pré-carregado; se a linha não estiver aberta, será necessária uma pré-carga e o tempo de acesso será maior. Como o número de bancos aumentou, a capacidade de ocultar o tempo de pré-carga também aumentou. SDRAMs DDR4 foram inicialmente esperadas para 2014, mas só começaram a ser produzidas no início de 2016.

| Padrão | Taxa de clock de E/S | M transferências por segundo | Nome DRAM | MiB/s/DIMM | Nome DIMM |
|---|---|---|---|---|---|
| DDR1 | 133 | 266 | DDR266 | 2.128 | PC2100 |
| DDR1 | 150 | 300 | DDR300 | 2.400 | PC2400 |
| DDR1 | 200 | 400 | DDR400 | 3.200 | PC3200 |
| DDR2 | 266 | 533 | DDR2-533 | 4.264 | PC4300 |
| DDR2 | 333 | 667 | DDR2-667 | 5.336 | PC5300 |
| DDR2 | 400 | 800 | DDR2-800 | 6.400 | PC6400 |
| DDR3 | 533 | 1066 | DDR3-1066 | 8.528 | PC8500 |
| DDR3 | 666 | 1333 | DDR3-1333 | 10.664 | PC10700 |
| DDR3 | 800 | 1600 | DDR3-1600 | 12.800 | PC12800 |
| DDR4 | 1333 | 2666 | DDR4-2666 | 21.300 | PC21300 |

**FIGURA 2.5** Taxas de clock, largura de banda e nomes de DRAMs e DIMMs DDR em 2016.
Observe o relacionamento numérico entre as colunas. A terceira coluna é o dobro da segunda, e a quarta usa o número da terceira coluna no nome do chip DRAM. A quinta coluna é oito vezes a terceira coluna, e uma versão arredondada desse número é usada no nome do chip DRAM. A DDR4 viu o primeiro uso significativo em 2016.

800 MHz. (Como discutiremos na próxima seção, a GDDR5 é uma RAM gráfica e baseada nas DRAMs DDR3.) A DDR4, que entrou em produção em massa no início de 2016, mas que era esperada para 2014, diminui a tensão para 1-1,2 volts e tem taxa de clock máxima esperada de 1.600 MHz. A DDR5 provavelmente não entrará em produção antes de 2020, ou mais à frente.

Com a introdução do DDR, os projetistas de memória se concentraram na largura de banda, porque as melhorias no tempo de acesso eram difíceis. DRAMs mais largas, transferências em explosão e taxa de dados dupla contribuíram para o rápido aumento da largura de banda de memória. As DRAMs são comumente vendidas em pequenas placas, chamadas de *módulos de memória em linha dupla* (Dual Inline Memory Modules — DIMMs). Os DIMMs normalmente contêm 4-16 chips de DRAM e normalmente são organizados para ter oito bytes de largura (+ ECC) para sistemas desktop e servidor. Quando as SDRAMs DDR são empacotadas como DIMMs, elas são rotuladas de forma confusa pela largura de banda *DIMM* de pico. Portanto, o nome do DIMM PC3200 vem de 200 MHz $\times$ 2 $\times$ 8 bytes ou 3200 MiB/s; ele é preenchido com chips SDRAM DDR. Sustentando a confusão, os chips em si são rotulados com o *número de bits por segundo* em vez de sua taxa de clock, então um chip DDR de 200 MHz é chamado de DDR400. A Figura 2.5 mostra a taxa de clock de E/S dos relacionamentos, as transferências por segundo por chip, a largura de banda do chip, o nome do chip, a largura de banda do DIMM e o nome do DIMM.

### Reduzindo o consumo de energia nas SDRAMs

O consumo de energia em chips de memória dinâmica consiste na potência dinâmica usada em uma leitura ou escrita e na potência estática ou de stand-by. As duas dependem da tensão de operação. Nas SDRAMs DDR4 mais avançadas, a tensão de operação caiu para 1,2 volt, reduzindo significativamente o consumo de energia em relação às SDRAMs DDR2 e DDR3. A adição dos bancos também reduziu o consumo de energia, uma vez que somente a linha em um único banco é lida.

Além dessas mudanças, todas as SDRAMs recentes suportam um modo de *power down*, que é iniciado dizendo à DRAM para ignorar o clock. O modo power down desabilita a SDRAM, exceto pela atualização interna automática (sem a qual entrar no modo power down por mais tempo do que o tempo de atualização vai fazer o conteúdo da memória ser perdido). A Figura 2.6 mostras o consumo de energia em três situações em uma SDRAM

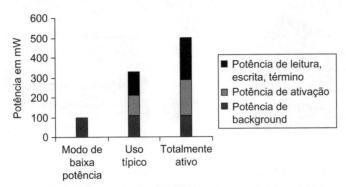

**FIGURA 2.6** Consumo de energia para uma SDRAM DDR3 operando sob três condições: modo de baixa potência (shutdown), modo de sistema típico (a DRAM está ativa 30% do tempo para leituras e 15% para escritas) e modo totalmente ativo, em que a DRAM está continuamente lendo ou escrevendo.
Leituras e escritas assumem explosões de oito transferências. Esses dados são baseados em um Micron 1,5 V de 2 Gb DDR3-1066, embora economias semelhantes ocorram em SDRAMs DDR4.

DDR3 de 2 GB. O atraso exato necessário para retornar do modo de baixa potência depende da SDRAM, mas um atraso típico é de 200 ciclos de clock.

## RAMs de dados gráficos

GDRAMs ou GSDRAMs (DRAMs gráficas ou gráficas síncronas) são uma classe especial de DRAMs baseada nos projetos da SDRAM, mas ajustadas para lidar com as exigências maiores de largura de banda das unidades de processamento gráfico. A GDDR5 é baseada na DDR3, com as primeiras GDDRs baseadas na DDR2. Uma vez que as unidades de processamento gráfico (Graphics Processor Units — GPUs; Capítulo 4) exigem mais largura de banda por chip de DRAM do que as CPUs, as GDDRs possuem várias diferenças importantes:

1. As GDDRs têm interfaces mais largas: 32 bits contra 4, 8 ou 16 nos projetos atuais.
2. As GDDRs têm taxa máxima de clock nos pinos de dados. Para permitir taxa de transferência maior sem incorrer em problemas de sinalização, em geral as GDRAMs se conectam diretamente à GPU e são conectadas por solda à placa, ao contrário das DRAMs, que costumam ser colocadas em um array expansível de DIMMs.

Juntas, essas características permitem às GDDRs rodar com 2-5 vezes a largura de banda por DRAM em comparação às DRAMs DDR3.

## Inovação no empacotamento: DRAMs empilhadas ou embarcadas

A inovação mais recente em 2017 nas DRAMs é uma inovação de embalagem, em vez de uma inovação de circuito. Ela coloca várias DRAMs em uma forma empilhada ou adjacente incorporada no mesmo pacote que o processador. (A DRAM embarcada também é usada para se referir a projetos que colocam DRAM no chip do processador.) Colocar a DRAM e o processador no mesmo pacote reduz a latência de acesso (diminuindo o atraso entre as DRAMs e o processador) e potencialmente aumenta a largura de banda, permitindo mais conexões e mais rápidas entre o processador e a DRAM; assim, vários produtores a chamaram de *memória de alta largura de banda (High Bandwidth Memory — HBM)*.

Uma versão dessa tecnologia coloca o die de DRAM diretamente no die da CPU usando tecnologia de solda para conectá-los. Assumindo o gerenciamento de calor adequado, vários dies de DRAM podem ser empilhados dessa maneira. Outra técnica empilha somente

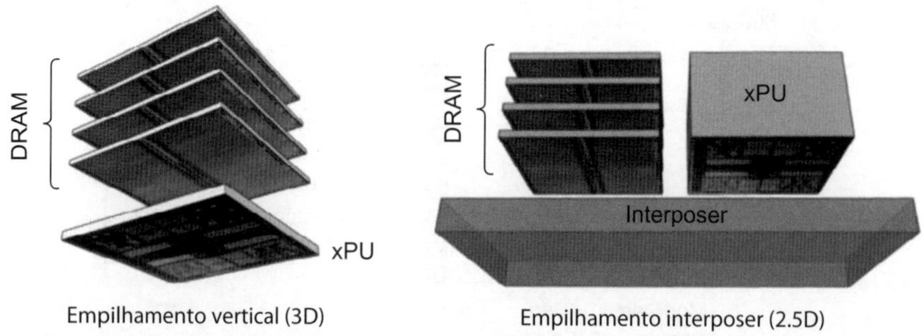

# CAPÍTULO 2: Projeto de hierarquia de memória

**FIGURA 2.7** Duas formas de empilhamento. O formato 2.5D está disponível atualmente. O empilhamento 3D está em desenvolvimento e enfrenta desafios de gerenciamento de calor devido à CPU.

DRAMs e as confina com a CPU em um único pacote usando um substrato (*interposer*) contendo as conexões. A Figura 2.7 mostra esses dois esquemas de interconexão diferentes. Protótipos de HBM que permitem o empilhamento de até oito chips foram demonstrados. Com versões especiais de SDRAMs, esse pacote pode conter 8 GiB de memória e ter taxas de transferência de dados de 1 TB/s. A técnica 2.5D está atualmente disponível. Como os chips devem ser especificamente fabricados para empilhar, é bem provável que a maioria dos usos iniciais seja em chipsets de servidores de ponta.

Em algumas aplicações, pode ser possível empacotar internamente DRAM suficiente para satisfazer as necessidades da aplicação. Por exemplo, uma versão de uma GPU da Nvidia usada como um nó em um projeto de cluster de uso especial está sendo desenvolvida usando HBM, e é provável que HBM se torne um sucessor do GDDR5 para aplicações mais avançadas. Em alguns casos, pode ser possível usar HBM como memória principal, embora limitações de custo e problemas de remoção de calor excluam atualmente essa tecnologia para algumas aplicações embarcadas. Na próxima seção, consideramos a possibilidade de usar HBM como um nível adicional de cache.

## Memória Flash

A memória Flash é um tipo de EEPROM (Electronically Erasable Programmable Read-Only Memory), que normalmente se presta somente à leitura, mas pode ser apagada. A outra propriedade-chave da memória Flash é que ela mantém seu conteúdo sem qualquer alimentação. Vamos nos ater à Flash NAND, que possui densidade maior que a Flash NOR e é mais adequada para memórias não voláteis em grande escala; a desvantagem é que o acesso é sequencial e a escrita é mais lenta, conforme explicamos a seguir.

A memória Flash é usada como armazenamento secundário nos PMDs do mesmo modo que um disco em um notebook ou servidor. Além disso, uma vez que a maioria dos PMDs tem quantidade limitada de DRAM, a memória Flash também pode agir como um nível da hierarquia de memória, muito mais do que precisaria ser no desktop ou no servidor com uma memória principal que pode ser de 10-100 vezes maior.

A memória Flash usa uma arquitetura muito diferente e tem propriedades diferentes da DRAM padrão. As diferenças mais importantes são:

1. As leituras na memória Flash são sequenciais e leem uma página inteira, que pode ter 512 bytes, 2 KiB ou 4 KiB. Assim, a memória Flash NAND possui uma longa espera para acessar o primeiro byte de um endereço aleatório (cerca de 25 µs), mas pode fornecer o restante do bloco de página em cerca de 40 MiB/s. Em comparação, uma SDRAM DDR4 leva cerca de 40 ns para o primeiro byte e pode transferir o restante da linha em 4,8 GiB/s. Comparando o tempo para transferir 2 KiB, a

memória Flash NAND leva cerca de 75 μs, enquanto a SDRAM DDR leva menos de 500 ns, tornando a Flash cerca de 150 vezes mais lenta. No entanto, em comparação com o disco magnético, uma leitura de 2 KiB da Flash é 300 a 500 vezes mais rápida. Com base nesses números, podemos ver por que a memória Flash não é uma candidata para substituir a DRAM na função de memória principal, mas é uma candidata para substituir o disco magnético.

2. A memória Flash deve ser apagada (por isso o nome Flash, do processo "flash" de apagar) antes que seja sobrescrita, e isso deve ser feito em blocos, em vez de bytes ou palavras individuais. Isso significa que, quando dados precisam ser gravados em uma memória Flash, todo um bloco deve ser montado, seja como um bloco de dados novos, seja mesclando os dados a serem gravados e o restante do conteúdo do bloco. Para a escrita, a memória Flash é cerca de 1500 vezes mais lenta que a SDRAM, e cerca de 8-15 vezes mais rápida que o disco magnético.

3. A memória Flash é não volátil (ou seja, ela mantém seu conteúdo mesmo quando não é aplicada energia) e consome significativamente menos energia quando não se está lendo ou gravando (de menos de metade em modo stand-by a zero quando completamente inativa).

4. A memória Flash tem número limitado de ciclos de escrita em qualquer bloco (em geral, pelo menos 100.000). Ao garantir a distribuição uniforme dos blocos escritos por toda a memória, um sistema pode maximizar o tempo de vida de um sistema de memória Flash. Essa técnica, chamada *nivelamento de escrita*, é tratada pelos controladores de memória Flash.

5. Memórias Flash NAND de alta densidade são mais baratas do que a SDRAM, porém são mais caras do que discos: aproximadamente US$2/GiB para Flash, US$20-40/GiB para SDRAM e US$0,09/GiB para discos magnéticos. Nos últimos cinco anos, a memória Flash teve seu custo reduzido a uma taxa que é quase o dobro da taxa de redução de custo dos discos magnéticos.

Assim como a DRAM, os chips de memória Flash incluem blocos redundantes, para permitir que chips com pequenas quantidades de defeitos sejam usados; o remapeamento de blocos é tratado no chip de memória Flash. Os controladores dessa memória lidam com transferências de página, oferecem caching de páginas e tratam do nivelamento de escrita.

As rápidas melhorias na memória Flash de alta densidade têm sido críticas para o desenvolvimento de PMDs e notebooks de baixa potência, mas também têm mudado significativamente desktops, que utilizam cada vez mais os discos em estado sólido, e grandes servidores, que frequentemente combinam armazenamento em disco e baseado em memória Flash.

## Tecnologia de memória de mudança de fase

A tecnologia de mudança de fase (Phase-Change Memory — PCM) tem sido uma área de pesquisa ativa há décadas. A tecnologia utiliza tipicamente um pequeno elemento de aquecimento para alterar o estado de um substrato entre a sua forma cristalina e uma forma amorfa, que possui propriedades resistivas diferentes. Cada bit corresponde a um ponto cruzado em uma rede bidimensional que sobrepõe o substrato. A leitura é feita pela detecção da resistência entre um ponto x e y (daí o nome alternativo de *memristor*), e a escrita é realizada pela aplicação de uma corrente para alterar a fase do material. A ausência de um dispositivo ativo (como um transistor) deve levar a custos menores e densidade maior que a das memórias Flash NAND.

Em 2017, a Micron e a Intel começaram a distribuir chips de memória Xpoint que provavelmente são baseados em PCM. Espera-se que a tecnologia tenha uma durabilidade de gravação muito melhor do que a Flash NAND e, eliminando a necessidade de apagar uma página antes de gravar, obtenha um aumento no desempenho de gravação em comparação à NAND de até um fator de dez. A latência de leitura também é melhor que a Flash, talvez por um fator de 2 a 3. Inicialmente, espera-se que o preço seja um pouco mais alto que a Flash, mas as vantagens em desempenho de gravação e durabilidade de gravação podem torná-la atraente, especialmente para SSDs. Se esta tecnologia tiver facilidade para expansão de capacidade e conseguir reduções de custo adicionais, pode ser a tecnologia de estado sólido que irá substituir os discos magnéticos, que reinaram como o principal armazenamento não volátil em massa por mais de 50 anos.

## Aumentando a confiabilidade em sistemas de memória

Caches e memórias principais grandes aumentam significativamente a possibilidade de erros ocorrerem tanto durante o processo de fabricação quanto dinamicamente, durante a operação. Os erros que surgem de uma mudança nos circuitos e podem ser repetidos são denominados *hard errors* ou *defeitos permanentes*. Eles podem ocorrer durante a fabricação, bem como devido a uma mudança nos circuitos durante a operação (por exemplo, defeito de uma célula de memória Flash após muitas operações de gravação). Todas as DRAMs, memórias Flash e muitas SRAMs são fabricadas com linhas adicionais para que o pequeno número de defeitos de fabricação possa ser acomodado, programando a substituição de uma linha defeituosa por uma linha adicional. Os erros dinâmicos, que são mudanças no conteúdo de uma célula, e não uma mudança nos circuitos, são chamados *soft errors*, ou *defeitos transientes*.

Erros dinâmicos podem ser detectados por bits de paridade, detectados e corrigidos pelo uso de códigos de correção de erro (Error Correcting Codes — ECCs). Uma vez que as caches de instrução são somente para leitura, a paridade é o suficiente. Em caches de dados maiores e na memória principal, ECCs são usados para permitir que os erros sejam detectados e corrigidos. A paridade requer somente um bit extra para detectar um único erro em uma sequência de bits. Já que um erro em mais de um bit não seria detectado com a paridade, os números de bits protegidos por um bit de paridade devem ser limitados. Um bit de paridade para 8 bits de dados é uma relação típica. ECCs podem detectar dois erros e corrigir um único erro com um custo de 8 bits extras para cada 64 bits de dados.

Em sistema grandes, a possibilidade de múltiplos erros além da falha completa em um único chip de memória se torna importante. O Chipkill foi lançado pela IBM para solucionar esse problema, e vários sistemas grandes, como servidores IBM e SUN e os Google Clusters, usam essa tecnologia (a Intel chama sua versão de SDDC). Similar em natureza à técnica RAID usada para discos, o Chipkill distribui os dados e informações de ECC para que a falha completa de um único chip de memória possa ser tratada de modo a dar suporte à reconstrução dos dados perdidos a partir dos chips de memória restantes. Usando uma análise da IBM e considerando um servidor de 10.000 processadores com 4 GB por processador, gera as seguintes taxas de erros irrecuperáveis em três anos de operação:

- Somente paridade — cerca de 90.000 ou uma falha irrecuperável (ou não detectada) a cada 17 minutos.
- Somente ECC — cerca de 3.500 ou cerca de uma falha não detectada ou irrecuperável a cada 7,5 horas.
- Chipkill — 6 ou cerca de uma falha não detectada ou irrecuperável a cada dois meses.

Outro modo de ver isso é verificar o número máximo de servidores (cada um com 4 GB) que pode ser protegido, ao mesmo tempo que temos a mesma taxa de erros demonstrada para o Chipkill. Para a paridade, mesmo um servidor com um único processador terá uma taxa de erro irrecuperável maior do que um sistema de 10.000 servidores protegido por Chipkill. Para a ECC, um sistema de 17 servidores teria aproximadamente a mesma taxa de falhas que um sistema Chipkill com 10.000 servidores. Portanto, o Chipkill é uma exigência para os 50.000-100.000 servidores nos computadores em escala warehouse (Seção 6.8, no Capítulo 6).

## 2.3 DEZ OTIMIZAÇÕES AVANÇADAS DE DESEMPENHO DE CACHE

A fórmula do tempo médio de acesso à memória, dada anteriormente, nos oferece três medidas para otimizações da cache: tempo de acerto, taxa de falta e penalidade de falta. Dadas as tendências atuais, adicionamos largura de banda da cache e consumo de potência a essa lista. Podemos classificar as 10 otimizações avançadas de cache que vamos examinar em cinco categorias baseadas nessas medidas:

1. *Reduzir o tempo de acerto*: caches de primeiro nível pequenas e simples e previsão de vias (*way-prediction*). Ambas as técnicas diminuem o consumo de potência.
2. *Aumentar a largura de banda da cache*: caches em pipeline, caches em multibanco e caches de não bloqueio. Essas técnicas têm impacto variado sobre o consumo de potência.
3. *Reduzir a penalidade de falta*: palavra crítica primeiro e mesclagem de buffers de escrita. Essas otimizações têm pouco impacto sobre a potência.
4. *Reduzir a taxa de falta*: otimizações do compilador. Obviamente, qualquer melhoria no tempo de compilação melhora o consumo de potência.
5. *Reduzir a penalidade de falta ou a taxa de falta por meio do paralelismo*: pré-busca do hardware e pré-busca do compilador. Essas otimizações geralmente aumentam o consumo de potência, principalmente devido aos dados pré-obtidos que não são usados.

Em geral, a complexidade do hardware aumenta conforme prosseguimos por essas otimizações. Além disso, várias delas exigem uma tecnologia complexa de compiladores, e a última depende do HBM. Concluiremos com um resumo da complexidade da implementação e os benefícios das 10 técnicas apresentadas na Figura 2.18. Uma vez que algumas delas são bastante diretas, vamos abordá-las rapidamente. Outras, contudo, exigem descrições mais detalhadas.

### Primeira otimização: caches pequenas e simples para reduzir o tempo de acerto e a potência

A pressão de um ciclo de clock rápido e das limitações de consumo de potência encoraja o tamanho limitado das caches de primeiro nível. Do mesmo modo, o uso de níveis menores de associatividade pode reduzir tanto o tempo de acerto quanto a potência, embora tais relações sejam mais complexas do que aquelas envolvendo o tamanho.

O caminho crítico de tempo em um acerto de cache é um processo, em três etapas, de endereçar a memória de tag usando a parte do índice do endereço, comparar o valor de tag de leitura ao endereço e configurar o multiplexador para selecionar o item de dados correto se a cache for configurada como associativa. Caches mapeadas diretamente podem sobrepor a verificação de tag à transmissão dos dados, reduzindo efetivamente o tempo de acerto. Além do mais, níveis inferiores de associatividade geralmente vão reduzir o consumo de potência, porque menos linhas de cache devem ser acessadas.

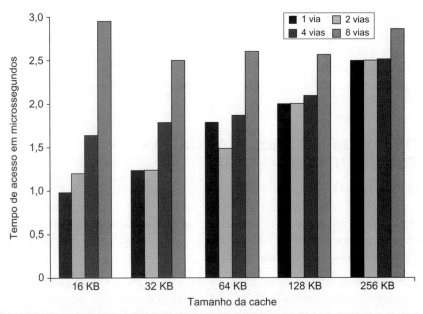

**FIGURA 2.8** Os tempos de acesso relativos geralmente aumentam conforme o tamanho da cache e a associatividade aumentam.
Esses dados vêm do CACTI modelo 6.5 de Tarjan et al. (2005). Os dados consideram a tecnologia de SRAM embarcada típica, um único banco e blocos de 64 bytes. As suposições sobre o leiaute da cache e as escolhas complexas entre atrasos de interconexão (que dependem do tamanho do bloco de cache sendo acessado) e o custo de verificações de tag e multiplexação levaram a resultados que são ocasionalmente surpreendentes, como o menor tempo de acesso de uma associatividade por conjunto de duas vias com 64 KiB em comparação com o mapeamento direto. De modo similar, os resultados com associatividade por conjunto de oito vias gera um comportamento incomum conforme o tamanho da cache aumenta. Uma vez que tais observações são muito dependentes da tecnologia e suposições detalhadas de projeto, ferramentas como o CACTI servem para reduzir o espaço de busca. Esses resultados são relativos; apesar disso, eles provavelmente se modificam à medida que passamos para tecnologias de semicondutor mais recentes e mais densas.

Embora a quantidade de cache no chip tenha aumentado drasticamente com as novas gerações de microprocessadores, graças ao impacto da taxa de clock devido a uma cache L1 maior, o tamanho das caches aumentou muito pouco ou nada. Em muitos processadores recentes, os projetistas optaram por maior associatividade em vez de caches maiores. Uma consideração adicional na escolha da associatividade é a possibilidade de eliminar as instâncias de endereços (*address aliases*). Vamos discutir isto em breve.

Uma técnica para determinar o impacto sobre o tempo de acerto e a potência antes da montagem de um chip é a utilização de ferramentas CAD. O CACTI é um programa para estimar o tempo de acesso e o consumo de energia de estruturas de cache alternativas nos microprocessadores CMOS, dentro de 10% das ferramentas de CAD mais detalhadas. Para determinada característica de tamanho mínimo, o CACTI estima o tempo de acerto das caches quando variam o tamanho da cache, a associatividade e o número de portas de leitura/escrita e parâmetros mais complexos. A Figura 2.8 mostra o impacto estimado sobre o tempo de acerto quando o tamanho da cache e a associatividade são variados. Dependendo do tamanho da cache, para esses parâmetros o modelo sugere que o tempo de acerto para o mapeamento direto é ligeiramente mais rápido do que a associatividade por conjunto com duas vias, que a associatividade por conjunto com duas vias é 1,2 vez mais rápida do que com quatro vias, e com quatro vias é 1,4 vez mais rápida do que a associatividade com oito vias. Obviamente, essas estimativas dependem da tecnologia e do tamanho da cache, e o CACTI precisa estar cuidadosamente alinhado com a tecnologia; a Figura 2.8 mostra as opções relativas para uma tecnologia.

**Exemplo** Usando os dados da Figura B.8, no Apêndice B, e da Figura 2.8, determine se uma cache L1 de 32 KiB, associativa por conjunto com quatro vias tem tempo de acesso à memória mais rápido do que uma cache L1 de 32 KiB, associativa por conjunto com quatro vias. Suponha que a penalidade de falta para a cache L2 seja 15 vezes o tempo de acesso para a cache L1 mais rápido. Ignore as faltas além de L2. Qual é o tempo médio de acesso à memória mais rápido?

**Resposta** Seja o tempo de acesso para cache com associatividade por conjunto de duas vias igual a 1. Então, para a cache de duas vias:

$$\text{Tempo de acesso médio à memória}_{2vias} = \text{Tempo de acerto} + \text{Tempo de falta} \times \text{Penalidade de falta}$$
$$= 1 + 0{,}038 \times 15 = 1{,}38$$

Para a cache de quatro vias, o tempo de clock é 1,4 vez maior. O tempo gasto da penalidade de falta é 15/1,4 = 10,1. Por simplicidade, assuma que ele é igual a 10:

$$\text{Tempo de acesso médio à memória}_{4vias} = \text{Tempo de acerto}_{2vias} \times 1{,}4 + \text{Taxa de perda} \times \text{Penalidade de falta}$$
$$= 1{,}4 + 0{,}037 \times 10 = 1{,}77$$

Obviamente, a maior associatividade parece uma troca ruim. Entretanto, uma vez que o acesso à cache nos processadores modernos muitas vezes é pipelined, o impacto exato sobre o tempo do ciclo de clock é difícil de avaliar.

O consumo de energia também deve ser considerado na escolha tanto do tamanho da cache como na da associatividade, como mostra a Figura 2.9. O custo energético da maior

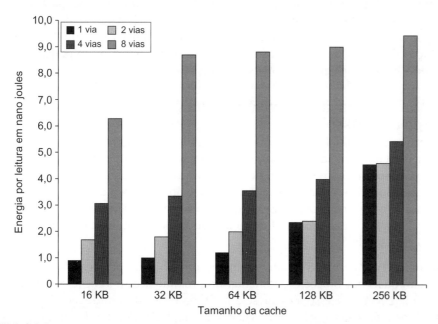

**FIGURA 2.9** O consumo de energia por leitura aumenta conforme aumentam o tamanho da cache e a associatividade.
Como na figura anterior, o CACTI é usado para o modelamento com os mesmos parâmetros tecnológicos. A grande penalidade para as caches associativas por conjunto de oito vias é decorrente do custo de leitura de oito tags e aos dados correspondentes em paralelo.

associatividade varia desde um fator de mais de 2 até valores irrelevantes, em caches de 128 KiB ou 256 KiB, indo do mapeamento direto até a associatividade por conjunto de duas vias.

Como o consumo de energia tornou-se crítico, os projetistas estão focados em maneiras de reduzir a energia necessária para o acesso à cache. Além da associatividade, o outro fator crítico para determinar a energia usada em um acesso à cache é o número de blocos na cache, pois isso determina o número de "linhas" que são acessadas. Um projetista poderia reduzir o número de linhas aumentando o tamanho do bloco (mantendo constante o tamanho total da cache), mas isso poderia aumentar a taxa de falta, especialmente em caches L1 menores.

Uma alternativa é organizar a cache em bancos para que um acesso ative apenas uma parte da cache, ou seja, o banco onde reside o bloco desejado. O uso principal das caches multibancos é aumentar a largura de banda da cache, uma otimização que consideramos em breve. Multibancos também reduzem a energia porque é acessada uma parte menor da cache. As caches L3 em muitos processadores multicore são logicamente unificadas, mas fisicamente distribuídas, e atuam efetivamente como uma cache multibancos. Com base no endereço de uma requisição, apenas uma das caches L3 físicas (um banco) é realmente acessada. Discutimos essa organização com mais detalhes no Capítulo 5.

Em projetos recentes, três fatores levaram ao uso de maior associatividade nas caches de primeiro nível, apesar dos custos com energia e tempo de acesso. Primeiro, muitos processadores levam pelo menos dois ciclos de clock para acessar a cache, por isso o impacto de um período de tempo mais longo pode não ser crítico. Segundo, para manter o TLB fora do caminho crítico (um atraso que seria maior do que aquele relacionado à maior associatividade), embora todas as caches L1 devam ser indexadas virtualmente. Isso limita o tamanho da cache para o tamanho da página vezes a associatividade, porque somente os bits dentro da página são usados para o índice. Existem outras soluções para o problema da indexação da cache antes que a tradução do endereço seja completada, mas aumentar a associatividade, que também tem outros benefícios, é a mais atraente. Terceiro, com a introdução do multithreading (ver Capítulo 3), as faltas por conflito podem aumentar, tornando a maior associatividade mais atraente.

## Segunda otimização: previsão de via para reduzir o tempo de acesso

Outra técnica reduz as faltas por conflito e ainda mantém a velocidade de acerto da cache mapeada diretamente. Na *previsão de via*, bits extras são mantidos na cache para prever a via (ou o bloco dentro do conjunto) do *próximo* acesso à cache. Essa previsão significa que o multiplexador é acionado mais cedo para selecionar o bloco desejado, e apenas uma comparação de tag é realizada nesse ciclo de clock, em paralelo com a leitura dos dados da cache. Uma falta resulta na verificação de outros blocos em busca de combinações no próximo ciclo de clock.

Acrescentados a cada bloco de uma cache estão os bits de previsão de bloco. Os bits selecionam quais dos blocos experimentar no próximo acesso à cache. Se a previsão for correta, a latência de acesso à cache será o tempo de acerto rápido. Se não, ele tentará o outro bloco, mudará o previsor de via e terá uma latência extra de um ciclo de clock. As simulações sugeriram que a exatidão da previsão de conjunto excede 90% para um conjunto de duas vias e 80% para uma cache associativa por conjunto de quatro vias, com melhor precisão em caches de instruções (I-caches) do que em caches de dados (D-caches). A previsão de via gera menos tempo médio de acesso à memória para um conjunto de duas vias se ele for pelo menos 10% mais rápido, o que é muito provável. A previsão de via foi usada pela primeira vez no MIPS R10000 em meados dos anos 1990. Ela é muito popular em processadores que empregam associatividade por conjunto de duas vias e é usada em diversos processadores ARM, com caches associativas por conjunto de quatro vias. Para processadores muito rápidos, pode ser desafiador implementar o atraso de um ciclo que é essencial para manter uma penalidade pequena de previsão de via.

Uma forma estendida de previsão de via também pode ser usada para reduzir o consumo de energia usando os bits de previsão de via para decidir que bloco de cache acessar na verdade (os bits de previsão de via são essencialmente bits de endereço adicionais). Essa abordagem, que pode ser chamada *seleção de via*, economiza energia quando a previsão de via está correta, mas adiciona um tempo significativo a uma previsão incorreta de via, já que o acesso, e não só a comparação e a seleção de tag, deve ser repetido. Tal otimização provavelmente faz sentido somente em processadores de baixa potência. Inoue et al. (1999) estimaram que o uso da técnica da seleção de via em uma cache associativa por conjunto de quatro vias aumenta o tempo médio de acesso para a I-cache em 1,04 e em 1,13 para a D-cache, nos benchmarks SPEC95, mas gera um consumo médio de energia de cache de 0,28 para a I-cache e 0,35 para a D-cache. Uma desvantagem significativa da seleção de via é que ela torna difícil o pipeline do acesso à cache; no entanto, com o aumento das preocupações com o consumo de energia, esquemas que não exigem a alimentação da cache inteira fazem cada vez mais sentido.

**Exemplo**  Suponha que os acessos à D-cache sejam a metade dos acessos à I-cache, e que a I-cache e a D-cache sejam responsáveis por 25% e 15% do consumo de energia do processador em uma implementação normal associativa por conjunto de quatro vias. Determine se a seleção de via melhora o desempenho por watt com base nas estimativas do estudo anterior.

*Resposta*  Para a I-cache, a economia é de $25 \times 0,28 = 0,07$ potência total, enquanto para a D-cache é de $15 \times 0,35 = 0,05$ para uma economia total de 0,12. A versão com previsão de via requer 0,88 do requisito de potência da cache padrão de quatro vias. O aumento no tempo de acesso à cache é o aumento no tempo médio de acesso à I-cache, mais metade do aumento do tempo de acesso à D-cache, ou $1,04 + 0,5 \times 0,13 = 1,11$ vezes mais demorado. Esse resultado significa que a seleção de via tem 0,90 do desempenho de uma cache padrão de quatro vias. Assim, a seleção de via melhora muito ligeiramente o desempenho por joule por uma razão de $0,90/0,88 = 1,02$. Essa otimização é mais bem usada onde a potência, e não o desempenho, é o objetivo principal.

## Terceira otimização: acesso à cache em pipeline e caches multibancos para aumentar a largura de banda

Essas otimizações aumentam a largura de banda da cache seja pelo pipelining do acesso à cache ou pela ampliação da cache com múltiplos bancos, permitindo múltiplos acessos por ciclo de clock; essas otimizações estão associadas às abordagens superpipelined e superescalar para aumentar o throughput de instrução. Elas visam principalmente a cache L1, onde a largura de banda de acesso restringe o throughput de instrução. Múltiplos bancos também são usados em caches L2 e L3, mas principalmente como uma técnica de gerenciamento de energia.

O pipelining L1 permite um ciclo de clock mais alto, ao custo de uma maior latência. Por exemplo, em meados dos anos 1990, o pipeline dos processadores Intel Pentium usava um ciclo de clock para acessar a cache de instruções; de meados dos anos 1990 até o ano 2000, levava dois ciclos para o Pentium Pro ao Pentium III; para o Pentium 4, lançado em 2000, e o Intel Core i7 atual, leva quatro ciclos de clock. O pipelining da cache de instruções efetivamente aumenta o número de estágios do pipeline, levando a uma penalidade

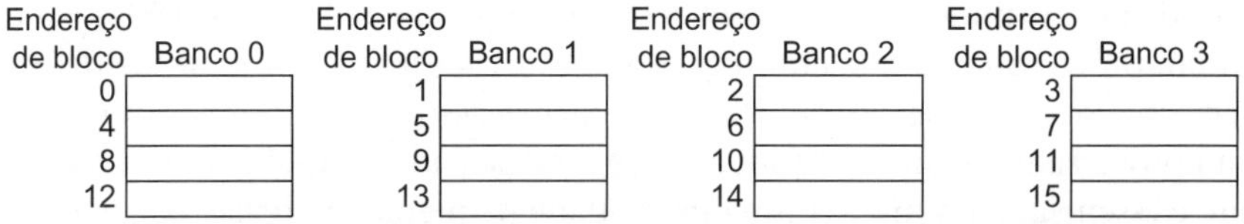

## CAPÍTULO 2: Projeto de hierarquia de memória

**FIGURA 2.10** Bancos de cache intercalados em quatro vias usando o endereçamento de blocos. Considerando 64 bytes por clock, cada um desses endereços seria multiplicado por 64 para se obter o endereçamento de byte.

maior nos desvios mal previstos. De modo correspondente, o pipelining da cache de dados leva a mais ciclos de clock entre a emissão do load e o uso dos dados (ver Capítulo 3). Atualmente, todos os processadores utilizam algum pipelining de cache L1, mesmo que seja apenas para o caso simples de separar o acesso e a detecção de acerto, e muitos processadores de alta velocidade possuem três ou mais níveis de pipelining de cache.

É mais fácil fazer o pipelining da cache de instruções do que da cache de dados, porque o processador pode contar com a previsão de desvio de alto desempenho para limitar os efeitos da latência. Muitos processadores superescalares podem emitir e executar mais de uma referência à memória por clock (permitir um load ou um store é muito comum, e alguns processadores permitem múltiplos loads). Para lidar com múltiplos acessos à cache de dados por clock, podemos dividir a cache em bancos independentes, cada um suportando um acesso independente. Os bancos foram originalmente usados para melhorar o desempenho da memória principal e agora são usados dentro de chips DRAM modernos, bem como com caches. O Intel Core i7 contém quatro bancos na cache L1 (para admitir até 2 acessos de memória por clock).

Nitidamente, o sistema de bancos funciona melhor quando os acessos se espalham naturalmente pelos bancos, de modo que o mapeamento de endereços para bancos afeta o comportamento do sistema de memória. Um mapeamento simples que funciona bem é espalhar os endereços do bloco sequencialmente através dos bancos, o que é chamado de *intercalação sequencial*. Por exemplo, se houver quatro bancos, o banco 0 terá todos os blocos cujo endereço módulo 4 for 0, o banco 1 terá todos os blocos cujo endereço módulo 4 for 1, e assim por diante. A Figura 2.10 mostra essa intercalação. O uso de múltiplos bancos também é uma maneira de reduzir o consumo de energia em caches e na DRAM.

Múltiplos bancos também são úteis em caches L2 ou L3, mas por um motivo diferente. Com múltiplos bancos na cache L2, podemos lidar com mais de uma falta de L1 pendente, se os bancos não entrarem em conflito. Este é um recurso chave para suportar caches sem bloqueio, nossa próxima otimização. A cache L2 no Intel Core i7 possui oito bancos, enquanto os processadores Arm Cortex usam caches L2 com 1 a 4 bancos. Como mencionado anteriormente, multibancos também podem reduzir o consumo de energia.

### Quarta otimização: caches sem bloqueio para aumentar a largura de banda da cache

Para os computadores com pipeline que permitem a execução fora de ordem (discutida no Capítulo 3), o processador não precisa parar (stall) em uma falta na cache de dados, esperando o dado. Por exemplo, o processador pode continuar buscando instruções da cache de instruções enquanto espera que a cache de dados retorne os dados que faltam. Uma cache *sem bloqueio* ou *cache sem travamento* aumenta os benefícios em potencial de tal esquema, permitindo que a cache de dados continue a fornecer acertos de cache durante uma falta. Essa otimização de "acerto sob falta" reduz a penalidade de falta efetiva, sendo útil durante uma falta, em vez de ignorar as solicitações do processador. Uma opção sutil e complexa é que a cache pode reduzir ainda mais a penalidade de falta efetiva se puder

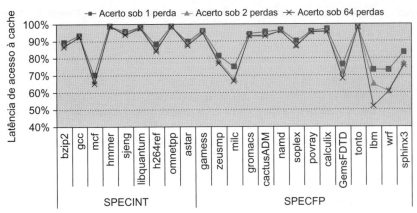

**FIGURA 2.11** A eficácia de uma cache sem bloqueio é avaliada, permitindo 1, 2 ou 64 acertos sob uma falta de cache com 9 benchmarks SPCINT (à esquerda) e 14 benchmarks SECFP (à direita).
O sistema de memória de dados modelado com base no Intel i7 consiste em uma cache L1 de 32 KiB, com latência de acesso de quatro ciclos. A cache L2 (compartilhada com instruções) é de 256 KiB, com uma latência de acesso de 10 ciclos de clock. A cache L3 tem 2 MiB e uma latência de acesso de 36 ciclos. Todas as caches são associativas por conjunto de oito vias e têm tamanho de bloco de 64 bytes. Permitir um acerto sob falta reduz a penalidade de falta em 9% para os benchmarks inteiros e de 12,5% para os de ponto flutuante. Permitir um segundo acerto melhora esses resultados para 10% e 16%, e permitir 64 resulta em pouca melhoria adicional.

sobrepor múltiplas faltas: uma otimização "acerto sob múltiplas faltas" ou "falta sob falta". A segunda opção só será benéfica se o sistema de memória puder atender a múltiplas faltas; a maior parte dos processadores de alto desempenho (como os processadores Intel Core) geralmente suporta ambos, enquanto muitos dos processadores de baixo nível oferecem somente suporte limitado sem bloqueio na cache L2.

Para examinar a eficiência das caches sem bloqueio na redução da penalidade de falta de caches, Farkas e Jouppi (1994) realizaram um estudo assumindo caches de 8 KiB com uma penalidade de falta de 14 ciclos. Eles observaram uma redução na penalidade efetiva de falta de 20% para os benchmarks SPECINT92 e de 30% para os benchmarks SPECFP92 ao permitir um acerto sob falta.

Li et al. (2011) atualizaram esse estudo para usar uma cache multiníveis, suposições mais modernas sobre as penalidades de falta, além dos benchmarks SPEC2006, maiores e mais exigentes. O estudo foi feito supondo um modelo baseado em um único núcleo de um Intel i7 (Seção 2.6) executando os benchmarks SPCCPU2006. A Figura 2.11 mostra a redução na latência de acesso à cache de dados quando permitimos 1, 2 e 64 acertos sob uma falta; a legenda apresenta mais detalhes sobre o sistema de memória. As caches maiores e a adição de uma cache L3 desde o estudo anterior reduziram os benefícios com os benchmarks SPECINT2006, mostrando uma redução média na latência da cache de cerca de 9%, e com os benchmarks SPECFP2006, de cerca de 12,5%.

**Exemplo**  O que é mais importante para os programas de ponto flutuante: associatividade por conjunto em duas vias ou acerto sob uma falta para as caches de dados primárias? E para os programas de inteiros? Considere as taxas médias de falta a seguir para caches de dados de 32 KiB: 5,2% para programas de ponto flutuante com cache de mapeamento direto, 4,9% para esses programas com cache com associatividade por conjunto em duas vias, 3,5% para programas de inteiros com cache mapeado diretamente e 3,2% para programas de inteiros com cache com associatividade por conjunto em duas vias. Considere que a penalidade de falta para L2 é de 10 ciclos e que as faltas e as penalidades da cache L2 sejam as mesmas.

**Resposta**  Para programas de ponto flutuante, os tempos de stall médios da memória são:

$$\text{Taxa de falta}_{MD} \times \text{Penalidade de falta} = 5,2\% \times 10 = 0,52$$
$$\text{Taxa de falta}_{2\text{vias}} \times \text{Penalidade de falta} = 4,9\% \times 10 = 0,49$$

A latência de acesso à cache (incluindo as paradas, ou stalls) para associatividade de duas vias é 0,49/0,52 ou 94% da cache mapeada diretamente (MD). A legenda da Figura 2.11 revela que o acerto sob uma falta reduz o tempo médio de stall da memória para 87,5% de uma cache com bloqueio. Logo, para programas de ponto flutuante, a cache de dados com mapeamento direto com suporte para acerto sob uma falta oferece melhor desempenho do que uma cache com associatividade por conjunto em duas vias, que bloqueia em uma falta.

Para programas inteiros, o cálculo é:

$$\text{Taxa de falta}_{MD} \times \text{Penalidade de falta} = 3,5\% \times 10 = 0,35$$
$$\text{Taxa de falta}_{2\text{vias}} \times \text{Penalidade de falta} = 3,2\% \times 10 = 0,32$$

A latência de acesso à cache com associatividade por conjunto de duas vias é, assim, 0,32/0,35 ou 91% de cache com mapeamento direto, enquanto a redução na latência de acesso, quando permitimos um acerto sob falta, é de 9%, tornando as duas opções aproximadamente iguais.

A dificuldade real com a avaliação do desempenho das caches sem bloqueio é que uma falta de cache não causa necessariamente um stall no processador. Nesse caso, é difícil julgar o impacto de qualquer falta isolada e, portanto, é difícil calcular o tempo de acesso médio à memória. A penalidade de falta efetiva não é a soma das faltas, mas o tempo não sobreposto em que o processador é adiado. O benefício das caches sem bloqueio é complexo, pois depende da penalidade de falta quando ocorrem múltiplas faltas, do padrão de referência da memória e de quantas instruções o processador puder executar com uma falta pendente.

Em geral, os processadores fora de ordem são capazes de ocultar grande parte da penalidade de uma falta de cache de dados L1 na cache L2, mas não são capazes de ocultar uma fração significativa de uma falta de cache de nível inferior. Decidir quantas faltas pendentes suportar depende de diversos fatores:

- A proximidade temporal e espacial no fluxo da falta, que determina se uma falta pode iniciar um novo acesso a um nível inferior da cache ou à memória.
- A largura da banda da memória ou cache que está respondendo.
- Permitir mais faltas pendentes no nível mais baixo da cache (onde o tempo de falta é o mais longo) requer pelo menos o suporte do mesmo número de faltas em um nível mais alto, já que a falta deve se iniciar na cache de nível mais alto.
- A latência do sistema de memória.

O exemplo simplificado a seguir mostra a ideia principal.

**Exemplo**  Considere um tempo de acesso à memória principal de 36 ns e um sistema de memória capaz de uma taxa sustentável de transferência de 16 GiB/s. Se o tamanho do bloco for de 64 bytes, qual será o número máximo de faltas pendentes que precisamos suportar, supondo que possamos manter o pico de largura de banda, dado o fluxo de requisições, e que os acessos nunca entram em conflito? Se a probabilidade de uma referência colidir com uma das quatro anteriores for de 50% e supondo-se que o acesso tenha que esperar até que o acesso anterior seja completado, estime o número máximo de referências pendentes. Para simplificar, ignore o tempo entre as faltas.

**Resposta**  No primeiro caso, supondo que possamos manter o pico de largura de banda, o sistema de memória pode suportar $(16 \times 10)^9/64 = 250$ milhões de referências por segundo. Uma vez que cada referência leva 36 ns, podemos suportar $250 \times 10^6 \times 36 \times 10^{-9} = 9$ referências. Se a probabilidade de uma colisão for maior do que 0, então precisamos de mais referências pendentes, uma vez que não podemos começar a trabalhar nessas referências colidindo; o sistema de memória precisa de mais referências independentes, não de menos! Para aproximar isso, podemos simplesmente supor que é preciso que a metade das referências de memória não seja enviada para a memória. Isso quer dizer que devemos suportar duas vezes mais referências pendentes, ou 18.

Em seu estudo, Li, Chen, Brosckman e Jouppi descobriram que a redução na CPI para os programas de inteiros foi de cerca de 7% para um acerto sob falta e cerca de 12,7% para 64. Para os programas de ponto flutuante, as reduções foram de 12,7% para um acerto sob falta e de 17,8% para 64. Essas reduções acompanham razoavelmente de perto as reduções na latência no acesso à cache de dados, mostradas na Figura 2.11.

## Implementação de uma cache sem bloqueio

Embora as caches sem bloqueio tenham o potencial de melhorar o desempenho, sua implementação não é trivial. Existem dois tipos iniciais de desafios: arbitrar a disputa entre acertos e faltas, e rastrear as faltas pendentes para que possamos saber quando loads ou stores podem prosseguir. Considere o primeiro problema. Em uma cache de bloqueio, as faltas fazem com que o processador pare e não ocorram mais acessos à cache até que a falta seja resolvida. Todavia, em uma cache sem bloqueio, os acertos podem colidir com as faltas que retornam do próximo nível da hierarquia de memória. Se permitirmos várias faltas pendentes, que quase todos os processadores recentes fazem, é até possível que as faltas colidam. Essas colisões devem ser resolvidas, geralmente priorizando os acertos sobre as faltas e, em segundo lugar, ordenando as faltas onde houve colisão (se elas puderem ocorrer).

O segundo problema surge porque precisamos rastrear várias faltas pendentes. Em uma cache de bloqueio, sempre sabemos qual falta está retornando, porque apenas uma poderá estar pendente. Em uma cache sem bloqueio, isso raramente é verdade. À primeira vista, você pode pensar que as faltas sempre retornam em ordem, de modo que uma fila simples pode ser mantida para corresponder a uma falta retornando com a requisição pendente mais longa. Considere, no entanto, uma falta que ocorre na cache L1. Ela pode gerar um acerto ou um erro na cache L2; se a L2 também não estiver bloqueando, então a ordem em que as faltas são retornadas para L1 não será necessariamente a mesma ordem em que elas ocorreram originalmente. Processadores multicore e outros sistemas multiprocessadores que possuem tempos de acesso não uniformes à cache também apresentam essa complicação.

Quando uma falta é retornada, o processador precisa saber qual load ou store causou a falta, de modo que a instrução possa agora seguir adiante; e também deve saber onde os dados devem ser colocados na cache (assim como a definição de tags para esse bloco). Nos processadores recentes, essas informações são mantidas em um conjunto de registradores, normalmente chamados de *registradores de tratamento de status de falta* (Miss Status Handling Registers — MSHRs). Se permitirmos que ocorram $n$ faltas pendentes, haverá $n$ MSHRs, cada uma contendo as informações sobre onde uma falta ocorre na cache e o valor de quaisquer bits de tag para essa falta, bem como as informações indicando qual load ou store causou a falta (no próximo capítulo, você verá como isso é rastreado). Assim, quando ocorre uma falta, alocamos um MSHR para manipular essa falta, inserimos as informações apropriadas sobre a falta e marcamos a requisição de memória com o índice do MSHR. O sistema de memória usa essa tag quando retorna os dados, permitindo que o sistema de cache transfira os dados e marque as informações para o bloco de cache apropriado e "notifique" ao load ou store que gerou a falta que os dados estão disponíveis e que podem retomar a operação. Caches sem bloqueio claramente exigem lógica extra e, portanto, têm algum custo em energia. Porém, é difícil avaliar seus custos de energia exatamente porque eles podem reduzir o tempo de stall, diminuindo assim o tempo de execução e o consumo de energia resultante.

Além dos problemas anteriores, os sistemas de memória de multiprocessadores, seja em um único chip ou em vários chips, também devem lidar com problemas complexos de implementação relacionados à coerência e à coerência da memória. Além disso, como as faltas de cache não são mais atômicas (porque a requisição e a resposta são divididas e podem ser intercaladas entre várias requisições), há possibilidades de impasse. Para o leitor interessado, a Seção I.7 do Apêndice I on-line aborda essas questões em detalhes.

## Quinta otimização: palavra crítica primeiro e reinício antecipado para reduzir a penalidade da falta

Essa técnica é baseada na observação de que o processador normalmente precisa de apenas uma palavra do bloco de cada vez. Essa estratégia é a da impaciência: não espere até que o bloco inteiro seja carregado para então enviar a palavra solicitada e reiniciar o processador. Aqui estão duas estratégias específicas:

- *Palavra crítica primeiro.* Solicite primeiro a palavra que falta e envie-a para o processador assim que ela chegar; deixe o processador continuar a execução enquanto preenche o restante das palavras no bloco.
- *Reinício antecipado.* Busque as palavras na ordem normal, mas, assim que a palavra solicitada chegar, envie-a para o processador e deixe que ele continue a execução.

Geralmente, essas técnicas só beneficiam projetos com grandes blocos de cache, pois o benefício é baixo, a menos que os blocos sejam grandes. Observe que, normalmente, as caches continuam a satisfazer os acessos a outros blocos enquanto o restante do bloco está sendo preenchido.

Entretanto, dada a proximidade espacial, existe boa chance de que a próxima referência seja para o restante do bloco. Assim como as caches sem bloqueio, a penalidade de falta não é simples de calcular. Quando existe uma segunda solicitação da palavra crítica primeiro, a penalidade de falta efetiva é o tempo não sobreposto da referência até que a segunda parte chegue. Os benefícios da palavra crítica primeiro e de reinício antecipado dependem do tamanho do bloco e da probabilidade de outro acesso à parte do bloco que ainda não foi acessada. Por exemplo, para o SPECint2006 rodando no i7 6700, que usa o reinício antecipado e a palavra crítica primeiro, existe mais de uma referência feita a um bloco com uma falta pendente (1,23 referências na média com um intervalo de 0,5 a 3,0). Exploramos o desempenho da hierarquia de memória do i7 com mais detalhes na Seção 2.6.

## Sexta otimização: mesclagem de buffers de escrita para reduzir a penalidade de falta

Caches write-through contam com buffers de escrita, pois todos os stores precisam ser enviados para o próximo nível inferior da hierarquia. Até mesmo as caches write-back utilizam um buffer simples quando um bloco é substituído. Se o buffer de escrita estiver vazio, os dados e o endereço completo serão escritos no buffer, e a escrita será terminada do ponto de vista do processador; o processador continuará trabalhando enquanto o buffer de escrita se prepara para escrever a palavra na memória. Se o buffer tiver outros blocos modificados, os endereços poderão ser verificados para saber se o endereço desses novos dados combina com o endereço de uma entrada válida no buffer de escrita. Então, os novos dados serão combinados com essa entrada. A *mesclagem de escrita* é o nome dessa otimização. O Intel Core i7, entre muitos outros, utiliza a mesclagem de escrita.

Se o buffer estiver cheio e não houver combinação de endereço, a cache (e o processador) precisará esperar até que o buffer tenha uma entrada vazia. Essa otimização utiliza a memória de modo mais eficiente, pois as escritas multipalavras normalmente são mais rápidas do que as escritas realizadas uma palavra de cada vez. Skadron e Clark (1997) descobriram que aproximadamente 5%-10% do desempenho era perdido devido a stalls em um buffer de escrita de quatro entradas.

A otimização também reduz os stalls devido ao fato de o buffer de escrita estar cheio. A Figura 2.12 mostra um buffer de escrita com e sem a mesclagem da escrita. Suponha que tenhamos quatro entradas no buffer de escrita e que cada entrada possa manter quatro palavras de 64 bits. Sem essa otimização, quatro stores em endereços sequenciais preencheriam o buffer em uma palavra por entrada, embora essas quatro palavras, quando mescladas, caibam exatamente dentro de uma única entrada do buffer de escrita.

Observe que os registradores do dispositivo de entrada/saída são então mapeados para o espaço de endereços físico. Esses endereços de E/S *não podem* permitir a mesclagem da escrita, pois registradores de E/S separados podem não atuar como um array de palavras na memória. Por exemplo, eles podem exigir um endereço e uma palavra de dados por

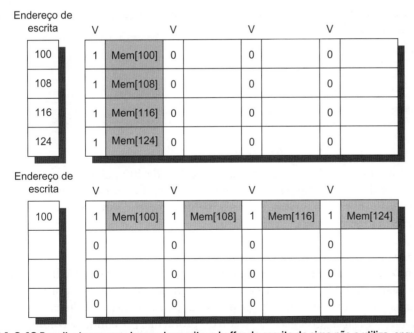

**FIGURA 2.12** Para ilustrar a mesclagem da escrita, o buffer de escrita de cima não a utiliza, enquanto o buffer de escrita de baixo a utiliza.

As quatro escritas são mescladas em uma única entrada de buffer com mesclagem de escrita; sem ela, o buffer fica cheio, embora 3/4 de cada entrada sejam desperdiçados. O buffer possui quatro entradas, e cada entrada mantém quatro palavras de 64 bits. O endereço para cada entrada está à esquerda, com um bit de válido (V) indicando se os próximos oito bytes sequenciais nessa entrada estão ocupados. (Sem a mesclagem da escrita, as palavras à direita na parte superior da figura não seriam usadas para instruções que escrevessem múltiplas palavras ao mesmo tempo.)

registrador de E/S, em vez de escritas multipalavras usando um único endereço. Esses efeitos colaterais costumam ser implementados marcando as páginas como requerendo escrita sem mesclagem pelas caches.

## Sétima otimização: otimizações de compilador para reduzir a taxa de falta

Até aqui, nossas técnicas têm exigido a mudança do hardware. Essa próxima técnica reduz as taxas de falta sem quaisquer mudanças no hardware.

Essa redução mágica vem do software otimizado — a solução favorita do projetista de hardware! A diferença de desempenho cada vez maior entre os processadores e a memória principal tem inspirado os projetistas de compiladores a investigar a hierarquia de memória para ver se as otimizações em tempo de compilação podem melhorar o desempenho. Mais uma vez, a pesquisa está dividida entre as melhorias nas faltas de instrução e as melhorias nas faltas de dados. As otimizações apresentadas a seguir são encontradas em muitos compiladores modernos.

### Permuta de loop

Alguns programas possuem loops aninhados que acessam dados na memória na ordem não sequencial. Simplesmente trocar o aninhamento dos loops pode fazer o código acessar os dados na ordem em que são armazenados. Considerando que os arrays não cabem na cache, essa técnica reduz as faltas, melhorando a proximidade espacial; a reordenação maximiza o uso de dados em um bloco de cache antes que eles sejam descartados. Por exemplo, se x for um array bidimensional de tamanho [5000,100] alocado de modo que x[i,j] e x[i,j+1] sejam adjacentes (uma ordem chamada *ordem principal de linha*, já que o array é organizado em linhas), então os códigos a seguir mostram como os acessos podem ser otimizados:

```
/* Antes */
for (j = 0; j < 100; j = j + 1)
    for (i = 0; i < 5000; i = i + 1)
        x[i][j] = 2 * x[i][j];
/* Depois */
for (i = 0; i < 5000; i = i + 1)
    for (j = 0; j < 100; j = j + 1)
        x[i][j] = 2 * x[i][j];
```

O código original saltaria pela memória em trechos de 100 palavras, enquanto a versão revisada acessa todas as palavras em um bloco de cache antes de passar para o bloco seguinte. Essa otimização melhora o desempenho da cache sem afetar o número de instruções executadas.

### Bloqueio

Essa otimização melhora a proximidade temporal para reduzir as faltas. Novamente, estamos lidando com múltiplos arrays, com alguns arrays acessados por linhas e outros por colunas. Armazenar os arrays linha por linha (*ordem principal de linha*) ou coluna por coluna (*ordem principal de coluna*) não resolve o problema, pois linhas e colunas são usadas em cada iteração do loop. Esses acessos ortogonais significam que transformações como permuta de loop ainda possuem muito espaço para melhoria.

Em vez de operar sobre linhas ou colunas inteiras de um array, os algoritmos bloqueados operam sobre submatrizes ou *blocos*. O objetivo é maximizar os acessos aos dados carregados na cache antes que eles sejam substituídos. O exemplo de código a seguir, que realiza a multiplicação de matriz, ajuda a motivar a otimização:

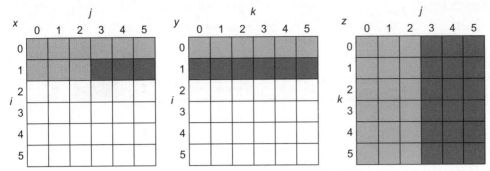

**FIGURA 2.13** Um instantâneo dos três arrays x, y e z quando N = 6 e i = 1.
Os acessos, distribuídos no tempo, aos elementos do array são indicados pelo tom: branco significa ainda não tocado, claro significa acessos mais antigos e escuro significa acessos mais recentes. Os elementos de y e z são lidos repetidamente para calcular novos elementos de x. As variáveis i, j e k aparecem ao longo das linhas ou colunas usadas para acessar os arrays.

```
/* Antes */
for (i = 0; i < N; i = i + 1)
    for (j = 0; j < N; j = j + 1)
        {r = 0;
            for (k = 0; k < N; k = k + 1)
                r = r + y[i][k]*z[k][j];
            x[i][j] = r;
        };
```

Os dois loops internos leem todos os elementos N por N de z, leem os mesmos N elementos em uma linha de y repetidamente e escrevem uma linha de N elementos de x. A Figura 2.13 apresenta um instantâneo dos acessos aos três arrays. O tom escuro indica acesso recente, o tom claro indica acesso mais antigo e o branco significa ainda não acessado.

O número de faltas de capacidade depende claramente de N e do tamanho da cache. Se ele puder manter todas as três matrizes N por N, tudo está bem, desde que não existam conflitos de cache. Se a cache puder manter uma matriz N por N e uma linha de N, pelo menos a i-ésima linha de y e o array z podem permanecer na cache. Menos do que isso e poderão ocorrer faltas para x e z. No pior dos casos, haverá $2N^3 + N^2$ palavras de memória acessadas para $N^3$ operações.

Para garantir que os elementos acessados podem caber na cache, o código original é mudado para calcular em uma submatriz de tamanho B por B. Dois loops internos agora calculam em passos de tamanho B, em vez do tamanho completo de x e z. B é chamado de *fator de bloqueio* (considere que x é inicializado com zero).

```
/* Depois */
for (jj = 0; jj < N; jj = jj + B)
for (kk = 0; kk < N; kk = kk + B)
for (i = 0; i < N; i = i + 1)
    for (j = jj; j < min(jj + B,N); j = j + 1)
        {r = 0;
            for (k = kk; k < min(kk + B,N); k = k + 1)
                r = r + y[i][k]*z[k][j];
            x[i][j] = x[i][j] + r;
        };
```

A Figura 2.14 ilustra os acessos aos três arrays usando o bloqueio. Vendo apenas as perdas de capacidade, o número total de palavras acessadas da memória é $2N^3/B + N^2$. Esse total é uma melhoria por um fator aproximado de B. Logo, o bloqueio explora uma combinação

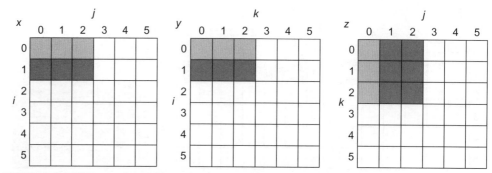

**FIGURA 2.14** Acessos, distribuídos no tempo, aos arrays x, y e z quando $B = 3$.
Observe, em comparação com a Figura 2.13, o número menor de elementos acessados.

de proximidade espacial e temporal, pois y se beneficia com a proximidade espacial e z se beneficia com a proximidade temporal. Embora nosso exemplo utilize um bloco quadrado ($B \times B$), também poderíamos usar um bloco retangular, que seria necessário se a matriz não fosse quadrada.

Embora tenhamos visado reduzir as faltas de cache, o bloqueio também pode ser usado para ajudar na alocação de registradores. Selecionando um pequeno tamanho de bloqueio, de modo que o bloco seja mantido nos registradores, podemos minimizar o número de loads e stores no programa.

Como veremos na Seção 4.8 do Capítulo 4, o bloqueio de cache é absolutamente necessário para obter bom desempenho de processadores baseados em cache, executando aplicações que usam matrizes como estrutura de dados primária.

### Oitava otimização: a pré-busca pelo hardware das instruções e dados para reduzir a penalidade de falta ou a taxa de falta

As caches sem bloqueio reduzem efetivamente a penalidade de falta, sobrepondo a execução com o acesso à memória. Outra técnica é fazer a pré-busca (*prefetch*) dos itens antes que o processador os solicite. Tanto as instruções quanto os dados podem ter sua busca antecipada, seja diretamente nas caches, seja diretamente em um buffer externo, que pode ser acessado mais rapidamente do que a memória principal.

Frequentemente, a pré-busca de instrução é feita no hardware fora da cache. Em geral, o processador apanha dois blocos em uma falta: o bloco solicitado e o próximo bloco consecutivo. O bloco solicitado é colocado na cache de instruções, e o bloco cuja busca foi antecipada é colocado no buffer do fluxo de instruções. Se o bloco solicitado estiver presente no buffer do fluxo de instruções, a solicitação de cache original será cancelada, o bloco será lido do buffer de fluxo e a próxima solicitação de pré-busca será emitida.

Uma técnica semelhante pode ser aplicada aos acessos a dados (Jouppi, 1990). Palacharla e Kessler (1994) examinaram um conjunto de programas científicos e consideraram múltiplos buffers de fluxo que poderiam tratar tanto instruções como dados. Eles descobriram que oito buffers de fluxo poderiam capturar 50%-70% de todas as faltas de um processador com duas caches de 64 KiB associativas por conjunto com quatro vias, um para instruções e os outros para dados.

O Intel Core i7 pode realizar a pré-busca do hardware nas caches L1 e L2 com o caso de pré-busca mais comum sendo o acesso à próxima linha. Alguns processadores anteriores da Intel usavam uma pré-busca mais agressiva em hardware, mas isso resultou em desempenho reduzido para algumas aplicações, fazendo com que alguns usuários sofisticados desativassem o recurso.

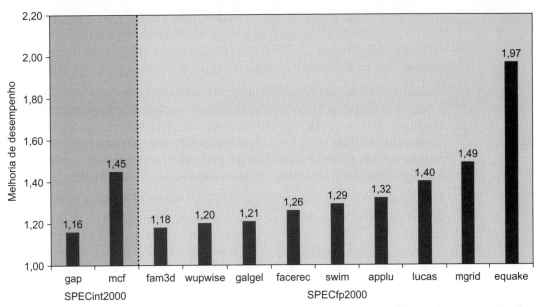

**FIGURA 2.15** Ganho de velocidade devido à pré-busca de hardware no Intel Pentium 4 com a pré-busca de hardware ativada para dois dos 12 benchmarks SPECint2000 e 9 dos 14 benchmarks SPECfp2000.
Somente os programas que se beneficiam mais com a pré-busca são mostrados; a pré-busca agiliza os 15 benchmarks SPECCPU restantes em menos de 15% (Boggs et al., 2004).

A Figura 2.15 mostra a melhoria de desempenho geral para um subconjunto dos programas SPEC2000 quando a pré-busca de hardware está ativada. Observe que essa figura inclui apenas dois de 12 programas inteiros, enquanto inclui a maioria dos programas SPECCPU de ponto flutuante. Na Seção 2.6, retornaremos à nossa avaliação da pré-busca no i7.

A pré-busca conta com o uso de uma largura de banda de memória que, de outra forma, seria inutilizada, mas, se interferir nas perdas de demanda, pode realmente reduzir o desempenho. A ajuda de compiladores pode reduzir a pré-busca inútil. Quando a pré-busca funciona bem, seu impacto sobre o consumo de energia é irrelevante. Quando dados pré-obtidos não são usados ou dados úteis estão fora do lugar, a pré-busca pode ter um impacto muito negativo no consumo de energia.

## Nona otimização: pré-busca controlada por compilador para reduzir a penalidade de falta ou a taxa de falta

Uma alternativa à pré-busca de hardware é que o compilador insira instruções de pré-busca para solicitar dados antes que o processador precise deles. Existem dois tipos de pré-busca:

- A *pré-busca de registrador*, que carrega o valor em um registrador.
- A *pré-busca de cache*, que carrega os dados apenas na cache, e não no registrador.

Qualquer uma delas pode ser *com falta* ou *sem falta*, ou seja, o endereço causa ou não uma exceção para faltas de endereço virtuais e violações de proteção. Usando essa terminologia, uma instrução load normal poderia ser considerada uma "instrução de pré-busca de registrador com falta". As pré-buscas sem falta simplesmente se transformarão em no-ops se normalmente resultarem em uma exceção, que é o que queremos.

A pré-busca mais efetiva é "semanticamente invisível" a um programa: ela não muda o conteúdo dos registradores e da memória, *e* não pode causar faltas de memória virtual. Hoje a maioria dos processadores oferece pré-buscas de cache sem falta. Esta seção considera a pré-busca de cache sem falta, também chamada *pré-busca sem vínculo*.

A pré-busca só faz sentido se o processador puder prosseguir enquanto realiza a pré-busca dos dados, ou seja, as caches não param, mas continuam a fornecer instruções e dados enquanto esperam que os dados cujas buscas foram antecipadas retornem. Como era de esperar, a cache de dados para esses computadores normalmente é sem bloqueio.

Assim como na pré-busca controlada pelo hardware, o objetivo é sobrepor a execução com a pré-busca de dados. Os loops são os alvos importantes, pois servem para otimizações de pré-busca. Se a penalidade de falta for pequena, o compilador simplesmente desdobrará o loop uma ou duas vezes e escalonará as pré-buscas com a execução. Se a penalidade de falta for grande, ele usará o pipelining de software (ver Apêndice H) ou desdobrará muitas vezes para realizar a pré-busca de dados para uma iteração futura.

Entretanto, emitir instruções de pré-busca contrai um overhead de instrução, de modo que os compiladores precisam tomar cuidado para garantir que tais overheads não sejam superiores aos benefícios. Concentrando-se em referências que provavelmente serão faltas de cache, os programas podem evitar pré-buscas desnecessárias enquanto melhoram bastante o tempo médio de acesso à memória.

**Exemplo**  Para o código a seguir, determine quais acessos provavelmente causarão faltas de cache de dados. Em seguida, insira instruções de pré-busca para reduzir as faltas. Finalmente, calcule o número de instruções de pré-busca executadas e as faltas evitadas pela pré-busca. Vamos supor que tenhamos uma cache de dados mapeado diretamente de 8 KiB com blocos de 16 bytes e ela seja uma cache write-back que realiza alocação de escrita. Os elementos de a e b possuem oito bytes, pois são arrays de ponto flutuante de precisão dupla. Existem três linhas e 100 colunas para a e 101 linhas e três colunas para b. Vamos supor também que eles não estejam na cache no início do programa

```
for (i = 0; i < 3; i = i + 1)
    for (j = 0; j < 100; j = j + 1)
        a[i][j] = b[j][0] * b[j + 1][0];
```

*Resposta*  O compilador primeiro determinará quais acessos provavelmente causarão faltas de cache; caso contrário, perderemos tempo emitindo instruções de pré-busca para dados que seriam acertos. Os elementos de a são escritos na ordem em que são armazenados na memória, de modo que a se beneficiará com a proximidade espacial: os valores pares de j serão faltas, e os valores ímpares serão acertos. Como a possui três linhas e 100 colunas, seus acessos levarão a $3 \times (100/2)$, ou 150 faltas.

O array b não se beneficia com a proximidade espacial, pois os acessos não estão na ordem em que são armazenados. O array b se beneficia duas vezes da proximidade temporal: os mesmos elementos são acessados para cada iteração de i, e cada iteração de j usa o mesmo valor de b que a última iteração. Ignorando faltas de conflito em potencial, as faltas devidas a b serão para b[j + 1][0] acessos quando i = 0, e também o primeiro acesso a b[j] [0] quando j = 0. Como j vai de 0 a 99 quando i = 0, os acessos a b levam a 100 + 1 ou 101 faltas.

Assim, esse loop perderá a cache de dados aproximadamente 150 vezes para a mais 101 vezes para b ou 251 faltas.

Para simplificar nossa otimização, não nos preocuparemos com a pré-busca dos primeiros acessos do loop. Eles já podem estar na cache ou pagaremos a penalidade de falta dos primeiros poucos elementos de a ou b. Também não nos preocuparemos em suprimir as pré-buscas ao final do loop, que tentam buscar previamente além do final de a (a[i][100] ... a[i][106]) e o final de b (b[101][0] ... b[107][0]). Se essas pré-buscas fossem com falta, não poderíamos ter esse luxo. Vamos considerar que a penalidade de falta é tão grande que precisamos começar a fazer a pré-busca pelo menos sete iterações à frente (em outras palavras, consideramos que a pré-busca não tem benefício até a oitava iteração). Sublinhamos as mudanças feitas no código anterior, necessárias para realizar a pré-busca.

```
for (j = 0; j < 100; j = j + 1) {
      prefetch(b[j + 7][0]);
      /* b(j,0) para 7 iterações depois */
      prefetch(a[0][j + 7]);
      /* a(0,j) para 7 iterações depois */
      a[0][j] = b[j][0] * b[j + 1][0];};
for (i = 1; i < 3; i = i + 1)
      para (j = 0; j < 100; j = j + 1) {
            prefetch(a[i][j + 7]);
            /* a(i,j) para+7 iterações */
            a[i][j] = b[j][0] * b[j + 1][0];}
```

Esse código revisado realiza a pré-busca de a[i][7] até a[i][99] e de b[7][0] até b[100][0], reduzindo o número de faltas de não pré-busca para

- Sete faltas para os elementos b[0][0], b[1][0],..., b[6][0] no primeiro loop
- Quatro faltas ([7/2]) para os elementos a[0][0], a[0][1],..., a[0][6] no primeiro loop (a proximidade espacial reduz as faltas para uma por bloco de cache de 16 bytes)
- Quatro faltas ([7/2]) para os elementos a[1][0], a[1][1],..., a[1][6] no segundo loop.
- Quatro faltas ([7/2]) para os elementos a[2][0], a[2][1],..., a[2][6] no segundo loop

ou um total de 19 faltas de não pré-busca. O custo de evitar 232 faltas de cache é a execução de 400 instruções de pré-busca, provavelmente uma boa troca.

**Exemplo**     Calcule o tempo economizado no exemplo anterior. Ignore faltas da cache de instrução e considere que não existem faltas por conflito ou capacidade na cache de dados. Suponha que as pré-buscas possam se sobrepor umas às outras com faltas de cache, transferindo, portanto, na largura de banda máxima da memória. Aqui estão os principais tempos de loop ignorando as faltas de cache: o loop original leva sete ciclos de clock por iteração, o primeiro loop de pré-busca leva nove ciclos de clock por iteração e o segundo loop de pré-busca leva oito ciclos de clock por iteração (incluindo o overhead do loop `for` externo). Uma falta leva 100 ciclos de clock.

**Resposta**     O loop original duplamente aninhado executa a multiplicação 3 × 100 ou 300 vezes. Como o loop leva sete ciclos de clock por iteração, o total é de 300 × 7 ou 2.100 ciclos de clock mais as faltas de cache. As faltas de cache aumentam 251 × 100 ou 25.100 ciclos de clock, gerando um total de 27.200 ciclos de clock. O primeiro loop de pré-busca se repete 100 vezes; a nove ciclos de clock por iteração, o total é de 900 ciclos de clock mais as faltas de cache. Agora acrescente 11 × 100 ou 1.100 ciclos de clock para as faltas de cache, gerando um total de 2.000. O segundo loop é executado 2 × 100 ou 200 vezes, e a nove ciclos de clock por iteração; isso leva 1.600 ciclos de clock mais 8 × 100 ou 800 ciclos de clock para as faltas de cache. Isso gera um total de 2.400 ciclos de clock. Do exemplo anterior, sabemos que esse código executa 400 instruções de pré-busca durante os 2.000 + 2.400 ou 4.400 ciclos de clock para executar esses dois loops. Se presumirmos que as pré-buscas são completamente sobrepostas com o restante da execução, então o código da pré-busca é 27.200/4.400 ou 6,2 vezes mais rápido.

Embora as otimizações de array sejam fáceis de entender, os programas modernos provavelmente utilizam ponteiros. Luk e Mowry (1999) demonstraram que a pré-busca baseada em compilador às vezes também pode ser estendida para ponteiros. Dos 10 programas com estruturas de dados recursivas, a pré-busca de todos os ponteiros quando um nó é visitado melhorou o desempenho em 4%-31% na metade dos programas. Por outro lado, os programas restantes ainda estavam dentro de 2% de seu desempenho original. A questão envolve tanto se as pré-buscas são para dados já na cache quanto se elas ocorrem cedo o suficiente para os dados chegarem quando forem necessários.

Muitos processadores suportam instruções para pré-busca de cache e, muitas vezes, processadores de alto nível (como o Intel Core i7) também realizam algum tipo de pré-busca automática no hardware.

## Décima otimização: usando HBM para estender a hierarquia de memória

Como a maioria dos processadores de uso geral em servidores provavelmente desejará mais memória do que a embalagem HBM pode oferecer, foi proposto que as DRAMs em pacote sejam usadas para criar caches L4 enormes, com tecnologias futuras variando de 128 MiB a 1 GiB e mais, consideravelmente mais do que as atuais caches L3 no chip. O uso de caches tão grandes baseadas em DRAM gera um problema: onde ficam as tags? Isso depende do número de tags. Suponha que usássemos um tamanho de bloco de 64B; então uma cache L4 de 1 GiB requer 96 MiB de tags — muito mais memória estática do que existe nas caches na CPU. Aumentando o tamanho do bloco para 4 KiB, obtemos um armazenamento de tags dramaticamente reduzido de 256 K entradas, ou menos de 1 MiB de armazenamento total, o que provavelmente é aceitável, considerando caches L3 de 4–16 MiB ou mais em processadores multicore da próxima geração. Entretanto, tamanhos de bloco tão grandes possuem dois grandes problemas.

Primeiro, a cache pode ser usada de forma ineficiente quando o conteúdo de muitos blocos não é necessário; isso é chamado de *problema de fragmentação*, e também ocorre em sistemas de memória virtual. Além disso, a transferência de blocos tão grandes é ineficiente se grande parte dos dados não for utilizada. Em segundo lugar, devido ao grande tamanho de bloco, o número de blocos distintos contidos na cache de DRAM é muito menor, o que pode resultar em mais faltas, especialmente para faltas por conflito e consistência.

Uma solução parcial para o primeiro problema é acrescentar o *sub-bloqueio*. O sub-bloqueio permite que partes do bloco sejam inválidas, exigindo que elas sejam buscadas em caso de falta. O sub-bloqueio, no entanto, não faz nada para resolver o segundo problema.

O armazenamento de tags é a principal desvantagem de usar um tamanho de bloco menor. Uma solução possível para essa dificuldade é a correção das tags para L4 na HBM. À primeira vista, isso parece impraticável, porque requer dois acessos à DRAM para cada acesso à cache L4: um para as tags e outro para os dados em si. Devido ao longo tempo de acesso para acessos aleatórios de DRAM, geralmente 100 ou mais ciclos de clock do processador, essa abordagem foi descartada. Loh e Hill (2011) propuseram uma solução para esse problema: colocar as tags e os dados na mesma linha na SDRAM HBM. Embora o processo de abrir a linha (e, eventualmente, fechá-la) demore muito tempo, a latência do sinal CAS para acessar uma parte diferente da linha é de cerca de um terço do tempo de acesso da nova linha. Assim, podemos acessar a parte da tag do bloco primeiro e, se for um acerto, usar o acesso à coluna para escolher a palavra correta. Loh e Hill (L-H) propuseram organizar o cache L4 HBM de modo que cada linha da SDRAM consista em um conjunto de tags (no início do bloco) e 29 segmentos de dados, criando uma cache

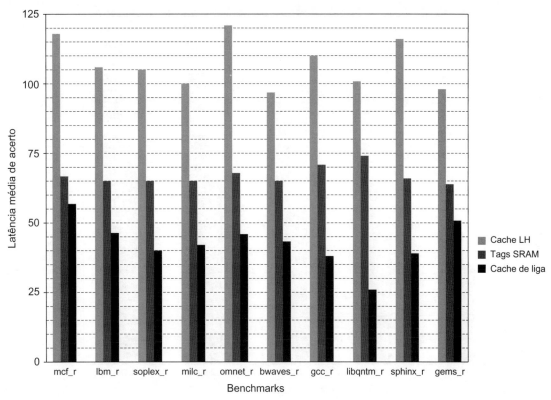

**FIGURA 2.16** A latência média do tempo de acerto em ciclos de clock para o esquema L-H, um esquema atualmente impraticável usando SRAM para as tags, e a organização da cache de liga.

No caso da SRAM, assumimos que a SRAM é acessível no mesmo tempo que a cache L3 e que ela é verificada antes que a cache L4 seja acessada. As latências médias de acerto são 43 (cache de liga), 67 (tags SRAM) e 107 (L-H). Os 10 benchmarks SPECCPU2006 usados aqui são os que usam mais intensamente a memória; cada um deles funcionaria duas vezes mais rápido se a cache L3 fosse perfeita.

associativa de 29 vias. Quando a cache L4 é acessada, a linha apropriada é aberta e as tags são lidas; um acerto requer mais um acesso de coluna para obter os dados correspondentes.

Qureshi e Loh (2012) propuseram uma melhoria, chamada *cache de liga*, que reduz o tempo de acerto. Uma cache de liga junta a tag e os dados e usa uma estrutura de cache mapeada diretamente. Isso permite que o tempo de acesso da cache L4 seja reduzido a um único ciclo da HBM, indexando diretamente a cache da HBM e fazendo uma transferência rápida da tag e dos dados. A Figura 2.16 mostra a latência de acerto da cache de liga, o esquema L-H e as tags baseadas em SRAM. A cache de liga reduz o tempo de acerto em um fator maior do que 2 em relação ao esquema L-H, em troca de um aumento na taxa de faltas por um fator de 1,1 a 1,2. A escolha dos benchmarks é explicada na legenda.

Infelizmente, em ambos os esquemas, os erros exigem dois acessos completos à DRAM: um para obter a tag inicial e um acesso subsequente à memória principal (que é ainda mais lenta). Se pudéssemos acelerar a detecção da falta, poderíamos reduzir o tempo de falta. Duas soluções diferentes foram propostas para resolver esse problema: uma usa um mapa que acompanha os blocos na cache (não a localização do bloco, apenas se ele está presente); a outra usa um previsor de acesso à memória que prevê erros prováveis usando técnicas de previsão de histórico, semelhantes àquelas usadas para a previsão de desvios globais (veja no próximo capítulo). Parece que um pequeno previsor pode prever prováveis faltas com alta precisão, levando a uma penalidade geral menor.

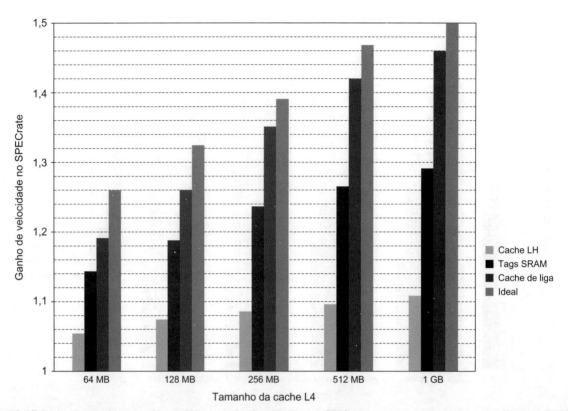

**FIGURA 2.17** Ganho de velocidade no desempenho executando o benchmark SPECrate para o esquema LH, um esquema de tag SRAM e uma L4 ideal (Ideal); um ganho de velocidade de 1 indica que não há melhora com a cache L4, e um ganho de velocidade de 2 seria atingível se a L4 fosse perfeita e não tivesse tempo de acesso.

Os 10 benchmarks que utilizam a memória intensamente são usados com cada benchmark executado oito vezes. O esquema associado de previsão de falta é utilizado. O caso Ideal assume que apenas o bloco de 64 bytes solicitado na cache L4 precisa ser acessado e transferido e que a precisão da previsão para a L4 é perfeita (ou seja, todas as faltas são conhecidas a custo zero).

A Figura 2.17 mostra o ganho de velocidade obtido no SPECrate para os benchmarks de uso intenso da memória usados na Figura 2.16. A abordagem da cache de liga supera o esquema de LH e até mesmo as tags SRAM impraticáveis, porque a combinação de um tempo de acesso rápido para o previsor de perda e bons resultados de previsão leva a um tempo mais curto para prever um erro e, portanto, a uma penalidade de falta menor. A cache de liga funciona próxima do caso ideal, uma cache L4 com previsão perfeita de falta e tempo de acerto mínimo.

É provável que a HBM tenha amplo uso em uma série de configurações diferentes, desde a contenção do sistema de memória inteiro para alguns sistemas de propósito especial de alto desempenho até o uso como uma cache L4 para configurações de servidor maiores.

### Resumo de otimização de cache

As técnicas para melhorar o tempo de acerto, a largura de banda, a penalidade de falta e a taxa de falta geralmente afetam os outros componentes da equação de acesso médio à memória, bem como a complexidade da hierarquia de memória. A Figura 2.18 resume essas técnicas e estima o impacto sobre a complexidade, com + significando que a técnica melhora o fator, – significando que ela prejudica esse fator, e um espaço significando que ela não tem impacto. Geralmente, nenhuma técnica ajuda mais de uma categoria.

| Technique | Tempo de acerto | Largura de banda | Penalidade de falta | Taxa de falta | Consumo de potência | Custo/complexidade do hardware | Comentário |
|---|---|---|---|---|---|---|---|
| Caches pequenas e simples | + | | − | | + | 0 | Trivial; muito usada |
| Caches de previsão de via | + | | | | + | 1 | Usada no Pentium 4 |
| Cache em pipeline e em bancos | − | + | | | | 1 | Muito usada |
| Caches sem bloqueio | | + | + | | | 3 | Muito usada |
| Palavra crítica primeiro e reinício antecipado | | | + | | | 2 | Muito usada |
| Mesclagem do buffer de escrita | | | + | | | 1 | Muito usada com write-through |
| Técnicas de compilador para reduzir faltas de cache | | | | + | | 0 | O software é um desafio, mas muitos compiladores lidam com cálculos comuns da álgebra linear |
| Pré-busca de hardware de instruções e dados | | + | + | − | | 2 instr., 3 dados | A maioria oferece instruções de pré-busca; processadores modernos de alto desempenho também realizam a pré-busca automática no hardware |
| Pré-busca controlada pelo compilador | | + | + | | | 3 | Precisa de cache sem bloqueio; possível overhead de instrução; em muitas CPUs |
| HBM como nível de cache adicional | +/− | − | + | + | | 3 | Depende da nova tecnologia de empacotamento. Efeitos dependem muito das melhorias na taxa de acerto |

**FIGURA 2.18** Resumo das 10 otimizações de cache avançadas mostrando o impacto sobre o desempenho da cache e a complexidade. Embora geralmente uma técnica só ajude um fator, a pré-busca pode reduzir as faltas se for feita suficientemente cedo; se isso não ocorrer, ela pode reduzir a penalidade de falta. + significa que a técnica melhora o fator, − significa que ela prejudica esse fator, e um espaço significa que ela não tem impacto. A medida de complexidade é subjetiva, com 0 sendo o mais fácil e 3 sendo um desafio.

# 2.4  MEMÓRIA VIRTUAL E MÁQUINAS VIRTUAIS

Uma máquina virtual é considerada uma duplicata eficiente e isolada da máquina real. Explicamos essas noções por meio da ideia de um monitor de máquina virtual (Virtual Machine Monitor — VMM) ... um VMM possui três características essenciais. Primeiro, ele oferece um ambiente para programas que é praticamente idêntico ao da máquina original. Segundo, os programas executados nesse ambiente mostram, no pior dos casos, apenas uma pequena redução na velocidade. Por fim, o VMM está no controle total dos recursos do sistema.

**Gerald Popek e Robert Goldberg,**
"*Formal requirements for virtualizable third generation architectures*",
Communications of the ACM (julho de 1974).

A Seção B.4, no Apêndice B, descreve os principais conceitos da memória virtual. Lembre-se de que a memória virtual permite que a memória física seja tratada como uma cache para o armazenamento secundário (que pode ser em disco ou em estado sólido). A memória virtual movimenta páginas entre os dois níveis da hierarquia de memória, da mesma forma como as caches movimentam blocos entre os níveis. Da mesma forma, TLBs agem como caches na tabela de páginas, eliminando a necessidade de fazer um acesso à memória toda vez que um endereço é traduzido. A memória virtual também oferece separação entre processos que compartilham uma memória física, mas possuem espaços de endereço virtuais separados. Os leitores devem garantir que compreendem as duas funções da memória virtual antes de prosseguir.

Nesta seção, focalizamos questões adicionais na proteção e na privacidade entre os processos que compartilham o mesmo processador. Segurança e privacidade foram dois dos desafios mais irritantes para a tecnologia da informação em 2017. Roubos eletrônicos, geralmente envolvendo listas de números de cartão de crédito, são anunciados constantemente, e acredita-se que muitos outros não sejam relatados. Naturalmente, esses problemas surgem devido a erros de programação que possibilitam a um invasor acessar dados que ele não deveria ser capaz de acessar. Erros de programação são um fato comum da vida e, com os complexos sistemas de software modernos, eles ocorrem com significativa regularidade. Logo, tanto pesquisadores quanto profissionais estão procurando novas maneiras de tornar os sistemas de computação mais seguros. Embora a proteção de informações não seja limitada ao hardware, em nossa visão, segurança e privacidade reais provavelmente envolverão a inovação na arquitetura do computador, além dos sistemas de software.

Esta seção começa com uma revisão do suporte da arquitetura para proteger os processos uns dos outros, por meio da memória virtual. Depois, ela descreve a proteção adicional fornecida a partir das máquinas virtuais, os requisitos de arquitetura das máquinas virtuais e o desempenho de uma máquina virtual. Como veremos no Capítulo 6, as máquinas virtuais são uma tecnologia fundamental para a computação em nuvem.

## Proteção via memória virtual

A memória virtual baseada em página, incluindo um TLB (Translation Lookaside Buffer), que coloca em cache as entradas da tabela de página, é o principal mecanismo que protege os processos uns dos outros. As Seções B.4 e B.5, no Apêndice B, revisam a memória virtual, incluindo uma descrição detalhada da proteção via segmentação e paginação no 80x86. Esta subseção atua como uma breve revisão; consulte as seções do Apêndice B se ela for muito rápida.

A multiprogramação, pela qual vários programas executados simultaneamente compartilham um computador, levou a demandas por proteção e compartilhamento entre programas e ao conceito de *processo*. Metaforicamente, processo é o ar que um programa respira e seu espaço de vida, ou seja, um programa em execução mais qualquer estado necessário para continuar executando-o. A qualquer instante, deve ser possível passar de um processo para outro. Essa troca é chamada de *troca de processo* ou *troca de contexto*.

O sistema operacional e a arquitetura unem forças para permitir que os processos compartilhem o hardware, sem interferir um com o outro. Para fazer isso, a arquitetura precisa limitar o que um processo pode acessar ao executar um processo do usuário, permitindo ainda que um processo do sistema operacional acesse mais. No mínimo, a arquitetura precisa fazer o seguinte:

1. Oferecer pelo menos dois modos, indicando se o processo em execução é do usuário ou do sistema operacional. Este último processo, às vezes, é chamado de processo *kernel* ou processo *supervisor*.

2. Oferecer uma parte do status do processador que um processo do usuário pode usar, mas não escrever. Esse status inclui bit de modo usuário/supervisor, bit de ativar/desativar exceção e informações de proteção de memória. Os usuários são

impedidos de escrever nesse status, pois o sistema operacional não poderá controlar os processos do usuário se eles puderem se dar privilégios de supervisor, desativar exceções ou alterar a proteção da memória.

3. Oferecer mecanismos pelos quais o processador pode ir do modo usuário para o modo supervisor e vice-versa. A primeira direção normalmente é alcançada por uma *chamada do sistema*, implementada como uma instrução especial que transfere o controle para um local determinado no espaço de código do supervisor. O PC (contador de programa) é salvo a partir do ponto da chamada do sistema, e o processador é colocado no modo supervisor. O retorno ao modo usuário é como um retorno de sub-rotina, que restaura o modo usuário/supervisor anterior.

4. Oferecer mecanismos para limitar os acessos à memória a fim de proteger o estado da memória de um processo sem ter de passar o processo para o disco em uma troca de contexto.

O Apêndice A descreve vários esquemas de proteção de memória, mas o mais popular é, sem dúvida, a inclusão de restrições de proteção a cada página da memória virtual. As páginas de tamanho fixo, normalmente com 4 KiB, 16 KiB ou mais de extensão, são mapeadas a partir do espaço de endereços virtuais para o espaço de endereços físicos, por meio de uma tabela de página. As restrições de proteção estão incluídas em cada entrada da tabela de página. As restrições de proteção poderiam determinar se um processo do usuário pode ler essa página, se um processo do usuário pode escrever nessa página e se o código pode ser executado a partir dessa página. Além disso, um processo não poderá ler nem escrever em uma página se não estiver na tabela de página. Como somente o SO pode atualizar a tabela de página, o mecanismo de paginação oferece proteção de acesso total.

A memória virtual paginada significa que cada acesso à memória usa logicamente pelo menos o dobro do tempo, com um acesso à memória para obter o endereço físico e um segundo acesso para obter os dados. Esse custo seria muito alto. A solução é contar com o princípio da proximidade; se os acessos tiverem proximidade, então as *traduções de endereço* para os acessos também precisam ter proximidade. Mantendo essas traduções de endereço em uma cache especial, um acesso à memória raramente requer um segundo acesso para traduzir o endereço. Essa cache especial de tradução de endereço é conhecida como Translation Lookaside Buffer (TLB).

A entrada do TLB é como uma entrada de cache em que a tag mantém partes do endereço virtual e a parte de dados mantém um endereço de página físico, campo de proteção, bit de validade e normalmente um bit de utilização e um bit de modificação. O sistema operacional muda esses bits alterando o valor na tabela de página e depois invalidando a entrada de TLB correspondente. Quando a entrada é recarregada da tabela de página, o TLB apanha uma cópia precisa dos bits.

Considerando que o computador obedece fielmente às restrições nas páginas e mapeia os endereços virtuais aos endereços físicos, isso pode parecer o fim. As manchetes de jornal sugerem o contrário.

O motivo pelo qual isso não é o fim é que dependemos da exatidão do sistema operacional e também do hardware. Os sistemas operacionais de hoje consistem em dezenas de milhões de linhas de código. Como os bugs são medidos em número por milhares de linhas de código, existem milhares de bugs nos sistemas operacionais em produção. As falhas no SO levaram a vulnerabilidades que são exploradas rotineiramente.

Esse problema e a possibilidade de que não impor a proteção poderia ser muito mais custoso do que no passado têm levado algumas pessoas a procurarem um modelo de proteção com uma base de código muito menor do que o SO inteiro, como as máquinas virtuais.

## Proteção via máquinas virtuais

Uma ideia relacionada com a memória virtual que é quase tão antiga é a de máquinas virtuais (Virtual Machines — VM). Elas foram desenvolvidas no final da década de 1960 e continuaram sendo uma parte importante da computação por mainframe durante anos. Embora bastante ignoradas no domínio dos computadores monousuários nas décadas de 1980 e 1990, recentemente elas ganharam popularidade devido:

- À crescente importância do isolamento e da segurança nos sistemas modernos.
- Às falhas na segurança e confiabilidade dos sistemas operacionais padrão.
- Ao compartilhamento de um único computador entre muitos usuários não relacionados, como em um datacenter ou na nuvem.
- Aos aumentos drásticos na velocidade bruta dos processadores, tornando o overhead das VMs mais aceitável.

A definição mais ampla das VMs inclui basicamente todos os métodos de emulação que oferecem uma interface de software-padrão, como a Java VM. Estamos interessados nas VMs que oferecem um ambiente completo em nível de sistema, no nível binário da arquitetura do conjunto de instruções (Instruction Set Architecture — ISA). Muitas vezes, a VM suporta a mesma ISA que o hardware nativo. Entretanto, também é possível suportar uma ISA diferente, e tais técnicas muitas vezes são empregadas quando migramos entre ISAs para permitir que o software da ISA original seja usado até que possa ser transferido para a nova ISA. Nosso foco será em VMs onde a ISA apresentada pela VM e o hardware nativo combinam. Essas VMs são chamadas *máquinas virtuais do sistema* (operacional). IBM VM/370, VMware ESX Server e Xen são alguns exemplos. Elas apresentam a ilusão de que os usuários de uma VM possuem um computador inteiro para si mesmos, incluindo uma cópia do sistema operacional. Um único computador executa várias VMs e pode dar suporte a uma série de sistemas operacionais (SOs) diferentes. Em uma plataforma convencional, um único SO "possui" todos os recursos de hardware, mas com uma VM vários SOs compartilham os recursos do hardware.

O software que dá suporte às VMs é chamado *monitor de máquina virtual* (Virtual Machine Monitor — VMM) ou *hipervisor*; o VMM é o coração da tecnologia de máquina virtual. A plataforma de hardware subjacente é chamada de *hospedeiro* (*host*), e seus recursos são compartilhados entre as VMs de *convidadas* (*guests*). O VMM determina como mapear os recursos virtuais aos recursos físicos: um recurso físico pode ser de tempo compartilhado, particionado ou até mesmo simulado no software. O VMM é muito menor do que um SO tradicional; a parte de isolamento de um VMM talvez tenha apenas 10.000 linhas de código.

Em geral, o custo de virtualização do processador depende da carga de trabalho. Os programas voltados a processador em nível de usuário, como o SPECCPU2006, possuem zero overhead de virtualização, pois o SO raramente é chamado, de modo que tudo é executado nas velocidades nativas. Por outro lado, cargas de trabalho com uso intenso de E/S utilizam intensamente o SO, que executa muitas chamadas do sistema (que realizam requisições de E/S) e instruções privilegiadas, o que pode resultar em alto overhead de virtualização. O overhead é determinado pelo número de instruções que precisam ser simuladas pelo VMM e pela lentidão com que são emuladas. Portanto, quando as VMs convidadas executam a mesma ISA que o host, conforme presumimos aqui, o objetivo da arquitetura e da VMM é executar quase todas as instruções diretamente no hardware nativo. Por outro lado, se a carga de trabalho com uso intenso de E/S também for *voltada para E/S*, o custo de virtualização do processador pode ser completamente ocultado pela baixa utilização do processador, pois ele está constantemente esperando pela E/S.

Embora nosso interesse aqui seja nas VMs para melhorar a proteção, elas oferecem dois outros benefícios que são comercialmente significativos:

1. *Gerenciamento de software*. As VMs oferecem uma abstração que pode executar um conjunto de software completo, incluindo até mesmo sistemas operacionais antigos, como o DOS. Uma implantação típica poderia ser algumas VMs executando SOs legados, muitas executando a versão atual estável do SO e outras testando a próxima versão do SO.
2. *Gerenciamento de hardware*. Um motivo para múltiplos servidores é ter cada aplicação executando com a versão compatível do sistema operacional em computadores separados, pois essa separação pode melhorar a confiabilidade. As VMs permitem que esses conjuntos separados de software sejam executados independentemente, embora compartilhem o hardware, consolidando assim o número de servidores. Outro exemplo é que alguns VMMs admitem a migração de uma VM em execução para um computador diferente, seja para balancear a carga seja para abandonar o hardware que falha. O crescimento da computação em nuvem tornou cada vez mais útil a capacidade de remover uma VM inteira para outro processador físico.

É por essas duas razões que os servidores baseados na nuvem, como os da Amazon, contam com máquinas virtuais.

## Requisitos de um monitor de máquina virtual

O que um monitor de VM precisa fazer? Ele apresenta uma interface de software para o software convidado, precisa isolar o status dos convidados uns dos outros e proteger-se contra o software convidado (incluindo SOs convidados). Os requisitos qualitativos são:

- O software convidado deve se comportar em uma VM exatamente como se estivesse rodando no hardware nativo, exceto pelo comportamento relacionado com o desempenho ou pelas limitações dos recursos fixos compartilhados por múltiplas VMs.
- O software convidado não deverá ser capaz de mudar diretamente a alocação dos recursos reais do sistema.

Para "virtualizar" o processador, o VMM precisa controlar praticamente tudo — acesso ao estado privilegiado, tradução de endereço, E/S, exceções e interrupções —, embora a VM e o SO convidados atualmente em execução os estejam usando temporariamente.

Por exemplo, no caso de uma interrupção de timer, o VMM suspenderia a VM convidada em execução, salvaria seu status, trataria da interrupção, determinaria qual VM convidada será executada em seguida e depois carregaria seu status. As VMs convidadas que contam com interrupção de timer são fornecidas com um timer virtual e uma interrupção de timer simulada pelo VMM.

Para estar no controle, o VMM precisa estar em um nível de privilégio mais alto do que a VM convidada, que geralmente executa no modo usuário; isso também garante que a execução de qualquer instrução privilegiada será tratada pelo VMM. Os requisitos básicos das máquinas virtuais do sistema são quase idênticos àqueles para a memória virtual paginada, que listamos anteriormente:

- Pelo menos dois modos do processador, sistema e usuário.
- Um subconjunto privilegiado de instruções, que está disponível apenas no modo do sistema, resultando em um trap se for executado no modo usuário. Todos os recursos do sistema precisam ser controláveis somente por meio dessas instruções.

## Suporte à arquitetura de conjunto de instruções para máquinas virtuais

Se as VMs forem planejadas durante o projeto da ISA, será relativamente fácil reduzir o número de instruções que precisam ser executadas por um VMM e o tempo necessário para simulá-las. Uma arquitetura que permite que a VM execute diretamente no hardware ganha o título de *virtualizável*, e a arquitetura IBM 370 orgulhosamente ostenta esse título.

Entretanto, como as VMs só foram consideradas para aplicações desktop e servidor baseado em PC muito recentemente, a maioria dos conjuntos de instruções foi criada sem que se pensasse na virtualização. Entre esses culpados incluem-se o 80x86 e a maioria das arquiteturas RISC originais, embora essa última tivesse menos problemas que a arquitetura 80x86. Os acréscimos recentes à arquitetura x86 tentaram remediar as deficiências iniciais, e o RISC-V inclui suporte explícito para a virtualização.

Como o VMM precisa garantir que o sistema convidado só interaja com recursos virtuais, um SO convidado convencional é executado como um programa no modo usuário em cima do VMM. Depois, se um SO convidado tentar acessar ou modificar informações relacionadas com os recursos do software por meio de uma instrução privilegiada — por exemplo, lendo ou escrevendo o ponteiro da tabela de página —, ele gerará um trap para o VMM. O VMM pode, então, efetuar as mudanças apropriadas aos recursos reais correspondentes.

Logo, se qualquer instrução que tenta ler ou escrever essas informações sensíveis for interceptada enquanto estiver sendo executada no modo usuário, o VMM poderá interceptá-la e dar suporte a uma versão virtual da informação sensível, como o SO convidado espera.

Na ausência de tal suporte, outras medidas precisam ser tomadas. Um VMM deve tomar precauções especiais para localizar todas as instruções problemáticas e garantir que se comportem corretamente quando executadas por um SO convidado, aumentando assim a complexidade do VMM e reduzindo o desempenho da execução da VM. As Seções 2.5 e 2.7 oferecem exemplos concretos de instruções problemáticas na arquitetura 80x86. Uma extensão atraente permite que a VM e o SO operem em diferentes níveis de privilégio, cada um distinto do nível do usuário. Introduzindo um nível de privilégio adicional, algumas operações do SO — por exemplo, aquelas que excedem as permissões concedidas a um programa usuário, mas não exigem intervenção pelo VMM (porque não podem afetar qualquer outra VM) — podem ser executadas diretamente, sem o custo adicional de interceptar e chamar o VMM. O projeto Xen, que examinaremos em breve, utiliza três níveis de privilégio.

## Impacto das máquinas virtuais sobre a memória virtual e a E/S

Outro desafio é a virtualização da memória virtual, pois cada SO convidado em cada VM gerencia seu próprio conjunto de tabelas de página. Para que isso funcione, o VMM separa as noções de *memória real* e *memória física* (que normalmente são tratadas como sinônimos) e torna a memória real um nível separado, intermediário entre a memória virtual e a memória física (alguns usam os nomes *memória virtual*, *memória física* e *memória de máquina* para indicar os mesmos três níveis). O SO convidado mapeia a memória virtual à memória real por meio de suas tabelas de página, e as tabelas de página do VMM mapeiam a memória real dos convidados à memória física. A arquitetura de memória virtual é especificada por meio de tabelas de página, como no IBM VM/370 e no 80x86, ou por meio da estrutura de TLB, como em muitas arquiteturas RISC.

Em vez de pagar um nível extra de indireção em cada acesso à memória, o VMM mantém uma *tabela de página de sombra* (*shadow page table*), que é mapeada diretamente do espaço de endereço virtual do convidado ao espaço do hardware. Detectando todas as modificações à tabela de página do convidado, o VMM pode garantir que as entradas da tabela de página de sombra sendo usadas pelo hardware para traduções correspondam àquelas do ambiente do SO convidado, com a exceção das páginas físicas corretas substituídas pelas páginas reais nas tabelas convidadas. Logo, o VMM precisa interceptar qualquer tentativa do SO convidado de alterar sua tabela de página ou de acessar o ponteiro da tabela de página. Isso normalmente é feito protegendo a escrita das tabelas de página convidadas e interceptando qualquer acesso ao ponteiro da tabela de página por um SO convidado. Conforme indicamos, o último acontecerá naturalmente se o acesso ao ponteiro da tabela de página for uma operação privilegiada.

A arquitetura IBM 370 solucionou o problema da tabela de página na década de 1970 com um nível adicional de indireção que é gerenciado pelo VMM. O SO convidado mantém suas tabelas de página como antes, de modo que as páginas de sombra são desnecessárias. A AMD propôs um esquema semelhante para a sua arquitetura 80x86.

Para virtualizar o TLB arquitetado em muitos computadores RISC, o VMM gerencia o TLB real e tem uma cópia do conteúdo do TLB de cada VM convidada. Para liberar isso, quaisquer instruções que acessem o TLB precisam gerar traps. Os TLBs com tags Process ID podem aceitar uma mistura de entradas de diferentes VMs e o VMM, evitando assim o esvaziamento do TBL em uma troca de VM. Nesse meio-tempo, em segundo plano, o VMM admite um mapeamento entre os Process IDs virtuais da VM e os Process IDs reais. A Seção L.7 do Apêndice L on-line descreve os detalhes adicionais.

A última parte da arquitetura para virtualizar é a E/S. Essa é a parte mais difícil da virtualização do sistema, devido ao número crescente de dispositivos de E/S conectados ao computador *e* à diversidade crescente de tipos de dispositivo de E/S. Outra dificuldade é o compartilhamento de um dispositivo real entre múltiplas VMs, e outra ainda vem do suporte aos milhares de drivers de dispositivo que são exigidos, especialmente se diferentes OS convidados forem admitidos no mesmo sistema de VM. A ilusão da VM pode ser mantida dando-se a cada VM versões genéricas de cada tipo de driver de dispositivo de E/S e depois deixando para o VMM o tratamento da E/S real.

O método para mapear um dispositivo de E/S virtual para físico depende do tipo de dispositivo. Por exemplo, os discos físicos normalmente são particionados pelo VMM para criar discos virtuais para as VMs convidadas, e o VMM mantém o mapeamento de trilhas e setores virtuais aos equivalentes físicos. As interfaces de rede normalmente são compartilhadas entre as VMs em fatias de tempo muito curtas, e a tarefa do VMM é registrar as mensagens para os endereços de rede virtuais a fim de garantir que as VMs convidadas recebam apenas mensagens enviadas para elas.

## Estendendo o conjunto de instruções para a virtualização eficiente e melhor segurança

Nos últimos 5 a 10 anos, os projetistas de processadores, incluindo os da AMD e da Intel (e, em menor escala, da ARM), introduziram extensões de conjunto de instruções para oferecer suporte mais eficiente à virtualização. Duas das principais áreas de melhoria de desempenho foram na manipulação de tabelas de páginas e TLBs (a base da memória virtual) e na E/S, lidando especificamente com interrupções e DMA. O desempenho da memória virtual é aprimorado evitando esvaziamentos do TLB desnecessários e usando o mecanismo de tabela de páginas aninhadas, empregado pela IBM décadas atrás, em vez de um conjunto completo de tabelas de páginas de sombra (ver Seção L.7, no Apêndice L). Para melhorar o desempenho de E/S, são adicionadas extensões de arquitetura que permitem que um dispositivo use diretamente o DMA para mover dados (eliminando uma cópia potencial pelo VMM) e permitir que interrupções e comandos de dispositivos sejam manipulados diretamente pelo OS convidado. Essas extensões mostram ganhos significativos de desempenho em aplicativos que utilizam intensamente seus aspectos de gerenciamento de memória ou de E/S.

Com a ampla adoção de sistemas de nuvem públicos para a execução de aplicações críticas, as preocupações sobre a segurança dos dados nesses aplicativos também aumentaram. O sistema pode ser comprometido por qualquer código mal-intencionado capaz de acessar um nível de privilégio mais alto que os dados que devem ser mantidos protegidos. Por exemplo, se você estiver executando uma aplicação de processamento de cartão de crédito, deverá estar absolutamente certo de que usuários mal-intencionados não poderão ter acesso aos números de cartão de crédito, mesmo quando estiverem usando o mesmo hardware e intencionalmente atacarem o sistema operacional ou até mesmo o VMM. Através do uso de virtualização, podemos impedir acessos de um usuário externo aos dados em uma VM diferente, e isso fornece proteção significativa em comparação a um ambiente multiprogramado. Entretanto, isso pode não ser suficiente se o invasor comprometer o VMM ou puder descobrir informações por meio de observações em outro VMM. Por exemplo, suponha que o invasor penetre no VMM; ele poderá, então, remapear a memória para acessar qualquer parte dos dados.

Como alternativa, um ataque pode depender de um cavalo de Tróia (ver Apêndice B) introduzido no código e que pode acessar os cartões de crédito. Como o cavalo de Tróia está sendo executado na mesma VM que o aplicativo de processamento de cartão de crédito, o cavalo de Tróia precisa apenas explorar uma falha do SO para obter acesso aos dados críticos. A maioria dos ataques cibernéticos usa algum tipo de cavalo de Tróia, geralmente explorando uma falha no SO, que tem o efeito de retornar o acesso ao invasor enquanto deixa a CPU ainda no modo de privilégio ou permite que o invasor carregue e execute código como se fosse parte do sistema operacional. Em ambos os casos, o invasor obtém o controle da CPU e, usando o modo de privilégio mais alto, pode continuar acessando qualquer coisa dentro da VM. Observe que a criptografia sozinha não impede esse invasor. Se os dados na memória não estiverem criptografados, o que é típico, o invasor terá acesso a todos esses dados. Além disso, se o invasor souber onde a chave de criptografia está armazenada, ele poderá acessar livremente a chave e acessar os dados criptografados.

Mais recentemente, a Intel introduziu um conjunto de extensões ao conjunto de instruções, chamadas extensões de proteção de software (Software Guard Extensions — SGX), para permitir que os programas do usuário criem *enclaves*, partes de código e dados que são sempre criptografados e descriptografados somente em uso e somente com a chave fornecida pelo código do usuário. Como o enclave está sempre criptografado, as operações padrão do SO para a memória virtual ou E/S podem acessar o enclave (por exemplo, para mover uma página), mas não podem extrair informação alguma. Para um enclave funcionar, todo o código e todos os dados necessários devem fazer parte do enclave. Embora o tema da proteção mais refinada tenha existido há décadas, ele obteve pouca atração antes devido ao alto custo adicional e porque outras soluções que são mais eficientes e menos intrusivas eram aceitáveis. O aumento dos ataques cibernéticos e da quantidade de informações confidenciais on-line levaram a um reexame de técnicas para melhorar essa segurança minuciosa. Como o SGX da Intel, processadores recentes da IBM e da AMD suportam a criptografia da memória em tempo real.

## Uma VMM de exemplo: a máquina virtual Xen

No início do desenvolvimento das VMs, diversas ineficiências se tornaram aparentes. Por exemplo, um SO convidado gerencia seu mapeamento de página virtual-real, mas esse mapeamento é ignorado pelo VMM, que realiza o mapeamento real para as páginas físicas. Em outras palavras, quantidade significativa de esforço desperdiçado é gasta apenas para satisfazer o SO convidado. Para reduzir tais ineficiências, os desenvolvedores de VMM decidiram que pode valer a pena permitir que o SO convidado esteja ciente de que está rodando em uma VM. Por exemplo, um SO convidado poderia pressupor uma memória real tão grande quanto sua memória virtual, de modo que nenhum gerenciamento de memória será exigido pelo SO convidado.

A permissão de pequenas modificações no SO convidado para simplificar a virtualização é conhecida como *paravirtualização*, e o VMM Xen, de fonte aberto, é um bom exemplo disso. O VMM Xen, que é usado nos datacenters de web services da Amazon, oferece a um SO convidado uma abstração de máquina virtual semelhante ao hardware físico, mas sem muitas das partes problemáticas. Por exemplo, para evitar o esvaziamento do TBL, o Xen é mapeado nos 64 MiB superiores do espaço de endereços de cada VM. Ele permite que o SO convidado aloque páginas, apenas cuidando para que não infrinja as restrições de proteção. Para proteger o SO convidado contra programas do usuário na VM, o Xen tira proveito dos quatro níveis de proteção disponíveis no 80x86. O VMM Xen é executado no mais alto nível de privilégio (0), o SO convidado é executado no próximo nível de privilégio (1) e as aplicações são executadas no nível de privilégio mais baixo (3). A maioria dos sistemas operacionais para o 80x86 mantém tudo nos níveis de privilégio 0 ou 3.

Para que as sub-redes funcionem corretamente, o Xen modifica o SO convidado para não usar partes problemáticas da arquitetura. Por exemplo, a porta do Linux para o Xen alterou cerca de 3.000 linhas, ou cerca de 1% do código específico do 80x86. Porém, essas mudanças não afetam as interfaces binárias da aplicação do SO convidado.

Para simplificar o desafio de E/S das VMs, recentemente o Xen atribuiu máquinas virtuais privilegiadas a cada dispositivo de E/S de hardware. Essas VMs especiais são chamadas *domínios de driver* (o Xen chama suas VMs de "domínios"). Os domínios de driver executam os drivers do dispositivo físico, embora as interrupções ainda sejam tratadas pelo VMM antes de serem enviadas para o domínio de driver apropriado. As VMs regulares, chamadas *domínios de convidado*, executam drivers de dispositivo virtuais simples, que precisam se comunicar com os drivers de dispositivo físicos nos domínios de driver sobre um canal para acessar o hardware de E/S físico. Os dados são enviados entre os domínios de convidado e driver pelo remapeamento de página.

# 2.5 QUESTÕES CRUZADAS: O PROJETO DE HIERARQUIAS DE MEMÓRIA

Esta seção descreve três tópicos, abordados em outros capítulos, mas que são fundamentais para as hierarquias de memória.

## Proteção, virtualização e arquitetura de conjunto de instruções

A proteção é um esforço conjunto de arquitetura e sistemas operacionais, mas os arquitetos tiveram de modificar alguns detalhes esquisitos das arquiteturas de conjunto de instruções existentes quando a memória virtual se tornou popular. Por exemplo, para dar suporte à memória virtual no IBM 370, os arquitetos tiveram de alterar a bem-sucedida arquitetura do conjunto de instruções do IBM 360, que havia sido anunciada seis anos antes. Ajustes semelhantes estão sendo feitos hoje para acomodar as máquinas virtuais.

Por exemplo, a instrução POPF do 80x86 carrega os registradores de flag do topo da pilha para a memória. Um dos flags é o flag Interrupt Enable (IE). Até as mudanças recentes no suporte à virtualização, executar a instrução POPF no modo usuário, em vez de interceptá-la, simplesmente mudava todos os flags, exceto IE. No modo do sistema, ela não mudará o IE. Como um SO convidado é executado no modo usuário dentro de uma VM, isso era um problema, pois ele esperava ver o IE alterado. Extensões da arquitetura 80x86 para suportar a virtualização eliminaram esse problema.

Historicamente, o hardware de mainframe IBM e o VMM utilizavam três passos para melhorar o desempenho das máquinas virtuais:

1. Reduzir o custo da virtualização do processador.
2. Reduzir o custo de overhead de interrupção devido à virtualização.
3. Reduzir o custo de interrupção direcionando as interrupções para a VM apropriada sem invocar o VMM.

A IBM ainda é o padrão dourado da tecnologia de máquina virtual. Por exemplo, um mainframe IBM executava milhares de VMs Linux em 2000, enquanto o Xen executava 25 VMs, em 2004 (Clark et al., 2004). Versões recentes de chipsets Intel e AMD adicionaram instruções especiais para suportar dispositivos em uma VM, para mascarar interrupções em níveis inferiores de cada VM e para direcionar interrupções para a VM apropriada.

## Unidades autônomas de busca de instrução

Muitos processadores com execução fora de ordem e até mesmo alguns simplesmente com pipelines profundos desacoplam a busca da instrução (e às vezes a decodificação inicial), usando uma unidade de busca de instrução separada (consulte o Capítulo 3). Normalmente, a unidade de busca de instrução acessa a cache de instruções para buscar um bloco inteiro antes de decodificá-lo em instruções individuais; tal técnica é particularmente útil quando o comprimento da instrução varia. Como a cache de instruções é acessada em blocos, não faz mais sentido comparar taxas de falhas a processadores que acessam a cache de instruções uma vez por instrução. Além disso, a unidade de busca de instruções pode pré-buscar blocos na cache L1; essas pré-buscas podem gerar faltas adicionais, mas podem reduzir a penalidade total perdida. Muitos processadores também incluem a pré-busca de dados, o que pode aumentar a taxa de falta da cache de dados, mesmo enquanto diminui a penalidade total de falta da cache de dados.

## Especulação e acesso à memória

Uma das principais técnicas usadas em pipelines avançados é a especulação, em que uma instrução tenta ser executada antes que o processador saiba se isso é realmente necessário. Essas técnicas dependem da previsão de desvio, que, se incorreta, exige que as instruções especuladas sejam esvaziadas do pipeline. Existem dois problemas separados em um sistema de memória que suporta especulação: proteção e desempenho. Com a especulação, o processador pode gerar referências de memória, que nunca serão usadas porque as instruções foram resultado de especulação incorreta. Essas referências, se executadas, podem gerar exceções de proteção. Obviamente, essas falhas devem ocorrer somente se a instrução for realmente executada. No próximo capítulo, veremos como tais "exceções especulativas" são resolvidas. Como um processador especulativo pode gerar acessos às caches de instrução e de dados e, subsequentemente, não usar os resultados desses acessos, a especulação pode aumentar as taxas de falta de cache. No entanto, como na pré-busca, tal especulação pode realmente diminuir a penalidade total de falta de cache. O uso de especulação, como o uso da pré-busca, faz com que seja enganoso comparar as taxas de erros com aquelas vistas em processadores sem especulação, mesmo quando a ISA e as estruturas de cache são idênticas de outras formas.

## Caches de instrução especiais

Um dos maiores desafios em processadores superescalares é fornecer a largura de banda de instruções. Para projetos que traduzem as instruções em micro-operações, como os processadores ARM e i7 mais recentes, as demandas de largura de banda de instruções e as penalidades por desvios de ramificação podem ser reduzidas mantendo-se uma pequena cache de instruções traduzidas recentemente. Nós exploramos essa técnica com maior profundidade no próximo capítulo.

## Consistência dos dados em cache

Os dados podem ser encontrados na memória e na cache. Desde que um processador seja o único dispositivo a alterar ou ler os dados e a cache fique entre o processador e a memória, haverá pouco perigo de o processador ver a cópia antiga ou *desatualizada* (*stale*). Conforme mencionaremos no Capítulo 4, múltiplos processadores e dispositivos de E/S aumentam a oportunidade de as cópias serem inconsistentes e de lerem a cópia errada.

A frequência do problema de coerência de cache é diferente para multiprocessadores e para E/S. Múltiplas cópias de dados são um evento raro para E/S — que deve ser evitado sempre que possível —, mas um programa em execução em múltiplos processadores *desejará* ter cópias dos mesmos dados em várias caches. O desempenho de um programa multiprocessador depende do desempenho do sistema ao compartilhar dados.

A questão de *coerência da cache de E/S* é esta: onde ocorre a E/S no computador — entre o dispositivo de E/S e a cache ou entre o dispositivo de E/S e a memória principal? Se a entrada colocar dados na cache e a saída ler dados da cache, tanto a E/S quanto o processador verão os mesmos dados. A dificuldade dessa técnica é que ela interfere com o processador e pode fazer com que ele pare para realizar a E/S. A entrada também pode interferir com a cache, deslocando alguma informação com dados novos que provavelmente serão acessados em breve.

O objetivo para o sistema de E/S em um computador com cache é impedir o problema dos dados desatualizados, enquanto interfere o mínimo possível. Muitos sistemas, portanto, preferem que a E/S ocorra diretamente na memória principal, com a memória principal atuando como um buffer de E/S. Se uma cache write-through for usada, a memória terá uma cópia atualizada da informação e não haverá o problema de dados passados para a saída (esse benefício é um motivo para os processadores usarem a cache write-through). Entretanto, hoje o write-through normalmente é encontrado apenas nas caches de dados de primeiro nível, apoiados por uma cache L2 que use write-back.

A entrada requer algum trabalho extra. A solução de software é garantir que nenhum bloco do buffer de entrada esteja na cache. Uma página contendo o buffer pode ser marcada como não passível de cache (noncachable), e o sistema operacional sempre poderá entrar em tal página. Como alternativa, o sistema operacional pode esvaziar os endereços de buffer da cache antes que ocorra a entrada. Uma solução de hardware é verificar os endereços de E/S na entrada para ver se eles estão na cache. Se houver uma correspondência de endereços de E/S na cache, as entradas de cache serão invalidadas para evitar dados passados. Todas essas técnicas também podem ser usadas para a saída com caches write-back.

# CAPÍTULO 2: Projeto de hierarquia de memória

A consistência da cache do processador é um assunto essencial na era dos processadores multicore, e vamos examiná-la em detalhes no Capítulo 5.

## 2.6 JUNTANDO TUDO: HIERARQUIAS DE MEMÓRIA NO ARM CORTEX-A53 E INTEL CORE I7 6700

Esta seção desvenda as hierarquias de memória do ARM Cortex-A53 (daqui em diante chamado A53) e do Intel Core i7 6700 (daqui em diante chamado i7) e mostra o desempenho de seus componentes para um conjunto de benchmarks de thread único. Examinamos o Cortex-A53 primeiro porque ele tem um sistema de memória mais simples. Vamos entrar em mais detalhes sobre o i7 detalhando uma referência de memória. Esta seção supõe que os leitores estejam familiarizados com a organização de uma hierarquia de cache de dois níveis usando caches indexadas virtualmente. Os elementos básicos de tal sistema de memória são explicados em detalhes no Apêndice B, e os leitores que não estão acostumados com a organização desses sistemas são enfaticamente aconselhados a revisar o exemplo do Opteron no Apêndice B. Após a compreensão da organização do Opteron, a breve explicação sobre o sistema A53, que é similar, será fácil de acompanhar.

### O ARM Cortex-A53

O Cortex-A53 é um núcleo configurável que dá suporte à arquitetura de conjunto de instruções ARMv8A, que inclui os modos de 32 e 64 bits. Ele é fornecido como um núcleo IP (propriedade intelectual). Os núcleos IP são a forma dominante de entrega de tecnologia nos mercados dos embarcados, PMD e outros relacionados. Bilhões de processadores ARM e MIPS foram criados a partir desses núcleos IP. Observe que eles são diferentes dos núcleos no Intel i7 ou AMD Athlon multicores. Um núcleo IP (que pode ser, ele próprio, um multicore) é projetado para ser incorporado com outras lógicas (uma vez que ele é o núcleo de um chip), incluindo processadores de aplicação específica (como um codificador ou um decodificador de vídeo), interfaces de E/S e interfaces de memória, e então fabricados para gerar um processador otimizado para uma aplicação em particular. Por exemplo, o núcleo Cortex-A53 IP é usado em diversos tablets e smartphones de diversos fabricantes; ele é projetado para ser altamente eficaz em termos de energia, um critério fundamental nos PMDs que utilizam bateria. O núcleo A53 é capaz de ser configurado com múltiplos núcleos por chip, para uso em PMDs de última geração; nossa discussão aqui focaliza um único núcleo.

Geralmente, os núcleos IP têm dois tipos: *núcleos hard* são otimizados para um fornecedor particular de semicondutores e são caixas-pretas com interfaces externas (mas ainda no chip). Em geral, permitem a parametrização somente da lógica fora do núcleo, como tamanhos de cache L2, sendo que o núcleo IP não pode ser modificado. Normalmente *núcleos soft* são fornecidos em uma forma que usa uma biblioteca-padrão de elementos lógicos. Um núcleo soft pode ser compilado para diferentes fornecedores de semicondutores e também pode ser modificado, embora modificações extensas sejam muito difíceis, devido à complexidade dos núcleos IP modernos. Em geral, núcleos hard apresentam melhor desempenho e menor área de substrato, enquanto os núcleos soft permitem o atendimento a outros fornecedores e podem ser modificados mais facilmente.

O Cortex-A53 pode enviar duas instruções por clock a taxas de clock de até 1,3 GHz. Ele pode suportar uma hierarquia de cache de dois níveis; a Figura 2.19 resume a organização da hierarquia de memória. O termo crítico é retornado primeiro, e o processador pode continuar enquanto a falta é concluída; um sistema de memória com até quatro bancos pode ser admitido. Para a D-cache de 32 KiB e um tamanho de página de 4 KB, cada página

| Estrutura | Tamanho | Organização | Penalidade de falta típica (ciclos de clock) |
|---|---|---|---|
| Instrução MicroTLB | 10 entradas | Totalmente associativa | 2 |
| Dados MicroTLB | 10 entradas | Totalmente associativa | 2 |
| TLB unificado L2 | 512 entradas | Associativa por conjunto de 4 vias | 20 |
| Cache de instrução L1 | 8–64 KiB | Associativa por conjunto de 2 vias; bloco de 64 byte | 13 |
| Cache de dados L1 | 8–64 KiB | Associativa por conjunto de 2 vias; bloco de 64 byte | 13 |
| Cache unificada L2 | 128 KiB a 2 MiB | Associativa por conjunto de 16 vias; LRU | 124 |

**FIGURA 2.19** A hierarquia de memória do Cortex A53 inclui TLBs e caches multiníveis.
Uma cache de mapa de página acompanha a localização de uma página física para um conjunto de páginas virtuais; ela reduz a penalidade de falta de TLB L2. As caches L1 são virtualmente indexadas e fisicamente marcadas; tanto a cache L1 D quanto a cache L2 usam um critério de diretiva write-back para alocar na escrita. A política de substituição é a aproximação LRU em todas as caches. As penalidades de falta para caches L2 são maiores se ocorrer uma falta MicroTLB e L1. O barramento da cache L2 para a memória principal tem 64–128 bits de largura e a penalidade de falta é maior para o barramento estreito.

física pode mapear dois endereços de cache diferentes. Tais instâncias são evitadas por detecção de hardware em uma falta, como na Seção B.3 do Apêndice B. A Figura 2.20 mostras como o endereço virtual de 32 bits é usado para indexar a TLB e as caches, supondo caches primárias de 32 KiB e uma cache secundária de 1 MiB com tamanho de página de 16 KiB.

## Desempenho da hierarquia de memória do ARM Cortex-A53

A hierarquia de memória do Cortex-A8 foi simulada com caches primárias de 32 KiB e uma cache L2 de 1 MB, usando os benchmarks SPECInt2006. As taxas de perda da cache de instruções para esses SPECInt2006 são muito pequenas, mesmo para a L1: perto de zero para a maioria e abaixo de 1% para todos eles. Essa taxa baixa provavelmente resulta da natureza computacionalmente intensa dos programas SPECCPU e da cache associativa por conjunto de duas vias, que elimina a maioria das faltas por conflito.

A Figura 2.21 mostra os resultados da cache de dados, que tem taxas de falta significativas para caches L1 e L2. A taxa da L1 varia por um fator de 75, de 0,5% a 37,3% com uma taxa de falta mediana de 2,4%. A taxa de falta global da L2 varia por um fator de 180, de 0,05% a 9,0% com uma mediana de 0,3%. O MCF, que é conhecido como *cache buster*, define o limite superior e afeta significativamente a média. Lembre-se de que a taxa de falta global da cache L2 é significativamente menor que a taxa de falta local da L2; por exemplo, a taxa de falta isolada mediana da L2 é 15,1%, contra a taxa de falta global de 0,3%.

Usando as penalidades de falta da Figura 2.19, a Figura 2.22 mostra a penalidade média por acesso aos dados. Embora as taxas de falta da L1 sejam cerca de sete vezes maiores que as taxas de falta da L2, a penalidade da L2 é 9,5 vezes maior, levando a faltas da L2 ligeiramente dominantes para os benchmarks que enfatizam o sistema de memória. No próximo capítulo, vamos examinar o impacto das faltas de cache sobre a CPI geral.

## O Intel Core i7 6700

O i7 suporta a arquitetura de conjunto de instruções x86-64, uma extensão de 64 bits da arquitetura 80x86. O i7 é um processador de execução fora de ordem que inclui quatro núcleos. Neste capítulo, nos concentramos no projeto do sistema de memória e desempenho do ponto de vista de um único núcleo. O desempenho do sistema dos projetos de multiprocessador, incluindo o i7 multicore, será examinado em detalhes no Capítulo 5.

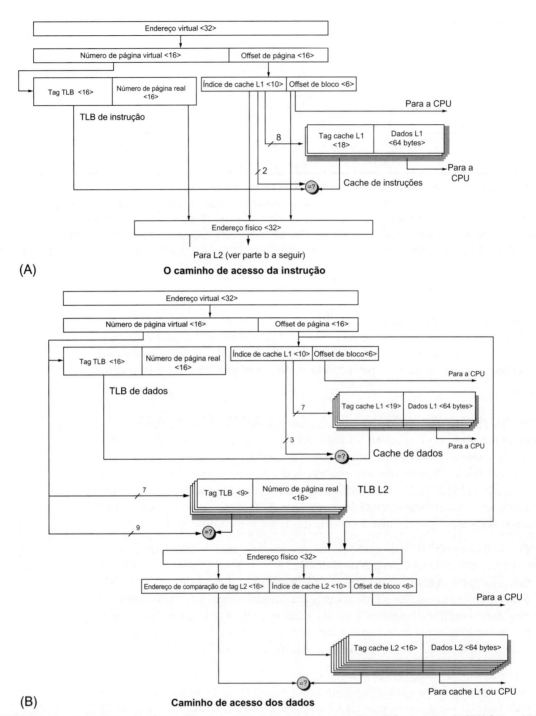

**FIGURA 2.20** Endereço virtual, endereço físico e blocos de dados para as caches de dados e TLBs de dados do ARM Cortex-A53, considerando endereços de 32 bits.

A metade superior (A) mostra o acesso à instrução; a metade inferior (B) mostra o acesso aos dados, incluindo a cache L2. O TLB (instrução ou dados) é totalmente associativo com 10 entradas, usando uma página de 64 KiB neste exemplo. A cache-I L1 é associativa por conjunto de duas vias com blocos de 64 bytes e capacidade de 32 KiB; a cache-D L1 tem 32 KiB, é associativa por conjunto com quatro vias, com blocos de 64 bytes. O TLB L2 tem 512 entradas e é associativo por conjunto de quatro vias. A cache L2 é associativa por conjunto com 16 vias com blocos de 64 bytes e capacidade de 128 cKiB a 2 MiB; a figura mostra a cache L2 e 1 MiB. A figura não mostra os bits de validade e bits de proteção para as caches e TLB.

## 2.6 Juntando tudo: hierarquias de memória no ARM Cortex-a53 e Intel Core i7 6700

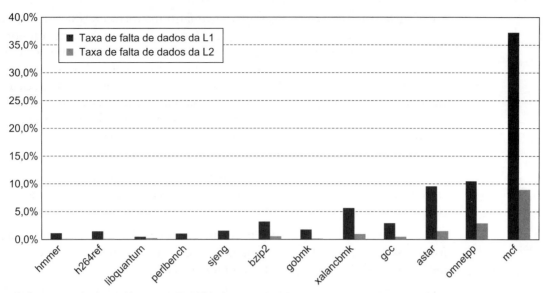

**FIGURA 2.21** A taxa de falta de dados para o ARM com uma L1 de 32 KiB e a taxa de falta de dados globais de uma L2 de 1 MiB usando os benchmarks SPECInt2006 são afetadas significativamente pelas aplicações.

As aplicações com necessidades de memória maiores tendem a ter taxas de falta maiores, tanto em L1 quanto em L2. Note que a taxa de L2 é a taxa de falta global, que considera todas as referências, incluindo aquelas que acertam em L1. O MCF é conhecido como *cache buster*.

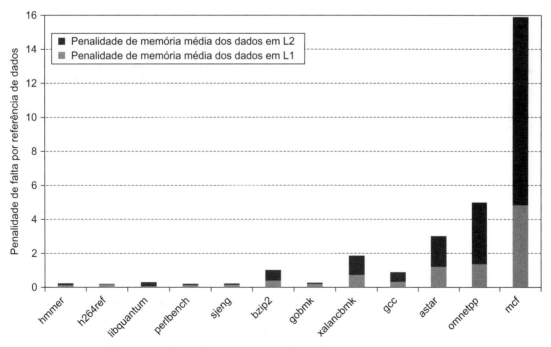

**FIGURA 2.22** A penalidade média de acesso à memória por referência à memória de dados vindos das caches L1 e L2 é mostrada aqui para o processador A53 ao executar o SPECInt2006.

Embora as taxas de falta para L1 sejam significativamente mais altas, a penalidade de falta da L2, que é mais de cinco vezes mais alta, significa que as faltas na L2 podem contribuir de modo significativo.

Cada núcleo em um i7 pode executar até quatro instruções 80x86 por ciclo de clock, usando um pipeline de emissão múltipla, 16 estágios, dinamicamente escalonado, que descreveremos em detalhes no Capítulo 3. O i7 pode também suportar até dois threads simultâneos por processador, usando uma técnica chamada multithreading simultâneo, que será descrita no Capítulo 4. Em 2017, o i7 mais rápido tinha taxa de clock de 4,0 GHz (no modo Turbo Boost), que gera um pico de taxa de execução de instruções de 16 bilhões de instruções por segundo, ou 64 bilhões de instruções por segundo para o projeto de quatro núcleos. Naturalmente, existe uma grande diferença entre o desempenho de pico e sustentado, conforme veremos nos próximos capítulos.

O i7 pode suportar até três canais de memória, cada qual consistindo em um conjunto de DIMMs separados, e cada um dos quais pode transferir em paralelo. Usando DDR3-1066 (DIMM PC8500), o i7 tem pico de largura de banda de memória pouco acima de 25 GB/s.

O i7 usa endereços virtuais de 48 bits e endereços físicos de 36 bits, gerando uma memória física máxima de 36 GiB. O gerenciamento de memória é tratado com um TLB de dois níveis (ver Apêndice B, Seção B.4), resumido na Figura 2.23.

A Figura 2.24 resume a hierarquia de cache em três níveis do i7. As caches de primeiro nível são indexadas virtualmente e *taggeadas* fisicamente (ver Apêndice B, Seção B.3), enquanto

| Característica | TLB de instrução | TLB de dados | TLB de segundo nível |
|---|---|---|---|
| Tamanho | 128 | 64 | 1536 |
| Associatividade | 8 vias | 4 vias | 12 vias |
| Substituição | Pseudo-LRU | Pseudo-LRU | Pseudo-LRU |
| Latência de acesso | 1 ciclo | 1 ciclo | 8 ciclos |
| Falta | 9 ciclos | 9 ciclos | Centenas de ciclos para acessar a tabela de página |

**FIGURA 2.23** Características da estrutura de TLB do i7, que tem TLBs de primeiro nível de instruções e dados separados, os dois suportados, em conjunto, por um TLB de segundo nível.
Os TLBs de primeiro nível suportam o tamanho-padrão de página de 4 KB, além de ter número limitado de entradas de páginas grandes de 2-4 MiB; somente as páginas de 4 KiB são suportadas no TLB de segundo nível. O i7 tem a capacidade de lidar com duas faltas de TLB L2 em paralelo. Veja, na Seção L.3 do Apêndice L on-line, uma discussão mais profunda sobre TLBs multiníveis e o suporte para múltiplos tamanhos de página.

| Característica | L1 | L2 | L3 |
|---|---|---|---|
| Tamanho | 32 KiB I/32 KiB D | 256 KiB | 2 MiB por núcleo |
| Associatividade | ambos 8 vias | 4 vias | 16 vias |
| Latência de acesso | 4 ciclos, com pipeline | 12 ciclos | 44 ciclos |
| Esquema de substituição | Pseudo-LRU | Pseudo-LRU | Pseudo-LRU, mas com um algoritmo de seleção ordenada |

**FIGURA 2.24** Características da hierarquia de cache em três níveis no i7.
As três caches usam write-back e tamanho de bloco de 64 bytes. As caches L1 e L2 são separadas para cada núcleo, enquanto a cache L3 é compartilhada entre os núcleos em um chip e tem um total de 2 MiB por núcleo. As três caches não possuem bloqueio e permitem múltiplas escritas pendentes. Um write buffer merge é usado para a cache L1, que contém dados para o caso de a linha não estar presente em L1 quando ela é escrita. (ou seja, a falta de escrita em L1 não faz com que a linha seja alocada.) L3 é inclusivo de L1 e L2; exploramos essa propriedade em detalhes quando explicamos as caches multiprocessador. A substituição é por uma variante na pseudo-LRU: no caso de L3, o bloco substituído é sempre a via de menor número cujo bit de acesso esteja desligado. Isso não é exatamente aleatório, mas é fácil de computar.

## 2.6 Juntando tudo: hierarquias de memória no ARM Cortex-a53 e Intel Core i7 6700

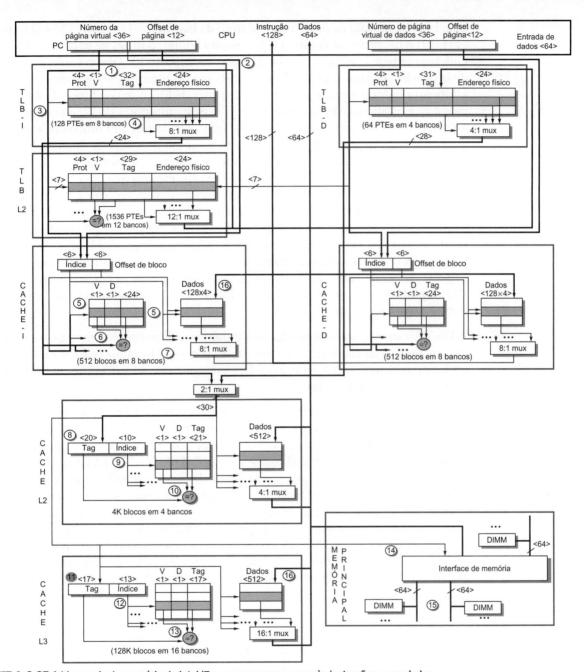

**FIGURA 2.25** A hierarquia de memória do Intel i7 e os passos no acesso às instruções e aos dados.
Mostramos somente as leituras de dados. As escritas são semelhantes, porém as faltas são tratadas simplesmente colocando os dados em um buffer de escrita, uma vez que a cache L1 não é alocada para escrita.

as caches L2 e L3 são indexadas fisicamente. Algumas versões do i7 6700 darão suporte a uma cache de quarto nível usando o empacotamento HBM.

A Figura 2.25 mostra os passos de um acesso à hierarquia de memória. Primeiro, o PC é enviado para a cache de instruções. O índice da cache de instruções é

$$2^{\text{Índice}} = \frac{\text{Tamanho da cache}}{\text{Tamanho do bloco} \times \text{Associatividade do conjunto}} = \frac{32\text{K}}{64 \times 4} = 128 = 2^7$$

ou 6 bits. A estrutura de página do endereço da instrução ($36 = 48 - 12$ bits) é enviada para o TLB de instrução (passo 1). Ao mesmo tempo, o offset de página de 12 bits do endereço virtual é enviado à cache de instruções (passo 2). Observe que, para a cache de instrução associativa de oito vias, 12 bits são necessários para o endereço de cache: 6 bits para indexar a cache, mais 6 bits de offset de bloco para o bloco de 64 bytes, de modo que os aliases não são possíveis. As versões anteriores do i7 usava uma cache-I associativa por conjunto de quatro vias, significando que um bloco correspondente a um endereço virtual poderia, na verdade, estar em dois lugares diferentes da cache, uma vez que o endereço físico correspondente poderia ser um 0 ou 1 nesse local. Para instruções, isso não é um problema, uma vez que, mesmo que uma instrução apareça na cache em dois locais diferentes, as duas versões devem ser iguais. Se tal duplicação de dados, ou *aliasing*, for permitida, a cache deverá ser verificada quando o mapa da página for modificado, o que é um evento pouco frequente. Observe que um uso muito simples da colorização de página (ver Apêndice B, Seção B.3) pode eliminar a possibilidade desses aliases. Se páginas virtuais de endereço par forem mapeadas para páginas físicas de endereço par (e o mesmo ocorrer com as páginas ímpares), esses aliases poderão não ocorrer, porque os bits de baixa ordem no número das páginas virtual e física serão idênticos.

A TBL de instrução é acessada para encontrar uma correspondência entre o endereço e uma entrada da tabela de página (Page Table Entry — PTE) válida (passos 3 e 4). Além de traduzir o endereço, o TLB verifica se a PTE exige que esse acesso resulte em uma exceção, devido a uma violação de acesso.

Uma falta de TLB de instrução primeiro vai para o TLB L2, que contém 512 PTEs com tamanho de página de 4 KiB, e é associativa por conjunto com 12 vias. Ela leva oito ciclos de clock para carregar o TLB L1 do TLB L2, que leva à penalidade de falta de 9 ciclos, incluindo o ciclo de clock inicial para acessar o TLB L1. Se o TLB L2 falhar, um algoritmo de hardware será usado para percorrer a tabela da página e atualizar a entrada do TLB. As seções L.5 e L6 do Apêndice L on-line descrevem os processos que atravessam a tabela de página e as caches de estrutura de página. No pior caso, a página não estará na memória, e o sistema operacional recuperará a página do armazenamento secundário (que pode ser o disco). Uma vez que milhões de instruções podem ser executadas durante uma falta de página, o sistema operacional vai realizar outro processo se houver um esperando para ser executado. Caso contrário, se não houver exceção de TLB, o acesso à cache de instrução continuará.

O campo de índice do endereço é enviado para os quatro bancos da cache de instrução (passo 5). A tag da cache de instrução tem $36 - 6$ bits (índice) – 6 bits (offset de bloco), ou 24 bits. As quatro tags e os bits válidos são comparados à estrutura física da página a partir da TLB de instrução (passo 6). Como o i7 espera 16 bytes a cada busca de instrução, 2 bits adicionais são usados do offset de bloco de 6 bits para selecionar os 16 bytes apropriados. Portanto, $6 + 2$ ou 8 bits são usados para enviar 16 bytes de instruções para o processador. A cache L1 é pipelined e a latência de um acerto é de quatro ciclos de clock (passo 7). Uma falta vai para a cache de segundo nível.

Como mencionado, a cache de instrução é virtualmente endereçada e fisicamente "taggeada". Uma vez que as caches de segundo nível são endereçadas fisicamente, o endereço físico da página da TLB é composto com o offset de página para criar um endereço para acessar a cache L2. O índice L2 é

$$2^{\text{índice}} = \frac{\text{Tamanho da cache}}{\text{Tamanho do bloco} \times \text{Associabilidade do conjunto}} = \frac{256K}{64 \times 8} = 512 = 2^9$$

de modo que o endereço de bloco de 30 bits (endereço físico de 36 bits – offset de bloco de 6 bits) é dividido em uma tag de 20 bits e um índice de 10 bits (passo 8). Uma vez mais, o índice e a tag são enviados para os quatro bancos da cache L2 unificada (passo 9), que são comparados em paralelo. Se um corresponder e for válido (passo 10), é retornado ao bloco em ordem sequencial após a latência inicial de 12 ciclos a uma taxa de 8 bytes por ciclo de clock.

Se a cache L2 falhar, a cache L3 será acessada. Para um i7 de quatro núcleos, que tem uma L3 de 8 MiB, o tamanho do índice é

$$2^{\text{Índice}} = \frac{\text{Tamanho da cache}}{\text{Tamanho do bloco} \times \text{Associabilidade do conjunto}} = \frac{8M}{64 \times 16} = 8.192 = 2^{13}$$

O índice de 13 bits (passo 11) é enviado para os 16 bancos de cache L3 (passo 12). A tag L3, que tem 36 – (13 + 6) = 17 bits, é comparada com o endereço físico da TLB (passo 13). Se ocorrer um acerto, o bloco é retornado depois de uma latência inicial de 42 ciclos de clock, a uma taxa de 16 bytes por clock e colocado em L1 e L3. Se L3 falhar, um acesso de memória será iniciado.

Se a instrução não for encontrada na cache L3, o controlador de memória do chip deverá obter o bloco da memória principal. O i7 tem três canais de memória de 64 bits, que podem agir como um canal de 192 bits, uma vez que existe somente um controlador de memória e o mesmo endereço é enviado nos dois canais (passo 14). Transferências amplas ocorrem quando os dois canais têm DIMMs idênticas. Cada canal pode suportar até quatro DIMMs DDR (passo 15). Quando os dados retornam, eles são posicionados em L3 e L1 (passo 16), pois L3 é inclusiva.

A latência total da falta de instrução atendida pela memória principal é de aproximadamente 42 ciclos de processador para determinar que uma falta de L3 ocorreu, mais a latência da DRAM para as instruções críticas. Para uma SDRAM DDR4-2400 de banco único e uma CPU de 4,0 GHz, a latência da DRAM é de cerca de 40 ns ou 160 ciclos de clock para os primeiros 16 bytes, levando a uma penalidade de falta total de aproximadamente 200 ciclos de clock. O controlador de memória preenche o restante do bloco de cache de 64 bytes a uma taxa de 16 bytes por ciclo de clock do baramento de E/S, o que leva mais 5 ns ou 20 ciclos de clock.

Uma vez que a cache de segundo nível é uma cache write-back, qualquer falta pode levar à reescrita de um bloco velho na memória. O i7 tem um write buffer merge de 10 entradas que escreve linhas modificadas de cache quando o próximo nível da cache não é usado para uma leitura. O buffer de escrita é pesquisado em busca de qualquer falta para ver ser a linha de cache existe no buffer; em caso positivo, a falta é preenchida a partir do buffer. Um buffer semelhante é usado entre as caches L1 e L2. Se essa instrução inicial for um load, o endereço de dados será enviado para a cache de dados e TLBs de dados, agindo de modo muito semelhante a um acesso de cache de instrução.

Suponha que a instrução seja um store em vez de um load. Quando o store é iniciado, ele realiza uma busca na cache de dados, assim como um load. Uma falta faz com que o bloco seja posicionado em um buffer de escrita, uma vez que a cache L1 não aloca o bloco em uma falta de escrita. Em um acerto, o store não atualiza a cache L1 (ou L2) até mais tarde, depois que se sabe que ele é não especulativo. Durante esse tempo, o store reside em uma fila load-store, parte do mecanismo de controle fora de ordem do processador.

O i7 também suporta pré-busca para L1 e L2 do próximo nível na hierarquia. Na maioria dos casos, a linha pré-obtida é simplesmente o próximo bloco da cache. Ao executar a pré-busca somente para L1 e L2, são evitadas as buscas caras e desnecessárias na memória.

## Desempenho do sistema de memória do i7

Nós avaliamos o desempenho da estrutura de cache do i7 usando os benchmarks SPECint2006. Os dados desta seção foram coletados pelo professor Lu Peng e pelo doutorando Qun Liu, ambos da Universidade do Estado da Louisiana. Sua análise é baseada no trabalho anterior (ver Prakash e Peng, 2008).

A complexidade do pipeline do i7, com o uso de uma unidade de busca de instrução autônoma, especulação e pré-busca de instrução e dados, dificulta a comparação do desempenho do cache com processadores mais simples. Como mencionado na página 110, os processadores que usam pré-busca podem gerar acessos à cache independentemente dos acessos à memória executados pelo programa. Um acesso à cache gerado por um acesso de instrução real ou acesso a dados é às vezes chamado de *acesso de demanda* para diferenciá-lo de um *acesso de pré-busca*. Os acessos de demanda podem vir de buscas de instrução especulativas e acessos de dados especulativos, alguns dos quais são subsequentemente cancelados (veja no Capítulo 3 uma descrição detalhada de especulação e graduação de instrução). Um processador especulativo gera pelo menos tantas falhas quanto um processador não especulativo em ordem, e normalmente mais. Além das falhas de demanda, há falhas de pré-busca para instruções e dados.

A unidade de busca de instruções do i7 tenta buscar 16 bytes a cada ciclo, o que complica a comparação das taxas de falta de cache de instrução, pois várias instruções são buscadas em cada ciclo (aproximadamente 4,5 em média). De fato, toda a linha de cache de 64 bytes é lida e buscas de 16 bytes subsequentes não exigem acessos adicionais. Assim, as faltas são rastreadas apenas com base nos blocos de 64 bytes. A cache de instruções associativa por conjunto de oito vias e 32 KiB leva a uma taxa de falta de instrução muito baixa para os programas SPECint2006. Se, para simplificar, medimos a taxa de falhas do SPECint2006 como o número de faltas para um bloco de 64 bytes dividido pelo número de instruções que são completadas, as taxas de falta estão todas abaixo de 1%, exceto para um benchmark (XALANCBMK), que tem uma taxa de falta de 2,9%. Como um bloco de 64 bytes geralmente contém de 16–20 instruções, a taxa efetiva de faltas por instrução é muito menor, dependendo do grau de proximidade espacial no fluxo de instruções.

A frequência em que a unidade de busca de instrução está parada esperando pelas falhas de I-cache é semelhantemente pequena (como uma porcentagem do total de ciclos), aumentando para 2% para dois benchmarks e 12% para o XALANCBMK, que tem a maior taxa de faltas de I-cache. No próximo capítulo, veremos como as paradas na IFU contribuem para reduções gerais na taxa de transferência de pipeline no i7.

A cache de dados L1 é mais interessante e ainda mais difícil de avaliar porque, além dos efeitos de pré-busca e especulação, a cache de dados L1 não é alocada por escrita e as escritas em blocos que não estão presentes não são tratadas como erros. Por esse motivo, nos concentramos apenas nas leituras de memória. As medições do monitor de desempenho no i7 separam os acessos de pré-busca dos acessos de demanda, mas mantêm apenas os acessos de demanda para as instruções que se formam. O efeito de instruções especulativas que não se formam não é desprezível, embora os efeitos do pipeline provavelmente dominem os efeitos de cache secundários causados pela especulação; voltaremos ao assunto no próximo capítulo.

Para resolver esses problemas, mantendo a quantidade de dados razoável, a Figura 2.26 mostra as faltas de cache de dados L1 de duas maneiras:

1.  A taxa de falta de L1 relativa às referências de demanda dadas pela taxa de perda da cache L1, incluindo pré-buscas e cargas especulativas/L1, exige referências de leitura para aquelas instruções que se formam.

## 2.6 Juntando tudo: hierarquias de memória no ARM Cortex-a53 e Intel Core i7 6700

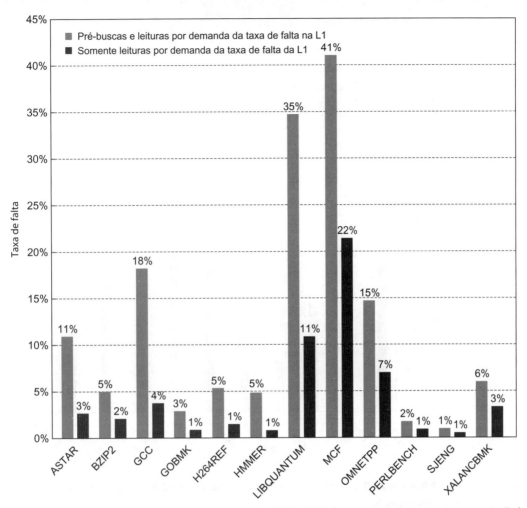

**FIGURA 2.26** A taxa de falta de cache de dados para os benchmarks SPECint2006 é mostrada de duas maneiras em relação à demanda de leituras de nível 1: uma incluindo os acessos por demanda e de préObusca e outra incluindo apenas os acessos por demanda. O i7 separa faltas de L1 para um bloco ausente na cache e faltas de L1 para um bloco já pendente que está sendo pré-buscado em L2; tratamos esse último grupo como acertos, pois eles acertariam em uma cache com bloqueio. Esses dados, como o restante nesta seção, foram coletados pelo professor Lu Peng e pelo doutorando Qun Liu, ambos da Universidade do Estado da Louisiana, com base em estudos anteriores do Intel Core Duo e outros processadores (ver Peng et al., 2008).

2. A taxa de falta de demanda dada por faltas de demanda de L1/referências de leitura de demanda de L1, ambas medições apenas para instruções que se formam.

Em média, a taxa de falhas, incluindo as pré-buscas, é 2,8 vezes maior do que a taxa de perda de demanda. Comparando esses dados com os do i7 920 anterior, que tinha o mesmo tamanho L1, vemos que a taxa de faltas incluindo pré-buscas é maior no i7 mais novo, mas o número de faltas de demanda, que tem mais probabilidade de causar uma parada, geralmente é menor.

Para entender a eficácia dos mecanismos agressivos de pré-busca no i7, vejamos algumas medidas de pré-busca. A Figura 2.27 mostra a fração de solicitações L2 que são pré-buscas *versus* as solicitações de demanda e a taxa de falta de pré-busca. Os dados são provavelmente surpreendentes à primeira vista: há cerca de 1,5 vezes mais pré-buscas do que as solicitações de demanda de L2, que vêm diretamente das faltas de L1. Além disso, a taxa de pré-busca é incrivelmente alta, com uma taxa média de faltas de 58%.

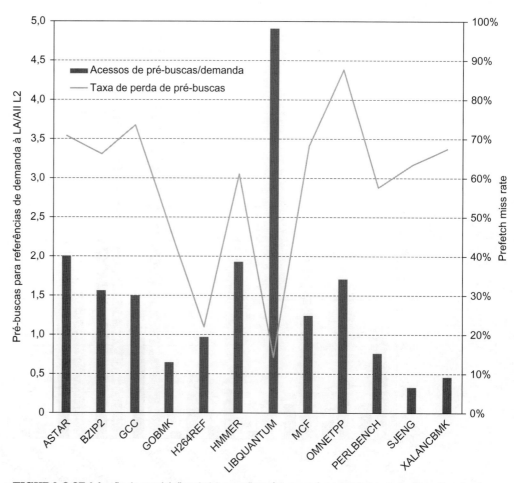

**FIGURA 2.27** A fração de requisições de L2 que são pré-buscas é mostrada por meio das colunas e do eixo esquerdo.

O eixo da direita e a linha mostram a taxa de acerto da pré-busca. Esses dados, como o restante nesta seção, foram coletados pelo Professor Lu Peng e pelo estudante de pós-graduação Qun Liu, ambos da Universidade do Estado da Louisiana, com base em estudos anteriores do Intel Core Duo e outros processadores (ver Peng et al., 2008).

Embora a taxa de pré-busca varie consideravelmente, a taxa de falta de pré-busca é sempre significativa. À primeira vista, você pode concluir que os projetistas cometeram um erro: eles estão realizando uma pré-busca excessiva e a taxa de faltas é muito alta. Observe, no entanto, que os benchmarks com as taxas de pré-busca mais altas (ASTAR, BZIP2, HMMER, LIBQUANTUM e OMNETPP) também mostram a maior diferença entre a taxa de pré-busca e a taxa de falta de demanda, mais do que um fator de 2 em cada caso. A pré-busca agressiva está negociando faltas de pré-busca, que ocorrem antes, por faltas de demanda, que ocorrem mais tarde; e, como resultado, é menos provável que ocorra uma parada no pipeline devido à pré-busca.

Da mesma forma, considere a alta taxa de falta de pré-busca. Suponha que a maioria das pré-buscas seja realmente útil (isso é difícil de medir porque envolve o rastreamento de blocos de cache individuais), então uma falta de pré-busca indica uma provável falta de cache L2 no futuro. Descobrir e manipular a falta anteriormente por meio da pré-busca provavelmente reduzirá os ciclos de stall. A análise de desempenho de superescalares especulativos, como o i7, mostrou que as faltas de cache tendem a ser a principal causa dos stalls do pipeline, porque é difícil manter o processador funcionando, especialmente para

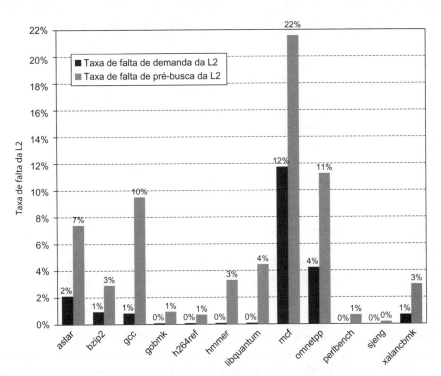

**FIGURA 2.28** A taxa de falta de demanda da L2 e a taxa de falta de pré-busca, ambas mostradas em relação a todas as referências à L1, que também inclui pré-buscas, loads especulativos que não são completados e loads e stores gerados pelo programa (referências de demanda).
Estes dados, como o restante desta seção, foram coletados pelo Professor Lu Peng e pelo estudante de pós-graduação Qun Liu, ambos da Universidade do Estado da Louisiana.

faltas mais longas de L2 e L3. Os projetistas da Intel não conseguiram aumentar facilmente o tamanho das caches sem incorrer em impactos de energia e tempo de ciclo; assim, o uso da pré-busca agressiva para tentar diminuir as penalidades efetivas de falta de cache é uma abordagem alternativa interessante.

Com a combinação das falhas de demanda de L1 e pré-buscas indo para L2, aproximadamente 17% dos loads geram uma requisição de L2. Analisar o desempenho de L2 requer incluir os efeitos das escritas (porque L2 é alocado à escrita), bem como a taxa de acerto de pré-busca e a taxa de acerto de demanda. A Figura 2.28 mostra as taxas de falta das caches L2 para acessos de demanda e pré-busca, ambos contra o número de referências à L1 (leituras e escritas). Assim como na L1, as pré-buscas são um contribuinte significativo, gerando 75% das faltas da L2. A comparação da taxa de falta de demanda da L2 com a das implementações i7 anteriores (novamente com o mesmo tamanho de L2) mostra que o i7 6700 possui uma menor taxa de falta de demanda de L2 por um fator aproximado de 2, o que pode justificar a maior taxa de falta da pré-busca.

Como o custo de uma falha na memória é superior a 100 ciclos e a taxa média de perda de dados em L2 combinando as falhas de pré-busca e de demanda é superior a 7%, a cache L3 é obviamente crítica. Sem a L3 e assumindo que cerca de um terço das instruções são loads ou stores, as faltas de cache L2 podem adicionar mais de dois ciclos por instrução à CPI! Obviamente, a pré-busca após a L2 não faria sentido sem uma L3.

Em comparação, a taxa média de falta de dados L3 de 0,5% ainda é significativa, porém menos de um terço da taxa de falta de demanda de L2 e 10 vezes menos que a taxa de falta

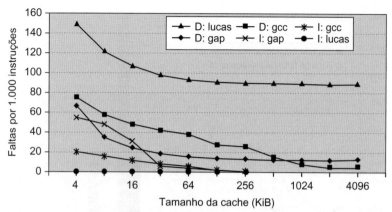

**FIGURA 2.29** Faltas de instruções e dados por 1.000 instruções à medida que o tamanho da cache varia de 4 KiB a 4.096 KiB.

As faltas de instruções para gcc são 30.000-40.000 vezes maiores do que para o lucas e, reciprocamente, as faltas de dados para o lucas são 2-60 vezes maiores do que para o gcc. Os programas gap, gcc e lucas são do pacote de benchmark SPEC2000.

de demanda de L1. Apenas em dois benchmarks (OMNETPP e MCF) a taxa de falta de L3 está acima de 0,5%; nesses dois casos, a taxa de falta de cerca de 2,3% provavelmente domina todas as outras perdas de desempenho. No próximo capítulo, examinaremos a relação entre a CPI do i7 e as faltas de cache, bem como outros efeitos do pipeline.

## 2.7 FALÁCIAS E ARMADILHAS

Como a mais naturalmente quantitativa das disciplinas da arquitetura de computador, a hierarquia de memória poderia parecer menos vulnerável a falácias e armadilhas. Entretanto, fomos limitados aqui não pela falta de advertências, mas pela falta de espaço!

**Falácia**

Prever o desempenho da cache de um programa a partir de outro.

A Figura 2.29 mostra as taxas de falta de instrução e as taxas de falta de dados para três programas do pacote de benchmark SPEC2000 à medida que o tamanho da cache varia. Dependendo do programa, as faltas de dados por mil instruções para uma cache de 4096 KiB são de 9, 2 ou 90, e as faltas de instrução por mil instruções para uma cache de 4 KiB são de 55, 19 ou 0,0004. Programas comerciais, como os bancos de dados, terão taxas de falta significativas até mesmo em grandes caches de segundo nível, o que geralmente não é o caso para os programas SPECCPU. Claramente, generalizar o desempenho da cache de um programa para outro não é sensato. Como a Figura 2.24 nos lembra, há muita variação, e as previsões sobre as taxas de falta relativas de programas pesados em inteiros e ponto flutuante podem estar erradas, como o MCF e o sphinx3 nos lembram!

**Armadilha**

Simular instruções suficientes para obter medidas de desempenho precisas da hierarquia de memória.

Existem realmente três armadilhas aqui. Uma é tentar prever o desempenho de uma cache grande usando um rastreio pequeno. Outra é que o comportamento da proximidade de um programa não é constante durante a execução do programa inteiro. A terceira é que o comportamento da proximidade de um programa pode variar de acordo com a entrada.

A Figura 2.30 mostra as faltas de instrução médias acumuladas por mil instruções para cinco entradas em um único programa SPEC2000. Para essas entradas, a taxa de falta média para o primeiro 1,9 bilhão de instruções é muito diferente da taxa de falta média para o restante da execução.

**Armadilha**

Não oferecer muita largura de banda de memória em um sistema baseado em cache.

As caches ajudam na latência média da memória cache, mas não podem oferecer muita largura de banda de memória para uma aplicação que precisa ir até a memória principal.

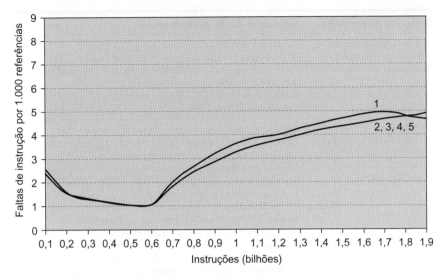

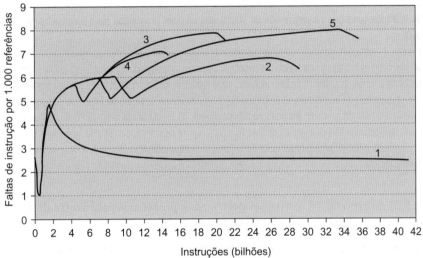

**FIGURA 2.30** Faltas de instrução por 1.000 referências para cinco entradas no benchmark perl do SPEC2000.
Existem poucas variações nas faltas e poucas diferenças entre as cinco entradas para o primeiro 1,9 bilhão de instruções. A execução até o término mostra como as faltas variam durante a vida do programa e como elas dependem da entrada. O gráfico superior mostra as faltas médias de execução para o primeiro 1,9 bilhão de instruções, que começa em cerca de 2,5 e termina em cerca de 4,7 faltas por 1.000 referências para todas as cinco entradas. O gráfico inferior mostra as faltas médias de execução para executar até o término, que ocupa 16-41 bilhões de instruções, dependendo da entrada. Após o primeiro 1,9 bilhão de instruções, as faltas por 1.000 referências variam de 2,4-7,9, dependendo da entrada. As simulações foram para o processador Alpha usando caches L1 separadas para instruções e dados, cada qual de 64 KiB em duas vias com LRU, e uma cache L2 unificada de 1 MB, mapeada diretamente.

O arquiteto precisa projetar uma memória com muita largura de banda por trás da cache para tais aplicações. Vamos retornar a essa armadilha nos Capítulos 4 e 5.

Nas décadas de 1970 e 1980, muitos arquitetos não tinham o cuidado de garantir que todas as instruções de leitura ou escrita de informações relacionadas com as informações de recursos de hardware fossem privilegiadas. Essa atitude *laissez-faire* causa problemas para os VMMs em todas essas arquiteturas, incluindo 80x86, que usamos aqui como exemplo.

**Armadilha**

Implementar um monitor de máquina virtual em uma arquitetura de conjunto de instruções que não foi projetada para ser virtualizável.

| Categoria de problema | Instruções 80x86 problemáticas |
|---|---|
| Acessar registradores de controle sem interceptá-los ao executar no modo usuário | Armazenar registrador da tabela de descritor global (SGDT) <br> Armazenar registrador da tabela de descritor local (SLDT) <br> Armazenar registrador da tabela de descritor de interrupção (SIDT) <br> Armazenar word de status da máquina (SMSW) <br> Push de flags (PUSHF, PUSHFD) <br> Pop de flags (POPF, POPFD) |
| Ao acessar mecanismos de memória virtual no modo usuário, instruções falham nas verificações de proteção do 80x86 | Carregar direitos de acesso do descritor de segmento (LAR) <br> Carregar limite de segmento do descritor de segmento (LSL) <br> Verificar se o descritor de segmento pode ser lido (VERR) <br> Verificar se o descritor de segmento pode ser escrito (VERW) <br> Pop do registrador de segmento (POP CS, POP SS, ...) <br> Push para registrador de segmento (PUSH CS, PUSH SS, ...) <br> Chamada distante para nível de privilégio diferente (CALL) <br> Retorno distante para nível de privilégio diferente (RET) <br> erro distante para nível de privilégio diferente (JMP) <br> Interrupção de software (INT) <br> Armazenar registrador do seletor de segmento (STR) <br> Mover para/de registradores de segmento (MOVE) |

**FIGURA 2.31** Resumo das 18 instruções do 80x86 que causam problemas para a virtualização (Robin e Irvine, 2000).

As cinco primeiras instruções do grupo de cima permitem que um programa no modo usuário leia um registrador de controle, como os registradores da tabela de descritor, sem causar um trap. A instrução de pop de flags modifica um registrador de controle com informações sensíveis, mas falha silenciosamente quando está no modo usuário. A verificação de proteção da arquitetura segmentada do 80x86 é a ruína do grupo de baixo, pois cada uma dessas instruções verifica o nível de privilégio implicitamente como parte da execução da instrução quando lê um registrador de controle. A verificação pressupõe que o SO precisa estar no nível de privilégio mais alto, que não é o caso para VMs convidadas. Somente o MOVE para o registrador de segmento tenta modificar o estado de controle, e a verificação de proteção é prejudicada.

A Figura 2.31 descreve as 18 instruções que causam problemas para a virtualização (Robin e Irvine, 2000). As duas classes gerais são instruções que:

- Leem registradores de controle no modo usuário, que revela que o sistema operacional está rodando em uma máquina virtual (como POPF, mencionada anteriormente).
- Verificam a proteção exigida pela arquitetura segmentada, mas presumem que o sistema operacional está rodando no nível de privilégio mais alto.

A memória virtual também é desafiadora. Como os TLBs do 80x86 não admitem tags de ID (identificação) de processo, assim como a maioria das arquiteturas RISC, é mais dispendioso para o VMM e os SOs convidados compartilhar o TLB; cada mudança de espaço de endereço normalmente exige um esvaziamento do TLB.

A virtualização da E/S também é um desafio para o 80x86, em parte porque ele admite E/S mapeada na memória e possui instruções de E/S separadas, e em parte — o que é mais importante — porque existe um número muito grande e enorme variedade de tipos de dispositivos e drivers de dispositivo para PCs, para o VMM tratar. Os vendedores terceiros fornecem seus próprios drivers, e eles podem não virtualizar corretamente. Uma solução para as implementações convencionais de uma VM é carregar os drivers de dispositivo reais diretamente no VMM.

Para simplificar as implementações de VMMs no 80x86, tanto a AMD quanto a Intel propuseram extensões à arquitetura. O VT-x da Intel oferece um novo modo de execução para executar VMs, uma definição arquitetada do estado da VM, instruções para trocar VMs rapidamente e um grande conjunto de parâmetros para selecionar as circunstâncias em que um VMM precisa ser invocado. Em conjunto, o VT-x acrescenta 11 novas instruções para o 80x86. A Secure Virtual Machine (SVM) da AMD tem uma funcionalidade semelhante.

Depois de ativar o modo que habilita o suporte do VT-x (por meio da instrução `VMXON`), o VT-x oferece quatro níveis de privilégio para o SO convidado, que são inferiores em prioridade aos quatro originais (e resolvem problemas como o da instrução `POPF`, mencionado anteriormente). O VT-x captura todos os estados de uma máquina virtual no Virtual Machine Control State (VMCS) e depois oferece instruções indivisíveis para salvar e restaurar um VMCS. Além do estado crítico, o VMCS inclui informações de configuração para determinar quando invocar o VMM e, depois, especificamente, o que causou a invocação do VMM. Para reduzir o número de vezes que o VMM precisa ser invocado, esse modo acrescenta versões de sombra de alguns registradores sensíveis e acrescenta máscaras que verificam se os bits críticos de um registrador sensível serão alterados antes da interceptação. Para reduzir o custo da virtualização da memória virtual, a SVM da AMD acrescenta um nível de indireção adicional, chamado *tabelas de página aninhadas*. Isso torna as tabelas de página de sombra desnecessárias (ver Seção L.7, no Apêndice L).

## 2.8 COMENTÁRIOS FINAIS: OLHANDO PARA O FUTURO

Ao longo dos últimos trinta anos tem havido diversas previsões do fim eminente [sic] da taxa de melhoria do desempenho dos computadores. Todas essas previsões estavam erradas, pois foram articuladas sobre suposições derrubadas por eventos subsequentes. Então, por exemplo, a falha em prever a mudança dos componentes discretos para os circuitos integrados levou a uma previsão de que a velocidade da luz limitaria a velocidade dos computadores a várias ordens de magnitude a menos do que as velocidades atuais. Provavelmente, nossa previsão sobre a barreira de memória também está errada, mas ela sugere que precisamos começar a pensar "fora da caixa".

**Wm. A. Wulf e Sally A. McKee**
*Hitting the Memory Wall: Implications of the Obvious*
Departamento de Ciência da Computação, Universidade da Virginia (dezembro de 1994); (Esse artigo introduziu o nome *memory wall — barreira de memória*).

A possibilidade de usar uma hierarquia de memória vem desde os primeiros dias dos computadores digitais de uso geral, no final dos anos 1940 e começo dos anos 1950. A memória virtual foi introduzida nos computadores de pesquisa, no começo dos anos 1960, e nos mainframes IBM, nos anos 1970. As caches apareceram na mesma época. Os conceitos básicos foram expandidos e melhorados ao longo do tempo para ajudar a diminuir a diferença do tempo de acesso entre a memória e os processadores, mas os conceitos básicos permanecem.

Uma tendência que poderia causar mudança significativa no projeto das hierarquias de memória é uma redução contínua de velocidade, tanto em densidade quanto em tempo de acesso nas DRAMs. Nos últimos 15 anos, essas duas tendências foram observadas, e têm sido ainda mais óbvias pelos últimos 5 anos. Embora algumas melhorias na largura de banda de DRAM tenham sido alcançadas, diminuições no tempo de acesso vieram muito mais lentamente e quase desapareceram entre DDR4 e DDR3. O término da escalada de Dennard, bem como o retardo na Lei de Moore, contribuíram para essa situação. O projeto de capacitor em profundidade usado nas DRAMs também está limitando sua capacidade de expansão. Pode ser que as tecnologias de empacotamento, como a memória empilhada, sejam a fonte dominante de melhorias na largura de banda e latência do acesso à DRAM.

Independentemente das melhorias na DRAM, a memória Flash provavelmente terá um papel muito maior. Em PMDs, a memória Flash já dominou por 15 anos e tornou-se o padrão em notebooks quase 10 anos atrás. Nos últimos anos, muitos desktops foram entregues com a memória Flash sendo o meio principal armazenamento secundário. A vantagem potencial da memória Flash sobre as DRAMs — especificamente, a ausência de um transistor por bit para controlar a escrita — é também seu calcanhar de Aquiles. A memória Flash deve usar ciclos de apagar-reescrever em lotes, os quais são consideravelmente mais lentos. Como resultado, embora a memória Flash tenha se tornado a forma de armazenamento secundário que cresce mais rapidamente, as SDRAMs ainda dominam para a memória principal.

Embora os materiais de mudança de fase como base para a memória já existam há um bom tempo, eles nunca foram concorrentes sérios seja para discos magnéticos ou para a memória Flash. O anúncio recente feito pela Intel e Micron a respeito da tecnologia cruzada pode mudar isso. A tecnologia parece ter muitas vantagens em relação à memória Flash, incluindo a eliminação do lento ciclo de apagar-para-escrever e maior longevidade em termos. Pode ser que essa tecnologia finalmente seja aquela que substituirá os discos eletromecânicos, que dominaram o armazenamento principal há mais de 50 anos!

Por alguns anos, foram feitas várias previsões sobre a chegada da barreira de memória (veja artigo citado no início desta seção), que levaria a reduções fundamentais no desempenho do processador. Felizmente, a extensão das caches para múltiplos níveis (de 2 a 4), esquemas mais sofisticados de recarrega e pré-busca, maior conhecimento dos compiladores e dos programadores sobre a importância da proximidade, e melhorias tremendas na largura de banda da DRAM (um fator de mais de 150 vezes desde meados da década de 1990) vêm ajudando a manter a barreira de memória afastada. Em anos recentes, a combinação de restrições de tempo de acesso no tamanho da cache L1 (que é limitado pelo ciclo de clock) e limitações relacionadas ao consumo de energia no tamanho das caches L2 e L3 levaram a novos desafios. A evolução da classe de processadores i7 durante um período de 6 a 7 anos ilustra isso: no i7 6700, as caches são do mesmo tamanho que eram nos processadores i7 da primeira geração! O uso mais agressivo da pré-busca é uma tentativa de contornar a incapacidade de aumentar as caches L2 e L3. As caches L4 fora do chip provavelmente se tornarão mais importantes, pois possuem menos restrições de consumo de energia do que as caches dentro do chip.

Além dos esquemas que contam com caches multiníveis, a introdução de pipelines fora de ordem com múltiplas faltas pendentes permitiu que o paralelismo em nível de instrução disponível ocultasse a latência de memória ainda existente em um sistema baseado em cache. A introdução do multithreading e de mais paralelismo no nível de thread levou isso além, fornecendo mais paralelismo e, portanto, mais oportunidades de ocultar a latência. É provável que o uso de paralelismo em nível de instrução e thread seja a principal ferramenta para combater quaisquer atrasos de memória encontrados em sistemas de cache multiníveis modernos.

Uma ideia que surge periodicamente é o uso de scratchpad controlado pelo programador ou outras memórias visíveis de alta velocidade, que veremos ser usadas em GPUs. Tais ideias nunca se popularizaram nos processadores de uso geral por várias razões. Primeiro, elas rompem com o modelo de memória, introduzindo espaços de endereço com comportamento diferente. Segundo, ao contrário das otimizações de cache baseadas em compilador ou em programador (como a pré-busca), transformações de memória com scratchpads devem lidar completamente com o remapeamento a partir do espaço de endereço da memória principal para o espaço de endereço do scratchpad. Isso torna tais transformações mais difíceis e limitadas em aplicabilidade. No caso das GPUs (Capítulo 4), onde memórias scratchpad locais são muito utilizadas, o peso de gerenciá-las atualmente recai sobre o programador. Para sistemas de software específicos do domínio que podem usar essas memórias, os ganhos de desempenho são muito significativos. É provável que as tecnologias HBM sejam, portanto, usadas para armazenamento em cache em grandes computadores de uso geral e com bastante possibilidade como as principais memórias de trabalho em sistemas gráficos e outros semelhantes. À medida que arquiteturas específicas do domínio se tornam mais importantes na superação das limitações decorrentes do fim da Lei de Dennard e da desaceleração da Lei de Moore (veja o Capítulo 7), é provável que as memórias de rascunho e os conjuntos de registradores tipo vetor tenham mais utilidade.

As implicações do fim da Lei de Dennard afetam tanto a tecnologia DRAM quanto a tecnologia de processador. Assim, em vez de ampliar o abismo entre os processadores e a memória principal, provavelmente veremos uma desaceleração nas duas tecnologias, levando a taxas de crescimento gerais mais lentas no desempenho. Novas inovações na arquitetura de computadores e no software relacionado que, juntos, aumentam o desempenho e a eficiência, serão fundamentais para a continuidade das melhorias de desempenho observadas nos últimos 50 anos.

## 2.9 PERSPECTIVAS HISTÓRICAS E REFERÊNCIAS

Na Seção M.3 (disponível on-line), examinaremos a história das caches, memória virtual e máquinas virtuais. A IBM desempenha um papel proeminente na história de todos os três. As referências para leitura adicional estão incluídas nessa seção.

## ESTUDOS DE CASO COM EXERCÍCIOS
## POR NORMAN P. JOUPPI, RAJEEV BALASUBRAMONIAN, NAVEEN MURALIMANOHAR E SHENG LI

### Estudo de caso 1: Otimizando o desempenho da cache por meio de técnicas avançadas
*Conceitos ilustrados por este estudo de caso*

- Caches sem bloqueio
- Otimizações de compilador para as caches
- Pré-busca de software e hardware
- Cálculo de impacto do desempenho da cache sobre processadores mais complexos

A transposição de uma matriz troca suas linhas e colunas e é ilustrada a seguir:

$$
\begin{bmatrix} A11 & A12 & A13 & A14 \\ A21 & A22 & A23 & A24 \\ A31 & A32 & A33 & A34 \\ A41 & A42 & A43 & A44 \end{bmatrix} \Rightarrow \begin{bmatrix} A11 & A21 & A31 & A41 \\ A12 & A22 & A32 & A42 \\ A13 & A23 & A33 & A43 \\ A14 & A24 & A34 & A44 \end{bmatrix}
$$

Aqui está um loop simples em C para mostrar a transposição:

```
for (i = 0; i < 3; i++) {
    for (j = 0; j < 3; j++) {
    output[j][i] = input[i][j];
    }
}
```

Considere que as matrizes de entrada e saída sejam armazenadas na ordem principal de linha (*ordem principal de linha* significa que o índice de linha muda mais rapidamente).

Suponha que você esteja executando uma transposição de precisão dupla de $256 \times 256$ em um processador com cache de dados de 16 KB totalmente associativa (de modo que não precise se preocupar com conflitos de cache) nível 1 por substituição LRU, com blocos de 64 bytes. Suponha que as faltas de cache de nível 1 ou pré-buscas exijam 16 ciclos, sempre acertando na cache de nível 2, e a cache de nível 2 possa processar uma solicitação a cada dois ciclos de processador. Suponha que cada iteração do loop interno acima exija quatro ciclos se os dados estiverem presentes na cache de nível 1. Suponha que a cache tenha uma política escrever-alocar-buscar na escrita para as faltas de escrita. Suponha, de modo não realista, que a escrita de volta dos blocos modificados da cache exija 0 ciclo.

**2.1** [10/15/15/12/20] < 2.3> Para a implementação simples mostrada anteriormente, essa ordem de execução seria não ideal para a matriz de entrada. Porém, a aplicação de uma otimização de troca de loops criaria uma ordem não ideal para a matriz de saída. Como a troca de loops não é suficiente para melhorar seu desempenho, ele precisa ser bloqueado.

    **a.** [10] < 2.3> Que tamanho mínimo de bloco da cache deve ser usado para tirar proveito da execução bloqueada?

    **b.** [15] < 2.3> Como os números relativos de faltas das versões bloqueada e não bloqueada podem ser comparados na cache de tamanho mínimo anterior?

    **c.** [15] < 2.3> Escreva um código para realizar transposição com um parâmetro de tamanho de bloco $B$ que usa $B \times B$ blocos.

    **d.** [12] < 2.3> Qual é a associatividade mínima exigida da cache L1 para desempenho consistente independentemente da posição dos dois arrays na memória?

    **e.** [20] < 2.3> Tente as transposições bloqueada e não bloqueada de uma matriz de $256 \times 256$ em um computador. Quanto os resultados se aproximam de suas expectativas com base no que você sabe sobre o sistema de memória do computador? Explique quaisquer discrepâncias, se possível.

**2.2** [10] < 2.3> Suponha que você esteja projetando um hardware de pré-busca para o código de transposição de matriz *não bloqueado* anterior. O tipo mais simples de hardware de pré-busca só realiza a pré-busca de blocos de cache sequenciais após uma falta. Os hardwares de pré-busca de "passos (strides) não unitários" mais complicados podem analisar um fluxo de referência de falta e detectar e pré-buscar passos não unitários. Ao contrário, a pré-busca via software pode determinar passos não unitários tão facilmente quanto determinar os passos unitários. Suponha que as pré-buscas escrevam diretamente na cache sem nenhuma "poluição" (sobrescrever dados que precisam ser usados antes que os dados sejam pré-buscados). Para o melhor desempenho, dado um pré-buscador de passo não unitário, no estado estacionário do loop interno, quantas pré-buscas deverão estar pendentes em determinado momento?

**2.3** [15/20] < 2.3> Com a pré-busca via software, é importante ter o cuidado de fazer com que as pré-buscas ocorram em tempo para o uso, mas também minimizar o número de pré-buscas pendentes, a fim de permanecer dentro das capacidades da microarquitetura e minimizar a poluição da cache. Isso é complicado pelo fato de os diferentes processadores possuírem diferentes capacidades e limitações.

    **a.** [15] < 2.3> Crie uma versão bloqueada da transposição de matriz com pré-busca via software.

    **b.** [20] < 2.3> Estime e compare o desempenho dos códigos bloqueado e não bloqueado com e sem pré-busca via software.

ELSEVIER                                    Estudos de caso com exercícios    **135**

## Estudo de caso 2: Juntando tudo: sistemas de memória altamente paralelos
### *Conceito ilustrado por este estudo de caso*
■ Questões cruzadas: o projeto de hierarquias de memória

O programa apresentado na Figura 2.32 pode ser usado para avaliar o comportamento de um sistema de memória. A chave é ter temporização precisa e depois fazer com que o programa corra pela memória para invocar diferentes níveis da hierarquia. A Figura 2.32 mostra o código em C. A primeira parte é um procedimento que usa um utilitário-padrão para obter uma medida precisa do tempo de CPU do usuário; talvez esse procedimento tenha de mudar para funcionar em alguns sistemas. A segunda parte é um loop aninhado para ler e escrever na memória em diferentes passos e tamanhos de cache. Para obter tempos de cache precisos, esse código é repetido muitas vezes. A terceira parte temporiza somente o overhead do loop aninhado, de modo que possa ser subtraído dos tempos medidos em geral para ver quanto tempo os acessos tiveram. Os resultados são enviados para o formato de arquivo `.csv`, para facilitar a importação em planilhas. Você pode ter de mudar `CACHE_MAX`, dependendo da pergunta a que estiver respondendo e do tamanho da memória no sistema que estiver medindo. A execução do programa no modo monousuário ou pelo menos sem outras aplicações ativas dará resultados mais coerentes. O código mostrado na Figura 2.32 foi derivado de um programa escrito por Andrea Dusseau, da Universidade da Califórnia em Berkeley, baseado em uma descrição detalhada encontrada em Saavedra-Barrera (1992). Ele foi modificado para resolver uma série de problemas com máquinas mais modernas e para executar sob o Microsoft Visual C + +. Ele pode ser baixado em <www.hpl.hp.com/research/cacti/aca_ch2_cs2.c>.

O programa mostrado anteriormente considera que os endereços de memória rastreiam os endereços físicos, o que é verdadeiro em algumas máquinas que usam caches endereçadas virtualmente, como o Alpha 21264. Em geral, os endereços virtuais costumam acompanhar os endereços físicos logo depois da reinicialização, de modo que você pode ter de reinicializar a máquina a fim de conseguir linhas suaves nos seus resultados. Para fazer os próximos exercícios, considere que os tamanhos de todos os componentes da hierarquia de memória sejam potências de 2. Considere ainda que o tamanho da página é muito maior do que o tamanho de um bloco em uma cache de segundo nível (se houver uma) e que o tamanho de um bloco de cache de segundo nível é maior ou igual ao tamanho de um bloco em uma cache de primeiro nível. Um exemplo da saída do programa é desenhado na Figura 2.33, com a legenda listando o tamanho do array que é exercitado.

**2.4** [12/12/12/10/12] < 2.6> Usando os resultados do programa de exemplo na Figura 2.33:
   **a.** [12] < 2.6> Quais são o tamanho geral e o tamanho de bloco da cache de segundo nível?
   **b.** [12] < 2.6> Qual é a penalidade de falta da cache de segundo nível?
   **c.** [12] < 2.6> Qual é a associatividade da cache de segundo nível?
   **d.** [10] < 2.6> Qual é o tamanho da memória principal?
   **e.** [12] < 2.6> Qual será o tempo de paginação se o tamanho da página for de 4 KB?

**2.5** [12/15/15/20] < 2.6> Se necessário, modifique o código na Figura 2.32 para medir as seguintes características do sistema. Desenhe os resultados experimentais com o tempo decorrido no eixo *y* e o stride da memória no eixo *x*. Use escalas logarítmicas para os dois eixos e desenhe uma linha para cada tamanho de cache.
   **a.** [12] < 2.6> Qual é o tamanho de página do sistema?
   **b.** [15] < 2.6> Quantas entradas existem no *translation lookaside buffer* (TLB)?

```
#include "stdafx.h"
#include <stdio.h>
#include <time.h>
#define ARRAY_MIN (1024) /* 1/4 menor cache */
#define ARRAY_MAX (4096*4096) /* 1/4 maior cache */
int x[ARRAY_MAX]; /* array que será percorrido */

double get_seconds() { /* rotina para ler tempo em segundos */
  __time64_t ltime;
  _time64( &ltime );
  return (double) ltime;
}
int label(int i) {/* gera rótulos de texto */
  if (i<1e3) printf("%1dB,",i);
  else if (i<1e6) printf("%1dK,",i/1024);
  else if (i<1e9) printf("%1dM,",i/1048576);
  else printf("%1dG,",i/1073741824);
  return 0;
}
int _tmain(int argc, _TCHAR* argv[]) {
int register nextstep, i, index, stride;
int csize;
double steps, tsteps;
double loadtime, lastsec, sec0, sec1, sec; /* variáveis de temporização */

/* Inicializa saída */
printf(" ,");
for (stride=1; stride <= ARRAY_MAX/2; stride=stride*2)
  label(stride*sizeof(int));
printf("\n");

/* Loop principal para cada configuração */
for (csize=ARRAY_MIN; csize <= ARRAY_MAX; csize=csize*2) {
  label(csize*sizeof(int)); /* exibe tamanho da cache neste loop */
  for (stride=1; stride <= csize/2; stride=stride*2) {

    /* Define caminho de referências à memória no array */
    for (index=0; index < csize; index=index+stride)
      x[index] = index + stride; /* ponteiro para o próximo */
    x[index-stride] = 0; /* loop de volta ao início */

    /* Espera o temporizador terminar */
    lastsec = get_seconds();
      sec0 = get_seconds(); while (sec0 == lastsec);

    /* Percorre caminho no array por vinte segundos */
    /* Isso gera 5% de precisão com segunda resolução */
    steps = 0.0; /* número de passos tomados */
    nextstep = 0; /* começa no início do caminho */
    sec0 = get_seconds(); /* inicia temporizador */
      { /* repete até juntar 20 segundos */
        (i=stride;i!=0;i=i-1) { /* mantém amostras iguais */
          nextstep = 0;
          do nextstep = x[nextstep]; /* dependência */
          while (nextstep != 0);
        }
      steps = steps + 1.0; /* conta iterações do loop */
      sec1 = get_seconds(); /* encerra temporizador */
    } while ((sec1 - sec0) < 20.0); /* junta 20 segundos */
    sec = sec1 - sec0;

    /* Repete loop vazio para subtrair overhead */
    tsteps = 0.0; /* usado para combinar núm. de iterações while */
    sec0 = get_seconds(); /* inicia temporizador */
      { /* repete até o mesmo núm. de iterações de antes */
        (i=stride;i!=0;i=i-1) { /* mantém amostras iguais */
          index = 0;
          do index = index + stride;
          while (index < csize);
        }
      tsteps = tsteps + 1.0;
      sec1 = get_seconds(); /* - overhead */
    } while (tsteps<steps); /* até = núm. iterações */
    sec = sec - (sec1 - sec0);
    loadtime = (sec*1e9)/(steps*csize);
    /* grava resultados em formato .csv para o Excel */
    printf("%4.1f,", (loadtime<0.1) ? 0.1 : loadtime);
    }; /* fim do loop for interno */
    printf("\n");
  }; /* fim do loop for externo */
  return 0;
}
```

**FIGURA 2.32** Programa em C para avaliar os sistemas de memória.

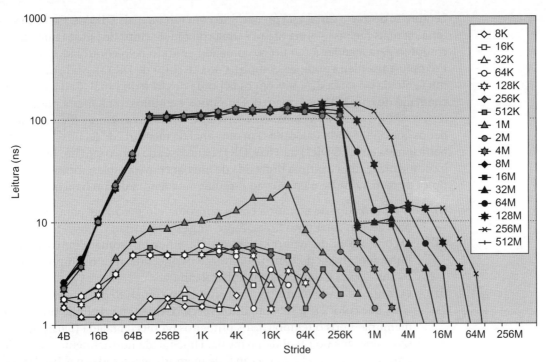

**FIGURA 2.33** Resultados de exemplo do programa da Figura 2.32.

    **c.** [15] < 2.6> Qual é a penalidade de falta para o TLB?
    **d.** [20] < 2.6> Qual é a associatividade do TLB?

**2.6** [20/20] < 2.6> Em sistemas de memória de multiprocessadores, níveis inferiores da hierarquia de memória podem não ser capazes de ser saturados por um único processador, mas devem ser capazes de ser saturados por múltiplos processadores trabalhando juntos. Modifique o código na Figura 2.32 e execute múltiplas cópias ao mesmo tempo. Você pode determinar:
    **a.** [20] < 2.6> Quantos processadores reais estão no seu sistema de computador e quantos processadores de sistema são só contextos mutithread adicionais?
    **b.** [20] < 2.6> Quantos controladores de memória seu sistema tem?

**2.7** [20] < 2.6> Você pode pensar em um modo de testar algumas das características de uma cache de instrução usando um programa? *Dica:* O compilador pode gerar grande número de instruções não óbvias de um trecho de código. Tente usar instruções aritméticas simples de comprimento conhecido da sua arquitetura de conjunto de instruções (ISA).

## Estudo de caso 3: Estudando o impacto de diversas organizações do sistema de memória
*Conceitos ilustrados por este estudo de caso*
- Sistemas de memória DDR3
- Impacto de fileiras, bancos, buffers de linha sobre o desempenho e a potência
- Parâmetros de temporização da DRAM

Um chip de processador geralmente suporta alguns canais de memória DDR3 ou DDR4. Vamos nos concentrar em um único canal de memória neste estudo de caso e explorar como o seu desempenho e potência são afetados pela variação de diversos parâmetros.

**CAPÍTULO 2:** Projeto de hierarquia de memória

ELSEVIER

Lembre-se de que o canal está preenchido com um ou mais DIMMs. Cada DIMM suporta uma ou mais fileiras — uma fileira é uma coleção de chips de DRAM que funcionam em conjunto para atender a um único comando emitido pelo controlador de memória. Por exemplo, uma fileira pode ser composta por 16 chips de DRAM, onde cada chip lida com uma entrada ou saída de 4 bits em cada borda de clock do canal. Cada um desses chips é chamado de chip ×4 (por quatro). Em outros exemplos, uma fileira pode ser composta de $8 \times 8$ chips ou $4 \times 16$ chips — observe que, em cada caso, uma fileira pode manipular dados que estão sendo colocados em um canal de memória de 64 bits. Uma fileira em si é particionada em 8 (DDR3) ou 16 (DDR4) bancos. Cada banco tem um buffer de linha que basicamente lembra a última linha lida de um banco. Veja um exemplo de uma sequência típica de comandos de memória ao executar uma leitura de um banco:

**(i)** O controlador de memória emite um comando Precharge para preparar o banco para acessar uma nova linha. A pré-carga é completada após o tempo tRP.

**(ii)** O controlador de memória, em seguida, emite um comando Activate para ler a linha apropriada do banco. A ativação é concluída após o tempo tRCD e a linha é considerada como parte do buffer da linha.

**(iii)** O controlador de memória pode emitir um comando de leitura de coluna ou CAS, que coloca um subconjunto específico do buffer de linha no canal de memória. Após o tempo CL, os primeiros 64 bits da rajada (*burst*) de dados são colocados no canal de memória. Uma rajada normalmente inclui oito transferências de 64 bits no canal de memória, executadas nas bordas de subida e descida de 4 ciclos de clock de memória (chamado tempo de transferência).

**(iv)** Se o controlador de memória quiser acessar os dados em uma linha diferente do banco, chamado de falta de buffer de linha, ele repete os passos (i) - (iii). Por enquanto, vamos supor que, após o término do CL, o Precharge no passo (i) pode ser emitido; em alguns casos, deve ser acrescentado um atraso adicional, mas vamos ignorar esse atraso no momento. Se o controlador de memória quiser acessar outro bloco de dados na mesma linha, chamado de acerto de buffer de linha, ele simplesmente emite outro comando CAS. Dois comandos CAS de ponta a ponta devem ser separados por pelo menos 4 ciclos, para que a primeira transferência de dados seja concluída antes que a segunda transferência de dados possa ser iniciada.

Observe que um controlador de memória pode emitir comandos para bancos diferentes em ciclos sucessivos, de modo que ele possa executar muitas leituras/escritas de memória em paralelo e não fique ocioso aguardando pelos tempos de tRP, tRCD e CL em um único banco. Para as próximas perguntas, considere que tRP = tRCD = CL = 13 ns, e que a frequência do canal de memória é 1 GHz, ou seja, um tempo de transferência de 4 ns.

**2.8** [10] <2.2> Qual é a latência de leitura experimentada por um controlador de memória em uma falta de buffer de linha?

**2.9** [10] <2.2> Qual é a latência experimentada por um controlador de memória em um acerto de buffer de linha?

**2.10** [10] <2.2> Se o canal de memória suporta apenas um banco e o padrão de acesso à memória é dominado por faltas de buffer de linha, qual é a utilização do canal de memória?

**2.11** [15] <2.2> Supondo uma taxa de falta de buffer de linha de 100%, qual é o número mínimo de bancos que o canal de memória deve suportar para atingir uma utilização de 100% do canal de memória?

**2.12** [10] <2.2> Assumindo uma taxa de falta de buffer de linha de 50%, qual é o número mínimo de bancos que o canal de memória deve suportar para atingir uma utilização de 100% do canal de memória?

**2.13** [15] <2.2> Suponha que estamos executando uma aplicação com quatro threads e os threads exibem zero proximidade espacial, ou seja, uma taxa de falta de buffer de linha de 100%. A cada 200 ns, cada um dos quatro threads insere simultaneamente uma operação de leitura na fila do controlador de memória. Qual é a latência média de memória experimentada se o canal de memória suportar apenas um banco? E se o canal de memória suportasse quatro bancos?

**2.14** [10] <2.2> A partir dessas perguntas, o que você aprendeu sobre os benefícios e desvantagens de aumentar o número de bancos?

**2.15** [20] <2.2> Agora vamos voltar nossa atenção para a potência da memória. Faça o download de uma cópia da calculadora de potência da Micron neste link: <https://www.micron.com/~/media/documents/products/power-calculator/ddr3_power_calc.xlsm>. Esta planilha é pré-configurada para estimar a dissipação de potência em um único chip de memória SDRAM DDR3 de 2 Gb × 8 fabricado pela Micron. Clique na guia "Summary" para ver a falta de energia em um único chip DRAM sob condições de uso padrão (as leituras ocupam o canal em 45% de todos os ciclos, as gravações ocupam o canal em 25% de todos os ciclos e a taxa de acesso ao buffer de linha é 50%). Esse chip consome 535 mW, e a análise mostra que cerca de metade dessa energia é gasta em operações Activate, cerca de 38% nas operações do CAS e 12% na potência de segundo plano. Em seguida, clique na guia "System Config". Modifique o tráfego de leitura/escrita e a taxa de acertos do buffer de linha e observe como isso altera o perfil de potência. Por exemplo, qual é a diminuição de potência quando a utilização do canal é de 35% (25% de leituras e 10% de gravações) ou quando a taxa de acertos do buffer de linha é aumentada para 80%?

**2.16** [20] <2.2> Na configuração padrão, uma fileira consiste em oito ×8 chips DRAM de 2 Gb. Uma fileira também pode compreender 16 × 4 chips ou 4 × 16 chips. Você também pode variar a capacidade de cada chip DRAM — 1 Gb, 2 Gb e 4 Gb. Essas seleções podem ser feitas na guia "DDR3 Config" da calculadora de potência da Micron. Tabule a potência total consumida para cada organização de fileira. Qual é a abordagem mais eficiente em termos de consumo de potência para construir uma fileira de determinada capacidade?

## Exercícios

**2.17** [12/12/15] < 2.3> As perguntas a seguir investigam o impacto de caches pequenas e simples usando CACTI e presumindo uma tecnologia de 65 nm (0,065 m). (O CACTI está disponível on-line em < http://quid.hpl.hp.com:9081/cacti/>).

   **a.** [12] < 2.3> Compare os tempos de acesso das caches de 64 KB com blocos de 64 bytes em um único banco. Quais são os tempos de acesso relativos de caches associativas por conjunto de duas e quatro vias em comparação com uma organização mapeada diretamente?

   **b.** [12] < 2.3> Compare os tempos de acesso de caches associativas por conjunto de quatro vias com blocos de 64 bytes e um único banco. Quais são os tempos relativos de acesso de caches de 32 KB e 64 KB em comparação com uma cache de 16 KB?

**c.** [15] < 2.3> Para uma cache de 64 KB, encontre a associatividade de cache entre 1 e 8 com o menor tempo médio de acesso à memória, dado que as faltas por instrução para certa carga de trabalho é de 0,00664 para mapeamento direto, 0,00366 para associativas por conjunto de duas vias, 0,000987 para associativas por conjunto de quatro vias e 0,000266 para cache de associativas por conjunto de oito vias. Em geral existe 0,3 referência de dados por instrução. Suponha que as faltas de cache levem 10 ns em todos os modelos. Para calcular o tempo de acerto em ciclos, considere a saída de tempo de ciclo usando CACTI, que corresponde à frequência máxima em que uma cache pode operar sem "bolhas" no pipeline.

**2.18** [12/15/15/10] < 2.3> Você está investigando os possíveis benefícios de uma cache L1 com previsão de via. Considere que a cache de dados L1 com 64 KB, associativas por conjunto com duas vias e único banco, seja atualmente o limitador do tempo de ciclo. Como organização de cache alternativa, você está considerando uma cache com previsão de via modelada como uma cache mapeada diretamente de 64 KB, com 80% de exatidão na previsão. A menos que indicado de outra forma, considere um acesso à via mal previsto que chegue à cache utilizando mais um ciclo. Considere as taxas de falta e as penalidades de falta da Questão 2.8, item (c).

**a.** [12] < 2.3> Qual é o tempo médio de acesso à memória da cache atual (em ciclos) contra a cache com previsão de via?

**b.** [15] < 2.3> Se todos os outros componentes pudessem operar com o tempo de ciclo de clock com previsão de via mais rápido (incluindo a memória principal), qual seria o impacto sobre o desempenho de usar a cache com previsão de via?

**c.** [15] < 2.3> As caches com previsão de via normalmente só têm sido usadas para caches de instrução que alimentam uma fila de instrução ou buffer. Imagine que você deseje experimentar a previsão de via em uma cache de dados. Suponha que você tenha 80% de exatidão na previsão e que as operações subsequentes (p. ex., acesso da cache de dados de outras instruções, dependentes das operações) sejam emitidas pressupondo uma previsão de via correta. Assim, um erro de previsão de via necessita de um esvaziamento de pipe e interceptação da repetição, o que exige 15 ciclos. A mudança no tempo médio de acesso à memória por instrução de carregamento com previsão de via na cache de dados é positiva ou negativa? Quanto?

**d.** [10] < 2.3> Como alternativa à previsão de via, muitas caches associativas grandes L2 serializam o acesso a tags e dados, de modo que somente o array do conjunto de dados exigido precisa ser ativado. Isso economiza energia, mas aumenta o tempo de acesso. Use a interface Web detalhada do CACTI para uma cache associativa por conjunto de quatro vias, com 1 MB e processo de 0,065 m com blocos de 64 bytes, 144 bits lidos, um banco, somente uma porta de leitura/escrita, tags de 30 bits e tecnologia ITRS-HP com fios globais. Qual é a razão dos tempos de acesso para serializar o acesso a tags e dados em comparação com o acesso paralelo?

**2.19** [10/12] < 2.3> Você recebeu a tarefa de investigar o desempenho relativo de uma cache de dados nível 1 em banco contra outro em pipeline para um novo microprocessador. Considere uma cache associativa por conjunto de duas vias e 64 KB, com blocos de 64 bytes. A cache em pipeline consistiria em dois estágios de pipe, semelhante à cache de dados do Alpha 21264. Uma implementação em banco consistiria em dois bancos associativos por conjunto de duas vias e 32 KB. Use o CACTI e considere uma tecnologia de 65 nm (0,065 m) na resposta às perguntas a seguir. A saída do tempo de ciclo na versão Web mostra em que frequência uma cache pode operar sem quaisquer "bolhas" no pipeline.

**a.** [10] < 2.3> Qual é o tempo de ciclo da cache em comparação com o seu tempo de acesso? Quantos estágios de pipe a cache ocupará (até duas casas decimais)?

**b.** [12] < 2.3> Compare a energia de leitura dinâmica total e de área por acesso do projeto com pipeline com o projeto com bancos. Diga qual ocupa menos área e qual requer mais potência, e explique o porquê.

**2.20** [12/15] < 2.3> Considere o uso de palavra crítica primeiro e o reinício antecipado em faltas de cache L2. Suponha uma cache L2 de 1 MB com blocos de 64 bytes e uma via de recarregar com 16 bytes de largura. Suponha que a cache L2 possa ser escrita com 16 bytes a cada quatro ciclos de processador, o tempo para receber o primeiro bloco de 16 bytes do controlador de memória é de 120 ciclos, cada bloco adicional de 16 bytes da memória principal requer 16 ciclos, e os dados podem ser enviados diretamente para a porta de leitura da cache L2. Ignore quaisquer ciclos para transferir a requisição de falta para a cache L2 e os dados requisitados para a cache L1.

**a.** [12] < 2.3> Quantos ciclos levaria para atender uma falta de cache L2 com e sem palavra crítica primeiro e reinício antecipado?

**b.** [15] < 2.3> Você acha que a palavra crítica primeiro e o reinício antecipado seriam mais importantes para caches L1 ou L2? Que fatores contribuiriam para sua importância relativa?

**2.21** [12/12] < 2.3> Você está projetando um buffer de escrita entre uma cache write-through L1 e uma cache write-back L2. O barramento de dados de escrita da cache de L2 tem 16 bytes de largura e pode realizar escrita em um endereço de cache independente a cada quatro ciclos do processador.

**a.** [12] < 2.3> Quantos bytes de largura cada entrada do buffer de escrita deverá ter?

**b.** [15] < 2.3> Que ganho de velocidade poderia ser esperado no estado constante usando um write buffer merge em vez de um buffer sem mesclagem quando a memória estiver sendo zerada pela execução de stores de 64 bits, se todas as outras instruções puderem ser emitidas em paralelo com os armazenamentos e os blocos estiverem presentes na cache L2?

**c.** [15] < 2.3> Qual seria o efeito das possíveis faltas em L1 no número de entradas necessárias de buffer de escrita para sistemas com caches com blocos e sem blocos?

**2.22** [20] <2.1, 2.2, 2.3> Uma cache atua como um filtro. Por exemplo, para cada 1000 instruções de um programa, uma média de 20 acessos à memória poderá exibir uma proximidade baixa o suficiente para que não possam ser atendidos por uma cache de 2 MB. A cache de 2 MB é considerada como tendo um MPKI (faltas por mil instruções) de 20, e em grande parte isso será verdadeiro independente das menores caches que precedem a cache de 2 MB. Considere os seguintes valores de cache/latência/MPKI: 32 KB/1/100, 128 KB/2/80, 512 KB/4/50, 2 MB/8/40, 8 MB/16/10. Suponha que o acesso ao sistema de memória fora do chip exija 200 ciclos na média. Para as seguintes configurações de cache, calcule o tempo gasto médio para acessar a hierarquia de cache. O que você observa sobre as desvantagens de uma hierarquia de cache muito superficial ou muito profunda?

**a.** L1 de 32 KB; L2 de 8 MB; memória fora do chip

**b.** L1 de 32 KB; L2 de 512 KB; L3 de 8 MB; memória fora do chip

**c.** L1 de 32 KB; L2 de 128 KB; L3 de 2 MB; L4 de 8 MB; memória fora do chip

**2.23** [15] <2.1, 2.2, 2.3> Considere uma cache L3 de 16 vias com 16 MB, compartilhada por dois programas, A e B. Existe um mecanismo na cache que monitora as taxas de falta de cache para cada programa e aloca de 1 a 15 vias para cada programa, de modo que o número geral de faltas de cache é reduzido. Suponha que o programa A tenha um MPKI de 100 quando é atribuído a 1 MB da cache. Cada 1 MB adicional atribuído ao programa A reduz o MPKI em 1. O programa B tem um MPKI de 50 quando atribuído a 1 MB de cache; cada 1 MB adicional atribuído ao programa B reduz seu MPKI em 2. Qual é a melhor alocação de vias aos programas A e B?

**2.24** [20] <2.1, 2.6> Você está projetando um PMD e otimizando para que consuma pouca energia. O núcleo, incluindo uma cache de dados L1 de 8 KB, consome 1 W sempre que não está em hibernação. Se o núcleo tem uma taxa de acerto de cache L1 perfeita, ele alcança um CPI médio de 1 para determinada tarefa, ou seja, 1000 ciclos para executar 1000 instruções. Cada ciclo adicional acessando a cache L2 e além dela acrescenta um ciclo de stall para o núcleo. Com base nas especificações a seguir, qual é o tamanho da cache L2 que alcança o mais baixo consumo de energia para o PMD (núcleo, cache L1, cache L2, memória) para determinada tarefa?

   **a.** A frequência do núcleo é 1 GHz, e a cache L1 tem um MPKI de 100.
   **b.** Uma cache L2 de 256 KB tem uma latência de 10 ciclos, um MPKI de 20, uma potência de background de 0,2 W, e cada acesso à cache L2 consome 0,5 nJ.
   **c.** Uma cache L2 de 1 MB tem uma latência de 20 ciclos, um MPKI de 20, uma potência de background de 0,8 W e cada acesso à cache L2 consome 0,7 nJ.
   **d.** O sistema de memória tem uma latência média de 100 ciclos, uma potência de background de 0,5 W e cada acesso à memória consome 35 nJ.

**2.25** [15] <2.1, 2.6> Você está projetando um PMD que é otimizado para baixa potência. Explique, de forma qualitativa, o impacto sobre a potência da hierarquia de cache (L2 e memória) e energia geral da aplicação se você projetar uma cache L2 com:

   **a.** Tamanho de bloco pequeno
   **b.** Tamanho de cache pequeno
   **c.** Alta associatividade

**2.30** [10/10] <2.1, 2.2, 2.3> As vias de um conjunto podem ser vistas como uma lista de prioridades, ordenada de prioridade alta até prioridade baixa. Toda vez que um conjunto é tocado, a lista pode ser reorganizada para alterar as prioridades de bloco. Com essa visão, as políticas de gerenciamento de cache podem ser decompostas em três subpolíticas: Inserção, Promoção e Seleção de Vítima. A Inserção define onde os blocos recém-buscados são colocados na lista de prioridades. A Promoção define como a posição de um bloco na lista é alterada toda vez que ele é tocado (um acerto de cache). A Seleção de Vítima define qual entrada da lista é expulsa para criar espaço para um novo bloco quando existe uma falta de cache.

   **a.** Você consegue enquadrar a política de cache LRU em termos das subpolíticas de Inserção, Promoção e Seleção de Vítima?
   **b.** Você poderia definir outras políticas de Inserção e Promoção que possam ser competitivas e que mereçam mais exploração?

**2.31** [15] <2.1, 2.3> Em um processador que está executando vários programas, a cache de último nível é normalmente compartilhada por todos os programas. Isso causa interferência, onde o comportamento de um programa e o tamanho da cache podem afetar a cache disponível para outros programas. Primeiro, isso é um problema de uma perspectiva de qualidade de serviço (QoS), em que a interferência leva a um programa recebendo menos recursos e desempenho mais baixo do que o prometido, digamos, pelo operador de um serviço de nuvem. Em segundo lugar, isso é um problema em termos de privacidade. Com base na interferência, um programa pode inferir os padrões de acesso à memória de outros programas. Isso é chamado de canal de temporização, uma forma de vazamento de informações de um programa para outro que pode ser explorada para comprometer a privacidade dos dados ou para fazer engenharia reversa do algoritmo de um concorrente. Quais políticas você pode adicionar à sua cache de último nível para que o comportamento de um programa fique imune ao comportamento de outros programas que compartilham a cache?

**2.32** [15] <2.3> Uma grande cache L3 multimegabytes pode exigir dezenas de ciclos para ser acessada por causa dos fios longos que precisam ser percorridos. Por exemplo, ela pode precisar de 20 ciclos para acessar um cache L3 de 16 MB. Em vez de organizar a cache de 16 MB de modo que cada acesso leve 20 ciclos, podemos organizar a cache de modo que ela seja uma matriz de bancos de cache menores. Alguns desses bancos podem estar mais próximos do núcleo do processador, enquanto outros podem estar mais distantes. Isso leva ao acesso não uniforme à cache (Nonuniform Cache Access — NUCA), em que 2 MB da cache podem estar acessíveis em 8 ciclos, os próximos 2 MB em 10 ciclos e assim por diante, até que os últimos 2 MB sejam acessados em 22 ciclos. Quais novas políticas você pode introduzir para maximizar o desempenho em uma cache NUCA?

**2.33** [10/10/10] <2.2> Considere um sistema de desktop com um processador conectado a uma DRAM de 2 GB com *código de correção de erro* (ECC). Suponha que exista somente um canal de memória com largura de 72 bits (64 bits para dados e 8 bits para ECC).
  **a.** [10] <2.2> Quantos chips DRAM estão na DIMM, se forem usados chips de DRAM 1 GB, e quantas E/S de dados cada DRAM deve ter se somente uma DRAM se conecta a cada pino de dados da DIMM?
  **b.** [10] <2.2> Que duração de burst é necessária para suportar blocos de cache L2 de 32 KB?
  **c.** [10] <2.2> Calcule o pico de largura de banda para as DIMMs DDR2-667 e DDR2-533 para leituras de uma página ativa excluindo o overhead do ECC.

**2.34** [10/10] <2.3> Um exemplo de diagrama de temporização SDRAM DDR2 aparece na Figura 2.34. $t_{RCD}$ é o tempo exigido para ativar uma linha em um banco, enquanto a latência CAS (CL) é o número de ciclos exigidos para ler uma coluna em uma linha. Considere que a RAM esteja em um DIMM DDR2 com ECC tendo 72 linhas de dados. Considere também extensões de burst

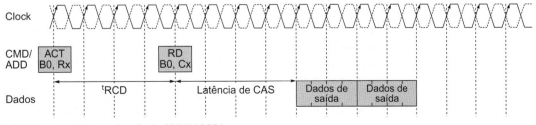

**FIGURA 2.34** Diagrama de temporização da SDRAM DDR2.

de 8 que leem 8 bits por linha de dados, ou um total de 64 bytes do DIMM. Considere `tRCD = CAS (ou CL)* frequência_clock` e `frequência_clock = transferências_por_segundo/2`. A latência no chip em uma falta de cache através dos níveis 1 e 2 e de volta, sem incluir o acesso à DRAM, é de 20 ns.

    **a.** [10] < 2.2> Quanto tempo é necessário da apresentação do comando de ativação até que o último bit de dados solicitado das transições de DRAM de válido para inválido para a DIMM DDR2-667 de 1 GB CL = 5? Suponha que, para cada requisição, fazemos a pré-busca automaticamente de outra linha de cache adjacente na mesma página.

    **b.** [10] < 2.2> Qual é a latência relativa quando usamos a DIMM DDR2-667 de uma leitura exigindo um banco ativo em vez de um para uma página já aberta, incluindo o tempo necessário para processar a falta dentro do processador?

**2.35** [15] < 2.2> Considere que um DIM DDR2-667 de 2 GB com CL = 5 esteja disponível por US$130 e uma DIMM DDR2-533 de 2 GB com CL = 4 esteja disponível por US$100. Considere o desempenho do sistema usando as DIMMs DDR2-667 e DDR2-533 em uma carga de trabalho com 3,33 faltas em L2 por 1 K instruções, e suponha que 80% de todas as leituras de DRAM exijam uma ativação. Qual é o custo-desempenho de todo o sistema quando usamos as diferentes DIMMs, presumindo que somente uma falta em L2 seja pendente em dado momento e um núcleo em ordem com uma CPI de 1,5 não inclua tempo de acesso à memória para falta de cache?

**2.36** [12] < 2.2> Você está provisionando um servidor com CMP de oito núcleos de 3 GHz, que pode executar uma carga de trabalho com uma CPI geral de 2,0 (supondo que os recarregamentos de falta de cache L2 não sejam atrasados). O tamanho de linha da cache L2 é de 32 bytes. Supondo que o sistema use DIMMs DDR2-667, quantos canais independentes de memória devem ser provisionados para que o sistema não seja limitado pela largura de banda da memória se a largura de banda necessária for algumas vezes o dobro da média? As cargas de trabalho incorrem, em média, em 6,67 faltas de L2 por 1 K instruções.

**2.37** [15] <2.2> Considere um processador que possua quatro canais de memória. Os blocos de memória consecutivos devem ser colocados no mesmo banco, ou devem ser colocados em bancos diferentes em canais diferente?

**2.38** [12/12] < 2.2> Grande quantidade (mais de um terço) de potência de DRAM pode ser devida à ativação da página (<http://download.micron.com/pdf/technotes/ddr2/TN4704.pdf> e <www.micron.com/systemcalc>). Suponha que você esteja montando um sistema com 2 GB de memória usando DRAMs DDR2 de 2 GB ×8 com 8 bancos ou DRAMs de 1 GB ×8 com oito bancos, as duas com a mesma classe de velocidade. Ambas utilizam tamanho de página de 1 KB, e o tamanho da linha de cache do último nível é de 64 bytes. Suponha que as DRAMs que não estão ativas estejam em stand-by pré-carregado e dissipem uma potência insignificante. Suponha que o tempo para a transição de stand-by para ativo não seja significativo.

    **a.** [12] <2.2> Qual tipo de DRAM você acha que resultaria em menor potência? Explique o porquê.

    **b.** [12] < 2.2> Como uma DIMM de 2GB composta de DRAMs DDR2 de 1 GB ×8 se compara em termos de potência com uma DIMM com capacidade similar composta DRAM DDR2 de 1 GB ×4?

**2.39** [20/15/12] < 2.2> Para acessar dados de uma DRAM típica, primeiro temos de ativar a linha apropriada. Suponha que isso traga uma página inteira com tamanho de 8 KB para o buffer de linha. Então, selecionamos determinada coluna do buffer de linha. Se acessos subsequentes à DRAM forem feitos à mesma página, poderemos pular o passo da ativação; caso contrário, precisaremos fechar a página atual e pré-carregar as linhas de bit para a próxima ativação. Outra política popular de DRAM é fechar proativamente uma página e pré-carregar linhas de bits assim que um acesso for encerrado. Suponha que todas as leituras ou escritas para a DRAM sejam de 64 bytes e a latência do barramento DDR (dados de saída na Figura 2.33) para enviar 512 bits seja Tddr.

    **a.** [20] < 2.2> Considerando a DDR2-667, se ela levar cinco ciclos para pré-carregar, cinco ciclos para se ativar e quatro ciclos para ler uma coluna, para qual valor da taxa de acerto do buffer de linha ($r$) você vai escolher uma política no lugar da outra para obter o melhor tempo de acesso? Suponha que cada acesso à DRAM seja separado por tempo suficiente para terminar um novo acesso aleatório.

    **b.** [15] < 2.2> Se 10% dos acessos totais à DRAM acontecessem back to back ou continuamente, sem intervalo de tempo, de que forma a sua decisão mudaria?

    **c.** [12] < 2.2> Calcule a diferença na energia média da DRAM por acesso entre as duas políticas usando a taxa de acerto do buffer de linhas calculada anteriormente. Suponha que o pré-carregamento requeira 2 nJ e a ativação requeira 4 nJ, e que 100 pJ/bit sejam necessários para ler ou escrever a partir do buffer de linha.

**2.40** [15] < 2.2> Sempre que um computador está inativo, podemos colocá-lo em stand-by (onde a DRAM ainda está ativa) ou deixá-lo hibernar. Suponha que, para a hibernação, tenhamos que copiar somente o conteúdo da DRAM para um meio não volátil, como uma memória Flash. Se ler ou escrever em uma linha de cache de tamanho 64 bytes para Flash exigir 2,56 J e a DRAM exigir 0,5 nJ, e se o consumo de potência em estado inativo para a DRAM for de 1,6 W (para 8 GB), quanto tempo um sistema deverá permanecer inativo para se beneficiar da hibernação? Suponha uma memória principal com 8 GB de tamanho.

**2.41** [10/10/10/10/10] < 2.4> As máquinas virtuais (VMs) possuem o potencial de incluir muitas capacidades benéficas aos sistemas de computador, resultando, por exemplo, em custo total da posse (Total Cost of Ownership — TCO) melhorado ou disponibilidade melhorada. As VMs poderiam ser usadas para fornecer as capacidades a seguir? Caso afirmativo, como elas poderiam facilitar isso?

    **a.** [10] < 2.4> Testar aplicações em ambientes de produção usando máquinas de desenvolvimento?

    **b.** [10] < 2.4> Reimplementação rápida de aplicações em caso de desastre ou falha?

    **c.** [10] < 2.4> Desempenho mais alto nas aplicações com uso intensivo das E/S?

    **d.** [10] < 2.4> Isolamento de falha entre aplicações diferentes, resultando em maior disponibilidade dos serviços?

    **e.** [10] < 2.4> Realizar manutenção de software nos sistemas enquanto as aplicações estão sendo executadas sem interrupção significativa?

**2.42** [10/10/12/12] < 2.4> As máquinas virtuais podem perder desempenho devido a uma série de eventos, como a execução de instruções privilegiadas, faltas de TLB,

| Benchmark | Nativa | Pura | Para |
|---|---|---|---|
| Null call | 0,04 | 0,96 | 0,50 |
| Null I/O | 0,27 | 6,32 | 2,91 |
| Stat | 1,10 | 10,69 | 4,14 |
| Open/close | 1,99 | 20,43 | 7,71 |
| Install signal handler | 0,33 | 7,34 | 2,89 |
| Handle signal | 1,69 | 19,26 | 2,36 |
| Fork | 56,00 | 513,00 | 164,00 |
| Exec | 316,00 | 2.084,00 | 578,00 |
| Fork + exec sh | 1.451,00 | 7.790,00 | 2.360,00 |

**FIGURA 2.35** Desempenho inicial de diversas chamadas do sistema sob execução nativa, virtualização pura e paravirtualização.

traps e E/S. Esses eventos normalmente são tratados no código do sistema. Assim, um modo de estimar a lentidão na execução sob uma VM é a porcentagem de tempo de execução da aplicação no sistema contra o modo usuário. Por exemplo, uma aplicação gastando 10% de sua execução no modo do sistema poderia retardar em 60% quando fosse executada em uma VM. A Figura 2.35 lista o desempenho inicial de diversas chamadas de sistema sob execução nativa, virtualização pura e paravirtualização para LMbench usando Xen em um sistema Itanium com tempos medidos em microssegundos (cortesia de Matthew Chapman, da Universidade de New South Wales).

a. [10] < 2.4> Que tipos de programa poderiam ter maior lentidão quando executados sob VMs?

b. [10] < 2.4> Se a lentidão fosse linear, como função do tempo do sistema, dada a lentidão anterior, quão mais lentamente um programa será executado se estiver gastando 20% de sua execução no tempo do sistema?

c. [12] < 2.4> Qual é a lentidão média das funções na tabela sob a virtualização pura e paravirtualização?

d. [12] < 2.4> Quais funções da tabela possuem os maiores atrasos? Qual você acha que poderia ser a causa disso?

**2.43** [12] < 2.4> A definição de uma máquina virtual de Popek e Goldberg estabelecia que ela seria indistinguível de uma máquina real, exceto por seu desempenho. Neste exercício, usaremos essa definição para descobrir se temos acesso à execução nativa em um processador ou se estamos executando em uma máquina virtual. A tecnologia VT-x da Intel, efetivamente, oferece um segundo conjunto de níveis de privilégio para o uso da máquina virtual. O que uma máquina virtual sendo executada em cima de outra máquina virtual precisaria fazer, considerando a tecnologia VT-x?

**2.44** [20/25] < 2.4> Com a adoção do suporte à virtualização na arquitetura x86, as máquinas virtuais estão ativamente evoluindo e se popularizando. Compare e contraste a virtualização das tecnologias Intel VT-x e AMD AMD-V. (Informações sobre a AMD-V podem ser encontradas em <http://sites.amd.com/us/business/it-solutions/virtualization/Pages/resources.aspx>.)

a. [20] < 2.4> Qual delas proporcionaria maior desempenho para aplicações intensas no uso da memória com grande necessidade de memória?

**FIGURA 2.36** Planta baixa do Alpha 21264 (Kessler, 1999).

    **b.** [25] < 2.4> Informações sobre o suporte IOMMU para E/S virtualizadas da AMD podem ser encontradas em <http://developer.amd.com/documentation/articles/pages/892006101.aspx>. O que a tecnologia de virtualização e uma unidade de gerenciamento de entrada/saída (IOMMU) podem fazer para melhorar o desempenho das E/S virtualizadas?

**2.45** [30] < 2.2, 2.3 > Como o paralelismo em nível de instrução também pode ser explorado efetivamente nos processadores superescalares em ordem e VLIWs (Very Long Instruction Word) com especulação, um motivo importante para montar um processador superescalar fora de ordem (out-of-order — OOO) é a capacidade de tolerar a latência de memória imprevisível causada por faltas de cache. Logo, você pode pensar no hardware que suporta a emissão OOO como fazendo parte do sistema de memória! Veja a planta baixa do Alpha 21264 na Figura 2.36 para descobrir a área relativa das filas de emissão e mapeadores de inteiros e ponto flutuante contra as caches. As filas programam as instruções por emissão, e os mapeadores renomeiam os especificadores de registrador. Logo, estes são acréscimos necessários para dar suporte à emissão OOO. O 21264 só possui caches de dados e instruções de nível 1 no chip, e ambas são associativas por conjunto com duas vias e 64 KB. Use um simulador superescalar OOO, como o Simplescalar (<http://www.cs.wisc.edu/~mscalar/simplescalar.html>) nos benchmarks com uso intensivo de memória para descobrir quanto desempenho é perdido se a área das filas de emissão e mapeadores for usada para a área da cache de dados de nível 1 adicional em um processador superescalar em ordem, em vez da emissão OOO em um modelo do 21264. Certifique-se de que os outros aspectos da máquina sejam os mais semelhantes possíveis para tornar a comparação justa. Ignore qualquer aumento no tempo de acesso ou ciclo a partir de caches maiores e os efeitos da cache de dados maior na planta baixa do chip. (Observe que essa comparação não será totalmente justa, pois o código não terá sido programado para o processador em ordem pelo compilador.)

**2.46** [15] <2.2, 2.7> Conforme discutimos na Seção 2.7, o processador Intel i7 tem um pré-buscador agressivo. Quais são as desvantagens em potencial no projeto de um pré-buscador que seja extremamente agressivo?

**2.47** [20/20/20] < 2.6> O analisador de desempenho VTune da Intel pode ser usado para realizar muitas medições do comportamento da cache. Uma versão gratuita para avaliação do VTune para Windows e Linux pode ser encontrada em <http://software.intel.com/en-us/articles/intel-vtune-amplifier-xe/>. O programa (`aca.ch2.cs2.c`) usado no Estudo de Caso 2 foi modificado para funcionar prontamente com o VTune no Microsoft Visual C + +. O programa pode ser obtido em <www.hpl.hp.com/research/cacti/aca_ch2_cs2_vtune.c>. Foram adicionadas funções especiais do VTune para excluir a inicialização e o overhead de loop durante o processo de análise de desempenho. Instruções detalhadas da configuração do VTune são dadas na seção README do programa. O programa permanece em loop por 20 segundos para cada configuração. No experimento a seguir você poderá descobrir os efeitos do tamanho dos dados sobre a cache e sobre o desempenho geral do processador. Execute o programa no VTube em um processador Intel com os tamanhos de conjunto de dados de 8 KB, 128 KB, 4 MB e 32 MB, e mantenha um passo de 64 bytes (um passo de uma linha de cache nos processadores Intel i7). Colete estatísticas sobre o desempenho geral e das caches de dados L1, L2 e L3.

   **a.** [20] < 2.6> Liste o número de faltas por 1 K instruções da cache de dados L1, L2 e L3 para cada tamanho de conjunto de dados e seu modelo e velocidade de processador. Com base nos resultados, o que você pode dizer sobre os tamanhos de cache de dados L1, caches L2 e L3 do seu processador? Explique suas observações.

   **b.** [20] < 2.6> Liste as *instruções por clock* (IPC) para cada tamanho de conjunto de dados e seu modelo e velocidade de processador. Com base nos resultados, o que você pode dizer sobre as penalidades de falta de L1, L2 e L3 do seu processador? Explique suas observações.

   **c.** [20] < 2.6> Execute o programa no VTune com tamanho de conjunto de dados de entrada de 8 KB e 128 KB em um processador OOO Intel. Liste o número de faltas da cache de dados L1 e cache L2 por 1 K instruções e a CPI para as duas configurações. O que você pode dizer sobre a eficácia das técnicas de ocultamento de latência da memória em processadores OOO de alto desempenho? *Dica:* Você precisa encontrar a latência de falta da cache de dados L1 do seu processador. Para processadores Intel i7 recentes, ela é de aproximadamente 11 ciclos.

# CAPÍTULO 3

# Paralelismo em nível de instrução e sua exploração

*"Quem é o primeiro?"*
*"América."*
*"Quem é o segundo?"*
*"Senhor, não existe segundo."*

Diálogo entre dois observadores da corrida de veleiro chamada "Copa da América", realizada de alguns em alguns anos — a inspiração para John Cocke dar o nome ao processador em pesquisa da IBM de "América", o primeiro processador superescalar e precursor do PowerPC.

*Assim, o IA-64 aposta que, no futuro, a potência não será a limitação mais crítica, e recursos massivos... não penalizarão a velocidade do clock, o comprimento das vias ou os fatores de CPI. Minha visão é claramente cética...*

Marty Hopkins (2000), IBM Fellow e pioneiro da arquitetura RISC, comentando em 2000 sobre o novo Intel Itanium, um desenvolvimento conjunto da Intel e da HP. O Itanium usava uma técnica de ILP estático (ver Apêndice H, on-line) e foi um investimento pesado para a Intel. Ele nunca conseguiu alcançar mais de 0,5% das vendas de microprocessador da Intel.

3.1 Paralelismo em nível de instrução: conceitos e desafios ............................................................150

3.2 Técnicas básicas de compilador para expor o ILP ...................................................................157

3.3 Redução de custos com previsão de desvio avançado ..............................................................162

3.4 Contornando hazards de dados com o escalonamento dinâmico.................................................171

3.5 Escalonamento dinâmico: exemplos e algoritmo......................................................................179

3.6 Especulação baseada em hardware.........................................................................................185

3.7 Explorando o ILP com múltiplo despacho e escalonamento estático..........................................194

3.8 Explorando o ILP com escalonamento dinâmico, múltiplo despacho e especulação....................198

3.9 Técnicas avançadas para o despacho de instruções e especulação ...........................................202

3.10 Questões cruzadas: técnicas de ILP e o sistema de memória ..................................................213

3.11 Multithreading: explorando o paralelismo em nível de thread para melhorar
o throughput do uniprocessador...................................................................................................215

3.12 Juntando tudo: o Intel Core i7 6700 e o ARM Cortex-A53.....................................................221

3.13 Falácias e armadilhas..........................................................................................................228

3.14 Comentários finais: o que temos à frente?............................................................................234

3.15 Perspectivas históricas e referências.....................................................................................236

Estudos de caso e exercícios por Jason D. Bakos e Robert P. Colwell............................................236

## 3.1 PARALELISMO EM NÍVEL DE INSTRUÇÃO: CONCEITOS E DESAFIOS

Desde cerca de 1985, todos os processadores utilizam pipelining para sobrepor a execução de instruções e melhorar o desempenho. Essa potencial sobreposição das instruções é chamada *paralelismo em nível de instrução* (Instruction-Level Parallelism — ILP), pois as instruções podem ser avaliadas em paralelo. Neste capítulo e no Apêndice H, veremos grande variedade de técnicas para ampliar os conceitos básicos de pipelining, aumentando a quantidade de paralelismo explorada entre as instruções.

Este capítulo está em um nível consideravelmente mais avançado do que o material básico sobre pipelining, no Apêndice C. Se você não estiver acostumado com as ideias desse apêndice, deverá revê-lo antes de se aventurar por este capítulo.

Começaremos o capítulo examinando a limitação imposta pelos hazards de dados e hazards de controle, e depois passaremos para o tópico relacionado com o aumento da capacidade do compilador e do processador de explorar o paralelismo. Essas seções introduzirão grande quantidade de conceitos, que acumulamos no decorrer deste capítulo e do Capítulo 4. Embora parte do material mais básico deste capítulo pudesse ser entendida sem todas as ideias das duas primeiras seções, esse material básico é importante para outras seções deste capítulo.

Existem duas abordagens altamente separáveis para explorar o ILP: (1) uma que conta com o hardware para ajudar a descobrir e explorar o paralelismo dinamicamente e (2) uma que conta com a tecnologia de software para encontrar o paralelismo, estaticamente, no momento da compilação. Os processadores usando a abordagem dinâmica, baseada no hardware, incluindo todos os processadores recentes da Intel e muitos processadores ARM, dominam os mercados de desktop e servidor. No mercado de dispositivos pessoais móveis, as mesmas abordagens são usadas em processadores encontrados em tablets e telefones celulares de última geração. No espaço IOT, onde restrições de potência e custo dominam os objetivos de desempenho, os projetistas exploram níveis inferiores de paralelismo em nível de instrução. Abordagens agressivas baseadas em compilador foram tentadas diversas vezes desde os anos 1980 e mais recentemente na série Intel Itanium, introduzida em 1999. Apesar dos enormes esforços, tais abordagens obtiveram sucesso somente em ambientes específicos do domínio ou em aplicações científicas bem estruturadas, com significativo paralelismo em nível de dados.

Nos últimos anos, muitas das técnicas desenvolvidas para uma abordagem têm sido exploradas dentro de um projeto que conta basicamente com a outra. Este capítulo introduz os conceitos básicos e as duas abordagens. Uma discussão sobre as limitações das abordagens ILP é incluída neste capítulo, e foram tais limitações que levaram diretamente ao movimento para o multicore. Entender as limitações ainda é importante para equilibrar o uso de ILP e paralelismo em nível de thread.

Nesta seção, discutiremos recursos de programas e processadores que limitam a quantidade do paralelismo que pode ser explorado entre as instruções, além do mapeamento crítico entre a estrutura do programa e a estrutura do hardware, que é a chave para entender se uma propriedade do programa realmente limitará o desempenho e em quais circunstâncias.

O valor do CPI (ciclos por instruções) para um processador em pipeline é a soma do CPI base e todas as contribuições de stalls:

$$\text{CPI de pipeline} = \text{CPI de pipeline ideal} + \text{Stalls estruturais}$$
$$+ \text{Stalls de hazard de dados} + \text{Stalls de controle}$$

O *CPI de pipeline ideal* é uma medida do desempenho máximo que pode ser obtida pela implementação. Reduzindo cada um dos termos do lado direito, minimizamos o *CPI de*

| Técnica | Reduz | Seção |
|---|---|---|
| Encaminhamento e bypassing | Stalls de hazard de dados em potencial | C.2 |
| Escalonamento e previsão de desvio simples | Stalls de hazard de controle | C.2 |
| Escalonamento básico de pipeline do compilador | Stalls de hazard de dados | C.2, 3.2 |
| Escalonamento dinâmico básico (scoreboarding) | Stalls de hazard de dados de dependências verdadeiras | C.7 |
| Desdobramento de loop | Stalls de hazard de controle | 3.2 |
| Previsão de desvio avançada | Stalls de controle | 3.3 |
| Escalonamento dinâmico com renomeação | Stalls de hazard de dados e stalls de dependências e antidependências de saída | 3.4 |
| Especulação de hardware | Stalls de hazard de dados e hazard de controle | 3.6 |
| Desambiguidade dinâmica da memória | Stalls de hazard de dados com memória | 3.6 |
| Múltiplos despachos de instruções por ciclo | CPI ideal | 3.7, 3.8 |
| Análise de dependência do compilador, pipelining de software, trace scheduling | CPI ideal, stalls de hazard de dados | H.2, H.3 |
| Suporte do hardware para especulação do compilador | CPI ideal, stalls de hazard de dados, stalls de hazard de desvios | H.4, H.5 |

**FIGURA 3.1** As principais técnicas examinadas no Apêndice C, no Capítulo 3 ou no Apêndice H aparecem com o componente da equação do CPI afetado pela técnica.

pipeline geral ou, como alternativa, aumentamos o valor do IPC (instruções por clock). A equação anterior nos permite caracterizar o uso de diversas técnicas que permitem a redução dos componentes do CPI geral. A Figura 3.1 mostra as técnicas que examinaremos neste capítulo e no Apêndice H, além dos tópicos abordados no material introdutório do Apêndice C. Neste capítulo, veremos que as técnicas introduzidas para diminuir o CPI de pipeline ideal podem aumentar a importância de lidar com os hazards.

## O que é paralelismo em nível de instrução?

Todas as técnicas deste capítulo exploram o paralelismo entre as instruções. A quantidade de paralelismo disponível dentro de um *bloco básico* — uma sequência de código em linha reta, sem desvios para dentro, exceto na entrada, e sem desvios para fora, exceto na saída — é muito pequena. Para os programas RISC-V típicos, a frequência média de desvio dinâmico normalmente fica entre 15%-25%, significando que 3-6 instruções são executadas entre um par de desvios. Como essas instruções provavelmente dependem umas das outras, a quantidade de sobreposição que podemos explorar dentro de um bloco básico provavelmente será menor que o tamanho médio desse bloco. Para obter melhorias de desempenho substanciais, temos que explorar o ILP entre os diversos blocos básicos.

A maneira mais simples e mais comum de aumentar o ILP é explorar o paralelismo entre iterações de um loop. Esse tipo de paralelismo normalmente é chamado *paralelismo em nível de loop*. A seguir damos um exemplo simples de loop, que soma dois arrays de 1.000 elementos e é completamente paralelo:

```
for (i = 0; i < = 999; i = i + 1)
      x[i] = x[i] + y[i];
```

Cada iteração do loop pode sobrepor qualquer outra iteração, embora dentro de cada uma delas exista pouca ou nenhuma oportunidade para sobreposição.

Existem diversas técnicas que examinaremos para converter esse paralelismo em nível de loop em paralelismo em nível de instrução. Basicamente, essas técnicas funcionam desdobrando o loop estaticamente pelo compilador (como na seção seguinte) ou dinamicamente pelo hardware (como nas Seções 3.5 e 3.6).

Um método alternativo importante para explorar o paralelismo em nível de loop é o uso de SIMD tanto em processadores vetoriais quanto em unidades de processamento gráfico (GPUs), ambos abordados no Capítulo 4. Uma instrução SIMD explora o paralelismo em nível de dados, operando sobre um número pequeno a moderado de itens de dados em paralelo (geralmente 2-8). Uma instrução vetorial explora o paralelismo em nível de dados, operando sobre muitos itens de dados em paralelo usando unidades de execução paralela e um pipeline profundo. Por exemplo, a sequência de código anterior, que de forma simples requer sete instruções por iteração (dois loads, um add, um store, duas atualizações de endereço e um desvio) para um total de 7.000 instruções, poderia ser executada com um quarto das instruções em algumas arquiteturas SIMD, onde quatro itens de dados são processados por instrução. Em alguns processadores vetoriais, a sequência poderia usar somente quatro instruções: duas instruções para carregar os vetores x e y da memória, uma instrução para somar os dois vetores e uma instrução para armazenar o vetor de resultado. Naturalmente, essas instruções seriam canalizadas em um pipeline e teriam latências relativamente longas, mas essas latências podem ser sobrepostas.

## Dependências e hazards de dados

Determinar como uma instrução depende de outra é fundamental para determinar quanto paralelismo existe em um programa e como esse paralelismo pode ser explorado. Particularmente, para explorar o paralelismo em nível de instrução, temos de determinar quais instruções podem ser executadas em paralelo. Se duas instruções são *paralelas*, elas podem ser executadas simultaneamente em um pipeline de qualquer profundidade sem causar quaisquer stalls, supondo que o pipeline tenha recursos suficientes (logo, não existem hazards estruturais). Se duas instruções forem dependentes, elas não serão paralelas e precisam ser executadas em ordem, embora normalmente possam ser parcialmente sobrepostas. O segredo, nos dois casos, é determinar se uma instrução é dependente de outra.

### Dependências de dados

Existem três tipos diferentes de dependência: *dependências de dados* (também chamadas dependências de dados verdadeiras), *dependências de nome* e *dependências de controle*. Uma instrução *j* é *dependente de dados* da instrução *i* se um dos seguintes for verdadeiro:

- A instrução *i* produz um resultado que pode ser usado pela instrução *j*.
- A instrução *j* é dependente de dados da instrução *k*, e a instrução *k* é dependente de dados da instrução *i*.

A segunda condição afirma simplesmente que uma instrução é dependente de outra se houver uma cadeia de dependências do primeiro tipo entre as duas instruções. Essa cadeia de dependência pode ter o tamanho do programa inteiro. Observe que uma dependência dentro de uma única instrução (como `add x1,x1,x1`) não é considerada dependência.

Por exemplo, considere a sequência de código RISC-V a seguir, que incrementa um vetor de valores na memória (começando com `0(x1)`, e com o último elemento em `0(x2)`), por um escalar no registrador `f2`.

```
Loop:   fld     f0,0(x1)      //f0 = elemento do array
        fadd.d  f4,f0,f2      //soma escalar em f2
        fsd     f4,0(x1)      //armazena resultado
        addi    x1,x1,8       //decrementa ponteiro em 8 bytes
        bne     x1,x2,Loop    //desvia x1≠x2
```

As dependências de dados nessa sequência de código envolvem tanto dados de ponto flutuante:

```
Loop: fld     f0,0(x1)    //f0=array element
      fadd.d  f4,f0,f2    //add scalar in f2
      fsd     f4,0(x1)    //store result
```

quanto dados inteiros:

```
addi   x1,x1,-8  //decrement pointer
                 //8 bytes (per DW)
bne    x1,x2,Loop//branch x1ax2
```

As duas sequências dependentes anteriores, conforme mostrado pelas setas, têm cada instrução dependendo da anterior. As setas aqui e nos exemplos seguintes mostram a ordem que deve ser preservada para a execução correta. A seta sai de uma instrução que deve preceder a instrução para a qual ela aponta.

Se duas instruções forem dependentes de dados, elas não poderão ser executadas simultaneamente nem ser completamente sobrepostas. A dependência implica que haverá uma cadeia de um ou mais hazards de dados entre as duas instruções (ver no Apêndice C uma rápida descrição dos hazards de dados, que definiremos com exatidão mais adiante). A execução simultânea das instruções fará um processador com pipeline interlock (e uma profundidade de pipeline maior que a distância entre as instruções em ciclos) detectar um hazard e parar (stall), reduzindo ou eliminando assim a sobreposição. Em um processador sem interlocks, que conta com o escalonamento do compilador, o compilador não pode escalonar instruções dependentes de modo que elas sejam totalmente sobrepostas, pois o programa não será executado corretamente. A presença de dependência de dados em uma sequência de instruções reflete uma dependência de dados no código-fonte a partir do qual a sequência de instruções foi gerada. O efeito da dependência de dados original precisa ser preservado.

As dependências são uma propriedade dos *programas*. Se determinada dependência resulta em um hazard real sendo detectado e se esse hazard realmente causa um stall, essas são propriedades da *organização do pipeline*. Essa diferença é essencial para entender como o paralelismo em nível de instrução pode ser explorado.

Uma dependência de dados transmite três coisas: (1) a possibilidade de um hazard; (2) a ordem em que os resultados devem ser calculados; e (3) um limite máximo de paralelismo que poderá ser explorado. Esses limites serão explorados em detalhes em uma armadilha numa seção mais adiante e no Apêndice H on-line.

Como uma dependência de dados pode limitar a quantidade de paralelismo em nível de instrução que podemos explorar, um foco importante deste capítulo é contornar essas limitações. Uma dependência pode ser contornada de duas maneiras diferentes: (1) mantendo a dependência, mas evitando um hazard, e (2) eliminando uma dependência, transformando o código. O escalonamento do código é o método principal utilizado para evitar hazards sem alterar uma dependência, e esse escalonamento pode ser feito tanto pelo compilador quanto pelo hardware.

Um valor de dados pode fluir entre as instruções ou por registradores ou por locais da memória. Quando o fluxo de dados ocorre por meio de um registrador, a detecção da dependência é direta, pois os nomes dos registradores são fixos nas instruções, embora ela fique mais complicada quando os desvios intervêm e questões de exatidão forçam o compilador ou o hardware a ser conservador.

As dependências que fluem pelos locais da memória são mais difíceis de se detectar, pois dois endereços podem referir-se ao mesmo local, mas podem aparecer de formas diferentes. Por exemplo, 100(x4) e 20(x6) podem ser endereços de memória idênticos. Além disso, o endereço efetivo de um load ou store pode mudar de uma execução da instrução para outra (de modo que 20(x4) e 20(x4) podem ser diferentes), complicando ainda mais a detecção de uma dependência.

Neste capítulo, examinaremos o hardware para detectar as dependências de dados que envolvem locais de memória, mas veremos que essas técnicas também possuem limitações. As técnicas do compilador para detectar essas dependências são críticas para desvendar o paralelismo em nível de loop.

### Dependências de nome

O segundo tipo de dependência é uma *dependência de nome*. Uma dependência de nome ocorre quando duas instruções usam o mesmo registrador ou local de memória, chamado *nome*, mas não existe fluxo de dados entre as instruções associadas a ele. Existem dois tipos de dependências de nome entre uma instrução *i* que *precede* uma instrução *j* na ordem do programa:

1. Uma *antidependência* entre a instrução *i* e a instrução *j* ocorre quando a instrução *j* escreve, em um registrador ou local de memória, que a instrução *i* lê. A ordenação original precisa ser preservada para garantir que *i* leia o valor correto. No exemplo da seção Dependências de dados existe uma antidependência entre fsd e addi no registrador x1.
2. Uma *dependência de saída* ocorre quando a instrução *i* e a instrução *j* escrevem no mesmo registrador ou local de memória. A ordenação entre as instruções precisa ser preservada para garantir que o valor finalmente escrito corresponda à instrução *j*.

As antidependências e as dependências de saída são dependências de nome, ao contrário das verdadeiras dependências de dados, pois não existe valor sendo transmitido entre as instruções. Como uma dependência de nome não é uma dependência verdadeira, as instruções envolvidas em uma dependência de nome podem ser executadas simultaneamente ou ser reordenadas se o nome (número de registrador ou local de memória) usado nas instruções for alterado de modo que as instruções não entrem em conflito.

Essa renomeação pode ser feita com mais facilidade para operandos de registradores, quando é chamada *renomeação de registrador*. A renomeação de registrador pode ser feita estaticamente por um compilador ou dinamicamente pelo hardware. Antes de descrever as dependências que surgem dos desvios, vamos examinar o relacionamento entre as dependências e os hazards de dados do pipeline.

### Hazards de dados

Um hazard é criado sempre que existe uma dependência de nome ou dados entre instruções, e elas estão próximas o suficiente para que a sobreposição durante a execução mude a ordem de acesso ao operando envolvido na dependência. Devido à dependência, temos de preservar a chamada *ordem do programa*, ou seja, a ordem em que as instruções seriam executadas se executadas sequencialmente uma de cada vez, conforme determinado pelo programa fonte original. O objetivo do nosso software e das técnicas de hardware é explorar o paralelismo, preservando a ordem do programa *somente onde afeta o resultado do programa*. A detecção e a prevenção dos hazards garantem a preservação da ordem necessária do programa.

Os hazard de dados, que são descritos informalmente no Apêndice C, podem ser classificados em um de três tipos, dependendo da ordem de acessos de leitura e escrita nas instruções. Por convenção, os hazards são nomeados pela ordenação no programa, que precisa ser preservada pelo pipeline. Considere duas instruções *i* e *j*, com *i* precedendo *j* na ordem do programa. Os hazards de dados possíveis são:

- RAW (*read after write* — leitura após escrita) — *j* tenta ler uma fonte antes que *i* escreva nele, de modo que *j* apanha incorretamente o valor *antigo*. Esse hazard é o tipo mais comum e corresponde a uma dependência de dados verdadeira. A ordem do programa precisa ser preservada para garantir que *j* recebe o valor de *i*.
- WAW (*write after write* — escrita após escrita) — *j* tenta escrever um operando antes que ele seja escrito por *i*. As escritas acabam sendo realizadas na ordem errada, deixando o valor escrito por *i* em vez do valor escrito por *j* no destino. Esse hazard corresponde a uma dependência de saída. Hazards WAW estão presentes apenas em pipelines que escrevem em mais de um estágio de pipe ou permitem que uma instrução prossiga mesmo quando uma instrução anterior é parada por um stall.
- WAR (*write after read* — escrita após leitura) — *j* tenta escrever um destino antes que seja lido por *i*, de modo que *i* incorretamente apanha o valor *novo*. Esse hazard surge de uma antidependência (ou dependência de nome). Hazards WAR não podem ocorrer na maioria dos pipelines de despacho estático — até mesmo os pipelines mais profundos ou pipelines de ponto flutuante —, pois todas as leituras vêm cedo (em ID, no pipeline do Apêndice C) e todas as escritas vêm tarde (em WB, no pipeline do Apêndice C). Um hazard WAR ocorre quando existem algumas instruções que escrevem resultados cedo no pipeline de instruções *e* outras instruções que leem uma fonte tarde no pipeline ou quando as instruções são reordenadas, como veremos neste capítulo.

Observe que o caso RAR (*read after read* — leitura após leitura) não é um hazard.

## Dependências de controle

O último tipo de dependência é uma *dependência de controle*. Uma dependência de controle determina a ordenação de uma instrução *i* com relação a uma instrução de desvio, de modo que essa instrução seja executada na ordem correta do programa e somente quando precisar. Cada instrução, exceto aquelas no primeiro bloco básico do programa, é dependente de controle em algum conjunto de desvios e, em geral, essas dependências de controle precisam ser preservadas para preservar a ordem do programa. Um dos exemplos mais simples de uma dependência de controle é a dependência das instruções na parte "then" de uma instrução "if" no desvio. Por exemplo, no segmento de código

```
if p1 {
     S1;
};
if p2 {
     S2;
}
```

S1 é dependente de controle de p1, e S2 é dependente de controle de p2, mas não de p1.

Em geral, existem duas restrições impostas pelas dependências de controle:

1. Uma instrução que é dependente de controle em um desvio não pode ser movida *antes* do desvio, de modo que sua execução *não é mais controlada* por ele. Por exemplo, não podemos apanhar uma instrução da parte then de uma instrução if e movê-la para antes da instrução if.

# CAPÍTULO 3: Paralelismo em nível de instrução e sua exploração

**2.** Uma instrução que não é dependente de controle em um desvio não pode ser movida para *depois* do desvio, de modo que sua execução *é controlada* pelo desvio. Por exemplo, não podemos apanhar uma instrução antes da instrução `if` e movê-la para a parte `then`.

Quando os processadores preservam a ordem estrita do programa, eles garantem que as dependências de controle também sejam preservadas. Porém, podemos estar querendo executar instruções que não deveriam ter sido executadas, violando assim as dependências de controle, *se* pudermos fazer isso sem afetar a exatidão do programa. A dependência de controle não é a propriedade crítica que precisa ser preservada. Em vez disso, as duas propriedades críticas à exatidão do programa — e normalmente preservadas mantendo-se a dependência de dados e o controle — são o *comportamento de exceção* e o *fluxo de dados*.

A preservação do comportamento de exceção significa que quaisquer mudanças na ordem de execução da instrução não deverão mudar o modo como as exceções são geradas no programa. Normalmente, isso significa que a reordenação da execução da instrução não deverá causar quaisquer novas exceções no programa. Um exemplo simples mostra como a manutenção das dependências de controle e dados pode impedir tais situações. Considere esta sequência de código:

```
        add  x2,x3,x4
        beq  x2,x0,L1
        ld   x1,0(x2)
    L1:
```

Nesse caso, é fácil ver que, se não mantivermos a dependência de dados envolvendo `x2`, poderemos alterar o resultado do programa. Menos óbvio é o fato de que, se ignorarmos a dependência de controle e movermos as instruções load para antes do desvio, elas poderão causar uma exceção de proteção de memória. Observe que *nenhuma dependência de dados* nos impede de trocar o `beq` e o `ld`; essa é apenas a dependência de controle. Para permitir que reordenemos essas instruções (e ainda preservemos a dependência de dados), gostaríamos apenas de ignorar a exceção quando o desvio for tomado. Na Seção 3.6, veremos uma técnica de hardware, a *especulação*, que nos permite contornar esse problema de exceção. O Apêndice H on-line examina as técnicas de software para dar suporte à especulação.

A segunda propriedade preservada pela manutenção das dependências de dados e das dependências de controle é o fluxo de dados. O *fluxo de dados* é o fluxo real dos valores de dados entre as instruções que produzem resultados e aquelas que os consomem. Os desvios tornam o fluxo de dados dinâmico, pois permitem que a fonte de dados para determinada instrução venha de muitos pontos. Em outras palavras, não é suficiente apenas manter dependências de dados, pois uma instrução pode ser dependente de dados em mais de um predecessor. A ordem do programa é o que determina qual predecessor realmente entregará um valor de dados a uma instrução. A ordem do programa é garantida mantendo-se as dependências de controle.

Por exemplo, considere o seguinte fragmento de código:

```
        add x1,x2,x3
        beq x4,x0,L
        sub x1,x5,x6
    L:  ...
        or  x7,x1,x8
```

Neste exemplo, o valor de `x1` usado pela instrução `or` depende de o desvio ser tomado ou não. A dependência de dados sozinha não é suficiente para preservar a exatidão. A instrução `or` é dependente de dados nas instruções `add` e `sub`, mas somente preservar essa ordem não é suficiente para garantir a execução correta.

Em vez disso, quando as instruções são executadas, o fluxo de dados precisa ser preservado: se o desvio não for tomado, o valor de `x1` calculado pelo `sub` deve ser usado pelo `or` e, se o desvio for tomado, o valor de `x1` calculado pelo `add` deve ser usado pelo `or`. Preservando a dependência de controle do `or` no desvio, impedimos uma mudança inválida no fluxo dos dados. Por motivos semelhantes, a instrução `sub` não pode ser movida para cima do desvio. A especulação, que ajuda com o problema de exceção, também nos permite suavizar o impacto da dependência de controle enquanto ainda mantém o fluxo de dados, conforme veremos na Seção 3.6.

Às vezes, podemos determinar que a violação da dependência de controle não pode afetar o comportamento da exceção ou o fluxo de dados. Considere a sequência de código a seguir:

```
        add  x1,x2,x3
        beq  x12,x0,skip
        sub  x4,x5,x6
        add  x5,x4,x9
skip:   or   x7,x8,x9
```

Suponha que saibamos que o destino do registrador da instrução `sub` (`x4`) não foi usado depois da instrução rotulada com `skip`. (A propriedade que informa se um valor será usado por uma instrução vindoura é chamada de *vivacidade*). Se `x4` não fosse utilizado, a mudança do valor de `x4` imediatamente antes do desvio não afetaria o fluxo de dados, pois `x4` estaria *morto* (em vez de *vivo*) na região do código após `skip`. Assim, se `x4` estivesse morto e a instrução `sub` existente não pudesse gerar uma exceção (outra além daquelas das quais o processador retoma o mesmo processo), poderíamos mover a instrução `sub` para antes do desvio, pois o fluxo de dados não poderia ser afetado por essa mudança.

Se o desvio for tomado, a instrução `sub` será executada e não terá utilidade, mas não afetará os resultados do programa. Esse tipo de escalonamento de código também é uma forma de especulação, normalmente chamada de especulação de software, pois o compilador está apostando no resultado do desvio; nesse caso, a aposta é que o desvio normalmente não é tomado. O Apêndice H discute mecanismos mais ambiciosos de especulação do compilador. Normalmente ficará claro, quando dissermos especulação ou especulativo, se o mecanismo é um mecanismo de hardware ou software; quando isso não for claro, é melhor dizer "especulação de hardware" ou "especulação de software".

A dependência de controle é preservada pela implementação da detecção de hazard de controle que causa stalls de controle. Stalls de controle podem ser eliminados ou reduzidos por diversas técnicas de hardware e software, que examinaremos na Seção 3.3.

## 3.2 TÉCNICAS BÁSICAS DE COMPILADOR PARA EXPOR O ILP

Esta seção examina o uso da tecnologia simples de compilação para melhorar a capacidade de um processador de explorar o ILP. Essas técnicas são cruciais para os processadores que usam despacho estático ou escalonamento estático. Armados com essa tecnologia de compilação, examinaremos rapidamente o projeto e o desempenho de processadores usando despacho estático. O Apêndice H investigará esquemas mais sofisticados de compilação e hardware associado, projetados para permitir que um processador explore mais o paralelismo em nível de instrução.

## Escalonamento básico de pipeline e desdobramento de loop

Para manter um pipeline cheio, o paralelismo entre as instruções precisa ser explorado encontrando-se sequências de instruções não relacionadas que possam ser sobrepostas no pipeline. Para evitar stall do pipeline, uma instrução dependente precisa ser separada da instrução de origem por uma distância em ciclos de clock igual à latência do pipeline dessa instrução de origem. A capacidade que um compilador tem de realizar esse escalonamento depende da quantidade de ILP disponível no programa e das latências das unidades funcionais no pipeline. A Figura 3.2 mostra as latências da unidade de PF que consideramos neste capítulo, a menos que latências diferentes sejam indicadas explicitamente. Consideramos o pipeline de inteiros-padrão de cinco estágios, de modo que os desvios possuem um atraso de um ciclo de clock. Consideramos que as unidades funcionais são totalmente pipelined ou replicadas (tantas vezes quanto for a profundidade do pipeline), de modo que uma operação de qualquer tipo possa ser enviada em cada ciclo de clock e não haja hazards estruturais.

Nesta subseção, examinaremos como o compilador pode aumentar a quantidade de ILP disponível transformando loops. Esse exemplo serve tanto para ilustrar uma técnica importante quanto para motivar as transformações de programa mais poderosas, descritas no Apêndice H. Vamos nos basear no seguinte segmento de código, que soma um valor escalar a um vetor:

```
for (i = 999; i > = 0; i = i-1)
        x[i] = x[i] + s;
```

Podemos ver que esse loop é paralelo, observando que o corpo de cada iteração é independente. Formalizaremos essa noção no Apêndice H, descrevendo como podemos testar se as iterações do loop são independentes no momento da compilação. Primeiro, vejamos o desempenho desse loop, mostrando como podemos usar o paralelismo para melhorar seu desempenho para um pipeline RISC-V com as latências indicadas antes.

O primeiro passo é traduzir o segmento anterior para a linguagem assembly RISC-V. No segmento de código a seguir, x1 é inicialmente o endereço do elemento no array com o endereço mais alto, e f2 contém o valor escalar *s*. O registrador x2 é pré-calculado, de modo que Regs[x2] + 8 é o endereço do último elemento a ser processado.

| Instrução produzindo resultado | Instrução usando resultado | Latência em ciclos de clock |
|---|---|---|
| Op. ALU de PF | Outra op. ALU de PF | 3 |
| Op. ALU de PF | Store duplo | 2 |
| Load duplo | Op. ALU de PF | 1 |
| Load duplo | Store duplo | 0 |

**FIGURA 3.2** Latências de operações de PF usadas neste capítulo.
A última coluna é o número de ciclos de clock entre as instruções, necessários para evitar um stall. Esses números são semelhantes às latências médias que veríamos em uma unidade de PF. A latência de um load de ponto flutuante para um store é 0, pois o resultado do load pode ser contornado sem protelar o store. Vamos continuar considerando uma latência de load de inteiros igual a 1 e uma latência de operação da ALU igual a 0 (que inclui a operação da ALU para desviar).

O código RISC-V direto, não escalonado para o pipeline, se parece com este:

```
Loop:   fld     f0,0(x1)      //f0=elemento do array
        fadd.d  f4,f0,f2      //soma escalar em f2
        fsd     f4,0(x1)      //armazena resultado
        addi    x1,x1,-8      //decrementa ponteiro
                              //8 bytes(por DW)
        bne     x1,x2,Loop    //desvia x1≠x2
```

Vamos começar vendo como esse loop funcionará quando programado em um pipeline simples para RISC-V, com as latências da Figura 3.2.

**Exemplo**  Mostre como o loop ficaria no RISC-V, escalonado e não escalonado, incluindo quaisquer stalls ou ciclos de clock ociosos. Escalone para os atrasos das operações de ponto flutuante, mas lembre-se de que estamos ignorando os delayed branches.

**Resposta**  Sem qualquer escalonamento, o loop será executado da seguinte forma, usando nove ciclos:

|         |        |          | Ciclo de clock emitido |
|---------|--------|----------|:----------------------:|
| Loop:   | fld    | f0,0(x1) | 1 |
|         | *stall*  | f4,f0,f2 | 2 |
|         | fadd.d |          | 3 |
|         | *stall*  | f4,0(x1) | 4 |
|         | *stall*  | x1,x1    | 5 |
|         | fsd    | x1,x2,Loop | 6 |
|         | addi   |          | 7 |
|         | bne    |          | 8 |

Podemos escalonar o loop para obter apenas dois stalls e reduzir o tempo para sete ciclos:

```
Loop:   fld     f0,0(x1)
        addi    x1,x1,-8
        fadd.d  f4,f0,f2
        stall
        stall            f4,8(x1)
        fsd              x1,x2,Loop
        bne
```

Os stalls após `fadd.d` são para uso do `fsd`, e o reposicionamento do `addi` impede o stall após o `fld`.

No exemplo anterior, completamos uma iteração de loop e armazenamos um elemento do array a cada sete ciclos de clock, mas o trabalho real de operar sobre o elemento do array leva apenas três (load, add e store) desses sete ciclos de clock. Os quatro ciclos de clock restantes consistem em overhead do loop — o `addi` e o `bne` — e dois stalls. Para eliminar esses quatro ciclos de clock, precisamos apanhar mais operações relativas ao número de instruções de overhead.

Um esquema simples para aumentar o número de instruções relativas às instruções de desvio e overhead é o *desdobramento de loop*. O desdobramento simplesmente replica o corpo do loop várias vezes, ajustando o código de término do loop.

O desdobramento de loop também pode ser usado para melhorar o escalonamento. Por eliminar o desvio, ele permite que instruções de diferentes iterações sejam escalonadas juntas. Nesse caso, podemos eliminar os stalls de uso de dados criando instruções independentes adicionais dentro do corpo do loop. Se simplesmente replicássemos as instruções quando desdobrássemos o loop, o uso resultante dos mesmos registradores

# CAPÍTULO 3: Paralelismo em nível de instrução e sua exploração

poderia nos impedir de escalonar o loop com eficiência. Assim, desejaremos usar diferentes registradores para cada iteração, aumentando o número de registradores exigidos.

**Exemplo**  Mostre nosso loop desdobrado de modo que haja quatro cópias do corpo do loop, considerando que $x1 - x2$ (ou seja, o tamanho do array) é inicialmente um múltiplo de 32, o que significa que o número de iterações do loop é um múltiplo de 4. Elimine quaisquer cálculos obviamente redundantes e não reutilize qualquer um dos registradores.

**Resposta**  Aqui está o resultado depois de mesclar as instruções addi e remover as operações bne desnecessárias que são duplicadas durante o desdobramento. Observe que agora x2 precisa ser definido de modo que Regs[x2] + 32 seja o endereço inicial dos quatro últimos elementos.

```
Loop:   fld      f0,0(x1)
        fadd.d   f4,f0,f2
        fsd      f4,0(x1)      // remove addi & bne
        fld      f6,-8(x1)
        fadd.d   f8,f6,f2
        fsd      f8,-8(x1)     //remove addi & bne
        fld      f0,-16(x1)
        fadd.d   f12,f0,f2
        fsd      f12,-16(x1)   //remove addi & bne
        fld      f14,-24(x1)
        fadd.d   f16,f14,f2
        fsd      f16,-24(x1)
        addi     x1,x1,-32
        bne      x1,x2,Loop
```

Eliminamos três desvios e três decrementos de x1. Os endereços nos loads e stores foram compensados para permitir que as instruções addi em x1 sejam mescladas. Essa otimização pode parecer trivial, mas não é; ela exige substituição simbólica e simplificação. A substituição simbólica e a simplificação rearrumarão expressões de modo a permitir que constantes sejam reduzidas, possibilitando que uma expressão como "(( $i + 1$) + 1)" seja reescrita como "($i + (1 + 1)$)" e depois simplificada para "($i + 2$)". Veremos as formas mais gerais dessas otimizações que eliminam cálculos dependentes no Apêndice H.

Sem o escalonamento, cada operação no loop desdobrado é seguida por uma operação dependente e, assim, causará um stall. Esse loop será executado em 26 ciclos de clock — cada fld tem um stall, cada fadd.d tem dois, mais 14 ciclos de despacho de instrução — ou 6,5 ciclos de clock para cada um dos quatro elementos, mas ele pode ser escalonado para melhorar significativamente o desempenho. O desdobramento do loop normalmente é feito antes do processo de compilação, de modo que cálculos redundantes podem ser expostos e eliminados pelo otimizador.

Em programas reais, normalmente não sabemos o limite superior no loop. Suponha que ele seja $n$ e que gostaríamos de desdobrar o loop para criar $k$ cópias do corpo. Em vez de um único loop desdobrado, geramos um par de loops consecutivos. O primeiro executa ($n \bmod k$) vezes e tem um corpo que é o loop original. O segundo é o corpo desdobrado, cercado por um loop externo que se repete ($n/k$) vezes. (Como veremos no Capítulo 4, essa técnica é semelhante a uma técnica chamada *strip mining*, usada em compiladores para processadores vetoriais.) Para valores grandes de $n$, a maior parte do tempo de execução será gasta no corpo do loop desdobrado.

No exemplo anterior, o desdobramento melhora o desempenho desse loop, eliminando as instruções de overhead, embora aumente o tamanho do código substancialmente. Como o loop desdobrado funcionará quando for escalonado para o pipeline descrito anteriormente?

**Exemplo**  Mostre o loop desdobrado no exemplo anterior após ter sido escalonado para o pipeline com as latências mostradas na Figura 3.2.

**Resposta**
```
Loop:   fld       f0,0(x1)
        fld       f6,-8(x1)
        fld       f0,-16(x1)
        fld       f14,-24(x1)
        fadd.d    f4,f0,f2
        fadd.d    f8,f6,f2
        fadd.d    f12,f0,f2
        fadd.d    f16,f14,f2
        fsd       f4,0(x1)
        fsd       f8,-8(x1)
        fsd       f12,16(x1)
        fsd       f16,8(x1)
        addi      x1,x1,-32
        bne       x1,x2,Loop
```

O tempo de execução do loop desdobrado caiu para um total de 14 ciclos de clock ou 3,5 ciclos de clock por elemento, em comparação com os 8 ciclos por elemento antes de qualquer desdobramento ou escalonamento e 6,5 ciclos quando desdobrado, mas não escalonado.

O ganho vindo do escalonamento no loop desdobrado é ainda maior que no loop original. Esse aumento surge porque o desdobramento do loop expõe mais computação que pode ser escalonada para minimizar os stalls; o código anterior não possui stalls. Dessa forma, o escalonamento do loop necessita da observação de que os loads e stores são independentes e podem ser trocados.

## Resumo do desdobramento e escalonamento de loop

No decorrer deste capítulo e no Apêndice H, veremos uma série de técnicas de hardware e software que nos permitirão tirar proveito do paralelismo em nível de instrução para utilizar totalmente o potencial das unidades funcionais em um processador. A chave para a maioria dessas técnicas é saber quando e como a ordenação entre as instruções pode ser alterada. No nosso exemplo, fizemos muitas dessas mudanças, que, para nós, como seres humanos, eram obviamente permissíveis. Na prática, esse processo precisa ser realizado em um padrão metódico, seja por um compilador, seja pelo hardware. Para obter o código desdobrado final, tivemos de tomar as seguintes decisões e transformações:

- Determinar que o desdobramento do loop seria útil descobrindo que as iterações do loop eram independentes, exceto para o código de manutenção do loop.
- Usar diferentes registradores para evitar restrições desnecessárias que seriam forçadas pelo uso dos mesmos registradores para diferentes cálculos (por exemplo, dependências de nome).
- Eliminar as instruções extras de teste e desvio, e ajustar o código de término e iteração do loop.
- Determinar que os loads e stores no loop desdobrado podem ser trocados, observando que os loads e stores de diferentes iterações são independentes. Essa transformação requer analisar os endereços de memória e descobrir que eles não se referem ao mesmo endereço.
- Escalonar o código preservando quaisquer dependências necessárias para gerar o mesmo resultado do código original.

O requisito-chave por trás de todas essas transformações é o conhecimento de como uma instrução depende de outra e como as instruções podem ser trocadas ou reordenadas dadas as dependências.

Existem três tipos de limite diferentes para os ganhos que podem ser alcançados pelo desdobramento do loop: (1) diminuição na quantidade de overhead amortizado com cada desdobramento; (2) limitações de tamanho de código e (3) limitações do compilador. Vamos considerar primeiro a questão do overhead do loop. Quando desdobramos o loop quatro vezes, ele gerou paralelismo suficiente entre as instruções em que o loop poderia ser escalonado sem ciclos de stall. De fato, em 14 ciclos de clock, somente dois ciclos foram overhead do loop: o `addi`, que mantém o valor de índice, e o `bne`, que termina o loop. Se o loop for desdobrado oito vezes, o overhead será reduzido de 1/2 ciclo por iteração original para 1/4.

Um segundo limite para o desdobramento é o consequente crescimento no tamanho do código. Para loops maiores, o crescimento no tamanho do código pode ser um problema, particularmente se causar aumento na taxa de falta da cache de instruções.

Outro fator normalmente mais importante que o tamanho do código é o déficit em potencial de registradores, que é criado pelo desdobramento e pelo escalonamento agressivo. Esse efeito secundário que resulta do escalonamento de instruções em segmentos de código grandes é chamado *pressão de registradores*. Ele surge porque escalonar o código para aumentar o ILP faz com que o número de valores vivos seja aumentado. Depois do escalonamento de instrução agressivo, pode não ser possível alocar todos os valores vivos aos registradores. O código transformado, embora teoricamente mais rápido, pode perder parte de sua vantagem ou toda ela, pois gera uma escassez de registradores. Sem desdobramento, o escalonamento agressivo é suficientemente limitado pelos desvios, de modo que a pressão de registradores raramente é um problema. Entretanto, a combinação de desdobramento e escalonamento agressivo pode causar esse problema. O problema se torna especialmente desafiador nos processadores de múltiplo despacho, que exigem a exposição de mais sequências de instruções independentes, cuja execução pode ser sobreposta. Em geral, o uso de transformações de alto nível sofisticadas, cujas melhorias em potencial são difíceis de medir antes da geração de código detalhada, levou a aumentos significativos na complexidade dos compiladores modernos.

O desdobramento de loop é um método simples, porém útil, para aumentar o tamanho dos fragmentos de código direto que podem ser escalonados com eficiência. Essa transformação é útil em diversos processadores, desde pipelines simples, como aqueles que examinamos até aqui, até os superescalares e VLIWs de múltiplo despacho, explorados mais adiante neste capítulo.

## 3.3 REDUÇÃO DE CUSTOS COM PREVISÃO DE DESVIO AVANÇADA

Devido à necessidade de forçar as dependências de controle por meio dos hazards de desvio e stalls, os desvios atrapalharão o desempenho do pipeline. O desdobramento de loop é uma forma de reduzir o número de hazards de desvio; também podemos reduzir as perdas de desempenho prevendo como elas se comportarão. No Apêndice C, examinamos previsores de desvio simples que contam com as informações no momento da execução ou com o comportamento dinâmico observado de um único desvio isoladamente. À medida que o número de instruções em execução cresce com pipelines mais profundos e mais despachos por clock, aumenta a importância de uma previsão de desvio mais exata. Nesta seção, examinamos técnicas para melhorar a exatidão da previsão dinâmica. Esta seção utiliza bastante o previsor de 2 bits simples, explicado na Seção C.2, e é muito importante que o leitor compreenda a operação desse previsor antes de seguir adiante.

## Correlacionando esquemas de previsão de desvio

Os esquemas de previsão de 2 bits do Apêndice C utilizam apenas o comportamento recente de um único desvio para prever o comportamento futuro desse desvio. Talvez seja possível melhorar a exatidão da previsão se também virmos o comportamento recente dos *outros* desvios em vez de vermos apenas o desvio que estamos tentando prever. Considere um pequeno fragmento de código, do benchmark eqntott, um membro dos primeiros pacotes de benchmark SPEC que exibiam comportamento de previsão de desvio particularmente ruins:

```
if (aa==2)
        aa = 0;
if (bb==2)
        bb = 0;
if (aa!=bb) {
```

Aqui está o código RISC-V que normalmente geraríamos para esse fragmento de código, considerando que aa e bb são atribuídos aos registradores x1 e x2:

```
        addi    3,x1,-2
        bnez    3,L1        //desvio b1 (aa!=2)
        add     1,x0,x0     //aa = 0
L1:     addi    3,x2,-2
        bnez    3,L2        //desvio b2 (bb!=2)
        add     2,x0,x0     //bb = 0
L2:     ub      x3,x1,x2    //x3 = aa-bb
        beqz    3,L3        //desvio b3 (aa==bb)
```

Vamos rotular esses desvios como b1, b2 e b3. A principal observação é que o comportamento do desvio b3 é correlacionado com o comportamento dos desvios b1 e b2. Obviamente, se os desvios b1 e b2 não forem tomados (ou seja, se as condições forem avaliadas como verdadeira e aa e bb receberem o valor 0), então b3 será tomado, pois aa e bb são nitidamente iguais. Um esquema de previsão que utiliza o comportamento de um único desvio para prever o resultado desse desvio nunca poderá capturar esse comportamento.

Os esquemas de previsão de desvio que usam o comportamento de outros desvios para fazer uma previsão são chamados *previsores de correlação* ou *previsores de dois níveis*. Os previsores de correlação existentes acrescentam informações sobre o comportamento da maioria dos desvios recentes para decidir como prever determinado desvio. Por exemplo, um esquema de previsão (1,2) utiliza o comportamento do último desvio para escolher dentre um par de previsores de desvio de 2 bits na previsão de determinado desvio. No caso geral, um esquema de previsão $(m,n)$ utiliza o comportamento dos últimos $m$ desvios para escolher dentre $2^m$ previsores de desvio, cada qual sendo um previsor de $n$ bits para um único desvio. A atração desse tipo de previsor de desvio de correlação é que ele pode gerar taxas de previsão mais altas do que o esquema de 2 bits e exige apenas uma quantidade trivial de hardware adicional.

A simplicidade do hardware vem de uma observação simples: a história global dos $m$ desvios mais recentes pode ser registrada em um registrador de deslocamento de $m$ bits, onde cada bit registra se o desvio foi tomado ou não. O buffer de previsão de desvio pode, então, ser indexado usando uma concatenação dos bits de baixa ordem a partir do endereço de desvio com um histórico global de $m$ bits. Por exemplo, em um buffer (2,2) com 64 entradas no total, os 4 bits de endereço de baixa ordem do desvio (endereço de palavra) e os 2 bits globais representando o comportamento dos dois desvios executados mais recentemente formam um índice de 6 bits que pode ser usado para indexar os 64 contadores. Combinando as informações locais e globais pela concatenação (ou com uma função hash simples), podemos indexar a tabela de previsores com o resultado e obter uma previsão tão rápido quanto poderíamos para o previsor padrão de 2 bits, conforme faremos em breve.

Quão melhor os previsores de desvio de correlação funcionam quando comparados com o esquema-padrão de 2 bits? Para compará-los de forma justa, temos de comparar os previsores que utilizam o mesmo número de bits de status. O número de bits em um previsor de $(m,n)$ é

$$2^m \times n \times \text{Número de entradas de previsão selecionadas pelo endereço de desvio}$$

Um esquema de previsão de 2 bits sem histórico global é simplesmente um previsor $(0,2)$.

**Exemplo**  Quantos bits existem no previsor de desvio $(0,2)$ com 4 K entradas? Quantas entradas existem em um previsor $(2,2)$ com o mesmo número de bits?

*Resposta*  O previsor com 4 K entradas possui

$$2^0 \times 2 \times 4K = 8K \text{ bits}$$

Quantas entradas selecionadas de desvio existem em um previsor $(2,2)$ que tem um total de 8 K bits no buffer de previsão? Sabemos que

$$2^2 \times 2 \times \text{Número de entradas de previsão selecionadas pelo desvio} = 8K$$

Portanto, o número de entradas de previsão selecionadas pelo desvio = 1 K.

A Figura 3.3 compara as taxas de erro de previsão do previsor anterior $(0,2)$ com 4 K entradas e um previsor $(2,2)$ com 1 K entrada. Como você pode ver, esse previsor de correlação não apenas ultrapassa o desempenho de um previsor simples de 2 bits com o mesmo número total de bits de status, mas normalmente é superior a um previsor de 2 bits com um número ilimitado de entradas.

Talvez o exemplo mais conhecido de um previsor correlato seja o previsor gshare de McFarling. No gshare, o índice é formado pela combinação do endereço do desvio e dos resultados mais recentes de desvio condicional, por meio de um OR exclusivo (XOR), que basicamente age como um hash do endereço de desvio e do histórico de desvios. O hash resultante é usado para indexar uma matriz de previsão de contadores de 2 bits, conforme mostrado na Figura 3.4. O previsor gshare funciona notavelmente bem para um previsor simples, e é frequentemente usado como a linha de base para comparação com previsores mais sofisticados. Previsores que combinam informações de desvio local e histórico de desvio global também são chamados de *previsores de liga* ou *previsores híbridos*.

### Previsores de torneio: combinando previsores locais e globais adaptativamente

A principal motivação para correlacionar previsores de desvio veio da observação de que o previsor de 2 bits padrão, usando apenas informações locais, falhou em alguns desvios importantes e que, acrescentando informações globais, esse desempenho poderia ser melhorado. Os *previsores de torneio* levam essa compreensão para o próximo nível, usando vários previsores, normalmente um baseado em informações globais e outro em informações locais, e escolhendo entre eles por meio de um seletor, conforme mostra a Figura 3.5. Um *previsor global* usa o histórico de desvios mais recente para indexar o previsor, enquanto um *previsor local* usa o endereço do desvio como índice. Os previsores de torneio são outra forma de previsores híbridos ou de liga.

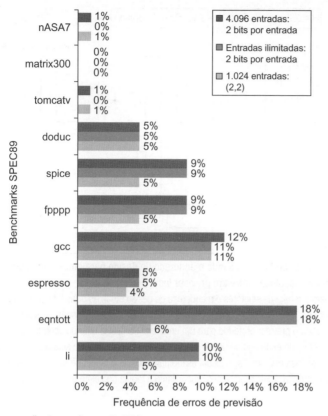

**FIGURA 3.3** Comparação de previsores de 2 bits.
Primeiro previsor não correlacionado para 4.096 bits, seguido por um previsor não correlacionado de 2 bits com entradas ilimitadas e um previsor de 2 bits com 2 bits de histórico global e um total de 1.024 entradas. Embora esses dados sejam para uma versão mais antiga do SPEC, dados para benchmarks SPEC mais recentes mostrariam diferenças com precisão semelhante.

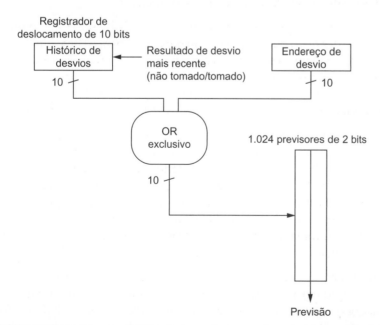

**FIGURA 3.4** Um previsor gshare com 1.024 entradas, cada uma sendo um previsor padrão de 2 bits.

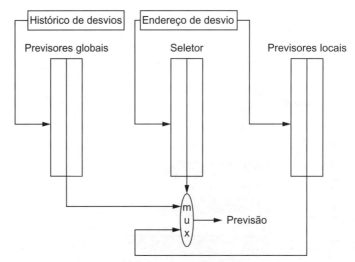

**FIGURA 3.5** Um previsor de torneio usando o endereço de desvio para indexar um conjunto de contadores de seleção de 2 bits, que escolhem entre um previsor local e um global.
Neste caso, o índice para a tabela de seletores é o endereço de desvio atual. As duas tabelas também são previsores de 2 bits que são indexados pelo histórico global e endereço de desvio, respectivamente. O seletor atua como um previsor de 2 bits, alterando o previsor preferido para um endereço de desvio quando ocorrem dois erros de previsão em sequência. O número de bits do endereço de desvio usado para indexar a tabela de seletores e a tabela de previsor local é igual ao comprimento do histórico de desvio global usado para indexar a tabela de previsão global. Observe que o erro de previsão é um pouco intricado, pois precisamos mudar tanto a tabela de seletores quanto o previsor global ou local.

Os previsores de torneio podem conseguir melhor exatidão em tamanhos médios (8 K-32 K bits) e também utilizar números muito grandes de bits de previsão com eficiência. Os previsores de torneio existentes utilizam um contador de saturação de 2 bits por desvio para escolher entre dois previsores diferentes com base em qual previsor (local, global ou até mesmo alguma mistura variável com o tempo) foi mais eficaz nas previsões recentes. Assim como no previsor de 2 bits simples, o contador de saturação requer dois erros de previsão antes de alterar a identidade do previsor preferido.

A vantagem de um previsor de torneio é a sua capacidade de selecionar o previsor certo para determinado desvio, o que é particularmente crucial para os benchmarks de inteiros. Um previsor de torneio típico selecionará o previsor global em quase 40% do tempo para os benchmarks de inteiros SPEC e em menos de 15% do tempo para os benchmarks de PF SPEC. Além dos processadores Alpha, que foram pioneiros dos previsores de torneio, diversos processadores AMD vêm usando previsores no estilo previsor de torneio.

A Figura 3.6 examina o desempenho de três previsores diferentes (um previsor local de 2 bits, um de correlação e um de torneio) para diferentes quantidades de bits usando o SPEC89 como benchmark. Como vimos anteriormente, a capacidade de previsão do previsor local não melhora além de certo tamanho. O previsor de correlação mostra uma melhoria significativa, e o previsor de torneio gera um desempenho ligeiramente melhor. Para versões mais recentes do SPEC, os resultados seriam semelhantes, mas o comportamento assintomático não seria alcançado até que houvesse previsores de tamanho ligeiramente maior.

O previsor local consiste em um previsor de dois níveis. O nível superior é uma tabela de histórico consistindo em 1.024 entradas de 10 bits; cada entrada de 10 bits corresponde aos 10 resultados de desvio mais recentes para a entrada. Ou seja, se o desvio foi tomado

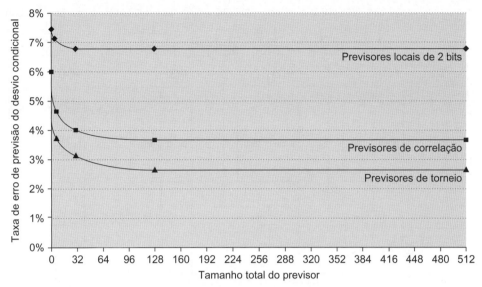

**FIGURA 3.6** Taxa de erro de previsão para três previsores diferentes no SPEC89 em função do tamanho do previsor em kilobits.

Os previsores são um previsor de 2 bits local, um previsor de correlação, que é idealmente estruturado em seu uso de informações globais e locais em cada ponto no gráfico, e um previsor de torneio. Embora esses dados sejam para uma versão mais antiga do SPEC, os dados para benchmarks SPEC mais recentes mostrariam comportamento semelhante, talvez convergindo para o limite assintótico em tamanhos de previsores ligeiramente maiores.

10 ou mais vezes em sequência, a entrada na tabela local de histórico, serão todos 1s. Se o desvio for alternadamente tomado e não tomado, a entrada no histórico consistirá em 0s e 1s alternados. Esse histórico de 10 bits permite que padrões de até 10 desvios sejam descobertos e previstos. A entrada selecionada da tabela de histórico local é usada para indexar uma tabela de 1 K entradas consistindo em contadores de saturação de 3 bits, que oferecem a previsão local. Essa combinação, que usa um total de 29 K bits, leva a alta precisão na previsão do desvio, enquanto exige menos bits do que uma tabela de único nível com a mesma exatidão de previsão.

## Previsores híbridos em tags

Os esquemas de previsão de desvio com melhor desempenho a partir de 2017 envolvem a combinação de vários previsores que controlam se uma previsão provavelmente está associada ao desvio atual. Uma classe importante de previsores é vagamente baseada em um algoritmo para compressão estatística chamado PPM (Prediction by Partial Matching — previsão por correspondência parcial). O PPM (ver Jiménez e Lin, 2001), como um algoritmo de previsão de desvio, tenta prever o comportamento futuro com base no histórico. Essa classe de previsores de desvio, que chamamos de *previsores híbridos marcados* (ver Seznec e Michaud, 2006), emprega uma série de previsores globais indexados com diferentes históricos de comprimento.

Por exemplo, conforme mostrado na Figura 3.7, um previsor híbrido marcado de cinco componentes possui cinco tabelas de previsão: P(0), P(1),... P(4), onde P($i$) é acessada usando um hash do PC e do histórico dos $i$ desvios mais recentes (mantidos em um registrador de deslocamento, h, assim como no gshare). O uso de múltiplos comprimentos de histórico para indexar previsores separados é a primeira diferença crítica. A segunda diferença crítica é o uso de tags nas tabelas P(1) a P(4). As tags podem ser curtas porque

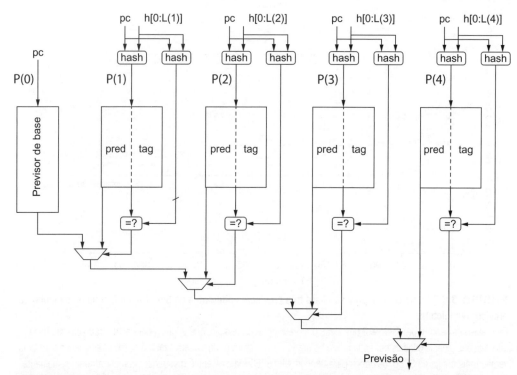

**FIGURA 3.7** Um previsor híbrido marcado com cinco componentes possui cinco tabelas de previsão separadas, indexadas por um hash do endereço de desvio e um segmento do histórico de desvio recente de comprimento 0–4, rotulado com "h" nesta figura.

O hash pode ser tão simples quanto um OR exclusivo, como no gshare. Cada previsor utiliza 2 bits (ou possivelmente 3 bits). As tags normalmente possuem de 4 a 8 bits. A previsão escolhida é aquela com o histórico mais longo, onde as tags também correspondem.

as correspondências de 100% não são necessárias: uma pequena tag de 4 a 8 bits parece ganhar a maior parte da vantagem. Uma previsão de P(1),... P(4) é usada somente se as tags corresponderem ao hash do endereço de desvio e o histórico de desvio global. Cada um dos previsores em P(0...n) pode ser um previsor padrão de 2 bits. Na prática, um contador de 3 bits, que requer três interpretações erradas para alterar uma previsão, fornece resultados ligeiramente melhores do que um contador de 2 bits.

A previsão para um determinado desvio é o previsor com o maior histórico de desvios que também possui tags correspondentes. P(0) sempre corresponde porque não usa tags e se torna a previsão padrão se não houver alguma correspondência de P(1) a P(n). A versão híbrida marcada deste previsor também inclui um campo de uso de 2 bits em cada um dos previsores indexados por histórico. O campo de uso indica se uma previsão foi usada recentemente e, portanto, provavelmente é mais precisa; o campo de uso pode ser redefinido periodicamente em todas as entradas para que as previsões antigas sejam apagadas. Muitos outros detalhes estão envolvidos na implementação desse estilo de previsão, especialmente como lidar com erros de previsão. O espaço de pesquisa para o previsor ideal também é muito grande, porque o número de previsores, o histórico exato usado para indexação e o tamanho de cada previsor são todos variáveis.

Previsores de tags híbridos (às vezes chamados de previsores TAGE — TAgged GEometic) e os previsores baseados em PPM anteriores foram os vencedores nas competições internacionais anuais de previsão de desvio. Esses previsores superam o gshare e os previsores de torneio com quantidades modestas de memória (32–64 KiB) e, além disso, essa classe de previsores parece capaz de usar com eficiência caches de previsão maiores para fornecer maior exatidão na previsão.

Outro problema para previsores maiores é como inicializar o previsor. Ele pode ser inicializado aleatoriamente, e nesse caso, será preciso um tempo de execução razoável para preencher o previsor com previsões úteis. Alguns previsores (incluindo muitos previsores recentes) incluem um bit de validade, indicando se uma entrada no previsor foi definida ou se está no "estado não utilizado". No último caso, em vez de usar uma previsão aleatória, poderíamos usar algum método para inicializar essa entrada de previsão. Por exemplo, alguns conjuntos de instruções contêm um bit que indica se um desvio associado deve ser tomado ou não. Nos dias que antecederam a previsão dinâmica de desvio, esses bits de dica *eram* a previsão; em processadores recentes, esse bit de dica pode ser usado para definir a previsão inicial. Também poderíamos definir a previsão inicial com base na direção do desvio: os desvios para a frente são inicializados como não tomados, enquanto os desvios para trás, que provavelmente são desvios em loop, são inicializados como desvios tomados. Para programas com tempos de execução mais curtos e processadores com previsores maiores, essa configuração inicial pode ter um impacto mensurável no desempenho da previsão.

A Figura 3.8 mostra que um previsor híbrido marcado supera significativamente o gshare, especialmente para os programas menos previsíveis, como o SPECint e aplicações de servidor. Nesta figura, o desempenho é medido como erros de previsão por mil instruções; considerando uma frequência de desvio de 20% a 25%, o gshare tem uma taxa de erros (por filial) de 2,7% a 3,4% para os benchmarks multimídia, enquanto o previsor híbrido marcado tem uma taxa de erro de previsão de 1,8% a 2,2%, ou aproximadamente um terço a menos de erros de previsão. Em comparação com o gshare, os previsores híbridos

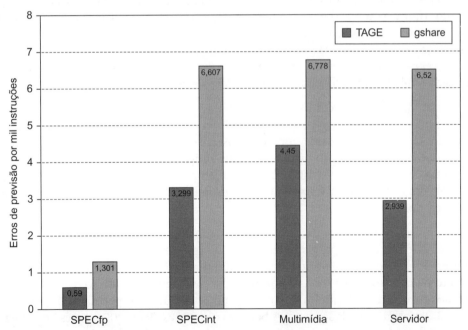

**FIGURA 3.8** Uma comparação da taxa de erro de previsão (medida como erros de previsão por 1000 instruções executadas) para previsor híbrido marcado contra gshare.
Os dois previsores utilizam o mesmo número total de bits, embora o híbrido marcado use parte desse armazenamento para tags, enquanto o gshare não possui tags. Os benchmarks consistem em rastreamentos do SPECfp e SPECint, uma série de benchmarks de multimídia e servidor. Os dois últimos se comportam mais como o SPECint.

marcados são mais complexos de implementar e, provavelmente, são um pouco mais lentos devido à necessidade de verificar várias tags e escolher um resultado de previsão. No entanto, para processadores com pipelines profundos com grandes penalidades para erros de previsão de desvio, o aumento da precisão supera essas desvantagens. Assim, muitos projetistas de processadores de ponta optaram por incluir previsores híbridos marcados em suas implementações mais recentes.

## A evolução do previsor de desvio do Intel Core i7

Como foi dito no capítulo anterior, houve seis gerações de processadores Intel Core i7 entre 2008 (Core i7 920 usando a microarquitetura Nehalem) e 2016 (Core i7 6700 usando a microarquitetura Skylake). Devido à combinação de pipelining profundo e despachos múltiplos por clock, o i7 tem muitas instruções em andamento ao mesmo tempo (até 256 e, normalmente, pelo menos 30). Isso torna a previsão de desvio crítica e tem sido uma área em que a Intel vem fazendo melhorias constantes. Talvez devido à natureza crítica do desempenho do previsor de desvios, a Intel tenha optado por manter os detalhes de seus previsores de desvio altamente secretos. Mesmo para processadores mais antigos, como o Core i7 920, lançado em 2008, eles liberaram apenas algumas poucas informações. Nesta seção, descrevemos brevemente o que é conhecido e comparamos o desempenho dos previsores do Core i7 920 com os do Core i7 6700 mais recente.

O Core i7 920 usava um previsor de dois níveis que tem um previsor menor de primeiro nível, projetado para atender às restrições de ciclo de previsão de um desvio a cada ciclo de clock, e um previsor maior de segundo nível como backup. Cada previsor combina três previsores diferentes: (1) um previsor simples de dois bits, que foi apresentado no Apêndice C (e usado no previsor de torneio discutido anteriormente); (2) um previsor de histórico global, como aqueles que acabamos de ver; e (3) um previsor de saída de loop. O previsor de saída de loop usa um contador para prever o número exato de desvios tomados (que é o número de iterações de loop) para um desvio que é detectado como um desvio de loop. Para cada desvio, a melhor previsão é selecionada entre os três previsores rastreando a exatidão de cada previsão, como um previsor de torneio. Além desse previsor multinível principal, uma unidade separada prevê endereços-alvo para desvios indiretos e é usada também uma pilha para prever endereços de retorno.

Embora ainda menos seja conhecido a respeito dos previsores nos processadores i7 mais recentes, há um bom motivo para crer que a Intel está empregando um previsor híbrido marcado. Uma vantagem desse tipo de previsor é que ele combina as funções de todos os três previsores de segundo nível no i7 mais antigo. O previsor híbrido marcado com diferentes comprimentos de histórico substitui o previsor de saída de loop, bem como o previsor com histórico local e global. Um previsor de endereço de retorno separado ainda é empregado.

Como em outros casos, a especulação cria alguns desafios na avaliação do previsor, uma vez que um desvio previsto de modo incorreto pode facilmente levar a busca e interpretação incorretas de outro desvio. Para manter a simplicidade, examinamos o número de previsões incorretas como uma porcentagem do número de desvios completados com sucesso (aqueles que não foram resultado de especulação incorreta). A Figura 3.9 mostra esses dados para os benchmarks SPECCPUint2006. Esses benchmarks são consideravelmente maiores do que o SPEC89 ou o SPEC2000, implicando que as taxas de previsão incorreta sejam maiores do que aquelas na Figura 3.6, mesmo com uma combinação mais poderosa de previsores. Uma vez que a previsão incorreta de desvios leva à especulação ineficaz, ela contribui para o trabalho desperdiçado, como veremos mais adiante neste capítulo.

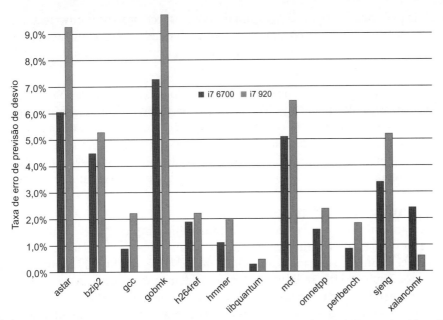

**FIGURA 3.9** A taxa de erro de previsão para os benchmarks de inteiros SPECCPU2006 no Intel Core i7 920 e 6700.
A taxa de erro de previsão é calculada como a razão entre os desvios completados que foram previstos incorretamente e todos os desvios completados. Isso poderia subestimar um pouco a taxa de erro de previsão, pois se um desvio for previsto incorretamente e levado a outro desvio mal previsto (que não deveria ter sido executado), ele será contado como apenas um erro de previsão. Na média, o i7 920 erra na previsão de desvios com uma frequência de 1,3 vezes em relação ao i7 6700.

## 3.4 CONTORNANDO HAZARDS DE DADOS COM O ESCALONAMENTO DINÂMICO

Um pipeline simples escalonado estaticamente carrega uma instrução e a despacha, a menos que haja uma dependência de dados entre uma instrução já no pipeline e a instrução carregada, que não pode ser escondida com o bypassing ou o encaminhamento (a lógica de encaminhamento reduz a latência efetiva do pipeline, de modo que certas dependências não resultam em hazards). Se houver uma dependência de dados que não possa ser escondida, o hardware de detecção de hazard forçará um stall no pipeline, começando com a instrução que usa o resultado. Nenhuma instrução nova é carregada ou despachada até que a dependência seja resolvida.

Nesta seção, exploramos o *escalonamento dinâmico*, em que o hardware reorganiza a execução da instrução para reduzir os stalls enquanto mantém o fluxo de dados e o comportamento da exceção. O escalonamento dinâmico oferece diversas vantagens. Primeiro, ele permite que o código compilado com um pipeline em mente seja executado de forma eficiente em um pipeline diferente, eliminando a necessidade de ter vários binários e recompilar para uma microarquitetura diferente. No ambiente de computação atual, onde grande parte do software vem de terceiros e é distribuída em formato binário, essa vantagem é significativa. Segundo, ele permite o tratamento de alguns casos quando as dependências são desconhecidas durante a compilação; por exemplo, podem envolver uma referência à memória ou um desvio dependente dos dados, ou então podem ser resultado de um ambiente de programação moderno, que usa vínculo ou despacho dinâmico. Terceiro, e talvez o mais importante, ele permite que o processador tolere atrasos imprevisíveis, como faltas de cache, executando outro código enquanto espera que a falta seja resolvida. Na Seção 3.6, exploraremos a especulação de hardware, uma técnica com vantagens adicionais no desempenho, que é baseada no escalonamento dinâmico. Conforme veremos, as vantagens do escalonamento dinâmico são obtidas à custa de um aumento significativo na complexidade do hardware.

Embora um processador dinamicamente escalonado não possa mudar o fluxo de dados, ele tenta evitar os stalls quando as dependências estão presentes. Ao contrário, o escalonamento estático do pipeline pelo compilador (explicado na Seção 3.2) tenta minimizar os stalls separando instruções dependentes de modo que não levem a hazards. Naturalmente, o escalonamento de pipeline pelo compilador também pode ser usado no código destinado a executar em um processador com um pipeline escalonado dinamicamente.

## Escalonamento dinâmico: a ideia

Uma limitação importante das técnicas de pipelining simples é que elas utilizam o despacho e a execução de instruções em ordem: as instruções são enviadas na ordem do programa e, se uma instrução for protelada no pipeline, nenhuma instrução posterior poderá prosseguir. Assim, se houver uma dependência entre duas instruções próximas no pipeline, isso levará a um hazard que resultará em um stall. Se houver várias unidades funcionais, essas unidades poderão ficar ociosas. Se a instrução $j$ depender de uma instrução de longa execução $i$, em execução no pipeline, então todas as instruções depois de $j$ precisarão ser proteladas até que $i$ termine e $j$ possa ser executada. Por exemplo, considere este código:

```
fdiv.d   f0,f2,f4
fadd.d   f10,f0,f8
fsub.d   f12,f8,f14
```

A instrução fsub.d não pode ser executada, porque a dependência de fadd.d em fdiv.d faz com que o pipeline fique em stall; mesmo assim, fsub.d não é dependente de dados de qualquer coisa no pipeline. Esse hazard cria uma limitação de desempenho que pode ser eliminada por não exigir que as instruções sejam executadas na ordem do programa.

No pipeline clássico em cinco estágios, os hazards estruturais e de dados poderiam ser verificados durante a decodificação da instrução (ID): quando uma instrução pudesse ser executada sem hazards, ela seria enviada pela ID sabendo que todos os hazards de dados foram resolvidos.

Para que possamos começar a executar o fsub.d no exemplo anterior, temos de dividir o processo em duas partes: verificar quaisquer hazards estruturais e esperar pela ausência de um hazard de dados. Ainda assim usamos o despacho de instruções na ordem (ou seja, instruções enviadas na ordem do programa), mas queremos que uma instrução comece sua execução assim que seus operandos de dados estiverem disponíveis. Esse pipeline realiza a *execução fora de ordem*, que implica o *término fora de ordem*.

A execução fora de ordem introduz a possibilidade de hazards WAR e WAW, que não existem no pipeline de inteiros de cinco estágios, e sua extensão lógica a um pipeline de ponto flutuante em ordem. Considere a sequência de códigos de ponto flutuante RISC-V a seguir:

```
fdiv.d   f0,f2,f4
fmul.d   f6,f0,f8
fadd.d   f0,f10,f14
```

Existe uma antidependência entre o fmul.d e o fadd.d (para o registrador f0) e, se o pipeline executar o fadd.d antes do fmul.d (que está esperando por fdiv.d), ele violará a antidependência, gerando um hazard WAR. De modo semelhante, para evitar violar as dependências de saída, como a escrita de f0 por fadd.d antes que fdiv.d termine, os hazards WAW precisam ser tratados. Conforme veremos, esses dois hazards são evitados pelo uso da renomeação de registradores.

O término fora de ordem também cria complicações importantes no tratamento de exceções. O escalonamento dinâmico com o término fora de ordem precisa preservar o comportamento da exceção no sentido de que *exatamente* as exceções que surgiriam se o programa fosse executado na ordem estrita do programa *realmente* surjam. Processadores escalonados dinamicamente preservam o comportamento de exceção adiando a notificação de uma exceção associada até que o processador saiba que a instrução deverá ser a próxima a ser concluída.

Embora o comportamento de exceção tenha de ser preservado, os processadores escalonados dinamicamente podem gerar exceções *imprecisas*. Uma exceção é *imprecisa* se o estado do processador quando uma exceção for levantada não se parecer exatamente como se as instruções fossem executadas sequencialmente na ordem estrita do programa. Exceções imprecisas podem ocorrer devido a duas possibilidades:

1. O pipeline pode ter instruções *já completadas*, que estão *mais adiante* na ordem do programa do que a instrução que causa a exceção.
2. O pipeline pode *ainda não ter completado* algumas instruções, que estão *mais atrás* na ordem do programa do que a instrução que causa a exceção.

As exceções imprecisas dificultam o reinício da execução após uma exceção. Em vez de resolver esses problemas nesta seção, discutiremos na Seção 3.6 uma solução que oferece exceções precisas no contexto de um processador com especulação. Para exceções de ponto flutuante, outras soluções foram usadas, conforme discutiremos no Apêndice J, disponível on-line.

Para permitir a execução fora de ordem, basicamente dividimos o estágio ID do nosso pipeline simples de cinco estágios em dois estágios:

1. *Despacho.* Decodificar instruções, verificar hazards estruturais.
2. *Leitura de operandos.* Esperar até que não haja hazards de dados, depois ler operandos.

Um estágio de busca de instrução precede o estágio de despacho e pode buscar tanto de um registrador de instrução quanto de uma fila de instruções pendentes; as instruções são então enviadas a partir do registrador ou da fila. O estágio de execução segue o estágio de leitura de operandos, assim como no pipeline de cinco estágios. A execução pode levar vários ciclos, dependendo da operação.

Distinguimos quando uma instrução *inicia a execução* e quando ela *termina a execução*; entre os dois momentos, a instrução está *em execução*. Nosso pipeline permite que várias instruções estejam em execução ao mesmo tempo e, sem essa capacidade, uma vantagem importante do escalonamento dinâmico é perdida. Ter várias instruções em execução ao mesmo tempo exige várias unidades funcionais, unidades funcionais pipelined ou ambas. Como essas duas capacidades — unidades funcionais pipelined e múltiplas unidades funcionais — são essencialmente equivalentes para fins de controle de pipeline, vamos considerar que o processador tem várias unidades funcionais.

Em um pipeline escalonado dinamicamente, todas as instruções passam de maneira ordenada pelo estágio de despacho (despacho na ordem); porém, elas podem ser proteladas ou contornadas entre si no segundo estágio (leitura de operandos) e, assim, entrar na execução fora de ordem. *Scoreboarding* é uma técnica para permitir que as instruções sejam executadas fora de ordem quando houver recursos suficientes e nenhuma dependência de dados; recebeu esse nome devido ao scoreboard do CDC 6600, que desenvolveu essa capacidade. Aqui, enfocamos uma técnica mais sofisticada, chamada *algoritmo de Tomasulo*. A principal diferença é que o algoritmo de Tomasulo trata de antidependências e dependências de saída efetivamente renomeando os registradores de forma dinâmica. Adicionalmente, o algoritmo de Tomasulo pode ser estendido para lidar com *especulação*, uma técnica para reduzir o efeito das dependências de controle prevendo o resultado de um desvio, executando instruções no endereço de destino previsto e tomando ações corretivas quando a previsão estiver incorreta. Embora provavelmente o uso de scoreboarding seja suficiente para suportar processadores mais simples, um processador mais sofisticado, de maior desempenho, utiliza a especulação.

## Escalonamento dinâmico usando a técnica de Tomasulo

A unidade de ponto flutuante do IBM 360/91 usava um esquema sofisticado para permitir a execução fora de ordem. Esse esquema, inventado por Robert Tomasulo, verifica quando os operandos para as instruções estão disponíveis, para minimizar os hazards RAW e introduz a renomeação de registrador para minimizar os hazards WAW e WAR. Embora existam muitas variações desse esquema nos processadores recentes, todas elas contam com dois princípios fundamentais: determinar dinamicamente quando uma instrução está pronta para ser executada e renomear os registradores para evitar hazards desnecessários.

O objetivo da IBM foi conseguir alto desempenho de ponto flutuante a partir de um conjunto de instruções e de compiladores projetados para toda a família de computadores 360, em vez de compiladores especializados para os processadores de ponta. A arquitetura 360 tinha apenas quatro registradores de ponto flutuante de precisão dupla, o que limita a eficácia do escalonamento do compilador; esse fato foi outra motivação para a técnica de Tomasulo. Além disso, o IBM 360/91 tinha longos acessos à memória e longos atrasos de ponto flutuante, o que o algoritmo de Tomasulo foi projetado para contornar. Ao final desta seção, veremos que o algoritmo de Tomasulo também pode admitir a execução sobreposta de múltiplas iterações de um loop.

Explicamos o algoritmo, que enfoca a unidade de ponto flutuante e a unidade de load-store, no contexto do conjunto de instruções do RISC-V. A principal diferença entre o RISC-V e o 360 é a presença das instruções registrador-memória na segunda arquitetura. Como o algoritmo de Tomasulo utiliza uma unidade funcional de load, nenhuma mudança significativa é necessária para acrescentar os modos de endereçamento registrador-memória. O IBM 360/91 também tinha unidades funcionais pipelined, em vez de múltiplas unidades funcionais, mas descrevemos o algoritmo como se houvesse múltiplas unidades funcionais. Essa é uma extensão conceitual simples para também utilizar o pipeline nessas unidades funcionais.

Os hazards RAW são evitados executando-se uma instrução apenas quando seus operandos estiverem disponíveis, exatamente aquilo que a técnica mais simples do scoreboarding oferece. Hazards WAR e WAW, que surgem das dependências de nomes, são eliminados pela renomeação de registradores. A *renomeação de registradores* elimina esses hazards renomeando todos os registradores de destino, incluindo aqueles com leitura ou escrita pendente de uma instrução anterior, de modo que a escrita fora de ordem não afeta quaisquer instruções que dependam de um valor anterior de um operando. O compilador normalmente poderia implementar essa renomeação, se houvesse registradores suficiente à disposição na ISA. O 360/91 original tinha apenas quatro registradores de ponto flutuante, e o algoritmo de Tomasulo foi criado para contornar essa limitação. Enquanto os

# 3.4 Contornando hazards de dados com o escalonamento dinâmico

processadores modernos possuem 32 a 64 registradores de inteiros e ponto flutuante, o número de registradores com renomeação disponíveis nas implementações recentes está na ordem das centenas.

Para entender melhor como a renomeação de registradores elimina os hazards WAR e WAW, considere o exemplo de sequência de código a seguir, que inclui hazards WAR e WAW em potencial:

```
fdiv.d   f0,f2,f4
fadd.d   f6,f0,f8
fsd      f6,0(x1)
fsub.d   f8,f10,f14
fmul.d   f6,f10,f8
```

Existem duas antidependências: entre o `fadd.d` e o `fsub.d` e entre o `fsd` e o `fmul.d`. Existe também uma dependência de saída entre o `fadd.d` e o `fmul.d`, levando a três hazards possíveis: hazards WAR no uso de `f8` por `fadd.d` e seu uso pelo `fsub.d`, além de um hazard WAW, pois o `fadd.d` pode terminar depois do `fmul.d`. Também existem três dependências de dados verdadeiras: entre o `fdiv.d` e o `fadd.d`, entre o `fsub.d` e o `fmul.d`, e entre o `fadd.d` e o `fsd`.

Essas três dependências de nome podem ser eliminadas pela renomeação de registrador. Para simplificar, considere a existência de dois registradores temporários, S e T. Usando S e T, a sequência pode ser reescrita sem quaisquer dependências como:

```
fdiv.d   f0,f2,f4
fadd.d   S,f0,f8
fsd      S,0(x1)
fsub.d   T,f10,f14
fmul.d   f6,f10,T
```

Além disso, quaisquer usos subsequentes de `f8` precisam ser substituídos pelo registrador T. Nesse segmento de código, o processo de renomeação pode ser feito estaticamente pelo compilador. A descoberta de quaisquer usos de `f8` que estejam mais adiante no código exige análise sofisticada do compilador ou suporte do hardware, pois podem existir desvios entre o segmento de código anterior e um uso posterior de `f8`. Conforme veremos, o algoritmo de Tomasulo pode lidar com a renomeação entre desvios.

No esquema de Tomasulo, a renomeação de registrador é fornecida por *estações de reserva*, que colocam em buffer os operandos das instruções esperando para serem enviadas e associadas com as unidades funcionais. A ideia básica é que uma estação de reserva apanhe e coloque um operando em um buffer assim que ele estiver disponível, eliminando a necessidade de carregar o operando de um registrador. Além disso, instruções pendentes designam a estação de reserva que fornecerá seu suporte. Finalmente, quando escritas sucessivas em um registrador forem superpostas na execução, somente a última será realmente utilizada para atualizar o registrador. À medida que as instruções forem enviadas, os especificadores de registrador para operandos pendentes serão trocados para os nomes da estação de reserva, que oferecerá renomeação de registrador.

Como pode haver mais estações de reserva do que registradores reais, a técnica pode até mesmo eliminar hazards que surgem das dependências de nome que não poderiam ser eliminadas por um compilador. À medida que explorarmos os componentes do esquema de Tomasulo, retornaremos ao tópico de renomeação de registradores e veremos exatamente como ocorre a renomeação e como ela elimina os hazards WAR e WAW.

O uso de estações de reserva, em vez de um banco de registradores centralizado, leva a duas outras propriedades importantes. Primeiro, a detecção de hazard e o controle de execução são distribuídos: a informação mantida nas estações de reserva em cada unidade funcional determina quando uma instrução pode iniciar a execução nessa unidade. Segundo, os resultados são passados diretamente para as unidades funcionais a partir das estações de reserva, onde são mantidos em buffer em vez de passarem pelos registradores. Esse bypass é feito com um barramento de resultados comum, que permite que todas as unidades esperando por um operando sejam carregadas simultaneamente (no 360/91, isso é chamado de *barramento de dados comum* ou CDB). Em pipelines com múltiplas unidades de execução e enviando múltiplas instruções por clock, será necessário o uso de mais de um barramento de resultados.

A Figura 3.10 mostra a estrutura básica de um processador baseado em Tomasulo, incluindo a unidade de ponto flutuante e a unidade de load-store; nenhuma das tabelas do controle de execução aparece na figura. Cada estação de reserva mantém uma instrução que foi enviada e está esperando a execução em uma unidade funcional. Se os valores de

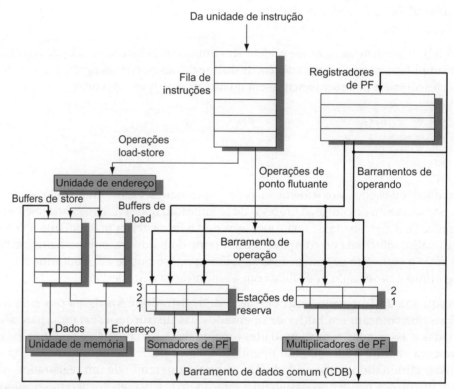

**FIGURA 3.10** Estrutura básica de uma unidade de ponto flutuante RISC-V usando o algoritmo de Tomasulo.

As instruções são enviadas da unidade de instrução para a fila de instruções, da qual são enviadas na ordem FIFO (first-in, first-out). As estações de reserva incluem a operação e os operandos reais, além das informações usadas para detectar e resolver hazards. Buffers de load possuem três funções: (1) manter os componentes do endereço efetivo até que ele seja calculado, (2) rastrear loads pendentes que estão aguardando na memória e (3) manter os resultados dos loads completados que estão esperando pelo CDB. De modo semelhante, os buffers de store possuem três funções: (1) manter os componentes do endereço efetivo até que ele seja calculado, (2) manter os endereços de memória de destino dos stores pendentes que estão aguardando pelo valor de dado para armazenar e (3) manter o endereço e o valor a armazenar até que a unidade de memória esteja disponível. Todos os resultados das unidades de PF ou da unidade de load são colocados no CDB, que vai para o banco de registradores de PF e também para as estações de reserva e buffers de store. Os somadores de PF implementam adição e subtração, e os multiplicadores de PF realizam a multiplicação e a divisão.

operando para essa instrução tiverem sido calculados, eles também são armazenados nessa entrada; caso contrário, a entrada da estação de reserva mantém os nomes das estações de reserva que oferecerão os valores de operando.

Os buffers de load e os buffers de store mantêm dados ou endereços vindo e indo para a memória, comportando-se quase exatamente como estações de reserva, de modo que os distinguimos somente quando necessário. Os registradores de ponto flutuante estão conectados por um par de barramentos para as unidades funcionais e por um único barramento para os buffers de store. Todos os resultados das unidades funcionais e da memória são enviados no barramento de dados comum, que vai para toda parte, exceto para o buffer de load. Todas as estações de reserva possuem campos de tag, empregados pelo controle do pipeline.

Antes de descrevermos os detalhes das estações de reserva e do algoritmo, vejamos as etapas pelas quais uma instrução passa. Existem apenas três etapas, embora cada uma possa usar um número arbitrário de ciclos de clock:

1. *Despacho*. Carregue a próxima instrução do início da fila de instruções, que é mantida na ordem FIFO para garantir a manutenção do fluxo de dados correto. Se houver determinada estação de reserva que esteja vazia, a instrução será enviada para a estação com os valores de operando, se estiverem nos registradores. Se não houver uma estação de reserva vazia, haverá um hazard estrutural, e a instrução ficará em stall até que uma estação ou um buffer seja liberado. Se os operandos não estiverem nos registradores, registre as unidades funcionais que produzirão os operandos. Essa etapa renomeia registradores, eliminando os hazards WAR e WAW. (Esse estágio, às vezes, é chamado de *despacho* em um processador com escalonamento dinâmico.)

2. *Execução*. Se um ou mais operandos ainda não estiver disponível, monitore o barramento de dados comum enquanto espera que ele seja calculado. Quando um operando estiver disponível, ele será colocado em qualquer estação de reserva que o esperar. Quando todos os operandos estiverem disponíveis, a operação poderá ser executada na unidade funcional correspondente. Adiando a execução da instrução até que os operandos estejam disponíveis, os hazards RAW serão evitados. (Alguns processadores com escalonamento dinâmico chamam essa etapa de "despacho", mas usamos o termo "execução", que foi usado no primeiro processador com escalonamento dinâmico, o CDC 6600.)

    Observe que várias instruções poderiam ficar prontas no mesmo ciclo de clock para a mesma unidade funcional. Embora as unidades funcionais independentes possam iniciar a execução no mesmo ciclo de clock para diferentes instruções, se mais de uma instrução estiver pronta para uma única unidade funcional, a unidade terá de escolher entre elas. Para as estações de reserva de ponto flutuante, essa escolha pode ser feita arbitrariamente; porém, loads e stores apresentam uma complicação adicional.

    Loads e stores exigem um processo de execução em duas etapas. A primeira etapa calcula o endereço efetivo quando o registrador de base estiver disponível, e então o endereço efetivo é colocado no buffer de load ou store. Loads no buffer de load são executados assim que a unidade de memória está disponível. Stores no buffer de store esperam pelo valor a ser armazenado antes de serem enviados à unidade de memória. Loads e stores são mantidos na ordem do programa por meio do cálculo do endereço efetivo, que ajudará a impedir problemas na memória.

    Para preservar o comportamento da exceção, nenhuma instrução tem permissão para iniciar sua execução até que todos os desvios que precedem a instrução na ordem do programa tenham sido concluídos. Essa restrição garante que uma instrução que causa uma exceção durante a execução realmente tenha sido executada. Em um processador usando a previsão de desvio (como é feito em todos os processadores com escalonamento dinâmico), isso significa que o processador precisa saber que a previsão de desvio estava correta antes de permitir o início da execução de uma instrução após o desvio. Se o processador registrar a ocorrência da exceção, mas não a tratar de fato, uma instrução poderá iniciar sua execução, mas não ser protelada até que entre na escrita do resultado.

A especulação oferece um método mais flexível e mais completo para lidar com as exceções. Por isso, deixaremos essa melhoria para depois, a fim de mostrarmos como a especulação trata desse problema.

3. *Escrita do resultado.* Quando o resultado estiver disponível, escreva-o no CDB e, a partir daí, nos registradores e em quaisquer estações de reserva (incluindo os buffers de store) que estejam esperando por esse resultado. Os stores são mantidos no buffer de store até que o valor a ser armazenado e o endereço do store estejam disponíveis, e depois o resultado é escrito assim que a unidade de memória ficar livre.

As estruturas de dados que detectam e eliminam os hazards estão conectadas às estações de reserva, ao banco de registradores e aos buffers de load e store com informações ligeiramente diferentes conectadas a diferentes objetos. Essas tags são essencialmente nomes para um conjunto estendido de registradores virtuais usados para renomeação. Em nosso exemplo, o campo de tag é uma quantidade de 4 bits que indica uma das cinco estações de reserva ou um dos cinco buffers de load. Essa combinação produz o equivalente a 10 registradores (5 estações de reserva + 5 buffers de load) que podem ser designados como registradores de resultado (ao contrário dos quatro registradores de precisão dupla que a arquitetura 360 contém). Em um processador com mais registradores reais, desejaríamos que a renomeação fornecesse um conjunto ainda maior de registradores virtuais, geralmente chegando à ordem de centenas. O campo de tag descreve qual estação de reserva contém a instrução que produzirá um resultado necessário como operandos-fonte.

Quando uma instrução tiver sido enviada e estiver aguardando um operando-fonte, ela se referirá ao operando pelo número da estação de reserva, atribuída à instrução que escreverá no registrador. Valores não usados, como zero, indicam que o operando já está disponível nos registradores. Como existem mais estações de reserva do que números de registrador reais, os hazards WAW e WAR são eliminados pela renomeação de resultados usando números de estações de reserva. Embora no esquema de Tomasulo as estações de reserva sejam usadas como registradores virtuais estendidos, outras técnicas poderiam usar um conjunto de registradores com registradores adicionais ou uma estrutura como o buffer de reordenação, que veremos na Seção 3.6.

No esquema de Tomasulo, além dos métodos subsequentes que veremos para dar suporte à especulação, os resultados são transmitidos por broadcast a um barramento (o CDB), que é monitorado pelas estações de reserva. A combinação do barramento de resultados comum e da recuperação dos resultados do barramento pelas estações de reserva implementa os mecanismos de encaminhamento e bypass usados em um pipeline escalonado estaticamente. Porém, ao fazer isso, um esquema escalonado dinamicamente introduz um ciclo de latência entre a fonte e o resultado, pois a combinação de um resultado e seu uso não pode ser feita antes do estágio de escrita do resultado, ao invés do final do estágio de execução, para um pipeline mais simples. Assim, em um pipeline escalonado dinamicamente, a latência efetiva entre uma instrução produzindo e uma instrução consumindo é pelo menos um ciclo maior que a latência da unidade funcional que produz o resultado.

É importante lembrar que as tags no esquema de Tomasulo se referem ao buffer ou unidade que irá produzir um resultado; os nomes de registrados são descartados quando uma instrução envia para uma estação de reserva. (Essa é uma das diferenças-chave entre o esquema de Tomasulo e o scoreboarding: no scoreboarding, os operandos permanecem nos registradores e somente são lidos depois da instrução que os produziu ser completada e da instrução que vai consumi-lo estar pronta para ser executada.)

Cada estação de reserva possui sete campos:

- Op. A operação a ser realizada sobre os operandos-fonte S1 e S2.
- Qj, Qk. As estações de reserva que produzirão o operando-fonte correspondente; um valor zero indica que o operando-fonte já está disponível em Vj ou Vk, ou é desnecessário.
- Vj, Vk. O valor dos operandos-fonte. Observe que somente o campo V ou o campo Q é válido para cada operando. Para loads, o campo Vk é usado para manter o campo de offset.
- A. Usado para manter informações para o cálculo de endereço de memória para um load ou store. Inicialmente, o campo imediato da instrução é armazenado aqui; após o cálculo do endereço, o endereço efetivo é armazenado aqui.
- Busy. Indica que essa estação de reserva e sua respectiva unidade funcional estão ocupadas.

O banco de registradores possui um campo, Qi:

- Qi. O número da estação de reserva que contém a operação cujo resultado deve ser armazenado nesse registrador. Se o valor de Qi estiver em branco (ou 0), nenhuma instrução atualmente ativa está calculando um resultado destinado a esse registrador, significando que o valor é simplesmente o conteúdo do registrador.

Os buffers de load e store possuem um campo cada, A, que mantém o resultado do endereço efetivo quando a primeira etapa da execução tiver sido concluída.

Na próxima seção, primeiro vamos considerar alguns exemplos que mostram como funcionam esses mecanismos e depois examinaremos o algoritmo detalhado.

## 3.5 ESCALONAMENTO DINÂMICO: EXEMPLOS E ALGORITMO

Antes de examinarmos o algoritmo de Tomasulo com detalhes, vamos considerar alguns exemplos que ajudarão a ilustrar o modo como o algoritmo funciona.

**Exemplo**  Mostre como se parecem as tabelas de informação para a sequência de código a seguir quando somente o primeiro load tiver sido concluído e seu resultado escrito:

```
1.  fld     f6,32(x2)
2.  fld     f2,44(x3)
3.  fmul.d  f0,f2,f4
4.  fsub.d  f8,f2,f6
5.  fdiv.d  f0,f0,f6
6.  fadd.d  f6,f8,f2
```

**Resposta**  A Figura 3.11 mostra o resultado em três tabelas. Os números anexados aos nomes Add, Mult e Load indicam a tag para essa estação de reserva — Add1 é a tag para o resultado da primeira unidade de soma. Além disso, incluímos uma tabela de status de instrução. Essa tabela foi incluída apenas para ajudá-lo a entender o algoritmo; ela *não* faz parte do hardware. Em vez disso, a estação de reserva mantém o status de cada operação que foi enviada.

O esquema de Tomasulo oferece duas vantagens importantes em relação aos esquemas anteriores e mais simples: (1) a distribuição da lógica de detecção de hazard e (2) a eliminação de stalls para hazards WAW e WAR.

A primeira vantagem surge das estações de reserva distribuídas e do uso do Common Data Bus (CDB). Se várias instruções estiverem aguardando um único resultado e cada instrução já tiver seu outro operando, as instruções poderão ser liberadas simultaneamente por broadcast do resultado no CDB. Se um banco de registradores centralizado fosse utilizado, as unidades teriam de ler seus resultados dos registradores quando os barramentos de registrador estivessem disponíveis.

A segunda vantagem, a eliminação de hazards WAW e WAR, é obtida renomeando-se os registradores por meio das estações de reserva e pelo processo de armazenar operandos na estação de reserva assim que estiverem disponíveis.

Por exemplo, a sequência de código na Figura 3.11 envia o `fdiv.d` e o `fadd.d`, embora exista um hazard WAR envolvendo `f6`. O hazard pode ser eliminado de duas maneiras.

| | Status da instrução | | |
|---|---|---|---|
| Instrução | Despacho | Execução | Escrita de resultado |
| `fld    f6,32(x2)` | √ | √ | √ |
| `fld    f2,44(x3)` | √ | √ | |
| `fmul.d f0,f2,f4` | √ | | |
| `fsub.d f8,f2,f6` | √ | | |
| `fdiv.d f0,f0,f6` | √ | | |
| `fadd.d f6,f8,f2` | √ | | |

| | | | Estações de reserva | | | | | |
|---|---|---|---|---|---|---|---|---|
| Nome | Busy | Op | Vj | Vk | | Qj | Qk | A |
| Load1 | Não | | | | | | | |
| Load2 | Sim | Load | | | | | | 44 + Regs[x3] |
| Add1 | Sim | SUB | | Mem[32 + Regs[x2]] | | Load2 | | |
| Add2 | Sim | ADD | | | | Add1 | Load2 | |
| Add3 | Não | | | | | | | |
| Mult1 | Sim | MUL | | Regs[f4] | | Load2 | | |
| Mult2 | Sim | DIV | | Mem[32 + Regs[x2]] | | Mult1 | | |

| | | | | Status dos registradores | | | | | |
|---|---|---|---|---|---|---|---|---|---|
| Campo | f0 | f2 | f4 | f6 | f8 | f10 | f12 | ... | f30 |
| Qi | Mult1 | Load2 | | Add2 | Add1 | Mult2 | | | |

**FIGURA 3.11** Estações de reserva e tags de registradores mostradas quando todas as instruções forem enviadas, mas somente a primeira instrução load tiver sido concluída e seu resultado escrito no CDB.
O segundo load concluiu o cálculo do endereço efetivo, mas está esperando na unidade de memória. Usamos o array Regs[ ] para nos referirmos ao banco de registradores, e o array Mem[ ] para nos referirmos à memória. Lembre-se de que um operando é especificado por um campo Q ou um campo V a qualquer momento. Observe que a instrução `fadd.d`, que tem um hazard WAR no estágio WB, foi enviada e poderia ser concluída antes que o `fdiv.d` se inicie.

Primeiro, se a instrução oferecendo o valor para o `fdiv.d` tiver sido concluída, Vk armazenará o resultado, permitindo que `fdiv.d` seja executado independentemente do `fadd.d` (esse é o caso mostrado). Por outro lado, se o `fld` não tivesse sido concluído, Qk apontaria para a estação de reserva Load1 e a instrução `fdiv.d` seria independente do `fadd.d`. Assim, de qualquer forma, o `fadd.d` pode ser enviado e sua execução iniciada. Quaisquer usos do resultado do `fdiv.d` apontariam para a estação de reserva, permitindo que o `fadd.d` concluísse e armazenasse seu valor nos registradores sem afetar o `fdiv.d`.

Veremos um exemplo da eliminação de um hazard WAW em breve. Mas primeiro vejamos como nosso exemplo anterior continua a execução. Nesse exemplo, e nos exemplos seguintes dados neste capítulo, consideramos estas latências: load usa 1 ciclo de clock, uma adição usa 2 ciclos de clock, multiplicação usa 6 ciclos de clock e divisão usa 12 ciclos de clock.

**Exemplo**  Usando o mesmo segmento de código do exemplo anterior, mostre como ficam as tabelas de status quando o `fmul.d` está pronto para escrever seu resultado.

**Resposta**  O resultado aparece nas três tabelas da Figura 3.12. Observe que `fadd.d` foi concluída, porque os operandos de `fdiv.d` foram copiados, superando assim o hazard WAR. Observe que, mesmo que o load de f6 fosse `fdiv.d`, a adição em f6 poderia ser executada sem disparar um hazard WAW.

| Instrução | | Status da instrução | | |
|---|---|---|---|---|
| | | Despacho | Execução | Escrita de resultado |
| `fld` | `f6,32(x2)` | √ | √ | √ |
| `fld` | `f2,44(x3)` | √ | √ | √ |
| `fmul.d` | `f0,f2,f4` | √ | √ | |
| `fsub.d` | `f8,f2,f6` | √ | √ | √ |
| `fdiv.d` | `f0,f0,f6` | √ | | |
| `fadd.d` | `f6,f8,f2` | √ | √ | √ |

| | | | | Estações de reserva | | | | |
|---|---|---|---|---|---|---|---|---|
| Nome | Busy | Op | Vj | Vk | Qj | Qk | A | |
| Load1 | Não | | | | | | | |
| Load2 | Não | | | | | | | |
| Add1 | Não | | | | | | | |
| Add2 | Não | | | | | | | |
| Add3 | Não | | | | | | | |
| Mult1 | Sim | MUL | `Mem[44 + Regs[x3]]` | `Regs[f4]` | | | | |
| Mult2 | Sim | DIV | | `Mem[32 + Regs[x2]]` | Mult1 | | | |

| | | | Status dos registradores | | | | | | |
|---|---|---|---|---|---|---|---|---|---|
| Campo | f0 | f2 | f4 | f6 | f8 | f10 | f12 | ... | f30 |
| Qi | Mult1 | | | | | Mult2 | | | |

**FIGURA 3.12** Multiplicação e divisão são as únicas instruções não terminadas.

## Algoritmo de Tomasulo: detalhes

A Figura 3.13 especifica as verificações e etapas pelas quais cada instrução precisa passar. Como já dissemos, loads e stores passam por uma unidade funcional para cálculo de endereço efetivo antes de prosseguirem para buffers de load e store independentes. Os loads usam uma segunda etapa de execução para acessar a memória e depois passar para o estágio de escrita de resultados, a fim de enviar o valor da memória para o banco de registradores e/ou quaisquer estações de reserva aguardando. Os stores completam sua execução no estágio de escrita de resultados, que escreve o resultado na memória. Observe que todas as escritas ocorrem nesse estágio, seja o destino um registrador ou a memória. Essa restrição simplifica o algoritmo de Tomasulo e é fundamental para a sua extensão com especulação na Seção 3.6.

## Algoritmo de Tomasulo: exemplo baseado em loop

Para entender o poder completo da eliminação de hazards WAW e WAR por meio da renomeação dinâmica de registradores, temos de examinar um loop. Considere a sequência simples a seguir para multiplicar os elementos de um array por um escalar em f2:

```
Loop:   fld       f0,0(x1)
        fmul.d    f4,f0,f2
        fsd       f4,0(x1)
        addi      x1,x1,-8
        bne       x1,x2,Loop // desvia se x1≠x2
```

Se prevermos que os desvios serão tomados, o uso de estações de reserva permitirá que várias execuções desse loop prossigam ao mesmo tempo. Essa vantagem é obtida sem mudar o código — de fato, o loop é desdobrado dinamicamente pelo hardware, usando as estações de reserva obtidas pela renomeação para atuar como registradores adicionais.

Vamos supor que tenhamos enviado todas as instruções em duas iterações sucessivas do loop, mas nenhum dos loads-stores ou operações de ponto flutuante tenham sido concluídas. A Figura 3.14 mostra as estações de reserva, tabelas de status de registrador e buffers de load e store nesse ponto. (A operação da ALU com inteiros é ignorada e considera-se que o desvio foi previsto como sendo tomado.) Quando o sistema alcança esse estado, duas cópias do loop poderiam ser sustentadas com um CPI perto de 1,0, desde que as multiplicações pudessem ser completadas em quatro ciclos de clock. Com uma latência de seis ciclos, iterações adicionais terão de ser processadas antes que o estado seguro possa ser alcançado. Isso exige mais estações de reserva para manter as instruções que estão em execução. Conforme veremos mais adiante neste capítulo, quando estendida com o múltiplo despacho de instruções, a técnica de Tomasulo pode sustentar mais de uma instrução por clock.

Um load e um store podem seguramente ser feitos fora de ordem, desde que acessem diferentes endereços. Se um load e um store acessarem o mesmo endereço, uma destas duas coisas acontece:

- O load vem antes do store na ordem do programa e sua inversão resulta em um hazard WAR.
- O store vem antes do load na ordem do programa e sua inversão resulta em um hazard RAW.

De modo semelhante, a inversão de dois stores para o mesmo endereço resulta em um hazard WAW.

| Status da instrução | Esperar até | Ação ou manutenção |
|---|---|---|
| Despacho<br>Operação de PF | Estação *r* vazia | ```if (RegisterStat[rs].Qi≠0)```<br>```    {RS[r].Qj ← RegisterStat[rs].Qi}```<br>```else {RS[r].Vj ← Regs[rs]; RS[r].Qj ← 0};```<br>```if (RegisterStat[rt].Qi≠0)```<br>```    {RS[r].Qk ← RegisterStat[rt].Qi```<br>```else {RS[r].Vk ← Regs[rt]; RS[r].Qk ← 0};```<br>```RS[r].Busy ← yes; RegisterStat[rd].Q ← r;``` |
| Load ou store | Buffer *r* vazio | ```if (RegisterStat[rs].Qi≠0)```<br>```    {RS[r].Qj ← RegisterStat[rs].Qi}```<br>```else {RS[r].Vj ← Regs[rs]; RS[r].Qj ← 0};```<br>```RS[r].A ← imm; RS[r].Busy ← yes;``` |
| Apenas load | | ```RegisterStat[rt].Qi ← r;``` |
| Apenas store | | ```if (RegisterStat[rt].Qi≠0)```<br>```    {RS[r].Qk ← RegisterStat[rs].Qi}```<br>```else {RS[r].Vk ← Regs[rt]; RS[r].Qk ← 0};``` |
| Execução<br>Operação de PF | ```(RS[r].Qj = 0)``` e<br>```(RS[r].Qk = 0)``` | Calcular resultados: operandos estão em Vj e Vk |
| Load-store etapa 1<br>Load-store etapa 1 | ```RS[r].Qj = 0``` & *r* é o<br>início da fila de load-store | ```RS[r].A ← RS[r].Vj + RS[r].A;``` |
| Load etapa 2 | Load da etapa 1 concluído | Ler de ```Mem[RS[r].A]``` |
| Escrever resultado<br>Operação de PF<br>ou load | Execução completa em r &<br>CDB disponível | ```∀x(if (RegisterStat[x].Qi=r) {Regs[x] ← result;```<br>```  RegisterStat[x].Qi ← 0});```<br>```∀x(if (RS[x].Qj=r)```<br>```  {RS[x].Vj ←```<br>```result;RS[x].Qj ← 0});```<br>```∀x(if (RS[x].Qk=r)```<br>```  {RS[x].Vk ←```<br>```result;RS[x].Qk ← 0});```<br>```RS[r].Busy ← no;``` |
| Store | Execução completa em r &<br>```RS[r].Qk = 0``` | ```Mem[RS[r].A] ← RS[r].Vk;```<br>```RS[r].Busy ← no;``` |

**FIGURA 3.13** Etapas no algoritmo e o que é exigido para cada etapa.

Para a instrução sendo enviada, `rd` é o destino, `rs` e `rt` são os números dos registrador fontes, `imm` é o campo imediato com extensão de sinal e `r` é a estação de reserva ou buffer ao qual a instrução está atribuída. `RS` é a estrutura de dados da estação de reserva. O valor retornado por uma unidade de PF ou pela unidade de load é chamado de `result`. `RegisterStat` é a estrutura de dados de status do registrador (não o banco de registradores, que é `Regs[ ]`). Quando uma instrução é enviada, o registrador de destino tem seu campo Qi definido com o número do buffer ou da estação de reserva à qual a instrução é enviada. Se os operandos estiverem disponíveis nos registradores, eles serão armazenados nos campos V. Caso contrário, os campos Q serão definidos para indicar a estação de reserva que produzirá os valores necessários como operandos-fontes. A instrução espera na estação de reserva até que seus dois operandos estejam disponíveis, indicado por zero nos campos Q. Os campos Q são definidos com zero quando essa instrução é enviada ou quando uma instrução da qual essa instrução depende é concluída e realiza sua escrita de volta. Quando uma instrução tiver terminado sua execução e o CDB estiver disponível, ela poderá realizar sua escrita de volta. Todos os buffers, registradores e estações de reserva cujo valor de Qj ou Qk é igual à estação de reserva concluída atualizam seus valores pelo CDB e marcam os campos Q para indicar que os valores foram recebidos. Assim, o CDB pode transmitir seu resultado por broadcast para muitos destinos em um único ciclo de clock e, se as instruções em espera tiverem seus operandos, elas podem iniciar sua execução no próximo ciclo de clock. Loads passam por duas etapas na execução, e os stores funcionam um pouco diferente durante a escrita de resultados, podendo ter de esperar pelo valor a armazenar. Lembre-se de que, para preservar o comportamento da exceção, as instruções não têm permissão para serem executadas se um desvio anterior na ordem do programa não tiver sido concluído. Como qualquer conceito de ordem de programa não é mantido após o estágio de despacho, essa restrição normalmente é implementada impedindo-se que qualquer instrução saia da etapa de despacho, se houver um desvio pendente já no pipeline. Na Seção 3.6, veremos como o suporte à especulação remove essa restrição.

| Instrução | | Status da instrução | | | |
|---|---|---|---|---|---|
| | | Da iteração | Despacho | Execução | Escrita de resultado |
| `fld` | `f0,0(x1)` | 1 | √ | √ | |
| `fmul.d` | `f4,f0,f2` | 1 | √ | | |
| `fsd` | `f4,0(x1)` | 1 | √ | | |
| `fld` | `f0,0(x1)` | 2 | √ | √ | |
| `fmul.d` | `f4,f0,f2` | 2 | √ | | |
| `fsd` | `f4,0(x1)` | 2 | √ | | |

| Estações de reserva | | | | | | | |
|---|---|---|---|---|---|---|---|
| Nome | Busy | Op | Vj | Vk | Qj | Qk | A |
| Load1 | Sim | Load | | | | | `Regs[x1] + 0` |
| Load2 | Sim | Load | | | | | `Regs[x1] − 8` |
| Add1 | Não | | | | | | |
| Add2 | Não | | | | | | |
| Add3 | Não | | | | | | |
| Mult1 | Sim | MUL | | `Regs[f2]` | Load1 | | |
| Mult2 | Sim | MUL | | `Regs[f2]` | Load2 | | |
| Store1 | Sim | Store | `Regs[x1]` | | | Mult1 | |
| Store2 | Sim | Store | `Regs[x1] − 8` | | | Mult2 | |

| Status dos registradores | | | | | | | | | |
|---|---|---|---|---|---|---|---|---|---|
| Campo | f0 | f2 | f4 | f6 | f8 | f10 | f12 | ... | f30 |
| Qi | Load2 | | Mult2 | | | | | | |

**FIGURA 3.14** Duas iterações ativas do loop sem qualquer instrução concluída.

As entradas nas estações de reserva do multiplicador indicam que os loads pendentes são as fontes. As estações de reserva do store indicam que o destino da multiplicação é a fonte do valor a armazenar.

Logo, para determinar se um load pode ser executado em certo momento, o processador pode verificar se qualquer store não concluído que precede o load na ordem do programa compartilha o mesmo endereço de memória de dados que o load. De modo semelhante, um store precisa esperar até que não haja loads ou stores não executados que estejam antes, na ordem do programa, e que compartilham o mesmo endereço de memória de dados. Consideramos um método para eliminar essa restrição na Seção 3.9.

Para detectar tais hazards, o processador precisa ter calculado o endereço de memória de dados associado a qualquer operação de memória anterior. Uma maneira simples, porém não necessariamente ideal, de garantir que o processador tenha todos esses endereços é realizar os cálculos de endereço efetivo na ordem do programa. (Na realidade, só precisamos manter a ordem relativa entre os stores e outras referências de memória, ou seja, os loads podem ser reordenados livremente.)

Vamos considerar a situação de um load primeiro. Se realizarmos o cálculo de endereço efetivo na ordem do programa, quando um load tiver completado o cálculo de endereço efetivo poderemos verificar se existe um conflito de endereço examinando o campo A de todos os buffers de store ativos. Se o endereço de load combinar com o endereço de quaisquer entradas ativas no buffer de store, essa instrução load não será enviada ao buffer de load até que o store em conflito seja concluído. (Algumas implementações contornam o valor diretamente para o load a partir de um store pendente, reduzindo o atraso para esse hazard RAW.)

Os stores operam de modo semelhante, exceto pelo fato de que o processador precisa verificar os conflitos nos buffers de load e nos buffers de store, pois os stores em conflito não podem ser reordenados com relação a um load ou a um store.

Um pipeline com escalonamento dinâmico pode gerar um desempenho muito alto, desde que os desvios sejam previstos com precisão — uma questão que tratamos na seção anterior. A principal desvantagem dessa técnica é a complexidade do esquema de Tomasulo, que exige grande quantidade de hardware. Em particular, cada estação de reserva deve conter um buffer associativo, que precisa ser executado em alta velocidade, além da lógica de controle complexa. O desempenho também pode ser limitado pelo único CDB. Embora CDBs adicionais possam ser incluídos, cada CDB precisa interagir com cada estação de reserva, e o hardware de verificação de tag associativo precisará ser duplicado em cada estação para cada CDB. Na década de 1990, somente processadores de ponta poderiam tirar proveito do escalonamento dinâmico (e sua extensão à especulação); contudo, recentemente, até mesmo processadores projetados para PMDs estão usando essas técnicas, e os processadores para desktops de ponta e pequenos servidores possuem centenas de buffers para dar suporte ao escalonamento dinâmico.

No esquema de Tomasulo, duas técnicas diferentes são combinadas: a renomeação dos registradores de arquitetura para um conjunto maior de registradores e a manutenção em buffer dos operandos-fonte a partir do banco de registradores. A manutenção em buffer de operandos-fonte resolve os hazards WAR que surgem quando o operando está disponível nos registradores. Como veremos mais adiante, também é possível eliminar os hazards WAR renomeando um registrador junto com a manutenção de um resultado em buffer até que não haja mais qualquer referência pendente à versão anterior do registrador. Essa técnica será usada quando discutirmos sobre a especulação de hardware.

O esquema de Tomasulo ficou sem uso por muitos anos após o 360/91, mas nos anos 1990 foi bastante adotado nos processadores de múltiplo despacho, por vários motivos:

1. Embora o algoritmo de Tomasulo fosse projetado antes das caches, a presença de caches, com os atrasos inerentemente imprevisíveis, tornou-se uma das principais motivações para o escalonamento dinâmico. A execução fora de ordem permite que os processadores continuem executando instruções enquanto esperam o término de uma falta de cache, escondendo, assim, toda a penalidade da falta de cache ou parte dela.
2. À medida que os processadores se tornam mais agressivos em sua capacidade de despacho e os projetistas se preocupam com o desempenho de código difícil de escalonamento (como a maioria do código não numérico), técnicas como renomeação de registradores, escalonamento dinâmico e especulação se tornam mais importantes.
3. Ele pode alcançar alto desempenho sem exigir que o compilador destine o código a uma estrutura de pipeline específica, uma propriedade valiosa na era do software "enlatado" para o mercado em massa.

## 3.6 ESPECULAÇÃO BASEADA EM HARDWARE

À medida que tentamos explorar mais paralelismo em nível de instrução, a manutenção de dependências de controle se torna um peso cada vez maior. A previsão de desvio reduz os stalls diretos atribuíveis aos desvios, mas, para um processador executando múltiplas instruções por clock, apenas prever os desvios com exatidão pode não ser suficiente para gerar a quantidade desejada de paralelismo em nível de instrução. Um processador de alta capacidade de despacho pode ter de executar um desvio a cada ciclo de clock para manter o desempenho máximo. Logo, a exploração de mais paralelismo requer que contornemos a limitação da dependência de controle.

Contornar a dependência de controle é algo feito especulando o resultado dos desvios e executando o programa como se nossas escolhas fossem corretas. Esse mecanismo representa uma extensão sutil, porém importante, em relação à previsão de desvio com escalonamento dinâmico. Em particular, com a especulação, buscamos, enviamos e *executamos* instruções, como se nossas previsões de desvio sempre estivessem corretas; o escalonamento dinâmico só busca e envia essas instruções. Naturalmente, precisamos de mecanismos para lidar com a situação em que a especulação está incorreta. O Apêndice H discute uma série de mecanismos para dar suporte à especulação pelo compilador. Nesta seção, exploraremos a *especulação do hardware*, que estende as ideias do escalonamento dinâmico.

A especulação baseada no hardware combina três ideias fundamentais: (1) previsão dinâmica de desvio para escolher quais instruções executar; (2) especulação para permitir a execução de instruções antes que as dependências de controle sejam resolvidas (com a capacidade de desfazer os efeitos de uma sequência especulada incorretamente); e (3) escalonamento dinâmico para lidar com o escalonamento de diferentes combinações de blocos básicos. (Em comparação, o escalonamento dinâmico sem especulação só sobrepõe parcialmente os blocos básicos, pois exige que um desvio seja resolvido antes de realmente executar quaisquer instruções no bloco básico seguinte.)

A especulação baseada no hardware segue o fluxo previsto de valores de dados para escolher quando executar as instruções. Esse método de executar programas é essencialmente uma *execução de fluxo de dados*: as operações são executadas assim que seus operandos ficam disponíveis.

Para estender o algoritmo de Tomasulo para dar suporte à especulação, temos de separar o bypass dos resultados entre as instruções, que é necessário para executar uma instrução especulativamente, desde o término real de uma instrução. Fazendo essa separação, podemos permitir que uma instrução seja executada e enviar seus resultados para outras instruções, sem possibilitar a ela realizar quaisquer atualizações que não possam ser desfeitas, até sabermos que essa instrução não é mais especulativa.

Usar o valor bypassed é como realizar uma leitura especulativa de registrador, pois não sabemos se a instrução que fornece o valor do registrador-fonte está fornecendo o resultado correto até que a instrução não seja mais especulativa. Quando uma instrução não é mais especulativa, permitimos que ela atualize o banco de registradores ou a memória; chamamos essa etapa adicional na sequência de execução da instrução de *confirmação de instrução* (*instruction commit*).

A ideia central por trás da implementação da especulação é permitir que as instruções sejam executadas fora de ordem, mas forçando-as a serem confirmadas *em ordem* e impedir qualquer ação irrevogável (como atualizar o status ou apanhar uma exceção) até que uma instrução seja confirmada. Logo, quando acrescentamos a especulação, precisamos separar os processos de concluir a execução e confirmar a instrução, pois as instruções podem terminar a execução consideravelmente antes de estarem prontas para confirmar. A inclusão dessa fase de confirmação na sequência de execução da instrução requer um conjunto adicional de buffers de hardware que mantenham os resultados das instruções que terminaram a execução, mas não foram confirmadas. Esse buffer de hardware, que chamamos *buffer de reordenação*, também é usado para passar resultados entre instruções que podem ser especuladas.

O buffer de reordenação (ROB) oferece registradores adicionais da mesma forma que as estações de reserva no algoritmo de Tomasulo estendem o conjunto de registradores. O ROB mantém o resultado de uma instrução entre o momento em que a operação associada à instrução termina e o momento em que a instrução é confirmada. Logo, o ROB é a fonte dos operandos para as instruções, assim como as estações de reserva oferecem operandos no algoritmo de Tomasulo. A principal diferença é que, no algoritmo de Tomasulo, quando uma instrução escreve seu resultado, quaisquer instruções enviadas depois disso encontram o resultado no banco de registradores. Com a especulação, o banco de registradores não é atualizado até que a instrução seja confirmada (e até que saibamos definitivamente que a instrução deverá ser executada); assim, o ROB fornece operandos no intervalo entre o término da execução da instrução e a confirmação da instrução. O ROB é semelhante ao buffer de store no algoritmo de Tomasulo, e integramos a função do buffer de store no ROB para simplificar.

A Figura 3.15 mostra a estrutura de hardware do processador incluindo o ROB. Cada entrada no ROB contém quatro campos: o tipo de instrução, o campo de destino, o campo

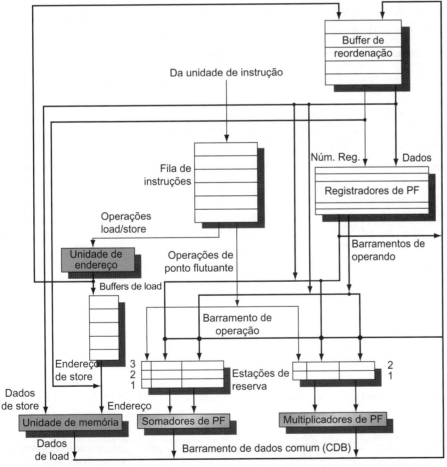

**FIGURA 3.15** Estrutura básica de uma unidade de PF usando o algoritmo de Tomasulo e estendida para lidar com a especulação.
Comparando esta figura com a Figura 3.10, que implementava o algoritmo de Tomasulo, as principais mudanças são o acréscimo do ROB e a eliminação do buffer de store, cuja função está integrada ao ROB. Esse mecanismo pode ser estendido para permitir múltiplos despachos por clock, tornando o CDB mais largo para permitir múltiplos términos por clock.

de valor e o campo de pronto (ready). O campo de tipo de instrução indica se a instrução é um desvio (e não possui resultado de destino), um store (que tem um endereço de memória como destino) ou uma operação de registrador (operação da ALU ou load, que possui registradores como destino). O campo de destino fornece o número do registrador (para loads e operações da ALU) ou o endereço de memória (para stores) onde o resultado da instrução deve ser escrito. O campo de valor é usado para manter o valor do resultado da instrução até que a instrução seja confirmada. Veremos um exemplo de entradas ROB em breve. Finalmente, o campo de pronto indica que a instrução completou sua execução, e o valor está pronto.

O ROB substitui os buffers de store. Os stores ainda são executados em duas etapas, mas a segunda etapa é realizada pela confirmação da instrução. Embora a função restante das estações de reserva seja substituída pelo ROB, ainda precisamos de um lugar (buffer) para colocar operações (e operandos) entre o momento em que são enviadas e o momento em que iniciam sua execução. Essa função ainda é fornecida pelas estações de reserva. Como cada instrução tem uma posição no ROB até que seja confirmada, identificamos um resultado usando o número de entrada do ROB em vez do número da estação de reserva. Essa marcação exige que o ROB atribuído para uma instrução seja rastreado na estação de reserva. Mais adiante nesta seção, exploraremos uma implementação alternativa que usa registradores extras para renomeação e uma fila que substitui o ROB para decidir quando as instruções podem ser confirmadas.

Aqui estão as quatro etapas envolvidas na execução da instrução:

1. *Despacho.* Apanhe uma instrução da fila de instruções. Envie a instrução se houver uma estação de reserva vazia e um slot vazio no ROB; envie os operandos à estação de reserva se eles estiverem disponíveis nos registradores ou no ROB. Atualize as entradas de controle para indicar que os buffers estão em uso. O número da entrada do ROB alocada para o resultado também é enviado à estação de reserva, de modo que o número possa ser usado para marcar o resultado quando ele for colocado no CDB. Se todas as reservas estiverem cheias ou o ROB estiver cheio, o despacho de instrução é adiado até que ambos tenham entradas disponíveis.

2. *Execução.* Se um ou mais dos operandos ainda não estiver disponível, monitore o CDB enquanto espera que o registrador seja calculado. Essa etapa verifica os hazards RAW. Quando os dois operandos estiverem disponíveis em uma estação de reserva, execute a operação. As instruções podem levar vários ciclos de clock nesse estágio, e os loads ainda exigem duas etapas nesse estágio. Os stores só precisam ter o registrador de base disponível nessa etapa, pois a execução para um store nesse ponto é apenas o cálculo do endereço efetivo.

3. *Escrita de resultado.* Quando o resultado estiver disponível, escreva-o no CDB (com a tag ROB enviada quando a instrução for despachada) e do CDB para o ROB, e também para quaisquer estações de reserva esperando por esse resultado. Marque a estação de reserva como disponível. Ações especiais são necessárias para instruções store. Se o valor a ser armazenado estiver disponível, ele é escrito no campo Valor da entrada do ROB para o store. Se o valor a ser armazenado ainda não estiver disponível, o CDB precisa ser monitorado até que esse valor seja transmitido, quando o campo Valor na entrada do ROB para o store é atualizado. Para simplificar, consideramos que isso ocorre durante o estágio de escrita de resultado de um store; mais adiante, discutiremos o relaxamento desse requisito.

4. *Confirmação (commit).* Esse é o estágio final para o término de uma instrução, após o qual somente seu resultado permanece. (Alguns processadores chamam essa

fase de "término" ou "graduação".) Existem três sequências de ações diferentes na confirmação, dependendo da instrução confirmando ser um desvio com uma previsão incorreta, um store ou qualquer outra instrução (confirmação normal). O caso da confirmação normal ocorre quando uma instrução alcança o início do ROB e seu resultado está presente no buffer; nesse ponto, o processador atualiza o registrador com o resultado e remove a instrução do ROB. A confirmação de um store é semelhante, exceto que a memória é atualizada, em vez de um registrador de resultado. Quando um desvio com previsão incorreta atinge o início do ROB, isso indica que a especulação foi errada. O ROB é esvaziado e a execução é reiniciada no sucessor correto do desvio. Se o desvio foi previsto corretamente, ele será terminado.

Quando uma instrução é confirmada, sua entrada no ROB é reclamada, e o registrador ou destino da memória é atualizado, eliminando a necessidade da entrada do ROB. Se o ROB se encher, simplesmente paramos de enviar instruções até que haja uma entrada disponível. Agora, vamos examinar como esse esquema funcionaria com o mesmo exemplo que usamos para o algoritmo de Tomasulo.

**Exemplo** Vamos considerar as mesmas latências para as unidades funcionais de ponto flutuante que nos exemplos anteriores: adição usa 2 ciclos de clock, multiplicação usa 6 ciclos de clock e divisão usa 12 ciclos de clock. Usando o segmento de código a seguir, o mesmo que usamos para gerar a Figura 3.12, mostre como ficariam as tabelas de status quando o `fmul.d` estiver pronto para a confirmação.

```
fld      f6,32(x2)
fld      f2,44(x3)
fmul.d   f0,f2,f4
fsub.d   f8,f2,f6
fdiv.d   f0,f0,f6
fadd.d   f6,f8,f2
```

**Resposta** A Figura 3.16 mostra o resultado nas três tabelas. Observe que, embora a instrução `fsub.d` tenha completado sua execução, ela não é confirmada até que o `fmul.d` seja confirmado. As estações de reserva e o campo de status do registrador contêm a mesma informação básica que eles tinham no algoritmo de Tomasulo. A diferença é que os números de estação de reserva são substituídos por números de entrada do ROB nos campos Qj e Qk, e também nos campos de status de registrador, e acrescentamos o campo Dest às estações de reserva. O campo Dest designa a entrada do ROB, que é o destino para o resultado produzido por essa entrada da estação de reserva.

O exemplo ilustra a importante diferença-chave entre um processador com especulação e um processador com escalonamento dinâmico. Compare o conteúdo da Figura 3.16 com o da Figura 3.12, que mostra a mesma sequência de código em operação em um processador com o algoritmo de Tomasulo. A principal diferença é que, no exemplo anterior, nenhuma instrução após a instrução mais antiga não completada (`fmul.d` no exemplo anterior) tem permissão para concluir. Ao contrário, na Figura 3.12, as instruções `fsub.d` e `fadd.d` também foram concluídas.

Uma implicação dessa diferença é que o processador com o ROB pode executar código dinamicamente enquanto mantém um modelo de interrupção preciso. Por exemplo, se a instrução `fmul.d` causasse uma interrupção, poderíamos simplesmente esperar até que ela atingisse o início do ROB e apanhar a interrupção, esvaziando quaisquer outras

**Buffer de reordenação**

| Entrada | Busy | Instrução | | Estado | Destino | Valor |
|---|---|---|---|---|---|---|
| 1 | Não | `fld` | `f6,32(x2)` | Confirmação | `f6` | `Mem[32 + Regs[x2]]` |
| 2 | Não | `fld` | `f2,44(x3)` | Confirmação | `f2` | `Mem[44 + Regs[x3]]` |
| 3 | Sim | `fmul.d` | `f0,f2,f4` | Escrita de resultado | `f0` | #2 × Regs[f4] |
| 4 | Sim | `fsub.d` | `f8,f2,f6` | Escrita de resultado | `f8` | #2 − #1 |
| 5 | Sim | `fdiv.d` | `f0,f0,f6` | Execução | `f0` | |
| 6 | Sim | `fadd.d` | `f6,f8,f2` | Escrita de resultado | `f6` | #4 + #2 |

**Estações de reserva**

| Nome | Busy | Op | Vj | Vk | Qj | Qk | Dest | A |
|---|---|---|---|---|---|---|---|---|
| Load1 | Não | | | | | | | |
| Load2 | Não | | | | | | | |
| Add1 | Não | | | | | | | |
| Add2 | Não | | | | | | | |
| Add3 | Não | | | | | | | |
| Mult1 | Não | `fmul.d` | Mem[44 + Regs[x3]] | Regs[f4] | | | #3 | |
| Mult2 | Sim | `fdiv.d` | | Mem[32 + Regs[x2]] | #3 | | #5 | |

**Status do registrador de PF**

| Campo | f0 | f1 | f2 | f3 | f4 | f5 | f6 | f7 | f8 | f10 |
|---|---|---|---|---|---|---|---|---|---|---|
| # Reord. | 3 | | | | | | 6 | | 4 | 5 |
| Busy | Sim | Não | Não | Não | Não | Não | Sim | ... | Sim | Sim |

**FIGURA 3.16** No momento em que o `fmul.d` está pronto para ser confirmado, somente as duas instruções `fld` foram confirmadas, embora várias outras tenham completado sua execução.

O `fmul.d` está no início do ROB, e as duas instruções `fld` estão lá somente para facilitar a compreensão. As instruções `fsub.d` e `fadd.d` não serão confirmadas até que a instrução `fmul.d` seja confirmada, embora os resultados das instruções estejam disponíveis e possam ser usados como fontes para outras instruções. O `fdiv.d` está em execução, mas ainda não concluiu unicamente devido à sua latência maior do que a de `fmul.d`. A coluna Valor indica o valor sendo mantido; o formato #X é usado para se referir a um campo de valor da entrada X do ROB. Os buffers de reordenação 1 e 2 estão realmente concluídos, mas aparecem para fins informativos. Não mostramos as entradas para a fila load-store, mas essas entradas são mantidas em ordem.

instruções pendentes do ROB. Como a confirmação da instrução acontece em ordem, isso resulta em uma exceção precisa.

Ao contrário, no exemplo usando o algoritmo de Tomasulo, as instruções `fsub.d` e `fadd.d` poderiam ser concluídas antes que o `fmul.d` levantasse a exceção. O resultado é que os registradores f8 e f6 (destinos das instruções `fsub.d` e `fadd.d`) poderiam ser sobrescritos e a interrupção seria imprecisa.

Alguns usuários e arquitetos decidiram que as exceções de ponto flutuante imprecisas são aceitáveis nos processadores de alto desempenho, pois o programa provavelmente terminará; veja no Apêndice J uma discussão aprofundada desse assunto. Outros tipos de exceção, como faltas de página, são muito mais difíceis de acomodar quando são imprecisas, pois o programa precisa retomar a execução transparentemente depois de tratar de tal exceção.

# 3.6 Especulação baseada em hardware

O uso de um ROB com a confirmação de instrução em ordem oferece exceções precisas, além de dar suporte à exceção especulativa, como mostra o exemplo seguinte.

**Exemplo**  Considere o exemplo de código utilizado anteriormente para o algoritmo de Tomasulo e mostrado na Figura 3.14 em execução:

```
Loop:    fld        f0,0(x1)
         fmul.d     f4,f0,f2
         fsd        f4,0(x1)
         addi       x1,x1,-8
         bne        x1,x2,Loop   // desvia se x1≠x2
```

Considere que tenhamos enviado todas as instruções no loop duas vezes. Vamos também considerar que o `fld` e o `fmul.d` da primeira iteração foram confirmados e todas as outras instruções terminaram a execução. Normalmente, o store esperaria no ROB pelo operando de endereço efetivo (`x1` neste exemplo) e pelo valor (`f4` neste exemplo). Como só estamos considerando o pipeline de ponto flutuante, suponha que o endereço efetivo para o store seja calculado no momento em que a instrução é enviada.

**Resposta**  A Figura 3.17 mostra o resultado em duas tabelas.

Como nem os valores de registradores nem quaisquer valores de memória são realmente escritos até que uma instrução seja confirmada, o processador poderá facilmente desfazer suas ações especulativas quando um desvio for considerado mal previsto. Suponha que o desvio BNE não seja tomado pela primeira vez na Figura 3.17. As instruções antes

| | | | Buffer de reordenação | | | |
|---|---|---|---|---|---|---|
| **Entrada** | **Busy** | **Instrução** | | **Estado** | **Destino** | **Valor** |
| 1 | Não | `fld` | `f0,0(x1)` | Confirmação | `f0` | `Mem[0 + Regs[x1]]` |
| 2 | Não | `fmul.d` | `f4,f0,f2` | Confirmação | `f4` | #1 × `Regs[f2]` |
| 3 | Sim | `fsd` | `f4,0(x1)` | Escrita de resultado | `0 + Regs[x1]` | #2 |
| 4 | Sim | `addi` | `x1,x1,−8` | Escrita de resultado | `x1` | `Regs[x1]` − 8 |
| 5 | Sim | `bne` | `x1,x2,Loop` | Escrita de resultado | | |
| 6 | Sim | `fld` | `f0,0(x1)` | Escrita de resultado | `f0` | `Mem[#4]` |
| 7 | Sim | `fmul.d` | `f4,f0,f2` | Escrita de resultado | `f4` | #6 × `Regs[f2]` |
| 8 | Sim | `fsd` | `f4,0(x1)` | Escrita de resultado | `0 + #4` | #7 |
| 9 | Sim | `addi` | `x1,x1,−8` | Escrita de resultado | `x1` | #4 − 8 |
| 10 | Sim | `bne` | `x1,x2,Loop` | Escrita de resultado | | |

| | | | | Status do registrador de PF | | | | |
|---|---|---|---|---|---|---|---|---|
| **Campo** | **f0** | **f1** | **f2** | **f3** | **f4** | **F5** | **f6** | **F7** | **f8** |
| # Reord. | 6 | | | | | | | | |
| Busy | Sim | Não | Não | Não | Sim | Não | Não | ... | Não |

**FIGURA 3.17** Somente as instruções `fld` e `fmul.d` foram confirmadas, embora todas as outras tenham a execução concluída. Logo, nenhuma estação de reserva está ocupada e nenhuma aparece. As instruções restantes serão confirmadas o mais rápido possível. Os dois primeiros buffers de reordenação serão confirmados o mais rápido possível. Os dois primeiros buffers de reordenação estão vazios, mas aparecem para completar a figura.

# CAPÍTULO 3: Paralelismo em nível de instrução e sua exploração

do desvio simplesmente serão confirmadas quando cada uma alcançar o início do ROB; quando o desvio alcançar o início desse buffer, o buffer será simplesmente apagado e o processador começará a apanhar instruções do outro caminho.

Na prática, os processadores que especulam tentam se recuperar o mais cedo possível após um desvio ser mal previsto. Essa recuperação pode ser feita limpando-se o ROB para todas as entradas que aparecem após o desvio mal previsto, permitindo que aquelas que estão antes do desvio no ROB continuem, reiniciando a busca no sucesso correto do desvio. Nos processadores especulativos, o desempenho é mais sensível à previsão do desvio, pois o impacto de um erro de previsão é mais alto. Assim, todos os aspectos do tratamento de desvios — exatidão da previsão, latência da detecção de erro de previsão e tempo de recuperação do erro de previsão — passam a ter mais importância.

As exceções são tratadas pelo seu não reconhecimento até que estejam prontas para serem confirmadas. Se uma instrução especulada levantar uma exceção, a exceção será registrada no ROB. Se um erro de previsão de desvio surgir e a instrução não tiver sido executada, a exceção será esvaziada junto com a instrução quando o ROB for apagado. Se a instrução atingir o início do ROB, saberemos que ela não é mais especulativa, e a exceção deverá realmente ser tomada. Também poderemos tentar tratar das exceções assim que elas surgirem e todos os desvios anteriores forem resolvidos, porém isso é mais desafiador no caso das exceções do que para o erro de previsão de desvio, pois ocorre com menos frequência e não é tão crítico.

A Figura 3.18 mostra as etapas da execução para uma instrução, além das condições que devem ser satisfeitas a fim de prosseguir para a etapa e as ações tomadas. Mostramos o caso em que os desvios mal previstos não são resolvidos antes da confirmação. Embora a especulação pareça ser um acréscimo simples ao escalonamento dinâmico, uma comparação da Figura 3.18 com a figura comparável para o algoritmo de Tomasulo na Figura 3.13 mostra que a especulação acrescenta complicações significativas ao controle. Além disso, lembre-se de que os erros de previsão de desvio também são um pouco mais complexos.

Existe uma diferença importante no modo como os stores são tratados em um processador especulativo e no algoritmo de Tomasulo. No algoritmo de Tomasulo, um store pode atualizar a memória quando alcançar a escrita de resultado (o que garante que o endereço efetivo foi calculado) e o valor de dados a armazenar estiver disponível. Em um processador especulativo, um store só atualiza a memória quando alcança o início do ROB. Essa diferença garante que a memória não seja atualizada até que uma instrução não seja mais especulativa.

A Figura 3.18 apresenta uma simplificação significativa para stores, que é desnecessária na prática. Ela exige que os stores esperem no estágio de escrita de resultado pelo registrador operando-fonte cujo valor deve ser armazenado; o valor é, então, movido do campo Vk da estação de reserva do store para o campo Valor da entrada de store do ROB. Porém, na realidade, o valor a ser armazenado não precisa chegar até *imediatamente antes* de o store ser confirmado, e pode ser colocado diretamente na entrada de store do ROB, pela instrução de origem. Isso é realizado fazendo com que o hardware acompanhe quando o valor de origem a ser armazenado estará disponível na entrada de store do ROB e pesquisando o ROB a cada término de instrução para procurar stores dependentes.

Esse acréscimo não é complicado, mas sua inclusão tem dois efeitos: precisaríamos acrescentar um campo no ROB, e a Figura 3.18, que já está com uma fonte pequena, seria ainda maior! Embora a Figura 3.18 faça essa simplificação, em nossos exemplos permitiremos

| Status | Esperar até | Ação ou manutenção |
|---|---|---|
| Enviar todas as instruções | | ```
if (RegisterStat[rs].Busy)/*in-flight instr. writes rs*/
    {h ← RegisterStat[rs].Reorder;
    if (ROB[h].Ready)/* Instr completed already */
        {RS[r].Vj ← ROB[h].Value; RS[r].Qj ← 0;}
    else {RS[r].Qj ← h;} /* wait for instruction */
} else {RS[r].Vj ← Regs[rs]; RS[r].Qj ← 0;};
RS[r].Busy ← yes; RS[r].Dest ← b;
ROB[b].Instruction ← opcode; ROB[b].Dest ← rd;ROB[b].Ready ← no;
``` |
| Operações de PF e stores | Estação de reserva (r) e ROB(b) disponíveis | ```
if (RegisterStat[rt].Busy) /*in-flight instr writes rt*/
    {h ← RegisterStat[rt].Reorder;
    if (ROB[h].Ready)/* Instr completed already */
        {RS[r].Vk ← ROB[h].Value; RS[r].Qk ← 0;}
    else {RS[r].Qk ← h;} /* wait for instruction */
} else {RS[r].Vk ← Regs[rt]; RS[r].Qk ← 0;};
``` |
| Operações de PF | | ```
RegisterStat[rd].Reorder ← b; RegisterStat[rd].Busy ← yes;
ROB[b].Dest ← rd;
``` |
| Loads | | ```
RS[r].A ← imm; RegisterStat[rt].Reorder ← b;
RegisterStat[rt].Busy ← yes; ROB[b].Dest ← rt;
``` |
| Stores | | ```
RS[r].A ← imm;
``` |
| Executar op de PF | (RS[r].Qj == 0) e (RS[r].Qk == 0) | Calcular resultados — operandos estão em Vj e Vk |
| Load etapa 1 | (RS[r].Qj == 0) e não existem stores anteriormente na fila | `RS[r].A ← RS[r].Vj + RS[r].A;` |
| Load etapa 2 | Load etapa 1 feita e todos os stores anteriores no ROB têm endereço diferente | Ler de `Mem[RS[r].A]` |
| Store | (RS[r].Qj == 0) e store no início da fila | `ROB[h].Address ← RS[r].Vj + RS[r].A;` |
| Escrita de resultado sem o store | Execução feita em r e CDB disponível | ```
b ← RS[r].Dest; RS[r].Busy ← no;
∀x(if (RS[x].Qj==b) {RS[x].Vj ← result; RS[x].Qj ← 0});
∀x(if (RS[x].Qk==b) {RS[x].Vk ← result; RS[x].Qk ← 0});
ROB[b].Value ← result; ROB[b].Ready ← yes;
``` |
| Store | Execução feita em r e (RS[r].Qk == 0) | `ROB[h].Value ← RS[r].Vk;` |
| Confirmação | Instrução está no início do ROB (entrada h) e ROB[h].ready == yes | ```
d ← ROB[h].Dest; /* register dest, if exists */
if (ROB[h].Instruction==Branch)
    {if (branch is mispredicted)
        {clear ROB[h], RegisterStat; fetch branch dest;};}
else if (ROB[h].Instruction==Store)
        {Mem[ROB[h].Destination] ← ROB[h].Value;}
else /* put the result in the register destination */
    {Regs[d] ← ROB[h].Value;};
ROB[h].Busy ← no; /* free up ROB entry */
/* free up dest register if no one else writing it */
if (RegisterStat[d].Reorder==h) {RegisterStat[d].Busy ← no;};
``` |

**FIGURA 3.18** Etapas no algoritmo e o que é necessário para cada etapa.

Para as instruções enviadas, `rd` é o destino, `rs` e `rt` são as origens, `r` é a estação de reserva alocada, `b` é a entrada do ROB atribuída e `h` é a entrada inicial do ROB. `RS` é a estrutura de dados da estação de reserva. O valor retornado por uma estação de reserva é chamado de `result`. `Register-Stat` é a estrutura de dados do registrador, `Regs` representa os registradores reais e `ROB` é a estrutura de dados do buffer de reordenação.

que o store passe pelo estágio de escrita de resultado e simplesmente espere que o valor esteja pronto quando for confirmado.

Assim como o algoritmo de Tomasulo, temos de evitar hazards na memória. Hazards WAW e WAR na memória são eliminados com a especulação, pois a atualização real da memória ocorre em ordem, quando um store está no início do ROB e, portanto, nenhum
```

load ou store anterior poderá estar pendente. Os hazards RAW na memória são mantidos por duas restrições:

1. Não permitir que um load inicie a segunda etapa de sua execução se qualquer entrada ROB ativa ocupada por um store tiver um campo Destino que corresponda ao valor do campo A do load.
2. Manter a ordem do programa para o cálculo de endereço efetivo de um load com relação a todos os stores anteriores.

Juntas, essas duas restrições garantem que nenhum load que acesse um local da memória escrito por um store anterior poderá realizar o acesso à memória até que o store tenha escrito os dados. Alguns processadores especulativos realmente contornarão o valor do store para o load diretamente, quando ocorrer esse hazard RAW. Outra técnica é prever colisões em potencial usando uma forma de previsão de valor; consideraremos isso na Seção 3.9.

Embora essa explicação da execução especulativa tenha focalizado o ponto flutuante, as técnicas se estendem facilmente para registradores inteiros e unidades funcionais. Na realidade, a especulação pode ser mais útil em programas de inteiros, pois esses programas costumam ter um código em que o comportamento do desvio é menos previsível. Além disso, essas técnicas podem ser estendidas para que funcionem em um processador de múltiplo despacho, permitindo que várias instruções sejam enviadas e confirmadas a cada clock. Na verdade, a especulação provavelmente é mais interessante nesses processadores, pois talvez técnicas menos ambiciosas possam explorar um ILP suficiente dentro dos blocos básicos quando auxiliado por um compilador.

## 3.7 EXPLORANDO O ILP COM MÚLTIPLO DESPACHO E ESCALONAMENTO ESTÁTICO

As técnicas das seções anteriores podem ser usadas para eliminar stalls de dados e controle e alcançar um CPI ideal de 1. Para melhorar ainda mais o desempenho, gostaríamos de diminuir o CPI para menos de 1. Mas o CPI não pode ser reduzido para menos de 1 se enviarmos apenas uma instrução a cada ciclo de clock.

O objetivo dos *processadores de múltiplo despacho*, discutidos nas próximas seções, é permitir que múltiplas instruções sejam enviadas em um ciclo de clock. Os processadores de múltiplo despacho podem ser de três tipos principais:

1. Processadores superescalares escalonados estaticamente.
2. Processadores VLIW (Very Long Instruction Word).
3. Processadores superescalares escalonados dinamicamente.

Os dois tipos de processadores superescalares enviam números variados de instruções por clock e usam a execução em ordem quando são estaticamente escalonados ou a execução fora da ordem quando são dinamicamente escalonados.

Processadores VLIW, ao contrário, enviam um número fixo de instruções formatadas como uma instrução grande ou como um pacote de instrução fixo com o paralelismo entre instruções indicado explicitamente pela instrução. Processadores VLIW são inerentemente escalonados de forma estática pelo compilador. Quando a Intel e a HP criaram a arquitetura IA-64, descrita no Apêndice H, também introduziram o nome EPIC (Explicitly Parallel Instruction Computer) para esse estilo de arquitetura.

Embora os superescalares escalonados estaticamente enviem um número variável e não um número fixo de instruções por clock, na verdade, em conceito, eles estão mais próximos aos VLIWs, pois as duas técnicas contam com o compilador para escalonar o código para o processador. Devido às vantagens cada vez menores de um superescalar escalonado estaticamente à medida que a largura de despacho aumenta, os superescalares escalonados estaticamente são usados principalmente para larguras de despacho estreitas, geralmente apenas com duas instruções. Além dessa largura, a maioria dos projetistas escolhe implementar um VLIW ou um superescalar escalonado dinamicamente. Devido às semelhanças no hardware e tecnologia de compilador exigida, nesta seção enfocamos os VLIWs. Os conhecimentos desta seção são facilmente extrapolados para um superescalar escalonado estaticamente.

A Figura 3.19 resume as técnicas básicas para o múltiplo despacho e suas características distintas, mostrando os processadores que usam cada técnica.

## A técnica VLIW básica

Os VLIWs utilizam múltiplas unidades funcionais independentes. Em vez de tentar enviar múltiplas instruções independentes para as unidades, um VLIW empacota as múltiplas operações em uma instrução muito longa ou exige que as instruções no pacote de despacho satisfaçam as mesmas restrições. Como não existe diferença fundamental nas duas técnicas, assumiremos apenas que múltiplas operações são colocadas em uma instrução, como na técnica VLIW original.

Como a vantagem de um VLIW aumenta à medida que a taxa de despacho máxima cresce, enfocamos um processador com largura de despacho maior. Na realidade, para processadores simples de despacho com largura dois, o overhead de um superescalar provavelmente é mínimo. Muitos projetistas provavelmente argumentariam que um processador de despacho quádruplo possui overhead controlável, mas, como veremos mais adiante neste capítulo, o crescimento no overhead é um fator importante que limita os processadores com larguras de despacho maiores.

Vamos considerar um processador VLIW com instruções que contêm cinco operações, incluindo uma operação com inteiros (que também poderia ser um desvio), duas operações

| Nome comum | Estrutura de despacho | Detecção de hazard | Escalonamento | Característica de distinção | Exemplos |
|---|---|---|---|---|---|
| Superescalar (estática) | Dinâmica | Hardware | Estático | Execução em ordem | Em sua maioria no espaço embarcado: MIPS e ARM, incluindo o ARM Cotex-A53 |
| Superescalar (dinâmica) | Dinâmica | Hardware | Dinâmico | Alguma execução fora de ordem, mas sem especulação | Nenhum atualmente |
| Superescalar (especulativa) | Dinâmica | Hardware | Dinâmico com especulação | Execução fora de ordem com especulação | Intel Core i3, i5, i7; AMD Phenom; IBM Power 7 |
| VLIW/LIW | Estática | Principalmente software | Estático | Todos os hazards determinados e indicados pelo compilador (geralmente implícito) | A maioria dos exemplos está no processamento de sinais, como o TI C6x |
| EPIC | Principalmente estática | Principalmente software | A maior parte estático | Todos os hazards determinados e indicados explicitamente pelo compilador | Itanium |

**FIGURA 3.19** As cinco técnicas principais em uso para processadores de múltiplo despacho e as principais características que os distinguem. Este capítulo enfoca as técnicas com uso intensivo de hardware, todas elas sendo alguma forma de superescalar. O Apêndice H enfoca as técnicas baseadas em compilador. A técnica EPIC, incorporada à arquitetura IA-64, estende muitos dos conceitos das primeiras técnicas VLIW, oferecendo uma mistura de técnicas estáticas e dinâmicas.

de ponto flutuante e duas referências à memória. A instrução teria um conjunto de campos para cada unidade funcional — talvez 16-24 bits por unidade, gerando um tamanho de instrução de algo entre 80-120 bits. Por comparação, o Intel Itanium 1 e o 2 contêm seis operações por pacote de instruções (ou seja, eles permitem o despacho concorrente de dois conjuntos de três instruções, como descreve o Apêndice H).

Para manter as unidades funcionais ocupadas, é preciso haver paralelismo suficiente em uma sequência de código para preencher os slots de operação disponíveis. Esse paralelismo é descoberto desdobrando os loops e escalonando o código dentro do único corpo de loop maior. Se o desdobramento gerar código sem desvios ou loops (straight-line code), as técnicas de *escalonamento local*, que operam sobre um único bloco básico, podem ser utilizadas. Se a localização e a exploração do paralelismo exigirem escalonamento de código entre os desvios, um algoritmo de *escalonamento global* substancialmente mais complexo terá de ser usado. Os algoritmos de escalonamento global não são apenas mais complexos em estrutura, mas também precisam lidar com escolhas significativamente mais complicadas na otimização, pois a movimentação de código entre os desvios é dispendiosa.

No Apêndice H, discutiremos o *escalonamento de rastreio*, uma dessas técnicas de escalonamento global desenvolvidas especificamente para VLIWs; também exploraremos o suporte especial do hardware, que permite que alguns desvios condicionais sejam eliminados, estendendo a utilidade do escalonamento local e melhorando o desempenho do escalonamento global.

Por enquanto, contaremos com o desdobramento do loop para gerar sequências de código longas, sem desvios ou loops, a fim de podermos usar o escalonamento local para montar instruções VLIW e explicar o quanto esses processadores operam bem.

**Exemplo**   Suponha que tenhamos um VLIW que possa enviar duas referências à memória, duas operações de PF e uma operação com inteiros ou desvio a cada ciclo de clock. Mostre uma versão desdobrada do loop `x[i] = x[i] + s` (ver código RISC-V) para tal processador. Desdobre tantas vezes quantas forem necessárias para eliminar quaisquer stalls.

***Resposta***   A Figura 3.20 mostra o código. O loop foi desdobrado para fazer sete cópias do corpo, o que elimina quaisquer stalls (ou seja, ciclos de despacho completamente vazios), sendo executado em nove ciclos para o loop desdobrado e escalonado. Esse código gera uma taxa de execução de sete resultados em nove ciclos ou 1,29 ciclo por resultado, quase o dobro da rapidez do superescalar de despacho duplo da Seção 3.2, que usava código desdobrado e escalonado.

Para o modelo VLIW original, havia problemas técnicos e logísticos que tornavam a técnica menos eficiente. Os problemas técnicos são o aumento no tamanho do código e as limitações da operação de bloqueio. Dois elementos diferentes são combinados para aumentar o tamanho do código substancialmente para um VLIW. Primeiro, a geração de operações suficientes em um fragmento de código sem desvios ou loops requer desdobramento de loops ambiciosos (como nos exemplos anteriores), aumentando assim o tamanho do código. Segundo, sempre que as instruções não forem cheias, as unidades funcionais não usadas se traduzem em bits desperdiçados na codificação de instrução. No Apêndice H, examinamos as técnicas de escalonamento de software, como o pipelining de software, que podem alcançar os benefícios do desdobramento sem muita expansão do código.

Para combater esse aumento no tamanho do código, às vezes são utilizadas codificações inteligentes. Por exemplo, pode haver apenas um campo imediato grande para uso por qualquer unidade funcional. Outra técnica é compactar as instruções na memória principal e expandi-las quando forem lidas para a cache ou quando forem decodificadas. No

| Referência de memória 1 | Referência de memória 2 | Operação de PF 1 | Operação de PF 2 | Operação de inteiros/desvio |
|---|---|---|---|---|
| fld f0,0(x1) | fld f6,-8(x1) | | | |
| fld f10,-16(x1) | fld f14,-24(x1) | | | |
| fld f18,-32(x1) | fld f22,-40(x1) | fadd.d f4,f0,f2 | fadd.d f8,f6,f2 | |
| fld f26,-48(x1) | | fadd.d f12,f0,f2 | fadd.d f16,f14,f2 | |
| | | fadd.d f20,f18,f2 | fadd.d f24,f22,f2 | |
| fsd f4,0(x1) | fsd f8,-8(x1) | fadd.d f28,f26,f24 | | |
| fsd f12,-16(x1) | fsd f16,-24(x1) | | | addi x1,x1,-56 |
| fsd f20,24(x1) | fsd f24,16(x1) | | | |
| fsd f28,8(x1) | | | | bne x1,x2,Loop |

**FIGURA 3.20** Instruções VLIW que ocupam o loop interno e substituem a sequência desdobrada.
Esse código usa nove ciclos, considerando uma previsão de desvio correta. A taxa de despacho é de 23 operações em nove ciclos de clock, ou 2,5 operações por ciclo. A eficiência, ou a porcentagem de slots disponíveis que continham uma operação, é de cerca de 60%. Para conseguir essa taxa de despacho, é preciso um número maior de registradores do que o RISC-V normalmente usaria nesse loop. A sequência de código VLIW acima requer pelo menos oito registradores de PF, enquanto a mesma sequência de código para o processador RISC-V básico pode usar desde dois até cinco registradores de PF, quando desdobrada e escalonada.

Apêndice H, mostramos outras técnicas, além de documentar a significativa expansão do código vista no IA-64.

Os primeiros VLIWs operavam em bloqueio; não havia hardware de detecção de hazard algum. Essa estrutura ditava que um stall em qualquer pipeline de unidade funcional precisa fazer com que o processador inteiro pare e espere, pois todas as unidades funcionais precisam ser mantidas em sincronismo. Embora um compilador possa ser capaz de escalonar as unidades funcionais determinísticas para evitar os stalls, é muito difícil prever quais acessos aos dados causarão um stall de cache e escaloná-los. Logo, as caches precisavam de bloqueio, fazendo com que *todas* as unidades funcionais protelassem. À medida que a taxa de despacho e o número de referências à memória se tornava grande, essa restrição de sincronismo se tornou inaceitável. Em processadores mais recentes, as unidades funcionais operam de forma mais independente, e o compilador é usado para evitar hazards no momento do despacho, enquanto as verificações de hardware permitem a execução não sincronizada quando as instruções são enviadas.

A compatibilidade do código binário também tem sido um problema logístico importante para os VLIWs. Em uma técnica VLIW estrita, a sequência de código utiliza a definição do conjunto de instruções e a estrutura de pipeline detalhada, incluindo as unidades funcionais e suas latências. Assim, diferentes quantidades de unidades funcionais e latências de unidade exigem diferentes versões do código. Esse requisito torna a migração entre implementações sucessivas, ou entre implementações com diferentes larguras de despacho, mais difícil do que para um projeto superescalar. Naturalmente, a obtenção de desempenho melhorado a partir de um novo projeto de superescalar pode exigir recompilação. Apesar disso, a capacidade de executar arquivos binários antigos é uma vantagem prática para uma técnica superescalar. Nas arquiteturas específicas do domínio, que examinaremos no Capítulo 7, este problema não é sério, pois as aplicações são escritas especificamente para uma configuração arquitetônica.

A técnica EPIC, da qual a arquitetura IA-64 é o principal exemplo, oferece soluções para muitos dos problemas encontrados nos primeiros projetos VLIW de uso geral, incluindo extensões para uma especulação de software mais agressiva e métodos para contornar a limitação da dependência do hardware enquanto preserva a compatibilidade binária.

O principal desafio para todos os processadores de múltiplo despacho é tentar explorar grandes quantidades de ILP. Quando o paralelismo vem do desdobramento de loops simples em programas de PF, provavelmente o loop original não foi executado de forma eficiente em um processador vetorial (descrito no Capítulo 4). Não é claro que um processador de múltiplo despacho seja preferido em relação a um processador vetorial para tais aplicações; os custos são semelhantes, e o processador vetorial normalmente tem a mesma velocidade ou é mais rápido. As vantagens em potencial de um processador de múltiplo despacho *versus* um processador vetorial são sua capacidade de extrair algum paralelismo do código menos estruturado e sua capacidade de facilmente colocar em cache todas as formas de dados. Por esses motivos, as técnicas de múltiplo despacho se tornaram o método principal para tirar proveito do paralelismo em nível de instrução, e os vetores se tornaram principalmente uma extensão desses processadores.

## 3.8 EXPLORANDO O ILP COM ESCALONAMENTO DINÂMICO, MÚLTIPLO DESPACHO E ESPECULAÇÃO

Até aqui, vimos como funcionam os mecanismos individuais do escalonamento dinâmico, múltiplo despacho e especulação. Nesta seção, juntamos os três, o que gera uma microarquitetura muito semelhante àquelas dos microprocessadores modernos. Para simplificar, consideramos apenas uma taxa de despacho de duas instruções por clock, mas os conceitos não são diferentes dos processadores modernos, que enviam três ou mais instruções por clock.

Vamos considerar que queremos estender o algoritmo de Tomasulo para dar suporte a um pipeline superescalar de despacho múltiplo, com unidades separadas de inteiros, load/ store e ponto flutuante (tanto multiplicação quanto adição de PF), cada qual podendo iniciar uma operação a cada clock. Não queremos enviar instruções fora de ordem para as estações de reserva, pois isso levaria a uma violação da semântica do programa. Para tirar proveito total do escalonamento dinâmico, permitiremos que o pipeline envie qualquer combinação de duas instruções em um clock, usando o hardware de escalonamento para realmente atribuir operações à unidade de inteiros e à de ponto flutuante. Como a interação das instruções de inteiros e de ponto flutuante é crucial, também estendemos o esquema de Tomasulo para lidar com as unidades funcionais e os registradores de inteiros e de ponto flutuante, além de incorporar a execução especulativa. Como a Figura 3.21 mostra, a organização básica é similar àquela de um processador com especulação com um despacho por clock, exceto pelo fato de que a lógica de despacho e conclusão deve ser melhorada para permitir múltiplas instruções por clock.

Emitir instruções múltiplas por clock em um processador escalonado dinamicamente (com ou sem especulação) é muito complexo pela simples razão de que as múltiplas instruções podem depender umas das outras. Por isso, as tabelas devem ser atualizadas para as instruções em paralelo; caso contrário, ficarão incorretas ou a dependência poderá ser perdida.

Duas técnicas diferentes foram usadas para enviar múltiplas instruções por clock em um processador escalonado dinamicamente, e ambas contam com a observação de que a chave é atribuir uma estação de reserva e atualizar as tabelas de controle de pipeline. Uma técnica é executar essa etapa na metade de um ciclo de clock, de modo que duas instruções possam ser processadas em um ciclo de clock. Infelizmente, essa técnica não pode ser estendida facilmente para lidar com quatro instruções por clock.

Uma segunda alternativa é montar a lógica necessária para lidar com duas instruções ao mesmo tempo, incluindo quaisquer dependências possíveis entre as instruções. Os

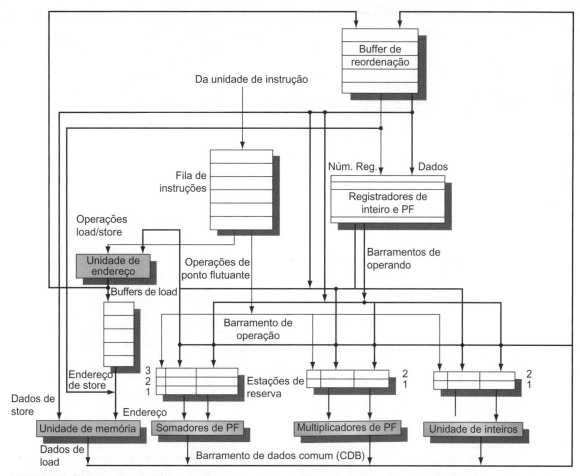

**FIGURA 3.21** A organização básica de um processador de múltiplos despachos com especulação.
Neste caso, a organização poderia permitir uma multiplicação de PF, uma soma de PF, inteiros e load/store simultaneamente para todos os despachos (supondo um despacho por clock por unidade funcional). Observe que diversos caminhos de dados devem ser alargados para suportar múltiplos despachos: o CDB, os barramentos de operando e, criticamente, a lógica de despacho de instrução, que não é mostrada nesta figura. O último é um problema difícil, como discutiremos no texto.

modernos processadores superescalares que enviam quatro ou mais instruções por clock normalmente incluem ambas as técnicas: ambas utilizam uma lógica de despacho de largura grande e com o pipeline. Uma observação importante é que não podemos eliminar o problema com pipelining. Ao fazer com que os despachos de instrução levem múltiplos clocks, porque novas instruções são enviadas a cada ciclo de clock, devemos ser capazes de definir a estação de reserva e atualizar as tabelas de pipeline, de modo que uma instrução dependente enviada no próximo clock possa usar as informações atualizadas.

Esse passo de despacho é um dos gargalos mais fundamentais em superscalares escalonados dinamicamente. Para ilustrar a complexidade desse processo, a Figura 3.22 mostra a lógica de despacho para um caso: enviar um load seguido por uma operação de PF dependente. A lógica se baseia na da Figura 3.18, mas representa somente um caso. Em um superescalar moderno, todas as combinações possíveis de instruções dependentes que se podem enviar no mesmo ciclo de clock devem ser consideradas. Como o número de possibilidades aumenta como o quadrado do número de instruções que podem ser emitidas em um clock, o passo do despacho é um gargalo provável para tentativas de ir além de quatro instruções por clock.

| Ação ou manutenção | Comentários |
|---|---|
| ```
if (RegisterStat[rs1].Busy)/*in-flight instr. writes rs*/
    {h ← RegisterStat[rs1].Reorder;
    if (ROB[h].Ready)/* Instr completed already */
        {RS[x1].Vj ← ROB[h].Value; RS[x1].Qj ← 0;}
    else {RS[x1].Qj ← h;} /* wait for instruction */
} else {RS[x1].Vj ← Regs[rs]; RS[x1].Qj ← 0;};
RS[x1].Busy ← yes; RS[x1].Dest ← b1;
ROB[b1].Instruction ← Load; ROB[b1].Dest ← rd1;
ROB[b1].Ready ← no;
RS[r].A ← imm1; RegisterStat[rt1].Reorder ← b1;
RegisterStat[rt1].Busy ← yes; ROB[b1].Dest ← rt1;
``` | Atualizar as tabelas de reserva para a instrução de load, que tem um único operando-fonte. Já que essa é a primeira instrução nesse conjunto de despachos, ela não parece diferente da que normalmente aconteceria em um load. |
| ```
RS[x2].Qj ← b1;} /* wait for load instruction */
``` | Como o primeiro operando da operação de PF é do load, esse passo simplesmente atualiza a estação de reserva para apontar para o load. Observe que a dependência deve ser analisada durante o processamento e que as entradas do ROB devem ser alocadas durante esta etapa do despacho para que as tabelas de reserva possam ser atualizadas corretamente. |
| ```
if (RegisterStat[rt2].Busy) /*in-flight instr writes rt*/
    {h ← RegisterStat[rt2].Reorder;
    if (ROB[h].Ready)/* Instr completed already */
        {RS[x2].Vk ← ROB[h].Value; RS[x2].Qk ← 0;}
    else {RS[x2].Qk ← h;} /* wait for instruction */
} else {RS[x2].Vk ← Regs[rt2]; RS[x2].Qk ← 0;};
RegisterStat[rd2].Reorder ← b2;
RegisterStat[rd2].Busy ← yes;
ROB[b2].Dest ← rd2;
``` | Uma vez que supomos que o segundo operando da instrução de PF veio de um conjunto de despacho anterior, esse passo se parece com o modo como seria no caso de despacho único. É claro, se essa instrução fosse dependente de algo no mesmo conjunto de despacho, as tabelas precisariam ser atualizadas usando o buffer de reserva designado. |
| ```
RS[x2].Busy ← yes; RS[x2].Dest ← b2;
ROB[b2].Instruction ← FP operation; ROB[b2].Dest ← rd2;
ROB[b2].Ready ← no;
``` | Essa seção simplesmente atualiza as tabelas para a operação de PF e é independente do load. Obviamente, se mais instruções nesse conjunto de instruções dependessem da operação de PF (como aconteceria com um superescalar de quatro despachos), as atualizações das tabelas de reserva para essas instruções seriam afetadas por essa instrução. |

**FIGURA 3.22** Passos de despacho para um par de instruções dependentes (chamadas 1 e 2), onde a instrução 1 é um load de PF e a instrução 2 é uma operação de PF cujo primeiro operando é o resultado da instrução load; x1 e x2 são as estações de reserva designadas para as instruções; e b1 e b2 são as entradas de buffer de reordenação designadas.

Para as instruções enviadas, rd1 e rd2 são os destinos, rs1, rs2 e rt2 são as origens (o load tem somente uma origem); x1 e x2 são as estações de reserva alocadas; e b1 e b2 são as entradas do ROB designadas. RS é a estrutura de dados da estação de reserva. RegisterStat é a estrutura de dados de registrador, Regs representa os registradores reais e ROB é a estrutura de dados do buffer de reordenação. Observe que precisamos ter entradas de buffer de reordenação designadas para que essa lógica opere corretamente e lembrar que todas essas atualizações ocorrem em um único ciclo de clock em paralelo, não sequencialmente.

Podemos generalizar os detalhes da Figura 3.22 para descrever a estratégia básica para atualizar a lógica de despacho e as tabelas de reserva em um superescalar escalonado dinamicamente com até *n* despachos por clock como a seguir:

1. Definir uma estação de reserva e um buffer de reordenação para *todas* as instruções que *podem* ser enviadas no próximo conjunto de despacho. Essa definição pode ser feita antes que os tipos de instruções sejam conhecidos, simplesmente pré-alocando as entradas do buffer de reordenação e garantindo que estejam disponíveis estações de reserva suficientes para enviar todo o conjunto, independentemente do que ele contenha. Ao limitar o número de instruções de uma dada classe (digamos, um valor de PF, um inteiro, um load, um store), as estações de reserva necessárias podem ser pré-alocadas. Se estações de reserva suficientes não estiverem disponíveis (como quando as próximas instruções do programa são todas do mesmo tipo), o conjunto será quebrado, e somente um subconjunto das instruções, na ordem do programa original, será enviado. O restante das instruções no conjunto poderá ser colocado no próximo conjunto para despacho em potencial.
2. Analisar todas as dependências entre as instruções no conjunto de despacho.
3. Se uma instrução no conjunto depender de uma instrução anterior no conjunto, use o número do buffer de reordenação atribuído para atualizar a tabela de reserva para a instrução dependente. Caso contrário, use a tabela de reserva existente e a informação do buffer de reordenação para atualizar as entradas da tabela de reservas para as instruções enviadas.

Obviamente, o que torna isso muito complicado é o fato de que tudo é feito em paralelo em um único ciclo de clock!

Na extremidade final do pipeline, devemos ser capazes de completar e confirmar múltiplas instruções por clock. Esses passos são um pouco mais fáceis do que os problemas de despacho, uma vez que múltiplas instruções que podem realmente ser emitidas no mesmo ciclo de clock já devem ter sido tratadas e quaisquer dependências resolvidas. Como veremos mais adiante, os projetistas descobriram como lidar com essa complexidade: o Intel i7, que examinaremos na Seção 3.12, usa essencialmente o esquema que descrevemos para múltiplos despachos especulativos, incluindo grande número de estações de reserva, um buffer de reordenação e um buffer de load e store, que também é usado para tratar faltas de cache sem bloqueio.

Do ponto de vista do desempenho, podemos mostrar como os conceitos se encaixam com um exemplo.

**Exemplo**    Considere a execução do loop a seguir, que incrementa cada elemento de um array inteiro, em um processador de duplo despacho, uma vez sem especulação e uma com especulação:

```
Loop: ld    x2,0(x1)    //x2 = array element
      addi  x2,x2,1      //increment x2
      sd    x2,0(x1)     //store result
      addi  x1,x1,8      //increment pointer
      bne   x2,x3,Loop   //branch if not last
```

Suponha que existam unidades funcionais separadas de inteiros para cálculo eficaz de endereço, para operações de ALU e para avaliação de condição de desvios. Crie uma tabela para as três primeiras iterações desse loop para os dois processadores. Suponha que até duas instruções de qualquer tipo possam ser emitidas por clock.

| Número da iteração | Instruções | Despacha no ciclo número | Executa no ciclo número | Acessa memória no ciclo número | Escreve no CDB no ciclo número | Comentário |
|---|---|---|---|---|---|---|
| 1 | ld   x2,0(x1) | 1 | 2 | 3 | 4 | Primeiro despacho |
| 1 | addi x2,x2,1 | 1 | 5 | | 6 | Espera por ld |
| 1 | sd   x2,0(x1) | 2 | 3 | 7 | | Espera por addi |
| 1 | addi x1,x1,8 | 2 | 3 | | 4 | Executa diretamente |
| 1 | bne  x2,x3,Loop | 3 | 7 | | | Espera por addi |
| 2 | ld   x2,0(x1) | 4 | 8 | 9 | 10 | Espera por bne |
| 2 | addi x2,x2,1 | 4 | 11 | | 12 | Espera por ld |
| 2 | sd   x2,0(x1) | 5 | 9 | 13 | | Espera por addi |
| 2 | addi x1,x1,8 | 5 | 8 | | 9 | Espera por bne |
| 2 | bne  x2,x3,Loop | 6 | 13 | | | Espera por addi |
| 3 | ld   x2,0(x1) | 7 | 14 | 15 | 16 | Espera por bne |
| 3 | addi x2,x2,1 | 7 | 17 | | 18 | Espera por ld |
| 3 | sd   x2,0(x1) | 8 | 15 | 19 | | Espera por addi |
| 3 | addi x1,x1,8 | 8 | 14 | | 15 | Espera por bne |
| 3 | bne  x2,x3,Loop | 9 | 19 | | | Espera por addi |

**FIGURA 3.23** Tempo de despacho, execução e escrita de resultado para uma versão de despacho duplo do nosso pipeline sem especulação. Observe que o ld seguido pelo bne não pode iniciar a execução antes, pois precisa esperar até que o resultado do desvio seja determinado. Esse tipo de programa, com desvios dependentes de dados que não podem ser resolvidos anteriormente, mostra a força da especulação. Unidades funcionais separadas para o cálculo do endereço, operações com a ALU e avaliação da condição de desvio permitem que várias instruções sejam executadas no mesmo ciclo. A Figura 3.24 mostra esse exemplo com especulação.

*Resposta*  As Figuras 3.23 e 3.24 mostram o desempenho para um processador escalonado dinamicamente com duplo despacho, sem e com especulação. Nesse caso, onde um desvio pode ser um limitador crítico do desempenho, a especulação ajuda significativamente. O terceiro desvio em que o processador especulativo é executado no ciclo de clock 13, enquanto no pipeline não especulativo, ele é executado no ciclo de clock 19. Já que a taxa de conclusão no pipeline não especulativo está ficando rapidamente para trás da taxa de despacho, o pipeline não especulativo vai sofrer stall quando algumas poucas iterações a mais forem enviadas. O desempenho do processador não especulativo poderia ser melhorado permitindo que as instruções load completassem o cálculo do endereço efetivo antes de um desvio ser decidido, mas sem que sejam permitidos acessos especulativos à memória, essa melhoria vai ganhar somente um clock por iteração.

Esse exemplo mostra claramente como a especulação pode ser vantajosa quando existem desvios dependentes dos dados, que de outro modo limitariam o desempenho. Entretanto, essa vantagem depende da previsão precisa de desvios. A especulação incorreta não melhora o desempenho. Na verdade, geralmente ela prejudica o desempenho e, como veremos, diminui drasticamente a eficiência energética.

## 3.9  TÉCNICAS AVANÇADAS PARA O DESPACHO DE INSTRUÇÕES E ESPECULAÇÃO

Em um pipeline de alto desempenho, especialmente um com múltiplos despachos, prever bem os desvios não é suficiente; na realidade, temos de ser capazes de entregar um fluxo de instruções com bastante largura de banda. Nos processadores recentes de múltiplo

| Número da iteração | Instruções | Despacha no ciclo número | Executa no ciclo número | Acesso de leitura no ciclo número | Escreve no CDB no ciclo número | Confirma no ciclo número | Comentário |
|---|---|---|---|---|---|---|---|
| 1 | ld   x2,0(x1) | 1 | 2 | 3 | 4 | 5 | Primeiro despacho |
| 1 | addi x2,x2,1 | 1 | 5 | | 6 | 7 | Espera por ld |
| 1 | sd   x2,0(x1) | 2 | 3 | | | 7 | Espera por addi |
| 1 | addi x1,x1,8 | 2 | 3 | | 4 | 8 | Confirma em ordem |
| 1 | bne  x2,x3,Loop | 3 | 7 | | | 8 | Espera por addi |
| 2 | ld   x2,0(x1) | 4 | 5 | 6 | 7 | 9 | Não executa atraso |
| 2 | addi x2,x2,1 | 4 | 8 | | 9 | 10 | Espera por ld |
| 2 | sd   x2,0(x1) | 5 | 6 | | | 10 | Espera por addi |
| 2 | addi x1,x1,8 | 5 | 6 | | 7 | 11 | Confirma na ordem |
| 2 | bne  x2,x3,Loop | 6 | 10 | | | 11 | Espera por addi |
| 3 | ld   x2,0(x1) | 7 | 8 | 9 | 10 | 12 | Mais cedo possível |
| 3 | addi x2,x2,1 | 7 | 11 | | 12 | 13 | Espera por ld |
| 3 | sd   x2,0(x1) | 8 | 9 | | | 13 | Espera por addi |
| 3 | addi x1,x1,8 | 8 | 9 | | 10 | 14 | Executa mais cedo |
| 3 | bne  x2,x3,Loop | 9 | 13 | | | 14 | Espera por addi |

**FIGURA 3.24** Tempo de despacho, execução e escrita de resultado para uma versão de despacho duplo de nosso pipeline *com* especulação. Observe que o ld seguido do bne pode iniciar a execução mais cedo, pois é especulativo.

despacho, isso significa despachar 4-8 instruções a cada ciclo de clock. Primeiro veremos os métodos para aumentar a largura de banda de despacho de instruções. Depois, passaremos a um conjunto de questões fundamentais na implementação de técnicas avançadas de especulação, incluindo o uso de renomeação de registrador *versus* buffers de reordenação, a agressividade da especulação e uma técnica chamada *previsão de valor*, que poderia melhorar ainda mais o ILP.

## Aumentando a largura de banda da busca de instruções (instruction fetch)

Um processador de múltiplo despacho exigirá que o número médio de instruções buscadas a cada ciclo de clock seja pelo menos do mesmo tamanho do throughput médio. Naturalmente, buscar essas instruções exige caminhos largos o suficiente para a cache de instruções, mas o aspecto mais difícil é lidar com os desvios. Nesta seção, veremos dois métodos para lidar com desvios e depois discutiremos como os processadores modernos integram as funções de previsão e pré-busca de instrução.

### Buffers de destino de desvio

Para reduzir a penalidade do desvio para o nosso pipeline simples de cinco estágios, além dos pipelines mais profundos, temos de saber se a instrução ainda não decodificada é um desvio e, se for, qual deverá ser o próximo PC. Se a instrução for um desvio e soubermos qual deve ser o próximo PC, podemos ter uma penalidade de desvio de zero. Uma cache de previsão de desvio que armazena o endereço previsto para a próxima instrução após um desvio é chamada de *buffer de destino de desvio* ou *cache de destino de desvio*. A Figura 3.25 mostra um buffer de destino de desvio.

Como o buffer de destino de desvio prevê o endereço da próxima instrução e o envia *antes* de decodificar a instrução, *precisamos* saber se a instrução lida é prevista como um desvio

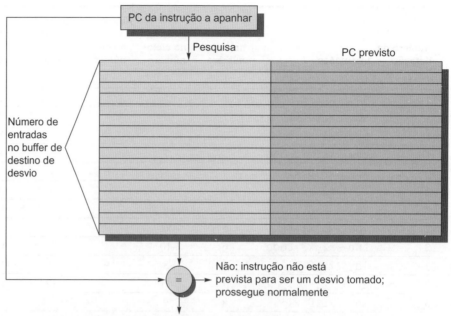

**FIGURA 3.25** Um buffer de destino de desvio. O PC da instrução sendo lida é combinado com um conjunto de endereços de instrução armazenados na primeira coluna; estes representam os endereços de desvios conhecidos.

Se o PC for correspondente a uma dessas entradas, a instrução sendo lida será um desvio tomado, e o segundo campo, o PC previsto, conterá a previsão para o próximo PC após o desvio. A busca começa imediatamente nesse endereço. O terceiro campo, que é opcional, pode ser usado para os bits extras de status de previsão.

tomado. Se o PC da instrução lida combinar com um PC no buffer de instrução, o PC previsto correspondente será usado como próximo PC. O hardware para esse buffer de destino de desvio é praticamente idêntico ao hardware para uma cache.

Se uma entrada correspondente for encontrada no buffer de destino de desvio, a busca começará imediatamente no PC previsto. Observe que, diferentemente de um buffer de previsão de desvio, a entrada da previsão precisa corresponder a essa instrução, pois o PC previsto será enviado antes de se saber sequer se essa instrução é um desvio. Se o processador não verificasse se a entrada corresponde a esse PC, então o PC errado seria enviado para instruções que não fossem desvios, resultando em um desempenho inferior. Só precisamos armazenar os desvios tomados previstos no buffer de destino de desvio, pois um desvio não tomado deve simplesmente apanhar a próxima instrução sequencial, como se não fosse um desvio.

A Figura 3.26 mostra as etapas quando se usa um buffer de destino de desvio para um pipeline simples de cinco estágios. Como podemos ver na figura, não haverá atraso de desvio se uma entrada de previsão de desvio for encontrada no buffer e a previsão estiver correta. Caso contrário, haverá uma penalidade de pelo menos dois ciclos de clock. Lidar com erros de previsão e faltas é um desafio significativo, pois normalmente teremos de interromper a busca da instrução enquanto reescrevemos a entrada do buffer. Assim, gostaríamos de tornar esse processo rápido para minimizar a penalidade.

Para avaliar se um buffer de destino de desvio funciona bem, primeiro temos de determinar as penalidades em todos os casos possíveis. A Figura 3.27 contém essa informação para o pipeline simples de cinco estágios.

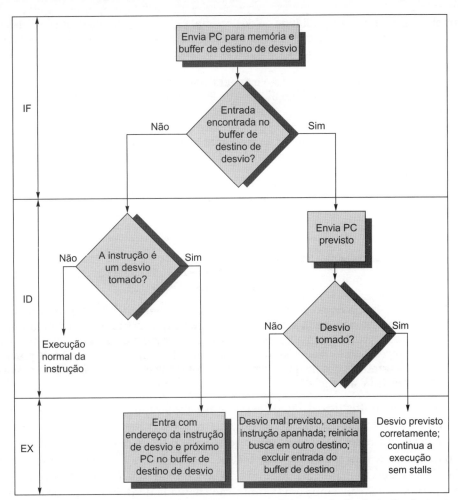

**FIGURA 3.26** Etapas envolvidas no tratamento de uma instrução com um buffer de destino de desvio.

| Instrução no buffer | Previsão | Desvio real | Ciclos de Penalidade |
|---|---|---|---|
| Sim | Tomado | Tomado | 0 |
| Sim | Tomado | Não tomado | 2 |
| Não |  | Tomado | 2 |
| Não |  | Não tomado | 0 |

**FIGURA 3.27** Penalidades para todas as combinações possíveis de que o desvio está no buffer e o que ele realmente faz supondo que armazenemos no buffer apenas os desvios tomados.
Não existe penalidade de desvio se tudo for previsto corretamente e o desvio for encontrado no buffer de desvio. Se o desvio não for previsto corretamente, a penalidade será igual a um ciclo de clock para atualizar o buffer com a informação correta (durante o que uma instrução não poderá ser apanhada) e um ciclo de clock, se for preciso, para reiniciar a busca da próxima instrução correta para o desvio. Se o desvio não for encontrado e tomado, ocorrerá uma penalidade de dois ciclos, enquanto o buffer estiver sendo atualizado.

**Exemplo**  Determine a penalidade de desvio total para um buffer de destino de desvio, considerando os ciclos de penalidade para os erros de previsão individuais da Figura 3.27. Faça as seguintes suposições sobre a precisão de previsão e taxa de acerto:

- A precisão de previsão é de 90% (para instruções no buffer).
- A taxa de acerto no buffer é de 90% (para desvios previstos tomados).

**Resposta**  Calculamos a penalidade verificando a probabilidade de dois eventos: o desvio tem previsão de ser tomado, mas acaba não sendo tomado, e o desvio é tomado, mas não é encontrado no buffer. Ambos carregam uma penalidade de dois ciclos.

$$\text{Probabilidade(desvio no buffer,}$$
$$\text{mas não tomado realmente)} = \text{Percentual de taxa de acerto do buffer}$$
$$\times \text{Porcentagem de previsões incorretas}$$
$$= 90\% \times 10\% = 0{,}09$$

$$\text{Probabilidade(desvio não no buffer, mas tomado)} = 10\%$$
$$\text{Penalidade de desvio} = (0{,}09 + 0{,}10) \times 2$$
$$\text{Penalidade de desvio} = 0{,}38$$

A melhoria da previsão de desvio dinâmico crescerá à medida que crescer o tamanho do pipeline, portanto, o atraso do desvio também aumentará; além disso, previsores melhores gerarão uma vantagem de desempenho maior. Os processadores modernos de alto desempenho apresentam atrasos de previsão incorreta de desvio da ordem de 15 ciclos de clock. Obviamente, uma previsão precisa é essencial!

Uma variação no buffer de destino de desvio é armazenar uma ou mais *instruções-alvo* no lugar do *endereço-alvo* previsto ou adicionalmente a ele. Essa variação possui duas vantagens em potencial. Primeiro, ela permite que o acesso ao buffer de desvio leve mais tempo do que o tempo entre buscas sucessivas de instruções, possivelmente permitindo um buffer de destino de desvio maior. Segundo, o armazenamento das instruções-alvo reais em buffer permite que realizemos uma otimização chamada desdobramento de desvio (ou *branch folding*). O *branch folding* pode ser usado para obter desvios incondicionais de 0 ciclo, e às vezes desvios condicionais de 0 ciclo. Conforme veremos, o Cortex A-53 utiliza uma cache de alvo de desvio de única entrada, que armazena as instruções-alvo previstas.

Considere um buffer de destino de desvio que coloca instruções no buffer a partir do caminho previsto e está sendo acessado com o endereço de um desvio incondicional. A única função do desvio incondicional é alterar o PC. Assim, quando o buffer de destino de desvio sinaliza um acerto e indica que o desvio é incondicional, o pipeline pode simplesmente substituir a instrução do buffer de destino de desvio no lugar da instrução que é retornada da cache (que é o desvio incondicional). Se o processador estiver enviando múltiplas instruções por ciclo, o buffer precisará fornecer múltiplas instruções para obter o máximo de benefício. Em alguns casos, talvez seja possível eliminar o custo de um desvio condicional.

## Previsões de desvio especializadas: previsão de retornos de procedimento, saltos indiretos e desvios com loop

Ao tentarmos aumentar a oportunidade e a precisão da especulação, encararemos o desafio de prever saltos indiretos, ou seja, saltos cujo endereço de destino varia durante a execução. Embora os programas em linguagem de alto nível gerem esses saltos para chamadas de procedimento indiretas, instruções select, case e o goto do FORTRAN, a grande maioria dos saltos indiretos vem de retornos de procedimento. Por exemplo, para os benchmarks SPEC95, na média, esses retornos são responsáveis por mais de 15% dos desvios e pela grande maioria dos saltos indiretos. Para linguagens orientadas a objeto, como C + + e Java, os retornos de procedimento são ainda mais frequentes. Assim, focar nos retornos de procedimento parece apropriado.

Embora os retornos de procedimento possam ser previstos com um buffer de destino de desvio, a exatidão dessa técnica de previsão pode ser baixa se o procedimento for chamado de vários locais e as chamadas de um local não forem agrupadas no tempo. Por exemplo, no SPEC CPU95, um previsor de desvio agressivo consegue uma precisão de menos de 60% para tais desvios de retorno. Para contornar esse problema, alguns projetos usam um pequeno buffer de endereços de retorno operando como uma pilha. Essa estrutura coloca em cache os endereços de retorno mais recentes, colocando um endereço de retorno na pilha em uma chamada e retirando-o em um retorno. Se a cache for suficientemente grande (ou seja, do mesmo tamanho da profundidade máxima de chamada), vai prever os retornos perfeitamente. A Figura 3.28 mostra o desempenho de um buffer de retorno desse tipo com 0-16 elementos para uma série de benchmarks SPEC CPU95. Usaremos um previsor de retorno semelhante quando examinarmos os estudos do ILP na Seção 3.10. Tanto os processadores Intel Core quanto os processadores AMD Phenom têm previsores de endereço de retorno.

Em grandes aplicações de servidor, os saltos indiretos ocorrem para diversas chamadas de função e transferências de controle. A previsão do destino desses desvios não é tão simples quanto em um retorno de procedimento. Alguns processadores têm optado por acrescentar previsores especializados para todos os saltos indiretos, enquanto outros contam com um buffer de destino de desvio.

Embora um previsor simples como o gshare realize um bom trabalho ao prever muitos desvios condicionais, ele não é adequado para prever desvios de loop, especialmente para loops de longa execução. Como observamos anteriormente, o Intel Core i7 920 usava um previsor de desvio de loop especializado. Com o surgimento dos previsores híbridos marcados, que também são muito bons para prever desvios em loop, alguns projetistas mais recentes optaram por colocar os recursos em previsores híbridos marcados maiores, em vez de um previsor de desvio de loop separado.

### Unidades integradas de busca de instrução

Para atender as demandas dos processadores de múltiplo despacho, muitos projetistas recentes escolheram implementar uma unidade integrada de busca de instrução, como uma unidade autônoma separada, que alimenta instruções para o restante do pipeline. Basicamente, isso significa reconhecer que não é mais válido caracterizar a busca de instruções como um simples estágio do pipeline, dadas as complexidades do múltiplo despacho.

Em vez disso, os projetos recentes usaram uma unidade integrada de busca de instrução que integra diversas funções:

1. *Previsão integrada de desvio.* O previsor de desvio torna-se parte da unidade de busca de instrução e está constantemente prevendo desvios, de modo a controlar o pipeline de busca.
2. *Pré-busca de instrução.* Para oferecer múltiplas instruções por clock, a unidade de busca de instrução provavelmente precisará fazer a busca antecipadamente. A unidade controla autonomamente a pré-busca de instruções (ver uma discussão das técnicas para fazer isso no Capítulo 2), integrando-a com a previsão de desvio.
3. *Acesso à memória de instruções e armazenamento em buffer.* Ao buscar múltiplas instruções por ciclo, diversas complexidades são encontradas, incluindo a dificuldade de que a busca de múltiplas instruções pode exigir o acesso a múltiplas

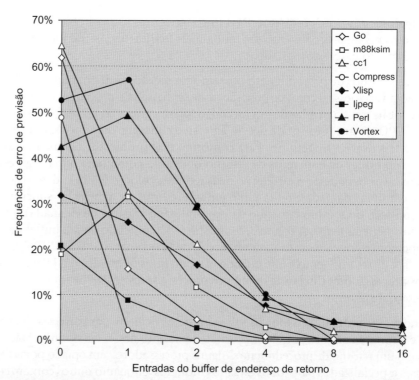

**FIGURA 3.28** Exatidão da previsão para um buffer de endereço de retorno operado como pilha em uma série de benchmarks SPEC CPU95.
A precisão é a fração dos endereços de retorno previstos corretamente. Um buffer de 0 entrada implica que a previsão-padrão de desvio seja utilizada. Como as profundidades de chamada normalmente são muito grandes, com algumas exceções, um buffer modesto funciona bem. Esse dado vem de Skadron et al. (1999) e utiliza um mecanismo de reparo para impedir a adulteração dos endereços de retorno em cache.

linhas de cache. A unidade de busca de instrução contorna essa complexidade, usando a pré-busca para tentar esconder o custo de atravessar blocos de cache. A unidade de busca de instrução também oferece o uso de buffer, basicamente atuando como uma unidade sob demanda, para oferecer instruções ao estágio de despacho conforme a necessidade e na quantidade necessária.

Hoje, quase todos os processadores sofisticados usam uma unidade de busca de instrução separada conectada ao resto do pipeline por um buffer contendo instruções pendentes.

## Especulação: problemas de implementação e extensões

Nesta seção, exploraremos três ideias que envolvem as escolhas de projeto e os desafios do despacho múltiplo e da especulação, começando com o uso da renomeação de registradores, a técnica que substituiu quase totalmente o uso de um buffer de reordenação. Depois, discutiremos uma extensão possível importante para a especificação no fluxo de controle: uma ideia chamada previsão de valor.

### *Suporte à especulação: renomeação de registrador* versus *buffers de reordenação*

Uma alternativa ao uso de um buffer de reordenação (ROB) é o uso explícito de um conjunto físico maior de registradores, combinado com a renomeação de registradores. Essa técnica se baseia no conceito de renomeação usado no algoritmo de Tomasulo e o estende. No algoritmo de Tomasulo, os valores dos *registradores visíveis da arquitetura* (x0,..., r31 e f0,..., f31) estão contidos, em qualquer ponto na execução, em alguma combinação do conjunto de registradores e estações de reserva. Com o acréscimo da especulação, os valores de registrador também podem residir temporariamente no ROB. De qualquer forma, se o processador não enviar novas instruções por um período de tempo, todas as instruções existentes serão confirmadas, e os valores dos registradores aparecerão no banco de registradores, que corresponde diretamente aos registradores visíveis arquitetonicamente.

Na técnica de renomeação de registrador, um conjunto estendido de registradores físicos é usado para manter os registradores arquitetonicamente visíveis e também valores temporários. Assim, os registradores estendidos substituem a função do ROB e das estações de reserva; é necessária apenas uma fila para garantir que as instruções serão concluídas na ordem. Durante o despacho de instrução, um processo de renomeação mapeia os nomes dos registradores da arquitetura aos números dos registradores físicos no conjunto de registradores estendido, alocando um novo registrador não usado para o destino. Hazards WAW e WAR são evitados renomeando-se o registrador de destino, e a recuperação da especulação é tratada, porque um registrador físico, mantido como um destino de instrução não se torna o registrador da arquitetura até que a instrução seja confirmada.

O *mapa de renomeação* é uma estrutura de dados simples que fornece o número de registrador físico do registrador que atualmente corresponde ao registrador da arquitetura especificado, uma função realizada pela tabela de status de registrador no algoritmo de Tomasulo. Quando uma instrução é confirmada, a tabela restante é atualizada permanentemente para indicar que um registrador físico corresponde ao registrador de arquitetura real, finalizando efetivamente a atualização ao estado do processador. Embora um ROB não seja necessário com a renomeação de registrador, o hardware ainda deve rastrear instruções em uma estrutura semelhante à de uma fila e atualizar a tabela de renomeação na ordem exata.

Uma vantagem da técnica de renomeação *versus* a técnica ROB é que a confirmação de instrução é simplificada, pois exige apenas duas ações simples: (1) registrar que o mapeamento entre um número de registrador da arquitetura e o número do registrador físico não é mais especulativo e (2) liberar quaisquer registradores físicos sendo usados para manter o valor "mais antigo" do registrador da arquitetura. Em um projeto com estações de reserva, uma estação é liberada quando a instrução que a utiliza termina a execução, e uma entrada ROB é liberada quando a instrução correspondente é confirmada.

Com a renomeação de registrador, a desalocação de registradores é mais complexa, pois, antes de liberarmos um registrador físico, temos de saber se ele não corresponde mais a um registrador da arquitetura e se nenhum outro uso do registrador físico está pendente. Um registrador físico corresponde a um registrador da arquitetura até que o registrador da arquitetura seja reescrito, fazendo com que a tabela de renomeação aponte para outro lugar. Ou seja, se nenhuma entrada restante apontar para determinado registrador físico, ela não corresponderá mais a um registrador da arquitetura. Porém, ainda poderá haver usos pendentes do registrador físico. O processador poderá determinar se esse é o caso examinando os especificadores de registrador de origem de todas as instruções nas filas da unidade funcional. Se determinado registrador físico não aparecer como origem e não for designado como registrador da arquitetura, ele poderá ser reclamado e realocado.

Como alternativa, o processador pode simplesmente esperar até que seja confirmada outra instrução que escreva no mesmo registrador da arquitetura. Nesse ponto, pode não haver mais usos para o valor pendente antigo. Embora esse método possa amarrar um registrador físico por um pouco mais de tempo do que o necessário, ele é fácil de implementar e, portanto, é usado em vários superescalares recentes.

Uma pergunta que você pode estar fazendo é: "Como sabemos quais registradores são de arquitetura se eles estão constantemente mudando?" Na maior parte do tempo em que um programa está executando, isso não importa. Porém, existem casos em que outro processo, como o sistema operacional, precisa ser capaz de saber exatamente onde reside o conteúdo de certo registrador da arquitetura. Para entender como essa capacidade é fornecida, considere que o processador não envia instruções por algum período de tempo. Por fim, todas as instruções no pipeline serão confirmadas, e o mapeamento entre os registradores arquitetonicamente visíveis e os registradores físicos se tornará estável. Nesse ponto, um subconjunto dos registradores físicos contém os registradores arquitetonicamente visíveis, e o valor de qualquer registrador físico não associado a um registrador de arquitetura é desnecessário. Então, é fácil mover os registradores de arquitetura para um subconjunto fixo de registradores físicos, de modo que os valores possam ser comunicados a outro processo.

Tanto a renomeação de registrador quanto os buffers de reordenação continuam a ser usados em processadores sofisticados, que hoje podem ter em ação até 100 ou mais instruções (incluindo loads e stores aguardando na cache). Seja usando a renomeação, seja usando um buffer de reordenação, o principal gargalo para a complexidade de um superescalar escalonado dinamicamente continua sendo o despacho de conjuntos de instruções com dependências dentro do conjunto. Em particular, instruções dependentes em um conjunto de despacho devem ser enviadas com os registradores virtuais designados das instruções das quais eles dependem. Uma estratégia para despacho de instrução com renomeação de registrador, semelhante ao usado para múltiplo despacho com buffers de reordenação, pode ser empregada como a seguir:

1. A lógica de despacho pré-reserva registradores físicos suficientes para todo o conjunto de despachos (digamos, quatro registradores para um conjunto de quatro instruções com, no máximo, um resultado de registrador por instrução).

2. A lógica de despacho determina quais dependências existem dentro do conjunto. Se não existir nenhuma dependência dentro do conjunto, a estrutura de renomeação de registrador será usada para determinar o registrador físico que contém, ou vai conter, o resultado do qual a instrução depende. Quando não existe nenhuma dependência dentro do conjunto, o resultado é um conjunto de despachos anterior, e a tabela de renomeação de registrador terá o número de registrador correto.

3. Se uma instrução depender de uma instrução anterior no conjunto, o registrador físico pré-reservado no qual o resultado será colocado será usado para atualizar a informação para a instrução que está enviando.

Observe que, assim como no caso do buffer de reordenação, a lógica de despacho deve determinar as dependências dentro do conjunto e atualizar as tabelas de renomeação em um único clock e, como antes, a complexidade de fazer isso para grande número de instruções por clock torna-se uma grande limitação na largura do despacho.

### O desafio de mais despachos por ciclo de clock

Sem a especulação, há pouca motivação para tentar aumentar a taxa de despacho além de dois, três ou possivelmente quatro despachos por ciclo de clock, pois a solução dos desvios limitaria a taxa de despacho média a um número menor. Quando um processador inclui previsão de desvio precisa e especulação, podemos concluir que o aumento na taxa de despacho seria atraente. A duplicação das unidades funcionais é direta, considerando a capacidade do silício e a potência; as complicações reais surgem no passo de despacho e, de modo correspondente, no passo de confirmação. O passo de confirmação é equivalente ao passo do despacho, e os requisitos são semelhantes, e por isso vamos dar uma olhada no que precisa acontecer para um processador com despacho de seis instruções usando a renomeação de registrador.

| Número da Instrução | Instrução | Registrador físico atribuído ou destino | Instrução com números de registrador físico | Mudanças no mapa de renomeação |
|---|---|---|---|---|
| 1 | add x1,x2,x3 | p32 | add p32,p2,p3 | **x1-> p32** |
| 2 | sub x1,x1,x2 | p33 | sub p33,p32,p2 | **x1->p33** |
| 3 | add x2,x1,x2 | p34 | add p34,p33,x2 | **x2->p34** |
| 4 | sub x1,x3,x2 | p35 | sub p35,p3,p34 | **x1->p35** |
| 5 | add x1,x1,x2 | p36 | add p36,p35,p34 | **x1->p36** |
| 6 | sub x1,x3,x1 | p37 | sub p37,p3,p36 | **x1->p37** |

**FIGURA 3.29** Um exemplo de seis instruções a serem despachadas no mesmo ciclo de clock e o que precisa acontecer.
As instruções são mostradas na ordem do programa: 1–6; no entanto, elas são emitidas em 1 ciclo de clock! A notação p i é usada para se referir a um registro físico; o conteúdo desse registrador em qualquer ponto é determinado pelo mapa de renomeação. Para simplificar, consideramos que os registros físicos que contêm os registros arquitetônicos x1, x2 e x3 são inicialmente p1, p2 e p3 (eles poderiam ser qualquer registrador físico). As instruções são emitidas com números de registrador físico, conforme mostrado na coluna quatro. O mapa de renomeação, exibido na última coluna, mostra como o mapa mudaria se as instruções fossem emitidas sequencialmente. A dificuldade é que toda essa renomeação e substituição de registradores da arquitetura pela renomeação de registradores físicos ocorre efetivamente em 1 ciclo, não sequencialmente. A lógica do problema deve encontrar todas as dependências e "reescrever" a instrução em paralelo.

A Figura 3.29 mostra uma sequência de código de seis instruções e o que o passo de despacho precisa fazer. Lembre-se de que tudo isso deve ocorrer em um único ciclo de clock, para que o processador mantenha a taxa máxima de seis despachos por clock! Todas as dependências devem ser detectadas, os registradores físicos devem ser designados e as instruções devem ser reescritas usando os números de registrador físico (tudo em um clock). Este exemplo explica por que as taxas de despacho cresceram de 3–4 para apenas 4–8 nos últimos 20 anos. A complexidade da análise exigida durante o ciclo de despacho cresce conforme o quadrado da largura de despacho, e um novo processador geralmente busca ter uma taxa de clock mais alta do que na geração anterior! Visto que as técnicas de renomeação de registrador e buffer de reordenação são semelhantes, surgem as mesmas complexidades, independentemente do esquema de implementação.

### Quanto especular

Uma das vantagens significativas da especulação é a sua capacidade de desvendar eventos que, de outra forma, fariam com que o pipeline ficasse em stall mais cedo, como as faltas de cache. Porém, essa vantagem em potencial possui uma significativa desvantagem em potencial. A especulação não é gratuita: ela gasta tempo e energia, e a recuperação da especulação incorreta reduz ainda mais o desempenho. Além disso, para dar suporte à taxa mais alta de execução de instrução, necessária para se tirar proveito da especulação, o processador precisa ter recursos adicionais, que exigem área de silício e energia. Finalmente, se a especulação levar a um evento excepcional, como a falhas de cache ou TLB, o potencial para uma perda significativa de desempenho aumentará se esse evento não tiver ocorrido sem especulação.

Para manter a maior parte da vantagem enquanto minimiza as desvantagens, a maioria dos pipelines com especulação só permite que eventos excepcionais de baixo custo (como uma falta de cache de primeiro nível) sejam tratados no modo especulativo. Se houver um evento excepcional dispendioso, como falta de cache de segundo nível ou falha do buffer de TLB, o processador vai esperar até que a instrução que causa o evento deixe de ser especulativa, antes de tratar dele. Embora isso possa degradar ligeiramente o desempenho de alguns programas, evita perdas de desempenho significativas em outros, especialmente naqueles que sofrem com a alta frequência de tais eventos, juntamente com uma previsão de desvio menos que excelente.

Na década de 1990, as desvantagens em potencial da especulação eram menos óbvias. Com a evolução dos processadores, os custos reais da especulação se tornaram mais aparentes, e as limitações do despacho mais amplo e a especulação se tornaram óbvias. Retomaremos essa questão em breve.

### Especulação por desvios múltiplos

Nos exemplos que consideramos neste capítulo, tem sido possível resolver um desvio antes de ter de especular outro. Três situações diferentes podem beneficiar-se com a especulação em desvios múltiplos simultaneamente: (1) frequência de desvio muito alta; (2) agrupamento significativo de desvios; e (3) longos atrasos nas unidades funcionais. Nos dois primeiros casos, conseguir um desempenho alto pode significar que múltiplos desvios são especulados e até mesmo tratar de mais de um desvio por clock. Os programas de banco de dados, e outras computações com inteiros menos estruturadas, geralmente exigem essas propriedades, tornando a especulação em desvios múltiplos mais importante. De modo semelhante, longos atrasos nas unidades funcionais podem aumentar a importância da especulação em desvios múltiplos como um meio de evitar stalls a partir de atrasos de pipeline mais longos.

A especulação em desvios múltiplos complica um pouco o processo de recuperação da especulação, mas é simples em outros aspectos. Em 2017, nenhum processador havia combinado especulação completa com a resolução de múltiplos desvios por ciclo, e é improvável que os custos de fazer isso fossem justificados em termos de desempenho *versus* complexidade e energia.

### Especulação e o desafio da eficiência energética

Qual é o impacto da especulação sobre a eficiência energética? À primeira vista, pode-se argumentar que usar a especulação sempre diminui a eficiência energética, já que sempre que a especulação está errada ela consome energia em excesso de dois modos:

1. As instruções que foram especuladas e aquelas cujos resultados não foram necessários geraram excesso de trabalho para o processador, desperdiçando energia.
2. Desfazer a especulação e restaurar o status do processador para continuar a execução no endereço apropriado consome energia adicional que não seria necessária sem especulação.

Certamente, a especulação vai aumentar o consumo de energia e, se pudermos controlar a especulação, será possível medir o custo (ou pelo menos o custo da potência dinâmica). Mas, se a especulação diminuir o tempo de execução mais do que aumentar o consumo médio de energia, a energia total consumida pode ser menor.

Assim, para entender o impacto da especulação sobre a eficiência energética, precisamos examinar com que frequência a especulação leva a um trabalho desnecessário. Se número significativo de instruções desnecessárias for executado, é improvável que a especulação melhore em comparação com o tempo de execução! A Figura 3.30 mostra a fração de instruções executadas a partir da especulação incorreta para um subconjunto dos benchmarks SPEC2000 usando um previsor de desvio sofisticado. Como podemos ver, essa fração de instruções executadas e mal especuladas é pequena em códigos científicos e significativa (cerca de 30% em média) em códigos inteiros. Assim, é improvável que a especulação seja eficiente em termos de energia para aplicações de números inteiros, e o fim da escalada de Dennard torna a especulação imperfeita ainda mais problemática. Os projetistas poderiam evitar a especulação, tentar reduzir a especulação incorreta ou pensar em novas abordagens, como somente especular em desvios altamente previsíveis.

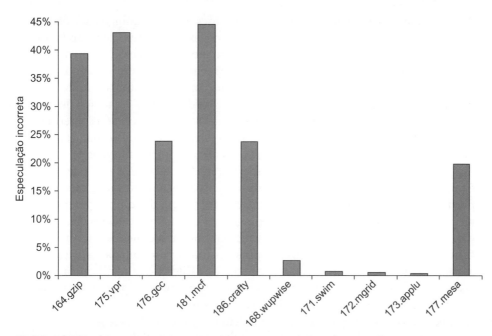

**FIGURA 3.30** A fração de instruções que são executadas como resultado de especulação incorreta geralmente é muito maior para programas inteiros (os cinco primeiros) em comparação com programas de PF (os cinco últimos).

### Previsão de aliasing de endereço

*Previsão de aliasing de endereço* é uma técnica que prevê se dois stores ou um load e um store se referem ao mesmo endereço de memória. Se duas referências desse tipo não se referirem ao mesmo endereço, elas poderão ser seguramente trocadas. Caso contrário, teremos de esperar até que sejam conhecidos os endereços de memória acessados pelas instruções. Como não precisamos realmente prever os valores de endereço somente se tais valores entram em conflito, a previsão pode ser razoavelmente precisa com previsores menores. A previsão de endereço conta com a capacidade de um processador especulativo se recuperar após uma previsão incorreta; ou seja, se os endereços reais que foram previstos para serem diferentes (e, portanto, sem alias) forem os mesmos (e, portanto, tiverem aliases), o processador simplesmente reinicia a sequência, exatamente como se tivesse errado na previsão de um desvio. A especulação do valor do endereço tem sido usada em diversos processadores e pode tornar-se universal no futuro.

A previsão de endereço é uma forma simples e restrita de *previsão de valor*, que tenta prever o valor que será produzido por uma instrução. A previsão de valor, se fosse altamente precisa, poderia eliminar as restrições de fluxo de dados e alcançar taxas mais altas de ILP. Apesar dos muitos pesquisadores focados na previsão de valor nos últimos 15 anos em dezenas de artigos, os resultados nunca foram suficientemente atraentes para justificar a previsão geral de valor nos processadores reais.

## 3.10 QUESTÕES CRUZADAS

### Especulação de hardware *versus* especulação de software

As técnicas de especulação com uso intenso de hardware neste capítulo e as técnicas de software do Apêndice H oferecem enfoques alternativos à exploração do ILP. Algumas das escolhas e suas limitações para esses enfoques aparecem listadas a seguir:

- Para especular extensivamente, temos de ser capazes de tirar a ambiguidade das referências à memória. Essa capacidade é difícil de fazer em tempo de compilação para programas de inteiros que contêm ponteiros. Em um esquema baseado no hardware, a eliminação da ambiguidade dos endereços de memória em tempo de execução dinâmica é feita com o uso das técnicas que vimos para o algoritmo de Tomasulo. Essa desambiguidade nos permite mover loads para depois de stores em tempo de execução. O suporte para referências de memória especulativas pode contornar o conservadorismo do compilador, mas, a menos que essas técnicas sejam usadas cuidadosamente, o overhead dos mecanismos de recuperação poderá sobrepor as vantagens.
- A especulação baseada em hardware funciona melhor quando o fluxo de controle é imprevisível e quando a previsão de desvio baseada em hardware é superior à previsão de desvio baseada em software, feita em tempo de compilação. Essas propriedades se mantêm para muitos programas de inteiros, onde as taxas de erro de previsão para previsores dinâmicos geralmente são menos que a metade daquelas para previsores estáticos. Como as instruções especuladas podem atrasar a computação quando a previsão é incorreta, essa diferença é significativa. Um resultado dessa diferença é que mesmo os processadores escalonados estaticamente normalmente incluem previsores de desvio dinâmicos.
- A especulação baseada em hardware mantém um modelo de exceção completamente preciso, até mesmo para instruções especuladas. As técnicas recentes baseadas em software têm acrescentado suporte especial para permitir isso também.
- A especulação baseada em hardware não exige código de compensação ou de manutenção, que é necessário para mecanismos ambiciosos de especulação de software.
- Técnicas baseadas em compilador podem se beneficiar com a capacidade de ver adiante na sequência de código, o que gera melhor escalonamento de código do que uma técnica puramente controlada pelo hardware.
- A especulação baseada em hardware com escalonamento dinâmico não exige sequências de código diferentes para conseguir bom desempenho para diferentes implementações de uma arquitetura. Embora essa vantagem seja a mais difícil de quantificar, ela pode ser a mais importante com o passar do tempo. Interessante é que essa foi uma das motivações para o IBM 360/91. Por outro lado, arquiteturas explicitamente paralelas mais recentes, como IA-64, acrescentaram uma flexibilidade que reduz a dependência de hardware inerente em uma sequência de código.

A principal desvantagem do suporte à especulação no hardware são a complexidade e os recursos de hardware adicionais exigidos. Esse custo de hardware precisa ser avaliado contra a complexidade de um compilador, para uma técnica baseada em software, e a quantidade e a utilidade das simplificações, em um processo que conte com tal compilador.

Alguns projetistas tentaram combinar as técnicas dinâmica e baseada em compilador para conseguir o melhor de cada uma. Essa combinação pode gerar interações interessantes e obscuras. Por exemplo, se moves condicionais forem combinados com a renomeação de registrador, aparecerá um efeito colateral sutil. Um move condicional que é anulado ainda precisa copiar um valor para o registrador de destino, pois foi renomeado anteriormente no pipeline de instruções. Essas interações sutis complicam o processo de projeto e verificação, e também podem reduzir o desempenho.

O processador Intel Itanium foi o computador mais ambicioso já projetado com base no suporte de software ao ILP e à especulação. Ele não concretizou as esperanças dos projetistas, especialmente para códigos de uso geral e não científicos. Conforme as ambições dos projetistas para explorar o ILP foram reduzidas à luz das dificuldades discutidas anteriormente, a maioria das arquiteturas se estabeleceu em mecanismos baseados em hardware com taxas de despacho de três ou quatro instruções por clock.

## Execução especulativa e o sistema de memória

Inerente a processadores que suportam execução especulativa ou instruções condicionais é a possibilidade de gerar endereços inválidos que não existiriam sem execução especulativa. Não só isso seria um comportamento incorreto se fossem tomadas exceções de proteção, mas os benefícios da execução especulativa também seriam superados pelo overhead das exceções falsas. Portanto, o sistema de memória deve identificar instruções executadas especulativamente e instruções executadas condicionalmente e suprimir a exceção correspondente.

Seguindo um raciocínio similar, não podemos permitir que tais instruções façam com que a cache sofra stall em uma falha, porque stalls desnecessários poderiam superar os benefícios da especulação. Portanto, esses processadores devem ser associados a caches sem bloqueio.

Na verdade, a penalidade em uma falta que vai para a DRAM é tão grande que as faltas especuladas são tratadas apenas quando o próximo nível está na cache no chip (L2 ou L3). A Figura 2.5 mostra que para alguns programas científicos bem comportados o compilador pode sustentar múltiplas faltas pendentes na cache L2 a fim de cortar efetivamente a penalidade da falta na cache L2. Novamente, para que isso funcione, o sistema de memória por trás da cache deve fazer a correspondência entre os objetivos do compilador em número de acessos simultâneos à memória.

## 3.11 MULTITHREADING: EXPLORANDO O PARALELISMO EM NÍVEL DE THREAD PARA MELHORAR O THROUGHPUT DO UNIPROCESSADOR

O tópico que cobrimos nesta seção, o multithreading, é na verdade um tópico cruzado, uma vez que tem relevância para o pipelining e para os superescalares, para unidades de processamento gráfico (Capítulo 4) e para multiprocessadores (Capítulo 5). Um *thread* é como um processo por ter um estado e um contador de programa atual, mas os threads normalmente compartilham o espaço de endereços de um único processo, permitindo que um thread acesse com facilidade os dados de outros threads dentro do mesmo processo. O multithreading é uma técnica pela qual vários threads compartilham um processador sem exigir a intervenção de uma troca de processo. A capacidade de alternar entre os threads rapidamente é o que permite que o multithreading seja usado para esconder as latências do pipeline e da memória.

No próximo capítulo, vamos ver como o multithreading fornece as mesmas vantagens nas GPUs e, por fim, o Capítulo 5 vai explorar a combinação de multithreading e multiprocessamento. Esses tópicos estão bastante interligados, já que o multithreading é uma técnica importante usada para expor mais paralelismo para o hardware. Num senso estrito, o multithreading usa paralelismo em nível de thread e, por isso, é o assunto do Capítulo 5, mas seu papel tanto na melhoria da utilização de pipelines quanto nas GPUs nos motiva a introduzir aqui esse conceito.

Embora aumentar o desempenho com o uso do ILP tenha a grande vantagem de ser razoavelmente transparente para o programador, como já vimos, o ILP pode ser bastante limitado ou difícil de explorar em algumas aplicações. Em particular, com taxas razoáveis de despacho de instrução, as faltas de cache que vão para a memória ou caches fora do chip provavelmente não serão ocultadas por um ILP disponível. Obviamente, quando o processador está paralisado esperando por uma falta de cache, a utilização das unidades funcionais cai drasticamente.

Uma vez que tentativas de cobrir paralisações longas de memória com mais ILP tem eficácia limitada, é natural perguntar se outras formas de paralelismo em uma aplicação poderiam ser usadas para ocultar atrasos de memória. Por exemplo, um sistema de processamento on-line de transações tem paralelismo natural entre as múltiplas pesquisas e atualizações que são apresentadas pelas requisições. Sem dúvida, muitas aplicações científicas contêm paralelismo natural, uma vez que muitas vezes modelam a estrutura tridimensional, paralela, da natureza, e essa estrutura pode ser explorada usando threads separados. Mesmo aplicações de desktop que usam sistemas operacionais modernos baseados no Windows muitas vezes têm múltiplas aplicações ativas sendo executadas, proporcionando uma fonte de paralelismo.

O *multithreading* permite que vários threads compartilhem as unidades funcionais de um único processador em um padrão superposto. Em contraste, um método mais geral de explorar o *paralelismo em nível de thread* (TLP) é com um multiprocessador que tenha múltiplos threads independentes operando ao mesmo tempo e em paralelo. O multithreading, entretanto, não duplica todo o processador, como ocorre em um multiprocessador. Em vez disso, o multithreading compartilha a maior parte do núcleo do processador entre um conjunto de threads, duplicando somente o status privado, como os registradores e o contador de programa. Como veremos no Capítulo 5, muitos processadores recentes incorporam múltiplos núcleos de processador em um único chip e também fornecem multithreading dentro de cada núcleo.

Duplicar o status por thread de um núcleo de processador significa criar um banco de registradores separado e um PC separado para cada thread. A própria memória pode ser compartilhada através dos mecanismos de memória virtual, que já aceitam multiprogramação. Além disso, o hardware deve suportar a capacidade de mudar para um thread diferente com relativa rapidez. Em particular, uma mudança de thread deve ser mais eficiente do que uma mudança de processo, que em geral requer de centenas a milhares de ciclos de processador. Obviamente, para o hardware em multithreading atingir melhoras de desempenho, um programa deve conter múltiplos threads (às vezes dizemos que a aplicação é *multithreaded*) que possam ser executados de modo simultâneo. Esses threads são identificados por um compilador (em geral, a partir de uma linguagem com construções para paralelismo) ou pelo programador.

Existem três técnicas principais para o multithreading: granularidade fina, granularidade grossa e simultâneo. O *multithreading de granularidade fina* alterna os threads a cada clock, fazendo com que a execução de múltiplos threads seja intercalada. Essa intercalação normalmente é feita em um padrão *round-robin*, pulando quaisquer threads que estejam em stall nesse momento. A principal vantagem do multithreading de granularidade fina é que ele pode esconder as perdas de throughput que surgem de stalls curtos e longos, pois as instruções de outros threads podem ser executadas quando um thread está em stall. A principal desvantagem do multithreading de granularidade fina é que ele atrasa a execução dos threads individuais, pois um thread que estiver pronto para ser executado sem stalls será atrasado pelas instruções de outros threads. Ela troca um aumento no throughput do multithreading por uma perda no desempenho (como medido pela latência) de um único thread.

Os processadores SPARC T1 a T5 (originalmente fabricados pela Sun, agora pela Oracle e Fujitsu) usam o multithreading de granularidade fina. Esses processadores visavam as cargas de trabalho multithreaded, como processamento de transações e serviços web. O T1 admitia 8 núcleos por processador e 4 threads por núcleo, enquanto o T5 admite 16 núcleos e 128 threads por núcleo. As versões mais recentes (T2-T5) também admitem de

4 a 8 processadores. As GPUs Nvidia, que examinaremos no Capítulo 4, também utilizam o multithreading de granularidade fina.

O *multithreading* de granularidade *grossa* foi inventado como alternativa para o multithreading de granularidade fina. O multithreading de granularidade grossa troca de threads somente em stalls dispendiosos, como as faltas de cache de nível dois ou três. Como as instruções de outros threads só serão enviadas quando um thread encontrar um stall dispendioso, o multithreading de granularidade grossa alivia a necessidade da comutação de threads ser essencialmente livre e é muito menos provável que atrase a execução de qualquer thread isolado.

Contudo, o multithreading de granularidade grossa apresenta uma grande desvantagem: sua capacidade de contornar perdas de throughput, especialmente de stalls mais curtos, é limitada. Essa limitação advém dos custos de partida do pipeline de multithreading de granularidade grossa. Como um processador com multithreading de granularidade grossa envia instruções de um único thread, quando ocorrer um stall, o pipeline verá uma bolha antes que o novo thread comece a ser executado. Devido a esse overhead de partida, o multithreading de granularidade grossa é muito mais útil para reduzir as penalidades dos stalls de alto custo, quando o preenchimento do pipeline é insignificante em comparação com o tempo do stall. Muitos projetos de pesquisa têm explorado o multithreading de granularidade grossa, mas nenhum processador importante usa essa técnica atualmente.

A implementação mais comum do multithreading é chamada *multithreading simultâneo* (SMT — Simultaneous Multithreading). O multithreading simultâneo é uma variação do multithreading de granularidade fina que surge naturalmente quando é implementado em um processador de múltiplo despacho, escalonado dinamicamente. Assim como ocorre com outras formas de multithreading, o SMT usa o paralelismo em nível de thread para ocultar eventos com grande latência em um processador, aumentando assim o uso das unidades funcionais. A principal característica do SMT é que a renomeação de registrador e o escalonamento dinâmico permitem que múltiplas instruções de threads independentes sejam executadas sem considerar as dependências entre eles; a resolução das dependências pode ser tratada pela capacidade de escalonamento dinâmico.

A Figura 3.31 ilustra conceitualmente as diferenças na capacidade de um processador explorar os recursos de um superescalar para as seguintes configurações de processador:

- Um superescalar sem suporte para multithreading
- Um superescalar com multithreading de granularidade grossa
- Um superescalar com multithreading de granularidade fina
- Um superescalar com multithreading simultâneo

No superescalar sem suporte para multithreading, o uso dos slots de despacho é limitado pela falha de ILP, incluindo ILP para ocultar a latência da memória. Devido ao comprimento das faltas das caches L2 e L3, grande parte do processador pode ficar ociosa.

No superescalar com multithreading de granularidade grossa, os stalls longos são parcialmente escondidos pela troca por outro thread que usa os recursos do processador. Essa troca reduz o número de ciclos de clock completamente ociosos. Porém, em um processador multithreaded com granularidade grossa, a troca de thread só ocorre quando existe um stall. Como o novo thread possui um período de partida, provavelmente restarão alguns ciclos totalmente ociosos.

No caso de granularidade fina, a intercalação de threads elimina slots totalmente vazios. Além disso, já que o thread que envia instruções é mudado a cada ciclo de clock, operações com maior latência podem ser ocultadas. Como o despacho de instrução e a execução estão conectados, um thread só pode enviar as instruções que estiverem prontas. Em uma pequena largura de

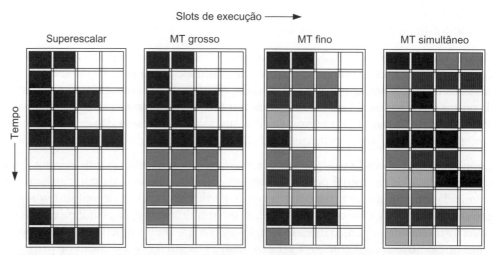

**FIGURA 3.31** Como quatro técnicas diferentes utilizam os slots de despacho de um processador superescalar. A dimensão horizontal representa a capacidade de execução de instrução em cada ciclo de clock. A dimensão vertical representa uma sequência de ciclos de clock. Uma caixa vazia (branca) indica que o slot de execução correspondente não é usado nesse ciclo de clock. Os tons de cinza e preto correspondem a quatro threads diferentes nos processadores de multithreading. Preto também é usado para indicar os slots de despacho ocupados no caso do superescalar sem suporte para multithreading. Sun T1 e T2 (também conhecido como Niagara) são processadores multithread de granularidade fina, enquanto os processadores Intel Core i7 e IBM Power7 usam SMT. O T2 possuiu oito threads, o Power7 tem quatro, e o Intel i7 tem dois. Em todos os SMTs existentes, as instruções são enviadas de um thread por vez. A diferença do SMT é que a decisão subsequente de executar uma instrução é desacoplada e pode executar as operações vindo de diversas instruções diferentes no mesmo ciclo de clock.

despacho isso não é um problema (um ciclo está ocupado ou não), porque o multithreading de granularidade fina funciona perfeitamente para um processador de despacho único e o SMT não faria sentido. Na verdade, no Sun T2 existem duplos despachos por clock, mas eles são de threads diferentes. Isso elimina a necessidade de implementar a complexa técnica de escalonamento dinâmico e, em vez disso, depende de ocultar a latência com mais threads.

Se um threading de granularidade fina for implementado sobre um processador com escalonamento dinâmico, de múltiplos despachos, o resultado será SMT. Em todas as implementações SMT existentes, todos os despachos vêm de um thread, embora instruções de threads diferentes possam iniciar sua execução no mesmo ciclo, usando o hardware de escalonamento dinâmico para determinar que instruções estão prontas. Embora a Figura 3.31 simplifique bastante a operação real desses processadores, ela ilustra as vantagens de desempenho em potencial do multithreading em geral e do SMT em particular, em processadores escalonáveis dinamicamente.

O multithreading simultâneo usa a característica de que um processador escalonado dinamicamente já tem muitos dos mecanismos de hardware necessários para dar suporte ao mecanismo, incluindo um grande conjunto de registradores virtual. O multithreading pode ser construído sobre um processador fora de ordem, adicionando uma tabela de renomeação por thread, mantendo PCs separados e fornecendo a capacidade de confirmar instruções de múltiplos threads.

### Eficácia no multithreading simultâneo em processadores superescalares

Uma pergunta-chave é: "Quanto desempenho pode ser ganho com a implementação do SMT?" Quando essa pergunta foi explorada em 2000-2001, os pesquisadores presumiram que os superescalares dinâmicos ficariam maiores nos cinco anos seguintes, admitindo seis a oito despachos por clock com escalonamento dinâmico especulativo, muitos loads e stores simultâneos, grandes caches primárias e de 4 a 8 contextos com busca simultânea de múltiplos contextos. Mas nenhum processador chegou perto desse nível.

Em consequência, os resultados de pesquisa de simulação que mostraram ganhos para cargas de trabalho multiprogramadas de duas ou mais vezes são irrealistas. Na prática, as implementações existentes do SMT oferecem dois contextos com busca e despacho de apenas um, e até quatro despachos por ciclo de clock. O resultado disso é que o ganho do SMT também é mais modesto.

Esmaeilzadeh et al. (2001) fizeram um conjunto extenso e detalhado de medições que examinavam os benefícios tanto de desempenho quanto de energia no uso do SMT em um único núcleo i7 920 executando um conjunto de aplicações multithreaded. O Intel i7 920 admitia SMT com dois threads por núcleo, assim como o recente i7 6700. As mudanças entre o i7 920 e o 6700 são relativamente pequenas e, provavelmente, não mudam de forma significativa os resultados mostrados nesta seção.

Os benchmarks que usamos consistem em uma coleção de aplicações científicas paralelas e um conjunto de programas Java multithreaded dos conjuntos DaCapo e SPEC Java, como resumido na Figura 3.32. A Figura 3.31 mostra a taxa de desempenho e a taxa de eficiência energética dos benchmarks executados em um núcleo do i7 920 com o SMT desligado e ligado. (Nós plotamos a taxa de eficiência energética, que é o inverso do consumo de energia, de modo que, assim como no ganho de velocidade, uma taxa maior seja melhor.)

| blackscholes | Determina os preços de um portfólio de opções com o PDE Black-Scholes |
| --- | --- |
| bodytrack | Rastreia um corpo humano sem marcas |
| canneal | Minimiza o custo de roteamento de um chip utilizando o algoritmo cache-awrae simulted annealing |
| facesim | Simula os movimentos de um rosto humano para fins de visualização |
| ferret | Mecanismo de busca que encontra um conjunto de imagens similar a uma imagem pesquisada |
| fluidanimate | Simula a física do movimento dos fluidos para animação com um algoritmo SPH |
| raytrace | Usa simulação física para visualização |
| streamcluster | Computa uma aproximação para o agrupamento ótimo de pontos de dados |
| swaptions | Determina o preço de um portfólio de opções de troca com o framework Heath-Jarrow-Morton |
| vips | Aplica uma série de transformações em uma imagem |
| x264 | Codificador de vídeo MPG-4 AVC/H.264 |
| eclipse | Ambiente de desenvolvimento integrado |
| lusearch | Ferramenta de busca de texto |
| sunflow | Sistema de renderização fotorrealista |
| tomcat | Contêiner de servlet Tomcat |
| tradebeans | Benchmark Tradebeans Daytrader |
| xalan | Um processador XSLT para transformar documentos XML |
| pjbb2005 | Versão da SPEC JBB2005 (mas fixada no tamanho do problema em vez do tempo) |

**FIGURA 3.32** Benchmarks paralelos usados aqui para examinar multithreading e também no Capítulo 5 para examinar o multiprocessamento com um i7.

A metade superior da figura consiste em benchmarks PARSEC coletados por Biena et al. (2008). Os benchmarks PARSEC foram criados para indicar aplicações paralelas intensas em termos de computação, que seriam apropriadas para processadores multicore. A metade inferior consiste em benchmarks Java multithreaded do conjunto DaCapo (ver Blackburn et al., 2006) e pjbb2005 da SPEC. Todos esses benchmarks contêm algum paralelismo. Outros benchmarks Java nas cargas de trabalho DaCapo e SPEC Java usam threads múltiplos, mas têm pouco ou nenhum paralelismo e, portanto, não são usados aqui. Ver informações adicionais sobre as características desses benchmarks em relação às medidas aqui e no Capítulo 5 (Esmaeilzadeh et al., 2011).

A média harmônica do ganho de velocidade para o Benchmark Java é 1,28, apesar de os dois benchmarks verificarem pequenos ganhos. Esses dois benchmarks, pjbb2055 e tradebeans, embora multithreaded, têm paralelismo limitado. Eles são incluídos porque são típicos de um benchmark multithreaded que pode ser executado em um processador SMT com a esperança de extrair algum desempenho, que eles obtêm de modo limitado. Os benchmarks PARSEC obtêm ganhos de velocidade um pouco melhores do que o conjunto completo de benchmarks Java (média harmônica de 1,31). Se o tradebeans e o pjbb2005 fossem omitidos, na verdade a carga de trabalho Java teria um ganho de velocidade significativamente melhor (1,39) do que os benchmarks PARSEC. (Ver discussão sobre a implicação de usar a média harmônica para resumir os resultados na legenda da Figura 3.33.)

O consumo de energia é determinado pela combinação do ganho de velocidade e pelo aumento no consumo de potência. Para os benchmarks Java os SMT proporcionam, em média, a mesma eficiência energética que os não SMT (média de 1,0), mas essa eficiência é reduzida pelos dois benchmarks de desempenho ruim. Sem o pjbb2005 e o tradebeans, a eficiência energética média para os benchmarks Java é de 1,06, o que é quase tão bom quanto os benchmarks PARSEC. Nos benchmarks PARSEC, o SMT reduz a energia em 1 − (1/1,08) = 7%. Tais melhorias de desempenho de redução de energia são *muito difíceis* de encontrar. Obviamente, a potência estática associada ao SMT é paga nos dois casos, por isso os resultados provavelmente exageram um pouco nos ganhos de energia.

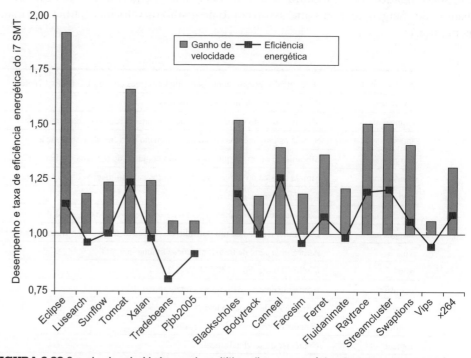

**FIGURA 3.33** O ganho de velocidade usando multithreading em um núcleo de um processador i7 é, em média, de 1,28 para os benchmarks Java e de 1,31 para os benchmarks PARSEC (usando uma média harmônica não ponderada, que implica uma carga de trabalho em que o tempo total gasto executando cada benchmark no conjunto-base de thread único seja o mesmo).

A eficiência energética tem médias de 0,99 e 1,07, respectivamente (usando a média harmônica). Lembre-se de que qualquer coisa acima de 1,0 para a eficiência energética indica que o recurso reduz o tempo de execução mais do que aumenta a potência média. Dois dos benchmarks Java experimentam pouco ganho de velocidade e, por causa disso, têm efeito negativo significativo sobre a eficiência energética. O Turbo Boost está desligado em todos os casos. Esses dados foram coletados e analisados por Esmaeilzadeh et al. (2011) usando o *build* Oracle (Sun) Hotspot 16.3-b01 Java 1.6.0 Virtual Machine e o compilador nativo gcc v4.4.1.

Esses resultados mostram claramente que o SMT em um processador especulativo agressivo com suporte extensivo para SMT pode melhorar o desempenho em eficiência energética. Em 2011, o equilíbrio entre oferecer múltiplos núcleos mais simples e menos núcleos mais sofisticados mudou em favor de mais núcleos, com cada núcleo sendo um superescalar com 3-4 despachos com SMT suportando 2-4 threads. De fato, Esmaeilzadeh et al. (2011) mostram que as melhorias de energia derivadas do SMT são ainda maiores no Intel i5 (um processador semelhante ao i7, mas com caches menores e taxa menor de clock) e o Intel Atom (um processador 80x86 projetado para o mercado de netbooks e PMD, agora voltado para os PCs menos potentes, e descrito na Seção 3.13).

## 3.12 JUNTANDO TUDO: O INTEL CORE I7 6700 E O ARM CORTEX-A53

Nesta seção exploraremos o projeto de dois processadores de múltiplos despachos: o ARM Cortex-A53, que é usado como base para diversos tablets e telefones celulares, e o Intel Core i7 6700, um processador sofisticado especulativo, escalonado dinamicamente, voltado para desktops sofisticados e aplicações de servidor. Vamos começar com o processador mais simples.

### O ARM Cortex-A53

O A53 é um superescalar com despacho duplo, escalonado estaticamente com detecção dinâmica de despacho, que permite ao processador enviar duas instruções por clock. A Figura 3.34 mostra a estrutura básica do pipeline. Para instruções com inteiros sem desvio, existem oito estágios: F1, F2, D1, D2, D3/ISS, EX1, EX2 e WB, conforme descrito na legenda. O pipeline é em ordem, de modo que uma instrução só pode iniciar sua execução quando seus resultados

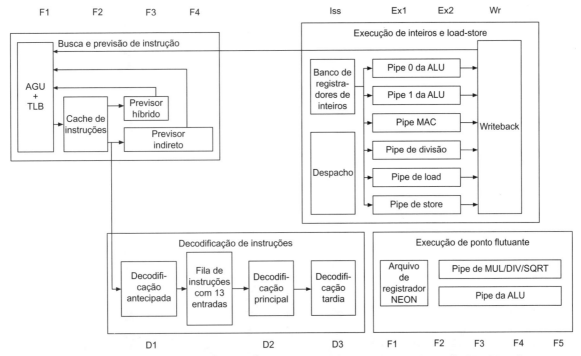

**FIGURA 3.34** A estrutura básica do pipeline de inteiros do A53 é de 8 estágios: F1 e R2 buscam a instrução, D1 e D2 realizam a decodificação básica, e D3 decodifica algumas instruções mais complexas e é sobreposta com o primeiro estágio da execução do pipeline (ISS). Após ISS, os estágios EX1, EX2 e WB completam o pipeline de inteiros. Os desvios usam quatro previsores diferentes, dependendo do tipo. O pipeline de execução de ponto flutuante tem 5 ciclos de profundidade, além dos 5 ciclos necessários para busca e decodificação, gerando 10 estágios no total.

estiverem disponíveis e quando as instruções seguintes tiverem sido iniciadas. Assim, se as duas instruções seguintes forem dependentes, ambas poderão prosseguir para o pipeline de execução apropriado, mas elas serão serializadas quando chegarem ao início desse pipeline. Quando a lógica de despacho baseada em scoreboard indicar que o resultado da primeira instrução está disponível, a segunda instrução pode ser emitida.

Os quatro ciclos de busca de instrução incluem uma unidade de geração de endereço que produz o próximo PC, seja incrementando o último PC ou por um dentre quatro previsores:

1. Uma cache de destino de desvio de única entrada, contendo duas buscas da cache de instruções (as duas instruções seguintes seguem o desvio, considerando que a previsão seja correta). Essa cache de destino é verificada durante o primeiro ciclo de busca, se for um acerto; depois, as duas instruções seguintes são fornecidas a partir da cache de destino. No caso de um acerto e uma previsão correta, o desvio é executado sem ciclos de atraso.
2. Um previsor híbrido de 3072 entradas, usado para todas as instruções que não acertam na cache de destino de desvio, e operando durante F3. Os desvios tratados por esse previsor geram um atraso de 2 ciclos.
3. Um previsor de desvio indireto de 256 entradas que opera durante F4. os desvios previstos por esse previsor contraem um atraso de três ciclos quando previstos corretamente.
4. Uma pilha de retorno com profundidade 8, operando durante F4 e contraindo um atraso de três ciclos.

As decisões de desvio são feitas no pipe 0 da ALU, resultando em uma penalidade de previsão incorreta de 8 ciclos. A Figura 3.35 mostra a taxa de previsão incorreta para o

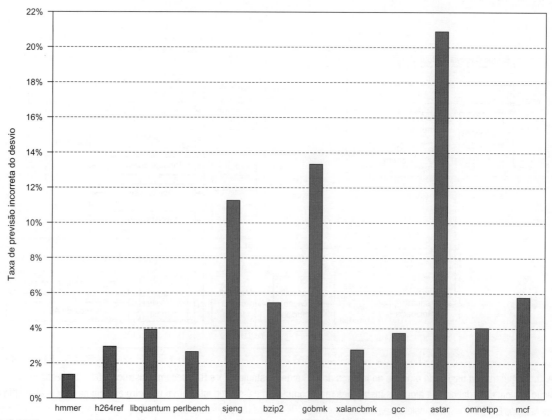

**FIGURA 3.35** Taxa de previsão incorreta do previsor de desvio A53 para o SPECint2006.

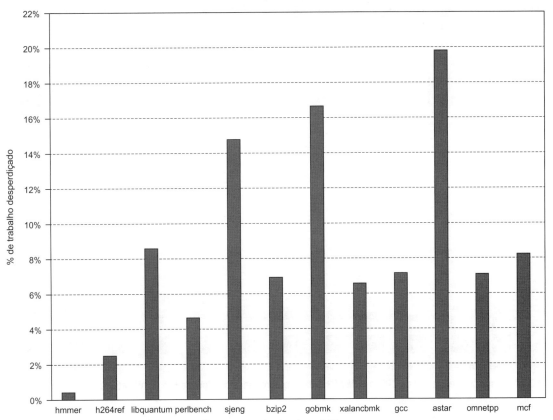

**FIGURA 3.36** Trabalho desperdiçado devido à previsão incorreta de desvio no A53.
Como o A53 é uma máquina em ordem, a quantidade de trabalho desperdiçado depende de diversos fatores, incluindo dependências de dados e faltas de cache, ambas causando um stall.

SPECint2006. A quantidade de trabalho que é desperdiçada depende da taxa de previsão incorreta e da taxa de despacho sustentada durante o tempo em que o desvio mal previsto foi seguido. Como mostra a Figura 3.36, o trabalho desperdiçado geralmente segue a taxa de previsão incorreta, embora possa ser maior ou ocasionalmente menor.

### Desempenho do pipeline do A53

O A53 tem um CPI ideal de 0,5, devido a sua estrutura de despacho duplo. Os stalls de pipeline podem surgir de três fontes:

1. Hazards funcionais, que ocorrem porque duas instruções adjacentes selecionadas simultaneamente para despacho usam o mesmo pipeline funcional. Como o A53 é escalonado estaticamente, é tarefa do compilador tentar evitar tais conflitos. Quando tais instruções aparecerem sequencialmente, elas serão serializadas no início do pipeline de execução, quando apenas a primeira instrução iniciará sua execução.
2. Hazard de dados, que são detectados precocemente no pipeline e podem causar o stall das duas instruções (se a primeira não puder ser enviada, a segunda sempre sofrerá stall) ou da segunda instrução de um par. Novamente, o compilador deve tentar impedir tais stalls sempre que possível.
3. Hazards de controle, que surgem somente quando desvios são previstos incorretamente.

Tanto as faltas de TLB quanto as faltas de cache também causam stalls. No lado da instrução, uma falta de TLB ou cache causa um atraso no preenchimento da fila de instruções,

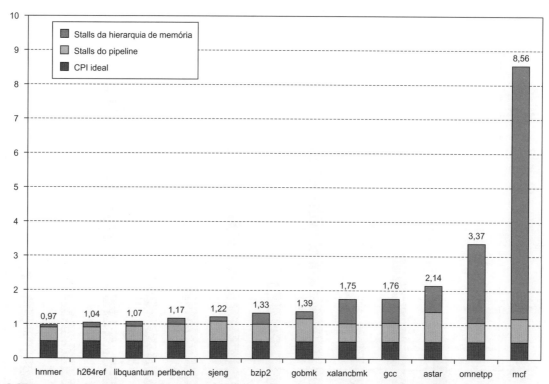

**FIGURA 3.37** A composição estimada do CPI no ARM A53 mostra que os stalls de pipeline são significativos, mas superados pelas faltas de cache nos programas com desempenho mais fraco.

Essa estimativa é obtida usando as taxas de falha e penalidades das caches L1 e L2 para calcular os stalls gerados pela L1 e L2 por instrução. Estas são subtraídas do CPI medido por um simulador detalhado para obter os stalls de pipeline. Os stalls do pipeline incluem todos os três hazards.

provavelmente levando a um stall do pipeline mais adiante. Logicamente, isso depende de ser uma falta na cache L1, que poderia ser ocultada em grande parte se a fila de instruções estivesse cheia no momento da falta, ou uma falta na cache L2, que leva muito mais tempo. Da parte dos dados, uma falta de cache ou causará um stall do pipeline, pois o load ou store que causou a falta não pode prosseguir pelo pipeline. Todas as outras instruções subsequentes, portanto, serão adiadas. A Figura 3.37 mostra o CPI e as contribuições estimadas de várias fontes.

O A53 usa um pipeline superficial e um previsor de desvio razoavelmente agressivo, levando a perdas modestas do pipeline, enquanto permite que o processador alcance taxas de clock altas com consumo de potência moderado. Em comparação com o i7, o A53 consome aproximadamente 1/200 da potência para um processador de quatro núcleos!

## O Intel Core i7

O i7 usa uma microestrutura especulativa agressiva fora de ordem com pipelines profundos com o objetivo de atingir alto throughput de instruções combinando múltiplos despachos e altas taxas de clock. O primeiro processador i7 foi lançado em 2008; o i7 6700 é a sexta geração. A estrutura básica do i7 é semelhante, mas gerações sucessivas melhoraram o desempenho alterando as estratégias de cache (por exemplo, a agressividade da pré-busca), aumentando a largura de banda da memória, expandindo o número de instruções em execução, melhorando a previsão de desvio e melhorando o suporte para gráficos. As primeiras microarquiteturas i7 usavam estações de reserva e buffers de reordenação para seu pipeline especulativo fora de ordem. As microarquiteturas seguintes, incluindo o i7 6700, usam renomeação de registrador, com as estações de reserva atuando como filas de unidade funcional e o buffer de reordenação simplesmente acompanhando as informações de controle.

A Figura 3.38 mostra a estrutura geral do pipeline do i7. Vamos examinar o pipeline começando com a busca de instruções e continuando rumo à confirmação de instrução, seguindo os passos mostrados na figura.

1. Busca de instruções. O processador usa um previsor sofisticado de desvio multiníveis para atingir um equilíbrio entre velocidade e precisão da previsão. Há também uma pilha de endereço de retorno para acelerar o retorno de função. Previsões incorretas causam uma penalidade de cerca de 17 ciclos. Usando os

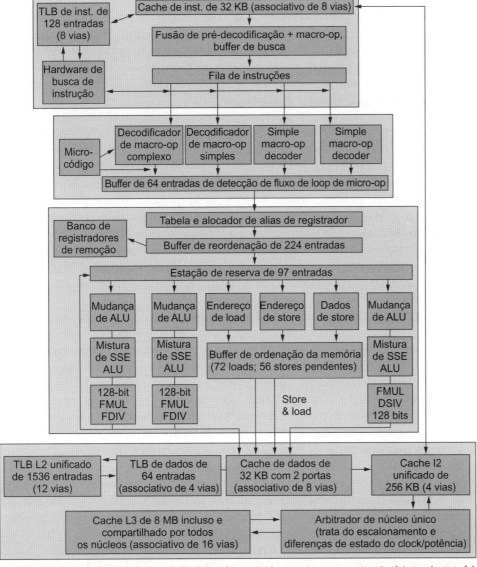

**FIGURA 3.38 A estrutura de pipeline do Intel Core i7 mostrada com os componentes do sistema de memória.** A profundidade total do pipeline é de 14 estágios, com erros de previsão de desvio custando 17 ciclos, com os poucos ciclos extras provavelmente sendo devidos ao tempo para reiniciar o previsor de desvio. As seis unidades funcionais independentes podem começar a execução de uma micro-operação no mesmo ciclo. Até quatro micro-operações podem ser processadas na tabela de renomeação de registrador.

endereços previstos, a unidade de busca de instrução busca 16 bytes da cache de instrução.

2. Os 16 bytes são colocados no buffer de pré-decodificação de instrução — nesse passo, um processo chamado fusão macro-op é realizado. A *fusão macro-op* toma as combinações de instrução como comparação, seguido por um desvio, e as funde em uma única operação, que pode ser emitida e despachada como uma instrução. Somente certos casos especiais podem ser fundidos, pois precisamos saber que o único uso do primeiro resultado é pela segunda instrução (ou seja, comparar e desviar). Em um estudo da arquitetura Intel Core (que possui muito menos buffers), Bird et al. (2007) descobriram que a macrofusão tinha um impacto significativo sobre o desempenho de programas de inteiros, resultando em um aumento médio de 8% a 10% no desempenho, com alguns poucos programas mostrando resultados negativos. Houve pouco impacto sobre programas de PF;na verdade, cerca de metade dos benchmarks SPECFP mostrou resultados negativos a partir da fusão de macro-operações. O estágio de pré-decodificação também quebra os 16 bytes em instruções x86 individuais. Essa pré-decodificação não é trivial, uma vez que o tamanho de uma instrução x86 pode ser de 1-17 bytes e o pré-decodificador deve examinar diversos bytes antes de saber o comprimento da instrução. Instruções x86 individuais (incluindo algumas instruções fundidas) são colocadas na fila de instruções.

3. Decodificação de micro-operação. Instruções x86 individuais são traduzidas em micro-operações. Micro-operações são instruções simples, similares às do RISC-V, que podem ser executadas diretamente pelo pipeline. Essa técnica de traduzir o conjunto de instruções x86 em operações simples mais fáceis de usar em pipeline foi introduzida no Pentium Pro em 1997 e tem sido usada desde então. Três dos decodificadores tratam instruções x86 que as traduzem diretamente em uma micro-operação. Para instruções x86 que têm semântica mais complexa, existe um mecanismo de microcódigo que é usado para produzir a sequência de micro-operações. Ele pode produzir até quatro micro-operações a cada ciclo e continua até que a sequência de micro-operações necessária tenha sido gerada. As micro-operações são posicionadas de acordo com a ordem das instruções x86 no buffer de micro-operações de 64 entradas.

4. O buffer de micro-operação realiza *detecção* e *microfusão de loop*. Se houver uma sequência pequena de instruções (menos de 64 instruções) que contenham um loop, o detector de fluxo de loop vai encontrar o loop e enviar diretamente as micro-operações do buffer, eliminando a necessidade de ativar os estágios de busca de instrução e decodificação da instrução. A microfusão combina pares de instruções, como a operação ALU e um store dependente, e as envia para uma única estação de reserva (onde elas ainda podem ser enviadas independentemente), aumentando assim o uso do buffer. A fusão de micro-operação produz ganhos menores para programas de inteiros e ganhos maiores para PF, mas os resultados variam bastante. Os diferentes resultados para programas de inteiros e de PF com macro e microfusão, provavelmente surgem dos padrões reconhecidos e fundidos e da frequência de ocorrência em programas de inteiros *versus* PF. No i7, que tem um número muito maior de entradas de buffer de reordenação, os benefícios das duas técnicas provavelmente serão menores.

5. Realizar o despacho da instrução básica. Buscar a localização do registrador nas tabelas de registrador, renomear os registradores, alocar uma entrada no buffer de reordenação e buscar quaisquer resultados dos registradores ou do buffer de reordenação antes de enviar as micro-operações para as estações de reserva. Até quatro micro-operações podem ser processadas a cada ciclo de clock; elas são atribuídas às próximas entradas do buffer de reordenação disponíveis.

6. O i7 usa uma estação de reserva centralizada compartilhada por seis unidades funcionais. Até seis micro-operações podem ser enviadas para as unidades funcionais a cada ciclo de clock.

7. As micro-operações são executadas pelas unidades funcionais individuais e então os resultados são enviados de volta para qualquer estação de reserva, além da unidade de remoção de registrador, onde elas vão atualizar o status do registrador, uma vez que se saiba que a instrução não é mais especulativa. A entrada correspondente à instrução no buffer de reordenação é marcada como completa.

8. Quando uma ou mais instruções no início do buffer de reordenação são marcadas como completas, as gravações pendentes na unidade de remoção de registrador são executadas e as instruções são removidas do buffer de reordenação.

Além das mudanças no previsor de desvio, as principais mudanças entre a primeira geração do i7 (a microarquitetura 920, Nehalem) e a sexta geração (a microarquitetura i7 6700, Sylake) estão nos tamanhos dos diversos buffers, registradores de renomeação e recursos, de modo a permitir muito mais instruções pendentes. A Figura 3.39 resume essas diferenças.

### Desempenho do i7

Em seções anteriores, nós examinamos o desempenho do previsor de desvio do i7 e também o desempenho do SMT. Nesta seção, examinaremos o desempenho do pipeline de thread único. Por causa da presença de especulação agressiva e de caches sem bloqueio, é difícil avaliar com precisão a distância entre o desempenho idealizado e o desempenho real. As extensas filas e buffers no 6700 reduzem significativamente a probabilidade de stalls devido a uma falta de estações de reserva, registradores de renomeação ou buffers de reordenação. Em vez disso, até mesmo no i7 920 mais antigo com muito menos buffers, somente cerca de 3% dos loads são atrasados, porque nenhuma estação de reserva está disponível.

Assim, a maioria das falhas vem de previsões incorretas de desvio ou de faltas de cache. O custo de uma previsão incorreta de desvio é de 17 ciclos, enquanto o custo de uma falta de cache L1 é de cerca de 10 ciclos. As faltas de L2 são cerca de três vezes mais caras do que uma falta de L1, e as faltas de L3 custam cerca de 13 vezes o custo de uma falha de L1 (130-135 ciclos)! Embora o processador tente encontrar instruções alternativas para

| Recurso | i7 920 (Nehalem) | i7 6700 (Skylake) |
|---|---|---|
| Fila de micro-operação (por thread) | 28 | 64 |
| Estações de reserva | 36 | 97 |
| Registradores de inteiros | NA | 180 |
| Registradores de ponto flutuante | NA | 168 |
| Buffer de load pendente | 48 | 72 |
| Buffer de store pendente | 32 | 56 |
| Buffer de reordenação | 128 | 256 |

**FIGURA 3.39** Os buffers e filas na primeira e na última geração do i7.
O Nehalem usava uma organização de estação de reserva mais buffer de reordenação. Nas microarquiteturas mais recentes, as estações de reserva servem como recursos de escalonamento, e a renomeação de registrador é usada no lugar do buffer de reordenação; o buffer de reordenação na microarquitetura do Skylake serve apenas para informações de controle de buffer. As escolhas do tamanho de vários buffers e registradores de renomeação, embora parecendo ser arbitrárias, provavelmente são baseadas em uma extensa simulação.

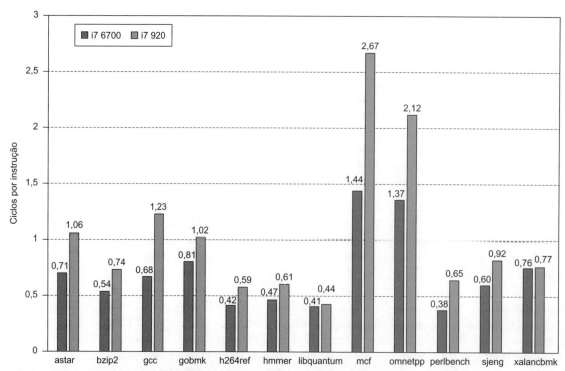

**FIGURA 3.40** O CPI para os benchmarks SPECCPUint2006 no i7 6700 e no i7 920.
Os dados apresentados nesta seção foram coletados pelo professor Lu Peng e pelo doutorando Qun Liu, ambos da Universidade do Estado da Louisiana.

executar durante faltas de L2 e L3, é provável que alguns dos buffers sejam preenchidos antes de a falha se completar, fazendo o processador parar de enviar instruções.

A Figura 3.40 mostra o CPI geral para os 19 benchmarks SPECCPUint2006, comparados com o CPI para o i7 920 mais antigo. O CPI médio no i7 6700 é 0,71, enquanto é quase 1,5 vezes melhor no i7 920, que é 1,06. Essa diferença é decorrente de melhorias na precisão da previsão de desvio e da redução das taxas de falha de demanda (ver Figura 2.26).

Para compreender como o 6700 consegue a melhoria significativa no CPI, vejamos os benchmarks que alcançam a maior taxa de melhoria. A Figura 3.41 mostra os cinco benchmarks que possuem uma razão de CPI no 920 pelo menos 1,5 vezes maior que a do 6700. É interessante que três outros benchmarks mostram uma melhoria significativa na precisão da previsão de desvio (1,5 ou mais); porém, esses três benchmarks (HMMER, LIBQUANTUM e SJENG) mostram taxas de falha de demanda na cache L1 iguais ou ligeiramente maiores no i7 6700. Essas falhas provavelmente surgem porque a pré-busca agressiva está substituindo os blocos de cache que são realmente utilizados. Esse tipo de comportamento faz com que os projetistas se lembrem dos desafios de maximizar o desempenho em processadores especulativos complexos com despacho múltiplo: raramente um desempenho significativo pode ser alcançado ajustando apenas uma parte da microarquitetura!

## 3.13 FALÁCIAS E ARMADILHAS

Nossas poucas falácias se concentram na dificuldade de prever o desempenho e a eficiência energética e de extrapolar medidas únicas, como frequência do clock ou CPI. Mostraremos também que diferentes técnicas de arquiteturas podem ter comportamentos radicalmente diferentes para diferentes benchmarks.

A Intel fabrica um processador para a netbooks e PMDs mais simples, que é chamado Atom 230, implementando as versões de 64 bits e 32 bits da arquitetura x86. O Atom é um superescalar escalonado estaticamente, com despacho duplo, muito semelhante em sua arquitetura ao ARM A8, um predecessor de único núcleo do A53. É interessante que o Atom 230 e o Core i7 920 tenham sido fabricados com a mesma tecnologia de 45 nm da Intel. A Figura 3.42 resume o Intel Core i7 920, o ARM Cortex-A8 e o Intel Atom 230. Essas semelhanças proporcionam uma rara oportunidade de comparar diretamente duas microarquiteturas radicalmente diferentes para o mesmo conjunto de instruções e, ao mesmo tempo, manter constante a tecnologia de fabricação fundamental. Antes de fazermos a comparação, precisamos contar um pouco mais sobre o Atom 230.

Os processadores Atom implementam a arquitetura x86 usando a técnica padrão de traduzir instruções x86 em instruções similares às RISC (como toda implementação x86 tem feito desde meados dos anos 1990). O Atom usa uma micro-operação ligeiramente mais poderosa, que permite que uma operação aritmética seja pareada com um load ou um store; essa capacidade foi acrescentada aos i7s mais recentes pelo uso da macrofusão. Isso significa que, em média, para um *mix* típico de instruções, somente 4% das instruções requerem mais de uma micro-operação. As micro-operações são executadas em um pipeline com profundidade de 16, capaz de enviar duas instruções por clock, em ordem, como no ARM A8. Há duas ALUs de inteiro duplo, pipelines separados para soma de PF e outras operações de PF, e dois pipelines de operação de memória suportando execução dupla, mais geral do que o ARM A8, porém ainda limitadas pela capacidade de despacho em ordem. O Atom 230 tem cache de instrução de 32 KiB e cache de dados de 24 KiB, ambas suportadas por uma cache L2 de 512 KiB no mesmo die. (O Atom 230 também suporta multithreading com dois threads, mas vamos considerar somente comparações de um único thread.)

Podemos esperar que esses dois processadores, implementados na mesma tecnologia e com o mesmo conjunto de instruções, apresentassem comportamento previsível em termos de desempenho relativo e consumo de energia, o que significa que a potência e o desempenho teriam uma escala próxima à linearidade. Examinamos essa hipótese usando três conjuntos de benchmarks. O primeiro conjunto é um grupo de benchmarks Java de thread único que vem dos benchmarks DaCapo, e dos benchmarks SPEC JVM98 (ver discussão sobre os benchmarks e medidas em Esmaeilzadeh et al., 2011). O segundo e o terceiro conjuntos de benchmarks são do SPEC CPU2006 e consistem, respectivamente, nos benchmarks para inteiros e PF.

**Falácia**

É fácil prever o desempenho e a eficiência energética de duas versões diferentes da mesma arquitetura de conjunto de instruções, se mantivermos a tecnologia constante.

| Benchmark | Razão CPI (920/6700) | Razão de previsão de desvio incorreta (920/6700) | Razão da falha de demanda da cache L1 (920/6700) |
|---|---|---|---|
| ASTAR | 1,51 | 1,53 | 2,14 |
| GCC | 1,82 | 2,54 | 1,82 |
| MCF | 1,85 | 1,27 | 1,71 |
| OMNETPP | 1,55 | 1,48 | 1,96 |
| PERLBENCH | 1,70 | 2,11 | 1,78 |

**FIGURA 3.41** Análise dos benchmarks de inteiros com a maior diferença de desempenho entre o i7 6700 e o i7 920.
Estes cinco benchmarks mostram uma melhoria na taxa de previsão de desvio e uma redução na taxa de falha de demanda da cache L1.

# CAPÍTULO 3: Paralelismo em nível de instrução e sua exploração

| Área | Característica específica | Intel i7 920<br>Quatro núcleos, cada um com PF | ARM A8<br>Um núcleo, sem PF | Intel Atom 230<br>Um núcleo, com PF |
|---|---|---|---|---|
| Propriedades físicas do chip | Frequência do clock | 2,66 GHz | 1 GHz | 1,66 GHz |
| | Potência térmica de projeto | 130 W | 2 W | 4 W |
| | Encapsulamento | BGA de 1.366 pinos | BGA de 522 pinos | BGA de 437 pinos |
| Sistema de memória | TLB | Dois níveis<br>Cache L2 128 I/ 64D<br>512 todos associativos por conjunto de 4 vias | 32 I/ 32D de um nível totalmente associativo | Dois níveis<br>Cache L2 16 I/ 16D 64 Todos associativos por conjunto de 4 vias |
| | Caches | Três níveis<br>32 KiB/32 KiB<br>256 KiB<br>2-8 MiB | Dois níveis<br>16/16 ou 32/32 KiB<br>128 KiB-1 MiB | Dois níveis<br>32/24 KiB<br>512 KiB |
| | Largura de banda de pico de memória | 17 GB/s | 12 GB/s | 8 GB/s |
| | Taxa pico de despacho | 4 ops/clock com fusão | 2 ops/clock | 2 ops/clock |
| | Escalonamento de pipeline | Especulação fora de ordem | Despacho dinâmico em ordem | Despacho dinâmico em ordem |
| Estrutura de pipeline | Previsão de desvio | Dois níveis | Dois níveis<br>BTB de 512 entradas<br>histórico global de 4K<br>pilha de retorno de 8 entradas | Dois níveis |

**FIGURA 3.42** Visão geral do Intel i7 920 de quatro núcleos, um exemplo de um chip processador ARM A8 (com uma cache L2 de 256 MiB, caches L1 de 32 KiB e sem ponto flutuante) e o Intel ARM 230, mostrando claramente a diferença em termos de filosofia de projeto entre um processador voltado para PMD (no caso do ARM) ou espaço de netbook (no caso do Atom) e um processador para uso em servidores e desktops de alto nível. Lembre-se de que o i7 inclui quatro núcleos, cada qual mais alto em desempenho do que o A8 ou o Atom de um núcleo. Todos esses processadores são implementados em uma tecnologia comparável de 45 nm.

Como podemos ver na Figura 3.43, o i7 tem desempenho significativamente maior do que o do Atom. Todos os benchmarks são pelo menos quatro vezes mais rápidos no i7, dois benchmarks SPECFP são mais de 10 vezes mais rápidos, e um benchmark SPECINT é executado mais de oito vezes mais rápido! Como a razão das taxas de clock desses dois processadores é de 1,6, a maior parte da vantagem vem de um CPI muito menor para o i7 920: um fator de 2,8 para os benchmarks Java, um fator de 3,1 para os benchmarks SPECINT e um fator de 4,3 para os benchmarks SPECFP.

**Falácia**

Processadores com CPIs menores sempre serão mais rápidos.

**Falácia**

Processadores com taxas de clock mais rápidas sempre serão mais rápidos.

Mas o consumo médio de energia para o i7 920 está pouco abaixo de 43 W, enquanto o consumo médio de energia do Atom é de 4,2 W, ou cerca de um décimo da potência! Combinar o desempenho e a energia leva a uma vantagem na eficiência energética para o Atom, que costuma ser mais de 1,5 vezes melhor, e frequentemente chega a ser 2 vezes melhor! Essa comparação de dois processadores usando a mesma tecnologia fundamental torna claro que as vantagens do desempenho de um superescalar agressivo com escalonamento dinâmico e especulação vêm com *significativa desvantagem* em termos de eficiência energética.

A chave é que o produto da CPI e a frequência do clock determinam o desempenho. Com alta frequência do clock obtida por um pipelining longo, o processador deve manter um

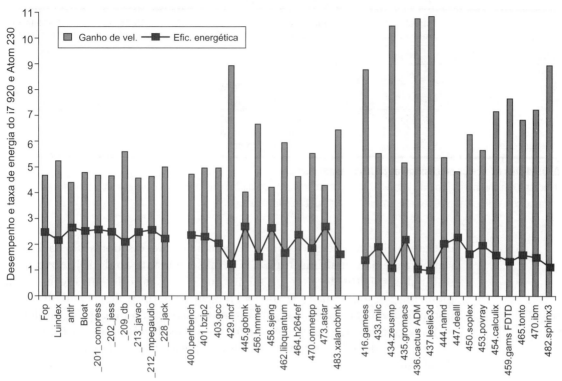

**FIGURA 3.43** O desempenho relativo e a eficiência energética para um conjunto de benchmarks de thread único mostram que o i7 920 é 4-10 vezes mais rápido do que o Atom 230, porém cerca de duas vezes menos eficiente em termos de energia, em média! O desempenho é mostrado nas colunas como o i7 em relação ao Atom, como tempo de execução (i7)/tempo de execução (Atom). A energia é mostrada pela linha como energia(Atom)/energia(i7). O i7 nunca vence o Atom em eficiência energética, embora seja basicamente tão bom em quatro benchmarks, três dos quais são de ponto flutuante. Os dados mostrados aqui foram coletados por Esmaelizadeh et al. (2011). Os benchmarks SPEC foram compilados com otimização sobre o uso do compilador-padrão Intel, enquanto os benchmarks Java usam o Sun (Oracle) Hotspot Java VM. Somente um núcleo está ativo no i7, e o resto está em modo de economia de energia profunda. O Turbo Boost é usado no i7, que aumenta sua vantagem de desempenho, mas diminui levemente sua eficiência energética relativa.

CPI baixo para obter o benefício total do clock mais rápido. De modo similar, um processador simples com alta frequência do clock, mas CPI baixo, pode ser mais lento.

Como vimos na falácia anterior, o desempenho e a eficiência energética podem divergir significativamente entre processadores projetados para ambientes diferentes, mesmo quando eles têm o mesmo ISA. Na verdade, grandes diferenças em desempenho podem aparecer até dentro de uma família de processadores da mesma companhia, projetados todos para aplicações de alto nível. A Figura 3.44 mostra o desempenho para inteiros e PF de duas implementações diferentes da arquitetura x86 da Intel, além de uma versão da arquitetura Itanium, também da Intel.

O Pentium 4 foi o processador com pipeline mais agressivo já construído pela Intel. Ele usava um pipeline com mais de 20 estágios, tinha sete unidades funcionais e micro-operações em cache no lugar de instruções x86. Seu desempenho relativamente inferior, dada a implementação agressiva, foi uma indicação clara de que a tentativa de explorar mais ILP (podia haver facilmente 50 instruções em ação) havia falhado. O consumo de energia do Pentium era semelhante ao do i7, embora sua quantidade de transistores fosse menor, já que as caches primárias tinham metade do tamanho das do i7, e incluía somente uma cache secundária de 2 MiB, sem cache terciária.

O Intel Itanium é uma arquitetura no estilo VLIW que, apesar da redução potencial em complexidade em comparação aos superescalares escalonados dinamicamente,

| Processador | Tecnologia de implementação | Frequência do clock | Potência | Base SPECCInt2006 | Baseline SPECCFP2006 |
|---|---|---|---|---|---|
| Intel Pentium 4 670 | 90 nm | 3,8 GHz | 115 W | 11,5 | 12,2 |
| Intel Itanium 2 | 90 nm | 1,66 GHz | 104 W aprox. 70 W um núcleo | 14,5 | 17,3 |
| Intel i7 920 | 45 nm | 3,3 GHz | 130 W total, aprox. 80 W um núcleo | 35,5 | 38,4 |

**FIGURA 3.44** Três diferentes processadores da Intel variam muito.
Embora o processador Itanium tenha dois núcleos e o i7 tenha quatro, somente um núcleo é usado nesses benchmarks; a coluna Potência é a potência do projeto térmico com estimativas para somente um núcleo ativo nos casos multicore.

nunca atingiu taxas de clock competitivas com os processadores x86 da linha principal (embora ele pareça alcançar um CPI geral semelhante ao do i7). Ao examinar esses resultados, o leitor deve ter em mente que eles usam diferentes tecnologias de implementação, o que dá ao i7 uma vantagem em termos de velocidade de transistor, portando frequência do clock para um processador com pipeline equivalente. Mesmo assim, a grande variação no desempenho — mais de três vezes entre o Pentium e o i7 — é surpreendente. A próxima armadilha explica de onde vem uma significativa parte dessa vantagem.

**Armadilha**

Às vezes maior e mais "burro" é melhor.

No início dos anos 2000, grande parte da atenção estava voltada para a construção de processadores agressivos na exploração de ILP, incluindo a arquitetura Pentium 4, que usava o pipeline mais longo já visto em um microprocessador, e o Intel Itanium, que tinha a mais alta taxa de pico de despacho por clock já vista. O que se tornou rapidamente claro foi que, muitas vezes, a maior limitação em explorar ILP era o sistema de memória. Embora pipelines especulativos fora de ordem fossem razoavelmente bons em ocultar uma fração significativa das penalidades de falha, 10-15 ciclos para uma falta de cache no primeiro nível, muitas vezes eles faziam muito pouco para ocultar as penalidades para uma falta de segundo nível, que, quando ia para a memória principal, provavelmente era de 50-100 ciclos de clock.

O resultado foi que esses projetos nunca chegaram perto de atingir o pico de throughput de instruções, apesar do grande número de transistores e das técnicas extremamente sofisticadas e inteligentes. A próxima seção discute esse dilema e o afastamento dos esquemas de ILP mais agressivos em favor dos núcleos múltiplos, mas houve outra mudança, que é um exemplo dessa armadilha. Em vez de tentar ocultar ainda mais latências de memória com ILP, os projetistas simplesmente usaram os transistores para construir caches muito maiores. O Itanium 2 e o i7 usam caches de três níveis em comparação à cache de dois níveis do Pentium 4, e as caches de terceiro nível são de 9 e 8 MiB, em comparação com a cache de segundo nível com 2 MiB do Pentium 4. Não é necessário dizer que construir caches maiores é muito mais fácil do que projetar o pipeline com mais de 20 estágios do Pentium 4 e, a partir dos dados da Figura 3.44, parece ser também mais eficaz.

**Armadilha**

E às vezes mais inteligente é melhor do que maior e mais "burro".

Um dos resultados mais surpreendentes da última década foi na previsão de desvios. O surgimento de previsores híbridos marcados mostrou que um previsor mais sofisticado pode superar o previsor gshare simples com o mesmo número de bits (veja a Figura 3.8). Uma razão pela qual esse resultado é tão surpreendente é que o previsor marcado realmente armazena menos previsões, já que ele também consome bits para armazenar tags, enquanto o gshare tem apenas uma grande matriz de previsões. Apesar disso, parece que a vantagem obtida ao não usar erroneamente uma previsão para um desvio em outro desvio mais do que justifica a alocação de bits para tags *versus* previsões.

As tentativas de explorar grandes quantidades de ILP falharam por vários motivos, mas um dos mais importantes, que alguns projetistas não aceitaram inicialmente, é que é difícil encontrar grandes quantidades de ILP em programas estruturados convencionalmente, mesmo com especulação. Um famoso estudo de David Wall em 1993 (ver Wall, 1993) analisou a quantidade de ILP disponível sob uma grande variedade de condições idealistas. Resumimos seus resultados para uma configuração de processador com aproximadamente cinco a dez vezes a capacidade dos processadores mais avançados em 2017. O estudo de Wall documentou extensivamente diversas abordagens diferentes, e o leitor interessado no desafio de explorar o ILP deve ler o estudo completo.

**Armadilha**

Crer que existem grandes quantidades de ILP disponíveis, se tínhamos apenas as técnicas certas.

O processador agressivo que consideramos tem as seguintes características:

1. Até 64 envios de instrução e despachos por clock, *sem* restrições de envio, ou 8 vezes a largura total do maior processador em 2016 (o IBM Power8) e com até 32 vezes mais loads e stores permitidos por ciclo de clock! Como já discutimos, há sérios problemas de complexidade e potência com grandes taxas de envio de instrução.
2. Um previsor de torneio com 1K entradas e um previsor de retorno de função de 16 entradas. Esse previsor é comparável aos melhores previsores em 2016; o previsor não é um gargalo principal. Erros de previsão são tratados em um ciclo, mas limitam a capacidade de especular.
3. Perfeita desambiguação de referências de memória feitas dinamicamente — isso é ambicioso, mas talvez atingível para tamanhos pequenos de janela.
4. Renomeação de registradores com 64 registradores adicionais de inteiros e 64 registradores de PF, o que é um pouco menor do que o processador mais agressivo em 2011. Como o estudo considera uma latência de apenas um ciclo para todas as instruções (ao contrário de 15 ou mais em processadores como o i7 ou o Power8), o número efetivo de registradores de renomeação é cerca de cinco vezes maior do que qualquer um desses processadores.

A Figura 3.45 mostra o resultado dessa configuração, pois variamos o tamanho da janela. Essa configuração é mais complexa e dispendiosa do que as implementações existentes, especialmente em termos do número de envios de instrução. No entanto, isso oferece um limite superior útil para o ponto em que as implementações futuras poderão chegar. Provavelmente, os dados nesses números são muito otimistas por outro motivo. Não há restrições para envio entre as 64 instruções: por exemplo, todas elas podem ser referências de memória. Ninguém poderia sequer contemplar essa capacidade em um processador para o futuro próximo. Além disso, lembre-se de que, ao interpretar esses resultados, as faltas de cache e as latências não unitárias não foram levadas em consideração, e ambos os efeitos possuem impactos significativos.

A observação mais surpreendente na Figura 3.45 é que, com as restrições de processador realistas, apresentadas anteriormente, o efeito do tamanho da janela para os programas inteiros não é tão severo quanto para os programas de PF. Esse resultado aponta para a diferença fundamental entre esses dois tipos de programas. A disponibilidade de paralelismo em nível de loop em dois dos programas de PF significa que a quantidade de ILP que pode ser explorada é maior, mas, para programas de inteiros, outros fatores — como previsão de desvio, renomeação de registrador e menos paralelismo, só para começar — são todos

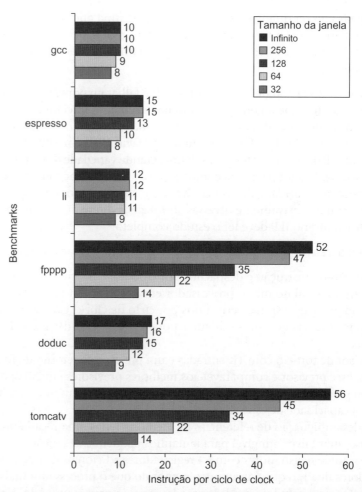

**FIGURA 3.45** A quantidade de paralelismo disponível em função do tamanho da janela para diversos programas de inteiros e de ponto flutuante com até 64 envios de instrução arbitrários por ciclo de clock. Embora existem menos registradores de renomeação do que o tamanho da janela, o fato de que todas as operações possuem latência de 1 ciclo e que o número de registradores de renomeação é igual à largura de envio permite que o processador explore o paralelismo dentro da janela inteira.

limitações importantes. Essa observação é crítica porque a maior parte do crescimento do mercado na década passada — processamento de transações, servidores web e similares — dependia do desempenho com números inteiros, e não de ponto flutuante.

O estudo de Wall não foi acreditado por alguns; porém, 10 anos depois, a realidade confirmou tudo, e a combinação de ganhos de desempenho modestos com recursos de hardware significativos e os principais problemas de energia provenientes de especulação incorreta forçaram uma mudança de direção. Voltaremos a essa discussão em nossos comentários finais.

## 3.14 COMENTÁRIOS FINAIS: O QUE TEMOS À FRENTE?

No início de 2000, o foco na exploração do paralelismo em nível de instrução estava em seu auge. Nos cinco primeiros anos do novo século, ficou claro que a abordagem do ILP provavelmente tinha atingido seu pico e que novas abordagens seriam necessárias. Por volta de 2005, a Intel e todos os outros principais fabricantes de processador haviam renovado sua abordagem para se concentrar no multicore. Um desempenho maior seria alcançado através do paralelismo em nível de thread, em vez de paralelismo em nível de instrução, e a responsabilidade por usar o processador com eficiência mudaria bastante do hardware para o software e para o programador. Essa mudança foi a mais significativa na arquitetura dos processadores desde os primeiros dias do pipelining e do paralelismo em nível de instrução, mais de 25 anos antes.

No mesmo período, os projetistas começaram a explorar o uso de um paralelismo em nível de dados como outra abordagem para obter desempenho. As extensões SIMD permitiram aos microprocessadores de desktops e servidores atingir aumentos moderados de desempenho para gráficos e funções similares. E o que é mais importante: as GPUs buscaram o uso agressivo de SIMD, atingindo vantagens significativas de desempenho para aplicações com grande paralelismo em nível de dados. Para aplicações científicas, tais técnicas representam uma alternativa viável para o mais geral — porém menos eficiente — paralelismo em nível de thread explorado nos multicores. O Capítulo 4 vai explorar esses desenvolvimentos no uso de paralelismo em nível de dados.

Muitos pesquisadores anteviram uma grande redução no uso do ILP, prevendo que processadores superescalares com duplo despacho e números maiores de núcleos seriam o futuro. Entretanto, as vantagens de taxas de despacho ligeiramente maiores e a capacidade de escalonamento dinâmico especulativo para lidar com eventos imprevisíveis, como faltas de cache de primeiro nível, levaram um ILP moderado a ser o principal bloco de construção nos projetos multicore. A adição do SMT e a sua eficácia (tanto em desempenho quanto em eficiência energética) concretizaram ainda mais a posição das técnicas especulativas, fora de ordem, de despacho moderado. De fato, mesmo no mercado de embarcados, os processadores mais novos (como o ARM Cortex-A9 e o Cortex-A73) introduziram escalonamento dinâmico, especulação e taxas maiores de despacho.

É muito improvável que os futuros processadores tentem melhorar significativamente a largura de despacho. Isso é simplesmente muito ineficiente, tanto do ponto de vista da utilização de silício quanto da eficiência energética. Considere os dados da Figura 3.46, que mostra os cinco processadores da série IBM Power. Ao longo de mais de uma década, houve uma modesta melhoria no suporte a ILP nos processadores Power, mas a parte dominante do aumento no número de transistores (um fator de mais de 10 do Power4 para o Power8) aumentou as caches e o número de núcleos por die. Até mesmo a expansão

| | Power4 | Power5 | Power6 | Power7 | Power8 |
|---|---|---|---|---|---|
| Lançado em | 2001 | 2004 | 2007 | 2010 | 2014 |
| Frequência inicial do clock (GHz) | 1,3 | 1,9 | 4,7 | 3,6 | 3,3 GHz |
| Número de transistores (M) | 174 | 276 | 790 | 1.200 | 4200 |
| Despachos por clock | 5 | 5 | 7 | 6 | 8 |
| Unidades funcionais por núcleo | 8 | 8 | 9 | 12 | 16 |
| Threads SMT por núcleo | 0 | 2 | 2 | 4 | 8 |
| Núcleos/chip | 2 | 2 | 2 | 8 | 12 |
| Threads SMT por núcleo | 0 | 2 | 2 | 4 | 8 |
| Cache total no chip (MiB) | 1,5 | 2 | 4,1 | 32,3 | 103,0 |

**FIGURA 3.46** Características de cinco gerações de processadores IBM Power.
Todos foram escalonados dinamicamente, exceto o Power6, que é estático, e em ordem, e todos os processadores suportam dois pipelines de load/store. O Power6 tem as mesmas unidades funcionais que o Power5, exceto por uma unidade decimal. O Power7 e o Power8 usam DRAM embarcada para a cache L3. O Power9 foi descrito de forma sucinta; ele expande ainda mais as caches e admite HBM fora do chip.

# CAPÍTULO 3: Paralelismo em nível de instrução e sua exploração

no suporte a SMT parece ser mais um foco do que um aumento no throughput de ILP. A estrutura ILP do Power4 para o Power8 passou de cinco despachos para oito, de oito unidades funcionais para 16 (mas sem aumento das duas unidades de load/store originais), enquanto o suporte a SMT passou de inexistente para 8 threads/processador. Uma tendência semelhante pode ser observada pelas seis gerações de processadores i7, onde quase todo o silício adicional foi usado para o suporte a mais núcleos. Os Capítulos 4 e 5 enfocam técnicas que exploram o paralelismo em nível de dados e o paralelismo em nível de thread.

## 3.15 PERSPECTIVAS HISTÓRICAS E REFERÊNCIAS

A Seção M.5 (disponível on-line) contém uma análise sobre o desenvolvimento do pipelining e do paralelismo em nível de instrução. Apresentamos diversas referências para leitura adicional e exploração desses tópicos. A Seção M.5 cobre o Capítulo 3 e o Apêndice H.

## ESTUDOS DE CASO E EXERCÍCIOS POR JASON D. BAKOS E ROBERT P. COLWELL

### Estudo de caso: Explorando o impacto das técnicas de microarquiteturas

*Conceitos ilustrados por este estudo de caso*

- Escalonamento básico de instrução, reordenação, despacho
- Múltiplo despacho e hazards
- Renomeação de registrador
- Execução fora de ordem e especulativa
- Onde gastar recursos fora de ordem

Você está encarregado de projetar uma nova microarquitetura de processador e tentando descobrir como alocar melhor seus recursos de hardware. Quais das técnicas de hardware e software aprendidas neste capítulo deverá aplicar? Você tem uma lista de latências para as unidades funcionais e para a memória, além de algum código representativo. Seu chefe foi um tanto vago com relação aos requisitos de desempenho do seu novo projeto, mas você sabe, por experiência, que, com tudo o mais sendo igual, mais rápido geralmente é melhor. Comece com o básico. A Figura 3.47 apresenta uma sequência de instruções e a lista de latências.

**3.1.** [10] <3.1, 3.2> Qual seria o desempenho de referência (em ciclos, por iteração do loop) da sequência de código da Figura 3.47 se nenhuma nova execução de instrução pudesse ser iniciada até que a execução da instrução anterior tivesse sido concluída? Ignore a busca e a decodificação de front-end. Considere, por enquanto, que a execução não fique em stall por falta da próxima instrução, mas somente uma instrução/ciclo pode ser enviada. Considere que o desvio é tomado e que existe um slot de atraso de desvio de um ciclo.

**3.2.** [10] <3.1, 3.2> Pense no que realmente significam os números de latência — eles indicam o número de ciclos que determinada função exige para produzir sua saída. Se o pipeline geral ocasionar stalls para os ciclos de latência de cada unidade funcional, pelo menos você terá a garantia de que qualquer par de instruções de ponta a ponta (um "produtor" seguido por um "consumidor") será executado corretamente. Contudo, nem todos os pares de instruções possuem um relacionamento produtor/consumidor. Às vezes, duas instruções adjacentes não têm nada a ver uma com a outra. Quantos ciclos o corpo do loop na sequência de

**Latências além de um único ciclo**

| | |
|---|---|
| LD de memória | +3 |
| SD de memória | +1 |
| ADD, SUB de inteiros | +0 |
| Desvios | +1 |
| fadd.d | +2 |
| fmul.d | +4 |
| fdiv.d | +10 |

```
Loop:        fld        f2,0(Rx)
I0:          fmul.d     f2,f0,f2
I1:          fdiv.d     f8,f2,f0
I2:          fld        f4,0(Ry)
I3:          fadd.d     f4,f0,f4
I4:          fadd.d     f10,f8,f2
I5:          fsd        f4,0(Ry)
I6:          addi       Rx,Rx,8
I7:          addi       Ry,Ry,8
I8:          sub        x20,x4,Rx
I9:          bnz        x20,Loop
```

**FIGURA 3.47** Código e latências para os Exercícios 3.1 a 3.6.

código da Figura 3.47 exigiria se o pipeline detectasse verdadeiras dependências de dados e só elas ficassem em stall, em vez de tudo ficar cegamente em stall só porque uma unidade funcional está ocupada? Mostre o código com <stall> inserido onde for necessário para acomodar as latências proteladas. (*Dica:* Uma instrução com latência " + 2" precisa que dois ciclos de <stall> sejam inseridos na sequência de código.) Pense desta maneira: uma instrução de um ciclo possui latência 1 + 0, significando zero estado de espera extra. Assim, a latência 1 + 1 implica um ciclo de stall; latência 1 + $N$ possui $N$ ciclos de stall extras.

**3.3.** [15] <3.1, 3.2> Considere um projeto de múltiplo despacho. Suponha que você tenha dois pipelines de execução, cada qual capaz de iniciar a execução de uma instrução por ciclo, além de largura de banda de busca/decodificação suficiente no front-end, de modo que sua execução não estará em stall. Considere que os resultados podem ser encaminhados imediatamente de uma unidade de execução para outra ou para si mesma. Considere, ainda, que o único motivo para um pipeline de execução protelar é observar uma dependência de dados verdadeira. Quantos ciclos o loop exigiria?

**3.4.** [10] <3.1, 3.2> No projeto de múltiplo despacho do Exercício 3.3, você pode ter reconhecido algumas questões sutis. Embora os dois pipelines tenham exatamente o mesmo repertório de instruções, elas não são idênticas nem intercambiáveis, pois existe uma ordenação implícita entre elas que precisa refletir a ordenação das instruções no programa original. Se a instrução $N + 1$ iniciar sua execução na pipe de execução 1 ao mesmo tempo que a instrução $N$ iniciar na pipe 0, e $N + 1$ exigir uma latência de execução mais curta que $N$, então $N + 1$ será concluída antes de

*N* (embora a ordenação do programa tivesse indicado de outra forma). Cite pelo menos duas razões pelas quais isso poderia ser arriscado e exigiria considerações especiais na microarquitetura. Dê um exemplo de duas instruções do código da Figura 3.47 que demonstrem esse hazard.

**3.5.** [20] <3.1, 3.2> Reordene as instruções para melhorar o desempenho do código da Figura 3.47. Considere a máquina de dois pipelines do Exercício 3.3 e que os problemas de término fora de ordem do Exercício 3.4 foram tratados com sucesso. Por enquanto, preocupe-se apenas em observar as dependências de dados verdadeiras e as latências da unidade funcional. Quantos ciclos o seu código reordenado utiliza?

**3.6.** [10/10/10] <3.1, 3.2> Cada ciclo que não inicia uma nova operação em um pipeline é uma oportunidade perdida, no sentido de que seu hardware não está "acompanhando seu potencial".

   **a.** [10] <3.1, 3.2> Em seu código reordenado do Exercício 3.5, que fração de todos os ciclos, contando ambos os pipelines, foi desperdiçada (não iniciou uma nova operação)?

   **b.** [10] <3.1, 3.2> O desdobramento de loop é uma técnica-padrão do compilador para encontrar mais paralelismo no código, a fim de minimizar as oportunidades perdidas para desempenho. Desdobre duas iterações do loop em seu código reordenado do Exercício 3.5.

   **c.** [10] <3.1, 3.2> Que ganho de velocidade você obteve? (Neste exercício, basta colorir as instruções da iteração *N* + 1 de verde para distingui-las das instruções da iteração *N*; se você estivesse realmente desdobrando o loop, teria de reatribuir os registradores para impedir colisões entre as iterações.)

**3.7.** [15] <3.4> Os computadores gastam a maior parte do tempo nos loops, de modo que as iterações de loop são ótimos locais para encontrar especulativamente mais trabalho para manter os recursos da CPU ocupados. Porém, nada é tão fácil; o compilador emitiu apenas uma cópia do código desse loop, de modo que, embora múltiplas iterações estejam tratando dados distintos, elas parecerão usar os mesmos registradores. Para evitar a colisão de uso de registrador por múltiplas iterações, renomeamos seus registradores. A Figura 3.48 mostra o código de exemplo que gostaríamos que nosso hardware renomeasse. Um compilador poderia ter simplesmente desdobrado o loop e usado registradores diferentes para evitar conflitos, mas, se esperarmos que nosso hardware desdobre o loop, ele também terá de fazer a renomeação de registrador. Como? Considere que seu hardware tenha um pool de registradores temporários (vamos chamá-los de registradores T e considerar que existam 64 deles, de T0 a T63) que ele pode substituir por registradores designados pelo compilador. Esse hardware de renomeação é indexado pela designação

```
Loop:        fld        f2,0(Rx)
I0:          fmul.d     f5,f0,f2
I1:          fdiv.d     f8,f0,f2
I2:          fld        f4,0(Ry)
I3:          fadd.d     f6,f0,f4
I4:          fadd.d     f10,f8,f2
I5:          sd         f4,0(Ry)
```

**FIGURA 3.48** Exemplo de código para prática de renomeação de registrador.

```
I0:            fld            T9,0(Rx)
I1:            fmul.d         T10,F0,T9

...
```

**FIGURA 3.49** Saída esperada da renomeação de registrador.

```
I0:            fmul.d         f5,f0,f2
I1:            fadd.d         f9,f5,f4
I2:            fadd.d         f5,f5,f2
I3:            fdiv.d         f2,f9,f0
```

**FIGURA 3.50** Exemplo de código para renomeação de registrador superescalar.

do registrador de origem (src), e o valor na tabela é o registrador T do último destino que designou esse registrador. (Pense nesses valores de tabela como produtores e nos registradores de origem src como consumidores; não importa muito onde o produtor coloca seu resultado, desde que seus consumidores possam encontrá-lo.) Considere a sequência de código na Figura 3.48. Toda vez que você encontrar um registrador de destino no código, substitua o próximo T disponível, começando com T9. Depois atualize todos os registradores src adequadamente, de modo que as dependências de dados verdadeiras sejam mantidas. Mostre o código resultante. (*Dica:* Ver a Figura 3.49).

**3.8.** [20] <3.4> O Exercício 3.7 explorou a renomeação simples de registradores: quando o renomeador de registrador do hardware vê um registrador de origem, substitui o registrador T de destino da última instrução a ter designado esse registrador de origem. Quando a tabela de renomeação encontra um registrador de destino, ela o substitui pelo próximo T disponível para ela, mas os projetos superescalares precisam lidar com múltiplas instruções por ciclo de clock em cada estágio na máquina, incluindo a renomeação de registrador. Um processador escalar simples, portanto, pesquisaria os mapeamentos de registrador de origem (src) para cada instrução e alocaria um novo mapeamento de destino (dest) por ciclo de clock. Os processadores superescalares precisam ser capazes de fazer isso também, mas teriam de garantir que quaisquer relacionamentos destino para origem entre as duas instruções concorrentes fossem tratados corretamente. Considere a sequência de código de exemplo na Figura 3.50. Suponha que gostaríamos de renomear simultaneamente as duas primeiras instruções. Considere ainda que os próximos dois registradores T disponíveis a serem usados sejam conhecidos no início do ciclo de clock em que essas duas instruções estão sendo renomeadas. Conceitualmente, o que queremos é que a primeira instrução faça suas pesquisas na tabela de renomeação e depois atualize a tabela por seu registrador T de destino. Depois, a segunda instrução faria exatamente a mesma coisa e, portanto, qualquer dependência entre instruções seria tratada corretamente. Mas não existe tempo suficiente para escrever essa designação de registrador T na tabela de renomeação e depois pesquisá-la novamente para a segunda instrução, tudo no mesmo ciclo de clock. Em vez disso, essa substituição de registrador precisa ser feita ao vivo (em paralelo com a atualização da tabela de renomeação de registrador). A Figura 3.51 mostra um diagrama de circuito usando multiplexadores e comparadores que conseguirá fazer a renomeação de registrador necessária no ato. Sua tarefa é mostrar o estado ciclo por ciclo da tabela de renomeação para cada instrução do código mostrado na Figura 3.50. Considere que a tabela começa com cada entrada igual ao seu índice (T0 = 0; T1 = 1,...) (Figura 3.51).

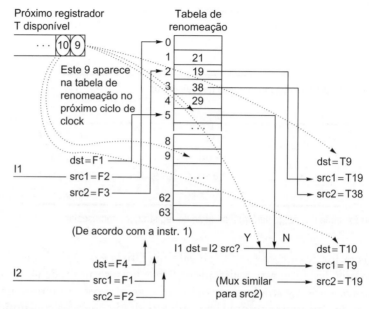

**FIGURA 3.51** Estado inicial da tabela de renomeação de registradores.

3.9. [5] <3.4> Se você já se confundiu com relação ao que um renomeador de registrador precisa fazer, volte ao código assembly que está executando e pergunte a si mesmo o que deve acontecer para que o resultado correto seja obtido. Por exemplo, considere uma máquina superescalar de três vias renomeando estas três instruções simultaneamente:

```
addi x1, x1, x1
addi x1, x1, x1
addi x1, x1, x1
```

Se o valor de x1 começa com 5, qual deverá ser seu valor quando essa sequência tiver sido executada?

3.10. [20] <3.4, 3.7> Projetistas de palavras de instrução muito longas (VLIW) têm algumas escolhas básicas a fazer com relação a regras de arquitetura para uso de registrador. Suponha que um VLIW seja projetado com pipelines de execução com autodrenagem: quando uma operação for iniciada, seus resultados aparecerão no registrador de destino no máximo $L$ ciclos mais tarde (onde $L$ é a latência da operação). Nunca existem registradores suficientes, de modo que há uma tentativa de espremer o uso máximo de registradores que existem. Considere a Figura 3.52. Se os loads tiverem uma latência de 1 + 2 ciclos, desdobre esse loop

```
Loop:    lw       x1,0(x2);      lw      x3,8(x2)
         <stall>
         <stall>
         addi     x10,x1,1;      addi    x11,x3,1
         sw       x1,0(x2);      sw      x3,8(x2)
         addi     x2,x2,8
         sub      x4,x3,x2
         bnz      x4,Loop
```

**FIGURA 3.52** Código VLIW de exemplo com dois adds, dois loads e dois stalls.

```
Loop:       lw    x1,0(x2)
            addi  x1,x1,1
            sw    x1,0(x2)
            addi  x2,x2,4
            sub   x4,x3,x2
            bnz   x4,Loop
```

**FIGURA 3.53** Código de loop para o Exercício 3.11.

uma vez e mostre como um VLIW capaz de dois loads e dois adds por ciclo pode usar o número mínimo de registradores, na ausência de quaisquer interrupções ou stalls no pipeline. Dê exemplo de um evento que, na presença de pipelines de autodrenagem, possa romper essa canalização e gerar resultados errados.

3.11. [10/10/10] <3.3> Considere uma microarquitetura de único pipeline em cinco estágios (busca, decodificação, execução, memória, escrita) e o código na Figura 3.53. Todas as operações são de um ciclo, exceto LW e SW, que são de 1 + 2 ciclos, e os desvios são de 1 + 1 ciclo. Não existe encaminhamento. Mostre as fases de cada instrução por ciclo de clock para uma iteração do loop.
   a. [10] <3.3> Quantos ciclos de clock por iteração do loop são perdidos para o overhead de desvio?
   b. [10] <3.3> Considere um previsor de desvio estático capaz de reconhecer um desvio ao contrário no estágio de decodificação. Quantos ciclos de clock são desperdiçados no overhead de desvio?
   c. [10] <3.3> Considere um previsor de desvio dinâmico. Quantos ciclos são perdidos em uma previsão correta?

3.12. [15/20/20/10/20] <3.4, 3.6> Vamos considerar o que o escalonamento dinâmico poderia conseguir aqui. Considere uma microarquitetura como a da Figura 3.54. Suponha que as ALUs possam fazer todas as operações aritméticas (fmul.d, fdiv.d, fadd.d, addi, sub) e desvios, e que a estação de reserva (RS) possa enviar no máximo uma operação para cada unidade funcional por ciclo (uma operação para cada ALU mais uma operação de memória para a unidade de fld/fsd).
   a. [15] <3.4> Suponha que todas as instruções da sequência na Figura 3.47 estejam presentes no RS, sem que qualquer renomeação precise ser feita. Destaque quaisquer instruções no código onde a renomeação de registrador

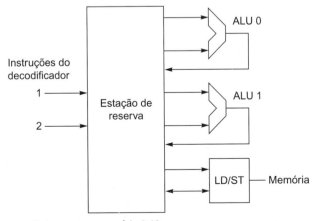

**FIGURA 3.54** Microarquitetura para o exercício 3.12.

melhoraria o desempenho. (*Dica:* Procure hazards RAW e WAW. Considere as mesmas latências de unidade funcional da Figura 3.47.)

**b.** [20] <3.4> Suponha que a versão com registrador renomeado do código do item *a* esteja residente na RS no ciclo de clock *N*, com latências conforme indicado na Figura 3.47. Mostre como a RS deverá enviar essas instruções fora de ordem, clock por clock, para obter o desempenho ideal nesse código. (Considere as mesmas restrições de RS do item *a*. Considere também que os resultados precisam ser escritos na RS antes que estejam disponíveis para uso, ou seja, sem bypassing.) Quantos ciclos de clock a sequência de código utiliza?

**c.** [20] <3.4> O item *b* permite que a RS tente escalonar essas instruções de forma ideal. Mas, na realidade, a sequência de instruções inteira — em que estamos interessados — normalmente não está presente na RS. Em vez disso, diversos eventos apagam a RS e, quando novos fluxos de sequência de código entram no decodificador, a RS precisa enviar o que ela tem. Suponha que a RS esteja vazia. No ciclo 0, as duas primeiras instruções dessa sequência com registrador renomeado aparecem na RS. Considere que é necessário um ciclo de clock para enviar qualquer operação e que as latências da unidade funcional sejam como apareceram no Exercício 3.2. Considere ainda que o front-end (decodificador/renomeador de registrador) continuará a fornecer duas novas instruções por ciclo de clock. Mostre a ordem, ciclo por ciclo, de despacho da RS. Quantos ciclos de clock essa sequência de código exige agora?

**d.** [10] <3.14> Se você quisesse melhorar os resultados do item *c*, quais teriam ajudado mais: (1) outra ALU; (2) outra unidade de LD/ST; (3) bypassing total de resultados da ALU para operações subsequentes; (4) cortar a latência mais longa ao meio? Qual é o ganho de velocidade?

**e.** [20] <3.6> Agora vamos considerar a especulação, o ato de buscar, decodificar e executar além de um ou mais desvios condicionais. Nossa motivação para fazer isso é dupla: o escalonamento de despacho que vimos no item *c* tinha muitas nops, e sabemos que os computadores gastam a maior parte do seu tempo executando loops (implicando que o desvio de volta ao topo do loop é bastante previsível). Os loops nos dizem onde encontrar mais trabalho a fazer; nosso escalonamento de despacho escasso sugere que temos oportunidades para fazer algum trabalho mais cedo do que antes. No item *d*, você descobriu o caminho crítico através do loop. Imagine gerar uma segunda cópia desse caminho no escalonamento que você obteve no item *b*. Quantos ciclos de clock a mais seriam necessários para realizar o trabalho de dois loops (supondo que todas as instruções estejam residentes na RS)? (Considere que todas as unidades funcionais sejam totalmente canalizadas.)

## Exercícios

**3.13.** [25] <3.7, 3.8> Neste exercício, você vai explorar os trade-offs de desempenho entre três processadores que empregam diferentes tipos de multithreading. Cada um desses processadores é superescalar, utiliza pipelines em ordem requer um stall fixo de três ciclos seguindo todos os loads e desvios, e tem caches L1 idênticas. Instruções do mesmo thread enviadas no mesmo ciclo são lidas na ordem do programa e não devem conter quaisquer dependências de dados ou controle.

- O processador A é uma arquitetura superescalar MT simultânea capaz de enviar até duas instruções por ciclo de dois threads.

- O processador B é uma arquitetura MT de granularidade fina capaz de enviar até quatro instruções por ciclo de um único thread e muda de thread a qualquer stall de pipeline.
- O processador C é uma arquitetura MT de granularidade grossa capaz de enviar até oito instruções por ciclo de um thread único e muda de thread a cada falta de cache L1.

Nossa aplicação é um buscador de lista que verifica uma região de memória à procura de um valor específico em R9, na faixa de endereços especificadas em R16 e R17. Ela é paralelizada dividindo o espaço de busca em quatro blocos contíguos de tamanho igual e designando um thread de busca para cada bloco (gerando quatro threads). A maior parte do runtime de cada thread é gasta no seguinte corpo de loop:

```
loop:    lw x1,0(x16)
         lw x2,8(x16)
         lw x3,16(x16)
         lw x4,24(x16)
         lw x5,32(x16)
         lw x6,40(x16)
         lw x7,48(x16)
         lw x8,56(x16)
         beq x9,x1,match0
         beq x9,x2,match1
         beq x9,x3,match2
         beq x9,x4,match3
         beq x9,x5,match4
         beq x9,x6,match5
         beq x9,x7,match6
         beq x9,x8,match7
         DADDIU x16,x16,#64
         blt x16,x17,loop
```

Suponha o seguinte:
- É usada uma barreira para garantir que todos os threads comecem simultaneamente.
- A primeira falta de cache L1 ocorre depois de duas iterações do loop.
- Nenhum dos desvios BEQAL é tomado.
- O BLT é sempre tomado.
- Todos os três processadores escalonam threads de modo round-robin.

Determine quantos ciclos são necessários para cada processador completar as duas primeiras iterações do loop.

**3.14.** [25/25/25] <3.2, 3.7> Neste exercício, examinamos como técnicas de software podem extrair paralelismo em nível de instrução (ILP) em um loop vetorial comum. O loop a seguir é o chamado loop DAXPY ($aX$ mais $Y$ de precisão dupla) e é a operação central na eliminação gaussiana. O código a seguir implementa a operação DAPXY, $Y = aX + Y$, para um vetor de comprimento 100. Inicialmente, R1 é configurado para o endereço de base do array $X$ e R2 é configurado para o endereço de base de $Y$:

```
addi   x4,x1,#800 ; x1 = limite superior para X
foo:   fld       F2,0(x1)    ;(F2) = X(i)
       fmul.d    F4,F2,F0    ;(F4) = a*X(i)
       fld       F6,0(x2)    ;(F6) = Y(i)
       fadd.d    F6,F4,F6    ;(F6) = a*X(i) + Y(i)
       fsd       F6,0(x2)    ;Y(i) = a*X(i) + Y(i)
       addi      x1,x1,#8    ;incrementa índice X
       addi      x2,x2,#8    ;incrementa índice Y
       sltu      x3,x1,x4    ;teste: continua o loop?
       bnez      x3,foo      ;loop se necessário
```

Considere as latências de unidade funcional mostradas na tabela a seguir. Considere também um desvio atrasado de um ciclo que se resolve no estágio ID e que os resultados são totalmente contornados.

| Instrução produzindo o resultado | Instrução usando o resultado | Latência em ciclos de clock |
|---|---|---|
| Multiplicação de PF | Op ALU PF | 6 |
| Soma de PF | Op ALU PF | 4 |
| Multiplicação de PF | Store de PF | 5 |
| Soma de PF | Store de PF | 4 |
| Operações com inteiros e todos os loads | Qualquer | 2 |

a. [25] <3.2> Considere um pipeline de despacho único. Mostre como seria o loop não escalonado pelo compilador e depois escalonado pelo compilador, tanto para operação de ponto flutuante como para atrasos de desvio, incluindo quaisquer stalls ou ciclos de clock ociosos. Qual é o tempo de execução (em ciclos) por elemento do vetor resultante, $Y$, não escalonado e escalonado? Quão mais rápido o clock deveria ser para que o hardware do processador pudesse igualar sozinho a melhoria de desempenho atingida pelo compilador de escalonamento? (Ignore possíveis efeitos da maior velocidade de clock sobre o desempenho do sistema.)

b. [25] <3.2> Considere um pipeline de despacho único. Desdobre o loop quantas vezes forem necessárias para escaloná-lo sem nenhum stall, ocultando as instruções de overhead do loop. Quantas vezes o loop deve ser expandido? Mostre o escalonamento de instruções. Qual é o tempo de execução por elemento do resultado?

c. [25] <3.7> Considere um processador VLIW com instruções que contêm cinco operações, como mostrado na Figura 3.20. Vamos comparar dois graus de desdobramento de loop. Primeiro, desdobre o loop seis vezes para extrair ILP e escaloná-lo sem nenhum stall (ou seja, ciclos de despacho completamente vazios), ocultando as instruções de overhead de loop. Então, repita o processo, mas expanda o loop 10 vezes. Ignore o slot de atraso de desvio. Mostre os dois escalonamentos. Qual é o tempo de execução, por elemento, do vetor resultado para cada escalonamento? Que porcentagem dos slots de operação é usada em cada escalonamento? Em quanto o tamanho do código difere nos dois escalonamentos? Qual é a demanda total do registrador para esses dois escalonamentos?

3.15. [20/20] <3.4, 3.5, 3.7, 3.8> Neste exercício, vamos examinar como variações no algoritmo de Tomasulo se comportam quando executam o loop do Exercício 3.14. As unidades funcionais (FUs) são descritas na tabela a seguir.

| Tipo de FU | Ciclos em EX | Número de FUs | Número de estações de reserva |
|---|---|---|---|
| Inteiro | 1 | 1 | 5 |
| Somador de PF | 10 | 1 | 3 |
| Multiplicador de PF | 15 | 1 | 2 |

Considere o seguinte:
- As unidades funcionais não são pipelined.
- Não há encaminhamento entre as unidades funcionais; os resultados são comunicados pelo barramento comum de dados (CDB).

- O estágio de execução (EX) realiza o cálculo efetivo de endereço e os acessos à memória para loads e stores. Assim, o pipeline é IF/ID/IS/EX/WB.
- Loads requerem um ciclo de clock.
- Os estágios de resultados de despacho (IS) e write-back (WB) requerem um ciclo de clock cada um.
- Há cinco slots de buffer de load e cinco slots de buffer de store.
- Considere que a instrução Branch on Not Equal to Zero (BNEZ) requer um ciclo de clock.

**a.** [20] <3.4, 3.5> Para este problema, use o pipeline RISC-V de Tomasulo de despacho único da Figura 3.10 com as latências de pipeline da tabela anterior. Mostre o número de ciclos de stall para cada instrução e em que ciclo de clock cada uma delas começa a ser executada (ou seja, entra no seu primeiro ciclo EX) para três iterações do loop. Quantos ciclos cada iteração de loop leva? Dê sua resposta em forma de tabela com os seguintes títulos de coluna:
  - Iteração (número da iteração do loop)
  - Instrução
  - Envia (ciclo em que a instrução é enviada)
  - Executa (ciclo em que a instrução é executada)
  - Acesso à memória (ciclo em que a memória é acessada)
  - CDB de escrita (ciclo em que o resultado é escrito no CDB)
  - Comentário (descrição de qualquer evento que a instrução esteja aguardando)
  - Mostre três iterações do loop na sua tabela. Você pode ignorar a primeira instrução.

**b.** [20] <3.7, 3.8> Repita o procedimento do item *a*, mas desta vez considere um algoritmo de Tomasulo de dois despachos e uma unidade de ponto flutuante (FPU) totalmente pipelined.

**3.16.** [10] <3.4> O algoritmo de Tomasulo apresenta uma desvantagem: somente um resultado pode ser computado por clock por CDB. Use a configuração de hardware e latências da questão anterior e encontre uma sequência de código de não mais de 10 instruções onde o algoritmo de Tomasulo deve sofrer stall, devido à disputa pelo CDB. Indique onde isso ocorre na sua sequência.

**3.17.** [20] <3.3> Um previsor de desvio de correlação $(m, n)$ usa o comportamento dos $m$ desvios executados mais recentemente para escolher entre $2^m$ previsores, cada qual sendo um previsor de $n$ bits. Um previsor local de dois níveis funciona de modo semelhante, mas só rastreia o comportamento passado de cada desvio individual para prever o comportamento futuro.

Existe uma decisão de projeto envolvida com tais previsores. Previsores de correlação requerem pouca memória para histórico, o que permite a eles manter previsores de 2 bits para um grande número de desvios individuais (reduzindo a probabilidade das instruções de desvio reutilizarem o mesmo previsor), enquanto previsores locais requerem substancialmente mais memória para manter um histórico e, assim, são limitados a rastrear um número relativamente menor de instruções de desvio. Neste exercício, considere um previsor de correlação (1,2) que pode rastrear quatro desvios (requerendo 16 bits) em comparação com um previsor local (1,2) que pode rastrear dois desvios usando a mesma quantidade de memória. Para os resultados de desvio a seguir, forneça cada previsão, a entrada de tabela usada para realizar a previsão, quaisquer atualizações na tabela como resultado da previsão e a taxa final de previsões incorretas de cada previsor. Suponha que todos os desvios até este ponto tenham sido tomados. Inicialize cada previsor com o seguinte:

| Previsor de correlação | | | |
|---|---|---|---|
| Entrada | Desvio | Último resultado | Previsão |
| 0 | 0 | T | T com uma previsão incorreta |
| 1 | 0 | NT | NT |
| 2 | 1 | T | NT |
| 3 | 1 | NT | T |
| 4 | 2 | T | T |
| 5 | 2 | NT | T |
| 6 | 3 | T | NT com uma previsão incorreta |
| 7 | 3 | NT | NT |

| Previsor local | | | |
|---|---|---|---|
| Entrada | Desvio | Últimos dois resultados (o da direita é o mais recente) | Previsão |
| 0 | 0 | T,T | T com uma previsão incorreta |
| 1 | 0 | T,NT | NT |
| 2 | 0 | NT,T | NT |
| 3 | 0 | NT | T |
| 4 | 1 | T,T | T |
| 5 | 1 | T,NT | T com uma previsão incorreta |
| 6 | 1 | NT,T | NT |
| 7 | 1 | NT,NT | NT |

| Desvio PC (endereço de palavra) | Resultado |
|---|---|
| 454 | T |
| 543 | NT |
| 777 | NT |
| 543 | NT |
| 777 | NT |
| 454 | T |
| 777 | NT |
| 454 | T |
| 543 | T |

**3.18.** [10] <3.9> Considere um processador altamente pipelined para o qual tenhamos implementado um buffer de alvos de desvio somente para os desvios condicionais. Considere que a penalidade de previsão incorreta é sempre de cinco ciclos e a penalidade de falta de buffer é sempre de três ciclos. Considere uma taxa de acerto de 90%, precisão de 90% e frequência de desvio de 15%. Quão mais rápido é o processador com o buffer de alvo de desvio comparado a um processador que tenha uma penalidade de desvio fixa de dois ciclos? Considere um ciclo de clock por instrução (CPI) básico sem stalls de desvio de um.

**3.19.** [10/5] <3.9> Considere um buffer de alvos de desvio que tenha penalidades de zero, dois e dois ciclos de clock para previsão correta de desvio condicional, previsão incorreta e uma falta de buffer, respectivamente. Considere também um projeto de buffer de alvo de desvio que distingue desvios condicionais e incondicionais, armazenando os endereços de alvo para um desvio condicional e a instrução-alvo para um desvio incondicional.

   **a.** [10] <3.9> Qual é a penalidade em ciclos de clock quando um desvio incondicional é encontrado no buffer?

   **b.** [10] <3.9> Determine a melhoria obtida pelo desdobramento de desvios para desvios incondicionais. Considere uma taxa de acerto de 90%, uma frequência de desvio incondicional de 5% e uma penalidade de dois ciclos para uma falta de buffer. Quanta melhoria é obtida por essa modificação? Quão alta deve ser a taxa de acerto para essa melhoria gerar um ganho de desempenho?

CAPÍTULO 4

# Paralelismo em nível de dados em arquiteturas vetoriais, SIMD e GPU

Chamamos esses algoritmos de *paralelismo de dados* porque seu paralelismo vem de operações simultâneas através de grandes conjuntos de dados, em vez de múltiplos threads de controle.

**W. Daniel Hillis e Guy L. Steele**
"Data Parallel Algorithms", *Comm. ACM* (1986).

Se você estivesse arando um campo, o que preferiria usar: dois bois fortes ou 1.024 galinhas?

**Seymour Cray, Pai do Supercomputador,**
*(defendendo dois poderosos processadores vetoriais em vez de vários processadores simples).*

4.1 Introdução ....................................................................................................249

4.2 Arquitetura vetorial .........................................................................................250

4.3 Extensões de conjunto de instruções SIMD para multimídia .........................................269

4.4 Unidades de processamento gráfico ......................................................................275

4.5 Detectando e melhorando o paralelismo em nível de loop ...........................................298

4.6 Questões cruzadas ..........................................................................................306

4.7 Juntando tudo: GPUs embutidas *versus* GPUs servidor e Tesla *versus* Core i7 ................307

4.8 Falácias e armadilhas ......................................................................................314

4.9 Considerações finais .......................................................................................316

4.10 Perspectivas históricas e referências ................................................................316

Estudo de caso e exercícios por Jason D. Bakos ............................................................317

## 4.1 INTRODUÇÃO

Uma questão para a arquitetura de única instrução e múltiplos dados (SIMD), apresentada no Capítulo 1, é a de que a largura do conjunto de aplicações possui paralelismo significativo em nível de dados (DLP). Mais de cinquenta anos depois que a classificação SIMD foi proposta (Flynn, 1966), a resposta não são só os cálculos orientados para a matriz da computação científica, mas também para o processamento de imagens e sons orientado para a mídia e algoritmos de aprendizado de máquina, como veremos no Capítulo 7. Como uma arquitetura de múltiplas instruções e múltiplos dados (MIMD) precisa buscar uma instrução por operação de dados, a arquitetura SIMD é potencialmente mais eficiente em termos de energia, pois uma única instrução pode iniciar muitas operações de dados. Essas duas respostas tornam o SIMD atraente para dispositivos pessoais móveis e também para servidores. Por fim, talvez a maior vantagem do SIMD em comparação ao MIMD seja que o programador continua a pensar sequencialmente e, ainda assim, atinge um ganho de velocidade paralelo ao realizar operações de dados paralelas.

Este capítulo abrange três variações do SIMD: arquiteturas vetoriais, extensões do conjunto de instruções SIMD para multimídia e unidades de processamento gráfico (GPUs).[1]

A primeira variação, que antecede as outras duas em mais de 30 anos, significa essencialmente a execução em pipeline de muitas operações de dados. Essas *arquiteturas vetoriais* são mais fáceis de entender e compilar do que outras variações de SIMD, mas até bem recentemente eram consideradas muito caras para os microprocessadores. Parte desse custo era referente a transistores e parte à largura de banda suficiente para a memória dinâmica de acesso aleatório (DRAM), dada a dependência generalizada das caches para atender às demandas de desempenho de memória em microprocessadores convencionais.

A segunda variação SIMD pega esse nome emprestado para representar operações simultâneas de dados paralelos (Simultaneous Parallel Data Operations) e é encontrada na maioria das arquiteturas de conjunto de instruções atuais que suportam aplicações multimídia. Para arquiteturas x86, as extensões de instruções SIMD começaram com o MMX (extensões multimídia) em 1996, seguidas por diversas versões SSE (extensões SIMD para streaming) na década seguinte e continuam com as AVX (extensões vetoriais avançadas). Muitas vezes, para obter a maior taxa de computação de um computador x86, você precisa usar essas instruções SIMD, especialmente para programas de ponto flutuante.

A terceira variação do SIMD vem da comunidade do acelerador gráfico (GPU), oferecendo maior desempenho potencial do que o encontrado nos computadores multicore tradicionais de hoje. Embora as GPUs compartilhem características com as arquiteturas vetoriais, elas têm suas próprias características, em parte devido ao ecossistema no qual evoluíram. Esse ambiente tem um sistema de processador e um sistema de memória, além da GPU e de sua memória gráfica. De fato, para reconhecer essas distinções, a comunidade GPU se refere a esse tipo de arquitetura como *heterogênea*.

Por problemas com muito paralelismo de dados, as três variações de SIMD compartilham a vantagem de serem mais fáceis para os programadores do que a clássica programação MIMD.

O objetivo deste capítulo é fazer que os arquitetos entendam por que os vetores são mais gerais do que o SIMD de multimídia, assim como as semelhanças e diferenças entre as arquiteturas vetoriais e as de GPU. Como as arquiteturas vetoriais são superconjuntos das instruções SIMD multimídia, incluindo um modelo melhor para compilação, e as GPUs compartilham diversas semelhanças com as arquiteturas vetoriais, começamos com arquiteturas vetoriais para estabelecer a base para as duas seções a seguir. A seção seguinte apresenta as arquiteturas vetoriais, e o Apêndice G vai muito mais fundo no assunto.

## 4.2 ARQUITETURA VETORIAL

O modo mais eficiente de executar uma aplicação vetorizável é um processador vetorial.

**Jim Smith**
*International Symposium on Computer Architecture* (1994)

---

[1] Este capítulo se baseia em material do Apêndice F, "Processadores Vetoriais", de Krste Asanovic, e do Apêndice G, "Hardware e Software para VLIW e EPIC" da 5ª edição deste livro; em material do Apêndice A, "Graphics and Computing GPUs", de John Nickolls e David Kirk, da 5ª edição de *Computer Organization and Design*; e, em menor escala, em material de "Embracing and Extending 20th-Century Instruction Set Architectures", de Joe Gebis e David Patterson, *IEEE Computer*, abril de 2007.

As arquiteturas vetoriais coletam conjuntos de elementos de dados espalhados pela memória, os colocam em arquivos de registradores sequenciais, operam sobre dados nesses arquivos de registradores e então dispersam os resultados de volta para a memória. Uma única instrução opera sobre vetores de dados, que resulta em dúzias de operações registrador-registrador em elementos de dados independentes.

Esses grandes arquivos de registradores agem como buffers controlados pelo compilador, tanto para ocultar a latência de memória quanto para aproveitar a largura de banda da memória. Como loads e stores vetorias utilizam bastante o pipelining, o programa paga pela grande latência de memória somente uma vez por load ou store vetorial em comparação a uma vez por elemento, amortizando assim a latência ao longo, digamos, de cerca de 32 elementos. De fato, os programas vetoriais lutam para manter a memória ocupada.

A barreira de potência leva os arquitetos a valorizar arquiteturas que possam oferecer bom desempenho sem os custos com energia e complexidade de projeto dos processadores superescalares altamente fora de ordem. As instruções vetoriais são uma combinação natural para essa tendência, pois os arquitetos podem usá-las para aumentar o desempenho de processadores escalares em ordem simples, sem aumentar muito as demandas de energia e a complexidade do projeto. Na prática, os desenvolvedores podem expressar, de forma mais eficiente, muitos dos programas que funcionavam bem em projetos complexos fora de ordem, como no paralelismo em nível de dados, na forma de instruções vetoriais, conforme mostrado por Kozyrakis e Patterson (2002).

## Extensão RV64V

Começamos com um processador vetorial que consiste nos principais componentes mostrados na Figura 4.1. Esse processador, que é livremente baseado no Cray-1 de 40 anos atrás, que foi um dos primeiros supercomputadores. No momento em que esta edição era escrita, a extensão RVV do conjunto de instruções vetoriais RISC-V ainda estava em desenvolvimento. (A extensão vetorial por si só é chamada RVV, de modo que RV64V refere-se às instruções básicas do RISC-V mais a extensão vetorial.) Mais adiante, mostraremos um subconjunto do RV64V, tentando capturar sua essência.

Os principais componentes da arquitetura do conjunto de instruções do RV64V são os seguintes:

- *Registradores vetoriais.* Cada registrador vetorial mantém um único vetor, e o RV64V possui 32 deles, cada qual com 64 bits de largura. O banco de registradores vetoriais precisa fornecer portas suficientes para alimentar todas as unidades funcionais vetoriais. Essas portas permitirão um alto grau de sobreposição entre as operações vetoriais para diferentes registradores vetoriais. As portas de leitura e escrita, que totalizam pelo menos 16 portas de leitura e 8 portas de escrita, estão conectadas às entradas ou saídas de unidade funcional por um par de matrizes de chaveamento crossbar. Uma forma de aumentar a largura de banda do banco de registradores é decompô-la a partir de vários bancos, que funcionam bem com vetores relativamente longos.
- *Unidades funcionais vetoriais.* Em nossa implementação, cada unidade é totalmente pipelined e pode iniciar uma nova operação a cada ciclo de clock. Uma unidade de controle é necessária para detectar os hazards, sejam eles hazards estruturais para unidades funcionais, sejam hazards de dados em acessos de registradores. A Figura 4.1 mostra que consideramos que uma implementação do RV64V possui cinco unidades funcionais. Para simplificar, focalizaremos nesta seção as unidades funcionais de ponto flutuante.

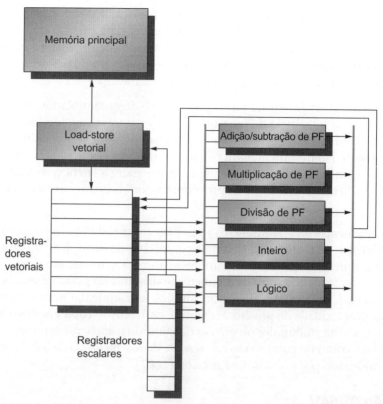

**FIGURA 4.1** Estrutura básica de uma arquitetura vetorial, RV64V, que inclui uma arquitetura escalar RISC-V.
Há também 32 registradores vetoriais, e todas as unidades funcionais são unidades funcionais vetoriais. Os registradores vetoriais e escalares têm número significativo de portas de leitura e escrita, para permitir várias operações vetoriais simultâneas. Um conjunto de swichtes crossbar (mostrados em linhas cinza grossas) conecta essas portas às entradas e saídas das unidades funcionais vetoriais.

- *Unidade load-store vetorial.* Essa é uma unidade de memória vetorial que carrega ou armazena um vetor na memória. Os loads e stores vetoriais são totalmente pipelined em nossa implementação hipotética do RV64V, de modo que as palavras podem ser movidas entre os registradores vetoriais e a memória com largura de banda de uma palavra por ciclo de clock, após uma latência inicial. Normalmente, essa unidade trataria também de loads e stores de escalares.
- *Um conjunto de registradores escalares.* Da mesma forma, os registradores escalares podem oferecer dados como entrada para as unidades funcionais vetoriais, além de calcular endereços para passar para a unidade de *load-store* vetorial. Esses são os 31 registradores de uso geral normais e 32 registradores de ponto flutuante do RV64G. Uma entrada da unidade funcional vetorial trava valores escalares conforme são lidos do banco de registradores escalares.

A Figura 4.2 lista as instruções vetoriais do RV64V que usamos nesta seção. A descrição na Figura 4.2 considera que os operandos de entrada são todos registradores vetoriais, mas também existem versões dessas instruções em que um operando pode ser um registrador escalar (xi ou fi). O RV64V utiliza o sufixo .vv quando ambos são vetores, .vs quando o segundo operando é um escalar e .sv quando o primeiro é um registrador escalar. Assim, todos esses três são instruções RV64V válidas: vsub.vv, vsub.vs e vsub.sv. (A adição e outras operações comutativas possuem apenas as duas primeiras versões, já que vadd.vs

| Mnemônico | Nome | Descrição |
|---|---|---|
| vadd | ADD | Somar elementos de V[rs1] e V[rs2], depois colocar cada resultado em V[rd] |
| vsub | SUBtract | Subtrair elementos de V[rs2] frpm V[rs1], depois colocar cada resultado em V[rd] |
| vmul | MULtiply | Multiplicar elementos de V[rs1] and V[rs2], depois colocar cada resultado em V[rd] |
| vdiv | DIVide | Dividir elementos de V[rs1] by V[rs2], depois colocar cada resultado em V[rd] |
| vrem | REMainder | Calcular o resto dos elementos de V[rs1] por V[rs2], depois colocar cada resultado em V[rd] |
| vsqrt | SQuare RooT | Calcular a raiz quadrada dos elementos de V[rs1], depois colocar cada resultado em V[rd] |
| vsll | Shift Left | Deslocamento de elementos de V[rs1] à esquerda por V[rs2], depois colocar cada resultado em V[rd] |
| vsrl | Shift Right | Deslocamento de elementos de V[rs1] à direita por V[rs2], depois colocar cada resultado em V[rd] |
| vsra | Shift Right Arithmetic | Deslocamento de elementos de V[rs1] à direita por V[rs2] enquanto estende o bit de sinal, depois colocar cada resultado em V[rd] |
| vxor | XOR | OR exclusivo dos elementos de V[rs1] e V[rs2], depois colocar cada resultado em V[rd] |
| vor | OR | OR inclusivo dos elementos de V[rs1] e V[rs2], depois colocar cada resultado em V[rd] |
| vand | AND | AND lógico dos elementos de V[rs1] e V[rs2], depois colocar cada resultado em V[rd] |
| vsgnj | SiGN source | Trocar bits de sinal de V[rs1] por bits de sinal de V[rs2], depois colocar cada resultado em V[rd] |
| vsgnjn | Negative SiGN source | Trocar bits de sinal de V[rs1] por bits de sinal complementados de V[rs2], depois colocar cada resultado em V[rd] |
| vsgnjx | Xor SiGN source | Trocar bits de sinal de V[rs1] por XOR dos bits de sinal de V[rs1] e V[rs2], depois colocar cada resultado em V[rd] |
| vld | Load | Carregar registrador vetorial V[rd] da memória a partir do endereço R[rs1] |
| vlds | Strided Load | Carregar V[rd] do endereço em R[rs1] com passo em R[rs2] (isto é, R[rs1]+iR[rs2]) |
| vldx | Indexed Load (Gather) | Carregar V[rs1] com vetor cujos elementos estão em R[rs2]+V[rs2] (isto é, V[rs2] é um índice) |
| vst | Store | Armazenar registrador vetorial V[rd] na memória a partir do endereço R[rs1] |
| vsts | Strided Store | Armazenar V[rd] na memória no endereço R[rs1] com passo em R[rs2] (isto é, R[rs1]+iR[rs2]) |
| vstx | Indexed Store (Scatter) | Armazenar V[rs1] no vetor da memória cujos elementos estão em R[rs2]+V[rs2] (isto é, V[rs2] é um índice) |
| vpeq | Compare= ¼ | Comparar elementos de V[rs1] e V[rs2]. Quando forem iguais, colocar um 1 no elemento de 1 bit correspondente de p[rd]; caso contrário, colocar 0 |
| vpne | Compare = !¼ | Comparar elementos de V[rs1] e V[rs2]. Quando não forem iguais, colocar um 1 no elemento de 1 bit correspondente de p[rd]; caso contrário, colocar 0 |
| vplt | Compare < | Comparar elementos de V[rs1] e V[rs2]. Quando menor, colocar um 1 no elemento de 1 bit correspondente de p[rd]; caso contrário, colocar 0 |
| vpxor | Predicate XOR | OR exclusivo dos elementos de 1 bit de p[rs1] e p[rs2], depois colocar cada resultado em p[rd] |
| vpor | Predicate OR | OR inclusivo dos elementos de 1 bit de p[rs1] e p[rs2], depois colocar cada resultado em p[rd] |
| vpand | Predicate AND | AND lógico dos elementos de 1 bit de p[rs1] e p[rs2], depois colocar cada resultado em p[rd] |
| setvl | Set Vector Length | Definir vl e o registrador de destino para o menor dentre mvl e o registrador de origem |

**FIGURA 4.2** Instruções vetoriais do RV64V.

Todas utilizam o formato de instrução R. Cada operação vetorial com dois operandos aparece com os dois operandos sendo vetor (.vv), mas também existem versões em que o segundo operando é um registrador escalar (.vs) e, quando fizer diferença, onde o primeiro operando é um registrador escalar e o segundo é um registrador vetorial (.sv). O tipo e a largura dos operandos são determinados configurando cada registrador vetorial, ao invés de serem fornecidos pela instrução. Além dos registradores vetoriais e registradores predicados, existem dois registradores de controle e status (CSRs) de vetor, vl e vctype, discutidos mais adiante. As transferências de dados em passos e indexadas também são explicadas mais adiante. Uma vez concluído, o RV64 certamente terá mais instruções, mas as que aparecem nesta figura estarão incluídas.

| Inteiro | 8,16,32 e 64 bits | Ponto flutuante | 16, 32 e 64 bits |
| --- | --- | --- | --- |

**FIGURA 4.3** Tamanhos de dados aceitos para o RV64V, supondo que ele também tenha as extensões de ponto flutuante com precisão simples e dupla RVS e RVD.

O acréscimo do RVV a tal projeto RISC-V significa que a unidade escalar também precisa acrescentar RVH, que é uma extensão de instrução escalar para dar suporte ao ponto flutuante IEEE 754 de meia precisão (16 bits). Como o RV32V não teria operações escalares de dupla palavra, ele poderia descartar os inteiros de 64 bits da unidade vetorial. Se uma implementação RISC-V não incluísse RVS ou RVD, ela poderia omitir instruções vetoriais de ponto flutuante.

e `vadd.sv` seriam redundantes.) Como os operandos determinam a versão da instrução, normalmente deixamos o assembler fornecer o sufixo apropriado. A unidade funcional vetorial recebe uma cópia do valor escalar no momento do despacho da instrução.

Embora as arquiteturas vetoriais tradicionais não tivessem suporte eficiente para tipos de dados estreitos, os vetores acomodam naturalmente tamanhos de dados variáveis (Kozyrakis e Patterson, 2002). Assim, se um registrador vetorial tem 32 elementos de 64 bits, então elementos de $128 \times 16$ bits, e até mesmo elementos de $256 \times 8$ bits são visões igualmente válidas. Essa multiplicidade do hardware é o motivo pelo qual uma arquitetura vetorial pode ser útil para aplicações de mm, bem como para aplicações científicas.

Observe que as instruções do RV64V na Figura 4.2 omitem o tipo e o tamanho dos dados! Uma inovação do RV64V é associar um tipo de dado e tamanho de dados *a cada registrador vetorial*, no lugar da técnica normal em que a instrução fornece essa informação. Assim, antes de executar as instruções vetoriais, um programa configura os registradores vetoriais sendo usados para especificar o tipo e o tamanho de seus dados. A Figura 4.3 lista as opções para o RV64V.

Um motivo para a *tipagem dinâmica dos registradores* é que são necessárias muitas instruções para uma arquitetura vetorial convencional que dê suporte a essa variedade. Devido às combinações de tipos de dados e tamanhos na Figura 4.3, se não fosse pela tipagem dinâmica dos registradores, a Figura 4.2 ocuparia diversas páginas!

A tipagem dinâmica também permite que os programas desativem registradores vetoriais não usados. Por conseguinte, registradores vetoriais habilitados são alocados a toda a memória vetorial como vetores longos. Por exemplo, supondo que tenhamos 1024 bytes de memória vetorial, se 4 registradores vetoriais estiverem habilitados e eles forem do tipo float com 64 bits, o processador daria a cada registrador vetorial 256 bytes ou $256/8 = 32$ elementos. Esse valor é chamado de tamanho vetorial máximo (mvl — maximum vector length), que é definido pelo processador e não pode ser alterado pelo software.

Uma reclamação sobre as arquiteturas vetoriais é que seu estado maior significa um tempo maior para a troca de contexto. Nossa implementação do RV64V aumenta o estado por um fator de 3: de $2 \times 32 \times 8 = 512$ bytes para $2 \times 32 \times 1024 = 1536$ bytes. Um efeito colateral atraente da tipagem dinâmica dos registradores é que o programa pode configurar registradores vetoriais como *desativados* quando não estiverem sendo usados, de modo que não é preciso salvá-los e restaurá-los em uma troca de contexto.

Um terceiro benefício da tipagem dinâmica dos registradores é que as conversões entre operandos de diferentes tamanhos pode ser implícita, dependendo da configuração dos registradores, ao invés das instruções de conversão explícitas adicionais. Veremos um exemplo desse benefício na próxima seção.

Os nomes `vld` e `vst` indicam load vetorial e store vetorial, e eles carregam ou armazenam os vetores de dados inteiros. Um operando é o registrador vetorial a ser carregado ou armazenado; o outro operando, que é um registrador de uso geral do RV64G, é o endereço de partida do vetor na memória. O vetor precisa de mais registradores além dos próprios registradores vetoriais. O registrador de tamanho vetorial $vl$ é usado quando o tamanho do vetor natural não é igual ao mvl, o registrador de tipo de vetor $vctype$ registra os tipos de registrador e os registradores de predicado $p_i$ são usados quando os loops envolvem instruções $IF$. Veremos esses registradores em ação no exemplo a seguir.

Com uma instrução vetorial, o sistema pode realizar as operações sobre os elementos de dados vetoriais de diversas maneiras, inclusive operando sobre muitos elementos simultaneamente. Essa flexibilidade permite que os projetos vetoriais usem unidades de execução lentas, porém largas, para conseguir um alto desempenho com baixa potência. Além do mais, a independência de elementos dentro de um conjunto de instruções vetoriais permite a expansão das unidades funcionais sem realizar dispendiosas verificações de dependência adicionais, como é exigido por processadores superescalares.

## Como os processadores vetoriais funcionam: exemplo

Um processador vetorial pode ser mais bem entendido examinando-se um loop vetorial no RV64V. Vamos usar um problema típico vetorial, que será usado no decorrer desta seção:

$$Y = a \times X + Y$$

$X$ e $Y$ são vetores, inicialmente residentes na memória, e $a$ é um escalar. Esse é o chamado loop *SAXPY* ou *DAXPY*, que forma o loop interno do benchmark Linpack (Dongarra et al., 2003). (SAXPY é a sigla para single-precision $a \times X$plus $Y$; DAXPY é a sigla para double-precision $a \times X$plus $Y$.) Linpack é uma coleção de rotinas da álgebra linear, e o benchmark Limpack consite em rotinas que realizam a eliminação gaussiana.

Por enquanto, vamos considerar que o número de elementos, ou *tamanho* de um registrador vetorial (32), corresponde ao tamanho da operação vetorial em que estamos interessados. (Essa restrição será removida brevemente.)

**Exemplo**   Mostre o código para RV64G e RV64V para o loop DAXPY. Para este exemplo, considere que $X$ e $Y$ possuem 32 elementos e que os endereços iniciais de $X$ e $Y$ estão em $x5$ e $x6$, respectivamente. (Um exemplo mais adiante trata de quando eles não têm 32 elementos.)

**Resposta**   Aqui está o código RISC-V:

```
        fld       f0,a              # Carrega escalar a
        addi      x28,x5,#256       # Último endereço a carregar
Loop:   fld       f1,0(x5)          # Carrega X[i]
        fmul.d    f1,f1,f0          # a × X[i]
        fld       f2,0(x6)          # Carrega Y[i]
        fadd.d    f2,f2,f1          # a × X[i] + Y[i]
        fsd       f2,0(x6)          # Armazena em Y[i]
        addi      x5,x5,#8          # Incrementaíndice em X
        addi      x6,x6,#8          # Incrementaíndice em Y
        bne       x28,x5,Loop       # Verifica se terminou
```

Aqui está o código RV64V para o loop DAXPY:

```
        vsetdcfg  4*FP64            # Ativa 4 vregs DP PF
        fld       f0,a              # Carrega escalar a
        vld       v0,x5             # Carrega vetor X
        vmul      v1,v0,f0          # Mult. vetor-escalar
        vld       v2,x6             # Carrega vetor Y
        vadd      v3,v1,v2          # Soma vetor-escalar
        vst       v3,x6             # Armazena a soma
        vdisable                    # Desvativa regs. vetoriais
```

Observe que o assembler determina qual versão das operações de vetor deve ser gerada. Como a multiplicação possui um operando escalar, ele gera vmul.vs, enquanto a soma não o possui, de modo que gera vadd.vv. A instrução inicial configura os quatro primeiros registradores vetoriais para manter dados de ponto flutuante em 64 bits. A última instrução desativa todos os registradores vetoriais. Se acontecesse uma troca de contexto após a última instrução, não haveria estado adicional para salvar.

A diferença mais importante entre o código escalar anterior e o vetorial é que o processador vetorial reduz bastante a largura de banda de instrução dinâmica, executando apenas 8 instruções contra 258 para RV64G. Essa redução ocorre tanto porque as operações vetoriais trabalham sobre 32 elementos quanto porque as instruções de overhead que constituem quase metade do loop no RV64G não estão presentes no código RV64V. Quando o compilador produz instruções vetoriais para essa sequência e o código resultante passa grande parte do tempo sendo executado em modo vetorial, diz-se que o código está *vetorizado* ou é *vetorizável*. Loops podem ser vetorizados quando não têm dependências entre as suas iterações, as quais são chamadas *dependências loop-carried* (ver Seção 4.5).

Outra diferença importante entre RV64G e RV64V é a frequência dos interbloqueios do pipeline para uma implementação simples do RV64G. No código RV64G direto, cada fadd.d precisa esperar por um fmul.d e cada fsd precisa esperar pelo fadd.d. No processador vetorial, cada instrução vetorial sofrerá stall somente para o primeiro elemento em cada vetor, e depois os elementos subsequentes fluirão suavemente pelo pipeline. Assim, stalls de pipeline são exigidos apenas uma vez por *instrução* vetorial, e não uma vez por *elemento* do vetor. Os arquitetos vetoriais chamam o encaminhamento de operações de elementos dependentes de *encadeamento*, onde as operações dependentes formam uma "corrente" ou "cadeia". Neste exemplo, a frequência de stall do pipeline no RV64G será cerca de 32 vezes maior do que no RV64V. O pipelining de software, o desdobramento de loop (descrito no Apêndice H) ou a execução fora de ordem podem reduzir os stalls do pipeline no RV64G; contudo, a grande diferença na largura de banda de instrução não pode ser reduzida substancialmente.

Vamos demonstrar a tipagem dinâmica de registradores antes de discutirmos o desempenho do código.

**Exemplo**

Um uso comum das operações de multiplicar-acumular é para multiplicar usando dados estreitos e acumular em um tamanho maior para aumentar a precisão de uma soma de produtos. Mostre como o código anterior mudaria se X e a fossem de precisão simples em vez de um ponto flutuante de precisão dupla. Em seguida, mostre as mudanças nesse código que seriam necessárias se trocássemos X, Y e a do tipo ponto flutuante para inteiros.

**Resposta**

As mudanças aparecem sublinhadas no código a seguir. Incrivelmente, o mesmo código funciona com duas pequenas mudanças: a instrução de configuração inclui um vetor de precisão simples e a carga escalar agora é de precisão simples:

```
vsetdcfg   1*FP32,3*FP64    # 1 vreg 32b, 3 64b
fld        f0,a             # Carrega escalar a
vld        v0,x5            # Carrega vetor X
vmul       v1,v0,f0         # Mult. vetor-escalar
vld        v2,x6            # Carrega vetor Y
vadd       v3,v1,v2         # Soma vetor-escalar
vst        v3,x6            # Armazena a soma
vdisable                    # Desvativa regs. vetoriais
```

Observe que o hardware RV64V realizará implicitamente uma conversão da precisão simples mais estreita para a precisão dupla mais larga nesta configuração.

A mudança para inteiros é quase tão fácil quanto isso, mas agora precisamos usar uma instrução de carga de inteiros e um registrador de inteiros para manter o valor escalar:

```
vsetdcfg    1*X32,3*X64     # 1 reg int 32b, 3 64b
lw          x7,a            # Carrega escalar a
vld         v0,x5           # Carrega vetor X
vmul        v1,v0,x7        # Mult. vetor-escalar
vld         v2,x6           # Carrega vetor Y
vadd        v3,v1,v2        # Soma vetor-escalar
vst         v3,x6           # Armazena a soma
vdisable                    # Desvatia regs. vetoriais
```

## Tempo de execução vetorial

O tempo de execução de uma sequência de operações vetoriais depende principalmente de três fatores: (1) o tamanho dos vetores do operando; (2) os hazards estruturais entre as operações; e (3) as dependências de dados. Dados o tamanho do vetor e a *taxa de iniciação*, que é a velocidade com que uma unidade vetorial consome novos operandos e produz novos resultados, podemos calcular o tempo para uma única instrução vetorial.

Todos os computadores vetoriais modernos têm unidades funcionais vetoriais com múltiplos pipelines paralelos (ou *pistas*) que podem produzir dois ou mais resultados por ciclo de clock, mas também têm algumas unidades funcionais que não são totalmente pipelined. Para simplificar, nossa implementação RV64V tem uma pista com taxa de iniciação de um elemento por ciclo de clock para operações individuais. Assim, o tempo de execução para uma única instrução vetorial é aproximadamente o tamanho do vetor.

Para simplificar a discussão sobre a execução do vetor e seu desempenho, usaremos a noção de *comboio*, que é o conjunto de instruções vetoriais que potencialmente poderiam iniciar sua execução juntas. As instruções em um comboio *não podem* conter quaisquer hazards estruturais ou de dados; se esses hazards estivessem presentes, as instruções no comboio em potencial precisariam ser serializadas e iniciadas em diferentes comboios. Assim, o vld e o vmul seguinte, no exemplo anterior, podem estar no mesmo comboio. Como veremos em breve, você pode estimar o desempenho de uma seção de código contando o número de comboios. Para manter a análise simples, consideramos que um comboio de instruções precisa completar a execução antes que quaisquer outras instruções (escalares ou vetoriais) possam iniciar a execução.

Pode parecer que, além das sequências de instruções vetoriais com hazards estruturais, as sequências de leitura com hazards de dependência leitura após escrita (RAW) também deveriam estar em comboios diferentes. Porém, o encadeamento permite que elas estejam no mesmo comboio, pois ele permite que uma operação vetorial comece assim que os elementos individuais do operando-fonte desse vetor fiquem disponíveis: os resultados da primeira unidade funcional na cadeia são "encaminhados" para a segunda unidade funcional. Na prática, muitas vezes implementamos o encadeamento permitindo que o processador leia e escreva um registrador vetorial particular ao mesmo tempo, embora para diferentes elementos. As primeiras implementações de encadeamento funcionavam do mesmo modo que o encaminhamento em pipelines escalares, mas isso restringia a temporização das instruções de origem e destino na cadeia. Implementações recentes utilizam o *encadeamento flexível*, que permite que uma instrução vetorial seja encadeada para praticamente qualquer outra instrução vetorial ativa, supondo que isso não gere um risco estrutural. Todas as arquiteturas vetoriais modernas suportam encadeamento flexível, que vamos considerar neste capítulo.

Para converter comboios em tempo de execução precisamos de uma medida de temporização para estimar o tamanho de um comboio. Ela é chamada de *chime*, que é simplesmente a unidade de tempo necessária para executar um comboio. Assim, uma sequência vetorial que consiste em $m$ comboios é executada em $m$ chimes; para um tamanho vetorial de $n$, em nossa implementação RV64V simples, isso é aproximadamente $m \times n$ ciclos de clock.

Uma aproximação do chime ignora alguns overheads específicos do processador, muitos dos quais dependem do tamanho do vetor. Logo, medir o tempo em chimes é uma aproximação melhor para vetores longos do que para os curtos. Usaremos a medida do chime em vez de ciclos de clock por resultado, para indicar explicitamente que certos overheads estão sendo ignorados.

Se soubermos o número de comboios em uma sequência vetorial, saberemos o tempo de execução em chimes. Uma fonte de overhead ignorada na medição de chimes é qualquer limitação na iniciação de múltiplas instruções vetoriais em um ciclo de clock. Se apenas uma instrução vetorial puder ser iniciada em um ciclo de clock (a realidade na maioria dos processadores vetoriais), a contagem de chime subestimará o tempo de execução real de um comboio. Como o tamanho do vetor normalmente é muito maior que o número de instruções no comboio, simplesmente consideraremos que o comboio é executado em um chime.

**Exemplo**  Mostre como a sequência de código a seguir é disposta em comboios, considerando uma única cópia de cada unidade funcional vetorial:

```
vld     v0,x5           #Carrega vetor X
vmul    v1,v0,f0        #Multiplicação de vetor-escalar
vld     v2,x6           #Carrega vetor Y
vadd    v3,v1,v2        #Soma dois vetores
vst     v3,x6           #Armazena o resultado
```

De quantos chimes essa sequência vetorial precisa? Quantos ciclos por FLOP (operação de ponto flutuante) são necessários, ignorando o overhead da emissão da instrução vetorial?

**Resposta**  O primeiro comboio começa com a primeira instrução vld. O vmul depende do primeiro vld, mas o encadeamento permite que ele esteja no mesmo comboio. A segunda instrução vld precisa estar em um comboio separado, pois existe um hazard estrutural na unidade de load-store para a instrução vld anterior. O vadd é dependente do segundo vld, mas novamente ele pode estar no mesmo comboio, por meio do encadeamento. Por fim, o vst tem um hazard estrutural sobre o vld no segundo comboio, de modo que precisa entrar no terceiro comboio. Essa análise leva ao seguinte leiaute de instruções vetoriais nos comboios:

1. vld     vmul
2. vld     vadd
3. vst

A sequência exige três comboios. Como a sequência usa um total de três chimes e existem duas operações de ponto flutuante por resultado, o número de ciclos por FLOP é 1,5 (ignorando qualquer overhead de emissão de instrução vetorial). Observe que, embora permitíssemos que vld e vmul fossem executadas no primeiro comboio, a maioria das máquinas vetoriais usará dois ciclos de clock para iniciar as instruções.

> Este exemplo mostra que a aproximação chime é razoavelmente precisa para vetores longos. Por exemplo, para vetores de 32 elementos, o tempo em chimes é 3, então a sequência levaria cerca de $32 \times 3$ ou 96 ciclos de clock. O overhead de despachar comboios em dois ciclos de clock separados seria pequeno.

Outra fonte de overhead é muito mais significativa do que a limitação de despacho. A fonte mais importante de overhead, ignorada pelo modelo de chime, é o *tempo de início* do vetor, que é a latência em ciclos de clock até que o pipeline esteja completo. O tempo de início é determinado principalmente pela latência de pipelining da unidade funcional vetorial. Para o RV64V, vamos usar as mesmas profundidades de pipeline do Cray-1, embora as latências em processadores mais modernos tenham aumentado, especialmente para carregamentos vetoriais. Todas as unidades funcionais são totalmente pipelined. As profundidades de pipeline são de seis ciclos de clock por soma de ponto flutuante, sete para multiplicação de ponto flutuante, 20 para divisão de ponto flutuante e 12 para carregamento vetorial.

Dados esses conceitos básicos vetoriais, as próximas subseções mostrarão otimizações que melhoram o desempenho ou aumentam os tipos de programas que podem ser bem executados em arquiteturas vetoriais. Em particular, elas vão responder a estas questões:

- Como um processador vetorial executa um único vetor mais rápido do que um elemento por ciclo de clock? Múltiplos elementos por ciclo de clock melhoram o desempenho.
- Como um processador vetorial trata programas em que os comprimentos dos vetores não são iguais ao tamanho máximo do vetor (mvl)? Como a maioria dos vetores de aplicação não corresponde ao comprimento de vetor da arquitetura, precisamos de uma solução eficiente para esse caso comum.
- O que acontece quando existe uma declaração IF dentro do código a ser vetorizado? Mais código pode ser vetorizado se pudermos lidar eficientemente com declarações condicionais.
- O que um processador vetorial precisa do sistema de memória? Sem largura de banda de memória suficiente, a execução vetorial pode ser fútil.
- Como um processador vetorial lida com matrizes multidimensionais? Essa popular estrutura de dados deve ser vetorizada para arquiteturas vetoriais para funcionar bem.
- Como um processador vetorial lida com matrizes dispersas? Essa popular estrutura de dados também deve ser vetorizada.
- Como você programa um computador vetorial? Inovações arquiteturais que não correspondam às linguagens de programação e seus compiladores podem não ser amplamente utilizadas.

O restante desta seção apresentará cada uma dessas otimizações da arquitetura vetorial, e o Apêndice G mostrará mais detalhes.

## Múltiplas pistas: além de um elemento por ciclo de clock

Uma das maiores vantagens de um conjunto de instruções vetoriais é que ele permite que o software passe uma grande quantidade de trabalho paralelo para o hardware usando uma única instrução curta. Uma única instrução vetorial pode incluir inúmeras operações independentes, porém ser codificada com o mesmo número de bits de uma instrução escalar convencional. A semântica paralela de uma instrução vetorial permite que uma implementação execute essas operações elementares usando uma unidade funcional de pipeline profundo, como na implementação RV64V que estudamos até aqui, ou usando

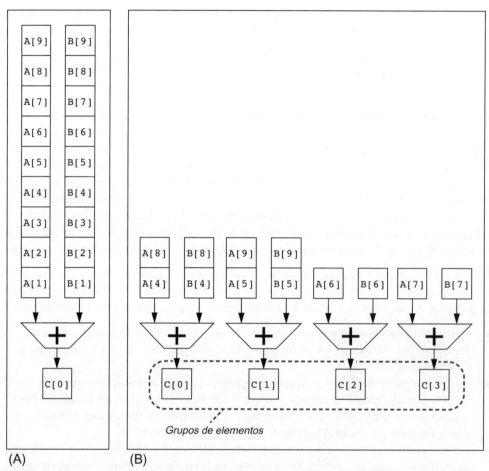

**FIGURA 4.4** Uso de múltiplas unidades funcionais para melhorar o desempenho de uma única instrução de adição vetorial, C = A + B.

O processador vetorial (A) à esquerda tem um pipeline de adição único e pode completar uma adição por ciclo de clock. O processador vetorial (B) da direita possui quatro pipelines de adição e pode completar quatro adições por ciclo de clock. Os elementos dentro de uma única instrução de adição vetorial são intercalados pelos quatro pipelines. O conjunto de elementos que se movem pelos pipelines juntos é chamado *grupo de elementos*. Reproduzido com permissão de Asanovic, K., 1998. Vector Microprocessors (teste de doutorado). Computer Science Division, Universidade da Califórnia em Berkeley.

um array de unidades funcionais paralelas ou uma combinação de unidades funcionais paralelas e em pipeline. A Figura 4.4 ilustra como o desempenho do vetor pode ser melhorado usando pipelines paralelos para executar uma instrução de adição vetorial.

O conjunto de instruções RV64V foi projetado com a propriedade de que todas as instruções de aritmética vetorial só permitem que o elemento *N* de um registrador vetorial tome parte das operações com o elemento *N* de outros registradores vetoriais. Isso simplifica bastante a construção de uma unidade vetorial altamente paralela, que pode ser estruturada como múltiplas *pistas* paralelas. Assim como em uma rodovia de trânsito, podemos aumentar a vazão de pico de uma unidade vetorial acrescentando mais pistas. A estrutura de uma unidade vetorial de quatro pistas aparece na Figura 4.5. Assim, mudar de uma pista para quatro pistas reduz o número de clocks de um chime de 32 para 8. Para que múltiplas pistas sejam vantajosas, as aplicações e a arquitetura devem suportar vetores longos. Caso contrário, elas serão executadas tão rapidamente que você vai ficar

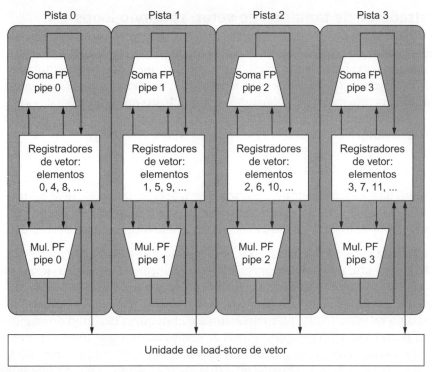

**FIGURA 4.5** Estrutura de uma unidade vetorial contendo quatro pistas.
A memória do registrador vetorial é dividida pelas pistas, com cada pista mantendo cada quarto elemento de cada registrador vetorial. São mostradas três unidades funcionais vetoriais: uma de adição de PF, uma de multiplicação de PF e uma unidade de load-store. Cada uma das unidades aritméticas vetoriais contém quatro pipelines de execução, um por pista, que atuam em conjunto para completar uma única instrução vetorial. Observe como cada seção do banco de registradores vetorial só precisa oferecer portas suficientes para os pipelines locais à sua pista. Esta figura não mostra o caminho para oferecer o operando escalar para as instruções escalares vetoriais, mas o valor escalar precisa ser enviado pelo processador escalar (ou Processador de Controle) a todas as pistas por broadcast.

sem largura de banda de instrução, exigindo técnicas de ILP (Capítulo 3) para fornecer instruções vetoriais suficientes.

Cada pista contém uma parte do banco de registradores vetoriais e um pipeline de execução de cada unidade funcional vetorial. Cada unidade funcional vetorial executa instruções vetoriais na velocidade de um grupo de elementos por ciclo usando múltiplos pipelines, um por pista. A primeira pista mantém o primeiro elemento (elemento 0) para todos os registradores vetoriais, por isso o primeiro elemento em qualquer instrução vetorial terá seus próprios operandos de origem e destino localizados na primeira pista. Essa alocação permite que o pipeline aritmético local à pista termine a operação sem se comunicar com outras pistas. Evitar a comunicação entre pistas reduz os custos de interligação e as portas do banco de registradores necessárias para montar uma unidade de execução altamente paralela, e ajuda a explicar por que os computadores vetoriais podem completar até 64 operações por ciclo de clock (duas unidades aritméticas e duas unidades de load-store por 16 pistas).

A inclusão de múltiplas pistas é uma técnica popular para melhorar o desempenho do vetor, pois exige pouco aumento na complexidade de controle e não exige mudanças no código de máquina existente. Isso também permite aos projetistas modificar a área do substrato, a taxa de clock, a tensão e a energia sem sacrificar o desempenho máximo. Se a taxa de clock de um processador vetorial for reduzida pela metade, dobrar o número de pistas vai manter o mesmo desempenho máximo.

## Registradores de tamanho do vetor: tratando loops diferentes de 32

Um processador de registrador vetorial tem o tamanho vetorial natural determinado pelo tamanho máximo do vetor (mvl). Esse tamanho, que é de 32 para o nosso exemplo anterior, provavelmente não combina com o tamanho de vetor real em um programa. Além do mais, em um programa real, o tamanho de determinada operação vetorial normalmente é *desconhecido* durante a compilação. Na verdade, um único pedaço de código pode exigir diferentes tamanhos de vetores. Por exemplo, considere este código:

```
for (i = 0; i <n; i = i + 1)
    Y[i] = a * X[i] + Y[i];
```

O tamanho de todas as operações vetoriais depende de $n$, que pode nem ser conhecido antes da execução. O valor de $n$ também poderia ser um parâmetro para um procedimento contendo o loop acima e, portanto, estar sujeito a mudanças durante a execução.

A solução para esses problemas é criar um *registrador de tamanho de vetor* (vl). O vl controla o tamanho de qualquer operação vetorial, incluindo loads ou stores vetoriais. O valor no vl, porém, não pode ser maior que o tamanho máximo de vetor (mvl). Isso resolve nosso problema desde que o tamanho real seja menor ou igual ao tamanho máximo de vetor (mvl). Esse parâmetro significa que o tamanho dos registradores vetoriais pode crescer em gerações futuras de computadores sem mudar o conjunto de instruções. Como veremos na próxima seção, extensões SIMD multimídia não têm um equivalente ao mvl, então elas expandem o conjunto de instruções sempre que aumentam seu tamanho de vetor.

E se o valor de n não for conhecido durante a compilação e, assim, puder ser maior que o mvl? Para enfrentar o segundo problema, em que o vetor é maior que o tamanho máximo, tradicionalmente é usada uma técnica chamada *strip mining*. Strip mining é a geração de código de modo que cada operação vetorial seja feita para um tamanho menor ou igual ao mvl. Criamos um loop que trata de qualquer número de iterações, que seja um múltiplo do mvl, e outro loop que trate de quaisquer iterações restantes, que precisam ser menores que o mvl. O RISC-V tem uma solução melhor que um loop separado para strip mining. A instrução setvl escreve o menor do mvl e a variável de loop n em vl (e para outro registrador). Se o número de iterações do loop for maior que n, então o mais rápido o loop poderá calcular será mvl valores de cada vez, de modo que setvl define vl como mvl. Se n for menor que mvl, ele deverá calcular apenas nos últimos n elementos nesta iteração final do loop, de modo que setvl define vl como n. setvl também escreve outro registrador escalar para ajudar com a manutenção posterior do loop. A seguir, mostramos um código RV64V para o vetor DAXPY para qualquer valor de n.

```
        vsetdcfg   2 DP FP      #Ativa 2 regs. 64b de PF
        fld        f0,a         #Carrega escalar a
loop:   setvl      t0,a0        #vl = t0 = min(mvl,n)
        vld        v0,x5        #Carrega vetor X
        slli       t1,t0,3      #t1 = vl*8(em bytes)
        add        x5,x5,t1     #Incrementa pont. para X em vl*8
        vmul       v0,v0,f0     #Multiplica vetor-escalar
        vld        v1,x6        #Carrega vetor Y
        vadd       v1,v0,v1     #Adição de vetores
        sub        a0,a0,t0     #n-=vl(t0)
        vst        v1,x6        #Armazena resultado em Y
        add        x6,x6,t1     #Incrementa pont. oara Y em vl*8
        bnez       a0,loop      #Repete se n !=0
        vdisable                #Desativa regs. vetoriais
```

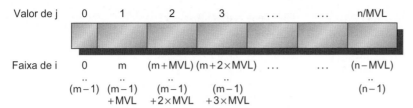

**FIGURA 4.6** Um vetor de tamanho arbitrário processado com strip mining.
Todos os blocos, exceto o primeiro, são de tamanho MVL, utilizando a capacidade total do processador vetorial. Nesta figura, a variável m é usada para a expressão (n % MVL). (O operador C % significa módulo.)

## Registradores de predicado: lidando com declarações IF em loops vetoriais

Pela lei de Amdahl, sabemos que o ganho de velocidade nos programas com níveis de vetorização baixo a moderado será muito limitado. Dois dos principais motivos pelos quais os níveis de vetorização mais altos não são alcançados são a presença de condicionais (instruções IF) dentro dos loops e o uso de matrizes dispersas. Os programas que contêm instruções IF nos loops não podem ser executados no modo vetorial usando as técnicas que discutimos até aqui, pois as instruções IF introduzem dependências de controle em um loop. De modo semelhante, as matrizes dispersas não podem ser implementadas eficientemente usando qualquer uma das capacidades que vimos até agora. Discutiremos aqui as estratégias para lidar com a execução condicional, deixando a discussão das matrizes dispersas para a próxima subseção.

Considere o seguinte loop escrito em C:

```
for (i = 0; i < 64; i = i + 1)
    if (X[i] !=0)
        X[i] = X[i]-Y[i];
```

Esse loop normalmente não pode ser vetorizado, devido à execução condicional do corpo; porém, se o loop interno pudesse ser executado para as iterações para as quais X(i) ≠ 0, então a subtração poderia ser vetorizada.

A extensão que normalmente é usada para essa capacidade é o *controle de predicado*. No RV64V, os registradores de predicado fornecem, essencialmente, a execução condicional de cada operação de elemento em uma instrução vetorial. Esses registradores usam um vetor booleano para controlar a execução de uma instrução vetorial, assim como as instruções executadas condicionalmente utilizam uma condição booleana para determinar se uma instrução escalar é executada (ver Capítulo 3). Quando o registrador de predicado p0 é habilitado, todas as instruções vetoriais seguintes operam somente sobre os elementos vetoriais cujas entradas correspondentes no registrador de predicado são 1. As entradas no registrador vetorial de destino que correspondem a um 0 no registrador de predicado não são afetadas pela operação vetorial. Assim como os registradores vetoriais, os registradores de predicado são configurados e podem ser desativados. Habilitar um registrador de predicado o define com todos os bits iguais a 1, fazendo com que as instruções vetoriais subsequentes operem sobre todos os elementos do vetor. Agora o código a seguir pode ser usado para o loop anterior, supondo que os endereços de partida de X e Y estejam em x5 e x6, respectivamente:

```
vsetdcfg    2*FP64     #Ativa 2 regs. vetoriais PF 64 b
vsetpcfgi   1          #Ativa 1 reg. de predicado
vld         v0,x5      #Carrega vetor X em v0
```

```
vld        v1,x6       #Carrega vetor Y em v1
fmv.d.x    f0,x0       #Coloca zero(PF) em f0
vpne       p0,v0,f0    #Define p0(i) = 1 se v0(i)!=f0
vsub       v0,v0,v1    #Subtrai sob predicado
vst        v0,x5       #Armazena o resultado em X
vdisable               #Deastiva regs. vetoriais
vpdisable              #Desativa regs. de predicado
```

Os projetistas de compiladores chamam a transformação para mudar uma declaração IF em uma sequência de código de linha direta usando execução condicional de *conversão if*.

Entretanto, o uso de um registrador de predicado apresenta desvantagens. Com arquiteturas escalares, as instruções executadas condicionalmente ainda exigem tempo de execução quando a condição não é satisfeita. Apesar disso, a eliminação de um desvio e as dependências de controle associadas podem tornar uma instrução condicional mais rápida, ainda que às vezes realize trabalho inútil. Da mesma forma, as instruções vetoriais executadas com um predicado tomam tempo de execução mesmo para os elementos onde a máscara é zero. Da mesma forma, mesmo com um número significativo de zeros na máscara, o uso do controle de predicado pode ser significativamente mais rápido do que o do modo escalar.

Como veremos na Seção 4.4, uma diferença entre os processadores vetoriais e as GPUs é o modo como eles lidam com declarações condicionais. Processadores vetoriais tornam os registradores de predicado parte do estado da arquitetura e contam com os compiladores para manipular explicitamente os registradores de predicado. Em contraste, as GPUs obtêm o mesmo efeito usando o hardware para manipular registradores de predicado internos, que são invisíveis para o software da GPU. Nos dois casos, o hardware gasta tempo para executar um elemento vetorial quando a máscara é 0 ou 1, de modo que a taxa de GFLOPS cai quando predicados são usados.

### Bancos de memória: fornecendo largura de banda para unidades de load-store vetoriais

O comportamento da unidade vetorial de load-store é significativamente mais complicado do que o das unidades funcionais aritméticas. O tempo inicial para um load é o tempo para levar a primeira palavra da memória para um registrador. Se o restante do vetor puder ser fornecido sem stalls, então a taxa de iniciação do vetor será igual à taxa em que novas palavras são buscadas ou armazenadas. Diferentemente das unidades funcionais mais simples, a taxa de iniciação pode não ser necessariamente um ciclo de clock, pois os stalls do banco de memória podem reduzir o throughput efetivo.

Normalmente, as penalidades para os inícios em unidades load-store são mais altas do que aquelas para as unidades funcionais aritméticas — mais de 100 ciclos de clock em muitos processadores. Para o RV64V, consideramos um tempo de início de 12 ciclos de clock, o mesmo do Cray-1. (Computadores vetoriais mais recentes usam as caches para reduzir a latência dos loads e stores vetoriais).

Para manter uma taxa de iniciação de uma palavra buscada ou armazenada por ciclo de clock, o sistema de memória precisa ser capaz de produzir ou aceitar essa quantidade de dados. Isso normalmente é feito espalhando-se os acessos por vários bancos de memória independentes. Conforme veremos em breve, dispor de um número significativo de bancos é útil para lidar com loads ou stores vetoriais que acessam linhas ou colunas de dados.

A maioria dos processadores vetoriais utiliza bancos de memória em vez de simples intercalação por três motivos principais:

1. Muitos computadores vetoriais admitem múltiplos loads ou stores por clock, e normalmente o tempo de ciclo do banco de memória é muitas vezes maior do que o tempo de ciclo do processador. Para dar suporte a acessos simultâneos de múltiplos loads ou stores, o sistema de memória precisa ter múltiplos bancos e ser capaz de controlar os endereços para os bancos de forma independente.
2. A maioria dos processadores vetoriais admite a capacidade de carregar ou armazenar palavras de dados que não são sequenciais. Nesses casos, é necessário haver endereçamento independente do banco em vez de intercalação.
3. A maioria dos computadores vetoriais admite múltiplos processadores compartilhando o mesmo sistema de memória, por isso cada processador estará gerando seu próprio fluxo independente de endereços.

Em combinação, esses recursos levam a um grande número de bancos de memória independentes, como mostramos no exemplo a seguir.

**Exemplo**   A maior configuração do Cray T90 (Cray T932) possui 32 processadores, cada qual capaz de gerar quatro loads e dois stores por ciclo. O ciclo de clock do processador é de 2,167 ns, enquanto o tempo de ciclo das SRAMs usadas no sistema de memória é de 15 ns. Calcule o número mínimo de bancos de memória necessários para permitir que todas as CPUs executem na largura de banda total da memória.

*Resposta*   O número máximo de referências de memória de cada ciclo é 192 (32 processadores vezes seis referências por CPU). Cada banco de SRAM está ocupado por 15/2,167 = 6,92 ciclos de clock, que arredondamos para sete ciclos de clock. Portanto, exigimos um mínimo de $192 \times 7 = 1.344$ bancos de memória! O Cray T932 na realidade tem 1.024 bancos de memória, e por isso os primeiros modelos não poderiam sustentar a largura de banda total para todos os processadores simultaneamente. Um upgrade de memória subsequente substituiu as SRAMs assíncronas de 15 ns por SRAMs síncronas em pipeline, que dividiram ao meio o tempo de ciclo de memória, fornecendo assim uma largura de banda suficiente.

Assumindo uma perspectiva de alto nível, as unidades de load-store vetorial têm um papel semelhante ao das unidades pré-busca em processadores escalares, no sentido de que os dois tentam fornecer largura de banda de dados fornecendo streams de dados para os processadores.

## Stride: manipulando arrays multidimensionais em arquiteturas vetoriais

A posição na memória dos elementos adjacentes em um vetor pode não ser sequencial. Considere este código simples em C para multiplicação de matriz:

```
for (i = 0; i < 100; i = i + 1)
    for (j = 0; j < 100; j = j + 1) {
        A[i][j] = 0.0;
        for (k = 0; k < 100; k = k + 1)
            A[i][j] = A[i][j] + B[i][k] * D[k][j];
    }
```

Poderíamos vetorizar a multiplicação de cada linha de B com cada coluna de D e realizar o strip mining do loop interno tendo k como variável de índice.

Para fazer isso, temos que considerar o modo como os elementos adjacentes em B e os elementos adjacentes em D são endereçados. Quando um array é alocado na memória, ele é linearizado e precisa ser disposto em ordem de linha (em C) ou de coluna (como em Fortran). Essa linearização significa que os elementos na linha ou os elementos na coluna não estão adjacentes na memória. Por exemplo, o código C (anterior) aloca em ordem de linha, então os elementos de D acessados por iterações no loop interno são separados pelo tamanho da linha vezes 8 (número de bytes por entrada) para um total de 800 bytes. No Capítulo 2, vimos que o bloqueio poderia ser usado para melhorar a localidade nos sistemas baseados em cache. Para os processadores vetoriais sem caches, precisamos de outra técnica para buscar os elementos de um vetor que não estão adjacentes na memória.

Essa distância que separa os elementos que devem ser reunidos em um único registrador é chamada *passo* (ou *stride*). Nesse exemplo, a matriz D tem um passo de 100 palavras duplas (800 bytes) e a matriz B teria um passo de uma palavra dupla (8 bytes). Para a ordem de colunas, que é usada pela linguagem Fortran, os passos seriam invertidos. A matriz D teria um passo de 1, ou 1 palavra dupla (8 bytes), separando elementos sucessivos, enquanto a matriz B teria um passo de 100, ou 100 palavras duplas (800 bytes). Assim, sem reordenar os loops, o compilador não pode ocultar as longas distâncias entre elementos sucessivos para B e D.

Quando um vetor é carregado em um registrador vetorial, atua como se tivesse elementos logicamente adjacentes. Assim, um processador vetorial pode tratar de passos maiores que 1, chamados *passos não unitários*, usando apenas operações de load e store vetorial com capacidade de passo. Essa capacidade de acessar locais de memória não sequenciais e remodelá-los em uma estrutura densa é uma das principais vantagens de uma arquitetura vetorial.

As caches lidam inerentemente com dados de passo unitários, de modo que, embora aumentar o tamanho de bloco possa ajudar a reduzir as taxas de perda para grandes conjuntos de dados científicos com passo unitário, aumentar o tamanho de bloco pode ter um efeito negativo para os dados que são acessados com passo não unitário. Embora as técnicas de bloqueio possam solucionar alguns desses problemas (ver Capítulo 2), a capacidade de acessar dados que não são contíguos continua sendo uma vantagem para os processadores vetoriais em certos problemas, como veremos na Seção 4.7.

No RV64V, em que a unidade endereçável é um byte, o passo para o nosso exemplo seria 800. O valor deve ser calculado dinamicamente, pois o tamanho da matriz pode não ser conhecido durante a compilação ou — assim como o tamanho do vetor — pode mudar para diferentes execuções da mesma instrução. O passo vetorial, como o endereço inicial do vetor, pode ser colocado em um registrador de uso geral. Depois, a instrução VLDS (Load Vector With Stride) do RV64V pode ser usada para buscar o vetor em um registrador vetorial. De modo semelhante, quando um vetor de passo não unitário está sendo armazenado, a instrução SVTS (Store Vector With Stride) pode ser usada.

Complicações no sistema de memória podem ocorrer a partir do suporte a passos maiores que 1. Quando os passos não unitários são introduzidos, torna-se possível solicitar os acessos a partir do mesmo banco com frequência. Quando múltiplos acessos disputam um banco, ocorre um conflito de banco de memória e um acesso precisa ser adiado. Um conflito de banco e, portanto, um stall, ocorrerá se

$$\frac{\text{Número de bancos}}{\text{Mínimo múltiplo comum}(\text{Passo, Número de bancos})} < \text{Tempo de ocupação do banco}$$

**Exemplo**  Suponha que tenhamos oito bancos de memória com um tempo de ocupação do banco com seis clocks e uma latência de memória total de 12 ciclos. Quanto tempo será preciso para completar um load vetorial de 64 elementos com um passo de 1? E com um passo de 32?

**Resposta**  Como o número de bancos é maior que o tempo de ocupação do banco, para um stride de 1 o load usará 12 + 64 = 76 ciclos de clock ou 1,2 ciclos de clock por elemento. O pior passo possível é um valor que seja múltiplo do número de bancos de memória, como nesse caso, com um passo de 32 e oito bancos de memória. Cada acesso à memória (depois do primeiro) colidirá com o acesso anterior e terá que esperar pelo tempo de ocupado do banco de seis ciclos de clock. O tempo total será 12 + 1 + 6 * 63 = 391 ciclos de clock ou 6,1 clocks por elemento, mostrando um fator de 5!

## Gather-Scatter: lidando com matrizes dispersas em arquiteturas vetoriais

Como mencionado, matrizes dispersas são comuns e, por isso, é importante dispor de técnicas para permitir aos programas com matrizes dispersas a execução em modo vetorial. Em uma matriz dispersa, normalmente os elementos de um vetor são armazenados em alguma forma compactada e depois acessados indiretamente. Considerando uma estrutura dispersa simplificada, poderíamos ver um código semelhante a este:

```
for (i = 0; i < n; i = i + 1)
    A[K[i]] = A[K[i]] + C[M[i]];
```

Esse código implementa uma soma vetorial dispersa sobre os arrays A e C, usando vetores de índice K e M para designar os elementos diferentes de zero de A e C. (A e C precisam ter o mesmo número de elementos diferentes de zero — n deles —, então K e M são do mesmo tamanho.)

O principal mecanismo para dar suporte a matrizes dispersas são *operações scatter-gatter* usando vetores de índice. O objetivo de tais operações é dar suporte à movimentação entre uma representação densa (ou seja, zeros não são incluídos) e a representação normal (ou seja, os zeros são incluídos) de uma matriz dispersa. Uma operação *gather* pega um *vetor de índice* e busca o vetor cujos elementos estão nos endereços dados pela adição de um endereço de base para os deslocamentos dados no vetor de índice. O resultado é um vetor não disperso em um registrador vetorial. Depois que esses elementos são operados em uma forma densa, o vetor disperso pode ser armazenado em forma expandida por um armazenamento *scatter*, usando o mesmo vetor de índice. O suporte do hardware para tais operações é chamado de *scatter-gather* e aparece em quase todos os processadores vetoriais modernos. As instruções vldi (Load Vector Indexed ou *gather*) e vsti (Store Vector Indexed ou *scatter*) oferecem essas operações no RV64V. Por exemplo, supondo que x5, x6, x7 e x28 contenham os endereços iniciais dos vetores na sequência anterior, o loop interno da sequência pode ser codificado com instruções vetoriais como:

```
vsetdcfg    4*FP64      #4 regs. vetorias de PF de 64b
vld         v0,x7       #Carrega K[]
vldx        v1,x5,v0)   #Carrega A[K[]]
vld         v2,x28      #Carrega M[]
vldi        v3,x6,v2)   #Carrega C[M[]]
vadd        v1,v1,v3    #Soma
vstx        v1,x5,v0)   #Armazena A[K[]]
vdisable                #Desativa regs. vetoriais
```

Essa técnica permite que o código com matrizes dispersas seja executado no modo vetor. Um compilador de vetorização simples não poderia vetorizar automaticamente o código-fonte anterior, pois o compilador não saberia que os elementos de K são valores distintos e, portanto, que não existem dependências. Em vez disso, uma diretiva do programador diria ao compilador que ele poderia executar o loop no modo vetorial.

Embora loads e stores indexados (gather e scatter) possam ser usados em pipeline, em geral eles rodam muito mais lentamente do que loads e stores não indexados, uma vez que os bancos de memória não são conhecidos no início da instrução. O banco de registradores também precisa fornecer comunicação entre as pistas de uma unidade vetorial para dar suporte ao gather e scatter.

Cada elemento de um gather ou scatter tem um endereço individual, de modo que eles não podem ser tratados em grupos, e pode haver conflitos em muitos locais pelo sistema de memória. Assim, cada acesso individual incorre em latência significativa, até mesmo em sistemas baseados em cache. Entretanto, como mostra a Seção 4.7, um sistema de memória pode ter melhor desempenho sendo projetado para esse caso e usando mais recursos de hardware em comparação aos casos em que os arquitetos têm uma atitude *laissez-faire* em relação a tais acessos imprevisíveis.

Como veremos na Seção 4.4, todos os loads são gathers e todos os stores são scatters nas GPUs no sentido de que instruções separadas não restringem os endereços a serem sequenciais. Para transformar os gathers e scatters lentos em acessos mais eficientes de passo unitário à memória, o hardware da GPU deve reconhecer a sequência desses endereços durante a execução e o programador da GPU deve garantir que todos os endereços em um gather ou scatter tenham locais adjacentes.

## Programando arquiteturas vetoriais

Uma vantagem das arquiteturas vetoriais é que os compiladores podem dizer aos programadores, no momento da compilação, se uma seção de código será ou não vetorizada, muitas vezes dando dicas sobre o motivo de ela não ter sido vetorizada no código. Esse modelo de execução direta permite aos especialistas em outros domínios aprender como melhorar o desempenho revisando seu código ou dando dicas para o compilador quando é correto suportar a independência entre operações, como nas transferências gather-scatter de dados. É esse diálogo entre o compilador e o programador, com cada lado dando dicas para o outro sobre como melhorar o desempenho, que simplifica a programação de computadores vetoriais.

Hoje, o principal fator que afeta o sucesso com que um programa é executado em modo vetorial é a estrutura desse programa: os loops têm dependências reais de dados (Seção 4.5) ou podem ser reestruturados para não ter essas dependências? Esse fator é influenciado pelos algoritmos escolhidos e, até certo ponto, pelo modo como eles são codificados.

Como indicação do nível de vetorização que pode ser alcançado nos programas científicos, vejamos os níveis de vetorização observados para os benchmarks Perfect Club. A Figura 4.7 mostra a porcentagem das operações executadas no modo vetor para duas versões do código executando no Cray Y-MP. A primeira versão é aquela obtida apenas com otimização do compilador no código original, enquanto a segunda foi otimizada manualmente por uma equipe de programadores da Cray Research. A grande variação no nível de vetorização do compilador foi observada por vários estudos do desempenho das aplicações em processadores vetoriais.

As versões ricas em dicas mostram ganhos significativos no nível de vetorização para códigos que o compilador não poderia vetorizar bem por si só, com todos os códigos acima de 50% de vetorização. A vetorização média melhorou de aproximadamente 70% para cerca de 90%.

| Nome do benchmark | Operações executadas no modo vetorial, otimizadas pelo compilador | Operações executadas no modo vetorial, com dicas do programador | Ganho de velocidade com dicas de otimização |
|---|---|---|---|
| BDNA | 96,1% | 97,2% | 1,52 |
| MG3D | 95,1% | 94,5% | 1,00 |
| FLO52 | 91,5% | 88,7% | N/A |
| ARC3D | 91,1% | 92,0% | 1,01 |
| SPEC77 | 90,3% | 90,4% | 1,07 |
| MDG | 87,7% | 94,2% | 1,49 |
| TRFD | 69,8% | 73,7% | 1,67 |
| DYFESM | 68,8% | 65,6% | N/A |
| ADM | 42,9% | 59,6% | 3,60 |
| OCEAN | 42,8% | 91,2% | 3,92 |
| TRACK | 14,4% | 54,6% | 2,52 |
| SPICE | 11,5% | 79,9% | 4,06 |
| QCD | 4,2% | 75,1% | 2,15 |

**FIGURA 4.7** Nível de vetorização entre os benchmarks Perfect Club quando executados no Cray Y-MP (Vajapeyam, 1991).

A primeira coluna mostra o nível de vetorização obtido com o compilador sem dicas, enquanto a segunda coluna mostra os resultados depois que os códigos tiverem sido otimizados com dicas de uma equipe de programadores da Cray Research.

## 4.3 EXTENSÕES DE CONJUNTO DE INSTRUÇÕES SIMD PARA MULTIMÍDIA

Extensões SIMD multimídia começaram com a simples observação de que muitas aplicações de mídia operam com tipos de dados mais restritos do que aqueles para os quais os processadores de 32 bits foram otimizados. Os sistemas gráficos usariam 8 bits para representar cada uma das três cores primárias e 8 bits para transparências. Dependendo da aplicação, amostras de áudio geralmente são representadas com 8 ou 16 bits. Particionando as cadeias de carry dentro de, digamos, um somador de 256 bits, um processador poderia realizar operações simultâneas em vetores curtos de 32 operandos de 8 bits, 16 operandos de 16 bits, oito operandos de 32 bits ou quatro operandos de 64 bits. O custo adicional de tais somadores particionados era baixo. A Figura 4.8 resume as instruções

| Categoria da instrução | Operandos |
|---|---|
| Soma/subtração sem sinal | Trinta e dois 8 bits, dezesseis 16 bits, oito 32 bits ou quatro 64 bits |
| Máximo/mínimo | Trinta e dois 8 bits, dezesseis 16 bits, oito 32 bits ou quatro 64 bits |
| Média | Trinta e dois 8 bits, dezesseis 16 bits, oito 32 bits ou quatro 64 bits |
| Deslocamento para a direita/esquerda | Trinta e dois 8 bits, dezesseis 16 bits, oito 32 bits ou quatro 64 bits |
| Ponto flutuante | Dezesseis 16 bits, oito 32 bits, quatro 64 bits ou dois 128 bits |

**FIGURA 4.8** Resumo do suporte SIMD típico a multimídia para operações de 256 bits.

Observe que o padrão IEEE 754-2008 para ponto flutuante adicionou operações de ponto flutuante de meia precisão (16 bits) e precisão quádrupla (128 bits).

SIMD multimídia típicas. Como as instruções vetoriais, uma instrução SIMD especifica a mesma operação sobre vetores de dados. Ao contrário das máquinas vetoriais com grandes bancos de registradores, como os registradores vetoriais RV64V do RISC-V, que podem conter até 32 elementos de 64 bits em cada um dos 32 registradores vetoriais, as instruções SIMD tendem a especificar menos operandos e, portanto, usam bancos de registradores muito menores.

Ao contrário das arquiteturas vetoriais, que oferecem um conjunto elegante de instruções destinado a ser o alvo de um compilador vetorizador, as extensões SIMD têm três grandes omissões: nenhum registrador de tamanho de vetor, nenhuma instrução de transferência de dados em passo ou gather/scatter e nenhum registrador de predicado.

1. As extensões multimídia SIMD fixaram o número de operandos de dados no opcode, o que levou à adição de centenas de instruções nas extensões MMX, SSE e AVX da arquitetura x86. Arquiteturas vetoriais possuem um registrador de comprimento vetorial que especifica o número de operandos para a operação atual. Esses registradores vetoriais de comprimento variável acomodam facilmente programas que têm, naturalmente, vetores mais curtos do que o tamanho máximo que a arquitetura suporta. Além do mais, a arquitetura vetorial tem um comprimento máximo vetorial implícito na arquitetura, que, combinado com o registrador de comprimento vetorial, evita o uso de muitos opcodes.
2. Até recentemente, a SIMD multimídia não oferecia os modos de endereçamento mais sofisticados das arquiteturas vetoriais, especificamente acessos por passo e acessos gather-scatter. Esses recursos aumentam o número de programas que um compilador vetorial pode vetorizar com sucesso (ver Seção 4.7).
3. Embora isso esteja mudando, a SIMD multimídia geralmente não oferece os registradores de máscara para suportar a execução condicional de elementos, como nas arquiteturas vetoriais.

Essas omissões tornam mais difícil, para o compilador, gerar código SIMD e aumentam a dificuldade de programar em linguagem assembly SIMD.

Para a arquitetura x86, as instruções MMX adicionadas em 1996 modificaram o objetivo dos registradores de ponto flutuante de 64 bits, então as instruções básicas poderiam realizar oito operações de 8 bits ou quatro operações de 16 bits simultaneamente. As operações MAX e MIN se juntaram a elas, além de ampla variedade de instruções condicionais e de mascaramento, operações tipicamente encontradas em processadores de sinais digitais e instruções *ad hoc* que se acreditava serem úteis nas bibliotecas de mídia importantes. Observe que o MMX reutilizou as instruções de transferência de dados de ponto flutuante para acessar a memória.

Em 1999, as extensões SIMD para streaming (Streaming SIMD Extensions — SSE) adicionaram registradores separados (registradores XMM) que tinham 128 bits de largura, então as instruções poderiam realizar simultaneamente 16 operações de 8 bits, oito operações de 16 bits ou quatro operações de 32 bits. Ela também realizava aritmética paralela de ponto flutuante de precisão simples. Como a SSE tinha registradores separados, precisava de instruções separadas de transferência de dados. A Intel logo adicionou tipos de dados de ponto flutuante SIMD de precisão dupla através do SSE2 em 2001, SSE3 em 2004 e SSE4 em 2007. Instruções com quatro operações de ponto flutuante de precisão simples ou duas operações paralelas de precisão dupla aumentariam o pico de desempenho de ponto flutuante nos computadores x86, contanto que os programadores colocassem os operandos lado a lado. A cada nova geração, eles também adicionaram instruções *ad hoc* cujo objetivo era acelerar funções multimídia específicas consideradas importantes.

| Instrução AVX | Descrição |
|---|---|
| VADDPD | Soma quatro operandos de precisão dupla em pacote |
| VSUBPD | Subtrai quatro operandos de precisão dupla em pacote |
| VMULPD | Multiplica quatro operandos de precisão dupla em pacote |
| VDIVPD | Divide quatro operandos de precisão dupla em pacote |
| VFMADDPD | Multiplica e soma quatro operandos de precisão dupla em pacote |
| VFMSUBPD | Multiplica e subtrai quatro operandos de precisão dupla em pacote |
| VCMPxx | Compara quatro operandos de precisão dupla em pacote para EQ, NEQ, LT, LE, GT, GE, ... |
| VMOVAPD | Move quatro operandos alinhados de precisão dupla em pacote |
| VBROADCASTSD | Transmite por broadcast, um operando de precisão dupla para quatro localidades em um registrador de 256 bits |

**FIGURA 4.9** Instruções AVX para arquitetura x86 úteis em programas de ponto flutuante de precisão dupla.
Duplo pacote para AVX de 256 bits significa quatro operandos de 64 bits executados em modo SIMD. Conforme a largura aumenta com o AVX, é cada vez mais importante adicionar instruções de permutação de dados que permitam combinações de operandos estreitos de diferentes partes dos registradores largos. O AVX inclui instruções que deslocam operandos de 32 bits, 64 bits ou 128 bits dentro de um registrador de 256 bits. Por exemplo, o BROADCAST replica um operando de 64 bits quatro vezes em um registrador AVX. O AVX também inclui grande variedade de instruções multiplica-soma/subtrai fundidas. Nós mostramos somente duas aqui.

As extensões vetoriais avançadas (Advanced Vector Extensions — AVX) adicionadas em 2010 dobraram a largura dos registradores novamente para 256 bits (registradores YMM) e, portanto, ofereceram instruções que dobraram o número de operações em todos os tipos de dados mais estreitos. A Figura 4.9 mostra instruções AVX úteis para cálculos de ponto flutuante com precisão dupla. A AVX2 em 2013 acrescentou 30 novas instruções como gather (VGATHER) e deslocamentos vetoriais (VPSLL, VPSRL, VPSRA). A AVX-512 em 2017 dobrou a largura novamente para 512 bits (registradores ZMM), dobrou o número de registradores novamente para 32 e acrescentou cerca de 250 novas instruções, incluindo scatter (VPSCATTER) e registradores de máscara (OPMASK). A AVX inclui preparações para estender a largura para 1024 bits nas futuras gerações da arquitetura.

Em geral, o objetivo dessas extensões tem sido acelerar bibliotecas cuidadosamente escritas em vez de o compilador gerá-las (ver Apêndice H), mas compiladores x86 recentes estão tentando gerar código particularmente para aplicações intensas em termos de ponto flutuante. Visto que o opcode determina a largura do registrador SIMD, toda vez que a largura dobra, o número de instruções SIMD também dobra.

Dados esses pontos fracos, por que as extensões SIMD multimídia são tão populares? Primeiro, elas são fáceis de adicionar à unidade aritmética padrão e de implementar. Segundo, elas exigem pouco estado extra em comparação com as arquiteturas vetoriais, que são sempre uma preocupação para os tempos de troca de contexto. Terceiro, você precisa de muita largura de banda de memória para suportar uma arquitetura vetorial, o que muitos computadores não têm. Quarto, a SIMD não tem de lidar com problemas de memória virtual quando uma única instrução que pode gerar 32 acessos de memória pode ter uma falha de página no meio do vetor. Extensões SIMD originais usavam transferências de dados separadas por grupo de operandos SIMD que estejam alinhados na memória, então não podem ultrapassar os limites da página. Outra vantagem dos "vetores" de tamanho fixo curtos do SIMD é que é fácil introduzir instruções que podem ajudar com novos padrões de mídia, como as que realizam permutações ou as que consomem menos

# CAPÍTULO 4: Paralelismo em nível de dados em arquiteturas vetoriais, SIMD e GPU

ou mais operandos do que os vetores podem produzir. Por fim, havia preocupação sobre quão bem as arquiteturas vetoriais podem trabalhar com caches. Arquiteturas vetoriais mais recentes têm tratado de todos esses problemas. Porém, a questão dominante é que, devido à importância primordial da compatibilidade binária, uma vez que uma arquitetura é iniciada no caminho SIMD, é muito difícil sair dela.

**Exemplo**   Para ter uma ideia de como são as instruções multimídia, suponha que tenhamos adicionado instruções multimídia SIMD de 256 bits ao RISC-V, provisoriamente chamadas de "empacotadas" pelo RVP. Neste exemplo, nos concentramos em ponto flutuante. Nós adicionamos o sufixo "4D" às instruções que operam com quatro operandos de precisão dupla por vez. Como nas arquiteturas vetoriais, você pode pensar em um processador SIMD como tendo pistas, quatro neste caso. O RV64P expande os registradores F para que tenham largura plena, neste caso, 256 bits. Este exemplo mostra um código RISC-V SIMD para o loop DAXPY, com as mudanças no código RISC-V para SIMD sublinhadas. Consideramos que os endereços iniciais de X e Y estão em x5 e x6, respectivamente.

**Resposta**   Aqui está o código RISC-V:

```
        fld       f0,a          #Carrega oescalar a
        splat.4D  f0,f0         #Cria 4 cópias de a
        addi      x28,x5,#256   #Último endereço a carregar
Loop:   fld.4D    f1,0(x5)      #Carrega X[i]...X[i+3]
        fmul.4D   f1,f1,f0      #a × X[i]...a × X[i+3]
        fld.4D    f2,0(x6)      #Carrega Y[i]...Y[i+3]
        fadd.4D   f2,f2,f1      #a × X[i]+Y[i]...
                                #a × X[i+3]+Y[i+3]
        fsd.4D    f2,0(x6)      #Armazena Y[i]...Y[i+3]
        addi      x5,x5,#32     #Incrementaíndice de X
        addi      x6,x6,#32     #Incrementaíndice de Y
        bne       x28,x5,Loop   #Verifica se estáconcluído
```

As mudanças consistiram em substituir cada instrução RISC-V de precisão dupla pelo seu equivalente 4D, aumentando o incremento de oito para 32, e acrescentar a instrução splat que faz 4 cópias de a nos 256 bits de f0. Embora não drástica quanto a redução de 32 × da largura de banda de instrução dinâmica do RV64V, o SIMD RISC-V consegue uma redução de quase 4 vezes: 67 contra 258 instruções executadas para o RV64G. Esse código conhece o número de elementos. Esse número normalmente é determinado em tempo de execução, o que poderia exigir um loop strip-mine para lidar com o caso em que o número não é um módulo de 4.

## Programando arquiteturas multimídia SIMD

Dada a natureza *ad hoc* das extensões multimídia SIMD, o modo mais fácil de usar essas instruções é por meio de bibliotecas ou escrevendo em linguagem assembly.

Extensões recentes se tornaram mais regulares, dando aos compiladores um alvo mais razoável. Pegando emprestadas técnicas dos compiladores vetoriais, os compiladores estão começando a produzir instruções SIMD automaticamente. Por exemplo, os compiladores avançados de hoje podem gerar instruções SIMD de ponto flutuante para gerar códigos científicos com muito mais desempenho. Entretanto, os programadores devem ter a certeza de alinhar todos os dados na memória à largura da unidade SIMD na qual o código é executado, para impedir que o compilador gere instruções escalares para código que pode ser vetorizado.

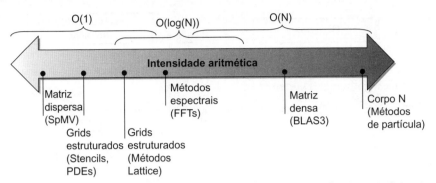

**FIGURA 4.10** Intensidade aritmética especificada como o número de operações de ponto flutuante a serem executadas no programa dividido pelo número de bytes acessados na memória principal (Williams et al., 2009).

Alguns kernels têm uma intensidade aritmética que aumenta com o tamanho do problema, como uma matriz densa, mas há muitos kernels com intensidades aritméticas independentes do tamanho do problema.

## O modelo Roofline de desempenho visual

Um modo visual e intuitivo de comparar o desempenho potencial de ponto flutuante das variações da arquitetura SIMD é o modelo Roofline (Williams et al., 2009). As linhas horizontais e diagonais dos gráficos que ele produz dá nome a esse modelo (que significa "linha de telhado") e indica seu valor (ver Figura 4.11). Ele liga o desempenho de ponto flutuante, o desempenho de memória e a intensidade aritmética em um gráfico bidimensional. *Intensidade aritmética* é a razão das operações de ponto flutuante por byte de memória acessado. Ela pode ser calculada tomando-se o número total de operações de ponto flutuante de um programa dividido pelo número total de bytes de dados transferidos para a memória principal durante a execução do programa. A Figura 4.10 mostra a intensidade aritmética relativa de diversos kernels de exemplo.

O pico de desempenho em ponto flutuante pode ser encontrado usando as especificações de hardware. Muitos dos kernels nesse estudo de caso são caches integradas no chip, de modo que o pico de desempenho da memória é definido pelo sistema de memória por trás das caches. Observe que nós precisamos do pico de largura de banda de memória que está disponível para os processadores, não só nos pinos da DRAM, como na Figura 4.27. Um modo de encontrar o pico de desempenho de memória (entregue) é executar o benchmark Stream.

A Figura 4.11 mostra o modelo Roofline para o processador vetorial NEC SX-9 à esquerda e o computador multicore Intel Core i7 920 à direita. O eixo Y vertical é o desempenho de ponto flutuante alcançável de 2 a 256 GFLOP/s. O eixo X horizontal é a intensidade aritmética, variando de 1/8 FLOP/byte da DRAM acessado a 16 FLOP/byte da DRAM acessado, em ambos os gráficos. Observe que o gráfico está em escala logarítmica e que os Rooflines são feitos somente uma vez para cada computador.

Para um dado kernel, podemos encontrar um ponto no eixo X, baseado na sua intensidade aritmética. Se traçarmos uma linha vertical através desse ponto, o desempenho do kernel nesse computador deverá estar em algum ponto ao longo dessa linha. Podemos traçar uma linha horizontal mostrando o pico de desempenho de ponto flutuante do computador. Obviamente, o real desempenho de ponto flutuante não pode ser maior do que a linha horizontal, uma vez que esse é um limite de hardware.

Como podemos traçar o pico de desempenho de memória? Uma vez que o eixo X é FLOP/byte e o eixo Y é FLOP/s, bytes/s é só uma linha diagonal com ângulo de 45 graus nessa

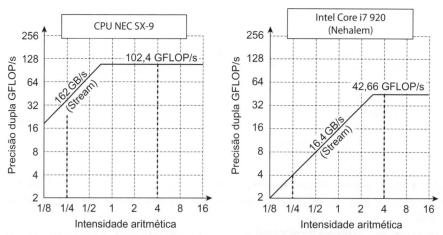

**FIGURA 4.11** Modelo Roofline para um processador vetorial NEC SX-9 à esquerda e um computador multicore Intel Core i7 920 com extensões SIMD à direita (Williams et al., 2009).

Esse Roofline é para acessos de memória de passo unitário e desempenho de ponto flutuante de precisão dupla. O NEC SX-9 é um supercomputador vetorial anunciado em 2008 que custa milhões de dólares. Ele tem um pico de desempenho em PF PD de 102,4 GFLOP/s e um pico de largura de banda de memória de 162 GB/s do benchmark Stream. O Core i7 920 tem um pico de desempenho em PF PD de 42,66 GFLOP/s e um pico de largura de banda de memória de 16,4 GB/s. As linhas tracejadas verticais na intensidade aritmética de 4 FLOP/byte mostram que os dois processadores operam no pico de desempenho. Nesse caso, o SX-9 a 102,4 FLOP/s é 2,4× mais rápido do que o Core i7 a 42,66 GFLOP/s. A uma intensidade aritmética de 0,25 FLOP/byte, o SX-9 é 10× mais rápido, a 40,5 GFLOP/s contra 4,1 GFLOP/s para o Core i7.

figura. Portanto, podemos traçar uma terceira linha que nos dê o máximo desempenho em ponto flutuante que o sistema de memória desse computador pode suportar para dada intensidade aritmética. Podemos expressar os limites como uma fórmula para traçar essas linhas nos gráficos na Figura 4.11:

GFLOP/s atingível = Min(LB de pico de memória
× intensidade aritmética, pico de desempenho de ponto flutuante)

O "Roofline" estabelece um limite superior sobre o desempenho de um kernel, dependendo da sua intensidade aritmética. Se pensarmos na intensidade aritmética como um mastro que atinge o telhado, ele atinge a parte plana no telhado, o que significa que o desempenho é limitado computacionalmente, ou atinge a parte inclinada do telhado, o que significa que o desempenho é limitado pela largura de banda da memória. Na Figura 4.11, a linha tracejada vertical à direita (intensidade aritmética de 4) é um exemplo do primeiro, e a linha tracejada vertical à esquerda (intensidade aritmética de 1/4) é um exemplo do segundo. Dado um modelo Roofline de um computador, você pode aplicá-lo repetidamente, uma vez que ele não varia com o kernel.

Observe que o "ponto de cumeeira", onde os telhados diagonal e horizontal se encontram, oferece um conhecimento interessante sobre o computador. Se ele estiver muito à direita, somente kernels com intensidade aritmética muito alta poderão atingir o desempenho máximo desse computador. Se estiver muito à esquerda, praticamente qualquer kernel poderá atingir o desempenho máximo. Como veremos, esse processador vetorial tem uma largura de banda de memória muito maior e um ponto de cumeeira muito à esquerda, quando comparado com outros processadores SIMD.

A Figura 4.11 mostra que o pico de desempenho computacional do SX-9 é 2,4 vezes mais rápido do que o do Core i7, mas o desempenho de memória é 10 vezes maior. Para programas com intensidade aritmética de 0,25, o SX-9 é 10 vezes mais rápido (40,5 contra 4,1 GFLOP/s). A maior largura de banda de memória move o ponto de cumeeira de 2,6 no Core i7 para 0,6 no SX-9, o que significa que muito mais programas podem atingir o pico do desempenho computacional no processador vetorial.

# 4.4 UNIDADES DE PROCESSAMENTO GRÁFICO

Por poucas centenas de dólares, qualquer um pode comprar uma GPU com centenas de unidades paralelas de ponto flutuante, conectando-a ao seu PC desktop. Toda essa conveniência e o baixo custo tornam a computação de alto desempenho mais acessível a muitas pessoas. O interesse em computação GPU aumentou quando seu potencial foi combinado com uma linguagem de programação que tornou as GPUs mais fáceis de programar. Portanto, hoje muitos programadores de aplicações científicas e de multimídia estão ponderando se usam GPUs ou CPUs. Para os programadores interessados em aprendizado de máquina, que é o assunto do Capítulo 7, as GPUs atualmente constituem a plataforma preferida.

As GPUs e CPUs não têm um ancestral comum na genealogia das arquiteturas de computador; não há um "elo perdido" que explique as duas. Conforme descrito pela Seção 4.10, os primeiros ancestrais das GPUS são os aceleradores gráficos, já que criar gráficos bem é a razão pela qual elas existem. Embora as GPUs estejam rumando para a corrente principal da computação, não podem abandonar sua responsabilidade de continuarem sendo excelentes com gráficos. Assim, seu projeto pode fazer mais sentido quando os arquitetos perguntam, dado o hardware investido para criar bons gráficos: como podemos suplementá-la para melhorar o desempenho de uma gama maior de aplicações?

Observe que esta seção se concentra no uso das GPUs para computação. Para ver como a computação por GPU combina com o papel tradicional da aceleração de gráficos, leia "Graphics and Computing GPUs", de John Nickolls e David Kirk (Apêndice A da 5ª edição de *Computer Organization and Design*, também de nossa autoria).

Como a terminologia e alguns recursos de hardware são muito diferentes entre arquiteturas vetoriais e SIMD, acreditamos que será mais fácil se começarmos com o modelo de programação simplificado para GPUs antes de descrevermos a arquitetura.

## Programando a GPU

CUDA é uma solução elegante para o problema de representar paralelismo em algoritmos, não em todos os algoritmos, mas o suficiente para ser importante. Ela parece ressoar, de alguma maneira, o modo como pensamos e codificamos, permitindo uma expressão mais fácil e natural do paralelismo além do nível de tarefa.

**Vincent Natol**
"Kudos for CUDA", *HPC Wire* (2010)

O desafio do programador de GPU não consiste simplesmente em obter bons desempenhos da GPU, mas também em coordenar o escalonamento da computação no processador do sistema e a GPU, assim como a transferência de dados entre a memória do sistema e a memória da GPU. Além do mais, como veremos mais adiante nesta seção, as GPUs têm quase todos os tipos de paralelismo que podem ser capturados pelo ambiente de programação: multithreading, MIMD, SIMD e até mesmo em nível de instrução.

A NVIDIA decidiu desenvolver uma linguagem semelhante a C e um ambiente de programação que melhoraria a produtividade dos programadores de GPU, atacando os desafios da computação heterogênea e do paralelismo multifacetado. O nome do seu sistema é *CUDA*, de Compute Unified Device Architecture (ou seja, Arquitetura de Computação de Dispositivo Unificado). A CUDA produz código em C/C++ para o processador do sistema (*host*) e um dialeto C e C++ para a GPU (*dispositivo*, daí o D em CUDA). Uma linguagem de programação semelhante é a *OpenCL*, que muitas empresas estão desenvolvendo para oferecer uma linguagem independente de fornecedor para múltiplas plataformas.

A NVIDIA decidiu que o tema unificador de todas essas formas de paralelismo é o *Thread CUDA*. Usando esse nível mais baixo de paralelismo como a primitiva de programação, o compilador e o hardware podem reunir milhares de threads CUDA para utilizar os diversos estilos de paralelismo dentro de uma GPU: multithreading, MIMD, SIMD e paralelismo em nível de instrução. Assim, a NVIDIA classifica o modelo de programação CUDA como instrução única, múltiplos threads (Single Instruction, Multiple Thread — SIMT). Por motivos que veremos em breve, esses threads são reunidos em bloco e executados em grupos de threads, chamados *bloco de thread*. O hardware que executa um bloco inteiro de threads é chamado *processador SIMD multithreaded*.

Precisamos somente de alguns detalhes antes de dar um exemplo de um programa CUDA:

- Para distinguir entre funções da GPU (dispositivo) e funções do processador do sistema (host), a CUDA usa `__device__` ou `__global__` para o primeiro e `__host__` para o segundo.
- As variáveis CUDA declaradas com `__device__` são alocadas na memória da GPU (ver adiante), que é acessível por todos os processadores SIMD multithreaded.
- A sintaxe da chamada de função estendida para a função *nome* que é executada na GPU é
  *nome* `<<<dimGrid, dimBlock>>>`(*... lista de parâmetros...*)
- onde `dimGrid` e `dimBlock` especificam as dimensões do código (em blocos de thread) e as dimensões de um bloco (em threads).
- Além do identificador de blocos (`blockIdx`) e do identificador para cada thread em um bloco (`threadIdx`), a CUDA fornece uma palavra-chave para o número de threads por bloco (`blockDim`), que vem do parâmetro `dimBlock` do item anterior.

Antes de ver o código CUDA, vamos começar com um código C convencional para o loop `DAXPY` da Seção 4.2:

```
// Invoca DAXPY
daxpy(n, 2.0, x, y);
// DAXPY em C
void daxpy(int n, double a, double *x, double *y)
{
    for (int i = 0; i < n;++i)
        y[i] = a*x[i] + y[i];
}
```

A seguir está a versão CUDA. Lançamos *n* threads, um por elemento de vetor, com 256 threads CUDA por bloco de threads em um processador SIMD multithreaded. A função da GPU começa calculando-se o índice de elemento correspondente *i*, baseado no ID do bloco, o número de threads por bloco e o ID do thread. Enquanto esse índice estiver dentro do array (i < n), realiza a multiplicação e adição.

```
// Invoca DAXPY com 256 threads por bloco de threads
__host__
int nblocks = (n+255) / 256;
daxpy<<<nblocks, 256>>>(n, 2.0, x, y);
// DAXPY em CUDA
__global__
```

# 4.4 Unidades de processamento gráfico

```
void daxpy(int n, double a, double *x, double *y)
{
    int i = blockIdx.x*blockDim.x + threadIdx.x;
    if (i < n) y[i] = a*x[i] + y[i];
}
```

Comparando os códigos C e CUDA, vemos um padrão comum para paralelizar o código CUDA com dados paralelos. A versão C tem um loop em que cada iteração é independente das outras. Isso permite que o loop seja transformado diretamente em um código paralelo no qual cada iteração do loop se torna um thread independente. (Como mencionado antes e descrito em detalhes na Seção 4.5, compilação vetorial também depende de uma falta de dependências entre as iterações de um loop, que são chamadas *dependências carregadas em loop*.) O programador determina o paralelismo em CUDA explicitamente, especificando as dimensões do grid e o número de threads por processador SIMD. Designando um único thread para cada elemento, não há necessidade de sincronização entre os threads quando se escrevem os resultados na memória.

O hardware da GPU suporta a execução em paralelo e o gerenciamento de threads; isso não é feito por aplicações ou pelo sistema operacional. Para simplificar o escalonamento pelo hardware, a CUDA requer que blocos de threads sejam capazes de ser executados independentemente e em qualquer ordem. Diferentes blocos de threads não podem se comunicar diretamente, embora possam se *coordenar* usando operações atômicas de memória na memória global.

Como veremos em breve, muitos conceitos de hardware de GPU não são óbvios em CUDA. A escrita de código GPU eficiente exige que os programadores pensem em termos de operações SIMD, embora o modelo de programação CUDA se pareça com MIMD. Programadores que visam o desempenho deverão ter em mente o hardware de GPU ao escrever em CUDA. Isso poderia prejudicar a produtividade do programador, mas a maioria dos programadores está usando GPUs em vez de CPUs para obter mais desempenho. Por motivos que explicaremos em breve, eles sabem que precisam manter juntos grupos de 32 threads no fluxo de controle para obter o melhor desempenho dos processadores SIMD multithreaded e criar muitos outros threads por processador SIMD multithreaded para ocultar a latência da DRAM. Eles também precisam manter os endereços de dados localizados em um ou alguns blocos de memória para obter o desempenho esperado da memória.

Como muitos sistemas paralelos, um compromisso entre a produtividade e o desempenho constitui a inclusão de intrínsecos na CUDA para dar aos programadores o controle explícito do hardware. A luta entre garantir a produtividade, por um lado, e permitir ao programador expressar qualquer coisa que o hardware possa fazer, por outro lado, acontece com frequência na computação paralela. Será interessante ver como a linguagem evolui nessa clássica batalha entre produtividade e desempenho, além de ver se a CUDA se torna popular para outras GPUS ou mesmo outros estilos arquitetônicos.

## Estruturas computacionais da GPU NVIDIA

A herança incomum mencionada ajuda a explicar por que as GPUs têm seu próprio estilo de arquitetura e sua própria terminologia, independentemente das CPUs. Um obstáculo para entender as GPUs tem sido o jargão, pois alguns termos têm até nomes enganosos. Esse obstáculo tem sido surpreendentemente difícil de superar, como podem atestar as muitas vezes que este capítulo foi reescrito.

Para tentar fazer a ponte entre os objetivos gêmeos de tornar a arquitetura das GPUs compreensível *e* aprender os muitos termos de GPU com definições não tradicionais, nossa abordagem é usar a terminologia CUDA para software, mas usar inicialmente termos mais descritivos para o hardware, às vezes pegando emprestados termos usados pelo OpenCL. Depois de explicarmos a arquitetura de GPU em nossos termos, vamos relacioná-los ao jargão oficial das GPUs NVIDIA.

Da esquerda para a direita, a Figura 4.12 lista os termos mais descritivos usados nesta seção, os termos mais próximos da corrente principal da computação, os termos oficiais da GPU

| Tipo | Nome descritivo | Termo antigo mais próximo fora das GPUS | Termos oficiais para GPU CUDA/NVIDIA | Explicação curta |
|---|---|---|---|---|
| **Abstrações de programa** | Loop vetorizável | Loop vetorizável | Grid | Loop vetorizável, executado na GPU, composto de um ou mais blocos de threads (corpos de loop vetorizado) que podem ser executados em paralelo. |
| | Corpo do loop vetorizado | Corpo de um loop vetorizado (strip mined) | Bloco de threads | Loop vetorizado executado em um processador SIMD multithreaded, composto de um ou mais threads de instruções SIMD. Eles podem se comunicar através da memória local. |
| | Sequência de operações de pista SIMD | Uma iteração de um loop escalar | Thread CUDA | Corte vertical de um thread de instruções SIMD correspondendo a um elemento executado por uma pista SIMD. O resultado é armazenado de acordo com a máscara e o registrador de predicado. |
| **Objeto de máquina** | Thread de instruções SIMD | Thread de instruções vetoriais | Warp | Thread tradicional, mas contém somente instruções SIMD que são executadas em um processador SIMD multithreaded. Resultados armazenados ependendo de uma máscara por elemento. |
| | Instrução SIMD | Instrução vetorial | Instrução PTX | Uma única instrução SIMD executada através das pistas SIMD. |
| **Hardware de processamento** | Processador SIMD multithread | Processador vetorial (multithreaded) | Multiprocessador de streaming | Processador SIMD multithreaded executa threads de instruções SIMD, independentemente de outros processadores SIMD. |
| | Escalonador de blocos de threads | Processador escalar | Giga Thread Engine | Designa múltiplos blocos de threads (corpos de loops vetorizados) a processadores SIMD multithreaded. |
| | Escalonador de threads SIMD | Escalonador de threads em uma CPU multithreaded | Escalonador warp | Unidade de hardware que escalona e despacha threads de instruções SIMD quando elas estão prontas para ser executadas; inclui um scoreboard para rastrear a execução de threads SIMD. |
| | Pista SIMD | Pista vetorial | Processador de thread | Uma pista SIMD executa as operações em um thread de instruções SIMD sobre um único elemento. Os resultados são armazenados de acordo com a máscara. |
| **Hardware de memória** | Memória da GPU | Memória principal | Memória global | Memória DRAM acessível por todos os processadores SIMD multithreaded em uma GPU. |
| | Memória privativa | Pilha ou armazenamento local de thread (SO) | Memória local | Parte da memória DRAM privativa a cada pista SIMD. |
| | Memória local | Memória local | Memória compartilhada | SRAM local rápida para um processador SIMD multithreaded, indisponível para outros processadores SIMD. |
| | Registradores de pista SIMD | Registradores vetoriais de pista | Registradores de processador de thread | Registradores em uma única pista SIMD alocados através de todo um bloco de threads (corpo de loop vetorizado). |

**FIGURA 4.12** Guia rápido para os termos de GPU usados neste capítulo.

Usamos a primeira coluna para os termos de hardware. Quatro grupos reúnem esses 11 termos. De cima para baixo: abstrações de programa, objetos de máquina, hardware de processamento e hardware de memória. A Figura 4.21, associa os termos vetoriais com os termos mais próximos aqui, a Figura 4.24 e a Figura 4.25, revelam os termos e definições oficiais CUDA/NVIDIA e AMD, juntamente com os termos usados pelo OpenCL.

NVIDIA para o caso de você estar interessado e, depois, uma rápida descrição dos termos. O restante desta seção explica as características da microarquitetura das GPUs usando os termos descritivos da esquerda da figura.

Usamos sistemas NVIDIA como exemplo porque eles são representativos das arquiteturas de GPU. Seguimos especificamente a terminologia da linguagem de programação paralela CUDA e usamos a GPU NVIDIA Pascal como exemplo (ver Seção 4.7).

Assim como as arquiteturas vetoriais, as GPUs funcionam bem somente com problemas paralelos em nível de dados. Os dois estilos possuem transferências de dados gather-scatter e registradores de máscara, e os processadores de GPU têm ainda mais registradores do que os processadores vetoriais. Às vezes, as GPUs implementam certos recursos no hardware que os processadores vetoriais implementariam em software. A diferença é porque os processadores vetoriais possuem um processador escalar que pode executar uma função do software. Ao contrário da maioria das arquiteturas vetoriais, as GPUs também dependem de multithreading dentro de um único processador SIMD multithreaded para ocultar a latência de memória (ver Capítulos 2 e 3). Entretanto, o código eficiente tanto para arquiteturas vetoriais quanto para GPUs requer que os programadores pensem em grupos de operações SIMD.

Um *grid* é o código executado em uma GPU que consiste em um conjunto de *blocos de threads*. A Figura 4.12 traça a analogia entre um grid e um loop vetorizado e entre um bloco de threads e um corpo desse loop (depois que ele foi expandido, de modo que seja um loop computacional completo). Para dar um exemplo concreto, vamos supor que queiramos multiplicar dois vetores, cada qual com 8.192 elementos: A = B * C. Vamos retomar esse exemplo ao longo desta seção. A Figura 4.13 mostra a relação entre ele e os dois primeiros termos da GPU. O código da GPU que trabalha sobre toda a multiplicação dos 8.192 elementos é chamado *grid* (ou loop vetorizado). Para que possa ser dividido em partes mais gerenciáveis, um grid é composto de *blocos de threads* (ou corpo de um loop vetorizado), cada qual com até 512 elementos. Observe que uma instrução SIMD executa 32 elementos por vez. Com 8.192 elementos nos vetores, esse exemplo tem 16 blocos de threads, já que 16 = 8.192/512. O grid e o bloco de threads são abstrações de programação implementadas no hardware da GPU que ajudam os programadores a organizar seu código CUDA. (O bloco de threads é semelhante a um loop vetorial expandido com comprimento vetorial de 32.)

Um bloco de threads é designado para um processador que executa esse código, que chamamos *processador SIMD multithreaded*, pelo *escalonador de bloco de threads*. O programador diz ao escalonador de bloco de threads, que é implementado no hardware, quantos blocos de thread devem ser executados. Neste exemplo, ele enviaria 16 blocos de threads para processadores SIMD multithreaded a fim de calcular os 8.192 elementos desse loop.

A Figura 4.14 mostra um diagrama de blocos simplificado de um processador SIMD multithreaded. Ele é semelhante a um processador vetorial, mas tem muitas unidades funcionais paralelas, em vez de poucas que são fortemente pipelined, como em um processador vetorial. No exemplo de programação dado na Figura 4.13, cada processador SIMD multithreaded recebe 512 elementos dos vetores para trabalhar. Os processadores SIMD são processadores completos com PCs separados e programados usando threads (ver Capítulo 3).

O hardware de GPU contém, portanto, uma coleção de processadores SIMD multithreaded que executam um grid de blocos de threads (corpos de loop vetorizado); ou seja, uma GPU é um multiprocessador composto de processadores SIMD multithreaded.

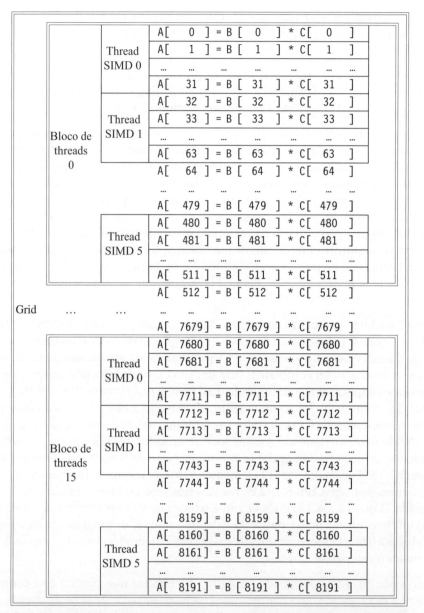

**FIGURA 4.13** Mapeamento entre um grid (loop vetorizável), blocos de thread (blocos SIMD básicos) e threads de instruções SIMD e uma multiplicação de vetores, com cada vetor tendo 8.192 elementos.
Cada thread de instruções SIMD calcula 32 elementos por instrução, e neste exemplo cada bloco de threads contém 16 threads de instruções SIMD e o grid contém 16 blocos de threads. O hardware escalonador de bloco de threads atribui blocos de threads a processadores SIMD multithreaded e o hardware escalonador de thread seleciona qual thread de instruções SIMD executar a cada ciclo de clock em um processador SIMD. Somente threads SIMD no mesmo bloco de threads podem se comunicar através da memória local. (O número máximo de threads SIMD que podem ser executados simultaneamente por bloco de thread é 32 para as GPUs Pascal.)

Uma GPU pode ter de um a várias dezenas de processadores SIMD multithreaded. Por exemplo, o sistema Pascal P100 tem 56, enquanto os chips menores podem ter um ou dois. Para fornecer escalabilidade transparente entre modelos de GPUs com números diferentes de processadores SIMD multithreaded, o escalonador de blocos de threads designa blocos de threads (corpos de um loop vetorizado) a processadores SIMD multithreaded. A Figura 4.15 mostra a planta da implementação P100 da arquitetura Pascal.

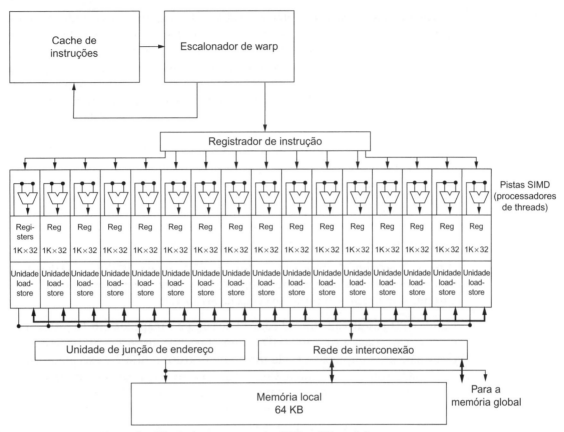

**FIGURA 4.14** Diagrama de blocos simplificado de um processador SIMD multithreaded.
Ele tem 16 pistas SIMD. O escalonador de threads SIMD tem, digamos, 64 threads independentes de instruções SIMD, que ele escalona com uma tabela de 64 contadores de programa (PCs). Observe que cada pista tem 1024 registradores de 32 bits.

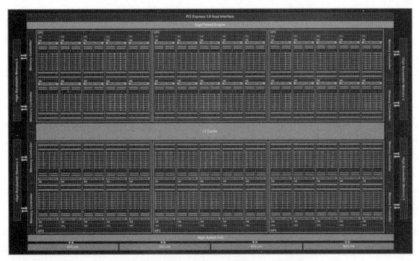

**FIGURA 4.15** Diagrama de blocos do chip completo da GPU Pascal P100.
Este diagrama mostra 56 processadores SIMD multithreaded, cada um com uma cache L1 e memória local, 32 unidades L2 e uma largura de barramento de memória com 4096 fios de dados. (Ele tem 60 blocos, com quatro reservas para melhorar o rendimento.) O P100 tem 4 portas HBM2 com suporte para até 16 GB de capacidade. Ele contém 15,4 bilhões de transistores.

Descendo mais um nível de detalhes, o objeto de máquina que o hardware cria, gerencia, escalona e executa é um *thread de instruções SIMD*. Ele é um thread tradicional que contém exclusivamente instruções SIMD. Esses threads de instruções SIMD têm seus próprios PCs e são executados em um processador SIMD multithreaded. O *escalonador de thread SIMD* sabe quais threads de instruções SIMD estão prontas para serem executadas; então ele as envia para uma unidade de despacho para serem executadas no processador SIMD multithreaded. Assim, o hardware de GPU tem dois níveis de escalonadores de hardware: (1) o *escalonador de bloco de threads* que designa blocos de threads (corpos de loops vetorizados) a processadores SIMD multithreaded, e (2) o escalonador de threads SIMD *dentro* de um processador SIMD, que escalona quando os threads de instruções SIMD devem ser executados.

As instruções SIMD desses threads têm 32 de largura, de modo que cada thread de instruções SIMD neste exemplo calcularia 32 dos elementos do cálculo. Neste exemplo, os blocos de threads conteriam 512/32 = 16 threads SIMD (ver Figura 4.13).

Uma vez que o thread consiste em instruções SIMD, o processador SIMD deve ter unidades funcionais paralelas para realizar a operação. Nós as chamamos *pistas SIMD*, e elas são bastante semelhantes às pistas vetoriais da Seção 4.2.

Com a GPU Pascal, cada thread com 32 de largura é mapeado em 16 pistas SIMD físicas, de modo que cada instrução SIMD em um thread de instruções SIMD leva dois ciclos de clock para ser completada. Cada thread de instruções SIMD é executado em *lock step* e escalonado somente no início. Continuando com a analogia de um processador SIMD como processador vetorial, você poderia dizer que ele tem 16 pistas, o comprimento do vetor seria de 32 e o chime de dois ciclos de clock. (Essa natureza ampla, mas rasa, é o motivo de usarmos o termo processador SIMD em vez de processador vetorial, já que ele é mais descritivo.)

Observe que o número de pistas em um processador SIMD da GPU pode ser qualquer um até o número de threads em um bloco de threads, assim como o número de pistas em um processador vetorial pode variar entre 1 e tamanho máximo do vetor. Por exemplo, entre as gerações de GPU, o número de pistas por processador SIMD flutuou entre 8 e 32.

Já que, por definição, os threads de instruções SIMD são independentes, o escalonador de threads SIMD pode escolher qualquer thread de instruções SIMD que esteja pronto, e não precisa se prender à próxima instrução SIMD na sequência dentro de um thread. O escalonador de threads SIMD inclui um scoreboard (ver Capítulo 3) para rastrear até 64 threads de instruções SIMD a fim de verificar qual instrução SIMD está pronta para prosseguir. A latência das instruções de memória é variável devido aos acertos e faltas nas caches e no TLB, daí o requisito de um scoreboard para determinar quando essas instruções estão concluídas. A Figura 4.16 mostra o escalonador de threads SIMD selecionando threads de instruções SIMD em ordem diferente ao longo do tempo. A suposição dos arquitetos de GPU é de que as aplicações de GPU têm tantos threads de instruções SIMD que o multithreading pode tanto ocultar a latência da DRAM quanto aumentar a utilização de processadores SIMD multithreaded.

Continuando com nosso exemplo de multiplicação de vetores, cada processador SIMD multithreaded deve carregar 32 elementos de dois vetores da memória em registradores, realizando a multiplicação lendo e escrevendo registradores, e armazenando o produto dos registradores de volta para a memória. Para conter esses elementos de memória, um processador SIMD tem impressionantes 32.768 a 65.536 registradores de 32 bits (1024 por pista na Figura 4.14), dependendo do modelo da GPU Pascal. Assim como um proces-

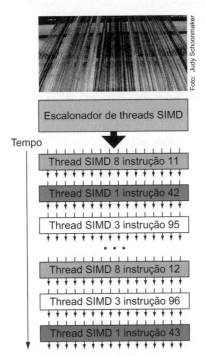

**FIGURA 4.16** Escalonamento de threads de instruções SIMD.
O escalonador seleciona um thread de instruções SIMD pronto e despacha uma instrução sincronizada para todas as pistas SIMD, executando o thread SIMD. Já que os threads de instruções SIMD são independentes, o escalonador pode selecionar um thread SIMD diferente a cada vez.

sador vetorial, esses registradores são divididos logicamente ao longo das pistas vetoriais ou, nesse caso, pistas SIMD.

Cada thread SIMD é limitado a não mais de 256 registradores, então você pode pensar em um thread SIMD como tendo até 256 registradores vetoriais, com cada registrador tendo 32 elementos e cada elemento tendo 32 bits de largura. (Como os operandos de ponto flutuante com precisão dupla usam dois registradores adjacentes de 32 bits, uma visão alternativa é que cada thread SIMD tem 128 registradores vetoriais de 32 elementos, cada qual com 64 bits de largura.)

Há uma escolha a ser feita entre o uso de registradores e o número máximo de threads; menos registradores por thread significa que mais threads são possíveis, e mais registradores significa menos threads. Ou seja, nem todos os threads SIMD precisam ter o número máximo de registradores. Arquitetos Pascal acreditam que grande parte dessa preciosa área do silício ficaria ociosa se todos os threads tivessem o número máximo de registradores.

Para ser capaz de executar vários threads de instruções SIMD, cada conjunto de registradores é alocado dinamicamente em um processador SIMD; threads de instruções SIMD são criados e liberados quando o thread SIMD é encerrado. Por exemplo, um programador pode ter um bloco de threads que utiliza 36 registradores por thread com, digamos, 16 threads SIMD juntamente com outro bloco de threads que possui 20 registradores por thread com 32 threads SIMD. Os blocos de threads subsequentes podem aparecer em qualquer ordem, e os registradores precisam ser alocados por demanda. Embora essa variabilidade possa levar à fragmentação e tornar alguns registradores indisponíveis, na prática, a maior parte dos blocos de threads utiliza o mesmo número de registradores para determinado loop vetorizável ("grid"). O hardware precisa saber onde estão os registradores para cada bloco de threads no banco de registradores grande, e isso é registrado com base em cada bloco de threads. Essa flexibilidade requer roteamento, arbitração e uso de bancos no hardware, pois um registrador específico para determinado bloco de threads poderia acabar ficando em qualquer local no banco de registradores.

Observe que um thread CUDA é somente um corte vertical de um thread de instruções SIMD, correspondendo a um elemento executado por uma pista SIMD. Saiba que threads CUDA são muito diferentes de threads POSIX; não é possível fazer chamadas arbitrárias do sistema a partir de um thread CUDA.

Agora estamos prontos para ver como são as instruções de GPU.

## Arquitetura de conjunto de instruções da GPU NVIDIA

Ao contrário da maioria dos processadores de sistema, o alvo do conjunto de instruções dos compiladores NVIDIA é uma abstração do conjunto de instruções do hardware. A *execução de threads em paralelo* (Parallel Thread Exectution — PTX) fornece um conjunto estável de instruções para os compiladores, além de compatibilidade ao longo das gerações de GPUs. O conjunto de instruções de hardware é ocultado do programador. As instruções PTX descrevem as operações em um único thread CUDA e, geralmente, têm correspondência um a um com as instruções de hardware, mas uma instrução PTX pode ser expandida para muitas instruções de máquina e vice-versa. A PTX usa um número ilimitado de registradores write-once, o compilador precisa executar um procedimento de alocação de registrador para mapear os registradores PTX a um número fixo de registradores de hardware read-write disponíveis no dispositivo real. O otimizador é executado em sequência e pode reduzir ainda mais o uso de registradores. Esse otimizador também elimina o código morto, reúne instruções e calcula locais onde os desvios podem divergir e locais onde caminhos divergentes podem convergir.

Embora haja alguma semelhança entre as microarquiteturas x86 e o PTX, no sentido de que as duas se traduzem em uma forma interna (microinstruções para o x86), a diferença é que essa tradução acontece no hardware em runtime durante a execução no x86, enquanto acontece no software e no tempo de carregamento em uma GPU.

O formato de uma instrução PTX é

```
opcode.type d, a, b, c;
```

onde d é o operando de destino, a, b e c são os operandos de origem, e o tipo (type) é um dos seguintes:

| Tipo | Especificador do tipo |
|---|---|
| Bits sem tipo de 8, 16, 32 e 64 bits | .b8,.b16,.b32,.b64 |
| Inteiro sem sinal de 8, 16, 32 e 64 bits | .u8,.u16,.u32,.u64 |
| Inteiro com sinal de 8, 16, 32 e 64 bits | .s8,.s16,.s32,.s64 |
| Ponto flutuante de 16, 32 e 64 bits | .f16,.f32,.f64 |

Os operandos de origem são registradores de 32 ou 64 bits ou um valor constante. Destinos são registradores, exceto para instruções de armazenamento.

A Figura 4.17 mostra o conjunto básico de instruções PTX. Todas as instruções podem ser pressupostas por registradores de predicado de 1 bit, que podem ser configurados por uma instrução de predicado de conjunto (setp). As instruções de fluxo de controle

| Grupo | Instrução | Exemplo | Significado | Comentários |
|---|---|---|---|---|
| | arithmetic .type = .s32, .u32, .f32, .s64, .u64, .f64 | | | |
| | add.type | add.f32 d, a, b | d = a + b; | |
| | sub.type | sub.f32 d, a, b | d = a - b; | |
| | mul.type | mul.f32 d, a, b | d = a * b; | |
| | mad.type | mad.f32 d, a, b, c | d = a * b + c; | Multiplicação-adição |
| | div.type | div.f32 d, a, b | d = a / b; | Múltiplas microinstruções |
| | rem.type | rem.u32 d, a, b | d = a % b; | Resto inteiro |
| Aritmético | abs.type | abs.f32 d, a | d = |a|; | |
| | neg.type | neg.f32 d, a | d = 0 - a; | |
| | min.type | min.f32 d, a, b | d = (a < b)? a:b; | Flutuante seleciona não NaN |
| | max.type | max.f32 d, a, b | d = (a > b)? a:b; | Flutuante seleciona não NaN |
| | setp.cmp.type | setp.lt.f32 p, a, b | p = (a < b); | Compara e configura predicado |
| | numeric .cmp = eq, ne, lt, le, gt, ge; unordered cmp = equ, neu, ltu, leu, gtu, geu, num, nan | | | |
| | mov.type | mov.b32 d, a | d = a; | Move |
| | selp.type | selp.f32 d, a, b, p | d = p? a: b; | Seleciona com predicado |
| | cvt.dtype.atype | cvt.f32.s32 d, a | d = convert(a); | Converte atype para dtype |
| | special .type = .f32 (some .f64) | | | |
| | rcp.type | rcp.f32 d, a | d = 1/a; | Recíproco |
| | sqrt.type | sqrt.f32 d, a | d = sqrt(a); | Raiz quadrada |
| Função Especial | rsqrt.type | rsqrt.f32 d, a | d = 1/sqrt(a); | Raiz quadrada recíproca |
| | sin.type | sin.f32 d, a | d = sin(a); | Seno |
| | cos.type | cos.f32 d, a | d = cos(a); | Cosseno |
| | lg2.type | lg2.f32 d, a | d = log(a)/log(2) | Logaritmo binário |
| | ex2.type | ex2.f32 d, a | d = 2 ** a; | Exponencial binário |
| | logic.type = .pred,.b32, .b64 | | | |
| | and.type | and.b32 d, a, b | d = a & b; | |
| | or.type | or.b32 d, a, b | d = a | b; | |
| | xor.type | xor.b32 d, a, b | d = a ^b; | |
| Lógico | not.type | not.b32 d, a, b | d = ~a; | Complemento de um |
| | cnot.type | cnot.b32 d, a, b | d = (a==0)? 1:0; | Não lógico C |
| | shl.type | shl.b32 d, a, b | d = a << b; | Desloca para a esquerda |
| | shr.type | shr.s32 d, a, b | d = a >> b; | Desloca para a direita |
| | memory.space = .global, .shared, .local, .const; .type = .b8, .u8, .s8, .b16, .b32, .b64 | | | |
| | ld.space.type | ld.global.b32 d, [a+off] | d = *(a+off); | Carrega do espaço de memória |
| | st.space.type | st.shared.b32 [d+off], a | *(d+off) = a; | Armazena no espaço de memória |
| Acesso à memória | tex.nd.dtyp.btype | tex.2d.v4.f32.f32 d, a, b | d = tex2d(a, b); | Busca de textura |
| | atom.spc.op.type | atom.global.add.u32 d,[a], b<br>atom.global.cas.b32 d,[a], b, c | atomic { d = *a;<br>*a = op(*a, b); } | Operação de leitura-modificação-escrita atômica |
| | atom.op = and, or, xor, add, min, max, exch, cas; .spc = .global; .type = .b32 | | | |
| | branch | @p bra target | if (p) goto target; | Desvio condicional |
| | call | call (ret), func, (params) | ret = func(params); | Chamada de função |
| Fluxo de controle | ret | ret | return; | Retorno da chamada de função |
| | bar.sync | bar.sync d | wait for threads | Sincronização de barreira |
| | exit | exit | exit; | Encerra execução do thread |

**FIGURA 4.17** Instruções de thread básicas da GPU PTX.

são funções `call` e `return`, `exit` de thread, `branch` e sincronização de barreira para threads dentro de um bloco de threads (`bar.sync`). Colocar um predicado em frente a uma instrução de desvio nos dá desvios condicionais. O compilador ou programador PTX declara registradores virtuais como valores de 32 bits ou 64 bits com tipo ou sem tipo. Por exemplo, R0, R1,... são para valores de 32 bits, e RD0, RD1,... são para registradores de 64 bits. Lembre-se de que a atribuição de registradores virtuais a registradores físicos ocorre no momento do carregamento no PTX.

A sequência de instruções PTX a seguir é para uma iteração do nosso loop DAXPY:

```
shl.u32 R8, blockIdx, 8       ;ID do Bloco de Threads*Tamanho do Bloco
                              ;(256 ou 28)
add.u32 R8, R8, threadIdx     ;R8 = i = ID do meu thread CUDA
shl.u32 R8, R8, 3             ;offset de byte
ld.global.f64 RD0, [X + R8]   ; RD0 = X[i]
ld.global.f64 RD2, [Y + R8]   ; RD2 = Y[i]
mul.f64 RD0, RD0, RD4         ;Produto em RD0 = RD0 * RD4
                              ;(escalar a)
add.f64 RD0, RD0, RD2         ;Soma em RD0 = RD0 + RD2 (Y[i])
st.global.f64 [Y + R8], RD0   ;Y[i] = soma (X[i]*a + Y[i])
```

Como demonstrado, o modelo de programação CUDA designa um thread CUDA para cada iteração de loop e oferece um número identificador único para cada bloco de threads (blockIdx) e um para cada thread CUDA dentro de um bloco (threadIdx). Assim, ele cria 8.192 threads CUDA e usa o número único para endereçar cada elemento no array, de modo que não há código de incremento ou desvio. As três primeiras instruções PTX calculam o offset de byte desse elemento único em R8, que é somado à base dos arrays. As instruções PTX a seguir carregam dois operandos de ponto flutuante de precisão dupla, os multiplicam e somam, e armazenam a soma. (Vamos descrever o código PTX correspondente ao código CUDA "if (i < n)" a seguir.)

Observe que, ao contrário das arquiteturas vetoriais, as GPUs não têm instruções separadas para transferências sequenciais de dados, transferências de dados com passo e transferências de dados gather-scatter. Todas as transferências de dados são gather-scatter! Para recuperar a eficiência das transferências de dados sequenciais (passo unitário), as GPUs incluem hardware de aglutinação de endereço para reconhecer quando as pistas SIMD dentro de um thread de instruções SIMD estão enviando coletivamente endereços sequenciais. Então, esse hardware de runtime notifica a unidade de interface de memória para requerer uma transferência de bloco de 32 palavras sequenciais. Para obter essa importante melhoria no desempenho, o programador da GPU deve garantir que threads CUDA adjacentes acessem endereços próximos ao mesmo tempo que podem ser aglutinados em um ou poucos blocos da memória ou da cache, o que nosso exemplo faz.

## Desvios condicionais em GPUs

Assim como no caso das transferências de dados de passo unitário, existem fortes semelhanças entre o modo como as arquiteturas vetoriais e as GPUs lidam com declarações IF: as primeiras implementam o mecanismo principalmente em software com suporte limitado de hardware e as segundas com o uso de mais hardware. Como veremos, além de usar registradores explícitos de predicados, o hardware de desvio de GPU usa máscaras internas, uma pilha de sincronização de desvio e marcadores de instrução para gerenciar quando um desvio diverge em múltiplos caminhos de execução e quando os caminhos convergem.

No nível de assembler do PTX, o fluxo de controle de um thread CUDA é descrito pelas instruções PTX branch, call, return e exit, e pelo uso de predicados individuais por pista de thread em cada instrução, especificados pelo programador com registradores de predicado com 1 bit por pista de thread. O assembler PTX analisa o gráfico de desvios PTX e o otimiza para a sequência de instruções de hardware GPU mais rápida. Cada uma pode tomar sua própria decisão sobre um desvio e não precisa estar em lock step.

No nível de instrução de hardware de GPU, o fluxo de controle inclui desvios, saltos, saltos indexados, chamadas, chamadas indexadas, retornos, saídas e instruções especiais que gerenciam a pilha de sincronização de desvio. O hardware da GPU fornece a cada thread SIMD sua própria pilha; uma entrada de pilha contém um token identificador, um endereço de instrução-alvo e uma máscara-alvo de thread ativo. Existem instruções especiais de GPU que empurram entradas de pilha para um thread SIMD e instruções especiais e marcadores de instrução que puxam uma entrada da pilha ou retornam a pilha para uma entrada específica e a desviam para o endereço da instrução-alvo com a máscara-alvo de thread ativo. As instruções de hardware de GPU também possuem predicados individuais por pista (habilita/desabilita) especificados com um registrador de predicado com 1 bit para cada pista.

O assembler PTX geralmente otimiza uma simples declaração IF-THEN-ELSE de nível externo, codificada com instruções de desvio PTX em instruções de GPU com predicados, sem quaisquer instruções de desvio de GPU. Um fluxo de controle mais complexo geralmente resulta em uma mistura de predicados e instruções de desvio de GPU com instruções especiais e marcadores que usam a pilha de sincronização de desvio para enviar uma entrada para a pilha, quando algumas pistas desviam para o endereço-alvo enquanto outras caem. A NVIDIA diz que um desvio *diverge* quando isso acontece. Essa mistura também é usada quando uma pista SIMD executa um marcador de sincronização ou *converge*, que desempilha uma entrada de pilha e a desvia para o endereço de entrada de pilha com a máscara de thread ativo em nível de pilha.

O assembler PTX identifica desvios de loop e gera instruções de desvio de GPU que desviam para o topo do loop, além de instruções especiais de pilha para lidar com pistas individuais saindo do loop e convergindo as pistas SIMD quando todas tiverem completado o loop. Instruções de salto indexado e chamada indexada de GPU colocam entradas na pilha para que, quando todas as pistas completarem a declaração de troca ou chamada de função, o thread SIMD convirja.

Uma instrução de GPU para configurar predicado (`setp` na Figura 4.17) avalia a parte condicional da instrução IF. Por isso, a instrução de desvio PTX depende desse predicado. Se o assembler PTX gerar instruções com predicado sem instruções de desvio de GPU, ele usará um registrador de predicado por pista para habilitar ou desabilitar uma pista SIMD para cada instrução. As instruções SIMD nos threads dentro da parte THEN da declaração IF transmitem as operações para todas as pistas SIMD. Aquelas pistas com o conjunto de predicados configurado em 1 realizam a operação e armazenam o resultado, e as outras pistas SIMD não realizam uma operação ou armazenam um resultado. Para a declaração ELSE, as instruções usam o complemento do predicado (relativo à declaração THEN), então as pistas SIMD que estavam ociosas realizam a operação e armazenam o resultado, enquanto suas irmãs, que antes estavam ativas, não o fazem. No final da declaração ELSE, as instruções não possuem predicados, portanto o cálculo original pode prosseguir. Assim, para caminhos de mesmo comprimento, um IF-THEN-ELSE opera com 50% de eficiência, ou menos.

Declarações IF podem ser aninhadas, daí o uso de uma pilha, e o assembler PTX geralmente gera uma mistura de instruções com predicado e desvios de GPU e instruções especiais de sincronização para controle complexo de fluxo. Observe que o aninhamento profundo pode significar que a maioria das pistas SIMD está ociosa durante a execução de declarações condicionais aninhadas. Assim, declarações IF duplamente aninhadas com caminhos de mesmo tamanho rodam com 25% de eficiência, triplamente aninhadas a 12,5% de eficiência, e assim por diante. O caso análogo seria o de um processador vetorial operando onde somente alguns dos bits de máscara são 1.

Descendo um nível de detalhe, o assembler PTX configura um marcador de "sincronização de desvio" em instruções condicionais apropriadas, que empilham a máscara ativa atual em uma pilha dentro de cada thread SIMD. Se o desvio condicional diverge (algumas pistas tomam o desvio, outras não), ele coloca uma entrada na pilha e configura a máscara interna ativa atual com base na condição. Um marcador de sincronização de desvio desempilha a entrada de desvio que divergiu e alterna os bits de máscara antes da parte ELSE. No final da declaração IF, o assembler PTX adiciona outro marcador de sincronização de desvio, que transfere a máscara ativa anterior da pilha para a máscara ativa atual.

Se todos os bits de máscara forem configurados para 1, então a instrução de desvio no final do THEN pula as instruções na parte ELSE. Existe uma otimização semelhante para a parte THEN no caso de todos os bits de máscara serem zero, já que o desvio condicional salta sobre as instruções THEN. Muitas vezes, declarações IF paralelas e desvios PTX usam condições de desvio unânimes (todas as pistas concordam em seguir o mesmo caminho), de modo que o thread SIMD não diverge em fluxos diferentes de controle de pista individual. O assembler PTX otimiza tais desvios para pular blocos de instruções que não são executados por qualquer pista de um thread SIMD. Essa otimização é útil na verificação de condição de erro, por exemplo, em que o teste deve ser feito, mas raramente o desvio é tomado.

O código para uma declaração condicional semelhante à da Seção 4.2 é

```
if (X[i] !=0)
    X[i] = X[i]-Y[i];
else X[i] = Z[i];
```

Essa declaração IF poderia ser compilada com as seguintes instruções PTX (supondo que R8 já tenha o ID escalado do thread), com *Push, *Comp, *Pop indicando os marcadores de sincronização de desvio inseridos pelo assembler PTX que empilham a máscara velha, complementam a máscara atual e desempilham para restaurar a máscara velha:

```
ld.global.f64 RD0, [X + R8]        ; RD0 = X[i]
setp.neq.s32 P1, RD0, #0           ; P1éo reg. de predicado 1
@!P1, bra ELSE1, *Push             ; Empilha máscara velha,
                                   ; configura novos bits de máscara
                                   ; se P1 for falso, vai para ELSE1

ld.global.f64 RD2, [Y + R8]        ; RD2 = Y[i]
sub.f64 RD0, RD0, RD2              ; Diferença em RD0
st.global.f64 [X + R8], RD0       ; X[i] = RD0
@P1, bra ENDIF1, *Comp             ; bits de máscara complementar
                                   ; se P1 for verdadeiro, vai para ENDIF1

ELSE1: ld.global.f64 RD0, [Z + R8] ; RD0 = Z[i]
       st.global.f64 [X + R8], RD0 ; X[i] = RD0
ENDIF1: <próxima instrução>, *Pop  ;desempilha para restaurar máscara antiga
```

Normalmente, todas as instruções na declaração IF-THEN-ELSE são executadas por um processador SIMD. Apenas algumas das pistas SIMD são habilitadas para as instruções THEN e outras para as instruções ELSE. Como mencionado, no caso surpreendentemente comum de as pistas individuais concordarem quanto ao desvio com predicado — como desviar com base em um parâmetro que é o mesmo para todas as pistas, de modo que os bits de máscara ativa sejam todos 0 ou todos 1 —, o desvio pula as instruções THEN ou as instruções ELSE.

Essa flexibilidade faz parecer que um elemento tem seu próprio contador de programa. Entretanto, no caso mais lento, somente uma lista SIMD poderia armazenar seu resultado a cada dois ciclos de clock, com o restante ocioso. Um caso mais lento análogo para arquiteturas vetoriais é operar com um bit de máscara configurado para 1. Por causa dessa flexibilidade, programadores de GPU ingênuos podem apresentar um desempenho ruim, mas ela pode ser útil nos primeiros estágios do desenvolvimento de programas. Entretanto, tenha em mente que as únicas opções para uma pista SIMD em um ciclo de clock é realizar a operação especificada na instrução PTX ou estar ocioso; duas pistas SIMD não podem executar instruções diferentes ao mesmo tempo.

Tal flexibilidade também ajuda a explicar o nome *thread CUDA* dado a cada elemento em um thread de instruções SIMD, já que cria a ilusão de ação independente. Um programador inexperiente pode achar que essa abstração de thread significa que a GPU lida com desvios condicionais com mais graça. Alguns threads vão em uma direção, o restante vai em outra, o que parecerá ser verdadeiro enquanto você não estiver com pressa. Cada thread CUDA está executando a mesma instrução que qualquer outro thread no bloco de threads ou está ocioso. Essa sincronização torna mais fácil tratar loops com desvios condicionais, uma vez que o recurso de máscara pode desligar pistas SIMD e detectar automaticamente o fim do loop.

Às vezes, o desempenho resultante desmente essa simples abstração. Escrever programas que operam pistas SIMD nesse modo MIMD altamente independente é como escrever programas que usam grande parte do espaço de endereços virtuais em um computador com memória física menor. Os dois estão corretos, mas podem rodar tão lentamente que o programador pode ficar insatisfeito com o resultado.

A execução condicional é um caso em que as GPUS fazem em tempo de execução de hardware o que as arquiteturas vetoriais fazem em tempo de compilação. Os compiladores vetoriais realizam uma dupla conversão de IF, gerando quatro máscaras diferentes. A execução é basicamente a mesma que as GPUs, mas existem mais instruções de overhead executadas para vetores. As arquiteturas vetoriais têm a vantagem de estar integradas a um processador escalar, permitindo-lhes evitar o tempo para os casos 0 em que dominam um cálculo. Embora dependa da velocidade do processador escalar em relação ao processador vetorial, o ponto cruzado em que é melhor usar o escalar poderia ser quando menos de 20% dos bits de máscara são todos 1. Uma otimização disponível em tempo de execução para as GPUs, mas não em tempo de compilação para arquiteturas vetoriais, é pular as partes THEN ou ELSE quando os bits de máscara são todos 0 ou todos 1.

Assim, a eficiência com que as GPUs executam declarações condicionais se resume à frequência com que os desvios divergem. Por exemplo, um cálculo de autovalores tem aninhamento condicional profundo, mas medições do código mostram que cerca de 82% da emissão de ciclo de clock têm entre 29 e 32 dos 32 bits de máscara configurados para 1; então, as GPUs executam esse código com mais eficiência do que se poderia esperar.

Observe que o mesmo mecanismo trata o desdobramento de loops vetoriais — quando o número de elementos não corresponde perfeitamente ao hardware. O exemplo do início desta seção mostra que uma declaração IF verifica se esse número de elementos de pista SIMD (armazenado em R8 no exemplo anterior) é menor do que o limite ($i < n$) e configura as máscaras de acordo com essa informação.

## Estruturas de memória da GPU NVIDIA

A Figura 4.18 mostra as estruturas de memória de uma GPU NVIDIA. Cada pista SIMD em um processador SIMD multithreaded recebe uma seção privada de uma DRAM fora do chip, que chamamos *memória privada*. Ela é usada para a estrutura de pilha, para espalhamento de registradores e para variáveis privadas que não cabem nos registradores. As

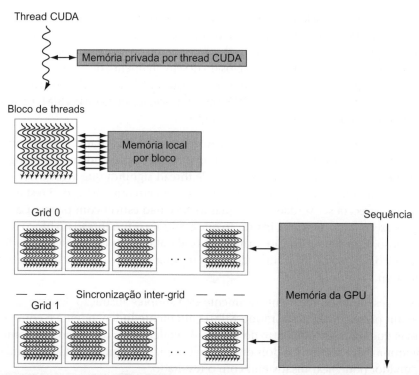

**FIGURA 4.18** Estruturas de memória de GPU.
A memória de GPU é compartilhada por todos os grids (loops vetorizados), a memória local é compartilhada por todos os threads de instruções SIMD dentro de um bloco de threads (corpo de um loop vetorizado), e a memória privada é privativa de um único thread CUDA. Pascal permite a preempção de um grid, o que requer que toda a memória local e privativa seja capaz de ser salva e restaurada da memória global. Para completar, a GPU também pode acessar a memória da CPU por meio do barramento PCIe. Esse caminho é comumente utilizado para um resultado final quando seu endereço está na memória do host. Essa opção elimina uma cópia final da memória da GPU para a memória do host.

pistas SIMD *não* compartilham memórias privadas. As GPUS armazenam temporariamente essa memória privada nas caches L1 e L2 para auxiliar o espalhamento de registradores e para acelerar as chamadas de função.

Chamamos *memória local* a memória no chip de cada processador SIMD multithreaded. Ela é uma pequena memória de rascunho com baixa latência (algumas dezenas de ciclos de clock) e grande largura de banda (128 bytes/clock), onde o programador pode armazenar dados que precisam ser reutilizados, seja pelo mesmo thread ou por outro thread no mesmo bloco de threads. A memória local é limitada em tamanho, geralmente a 48 KiB. Ela não transporta o estado entre os blocos de threads executados no mesmo processador. Ela é compartilhada pelas pistas SIMD dentro de um processador SIMD multithreaded, mas não é compartilhada entre processadores SIMD multithread. O processador SIMD multithreaded aloca dinamicamente partes da memória local para um bloco de threads que cria o bloco de threads, liberando a memória quando todos os threads do bloco de threads saírem. Essa parte da memória local é privativa a esse bloco de threads.

Finalmente, chamamos *memória de GPU* a DRAM fora do chip compartilhada por toda a GPU e todos os blocos de threads. Nosso exemplo de multiplicação de vetores usou somente a memória da GPU.

O processador do sistema, chamado *host*, pode ler ou escrever na memória da GPU. A memória local não está disponível para o host, já que é privativa para cada processador SIMD multithread. Memórias privadas também não estão disponíveis para o host.

Em vez de depender de grandes caches para conter todos os conjuntos funcionais de uma aplicação, as GPUs tradicionalmente têm caches de streaming menores e dependem de intenso multithreading de threads de instruções SIMD para ocultar a grande latência da DRAM, uma vez que seus conjuntos funcionais podem ter centenas de megabytes. Dado o uso de multithreading para ocultar a latência de DRAM, em vez disso a área do chip usada para grandes caches L2 e L3 em processadores de sistema é gasta com recursos computacionais e no grande número de registradores para conter o estado de muitos threads de instruções SIMD. Em contraste, como mencionado, loads e stores vetoriais amortizam a latência através de muitos elementos, já que eles somente pagam uma vez pela latência e então utilizam pipeline no restante dos acessos.

Embora ocultar a latência de memória por trás de muitos threads tenha sido a filosofia original das GPUs e processadores vetoriais, todas as GPUs e processadores vetoriais mais recentes têm caches para reduzir a latência. O argumento segue a Lei de Little, da teoria das filas: quanto maior a latência, mais threads precisam ser executados durante um acesso à memória, que por sua vez exige mais registradores. Assim, as caches da GPU são adicionadas à latência média mais baixa e, com isso, mascaram a carência em potencial do número de registradores.

Para melhorar a largura de banda da memória e reduzir o overhead, como mencionado, as instruções de transferência de dados PTX, em cooperação com o controlador de memória, reúnem requisições individuais paralelas de thread do mesmo thread SIMD em uma única requisição de bloco de memória quando os endereços estão no mesmo bloco. Essas restrições são colocadas no programa da GPU, de modo semelhante às orientações para programas do processador do sistema realizarem a pré-busca de hardware (ver Capítulo 2). O controlador de memória da GPU também vai conter requisições e enviar requisições juntas para a mesma página aberta a fim de melhorar a largura de banda da memória (ver Seção 4.6). O Capítulo 2 descreve a DRAM em detalhes suficientes para que se compreendam os benefícios potenciais de agrupar endereços relacionados.

## Inovações na arquitetura da GPU Pascal

O processador SIMD multithreaded da Pascal é mais complicado do que a versão simplificada na Figura 4.20. Para aumentar a utilização de hardware, cada processador SIMD tem dois escalonadores de threads SIMD, cada um com várias unidades de despacho de instruções (algumas GPUs possuem quatro escalonadores de threads). O escalonador de threads SIMD duplo seleciona dois threads de instruções SIMD e envia uma instrução de cada para dois conjuntos de 16 pistas SIMD, 16 unidades de load-store ou oito unidades de função especial. Com múltiplas unidades de execução à disposição, dois threads de instruções SIMD são escalonados a cada ciclo de clock, permitindo que 64 pistas estejam ativas. Como os threads são independentes, não há necessidade de verificar se há dependências de dados no fluxo de instruções. Essa inovação é semelhante a um processador vetorial multithreaded, que pode enviar instruções vetoriais de dois threads independentes. A Figura 4.19 mostra o escalonador duplo enviando instruções, e a Figura 4.20 mostra o diagrama de blocos do processador SIMD multithreaded de uma GPU Pascal GP100.

Cada nova geração de GPU normalmente introduz algumas inovações que aumentam o desempenho ou a tornam mais fácil para os programadores. Aqui estão as quatro inovações principais da Pascal:

**292** CAPÍTULO 4: Paralelismo em nível de dados em arquiteturas vetoriais, SIMD e GPU

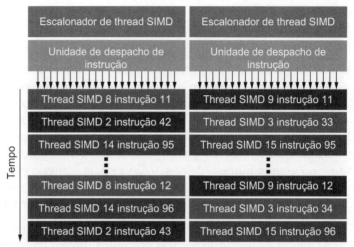

**FIGURA 4.19** Diagrama de blocos de um escalonador de thread SIMD duplo da Pascal.
Compare esse projeto com o projeto de thread SIMD único na Figura 4.16.

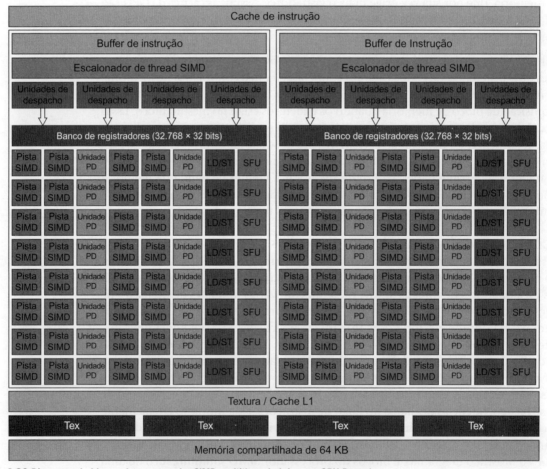

**FIGURA 4.20** Diagrama de blocos do processador SIMD multithreaded de uma GPU Pascal.
Cada uma das 64 pistas SIMD (núcleos) tem uma unidade de ponto flutuante pipelined, uma unidade de inteiros pipelined, alguma lógica para despacho de instruções e operandos para essas unidades, e uma fila para conter os resultados. As 64 pistas SIMD interagem com 32 ALUs de precisão dupla (unidades de PD) que realizam aritmética de ponto flutuante com 64 bits, 16 unidades de load-store (LD/ST) e 16 unidades de função especial (SFU) que calculam funções como raízes quadradas, recíprocos, senos e cossenos.

- *Aritmética rápida com ponto flutuante de precisão dupla, simples e meia.* O chip Pascal GP100 possui um desempenho de ponto flutuante significativo em três tamanhos, todos parte do padrão IEEE para ponto flutuante. O ponto flutuante de precisão simples da GPU executa em um pico de 10 TeraFLOP/s. A precisão dupla trabalha aproximadamente a meia velocidade, a 5 TeraFLOP/s, e a meia precisão consegue cerca do dobro da velocidade de precisão simples, a 20 TeraFLOP/s quando expressa como vetores de 2 elementos. As operações atômicas da memória incluem adição de ponto flutuante para todos os três tamanhos. Pascal GP100 é a primeira GPU com um desempenho tão alto para meia precisão.
- *Memória com grande largura de banda.* A próxima inovação da GPU Pascal GP100 é o uso da memória empilhada, com grande largura de banda (*HBM2*). Essa memória possui um barramento largo, com 4096 fios de dados trabalhando a 0,7 GHz e oferecendo uma largura de banda máxima de 732 GB/s, que é mais do dobro da velocidade das GPUs anteriores.
- *Interconexão chip-a-chip de alta velocidade.* Dada a natureza de coprocessador das GPUs, o barramento PCI pode ser um gargalo nas comunicações quando tenta usar várias GPUs com uma única CPU. A Pascal GP100 introduz o canal de comunicações *NVLink* que dá suporte a transferências de dados de até 20 GB/s em cada sentido. Cada GP100 possui quatro canais NVLink, fornecendo uma largura de banda agregada máxima de chip-a-chip de 160 GB/s por chip. Existem sistemas com 2, 4 e 8 GPUs para aplicações multi-GPU, onde cada GPU pode realizar operações de load, store e atômicas para qualquer GPU conectada por NVLink. Além disso, um canal NVLink pode se comunicar com a CPU em alguns casos. Por exemplo, a CPU Power9 da IBM admite comunicação CPU-GPU. Nesse chip, o NVLink oferece uma visão coerente da memória entre todas as GPUs e CPUs interligadas. Ele também oferece comunicação cache-a-cache em vez de comunicação memória-a-memória.
- *Memória virtual unificada e suporte à paginação.* A GPU Pascal GP100 inclui capacidades de falta de página dentro de um espaço unificado de endereço virtual. Esse recurso permite um único endereço virtual para cada estrutura de dados, que é idêntico por todas as GPUs e CPUs em um único sistema. Quando um thread acessa um endereço remoto, uma página de memória é transferida para a GPU local para uso subsequente. A memória unificada simplifica o modelo de programação, oferecendo paginação por demanda ao invés de cópia explícita da memória entre a CPU e a GPU, ou entre GPUs. Ela também permite a alocação de muito mais memória do que existe na GPU para resolver problemas com grandes requisitos de memória. Assim como qualquer sistema de memória virtual, deve-se tomar cuidado para evitar movimentação excessiva de página.

## Semelhanças e diferenças entre arquiteturas vetoriais e GPUs

Como vimos, na verdade existem muitas semelhanças entre arquiteturas vetoriais e GPUs. Além do jargão peculiar das GPUs, essas semelhanças contribuíram para a confusão nos círculos arquitetônicos sobre quão novas as GPUs realmente são. Agora que você viu o que está por baixo dos capôs dos computadores vetoriais e das GPUs, pode apreciar tanto as semelhanças quanto as diferenças. Já que as duas arquiteturas são projetadas para executar programas paralelos em nível de dados, mas tomam caminhos diferentes, essa comparação é feita em profundidade para termos melhor compreensão do que é necessário para o hardware DLP. A Figura 4.21 mostra primeiro o termo vetorial e depois o equivalente mais próximo em uma GPU.

Um processador SIMD é como um processador vetorial. Os múltiplos processadores SIMD nas GPUs agem como núcleos MIMD independentes, assim como muitos computadores

| Tipo | Termo vetorial | Termo de GPU CUDA/ NVIDIA mais próximo | Comentário |
|---|---|---|---|
| Abstrações de programa | Loop vetorizado | Grid | Os conceitos são semelhantes, com a GPU usando o termo menos descritivo. |
| | Chime | — | Uma vez que uma instrução vetorial (instrução PTX) leva só dois ciclos em Pascal para ser completada, um chime é curto nas GPUs. Pascal tem duas unidades de execução que dão suporte às instruções de ponto flutuante mais comuns, que são usadas alternadamente, de modo que a taxa de despacho efetiva é de uma instrução a cada ciclo de clock. |
| Objetos de máquina | Instrução vetorial | Instrução PTX | Uma instrução PTX de um thread SIMD é transmitida para todas as pistas SIMD, então ela é semelhante a uma instrução vetorial. |
| | Gather/ Scatter | Load-store global (ld.global/st.global) | Todos os loads e stores em uma GPU são gather-scatter, no sentido em que cada pista SIMD envia um endereço único. Depende da unidade de junção da GPU obter um desempenho de passo único quando os endereços das pistas SIMD o permitirem. |
| | Registradores de máscara | Registradores de predicado e registradores internos de máscara | Os registradores de máscara vetoriais são parte explícita do estado arquitetural, enquanto os registradores de máscara da GPU são internos ao hardware. O hardware condicional da GPU adiciona novos recursos além dos registradores de predicado para gerenciar dinamicamente as máscaras. |
| Hardware de processamento e memória | Processador vetorial | Processador SIMD multithreaded | Esses são semelhantes, mas os processadores SIMD tendem a ter muitas pistas, levando alguns ciclos de clock por pista para completar um vetor, enquanto as arquiteturas vetoriais têm poucas pistas e levam muitos ciclos para completar um vetor. Eles também são multithreaded, enquanto os vetores normalmente não o são. |
| | Processador de controle | Escalonador de blocos de threads | O mais próximo é o escalonador de blocos de threads, que designa blocos de threads a um processador SIMD multithreaded. Mas as GPUs não possuem operações escalar-vetor nem instruções de transferência de dados por passos ou por passo unitário, o que os processadores de controle muitas vezes fornecem em arquiteturas vetoriais. |
| | Processador escalar | Processador de sistema | Devido à falta de memória compartilhada e à alta latência para a comunicação por um barramento PCI (milhares de ciclos de clock), o processador de sistema em uma GPU raramente realiza as mesmas tarefas que um processador escalar realiza em uma arquitetura vetorial. |
| | Pista vetorial | Pista SIMD | Muito semelhantes; as duas são essencialmente unidades com registradores. |
| | Registradores vetoriais | Registradores de pista SIMD | O equivalente a um registrador vetorial é o mesmo registrador nas 16 pistas SIMD de um processador SIMD multithreaded executando um thread de instruções SIMD. O número de registradores por thread SIMD é flexível, mas o máximo é 256 em Pascal, de modo que o número máximo de registradores vetoriais é 256. |
| | Memória principal | Memória da GPU | Memória para GPU versus memória de sistema no caso vetorial. |

**FIGURA 4.21** Equivalente de GPU para termos vetoriais.

vetoriais possuem múltiplos processadores vetoriais. Esse ponto de vista considera o NVIDIA Tesla P100 como uma máquina de 56 núcleos com suporte de hardware para multithreading, em que cada núcleo tem 64 pistas. A maior diferença é o multithreading, fundamental para as GPUs e ausente na maioria dos processadores vetoriais.

Examinando os registradores nas duas arquiteturas, o arquivo de registradores RV64V contém vetores completos, ou seja, um bloco contíguo de elementos. Em contraste, um único vetor em uma GPU seria distribuído através dos registradores de todas as pistas SIMD. Um processador RV64V tem 32 registradores vetoriais com talvez 32 elementos, ou 1024 elementos no total. Um thread GPU de instruções SIMD tem até 256 registradores

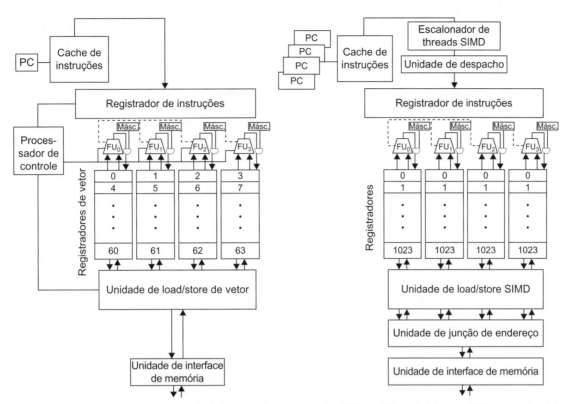

**FIGURA 4.22** Processador vetorial com quatro pistas à esquerda e processador SIMD multithreaded de uma GPU com quatro pistas SIMD à direita. (As GPUs geralmente têm 16-32 pistas SIMD.)

O processador de controle fornece operandos escalares para operações escalar-vetor, incrementa o endereçamento para acessos por passo unitário e não unitário à memória e realiza outras operações do tipo contagem. O pico de desempenho de memória ocorre somente em uma GPU, quando a unidade de junção de endereços pode descobrir o endereçamento localizado. De modo semelhante, o pico de desempenho computacional ocorre quando todos os bits de máscara internos são configurados de modo idêntico. Observe que o processador SIMD tem um PC por thread SIMD para ajudar com o multithreading.

com 32 elementos cada, ou 8.192 elementos. Esses registradores extras de GPU suportam multithreading.

A Figura 4.22 é um diagrama de blocos das unidades de execução de um processador vetorial à esquerda e de um processador SIMD multithreaded de uma GPU à direita. Para fins pedagógicos, consideramos que o processador vetorial tem quatro pistas e o processador SIMD multithreaded também tem quatro pistas SIMD. Essa figura mostra que as quatro pistas SIMD agem de modo semelhante a uma unidade vetorial de quatro pistas e que um processador SIMD age de modo semelhante a um processador vetorial.

Na verdade, existem muito mais pistas nas GPUs, então os "chimes" de GPU são menores. Enquanto um processador vetorial pode ter 2-8 pistas e um comprimento vetorial de 32, por exemplo — gerando um chime de 4-16 ciclos de clock —, um processador SIMD multithreaded pode ter oito ou 16 pistas. Um thread SIMD tem 32 elementos de largura, então um chime de GPU seria de somente dois ou quatro ciclos de clock. Essa diferença é o motivo de usarmos "processador SIMD" como o termo mais descritivo: ele é mais próximo de um projeto SIMD do que de um projeto tradicional de processador vetorial.

O termo de GPU mais próximo de um loop vetorizado é grid, e uma instrução PTX é o mais próximo de uma instrução vetorial, uma vez que um thread SIMD transmite uma instrução PTX para todas as pistas SIMD.

Com relação às instruções de acesso de memória nas duas arquiteturas, todos os loads da GPU são instruções gather e todos os stores da GPU são instruções scatter. Se os endereços de dados dos threads CUDA se referirem a endereços próximos que estão no mesmo bloco de cache/memória ao mesmo tempo, a unidade de junção de endereço da GPU vai garantir alta largura de banda de memória. As instruções de load e store de passo unitário *explícito* das arquiteturas vetoriais *versus* o passo unitário *implícito* da programação de GPU são o motivo pelo qual escrever um código de GPU eficiente requer que os programadores pensem em termos de operações SIMD, embora o modelo de programação CUDA se pareça com MIMD. Como os threads CUDA podem gerar seus próprios endereços, tanto com passo como com gather-scatter, os vetores de endereçamento são encontrados tanto nas arquiteturas vetoriais quanto nas GPUs.

Como mencionamos muitas vezes, as duas arquiteturas têm abordagens muito diferentes para ocultar a latência de memória. Arquiteturas vetoriais as amortizam para todos os elementos do vetor, tendo um acesso fortemente pipelined para que você pague a latência somente uma vez por load ou store vetorial. Portanto, loads e stores vetoriais são como uma transferência de bloco entre a memória e os registradores vetoriais. Em contraste, as GPUs ocultam a latência de memória usando multithreading. (Alguns pesquisadores estão investigando como adicionar multithreading às arquiteturas vetoriais para tentar capturar o melhor dos dois mundos.)

Com relação às instruções de desvio condicional, as duas arquiteturas as implementam usando registradores de máscara. Os dois caminhos de desvio condicional ocupam tempo e/ou espaço mesmo quando não armazenam um resultado. A diferença é que o compilador vetorial gerencia registradores de máscara explicitamente no software, enquanto o hardware e o assembler da GPU os gerenciam implicitamente usando marcadores de sincronização de desvio e uma pilha interna para salvar, complementar e restaurar máscaras.

O processador de controle de um computador vetorial tem um papel importante na execução de instruções vetoriais. Ele transmite operações para todas as pistas vetoriais e um valor de registrador escalar para operações vetor-escalar. Além disso, realiza cálculos implícitos que são explícitos nas GPUs, como incrementar automaticamente endereços de memória para loads e stores de passo unitário e não unitário. A GPU não possui processador de controle. A analogia mais próxima é o escalonador de bloco de threads, que designa blocos de threads (corpos do loop do vetor) para processadores SIMD multithreaded. Os mecanismos de tempo de execução de hardware em uma GPU que gera endereços e então descobre se eles são adjacentes, o que é comum em muitas aplicações de DLP, provavelmente são menos eficientes em termos de energia do que um processador de controle.

O processador escalar em um computador vetorial executa as instruções escalares de um programa vetorial, ou seja, realiza operações que seriam muito lentas para serem feitas na unidade vetorial. Embora o processador de sistema associado com uma GPU seja a analogia mais próxima para um processador escalar em uma arquitetura vetorial, os espaços de endereços separados e a transferência por um barramento PCIe significam milhares de ciclos de clock de overhead para usá-las em conjunto. O processador escalar pode ser mais lento do que um processador vetorial para cálculos de ponto flutuante em um computador vetorial, mas não na mesma razão de um processador do sistema *versus* um processador SIMD multithreaded (dado o overhead).

Portanto, cada "unidade vetorial" em uma GPU deve realizar cálculos que você esperaria realizar usando um processador escalar em um computador vetorial. Ou seja, em vez de calcular no processador de sistema e comunicar os resultados, pode ser mais rápido desabilitar todas as pistas SIMD menos uma usando os registradores de predicado e máscaras embutidas, realizando o trabalho escalar com uma pista SIMD. É provável que o processador escalar em um computador vetorial, relativamente simples, seja mais rápido e mais eficiente em termos de energia do que a solução da GPU. Se os processadores de sistema e a GPU se tornarem mais intimamente ligados no futuro, será interessante ver se os processadores de sistema poderão ter o mesmo papel que os processadores escalares têm para as arquiteturas vetoriais e SIMD multimídia.

## Semelhanças e diferenças entre computadores SIMD multimídia e GPUs

Em um nível mais alto, os computadores multicore com extensões de instruções SIMD multimídia têm algumas semelhanças com as GPUs. A Figura 4.23 resume as semelhanças e diferenças.

Os dois são multiprocessadores cujos processadores usam múltiplas pistas SIMD, embora as GPUs tenham mais processadores e muitas outras pistas. Os dois usam multithreading de hardware para melhorar a utilização do processador, embora as GPUs tenham suporte de hardware para muito mais threads. Ambos têm taxas de desempenho máximo de aproximadamente 2:1 entre a aritmética de ponto flutuante de precisão simples e precisão dupla. Os dois usam caches, embora as GPUs usem caches de streaming menores e os computadores multicore usem grandes caches multinível, que tentam conter completamente conjuntos funcionais inteiros. Os dois usam um espaço de endereços de 64 bits, embora a memória física principal seja muito menor nas GPUs. As GPUs suportam proteção de memória em nível de página, mas não suportam paginação por demanda.

Além das grandes diferenças numéricas nos processadores, pistas SIMD, suporte de hardware a thread e tamanhos de cache, existem muitas diferenças entre as arquiteturas. As instruções de processador escalar e SIMD multimídia são fortemente integradas em computadores tradicionais; elas são separadas por um barramento de E/S nas GPUs e têm memórias principais separadas. Os múltiplos processadores SIMD em uma GPU usam um único espaço de endereços, e podem dar suporte a uma visão coerente de toda a memória em alguns sistemas, dado o suporte de fornecedores de CPU (como o Power9 da IBM). Ao contrário das GPUs, as instruções SIMD multimídia historicamente não suportavam acessos gather-scatter à memória, o que a Seção 4.7 mostra ser uma omissão significativa.

| Recurso | Multicore com SIMD | GPU |
|---|:---:|:---:|
| Processadores SIMD | 4 a 8 | 8 a 16 |
| Pistas SIMD/processador | 2 a 4 | 8 a 16 |
| Suporte de hardware a multithreading para threads SIMD | 2 a 4 | 16 a 32 |
| Razão típica entre desempenho de precisão simples e precisão dupla | 2:1 | 2:1 |
| Maior tamanho de cache | 40 MB | 0,75 MB |
| Tamanho do endereço de memória | 64 bits | 64-bit |
| Tamanho da memória principal | até 1024 GB | 4 a 6 GB |
| Proteção de memória em nível de página | Sim | Sim |
| Paginação por demanda | Sim | Não |
| Processador escalar/processador SIMD integrado | Sim | Não |
| Coerência de cache | Sim | Não |

**FIGURA 4.23** Semelhanças e diferenças entre multicore com extensões SIMD multimídia e GPUs recentes.

## Resumo

Agora que o véu foi levantado, podemos ver que, na verdade, as GPUs são somente processadores SIMD multithreaded, embora tenham mais processadores, mais pistas por processador e mais hardware de multithreading do que os computadores multicore tradicionais. Por exemplo, a GPU Pascal P100 tem 56 processadores SIMD com 64 pistas por processador e suporte de hardware para 64 threads SIMD. Pascal abraça o paralelismo em nível de instrução despachando instruções de dois threads SIMD para dois conjuntos de pistas SIMD. As GPUs também têm menos memória cache — a cache L2 da Pascal é de 4 MiB — e ela pode ser coerente com um processador escalar distante ou GPUs distantes.

O modelo de programação CUDA reúne todas essas formas de paralelismo ao redor de uma única abstração, o thread CUDA. Assim, o programador CUDA pode pensar em programar milhares de threads, embora na verdade eles estejam executando cada bloco de 32 threads nas muitas pistas dos muitos processadores SIMD. O programador CUDA que quer bom desempenho tem em mente que esses threads são organizados em blocos e executados 32 por vez e que os endereços precisam ser adjacentes para se obter bom desempenho do sistema de memória.

Embora tenhamos usado o CUDA e a GPU NVIDIA nesta seção, fique tranquilo, pois as mesmas ideias são encontradas na linguagem de programação OpenCL e em GPUs de outras empresas.

Agora que você entende melhor como as GPUs funcionam, vamos revelar o verdadeiro jargão. As Figuras 4.24 e 4.25 fazem a correspondência entre os termos descritivos e definições desta seção com os termos e definições oficiais da CUDA/NVIDIA e AMD. Incluímos também os termos OpenCL. Acreditamos que a curva de aprendizado da GPU seja acentuada em parte pelo fato de usarmos termos como "multiprocessador streaming" para o processador SIMD, "processador de thread" para a pista SIMD e "memória compartilhada" para a memória local — especialmente porque a memória local *não* é compartilhada entre processadores SIMD! Esperamos que essa abordagem em duas etapas faça você acompanhar essa curva mais rapidamente, embora ela seja um pouco indireta.

## 4.5 DETECTANDO E MELHORANDO O PARALELISMO EM NÍVEL DE LOOP

Loops em programas são a origem de muitos dos tipos de paralelismo que discutimos aqui e veremos no Capítulo 5. Nesta seção, abordaremos a tecnologia de compilador para descobrir quanto paralelismo podemos explorar em um programa, além do suporte de hardware para essas técnicas de compilador. Nós definimos precisamente quando um loop é paralelo (ou vetorizável), como a dependência pode impedir que um loop seja paralelo e técnicas para eliminar alguns tipos de dependência. Encontrar e manipular o paralelismo em nível de loop é essencial para explorar DLP e TLP, além das técnicas mais agressivas de ILP estático (p. ex., VLIW) que vamos examinar no Apêndice H.

O paralelismo em nível de loop normalmente é analisado no nível de fonte ou perto disso, enquanto a maior parte da análise do ILP é feita depois que as instruções são geradas pelo compilador. A análise em nível de loop envolve determinar quais dependências existem entre os operandos em um loop durante as iterações desse loop. Por enquanto, vamos considerar apenas as dependências de dados, que surgem quando um operando é escrito em algum ponto e lido em um ponto posterior. As dependências de nome também existem e podem ser removidas com técnicas de renomeação, como aquelas que exploramos no Capítulo 3.

| Tipo | Nome mais descritivo usado neste livro | Termo oficial para GPU CUDA/ NVIDIA | Explicação resumida e termos AMD e OpenCL | Definição oficial CUDA/NVIDIA |
|---|---|---|---|---|
| Abstrações de programa | Loop vetorizável | Grid | Um loop vetorizável, executado na GPU, composto de um ou mais "blocos de threads" (ou corpos de loop vetorizado) que podem ser executados em paralelo. O nome OpenCL é "faixa de índices". O nome AMD é "NDRange". | Um grid é um array de blocos de threads que podem ser executados ao mesmo tempo, sequencialmente, ou uma mistura dos dois. |
| | Corpo do loop vetorizável | Bloco de threads | Um loop vetorizado executado em um processador SIMD multithreaded, composto de um ou mais threads de instruções SIMD. Esses threads SIMD podem se comunicar através da memória local. O nome AMD e OpenCL é "grupo de trabalho". | Um bloco de threads é um array de threads CUDA executado ao mesmo tempo e pode cooperar e se comunicar através da memória compartilhada e da sincronização de barreira. Um bloco de threads tem um ID de bloco de threads dentro do seu grid. |
| | Sequência de operações de pista SIMD | Thread CUDA | Um corte vertical de um thread de instruções SIMD corresponde a um elemento executado por uma pista SIMD. O resultado é armazenado de acordo com a máscara. AMD e OpenCL chamam um thread CUDA "item de trabalho". | Um thread CUDA é um thread leve que executa um programa sequencial que pode cooperar com outros threads CUDA sendo executados no mesmo bloco de threads. Um thread CUDA tem um ID de thread dentro do seu bloco de threads. |
| Objeto de máquina | Um thread de instruções SIMD | Warp | Um thread tradicional, mas contém somente instruções SIMD, que são executadas em um processador SIMD multithreaded. Os resultados são armazenados de acordo com uma máscara por elemento. O nome AMD é "frente de onda". | Um warp é um conjunto de threads CUDA paralelos (p. ex., 32) que executa a mesma instrução ao mesmo tempo em um processador SIMT/SIMD multithreaded. |
| | Instrução SIMD | Instrução PTX | Uma única instrução SIMD executada através das pistas SIMD. O nome AMD é instrução "AMDIL" ou "FSAIL". | Uma instrução PTX especifica uma instrução executada por um thread CUDA. |

**FIGURA 4.24** Conversão de termos usados neste capítulo para o jargão oficial NVIDIA/CUDA e AMD. Os nomes OpenCL são dados na coluna da explicação resumida.

A análise do paralelismo em nível de loop visa determinar se os acessos aos dados nas próximas iterações são dependentes dos valores de dados produzidos nas iterações anteriores; essa dependência é chamada *dependência transportada por loop*. A maioria dos exemplos que consideramos nos Capítulos 2 e 3 não possui dependências transportadas por loop e, portanto, é paralela em nível de loop. Para ver se um loop é paralelo, vamos primeiro examinar a representação em código fonte:

```
for (i = 999; i >= 0; i = i-1)
        x[i] = x[i] + s;
```

Nesse loop existe uma dependência entre os dois usos de x[i], mas ela está dentro de uma única iteração e não é transportada pelo loop. Existe uma dependência entre os usos sucessivos de i em iterações diferentes que é transportada pelo loop, mas ela envolve uma variável de indução e pode ser facilmente reconhecida e eliminada. Vimos exemplos de como eliminar dependências envolvendo variáveis de indução durante o desdobramento do loop na Seção 2.2 do Capítulo 2 e veremos exemplos adicionais mais adiante nesta seção.

| Tipo | Nome mais descritivo usado neste livro | Termo oficial para GPU CUDA/NVIDIA | Explicação resumida e termos AMD e OpenCL | Definição oficial CUDA/NVIDIA |
|---|---|---|---|---|
| Hardware de processamento | Processador SIMD multithreaded | Multiprocessador de streaming | Processador SIMD multithreaded que executa um thread de instruções SIMD, independentemente de outros processadores SIMD. AMD e OpenCL o chamam de "unidade computacional". Entretanto, o programador CUDA escreve programas para uma pista em vez de para um "vetor" de múltiplas pistas SIMD | Um multiprocessador de streaming (SM) é um processador SIMT/ SIMD multithreaded que executa warps de threads CUDA. Um programa SIMT especifica a execução de um thread CUDA, em vez de um vetor de múltiplas pistas SIMD |
| | Escalonador de bloco de threads | Máquina Giga thread | Designa múltiplos corpos de loops vetorizados para processadores SIMD multithreaded. O nome AMD é máquina de despacho ultrathreaded" | Distribui e escalona blocos de threads de um grid para multiprocessadores streaming conforme os recursos se tornam disponíveis |
| | Escalonador de threads SIMD | Escalonador de warp | Unidade de hardware que escalona e despacha threads de instruções SIMD quando elas estão prontas para serem executadas; inclui um scoreboard para rastrear a execução de threads SIMD. O nome AMD é "escalonador de grupo de trabalho" | Um escalonador de warp em um multiprocessador streaming escalona warps para execução quando sua próxima instrução está pronta para ser executada |
| | Pista SIMD | Processador de threads | Pista SIMD de hardware que executa as operações em um thread de instruções SIMD em um único elemento. Os resultados são armazenados de acordo com a máscara. OpenCL a chama "elemento de processamento". O nome AMD também é "pista SIMD" | Um processador de threads é um caminho de dados e parte do banco de registradores de um multiprocessador streaming que executa operações para uma ou mais pistas de um warp |
| Hardware de memória | Memória da GPU | Memória global | Memória DRAM acessível por todos os processadores SIMD multithreaded em uma GPU. OpenCL a chama "memória global" | A memória global é acessível a todos os threads CUDA em qualquer bloco de threads em qualquer grid; implementada como região da DRAM e pode ser colocada em cache |
| | Memória privada | Memória local | Parte da memória DRAM privada para cada pista SIMD. AMD e OpenCL as chamam "memória privada" | Memória "local do thread" privada de um thread CUDA; implementada como região de cache da DRAM |
| | Memória local | Memória compartilhada | SRAM local rápida para um processador SIMD multithreaded, indisponível para outros processadores SIMD. OpenCL a chama "memória local". AMD a chama "memória de grupo" | Memória SRAM rápida compartilhada pelos threads CUDA compondo um bloco de threads e privada para esse bloco de threads. Usada para comunicação entre threads CUDA em um bloco de threads nos pontos de sincronização de barreira |
| | Registradores de pista SIMD | Registradores | Registradores em uma única pista SIMD alocada ao longo do corpo do loop vetorizado. AMD também os chama "registradores" | Registradores privados para um thread CUDA; implementados como banco de registradores multithreaded para certas pistas de diversos warps para cada processador de threads |

**FIGURA 4.25** Conversão de termos usados neste capítulo para o jargão oficial NVIDIA/CUDA e AMD.
Observe que nossa descrição utiliza os nomes "memória local" e "memória privada" usados na terminologia OpenCL. O NVIDIA utiliza SIMT (instruções únicas e múltiplos threads — Single-Instruction Multiple-Thread), em vez de SIMD, para descrever um multiprocessador de streaming. O SIMT é preferido no lugar do SIMD, pois o desvio por thread e o fluxo de controle são diferentes de qualquer máquina SIMD.

# 4.5 Detectando e melhorando o paralelismo em nível de loop

Como localizar o paralelismo em nível de loop envolve reconhecer estruturas como loops, referências de array e cálculos de variável de indução, o compilador pode fazer essa análise mais facilmente no nível de fonte ou quase isso, ao contrário do nível de código de máquina. Vejamos um exemplo mais complexo.

**Exemplo**  Considere um loop como este:

```
for (i = 0; i < 100; i = i + 1) {
    A[i + 1] = A[i] + C[i]; /*S1*/
    B[i + 1] = B[i] + A[i + 1]; /*S2*/
}
```

Suponha que $A$, $B$ e $C$ sejam arrays distintos, não sobrepostos. (Na prática, os arrays podem ser iguais ou se sobrepor. Como podem ser passados como parâmetros a um procedimento que inclui esse loop, determinar se os arrays se sobrepõem ou se são idênticos normalmente exige uma análise sofisticada entre os procedimentos do programa.) Quais são as dependências de dados entre as instruções S1 e S2 no loop?

**Resposta**  Existem duas dependências diferentes:

1. S1 utiliza um valor calculado por S1 em uma iteração anterior, pois a iteração $i$ calcula A[i + 1], que é lido na iteração $i + 1$. O mesmo acontece com S2 para B[i] e B[i + 1].
2. S2 usa o valor A[i + 1], calculado por S1 na mesma iteração.

Essas duas dependências são diferentes e possuem efeitos distintos. Para ver como elas diferem, vamos supor que haja somente uma dessas dependências de cada vez. Como a dependência da instrução S1 é sobre uma iteração anterior de S1, essa dependência é transportada pelo loop. Essa dependência força iterações sucessivas desse loop a serem executadas em série.

A segunda dependência (S2 dependendo de S1) ocorre dentro de uma iteração e não é transportada pelo loop. Assim, se essa fosse a única dependência, múltiplas iterações do loop poderiam ser executadas em paralelo, desde que cada par de instruções em uma iteração fosse mantido em ordem. Vimos esse tipo de dependência em um exemplo na Seção 2.2, em que o desdobramento foi capaz de expor o paralelismo. Essas dependências intraloop são comuns. Por exemplo, uma sequência de instruções vetoriais que usam encadeamento exibe claramente esse tipo de dependência.

Também é possível ter uma dependência transportada pelo loop que não impeça o paralelismo, como veremos no próximo exemplo.

**Exemplo**  Considere um loop como este:

```
for (i = 1; i < 100; i = i + 1) {
    A[i] = A[i] + B[i]; /* S1 */
    B[i + 1] = C[i] + D[i]; /* S2 */
}
```

Quais são as dependências entre S1 e S2? Esse loop é paralelo? Se não, mostre como torná-lo paralelo.

**Resposta**  A instrução S1 usa o valor atribuído na iteração anterior pela instrução S2, de modo que existe uma dependência transportada pelo loop entre S2 e S1. Apesar dessa dependência transportada pelo loop, esse loop pode se tornar paralelo. Diferentemente do loop anterior, tal dependência não é circular: nenhuma instrução depende de si mesma e, embora S1 dependa de S2, S2 não depende de S1. Um loop será paralelo se puder ser escrito sem um ciclo nas dependências, pois a ausência de um ciclo significa que as dependências dão uma ordenação parcial nas instruções.

Embora não haja dependências circulares nesse loop, ele precisa ser transformado para estar de acordo com a ordenação parcial e expor o paralelismo. Duas observações são fundamentais para essa transformação:

1. Não existe dependência de S1 para S2. Se houvesse, haveria um ciclo nas dependências e o loop não seria paralelo. Como essa ordem de dependência é ausente, o intercâmbio das duas instruções não afetará a execução de S2.
2. Na primeira iteração do loop, a instrução S2 depende do valor de B[0] calculado *antes* do início do loop.

Essas duas observações nos permitem substituir o loop pela sequência de código a seguir:

```
A[0] = A[0] + B[0];
for (i = 0; i < 99; i = i + 1) {
    B[i + 1] = C[i] + D[i];
    A[i + 1] = A[i + 1] + B[i + 1];
}
B[100] = C[99] + D[99];
```

A dependência entre as duas instruções não é mais transportada pelo loop, de modo que as iterações do loop podem ser sobrepostas, desde que as instruções em cada iteração sejam mantidas em ordem.

Nossa análise precisa começar encontrando todas as dependências transportadas pelo loop. Essa informação de dependência é *inexata*, no sentido de que nos diz que tal dependência *pode* existir. Considere o exemplo a seguir:

```
for (i = 1; i < 100; i = i + 1) {
    A[i] = B[i] + C[i]
    D[i] = A[i] * E[i]
}
```

A segunda referência a *A* nesse exemplo não precisa ser traduzida para uma instrução load, pois sabemos que o valor é calculado e armazenado pela instrução anterior. Logo, a segunda referência a *A* pode ser simplesmente uma referência ao registrador no qual *A* foi calculado. Realizar essa otimização requer saber que as duas referências são *sempre* para o mesmo endereço de memória e que não existe acesso intermediário ao mesmo local. Normalmente, a análise de dependência de dados só diz que uma referência *pode* depender de outra; é preciso haver uma análise mais complexa para determinar que duas referências *precisam ser* para o mesmo exato endereço. No exemplo anterior, uma versão simples dessa análise é suficiente, pois as duas referências estão no mesmo bloco básico.

Normalmente, as dependências transportadas pelo loop ocorrem na forma de uma *recorrência*. Uma recorrência ocorre quando uma variável é definida com base no valor dessa variável em uma iteração anterior, muitas vezes a imediatamente anterior, como no fragmento de código a seguir:

```
for (i = 1; i < 100; i = i + 1) {
    Y[i] = Y[i-1] + Y[i];
}
```

Detectar uma recorrência pode ser importante por duas razões: algumas arquiteturas (especialmente as de computadores vetoriais) têm suporte especial para executar recorrências e, em um contexto ILP, talvez seja possível explorar uma boa quantidade de paralelismo.

## Encontrando dependências

Obviamente, encontrar as dependências em um programa é importante tanto para determinar quais loops poderiam conter paralelismo quanto para eliminar dependências de nome. A complexidade da análise de dependência surge devido à presença de arrays e ponteiros em linguagens como C ou C + +, ou passagem de parâmetro por referência em Fortran. Como as referências de variável escalar se referem explicitamente a um nome, em geral podem ser facilmente analisadas com rapidez com o aliasing porque os ponteiros e os parâmetros de referência causam algumas complicações e incertezas na análise.

Como o compilador detecta dependências em geral? Quase todos os algoritmos de análise de dependência trabalham na suposição de que os índices de array são *afins*. Em termos mais simples, um índice de array unidimensional será afim se puder ser escrito na forma $a \times i + b$, onde $a$ e $b$ são constantes e $i$ é a variável de índice do loop. O índice de um array multidimensional será afim se o índice em cada dimensão for afim. Os acessos a array disperso, que normalmente têm a forma x[y[i]], são um dos principais exemplos de acessos não afim.

Determinar se existe uma dependência entre duas referências para o mesmo array em um loop é, portanto, equivalente a determinar se duas funções afins podem ter o mesmo valor para diferentes índices entre os limites do loop. Por exemplo, suponha que tenhamos armazenado em elemento de array com valor de índice $a \times i + b$ e carregado do mesmo array com o valor de índice $c \times i + d$, onde $i$ é a variável de índice do loop for que vai de $m$ até $n$. Existirá uma dependência se duas condições forem atendidas:

1. Existem dois índices de iteração, $j$ e $k$, ambos dentro dos limites do loop-for. Ou seja, $m \leq j \leq n$, $m \leq k \leq n$.
2. O loop armazena um elemento do array indexado por $a \times j + b$ e depois apanha esse *mesmo* elemento de array quando ele for indexado por $c \times k + d$. Ou seja, $a \times j + b = c \times k + d$.

Em geral, não podemos determinar se existe uma dependência em tempo de compilação. Por exemplo, os valores de $a$, $b$, $c$ e $d$ podem não ser conhecidos (podem ser valores em outros arrays), o que torna impossível saber se existe uma dependência. Em outros casos, o teste de dependência pode ser muito dispendioso, mas decidido no momento da compilação; por exemplo, os acessos podem depender dos índices de iteração de vários loops aninhados. Contudo, muitos programas contêm principalmente índices simples, em que $a$, $b$, $c$ e $d$ são constantes. Para esses casos, é possível criar alguns testes em tempo de compilação para a dependência.

Para exemplificar, um teste simples e satisfatório para a ausência de dependência é o teste do *maior divisor comum* (MDC). Ele é baseado na observação de que, se existir uma dependência transportada pelo loop, o MDC $(c, a)$ precisa ser divisível por $(d - b)$. (Lembre-se de que um inteiro, $x$, será *divisível* por outro inteiro, $y$, se obtivermos um quociente inteiro quando realizarmos a divisão $y / x$ e não houver resto.)

**Exemplo**     Use o teste do MDC para determinar se existem dependências no loop a seguir:

```
for (i = 0; i < 100; i = i + 1) {

    X[2*i + 3] = X[2*i] * 5.0;
}
```

**Resposta**     Dados os valores $a = 2$, $b = 3$, $c = 2$ e $d = 0$, então o MDC$(a,c) = 2$, e $d - b = -3$. Como 2 não é divisível por $-3$, nenhuma dependência é possível.

O teste do MDC é suficiente para garantir que não existe dependência; porém, existem casos em que o teste do MDC tem sucesso, mas não existe dependência. Isso pode surgir, por exemplo, porque o teste do MDC não leva em consideração os limites do loop.

Em geral, determinar se uma dependência realmente existe é incompleto. Na prática, porém, muitos casos comuns podem ser analisados com precisão a baixo custo. Recentemente, técnicas que usam uma hierarquia de testes exatos aumentando em generalidade e custos foram consideradas precisas e eficientes. (Um teste é *exato* se ele determina com precisão se existe uma dependência. Embora o caso geral seja incompleto, existem testes exatos para situações restritas que são muito mais baratos.)

Além de detectar a presença de uma dependência, um compilador deseja classificá-la quanto ao tipo. Essa classificação permite que um compilador reconheça as dependências de nome e as elimine durante a compilação, renomeando e copiando.

**Exemplo**    O loop a seguir possui múltiplos tipos de dependência. Encontre todas as dependências verdadeiras, as dependências de saída e as antidependências, e elimine as dependências de saída e as antidependências pela renomeação.

```
for (i = 0; i < 100; i = i + 1) {
    Y[i] = X[i] / c; /* S1 */
    X[i] = X[i] + c; /* S2 */
    Z[i] = Y[i] + c; /* S3 */
    Y[i] = c-Y[i]; /* S4 */
}
```

**Resposta**    As dependências a seguir existem entre as quatro instruções:
1. Existem dependências verdadeiras de S1 para S3 e de S1 para S4, devido a Y[i]. Estas não são transportadas pelo loop, de modo que não impedem que o loop seja considerado paralelo. Essas dependências forçarão S3 e S4 a esperar que S1 termine.
2. Existe uma antidependência de S1 para S2, com base em X[i].
3. Existe uma antidependência de S3 para S4 para Y[i].
4. Existe uma dependência de saída de S1 para S4, com base em Y[i]. A versão do loop a seguir elimina essas falsas (ou pseudo) dependências.

```
for (i = 0; i < 100; i = i + 1 {
    T[i] = X[i]/c; /*Y renomeado para T para remover dependência
de saída */
    X1[i] = X[i] + c; /*X renomeado para X1 para remover antide-
pendência */
    Z[i] = T[i] + c; /*Y renomeado para T para remover antide-
pendência */
    Y[i] = c-T[i];
}
```

Após o loop, a variável *X* foi renomeada para X1. No código seguinte ao loop, o compilador pode simplesmente substituir o nome *X* por X1. Nesse caso, a renomeação não exige uma operação de cópia real, mas pode ser feita substituindo nomes ou pela alocação de registrador. Porém, em outros casos, a renomeação exigirá a cópia.

A análise de dependência é uma tecnologia essencial para explorar o paralelismo, assim como para o bloqueio semelhante da transformação abordada no Capítulo 2. A análise de dependência é a ferramenta básica para detectar o paralelismo em nível de loop. Compilar efetivamente os programas para computadores vetoriais, computadores SIMD ou multiprocessadores é algo que depende criticamente dessa análise. A principal desvantagem da análise de dependência é que ela só se aplica sob um conjunto limitado de circunstâncias, a saber, entre referências dentro de um único aninhamento de loop e usando funções de índice afins. Portanto, há uma grande variedade de situações em que a análise de dependência orientada a array *não pode* nos dizer o que poderíamos querer saber, por exemplo, analisar acessos realizados com ponteiros, e não com índices de array, pode ser muito mais difícil. (Essa é uma das razões pelas quais o Fortran é preferido ao C e C + + em muitas aplicações científicas projetadas para computadores paralelos.) Da mesma forma, analisar referências através de chamadas de procedimento é extremamente difícil. Assim, embora a análise de código escrito em linguagens sequenciais continue sendo importante, precisamos também de técnicas como OpenMP e CUDA, que escrevem loops explicitamente paralelos.

## Eliminando cálculos dependentes

Como mencionado, uma das formas mais importantes de cálculo dependente é uma recorrência. Um produto de ponto é um exemplo perfeito de uma recorrência:

```
for(i = 9999; i > = 0; i = i-1)
    sum = sum + x[i] * y[i];
```

Esse loop não é recorrente, porque possui uma dependência carregada pelo loop na variável sum. Entretanto, podemos transformá-lo em um conjunto de loops: um deles é completamente paralelo e o outro pode ser parcialmente paralelo. O primeiro loop executará a parte completamente paralela desse loop. Ele é assim:

```
for (i = 9999; i > = 0; i = i-1)
    sum[i] = x[i] * y[i];
```

Observe que sum foi expandido de um escalar para um vetor (uma transformação chamada *expansão escalar*) e que essa transformação torna o novo loop completamente paralelo. Quando acabamos, entretanto, precisamos realizar o passo de redução, que soma os elementos do vetor. Ele é assim:

```
for (i = 9999; i > = 0; i = i-1)
    finalsum = finalsum + sum[i];
```

Embora esse loop não seja paralelo, tem uma estrutura bastante específica chamada *redução*. Reduções são comuns em álgebra linear e, como veremos no Capítulo 6, são também parte importante da primitiva do paralelismo MapReduce, usada em computadores em escala warehouse. Em geral, qualquer função pode ser usada como operador de redução, e casos comuns incluem operadores como max e min.

Às vezes, as reduções são tratadas por um hardware especial em um vetor e arquitetura SIMD, que permite que o passo de redução seja realizado muito mais rapidamente do que seria em modo escalar. Elas funcionam implementando uma técnica semelhante ao que pode ser feito em um ambiente de multiprocessador. Embora a transformação geral funcione com qualquer número de processadores, para simplificar suponha que tenhamos 10 processadores. No primeiro passo, que se refere a reduzir a soma, cada processador executa o seguinte (com p como o número de processador, indo de 0 a 9):

```
for (i = 999; i > = 0; i = i-1)
    finalsum[p] = finalsum[p] + sum[i + 1000*p];
```

Esse loop, que soma 1.000 elementos em cada um dos 10 processadores, é completamente paralelo. Assim, um loop escalar simples pode completar o somatório das últimas 10 somas. Abordagens semelhantes são usadas em processadores vetoriais e SIMD.

É importante observar que essa transformação depende da associatividade da adição. Embora a aritmética com alcance e precisão ilimitados seja associativa, a aritmética dos computadores não é associativa, seja aritmética de inteiros, pelo alcance limitado, seja aritmética de ponto flutuante, pelo alcance e pela precisão. Assim, às vezes usar essas técnicas de reestruturação pode levar a um comportamento errôneo, embora tais ocorrências sejam raras. Por esse motivo, a maioria dos compiladores requer que as otimizações que dependem da associatividade sejam habilitadas explicitamente.

## 4.6  QUESTÕES CRUZADAS

### Energia e DLP: lento e largo *versus* rápido e estreito

Uma vantagem energética fundamental das arquiteturas paralelas em nível de dados vem da equação da energia vista no Capítulo 1. Como consideramos amplo o paralelismo em nível de dados, o desempenho será o mesmo se reduzirmos a taxa de clock à metade e dobrarmos os recursos de execução: duas vezes o número de pistas para um computador vetorial, registradores e ALUs mais largos para SIMD multimídia e mais pistas SIMD para GPUs. Se pudermos reduzir a tensão e, ao mesmo tempo, reduzir a taxa de clock, poderemos realmente reduzir a energia tanto quanto a potência para a computação, mantendo o mesmo pico de desempenho. Portanto, as GPUs tendem a ter taxas de clock menores do que os processadores de sistema, cujo desempenho depende de altas taxas de clock (ver Seção 4.7).

Comparados aos processadores fora de ordem, os processadores DLP podem ter lógica de controle mais simples para lançar um grande número de operações por ciclo de clock; por exemplo, o controle é idêntico para todas as pistas em processadores vetoriais, e não existe lógica para decidir entre despacho múltiplo de instrução e lógica de execução especulativa. Eles também buscam e decodificam muito menos instruções. As arquiteturas vetoriais também podem tornar mais fácil desativar partes não utilizadas do chip. Cada instrução vetorial descreve explicitamente todos os recursos de que precisa para um número de ciclos quando a instrução é despachada.

### Memória em banco e memória gráfica

A Seção 4.2 destacou a importância da largura de banda de memória significativa em arquiteturas vetoriais para suportar passo unitário, passo não unitário e acessos gather-scatter.

Para atingir o mais alto desempenho da memória, as DRAMs empilhadas são usadas nas GPUs de última geração da AMD e NVIDIA. A Intel também usa DRAM empilhada em seu produto Xeon Phi. Também conhecidos como *memória com alta largura de banda* (*HBM, HBM2*), os chips de memória são empilhados e colocados no mesmo invólucro do chip processador. A extensa largura (normalmente, 1024 a 4096 fios de dados) oferece alta largura de banda, enquanto a disposição dos chips de memória no mesmo invólucro do chip processador reduz a latência e o consumo de energia. A capacidade da DRAM empilhada normalmente é de 8 a 32 GB.

Dadas todas as demandas potenciais das tarefas de cálculo e de aceleração gráfica sobre a memória, o sistema de memória poderia se deparar com grande número de requisições não correlacionadas. Infelizmente, essa diversidade prejudica o desempenho de memória. Para lidar com isso, o controlador de memória da GPU mantém filas separadas de tráfego limitadas para diferentes bancos, aguardando até que haja tráfego suficiente para justificar a abertura de uma linha e a transferência de todos os dados requisitados de uma vez. Esse atraso melhora a largura de banda, mas aumenta a latência, e o controlador deve garantir que nenhuma unidade de processamento "morra de fome" enquanto espera por dados, caso contrário, os processadores vizinhos poderiam ficar ociosos. A Seção 4.7 mostra que as técnicas gather-scatter e as de acesso ciente dos bancos de memória podem ocasionar aumentos substanciais no desempenho em comparação com as arquiteturas convencionais baseadas em cache.

### Acessos por passo e perdas de TLB

Um problema com acessos por passo é como eles interagem com o buffer lookaside de tradução (TLB) para a memória virtual em arquiteturas vetoriais ou GPUs. (As GPUs usam TLBs para mapeamento de memória.) Dependendo de como o TLB é organizado e do tamanho do array sendo acessado na memória, é possível até conseguir uma perda de TLB para cada acesso a um elemento no array! O mesmo tipo de colisão poderá acontecer com caches, mas o impacto sobre o desempenho provavelmente é menor.

## 4.7 JUNTANDO TUDO: GPUS EMBARCADAS *VERSUS* GPUS DE SERVIDOR E TESLA *VERSUS* CORE I7

Dada a popularidade das aplicações gráficas, hoje as GPUs são encontradas em clientes móveis, além de servidores tradicionais ou computadores desktop para trabalho pesado. A Figura 4.26 lista as principais características do sistema NVIDIA Tegra Parker em um chip para clientes embarcados, que é popular em automóveis, e a GPU Pascal para servidores. Os engenheiros de GPUs de servidor esperam ser capazes de realizar animação ao vivo dentro de cinco anos depois de um filme ser lançado. Os engenheiros de GPUs embarcadas, por sua vez, querem fazer o que um servidor ou um console de jogo faz hoje em seu hardware dentro de mais cinco anos.

O NVIDIA Tegra P1 tem seis núcleos ARMv8 e uma GPU Pascal menor (capaz de trabalhar a 750 GFLOPS) e 50 GB/s de largura de banda de memória. É o componente principal da plataforma de computação NVIDIA DRIVE PX2 que é usada em carros para direção

| | NVIDIA Tegra 2 | NVIDIA Tesla P100 |
|---|---|---|
| Mercado | Automotivo, embarcados, console, tablet | Desktop, servidor |
| Interface do sistema | Six-Core ARM (2 Denver2 +4 A57) | Não aplicável |
| Processador de sistema | Não aplicável | PCI Express × 16 Gen 3 |
| Largura de banda da interface do sistema | Não aplicável | 16 GB/s (cada sentido), 32 GB/s (total) |
| Taxa de clock | 1,5 GHz | 1,4 GHz |
| Multiprocessadores SIMD | 2 | 56 |
| Pistas SIMD/ multiprocessador SIMD | 128 | 64 |
| Interface de memória | LP-DDR4 de 128 bits | HBM2 de 4096 bits |
| Largura de banda de memória | 50 GB/s | 732 GB/s |
| Capacidade de memória | até 16 GB | até 16 GB |
| Transistores | 7 bilhões | 15,3 bilhões |
| Processo | TSMC 16 nm FinFET | TSMC 16 nm FinFET |
| Área do die | 147 mm$^2$ | 645 mm$^2$ |
| Potência | 20 watts | 300 watts |

**FIGURA 4.26** Características principais das GPUs para clientes embarcados e servidores.

autônoma. O NVIDIA Tegra X1 é a geração anterior, que é usada em diversos tablets de última geração, como o Google Pixel C e a NVIDIA Shield TV. Ele possui uma GPU da classe Maxwell capaz de trabalhar a 512 GFLOPS.

O NVIDIA Tesla P100 é a GPU Pascal bastante discutida neste capítulo. (Tesla é o nome da Nvidia para produtos voltados para a computação de uso geral.) A taxa de clock é de 1,4 GHz e inclui 56 processadores SIMD. O caminho para a memória HBM2 tem 4096 bits de largura e transfere dados na borda de subida e descida de um clock de 0,715 GHz, o que significa um pico de largura de banda de memória de 732 GB/s. Ele se conecta com o processador do sistema host e a memória através de um link PCI Express $\times$ 16, que tem um pico de taxa bidirecional de 32 GB/s.

Todas as características físicas do die P100 são impressionantemente grandes: ele contém 15,3 bilhões de transistores, o tamanho do die é de 645 mm$^2$ (1 polegada quadrada) em um processo TSMC de 16 nm, e a potência típica é de 300 watts.

## Comparação entre uma GPU e uma MIMD com SIMD multimídia

Um grupo de pesquisadores da Intel publicou um artigo (Lee et al., 2010) comparando um Intel i7 quadcore com extensões SIMD multimídia e o Tesla GTX 280. Embora o estudo não comparasse as versões mais recentes das CPUs e das GPUs, essa foi a comparação mais aprofundada dos dois estilos, pois explicou os motivos por trás das diferenças no desempenho. Além do mais, as versões atuais dessas arquiteturas compartilham muitas semelhanças com aquelas contidas no estudo.

A Figura 4.27 lista as características dos dois sistemas. Ambos os produtos foram comprados no segundo semestre de 2009. O Core i7 usa a tecnologia semicondutora de 45 nm

| | Core i7-960 | GTX 280 | Razão 280/i7 |
|---|---|---|---|
| Número de elementos de processamento (núcleos ou SMs) | 4 | 30 | 7,5 |
| Frequência de clock (GHz) | 3,2 | 1,3 | 0,41 |
| Tamanho do die | 263 | 576 | 2,2 |
| Tecnologia | Intel 45 nm | TSMC 65 nm | 1,6 |
| Potência (chip, não módulo) | 130 | 130 | 1,0 |
| Transistores | 700 M | 1.400 M | 2,0 |
| Largura de banda de memória (GB/s) | 32 | 141 | 4,4 |
| Largura do SIMD de precisão simples | 4 | 8 | 2,0 |
| Largura do SIMD de precisão dupla | 2 | 1 | 0,5 |
| Pico de FLOPs escalares de precisão simples (GFLOP/s) | 26 | 117 | 4,6 |
| Pico de FLOPs SIMD de precisão simples (GFLOP/s) | 102 | 311 a 933 | 3,0-9,1 |
| (SP 1 soma ou multiplicação) | N.A. | (311) | (3,0) |
| (SP 1 multiplicações-somas de instrução) fundida | N.A. | (622) | (6,1) |
| (SP raro multiplicação-soma e multiplicação de despacho duplo fundido) | N.A. | (933) | (9,1) |
| Pico de FLOPs SIMD de precisão dupla (GFLOP/s) | 51 | 78 | 1,5 |

**FIGURA 4.27** Especificações do Intel Core i7-960 e NVIDIA GTX 280.

A colunas mais à direita mostra as razões entre o GTX 280 e o Core i7. Para FLOPS SIMD de precisão simples no GTX 280, a velocidade mais alta (933) vem de um caso muito raro de despacho duplo de multiplicação-soma e multiplicação fundidos. O mais razoável é 622 para multiplicações-somas únicas fundidas. Observe que essas larguras de banda de memória são maiores do que as apresentadas na Figura 4.28, porque são larguras de banda de pinos DRAM, e as apresentadas na Figura 4.28 são os processadores como medidos por um programa de benchmark. Da Tabela 2 em Lee, W.V., et al., 2010. *Debunking the 100 × GPU vs. CPU mith: an evaluation of throughput computing on CPU and GPU.* Em: Proc. 37th Annual Int'l. Symposium on Computer Architecture (ISCA), 19-23 de junho de 2010, Saint-Malo, França.

## 4.7 Juntando tudo: GPUS embarcadas versus GPUS de servidor e Tesla versus Core i7

da Intel, enquanto a GPU usa a tecnologia de 65 nanômetros da TSMC. Embora possa ter sido mais justo fazer uma comparação com uma parte neutra ou as duas partes interessadas, o objetivo desta seção *não* é determinar o quanto um produto é mais rápido do que o outro, mas tentar entender o valor relativo dos recursos desses dois estilos arquitetônicos contrastantes.

Os rooflines do Core i7 920 e GTX 280, na Figura 4.28, ilustram as diferenças nos computadores. O 920 tem uma taxa de clock mais lenta do que o 960 (2,66 GHz *versus* 3,2 GHz),

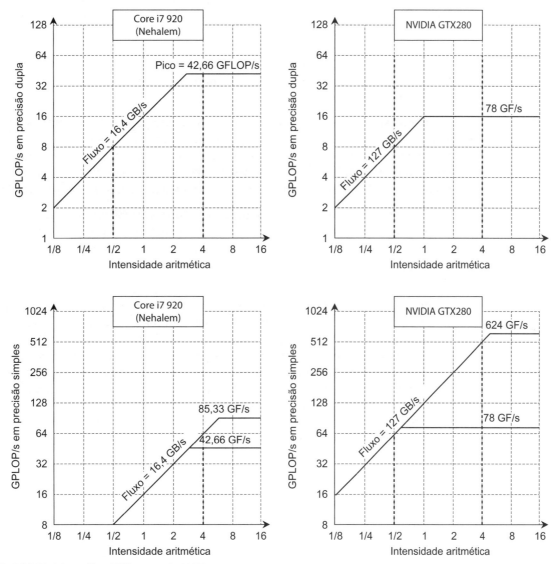

**FIGURA 4.28** Modelo roofline (Williams et al., 2009).
Esses rooflines mostram o desempenho de ponto flutuante de precisão dupla na linha superior e o desempenho de precisão simples na linha inferior. (O teto de desempenho de PF PD também está na linha inferior, para mostrar um aspecto geral.) O Core i7 920, à esquerda, tem um pico de desempenho PF PD de 42,66 GFLOP/s, um pico de PF PS de 85,33 GBytes/s e um pico de largura de banda de memória de 16,4 GB/s. O NVIDIA GTX 280 tem um pico de PF PD de 78 GFLOP/s, um pico de PF PS de 624 GB/s e um pico de largura de banda de memória de 127 GB/s. A linha vertical tracejada à esquerda representa uma intensidade aritmética de 0,5 FLOP/byte. Ela é limitada pela largura de banda de memória de não mais de 8 GFLOP/s em PD ou 8 GLOP/s em PS no Core i7. A linha vertical tracejada à direita tem uma intensidade aritmética de 4 FLOP/byte. Ela é limitada somente computacionalmente a 42,66 GLOP/s em PD e 64 GFLOP/s em PS no Core i7 e 78 GLOP/s em PD e 512 GFLOP/s em PS no GTX 280. Para atingir a maior taxa computacional no Core i7 você precisa usar os quatro núcleos e instruções SSE com um número igual de multiplicações e somas. Para o GTX 280, você precisa usar instruções multiplicação-soma fundidas em todos os processadores SIMD multithreaded.

# CAPÍTULO 4: Paralelismo em nível de dados em arquiteturas vetoriais, SIMD e GPU

mas o resto do sistema é o mesmo. Não só o GTX 280 tem largura de banda de memória e desempenho de ponto flutuante de precisão dupla muito maiores, como seu ponto limite de precisão dupla também está consideravelmente à esquerda. Como mencionado, quanto mais à esquerda estiver o ponto limite do roofline, mais fácil será atingir o pico do desempenho computacional. O ponto limite de precisão dupla é 0,6 para o GTX 280 *versus* 2,6 para o Core i7. Para desempenho de precisão simples, o ponto limite se move para a direita, pois é muito mais difícil atingir o "telhado" do desempenho de precisão simples, já que ele é muito mais alto. Observe que a intensidade aritmética do kernel se baseia nos bytes que vão para a memória principal, não nos que vão para a memória cache. Assim, o uso da cache pode mudar a intensidade aritmética de um kernel em um computador em particular, considerando que a maioria das referências realmente vai para a cache. O roofline ajuda a explicar o desempenho relativo neste estudo de caso. Observe também que essa largura de banda é para acessos de passo unitário nas duas arquiteturas. Endereços gather-scatter reais que não são fundidos são mais lentos no GTX 280 e no Core i7, conforme veremos.

Os pesquisadores disseram que selecionaram os programas de benchmark analisando as características computacionais e de memória dos quatro sites recém-propostos de benchmark, "formulando o conjunto de *kernels de throughput computacional* que capturam essas características". A Figura 4.29 descreve esses 14 kernels, e a Figura 4.30 mostra os resultados de desempenho com números maiores significando maior velocidade.

Dado que as especificações de desempenho bruto do GTX 280 variam de 2,5 × mais lento (taxa de clock) a 7,5 × mais rápido (núcleos por chip), enquanto o desempenho varia de 2,0 × mais lento (Solv) a 15,2 × mais rápido (GJK), os pesquisadores da Intel exploraram as razões para essas diferenças:

- *Largura de banda de memória.* A GPU tem 4,4 × a largura de banda de memória, o que ajuda a explicar por que o LBM e o SAXPY rodam 5,0 × e 5,3 × mais rápido, respectivamente; seus conjuntos funcionais têm centenas de megabytes e, portanto, não se encaixam na cache do Core i7. (Para acessar intensamente a memória, eles não usam bloqueio de cache no SAXPY.) Assim, a rampa dos rooflines explica seu desempenho. O SpMV tem também um grande conjunto funcional, mas roda a somente 1,9 ×, porque o ponto flutuante de precisão dupla da GTX 280 é somente 1,5 × mais rápida do que o Core i7.
- *Largura de banda computacional.* Cinco dos kernels restantes são limitados computacionalmente: SGEMM, Conv, FFT, MC e Bilat. A GTX é mais rápida 3,9, 2,8, 3,0, 1,8 e 5,7 vezes, respectivamente. Os três primeiros usam aritmética de ponto flutuante de precisão simples, e a precisão simples da GTX 280 é 3 × a 6 × mais rápida. (O "9 × mais rápido que o Core i7", como mostrado na Figura 4.27, ocorre somente em um caso muito especial em que a GTX 280 pode despachar uma multiplicação-soma fundida e uma multiplicação por ciclo de clock.) O MC usa precisão dupla, o que explica por que ele é somente 1,8 × mais rápido, já que o desempenho de PD é somente 1,5 × mais rápido. Bilat usa funções transcendentais, que a GTX 280 suporta diretamente (ver Figura 4.17). O Core i7 passa dois terços do seu tempo calculando funções transcendentais, então a GTX 280 é 5,7 × mais rápida. Essa observação ajuda a destacar o valor do suporte de hardware para operações que ocorrem na carga de trabalho: ponto flutuante de precisão dupla e, talvez, até mesmo transcendentais.
- *Benefícios de cache.* A emissão de raios (RC) é somente 1,6 × mais rápida na GTX porque o bloqueio de caches nas caches do Core i7 o impede de se tornar limitado pela largura de banda de memória, como nas GPUs. O bloqueio de cache pode

| Kernel | Aplicação | SIMD | TLP | Características |
|---|---|---|---|---|
| SGEMM (**SGEMM**) | Álgebra linear | Regular | Através de blocos 2-D | Calcula o limite após a colocação de blocos |
| Monte Carlo (**MC**) | Finanças computacionais | Regular | Através dos caminhos | Calcula limite |
| Convolução (**Conv**) | Análise de imagem | Regular | Através dos pixels | Calcula limite; limite de largura de banda para filtros pequenos |
| FFT (**FFT**) | Processamento de sinais | Regular | Através de FFTs | Calcula limite ou limite de largura de banda, dependendo do tamanho |
| SAXPY (**SAXPY**) | Produto escalar | Regular | Através do vetor | Limite de largura de banda para vetores grandes |
| LBM (**LBM**) | Migração por tempo | Regular | Através das células | Limite de largura de banda |
| Solucionador de restrição (**Solv**) | Física de corpo rígido | Gather/Scatter | Através das restrições | Limite de sincronização |
| SpMV (**SpMV**) | Solucionador esparso | Gather | Através de não zero | Limite de largura de banda para matrizes grandes típicas |
| GJK (**GJK**) | Detecção de colisão | Gather/Scatter | Através dos objetos | Calcula limite |
| Sort (**Sort**) | Banco de dados | Gather/Scatter | Através de elementos | Calcula limite |
| Emissão de raios (**RC**) Renderização de volume | | Gather | Através de raios | Conjunto funcional de primeiro nível com 4-8 MB. Conjunto funcional de último nível acima de 500 MB |
| Busca (**Search**) | Banco de dados | Gather/Scatter | Através de consultas | Calcula o limite para árvore pequena; limite de largura de banda na base da árvore para árvore grande |
| Histograma (**Hist**) | Análise de imagem | Requer detecção de conflito | Através dos pixels | Limite de redução/sincronização |
| Bilateral (**Bilat**) | Análise de imagem | Regular | Através dos pixels | Calcula limite |

**FIGURA 4.29** Características de throughput computacional de kernel.

Os nomes entre parênteses identificam o nome do benchmark nesta seção. Os autores sugerem que os códigos para as duas máquinas têm igual esforço de otimização. Da Tabela 1 em Lee, W.V., et al., 2010. *Debunking the 100 × GPU vs. CPU mith: an evaluation of throughput computing on CPU and GPU.* Em: Proc. 37th Annual Int'l. Symposium on Computer Architecture (ISCA), 19-23 de junho de 2010, Saint-Malo, França.

ajudar também na busca. Se as árvores de índices forem pequenas de modo que se encaixem na cache, o Core i7 é duas vezes mais rápido. Árvores de índice maiores as tornam limitadas pela largura de banda de memória. No geral, a GTX 280 executa buscas 1,8 × mais rapidamente. O bloqueio de cache também auxilia na ordenação (sort). Enquanto a maioria dos programadores não executaria a ordenação em um processador SIMD, ela pode ser escrita com uma primitiva de ordenação de 1 bit chamada *split*. Entretanto, o algoritmo split executa muito mais instruções do que uma organização escalar. Como resultado, a GTX 280 roda somente 0,8 × mais rápido do que o Core i7. Observe que as caches também ajudam outros kernels no Core i7, já que o bloqueio de cache permite que SGEMM, FFT e SpMV se tornem limitados computacionalmente. Essa observação reenfatiza a importância das otimizações de bloqueio de cache no Capítulo 2.

| Kernel | Unidades | Core i7-960 | GTX 280 | GTX 280/ i7-960 |
|---|---|---|---|---|
| SGEMM | GFLOP/s | 94 | 364 | 3,9 |
| MC | Bilhões de caminhos/s | 0,8 | 1,4 | 1,8 |
| Conv | Milhões de pixels/s | 1.250 | 3.500 | 2,8 |
| FFT | GFLOP/s | 71,4 | 213 | 3,0 |
| SAXPY | GB/s | 16,8 | 88,8 | 5,3 |
| LBM | Milhões de buscas/s | 85 | 426 | 5,0 |
| Solv | Quadros/s | 103 | 52 | 0,5 |
| SpMV | GFLOP/s | 4,9 | 9,1 | 1,9 |
| GJK | Quadros/s | 67 | 1.020 | 15,2 |
| Sort | Milhões de elementos/s | 250 | 198 | 0,8 |
| RC | Quadros/s | 5 | 8,1 | 1,6 |
| Search | Milhões de buscas/s | 50 | 90 | 1,8 |
| Hist | Milhões de pixels/s | 1.517 | 2.583 | 1,7 |
| Bilat | Milhões de pixels/s | 83 | 475 | 5,7 |

**FIGURA 4.30** Desempenhos brutos e relativos medidos para as duas plataformas. Nesse estudo, o SAXPY é usado somente como medida de largura de banda de memória, de modo que a unidade correta é GB/s, e não GFLOP/s. Baseado na Tabela 3 em Lee et al., 2010. *Debunking the 100 × GPU vs. CPU mith: an evaluation of throughput computing on CPU and GPU.* Em: Proc. 37th Annual Int'l. Symposium on Computer Architecture (ISCA), 19-23 de junho de 2010, Saint-Malo, França.

- *Gather/Scatter.* As extensões SIMD multimídia serão de pouca ajuda se os dados estiverem espalhados pela memória principal; o desempenho ideal vem somente quando os dados estão alinhados em limites de 16 bytes. Assim, GJK obtém pouco benefício do SIMD no Core i7. Como mencionado, as GPUs oferecem endereçamento gather-scatter, que é encontrado em uma arquitetura vetorial mas omitido nas extensões SIMD. A unidade de união de endereço também ajuda combinando acessos à mesma linha DRAM, reduzindo assim o número de gathers e scatters. O controlador de memória também reúne acessos à mesma página DRAM. Essa combinação significa que a GTX 280 executa o GJK 15,2 × mais rápido do que o Core i7, que é mais do que qualquer parâmetro físico na Figura 4.27. Essa observação reforça a importância do gather-scatter para arquiteturas vetoriais e GPU, que está ausente nas extensões SIMD.
- *Sincronização.* A sincronização de desempenho de Hist é limitada pelas atualizações atômicas, que são responsáveis por 28% do tempo de execução total no Core i7, apesar de ele ter uma instrução de busca e incremento de hardware. Assim, Hist é somente 1,7 × mais rápido na GTX 280. Solv soluciona um conjunto de restrições independentes com pouca computação, seguida por uma sincronização de barreira. O Core i7 se beneficia das instruções atômicas e um modelo de consistência de memória que garante os resultados corretos mesmo que nem todos os acessos à hierarquia de memória tenham sido completados. Sem o modelo de consistência de memória, a versão da GTX 280 lança alguns conjuntos do processador de sistema, o que leva a GTX 280 a rodar 0,5 × mais rápido do que o Core i7. Essa observação destaca como o desempenho de sincronização pode ser importante para alguns problemas de dados paralelos.

É interessante também que o suporte para gather-scatter das arquiteturas vetoriais, décadas mais antigo que as instruções SIMD, era tão importante para a utilidade efetiva dessas

| | Xeon Platinum 8180 | P100 | Razão P100/Xeon |
|---|---|---|---|
| Número de elementos de processamento (núcleos ou SMs) | 28 | 56 | 2,0 |
| Frequência de clock (GHz) | 2,5 | 1,3 | 0,52 |
| Tamanho do die | N.A. | 610 mm2 | – |
| Tecnologia | Intel 14 nm | TSMC 16 nm | 1,1 |
| Potência (chip, não módulo) | 80 W | 300 W | 3,8 |
| Transistores | N.A. | 15,3 B | – |
| Largura de banda de memória (GB/s) | 199 | 732 | 3,7 |
| Largura do SIMD de precisão simples | 16 | 8 | 0,5 |
| Largura do SIMD de precisão dupla | 8 | 4 | 0,5 |
| Pico de FLOPs SIMD escalares de precisão simples (GFLOP/s) | 4480 | 10.608 | 2,4 |
| Pico de FLOPs SIMD de precisão simples (GFLOP/s) | 2240 | 5304 | 2,4 |

**FIGURA 4.31** Intel Xeon Platinum 8180 e NVIDIA P100.
A coluna mais da direita mostra as razões entre P100 e Xeon. Observe que essas larguras de banda de memória são mais altas do que na Figura 4.28, pois estas são larguras de banda de pinos DRAM e aquelas na Figura 4.28 estão nos processadores conforme medidos por um programa de benchmark.

extensões SIMD, que algumas pessoas haviam feito uma previsão antes dessa comparação (Gebis e Patterson, 2007). Os pesquisadores da Intel observaram que seis dos 14 kernels explorariam melhor a SIMD com suporte mais eficiente a gather-scatter no Core i7.

Observe que um importante recurso ausente dessa comparação foi descrever o nível de esforço para obter os resultados para os dois sistemas. Idealmente, as comparações futuras liberariam o código usado nos dois sistemas para que outros pudessem recriar os mesmos experimentos em plataformas de hardware diferentes e, possivelmente, melhorar os resultados.

## Atualização da comparação

Nos anos intervenientes, os pontos fracos do Core i7 e do Tesla GTX 280 foram tratados por seus sucessores. O ACV2 da Intel acrescentou instruções gather, e o AVX/512 acrescentou instruções scatter, ambas encontradas na série Skylake da Intel. Nvidida Pascal possui desempenho de ponto flutuante em precisão duplo que tem metade em vez de um oitavo da velocidade das operações de precisão simples e atômicas rápidas, e caches.

A Figura 4.31 lista as características desses dois sucessores, a Figura 4.32 compara o desempenho usando 3 dos 14 benchmarks no artigo original (aqueles para os quais poderíamos

| Kernel | Unidades | Xeon Platinum 8180 | P100 | P100/Xeon | GTX 280/i7-960 |
|---|---|---|---|---|---|
| SGEMM | GFLOP/s | 3494 | 6827 | 2,0 | 3,9 |
| DGEMM | GFLOP/s | 1693 | 3490 | 2,1 | — |
| FFT-S | GFLOP/s | 410 | 1820 | 4,4 | 3,0 |
| FFT-D | GFLOP/s | 190 | 811 | 4,2 | — |
| SAXPY | GB/s | 207 | 544 | 2,6 | 5,3 |
| DAXPY | GB/s | 212 | 556 | 2,6 | — |

**FIGURA 4.32** Desempenho bruto e relativo medido para versões modernas das duas plataformas em comparação com o desempenho relativo das plataformas originais.
Assim como a Figura 4.30, SAXPY e DAXPY são usados apenas como medida de largura de banda da memória, de modo que a unidade correta é GB/s, e não GFLOP/s.

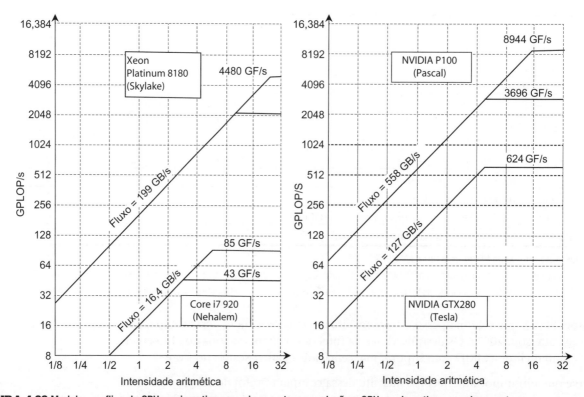

**FIGURA 4.33** Modelos roofline de CPUs mais antigas e mais recentes em relação a GPUs mais antigas e mais recentes.
O roofline mais alto para cada computador é o desempenho de ponto flutuante em precisão simples, e o mais baixo é o desempenho em precisão dupla.

encontra o código fonte) e a Figura 4.33 mostra os dois novos modelos roofline. O novo chip CPU é de 15 a 50 vezes mais rápido e os novos chips CPU são 50 vezes mais rápidos que seus predecessores, e a nova GPU tem de 2 a 5 vezes mais rápido que a nova CPU.

## 4.8 FALÁCIAS E ARMADILHAS

Enquanto paralelismo em nível de dados é a forma mais fácil de paralelismo após ILP do ponto de vista do programador, e plausível a facilidade do ponto de vista dos arquitetos, ainda existem muitas falácias e armadilhas.

**Falácia**

As GPUs sofrem por serem coprocessadores.

Embora a divisão entre a memória principal e a memória de GPU apresente desvantagens, existem vantagens em estar distante da CPU.

Por exemplo, a PTX existe em parte por causa da natureza de dispositivo de E/S das GPUs. Esse nível de indireção entre o compilador e o hardware dá aos arquitetos de GPU muito mais flexibilidade do que os arquitetos de processador de sistema têm. Muitas vezes é difícil saber com antecedência se uma inovação de arquitetura será bem suportada pelos compiladores e bibliotecas e se será importante para as aplicações. Às vezes, um novo mecanismo vai se mostrar útil para uma ou duas gerações e então decair em importância, conforme o mundo de TI mudar. As PTX permitem aos arquitetos de GPU tentar inovações especulativamente e abandoná-las em gerações subsequentes se elas forem um desapontamento ou perderem importância, o que encoraja a experimentação. A justificativa para a inclusão é compreensivelmente muito maior para processadores de sistema — e, portanto, muito menos experimentação pode ocorrer, já que distribuir código binário de máquina normalmente implica que novos recursos devem ser suportados por todas as gerações futuras daquela arquitetura.

Uma demonstração do valor das PTX é que a arquitetura de uma geração diferente mutou radicalmente o conjunto de instruções de hardware — de orientado à memória, como o x86, para orientado a registradores, como no RISC-V, *além* de dobrar o tamanho de endereço para 64 bits sem prejudicar a pilha de software NVIDIA.

Os primeiros processadores vetoriais memória-memória, como o TI ASC e o CDC STAR-100, têm longos tempos de inicialização. Para alguns problemas vetoriais, os vetores devem ter mais de 100 elementos para que o código vetorial seja mais rápido do que o código escalar! No CYBER 205 — derivado do STAR 100 —, o overhead de inicialização para o DAZPY é de 158 ciclos de clock, o que aumenta substancialmente o ponto de equilíbrio. Se as taxas de clock do Cray-1 e do CYBER 205 fossem idênticas, o Cray-1 seria mais rápido até que o número de elementos no vetor fosse maior do que 64. Já que o clock do Cray-1 era também mais rápido (embora o 205 fosse mais novo), o ponto de cruzamento era um comprimento de vetor de mais de 100.

**Armadilha**

Concentrar-se no pico de desempenho em arquiteturas vetoriais e ignorar o overhead de inicialização.

Esse desequilíbrio foi um problema em muitos dos primeiros processadores vetoriais, e um ponto em que Seymour Cray (o arquiteto dos computadores Cray) reescreveu as regras. Muitos dos primeiros processadores vetoriais tinham unidades escalares comparativamente pequenas (além de grandes overheads de inicialização). Mesmo hoje, um processador com desempenho vetorial menor mas com desempenho escalar melhor pode ter melhor desempenho do que um processador com maior pico de desempenho vetorial. Um bom desempenho escalar mantém os custos de overhead baixos (p. ex., strip mining) e reduz o impacto da lei de Amdahl.

**Armadilha**

Aumentar o desempenho vetorial sem aumentos comparáveis em desempenho escalar.

Um exemplo excelente disso vem na comparação de um processador escalar rápido com um processador vetorial com desempenho escalar menor. Os kernels Livermore Fortran são uma coleção de 24 kernels científicos com graus variáveis de vetorização. A Figura 4.34 mostra o desempenho de dois processadores diferentes nesse benchmark. Apesar do maior pico de desempenho do processador vetorial, seu baixo desempenho escalar o torna mais lento do que um processador escalar veloz, como medido pela média harmônica.

Hoje, o outro lado desse perigo é aumentar o desempenho vetorial (por exemplo, aumentando o número de pistas) sem aumentar o desempenho escalar. Tal miopia é outro caminho para um computador desequilibrado.

A próxima falácia se relaciona intimamente com esta.

| Processador | Taxa mínima para qualquer loop (MFLOPS) | Taxa máxima para qualquer loop (MFLOPS) | Média harmônica para todos os 24 loops (MFLOPS) |
|---|---|---|---|
| MIPS M/120-5 | 0,80 | 3,89 | 1,85 |
| Stardent-1500 | 0,41 | 10,08 | 1,72 |

**FIGURA 4.34** Medidas de desempenho para os kernels Livermore Fortran em dois processadores diferentes.

O MIPS M/120-5 e o Stardent-1500 (anteriormente o Ardent Titan-1) usam um chip MIPS R2000 de 16,7 MHz como CPU principal. O Stardent-1500 usa sua unidade vetorial para PF escalar e tem cerca de metade do desempenho escalar (como medido pela taxa mínima) do MIPS M/120-5, que usa o chip MIPS R2010 FP. O processador vetorial é mais de 2,5 × mais rápido para um loop altamente vetorizável (taxa máxima). Entretanto, o desempenho escalar menor do Stardent-1500 nega o desempenho maior vetorial quando o desempenho total é medido pela média harmônica em todos os 24 loops.

**Falácia**

Você pode obter um bom desempenho vetorial sem fornecer largura de banda de memória.

Como vimos no loop DAXPY e no modelo de Roofline, a largura de memória é muito importante para todas as arquiteturas SIMD. O DAXPY requer 1,5 referência de memória por operação de ponto flutuante, e essa taxa é típica para muitos códigos científicos. Mesmo se as operações de ponto flutuante não ocupassem tempo, um Cray-1 não poderia aumentar o desempenho da sequência vetorial usada, já que ela é limitada pela memória. O desempenho do Cray-1 em Linpack saltou quando o compilador usou bloqueio para mudar o cálculo de modo que os valores fossem mantidos nos registradores vetoriais. Essa abordagem diminuiu o número de referências de memória por FLOP e melhorou o desempenho por um fator de quase duas vezes! Assim, a largura de banda de memória no Cray-1 tornou-se suficiente para um loop que antes requeria mais largura de banda.

**Falácia**

Nas GPUs, simplesmente adicione mais threads se não tiver desempenho de memória suficiente.

As GPUs usam muitos threads CUDA para ocultar a latência da memória principal. Se os acessos de memória estiverem espalhados, mas não correlacionados entre threads CUDA, o sistema de memória vai ficar progressivamente mais lento em responder a cada requisição individual. Eventualmente, nem mesmo vários threads vão cobrir a latência. Para que a estratégia "mais threads CUDA" funcione, não só você precisará de muitos threads CUDA, como os próprios threads CUDA deverão se comportar bem em termos de localidade de acessos de memória.

## 4.9 CONSIDERAÇÕES FINAIS

O paralelismo em nível de dados está aumentando em importância para dispositivos pessoais móveis, dada a popularidade de aplicações mostrando a importância de áudio, vídeo e jogos nesses dispositivos. Quando combinados com um modelo mais fácil de programar do que o paralelismo em nível de tarefa e eficiência energética potencialmente melhor, é fácil prever uma renascença do paralelismo em nível de dados na próxima década.

Estamos vendo os processadores de sistema adquirirem mais das características da GPUs e vice-versa. Uma das maiores diferenças entre o desempenho dos processadores convencionais e as GPUs tem sido o endereçamento gather-scatter. Arquiteturas vetoriais tradicionais mostram como adicionar tal endereçamento a instruções SIMD, e esperamos ver mais ideias das comprovadas arquiteturas vetoriais adicionadas às extensões SIMD ao longo do tempo.

Como dissemos nas páginas iniciais da Seção 4.4, a questão das GPUs não é simplesmente o fato de a arquitetura ser melhor, mas, dado o investimento em hardware para realizar gráficos bem, como ela pode ser melhorada para dar suporte à computação mais geral. Embora no papel as arquiteturas vetoriais tenham muitas vantagens, ainda precisa ser provado que as arquiteturas vetoriais podem ser uma base tão boa para gráficos quanto as GPUS. O RISC-V abraçou o método vetorial em relação a SIMD. Assim, como os debates sobre arquitetura do passado, o mercado ajudará a determinar a importância dos pontos fortes e fracos dos dois estilos de arquiteturas paralelas de dados.

## 4.10 PERSPECTIVAS HISTÓRICAS E REFERÊNCIAS

A Seção M.6 (disponível on-line) apresenta uma discussão sobre o Illiac IV (um representante das primeiras arquiteturas SIMD) e o Cray-1 (um representante das arquiteturas vetoriais). Nós também examinamos as extensões SIMD multimídia e a história das GPUs.

# ESTUDO DE CASO E EXERCÍCIOS POR JASON D. BAKOS

## Estudo de caso: Implementando um kernel vetorial em um processador vetorial e GPU

### Conceitos ilustrados neste estudo de caso

- Programação de processadores vetoriais
- Programação de GPUs
- Estimativa de desempenho

MrBayes é uma popular e conhecida aplicação computacional para biologia para inferir os históricos evolucionários entre um conjunto de espécies de entrada com base nos seus dados de sequência de DNA previamente alinhados de comprimento $n$. O MrBayes funciona realizando uma busca heurística nos espaço de todas as topologias de árvore binária, na qual as entradas são as folhas. Para avaliar uma árvore em particular, a aplicação deve calcular uma tabela de probabilidade $n \times 4$ (chamada cIP) para cada nó interno. A tabela é uma função das tabelas de probabilidade condicionais dos dois nós descendentes do nó (clL/ e clR, ponto flutuante de precisão simples) e a tabela de probabilidade de transição $4 \times 4$ (tiPL e tiPR, ponto flutuante de precisão simples). Um dos kernels dessa aplicação é o cálculo dessa tabela de probabilidade condicional e é mostrado a seguir:

```
for (k = 0; k < seq_length; k++) {
    clP[h++] = (tiPL[AA]*clL[A] + tiPL[AC]*clL[C]+
                tiPL[AG]*clL[G] + tiPL[AT]*clL[T])*
               (tiPR[AA]*clR[A] + tiPR[AC]*clR[C]+
                tiPR[AG]*clR[G] + tiPR[AT]*clR[T]);
    clP[h++] = (tiPL[CA]*clL[A] + tiPL[CC]*clL[C]+
                tiPL[CG]*clL[G] + tiPL[CT]*clL[T])*
               (tiPR[CA]*clR[A] + tiPR[CC]*clR[C]+
                tiPR[CG]*clR[G] + tiPR[CT]*clR[T]);
    clP[h++] = (tiPL[GA]*clL[A] + tiPL[GC]*clL[C]+
                tiPL[GG]*clL[G] + tiPL[GT]*clL[T])*
               (tiPR[GA]*clR[A] + tiPR[GC]*clR[C]+
                tiPR[GG]*clR[G] + tiPR[GT]*clR[T]);
    clP[h++] = (tiPL[TA]*clL[A] + tiPL[TC]*clL[C]+
                tiPL[TG]*clL[G] + tiPL[TT]*clL[T])*
               (tiPR[TA]*clR[A] + tiPR[TC]*clR[C]+
                tiPR[TG]*clR[G] + tiPR[TT]*clR[T]);
    clL+=4;
    clR+=4;
}
```

**4.1** [25] < 4.1, 4.2 > Considere as constantes mostradas na tabela a seguir.

| Constantes | Valores |
|---|---|
| AA,AC,AG,AT | 0,1,2,3 |
| CA,CC,CG,CT | 4,5,6,7 |
| GA,GC,GG,GT | 8,9,10,11 |
| TA,TC,TG,TT | 12,13,14,15 |
| A,C,G,T | 0,1,2,3 |

Escreva o código para RISC-V e RV64V. Considere que os endereços de partida de `tiPL`, `tiPR`, `clL`, `clR` e `clP` estejam em `RtiPL`, `RtiPR`, `RclL`, `RclR` e `RclP`, respectivamente. Não faça o desdobramento do loop. Para facilitar as reduções de adição vetorial, considere que adicionamos as seguintes instruções ao RV64V:

Redução de somatório vetorial precisão simples:

```
vsum Fd, Vs
```

Esta instrução realiza uma redução de somatório em um registrador vetorial `Vs`, escrevendo a soma no registrador escalar `Fd`.

**4.2**  [5] <4.1, 4.2> Considerando `seq_length==500`, qual é a contagem de instruções dinâmicas para as duas implementações?

**4.3**  [25] <4.1, 4.2> Considere que a instrução de redução vetorial seja executada na unidade fundamental vetorial, semelhante a uma instrução soma vetorial. Mostre como a sequência de código estabelece comboios supondo uma única instância de cada unidade funcional vetorial. Quantos chimes o código vai requerer? Quantos ciclos por FLOP são necessários, ignorando o overhead de despacho de instrução vetorial?

**4.4**  [15] <4.1, 4.2> Considere a possibilidade de desdobramento do loop e mapeamento de múltiplas iterações para operações vetoriais. Suponha que possamos usar loads e stores scatter-gather (`vldi` e `vsti`). Como isso afeta o modo como você pode escrever o código RV64V para esse kernel?

**4.5**  [25] <4.4> Agora considere que queremos implementar o kernel MrBayes em uma GPU usando um único bloco de threads. Reescreva o código C para o kernel usando CUDA. Considere que os ponteiros para as tabelas de probabilidade condicional e probabilidade de transição são especificados como parâmetros para o kernel. Invoque um thread para cada iteração do loop. Carregue quaisquer valores reutilizados na memória compartilhada antes de realizar operações sobre eles.

**4.6**  [15] <4.4> Com CUDA podemos usar paralelismo de granularidade grossa no nível de bloco para calcular as probabilidades condicionais de múltiplos nós em paralelo. Considere que queremos calcular as probabilidades condicionais da base da árvore para cima. Suponha que `seq_length==500` para todos os nós e que o grupo de tabelas para cada um dos 12 nós de folha seja armazenado em locais consecutivos da memória, na ordem de número de nó (por exemplo, o elemento $m$ de `clP` no nó $n$ está em clP[$n*4*$seq_length $+ m*4$]). Considere ainda que queremos calcular a probabilidade condicional para os nós 12 a 17, como mostrado na Figura 4.35. Mude o método como você calcula os índices de array em sua resposta para o Exercício 4.5 a fim de incluir o número de bloco.

**4.7**  [15] <4.4> Converta seu código do Exercício 4.6 em código PTX. Quantas instruções são necessárias para o kernel?

**4.8**  [10] <4.4> Quão bem você espera que esse código seja realizado em uma GPU? Explique sua resposta.

## Exercícios

**4.9**  [10/20/20/15/15] <4.2> Considere o código a seguir, que multiplica dois vetores que contêm valores complexos de precisão simples:

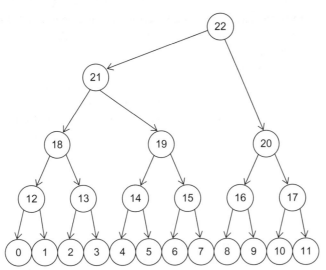

**FIGURA 4.35** Árvore de amostras.

```
for (i = 0; i < 300; i++) {
    c_re[i] = a_re[i] * b_re[i] - a_im[i] * b_im[i];
    c_im[i] = a_re[i] * b_im[i] + a_im[i] * b_re[i];
}
```

Considere que o processador roda a 700 MHz e tem um comprimento máximo de vetor de 64. A unidade de load-store tem um overhead de inicialização de 15 ciclos, a unidade de multiplicação, oito ciclos, e a unidade de soma/subtração, cinco ciclos.

a. [10] <4.3> Qual é a intensidade aritmética desse kernel? Justifique sua resposta.
b. [20] <4.2> Converta esse loop em código assembly RV64V usando strip mining.
c. [20] <4.2> Considerando encadeamento e um único pipeline de memória, quantos chimes são necessários? Quantos ciclos de clock são requeridos por valor de resultado complexo, incluindo overhead de inicialização?
d. [15] <4.2> Se a sequência vetorial for encadeada, quantos ciclos de clocks serão necessários por valor de resultado complexo, incluindo o overhead?
e. [15] <4.2> Agora suponha que o processador tenha três pipelines de memória e encadeamento. Se não houver conflitos de banco nos acessos de loop, quantos ciclos de clock serão necessários por resultado?

**4.10** [30] <4.2, 4.3, 4.4> Neste problema, vamos comparar o desempenho de um processador vetorial com um sistema híbrido que contém um processador escalar e um coprocessador baseado em GPU. No sistema híbrido, o processador host tem um desempenho escalar superior ao da GPU, então nesse caso todo o código escalar é executado no processador host, enquanto todo o código vetorial é executado na GPU. Vamos nos referir ao primeiro sistema como computador vetorial e ao segundo sistema como computador híbrido. Considere que sua aplicação-alvo contém um kernel vetorial com intensidade aritmética de 0,5 FLOP por byte da DRAM acessado. Entretanto, a aplicação também tem um componente escalar que deve ser realizado antes e depois do kernel para preparar os vetores de entrada e os vetores de saída, respectivamente. Para um conjunto de dados de amostra, a porção escalar do código requer 400 ms de tempo de execução no processador vetorial e no processador host no sistema híbrido. O kernel lê vetores de entrada consistindo em 200 MB de dados e tem dados de saída consistindo em dados de 100 MB. O processador vetorial tem um pico de largura de banda de memória de 30 GB/s e a GPU tem um pico de largura de banda de memória de 150 GB/s. O sistema híbrido tem um overhead adicional que requer que todos os vetores de entrada sejam transferidos entre a memória do host e a memória local da GPU antes e depois do kernel ser invocado. O sistema híbrido tem uma largura de banda de acesso direto à memória (DMA) de 10 GB/s e uma latência média de 10 ms. Considere que o processador vetorial e a GPU têm desempenho limitado pela largura de banda da memória. Calcule o tempo de execução requerido pelos dois computadores para esta aplicação.

**4.11** [15/25/25] <4.4, 4.5> A Seção 4.5 discutiu a operação de redução que reduz um vetor para um escalar por aplicação repetida de uma operação. Uma redução é um tipo especial de recorrência de loop. Mostramos a seguir um exemplo:

```
dot = 0.0;
for (i = 0; i < 64; i++) dot = dot + a[i] * b[i];
```

Um compilador de vetorização poderia aplicar uma transformação chamada *expansão escalar*, que expande um escalar em um vetor e divide o loop de modo que a multiplicação possa ser realizada com uma operação vetorial, deixando a redução como uma operação escalar separada:

```
for (i = 0; i < 64; i++) dot[i] = a[i] * b[i];
for (i = 1; i < 64; i++) dot[0] = dot[0] + dot[i];
```

Como mencionado na Seção 4.5, se permitirmos que a soma de ponto flutuante seja associativa, existem diversas técnicas disponíveis para paralelizar a redução.

**a.** [15] <4.4, 4.5> Uma técnica é chamada a dobrar a recorrência, que soma sequências de vetores progressivamente mais curtos (p. ex., dois vetores de 32 elementos, depois dois vetores de 16 elementos, e assim por diante). Mostre como seria o código C para executar o segundo loop desse modo.

**b.** [25] <4.4, 4.5> Em alguns processadores vetoriais, os elementos individuais dentro dos registradores vetoriais são endereçáveis; nesse caso, os operandos de uma operação vetorial podem ter duas partes diferentes do mesmo registrador vetorial. Isso permite outra solução para a redução chamada *somas parciais*. A ideia é reduzir o vetor a $m$ somas, em que $m$ é a latência total na unidade funcional vetorial, incluindo os tempos de leitura e escrita de operandos. Considere que os registradores vetoriais VMIPS sejam endereçáveis (por exemplo, você pode iniciar uma operação vetorial com o operando $V1(16)$, indicando que o operando de entrada começa com o elemento 16). Considere também que a latência total para somas, incluindo a leitura e operandos e a escrita do resultado, é de oito ciclos. Escreva uma sequência de código VMIPS que reduza o conteúdo de $V1$ para oito somas parciais.

**c.** [25] <4.4, 4.5> Ao realizar uma redução em uma GPU, um thread é associado a cada elemento no vetor de entrada. O primeiro passo é cada thread escrever seu valor correspondente na memória compartilhada. A seguir, cada thread entra em um loop que soma cada par de valores de entrada. Isso reduz o número de elementos à metade após cada iteração, significando que o número de threads ativos também é reduzido à metade a cada iteração. Para maximizar o desempenho da redução, o número de warps totalmente preenchidos deve ser maximizado durante o curso do loop. Em outras palavras, os threads ativos devem ser contíguos. Além disso, cada thread deve indexar o array compartilhado de tal modo que evite conflitos de banco com a memória compartilhada. O loop a seguir viola somente a primeira dessas instruções e também usa o operador módulo, muito dispendioso para as GPUs:

```
unsigned int tid = threadIdx.x;
    for(unsigned int s = 1; s <blockDim.x; s *=2) {
    if ((tid % (2*s))==0) {
    sdata[tid]+=sdata[tid + s];
    }
    __syncthreads();
    }
```

Reescreva o loop para atender a essas regras e elimine o uso do operador módulo. Considere que existam 32 threads por warp e um conflito de banco ocorre sempre que dois ou mais threads do mesmo warp referenciam um índice cujos módulos por 32 sejam iguais.

**4.12** [10/10/10/10] <4.3> O kernel a seguir realiza uma parte do método *finite-difference time-domain* (FDTD) para calcular as equações de Maxwell em um espaço tridimensional para um dos benchmarks SPEC06fp:

```
for (int x = 0; x < NX-1; x++) {
  for (int y = 0; y < NY-1; y++) {
    for (int z = 0; z < NZ-1; z++) {
      int index = x*NY*NZ + y*NZ + z;
      if (y > 0 && x > 0) {
        material = IDx[index];
        dH1 = (Hz[index]-Hz[index-incrementY])/dy[y];
        dH2 = (Hy[index]-Hy[index-incrementZ])/dz[z];
        Ex[index] = Ca[material]*Ex[index] + Cb[material]*
            (dH2-dH1);
      }}}}
```

Considere que dH1, dH2, Hy, Hz, dy, dz, Ca, Cb e Ex sejam arrays de ponto flutuante de precisão simples. Considere também que IDx é um array de inteiros sem sinal.

**a.** [10] <4.3> Qual é a intensidade aritmética desse kernel?

**b.** [10] <4.3> Esse kernel é adequado para execução vetorial ou SIMD? Por quê?

**c.** [10] <4.3> Considere que esse kernel será executado em um processador que tem largura de banda de memória de 30 GB/s. Esse kernel será limitado pela memória ou computacionalmente?

**d.** [10] <4.3> Desenvolva um modelo roofline para esse processador considerando que ele tenha um pico de throughput computacional de 85 GFLOP/s.

**4.13** [10/15] <4.4> Considere uma arquitetura de GPU que contenha 10 processadores SIMD. Cada instrução SIMD tem uma largura de 32 e cada processador SIMD contém oito pistas para aritmética de precisão simples e instruções de load-store, significando que cada instrução SIMD não divergida pode produzir 32 resultados a cada quatro ciclos. Considere um kernel que tenha desvios divergentes que faça com que uma média de 80% dos threads estejam ativos. Considere que 70% de todas as instruções SIMD executadas sejam aritméticas de precisão simples e 20% sejam load-store. Uma vez que nem todas as latências de memória são cobertas, considere uma taxa média de despacho de instruções SIMD de 0,85. Considere que a GPU tem uma velocidade de clock de 1,5 GHz.

**a.** [10] <4.4> Calcule o throughput, em GFLOP/s, para esse kernel nessa GPU.

**b.** [15] <4.4> Considere que você tem as seguintes opções:

(1) Aumentar o número de pistas de precisão simples para 16.

(2) Aumentar o número de processadores SIMD para 15 (considere que essa mudança não afeta outras medidas de desempenho e que o código está em proporção com os processadores adicionais).

(3) Adicionar um cache que vai efetivamente reduzir a latência de memória em 40%, o que vai aumentar a taxa de despacho de instruções para 0,95.

Qual é o ganho de velocidade em throughput para cada uma dessas melhorias?

**4.14** [10/15/15] <4.5> Neste exercício, vamos examinar diversos loops e analisar seu potencial para paralelização.

**a.** [10] <4.5> O loop a seguir possui uma dependência carregada pelo loop?

```
for (i = 0; i < 100; i++) {
    A[i] = B[2*i + 4];
    B[4*i + 5] = A[i];
}
```

**b.** [15] <4.5> No loop a seguir, encontre todas as dependências reais, dependências de saída e antidependências. Elimine as dependências de saída e antidependências por renomeação.

```
for (i = 0; i < 100; i++) {
A[i] = A[i] * B[i]; /* S1 */
B[i] = A[i] + c; /* S2 */
A[i] = C[i] * c; /* S3 */
C[i] = D[i] * A[i]; /* S4 */
```

**c.** [15] <4.5> Considere o seguinte loop:

```
for (i = 0; i < 100; i++) {
    A[i] = A[i] + B[i]; /* S1 */
    B[i + 1] = C[i] + D[i]; /* S2 */
}
```

Existem dependências entre S1 e S2? Esse loop é paralelo? Se não, mostre como torná-lo paralelo.

**4.15** [10] <4.4> Liste e descreva pelo menos quatro fatores que influenciam o desempenho dos kernels de GPU. Em outras palavras, que comportamento de tempo de execução causado pelo código do kernel provoca uma redução na utilização de recursos durante a execução do kernel?

**4.16** [10] <4.4> Considere uma GPU hipotética com as seguintes características:

- Taxa de clock de 1,5 GHz
- Contém 16 processadores SIMD, cada qual contendo 16 unidades de ponto flutuante de precisão simples
- Possui 100 GB/s de largura de banda de memória fora do chip

Sem considerar a largura de banda de memória, qual é o pico de throughput de ponto flutuante de precisão simples para essa GPU em GFLOP/s, considerando que todas as latências de memória podem ser ocultadas? Esse throughput é sustentável, dada a limitação em largura de banda de memória?

**4.17** [60] <4.4> Para este exercício de programação, você vai escrever e caracterizar o comportamento de um kernel CUDA que contenha muito paralelismo em nível de dados, mas também comportamento de execução condicional. Use o toolkit NVIDIA CUDA juntamente com o GPU-SIM da Universidade da Colúmbia Britânica (*http://www.gpgpu-sim.org/*) ou o CUDA Profiler para escrever e compilar um kernel CUDA que realize 100 iterações do *Conway's Game of Life* para um tabuleiro de jogo de 256 × 256 e retorne ao status final do tabuleiro de jogo para o host. Considere que o tabuleiro é inicializado pelo host. Associe um thread a cada célula. Tenha a certeza de adicionar uma barreira após cada iteração do jogo. Use as seguintes regras de jogo:

- Qualquer célula viva com menos de dois vizinhos vivos morre.
- Qualquer célula viva com dois ou três vizinhos vivos vai para a próxima geração.
- Qualquer célula viva com mais de três vizinhos vivos morre.
- Qualquer célula morta com exatamente três vizinhos vivos se torna uma célula viva.

Depois de acabar o kernel, responda às seguintes perguntas:

**a.** [60] <4.4> Compile seu código usando a opção –ptx e inspecione a representação PTC do seu kernel. Quantas instruções PTX compõem a implementação PTX do seu kernel? As seções condicionais do seu kernel incluem instruções de desvio ou somente instruções sem desvio com predicado?

**b.** [60] <4.4> Depois de executar seu código no simulador, qual é a contagem dinâmica de instruções? Qual é o IPC (*instruções por ciclo*) alcançado ou a taxa de despacho de instruções? Qual é o detalhamento dinâmico de instruções em termos de instruções de controle, instruções da unidade lógico-aritmética (ALU) e instruções de memória? Existem conflitos de banco de memória compartilhados? Qual é a largura de banda de memória efetiva fora do chip?

**c.** [60] <4.4> Implemente uma versão melhorada do seu kernel em que as referências à memória fora do chip sejam reunidas e observe as diferenças em desempenho de tempo de execução.

# CAPÍTULO 5

# Paralelismo em nível de thread

A virada da organização convencional veio em meados da década de 1960, quando a lei dos rendimentos decrescentes começou a ter efeito sobre o esforço de aumentar a velocidade operacional de um computador [...]

Os circuitos eletrônicos são, por fim, limitados em sua velocidade de operação pela velocidade da luz [...] e muitos dos circuitos já estavam operando na faixa do nanossegundo.

**W. Jack Bouknight et al.,** *The Illiac IV System (1972)*

Dedicamos todo o futuro desenvolvimento de produtos aos projetos multicore. Acreditamos que esse seja um ponto-chave de inflexão para o setor.

**Paul Otellini, presidente da Intel,** *ao descrever os futuros rumos da empresa no Intel Developers Forum, em 2005*

Desde 2004, os projetistas de processadores aumentaram as quantidades de núcleos para explorar a expansão da Lei de Moore, em vez de focalizar no desempenho de único núcleo. O fracasso da escalada de Dnnard, à qual o deslocamento para partes multicore é parcialmente uma reposta, logo poderá limitar a escalada multicore assim como a escalada de único núcleo foi reduzida.

**Hadi Esmaeilzadeh et al.,** *Poower Limitations and Dark Silicon Challenge the Future of Multicore (2012)*

5.1 Introdução .................................................................................................................326

5.2 Estruturas da memória compartilhada centralizada.............................................333

5.3 Desempenho de multiprocessadores simétricos de memória compartilhada ...............348

5.4 Memória distribuída compartilhada e coerência baseada em diretório............................358

5.5 Sincronismo: fundamentos ....................................................................................365

5.6 Modelos de consistência de memória: uma introdução .........................................370

5.7 Questões cruzadas...................................................................................................374

5.8 Juntando tudo: processadores multicore e seu desempenho................................377

5.9 Falácias e armadilhas .............................................................................................388

5.10 O futuro da escalada do multicore ......................................................................392

5.11 Comentários finais................................................................................................394

5.12 Perspectivas históricas e referências..................................................................395

Estudos de caso com exercícios por Amr Zaky e David A. Wood........................................395

# 5.1 INTRODUÇÃO

Conforme mostram as citações que abrem este capítulo, a visão de que os avanços na arquitetura de uniprocessador chegavam a um fim tem sido mantida por alguns pesquisadores há muitos anos. Obviamente, essas visões foram prematuras; na verdade, durante o período de 1986 a 2003, o crescimento do desempenho do uniprocessador cresceu, conduzido pelos microprocessadores, atingindo a taxa mais alta desde os primeiros computadores transistorizados, no final da década de 1950 e início da década de 1960.

Apesar disso, a importância dos multiprocessadores aumentou por toda a década de 1990, enquanto os projetistas buscavam um meio de criar servidores e supercomputadores que alcançassem desempenho mais alto do que um único microprocessador, enquanto exploravam as tremendas vantagens no custo-desempenho dos microprocessadores como *commodity*. Conforme discutimos nos Capítulos 1 e 3, o atraso no desempenho do uniprocessador que surgiu dos retornos decrescentes na exploração do paralelismo em nível de instrução (ILP), combinado com a crescente preocupação com a potência, está levando a uma nova era na arquitetura de computador — uma era na qual os multiprocessadores desempenham um papel importante, dos mais simples aos mais sofisticados. A segunda citação captura esse evidente ponto de inflexão.

Essa importância cada vez maior no multiprocessamento é reforçada por outros fatores:

- As eficiências drasticamente menores no uso de silício e energia que foram encontradas entre 2000 e 2005, quando os projetistas tentaram encontrar e explorar mais ILP, o que se mostrou ineficiente, já que os custos da energia e do silício cresceram mais do que o desempenho. Além do ILP, o único modo escalável e de uso geral que conhecemos para aumentar o desempenho mais rápido do que a tecnologia básica permite (de uma perspectiva de chaveamento) é o multiprocessamento.
- Um crescente interesse por servidores de alto nível, conforme a computação em nuvem e o "software sob demanda", se torna mais importante.
- Um crescimento nas aplicações orientadas a uso intensivo de dados, pela disponibilidade de grande quantidade de dados na internet.
- A percepção de que o desempenho crescente no desktop é menos importante (fora dos gráficos, pelo menos), seja porque o desempenho atual é aceitável, seja porque aplicações altamente pesadas computacionalmente ou em termos de dados estão sendo feitas na nuvem.
- Compreensão melhorada de como usar multiprocessadores de modo eficiente, especialmente nos ambientes de servidor em que existe significativo paralelismo natural, vindo de grandes conjuntos de dados (normalmente na forma de paralelismo de dados), paralelismo natural (que ocorre em códigos científicos e de engenharia) ou paralelismo entre grande número de requisições independentes (paralelismo em nível de requisição).
- As vantagens de aproveitar um investimento de projeto pela replicação, em vez de um projeto exclusivo — todos os projetos de multiprocessador oferecem tal aproveitamento.

O terceiro fator nos lembra que o multicore pode oferecer apenas possibilidades limitadas para o aumento do desempenho. A combinação dos efeitos da Lei de Amdahl e do final da escalada de Dennard significa que o futuro do multicore pode ser limitado, pelo menos como o método para escalar o desempenho de aplicações isoladas. Voltaremos a esse assunto mais adiante no capítulo.

Neste capítulo, nos concentraremos em explorar o paralelismo em nível de thread (TLP). O TLP implica a existência de múltiplos contadores de programa e, portanto, é explorado primeiramente através de MIMDs. Embora as MIMDs estejam por aí há décadas, o movimento do paralelismo de nível de thread para o primeiro plano de toda a computação, de aplicações embarcadas a servidores de alto desempenho, é relativamente recente. Do mesmo modo, o uso extensivo de paralelismo em nível de thread para uma grande variedade aplicações de uso geral no lugar de aplicações de processamento de transação ou científicas é relativamente novo.

Nosso foco, neste capítulo, recairá sobre os *multiprocessadores*, que definimos como computadores consistindo em processadores fortemente acoplados cuja coordenação e cujo uso costumam ser controlados por um único sistema operacional que compartilha memória através de um espaço de endereços compartilhado. Tais sistemas exploram o paralelismo em nível de thread através de dois modelos de software diferentes. O primeiro é a execução de um conjunto de threads fortemente acoplados colaborando em uma única tarefa, em geral chamado *processamento paralelo*. O segundo é a execução de múltiplos processos relativamente independentes que podem se originar de um ou mais usuários, o que é uma forma de *paralelismo em nível de requisição*, embora em uma escala muito menor do que a que exploraremos no Capítulo 6. O paralelismo em nível de requisição pode ser explorado por uma única aplicação sendo executada em múltiplos processadores, como uma base de dados respondendo a pesquisas, ou múltiplas aplicações rodando independentemente, muitas vezes chamado *multiprogramação*.

Os multiprocessadores que vamos examinar neste capítulo costumam variar em tamanho, indo desde dois processadores até dúzias de processadores, e que se comunicam e se coordenam através do compartilhamento de memória. Embora compartilhar através da memória implique um espaço de endereços compartilhado, não significa necessariamente que exista uma única memória física. Tais multiprocessadores incluem sistemas de chip único com múltiplos núcleos, chamados *multicore* e computadores consistindo em múltiplos chips, cada qual podendo ter um projeto multicore. Muitas empresas fabricam esses multiprocessadores, incluindo HP, Dell, Cisco, IBM, SGI, Lenovo, Oracle, Fujitsu e muitas outras.

Além dos multiprocessadores reais, vamos retornar ao tópico do multithreading, uma técnica que suporta múltiplos threads sendo executados de modo interligado em um único processador de despacho múltiplo. Muitos processadores multicore também incluem suporte para multithreading.

No Capítulo 6, consideraremos computadores de ultraescala construídos a partir de um grande número de processadores, conectados com tecnologia de rede (não necessariamente a mesma tecnologia de rede usada para conectar computadores com a Internet) e frequentemente chamados de *clusters*; esses sistemas de larga escala costumam ser usados para computação em nuvem principalmente com grande número de tarefas independentes sendo executadas em paralelo. Mais recentemente, as tarefas com uso intenso de computação que podem se tornar paralelas com facilidade, como Search e certos algoritmos de aprendizado de máquina, também utilizam clusters. Quando esses clusters aumentam para dezenas de milhares de servidores ou mais, nós os chamamos *computadores em escala warehouse*. Amazon, Google, Microsoft e Facebook utilizam computadores em escala de warehouse.

Além dos multiprocessadores que estudaremos aqui e os sistemas em escala warehouse do Capítulo 6, existe uma gama especial de sistemas multiprocessadores de grande escala, às vezes chamados *multicomputadores*. Eles não são tão fortemente acoplados quanto os multiprocessadores examinados neste capítulo, mas são mais fortemente acoplados do que os sistemas em escala warehouse do Capítulo 6. O uso principal para tais multicomputadores é na computação científica de ponta, embora eles também sejam usados para aplicações comerciais que preenchem o nicho entre multiprocessadores e computadores em escala de warehouse. A série Cray X e IBM BlueGene são exemplos típicos desses multicomputadores.

Muitos outros livros, como o de Culler et al. (1999), abordam esses sistemas em detalhes. Devido à natureza grande e mutante do campo do multiprocessamento (o livro citado tem mais de 1.000 páginas e trata apenas de microprocessamento!), nós decidimos concentrar nossa atenção no que consideramos as partes mais importantes e de uso mais geral do espaço de computação. O Apêndice I aborda alguns dos problemas que surgem na construção desses computadores no contexto de aplicações científicas de alta escala.

Nosso foco recairá sobre os multiprocessadores com número pequeno a médio de núcleos processadores (4 a 256), que poderiam ocupar de 4 a 16 chips separados. Esses projetos dominam bastante em termos de unidades e dólares. Nos multiprocessadores em grande escala, as redes de interconexão são uma parte crítica do projeto; o Apêndice F aborda esse tópico.

## Arquitetura de multiprocessadores: problemas e abordagem

Para tirar proveito de um multiprocessador MIMD com $n$ processadores, precisamos ter pelo menos $n$ threads ou processos para executar; com o multithreading, que está presente na maioria dos chips multicore atualmente, esse número é de 2 a 4 vezes maior. Os threads independentes dentro de um único processo geralmente são identificados pelo programador ou criados pelo sistema operacional (a partir de múltiplas solicitações independentes). No outro extremo, um thread pode consistir em algumas dezenas de iterações de um loop, geradas por um compilador paralelo que explora o paralelismo de dados no loop. Embora a quantidade de computação atribuída a um thread, chamada *tamanho de granularidade*, seja importante na consideração de como explorar de forma eficiente o paralelismo em nível de thread, a distinção qualitativa importante entre o paralelismo e o nível de instrução é que o paralelismo em nível de thread é identificado em alto nível pelo sistema de software ou programador e os threads consistem em centenas a milhões de instruções que podem ser executadas em paralelo.

Os threads também podem ser usados para explorar o paralelismo em nível de dados, embora o overhead provavelmente seja mais alto do que seria visto em um processador SIMD ou em uma GPU (ver Capítulo 4). Esse overhead significa que a granularidade precisa ser suficientemente grande para explorar o paralelismo de modo eficiente. Por exemplo, embora um processador vetorial ou a GPU possam ser capazes de colocar operações em paralelo de forma eficiente em vetores curtos, a granularidade resultante quando o paralelismo é dividido entre muitos threads pode ser tão pequena a ponto de o overhead tornar a exploração do paralelismo proibitivamente dispendiosa em um MIMD.

Os multiprocessadores de memória compartilhada existentes estão em duas classes, dependendo do número de processadores envolvidos, que, por sua vez, dita uma organização de memória e uma estratégia de interconexão. Vamos nos referir aos multiprocessadores por sua organização de memória, pois o que constitui um número pequeno ou grande de processadores provavelmente mudará com o tempo.

O primeiro grupo, que chamamos *multiprocessadores simétricos* (*memória compartilhada*) (*SMPs*) *ou multiprocessadores centralizados de memória compartilhada*, tem um número pequeno a moderado de núcleos, geralmente 32 ou menos. Para multiprocessadores com pouca quantidade de processadores, é possível que os processadores compartilhem uma única memória centralizada à qual todos os processadores tenham igual acesso; daí o termo *simétrico*. Em chips multicore, a memória é efetivamente compartilhada de modo centralizado entre os núcleos; a maior parte dos multicores existentes são SMPs, mas não todos. (Observe que alguma literatura, por engano, parece usar SMP para significar Shared Memory Processor, mas esse uso não está correto.)

Alguns multicores possuem acesso não uniforme à cache mais externa, uma estrutura chamada *NUCA* (*Nonuniform Cache Access*), e portanto são verdadeiramente SMPs, mesmo tendo uma única memória principal. O IBM Power8 distribuiu caches L3 com tempo de acesso não uniforme para diferentes endereços na L3.

Em multiprocessadores que consistem em vários chips multicore, muitas vezes existem memórias separadas para cada chip multicore. Assim, a memória é distribuída em vez de centralizada. Como veremos mais adiante neste capítulo, muitos projetos com memória distribuída têm acesso rápido a uma memória local e acesso mais lento à memória remota; muitas vezes, as diferenças no tempo de acesso a várias memórias remotas são pequenas em comparação com a diferença entre os tempos de acesso à memória local e a uma memória remota. Em tais projetos, o programador e o sistema de software precisam estar cientes de se os acessos são para a memória local ou remota, mas podem ignorar a distribuição de acessos entre as memórias remotas. Como uma abordagem SMP se torna menos atraente com um número crescente de processadores, a maioria dos multiprocessadores muito maiores usa alguma forma de memória distribuída.

Às vezes, as arquiteturas SMP também são chamadas *multiprocessadores de acesso uniforme à memória* (UMA), advindo do fato de que todos os processadores possuem uma latência de memória uniforme, mesmo que essa memória seja organizada em múltiplos bancos. A Figura 5.1 mostra como são esses multiprocessadores. A arquitetura dos SMPs é o assunto da Seção 5.2, em que explicaremos a técnica no contexto de um multicore.

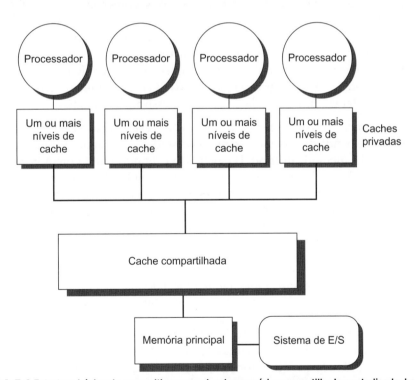

**FIGURA 5.1** Estrutura básica de um multiprocessador de memória compartilhada centralizada, baseada em um chip multicore.

Subsistemas de cache de múltiplos processadores compartilham a mesma memória física, normalmente com um nível de cache compartilhada no multicore, e um ou mais níveis de cache privada por núcleo. A principal propriedade da arquitetura é o tempo de acesso uniforme a toda a memória a partir de todos os processadores. Em uma versão multichip, uma rede de interconexão conecta os processadores à memória, que pode ter um ou mais bancos. Em um multicore de único chip, a rede de interconexão é simplesmente o barramento da memória.

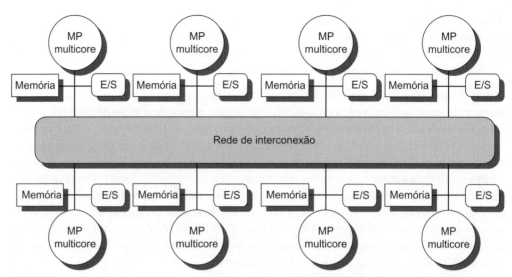

**FIGURA 5.2** A arquitetura básica de um multiprocessador de memória distribuída em 2017 consiste em um chip de multiprocessador multicore com memória e possivelmente E/S anexas e uma interface para uma rede de interconexão que conecta todos os nós.
Cada núcleo de processador compartilha toda a memória, embora o tempo de acesso para a memória local anexada ao chip do núcleo seja muito mais rápido do que o tempo de acesso às memórias remotas.

A técnica de projeto alternativa consiste em multiprocessadores com memória fisicamente distribuída, chamada *memória compartilhada distribuída* (distributed shared memory — DSM). A Figura 5.2 mostra como se parecem esses multiprocessadores. Para dar suporte a uma quantidade maior de processadores, a memória precisa ser distribuída entre os processadores em vez de centralizada; caso contrário, o sistema de memória não seria capaz de dar suporte às demandas de largura de banda de um número maior de processadores sem incorrer em uma latência de acesso excessivamente longa.

Com o rápido aumento no desempenho do processador e associado ao aumento nos requisitos de largura de banda da memória de um processador, o tamanho de um multiprocessador para o qual a memória distribuída é preferida continua a diminuir. A introdução de processadores multicore significou que até mesmo alguns multiprocessadores de 2 chips, que poderiam ter de 16 a 64 núcleos processadores, utilizam memória distribuída. O número maior de processadores também aumenta a necessidade de uma interconexão com alta largura de banda, da qual veremos exemplos no Apêndice F. Tanto as redes direcionadas (ou seja, switches) quanto as redes indiretas (normalmente malhas multidimensionais) são usadas.

A distribuição da memória entre os nós aumenta a largura de banda e reduz a latência da memória. Um multiprocessador DSM é também chamado *NUMA* (acesso não uniforme à memória), já que o tempo de acesso depende da localização de uma palavra de dados na memória. As desvantagens principais para um DSM são que comunicar dados entre processadores se torna um pouco mais complexo e que um DSM requer mais esforço no software para tirar vantagem da largura de banda de memória maior gerada pelas memórias distribuídas. Já que quase todos os multiprocessadores multicore com mais do que alguns chips processadores usam memória distribuída, vamos explicar a operação dos multiprocessadores de memória distribuída a partir desse ponto de vista.

Nas arquiteturas SMP e DSM, a comunicação entre threads ocorre através de um espaço de endereços compartilhado, o que significa que uma referência de memória pode ser feita por qualquer processador para qualquer local na memória, supondo que ele tenha os direitos de acesso corretos. O nome *memória compartilhada*, associado tanto ao SMP quanto ao DSM, se refere ao fato de que o *espaço de endereços* é compartilhado.

Em contraste, os clusters e computadores em escala warehouse do Capítulo 6 se parecem com computadores individuais conectados por uma rede, e a memória de um processador não pode ser acessada por outro processador sem a assistência de protocolos de software sendo executados nos dois processadores. Em tais projetos, protocolos de envio de mensagem são usados para comunicar dados entre os processadores.

## Desafios do processamento paralelo

A aplicação dos multiprocessadores varia desde a execução de tarefas independentes, essencialmente sem comunicação, até a execução de programas paralelos em que os threads precisam se comunicar para completar a tarefa. Dois obstáculos importantes, ambos explicáveis pela lei de Amdahl, tornam o processamento paralelo desafiador. Para contornar esses obstáculos, geralmente é preciso usar uma abordagem abrangente, que compreende a escolha do algoritmo e sua implementação, a linguagem de programação e o sistema utilizado, o sistema operacional e suas funções de suporte, e a implementação da arquitetura e do hardware. Embora, em muitos casos, um destes seja um gargalo importante, ao expandir para quantidades maiores de processadores (próximo de 100 ou mais), quase sempre *todos* os aspectos do software e do hardware precisam de atenção.

O primeiro obstáculo tem a ver com o paralelismo limitado disponível nos programas, e o segundo surge do custo relativamente alto das comunicações. As limitações no paralelismo disponível tornam difícil alcançar bons ganhos de velocidade em qualquer processador paralelo, como mostra nosso primeiro exemplo.

**Exemplo**  Suponha que você queira alcançar um ganho de velocidade de 80 com 100 processadores. Que fração da computação original pode ser sequencial?

*Resposta*  Conforme vimos no Capítulo 1, a lei de Amdahl é

$$\text{Ganho de velocidade} = \frac{1}{\dfrac{\text{Fração}_{melhorado}}{\text{Ganho de velocidade}_{melhorado}} + \left(1 - \text{Fração}_{melhorado}\right)}$$

Para simplificar neste exemplo, considere que o programa opere em apenas dois modos: paralelo com todos os processadores totalmente usados, que é o modo avançado, e serial, com apenas um processador em uso. Com essa simplificação, o ganho de velocidade no modo avançado é simplesmente o número de processadores, enquanto a fração do modo avançado é o tempo gasto no modo paralelo. Substituindo na equação anterior:

$$80 = \frac{1}{\dfrac{\text{Fração}_{paralelo}}{100} + \left(1 - \text{Fração}_{paralelo}\right)}$$

Simplificando essa equação, temos:

$$
\begin{aligned}
0{,}8 \times \text{Fração}_{paralelo} + 80 \times \left(1 - \text{Fração}_{paralelo}\right) &= 1 \\
80 - 79{,}2 \times \text{Fração}_{paralelo} &= 1 \\
\text{Fração}_{paralelo} &= \frac{80 - 1}{79{,}2} \\
\text{Fração}_{paralelo} &= 0{,}9975
\end{aligned}
$$

Assim, para alcançar um ganho de velocidade de 80 com 100 processadores, apenas 0,25% da computação original pode ser sequencial! Naturalmente, para alcançar um ganho de velocidade linear (ganho de velocidade de $n$ com $n$ processadores), o programa inteiro precisa ser paralelo, sem partes seriais. Na prática, os programas não só operam no modo totalmente paralelo ou sequencial, como normalmente utilizam menos do que o complemento total de processadores ao executar no modo paralelo. A Lei de Amdahl pode ser usada para analisar aplicações com quantidades variadas de ganho de velocidade, como mostra o próximo exemplo.

# CAPÍTULO 5: Paralelismo em nível de thread

**Exemplo**  Suponha que tenhamos uma aplicação executando em um multiprocessador com 100 processadores, e suponha que a aplicação possa usar 1, 50 ou 100 processadores. Se considerarmos que em 95% do tempo podemos usar todos os 100 processadores, quanto dos 5% de tempo de execução restante deverá empregar 50 processadores para obtermos um ganho de velocidade de 80?

**Resposta**  Usamos a Lei de Amdahl com mais termos:

Ganho de velocidade =

$$\frac{1}{\dfrac{\text{Fração}_{100}}{\text{Ganho de velocidade}_{100}} + \dfrac{\text{Fração}_{50}}{\text{Ganho de velocidade}_{50}} + (1 - \text{Fração}_{100} - \text{Fração}_{50})}$$

Substituindo, temos:

$$80 = \frac{1}{\dfrac{0,95}{100} + \dfrac{\text{Fração}_{50}}{50} + (1 - 0,95 - \text{Fração}_{80})}$$

Simplificando:

$$0,76 + 1,6 \times \text{Fração}_{50} + 4,0 - 80 \times \text{Fração}_{50} = 1$$
$$4,76 - 78,4 \times \text{Fração}_{50} = 1$$
$$\text{Fração}_{50} = 0,048$$

Se 95% de uma aplicação pode usar 100 processadores perfeitamente, para obter um ganho de velocidade de 80, 4,8% do tempo restante deverá ser gasto usando 50 processadores e apenas 0,2% pode ser serial!

O segundo desafio importante no processamento paralelo envolve a grande latência do acesso remoto em um processador paralelo. Nos multiprocessadores de memória compartilhada existentes, a comunicação de dados entre os processadores pode custar 35 a 50 ciclos de clock e entre os núcleos em chips separados algo entre 100 ciclos de clock até 300 ou mais ciclos de clock (para multiprocessadores em grande escala), dependendo do mecanismo de comunicação, do tipo de rede de interconexão e da escala do multiprocessador. O efeito de longos atrasos de comunicação é claramente substancial. Vamos considerar um exemplo simples.

**Exemplo**  Suponha uma aplicação executando em um multiprocessador com 32 processadores, que possui um atraso de 100 ns para lidar com a referência a uma memória remota. Para essa aplicação, considere que todas as referências, exceto aquelas referentes à comunicação, atingem a hierarquia de memória local, obviamente, algo muito otimista. Os processadores ficam em stall em uma solicitação remota, e a frequência do processador é de 4 GHz. Se o CPI de base (considerando que todas as referências atingem a cache) é 0,5, quão mais rápido será o multiprocessador se não houver comunicação *versus* se 0,2% das instruções envolverem uma referência de comunicação remota?

**Resposta**  É mais simples calcular primeiro o número de ciclos de clock por instrução. O CPI efetivo para o multiprocessador com 0,2% de referências remotas é

$$
\begin{aligned}
\text{CPI} &= \text{CPI base} + \text{taxa de solicitação remota} \times \text{Custo de solicitação remota} \\
&= 0,5 + 0,2\% \times \text{Custo de solicitação remota}
\end{aligned}
$$

O custo de solicitação remota é

$$\frac{\text{Custo de acesso remoto}}{\text{Tempo de ciclo}} = \frac{100\text{ns}}{0,25\text{ns}} = 400 \text{ ciclos}$$

Logo, podemos calcular o CPI:

$$
\begin{aligned}
\text{CPI} &= 0,5 + 0,20\% \times 400 \\
&= 1,3
\end{aligned}
$$

O multiprocessador com todas as referências locais é 1,3/0,5 = 2,6 vezes mais rápido. Na prática, a análise de desempenho é muito mais complexa, pois alguma fração das referências que não são de comunicação se perderá na hierarquia local e o tempo de acesso remoto não terá um único valor constante. Por exemplo, o custo de uma referência remota poderia ser muito pior, pois a disputa causada por muitas referências que tentam usar a interconexão global poderia ocasionar atrasos maiores, ou o tempo de acesso poderia ser melhor se a memória fosse distribuída e o acesso fosse para a memória local.

Este problema também poderia ter sido analisado por meio da Lei de Amdahl, um exercício que deixamos para o leitor.

Esses problemas — paralelismo insuficiente e comunicação remota com longa latência — são os dois maiores desafios para o desempenho no uso dos microprocessadores. O problema do paralelismo de aplicação inadequado precisa ser atacado, sobretudo no software com novos algoritmos que podem ter melhor desempenho paralelo, além de sistemas de software que maximizem o tempo gasto na execução com todos os processadores. A redução do impacto da longa latência remota pode ser atacada pela arquitetura e pelo programador. Por exemplo, podemos reduzir a frequência dos acessos remotos com mecanismos de hardware, como o caching de dados compartilhados ou com mecanismos de software, como a reestruturação dos dados para termos mais acessos locais. Podemos tentar tolerar a latência usando o multithreading (tratado mais adiante neste capítulo) ou a pré-busca (um tópico que abordamos extensivamente no Capítulo 2).

Grande parte deste capítulo enfoca as técnicas para reduzir o impacto da longa latência da comunicação remota. Por exemplo, as Seções 5.2 a 5.4 discutirão como o caching pode ser usado para reduzir a frequência de acesso remoto enquanto mantém uma visão coerente da memória. A Seção 5.5 discute o sincronismo, que, por envolver inerentemente a comunicação entre processadores e também limitar o paralelismo, é um importante gargalo em potencial. A Seção 5.6 abrange as técnicas de ocultação de latência e modelos consistentes de memória para a memória compartilhada. No Apêndice I, focalizamos principalmente os multiprocessadores em grande escala, que são usados predominantemente para o trabalho científico. Nesse apêndice, examinaremos a natureza de tais aplicações e os desafios de alcançar um ganho de velocidade com dezenas a centenas de processadores.

## 5.2 ARQUITETURAS DE MEMÓRIA COMPARTILHADA CENTRALIZADA

A observação de que o uso de grandes caches com múltiplos níveis pode reduzir substancialmente as demandas de largura de banda de memória de um processador é a principal percepção que motiva os multiprocessadores de memória centralizada. Originalmente, esses processadores eram todos de núcleo único e muitas vezes ocupavam uma placa inteira, e a memória estava localizada em um barramento compartilhado. Com processadores de alto desempenho mais recentes, as demandas de memória superaram a capacidade de barramentos razoáveis, e os microprocessadores recentes se conectam diretamente à memória, dentro de um único chip, o que às vezes é chamado *backside* ou *barramento de memória*, para distingui-lo do barramento usado para a conexão com a E/S. Acessar a memória local de um chip, seja para uma operação de E/S, seja para um acesso de outro chip, requer passar pelo chip "proprietário" dessa memória. Assim, o acesso à memória é assimétrico: mais rápido para a memória local e mais lento para a memória remota. Em um multicore, essa memória é compartilhada por todos os núcleos em um único chip, mas o acesso assimétrico à memória de um multicore a partir da memória de outro permanece.

As máquinas simétricas de memória compartilhada normalmente admitem o caching de dados compartilhados e privados. Os *dados privados* são usados por um único processador, enquanto os *dados compartilhados* são usados por múltiplos processadores, basicamente oferecendo comunicação entre os processadores através de leitura e escrita dos dados compartilhados. Quando um item privado é colocado em cache, seu local é migrado para a cache, reduzindo o tempo de acesso médio e também a largura de banda de memória exigida. Como nenhum outro processador usa os dados, o comportamento do programa é idêntico ao de um uniprocessador. Quando os dados compartilhados são colocados em cache, o valor compartilhado pode ser replicado em múltiplas caches. Além da redução na latência de acesso e largura de banda de memória exigida, essa replicação também oferece uma redução na disputa que pode existir pelos itens de dados compartilhados que estão sendo lidos por múltiplos processadores simultaneamente. Contudo, o caching dos dados compartilhados introduz um novo problema: coerência de cache.

## O que é coerência de cache de multiprocessador?

Infelizmente, o caching de dados compartilhados introduz um novo problema, pois a visão da memória mantida por dois processadores diferentes se dá através de seus caches individuais, que, sem quaisquer precauções adicionais, poderiam acabar vendo dois valores diferentes, como ilustra a Figura 5.3. Essa dificuldade geralmente é conhecida como *problema de coerência de cache.* Observe que o problema da coerência existe porque temos um estado global, definido principalmente pela memória principal, e um estado local, definido pelas caches individuais, que são privativos para cada núcleo de processador. Assim, em um multicore em que algum nível de cache pode ser compartilhado (por exemplo, uma L3), embora alguns níveis sejam privados (por exemplo, L1 e L2), o problema da coerência ainda existe e deve ser solucionado.

Informalmente, poderíamos afirmar que um sistema de memória será coerente se qualquer leitura de um item de dados retornar o valor escrito mais recentemente desse item de dados. Essa definição, embora intuitivamente atraente, é vaga e simplista; a realidade é muito mais complexa. Essa definição simples contém dois aspectos diferentes do comportamento do sistema de memória, ambos essenciais para a escrita de programas corretos de memória compartilhada. O primeiro aspecto, chamado *coerência*, define quais valores podem ser retornados por uma leitura. O segundo aspecto, chamado *consistência*, determina quando um valor escrito será retornado por uma leitura. Vejamos primeiro a coerência.

| Tempo | Evento | Conteúdo da cache para o processador A | Conteúdo da cache para o processador B | Conteúdo da memória para o local X |
|---|---|---|---|---|
| 0 | | | | 1 |
| 1 | Processador A lê X | 1 | | 1 |
| 2 | Processador B lê X | 1 | 1 | 1 |
| 3 | Processador A armazena 0 em X | 0 | 1 | 0 |

**FIGURA 5.3** O problema de coerência de cache para um único local de memória (X), lido e escrito por dois processadores (A e B). Inicialmente, consideramos que nenhuma cache contém a variável e que X tem o valor 1. Também consideramos uma cache write-through; uma cache write-back acrescenta algumas complicações adicionais, porém semelhantes. Depois que o valor de X tiver sido escrito por A, a cache de A e a memória contém o novo valor, mas não a cache de B e, se B ler o valor de X, ele receberá 1!

Um sistema de memória é coerente se

1. Uma leitura por um processador P a um local X, que acompanha uma escrita por P a X, sem escrita de X por outro processador ocorrendo entre a escrita e a leitura de P, sempre retorna o valor escrito por P.
2. Uma leitura por um processador ao local X, que acompanha uma escrita por outro processador a X, retornará o valor escrito se a leitura e a escrita forem suficientemente separadas no tempo e nenhuma outra escrita em X ocorrer entre os dois acessos.
3. As escritas no mesmo local são *serializadas*, ou seja, duas escritas ao mesmo local por dois processadores quaisquer são vistas na mesma ordem por todos os processadores. Por exemplo, se os valores 1 e depois 2 forem escritos em um local, os processadores não poderão jamais ler o valor do local como 2 e depois como 1.

A primeira propriedade simplesmente preserva a ordem do programa — esperamos que essa propriedade seja verdadeira mesmo em uniprocessadores. A segunda propriedade define a noção do que significa ter uma visão coerente da memória: se um processador pudesse ler continuamente um valor de dados antigo, diríamos que a memória estava incoerente.

A necessidade de serialização de escrita é mais sutil, mas igualmente importante. Suponha que não realizássemos as escritas em série e o processador P1 escrevesse no local X seguido por P2 escrevendo no local X. A serialização das escritas garante que cada processador verá a escrita feita por P2 no mesmo ponto. Se não realizássemos as escritas em série, algum processador poderia ver primeiro a escrita de P2 e depois a escrita de P1, mantendo o valor escrito por P1 indefinidamente. O modo mais simples de evitar essas dificuldades é garantir que todas as escritas no mesmo local sejam vistas na mesma ordem; essa propriedade é chamada *serialização de escrita*.

Embora as três propriedades recém-descritas sejam suficientes para garantir a coerência, a questão de quanto um valor escrito será visto também é importante. Para ver por que, observe que não podemos exigir que uma leitura de X veja instantaneamente o valor escrito para X por algum outro processador. Se, por exemplo, uma escrita de X em um processador preceder uma leitura de X em outro processador por um tempo muito pequeno, talvez seja impossível garantir que a leitura retorne o valor dos dados escritos, pois os dados escritos podem nem sequer ter deixado o processador nesse ponto. A questão de exatamente *quando* um valor de escrita deve ser visto por um leitor é definida por um *modelo de consistência de memória* — um tópico discutido na Seção 5.6.

Coerência e consistência são complementares: *a coerência define o comportamento de leituras e escritas no mesmo local da memória, enquanto a consistência define o comportamento de leituras e escritas com relação aos acessos a outros locais da memória*. Por enquanto, considere as duas suposições a seguir. Primeiro, uma escrita não termina (e permite que a escrita seguinte ocorra) até que todos os processadores tenham visto o efeito dessa escrita. Segundo, o processador não muda a ordem de qualquer escrita com relação a qualquer outro acesso à memória. Essas duas condições significam que, se um processador escreve no local A seguido pelo local B, qualquer processador que vê o novo valor de B também precisa ver o novo valor de A. Essas restrições permitem que o processador reordene as leituras, mas forçam o processador a terminar uma escrita na ordem do programa. Contaremos com essa suposição até chegarmos à Seção 5.6, na qual veremos exatamente as implicações dessa definição, além das alternativas.

## Esquemas básicos para impor a coerência

O problema de coerência para multiprocessadores e E/S, embora semelhante na origem, possui diferentes características que afetam a solução apropriada. Ao contrário da E/S, em que múltiplas cópias de dados são um evento raro — a ser evitado sempre que possível —, um programa que executa em múltiplos processadores normalmente terá cópias dos mesmos dados em várias caches. Em um multiprocessador coerente, as caches oferecem *migração* e *replicação* dos itens de dados compartilhados.

Caches coerentes oferecem migração, pois um item de dados pode ser movido para uma cache local e usado ali em um padrão transparente. Essa migração reduz tanto a latência para acessar um item de dados compartilhado alocado remotamente quanto a demanda de largura de banda na memória compartilhada.

Caches coerentes também oferecem replicação para dados compartilhados que estão sendo lidos simultaneamente, pois as caches criam uma cópia do item de dados na cache local. A replicação reduz tanto a latência de acesso quanto a disputa por um item de dados de leitura compartilhada. O suporte para essa migração e replicação é fundamental para o desempenho no acesso aos dados compartilhados. Assim, em vez de tentar solucionar o problema evitando-o no software, multiprocessadores adotam uma solução de hardware, introduzindo um protocolo para manter caches coerentes.

Os protocolos para manter coerência para múltiplos processadores são chamados *protocolos de coerência de cache*. A chave para implementar um protocolo de coerência de cache é rastrear o estado de qualquer compartilhamento de um bloco de dados. O estado de qualquer bloco de cache é mantido usando bits de status associados ao bloco, semelhante aos bits de validade e modificação em uma cache de uniprocessador. Existem duas classes de protocolos em uso, que empregam diferentes técnicas para rastrear o estado de compartilhamento:

- *Baseado em diretório*. O *estado* de compartilhamento de um bloco de memória física é mantido em apenas um local, chamado *diretório*. Existem dois tipos muito diferentes de coerência de cache baseada em diretório. Em um SMP, podemos usar um diretório centralizado, associado à memória ou a algum outro tipo de ponto único de serialização, como a cache mais externa de um multicore. Em um DSM não faz sentido ter um diretório único, uma vez que isso criaria um único ponto de disputa e tornar difícil de ser expandido para muitos chips multicore, dadas as demandas de memória de multicores com oito ou mais núcleos. Diretórios distribuídos são mais complexos do que um diretório único, e tais projetos serão assunto da Seção 5.4.
- *Snooping*. Em vez de manter o estado do compartilhamento em um único diretório, cada cache que tem uma cópia dos dados de um bloco da memória física pode rastrear o estado de compartilhamento do bloco. Em um SMP, geralmente as caches são acessíveis através de algum meio de broadcast (por exemplo, um barramento que conecta as caches por núcleo à cache ou à memória compartilhada) e todos os controladores de cache monitoram ou *bisbilhotam* (*snoop*) o meio para determinar se elas têm uma cópia de um bloco que é solicitado em um acesso ao barramento ou a um switch. O snooping também pode ser usado como protocolo de coerência para um multiprocessador multichip, e alguns projetos suportam um protocolo de snooping no topo de um protocolo de diretório dentro de cada multicore.

Os protocolos snooping tornaram-se populares com multiprocessadores que usam microprocessadores (núcleo único) e caches anexados a uma única memória compartilhada por um barramento. Esse barramento proporcionava um meio de transmissão conveniente para implementar os protocolos de snooping. As arquiteturas multicore mudaram significativamente a situação, uma vez que todos os multicores compartilham algum nível de cache no chip. Assim, alguns projetos mudaram para usar protocolos de diretório, uma vez que o overhead era pequeno. Para permitir ao leitor se familiarizar com os dois tipos de protocolo, nos concentraremos em um protocolo snooping e discutiremos um protocolo de diretório quando chegarmos às arquiteturas DSM.

## Protocolos de coerência por snooping

Existem duas maneiras de manter o requisito de coerência descrito na subseção anterior. Uma delas é garantir que um processador tenha acesso exclusivo a um item de dados antes que escreva nesse item. Esse estilo de protocolo é chamado *protocolo de invalidação de escrita*, pois invalida outras cópias em uma escrita. De longe, é o protocolo mais comum para os esquemas de snooping e de diretório. O acesso exclusivo garante que nenhuma outra cópia de um item que possa ser lida ou escrita existirá quando houver a escrita: todas as outras cópias do item na cache serão invalidadas.

A Figura 5.4 mostra um exemplo de protocolo de invalidação para um barramento de snooping com caches write-back em ação. Para ver como esse protocolo garante a coerência, considere uma escrita seguida por uma leitura por outro processador: como a escrita exige acesso exclusivo, qualquer cópia mantida pelo processador que está lendo precisa ser invalidada (daí o nome do protocolo). Assim, quando ocorre a leitura, ocorre uma falta na cache e ela é forçada a buscar uma nova cópia dos dados. Para uma escrita, exigimos que o processador que está escrevendo tenha acesso exclusivo, para evitar que qualquer outro processador seja capaz de escrever simultaneamente. Se dois processadores tentarem escrever os mesmos dados simultaneamente, um deles vencerá a corrida (veremos como decidir quem vence em breve), fazendo com que a cópia do outro processador seja

| Atividade do processador | Atividade do barramento | Conteúdo da cache do processador A | Conteúdo da cache do processador B | Conteúdo do local de memória X |
|---|---|---|---|---|
| | | | | 0 |
| Processador A lê X | Falta de cache para X | 0 | | 0 |
| Processador B lê X | Falta de cache para X | 0 | 0 | 0 |
| Processador A escreve 1 em X | Invalidação para X | 1 | | 0 |
| Processador B lê X | Falta de cache para X | 1 | 1 | 1 |

**FIGURA 5.4** Exemplo de um protocolo de invalidação que trabalha em barramento de snooping para um único bloco de cache (X) com caches write-back.

Consideramos que nenhuma cache mantém inicialmente X e que o valor de X na memória é 0. O processador e o conteúdo da memória mostram o valor depois que as atividades do processador e do barramento tiverem sido concluídas. Um espaço em branco indica nenhuma atividade ou nenhuma cópia na cache. Quando ocorrer uma segunda falta por B, o processador A responderá com o valor cancelando a resposta da memória. Além disso, tanto o conteúdo da cache de B quanto o conteúdo da memória de X são atualizados. Essa atualização da memória, que ocorre quando um bloco se torna compartilhado, simplifica o protocolo, mas só será possível rastrear a propriedade e forçar a escrita de volta se o bloco for substituído. Isso exige a introdução de um bit de estado adicional, indicando o "proprietário" e um bloco. O bit de proprietário indica que um bloco pode ser compartilhado para leituras, mas somente o processador que o possui pode escrever no bloco, e esse processador é responsável por atualizar quaisquer outros processadores e memória quando alterar o bloco ou substituí-lo. Se um multicore usa uma cache compartilhada (por exemplo, L3), toda a memória é vista através da cache compartilhada. L3 age como a memória nesse exemplo, e a coerência deve ser tratada para as caches L1 e L2 privadas para cada núcleo. Foi essa observação que levou alguns projetistas a optarem por um protocolo de diretório dentro do multicore. Para fazer isso funcionar, a cache L3 deve ser inclusiva; lembre-se de que, como vimos no Capítulo 2, uma cache é inclusiva se qualquer local em uma cache de nível mais alto (L1 e L2, neste caso) também estiver em L3.

invalidada. Para que o outro processador complete sua escrita, ele precisa obter uma nova cópia dos dados, que agora tem de conter o valor atualizado. Portanto, esse protocolo impõe a serialização da escrita.

A alternativa a um protocolo de invalidação é atualizar todas as cópias na cache de um item de dados quando esse item é escrito. Esse tipo de protocolo é chamado protocolo de *atualização de escrita* ou *broadcast de escrita*. Como um protocolo de atualização de escrita precisa transmitir por broadcast todas as escritas nas linhas da cache compartilhada, consome muito mais largura de banda. Por esse motivo, todos os multiprocessadores recentes optaram por implementar um protocolo de invalidação de escrita; no restante deste capítulo enfocaremos apenas os protocolos de invalidação.

## Técnicas básicas de implementação

A chave para a implementação de um protocolo de invalidação em um multiprocessador em pequena escala é o uso do barramento ou de outro meio de broadcast para realizar as invalidações. Em multiprocessadores de múltiplos chips mais antigos, o barramento usado para coerência era o barramento de acesso à memória compartilhada. Em um multicore de único chip, o barramento pode ser a conexão entre as caches privadas (L1 e L2 no Intel i7) e a cache externa compartilhada (L3 no i7). Para realizar uma invalidação, o processador simplesmente adquire acesso ao barramento e transmite o endereço a ser invalidado no barramento por broadcast. Todos os processadores realizam um snoop continuamente no barramento, observando os endereços. Os processadores verificam se o endereço no barramento está em sua cache. Se estiver, os dados correspondentes na cache serão invalidados.

Quando ocorre uma escrita em um bloco que é compartilhado, o processador que está escrevendo precisa adquirir o acesso ao barramento para enviar sua invalidação por broadcast. Se dois processadores tentarem escrever em blocos compartilhados ao mesmo tempo, suas tentativas de enviar uma operação de invalidação por broadcast serão serializadas quando disputarem o barramento. O primeiro processador a obter acesso ao barramento fará com que quaisquer outras cópias do bloco que estiver escrevendo sejam invalidadas. Se os processadores estiverem tentando escrever no mesmo bloco, a serialização imposta pelo barramento também serializará suas escritas. Uma implicação desse esquema é que uma escrita em um item de dados compartilhado não pode realmente ser concluída até obter acesso ao barramento. Todos os esquemas de coerência exigem algum método de serializar os acessos ao mesmo bloco de cache, seja serializando o acesso ao meio de comunicação, seja serializando outra estrutura compartilhada.

Além de invalidar cópias pendentes de um bloco de cache que está sendo escrito, também precisamos localizar um item de dados quando ocorre uma falta de cache. Em uma cache write-through, é fácil encontrar o valor recente de um item de dados, pois todos os dados escritos são enviados à memória, na qual o valor mais recente de um item de dados sempre pode ser apanhado. (Os buffers de escrita podem levar a algumas complexidades adicionais, por isso devem efetivamente ser tratados como entradas adicionais de cache.)

Para uma cache write-back, o problema de encontrar os valores de dados mais recentes é mais difícil, pois o valor mais recente de um item de dados pode estar em uma cache privada e não em uma cache compartilhada ou na memória. Felizmente, as caches write-back podem usar o mesmo esquema de snooping, tanto para faltas de cache quanto para escritas: cada processador monitora cada endereço colocado no barramento compartilhado. Se um processador descobrir que possui uma cópia modificada do bloco de cache solicitado, oferecerá esse bloco de cache em resposta à solicitação de leitura e fará com que o acesso à memória (ou L3) seja abortado. A complexidade adicional advém do

# 5.2 Arquiteturas de memória compartilhada centralizada

fato de ser necessário recuperar o bloco de cache de uma cache privada de outro processador (L1 ou L2), o que normalmente demorará mais tempo do que recuperá-lo da L3. Como as caches write-back geram requisitos inferiores para largura de banda de memória, eles podem admitir maior quantidade de processadores mais rápidos. Como resultado, todos os processadores multicore utilizam write-back nos níveis mais externos da cache, e examinaremos a implementação da coerência com as caches write-back.

As tags de cache normais podem ser usadas para implementar o processo de snooping, e o bit de validade para cada bloco torna a invalidação fácil de implementar. Faltas de leitura, sejam elas geradas por invalidação, seja por algum outro evento, também são diretas, pois simplesmente contam com a capacidade de snooping. Para escritas, gostaríamos de saber se quaisquer outras cópias do bloco estão na cache porque, se não houver outras cópias na cache, a escrita não precisará ser colocada no barramento em uma cache write-back. Não enviar a escrita reduz tanto o tempo gasto pela escrita quanto a largura de banda exigida.

Para rastrear se um bloco de cache é ou não compartilhado, podemos acrescentar um bit de estado extra associado a cada bloco de cache, assim como temos um bit de validade e um bit de modificação. Acrescentando um bit para indicar se o bloco é compartilhado, podemos decidir se uma escrita precisa gerar invalidação. Quando ocorre escrita em um bloco no estado compartilhado, a cache gera invalidação no barramento e marca o bloco como *exclusivo*. Nenhuma outra invalidação será enviada por esse processador para esse bloco. O núcleo com a única cópia de um bloco de cache normalmente é chamado *proprietário* (owner) do bloco de cache.

Quando uma invalidação é enviada, o estado do bloco de cache do proprietário é trocado de compartilhado para não compartilhado (ou exclusivo). Se outro processador mais tarde solicitar esse bloco de cache, o estado precisará se tornar compartilhado novamente. Como nossa cache snooping também vê quaisquer faltas, ela sabe quando o bloco de cache exclusivo foi solicitado por outro processador e o estado deve tornar-se compartilhado.

Cada transação do barramento precisa verificar as tags de endereço de cache, que potencialmente poderiam interferir com os acessos à cache do processador. Uma maneira de reduzir essa interferência é duplicar as tags. Outra abordagem é usar um diretório na cache L3 compartilhada; o diretório indica se um dado bloco é compartilhado e quais núcleos podem ter cópias. Com a informação de diretório, invalidações podem ser direcionadas somente para as caches com cópias do bloco de cache. Isso requer que a L3 tenha sempre uma cópia de qualquer item de dados em L1 ou L2, uma propriedade chamada *inclusão*, à qual retornaremos na Seção 5.7.

## Um exemplo de protocolo

Um protocolo de coerência snooping normalmente é implementado pela incorporação de um controlador de estados finitos em cada nó. Esse controlador responde a solicitações do processador e do barramento (ou de outro meio de broadcast), alterando o estado do bloco de cache selecionado e também usando o barramento para acessar os dados ou invalidá-los. Logicamente, você pode pensar em um controlador separado estando associado a cada bloco, ou seja, as operações de snooping ou solicitações de cache para diferentes blocos podem prosseguir independentemente. Nas implementações reais, um único controlador permite que múltiplas operações para blocos distintos prossigam de um modo intercalado (ou seja, uma operação pode ser iniciada antes que outra seja concluída, embora somente um acesso à cache ou um acesso ao barramento seja permitido de cada vez). Além disso, lembre-se de que, embora estejamos nos referindo a um barramento na descrição a seguir, qualquer rede de interconexão que admita um broadcast a todos os controladores de coerência e suas caches privadas associadas poderá ser usada para implementar o snooping.

O protocolo simples que consideramos possui três estados: inválido, compartilhado e modificado. O estado compartilhado indica que o bloco na cache privada é potencialmente compartilhado, enquanto o estado modificado indica que o bloco foi atualizado na cache privada; observe que o estado modificado *implica* que o bloco é exclusivo. A Figura 5.5 mostra as solicitações geradas por um núcleo (na metade superior da tabela), além daquelas que vêm do barramento (na metade inferior da tabela). Esse protocolo é para uma cache write-back, mas é facilmente alterado para trabalhar para uma cache write-through, reinterpretando o estado modificado como um estado exclusivo e atualizando a cache nas escritas no padrão normal para uma cache write-through. A extensão mais comum desse protocolo básico é o acréscimo de um estado exclusivo, que descreve um bloco que não é modificado, mas mantido em apenas uma cache privada.

Quando uma invalidação ou uma falta de escrita é colocada no barramento, quaisquer núcleos cujas caches privadas têm cópias do bloco de cache a invalidam. Para falta de escrita em uma cache write-back, se o bloco for exclusivo em apenas uma cache, essa cache também escreverá de volta no bloco; caso contrário, os dados podem ser lidos da cache compartilhada ou memória.

A Figura 5.6 mostra um diagrama de transição de estados finitos para um único bloco de cache que usa um protocolo de invalidação de escrita e uma cache write-back. Para simplificar, os três estados do protocolo são duplicados para representar transições com base nas solicitações do processador (à esquerda, que corresponde à metade superior da tabela na Figura 5.5), ao contrário das transições baseadas nas solicitações de barramento (à direita, que corresponde à metade inferior da tabela na Figura 5.5). O texto em negrito é usado para distinguir as ações do barramento, ao contrário das condições em que uma transição de estado depende. O estado em cada nó representa o estado do bloco de cache selecionado, especificado pela solicitação de processador ou de barramento.

Todos os estados nesse protocolo de cache seriam necessários em uma cache de uniprocessador, onde corresponderiam aos estados inválido, válido (e limpo) e modificado. A maioria das mudanças de estados indicadas pelos arcos na metade esquerda da Figura 5.6 seria necessária em uma cache de uniprocessador write-back, exceto a invalidação em um acerto de escrita para um bloco compartilhado. As mudanças de estados representadas pelos arcos na metade direita da Figura 5.6 são necessárias apenas por coerência, e não apareceriam de forma alguma em um controlador de cache de uniprocessador.

Conforme mencionamos, existe apenas uma máquina de estados finitos por cache, com estímulos vindos do processador associado ou do barramento. A Figura 5.7 mostra como as transições de estados na metade direita da Figura 5.6 são combinadas com as da metade esquerda da figura para formar um único diagrama de estados para cada bloco de cache.

Para entender por que esse protocolo funciona, observe que qualquer bloco de cache válido está no estado compartilhado em uma ou mais caches ou no estado exclusivo, exatamente em uma cache. Qualquer transição para o estado exclusivo (que é exigido para que um processador escreva no bloco) exige que uma invalidação ou falta de escrita seja colocada no barramento, fazendo com que todas as caches locais tornem o bloco inválido. Além disso, se alguma outra cache local tiver o bloco no estado exclusivo, essa cache local gera um write-back, que fornece o bloco com o endereço desejado. Finalmente, se houver falta de leitura no barramento para um bloco no estado exclusivo, a cache local com a cópia exclusiva mudará seu estado para compartilhado.

| Solicitação | Origem | Estado do bloco de cache endereçado | Tipo de ação de cache | Função e explicação |
|---|---|---|---|---|
| Acerto (hit) de leitura | Processador | Compartilhado ou modificado | Acerto (hit) normal | Ler dados na cache local. |
| Falta (miss) de leitura | Processador | Inválido | Falta (miss) normal | Colocar falta de leitura no barramento. |
| Falta de leitura | Processador | Compartilhado | Substituição | Falta de conflito de endereço: coloca falta de leitura no barramento. |
| Falta de leitura | Processador | Modificado | Substituição | Falta de conflito de endereço: faz write-back do bloco e depois coloca falta de leitura no barramento. |
| Acerto (hit) de escrita | Processador | Modificado | Acerto normal | Escrever dados na cache. |
| Acerto de escrita | Processador | Compartilhado | Coerência | Colocar invalidação no barramento. Normalmente essas operações são chamadas atualização ou falta de *propriedade*, pois não buscam os dados, apenas alteram o estado. |
| Falta de escrita | Processador | Inválido | Falta normal | Colocar falta de escrita no barramento. |
| Falta de escrita | Processador | Compartilhado | Substituição | Falta de conflito de endereço: coloca falta de escrita no barramento. |
| Falta de escrita | Processador | Modificado | Substituição | Falta de conflito de endereço: write-back do bloco, depois coloca a perda de escrita no barramento. |
| Falta de leitura | Barramento | Compartilhado | Nenhuma ação | Permitir que a cache compartilhada ou a memória atenda a falta de leitura. |
| Falta de leitura | Barramento | Modificado | Coerência | Tentar compartilhar dados: coloca bloco de cache no barramento, write-back do bloco e altera estado para compartilhado. |
| Invalidação | Barramento | Compartilhado | Coerência | Tentar escrever em bloco compartilhado; invalida o bloco. |
| Falta de escrita | Barramento | Compartilhado | Coerência | Tentar escrever em bloco compartilhado; invalida o bloco de cache. |
| Falta de escrita | Barramento | Modificado | Coerência | Tentar escrever em bloco que é exclusivo de outro lugar; write-back do bloco de cache e torna seu estado inválido na cache local. |

**FIGURA 5.5** O mecanismo de coerência de cache recebe solicitações tanto do processador do núcleo quanto do barramento e as responde com base no tipo de solicitação, seja com acerto ou falta na cache local, e o estado do bloco de cache especificado na solicitação. A quarta coluna descreve o tipo de ação de cache como acerto ou falta normal (o mesmo que uma cache de uniprocessador veria), substituição (uma falta de substituição, uma falta de cache do uniprocessador) ou coerência (exigida para manter a coerência da cache); uma ação normal ou de substituição pode causar uma ação de coerência, dependendo do estado do bloco em outras caches. Para faltas de leitura, faltas, faltas de escrita ou invalidações monitoradas do barramento, uma ação é necessária *somente* se os endereços de leitura ou escrita corresponderem a um bloco na cache e o bloco for válido.

As ações em cinza na Figura 5.7, que tratam de falta de leitura e de escrita no barramento, são essencialmente o componente snooping do protocolo. Outra propriedade que é preservada nesse e na maioria dos outros protocolos é que qualquer bloco de memória no estado compartilhado sempre está atualizado em relação à cache externa compartilhada (L2 ou L3 ou memória, e não existir cache compartilhada), o que simplifica a implementação. Na verdade, não importa se o nível fora das caches privadas é uma cache ou memória compartilhada; o importante é que todos os acessos dos núcleos passam por esse nível.

Embora nosso protocolo de cache simples esteja correto, ele omite uma série de complicações que tornam a implementação muito mais complicada. A mais importante delas é que o protocolo considera que as operações são *atômicas* — ou seja, uma operação

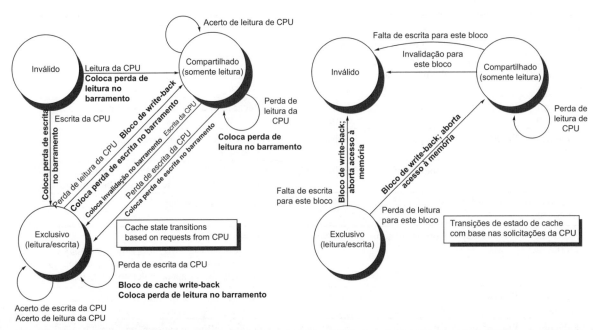

**FIGURA 5.6** Protocolo de invalidação de escrita, coerência de cache, para uma cache privada write-back, mostrando os estados e as transições de estados para cada bloco na cache.

Os estados da cache aparecem em círculos, com qualquer acesso permitido pelo processador local sem transição de estado sendo mostrado entre parênteses, sob o nome do estado. O estímulo que causa uma mudança de estado aparece nos arcos de transição em tipo normal, e quaisquer ações do barramento geradas como parte da transição de estado aparecem no arco de transição em negrito. As ações de estímulo se aplicam a um bloco na cache privada, e não a um endereço específico na cache. Logo, uma falta de leitura para um bloco no estado compartilhado é uma falta para esse bloco de cache, mas para um endereço diferente. O lado esquerdo do diagrama mostra as transições de estado com base nas ações do processador associados a essa cache; o lado direito mostra as transições com base nas operações sobre o barramento. Falta de leitura no estado exclusivo ou compartilhado e falta de escrita no estado exclusivo ocorrem quando o endereço solicitado pelo processador não combina com o endereço no bloco de cache. Tal falta é uma falta de substituição de cache-padrão. Uma tentativa de escrever um bloco no estado compartilhado gera invalidação. Sempre que ocorre uma transação no barramento, todas as caches privadas que contêm o bloco de cache especificado na transação do barramento tomam a ação indicada pela metade direita do diagrama. O protocolo considera que a memória (ou a cache compartilhada) oferece dados em uma falta de leitura para um bloco que é limpo em todas as caches. Nas implementações reais, esses dois conjuntos de diagramas de estado são combinados. Na prática, existem muitas variações sutis nos protocolos de invalidação, incluindo a introdução do estado não modificado exclusivo quanto ao fato de um processador ou memória oferecer dados em uma falta. Em um chip multicore, a cache compartilhada (geralmente L3, mas às vezes L2) age como o equivalente da memória, e o barramento é o barramento entre as caches privadas de cada núcleo e a cache compartilhada, que, por sua vez, tem interfaces com a memória.

pode ser feita de modo que nenhuma operação intermediária possa ocorrer. Por exemplo, o protocolo descrito considera que as faltas de escrita podem ser detectadas, que o barramento pode ser tomado e que uma resposta possa ser dada como uma única ação indivisível. Na realidade, isso não é verdade. De fato, mesmo uma falta de leitura pode não ser indivisível. Depois de detectar uma falta no L2 de um multicore, o núcleo deve decidir entre acessar o barramento que o conecta à cache compartilhada L3. Ações não indivisíveis introduzem a possibilidade de o protocolo sofrer *deadlock*, significando que ele chega a um estado em que não pode continuar. Exploraremos essas complicações mais adiante nesta seção, quando examinarmos projetos DSM.

Com os processadores multicore, a coerência entre os núcleos do processador é toda implementada no chip, usando um protocolo snooping ou diretório central simples. Muitos chips multiprocessadores, incluindo o Intel Xeon e AMD Opteron, suportavam multiprocessadores com múltiplos chips que poderiam ser construídos conectando uma interface de alta velocidade já incorporada no chip. Esses tipos de interconexões não são

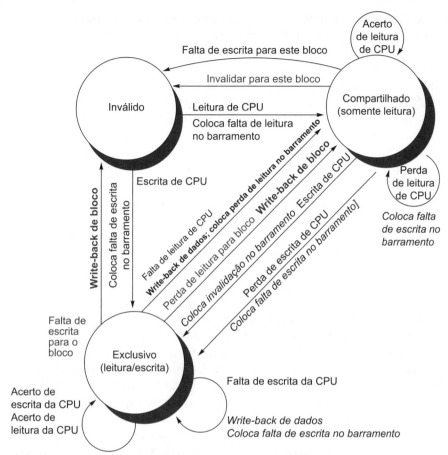

**FIGURA 5.7** Diagrama de estado de coerência de cache com as transições de estado induzidas pelo processador local, mostradas em *preto*, e pelas atividades de barramento, mostradas em *cinza*.
Assim como na Figura 5.6, as atividades em uma transição aparecem em *negrito*.

apenas extensões do barramento compartilhado, mas usam uma abordagem diferente para multicores interconectados.

Um multiprocessador construído com múltiplos chips multicore terá uma arquitetura de memória compartilhada e precisará de um mecanismo de coerência interna ao chip, acima e além daquela existente dentro do chip. Na maioria dos casos, alguma forma de esquema de diretório é usada.

## Extensões do protocolo básico de coerência

O protocolo de coerência que acabamos de descrever é um simples protocolo de três estados e, muitas vezes, é chamado pela primeira letra dos estados, fazendo dele um protocolo MSI (Modificado, Compartilhado, Inválido — *Modified, Shared, Invalid*). Existem muitas extensões para esse protocolo básico, que mencionamos nas legendas das figuras desta seção. Essas extensões são criadas pela adição de estados e transações, que otimizam certos comportamentos, possivelmente resultando em melhor desempenho. Duas das extensões mais comuns são:

1. *MESI* adiciona o estado Exclusivo ao protocolo MSI básico, ocasionando quatro estados (Modificado, Exclusivo, Compartilhado e Inválido). O estado exclusivo indica que um bloco de cache é residente somente em uma cache única, mas está limpo. Se um bloco estiver no estado E, ele pode ser escrito sem gerar nenhuma

invalidação, o que otimiza o caso em que um bloco é lido por uma única cache antes de ser escrito por ele. Obviamente, quando ocorre uma falta de leitura para um bloco no estado E, o bloco deve ser modificado para o estado S para manter a coerência. Uma vez que todos os acessos subsequentes são monitorados, é possível manter a exatidão desse estado. Em particular, se outro processador emitir uma falta de leitura, o estado é mudado de exclusivo para compartilhado. A vantagem de adicionar esse estado é que uma escrita subsequente para um bloco no estado exclusivo pelo mesmo núcleo não precisa obter acesso ao barramento ou gerar uma invalidação, já que se sabe que o bloco está exclusivamente nessa cache local; o processador simplesmente muda o estado para modificado. Esse estado é adicionado facilmente usando o bit que codifica o estado coerente como um estado exclusivo e usando o bit de modificação para indicar que um bloco foi modificado. O Intel i7 usa uma variação de um protocolo MESI, chamada MESIF, que adiciona um estado (Forward) para designar que o processador que está compartilhando deve responder a uma requisição. Isso é projetado para aumentar o desempenho em organizações de memória distribuída.

2. *MOESI* adiciona o estado *Owned* (*proprietário*) ao protocolo MESI para indicar que o bloco associado é de propriedade daquela cache e está desatualizado na memória. Em protocolos MSI e MESI, quando há uma tentativa de compartilhar um bloco no estado Modificado, o estado é mudado para Compartilhado (tanto na cache original quanto na que agora está compartilhada), e o bloco deve ser escrito de volta na memória. Em um protocolo MOESI, o bloco pode ser mudado do estado Modificado para o estado Owned na cache original sem escrevê-lo na memória. Outras caches, que agora estão compartilhando o bloco, mantêm o bloco no estado Compartilhado. O estado O, que somente a cache original mantém, indica que a cópia na memória principal está desatualizada e que a cache designada é a proprietária. A proprietária do bloco deve fornecê-lo no caso de uma falta, já que a memória não está atualizada e deve escrever o bloco de volta na memória se ele for substituído. A família de processadores AMD Opteron usa o protocolo MOESI.

A próxima seção examinará o desempenho desses protocolos para nossas cargas de trabalho paralelas e multiprogramadas; o valor dessas extensões para um protocolo básico ficará claro quando examinarmos o desempenho. Mas, antes de fazermos isso, vamos dar uma rápida olhada nas limitações no uso de uma estrutura simétrica de memória e um esquema de coerência snooping.

## Limitações nos multiprocessadores simétricos de memória compartilhada e protocolos de snooping

À medida que o número de processadores em um multiprocessador cresce ou as demandas de memória de cada processador aumentam, qualquer recurso centralizado no sistema pode se tornar um gargalo. Para multicores, um único barramento compartilhado torna-se um gargalo com apenas alguns núcleos. Como resultado, os projetos multicore passaram para esquemas de interconexão com maior largura de banda, além de múltiplas memórias independentes, para permitir maiores números de núcleos. Os chips multicore que examinamos na Seção 5.8 usam três abordagens diferentes:

1. O IBM Power8, que tem até 12 processadores em um único multicore, usa 8 barramentos paralelos que conectam as caches L3 distribuídas e até 8 canais de memória separados.

2. O Xeon E7 utiliza três anéis para conectar até 32 processadores, uma cache L3 distribuída e dois ou quatro canais de memória (dependendo da configuração).

**3.** O Fujitsu SPARC64 X+ usa um crossbar para conectar uma cache L2 compartilhada a até 16 núcleos e múltiplos canais de memória.

O SPARC64 X+ é uma organização simétrica com tempo de acesso uniforme. O Power8 possui tempo de acesso não uniforme para a cache L3 e a memória. Embora as diferenças no tempo de acesso sem disputa entre os endereços de memória dentro de um único multicore Power8 não sejam grandes, com disputa pela memória, as diferenças no tempo de acesso podem se tornar significativas, mesmo dentro de um chip. O Xeon E7 pode operar como se os tempos de acesso fossem uniformes; na prática, os sistemas de software geralmente organizam a memória de modo que os canais de memória estejam associados a um subconjunto dos núcleos.

A largura de banda de snooping nas caches também pode se tornar um problema, já que cada cache deve examinar cada falta, e ter mais largura de banda de interconexão só empurra o problema para a cache. Para compreender esse problema, considere o exemplo a seguir.

**Exemplo**    Considere um multicore com 8 processadores, onde cada processador tem suas próprias caches L1 e L2, e o snooping é realizado sobre um barramento compartilhado entre as caches L2. Suponha que a solicitação média para L2, tanto por uma falta de coerência quanto por outra falta, seja de 15 ciclos. Considere uma taxa de clock de 3,0 GHz, um CPI de 0,7 e uma frequência de load/store de 40%. Se o nosso objetivo é que não mais de 50% da largura de banda da L2 seja consumido por tráfego de coerência, qual é a taxa máxima de perda de coerência por processador?

**Resposta**    Comece com uma equação para o número de ciclos de clock que podem ser usados (onde CMR é a taxa de falta de coerência):

$$\text{Ciclos de cache disponíveis} \; = \; \frac{\text{Taxa de clock}}{\text{Ciclos por solicitação} \times 2} = \frac{3,0\text{Ghz}}{30} = 0,1 \times 10^{9}$$

$$\text{Ciclos de cache disponíveis} \; = \; \begin{array}{l} \text{Referências de memória/clock/processador} \\ \times\,\text{Taxa de clock} \times \text{quantidade de processadores} \times \text{CMR} \end{array}$$

$$= \; \frac{0,4}{0,7} \times 3,0\text{GHz} \times 8 \times \text{CMR} = 13,7 \times 10^{9} \times \text{CMR}$$

$$\text{CMR} \; = \; \frac{0,1}{13,7} = 0,0073 = 0,73\%$$

Isso significa que a taxa de falta de coerência precisa ser de 0,73% ou menos. Na próxima seção, veremos diversas aplicações com taxas de falta de coerência superiores a 1%. Como alternativa, se considerarmos que a CMR pode ser 1%, então poderíamos aceitar simplesmente menos de 6 processadores. Logicamente, até mesmo pequenos multicores exigirão um método para expandir a largura de banda de snooping.

Existem várias técnicas para aumentar a largura de banda de snooping:

**1.** Como mencionamos, as tags podem ser duplicadas. Isso duplica a largura de banda de snooping efetiva em nível de cache. Se considerarmos que metade das solicitações de coerência não acerta em uma solicitação de snooping e que o custo dessa solicitação é de apenas 10 ciclos (contra 15), então podemos cortar o custo médio de uma CMR para 12,5 ciclos. Essa redução permite que a taxa de falta de coerência seja 0,88 ou, como alternativa, aceitar mais um processador (7 em vez de 6).

**2.** Se a cache mais externa em um multicore (geralmente, L3) for compartilhada, podemos distribuir essa cache de modo que cada processador tenha uma parte da memória e trate dos snoops para essa parte do espaço de endereços. Essa abordagem, usada pelo IBM Power8 de 12 núcleos, leva a um projeto NUCA, mas efetivamente expande a largura de banda de snoop na cache L3 pelo número de processadores. Se houver um acerto de snoop na L3, então ainda devemos enviar por broadcast a todas as caches L2, que por sua vez monitoram seu conteúdo. Como a cache L3 está atuando como um filtro nas solicitações de snoop, a L3 precisa ser inclusiva.

3. Podemos colocar um diretório no nível da cache compartilhada mais externa (digamos, L3). L3 atua como um filtro nas solicitações de snoop e precisa ser inclusiva. O uso de um diretório em L3 significa que não precisamos monitorar ou enviar por broadcast a todas as caches L2, mas somente aquelas que o diretório indica que podem ter uma cópia do bloco. Assim como a L3 pode ser distribuída, as entradas de diretório associadas também podem ser distribuídas. Essa abordagem é usada na série Xeon E7 da Intel, que aceita de 8 a 32 núcleos.

A Figura 5.8 mostra como se parece um multicore com um sistema de cache distribuído, como aquele usado nos esquemas 2 ou 3. Se outros chips multicore fossem acrescentados para formar um multiprocessador maior, uma rede fora do chip seria necessária, além de um método para estender os mecanismos de coerência (conforme veremos na Seção 5.8).

O AMD Opteron representa outro ponto intermediário no espectro entre um protocolo snooping e de diretório. A memória está conectada diretamente a cada chip multicore, e até quatro chips multicore podem estar conectados. O sistema é NUMA, já que a memória local é um pouco mais rápida. O Opteron implementa seu protocolo de coerência usando os links ponto a ponto para transmitir por broadcast a até três outros chips. Como os links entre os processadores não são compartilhados, a única maneira de um processador

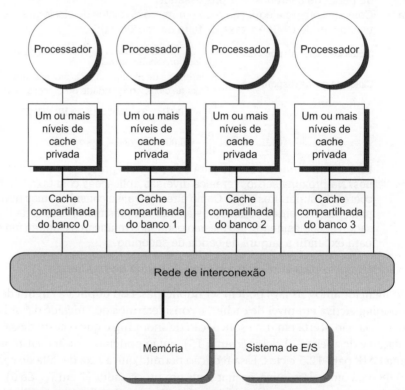

**FIGURA 5.8** Um multicore de único chip com uma cache distribuída.
Nos projetos atuais, a cache compartilhada distribuída geralmente é L3, e os níveis L1 e L2 são privados. Geralmente, existem vários canais de memória (2 a 8 nos projetos atuais). Esse projeto é NUCA, pois o tempo de acesso para as partes da L3 varia com o tempo de acesso mais rápido para o núcleo diretamente conectado. Por ser NUCA, o projeto também é NUMA.

saber quando uma operação inválida foi concluída é uma confirmação explícita. Assim, o protocolo de coerência utiliza um broadcast para encontrar cópias potencialmente compartilhadas, como um protocolo snooping, mas usa as confirmações para ordenar as operações, como um protocolo de diretório. Já que a memória local é só um pouco mais rápida do que a memória remota na implementação Opteron, alguns softwares tratam um multiprocessador Opteron como tendo acesso uniforme à memória.

Na Seção 5.4, examinaremos os protocolos baseados em diretório, que eliminam a necessidade de broadcast para todas as outras caches, em caso de falta. Alguns projetos multicore utilizam diretórios dentro do multicore (Intel Xeon E7), enquanto outros acrescentam diretórios quando expandem para além de um multicore. Diretórios distribuídos eliminam a necessidade de um único ponto para serializar todos os acessos (geralmente, um único barramento compartilhado em um esquema snooping), e qualquer esquema que remove o único ponto de serialização deve lidar com muitos dos mesmos desafios que o esquema de diretório distribuído.

## Implementando coerência snooping de cache

O diabo está nos detalhes.

**Provérbio clássico**

Quando escrevemos a primeira edição deste livro, em 1990, nossa seção final "Juntando tudo" foi um multiprocessador de 30 processadores e único barramento, usando a coerência baseada em snoop; o barramento tinha uma capacidade pouco acima de 50 MiB/s, que em 2017 não seria largura de banda de barramento suficiente para dar suporte nem mesmo a um núcleo de um Intel i7! Quando escrevemos a segunda edição deste livro, em 1995, os primeiros multiprocessadores de coerência de cache com mais de um barramento tinham aparecido recentemente; acrescentamos um apêndice para descrever a implementação do snooping em um sistema com múltiplos barramentos. Em 2017, *todos* os sistemas multiprocessadores multicore que suportavam 8 ou mais núcleos não utilizavam uma interconexão de único barramento, e os projetistas precisaram encarar o desafio de implementar o snooping (ou um esquema de diretório) sem a simplificação de um barramento para colocar os eventos em série.

Como já dissemos, a principal complicação para implementar o protocolo de coerência snooping que descrevemos é que as faltas de escrita e de atualização não são indivisíveis em qualquer multiprocessador recente. As etapas de detecção de uma falta de escrita ou de atualização, comunicação com outros processadores e com a memória, obtenção do valor mais recente para uma falta de escrita e garantia de que quaisquer invalidações são processadas, e a atualização da cache não podem ser feitas como se utilizassem um único ciclo.

Em um multicore com um único barramento, essas etapas podem se tornar efetivamente indivisíveis apanhando o barramento para a cache ou memória compartilhada primeiro (antes de alterar o estado da cache) e não liberando o barramento até que todas as ações sejam concluídas. Como o processador pode saber quando todas as invalidações foram concluídas? Em projetos mais antigos, uma única linha era usada para sinalizar quando todas as invalidações necessárias foram recebidas e estavam sendo processadas. Após esse sinal, o processador que gerou a falta pode liberar o barramento sabendo que quaisquer ações exigidas serão concluídas antes de qualquer atividade relacionada à próxima falta. Mantendo o barramento exclusivamente durante essas etapas, o processador efetivamente torna as etapas individuais indivisíveis.

Em um sistema sem um único barramento central, temos que encontrar algum outro método para tornar as etapas indivisíveis em caso de falta. Em particular, temos que garantir que dois processadores que tentam escrever no mesmo bloco ao mesmo tempo, uma situação chamada *corrida*, sejam estritamente ordenados: uma escrita é processada e prossegue antes que a próxima seja iniciada. Não importa qual das duas escritas vença a corrida, apenas que haja uma única vencedora, cujas ações de coerência sejam completadas primeiro. Em um multicore usando múltiplos barramentos, as corridas podem ser eliminadas se cada bloco de memória estiver associado a apenas um barramento, garantindo que duas tentativas de acessar o mesmo bloco devem ser feitas em série por esse barramento comum. Essa propriedade, junto com a capacidade de reiniciar o tratamento de falta do perdedor de uma corrida, são a chave para implementar a coerência snooping de cache sem um barramento. Explicaremos os detalhes no Apêndice I, on-line.

É possível combinar snooping e diretórios, e muitos projetistas usam snooping dentro de um multicore e diretórios entre múltiplos chips, ou uma combinação de diretórios em um nível de cache e snooping em outro nível.

## 5.3 DESEMPENHO DE MULTIPROCESSADORES SIMÉTRICOS DE MEMÓRIA COMPARTILHADA

Em um multicore que usa protocolo de coerência snooping, diversos fenômenos diferentes são combinados para determinar o desempenho. Em particular, o desempenho geral da cache é uma combinação do comportamento do tráfego de falta de cache do uniprocessador e do tráfego causado pela comunicação, que resulta em invalidações e subsequentes faltas de cache. A mudança da quantidade de processadores, do tamanho da cache e do tamanho do bloco pode afetar esses dois componentes da taxa de falta de diferentes maneiras, levando a um comportamento geral do sistema que é uma combinação dos dois efeitos.

O Apêndice B desmembra a taxa de falta do uniprocessador na classificação dos três Cs (capacidade, compulsório e conflito) e oferece percepções tanto para o comportamento da aplicação como para possíveis melhorias no projeto da cache. De modo semelhante, as faltas que surgem da comunicação entre processadores, que normalmente são chamadas *faltas de coerência*, podem ser desmembradas em duas origens separadas.

A primeira origem são as chamadas *faltas de compartilhamento verdadeiras*, que surgem da comunicação dos dados pelo mecanismo de coerência de cache. Em um protocolo baseado em invalidação, a primeira escrita por um processador a um bloco de cache compartilhado causa invalidação para estabelecer a posse desse bloco. Além disso, quando outro processador tenta ler uma palavra modificada nesse bloco de cache, ocorre uma falta e o bloco resultante é transferido. Essas duas faltas são classificadas como faltas de compartilhamento verdadeiras, pois surgem diretamente do compartilhamento de dados entre os processadores.

O segundo efeito, chamado *compartilhamento falso*, surge do uso de um algoritmo de coerência baseado em invalidação com um único bit de validade por bloco de cache. O compartilhamento falso ocorre quando um bloco é invalidado (e uma referência subsequente causa uma falta), pois alguma palavra no bloco, fora a que está sendo lida, é escrita. Se a palavra escrita for realmente usada pelo processador que recebeu a invalidação, então a referência foi uma referência de compartilhamento verdadeira e teria causado uma falta, independentemente do tamanho do bloco. Porém, se a palavra que está sendo escrita e a palavra lida forem diferentes e a invalidação não fizer com que um novo valor seja comunicado, apenas causando uma falta de cache extra, então ela será uma falta de compartilhamento falsa. Em uma falta de compartilhamento falsa, o bloco é compartilhado, mas nenhuma palavra na cache é realmente compartilhada, e a falta não ocorreria se o tamanho do bloco fosse uma única palavra. O exemplo a seguir esclarece os padrões de compartilhamento.

**Exemplo**  Suponha que as palavras $z1$ e $z2$ estejam no mesmo bloco de cache, que está no estado compartilhado nas caches de P1 e P2. Considerando a sequência de eventos a seguir, identifique cada falta como uma falta de compartilhamento verdadeira, uma falta de compartilhamento falsa ou um acerto. Qualquer falta que ocorrer, se o tamanho de bloco for de uma palavra, será designada como falta de compartilhamento verdadeira.

| Tempo | P1 | P2 |
|---|---|---|
| 1 | Escreve z1 | |
| 2 | | Lê z2 |
| 3 | Escreve z1 | |
| 4 | | Escreve z2 |
| 5 | Lê z2 | |

**Resposta**  Aqui estão as classificações por etapa no tempo:
1. Esse evento é uma falta de compartilhamento verdadeira, pois $z1$ está no estado compartilhado em P2 e precisa ser invalidada por P2.
2. Esse evento é uma falta de compartilhamento falsa, pois $z2$ foi invalidada pela escrita de $z1$ em P1, mas esse valor de $z1$ não é usado em P2.
3. Esse evento é uma falta de compartilhamento falsa, pois o bloco contendo $z1$ é marcado como compartilhado, devido à leitura em P2, mas P2 não leu $z1$. O bloco de cache contendo $z1$ estará no estado compartilhado depois da leitura por P2; uma falta de escrita será necessária para obter acesso exclusivo ao bloco. Em alguns protocolos, isso será tratado como uma *solicitação de upgrade*, que gera invalidação do barramento, mas não transfere o bloco de cache.
4. Esse evento é uma falta de compartilhamento falsa, pelo mesmo motivo da etapa 3.
5. Esse evento é uma falta de compartilhamento verdadeira, pois o valor sendo lido foi escrito por P2.

Embora vejamos os efeitos das faltas de compartilhamento verdadeiros e falsos nas cargas de trabalho comerciais, o papel das faltas de coerência é mais significativo para aplicações fortemente acopladas, que compartilham quantidades significativas de dados do usuário. Examinaremos seus efeitos com detalhes no Apêndice I, quando considerarmos o desempenho de uma carga de trabalho científica paralela.

## Uma carga de trabalho comercial

Nesta seção, examinaremos o comportamento do sistema de memória para um multiprocessador de memória compartilhada com quatro processadores ao rodar uma carga de trabalho comercial de uso geral. O estudo que examinaremos foi feito em 1998, em um sistema Alpha de quatro processadores, mas continua sendo o mais completo e esclarecedor para o desempenho de um multiprocessador para tais cargas de trabalho. Vamos enfocar na compreensão da atividade de cache do multiprocessador e, particularmente, no comportamento da cache L3, onde grande parte do tráfego está relacionado à coerência.

Os resultados foram colhidos em um AlphaServer 4100 ou usando um simulador configurável modelado no AlphaServer 4100. Cada processador no AlphaServer 4100 é um Alpha 21164, que despacha até quatro instruções por clock e trabalha em 300 MHz. Embora a frequência do processador Alpha nesse sistema seja consideravelmente mais lenta do que os

| Nível de cache | Característica | Alpha 21164 | Intel i7 |
|---|---|---|---|
| L1 | Tamanho | 8 KB I/8 KB D | 32 KB I/32 KB D |
| | Associatividade | Mapeado diretamente | 8 vias I/8 vias D |
| | Tamanho de bloco | 32 B | 64 B |
| | Penalidade de falta | 7 | 10 |
| L2 | Tamanho | 96 KB | 256 KB |
| | Associatividade | 3 vias | 8 vias |
| | Tamanho de bloco | 32 B | 64 B |
| | Penalidade de falta | 21 | 35 |
| L3 | Tamanho | 2 MiB (total 8 MiB não compartilhados) | 2 MB por núcleo (total 8 MiB compartilhados) |
| | Associatividade | Mapeado diretamente | 16 vias |
| | Tamanho de bloco | 64 B | 64 B |
| | Penalidade de falta | 80 | ~100 |

**FIGURA 5.9** Características da hierarquia de cache do Alpha 21164 usado neste estudo e no Intel i7.
Embora os tamanhos sejam maiores e a associabilidade seja maior no i7, as penalidades de falta também são maiores, então o comportamento pode diferir muito pouco. Os dois sistemas têm uma penalidade alta (125 ciclos ou mais) para uma transferência requerida a partir de uma cache privada. Uma diferença importante é que a cache L3 é compartilhada no i7, ao contrário de quatro caches separadas, não compartilhadas, no servidor Alpha.

processadores nos sistemas projetados em 2017, a estrutura básica do sistema, consistindo em um processador de quatro despachos e uma hierarquia de cache de três níveis, é muito similar à do multicore Intel i7 e outros processadores, como mostrado na Figura 5.9. Em vez de focalizar os detalhes do desempenho, vamos considerar os dados voltados para o comportamento simulado de caches L3 que variam de 2 a 8 MiB por processador.

Embora o estudo original considerasse três cargas de trabalho diferentes, voltaremos nossa atenção para uma carga de trabalho de processamento de transação on-line (OLPT) modelada no TPC-B (que tem comportamento de memória semelhante ao seu primo mais novo, o TPC-C, descrito no Capítulo 1) e usando Oracle 7.3.2 como sistema de banco de dados subjacente. A carga de trabalho consiste em um conjunto de processos clientes que geram solicitações e um conjunto de servidores que os tratam. Os processos servidores consomem 85% do tempo do usuário, com o restante indo para os clientes. Embora a latência de E/S seja escondida pelo ajuste cuidadoso e por solicitações suficientes para manter o processador ocupado, os processos servidores normalmente são bloqueados para E/S após cerca de 25.000 instruções. Em geral, 71% do tempo de execução é gasto no modo usuário, 18% no sistema operacional e 11% ocioso, principalmente esperando pela E/S. Das aplicações comerciais estudadas, a aplicação OLTP é a que mais estressa o sistema de memória e mostra desafios significativos mesmo quando avaliada com caches L3 muito maiores. Por exemplo, no AlphaServer, os processadores são paralisados (sofrem stall) por aproximadamente 90% dos ciclos, com o acesso à memória ocupando quase metade do tempo de stall e as perdas de cache L2 ocupando 25% do tempo de stall.

Começamos examinando o efeito de variar o tamanho da cache L3. Nestes estudos, a cache L3 é variada de 1 a 8 MiB por processador; a 2 MiB por processador, o tamanho total da cache L3 é igual ao do Intel i7 6700. Porém, no caso do i7, a cache é compartilhada, o que oferece algumas vantagens e também desvantagens. É pouco provável que a cache compartilhada de 8 MiB supere o desempenho das caches L3 separadas com um

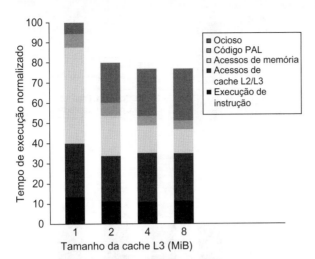

**FIGURA 5.10** Desempenho relativo da carga de trabalho do OLTP à medida que o tamanho da cache L3, que é definido como associativo por conjunto de duas vias, cresce de 1 MiB para 8 MiB.
O tempo ocioso também cresce à medida que a cache aumenta, reduzindo parte dos ganhos de desempenho. Esse crescimento ocorre porque, com menos stalls do sistema de memória, mais processos do servidor são necessários para cobrir a latência de E/S. A carga de trabalho poderia ser reajustada para aumentar o equilíbrio entre computação e comunicação, mantendo o tempo ocioso sob controle. O código PAL é um conjunto de sequências de instruções especializadas em nível de SO executadas em modo privilegiado; um exemplo é o tratamento de falta no TLB.

tamanho total de 16 MiB. A Figura 5.10 mostra o efeito de aumentar o tamanho da cache, usando caches associativas por conjunto de duas vias, o que reduz o grande número de faltas por conflito. O tempo de execução é melhorado à medida que a cache L3 cresce, devido à redução em faltas de cache L3. É surpreendente que quase todo o ganho se dá passando-se de 1 para 2 MiB (ou de 4 para 8 MiB da cache total para os quatro processadores). Há pouco ganho adicional além disso, apesar do fato de as faltas de cache ainda serem uma causa de perda de desempenho significativa com caches de 2 MiB e 4 MiB. A questão é: por quê?

Para entender melhor a resposta a essa pergunta, precisamos determinar que fatores contribuem para a taxa de falta da cache L3 e como eles mudam à medida que essa cache cresce. A Figura 5.11 mostra esses dados ao apresentar o número de ciclos de acesso à memória contribuídos por instrução, a partir de cinco origens. As duas maiores origens de ciclos de acesso à memória L3 de 1 MB são faltas de instrução e capacidade/conflito. Com uma L3 maior, essas duas origens encurtam para serem contribuintes menores. Infelizmente, as faltas de compartilhamento compulsórias, falsas, e as faltas de compartilhamento verdadeiras não são afetadas por uma L3 maior. Assim, em 4 MiB e em 8 MiB, as faltas de compartilhamento verdadeiras são responsáveis pela fração dominante das faltas; a falta de mudança nas faltas de compartilhamento verdadeiras leva a reduções limitadas na taxa de falta geral ao aumentar o tamanho da cache L3 para além de 2 MiB.

Aumentar o tamanho da cache elimina a maioria das faltas de um uniprocessador, enquanto deixa as faltas de multiprocessadores intocáveis. Como o aumento na quantidade de processadores afeta diferentes tipos de faltas? A Figura 5.12 mostra esses dados, considerando uma configuração básica com cache L3 de 2 MiB, associativa por conjunto, de duas vias (o mesmo tamanho de cache efetivo por processador do i7, mas com menos associatividade). Como poderíamos esperar, o aumento na taxa de falta de compartilhamento verdadeira, que não é compensado por qualquer diminuição nas faltas de uniprocessador, leva a um aumento geral nos ciclos de acesso à memória por instrução.

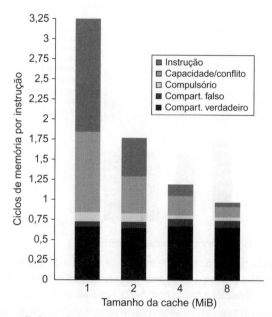

**FIGURA 5.11** Causas contribuintes de mudança de ciclos de acesso à memória à medida que o tamanho da cache aumenta.
A cache L3 é simulada como associativo por conjunto de duas vias.

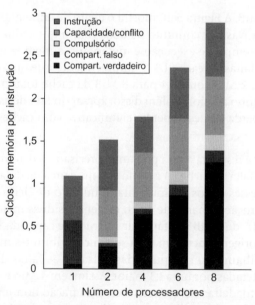

**FIGURA 5.12** A contribuição para os ciclos de acesso à memória aumenta à medida que o número de processadores aumenta, principalmente devido ao aumento do compartilhamento verdadeiro.
As faltas compulsórias aumentam ligeiramente, pois agora cada processador precisa tratar de mais faltas compulsórias.

A última questão que examinaremos é se o aumento do tamanho de bloco — que deverá diminuir a taxa de falta de instrução e manter a taxa de faltas e, dentro dos limites, reduzir também a taxa de falta de capacidade/conflito e possivelmente a taxa de falta de compartilhamento verdadeira — é útil para essa carga de trabalho. A Figura 5.13 mostra o número de faltas por 1.000 instruções à medida que o tamanho do bloco é aumentado

## 5.3 Desempenho de multiprocessadores simétricos de memória compartilhada

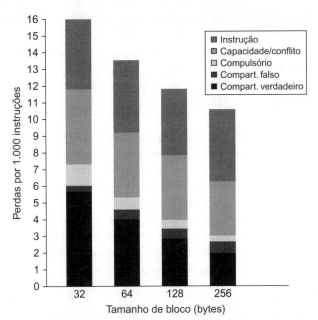

**FIGURA 5.13** O número de faltas por 1.000 instruções cai fortemente à medida que o tamanho de bloco da cache L3 aumenta, criando um bom caso para um tamanho de bloco L3 de pelo menos 128 bytes.

de 32 para 256 bytes. Aumentar o tamanho do bloco de 32 para 256 afeta quatro dos componentes da taxa de falta:

- A taxa de falta de compartilhamento verdadeira diminui por um fator de mais de 2, indicando alguma proximidade nos padrões de compartilhamento verdadeiro.
- A taxa de falta compulsória diminui bastante, como poderíamos esperar.
- As faltas de conflito/capacidade mostram uma pequena diminuição (um fator de 1,26 em comparação com um fator de aumento de 8 no tamanho do bloco), indicando que a localidade espacial não é alta nas faltas de uniprocessador que ocorrem com caches L3 maiores que 2 MiB.
- A taxa de falta de compartilhamento falsa, embora pequena em termos absolutos, quase dobra.

A falta de um efeito significativo na taxa de falta de instrução é surpreendente. Se houvesse uma cache de única instrução com esse comportamento, concluiríamos que a localidade espacial é muito pobre. No caso de caches L2 e L3 misturada, outros efeitos, como conflitos de instrução-dados, também podem contribuir para a alta taxa de faltas de cache de instrução para blocos maiores. Outros estudos têm documentado a baixa localidade espacial no fluxo de instruções de grandes cargas de trabalho de banco de dados e OLTP, que possuem muitos blocos básicos curtos e sequências de código de uso especial. Com base nesses dados, a penalidade de falta para que uma cache L3 com tamanho de bloco maior tenha desempenho tão bom quanto a L3 com tamanho de bloco de 32 bytes pode ser expressa como um multiplicador sobre a penalidade do bloco de tamanho de 32 bytes.

| Tamanho de bloco | Penalidade de falta relativa à penalidade de falta do bloco de 32 bytes |
|---|---|
| 64 bytes | 1,19 |
| 128 bytes | 1,36 |
| 256 bytes | 1,52 |

Com SDRAMs DDR modernas, que tornam o acesso aos blocos mais rápido, esses números parecem alcançáveis, especialmente no tamanho de bloco de 64 bytes (o tamanho de bloco do i7) e 128 bytes. Obviamente, devemos também nos preocupar com os efeitos do maior tráfego para a memória e a possível disputa pela memória com outros núcleos. Este último efeito pode prejudicar facilmente os ganhos obtidos com a melhora do desempenho de um único processador.

## Uma carga de trabalho de multiprogramação e de SO

Nosso próximo estudo é uma carga de trabalho multiprogramada que consiste em atividades do usuário e atividades do SO. A carga de trabalho usada são duas cópias independentes das fases de compilação do benchmark Andrew, que simula um ambiente de desenvolvimento de software. A fase de compilação consiste em uma versão paralela do "make" do UNIX executada usando oito processadores. A carga de trabalho é executada por 5,24 segundos em oito processadores, criando 203 processos e realizando 787 solicitações de disco em três sistemas de arquivo diferentes. A carga de trabalho é executada com 128 MiB de memória, e nenhuma atividade de paginação acontece.

A carga de trabalho possui três fases distintas: compilação dos benchmarks, que envolve atividade substancial de computação; instalação dos arquivos objetos em uma biblioteca; e remoção dos arquivos-objeto. A última fase é completamente dominada pela E/S, e somente dois processos estão ativos (um para cada uma das execuções). Na fase do meio, a E/S também desempenha um papel importante, e o processador fica em grande parte ocioso. A carga de trabalho geral é muito mais intensa para o sistema e para E/S do que a carga de trabalho OLTP.

Para as medições de carga de trabalho, consideramos os seguintes sistemas de memória e E/S:

- *Cache de instrução de nível 1.* 32 KB, associativa por conjunto de duas vias, com um bloco de 64 bytes, tempo de acerto de um ciclo de clock.
- *Cache de dados de nível 1.* 32 KB, associativa por conjunto de duas vias, com um bloco de 32 bytes, tempo de acerto de um ciclo de clock. Nosso foco está no exame do comportamento na cache de dados L1, ao contrário do estudo do OLTP, que enfocou a cache L3.
- *Cache de nível 2.* 1 MB unificado, associativa por conjunto de duas vias, com um bloco de 128 bytes, tempo de acerto de 10 ciclos de clock.
- *Memória principal.* Única memória em um barramento com tempo de acesso de 100 ciclos de clock.
- *Sistema de disco.* Latência de acesso fixa de 3 ms (menos do que o normal para reduzir o tempo ocioso).

A Figura 5.14 mostra como o tempo de execução é desmembrado para os oito processadores que usam os parâmetros que listamos. O tempo de execução é desmembrado em quatro componentes:

1. *Ocioso.* Execução no loop ocioso do modo kernel.
2. *Usuário.* Execução no código do usuário.
3. *Sincronização.* Execução ou esperando por variáveis de sincronismo.
4. *Kernel.* Execução no SO que não é ociosa nem no acesso de sincronização.

Essa carga de trabalho de multiprogramação possui significativa perda de desempenho da cache de instrução, pelo menos para o SO. A taxa de falta da cache de instrução no SO para uma cache associativa por conjunto de duas vias, com tamanho de bloco de 64 bytes, varia de 1,7% para uma cache de 32 KB até 0,2% para uma cache de 256 KB. As faltas da cache

| | Execução do usuário | Execução do kernel | Espera de sincronização | Processador ocioso (esperando E/S) |
|---|---|---|---|---|
| Instruções executadas | 27% | 3% | 1% | 69% |
| Tempo de execução | 27% | 7% | 2% | 64% |

**FIGURA 5.14** Distribuição do tempo de execução na carga de trabalho do "make" paralelo multiprogramado.

A alta fração de tempo ocioso é devida à latência do disco quando apenas um dos oito processadores está ativo. Esses dados e as medições subsequentes para essa carga de trabalho foram coletados com o sistema SimOS (Rosenblum et al., 1995). As execuções reais e a coleta de dados foram feitas por M. Rosenblum, S. Herrod e E. Bugnion, da Stanford University.

de instrução em nível de usuário são aproximadamente 1/6 da taxa do SO, para uma série de tamanhos de cache. Isso é devido, parcialmente, ao fato de que, embora o código do usuário execute nove vezes mais instruções do que o kernel, essas instruções levam apenas cerca de quatro vezes o tempo do menor número de instruções executadas pelo kernel.

## Desempenho da carga de trabalho da multiprogramação e do SO

Nesta subseção, examinaremos o desempenho de cache da carga de trabalho multiprogramada à medida que o tamanho da cache e o tamanho do bloco são alterados. Devido às diferenças entre o comportamento do kernel e os processos do usuário, mantemos esses dois componentes separados. No entanto, lembre-se de que os processos do usuário executam cerca de oito vezes mais instruções, de modo que a taxa de falta geral é determinada sobretudo pela taxa de falta no código do usuário, que, conforme veremos, normalmente é 1/5 da taxa de falta do kernel.

Embora o código do usuário execute mais instruções, o comportamento do sistema operacional pode causar mais faltas de cache do que os processos do usuário por dois motivos, além do maior tamanho de código e da falta de localidade. Primeiro, o kernel inicializa todas as páginas antes de alocá-las a um usuário, o que aumenta significativamente o componente compulsório da taxa de falta do kernel. Segundo, na realidade, o kernel compartilha dados e possui taxa de falta coerente não trivial. Ao contrário, os processos do usuário só causam faltas de coerência quando o processo é escalonado em um processador diferente, e esse componente da taxa de falta é pequeno. Essa é uma diferença importante entre uma carga de trabalho multiprogramada e outra como a carga de trabalho OLTP.

A Figura 5.15 mostra a taxa de falta de dados contra o tamanho da cache de dados e contra o tamanho do bloco para os componentes de kernel e usuário. Aumentar o tamanho da cache de dados afeta a taxa de falta do usuário mais do que a taxa de falta do kernel. Aumentar o tamanho do bloco tem efeitos benéficos para as duas taxas de faltas, pois uma fração maior das faltas surge do compulsório e da capacidade, e ambos podem ser melhorados com tamanhos de bloco maiores. Como as faltas de coerência são relativamente mais raras, os efeitos negativos de aumentar o tamanho de bloco são pequenos. Para entender por que os processos do kernel e do usuário se comportam de forma diferente, podemos examinar como se comportam as faltas do kernel.

A Figura 5.16 mostra a variação nas faltas do kernel contra os aumentos no tamanho de cache e no tamanho do bloco. As faltas são desmembradas em três classes: faltas compulsórias, faltas de coerência (de compartilhamento verdadeiro e falso) e faltas de capacidade/conflito (que incluem faltas causadas por interferência entre o SO e o processo do usuário

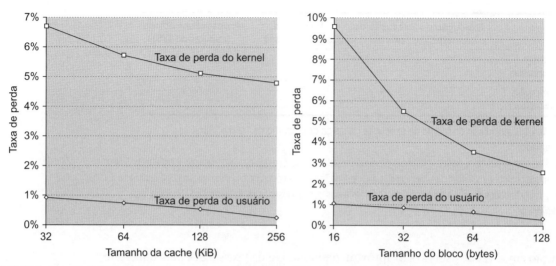

**FIGURA 5.15** As taxas de falta de dados para os componentes usuário e kernel se comportam de formas diferentes para aumentos no tamanho da cache de dados L1 (à esquerda) *versus* aumentos no tamanho de bloco da cache de dados L1 (à direita).
Aumentar a cache de dados L1 de 32 KB para 256 KB (com um bloco de 32 bytes) faz com que a taxa de falta do usuário diminua proporcionalmente mais do que a taxa de falta do kernel: a taxa de falta em nível de usuário cai por quase um fator de 3, enquanto a taxa de falta em nível de kernel cai apenas por um fator de 1,3. No maior tamanho, a cache L1 é mais próxima do tamanho da L2 em um processador multicore moderno. Assim, os dados indicam que a taxa de falta do kernel ainda será significativa em uma cache L2. A taxa de falta para os componentes usuário e kernel cai fortemente à medida que o tamanho do bloco L1 aumenta (enquanto mantém a cache L1 em 32 KB). Ao contrário dos efeitos de aumentar o tamanho da cache, aumentar o tamanho do bloco melhora a taxa de falta do kernel mais significativamente (pouco abaixo de um fator de 4 para as referências ao kernel quando passa de blocos de 16 bytes para 128 bytes *versus* pouco menos de um fator de 3 para as referências do usuário).

e entre múltiplos processos do usuário). A Figura 5.16 confirma que, para as referências de kernel, o aumento no tamanho da cache reduz unicamente a taxa de falta de capacidade/conflito do uniprocessador. Ao contrário, o aumento no tamanho do bloco causa uma redução na taxa de falta compulsória. A ausência de grandes aumentos na taxa de falta de coerência à medida que o tamanho do bloco é aumentado significa que os efeitos do compartilhamento falso são insignificantes, embora essas faltas possam desviar alguns dos ganhos advindos da redução das faltas reais de compartilhamento.

Se examinarmos o número de bytes necessários por referência de dados, como na Figura 5.17, veremos que o kernel possui uma razão de tráfego mais alta, que cresce com o tamanho do bloco. É fácil ver por que isso acontece: ao passar de um bloco de 16 bytes para um bloco de 128 bytes, a taxa de falta cai por volta de 3,7, mas o número de bytes transferidos por falta aumenta em 8, de modo que o tráfego de falta total aumenta por um fator um pouco maior que 2. O programa do usuário também mais que dobra quando o tamanho do bloco vai de 16 para 128 bytes, mas ele começa em um nível muito mais baixo.

Para a carga de trabalho multiprogramada, o SO é um usuário muito mais exigente do sistema de memória. Se mais atividade do SO ou do tipo de SO for incluída na carga de trabalho e o comportamento for semelhante ao que foi medido para essa carga de trabalho, ficará muito difícil construir um sistema de memória suficientemente capaz. Um possível caminho para melhorar o desempenho é tornar o SO mais consistente em termos de cache através de melhores ambientes de programação ou através da assistência do programador. Por exemplo, o SO reutiliza a memória para solicitações que surgem de diferentes chamadas do sistema. Apesar do fato de a memória reutilizada ser completamente sobrescrita, o hardware, não reconhecendo isso, tentará preservar a coerência e a possibilidade de que alguma parte de um bloqueio de cache possa ser lida, mesmo que não seja. Esse comportamento é semelhante à reutilização de locais de pilha nas

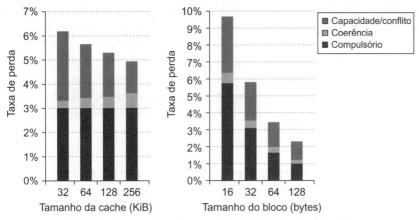

**FIGURA 5.16** Os componentes da taxa de falta de dados do kernel mudam à medida que o tamanho da cache de dados L1 aumenta de 32 KB para 256 KB, quando a carga de trabalho de multiprogramação é executada em oito processadores.

O componente de taxa de falta compulsória permanece constante, pois não é afetado pelo tamanho da cache. O componente de capacidade cai por um fator maior que 2, enquanto o componente de coerência quase dobra. O aumento nas faltas de coerência acontece porque a probabilidade de uma falta ser causada por uma invalidação aumenta com o tamanho da cache, visto que menos entradas são colididas devido à capacidade. Como poderíamos esperar, o tamanho maior de bloco da cache de dados L1 reduz substancialmente a taxa de falta compulsória nas referências do kernel. Isso também tem um impacto significativo sobre a taxa de falta de capacidade, reduzindo-a por um fator de 2,4 pelo intervalo de tamanhos de bloco. O tamanho maior de bloco tem uma pequena redução no tráfego de coerência, que parece estabilizar em 64 bytes, sem mudança na taxa de falta de coerência passando para as linhas de 128 bytes. Como não existem reduções significativas na taxa de falta de coerência quando o tamanho de bloco aumenta, a fração da taxa de falta devido à coerência aumenta de cerca de 7% para cerca de 15%.

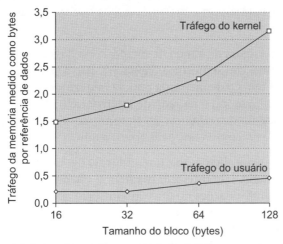

**FIGURA 5.17** O número de bytes necessários por referência de dados cresce à medida que o tamanho do bloco aumenta para os componentes do kernel e do usuário.

É interessante comparar esse gráfico com os dados nos programas científicos mostrados no Apêndice I.

chamadas de procedimento. A série Power da IBM possui suporte para permitir que o compilador indique esse tipo de comportamento nas chamadas de procedimento, e os processadores AMD mais recentes têm suporte semelhante. É mais difícil detectar esse comportamento pelo SO, e isso pode exigir assistência do programador, mas a recompensa é potencialmente ainda maior.

As cargas de trabalho comerciais e de SO apresentam desafios difíceis para os sistemas de memória de multiprocessadores e, ao contrário das aplicações científicas, que vamos examinar no Apêndice I, elas são menos adequadas à reestruturação algorítmica ou de compilador. Conforme o número de núcleos aumenta, prever o comportamento de tais aplicações provavelmente vai ficar mais difícil. As metodologias de emulação ou simulação que permitem a simulação de dezenas a centenas de núcleos com grande variedade de aplicações (incluindo sistemas operacionais) serão cruciais para manter uma abordagem analítica e quantitativa para o projeto.

## 5.4 MEMÓRIA DISTRIBUÍDA COMPARTILHADA E COERÊNCIA BASEADA EM DIRETÓRIO

Como vimos na Seção 5.2, um protocolo de snooping requer comunicação com todas as caches em cada falta de cache, incluindo as escritas de dados potencialmente compartilhados. A ausência de qualquer estrutura de dados centralizada que acompanhe o estado das caches é tanto uma vantagem fundamental de um esquema baseado em snooping, pois permite que ele seja pouco dispendioso, quanto seu calcanhar de Aquiles quando se trata de escalabilidade.

Considere, por exemplo, um multiprocessador composto de quatro multicores de quatro núcleos capaz de sustentar uma referência de dados por clock e um clock de 4 GHz. Com base nos dados na Seção I.5 do Apêndice I on-line, podemos ver que as aplicações podem requerer de 4 GiB/s a 170 GiB/s de largura de banda de barramento. A largura de banda máxima da memória aceita pelo i7 com dois canais de memória DDR4 é de 34 GiB/s. Se vários processadores i7 multicore compartilhassem o mesmo sistema de memória, eles facilmente o inundariam. Nos últimos anos, o desenvolvimento de processadores multicore forçou todos os projetistas a mudarem para alguma forma de memória distribuída para suportar as demandas de largura de banda dos processadores individuais.

Podemos aumentar a largura de banda da memória e a largura de banda entre conexões distribuindo a memória, como mostra a Figura 5.2, isso separa imediatamente o tráfego de memória local do tráfego de memória remota, reduzindo as demandas de largura de banda no sistema de memória e na rede de interconexão. A menos que eliminemos a necessidade do protocolo de coerência ser transmitido por broadcast em cada falta de cache, a distribuição da memória nos dará pouco ganho.

Conforme mencionamos, a alternativa a um protocolo de coerência baseado em snooping é um *protocolo de diretório*. Um diretório mantém o estado de cada bloco que pode ser mantido na cache. As informações no diretório incluem as caches (ou grupos de caches) que possuem cópias do bloco, se ele está modificado, e assim por diante. Dentro de um multicore com uma cache externa compartilhada (L3, por exemplo) é fácil implementar um esquema de diretório: simplesmente mantenha um vetor de bits de tamanho igual ao número de núcleos para cada bloco L3. O vetor de bits indica que caches privadas podem ter cópias de um bloco em L3, e as invalidações são enviadas somente para essas caches. Isso funciona perfeitamente para um único multicore se L3 for inclusiva, e esse esquema é usado no Intel i7.

A solução de um único diretório usado em um multicore não é escalável, embora evite o broadcast. O diretório deve ser distribuído, mas a distribuição deve ser feita de modo que o protocolo de coerência saiba onde encontrar a informação de diretório para qualquer bloco de memória na cache. A solução óbvia é distribuir o diretório juntamente com a memória, então essas requisições diferentes de coerência podem ir para diferentes diretórios, assim como diferentes requisições de memória vão para memórias diferentes. Se as informações são mantidas em uma cache maiúscula externa, como a L3, que possui múltiplos bancos, a informação do diretório pode ser distribuída com os diferentes bancos de cache, efetivamente aumentando a largura de banda.

Uma característica do diretório distribuído é que o estado de compartilhamento de um bloco está sempre em uma única localização conhecida. Essa propriedade, juntamente com a manutenção da informação que diz que outros nós podem ter o bloco na cache, é o que permite que o protocolo de coerência evite o broadcast. A Figura 5.18 mostra como é o nosso multiprocessador de memória distribuída com os diretórios adicionados a cada nó.

As implementações de diretório mais simples associam uma entrada no diretório a cada bloco de memória. Nessas implementações, a quantidade de informação é proporcional ao produto do número de blocos de memória (em que cada bloco tem o mesmo tamanho do bloco de cache L2 ou L3) pelo número de processadores, onde um nó é um único processador multicore ou uma pequena coleção de processamentos, que implementa a coerência internamente. Esse overhead não é um problema para os multiprocessadores com menos de algumas centenas de processadores (cada um dos quais pode ser um multicore), pois o overhead do diretório com tamanho de bloco razoável será tolerável. Para multiprocessadores maiores, precisaremos de métodos para permitir que a estrutura de diretório seja eficientemente escalada, mas somente sistemas do tamanho de supercomputadores precisam se preocupar com isso.

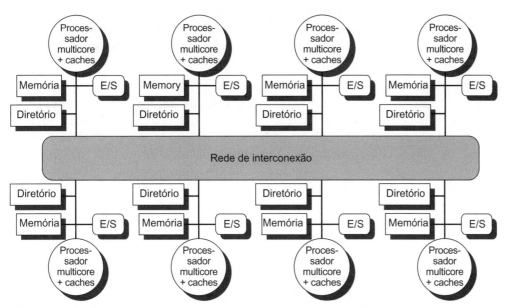

**FIGURA 5.18** Um diretório é adicionado a cada nó para implementar a coerência de cache em um multiprocessador de memória distribuída.
Neste caso, um nó é mostrado como um único chip multicore, e a informação do diretório para a memória associada pode residir dentro ou fora do multicore. Cada diretório é responsável por rastrear as caches que compartilham os endereços de memória da parte da memória no nó. O mecanismo de coerência lidará com a manutenção da informação do diretório e quaisquer ações de coerência necessárias dentro do nó multicore.

## Protocolos de coerência de cache baseados em diretório: fundamentos

Assim como em um protocolo snooping, existem duas operações principais que um protocolo de diretório precisa implementar: tratamento de falta de leitura e tratamento de escrita em um bloco de cache compartilhada, limpa. (O tratamento de falta de escrita em um bloco que está sendo compartilhado é uma simples combinação desses dois.) Para implementar essas operações, um diretório precisa rastrear o estado de cada bloco de cache. Em um protocolo simples, esses estados poderiam ser os seguintes:

- *Compartilhado.* Um ou mais nós têm o bloco na cache, e o valor na memória está atualizado (assim como em todas as caches).
- *Uncached.* Nenhum nó tem uma cópia do bloco da cache.
- *Modificado.* Exatamente um nó tem uma cópia do bloco da cache, e ele escreveu no bloco, de modo que a cópia na memória está desatualizada. O processador é chamado de *proprietário* (owner) do bloco.

Além de rastrear o estado de cada bloco de memória potencialmente compartilhado, temos que rastrear quais nós possuem cópias desse bloco, pois essas cópias precisarão ser invalidadas em uma escrita. A maneira mais simples de fazer isso é manter um vetor de bits para cada bloco da memória. Quando o bloco é compartilhado, cada bit do vetor indica se o chip processador correspondente (que provavelmente é um multicore) tem uma cópia desse bloco. Também podemos usar o vetor de bits para acompanhar o proprietário do bloco quando o bloco estiver no estado exclusivo. Por questões de eficiência, também rastreamos o estado de cada bloco de cache nas caches individuais.

Os estados e as transições para a máquina de estado em cada cache são idênticos ao que usamos para a cache de snooping, embora as ações em uma transição sejam ligeiramente diferentes. Os processos de invalidar ou localizar uma cópia exclusiva de um item de dados são diferentes, pois ambos envolvem a comunicação entre o nó solicitante e o diretório, e entre o diretório e um ou mais nós remotos. Em um protocolo snooping, essas duas etapas são combinadas por meio do uso de um broadcast a todos os nós.

Antes de vermos os diagramas de estado de protocolo, é útil examinar um catálogo dos tipos de mensagem que podem ser enviados entre os processadores e os diretórios com a finalidade de tratar as faltas e manter a coerência. A Figura 5.19 mostra o tipo de mensagem enviada entre os nós. O *nó local* é o nó onde uma solicitação se origina. O *nó raiz* é aquele em que residem o local da memória e a entrada de diretório de um endereço. O espaço de endereço físico é distribuído estaticamente, de modo que o nó que contém a memória e o diretório para determinado endereço físico é conhecido. Por exemplo, os bits de alta ordem podem oferecer o número do nó, enquanto os bits de baixa ordem oferecem o deslocamento dentro da memória nesse nó. O nó local também pode ser o nó raiz. O diretório precisa ser acessado quando o nó raiz for o nó local, pois as cópias podem existir em um terceiro nó, chamado *nó remoto*.

Nó remoto é aquele que possui uma cópia de um bloco de cache, seja ele exclusivo (em que é a única cópia), seja compartilhado. Um nó remoto pode ser o mesmo que o nó local ou o nó raiz. Nesses casos, o protocolo básico não muda, mas as mensagens entre os processadores podem ser substituídas por mensagens dentro do processador.

Nesta seção, assumiremos um modelo simples de consistência de memória. Para minimizar o tipo de mensagem e a complexidade do protocolo, estamos supondo que as mensagens serão recebidas e trabalhadas na mesma ordem em que são enviadas. Essa suposição pode não ser verdadeira na prática e resultar em complicações adicionais, algumas das quais abordaremos na Seção 5.6, quando falarmos sobre

| Tipo de mensagem | Origem | Destino | Conteúdo da mensagem | Função dessa mensagem |
|---|---|---|---|---|
| Falta de leitura | Cache local | Diretório raiz | P, A | O nó P tem falta de leitura no endereço A; solicitar dados e tornar P um compartilhador de leitura. |
| Falta de escrita | Cache local | Diretório raiz | P, A | O nó P tem falta de escrita no endereço A; solicitar dados e tornar P um proprietário exclusivo. |
| Invalidação | Cache local | Diretório raiz | A | Solicitar para enviar invalidações a todas as caches remotas que estão colocando em cache o bloco no endereço A. |
| Invalidação | Diretório raiz | Cache remota | A | Invalidar uma cópia compartilhada dos dados no endereço A. |
| Busca | Diretório raiz | Cache remota | A | Buscar o bloco no endereço A e enviá-lo ao seu diretório raiz; alterar o estado de A na cache remota para compartilhado. |
| Busca/ invalidação | Diretório raiz | Cache remota | A | Buscar o bloco no endereço A e enviá-lo ao seu diretório raiz; invalidar o bloco na cache. |
| Resposta do valor de dados | Diretório raiz | Cache local | D | Retornar um valor de dados da memória raiz. |
| Write-back de dados | Cache remota | Diretório raiz | A, D | Escrever de volta um valor de dados para o endereço A. |

**FIGURA 5.19** As mensagens possíveis enviadas entre os nós para manter a coerência, junto com o nó de origem e destino, o conteúdo (onde P = número do nó solicitante, A = endereço solicitado e D = conteúdo de dados) e a função da mensagem.

As três primeiras mensagens são solicitações enviadas pelo nó local ao nó raiz. As mensagens quatro a seis são enviadas ao nó remoto pelo nó raiz, quando o nó raiz precisa dos dados para satisfazer uma solicitação de falta de leitura ou escrita. Respostas do valor de dados são usadas para enviar um valor do nó raiz de volta ao nó solicitante. Write-backs do valor de dados ocorrem por dois motivos: quando um bloco é substituído em uma cache e precisa ser escrito de volta em sua memória raiz e também na resposta para buscar ou buscar/invalidar mensagens do nó raiz. Escrever de volta o valor de dados sempre que o bloco se torna compartilhado simplifica o número de estados no protocolo, pois qualquer bloco modificado precisa ser exclusivo e qualquer bloco compartilhado está sempre disponível na memória raiz.

modelos de consistência de memória. Nesta seção, usaremos essa suposição para garantir que as invalidações enviadas por um processador sejam honradas antes de novas mensagens serem transmitidas, assim como presumimos na análise da implementação dos protocolos snooping. Como fizemos no caso do snooping, omitimos alguns detalhes necessários para implementar o protocolo de coerência. Em particular, a serialização de escritas e o conhecimento de que as invalidações para uma escrita foram completadas não são tão simples quanto no mecanismo de snooping baseado em broadcast. Em vez disso, confirmações explícitas são exigidas em resposta a faltas de escrita e solicitações de invalidação. Tratamos dessas questões com mais detalhes no Apêndice I.

## Um exemplo de protocolo de diretório

Os estados básicos de um bloco de cache em um protocolo baseado em diretório são exatamente como aqueles em um protocolo snooping, e os estados no diretório também são semelhantes aos que mostramos anteriormente. Assim, podemos começar com diagramas de estado simples que mostram as transições de estado para um bloco de cache individual e depois examinar o diagrama de estado para a entrada de diretório correspondente a cada bloco na memória. Assim como no caso do snooping, esses diagramas de transição de estado não representam todos os detalhes de um protocolo de coerência; porém, o controlador real é altamente dependente de uma série de detalhes do multiprocessador (propriedades de entrega de mensagem, estruturas de buffers, e assim por diante).

Nesta seção, apresentaremos os diagramas de estado de protocolo básico. As questões complicadas envolvidas na implementação desses diagramas de transição de estado serão examinadas no Apêndice I.

A Figura 5.20 mostra as ações de protocolo às quais uma cache individual responde. Usaremos a mesma notação da seção anterior, com as solicitações vindas de fora do nó em cinza e as ações em negrito. As transições de estado para uma cache individual são causadas por faltas de leitura, faltas de escrita, invalidações e solicitações de busca de dados; todas essas operações aparecem na Figura 5.20. Uma cache individual também gera mensagens de falta de leitura, falta de escrita e invalidação, que são enviadas ao diretório raiz. Faltas de leitura e escrita exigem respostas de valor de dados, e esses eventos esperam respostas antes de alterar o estado. Saber quando as invalidações são concluídas é um problema isolado, sendo tratado separadamente.

A operação do diagrama de transição de estado para um bloco de cache na Figura 5.20 é essencialmente a mesma que para o caso snooping: os estados são idênticos e o estímulo é quase idêntico. A operação de falta de escrita, que foi enviada por broadcast no barramento (ou outra rede) no esquema snooping, é substituída pelas operações de busca de dados e

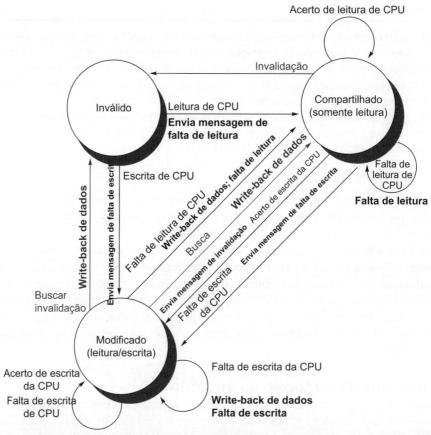

**FIGURA 5.20** Diagrama de transição de estado para um bloco de cache individual em um sistema baseado em diretório. As solicitações do processador local aparecem em *preto* e as do diretório raiz aparecem em *cinza*. Os estados são idênticos àqueles do caso snooping, e as transações são muito semelhantes, com solicitações explícitas de invalidação e write-back substituindo as faltas de escrita que foram anteriormente enviadas por broadcast no barramento. Como fizemos para o controlador de snooping, assumimos que uma tentativa de escrita de um bloco de cache compartilhado é tratada como falta; na prática, essa transação pode ser tratada como uma solicitação de propriedade ou solicitação de atualização, e pode oferecer propriedade sem exigir que o bloco de cache seja buscado.

invalidação, que são enviadas seletivamente pelo controlador de diretório. Assim como o protocolo snooping, qualquer bloco de cache precisa estar no estado exclusivo quando for escrito, e qualquer bloco compartilhado precisa estar atualizado na memória. Em muitos processadores multicore, o nível mais externo na cache do processador é compartilhado entre os núcleos (como a cache L3 no Intel i7, no AMD Opteron e no IBM Power7), e o hardware nesse nível mantém a coerência entre as caches privadas de cada núcleo no mesmo chip, usando um diretório interno ou snooping. Assim, o mecanismo de coerência multicore no chip pode ser usado para estender a coerência entre um conjunto maior de processadores simplesmente fazendo a interface para a cache compartilhada mais externa. Como essa interface está na cache L3, a disputa entre o processador e as requisições de coerência é um problema menor, e a duplicação das tags poderia ser evitada.

Em um protocolo baseado em diretório, o diretório implementa a outra metade do protocolo de coerência. Uma mensagem enviada a um diretório causa dois tipos diferentes de ações: atualizar o estado do diretório e enviar mensagens adicionais para satisfazer a solicitação. Os estados no diretório representam os três estados-padrão para um bloco; porém, diferentemente de um esquema snooping, o estado do diretório indica o estado de todas as cópias na cache de um bloco da memória, em vez de um único bloco de cache.

O bloco de memória pode ser retirado da cache por qualquer nó, colocado na cache em múltiplos nós e se tornar passível de leitura (compartilhado) ou colocado na cache exclusivamente e passível de escrita em exatamente um nó. Além do estado de cada bloco, o diretório precisa rastrear o conjunto de nós que possuem uma cópia de um bloco; usamos um conjunto chamado *Sharers* para realizar essa função. Em multiprocessadores com menos de 64 nós (cada qual podendo representar duas a quatro vezes a quantidade de processadores), esse conjunto normalmente é mantido como um vetor de bits. As solicitações de diretório precisam atualizar o conjunto Sharers e também ler o conjunto para realizar invalidações.

A Figura 5.21 mostra as ações realizadas no diretório em resposta às mensagens recebidas. O diretório recebe três solicitações diferentes: falta de leitura, falta de escrita e write-back de dados. As mensagens enviadas em resposta pelo diretório aparecem em negrito, enquanto a atualização do conjunto Sharers aparece em negrito e itálico. Como todas as mensagens de estímulo são externas, todas as ações aparecem em cinza. Nosso protocolo simplificado assume que algumas ações são indivisíveis, como a solicitação de um valor e seu envio para outro nó; uma implementação realista não pode usar essa suposição.

Para entender essas operações de diretório, vamos examinar as solicitações recebidas e as ações tomadas estado por estado. Quando um bloco está no estado "uncached", a cópia na memória é o valor atual, de modo que as únicas solicitações possíveis para esse bloco são:

- *Falta de leitura.* O nó solicitante recebe os dados solicitados da memória, e o solicitante se torna o único nó de compartilhamento. O estado do bloco se torna compartilhado.
- *Falta de escrita.* O nó solicitante recebe o valor e torna-se o nó de compartilhamento. O bloco se torna exclusivo para indicar que a única cópia válida está na cache. O conjunto Sharers indica a identidade do proprietário.

Quando o bloco está no estado compartilhado, o valor da memória é atualizado, de modo que as mesmas duas solicitações podem ocorrer:

- *Falta de leitura.* O nó solicitante recebe os dados solicitados da memória, e o nó solicitante é acrescentado ao conjunto de compartilhamento.
- *Falta de escrita.* O nó solicitante recebe o valor. Todos os nós no conjunto Sharers recebem mensagens de invalidação, e o conjunto Sharers deve conter a identidade do nó solicitante. O estado do bloco se torna exclusivo.

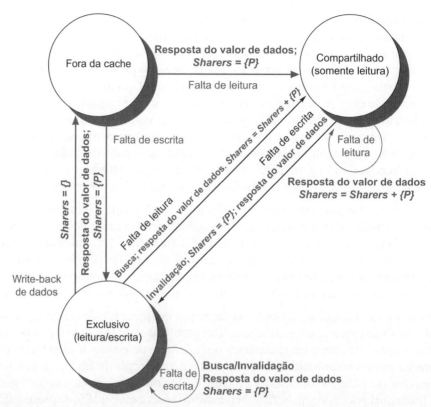

**FIGURA 5.21** O diagrama de transição de estado para o diretório tem os mesmos estados e estrutura do diagrama de transição para uma cache individual.
Todas as ações estão em cinza, pois são causadas externamente. O *negrito* indica a ação tomada pelo diretório em resposta à solicitação.

Quando o bloco está no estado exclusivo, o valor atual do bloco é mantido na cache do nó identificado pelo conjunto Sharers (o proprietário), de modo que existem três solicitações de diretório possíveis:

- *Falta de leitura.* O proprietário recebe uma mensagem de busca de dados, que faz com que o estado do bloco na cache do proprietário passe para compartilhado e que o proprietário envie os dados para o diretório, onde são escritos na memória e enviados de volta ao nó solicitante. A identidade do nó solicitante é acrescentada ao conjunto Sharers, que ainda contém a identidade do processador que foi o proprietário (pois ainda tem uma cópia passível de leitura).
- *Write-back de dados.* O proprietário está substituindo o bloco e, portanto, precisa escrevê-lo de volta. Essa escrita de volta torna a cópia na memória atualizada (o diretório raiz se torna essencialmente o proprietário), o bloco agora não está na cache e o conjunto Sharers está vazio.
- *Falta de escrita.* O bloco tem um novo proprietário. Uma mensagem é enviada ao proprietário antigo, fazendo com que a cache invalide o bloco e envie o valor ao diretório, do qual é enviado ao processador solicitante, que se torna o novo proprietário. O Sharers é definido como a identidade do novo proprietário, e o estado do bloco permanece exclusivo.

Esse diagrama de transição de estado na Figura 5.21 é uma simplificação, como foi no caso da cache com protocolo snooping. No caso de um diretório, bem como em um esquema snooping implementado com uma rede que não seja um barramento, nossos protocolos precisarão lidar com transações de memória não indivisíveis. O Apêndice I explora essas questões com detalhes.

Os protocolos de diretório usados nos microprocessadores reais contêm otimizações adicionais. Em particular, nesse protocolo, quando ocorre uma falta de leitura ou escrita para um bloco exclusivo, o bloco primeiro é enviado ao diretório no nó raiz. A partir de lá, é armazenado na memória raiz e também enviado ao nó solicitante original. Muitos dos protocolos em uso nos multiprocessadores comerciais encaminham os dados do nó proprietário diretamente para o nó solicitante (além de realizar a escrita de volta para o nó raiz). Essas otimizações normalmente aumentam a complexidade, aumentando a possibilidade de impasse e os tipos de mensagens que precisam ser tratadas.

A implementação de um esquema de diretório exige a solução da maioria dos mesmos desafios que analisamos para os protocolos snooping. Porém, existem problemas novos e adicionais, que descreveremos no Apêndice I. Na Seção 5.8, descreveremos rapidamente como os multicores modernos estendem a coerência além de um único chip. A combinação de coerência multichip e coerência multicore inclui todas as quatro possibilidades de snooping/snooping (AMD Opteron), snooping/diretório, diretório/snooping e diretório/ diretório! Muitos multiprocessadores escolheram alguma forma de snooping dentro de um único chip, o que é atraente se a cache mais externa for compartilhada e inclusiva, e os diretórios cruzarem múltiplos chips. Essa abordagem simplifica a implementação, pois apenas o chip processador, em vez do núcleo individual, precisa ser rastreado.

## 5.5 SINCRONISMO: FUNDAMENTOS

Os mecanismos de sincronismo normalmente são construídos com rotinas de software em nível de usuário, que contam com instruções de sincronismo fornecidas pelo hardware. Para multiprocessadores menores ou situações de pouca disputa, a principal capacidade do hardware é uma instrução ou sequência de instruções ininterrupta capaz de recuperar e alterar um valor de forma indivisível. Os mecanismos de sincronismo de software são então construídos com a utilização dessa capacidade. Nesta seção, enfocaremos a implementação de operações de sincronismo de bloqueio e desbloqueio. Bloqueio e desbloqueio podem ser usados de forma direta para criar a exclusão mútua, além de implementar mecanismos de sincronismo mais complexos.

Em situações de muita disputa, o sincronismo pode se tornar um gargalo de desempenho, porque a disputa introduz atrasos adicionais e porque a latência é potencialmente maior em tais multiprocessadores. No Apêndice I, comentaremos como os mecanismos de sincronismo básicos desta seção podem ser estendidos para uma quantidade grande de processadores.

### Primitivas básicas do hardware

A principal capacidade de que precisamos para implementar o sincronismo em um multiprocessador é um conjunto de primitivas de hardware com a capacidade de ler e modificar um local da memória de forma indivisível. Sem tal capacidade, o custo da montagem das primitivas básicas de sincronismo será muito alto e aumentará à medida que o número de processadores aumentar. Existem diversas formulações alternativas das primitivas básicas de hardware, todas oferecendo a capacidade de ler e modificar um local de forma indivisível, junto com alguma maneira de saber se a leitura e a escrita foram realizadas de forma indivisível. Essas primitivas de hardware são os blocos básicos de montagem usados para criar uma variedade de operações de sincronismo em nível de usuário, incluindo itens como bloqueios e barreiras. Em geral, os arquitetos não esperam que os usuários empreguem as primitivas básicas de hardware, mas esperam que as primitivas sejam usadas por programadores de sistemas para criar uma biblioteca de sincronismo, um processo que normalmente é complexo e intrincado. Vamos começar com uma primitiva de hardware desse tipo e mostrar como ela pode ser usada para montar algumas operações básicas de sincronismo.

Uma operação típica para a montagem de operações de sincronismo é a *troca atômica*, que permuta um valor em um registrador por um valor na memória. Para ver como usar isso para montar uma operação básica de sincronismo, suponha que queiramos montar um bloqueio simples, em que o valor 0 seja usado para indicar que o bloqueio está livre e 1 seja usado para indicar que o bloqueio não está disponível. Um processador tenta definir o bloqueio mediante uma troca do 1, que está em um registrador, pelo endereço de memória correspondente ao bloqueio. O valor retornado da instrução de troca é 1 se algum outro processador já reivindicou acesso e 0 em caso contrário. Neste último caso, o valor também é trocado para 1, impedindo que qualquer troca concorrente apanhe um 0.

Por exemplo, considere dois processadores que tentam realizar a troca simultaneamente: essa corrida será violada, pois exatamente um dos processadores realizará a troca primeiro, retornando 0, e o segundo processador retornará 1 quando fizer a troca. A chave para usar a primitiva de troca (ou swap) para implementar o sincronismo é que a operação seja indivisível: a troca é indivisível, e duas trocas simultâneas serão ordenadas pelos mecanismos de serialização de escrita. É impossível que dois processadores que tentam definir a variável de sincronismo dessa maneira pensem que os dois definiram a variável simultaneamente.

Existem diversas outras primitivas indivisíveis que podem ser usadas para implementar o sincronismo. Todas elas têm a propriedade-chave de que leem e atualizam um valor da memória de tal maneira que podemos saber se as duas operações são ou não executadas indivisivelmente. Uma operação presente em muitos multiprocessadores mais antigos é *testar-e-marcar*, que testa um valor e o marca se ele passar no teste. Por exemplo, poderíamos definir uma operação que testasse 0 e marcasse o valor como 1, que pode ser usado em um padrão semelhante àquele em que usamos a troca indivisível. Outra primitiva de sincronismo indivisível é *buscar-e-incrementar*: ela retorna o valor de um local da memória e o incrementa indivisivelmente. Usando o valor 0 para indicar que a variável de sincronismo não é reivindicada, podemos usar buscar-e-incrementar, assim como usamos a troca. Existem outros usos de operações como buscar-e-incrementar, que veremos em breve.

A implementação de uma única operação de memória indivisível introduz alguns desafios, pois exige leitura de memória e escrita em uma única instrução que não seja interrompida. Esse requisito complica a implementação da coerência, pois o hardware não pode permitir quaisquer outras operações entre a leitura e a escrita, e também não pode causar impasse.

Uma alternativa é ter um par de instruções na qual a segunda instrução retorne um valor do qual ele possa ser deduzido se o par de instruções for executado como se elas fossem indivisíveis. O par de instruções é efetivamente indivisível se todas as outras operações executadas por qualquer processador parecerem ocorrer antes ou depois do par. Assim, quando um par de instruções é efetivamente indivisível, nenhum outro processador pode alterar o valor no par de instruções. Esta é a abordagem usada nos processadores MIPS e no RISC V.

No RISC V, o par de instruções inclui um load especial, chamado *load reservado* (também chamado de load vinculado ou *load bloqueado*), e um store especial chamado *store condicional*. Load reservado carrega o conteúdo da memória dado por rs1 em rd e cria uma reserva sobre esse endereço de memória. Store condicional armazena o valor dado por rs2 no endereço de memória dado por rs1. Se a reserva do load for desfeita por uma escrita no mesmo local da memória, o store condicional falha e escreve um valor diferente de zero em rd; se tiver sucesso, o store condicional escreve 0. Se o processador realizar uma troca de contexto entre as duas instruções, então o store condicional sempre falha.

Essas instruções são usadas em sequência, e como o load reservado retorna o valor inicial e o store condicional retorna 0 somente se tiver sucesso, a sequência a seguir implementa uma troca indivisível no local de memória especificado pelo conteúdo de x1 pelo valor em x4:

```
try:    mov    x3, x4        ;move valor de troca
        lr     x2, x1        ;load reservado
        sc     x3, 0 (x1)    ;store condicional
        bnez   x3, try       ;desvio se store falhar
        mov    x4, x2        ;coloca valor do load em x4
```

Ao final dessa sequência, o conteúdo de x4 e o local de memória especificado por x1 foram trocados indivisivelmente. Sempre que um processador intervém e modifica o valor na memória entre as instruções lr e sc, o sc retorna 0 em x3, fazendo com que a sequência de código tente novamente.

Uma vantagem do mecanismo de load reservado/store condicional é que ele pode ser usado para montar outras primitivas de sincronismo. Por exemplo, aqui está um buscar-e--incrementar indivisível:

```
try:    lr     x2, x1        ; load reservado 0(x1)
        addi   x3, x2,1      ; incrementa
        sc     x3, 0 (x1)    ; store condicional
        bnez   x3, try       ; desvio se store falhar
```

Essas instruções normalmente são implementadas acompanhando-se o endereço especificado na instrução lr em um registrador, normalmente chamado de *registrador reservado*. Se ocorrer uma interrupção ou se o bloco de cache corresponde ao endereço no registrador de link for invalidado (por exemplo, por outro SC), o registrador de link é apagado. A instrução SC simplesmente verifica se esse endereço corresponde ao que está no registrador de link. Se corresponder, o SC tem sucesso; caso contrário, ele falha. Como o store condicional falhará após outra tentativa de store para o endereço do load reservado ou qualquer exceção, deve-se ter cuidado na escolha de quais instruções são inseridas entre as duas instruções. Em particular, somente instruções registrador-registrador podem ser permitidas com segurança; caso contrário, é possível criar situações de deadlock nas quais o processador nunca pode completar o SC. Além disso, o número de instruções entre o load reservado e o store condicional deve ser pequeno para minimizar a probabilidade de que um evento não relacionado ou um processador concorrente cause a falha frequente do store condicional.

## Implementando bloqueios usando a coerência

Em uma operação indivisível, podemos usar os mecanismos de coerência de um multiprocessador para implementar *spin locks* — bloqueios que um processador tenta adquirir continuamente, executando um loop até consegui-lo. Spin locks são usados quando os programadores esperam que o bloqueio seja mantido por um período de tempo muito curto e quando querem que o processo de bloqueio seja de pouca latência quando o bloqueio estiver disponível. Como os spin locks ocupam o processador, esperando em um loop até que o bloqueio seja liberado, são inapropriados em algumas circunstâncias.

A implementação mais simples, que usaríamos se não houvesse coerência de cache, manteria as variáveis de bloqueio na memória. Um processador poderia tentar continuamente adquirir o bloqueio, usando uma operação indivisível, como a troca indivisível, e testar se a troca retornou o bloqueio como livre. Para liberar o bloqueio, o processador simplesmente armazena o valor 0 no bloqueio. Aqui está a sequência de código para bloquear um spin lock cujo endereço está em x1 usando EXCH como uma macro para a sequência de troca indivisível:

```
        addi    x2, R0 ,#1
lockit: EXCH    x2,0(x1)    ; troca indivisível
        bnez    x2,lockit   ; já bloqueado?
```

Se o nosso multiprocessador admitir coerência de cache, poderemos colocar os bloqueios na cache usando o mecanismo de coerência para manter o valor do bloqueio coerentemente. A colocação dos bloqueios na cache tem duas vantagens. Primeiro, isso permite uma implementação em que o processo de "spinning" (tentar testar e adquirir o bloqueio em um loop curto) poderia ser feito em uma cópia local na cache, em vez de exibir um acesso à memória global em cada tentativa de adquirir o bloqueio. A segunda vantagem vem da observação de que normalmente existe localidade nos acessos de bloqueio, ou seja, o processador que usou o bloqueio por último o usará novamente no futuro próximo. Nesses casos, o valor do bloqueio pode residir na cache desse processador, reduzindo bastante o tempo para adquirir o bloqueio.

Obter a primeira vantagem — ser capaz de girar (spin) em uma cópia local na cache em vez de gerar uma solicitação de memória para cada tentativa de adquirir o bloqueio — exige uma mudança em nosso procedimento simples de spin. Cada tentativa de troca no loop diretamente acima exige uma operação de escrita. Se múltiplos processadores tentarem apanhar o bloqueio, cada qual gerará a escrita. A maioria dessas escritas levará a faltas de escrita, pois cada processador está tentando obter a variável de bloqueio em um estado exclusivo.

Assim, deveremos modificar nosso procedimento de spin lock de modo que ele gire, realizando leituras em uma cópia local do bloqueio, até que veja com sucesso que o bloqueio está disponível. Depois, ele tenta ler a variável de bloqueio que realiza uma operação de swap. Um processador primeiro lê a variável de bloqueio para testar seu estado. Um processador continua lendo e testando até que o valor da leitura indique que o bloqueio está desbloqueado. O processador então corre contra todos os outros processos que estavam "esperando em spin" da mesma forma, para ver quem pode bloquear primeiro a variável. Todos os processos usam uma instrução de swap que lê o valor antigo e armazena um 1 na variável de bloqueio. O único vencedor verá o 0, e os perdedores verão um 1 que foi colocado lá pelo vencedor. (Os perdedores continuarão a definir a variável com o valor bloqueado, mas isso não importa). O processador que vence executa o código após o bloqueio e, quando termina, armazena um 0 na variável de bloqueio para liberá-lo, o que inicia a corrida novamente. Aqui está o código para realizar esse spin lock (lembre-se de que 0 é desbloqueado e 1 é bloqueado):

```
lockit: ld     x2,0(x1)    ; load do bloqueio
        bnez   x2,lockit   ; não disponível - spin
        addi   x2,R0,#1    ; carrega valor bloqueado
        EXCH   x2,0(x1)    ; swap
        bnez   x2,lockit   ; desvia se bloqueio não foi 0
```

| Etapa | P0 | P1 | P2 | Estado de coerência do bloqueio ao final da etapa | Atividade do barramento/diretório |
|---|---|---|---|---|---|
| 1 | Tem bloqueio | Inicia spin, testando se bloqueio = 0 | Inicia spin, testando se bloqueio = 0 | Compartilhado | Faltas de cache para P1 e P2 satisfeitas em qualquer ordem. Estado de bloqueio torna-se compartilhado. |
| 2 | Define bloqueio como 0 | (Invalidação recebida) | (Invalidação recebida) | Exclusivo (P0) | Invalidação de escrita da variável de bloqueio de P0. |
| 3 | | Falta na cache | Falta de cache | Compartilhado | Barramento/diretório atende falta de cache de P2; write-back de P0; estado compartilhado. |
| 4 | | (Espera enquanto barramento/ diretório ocupado) | Teste de bloqueio = 0 tem sucesso | Compartilhado | Falta na cache para P2 satisfeita. |
| 5 | | Bloqueio = 0 | Executa troca, pega falta de cache | Compartilhado | Falta na cache para P1 satisfeita. |
| 6 | | Executa swap, apanha falta de cache | Completa swap: retorna 0 e define bloqueio = 1 | Exclusivo (P2) | Barramento/diretório atende falta de cache de P2; gera invalidação; bloqueio é exclusivo |
| 7 | | Troca completada e retorna 1, e define bloqueio = 1 | Entra na seção crítica | Exclusivo (P1) | Barramento/diretório atende falta de cache de P1; envia invalidação e gera write-back de P2. |
| 8 | | Spin, testando se bloqueio = 0 | | | Nenhuma |

**FIGURA 5.22** Etapas de coerência de cache e tráfego de barramento para três processadores, P0, P1 e P2. Essa figura considera a coerência de invalidação de escrita. P0 começa com o bloqueio (etapa 1), e o valor do bloqueio é 1 (ou seja, bloqueado); ele é inicialmente exclusivo e possuído por P0 antes do início da etapa 1.

P0 sai e retira o bloqueio (etapa 2). P1 e P2 correm para ver qual lê o valor desbloqueado durante o swap (etapas 3 a 5). P2 vence e entra na seção crítica (etapas 6 e 7), enquanto a tentativa de P1 falha, de modo que começa a esperar no spin (etapas 7 e 8). Em um sistema real, esses eventos levarão muito mais do que 8 batidas do clock, pois a aquisição do barramento e a resposta a faltas levam muito mais tempo. Quando a etapa 8 é atingida, o processo pode ser repetido com P2, eventualmente obtendo acesso exclusivo e configurando o bloqueio para 0.

Vamos examinar como esse esquema de "spin lock" usa os mecanismos de coerência de cache. A Figura 5.22 mostra as operações de processador e barramento ou diretório para múltiplos processadores tentando bloquear uma variável usando uma troca indivisível. Uma vez que o processador com o bloqueio armazene um 0 no bloqueio, todas as outras caches são invalidadas e devem buscar o novo valor para atualizar sua cópia do bloqueio. Uma dessas caches obtém a cópia do valor não bloqueado (0) primeiro e realiza a troca. Quando a falta na cache de outros processadores é atendida, eles descobrem que a variável já está bloqueada, então eles devem retornar para os testes e para o "spinning".

Esse exemplo mostra outra vantagem das primitivas de load reservado/store condicional: as operações de leitura e escrita são separadas explicitamente. O load reservado não precisa causar tráfego de barramento. Esse fato permite a sequência de código simples a seguir, que tem as mesmas características que a versão otimizada usando troca (X1 tem o endereço do bloqueio, o LR substituiu o LD e o SC substituiu o EXCH):

```
lockit:  lr    x2,0(x1)   ; load reservado
         bnez  x2,lockit  ; não disponível - spin
         addi  x2,R0,#1   ; valor bloqueado
         sc    x2,0(x1)   ; store
         bnez  x2,lockit  ; desvia se o store falhar
```

O primeiro desvio forma o loop do spinning; o segundo resolve as corridas quando dois processadores veem o bloqueio disponível ao mesmo tempo.

## 5.6 MODELOS DE CONSISTÊNCIA DE MEMÓRIA: UMA INTRODUÇÃO

A coerência de cache garante que múltiplos processadores tenham uma visão coerente da memória. Isso não responde à pergunta de *quão* coerente a visão da memória precisa ser. "Quão coerente" significa "quando um processador precisa ver um valor que foi atualizado por outro processador?". Como os processadores se comunicam por meio de variáveis compartilhadas (usadas tanto para valores de dados quanto para sincronismo), a questão se resume a isto: em que ordem um processador precisa observar as escritas de dados de outro processador? Como a única maneira de observar as escritas de outro processador é através de leituras, a questão se torna: "Que propriedades precisam ser impostas entre leituras e escritas em diferentes locais por diferentes processadores?"

Embora a questão de quão consistente a memória precisa parecer seja simples, ela é notadamente complicada, como podemos ver com um exemplo elementar. Aqui estão dois segmentos de código dos processos P1 e P2, mostrados lado a lado:

```
P1:     A = 0;        P2:     B = 0;
        .....                 .....
        A = 1;                B = 1;
L1:     if (B == 0)...  L2:    if (A == 0)...
```

Considere que os processos estejam sendo executados em diferentes processadores e que os locais A e B são originalmente colocados na cache por ambos os processadores com o valor inicial 0. Se as escritas sempre têm efeito imediato e são vistas imediatamente pelos outros processadores, será impossível para *ambas* as instruções IF (rotuladas como L1 e L2) avaliarem suas condições como verdadeiras, pois atingir a instrução IF significa que ou A ou B precisa ter recebido o valor 1. Mas suponha que a invalidação da escrita seja adiada e o processador tenha permissão para continuar durante esse adiamento. Então, é possível que nem P1 nem P2 tenham visto as invalidações para B e A (respectivamente) *antes* de tentar ler os valores. A questão agora é: esse comportamento deve ser permitido e, se for, sob que condições?

O modelo mais direto de consistência de memória é chamado *consistência sequencial*. A consistência sequencial exige que o resultado de qualquer execução seja como se os acessos à memória executados por cada processador fossem mantidos em ordem e os acessos entre diferentes processadores fossem intercalados arbitrariamente. A consistência sequencial elimina a possibilidade de alguma execução não óbvia no exemplo anterior, pois as atribuições precisam ser concluídas antes que as instruções IF sejam iniciadas.

O modo mais simples de implementar a consistência sequencial é exigir que um processador adie o término de qualquer acesso à memória até que todas as invalidações causadas por esse acesso sejam concluídas. Naturalmente, é igualmente eficaz adiar o próximo acesso à memória até que o anterior seja concluído. Lembre-se de que a consistência da memória envolve operações entre diferentes variáveis: os dois acessos que precisam ser ordenados, na realidade, destinam-se a diferentes locais da memória. Em nosso exemplo, temos que adiar a leitura de A ou B (A == 0 ou B == 0) até que a escrita anterior tenha sido concluída (B = 1 ou A = 1). Sob a consistência sequencial, não podemos, por exemplo, simplesmente colocar a escrita em um buffer de escrita e continuar com a leitura.

Embora a consistência sequencial apresente um paradigma de programação simples, ela reduz o desempenho em potencial, especialmente em um multiprocessador com grande quantidade de processadores ou em grandes atrasos de interconexão, como poderemos ver no exemplo a seguir.

**Exemplo**  Suponha que tenhamos um processador no qual uma falta de escrita leve 50 ciclos para estabelecer a propriedade, 10 ciclos para emitir cada invalidação após a propriedade ser estabelecida e 80 ciclos para uma invalidação concluir e ser confirmada depois de emitida. Supondo que quatro outros processadores compartilhem um bloco de cache, em quanto tempo uma falta de escrita deixará em stall o processador que está escrevendo se o processador for consistente sequencialmente? Considere que as invalidações precisam ser confirmadas explicitamente antes que o controlador de coerência saiba que elas foram concluídas. Suponha que poderíamos continuar executando depois de obter a propriedade para a falta de escrita sem esperar pelas invalidações; quanto tempo a escrita levaria?

*Resposta*  Quando esperamos as invalidações, cada escrita leva a soma do tempo de propriedade mais o tempo para completá-las. Como as invalidações podem se sobrepor, só precisamos nos preocupar com a última, que inicia $10 + 10 + 10 + 10 = 40$ ciclos após a propriedade ser estabelecida. Logo, o tempo total para a escrita é $50 + 40 + 80 = 170$ ciclos. Em comparação, o tempo de propriedade é de apenas 50 ciclos. Com implementações apropriadas do buffer de escrita, é possível continuar antes que a propriedade seja estabelecida.

Para oferecer melhor desempenho, pesquisadores e arquitetos têm explorado dois caminhos diferentes. Primeiro, eles desenvolveram implementações ambiciosas, que preservam a consistência sequencial, mas utilizam técnicas de ocultação de latência para reduzir a penalidade; discutiremos essas técnicas na Seção 5.7. Segundo, eles desenvolveram modelos de consistência de memória menos restritivos, que permitem um hardware mais rápido. Esses modelos podem afetar a forma como o programador vê o multiprocessador, de modo que, antes de examinarmos esses modelos menos restritivos, vejamos o que esse programador espera.

## A visão do programador

Embora o modelo de consistência sequencial tenha uma desvantagem quanto ao desempenho, do ponto de vista do programador ele tem a vantagem da simplicidade. O desafio é desenvolver um modelo de programação que seja simples de explicar e ainda permita uma implementação de alto desempenho.

Um modelo de programação assim, que nos permita ter uma implementação mais eficiente, deve assumir que os programas estejam *sincronizados*. Um programa está sincronizado quando todos os acessos a dados compartilhados são ordenados por operações de sincronismo. Uma referência de dados é ordenada por uma operação de sincronismo se, em cada execução possível, uma escrita de uma variável por um processador e um acesso (ou uma leitura ou uma escrita) dessa variável por outro processador forem separados por um par de operações de sincronismo, uma executada após a escrita pelo processador que está escrevendo e a outra antes do acesso pelo segundo processador. Casos em que as variáveis podem ser atualizadas sem ordenação pelo sincronismo são chamados *corridas de dados*, pois o resultado da execução depende da velocidade relativa dos processadores e, assim como as corridas no projeto do hardware, o resultado é imprevisível, o que leva a outro nome para os programas sincronizados: *livre de corrida de dados*.

Como um exemplo simples, considere uma variável sendo lida e atualizada por dois processadores diferentes. Cada processador cerca a leitura e a atualização com um bloqueio e um desbloqueio, ambos para garantir a exclusão mútua para a atualização e garantir que a leitura seja consistente. Obviamente, agora cada escrita é separada de uma leitura por outro processador por um par de operações de sincronismo: um desbloqueio (após a escrita) e um bloqueio (antes da leitura). Naturalmente, se dois processadores estiverem escrevendo uma variável sem leituras no intervalo, então as escritas também precisarão ser separadas por operações de sincronismo.

A observação de que a maioria dos programas é sincronizada é bastante aceita. Ela é verdadeira em especial porque, se os acessos não fossem sincronizados, provavelmente o comportamento do programa seria imprevisível, pois a velocidade de execução determinaria qual processador venceu uma corrida de dados e, assim, afetaria os resultados do programa. Mesmo com consistência sequencial, raciocinar sobre tais programas é muito difícil.

Os programadores poderiam tentar garantir a ordenação, construindo seus próprios mecanismos de sincronismo, mas isso é extremamente intrincado, pode levar a programas com erros e não ser aceito pela arquitetura, significando que eles podem não funcionar em gerações futuras do multiprocessador. Em vez disso, quase todos os programadores decidirão usar bibliotecas de sincronismo corretas e otimizadas para o multiprocessador e o tipo de sincronismo.

Por fim, o uso de primitivas-padrão de sincronismo garante que, mesmo que a arquitetura implemente um modelo mais aliviado de consistência do que a consistência sequencial, um programa sincronizado se comportará como se o hardware implementasse a consistência sequencial.

## Modelos aliviados de consistência: fundamentos e consistência de liberação

A ideia principal, nos modelos aliviados de consistência, é permitir que leituras e escritas sejam concluídas fora de ordem, mas usando operações de sincronismo para impor a ordenação, de modo que um programa sincronizado se comporte como se o processador fosse sequencialmente consistente. Existem diversos modelos aliviados que são classificados de acordo com as ordenações de leitura e de escrita que eles aliviam. Especificamos as ordenações por um conjunto de regras na forma $X \rightarrow Y$, significando que a operação $X$ precisa ser concluída antes que a operação $Y$ seja realizada. A consistência sequencial exige manter todas as quatro ordenações possíveis: $R \rightarrow W$, $R \rightarrow R$, $W \rightarrow R$ e $W \rightarrow W$. Os modelos aliviados são definidos pelos quatro conjuntos de ordenações que eles afrouxam:

1. Aliviar a ordenação $W \rightarrow R$ gera um modelo conhecido como *ordenação total de armazenamento* ou *consistência de processador*. Como essa ordenação retém a ordenação entre as escritas, muitos programas que operam sob a consistência sequencial operam sob esse modelo, sem sincronismo adicional.
2. Aliviar a ordenação $W \rightarrow R$ e a ordenação $W \rightarrow W$ gera um modelo conhecido como *ordenação parcial de store*.
3. Aliviar todas as quatro ordenações gera uma série de modelos, incluindo a *ordenação fraca*, o modelo de consistência do PowerPC, e a *consistência de liberação* (release consistency), o modelo de consistência do RISC V.

Aliviando essas ordenações, o processador pode obter vantagens de desempenho significativas, que é o motivo para que RISC V, ARMv8, além dos padrões de linguagem C++ e C, escolhessem a consistência de liberação como modelo.

A *consistência de liberação* distingue entre operações de sincronização que são usadas para *adquirir* acesso a uma variável compartilhada (indicado por $S_A$) e aquelas que *liberam* um objeto para permitir que outro processador adquira o acesso (indicado por $S_R$). A consistência de liberação baseia-se na observação de que, em programas sincronizados, uma operação de aquisição deve preceder o uso de dados compartilhados, e uma operação de liberação deve vir após quaisquer atualizações nos dados compartilhados e também preceder o momento da próxima aquisição. Essa propriedade nos permite aliviar ligeiramente a ordenação, observando que uma leitura ou escrita que precede uma necessidade de aquisição não é concluída antes da aquisição, e também que uma leitura ou escrita após uma liberação não precisa aguardar pela liberação. Assim, as ordenações que são preservadas envolvem apenas $S_A$ e $S_R$, como mostra a Figura 5.23; como mostra o exemplo da Figura 5.24, esse modelo impõe o menor número de pedidos dos cinco modelos.

| Modelo | Usado em | Ordenações comuns | Ordenações de sincronismo |
|---|---|---|---|
| Consistência sequencial | Maioria das máquinas como um modo opcional | $R \rightarrow R$, $R \rightarrow W$, $W \rightarrow R$, $W \rightarrow W$ | $S \rightarrow W$, $S \rightarrow R$, $R \rightarrow S$, $W \rightarrow S$, $S \rightarrow S$ |
| Ordem de store total ou consistência de processador | IBMS/370, DEC VAX, SPARC | $R \rightarrow R$, $R \rightarrow W$, $W \rightarrow W$ | $S \rightarrow W$, $S \rightarrow R$, $R \rightarrow S$, $W \rightarrow S$, $S \rightarrow S$ |
| Ordem de store parcial | SPARC | $R \rightarrow R$, $R \rightarrow W$ | $S \rightarrow W$, $S \rightarrow R$, $R \rightarrow S$, $W \rightarrow S$, $S \rightarrow S$ |
| Ordenação fraca | PowerPC | | $S \rightarrow W$, $S \rightarrow R$, $R \rightarrow S$, $W \rightarrow S$, $S \rightarrow S$ |
| Consistência de liberação | MIPS, RISC V, Armv8, especificações C e C++ | | $S_A \rightarrow W$, $S_A \rightarrow R$, $R \rightarrow S_R$, $W \rightarrow S_R$, $S_A \rightarrow S_A$, $S_A \rightarrow S_R$, $S_R \rightarrow S_A$, $S_R \rightarrow S_R$ |

**FIGURA 5.23** As ordenações impostas por diversos modelos de consistência aparecem para acessos comuns e acessos de sincronismo. Os modelos crescem desde os mais restritivos (consistência sequencial) aos menos restritivos (consistência de liberação), permitindo maior flexibilidade na implementação. Os modelos mais fracos contam com cercas criadas por operações de sincronismo, ao contrário de uma cerca implícita sobre cada operação de memória. $S_A$ e $S_R$ significam operações de aquisição e liberação, respectivamente, e são necessárias para definir a consistência de liberação. Se usássemos a notação $S_A$ e $S_R$ para cada S consistentemente, cada ordenação com um S se tornariam duas ordenações (por exemplo, $S \rightarrow W$ torna-se $S_A \rightarrow W$, $S_R \rightarrow W$), e cada $S \rightarrow S$ se tornaria as quatro ordenações mostradas na última linha da entrada inferior direita da tabela.

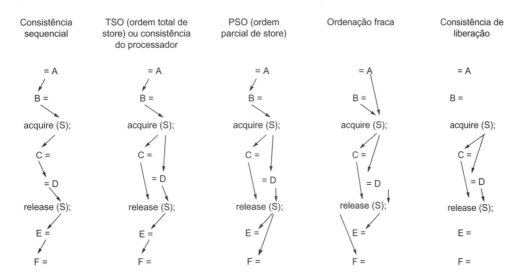

**FIGURA 5.24** Estes exemplos dos cinco modelos de consistência discutidos nesta seção mostram a redução no número de ordens impostas à medida que os modelos se tornam mais aliviados.
Somente as ordens mínimas aparecem com setas. As ordens implicadas por transitividade, como a escrita de C antes da liberação de S no modelo de consistência sequencial ou a aquisição antes da liberação na ordenação fraca ou na consistência de liberação, não são mostradas.

A consistência de liberação fornece um dos modelos menos restritivos que é facilmente verificável e garante que os programas sincronizados verão uma execução sequencialmente consistente. Embora a maioria das operações de sincronismo seja uma aquisição ou uma liberação (uma aquisição normalmente lê uma variável de sincronismo e a atualiza de modo indivisível, e uma liberação geralmente apenas a escreve), algumas operações, como uma barreira, atuam como uma aquisição e uma liberação e fazem com que a ordenação seja equivalente à ordenação fraca. Embora as operações de sincronismo sempre garantam que as escritas anteriores tenham sido concluídas, podemos querer garantir que as escritas sejam concluídas sem uma operação de sincronismo identificada. Nesses casos, uma instrução explícita, chamada FENCE no RISC V, é usada para garantir que todas as instruções anteriores nesse thread foram concluídas, incluindo a conclusão de todas as escritas na memória e invalidações associadas. Para obter mais informações sobre as complexidades, questões de implementação e potencial de desempenho dos modelos aliviados, recomendamos fortemente o excelente tutorial de Adve e Gharachorloo (1996).

## 5.7 QUESTÕES CRUZADAS

Como os multiprocessadores redefinem muitas características do sistema (por exemplo, a avaliação de desempenho, a latência da memória e a importância da escalabilidade), eles introduzem problemas de projeto interessantes, que atravessam o espectro, afetando tanto o hardware quanto o software. Nesta seção, daremos vários exemplos relacionados à questão de consistência da memória. Vamos então examinar o desempenho obtido quando se adiciona multithreading a multiprocessamento.

### Otimização do compilador e o modelo de consistência

Outro motivo para definir um modelo para a consistência de memória é especificar o intervalo de otimizações válidas do compilador que podem ser realizadas sobre os dados compartilhados. Em programas explicitamente paralelos, a menos que os pontos de sincronismo sejam claramente definidos e os programas sejam sincronizados, o compilador não poderá permutar uma leitura e uma escrita de dois itens de dados compartilhados diferentes, pois essas transformações poderão afetar a semântica do programa. Isso impede até mesmo otimizações relativamente simples, como alocação de registrador de dados compartilhados, pois tal processo normalmente permuta leituras e escritas. Em programas implicitamente paralelos — por exemplo, aqueles escritos em High Performance Fortran (HPF) —, os programas precisam ser sincronizados e os pontos de sincronismo são conhecidos, de modo que esse problema não aparece. Se os compiladores podem obter vantagem significativa de modelos de consistência mais aliviados é uma questão aberta, tanto de um ponto de vista de pesquisa, quanto de um ponto de vista prático, em que a falta de modelos uniformes provavelmente vai retardar o progresso de implementação de compiladores.

### Usando especulação para esconder a latência nos modelos estritos de consistência

Conforme vimos no Capítulo 3, a especulação pode ser usada para ocultar a latência da memória. Ela também pode ser usada para ocultar a latência que surge de um modelo estrito de consistência, fornecendo muitos dos benefícios de um modelo de memória afrouxado. A principal ideia é que o processador use o escalonamento dinâmico para reordenar as referências de memória, permitindo que elas possam ser executadas fora de ordem. A execução das referências de memória fora de ordem pode gerar violações de consistência sequencial, que poderiam afetar a execução do programa. Essa possibilidade é evitada com o recurso de confirmação atrasada de um processador especulativo. Considere que o protocolo de consistência é baseado na invalidação. Se o processador receber uma invalidação para uma referência de memória antes que a referência de memória seja confirmada, o processador usará a recuperação de especulação para recuar a computação e reiniciar com a referência de memória cujo endereço foi invalidado.

Se a reordenação das solicitações de memória pelo processador gerar uma ordem de execução que pode levar a um resultado diferente do que teria sido visto sob a consistência sequencial, o processador refará a execução. A chave para o uso dessa técnica é que o processador só precisa garantir que o resultado seja igual como se todos os acessos fossem completados em ordem, e ele pode conseguir isso ao detectar quando os resultados poderiam diferir. A técnica é atraente porque o reinício especulativo raramente será disparado. Ele só será disparado quando houver acessos não sincronizados que realmente causem uma corrida (Gharachorloo et al., 1992).

Hill (1998) defende a combinação de consistência sequencial ou de processador junto com a execução especulativa como modelo de consistência preferido. Seu argumento tem três partes. Primeiro, uma implementação agressiva da consistência sequencial ou de processador ganhará mais com a vantagem de um modelo mais aliviado. Segundo, tal implementação aumenta muito pouco o custo de implementação de um processador especulativo. Terceiro, essa técnica permite que o programador raciocine usando os modelos de programação mais simples da consistência sequencial ou de processador. A equipe de projeto do MIPS R10000 tinha essa ideia em meados da década de 1990 e usou a capacidade fora de ordem do R10000 para dar suporte a esse tipo de implementação agressiva da consistência sequencial.

Uma questão aberta é o sucesso que a tecnologia de compilador terá na otimização de referências de memória a variáveis compartilhadas. O estado da tecnologia de otimização e o fato de que os dados compartilhados são acessados com frequência por meio de ponteiros ou indexação de array limitaram o uso dessas otimizações. Se essa tecnologia estivesse disponível e levasse a vantagens de desempenho significativas, os escritores de compilador desejariam ser capazes de tirar proveito de um modelo de programação mais aliviado. Essa possibilidade e o desejo de manter o futuro mais flexível possível levou os projetistas do RISC V a optarem pela consistência de liberação, após uma longa série de discussões.

## Inclusão e sua implementação

Todos os multiprocessadores utilizam hierarquias de cache multinível para reduzir a demanda na interconexão global e a latência de faltas de cache. Se a cache também oferecer *inclusão multinível* — cada nível de hierarquia de cache é um subconjunto do nível mais distante do processador —, então poderemos usar a estrutura multinível para reduzir a disputa entre o tráfego de coerência e o tráfego de processador que ocorre quando os snoops e os acessos à cache do processador precisam disputar a cache. Muitos multiprocessadores com cache multinível impõem a propriedade de inclusão, embora muitas vezes os multiprocessadores recentes, com caches L1 menores e tamanhos de bloco diferentes, escolham não impor a inclusão. Essa restrição também é chamada *propriedade de subconjunto*, pois cada cache é um subconjunto da cache abaixo dela na hierarquia.

À primeira vista, preservar a propriedade de inclusão multinível parece algo trivial. Considere um exemplo em dois níveis: qualquer falta na cache L1 causa um acerto na L2 ou gera uma falta na L2, fazendo com que seja trazido para L1 e L2. De modo semelhante, qualquer invalidação que acerte em L2 precisa ser enviada para L1, onde fará com que o bloco seja invalidado, se existir.

## CAPÍTULO 5: Paralelismo em nível de thread

A dificuldade é o que acontece quando os tamanhos de bloco de L1 e L2 são diferentes. A escolha de tamanhos de bloco diferentes é bastante razoável, pois L2 será muito maior e terá um componente de latência maior em sua penalidade de falta e, assim, desejará usar um tamanho de bloco maior. O que acontece com nossa imposição "automática" de inclusão quando os tamanhos de bloco diferem? Um bloco em L2 representa múltiplos blocos em L1, e uma falta em L2 causa uma substituição de dados equivalente a múltiplos blocos L1. Por exemplo, se o tamanho de bloco de L2 for quatro vezes o de L1, então uma falta em L2 substituirá o equivalente a quatro blocos L1. Vamos considerar um exemplo detalhado.

**Exemplo**   Suponha que L2 tenha um bloco quatro vezes maior que o de L1. Mostre como uma falta para um endereço que causa substituição em L1 e L2 pode levar à violação da propriedade de inclusão.

*Resposta*   Considere que L1 e L2 sejam mapeados diretamente e que o tamanho de bloco de L1 seja $b$ bytes e o tamanho de bloco de L2 seja $4b$ bytes. Suponha que L1 contenha dois blocos com endereços iniciais, $x$ e $x + b$, e que $x \bmod 4b = 0$, significando que $x$ também é o endereço inicial de um bloco em L2; então, esse único bloco em L2 contém os blocos de L1 $x$, $x + b$, $x + 2b$ e $x + 3b$. Suponha que o processador gere uma referência ao bloco $y$ que seja mapeada para o bloco contendo $x$ nas duas caches e, portanto, perca. Como L2 gerou uma falta, ele busca $4b$ bytes e substitui o bloco contendo $x$, $x + b$, $x + 2b$ e $x + 3b$, enquanto L1 apanha $b$ bytes e substitui o bloco contendo $x$. Como L1 ainda contém $x + b$, mas L2 não, a propriedade de inclusão não permanece.

Para manter a inclusão com múltiplos tamanhos de bloco, temos que sondar os níveis mais altos da hierarquia quando uma substituição for feita no nível inferior para garantir que quaisquer palavras substituídas no nível mais baixo sejam invalidadas nas caches de nível mais alto; diferentes níveis de associatividade criam o mesmo tipo de problema. Baer e Wang (1988) descreveram as vantagens e os desafios da inclusão com detalhes e, em 2017, a maioria dos projetistas optou por implementar a inclusão, muitas vezes ficando com um tamanho de bloco para todos os níveis na cache. Por exemplo, o Intel i7 usa inclusão para L3, o que significa que L3 sempre inclui todo o conteúdo de L2 e L1. Essa decisão permite ao i7 implementar um esquema direto de diretório em L3 e minimizar a interferência do snooping em L1 e L2 para as circunstâncias em que o diretório indica que L1 ou L2 tem uma cópia em cache. O AMD Opteron, ao contrário, torna o L2 inclusivo de L1, mas não tem tal restrição para L3. Ele usa um protocolo snooping, mas só precisa monitorar L2, a menos que haja um acerto, e nesse caso um snoop é enviado para L1.

## Ganho de desempenho do uso de multiprocessamento e multithreading

Nesta seção, examinaremos rapidamente um estudo da eficácia de usar multithreading em um processador multicore, o IBM Power5; voltaremos a esse tópico na próxima seção, quando examinarmos o desempenho do Intel i7. O IBM Power5 é um dual-core que aceita multithreading simultâneo (SMT); sua arquitetura básica é muito semelhante à do Power8 mais recente (que examinaremos na próxima seção), mas possui dois núcleos por processador.

Para examinar o desempenho do multithreading em um multiprocessador, foram realizadas medições em um sistema IBM com oito processadores Power5, usando somente um núcleo em cada um. A Figura 5.25 mostra o ganho de velocidade de um multiprocessador Power5 de oito processadores, com e sem SMT, para os benchmarks SPECRate2000, como descrito na legenda. Na média, o SPECintRate é 1,23 vez mais rápido, enquanto o

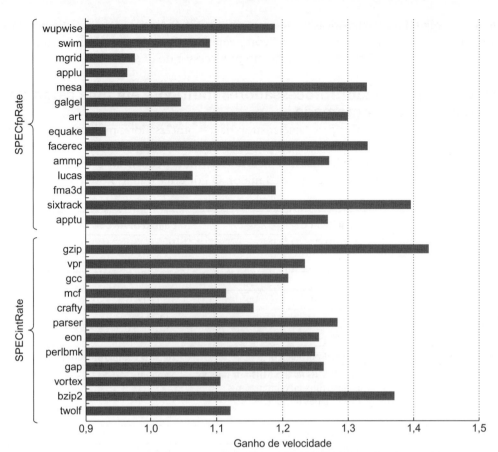

**FIGURA 5.25** Comparação do desempenho SMT e de thread único (ST) no IBM eServer p5 575 de oito processadores usando SPECfpRate (metade superior) e SPECintRate (metade inferior) como benchmarks. Observe que o eixo *x* começa em um ganho de velocidade de 0,9, uma perda de desempenho. Somente um processador em cada núcleo do Power5 está ativo, o que deveria melhorar ligeiramente os resultados do SMT ao diminuir a interferência destrutiva no sistema de memória. Os resultados de SMT são obtidos criando 16 threads de usuário, enquanto os resultados de ST usam somente oito threads. Com um único thread por processador, o Power5 é mudado para modo de thread único pelo SO. Esses resultados foram coletados por John McCalpin, da IBM. Como podemos ver a partir dos dados, o desvio-padrão dos resultados para o SPECfpRate é maior do que os para o SPECintRate (0,13 *versus* 0,07), indicando que a melhoria de SMT para programas de PF provavelmente vai variar bastante.

SPECfpRate é 1,16 vez mais rápido. Observe que alguns benchmarks de ponto flutuante experimentam um leve decréscimo em desempenho no modo SMT, com a redução máxima em ganho de velocidade sendo de 0,93. Embora se possa esperar que o SMT realizasse um trabalho melhor em ocultar as taxas de falta mais altas dos benchmarks SPECFP, parece que os limites no sistema de memória são atingidos quando se executam tais benchmarks em modo SMT.

## 5.8 JUNTANDO TUDO: PROCESSADORES MULTICORE E SEU DESEMPENHO

Por aproximadamente 10 anos, multicore tem sido o foco principal para a expansão do desempenho, embora as implementações variem bastante, assim como seu suporte a multiprocessadores multichip maiores. Nesta seção, examinaremos o projeto de três diferentes processadores multicore, o suporte que eles oferecem para multiprocessadores maiores e algumas características de desempenho, antes de fazermos uma avaliação mais ampla de sistemas multiprocessadores Xeon pequenos a grandes, concluindo com uma avaliação detalhada do multicore i7 920, um predecessor do i7 6700.

## Desempenho de multiprocessadores multicore em uma carga de trabalho multiprogramada

A Figura 5.26 mostra as principais características de três processadores multicore projetados para aplicações de servidor e disponíveis de 2015 a 2017. O Intel Xeon E7 se baseia no mesmo projeto básico que o i7, mas tem mais núcleos, uma frequência ligeiramente menor (a limitação é a potência) e uma cache L3 maior. O Power8 é o mais novo na série Power

| Característica | IBM Power 8 | Intel Xeon E7 | Fujitsu SPARC64 X+ |
|---|---|---|---|
| Núcleos/chip | 4, 6, 8, 10, 12 | 4, 8, 10, 12, 22, 24 | 16 |
| Multithreading | SMT | SMT | SMT |
| Threads/núcleo | 8 | 2 | 2 |
| Frequência | 3,1–3,8 GHz | 2,1–3,2 GHz | 3,5 GHz |
| Cache I L1 | 32 KB por núcleo | 32 KB por núcleo | 64 KB por núcleo |
| Cache D L1 | 64 KB por núcleo | 32 KB por núcleo | 64 KB por núcleo |
| Cache L2 | 512 KB por núcleo | 256 KB por núcleo | 24 MiB compartilhados |
| Cache L3 | 32–96 MiB: 8 MiB por núcleo (usando eDRAM); compartilhada com tempo de acesso não uniforme | 10–60 MiB @ 2,5 MiB por núcleo; compartilhada, com maiores quantidades de núcleos | Nenhuma |
| Inclusão | Sim, superconjunto da L3 | Sim, superconjunto da L3 | Sim |
| Protocolo de coerência multicore | MESI estendido com dicas de comportamento e proximidade (protocolo de 13 estados) | MESIF: uma forma estendida de MESI, permitindo transferências diretas de blocos limpos | MOESI |
| Implementação de coerência multichip | Estratégia híbrida com snooping e diretório | Estratégia híbrida com snooping e diretório | Estratégia híbrida com snooping e diretório |
| Suporte a interconexão de multiproce-ssadores | Até 16 chips de processadores podem ser conectados com 1 ou 2 saltos para alcançar qualquer processador | Até 8 chips de processador diretamente por Quickpath; suporte para sistema maior e diretórios com lógica adicional | Chip de interconexão crossbar, suporta até 64 processadores; inclui suporte para diretório |
| Faixa de chips processadores | 1–16 | 2–32 | 1–64 |
| Faixa de quantidade de núcleos | 4–192 | 12–576 | 8–1024 |

**FIGURA 5.26** Resumo das características de três processadores multicore de alto nível recentes (lançamentos de 2015 a 2017) projetados para servidores.

A tabela mostra a faixa de quantidades de processadores, frequências e tamanhos de cache dentro de cada família de processadores. O Power8 L3 é um projeto NUCA (Nonuniform Cache Access), e também admite cache L4 fora do chip de até 128 MiB usando EDRAM. Um Xeon com 32 núcleos foi anunciado recentemente, mas ainda não havia sido entregue até o momento em que esta edição foi escrita. O Fujitsu SPARC64 também está disponível como um projeto de 8 núcleos, que normalmente é configurado como um sistema de único processador. A última linha mostra a faixa de sistemas configurados com dados de desempenho publicados (como o SPECintRate), tanto com as quantidades de chips do processador quanto o total de núcleos. Os sistemas Xeon incluem multiprocessadores que estendem a interconexão básica com lógica adicional; por exemplo, usando os limites de interconexão Quickpath padrão, a quantidade de processadores em 8 e o maior sistema como 8 × 24 = 192 núcleos, mas o SGI estende a interconexão (e mecanismos de coerência) com uma lógica extra para oferecer um sistema com 32 processadores usando chips processadores de 18 núcleos, gerando um tamanho total de 576 núcleos. Versões mais recentes desses processadores aumentaram as frequências (significativamente no caso do Power8, porém menos nos outros) e as quantidades de núcleos (significativamente no caso do Xeon).

da IBM e possui mais núcleos e caches maiores. O Fujitsu SPARC64 X+ é o chip servidor mais novo da SPARC; diferente da série T, mencionada no Capítulo 3, ele utiliza SMT. Como esses processadores são configurados para servidores multicore e multiprocessador, estão disponíveis como uma família, variando na quantidade de processadores, tamanho de cache e assim por diante, como mostra a figura.

Esses três sistemas mostram uma faixa de técnicas tanto para conectar os núcleos no chip quanto para conectar vários chips de processadores. Primeiro, vejamos como os núcleos são conectados dentro de um chip. O SARC64 X+ é o mais simples: ele compartilha uma única cache L2, que é associativa em conjunto com 24 vias, entre os 16 núcleos. Existem quatro canais DIMM separados para conectar a memória acessível com um switch $16 \times 4$ entre os núcleos e os canais.

A Figura 5.27 mostra como os chips Power8 e Xeon E7 são organizados. Cada núcleo no Power8 tem um banco de 8 MiB de caches L3 conectadas diretamente; outros bancos são acessados por meio da rede de interconexão, que possui 8 barramentos separados. Assim, o Power8 é um verdadeiro projeto NUCA (*Nonuniform Cache Architecture*), pois o tempo de acesso ao banco conectado de caches L3 será muito mais rápido do que o acesso a outra L3. Cada chip Power8 possui um conjunto de links que podem ser usados para montar um multiprocessador grande, usando uma organização que veremos em breve. Os links de memória são conectados a um controlador de memória especial, que inclui uma cache L4 e tem ligação direta com as DIMMs.

A parte B da Figura 5.27 mostra como o chip de processador Xeon E7 é organizado quando existem 18 ou mais núcleos (20 núcleos aparecem na figura). Três anéis conectam os núcleos e os bancos da cache L3, e cada núcleo e cada banco de L3 é conectado a dois anéis. Assim, qualquer banco de cache ou qualquer núcleo é acessível a partir de qualquer outro núcleo por meio das escolha do anel correto. Portanto, dentro do chip, o E7 possui tempo de acesso uniforme. Na prática, porém, o E7 normalmente é operado como uma arquitetura NUMA, associando logicamente metade dos núcleos a cada canal de memória; isso aumenta a probabilidade de que a página de memória desejada esteja aberta em determinado acesso. O E7 provê 3 links QuickPath Interconnect (QPI) para a conexão de vários E7s.

Os multiprocessadores que consistem nesses multicores usam uma variedade de estratégias de interconexão diferentes, como mostra a Figura 5.28. O projeto do Power8 fornece suporte para conectar 16 chips Power8, formando um total de 192 núcleos. Os links dentro do grupo fornecem maior largura de banda de interconexão entre um módulo completamente conectado de 4 chips de processador. Os links entre grupos são usados para conectar cada chip do processador aos 3 outros módulos. Assim, cada processador está a dois saltos de qualquer outro, e o tempo de acesso à memória é determinado pelo fato de um endereço residir na memória local, memória de cluster ou memória entre clusters (na verdade, o último pode ter dois valores diferentes, mas a diferença principal é o tempo entre clusters).

O Xeon E7 usa QPI para interconectar vários chips multicore. Em um multiprocessador de 4 chips, que com o último Xeon anunciado pode ter 128 núcleos, os três links QPI em cada processador são conectados a três vizinhos, gerando um multiprocessador totalmente conectado de 4 chips. Como a memória é conectada diretamente a cada multicore E7, mesmo este arranjo de 4 chips tem tempo de acesso não uniforme à memória (local *versus* remoto). A Figura 5.28 mostra como 8 processadores E7 podem ser conectados; assim como o Power8, isso leva a uma situação em que cada processador está a um ou dois saltos de todos os outros processadores. Há vários servidores multiprocessadores baseados em Xeon que possuem mais de 8 chips de processador. Em tais projetos, a organização mais

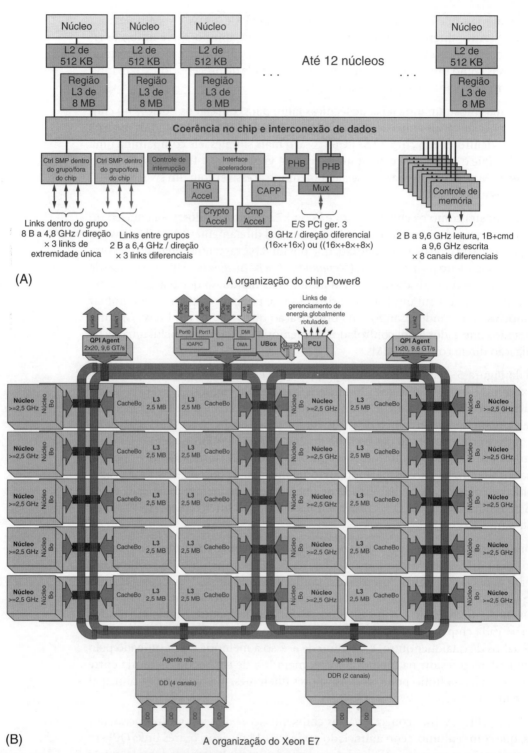

**FIGURA 5.27** A figura mostra as organizações no chip do Power8 e do Xeon E7.
O Power8 usa 8 barramentos separados entre a cache L3 e os núcleos da CPU. Cada Power8 também possui dois conjuntos de links para a conexão com multiprocessadores maiores. O Xeon usa três anéis para conectar os processadores e os bancos de cache L3, além de QPI para os links entre os chips. O software é usado para associar logicamente metade dos núcleos a cada canal de memória.

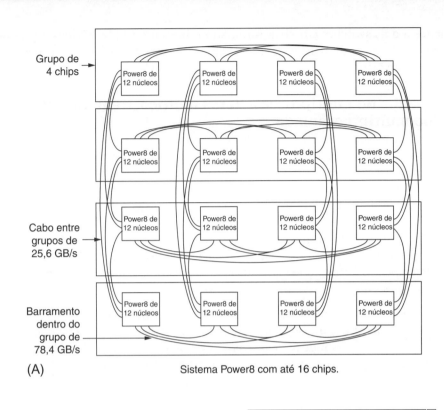

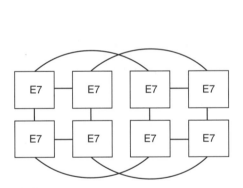

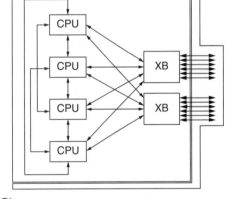

(A) Sistema Power8 com até 16 chips.

(B) Sistema Xeon E7 mostrando até 8 chips.

(C) SPARC64 X+ com o bloco de montagem de 4 chips.

**FIGURA 5.28** A arquitetura do sistema para três multiprocessadores montados a partir de chips multicore.

comum é conectar 4 chips de processador juntos em um quadrado, como um módulo, com cada processador conectando-se a dois vizinhos. O terceiro QPI em cada chip é conectado a um switch crossbar. Sistemas muito grandes podem ser criados dessa maneira. Os acessos à memória podem ocorrer em quatro locais com temporizações diferentes: local para o processador, um vizinho imediato, o vizinho no cluster que está a dois saltos de distância e através do crossbar. Outras organizações são possíveis e exigem menos do que um crossbar inteiro em troca de mais saltos para chegar à memória remota.

O SPARC64 X+ também usa um módulo de 4 processadores, mas cada processador tem três conexões com seus vizinhos imediatos, mais duas (ou três na maior configuração) conexões a um crossbar. Na maior configuração, 64 chips de processador podem ser conectados a dois switches crossbar, formando um total de 1024 núcleos. O acesso à memória é NUMA (local, dentro de um módulo e através do crossbar) e a coerência é baseada em diretório.

## Desempenho de multiprocessadores multicore em uma carga de trabalho multiprogramada

Primeiro, nós comparamos a escalabilidade de desempenho desses três processadores multicore usando SPECintRate, considerando configurações de até 64 núcleos. A Figura 5.29 mostra como o desempenho é expandido em relação ao desempenho da menor configuração, que varia entre 4 e 16 núcleos. No gráfico, a menor configuração é considerada como tendo um ganho de velocidade perfeito (ou seja, 8 para 8 núcleos, 12 para 12 núcleos etc.). Esta figura *não* mostra o desempenho entre esses diferentes processadores. Na verdade, tal desempenho varia significativamente: na configuração de 4 núcleos, o IBM Power8 é 1,5 vez mais rápido que o SPARC64 X+ para cada núcleo! Em vez disso, a Figura 5.29 mostra como o desempenho é expandido para cada família de processadores à medida que outros núcleos são acrescentados.

Dois dos três processadores mostram retornos decrescentes à medida que se expandem para 64 núcleos. Os sistemas Xeon parecem mostrar mais degradação em 56 e 64 núcleos. Isso pode ser ocasionado em grande parte por haver mais núcleos compartilhando uma cache L3 menor. Por exemplo, o sistema de 40 núcleos usa 4 chips, cada um com 60 MiB de L3,

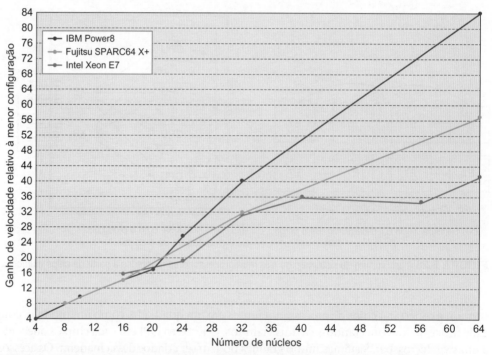

**FIGURA 5.29** A expansão de desempenho nos benchmarks SPECintRate para três processadores multicore à medida que o número de núcleos aumenta até 64.

O desempenho para cada processador é representado em relação à menor configuração e considerando que a configuração teve ganho de velocidade perfeito. Embora esse gráfico mostre como determinado multiprocessador se comporta com núcleos adicionais, ele não oferece quaisquer dados sobre o desempenho entre os processadores. Existem diferenças nas frequências, mesmo dentro de determinada família de processadores. Estas geralmente são ocultadas pelos efeitos da expansão do número de núcleos, exceto para o Power8, que mostra uma variação no intervalo de clock de 1,5 × a partir da menor configuração até a configuração com 64 núcleos.

resultando em 6 MiB de L3 por núcleo. Os sistemas de 56 e 64 núcleos também usam 4 chips, mas têm 35 ou 45 MiB de L3 por chip, ou 2,5-2,8 MiB por núcleo. É provável que as maiores taxas de falta de L3 resultantes levam à redução no ganho de velocidade para os sistemas com 56 e 64 núcleos.

Os resultados do IBM Power8 não são incomuns, parecendo mostrar um ganho de velocidade linear significativo. Porém, esse efeito deve-se em grande parte às diferenças nas frequências, que são muito maiores entre os processadores Power8 do que para os outros processadores nessa figura. Em particular, a configuração com 64 núcleos possui a maior frequência (4,4 GHz), enquanto a configuração com 4 núcleos tem um clock de 3,0 GHz. Se normalizarmos o ganho de velocidade relativo para o sistema de 64 núcleos com base no diferente de frequência com o sistema de 4 núcleos, o ganho de velocidade efetivo é de 57, em vez de 84. Portanto, embora o sistema Power8 se expanda bem, e talvez seja o melhor entre esses processadores, isso não é algo milagroso.

A Figura 5.30 mostra a expansão para esses três sistemas em configurações acima de 64 processadores. Mais uma vez, o diferencial da frequência explica os resultados para o Power8; o ganho de velocidade com frequências equivalentes com 192 processadores é 167, contra 223, quando não se considera as diferenças na frequência. Até mesmo em 167, a expansão do Power8 é um pouco melhor do que a dos sistemas SPARC64 X+ ou Xeon. Surpreendentemente, embora existam alguns efeitos no ganho de velocidade ao passar do sistema menor para 64 núcleos, eles não parecem ser drasticamente piores nessas configurações maiores. A natureza da carga de trabalho, que é altamente paralela e intensa em uso de CPU, além dos overheads pagos ao passar para 64 núcleos, provavelmente levam a esse resultado.

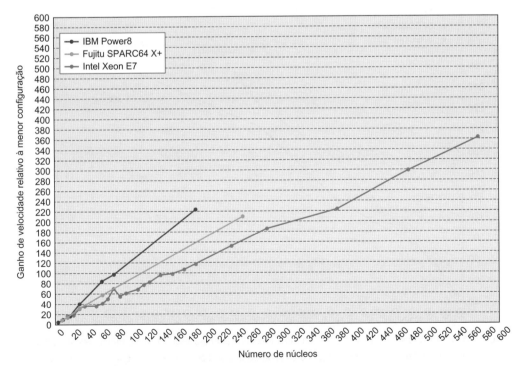

**FIGURA 5.30** A expansão do desempenho relativo para multiprocessadores multicore.
Como antes, o desempenho aparecem em relação ao menor sistema disponível. O resultado para o Xeon com 80 núcleos é o mesmo efeito da cache L3 que apareceu nas configurações menores. Todos os sistemas com mais de 80 núcleos têm entre 2,5 e 3,8 MiB de cache L3 por núcleo, e para até 80 núcleos, os sistemas têm 6 MiB por núcleo.

## Escalabilidade em um multiprocessador Xeon com diferentes cargas de trabalho

Nesta seção, nos concentramos na escalabilidade dos multiprocessadores Xeon E7 em três cargas de trabalho diferentes: uma carga de trabalho comercialmente orientada, baseada em Java, uma carga de trabalho de máquina virtual e uma carga de trabalho de processamento paralelo científico, todas da organização de benchmarking SPEC, conforme descrito a seguir.

- SPECjbb2015: Modela um sistema de TI de supermercado que lida com uma combinação de solicitações de ponto de venda, compras on-line e operações de mineração de dados. A métrica de desempenho é orientada a throughput e usamos a medição de desempenho máxima no lado do servidor executando várias máquinas virtuais Java.
- SPECVirt2013: Modela uma coleção de máquinas virtuais que executam misturas independentes de outros benchmarks da SPEC, incluindo benchmarks de CPU, servidores Web e servidores de e-mail. O sistema deve atender a uma garantia de qualidade de serviço para cada máquina virtual.
- SPECOMP2012: Uma coleção de 14 programas científicos e de engenharia escritos com o padrão OpenMP para processamento paralelo com memória compartilhada. Os códigos são escritos em Fortran, C e C++ e variam desde dinâmica de fluidos a modelagem molecular e manipulação de imagens.

Como nos resultados anteriores, a Figura 5.31 mostra o desempenho assumindo ganho de velocidade linear na configuração mínima, que para esses benchmarks varia de 48

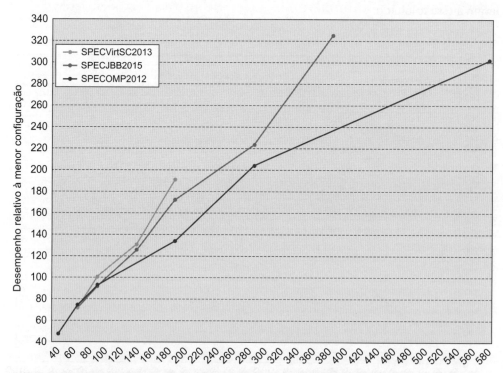

**FIGURA 5.31** Expansão do desempenho em uma faixa de sistemas Xeon E7 mostrando o desempenho relativo à menor configuração do benchmark e considerando que a configuração obtenha um ganho de velocidade perfeito (por exemplo, a menor configuração SPECOMP é de 30 núcleos, e consideramos um desempenho de 30 para esse sistema).

Um desempenho relativo pode ser avaliado a partir destes dados, e as comparações entre os benchmarks não possuem relevância. Observe a diferença na escala dos eixos vertical e horizontal.

núcleos a 72 núcleos, e representando o desempenho em relação à menor configuração. O SPECjbb2015 e o SPECVirt2013 incluem software de sistemas significativo, incluindo o software Java VM e o hipervisor de VM. Além do software do sistema, a interação entre os processos é muito pequena. Em contraste, o SPECOMP2012 é um verdadeiro código paralelo com vários processos de usuário compartilhando dados e colaborando na computação.

Vamos começar examinando o SPECjbb2015. Ele obtém eficiência de ganho de velocidade (relação ganho de velocidade/processador) entre 78% e 95%, mostrando bom ganho de velocidade, mesmo na maior configuração. O SPECVirt2013 é ainda melhor (para a gama de sistemas medidos), obtendo um ganho de velocidade quase linear em 192 núcleos. Tanto o SPECjbb2015 quanto o SPECVirt2013 são benchmarks que expandem o tamanho da aplicação (como nos benchmarks TPC discutidos no Capítulo 1) com sistemas maiores para que os efeitos da Lei de Amdahl e da comunicação entre processos sejam menores.

Por fim, vejamos o SPECOMP2012, o mais intenso em termos de computação desses benchmarks e o que realmente envolve processamento paralelo. A principal tendência visível aqui é uma perda constante de eficiência à medida que aumentamos de 30 para 576 núcleos, de modo que, com 576 núcleos, o sistema exibe apenas metade da eficiência que ele mostrou em 30 núcleos. Essa redução leva a um ganho de velocidade relativo de 284, presumindo que, com 30 núcleos, o ganho de velocidade seja 30. Esses provavelmente são os efeitos da Lei de Amdahl resultantes do paralelismo limitado, bem como dos overheads de sincronismo e comunicação. Ao contrário do SPECjbb2015 e do SPECVirt2013, esses benchmarks não são expandidos para sistemas maiores.

## Desempenho e eficiência energética do Intel i7 920 multicore

Nesta seção, vamos examinar de perto o desempenho do i7 920, um predecessor do 6700, nos mesmos dois grupos de benchmarks que consideramos no Capítulo 3: os benchmarks Java paralelos e os benchmarks PARSEC paralelos (descritos em detalhes na Figura 3.32). Embora este estudo use o i7 920 mais antigo, ele continua sendo, de longe, o estudo mais abrangente da eficiência energética nos processadores multicore e dos efeitos do multicore combinado com SMT. O fato de que i7 920 e 6700 são semelhantes indica que as ideias básicas também devem se aplicar ao 6700.

Primeiro, examinamos o desempenho e o escalonamento multicore *versus* um núcleo único sem uso de SMT. Depois, combinamos a capacidade multicore e SMT. Todos os dados desta seção, como os da avaliação anterior do do i7 com SMT (Capítulo 3), vêm de Esmaeilzadeh et al. (2011). O conjunto de dados é o mesmo usado anteriormente (Figura 3.32), exceto pelo fato de que os bechmarks Java tradebeans e pjbb2005 foram removidos (deixando somente os cinco benchmarks Java escaláveis); tradebeans e pjbb2005 nunca atingem ganho de velocidade acima de 1,55, mesmo com quatro núcleos e um total de oito threads, e por isso não são apropriados para a avaliação de mais núcleos.

A Figura 5.32 mostra o ganho de velocidade e eficiência energética dos benchmarks Java e PARSEC sem o uso de SMT. Mostrar a eficiência energética significa que estamos traçando a razão entre a energia consumida pela execução de dois ou quatro núcleos e a energia consumida pela execução do núcleo único (ou seja, a eficiência é o inverso da energia consumida). Maior eficiência energética significa que o processador consome menos energia para realizar a mesma computação, com um valor de 1,0 sendo o ponto de equilíbrio. Os núcleos não utilizados em todos os casos estavam em modo repouso profundo, o que minimizou seu consumo de energia essencialmente desligando-os. Ao comparar os dados para os benchmarks de núcleo único e múltiplos núcleos, é importante lembrar que o custo energético total da cache L3 e da interface de memória é pago no caso do núcleo único (assim como no multicore). Esse fato aumenta a probabilidade de que o consumo

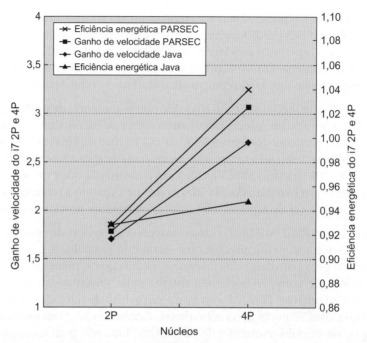

**FIGURA 5.32** Esse gráfico mostra o ganho de velocidade para execuções de dois e quatro núcleos das cargas de trabalho paralelas Java e PARSEC sem SMT.

Esses dados foram coletados por Esmaeilzadeh et al. (2011) usando a mesma configuração descrita no Capítulo 3. O Turbo Boost está desligado. O ganho de velocidade e a eficiência energética são resumidos usando média harmônica, implicando uma carga de trabalho em que o tempo total executando cada benchmark em dois núcleos é equivalente.

de energia vai melhorar para aplicações que podem ser razoavelmente escaladas. A média harmônica é usada para resumir resultados com a implicação descrita na legenda.

Como mostra a figura, os benchmarks PARSEC obtêm melhor ganho de velocidade do que os benchmarks Java, atingindo 76% de eficiência no ganho de velocidade (ou seja, ganho de velocidade real dividido pelo número de processadores) em quatro núcleos, enquanto os benchmarks Java atingem 67% de eficiência de ganho de velocidade em quatro núcleos. Embora essa observação esteja clara a partir dos dados apresentados, é difícil analisar por que essa diferença existe. É bem possível, por exemplo, que os efeitos da lei de Amdahl tenham reduzido o ganho de velocidade para a carga de trabalho Java, que inclui algumas partes tipicamente seriais, como o coletor de lixo (*garbage collector*). Além disso, a interação entre a arquitetura do processador e a aplicação, que afeta pontos como o custo de sincronização ou de comunicação, também pode ter influência. Em particular, aplicações bem paralelizadas, como aquelas em PARSEC, às vezes se beneficiam de uma razão vantajosa entre computação e comunicação, que reduz a dependência dos custos de comunicação (Apêndice I).

Essas diferenças em ganho de velocidade se traduzem em diferenças em eficiência energética. Por exemplo, os benchmarks PARSEC realmente melhoram ligeiramente a eficiência energética na versão de núcleo único. Esse resultado pode ser afetado significativamente pelo fato de que a cache L3 é usada com mais eficiência nas execuções multicore do que no caso de núcleo único e de que o custo energético é idêntico nos dois casos. Assim, para os benchmarks PARSEC, a abordagem multicore atinge o que os projetistas esperavam quando mudaram de um projeto focado em ILP para um projeto multicore. Especificamente, ela escala o desempenho com a mesma — ou maior — velocidade com que escala a potência, resultando em eficiência energética constante ou até mesmo melhorada. No caso do Java, vemos que nem as execuções de dois ou quatro núcleos se igualam em eficiência energética, devido aos níveis menores de ganho de velocidade da carga de trabalho Java (embora a eficiência energética do Java para a execução 2p seja a mesma do PARSEC!). A eficiência energética, no caso Java com quatro núcleos, é razoavelmente alta (0,94). É provável que um processador centrado em ILP precisasse de *muito mais* potência para atingir um ganho de velocidade comparável nas cargas de trabalho PARSEC ou Java. Assim, a abordagem centrada em TLP também é certamente melhor do que a abordagem centrada em ILP para melhorar o desempenho para essas aplicações. Conforme veremos na Seção 5.10, existem motivos para ser pessimista em relação à escalada simples, eficiente e a longo prazo do multicore.

## Reunindo multicore e SMT

Por fim, consideramos a combinação de multicore e multithreading medindo os dois conjuntos de benchmarks para dois ou quatro processadores e um a dois threads (um total de quatro pontos de dados e até oito threads). A Figura 5.33 mostra o ganho de velocidade e eficiência energética obtida no Intel i7 quando o número de processadores é de dois ou quatro e o SMT é ou não empregado, usando média harmônica para resumir os dois conjuntos de benchmarks. Obviamente, o SMT pode aumentar o desempenho até que haja suficiente paralelismo em nível de thread disponível mesmo na situação multicore. Por exemplo, no caso com quatro núcleos, sem SMT, as eficiências de ganho de velocidade foram de 67% e 76% para Java e PARSEC, respectivamente. Com SMT em quatro núcleos, essas taxas foram impressionantes 83% e 97%.

A eficiência energética apresenta um quadro ligeiramente diferente. No caso do PARSEC, o ganho de velocidade é basicamente linear para o caso SMT com quatro núcleos (oito threads), e a potência aumenta mais lentamente, resultando em uma eficiência energética de 1,1 para esse caso. A situação Java é mais complexa; a eficiência energética tem um pico

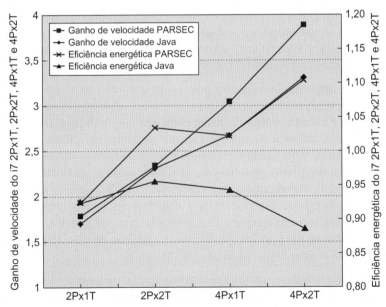

**FIGURA 5.33** Esse gráfico mostra o ganho de velocidade para execuções de dois e quatro núcleos das cargas de trabalho paralelas Java e PARSEC com e sem SMT.

Lembre-se de que esses resultados variam em número de threads de dois a oito, refletindo efeitos de arquitetura e características de aplicação. A média harmônica é usada para resumir os resultados, como discutido na legenda da Figura 5.32.

na execução SMT (quatro threads) com dois núcleos em 0,97 e cai para 0,89 na execução SMT (oito threads) com quatro núcleos. Parece muito provável que os benchmarks Java encontrem efeitos da lei de Amdahl quando mais de quatro threads são implementados. Como alguns arquitetos observaram, o multicore transfere mais responsabilidade pelo desempenho (e, portanto, mais eficiência energética) para o programador, e os resultados para a carga de trabalho Java certamente suportam isso.

## 5.9 FALÁCIAS E ARMADILHAS

Dada a falta de maturidade em nosso conhecimento da computação paralela, existem muitas armadilhas ocultas que serão descobertas por projetistas meticulosos ou desafortunados. Dada a grande febre que cercou os multiprocessadores no decorrer dos anos, existem muitas falácias. Incluímos uma seleção delas.

**Armadilha**

Medir o desempenho de multiprocessadores por ganho de velocidade linear contra tempo de execução.

Há muito tempo gráficos como aqueles das Figuras 5.32 e 5.33, mostrando o desempenho contra o número de processadores, mostrando ganho de velocidade linear, um platô e depois uma queda, têm sido usados para avaliar o sucesso dos processadores paralelos. Embora o ganho de velocidade seja uma faceta de um programa paralelo, não é uma medida direta do desempenho. A primeira questão é a potência dos processadores escalados: um programa que melhora linearmente o desempenho de 100 processadores Intel Atom (o processador de baixo nível usado em netbooks) pode ser mais lento do que a versão executada em um Xeon de oito núcleos. Tenha cuidado especialmente com programas que fazem uso intenso de ponto flutuante; o processamento de elementos sem assistência do hardware pode escalar maravilhosamente bem, mas ter um desempenho coletivo fraco.

Comparar os tempos de execução é justo apenas se você estiver comparando os melhores algoritmos em cada computador. A comparação de código idêntico em dois computadores pode parecer justa, mas não é; o programa paralelo pode ser mais lento em um uniprocessador do que uma versão sequencial. Às vezes, o desenvolvimento de um programa paralelo leva a melhorias algorítmicas, de modo que comparar o programa sequencial anteriormente bem conhecido com o código paralelo — que parece justo — não comparará algoritmos equivalentes. Para refletir essa questão, às vezes são usados os nomes *ganho de velocidade relativo* (mesmo programa) e *ganho de velocidade verdadeiro* (melhor programa).

Os resultados que sugerem desempenho *superlinear*, quando um programa em *n* processadores é cerca de *n* vezes mais rápido do que o uniprocessador equivalente, podem indicar que a comparação é injusta, embora existam casos em que tenham sido encontrados ganhos de velocidade superlinear "reais". Por exemplo, algumas aplicações científicas obtêm regularmente ganho de velocidade superlinear para pequenos aumentos no número de processadores (dois ou quatro para oito ou 16). Esses resultados normalmente surgem porque as estruturas de dados críticas, que não cabem nas caches agregadas de um multiprocessador com dois ou quatro processadores, cabem na cache agregada de um multiprocessador com oito ou 16 processadores. Como vimos na seção anterior, outras diferenças (como uma frequência alta) podem parecer gerar ganhos de velocidade superlineares quando se compara com sistemas ligeiramente diferentes.

Em resumo, comparar o desempenho pela comparação de ganhos de velocidade é no mínimo intrincado e no máximo enganoso. A comparação dos ganhos de velocidade para dois multiprocessadores diferentes não nos diz necessariamente algo sobre o desempenho relativo dos multiprocessadores, como também vimos na seção anterior. Até mesmo a comparação de dois algoritmos diferentes no mesmo multiprocessador é intrincada, pois temos que usar o ganho de velocidade verdadeiro em vez do ganho de velocidade relativo para obter uma comparação válida.

Em 1987, o presidente de uma organização de pesquisa afirmou que a lei de Amdahl (Seção 1.9) tinha sido quebrada por um multiprocessador MIMD. Porém, essa afirmação mal significou que a lei tinha sido alterada para computadores paralelos; a parte negligenciada do programa ainda limitará o desempenho. Para entender a base dos relatos da mídia, vejamos o que Amdahl (1967) disse originalmente:

> Uma conclusão bastante óbvia a que podemos chegar neste ponto é que o esforço gasto para conseguir altas taxas de processamento paralelo é desperdiçado a menos que seja acompanhado de melhorias nas taxas de processamento sequencial quase da mesma magnitude.

Uma interpretação da lei foi que, como partes de cada programa precisam ser sequenciais, existe um limite para o número econômico útil de processadores — digamos, 100. Mostrando ganho de velocidade linear com 1.000 processadores, essa interpretação da lei de Amdahl foi refutada.

A base para a afirmação de que a lei de Amdahl tinha sido "superada" foi o uso do *ganho de velocidade escalado*, também chamado de *escalada fraca*. Os pesquisadores escalaram o benchmark para ter um tamanho de conjunto de dados que fosse 1.000 vezes maior e compararam os tempos de execução do uniprocessador e a execução paralela do benchmark escalado. Para esse algoritmo em particular, a parte sequencial do programa foi constante, independentemente do tamanho da entrada, e o restante foi totalmente paralelo — daí o ganho de velocidade linear com 1.000 processadores. Como o tempo de execução cresceu mais rapidamente do que o linear, o programa realmente foi executado por mais tempo após a escalada, mesmo com 1.000 processadores.

O ganho de velocidade que assume a escalada da entrada não é igual ao ganho de velocidade verdadeiro, e informá-lo como se o fosse é enganoso. Como os benchmarks paralelos normalmente são executados em multiprocessadores de diferentes tamanhos, é importante especificar que tipo de escalada de aplicação é permissível e como essa escalada deve ser feita. Embora apenas escalar o tamanho dos dados com o número de processadores raramente seja apropriado, assumir um tamanho de problema fixo para um número de processadores muito maior também costuma ser impróprio, pois é provável que, dado um multiprocessador muito maior, os usuários optem por executar uma versão de uma aplicação maior ou mais detalhada. No Apêndice I discutiremos mais esse importante tópico.

É bastante reconhecido que um dos principais benefícios da computação paralela é oferecer um "tempo de solução mais curto" do que o uniprocessador mais rápido. Muitas pessoas, porém, sustentam a visão de que os processadores paralelos não podem ser tão econômicos quanto os uniprocessadores, a menos que consigam alcançar o ganho de velocidade linear perfeito. Esse argumento diz que, como o custo do multiprocessador é uma função linear do número de processadores, qualquer coisa menor que o ganho de velocidade linear significa que a razão do custo/desempenho diminui, tornando um processador paralelo menos econômico do que usar um uniprocessador.

O problema com esse argumento é que o custo não é apenas uma função do número de processadores; ele também depende da memória, E/S e overhead do sistema (gabinete, fonte de alimentação, interconexão etc.). Também faz menos sentido na era do multicore, quando há múltiplos processadores por chip.

O efeito de incluir memória no custo do sistema foi apontado por Wood e Hill (1995). Usamos um exemplo baseado nos dados mais recentes, usando os benchmarks TPC-C

**Falácia**

A lei de Amdahl não se aplica a computadores paralelos.

**Falácia**

Ganhos de velocidade linear são necessários para tornar os multiprocessadores econômicos.

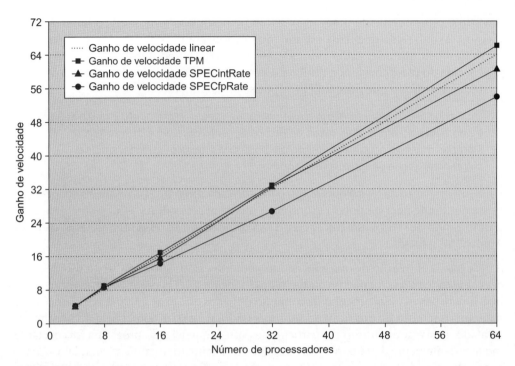

**FIGURA 5.34** Ganho de velocidade para três benchmarks em um multiprocessador IBM eServer p5 quando configurado com 4, 8, 16, 32 e 64 processadores.
A *linha tracejada* mostra o ganho de velocidade linear.

e SPECRate, mas o argumento também poderia ser feito com uma carga de trabalho de aplicação científica paralela, que provavelmente tornaria o caso ainda mais significativo.

A Figura 5.34 mostra o ganho de velocidade para o TPC-C, o SPECintRate e o SPECfpRate em um multiprocessador IBM eServer p5 configurado com 4-64 processadores. A figura mostra que somente o TPC-C consegue um ganho de velocidade melhor do que o linear. Para o SPECintRate e o SPECfpRate, o ganho de velocidade é menor do que o linear, mas também o custo, pois, ao contrário do TPC-C, a quantidade de memória principal e de disco exigido é escalada menos que linearmente.

Como mostra a Figura 5.35, número maior de processadores realmente pode ser mais econômico do que a configuração de quatro processadores. Comparando o custo-desempenho dos dois computadores, temos que ter certeza de incluir avaliações precisas do custo total do sistema e de qual desempenho é alcançável. Para muitas aplicações com demandas de memória maiores, tal comparação pode aumentar drasticamente a atratividade do uso de um multiprocessador.

**Armadilha**

Não desenvolver o software para tirar proveito de uma arquitetura de multiprocessador ou otimizá-la.

Existe uma longa história de atraso do software por trás de multiprocessadores, possivelmente porque os problemas de software são muito mais difíceis. Daremos um exemplo para mostrar a sutileza das questões, mas existem muitos exemplos que poderíamos ter escolhido.

Um problema frequente é quando o software projetado para um uniprocessador é adaptado para um ambiente de multiprocessador. Por exemplo, em 2000 o sistema

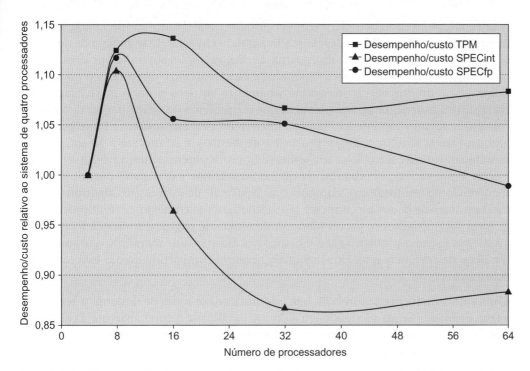

**FIGURA 5.35** O desempenho/custo para multiprocessador IBM eServer p5 contendo 4-64 processadores aparece na figura em relação à configuração com quatro processadores.
Qualquer medição acima de 1,0 indica que a configuração é mais econômica do que o sistema com quatro processadores. As configurações com oito processadores mostram uma vantagem para todos os três benchmarks, enquanto dois dos três benchmarks mostram uma vantagem na economia para as configurações de 16 e 32 processadores. Para o TPC-C, as configurações são aquelas usadas nas execuções oficiais, o que significa que o disco e a memória são escalados quase linearmente com o número de processadores, e uma máquina de 64 processadores é aproximadamente o dobro do preço de uma versão de 32 processadores. Ao contrário, o disco e a memória são escalados mais lentamente (embora ainda mais rápido do que o necessário para alcançar o melhor SPECRate em 64 processadores). Em particular, as configurações de disco vão de uma unidade para a versão de quatro processadores até quatro unidades (140 GB) para a versão de 64 processadores. A memória é escalada de 8 GiB para o sistema de quatro processadores para 20 GiB para o sistema de 64 processadores.

operacional SGI protegeu originalmente a estrutura de dados da tabela de página com um único bloqueio, supondo que a alocação de página é pouco frequente. Em um uniprocessador, isso não representa um problema para o desempenho. Em um multiprocessador, pode se tornar um gargalo de desempenho importante para alguns programas.

Considere um programa que usa grande quantidade de páginas que são inicializadas na partida, o que o UNIX faz para páginas estaticamente alocadas. Suponha que o programa seja colocado em paralelo de modo que múltiplos processos aloquem as páginas. Como a alocação de página exige o uso da estrutura de dados da tabela de página, que é bloqueada sempre que está em uso, até mesmo um kernel do SO que permite múltiplos threads no SO usará a serialização se todos os processos tentarem alocar suas páginas ao mesmo tempo (o que é exatamente o que poderíamos esperar no momento da inicialização).

Essa serialização da tabela de página elimina o paralelismo na inicialização e tem impacto significativo sobre o desempenho paralelo em geral. Esse gargalo de desempenho persiste mesmo sob a multiprogramação. Por exemplo, suponha que dividamos o programa paralelo em processos separados e os executemos, um processo por processador, de modo que não haja compartilhamento entre os processos. (É exatamente isso que um usuário faria, pois acredita que o problema de desempenho deveu-se ao compartilhamento não intencionado ou interferência em sua aplicação.) Infelizmente, o bloqueio ainda serializa todos os processos, de modo que até mesmo o desempenho de multiprogramação é fraco. Essa armadilha indica sutis porém significativos tipos de erros e de desempenho, que podem surgir quando o software é executado nos multiprocessadores. Como muitos outros componentes principais de software, os algoritmos de SO e as estruturas de dados precisam ser repensados em um contexto de multiprocessador. Colocar bloqueios sobre partes menores da tabela de página elimina efetivamente o problema. Existem problemas semelhantes nas estruturas de memória, que aumentam o tráfego de coerência em casos nos quais nenhum compartilhamento está realmente ocorrendo.

Conforme o multicore se tornou o tema dominante em tudo, de desktops a servidores, a falta de investimento adequado em software paralelo se tornou aparente. Dada a falta de foco, provavelmente levará muitos anos antes que os sistemas de software que usamos explorem adequadamente esse crescimento no número de núcleos.

## 5.10 O FUTURO DA ESCALADA DO MULTICORE

Por mais de 30 anos, pesquisadores e designers previram o fim dos uniprocessadores e seu domínio por multiprocessadores. Até os primeiros anos deste século, esta previsão constantemente provou estar errada. Como vimos no Capítulo 3, os custos de tentar encontrar e explorar mais o ILP tornaram-se proibitivos em termos de eficiência (tanto na área de silício quanto na da energia). Naturalmente, o multicore não resolve magicamente o problema de energia porque aumenta claramente a quantidade de transistores e o número ativo de chaveamento de transistores, que são as duas contribuições dominantes para aumentar a potência consumida. Como veremos nesta seção, é provável que os problemas de energia limitem a escalada do multicore mais severamente do que se pensava anteriormente.

A escalada de ILP falhou devido a ambas as limitações no ILP disponível e à eficiência de explorar esse ILP. Da mesma forma, uma combinação de dois fatores significa que o simples dimensionamento do desempenho pela adição de núcleos provavelmente não será muito bem-sucedido. Essa combinação surge dos desafios impostos pela Lei de Amdahl, que avalia a eficiência de explorar o paralelismo, e o fim da escalada de Dennard, que dita a energia necessária para um processador multicore.

Para entender esses fatores, adotamos um modelo simples de escalada da tecnologia (baseado em uma análise extensiva e altamente detalhada em Esmaeilzadeh et al. (2012)). Vamos começar analisando o consumo de energia e a potência na CMOS. Lembre-se, do Capítulo 1, que a energia para mudar um transistor é dada como

$$\text{Energia} \propto \text{Carga capacitiva} \times \text{Tensão}^2$$

A escalada da CMOS é limitada principalmente pela potência térmica, que é uma combinação da potência de fuga estática e a potência dinâmica, que costuma dominar. A potência é dada por

| | |
|---|---|
| Escalada da quantidade de dispositivos (pois um transistor tem 1/4 do tamanho) | 4 |
| Escalada da frequência (baseada em projeções da velocidade do dispositivo) | 1,75 |
| Escalada projetada para a tensão | 0,81 |
| Escalada projetada para a capacitância | 0,39 |
| Escalada de energia por transistor comutado ($CV^2$) | 0,26 |
| Escalada de potência considerando que a fração de comutação de transistores é a mesma e o chip exibe uma escalada de frequência plena | 1,79 |

**FIGURA 5.36** Comparação da tecnologia de 22 nm de 2016 com uma futura tecnologia de 11 nm, que provavelmente estará disponível entre 2022 e 2024.

As características da tecnologia de 11 nm são baseadas no International Technology Roadmap for Semiconductors, que foi descontinuado recentemente devido à incerteza sobre a continuação da Lei de Moore e quais características de escalada serão vistas.

$$\text{Potência} = \text{Energia por transistor} \times \text{Frequência} \times \text{Transistores comutados}$$
$$= \text{Carga capacitiva} \times \text{Tensão}^2 \times \text{Frequência} \times \text{Transistores comutados}$$

Para entender as implicações sobre a escalada de energia e potência, vamos comparar a tecnologia de 22 nm de hoje com uma tecnologia projetada para estar disponível em 2021 a 2024 (dependendo do ritmo em que a Lei de Moore continua a desacelerar). A Figura 5.36 mostra essa comparação baseada em projeções de tecnologia e efeitos resultantes sobre a escala de energia e potência. Observe que a escala de potência > 1,0 significa que o dispositivo futuro consome mais potência; neste caso, 1,79 vezes mais.

Considere as implicações disso para um dos mais recentes processadores Intel Xeon, o E7-8890, que tem 24 núcleos, 7,2 bilhões de transistores (incluindo quase 70 MiB de cache), opera a 2,2 GHz, tem uma potência térmica de 165 watts, e um tamanho de die de 456 mm². A frequência do clock já é limitada pela dissipação de potência: uma versão de 4 núcleos tem um clock de 3,2 GHz e uma versão de 10 núcleos tem um clock de 2,8 GHz. Com a tecnologia de 11 nm, o die com o mesmo tamanho acomodaria 96 núcleos com quase 280 MiB de cache e operaria a uma frequência de clock (supondo uma escalada de frequência perfeita) de 4,9 GHz. Infelizmente, com todos os núcleos operando e sem melhorias de eficiência, consumiria 165 × 1,79 = 295 watts. Se assumirmos que o limite de dissipação de calor de 165 W permanece, então apenas 54 núcleos podem estar ativos. Esse limite produz um ganho de velocidade de desempenho máximo de 54/24 = 2,25 em um período de 5 a 6 anos, menos de metade da escalada de desempenho observada no final da década de 1990. Além disso, podemos ter os efeitos da Lei de Amdahl, como mostra o próximo exemplo.

**Exemplo**  Suponha que tenhamos um processador da geração futura com 96 núcleos, mas em média apenas 54 núcleos podem estar ocupados. Suponha que, em 90% do tempo, possamos usar todos os núcleos disponíveis; em 9% do tempo, podemos usar 50 núcleos; e 1% do tempo é estritamente serial. Quanta aceleração podemos esperar? Suponha que os núcleos possam ser desativados quando não estiverem em uso e não consumam potência e suponha que o uso de um número diferente de núcleos é distribuído, de modo que só precisamos nos preocupar com o consumo médio de potência. Como o ganho de velocidade do multicore se compararia à versão com 24 processadores, que pode usar todo o seu processador durante 99% do tempo?

**Resposta**   Podemos descobrir quantos núcleos podem ser usados em 90% do tempo quando mais de 54 forem utilizáveis, da seguinte forma:

$$\text{Uso Médio do Processador} = 0{,}09 \times 50 + 0{,}01 \times 1 + 0{,}90 \times \text{Máx. de processadores}$$
$$54 = 4{,}51 + 0{,}90 \times \text{Máx. de processadores}$$
$$\text{Máx. de processadores} = 55$$

Agora, podemos descobrir o ganho de velocidade:

$$\text{Ganho de velocidade} = \cfrac{1}{\cfrac{\text{Fração}_{55}}{55} + \cfrac{\text{Fração}_{50}}{50} + (1 - \text{Fração}_{55} - \text{Fração}_{50})}$$

$$\text{Ganho de velocidade} = \cfrac{1}{\cfrac{0{,}90}{55} + \cfrac{0{,}09}{50} + 0{,}01} = 35{,}5$$

Agora, calculamos o ganho de velocidade com 24 processadores:

$$\text{Ganho de velocidade} = \cfrac{1}{\cfrac{\text{Fração}_{24}}{24} + (1 - \text{Fração}_{24})}$$

$$\text{Ganho de velocidade} = \cfrac{1}{\cfrac{0{,}99}{24} + 0{,}01} = 19{,}5$$

Ao considerar tanto as restrições de potência quanto os efeitos da Lei de Amdahl, a versão para 96 processadores atinge um fator de ganho de velocidade menor que 2 em relação à versão para 24 processadores. De fato, o ganho de velocidade pelo aumento da frequência quase corresponde ao ganho de velocidade proveniente do aumento de 4 vezes na quantidade de processadores. Comentamos essas questões mais adiante, nos comentários finais.

# 5.11   COMENTÁRIOS FINAIS

Como vimos na seção anterior, os multicores não solucionam magicamente o problema de potência, já que eles claramente aumentam tanto o número de transistores como o número de transistores ativos sendo comutados, que são os dois contribuintes dominantes para o consumo de energia. A falha na escalada de Dennard simplesmente torna isso mais exacerbado.

Entretanto, os multicores realmente mudam o jogo. Ao permitir que núcleos ociosos sejam colocados em modo de economia de energia, alguma melhoria na eficiência energética pode ser alcançada, como mostraram os resultados neste capítulo. Por exemplo, desligar os núcleos no Intel i7 permite que outros núcleos operem no modo Turbo. Essa capacidade permite uma escolha entre frequências mais altas com menos processadores e mais processadores com frequências mais baixas.

E o que é mais importante: o multicore transfere o fardo de manter o processador ocupado dependendo mais do TLP, o qual a aplicação e o programador são responsáveis por identificar, do que do ILP, pela qual o hardware é responsável. Cargas de trabalho multiprogramadas e altamente paralelas, que evitam os efeitos da Lei de Amdahl, beneficiarão com mais facilidade.

Embora o multicore forneça alguma ajuda direta com o desafio da eficiência energética e transfira grande parte do fardo para o sistema de software, ainda existem desafios diferentes e questões não resolvidas. Por exemplo, até agora as tentativas de explorar versões em nível de thread de especulação agressiva tiveram o mesmo destino de suas contrapartes do ILP. Ou seja, os ganhos de desempenho foram modestos e provavelmente são menores que o aumento no consumo de energia, então ideias como threads especulativos ou run-ahead de hardware não tiveram sucesso ao serem incorporadas nos processadores. Como na especulação para ILP, a menos que a especulação esteja quase sempre certa, os custos vão exceder os benefícios.

Assim, no presente, parece improvável que alguma forma de escalada multicore simples forneça um caminho econômico para o aumento do desempenho. Um problema fundamental deve ser superado: encontrar e explorar quantidades significativas de paralelismo de uma maneira eficiente em energia e área de silício. No capítulo anterior, examinamos a exploração do paralelismo de dados por meio de uma abordagem SIMD. Em muitas aplicações, o paralelismo de dados ocorre em grandes quantidades e o SIMD é um método mais eficiente em termos de energia para explorar o paralelismo de dados. No próximo capítulo, exploramos a computação em nuvem em grande escala. Em tais ambientes, enormes quantidades de paralelismo estão disponíveis em milhões de tarefas independentes, geradas por usuários individuais. A Lei de Amdahl desempenha um papel pequeno na limitação da expansão de tais sistemas, porque as tarefas (por exemplo, milhões de solicitações de pesquisa do Google) são independentes. Por fim, no Capítulo 7, exploramos o surgimento de arquiteturas específicas do domínio (DSAs). A maioria das arquiteturas específicas do domínio exploram o paralelismo do domínio de destino, que geralmente é o paralelismo de dados, e assim como as GPUs, as DSAs podem alcançar uma eficiência muito maior, medida pelo consumo de energia ou utilização de silício.

Na edição anterior, publicada em 2012, levantamos a questão de saber se valeria a pena considerar processadores heterogêneos. Naquela época, nenhum multicore desse tipo havia sido entregue ou anunciado, e os multiprocessadores heterogêneos tinham obtido sucesso apenas limitado em computadores de uso especial ou em sistemas embarcados. Embora os modelos de programação e os sistemas de software permaneçam desafiadores, parece ser inevitável que os multiprocessadores com processadores heterogêneos tenham um papel importante no futuro. A combinação de processadores específicos do domínio, como os discutidos nos Capítulos 4 e 7, com processadores de uso geral, talvez seja o melhor caminho para alcançar maior desempenho e eficiência de energia, mantendo ao mesmo tempo parte da flexibilidade oferecida pelos processadores de uso geral.

## 5.12 PERSPECTIVAS HISTÓRICAS E REFERÊNCIAS

A Seção M.7 (disponível on-line) examina a história dos multiprocessadores e o processamento paralelo. Dividida tanto pelo período de tempo quanto pela arquitetura, a seção inclui discussões sobre os primeiros multiprocessadores experimentais e alguns dos maiores debates sobre o processamento paralelo. Os avanços recentes também são abordados, e são incluídas referências de leitura adicionais.

## ESTUDOS DE CASO COM EXERCÍCIOS POR AMR ZAKY E DAVID A. WOOD

### Estudo de caso 1: Multiprocessador multicore de chip único
#### *Conceitos ilustrados por este estudo de caso*

- Transições do protocolo de coerência snooping
- Desempenho do protocolo de coerência
- Otimizações do protocolo de coerência
- Sincronismo

Um multiprocessador SMT multicore está ilustrado na Figura 5.37. A figura mostra apenas o conteúdo da cache. Cada núcleo possui uma única cache privada com a coerência

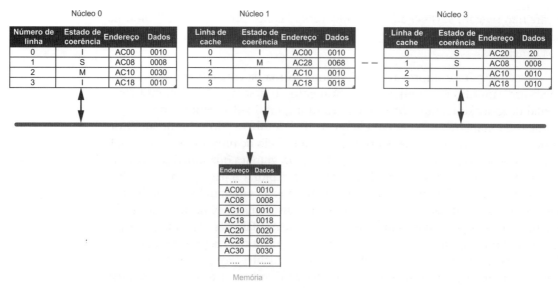

**FIGURA 5.37** Multiprocessador multicore (ponto a ponto).

mantida por meio do protocolo de coerência snooping da Figura 5.7. Cada cache tem mapeamento direto, com quatro linhas, cada uma contendo 2 bytes (para simplificar o diagrama). Para simplificar ainda mais a ilustração, os endereços de linha inteiros na memória aparecem nos campos de endereço nas caches, onde normalmente existiria a tag. Os estados de coerência são indicados por M, S e I, de Modificado, Shared (compartilhado) e Inválido.

**5.1.** [10/10/10/10/10/10/10] <5.2> Para cada parte deste exercício, considere que a cache inicial e o estado da memória tenham o conteúdo mostrado na Figura 5.37. Cada parte deste exercício especifica uma sequência de uma ou mais operações da CPU na forma

Ccore#:R, <endereço> para leituras

e

Ccore#:W, <endereço> <-- <valor escrito> para escritas.

Por exemplo,
C3:R, AC10 & C0: W, AC18 <-- 0018
Operações de leitura e escrita são para 1 bytes de cada vez. Mostre o estado resultante (ou seja, estado de coerência, tags e dados) das caches e da memória após as ações indicadas a seguir. Mostre somente as linhas de cache que experimentam alguma mudança de estado; por exemplo:
C0.L0: (I, AC20, 0001) indica que a linha 0 no núcleo 0 assume um estado de coerência "inválido" (I), armazena AC20 a partir da memória e tem um conteúdo de dados igual a 0001. Além disso, represente quaisquer mudanças no estado da memória como M: <endereço> <- valor.

Diferentes partes de (a) a (g) não dependem uma da outra: suponha que as ações em todas as partes são aplicadas aos estados iniciais da cache e da memória.

    **a.** [10] <5.2> C0: R, AC20
    **b.** [10] <5.2> C0: W, AC20 <-- 80
    **c.** [10] <5.2> C3: W, AC20 <-- 80

**d.** [10] <5.2> C1: R, AC10
**e.** [10] <5.2> C0: W, AC08 <-- 48
**f.** [10] <5.2> C0: W, AC30 <-- 78
**g.** [10] <5.2> C3: W, AC30 <-- 78

**5.2.** [20/20/20/20] <5.3> O desempenho de um multiprocessador com cache com coerência por snooping depende de muitas questões de implementação que determinam a rapidez com que uma cache responde com dados em um bloqueio exclusivo ou em estado M. Em algumas implementações, uma falta de leitura do processador a um bloco da cache que é exclusivo na cache de outro processador é mais rápida do que uma falta a um bloco na memória. Isso porque as caches são menores e, portanto, mais rápidas do que a memória principal. Reciprocamente, em algumas implementações, as faltas satisfeitas pela memória são mais rápidas do que aquelas satisfeitas pelas caches, porque as caches geralmente são otimizadas para a "frente" ou referências da CPU, em vez de para "trás" ou acessos por snooping. Para o multiprocessador ilustrado na Figura 5.37, considere a execução de uma sequência de operações em uma única CPU, onde:

- Acertos de leitura e escrita de CPU não geram ciclos de stall.
- Faltas de leitura e escrita de CPU geram ciclos de stall $N_{memória}$ e $N_{cache}$ se satisfeitas pela memória e pela cache, respectivamente.
- Acertos de escrita que geram uma invalidação incorrem em $N_{invalidação}$ ciclos de stall.
- Um write-back de um bloco, seja devido a um conflito, seja devido à solicitação de outro processador a um bloco exclusivo, incorre em $N_{write-back}$ ciclos de stall adicionais.

Considere duas implementações com as diferentes características de desempenho resumidas na Figura 5.38.

Para observar como esses valores de ciclo são usados, ilustramos como a seguinte sequência de operações se comporta sob a implementação 1, considerando os estados iniciais das caches da Figura 5.37.

```
C1: R, AC10
C3: R, AC10
```

Para simplificar, considere que a segunda operação começa depois que a primeira termina, embora estejam em núcleos processadores diferentes.

Para a implementação 1,

- a primeira leitura gera 50 ciclos de stall, pois a leitura é satisfeita pela cache de C0: C1 aguarda por 40 ciclos enquanto espera o bloco, e C0 por 10 ciclos enquanto escreve o bloco de volta à memória em resposta à solicitação de C1; e

| Parâmetro | Ciclos de Implementação 1 | Ciclos de Implementação 2 |
|---|---|---|
| $N_{memória}$ | 100 | 100 |
| $N_{cache}$ | 40 | 130 |
| $N_{invalidação}$ | 15 | 15 |
| $N_{write-back}$ | 10 | 10 |

**FIGURA 5.38** Latências de coerência snooping.

# CAPÍTULO 5: Paralelismo em nível de thread

- a segunda leitura por C3 gera 100 ciclos de stall, pois sua falta é resolvida pela memória.

Portanto, essa sequência gera um total de 150 ciclos de stall.

Para as sequências de operações a seguir, quantos ciclos de stall são gerados por implementação?

**a.** [20] <5.3>
```
CO: R, AC20
CO: R, AC28
CO: R, AC30
```

**b.** [20] <5.3>
```
CO: R, AC00
CO: W, AC08 <-- 48
CO: W, AC30 <-- 78
```

**c.** [20] <5.3>
```
C1: R, AC00
C1: W, AC08 <-- 48
C1: W, AC30 <-- 78
```

**d.** [20] <5.3>
```
C1: R, AC20
C1: R, AC28
C1: R, AC30
```

**5.3.** [20] <5.2> Algumas aplicações leem um grande dataset primeiro e depois modificam a maior parte dele, ou todo ele. O protocolo de coerência MSI básico primeiro buscará todos os blocos de cache no estado Shared e depois será forçado a realizar uma operação de invalidação para atulizá-los para o estado Modified. O atraso adicional tem um impacto significativo sobre algumas cargas de trabalho. O acréscimo MESI ao protocolo padrão (ver Seção 5.2) oferece algum alívio nesses casos. Desenhe novos diagramas de protocolo para um protocolo MESI que acrescenta o estado Exclusive e transições para os estados Modified, Shared e Invalidate do protocolo MSI básico.

**5.4.** [20/20/20/20/20] <5.2> Considere o conteúdo da cache da Figura 5.37 e a temporização da Implementação 1 na Figura 5.38. Quais são os ciclos de stall totais para as sequências de código a seguir com o protocolo básico MSI e o novo protocolo MESI no Exercício 5.3? Considere que as transições de estados que não exigem transações de interconexão não incorrem em ciclos de stall adicionais.

**a.** [20] <5.2>
```
CO: R, AC00
CO: W, AC00 <-- 40
```

**b.** [20] <5.2>
```
CO: R, AC20
CO: W, AC20 <-- 60
```

**c.** [20] <5.2>
```
CO: R, AC00
CO: R, AC20
```

**d.** [20] <5.2>
```
CO: R, AC00
C1: W, AC00 <-- 60
```

**e.** [20] <5.2>
```
CO: R, AC00
CO: W, AC00 <-- 60
C1: W, AC00 <-- 40
```

**5.5.** O código rodando em um único núcleo e não compartilhando quaisquer variáveis com outros núcleos pode sofrer alguma degradação de desempenho devido ao protocolo de coerência de snooping. Considere que os dois loops iterativos a seguir <u>NÃO</u> são funcionalmente equivalentes, mas parecem ser semelhantes em complexidade. Alguém poderia ser levado a concluir que eles gastariam um número muito próximo de ciclos quando executados no mesmo núcleo de processador.

| Loop 1 | Loop 2 |
|---|---|
| Repeat i: 1..n | Repeat i: 1..n |
| A[i] <-- A[i-1] + B[i]; | A[i] <-- A[i] + B[i]; |

Suponha que:

- Cada linha de cache possa manter exatamente um elemento de A ou B.
- Os arrays A e B não interferem na cache.
- Todos os elementos de A ou B estão na cache antes que qualquer loop seja executado.

  Compare seu desempenho quando executado em um núcleo cuja cache usa o protocolo de **coerência MESI**. Use os dados do ciclo de stall para a Implementação 1 da Figura 5.38.

  Suponha que uma linha de cache possa manter vários elementos de A e B (A e B vão para linhas de cache separadas). Como isso afetará os desempenho relativos do Loop 1 e do Loop 2?

  Sugira mecanismos de hardware e/ou software que melhorariam o desempenho do Loop 1 em um único núcleo.

**5.6.** [20] <5.2> Muitos protocolos de coerência de snooping possuem estados adicionais, transições de estado ou transações de barramento para reduzir o overhead de manutenção da coerência de cache. Na implementação 1 do Exercício 5.2, as faltas estão gerando menos ciclos de stall quando são fornecidos pela cache do que quando são fornecidas pela memória. A extensão do protocolo MOESI (ver Seção 5.2) trata dessa necessidade.

Desenhe novos diagramas de protocolo com o estado adicional e suas transições.

**5.7.** [20/20/20/20] <5.2> Para as sequências de código a seguir e os parâmetros de temporização para as duas implementações na Figura 5.36, calcule os ciclos de stall totais para o protocolo básico MSI e o protocolo MESI otimizado no Exercício 5.3. Considere que as transições de estado que não exigem transações do barramento não incorrem em ciclos adicionais de stall.

  **a.** [20] <5.2> C1: R, AC10
  C3: R, AC10
  C0: R, AC10

  **b.** [20] <5.2> C1: R, AC20
  C3: R, AC20
  C0: R, AC20

  **c.** [20] <5.2> C0: W, AC20 <-- 80
  C3: R, AC20
  C0: R, AC20

  **d.** [20] <5.2> C0: W, AC08 <--88
  C3: R, AC08
  C0: W, AC08 <-- 98

**5.8.** [20/20/20/20] <5.5> O spin lock é o mecanismo de sincronismo mais simples possível na maioria das máquinas comerciais de memória compartilhada. Esse spin lock conta com o primitivo de troca para carregar atomicamente o valor antigo e armazenar um novo valor. A rotina de bloqueio realiza a operação de troca repetidamente até que encontre o bloqueio desbloqueado (ou seja, o valor retornado é 0).

```
        addi x2, x0, #1
lockit: EXCH x2, 0(x1)
        bnez x2, lockit
```

O bloqueio é liberado simplesmente armazenando um 0 em x2.

Conforme vimos na Seção 5.5, o spin lock mais otimizado emprega coerência de cache e usa um load para verificar o bloqueio, permitindo que ele "gire" com uma variável compartilhada na cache.

```
lockit: ld     x2, 0(x1)
        bnez   x2, lockit
        addi   x2, x0, #1
        EXCH   x2,0(x1)
        bnez   x2, lockit
```

Suponha que os núcleos de processador C0, C1 e C3 estejam tentando adquirir um bloqueio no endereço 0xAC00 (ou seja, o registrador R1 mantém o valor 0xAC00). Considere o conteúdo da cache da Figura 5.37 e os parâmetros de temporização da Implementação 1 na Figura 5.38. Para simplificar, considere que as seções críticas utilizam 1.000 ciclos.

**a.** [20] <5.5> Usando o spin lock simples, determine *aproximadamente* quantos ciclos de stall da memória cada processador incorre antes de adquirir o bloqueio.

**b.** [20] <5.5> Usando o spin lock otimizado, determine *aproximadamente* quantos ciclos de stall da memória cada processador incorre antes de adquirir o bloqueio.

**c.** [20] <5.5> Usando o spin lock simples, *aproximadamente* quantos acessos à memória ocorrem?

**d.** [20] <5.5> Usando o spin lock otimizado, *aproximadamente* quantos acessos à memória ocorrem?

## Estudo de caso 2: Coerência simples baseada em diretório
### *Conceitos ilustrados por este estudo de caso*

- Transições do protocolo de coerência de diretório
- Desempenho do protocolo de coerência
- Otimizações do protocolo de coerência

Considere o sistema de memória compartilhada distribuída, ilustrado na Figura 5.39. Ele consiste em oito nós de núcleos de processador organizados como um hipercubo tridimensional com interconexões ponto-a-ponto, como mostra a figura. Para simplificar, consideramos a seguinte configuração resumida:

- Cada nó tem um *único núcleo processador* com uma cache de dados L1 com mapeamento direto e seu controlador de cache dedicado.
- A cache de dados L1 tem uma capacidade de duas linhas de cache com um tamanho de linha de B bytes.

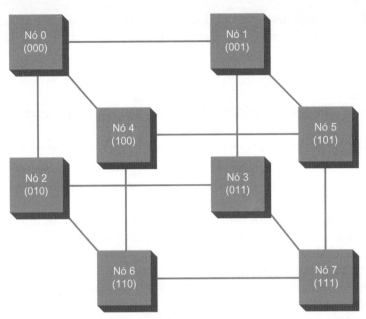

**FIGURA 5.39** Multiprocessador multicore com DSM.

- Os estados da cache L1 são indicados por M, S e I, de Modificado, Compartilhado (Shared) e Inválido. Um exemplo de entrada de cache seria algo como
    1: S, M3, 0xabcd →

A linha de cache 1 está no estado "Shared"; ela contém o bloco de memória M3 e o valor de dados do bloco é 0xabcd.

- A memória do sistema compreende 8 blocos de memória (ou seja, um bloco de memória por nó) e está distribuída entre os oito nós, com cada nó alternado possuindo um bloco de memória. O nó Ci possui o bloco de memória Mi.
- Cada bloco de memória possui B bytes de largura e é rastreado por uma entrada no diretório de coerência armazenada com o bloco da memória.
- O estado de cada entrada de diretório na memória é indicado por DM, DS e DI, de Directory Modified, Directory Shared e Directory Invalid. Além disso, a entrada de diretório lista os sharers de bloco usando um vetor de bits com 1 bit para cada nó. Aqui está um exemplo de bloco de memória e sua entrada de diretório associada:
    M3: 0XABCD, DS, 00000011 -->

O bloco de memória M3 (no nó C3) contém o valor 0xABCD e é compartilhado pelos nós 0 e 1 (correspondendo aos 1s no vetor de bits).

## Notação de leitura/escrita

Para descrever transações de leitura/escrita, usaremos a notação

   Ci#: R, <Mi> para leituras

   Ci#: W, <Mi> <-- <valor escrito> para escritas. Por exemplo,

   C3: R, M2 descreve o núcleo no nó 3 que emite uma transação de leitura a partir de um endereço no bloco de memória M2 (o endereço possivelmente já pode estar em cache, em C3).

C0: W, M3 <-- 0018 descreve o núcleo no nó 0 que emite uma transação de escrita (os dados são 0X0018) para um endereço no bloco de memória M3 (o endereço possivelmente já pode estar em cache, em C0).

## Mensagens

Os esquemas de coerência de diretório dependem da troca de mensagens de comando e/ou dados, conforme descrito pelo protocolo de diretório na Figura 5.20. Um exemplo de uma mensagem de comando é uma solicitação de leitura. Um exemplo de uma mensagem de dados é uma resposta de leitura (com dados incluídos).

- Mensagens originando e terminando no mesmo nó não cruzam quaisquer links entre nós.
- Mensagens com nós distintos para origem e destino atravessam os links entre nós. Essas mensagens podem ser destinadas de um controlador de cache para outro, de um controlador de cache para um controlador de diretório, ou de um controlador de diretório para um controlador de cache.
- As mensagens trafegando de um nó de origem para um nó de destino diferente são roteadas estaticamente.
  - O algoritmo de roteador estático seleciona um caminho mais curto entre os nós de origem e destino.
  - O caminho curto é determinado considerando-se as representações binárias dos índices de origem e destino (por exemplo, 001 para o nó C1 e 100 para o nó C4), depois movendo de um nó para um nó vizinho que ainda não foi cruzado pela mensagem.
    - Por exemplo, para ir do nó 6 ao nó 0 (110 --> 000), o caminho é 110 --> 100 --> 000.
    - Como pode existir mais de um caminho curto (110 --> 010 --> 000 é outro caminho para o exemplo anterior), consideramos que o caminho é selecionando invertendo-se primeiro o bit menos significativo que seja diferente do bit correspondente no índice de destino. Por exemplo, para atravessar do nó 1 ao nó 6 (001 --> 110), o caminho é 001 --> 000 --> 010 --> 110.
  - O caminho mais longo possível atravessado por qualquer mensagem possui 3 links (igual ao número de bits na representação binária de um índice de nó).
- Um nó pode processar simultaneamente até três mensagens de/para links de nós vizinhos distintos se dois deles não estiverem disputando pelo mesmo recurso de link, conforme esclarecido pelos exemplos a seguir de **mensagens enviadas/ recebidas para/de/através** do nó 000.
  Mensagens: de 001 --> 010; 010 --> 000 (para controlador de cache/diretório); 100 --> 001. **OK** (destinos distintos).
  Mensagem: de 001 --> 010; 000 --> 001 (de controlador de cache/diretório); 100 --> 001. **Não OK**, pois as duas mensagens são destinadas ao nó 001.
  Em caso de disputa pelo destino, os empates são resolvidos atribuindo prioridade a
  a. mensagem destinada ao controlador de cache ou diretório do nó (000 no exemplo); depois
  b. mensagens encaminhadas de um para outro (através de 000 no exemplo); depois
  c. mensagens originando do controlador de cache ou diretório do nó (000 no exemplo).
- Considere os atrasos de transmissão e atendimento na tabela a seguir.

| Tipo de mensagem | Controlador de cache | Controlador de diretório | Link |
|---|---|---|---|
| Sem dados | 2 ciclos | 5 ciclos | 10 ciclos |
| Com dados | $(3 + \lceil B/4 \rceil)$ ciclos | $(6 + 10 * B)$ ciclos | $(4 + B)$ ciclos |

- Se uma mensagem for encaminhada através de um nó, ela é primeiro completamente recebida pelo nó, antes de ser enviada ao próximo nó no caminho.
- Considere qualquer controlador de cache; o controlador de diretório possui capacidade ilimitada para enfileirar mensagens e atendê-las na ordem FCFS.

**5.9.** [10/10/10] <5.4> Para cada parte deste exercício, considere que inicialmente todas as linhas de cache sejam inválidas, e que os dados na memória Mi sejam o byte i (0X00 <= i <= 0x07) repetido tantas vezes quanto o tamanho do bloco. Suponha que as solicitações sucessivas sejam completamente serializadas. Ou seja, nenhum núcleo emitirá uma solicitação de coerência até que a solicitação anterior (pelo mesmo núcleo ou por outro) seja concluída.

Para cada umas das partes a seguir:
- Mostre o estado final (ou seja, estado de coerência, sharers/proprietários, tags e dados) dos controladores de cache e de diretório (incluindo valores de dados) após a sequência de transações indicada ter sido concluída.
- Mostre as mensagens transferidas (escolha um formato adequado para os tipos de mensagem).

    a.   [10] <5.4> `C3: R, M4`
                      `C3: R, M2`
                      `C7: W, M4 <--0xaaaa`
                      `C1: W, M4 <--0xbbbb`

    b.   [10] <5.4> `C3: R, M0`
                      `C3: R, M2`
                      `C6: W, M4 <--0xaaaa`
                      `C3: W, M4 <--0xbbbb`

    c.   [10] <5.4> `C0: R, M7`
                      `C3: R, M4`
                      `C6: W, M2 <--0xaaaa`
                      `C2: W, M2 <--0xbbbb`

**5.10.** [10/10/10] <5.4> O protocolo de diretório usado em 5.9 (com base na Figura 5.20) considera que o controlador de diretório recebe solicitações, envia invalidações, recebe dados modificados, envia dados modificados ao solicitante se o bloco foi modificado e assim por diante. Suponha agora que o controlador de diretório delegará algum trabalho aos núcleos. Por exemplo, ele notificará o proprietário exclusivo de um bloco modificado quando algum outro núcleo precisar do bloco e deixará que o proprietário envie o bloco ao novo sharer. Especificamente, considere as seguintes otimizações e indique quais são seus benefícios (se houver). Além disso, especifique como as mensagens serão modificadas (em comparação com o protocolo da Figura 5.20) para dar suporte à nova mudança.

Dica: Os benefícios poderiam ser a redução no número de mensagens, tempo de resposta mais curto e assim por diante.

    **a.** [10] <5.4> Em uma falta de escrita a um bloco de memória compartilhado, o controlador de diretório envia os dados ao solicitante e instrui os sharers a enviar suas confirmações de invalidação diretamente ao solicitante.

**CAPÍTULO 5:   Paralelismo em nível de thread**

**b.** [10] <5.4> Em uma falta de leitura para um bloco modificado em algum outro núcleo, o controlador de diretório instrui o proprietário da cópia modificada a encaminhar os dados diretamente ao solicitante.

**c.** [10] <5.4> Em uma falta de leitura para um bloco no estado compartilhado (S) em algum outro núcleo, o controlador de diretório instrui um dos sharers (digamos, aquele mais próximo do solicitante) a encaminhar os dados diretamente ao solicitante.

**5.11.** [15/15/15] <5.4> No problema 5.9, consideramos que todas as transações no sistema eram executadas em série, algo que é irreal e ineficaz em um multicore DSM. Agora, vamos aliviar essa condição. Vamos exigir apenas que todas as transações originando em um núcleo sejam serializadas. Porém, diferentes núcleos podem emitir, de forma independente, suas transações de leitura/escrita e até mesmo competir pelo mesmo bloco de memória. As transações do problema 5.9 são representadas a seguir para refletir as restrições novas, aliviadas. Refaça o problema 5.9 com essas novas restrições.

**a.** [15] <5.4>

```
C1: W, M4 <--0xbbbb     C3: R, M4     C7: R, M2
                        C3: W, M4 <--0xaaaa
```

**b.** [15] <5.4>

```
C3: R, M0       C6: W, M4 <--0xaaaa
C3: R, M2
C3: W, M4 <--0xbbbb
```

**c.** [15] <5.4>

```
C0: R, M7 C2: W, M2 <--0xbbbb  C3: R, M4  C6: W, M2 <--0xaaaa
```

**5.12.** [10/10] <5.4> Use as informações de roteamento e atraso descritas anteriormente e explique como os seguintes grupos de transações prosseguirão no sistema (suponha que todos os acessos sejam faltas).

**a.** a. C0: R, M7  C2: W, M2 <--0xbbbb  C3: R, M4  C6: W, M2 <--0xaaaa

**b.** b. C0: R, M7          C3: R, M7
         C2: W, M7 <--0xbbbb

**5.13.** [20] <5.4> Que complexidades adicionais poderão surgir se as mensagens puderem ser redirecionadas de forma adaptativa nos links? Por exemplo, uma mensagem de coerência do controlador de diretório do núcleo M1 para C2 (expressa em binário como $M_{001} \rightarrow C_{010}$) será roteada ou através do caminho entre nós $C_{001} \rightarrow C_{000} \rightarrow C_{010}$ ou pelo caminho entre nós $C_{001} \rightarrow C_{011} \rightarrow C_{010}$, dependendo da disponibilidade do link.

**5.14.** [20] <5.4> Em uma perda de leitura, uma cache poderia sobrescrever uma linha no estado compartilhado (S) sem notificar o diretório que possui o bloco de memória correspondente. Como alternativa, ela notificará o diretório par que ele exclua essa cache da lista de sharers.

Mostre como os seguintes grupos de transações (executadas uma de cada vez, em série) prosseguirão sob as duas abordagens.

```
C3:  R, M4
C3:  R, M2
C2:  W, M4 <--0xabcd
```

# Estudo de caso 3: Consistência de memória
## *Conceitos ilustrados por este estudo de caso*

- Comportamento legítimo do programa sob modelos de consistência sequencial (SC).
- Otimização de hardware permitida para modelos SC.
- Uso de primitivas de sincronismo para fazer com que um modelo de consistência emule um modelo mais restritivo.

**5.15.** [10/10] <5.6> Considere os seguintes segmentos de código sendo executados em dois processadores, P1 e P2. Suponha que $A$ e $B$ sejam inicialmente 0.

| P1: | P2 |
|---|---|
| `While (B == 0);` | `While (A == 0);` |
| `A = 1;` | `B = 1;` |

    **a.** Se os processadores aderirem ao modelo de consistência sequencial (SC), quais são os valores possíveis de A e B ao final dos segmentos? Mostre a intercalação de instruções dando suporte à sua resposta.

    **b.** Repita (a) se os processadores aderirem ao modelo de consistência de ordem de armazenamento total (TSO).

**5.16.** [5] <5.6> Considere os segmentos de código a seguir sendo executados em dois processadores, P1 e P2. Suponha que $A$ e $B$ sejam inicialmente 0. Explique como um compilador otimizador poderia tornar impossível que $B$ fosse definido como 2 em um modelo de execução sequencialmente consistente.

| P1: | P2 |
|---|---|
| `A = 1;` | `B = 1;` |
| `A = 2;` | `While (A <> 0);` |
| `While (B == 0);` | `B = 2;` |

**5.17.** [10] <5.4> Em um processador implementando um modelo de consistência SC, a cachê de dados é aumentada com uma unidade de pré-busca de dados. Isso alterará os resultados da execução da implementação SC? Por quê?

**5.18.** [10/10] <5.6> Suponha que o segmento de código a seguir seja executado em um processador que implementa a ordem de armazenamento parcial (PSO):

```
A=1;
B=2;
If (C== 3)
D=B;
```

    **a.** Aumente o código com primitivas de sincronismo para fazer com que simule o comportamento de uma implementação de ordem de armazenamento total (TSO).

    **b.** Aumente o código com primitivas de sincronismo para fazer com que simule o comportamento de uma implementação de consistência sequencial (SC).

**5.19.** [20/20/20] <5.6> A consistência sequencial (SC) requer que todas as leituras e escritas pareçam ter sido executadas em alguma ordem total. Isso pode exigir que um processador gere um stall em certos casos antes de confirmar uma instrução de leitura ou escrita. Considere a sequência de código

```
write A
read B
```

onde o `write A` resulta em uma falta de cache e o `read B` resulta em um acerto de cache.

Sob SC, o processador deve realizar um stall de `read B` até que possa ordenar (e, portanto, realizar) `write A`. Implementações simples de SC causarão stall do processador até que a cache receba os dados e possa realizar a escrita.

O modo de consistência de liberação (RC — ver Seção 5.6) alivia estas restrições: a ordenação — quando for desejado — é imposta pelo uso prudente de operações de sincronismo. Isso permite, entre outras otimizações, que os processadores implementem buffers de escrita, que mantêm escritas confirmadas que ainda não tinham sido ordenadas com relação às escritas de outros processadores. As leituras podem passar (e potencialmente evitar) o buffer de escrita na RC (o que elas não poderiam fazer na SC).

Suponha que uma operação da memória possa ser realizada por ciclo e que as operações que acertam na cache ou que podem ser satisfeitas pelo buffer de escrita não introduzem ciclos de stall. As operações que causam falta incorrem nas latências listadas na Figura 5.38.

Quantos ciclos de stall ocorrem *antes* de cada operação para os modelos de consistência SC e RC? (O buffer de escrita pode manter no máximo uma escrita.)

a. [20] <5.6> `P0: write 110 <-- 80` `//considere falta (nenhuma outra cache tem a linha)`

           `P0: read 108` `//considere falta (nenhuma outra cache tem a linha)`

b. [20] <5.6> `P0: read 110` `//considere falta (nenhuma outra cache tem a linha)`

           `P0: write 100 <-- 90` `//considere acerto`

c. [20] <5.6> `P0: write 100 <-- 80` `//considere falta`

           `P0: write 110 <-- 90` `//considere acerto`

**5.20.** [20] <5.6> Repita a parte (a) do problema 5.19 sob um modelo SC em um processador que possui uma unidade de pré-busca de leitura. Suponha que uma pré-busca de leitura fosse disparada 20 ciclos antes da operação de escrita.

## Exercícios

**5.21.** [15] <5.1> Considere que temos uma função para uma aplicação na forma F (i, p), que dá a fração de tempo em que exatamente *i* processadores são utilizáveis, dado que um total de *p* processadores está disponível. Isso significa que:

$$\sum\nolimits_{i=1}^{p} F(i,p)=1$$

Considere que, quando *i* processadores estão em uso, as aplicações rodam *i* vezes mais rápido.

a. Reescreva a lei de Amdahl de modo que ela forneça o ganho de velocidade como função de *p* para alguma aplicação.

b. Uma aplicação A é executada em um único processador por T segundos. Diferentes partes de seu tempo de execução podem ser melhoradas se for usado um número maior de processadores. A Figura 5.40 fornece os detalhes.

| Fração de T | 20% | 20% | 10% | 5% | 15% | 20% | 10% |
|---|---|---|---|---|---|---|---|
| Processadores (P) | 1 | 2 | 4 | 6 | 8 | 16 | 128 |

**FIGURA 5.40** Porcentagem do tempo A da aplicação que pode ser usado para P processadores.

Quanto ganho de velocidade A alcançará quando forem usados 8 processadores?

c. Repita para 32 processadores e um número infinito de processadores.

**5.22.** [15/20/10] <5.1> Neste exercício, nós examinamos o efeito da topologia da rede de interconexão sobre os *ciclos de clock por instrução (CPI)* dos programas sendo executados em um multiprocessador de memória distribuída com 64 processadores. A frequência do processador é de 2,0 GHz e o CPI base de uma aplicação com todas as referências com acerto na cache é de 0,75. Considere que 0,2% das instruções envolvem uma referência de comunicação remota. O custo de uma referência de comunicação remota é (100 + 10 h) ns, onde h é o número de saltos na rede de comunicação que uma referência remota deve percorrer para a memória remota do processador e para a volta. Considere que todos os links de comunicação são bidirecionais.

a. [15] <5.1> Calcule o pior custo de comunicação remota quando os 64 processadores estão organizados como um anel, como um grid de 8 × 8 processadores ou como um hipercubo. (*Dica*: o maior caminho de comunicação em um hipercubo de $2^n$ tem $n$ links).

b. [20] <5.1> Compare o CPI base da aplicação sem comunicação remota ao CPI alcançado com cada uma das três topologias no item (a).

**5.23.** [15] <5.2> Mostre como o protocolo básico snooping da Figura 5.6 pode ser modificado para uma cache write-through. Qual é a maior funcionalidade de hardware que não é necessária com uma cache write-through comparada com uma cache write-back?

**5.24.** [20/20] <5.2> Por favor, responda aos seguintes problemas:

a. [20] <5.2> Adicione um estado exclusivo limpo ao protocolo básico de coerência de cache snooping (Figura 5.6). Mostre o protocolo no formato da máquina de estado finito usado na figura.

b. [20] <5.2> Acrescente um estado "owned" ao protocolo do item (a) e descreva o uso do mesmo formato da máquina de estado finito usado na Figura 5.6.

**5.25.** [15] <5.2> Uma solução proposta para o problema de falso compartilhamento é adicionar um bit de validade por palavra. Isso permitiria ao protocolo invalidar uma palavra sem remover o bloco inteiro, possibilitando que um processador mantenha uma parte de um bloco na sua cache enquanto outro escreve em uma parte diferente do bloco. Que complicações adicionais serão introduzidas no protocolo básico de coerência de cache snooping (Figura 5.6) se esse recurso for incluído? Lembre-se de considerar todas as ações de protocolo possíveis.

**5.26.** [15/20] <5.3> Este exercício estuda o impacto de técnicas agressivas para explorar paralelismo em nível de instrução no processador quando usado no projeto de sistemas multiprocessadores com memória compartilhada. Considere dois sistemas idênticos, exceto pelo processador. O sistema A usa um processador com um pipeline simples de despacho único e em ordem, enquanto o sistema B usa um processador com despacho de quatro vias, execução fora de ordem e um buffer de reordenação com 64 entradas.

**a.** [15] <5.3> Seguindo a convenção na Figura 5.11, vamos dividir o tempo de execução em execução de instrução, acesso à cache, acesso à memória e outros stalls. Como você espera que cada um desses componentes seja diferente entre os sistemas A e B?

**b.** [10] <5.3> Baseado na discussão sobre o comportamento da carga de trabalho On-Line Transaction Processing (OLTP), na Seção 5.3, qual é a importante diferença entre a carga de trabalho OLTP e outros benchmarks que limitam o benefício de um projeto de processador mais agressivo?

**5.27.** [15] <5.3> Como você mudaria o código de uma aplicação para evitar compartilhamento falso? O que poderia ser feito por um compilador e o que requereria diretivas de programador?

**5.28.** [15] <5.3> Uma aplicação está calculando o número de ocorrências de certa palavra em um número muito grande de documentos. Um número muito grande de processadores dividiu o trabalho, procurando os diferentes documentos. Eles criaram um array imenso — word_count — de inteiros de 32 bits, com cada elementos sendo o número de vezes que a palavra ocorreu em algum documento. Em uma segunda fase, o cálculo é movido para um servidor SMP pequeno com quatro processadores. Cada processador possui aproximadamente ¼ dos elementos do array. Mais adiante um processador calcula a soma total.

```
for(int p=0; p<=3; p++) // Cada iteração é executada em um
                               processador separado.
{
    sum[p] = 0;
    for(int i=0; i<n/4; i++) // n é o tmanaho de word_count e
                               é divisível por 4
        sum[p] = sum[p] + word_count[p+4*i];
}
total_sum = sum[0] +sum[1]+sum[2]+sum[3] //executado apenas
                               no processador.
```

**a.** Supondo que cada processador tenha uma cache de dados L1 de 32 bytes, identifique o compartilhamento de linha de cache (verdadeiro ou falso) que o código exibe.

**b.** Reescreva o código para reduzir o número de faltas para elementos do array word_count.

**c.** Identifique um reparo manual que você pode fazer para o código livrar-se de qualquer compartilhamento falso.

**5.29.** [15] <5.4> Considere um protocolo de coerência de cache baseado em diretório. O diretório atualmente tem informações que indicam que o processador P1 tem os dados em modo "exclusivo". Se o diretório obtiver uma requisição para o mesmo bloco de cache do processador P1, o que isso poderia significar? O que o controlador de diretório faria? (Tais casos são chamados "condições de corrida" e são a razão pela qual os protocolos de coerência são tão difíceis de projetar e verificar.)

**5.30.** [20] <5.4> Um controlador de diretório pode enviar invalidações para linhas que tenham sido substituídas pelo controlador de cache local. Para evitar tais mensagens e manter o diretório consistente, são usadas dicas de substituição. Tais mensagens dizem ao controlador que um bloco foi substituído. Modifique o protocolo de coerência de diretório da Seção 5.4 para usar tais dicas de substituição.

**5.31.** [20/30] <5.4> Um ponto negativo de uma implementação direta de diretórios usando vetores de bit totalmente preenchidos é que o tamanho total da informação de diretório escala de acordo com o produto: número de processadores $\times$ blocos de memória. Se a memória crescer linearmente com o número de processadores, o tamanho total do diretório aumentará quadraticamente no número de processadores. Na prática, como o diretório precisa de somente de 1 bit por bloco de memória (geralmente, de 32-128 bytes), esse problema não é sério para números de processadores pequenos a moderados. Por exemplo, considerando um bloco de 128 bytes e P processadores, a quantidade de armazenamento de diretório comparado à memória principal é $P/(128*8) = P/1024$, ou cerca de 12,5% de armazenamento adicional para P = 128 processadores. Esse problema pode ser evitado observando que precisamos somente manter uma quantidade de informação proporcional ao tamanho da cache de cada processador. Nós exploramos algumas soluções nestes exercícios.

**a.** [20] <5.4> Um método para obter um protocolo de diretório escalável é organizar o multiprocessador como hierarquia lógica com os processadores como folhas da hierarquia e diretórios posicionados na raiz de tal subárvore. O diretório de cada subárvore registra quais descendentes armazenam quais blocos de memória. Ele também registra os blocos de memória — com uma raiz nessa subárvore — que são armazenados na cache fora da subárvore. Calcule a quantidade de armazenamento necessária para registrar as informações do processador para os diretórios, supondo que cada diretório seja totalmente associativo. Sua resposta deve também incorporar o número de nós em cada nível da hierarquia, além do número total de nós.

**b.** [15] <5.4> Outra técnica para reduzir o tamanho do diretório é permitir que somente um número limitado dos blocos de memória do diretório sejam compartilhados em determinado momento. Implemente o diretório como uma cache associativa em conjunto de quatro vias armazenando vetores de bits cheios. Se houver uma falta de cache de diretório, escolha uma entrada de diretório e invalide a entrada. Descreva como essa organização funcionará elaborando o que acontecerá enquanto um bloco a é lido, tem a escrita substituída ou escrito de volta para a memória. Modifique o protocolo da Figura 5.20 para refletir as novas transições exigida por essa organização de diretório.

**c.** [20] <5.4> Em vez de reduzir o número de entradas de diretório, podemos implementar vetores de bits que não sejam densos. Por exemplo, podemos definir cada entrada de diretório para 9 bits. Se um bloco. Se um bloco for armazenado na cache em somente um nó fora do seu home, esse campo conterá o número do nó. Se o bloco for armazenado na cache em mais de um nó fora do seu home, esse campo será um vetor de bit, com cada bit indicando um grupo de oito processadores, pelo menos um dos quais armazenará o bloco na cache. Ilustre como esse esquema funcionaria para uma máquina DMS de 64 processadores consistindo em oito grupos de 8 processadores.

**d.** [15] Uma abordagem extrema para a redução do tamanho do diretório é implementar um diretório "vazio"; ou seja, o diretório em cada processador não armazena quaisquer estados de memória. Ele recebe solicitações e as encaminha conforme *apropriado*. Qual é o benefício de ter tal diretório em vez de não ter diretório algum para um sistema DSM?

**5.32.** [10] <5.5> Implemente a instrução clássica compare-and-swap usando o par de instruções *load-linked/store-conditional*.

**CAPÍTULO 5: Paralelismo em nível de thread**

**5.33.** [15] <5.5> Uma otimização de desempenho comumente usada é preencher as variáveis de sincronização para que não tenham outros dados úteis na mesma linha de cache da variável de sincronização. Construa um exemplo demonstrando que essa otimização pode ser extremamente útil em algumas situações. Considere um protocolo snooping de invalidação de escrita.

**5.34.** [30] <5.5> Uma implementação possível do par *load-linked/store-conditional* para processadores multicore é restringir essas instruções usando operações de memória fora da cache. Uma unidade de monitoramento intercepta todas as leituras e escritas de qualquer núcleo para a memória. Ele rastreia a fonte das instruções *load-linked* e se quaisquer armazenamentos interligados ocorrem entre o *load-linked* e sua instrução *store-conditional* correspondente. O monitor pode impedir qualquer falha no armazenamento condicional de escrever qualquer dado e pode usar os sinais de interconexão para informar ao processador que esse armazenamento falhou. Projete um monitor desses para um sistema de memória suportando um multiprocessador simétrico (SMP) de quatro núcleos. Leve em conta que, geralmente, solicitações de leitura e escrita podem ter tamanhos diferentes de dados (4, 8, 16, 32 bytes). Qualquer local de memória pode ser o alvo de um par *load-linked/store-conditional*, e o monitor de memória deve supor que as referências de *load-linked/store-conditional* a qualquer local podem, possivelmente, ser intercaladas com acessos regulares ao mesmo local. A complexidade do monitor deve ser independente do tamanho da memória.

**5.35.** [25] <5.5> Prove que, em uma hierarquia de cache de dois níveis, onde L1 está mais próxima ao processador, a inclusão é mantida sem ação adicional se L2 tiver pelo menos a mesma associatividade que L1, as duas caches usarem substituição LRU e as duas caches tiverem os mesmos tamanhos de bloco.

**5.36.** [Discussão] <5> Quando estão tentando realizar uma avaliação detalhada do desempenho de um sistema multiprocessador, os projetistas de sistemas usam uma de três ferramentas: modelos analíticos, simulação orientada a trace e simulação orientada a execução. Modelos analíticos usam expressões matemáticas para modelar o comportamento dos programas. Simulações orientadas a trace rodam as aplicações em uma máquina real e geram o trace, em geral de operações de memória. Esses traces podem ser reproduzidos através de um simulador de cache ou um simulador com um modelo simples de processador para prever o desempenho do sistema quando vários parâmetros são modificados. Simuladores orientados a execução simulam toda a execução mantendo uma estrutura equivalente para o estado do processador, e assim por diante.

  **a.** Quais são as trocas entre precisão e velocidade entre essas abordagens?

  **b.** Traces de CPU, se não forem coletados cuidadosamente, podem exibir artefatos do sistema em que são coletados. Discuta essa questão enquanto usa o sincronismo de previsão de desvio e spin-wait como exemplos. (Dica: O programa em si não está disponível a um trace de CPU puro; apenas o trace está disponível.)

**5.37.** [40] <5.7, 5.9> Multiprocessadores e clusters geralmente mostram aumentos de desempenho conforme você aumenta o número de processadores, com o ideal sendo n × o ganho de velocidade para *n* processadores. O objetivo desse benchmark enviesado é fazer com que um programa tenha um desempenho pior conforme processadores são acrescentados. Isso quer dizer, por exemplo, que um processador no multiprocessador ou cluster executa o programa mais rapidamente, dois são mais lentos, quatro são mais lentos que dois, e assim por diante. Quais são as principais características de desempenho para cada organização que gera ganho de velocidade linear inverso?

# CAPÍTULO 6

## Computadores em escala warehouse para explorar paralelismo em nível de requisição e em nível de dados

O datacenter é o computador.

**Luiz André Barroso,**
*Google* (2007)

Cem anos atrás, as empresas pararam de gerar sua própria energia com motores a vapor e dínamos e se ligaram à recém-instalada rede elétrica. A energia barata fornecida pelos serviços de eletricidade não mudou apenas o modo como as empresas operavam. Ela iniciou uma reação em cadeia de transformações econômicas e sociais que deu à luz o mundo moderno. Hoje, uma revolução similar está em andamento. Ligadas à rede de computação global da internet, enormes fábricas de processamento de informações começaram a enviar dados e códigos de software para nossas casas e empresas. Dessa vez, é a computação que está se transformando em um serviço.

**Nicholas Carr,**
*The Big Switch: Rewiring the World, from Edison to Google* (2008)

6.1 Introdução ...........................................................................................................411

6.2 Modelos de programação e cargas de trabalho para computadores em escala warehouse ........417

6.3 Arquitetura de computadores em escala warehouse ..............................................421

6.4 Eficiência e custos dos computadores em escala warehouse....................................426

6.5 Computação em nuvem: o retorno da computação de utilidade ...............................433

6.6 Questões cruzadas..............................................................................................443

6.7 Juntando tudo: o computador em escala warehouse do Google...............................445

6.8 Falácias e armadilhas.........................................................................................455

6.9 Comentários finais.............................................................................................458

6.10 Perspectivas históricas e referências................................................................459

Estudos de caso e exercícios por Parthasarathy Ranganathan..................................459

## 6.1 INTRODUÇÃO

Qualquer um pode construir uma CPU rápida. O truque é construir um sistema rápido.

**Seymour Cray,**
*Considerado o pai dos supercomputadores*

O computador em escala warehouse (Warehouse-Scale Computer— WSC)[1] é a base dos serviços da internet que bilhões de pessoas usam todos os dias: busca, redes sociais, mapas on-line, compartilhamento de vídeo, compras on-line, serviços de e-mail, e assim por diante. A enorme popularidade de tais serviços da internet exigiram a criação de WSCs que pudessem acompanhar as rápidas demandas do público. Embora os WSCs possam apenas parecer grandes datacenters, sua arquitetura e sua operação são muito diferentes, conforme veremos. Os WSCs de hoje agem como uma máquina gigantesca e custam centenas de milhões de dólares, incluindo as instalações, as infraestruturas elétrica e de refrigeração, os servidores e o equipamento de rede que conecta e mantém 50.000-100.000 servidores. Além do mais, o rápido crescimento da computação em nuvem (Seção 6.5) torna os WSCs disponíveis para qualquer pessoa que tenha um cartão de crédito.

A arquitetura de computadores se estende naturalmente ao projeto de WSCs. Por exemplo, Luiz Barroso, da Google (citado anteriormente), fez sua pesquisa de dissertação sobre arquitetura de computadores. Ele acredita que as habilidades de um arquiteto de projetar para escala, projetar para confiabilidade e dar um "jeito" para depurar hardware são muito úteis na criação e na operação de WSCs.

Nessa escala extrema, que requer inovação na distribuição de energia, refrigeração, monitoramento e operações, o WSC é o descendente moderno do supercomputador, fazendo de Seymour Cray o padrinho dos arquitetos de WSC atuais. Seus computadores extremos lidavam com cálculos que não poderiam ser feitos em nenhum outro lugar, mas eram tão caros que poucas empresas podiam pagar por eles. Dessa vez, o objetivo é fornecer ao mundo tecnologia da informação em vez de computação de alto desempenho (High-Performance Computing — HPC) para cientistas e engenheiros. Portanto, pode-se argumentar que os WSCs têm um papel mais importante para a sociedade de hoje do que os supercomputadores de Cray tinham no passado.

Sem dúvida, os WSCs têm um número de usuários muito maior do que a computação de alto desempenho e representam uma parcela muito maior do mercado de TI. Seja medido pelo número de usuários, seja medido pela receita, o Google é pelo menos 1.000 vezes maior do que a Cray Research.

Os arquitetos de WSC têm muitos objetivos e demandas em comum com os arquitetos de servidor:

- *Custo-desempenho.* O trabalho realizado por dólar é crítico, em parte por causa da escala. Reduzir os custos de uma coleção de WSCs em uma pequena porcentagem poderia poupar milhões de dólares.
- *Eficiência energética.* Exceto para os fótons que deixam os WSCs, eles são basicamente sistemas fechados, com quase toda a energia consumida transformada em calor, que precisa ser removido. Portanto, o pico de energia e a energia consumida orientam o custo da distribuição de energia e o custo dos sistemas de refrigeração. A maior parte dos custos de infraestrutura da construção de um WSC vai para alimentação e refrigeração. Além do mais, a eficiência energética é uma parte importante da administração ambiental. Portanto, o trabalho realizado por joule é fundamental para os WSCs e para os servidores, devido ao alto custo de construção de infraestruturas energética e mecânica para um warehouse de

---

[1] Este capítulo baseia-se em conteúdos do livro *The Datacenter as a Computer: An Introduction to the Design of Warehouse-Scale Machines*, 2a. edição, de Luiz André Barroso, Jimmy Clidaras e Urs Hölzle, da Google (2013); o blog *Perspectives* em mvdirona.com e as palestras "Cloud-Computing Economies of Scale" e "Data Center Networks Are in My Way", de James Hamilton, da Amazon Web Services (2009, 2010); e o relatório técnico *Above the Clouds: A View of Cloud Computing*, de Michael Armbrust et al. (2010).

computadores e para as contas mensais da eletricidade usada para alimentar os servidores.

- *Confiabilidade através de redundância.* A natureza de longo prazo dos serviços de internet significa que o hardware e o software, em um WSC, devem fornecer juntos pelo menos 99,99% de disponibilidade (chamada de "quatro noves"); ou seja, eles só devem estar indisponíveis menos de uma hora por ano. A redundância é a chave para a confiabilidade para os WSCs e para os servidores. Enquanto, muitas vezes, os arquitetos de servidores utilizam mais hardware oferecido a custos mais altos para atingir alta disponibilidade, os arquitetos de WSC dependem de múltiplos servidores efetivos em termos de custos, conectados por uma rede e uma redundância administrada por software. Além da redundância local dentro de um WSC, uma organização precisa de WSCs redundantes para mascarar eventos que podem desativar WSCs inteiros. Na verdade, embora cada serviço da nuvem precise estar disponível em pelo menos 99,99% do tempo, a confiabilidade de uma empresa de internet plena, como Amazon, Google ou Microsoft, precisa ser ainda mais alta. Se uma dessas empresas ficasse totalmente off-line 1 hora por ano — ou seja, confiabilidade de 99,99% —, isso seria manchete de jornais. Vários WSCs possuem o benefício adicional de reduzir a latência para serviços que são bastante implementados (Figuras 6.18 a 6.20).
- *E/S de rede.* Os arquitetos de servidor devem fornecer uma boa interface de rede para o mundo externo, assim como os arquitetos de WSC. A rede é necessária para manter os dados consistentes entre múltiplos WSCs, além de fazer a interface com o público.
- *Cargas de trabalho de processamento interativo e em lote.* Embora você espere cargas de trabalho altamente interativas para serviços como busca e redes sociais com bilhões de usuários, os WSCs, assim como os servidores, também rodam programas em lote altamente paralelos para calcular metadados úteis para esses serviços. Por exemplo, os serviços MapReduce são executados para converter as páginas retornadas do "crawling" na Web em índices de busca (Seção 6.2).

Não é de surpreender que também existam características *não* compartilhadas com a arquitetura de servidor:

- *Amplo paralelismo.* Uma preocupação, para um arquiteto de servidor, é se as aplicações no mercado-alvo têm concorrência suficiente para justificar a quantidade de hardware paralelo e se o custo é muito alto para um hardware de comunicação suficiente para explorar esse paralelismo. Um arquiteto de WSC não tem tal preocupação. Primeiro, as aplicações em lote se beneficiam do grande número de conjuntos de dados independentes que requerem processamento independente, como as bilhões de páginas web de um Web crawl. Esse processamento é *paralelismo em nível de dados* aplicado a dados em armazenamento em discos em vez de dados na memória, que vimos no Capítulo 4. Segundo, aplicações de serviço interativo na internet, também conhecidas como *software como serviço* (Software as a Service — SaaS), podem se beneficiar dos milhões de usuários independentes de serviços interativos da internet. Leituras e escritas quase nunca são dependentes em SaaS, por isso ele raramente precisa sincronizar. Por exemplo, buscas usam um índice somente de leitura, normalmente, e e-mails são informações independentes de leitura e escrita. Chamamos esse tipo de paralelismo fácil de *paralelismo em nível de requisição*, já que muitos esforços independentes podem proceder naturalmente em paralelo, com pouca necessidade de comunicação ou sincronização; por exemplo, a atualização baseada em jornal pode reduzir as demandas de throughput. Até mesmo recursos dependentes de leitura e escrita muitas vezes deixam de oferecer armazenamento que possa se expandir para o tamanho dos WSCs modernos. De qualquer modo, aplicações WSC não têm escolha além de encontrar algoritmos que possam escalar por centenas a milhares de servidores, pois é isso que os clientes esperam e é aquilo que a tecnologia de WSC oferece.

- *Estimativa dos custos operacionais.* Os arquitetos de servidor geralmente ignoram os custos operacionais de um servidor, presumindo que são baixos em comparação aos custos de aquisição. Os WSCs têm tempos de vida mais longos — muitas vezes, o prédio e a infraestrutura elétrica e de refrigeração são amortizados ao longo de 10 a 15 anos —, então os custos operacionais se somam: energia, distribuição de energia e refrigeração representam mais de 30% dos custos de um WSC em 10 anos.

- *A localização conta.* Para construir um WSC, o primeiro passo é construir um armazém (warehouse). Uma questão é: onde? Agentes imobiliários enfatizam a localização, mas o local para uma WSC significa acesso à água, eletricidade barata, proximidade com backbones de fibra ótica da Internet, pessoas próximas para trabalhar no WSC e baixo risco de desastres ambientais, como terremotos, inundações e furacões. Uma preocupação mais óbvia é apenas o custo do terreno, incluindo espaço suficiente para o crescimento do WSC. Para empresas com muitos WSCs, outra preocupação é encontrar um local geograficamente próximo a uma população atual ou futura de usuários da Internet, para reduzir a latência na Internet. Outros fatores incluem impostos, custos de propriedade, questões sociais (as pessoas às vezes desejam uma instalação em sua cidade), questões políticas (algumas jurisdições exigem hospedagem local), custo de rede, confiabilidade da interligação de redes, custo de energia, fonte de energia (por exemplo, energia hidrelétrica *versus* termoelétrica), o clima (mais frio é mais barato, como mostra a Seção 6.4) e a conectividade global da internet (a Austrália fica perto de Cingapura geograficamente, mas a largura de banda do link de rede não é grande entre eles).

- *Computação eficiente com baixa utilização.* Os arquitetos de servidores geralmente projetam seus sistemas para desempenho máximo dentro de um orçamento de custo e se preocupam com energia apenas para garantir que eles não excedam a capacidade de refrigeração de seu gabinete. Como veremos (Figura 6.3), os servidores de WSC raramente são totalmente utilizados, em parte para garantir baixo tempo de resposta e, em parte, para oferecer a redundância necessária para fornecer computação confiável. Como os custos operacionais são importantes, esses servidores precisam realizar computação com eficiência em todos os níveis de utilização.

- *Escala e as oportunidades/problemas associados com a escala.* Muitas vezes, os computadores extremos são muito caros porque exigem hardware personalizado, mas o custo da personalização não pode ser amortizado efetivamente, uma vez que poucos computadores extremos são construídos. Entretanto, quando você compra milhares de servidores de uma só vez, *consegue* grandes descontos por volume. Os WSCs são tão grandes internamente que você pode obter economia de escala mesmo que não haja tantos WSCs. Como veremos nas Seções 6.5 e 6.10, essas economias de escala levaram à computação em nuvem comercial, já que os custos por unidades menores de um WSC significavam que as empresas poderiam alugá-los com lucro, com preço abaixo do que custaria para pessoas de fora fazê-lo por si próprias. O outro lado de 100.000 servidores são as falhas. A Figura 6.1 mostra as indisponibilidade e anomalias de 2.400 servidores. Mesmo que um servidor tivesse um tempo médio para falha (Mean Time to Failure — MTTF) de incríveis 25 anos (200.000 horas), o arquiteto de WSC precisaria projetar para cinco falhas de servidor por dia. A Figura 6.1 lista a taxa anual de falha de disco como 2%-10%. Se houvesse dois discos por servidor e sua taxa anual de falhas fosse de

| Número aprox. de eventos no 1º ano | Causa | Consequência |
|---|---|---|
| 1 ou 2 | Falhas da rede elétrica | Perda de energia em todo o WSC; não derruba o WSC se o no-break e os geradores funcionarem (os geradores funcionam cerca de 99% do tempo). |
| 4 | Atualizações de cluster | Indisponibilidade planejada para atualizar a infraestrutura, muitas vezes para melhorias de rede, como recabeamento, atualizações de firmware, e assim por diante. Há cerca de 9 indisponibilidades de cluster planejadas para cada indisponibilidade não planejada. |
| 1.000 | Falhas de disco rígido | 2%-10% de taxa anual de falha de disco (Pinheiro et al., 2007). |
| | Discos lentos | Ainda opera, mas roda 10 a 20 vezes mais lentamente. |
| | Memórias com defeito | Um erro incorrigível de DRAM por ano (Schroeder et al., 2009). |
| | Máquinas mal configuradas | A configuração leva a ~30% de interrupção do serviço (Barroso e Hölzle, 2009). |
| | Máquinas não confiáveis | 1% dos servidores reiniciados mais de uma vez por semana (Barroso e Hölzle, 2009). |
| 5.000 | Falhas individuais de servidor | A máquina é reinicializada, geralmente leva cerca de 5 minutos (causado por problemas no software ou no hardware). |

**FIGURA 6.1** Lista de indisponibilidades e anomalias com as frequências aproximadas de ocorrência no primeiro ano de um novo cluster de 2.400 servidores.

O que o Google chama cluster nós chamamos *array*; veja a Figura 6.5, *baseada em Barroso L.A., 2010. Wareshouse Scale Computing [discurso principal]*. Em: Proceedings of ACM SIGMOD, 8-10 de junho de 2010, Indianápolis, IN.

4% com 100.000 servidores, o arquiteto de WSC deveria esperar ver uma falha de disco por *hora*. No entanto, visto que as falhas de software excedem em grande número as falhas de hardware, como mostra a Figura 6.1, o projeto do sistema deve ser resiliente a falhas de servidor causadas por bugs de software, o que aconteceria com mais frequência do que falhas de disco. Com os milhares de servidores nessas instalações muito grandes, os operadores do WSC se tornam muito bons em trocar discos, de modo que o custo da falha de disco é muito menor para um WSC do que para um pequeno data center. O mesmo se aplica às DRAMs. De maneira plausível, os WSCs poderiam usar componentes ainda menos confiáveis se os mais baratos estivessem disponíveis.

**Exemplo**  Calcule a disponibilidade de um serviço executando nos 2.400 servidores na Figura 6.1. Ao contrário de um serviço em um WSC real, neste exemplo o serviço não pode tolerar falhas de hardware ou software. Considere que o tempo para reiniciar o software seja de cinco minutos e o tempo para reparar o hardware seja de uma hora.

**Resposta**  Podemos estimar a disponibilidade de serviço calculando o tempo de indisponibilidades devidas a falhas de cada componente. Vamos, conservadoramente, tomar o menor número de cada categoria na Figura 6.1 e dividir as 1.000 indisponibilidades igualmente entre os quatro componentes. Nós ignoramos discos lentos — o quinto componente das 1.000 indisponibilidades —, já que eles prejudicam o desempenho, mas não a disponibilidade e falhas na rede elétrica, já que o sistema de fornecimento ininterrupto de energia (Uninterrupted Power Supply — UPS) oculta 99% delas.

$$\text{Horas Indisponibilidade}_{serviço} = (4 + 250 + 250 + 250) \times 1\,\text{hora} + (250 + 5.000) \times 5\,\text{minutos}$$
$$= 754 + 438 = 1.192\,\text{horas}$$

Uma vez que existem 365 × 24 ou 8.760 horas em um ano, a disponibilidade é:

$$\text{Disponibilidade}_{sistema} = \left( \frac{8760 - 1192}{8760} \right) = \frac{7568}{8760} = 86\%$$

Ou seja, sem redundância de software para mascarar as muitas indisponibilidades, um serviço nesses 2.400 servidores estaria fora do ar em média um dia por semana, ou *zero* "noves" de disponibilidade, que é muito abaixo dos 99,99% de disponibilidade, o objetivo dos WSCs.

Conforme a Seção 6.10 explica, os precursores dos WSCs são *clusters de computadores*. Clusters são coleções de computadores independentes conectados usando redes locais (Local Area Networks — LANs) e switches. Para cargas de trabalho que não precisavam de comunicação intensa, os clusters ofereciam computação muito mais efetiva em termos de custos do que os multiprocessadores de memória compartilhada. (Os multiprocessadores de memória compartilhada foram os precursores dos computadores multicore discutidos no Capítulo 5.) Os clusters se tornaram populares no final dos anos 1990 para computação científica e mais tarde para serviços de internet. Um modo de ver os WSCs é que eles são apenas a evolução lógica dos clusters de centenas de servidores às dezenas de milhares de servidores.

Uma questão natural é se os WSCs são semelhantes aos clusters modernos para computação de alto desempenho. Embora alguns tenham escala e custo similares — existem projetos HPC com um milhão de processadores que custam centenas de milhões de dólares —, geralmente têm processadores muito mais poderosos e redes muito mais rápidas entre os nós do que os encontrados nos WSCs, porque as aplicações HPC são mais interdependentes e se comunicam com mais frequência (Seção 6.3). O ambiente de programação também enfatiza o paralelismo em nível de thread ou paralelismo em nível de dados (Capítulos 4 e 5), geralmente enfatizando a latência para completar uma única tarefa em vez da largura de banda para completar muitas tarefas independentes através do paralelismo em nível de requisição. Os clusters HPC também tendem a ter serviços de longa duração que mantêm os servidores totalmente utilizados, até mesmo durante semanas, enquanto a utilização de servidores em WSCs varia de 10%-50% (Figura 6.3), e varia todos os dias. Ao contrário dos ambientes de supercomputador, milhares de desenvolvedores trabalham na base de código do WSC e implementam versões de software significativas a cada semana (Barroso et al., 2017).

Como os WSCs se comparam a datacenters convencionais? Os operadores de um datacenter convencional geralmente coletam máquinas e software de terceiros de muitas partes de uma organização e os executam centralmente para outras. Seu foco principal tende a ser a consolidação dos muitos serviços em menos máquinas, que são isoladas umas das outras para proteger informações sensíveis. Portanto, as máquinas virtuais são cada vez mais importantes nos datacenters. As máquinas virtuais são importantes também para WSCs, mas elas desempenham um papel diferente. Elas são usadas para oferecer isolamento entre diferentes clientes e para dividir os recursos de hardware em pedaços de diferentes tamanhos para alugar em vários pontos de preço (ver Seção 6.5). Ao contrário dos WSCs, os datacenters convencionais tendem a ter muita heterogeneidade de hardware e software para servir seus vários clientes dentro de uma organização. Os programadores de WSC personalizam software de terceiros ou criam seus próprios, e os WSCs têm hardware muito mais homogêneo; o objetivo do WSC é levar o hardware/software no warehouse a agir como um único computador que executa uma variedade de aplicações. Muitas vezes, o maior custo em um datacenter convencional são as pessoas que o mantêm, enquanto, como veremos na Seção 6.4, em um WSC bem projetado, o hardware de servidor é o maior custo, e os custos com pessoal variam de altos a quase irrelevantes. Datacenters convencionais também não têm a escala de um WSC, então não obtêm os benefícios econômicos de escala mencionados anteriormente.

Portanto, embora você possa considerar um WSC um datacenter extremo, no qual os computadores são alocados separadamente em um espaço com infraestrutura energética e de refrigeração especial, os datacenter típicos compartilham pouco dos desafios e oportunidades de um WSC, seja arquitetonicamente, seja operacionalmente.

Começamos a introdução aos WSCs com sua carga de trabalho e modelo de programação.

## 6.2 MODELOS DE PROGRAMAÇÃO E CARGAS DE TRABALHO PARA COMPUTADORES EM ESCALA WAREHOUSE

> Se um problema não tem solução, pode não ser um problema, mas um fato — não para ser solucionado, mas com o qual se deve lidar ao longo do tempo.
>
> **Shimon Peres**

Além dos serviços públicos da internet, como busca, compartilhamento de vídeo e redes sociais, que a tornaram famosa, os WSCs também executam aplicações em lote, como converter vídeos em novos formatos ou criar índices de busca a partir de Web crawls.

Hoje, o framework mais popular para processamento em lote em um WSC é MapReduce (Dean e Ghemawat, 2008) e seu gêmeo open source Haddop. A Figura 6.2 mostra a crescente popularidade do MapReduce no Google ao longo do tempo. Inspirado pelas funções Lisp de mesmo nome, o Map primeiro aplica uma função fornecida pelo programador para cada registro de entrada lógica. O Map é executado em centenas de computadores para produzir um resultado intermediário de pares de valores-chave. Reduce coleta a saída desses

| Mês/Ano | Número de jobs MapReduce | Tempo médio para conclusão (s) | Número médio de servidores por job | Número médio de núcleos por servidor | Anos de núcleo de CPU | Dados de entrada (PB) | Dados intermediários (PB) | Dados de saída (PB) |
|---|---|---|---|---|---|---|---|---|
| Set/2016 | 95.775.891 | 331 | 130 | 2,4 | 311.691 | 11.553 | 4095 | 6982 |
| Set/2015 | 115.375.750 | 231 | 120 | 2,7 | 272.322 | 8307 | 3980 | 5801 |
| Set/2014 | 55.913.646 | 412 | 142 | 1,9 | 200.778 | 5989 | 2530 | 3951 |
| Set/2013 | 28.328.775 | 469 | 137 | 1,4 | 81.992 | 2579 | 1193 | 1684 |
| Set/2012 | 15.662.118 | 480 | 142 | 1,8 | 60.987 | 2171 | 818 | 874 |
| Set/2011 | 7.961.481 | 499 | 147 | 2,2 | 40.993 | 1162 | 276 | 333 |
| Set/2010 | 5.207.069 | 714 | 164 | 1,6 | 30.262 | 573 | 139 | 37 |
| Set/2009 | 4.114.919 | 515 | 156 | 3,2 | 33.582 | 548 | 118 | 99 |
| Set/2007 | 2.217.000 | 395 | 394 | 1,0 | 11.081 | 394 | 34 | 14 |
| Mar/2006 | 171.000 | 874 | 268 | 1,6 | 2002 | 51 | 7 | 3 |
| Ago/2004 | 29.000 | 634 | 157 | 1,9 | 217 | 3,2 | 0,7 | 0,2 |

**FIGURA 6.2** Uso anual de MapReduce no Google de 2004 a 2016.

Ao longo de 12 anos, o número de jobs MapReduce aumentou por um fator de 3300. A Figura 6.17, estima que executar a carga de trabalho de setembro de 2016 no serviço de computação em nuvem da Amazon, EC2, custaria US$ 114 milhões. Atualizado de Dean, J., 2009. Designs, lessons and advice from building large distributed systems [discurso principal]. Em: Proceedings of 3rd ACM SIGOPS International Workshop on Large-Scale Distributed Systems and Middleware, junto com o 22nd ACM Symposium on Operating Systems Principles, 11–14 de outubro de 2009, Big Sky, Mont.

jobs distribuídos e as compacta usando outra função definida pelo programador. Supondo que a função Reduce seja comutativa e associativa, ela pode ser executada em um tempo igual a log N. Com suporte apropriado do software, as duas funções são rápidas e, ainda, fáceis de entender e usar. Dentro de 30 minutos, um programador novato pode executar um job MapReduce em milhares de computadores.

A Figura 6.2 mostra que o job comum usa centenas de servidores. Fora algumas poucas aplicações altamente ajustadas da computação de alto desempenho, esses jobs de MapReduce são as aplicações mais paralelas atualmente, seja medidas em tempo total de CPU ou número de servidores utilizados.

Aqui está um programa MapReduce que calcula o número de ocorrências de cada palavra da língua inglesa em um grande conjunto de documentos. A seguir apresentamos uma versão simplificada desse programa, que mostra somente o loop interno e supõe somente uma ocorrência de todas as palavras da língua inglesa em um documento (Dean e Ghemawat, 2008):

```
map(String key, String value):
    //key: nome do documento
    //value: conteúdo do documento
    para cada palavra w em value:
    EmitIntermediate(w, "1"); // Produz lista de
    todas as palavras
reduce(String key, Iterator values):
    //key: uma palavra
    //values: uma lista de contadores
    int result = 0;
    para cada v em values:
    result += ParseInt(v); // obtém inteiro do par
    chave-valor
    Emit(AsString(result));
```

A função `EmitIntermediate` usada na função Map emite cada palavra no documento e o valor 1. Então, a função Reduce soma todos os valores por palavra para cada documento usando ParseInt() para obter o número de ocorrências por palavra em todos os documentos. O ambiente de execução do MapReduce escalona tarefas map e reduce para os nós de um WSC. (A versão completa do programa pode ser encontrada em Dean e Ghemawat, 2008.)

Pode-se pensar no MapReduce como uma generalização da operação SIMD (Capítulo 4) — exceto pelo fato de que você envia uma função a ser aplicada aos dados —, que é seguida por uma função usada em uma redução da saída da tarefa Map. Já que as reduções são comuns até mesmo em programas SIMD, muitas vezes o hardware SIMD oferece a elas operações especiais. Por exemplo, as instruções AVX SIMD da Intel incluem instruções "horizontais" que somam pares de operandos adjacentes em registradores.

Para acomodar a variabilidade em desempenho de milhares de computadores, o escalonador do MapReduce designa novas tarefas com base na rapidez com que ele completa as tarefas anteriores. Obviamente, uma única tarefa lenta pode atrasar a conclusão de um grande job MapReduce. Dean e Barroso (2013) chamam essa situação de *latência de cauda*. Em um WSC, a solução para tarefas lentas é fornecer mecanismos de software para lidar com a variabilidade inerente a essa escala. Tal abordagem está em contraste direto com a solução para um servidor em um datacenter convencional, em que tarefas tradicionalmente lentas significam que o hardware está quebrado e precisa ser substituído ou que o software do servidor precisa ser ajustado e reescrito. A heterogeneidade de desempenho é a norma para 50 a 100 mil servidores em um WSC. Por exemplo, próximo ao final de um programa

MapReduce, o sistema vai iniciar execuções de backup em outros nós das tarefas que ainda não foram completadas e usar o resultado de qualquer um que acabe primeiro. Em troca por aumentar o uso de recursos em alguns pontos porcentuais, Dean e Ghemawat (2008) descobriram que algumas tarefas grandes são completadas 30% mais rápido.

A confiabilidade esteve embutida no MapReduce desde o início. Por exemplo, cada nó em um job MapReduce precisa se reportar ao nó mestre periodicamente com uma lista de tarefas concluídas e com o status atualizado. Se um nó não fizer isso no prazo, o nó mestre considera que o nó está morto e redesigna o trabalho do nó para outros nós. Dada a quantidade de equipamento em um WSC, não é de surpreender que as falhas sejam comuns, como o exemplo anterior atesta. Para fornecer 99,99% de disponibilidade, os sistemas de software devem lidar com essa realidade em um WSC. Para reduzir os custos operacionais, todos os WSCs usam software de monitoramento automatizado, de modo que um operador pode ser responsável por mais de 1.000 servidores.

O sucesso dos frameworks de programação, como o MapReduce para processamento em lote e SaaS de uso público, como as buscas, depende de serviços internos de software. Por exemplo, o MapReduce depende do Sistema de Arquivos Google (Google File System — GFS) (Ghemawat et al., 2003) ou do Colossus (Fikes, 2010) para fornecer arquivos a qualquer computador, de modo que as tarefas do MapReduce possam ser escalonadas em qualquer lugar.

Além do GFS e Colossus, exemplos de tais sistemas de armazenamento escaláveis incluem o sistema de armazenamento de chave-valor da Amazon, Dynamo (DeCandia et al., 2007), e o sistema de armazenamento de registros do Google, BigTable (Chang et al., 2006). Note que tais sistemas muitas vezes se utilizam uns dos outros. Por exemplo, o Bigtable armazena seus logs e dados no GFS ou Colossus, de maneira similar à que um banco de dados relacional pode usar o sistema de arquivos fornecido pelo kernel do sistema operacional.

Muitas vezes, esses serviços internos tomam decisões diferentes das de softwares similares sendo executados em servidores únicos. Como exemplo, em vez de supor que o armazenamento é confiável, como ao usar servidores de armazenamento RAID, esses sistemas muitas vezes criam réplicas completas dos dados. Réplicas podem ajudar o desempenho da leitura, assim como a disponibilidade; com o posicionamento correto, réplicas podem superar muitas outras falhas de sistema, como as da Figura 6.1. Sistemas como Colossus usam códigos de correção de erro em vez de réplicas completas para reduzir os custos de armazenamento, mas a constante é a redundância através dos servidores em vez de redundância dentro de um servidor ou redundância em um array de armazenamento. Portanto, uma falha de todo o servidor ou dispositivo de armazenamento não afeta negativamente a disponibilidade dos dados.

Outro exemplo da técnica diferente é que, muitas vezes, o software de armazenamento do WSC usa consistência relaxada em vez de seguir todos os requisitos ACID (atomicidade, consistência, isolamento e durabilidade) dos sistemas de banco de dados convencionais. A percepção importante é que múltiplas réplicas dos dados *eventualmente* estejam de acordo, mas, para a maior parte das aplicações, elas não precisam estar de acordo o tempo todo. Por exemplo, a consistência eventual é suficiente para compartilhamento de vídeo. A consistência eventual torna os sistemas de armazenamento muito mais fáceis de escalar, o que é um requisito absoluto para os WSCs.

As demandas de carga de trabalho desses serviços interativos públicos variam consideravelmente; até mesmo um serviço global popular como o Google pode variar por um fator de 2, dependendo da hora do dia. Quando você leva em conta fins de semana, feriados e épocas populares do ano para algumas aplicações — como serviços de compartilhamento

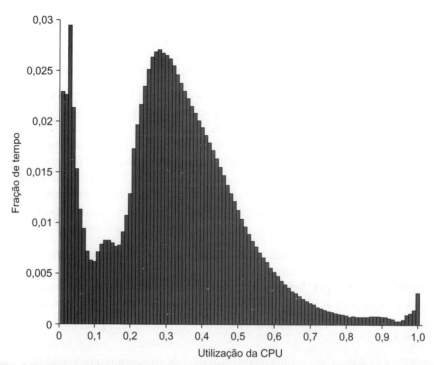

**FIGURA 6.3** Utilização média da CPU de mais de 5.000 servidores durante um período de seis meses no Google. Os servidores raramente estão completamente ociosos ou completamente utilizados, em vez disso operando na maioria do tempo entre 10-50% da sua utilização máxima.
A terceira coluna a partir da direita na Figura 6.4 calcula as porcentagens mais ou menos 5% para resultar nos pesos; assim, 1,2% para a linha de 90% significa que 1,2% dos servidores tinham utilização entre 85%-95%. Da figura 1 em Barroso, L.A. e Hölzle, U., 2007. The case for energy-proportional computing. IEEE Comput. 40 (12), 33-37.

de fotos depois da virada do ano ou compras on-line antes do Natal —, uma variação consideravelmente maior na utilização do servidor se torna aparente. A Figura 6.3 mostra a utilização média de 5.000 servidores da Google ao longo de um período de seis meses. Observe que menos de 0,5% dos servidores tiveram uma média de utilização de 100%, e a maioria dos servidores operou entre 10-50% de utilização. Em outras palavras, somente 10% de todos os servidores foram utilizados mais de 50%. Portanto, é muito mais importante para os servidores em um WSC ter bom desempenho fazendo pouco do que ter desempenho eficiente apenas em seu pico, já que raramente operam no pico.

Em resumo, o hardware e o software do WSC devem lidar com a variabilidade na carga com base na demanda do usuário, no desempenho e na confiabilidade, devido aos caprichos do hardware nessa escala.

**Exemplo**  Como resultado de medições como as da Figura 6.3, o benchmark SPECpower mede o consumo de energia e o desempenho de carga de 0% a 100% em incrementos de 10% (Capítulo 1). A única métrica geral que resume esse benchmark é a soma de todas as medidas de desempenho (operações Java por segundo do lado do servidor) dividida pela soma de todas as medições de potência em watts. Assim, cada nível é igualmente provável. Como os números resumem a mudança da métrica se os níveis forem ponderados pelas frequências de utilização na Figura 6.3?

**Resposta**  A Figura 6.4 mostra os pesos originais e os novos pesos que correspondem à Figura 6.3. Esses pesos reduzem o resumo do desempenho em 30%, de 3.210 ssj_ops/watt para 2.454.

| Carga | Desempenho | Watts | Pesos SPEC | Desempenho ponderado | Watts ponderados | Pesos da Figura 6.3 | Desempenho ponderado | Watts ponderados |
|---|---|---|---|---|---|---|---|---|
| 100% | 2.889.020 | 662 | 9,09% | 262.638 | 60 | 0,80% | 22.206 | 5 |
| 90% | 2.611.130 | 617 | 9,09% | 237.375 | 56 | 1,20% | 31.756 | 8 |
| 80% | 2.319.900 | 576 | 9,09% | 210.900 | 52 | 1,50% | 35.889 | 9 |
| 70% | 2.031.260 | 533 | 9,09% | 184.660 | 48 | 2,10% | 42.491 | 11 |
| 60% | 1.740.980 | 490 | 9,09% | 158.271 | 45 | 5,10% | 88.082 | 25 |
| 50% | 1.448.810 | 451 | 9,09% | 131.710 | 41 | 11,50% | 166.335 | 52 |
| 40% | 1.159.760 | 416 | 9,09% | 105.433 | 38 | 19,10% | 221.165 | 79 |
| 30% | 869.077 | 382 | 9,09% | 79.007 | 35 | 24,60% | 213.929 | 94 |
| 20% | 581.126 | 351 | 9,09% | 52.830 | 32 | 15,30% | 88.769 | 54 |
| 10% | 290.762 | 308 | 9,09% | 26.433 | 28 | 8,00% | 23.198 | 25 |
| 0% | 0 | 181 | 9,09% | 0 | 16 | 10,90% | 0 | 20 |
| Total | 15.941.825 | 4967 | | 1.449.257 | 452 | | 933.820 | 380 |
| | | | | ssj_ops/W | 3210 | | ssj_ops/W | 2454 |

**FIGURA 6.4** Resultado SPECpower da Figura 6.17 usando os pesos da Figura 6.3 em vez de pesos iguais.

Dada a escala, o software deve lidar com as falhas, o que significa que há pouca razão para comprar um hardware "folheado a ouro" que reduza a frequência das falhas. O principal impacto seria aumentar o custo. Barroso e Hölzle (2009) encontraram um fator de 20 para as diferenças em preço-desempenho entre um multiprocessador HP de memória compartilhada de alto nível e um servidor HP comercial ao executar o benchmark de base de dados TPC-C. Não é surpresa alguma que a Google e todas as outras empresas com WSCs usem servidores comerciais comuns. De fato, o Open Compute Project (<http://opencompute.org>) é uma organização onde tais empresas colaboram com projetos abertos de servidores e racks para datacenters.

Tais serviços WSC também tendem a desenvolver seu próprio software em vez de comprar softwares comerciais de terceiros, em parte para lidar com a grande escala e noutra para poupar dinheiro. Por exemplo, mesmo na melhor plataforma em termos de preço-desempenho para TPC-C em 2017, incluindo o custo da base de dados SAP SQL Anywhere e o sistema operacional Windows, aumentava em 40% o custo do servidor Poweredge 7620 da Dell. Em contraste, o Google executa o BigTable e o sistema operacional Linux nos seus servidores, pelos quais ele não paga taxas de licenciamento.

Dados essa revisão das aplicações e o sistema de software de um WSC, estamos prontos para examinar a arquitetura de computador de um WSC.

## 6.3 ARQUITETURA DE COMPUTADORES EM ESCALA WAREHOUSE

As redes são o meio de conectividade que mantém 50 a 100 mil servidores juntos. De modo análogo à hierarquia de memória vista no Capítulo 2, os WSCs usam uma hierarquia de redes. A Figura 6.5 mostra um exemplo disso. De modo ideal, a rede combinada forneceria praticamente o desempenho de um switch personalizado de alto nível para 100.000 servidores ao custo por porta de um switch comercial projetado para 50 servidores. Como veremos na Seção 6.6, as redes para WSCs são uma área de inovação ativa.

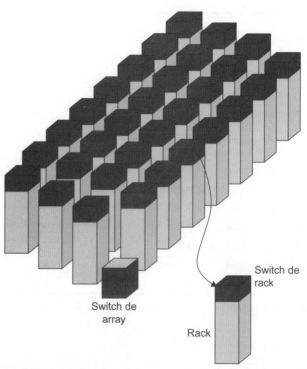

**FIGURA 6.5** Hierarquia dos switches em um WSC.
Baseado na Figura 1.1 de Barroso, L.A., Clidaras, J., Hölzlel, U., 2013. The datacenter as a computer: an introduction to the design of warehouse-scale machines. Synth. Lect. Comput. Architect. 8 (3), 1–154.

A estrutura que mantém os servidores é um rack. Embora a largura dos racks varie por WSC — alguns são o rack clássico de 19 pol. (48,26 cm) de largura, outros são duas ou três vezes mais largos —, a altura costuma não ser maior que 6 a 7 pés (1,80 a 2,13 m), pois precisam ser usados pelas pessoas. Esse rack tem aproximadamente 40 a 80 servidores. Como quase sempre é conveniente conectar os cabos de rede no topo do rack, esse switch geralmente é chamado switch de *Topo do Rack* (ToR — Top of Rack). (Alguns WSCs possuem racks com vários switches ToR.) Normalmente, a largura de banda dentro do rack é muito maior do que entre os racks, de modo que não importa muito onde o software coloca o emissor e o receptor se eles estão dentro do mesmo rack. Essa flexibilidade é ideal do ponto de vista do software.

Esses switches geralmente oferecem 4-16 uplinks, que permitem que o rack vá para o próximo switch mais elevado na hierarquia da rede. Assim, a largura de banda deixando o rack é 6-24 vezes menor do que a largura de banda dentro do rack. Essa razão é chamada *superdimensionamento*. No entanto, grande superdimensionamento significa que os programadores devem estar cientes das consequências sobre o desempenho quando colocam emissores e receptores em racks diferentes. Esse aumento de trabalho no escalonamento de software é outro argumento para switches de rede projetados especificamente para o datacenter.

O switch que conecta um array de racks é consideravelmente mais caro do que o switch ToR. Esse custo é devido, em parte, à maior conectividade e em parte ao fato de a largura de banda através do switch ser muito maior para reduzir o problema de superdimensionamento. Barroso et al. (2013) relataram que um switch com 10 vezes a *largura de banda de bisseção* — basicamente, a largura de banda interna no pior caso — de um switch de rack custa cerca de 100 vezes mais. Uma razão é que o custo da largura de banda do switch para $n$ portas pode crescer como $n^2$. As Seções 6.6 e 6.7 descrevem a rede acima do switch ToR com bastante detalhe.

## Armazenamento

Um projeto natural é preencher um rack com servidores, menos qualquer espaço de que você precisar para os switches. Esse projeto deixa em aberto a questão de onde o armazenamento é colocado. Do ponto de vista da construção do hardware, a solução mais simples seria incluir discos dentro do servidor, e depender da conectividade ethernet para acesso à informação nos discos de servidores remotos. Uma alternativa cara seria usar armazenamento ligado à rede (Network Attached Storage — NAS), talvez sobre uma rede de armazenamento como a Infiniband. No passado, os WSCs geralmente contavam com discos locais e forneciam software de armazenamento que tratava da conectividade e da confiabilidade. Por exemplo, GFS usava discos locais e mantinha réplicas para contornar problemas de confiabilidade. Essa redundância cobria não apenas falhas de disco locais, mas também faltas de energia nos racks e nos clusters inteiros. A flexibilidade de consistência eventual do GFS reduz o custo de manter as réplicas consistentes e também os requisitos de largura de banda do sistema de armazenamento.

Hoje, as opções de armazenamento são consideravelmente mais variadas. Embora alguns racks sejam balanceados em termos de servidores e discos, como no passado, também pode haver racks implementados sem discos locais e alguns racks carregados com discos. O software do sistema hoje muitas vezes usa códigos de correção de erro tipo RAID para reduzir o custo de armazenamento da confiabilidade.

Fique ciente de que há confusão acerca do termo *cluster* quando se fala sobre a arquitetura de um WSC. Usando a definição na Seção 6.1, um WSC é só um cluster extremamente grande. Em contraste, Barroso et al. (2013) usaram o termo *cluster* para representar o próximo tamanho de agrupamento de computadores, contendo muitos racks. Neste capítulo, para evitar confusão, vamos usar o termo *array* para representar uma coleção de racks organizados em fileiras, preservando o significado original da palavra *cluster* para representar qualquer elemento de uma coleção de computadores em rede dentro de um rack a um warehouse inteiro de computadores em rede.

## Hierarquia de memória de WSC

A Figura 6.6 mostra a latência, a largura de banda e a capacidade da hierarquia de memória dentro de um WSC, e a Figura 6.7 mostra os mesmos dados visualmente. Essas figuras são baseadas nas seguintes suposições (Barroso et al., 2013):

- Cada servidor contém 16 GiB de memória com tempo de acesso de 100 ns e a transferência é a 20 GB/s, 128 GiB de Flash com latência de 100 μs e transferências a 1 GB/s, e 2 terabytes de disco com tempo de acesso de 10 ms e a transferência é a 200 MB/s. Existem dois soquetes por placa, e eles compartilham uma porta Ethernet de 1 Gbit/s.
- Neste exemplo, cada par de racks inclui um switch de rack e contém 80 servidores. O software de rede mais o overhead de switch aumentam a latência da DRAM para 100 μs e a latência de acesso de disco para 11 ms. Assim, a capacidade total de armazenamento de um rack é de aproximadamente 1 TB de DRAM, 20 TB de Flash e 160 TB de armazenamento de disco. A rede Ethernet de 1 Gbit/s limita a largura de banda remota para a DRAM, Flash ou disco dentro do rack para 100 MB/s.
- Como o array é de 30 racks, a capacidade de armazenamento de um array aumenta por um fator de 30:30 TB de DRAM, 600 TB de Flash e 4,8 PB de disco. O hardware e o software do switch de array aumentam a latência da DRAM dentro de um array para 500 μs, da memória Flash para 600 μs e a latência de disco para 12 ms. A largura de banda do switch de array limita a largura de banda remota para a DRAM de array, Flash de array ou disco de array para 10 MB/s.

|  | Local | Rack | Array |
|---|---|---|---|
| Latência de DRAM (μs) | 0,1 | 300 | 500 |
| Latência de Flash (μs) | 100 | 400 | 600 |
| Latência de disco (μs) | 10.000 | 11.000 | 12.000 |
| Largura de banda de DRAM (MB/s) | 20.000 | 100 | 10 |
| Largura de banda de Flash (MB/s) | 1000 | 100 | 10 |
| Largura de banda de disco (MB/s) | 200 | 100 | 10 |
| Capacidade de DRAM (GB) | 16 | 1.024 | 31.200 |
| Capacidade de Flash (GB) | 128 | 20.000 | 600.000 |
| Capacidade de disco (GB) | 2.000 | 160.000 | 4.800.000 |

**FIGURA 6.6** Latência, largura de banda e capacidade da hierarquia de memória de um WSC (Barroso e Hölzle, 2013).
A Figura 6.7 mostra a mesma informação de forma gráfica.

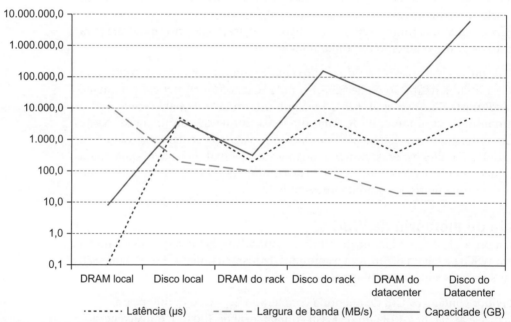

**FIGURA 6.7** Gráfico de latência, largura de banda e capacidade da hierarquia de memória de um WSC para os dados da Figura 6.6 (Barroso et al., 2013).

As Figuras 6.6 e 6.7 mostram que o overhead de rede aumenta drasticamente a latência entre a DRAM local e a Flash, a DRAM do rack e a Flash, ou a DRAM do array e a Flash, mas todos ainda têm latência mais de 10 vezes melhor do que o acesso ao disco local. A rede diminui a diferença em largura de banda entre a DRAM do rack, a Flash e o disco, e entre a DRAM do array, a Flash e o disco.

Como o WSC precisa de 40 arrays para atingir 100.000 servidores, há mais uma camada na hierarquia de rede. A Figura 6.8 mostra os roteadores convencionais da camada 3 para conectar os arrays e para a internet.

A maioria das aplicações cabe em um único array dentro de um WSC. Aqueles que precisam de mais de um array usam *sharding* ou *particionamento*, o que significa que o conjunto de dados é dividido em partes independentes e então distribuídos entre arrays diferentes.

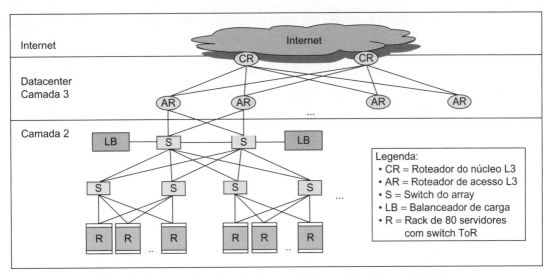

**FIGURA 6.8** A rede da camada 3 usada para ligar arrays entre si e para a internet (Greenberg et al., 2009).
Um balanceador de carga monitora a ocupação de um conjunto de servidores e direciona o tráfego para aqueles menos carregados, para tentar manter os servidores com uma utilização aproximadamente igual. Outra opção é usar um *roteador de limite* separado para conectar a internet aos switches da camada 3 do datacenter. Conforme veremos na Seção 6.6, muitos WSCs modernos têm abandonado a pilha de rede convencional em camadas dos switches tradicionais.

Operações sobre todo o conjunto de dados são enviadas para os servidores que hospedam as partes, e os resultados são reunidos pelo computador cliente.

**Exemplo**    Qual é a latência média de memória supondo que 90% de acessos são locais ao servidor, 9% estão fora do servidor, mas dentro do rack, e 1% está fora do rack, mas dentro do array?

**Resposta**    O tempo médio de acesso à memória é

$$(90\% \times 0{,}1) + (9\% \times 100) + (1\% \times 300) = 0{,}09 + 27 + 5 = 32{,}09\,\mu s$$

ou um fator de mais de 300 de redução de velocidade *versus* 100% de acessos locais. Obviamente, a localidade de acesso dentro de um servidor é vital para o desempenho de um WSC.

**Exemplo**    Quanto tempo leva para transferir 1.000 MB entre discos dentro do servidor, entre servidores no rack e entre servidores em racks diferentes no array? Quão mais rápido é transferir 1.000 MB entre DRAM nesses três casos?

**Resposta**    Uma transferência de 1.000 MB entre discos leva:

> Dentro do servidor = 1.000 / 200 = 5 segundos
> Dentro do rack = 1.000 / 100 = 10 segundos
> Dentro do array = 1.000 / 10 = 100 segundos

Uma transferência de bloco memória a memória leva:

> Dentro do servidor = 1.000 / 20.000 = 0,05 segundo
> Dentro do rack = 1.000 / 100 = 10 segundos
> Dentro do array = 1.000 / 10 = 100 segundos

Assim, para transferências de bloco fora de um único servidor, não importa nem mesmo se os dados estão na memória ou no disco, já que o switch de rack e o switch de array são os gargalos. Esses limites de desempenho afetam o projeto de software do WSC e inspiram a necessidade de switches de maior desempenho (Seção 6.6).

Embora estes exemplos sejam instrutivos, observe que os computadores e o equipamento de rede podem ser muito maiores e mais rápidos do que esses exemplos de 2013 (ver Seção 6.7). Em 2017, foram implementados servidores com 256 a 1024 GiB de DRAM, e os switches recentes reduziram os atrasos para apenas 300 ns por salto (*hop*).

Dada a arquitetura do equipamento de TI, estamos agora prontos para ver como armazenar, alimentar e refrigerá-lo e para discutir o custo de construir e operar todo o WSC, somente em comparação ao equipamento de TI dentro dele.

## 6.4 EFICIÊNCIA E CUSTOS DOS COMPUTADORES EM ESCALA WAREHOUSE

Os custos de infraestrutura para distribuição de energia e refrigeração são a maior parte dos custos de construção de um WSC, então nos concentramos neles. (A Seção 6.7 descreve a infraestrutura de energia e refrigeração de um WSC com detalhes.)

Uma unidade de *ar condicionado da sala do computador* (Computer Room Air Conditioning — CRAC) resfria o ar na sala dos servidores usando água refrigerada, de modo similar ao de um refrigerador removendo calor e liberando-o fora do refrigerador. Quando um líquido absorve calor, ele evapora. Ao contrário, quando um líquido libera calor, ele condensa. Aparelhos de ar-condicionado bombeiam o líquido em espirais sob baixa pressão para evaporar e absorver calor, que é então enviado para um condensador externo, onde é liberado. Assim, em uma unidade CRAC, ventoinhas empurram o ar para além de um conjunto de espirais preenchidas com água fria e uma bomba move a água aquecida para os resfriadores externos para ser refrigerada. A Figura 6.9 mostra o grande conjunto de ventoinhas e bombas d'água que movem ar e água através do sistema.

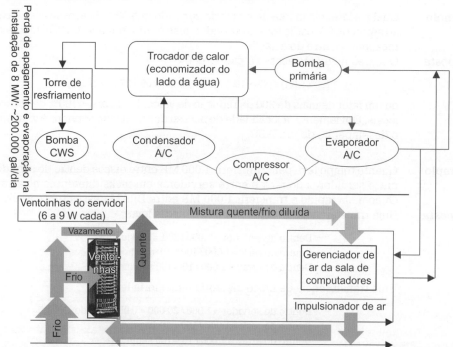

**FIGURA 6.9** Projeto mecânico para sistema de refrigeração. CWS significa Sistema de Circulação de Água (Circulating Water System).

De Hamilton, J., 2010. Cloud computing economies of scale. Em: Artigo apresentado no AWS Workshop on Genomics and Cloud Computing, 8 de junho de 2010, Seattle, WA. <http://mvdirona.com/jrh/TalksAndPapers/JamesHamilton_GenomicsCloud20100608.pdf>.

Além dos resfriadores, alguns datacenters aproveitam o ar mais frio de fora ou a temperatura da água para resfriar a água antes de ser enviada aos resfriadores. No entanto, dependendo do local, resfriadores ainda podem ser necessários durante os períodos mais quentes do ano.

Surpreendentemente, não é óbvio entender quantos servidores um WSC pode suportar depois que se subtraem os overheads para distribuição de energia e refrigeração. O chamado *nameplate power rating* do fabricante do servidor é sempre conservador: é a energia máxima que um servidor pode consumir. A primeira etapa, portanto, é medir um único servidor sob uma variedade de cargas de trabalho a serem empregadas no WSC. (Em geral, a rede é responsável por cerca de 5% do consumo de energia, então pode ser ignorada a princípio.)

Para determinar o número de servidores para um WSC, a energia disponível para TI poderia ser simplesmente dividida pelo consumo de energia medido por servidor. Entretanto, isso seria novamente muito conservador de acordo com Fan et al. (2007). Eles descobriram que há uma lacuna significativa entre o que milhares de servidores poderiam fazer teoricamente no pior caso e o que eles fazem na prática, já que nenhuma carga de trabalho real vai manter milhares de servidores simultaneamente em seus picos de utilização. Eles descobriram que poderiam ultrapassar com segurança o número de servidores em até 40% com base no consumo de energia de um único servidor. Recomendaram que os arquitetos de WSC deveriam fazer isso para aumentar a utilização média de energia dentro de um WSC. Entretanto, eles também sugeriram usar monitoramento extensivo por software em conjunto com um mecanismo de segurança que suspende as tarefas de baixa prioridade no caso de a carga de trabalho mudar.

Discriminando o uso de energia dentro do próprio equipamento de TI, Barroso et al. (2013) reportaram o seguinte para um WSC do Google implementado em 2012:

- 42% de energia para os processadores
- 12% para a DRAM
- 14% para os discos
- 5% para a rede
- 15% para o overhead de refrigeração
- 8% para overhead de energia
- 4% para outros recursos

## Medindo a eficiência de um WSC

Uma métrica simples e amplamente usada para avaliar a eficiência de um datacenter ou um WSC é chamada *efetividade de utilização de energia* (Power Utilization Effectiveness — PUE):

$$PUE = (\text{consumo total de energia da instalação}) / (\text{consumo de energia do equipamento de TI})$$

Assim, o PUE deve ser maior ou igual a 1 e, quanto maior o PUE, menos eficiente o WSC.

Greenberg et al. (2009) relataram o PUE de 19 datacenters e a parte do overhead que foi para a infraestrutura de refrigeração. A Figura 6.10 mostra o que eles descobriram, ordenado do PUE mais eficiente para o menos eficiente. O PUE mediano é de 1,69, com a infraestrutura de refrigeração usando mais de metade da energia dos próprios servidores — em média, 0,55 do 1,69 destina-se a refrigeração. Observe que essas PUEs são médias e podem variar diariamente, dependendo da carga de trabalho e até mesmo da temperatura do ar externo, como veremos (Figura 6.11).

Prestando atenção ao PUE da década anterior, os datacenters são muito mais eficientes hoje. Porém, conforme explicamos na Seção 6.8, não existe uma definição aceita universalmente do que está incluído no PUE: se as baterias para preservar a operação durante

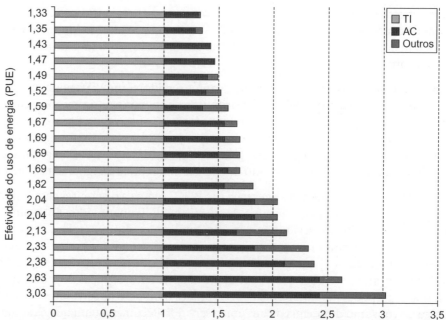

**FIGURA 6.10** Eficiência da utilização de energia de 19 datacenters em 2006 (Greenberg et al., 2009).
O consumo de energia para ar-condicionado (AC) e outros usos (como distribuição de energia) é normalizado para a energia para o equipamento de TI no cálculo do PUE. Assim, a energia para equipamento de TI poderia ser 1,0, e AC varia de cerca de 0,30–1,40 vez o consumo de energia do equipamento de TI. O consumo de energia para "outros" varia de 0,05–0,60 do equipamento de TI.

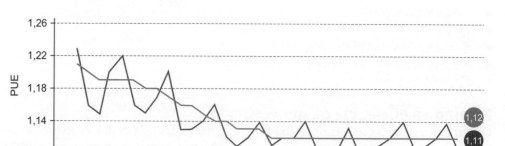

**FIGURA 6.11** Efetividade do uso de energia (PUE) média dos 15 WSCs da Google entre 2008 e 2017.
A linha com picos é o PUE médio trimestral, e a linha mais reta é o PUE médio dos 12 meses seguintes. Para o quarto trimestre de 2016, as médias foram 1,11 e 1,12, respectivamente.

uma falta de energia estão em um prédio separado, elas são incluídas ou não? A medição é feita da saída da subestação de energia ou onde a energia entra inicialmente no WSC? A Figura 6.10 mostra a melhoria no PUE médio de todos os datacenters da Google com o passar do tempo, o que a Google mede inclusivamente.

Como o desempenho por dólar é a métrica final, ainda precisamos medir o desempenho. Como mostra a Figura 6.7, a largura de banda cai e a latência aumenta, dependendo da distância até os dados. Em um WSC, a largura de banda de DRAM dentro de um servidor é 200 vezes maior do que dentro de um rack, que, por sua vez, é 10 vezes maior do que dentro de um array. Assim, há outro tipo de localidade para considerar no posicionamento de dados e programas dentro de um WSC.

Enquanto os projetistas de um WSC muitas vezes se concentram na largura de banda, os programadores que desenvolvem aplicações em um WSC também se preocupam com a latência, já que ela é visível para os usuários. A satisfação e a produtividade dos usuários estão ligadas ao tempo de resposta de um serviço. Muitos estudos da época do tempo compartilhado informam que a produtividade do usuário é inversamente proporcional ao tempo de uma interação, em geral discriminada em tempo de entrada humana, tempo de resposta do sistema e tempo para a pessoa pensar sobre a resposta antes de inserir a próxima entrada (Doherty e Thadhani, 1982). Os resultados dos experimentos mostraram que reduzir o tempo de resposta de sistema em 30% reduzia o tempo de uma interação em 70% (Brady, 1986). Esse resultado implausível foi explicado pela natureza humana: as pessoas precisam de menos tempo para pensar quando recebem uma resposta rápida, já que é menos provável que se distraiam enquanto aguardam.

A Figura 6.12 mostra os resultados de tal experimento para o sistema de busca Bing, em que atrasos de 50-2.000 ms foram inseridos no servidor de busca (Schurman e Brutlag, 2009). Como esperado a partir dos estudos anteriores, o tempo até o próximo clique praticamente dobrou o atraso. Ou seja, o atraso de 200 ms no servidor levou a um aumento de 500 ms no tempo até o próximo clique. O rendimento caiu linearmente com o aumento do atraso, assim como a satisfação do usuário. Um estudo separado, realizado no serviço de buscas Google, descobriu que esses efeitos duraram muito tempo depois que o experimento de quatro semanas acabou. Cinco semanas mais tarde, havia 0,1% menos buscas por dia para usuários que experimentaram atrasos de 200 ms, e menos 0,2% buscas de usuários que experimentaram atrasos de 400 ms. Dada a quantidade de dinheiro ganha com a busca, até mesmo mudanças tão pequenas são desconcertantes. De fato, os resultados foram tão negativos que eles encerraram o experimento prematuramente.

Devido a essa preocupação extrema com a satisfação de todos os usuários de um serviço de internet, geralmente os objetivos de desempenho são especificados com alta porcentagem de requisição estando abaixo de um limite de latência em vez de somente oferecer um objetivo para a latência média. Tais objetivos de limite são chamados *objetivos de nível de serviço* (Service Level Objectives — SLOs) ou *acordos de nível de serviço* (Service Level Agreements — SLAs). Em SLO pode ser que 99% das requisições ocorram em menos de 100 ms. Assim, os projetistas do sistema de armazenamento Dynamo da Amazon decidiram que, para que os serviços oferecessem boa latência sobre o Dynamo, seu sistema de armazenamento deveria funcionar com o objetivo de latência de 99,9% do tempo (DeCandia

| Atraso de servidor (ms) | Aumento no tempo para o próximo clique (MS) | Buscas/ usuário | Qualquer clique/ usuário | Satisfação do usuário | Receita/ usuário |
|---|---|---|---|---|---|
| 50 | – | – | – | – | – |
| 200 | 500 | – | −0,3% | −0,4% | – |
| 500 | 1.200 | – | −1,0% | −0,9% | −1,2% |
| 1.000 | 1.900 | −0,7% | −1,9% | −1,6% | −2,8% |
| 2.000 | 3.100 | −1,8% | −4,4% | −3,8% | −4,3% |

**FIGURA 6.12** Impacto negativo dos atrasos no sistema de busca Bing sobre o comportamento do usuário (Schurman e Brutlag, 2009).

et al., 2007). Por exemplo, uma melhoria no Dynamo ajudou o 99,9° ponto porcentual muito mais no caso médio, que reflete suas prioridades.

Dean e Barroso (2013) propuseram o termo *tolerante a cauda* para descrever sistemas projetados para atender a tais objetivos:

Assim como a computação tolerante a falhas visa criar um todo confiável a partir de partes menos confiáveis, grandes serviços on-line precisam criar um todo previsivelmente responsivo a partir de partes menos previsíveis.

As causas de imprevisibilidade incluem disputa por recursos compartilhados (processadores, redes etc.), enfileiramento, desempenho variável do microprocessador devido a otimizações como o modo Turbo ou técnicas de economia de energia como DVFS, coleta de lixo do software e muito mais. A Google incluiu que, em vez de tentar impedir essa variabilidade em um WSC, fazia mais sentido desenvolver técnicas tolerantes a cauda para mascarar o contornar picos temporários na latência. Por exemplo, o balanceamento de carga detalhado pode rapidamente mover pequenas quantidades de trabalho entre servidores, para reduzir os atrasos por enfileiramento.

## Custo de um WSC

Como mencionado na introdução, ao contrário da maioria dos arquitetos, os projetistas de WSCs se preocupam com os custos operacionais, além do custo para construir o WSC. A contabilidade chama os primeiros custos de *despesas operacionais* (OPEX) e os últimos de *despesas capitais* (CAPEX).

Para colocar os custos com energia em perspectiva, Hamilton (2010) realizou um estudo de caso para estimar os custos de um WSC. Ele determinou que o CAPEX dessa instalação de 8 MW era de US$88 milhões e que os cerca de 46.000 servidores e equipamento de rede correspondente somavam outros US$79 milhões para o CAPEX do WSC. A Figura 6.13 mostra o restante das suposições para o estudo de caso.

O estudo de Hamilton chegou a $11/watt para o prédio, energia e refrigeração. Barroso et al. (2013) relataram resultados consistentes para vários casos, com o custo variando de $9 a $13/watt. Assim, uma instalação de 16 MW custa de $144 milhões a $208 milhões, *sem* incluir os equipamentos de computação, armazenamento e rede.

Podemos converter CAPEX em OPEX por um custo de conversão de capital, considerando um custo de empréstimo de 5%, que é uma convenção padrão nas regras contábeis dos Estados Unidos. Ou seja, podemos simplesmente amortizar o CAPEX como uma quantia fixa a cada mês para a vida efetiva do equipamento. A Figura 6.14 discrimina o OPEX mensal para esse estudo de caso. Observe que as taxas de amortização diferem significativamente de 10 anos para a instalação a quatro anos para o equipamento de rede e três anos para os servidores. Portanto, a instalação WSC dura uma década, mas os servidores devem ser substituídos a cada três anos e o equipamento de rede a cada quatro anos. Ao amortizar o CAPEX, Hamilton descobriu um OPEX mensal incluindo o custo de empréstimos monetários (5% anualmente) para pagar pelo WSC. A US$3,8 milhões por mês, o OPEX é de cerca de 2% do CAPEX (ou 24% anualmente).

Esse valor nos permite calcular um guia útil para ter em mente ao tomarmos decisões sobre quais componentes usar quando estamos preocupados com a energia. O custo totalmente considerado de um watt por ano em um WSC, incluindo o custo de amortizar a infraestrutura energética e de refrigeração, é

$$\frac{\text{Custo mensal da infraestrutura} + \text{custo mensal da energia}}{\text{Tamanho da instalação em watts}} \times 12 = \frac{\$765\text{K} + \$475\text{K}}{8\text{M}} \times 12 = \$1,86$$

| | |
|---|---|
| Tamanho da instalação (carga crítica em watts) | 8.000.000 |
| Uso médio de energia (%) | 80% |
| Efetividade do uso de energia | 1.45 |
| Custo da energia ($/kWh) | $0,07 |
| % da infraestrutura de energia e de refrigeração (% do custo total da instalação) | 82% |
| **CAPEX para a instalação (não incluindo equipamento de TI)** | **$88.000.000** |
| Número de servidores | 45.978 |
| Custo/servidor | $1.450 |
| **CAPEX para os servidores** | **$66.700.000** |
| Número de switches de rack | 1150 |
| Custo/switch de rack | $4.800 |
| Número de switches de array | 22 |
| Custo/switch de array | $300.000 |
| Número de switches de nível 3 | 2 |
| Custo/switch de nível 3 | $500.000 |
| Número de roteadores de limite | 2 |
| Custo/roteador de limite | $144.800 |
| **CAPEX para equipamento de rede** | **$12.810.000** |
| **CAPEX total para WSC** | **$167.510.000** |
| Tempo de amortização do servidor | 3 anos |
| Tempo de amortização de rede | 4 anos |
| Tempo de amortização da instalação | 10 anos |
| Custo anual do dinheiro | 5% |

**FIGURA 6.13** Estudo de caso para um WSC, arredondado para os US$5.000 mais próximos.
Os custos de largura de banda de internet variam por aplicação, por isso eles não são incluídos aqui. Os 18% restantes do CAPEX para a instalação incluem a compra da propriedade e o custo da construção do prédio. Nós adicionamos os custos de pessoal para administração de segurança e instalações na Figura 6.14, que não faziam parte do estudo de caso. Observe que as estimativas de Hamilton foram feitas antes de ele se unir à Amazon, e não são baseadas no WSC de uma empresa em particular. Baseado em Hamilton, J., 2010. Cloud computing economies of scale. Em: Artigo aprsentado no AWS Workshop on Genomics and Cloud Computing, 8 de junho de 2010, Seattle, WA. <http://mvdirona. com/jrh/TalksAndPapers/JamesHamilton_GenomicsCloud20100608.pdf>.

O custo é de cerca de US$2 por watt-ano. Assim, para reduzir custos através da economia de energia, você não deve gastar mais de US$2 por watt-ano (ver Seção 6.8).

Observe, na Figura 6.14, que mais de um terço do OPEX se relaciona à energia, com essa categoria tendendo a subir enquanto os custos de servidor tendem a descer ao longo do tempo. O equipamento de rede é significativo com 8% do OPEX total e 19% do CAPEX do servidor, e o equipamento de rede não tende a descer tão rapidamente quanto os servidores, talvez devido à demanda contínua por mais largura de banda de rede (ver Figura 6.22). Essa diferença é especialmente verdadeira para os switches na hierarquia de rede acima do rack, que representam a maior parte dos custos de rede (ver Seção 6.6). Os custos com pessoal para administração da segurança e instalações correspondem a somente 2% do OPEX. Dividindo o OPEX na Figura 6.14 pelo número de servidores e horas por mês, o custo é de cerca de US$0,11 por servidor por hora.

| Gasto (% do total) | Categoria | Custo mensal | Porcentagem do custo mensal |
|---|---|---|---|
| CAPEX amortizado (85%) | Servidores | $2.000.000 | 53% |
| | Equipamento de rede | $290.000 | 8% |
| | Infraestrutura de energia e de refrigeração | $765.000 | 20% |
| | Outras infraestruturas | $170.000 | 4% |
| OPEX (15%) | Uso mensal de energia | $475.000 | 13% |
| | Salários e benefícios mensais do pessoal | $85.000 | 2% |
| | OPEX total | $3.800.000 | 100% |

**FIGURA 6.14** OPEX mensal para a Figura 6.13, arredondado para os US$5.000 mais próximos.
Observe que a amortização de três anos para servidores significa que é preciso comprar novos servidores a cada três anos, enquanto a instalação é amortizada em 10 anos. Portanto, os custos amortizados de capital para os servidores são cerca de três vezes maiores do que para a instalação. Os custos com pessoal incluem três guardas de segurança continuamente 24 horas por dia, 365 dias por ano, a US$20 por hora por pessoa, e uma pessoa de instalações 24 horas por dia, 365 dias por ano, a US$30 por hora. Os benefícios são 30% dos salários. Esse cálculo não inclui o custo de largura de banda para a internet, já que ele varia por aplicação, nem taxas de manutenção do fornecedor, já que elas variam por aplicação, nem as taxas de manutenção do fornecedor, pois elas variam por equipamento e por negociação.

Barroso et al. (2013) avaliaram CAPEX e OPEX em termos de custo por watt por mês. Assim, se um WSC de 12 MW é depreciado ao longo de 12 anos, o custo de depreciação é de US$0,08 por watt por mês. Eles consideraram que a empresa conseguiu o capital para a WSC com um empréstimo a 8% ao ano — os empréstimos corporativos estão entre 7% e 12% — e os juros adicionaram outros US$0,05, totalizando US$0,13 por watt por mês. Eles consideraram o custo dos servidores de forma semelhante. Um servidor de 500 watts que custava US$4.000 foi de US$8 por watt, e a depreciação em quatro anos foi de US$0,17 por watt por mês. Uma taxa de juros de 8% em um empréstimo para os servidores acrescentou outros US$0,02. Eles estimaram a rede em US$0,03 por watt por mês. Eles relataram que o custo típico de OPEX para WSCs de vários MW variou de US$0,02 a US$0,08 por watt por mês. O total geral foi de US$0,37 a US$0,43 por watt por mês. Para um WSC de 8 MW, o custo mensal menos o custo da eletricidade é de US$3,0 milhões a US$3,5 milhões. Se subtrairmos o consumo mensal de energia do cálculo de Hamilton, sua estimativa da taxa mensal será de US$3,3 milhões. Dadas as diferentes abordagens para prever custos, essas estimativas são notavelmente consistentes.

**Exemplo**   O custo da eletricidade varia, por região nos Estados Unidos, de US$0,03-0,15 por kilowatt-hora. Qual é o impacto dos custos horários de servidor dessas duas taxas extremas?

**Resposta**   Nós multiplicamos a carga crítica de 8 MW pelo PUE e pelo uso médio de energia da Figura 6.13 (segunda linha) para calcular o uso médio de energia:

$$8 \times 1,45 \times 80\% = 9,28\,\text{MW}$$

Portanto, o custo mensal pela energia vai de US$475.000, na Figura 6.14, para US$205.000 a US$0,03 por kilowatt-hora e para US$1.015.000 a US$0,15 por kilowatt-hora. Essas mudanças no custo da eletricidade mudam os custos horários de servidor de US$0,11 para US$0,10 e US$0,13, respectivamente.

**Exemplo**   O que aconteceria com os custos mensais se os tempos de amortizações fossem todos os mesmos — 5 anos, por exemplo? Como isso mudaria o custo horário por servidor?

**Resposta** A planilha está disponível on-line em <http://mvdirona.com/jrh/TalksAndPapers/PerspectivesDataCenterCostAndPower.xls>. Mudando o tempo de amortização para cinco anos, mudam as quatro primeiras linhas da Figura 6.14 para

| | | |
|---|---|---|
| Servidores | $1.260.000 | 37% |
| Equipamento de rede | $242.000 | 7% |
| Infraestrutura de energia e de refrigeração | $1.115.000 | 33% |
| Outras infraestruturas | $245.000 | 7% |

e o OPEX mensal total é de US$3.422.000. Se substituíssemos tudo a cada cinco anos, o custo seria de US$0,103 por hora de servidor, agora com a maior parte dos custos amortizados para a instalação e não para os servidores, como na Figura 6.14.

A taxa de US$0,10 por servidor por hora pode ser muito menor do que o custo para muitas empresas que são proprietárias e operam seus próprios (e menores) datacenters convencionais. A vantagem de custo dos WSCs levou grandes empresas de internet a oferecerem a computação como serviço pelo qual, como a eletricidade, você paga somente pelo que usa. Hoje, a computação como serviço é mais conhecida como *computação em nuvem*.

## 6.5 COMPUTAÇÃO EM NUVEM: O RETORNO DA COMPUTAÇÃO DE UTILIDADE

Se os computadores do tipo que eu defendi se tornarem os computadores do futuro, então algum dia a computação poderá ser organizada como um serviço público, assim como o sistema telefônico [...] O serviço de computadores pode se tornar a base de uma nova e importante indústria.

**John McCarthy,**
*Celebração do centenário do MIT* (1961)

Impulsionadas pela demanda de um número cada vez maior de usuários, as empresas de internet, como Amazon, Google e Microsoft, construíram computadores em escala warehouse maiores a partir de componentes comerciais comuns, fazendo com que a previsão de McCarthy se tornasse cada vez mais verdadeira, mas não como ele pensava, devido à popularidade do tempo compartilhado. Essa demanda levou a inovações em softwares de sistema para suportar a operação nessa escala, incluindo BigTable, Colossus, Dynamo, GFS e MapReduce. Ela também exigiu melhorias nas técnicas operacionais para entregar um serviço que estivesse disponível pelo menos 99,99% do tempo, apesar das falhas de componentes e dos ataques à segurança. Exemplos dessas técnicas incluem recuperação de falhas, firewalls, máquinas virtuais e proteção contra ataques distribuídos de recusa de serviço (*denial-of-service*). Com o software e a experiência proporcionando a capacidade de escalar e aumentar a demanda dos clientes que justificou o investimento, os WSCs com 50.000–100.000 servidores se tornaram comuns em 2017.

Com a maior escala vieram maiores economias de escala. Com base em um estudo de 2006, que comparou um WSC com um datacenter com somente 1.000 servidores, Hamilton (2010) reportou as seguintes vantagens:

- *Redução de 5,7 vezes nos custos de armazenamento.* O WSC gasta US$4,6 por GB por ano para armazenamento em disco contra US$26 por GB para o datacenter.

- *Redução de 7,1 vezes nos custos administrativos.* A razão de servidores por administrador foi de mais de 1.000 para o WSC contra somente 140 para o datacenter.
- *Redução de 7,3 vezes nos custos de rede.* A largura de banda de internet custa ao WSC US$13 por Mbit/s/mês contra US$95 para o datacenter. Não é de surpreender que se possa negociar um preço muito melhor por Mbit/s se contratar 1.000 Mbit/s do que se contratar 10 Mbit/s.

Outra economia de escala vem durante a compra. O alto nível de compras leva a preços com desconto por volume em praticamente tudo no WSC.

As economias de escala também se aplicam aos custos operacionais. A partir da seção anterior, vimos que muitos datacenters operam com um PUE de 2,0. Grandes empresas podem justificar contratar engenheiros mecânicos e de energia para desenvolver WSCs com PUEs mais baixos, na faixa de 1,1–1,2 (ver Seção 6.7).

Os serviços de internet precisam ser distribuídos para múltiplos WSCs para garantir confiabilidade e para reduzir a latência, especialmente nos mercados internacionais. Todas as grandes empresas usam múltiplos WSCs por esse motivo. Para empresas individuais, é muito mais caro criar diversos pequenos datacenter ao redor do mundo do que um único datacenter na matriz.

Finalmente, pelas razões apresentadas na Seção 6.1, os servidores nos datacenters tendem a ser utilizados somente 10%-20% do tempo. Ao tornar os WSCs disponíveis ao público, picos não correlacionados entre diferentes clientes podem gerar uma utilização média acima de 50%.

Assim, as economias de escala para um WSC oferecem fatores de 5–7 para diversos componentes de um WSC, além de alguns fatores de 1,5–2 para o WSC inteiro.

Desde a última edição deste livro, as preocupações sobre segurança mudaram para a nuvem. Em 2011, houve ceticismo quanto à colocação de dados críticos na nuvem, porque isso poderia tornar a invasão de hackers mais fácil do que se os dados fossem mantidos nas instalações ("no local"), trancados no datacenter local. Em 2017, as invasões de dados em tais data centers eram tão rotineiras que mal chegavam a ser noticiadas.

Por exemplo, essa insegurança levou ao rápido crescimento do *cibersequestro* — onde criminosos invadem, criptografam todos os dados de uma organização e não liberam a chave até receberem um resgate — que custou às empresas US$1 bilhão em 2015. Em contraste, os WSCs estão continuamente sob ataque, seus operadores respondem mais rapidamente para detê-los e, assim, construir melhores defesas. Como resultado, não se ouve falar em cibersequestro dentro dos WSCs. Atualmente, os WSCs são claramente mais seguras do que a grande maioria dos datacenters locais e, portanto, muitos CIOs agora acreditam que os dados críticos são mais seguros na nuvem do que "no local".

Embora existam muitos provedores de computação em nuvem, nós apresentamos o Amazon Web Services (AWS) por ser um dos mais antigos e, atualmente, o maior provedor de serviço comercial em nuvem.

## Amazon Web Services

A computação como serviço vem desde os sistemas comerciais de tempo compartilhado e mesmo os sistemas de processamento em lote dos anos 1960 e 1970, em que as empresas só pagavam por um terminal e uma linha telefônica e eram cobradas com base em quanta computação utilizavam. Muitos esforços desde o fim do tempo compartilhado vêm tentando oferecer tais serviços de "pagamento conforme o uso", mas muitas vezes eles não têm sucesso.

Quando a Amazon começou a oferecer computação como serviço através do Amazon Simple Storage Service (Amazon S3) e do Amazon Elastic Computer Cloud (Amazon EC2) em 2006, tomou algumas decisões técnicas e de negócio inovadoras.

- *Máquinas virtuais:* Construir o WSC usando computadores x86 comerciais executando o sistema operacional Linux e a máquina virtual Xen solucionou muitos problemas. Primeiro, permitiu à Amazon proteger os usuários uns dos outros. Segundo, simplificou a distribuição de software dentro de um WSC, no sentido de que os clientes só precisam instalar uma imagem e então o AWS vai automaticamente distribuí-la para todas as instâncias sendo usadas. Terceiro, a capacidade de "matar" uma máquina virtual de modo confiável torna fácil para a Amazon e para os clientes controlarem o uso dos recursos. Quarto, uma vez que as máquinas virtuais podem limitar a taxa na qual eles usam os processadores físicos, os discos e a rede além da quantidade de memória principal, o que deu ao AWS diversas opções de preço: a opção de preço mais baixo, empacotando diversos núcleos virtuais em um único servidor, a opção de preço mais alto, de acesso exclusivo a todos os recursos da máquina, além de diversos pontos intermediários. Quinto, as máquinas virtuais ocultam a identidade do hardware, permitindo ao AWS continuar a vender tempo em máquinas mais velhas, que poderiam não ser atrativas para os clientes se eles soubessem sua idade; Por fim, as máquinas virtuais permitiram ao AWS apresentar hardware novo e mais rápido, empacotando ainda mais núcleos virtuais por servidor ou simplesmente oferecendo instâncias que tenham maior desempenho por núcleo virtual; a virtualização significa que o desempenho oferecido não precisa ser um múltiplo inteiro do desempenho do hardware.
- *Custo muito baixo.* Quando o AWS anunciou uma taxa de US$0,10 por hora por instância em 2006, esse era um valor surpreendentemente baixo. Uma instância é uma máquina virtual, e, a US$0,10 por hora, o AWS alocava duas instâncias por núcleo em um servidor multicore. Portanto, uma unidade de computador EC2 é equivalente a um AMD Opteron de 1,0 a 1,2 GHz ou Intel Xeon daquela época.
- *Dependência (inicial) de software open source.* A disponibilidade de software de boa qualidade que não tinha problemas de licenciamento ou custos associados a executar centenas ou milhares de servidores tornou a computação como serviço muito mais econômica para a Amazon e para seus clientes. Depois disso, o AWS começou a oferecer instâncias incluindo softwares comerciais de terceiros a preços mais elevados.
- *Sem garantia (inicial) de serviço.* Inicialmente, a Amazon prometeu fazer somente o melhor. O baixo custo era tão atrativo que muitos podiam viver sem uma garantia de serviço. Hoje, o AWS fornece SLAs de disponibilidade de até 99,95% em serviços como o Amazon EC2 e o Amazon S3. Além disso, o Amazon S3 foi projetado para ter durabilidade ao salvar múltiplas réplicas de cada objeto em diversos locais. (De acordo com o AWS, as chances de perder permanentemente um objeto são de uma em 100 bilhões.) O AWS também fornece um Painel de Saúde do Serviço, que mostra o status operacional de cada um dos serviços do AWS em tempo real, de modo que o tempo de recuperação e o desempenho do AWS são totalmente transparentes.
- *Nenhum contrato necessário.* Em parte porque os custos são tão baixos, tudo o que é necessário para começar a usar o EC2 é um cartão de crédito.

As Figuras 6.15 e 6.16 mostram o preço por hora dos muitos tipos de instâncias EC2 em 2017. Partindo dos 10 tipos de instância em 2006, agora existem mais de 50. A instância mais rápida é 100 vezes mais rápida que a mais lenta, e a maior oferece 2000 vezes mais memória que a menor. O aluguel da instância mais barata por um ano inteiro é de apenas US$50.

Além de computação, o EC2 cobra por armazenamento de longo prazo e por tráfego de internet. (Não há custo para tráfego de internet dentro das regiões do AWS.) O Elastic Block Storage (EBS) custa US$0,10 por GB por mês quanto utiliza SSDs e US$0,045 por

|  | Instância | Por hora | Razão para m4.large | Núcleos virtuais | Unidades de computação | Memória (GiB) | Armazenamento (GB) |
|---|---|---|---|---|---|---|---|
| Uso geral | t2.nano | $0,006 | 0,05 | 1 | Variável | 0,5 | EBS apenas |
| | t2.micro | $0,012 | 0,11 | 1 | Variável | 1,0 | EBS apenas |
| | t2.small | $0,023 | 0,21 | 1 | Variável | 2,0 | EBS apenas |
| | t2.medium | $0,047 | 0,4 | 2 | Variável | 4,0 | EBS apenas |
| | t2.large | $0,094 | 0,9 | 2 | Variável | 8,0 | EBS apenas |
| | t2.xlarge | $0,188 | 1,7 | 4 | Variável | 16,0 | EBS apenas |
| | t2.2xlarge | $0,376 | 3,5 | 8 | Variável | 32,0 | EBS apenas |
| | m4.large | $0,108 | 1,0 | 2 | 6,5 | 8,0 | EBS apenas |
| | m4.xlarge | $0,215 | 2,0 | 4 | 13 | 16,0 | EBS apenas |
| | m4.2xlarge | $0,431 | 4,0 | 8 | 26 | 32,0 | EBS apenas |
| | m4.4xlarge | $0,862 | 8,0 | 16 | 54 | 64,0 | EBS apenas |
| | m4.10xlarge | $2,155 | 20,0 | 40 | 125 | 160,0 | EBS apenas |
| | m4.16xlarge | $3,447 | 31,9 | 64 | 188 | 256,0 | EBS apenas |
| | m3.medium | $0,067 | 0,6 | 1 | 3 | 3,8 | 1 × 4 SSD |
| | m3.large | $0,133 | 1,2 | 2 | 6,5 | 7,5 | 1 × 32 SSD |
| | m3.xlarge | $0,266 | 2,5 | 4 | 13 | 15,0 | 2 × 40 SSD |
| | m3.2xlarge | $0,532 | 4,9 | 8 | 26 | 30,0 | 2 × 80 SSD |
| Otimizado para cálculo | c4.large | $0,100 | 0,9 | 2 | 8 | 3,8 | EBS apenas |
| | c4.xlarge | $0,199 | 1,8 | 4 | 16 | 7,5 | EBS apenas |
| | c4.2xlarge | $0,398 | 3,7 | 8 | 31 | 15,0 | EBS apenas |
| | c4.4xlarge | $0,796 | 7,4 | 16 | 62 | 30,0 | EBS apenas |
| | c4.8xlarge | $1,591 | 14,7 | 36 | 132 | 60,0 | EBS apenas |
| | c3.large | $0,105 | 1,0 | 2 | 7 | 3,8 | 2 × 16 SSD |
| | c3.xlarge | $0,210 | 1,9 | 4 | 14 | 7,5 | 2 × 40 SSD |
| | c3.2xlarge | $0,420 | 3,9 | 8 | 28 | 15,0 | 2 × 80 SSD |
| | c3.4xlarge | $0,840 | 7,8 | 16 | 55 | 30,0 | 2 × 160 SSD |
| | c3.8xlarge | $1,680 | 15,6 | 32 | 108 | 60,0 | 2 × 320 SSD |

**FIGURA 6.15** Preço e características de instâncias EC2 sob demanda nos Estados Unidos e na região da Virgínia, em fevereiro de 2017. Quando o AWS começou, uma unidade de computador EC2 era equivalente a um AMD Opteron de 1,0–1,2 GHz ou um Intel Xeon de 2006. Instâncias variáveis são a categoria mais nova e mais barata. Elas oferecem o desempenho total de um núcleo de CPU Intel de alta frequência se a sua carga de trabalho utilizar menos de 5% do núcleo na média durante 24 h, como para enviar páginas web. O AWS também oferece Spot Instances a um custo muito mais baixo (cerca de 25%). Com Spot Instances, os clientes definem o preço que desejam pagar e o número de instâncias que desejam executar, e então o AWS executa as propostas quando o preço localizado cai para abaixo de seu nível. O AWS também oferece Reserved Instances, para os casos em que os clientes sabem que usarão mais da instância por um ano. Eles pagam uma taxa anual por instância e depois uma taxa horária, que é cerca de 30% da coluna 1, para usar o serviço. Se uma Reserved Instance for 100% utilizada durante um ano inteiro, o custo médio por hora, incluindo a amortização da taxa anual, será de 65% da taxa na primeira coluna. EBS é Elastic Block Storage, que é um sistema de armazenamento em nível de bloco encontrado em todas as partes na rede, ao invés de um disco local ou um SSD (disco em estado sólido) dentro do mesmo servidor que a VM.

| | Instância | Por hora | Razão para m4.large | Núcleos virtuais | Unidades de computação | Memória (GiB) | Armazenamento (GB) |
|---|---|---|---|---|---|---|---|
| GPU | p2.xlarge | $0,900 | 8,3 | 4 | 12 | 61,0 | EBS apenas |
| | p2.8xlarge | $7,200 | 66,7 | 32 | 94 | 488,0 | EBS apenas |
| | p2.16xlarge | $14,400 | 133,3 | 64 | 188 | 732,0 | EBS apenas |
| | g2.2xlarge | $0,650 | 6,0 | 8 | 26 | 15,0 | 60 SSD |
| | g2.8xlarge | $2,600 | 24,1 | 32 | 104 | 60,0 | 2 × 120 SSD |
| FPGA | f1.2xlarge | $1,650 | 15,3 | 8 (1 FPGA) | 26 | 122,0 | 1 × 470 SSD |
| | f1.16xlarge | $13,200 | 122,2 | 64 (8 FPGA) | 188 | 976,0 | 4 × 940 SSD |
| Otimizado para memória | x1.16xlarge | $6,669 | 61,8 | 64 | 175 | 976,0 | 1 × 1920 SSD |
| | x1.32xlarge | $13,338 | 123,5 | 128 | 349 | 1,952,0 | 2 × 1920 SSD |
| | r3.large | $0,166 | 1,5 | 2 | 6,5 | 15,0 | 1 × 32 SSD |
| | r3.xlarge | $0,333 | 3,1 | 4 | 13 | 30,5 | 1 × 80 SSD |
| | r3.2xlarge | $0,665 | 6,2 | 8 | 26 | 61,0 | 1 × 160 SSD |
| | r3.4xlarge | $1,330 | 12,3 | 16 | 52 | 122,0 | 1 × 320 SSD |
| | r3.8xlarge | $2,660 | 24,6 | 32 | 104 | 244,0 | 2 × 320 SSD |
| | r4.large | $0,133 | 1,2 | 2 | 7 | 15,3 | EBS apenas |
| | r4.xlarge | $0,266 | 2,5 | 4 | 14 | 30,5 | EBS apenas |
| | r4.2xlarge | $0,532 | 4,9 | 8 | 27 | 61,0 | EBS apenas |
| | r4.4xlarge | $1,064 | 9,9 | 16 | 53 | 122,0 | EBS apenas |
| | r4.8xlarge | $2,128 | 19,7 | 32 | 99 | 244,0 | EBS apenas |
| | r4.16xlarge | $4,256 | 39,4 | 64 | 195 | 488,0 | EBS apenas |
| Otimizado para armazenamento | i2.xlarge | $0,853 | 7,9 | 4 | 14 | 30,5 | 1 × 800 SSD |
| | i2.2xlarge | $1,705 | 15,8 | 8 | 27 | 61,0 | 2 × 800 SSD |
| | i2.4xlarge | $3,410 | 31,6 | 16 | 53 | 122,0 | 4 × 800 SSD |
| | i2.8xlarge | $6,820 | 63,1 | 32 | 104 | 244,0 | 8 × 800 SSD |
| | d2.xlarge | $0,690 | 6,4 | 4 | 14 | 30,5 | 3 × 2000 HDD |
| | d2.2xlarge | $1,380 | 12,8 | 8 | 28 | 61,0 | 6 × 2000 HDD |
| | d2.4xlarge | $2,760 | 25,6 | 16 | 56 | 122,0 | 12 × 2000 HDD |
| | d2.8xlarge | $5,520 | 51,1 | 36 | 116 | 244,0 | 24 × 2000 HDD |

**FIGURA 6.16** Preço e características de instâncias EC2 de GPUs, FPGAs, otimizadas para memória e otimizadas para armazenamento na região de Virgínia, nos Estados Unidos, em fevereiro de 2017.

GB por mês para unidades de disco rígido. O tráfego de internet custa US$0,10 por GB indo para o EC2 e US$0,09 por GB vindo do EC2.

**Exemplo** Calcule o custo de rodar os serviços MapReduce médios na Figura 6.2, em EC2 por diversos meses no decorrer dos anos. Considere que há serviços suficientes, então não há custos extras significativos a arredondar para obter um número de horas inteiro. Em seguida, calcule o custo mensal para rodar todos os serviços MapReduce.

*Resposta* A primeira questão é: qual é o tamanho correto de instância para atender ao servidor típico no Google? Vamos supor que a correspondência mais próxima na Figura 6.15 seja um c4.large com 2 núcleos virtuais e 3,6 GiB de memória, que custa US$0,100 por hora. A Figura 6.17 calcula o custo médio e total por ano de executar a carga de trabalho Google MapReduce no EC2. O serviço MapReduce médio de 2016 custaria pouco mais de US$1 no EC2, e a carga de trabalho total para esse mês custaria US$114 milhões no AWS.

| | Ago/2004 | Set/2009 | Set/2012 | Set/2016 |
|---|---|---|---|---|
| Tempo médio de conclusão (horas) | 0,15 | 0,14 | 0,13 | 0,11 |
| Número médio de servidores por serviço | 157 | 156 | 142 | 130 |
| Custo por hora de EC2 da instância c4.large | $0,100 | $0,100 | $0,100 | $0,100 |
| Custo médio de EC2 por serviço MapReduce | $2,76 | $2,23 | $1,89 | $1,20 |
| Número mensal de serviços MapReduce | 29.000 | 4.114.919 | 15.662.118 | 95.775.891 |
| Custo total dos serviços MapReduce no EC2/EBS | $80.183 | $9.183.128 | $29.653.610 | $114.478.794 |

**FIGURA 6.17** Custo estimado se você rodar a carga de trabalho Google MapReduce para meses selecionados entre 2004 e 2016 (Figura 6.2) usando os preços de 2017 para AWS ECS. Como estamos usando preços de 2017, essas estimativas são menos precisas do que os custos reais do AWS.

| | |
|---|---|
| **Exemplo** | Dados os custos dos serviços MapReduce, imagine que seu chefe queira que você investigue modos de reduzir os custos. O quanto você poderia economizar usando AWS Spot Instances? |
| *Resposta* | Os serviços MapReduce poderiam ser interrompidos por dispararem uma instância localizada, mas o MapReduce foi projetado para tolerar e reiniciar serviços que falharam. O preço AWS Spot para c4.large era US$0,0242 contra US$0,100, o que significava uma economia de US$87 milhões em setembro de 2016, mas não havia garantias sobre os tempos de resposta! |

Além do baixo custo de um modelo de pagamento por uso para computação de serviços, outro ponto atraente para os usuários de computação em nuvem é que os provedores de computação em nuvem assumem os riscos do provisionamento em excesso ou insuficiente. Evitar o risco é um presente dos céus para as empresas start-up, já que qualquer erro poderia ser fatal. Se grande parte do precioso investimento for gasta nos servidores antes que o produto esteja pronto para uso pesado, a empresa poderá ficar sem dinheiro. Se o serviço se tornar popular de repente, mas não houver servidores suficientes para atender a demanda, a empresa poderá causar uma impressão muito ruim nos novos clientes de que ela precisa desesperadamente para crescer.

O modelo para esse cenário é o FarmVille, da Zynga, um jogo do Facebook. Antes do FarmVille ser anunciado, o maior jogo social tinha cerca de cinco milhões de jogadores por dia. O FarmVille tinha um milhão de jogadores quatro dias depois do lançamento e 10 milhões depois de 60 dias. Depois de 270 dias, tinha 28 milhões de jogadores por dia e 75 milhões por mês. Como eles foram implementados no AWS, conseguiram crescer de forma transparente à medida que crescia o número de usuários. Além do mais, puderam modificar a carga de acordo com a demanda dos consumidores e da hora do dia.

O FarmVille foi tão bem-sucedido que a Zynga decidiu abrir seus próprios datacenters em 2012. Em 2015, a Zynga retornou ao AWS, decidindo que era melhor deixar o AWS administrar seus data centers (Hamilton, 2015). Quando o FarmVille caiu do aplicativo mais popular do Facebook para o 110° em 2016, a Zynga conseguiu reduzir de tamanho com o AWS de forma controlada, assim como cresceu com o AWS no início.

Em 2014, o AWS ofereceu um novo serviço que remetia aos dias do tempo compartilhado, da década de 1960, a que John McCarthy se referia na citação inicial desta seção. Em vez de gerenciar máquinas virtuais na nuvem, o *Lambda* permite que os usuários forneçam uma função no código-fonte (como em Python) e permite que o AWS gerencie automaticamente os recursos exigidos por esse código para dimensionar com tamanho de entrada e torná-lo altamente disponível. Google Cloud Compute Functions e Microsoft Azure

ELSEVIER 6.5 Computação em nuvem: o retorno da computação de utilidade 439

Functions são recursos equivalentes dos provedores de nuvem concorrentes. Conforme explica a Seção 6.10, o Google App Engine originalmente oferecia um serviço bastante semelhante em 2008.

Essa tendência é conhecida como *Computação sem Servidor*, em que os usuários não precisam gerenciar servidores (mas essas funções, na verdade, *são* executadas em servidores). As tarefas fornecidas incluem manutenção do sistema operacional, provisionamento de capacidade e escalonamento automático, implementação de patch de código e segurança, e monitoramento e registro de código. Ela executa código em resposta a eventos, como uma solicitação http ou atualização de banco de dados. Uma maneira de pensar na Computação sem Servidor é como um conjunto de processos executados em paralelo em todo o WSC, que compartilham dados por meio de um serviço de armazenamento desagregado, como o AWS S3.

Não há custo para a Computação sem Servidor quando um programa está ocioso. A contabilidade do AWS é seis ordens de magnitude mais detalhada que a do EC2, registrando o uso por 100 ms, e não por hora. O custo varia de acordo com a quantidade de memória necessária, mas se o seu programa usou 1 GiB de memória, o custo é de US $0,000001667 por 100 ms ou cerca de US$6 por hora.

A Computação sem Servidor pode ser considerada como a próxima etapa evolucionária para a realização dos ideais de computação em nuvem do datacenter como um computador, como os preços "pague de acordo com o uso", e como um meio de dimensionamento dinâmico automático.

A computação em nuvem tornou os benefícios do WSC disponíveis para todos. Ela oferece associatividade de custo com a ilusão de escalabilidade infinita sem custo extra para o usuário: 1.000 servidores por uma hora custam não mais do que um servidor por 1.000 horas. Depende do provedor de computação de nuvem garantir que existam servidores, armazenamento e largura de banda suficientemente disponíveis para atender a demanda. A cadeia de fornecimento otimizada, mencionada anteriormente, que reduz o tempo de entrega para uma semana no caso de novos computadores, ajuda a dar essa ilusão sem levar o provedor à falência. Essa transferência de riscos, associatividade de custo e preços "pague de acordo com o uso" é um argumento poderoso para que empresas de vários tamanhos usem a computação em nuvem.

## Qual é o tamanho da nuvem AWS?

O AWS foi iniciado em 2006 e se tornou tão grande que a Amazon.com, em vez de usar uma infraestrutura de computação separada, tornou-se um dos clientes do AWS em 2010. A Figura 6.18 mostra que o AWS tinha instalações em 16 locais em todo o mundo em 2017, com outros a caminho. Como um ponto de interesse, as Figuras 6.19 e 6.20 mostram mapas semelhantes para Google e Microsoft.

Cada local AWS consiste em duas a três instalações próximas (separadas por um ou dois quilômetros) chamadas de *zonas de disponibilidade*. Eles são assim chamados porque deve ser seguro ter seu software rodando em dois deles para garantir a confiabilidade, pois é improvável que ambos falhem simultaneamente devido a quedas de energia ou a um desastre natural (Hamilton, 2014). Esses 16 locais contêm 42 zonas de disponibilidade e cada uma dessas zonas tem um ou mais WSCs. Em 2014, cada WSC tinha pelo menos 50.000 servidores e alguns tinham mais de 80.000.

Hamilton (2017) diz que é melhor ter pelo menos três WSCs por região. A razão é simplesmente que quando um WSC falha, o outro na região precisa assumir a carga do WSC que falhou. Se houvesse apenas um outro WSC, cada uma teria que reservar metade de sua

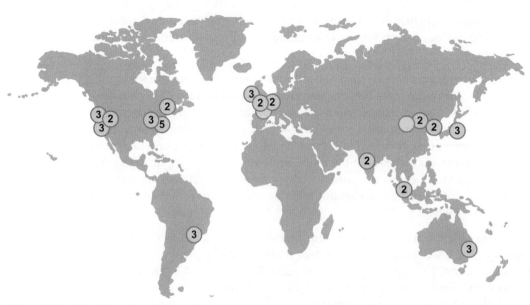

**FIGURA 6.18** Em 2017, o AWS tinha 16 locais ("regiões"), com mais dois sendo abertos em breve.
A maioria dos locais possui duas ou três *zonas de disponibilidade*, que estão localizadas próximas, mas com muito pouca probabilidade de serem afetadas pelo mesmo desastre natural ou falta de energia, se um desses ocorresse. (O número de zonas de disponibilidade estão listados dentro de cada círculo no mapa.) Esses 16 locais ou regiões possuem, coletivamente, 42 zonas de disponibilidade. Cada zona de disponibilidade possui um ou mais WSCs. <https://aws.amazon.com/about-aws/global-infrastructure/>.

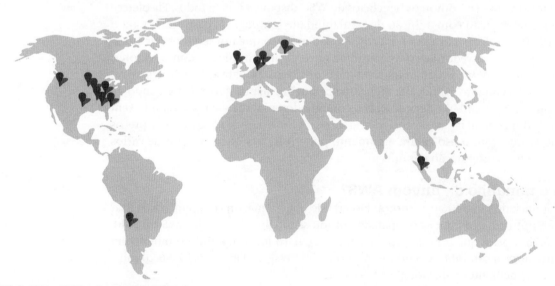

**FIGURA 6.19** Em 2017, a Google tinha 15 locais.
Nas Américas: Berkeley County, Carolina do Sul; Council Bluffs, Iowa; Douglas County, Geórgia; Jackson County, Alabama; Lenoir, Carolina do Norte; Mayes County, Oklahoma; Montgomery County, Tennessee; Quilicura, Chile; e The Dalles, Oregon. Na Ásia: Changhua County, Taiwan; Cingapura. Na Europa: Dublin, Irlanda; Eemshaven, Holanda; Hamina, Finlândia; St. Ghislain, Bélgica. <https://www.google.com/about/datacenters/inside/locations/>.

capacidade de recuperação de falhas. Com três, eles poderiam ser usados em dois terços da capacidade e ainda lidar com uma recuperação rápida. Quanto mais data centers você tiver, menos excesso de capacidade é reservado; o AWS possui regiões com mais de 10 WSCs.

Encontramos duas estimativas publicadas do número total de servidores no AWS em 2014. Uma estimativa era de 2 milhões de servidores, quando o AWS tinha apenas 11 regiões e

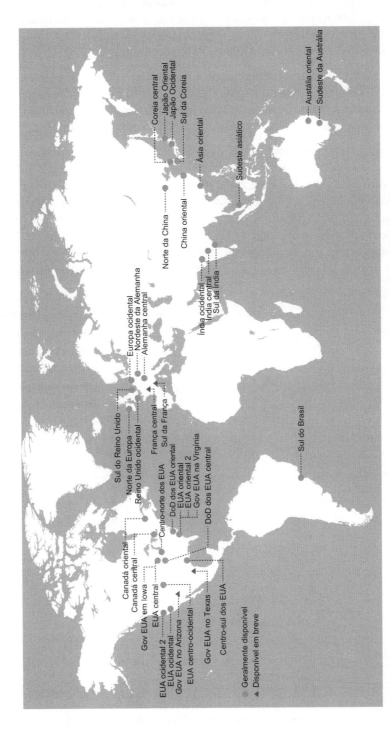

**FIGURA 6.20** Em 2017, a Microsoft tinha 34 locais, com quatro outros abrindo em breve. <https://azure.microsoft.com/en-us/regions/>.

28 zonas de disponibilidade (Clark, 2014). Outra estimativa foi entre 2,8 e 5,6 milhões de servidores (Morgan 2014). Se extrapolarmos de 2014 para 2017 com base no aumento do número de zonas de disponibilidade, as estimativas crescerão para 3,0 milhões de servidores no segmento inferior e 8,4 milhões no extremo mais alto. O número total de WSCs (datacenters) é 84–126. A Figura 6.21 mostra o crescimento ao longo do tempo, usando extrapolações dessas duas projeções para oferecer estimativas altas e baixas do número de servidores e WSCs ao longo do tempo.

O AWS, compreensivelmente, não é muito claro sobre o número real. Eles disseram que o AWS tinha mais de 1 milhão de clientes em 2014 e que "todos os *dias* adiciona capacidade de servidor físico equivalente à necessária para suportar a Amazon.com em 2004" quando era uma empresa com receita anual de US $7 bilhões (Hamilton, 2014).

Uma maneira de verificar a validade dessas estimativas é analisar os investimentos. A Amazon gastou US$24 bilhões em investimentos de capital em propriedades e equipamentos entre 2013 e 2015, e uma estimativa é que dois terços desse investimento foram para o AWS (Gonzalez e Day, 2016; Morgan, 2016). Suponha que leva um ano para construir um novo WSC. A estimativa na Figura 6.21 para 2014 a 2016 é de 34 a 51 WSCs. O custo por WSC AWS será então de US$ 310 milhões a US$470 milhões. Hamilton afirma que "até mesmo um datacenter de tamanho médio (WSC) provavelmente excederá US$200 milhões" (Hamilton, 2017). Ele prossegue dizendo que os provedores de nuvem têm

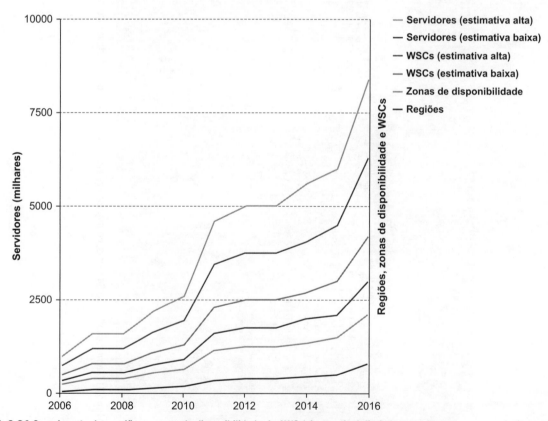

**FIGURA 6.21** Crescimento das regiões e zonas de disponibilidade do AWS (eixo vertical direito) com o tempo.
A maior parte das regiões possui duas ou três zonas de disponibilidade. Cada zona de disponibilidade pode ter um ou mais WSCs, com a maior tendo mais de 10 WSCs. Cada WSC tem pelo menos 50.000 servidores, com o maior tendo mais de 80.000 servidores (Hamilton, 2014). Com base nas estimativas publicadas para o número de servidores AWS em 2014 (Clark, 2014; Morgan, 2014), projetamos o número de servidores por ano (eixo vertical esquerdo) e WSCs (acesso vertical direito) em função do número real de zonas de disponibilidade.

atualmente "$O(10^2)$" WSCs; a estimativa da Figura 6.21 é 84-126 WSCs AWS. Apesar da imprecisão dessas estimativas, elas parecem ser surpreendentemente consistentes. Ele prossegue, prevendo que, para atender às demandas futuras, os maiores provedores de nuvem acabarão aumentando para "$O(10^5)$" WSCs, ou *1.000* vezes mais WSCs do que hoje!

Não importa quantos servidores e WSCs estejam na nuvem, duas questões cruzadas que moldam o custo-desempenho dos WSCs e, portanto, da computação em nuvem, são a rede WSC e a eficiência do hardware e do software do servidor.

## 6.6 QUESTÕES CRUZADAS

> O equipamento de rede é o SUV do datacenter.
>
> James Hamilton (2009)

### Impedindo que a rede WSC seja um gargalo

A Figura 6.22 mostra as demandas de rede dobrando a cada 12-15 meses para o Google, resultando em um crescimento de 50 vezes no tráfego dos servidores na frota de WSCs da Google em apenas 7 anos. Naturalmente, sem muito cuidado, a rede WSC poderia facilmente se tornar um gargalo de desempenho ou custo.

Na edição anterior, indicamos que um switch do datacenter poderia custar quase US$1 milhão, ou mais de 50 vezes o preço de um switch Top of Rack (ToR). Esse switch não apenas era caro, mas o superdimensionamento resultante afetava o projeto do software e o posicionamento de serviços e dados dentro do WSC. Os gargalos da rede WSC restringiam o posicionamento de dados, que por sua vez complicava o software WSC. Como esse software é um dos ativos mais valiosos de uma empresa de WSC, o custo dessa complexidade adicional era significativo.

A rede ideal de WSC seria uma caixa-preta cuja topologia e largura de banda não são interessantes, porque não há restrições: você pode executar qualquer carga de trabalho em qualquer lugar e otimizar para utilização de servidor no lugar da proximidade do tráfego de rede. Vahdat et al. (2010) propuseram tomar emprestada a tecnologia de rede da supercomputação para contornar os problemas de preço e desempenho. Eles propuseram uma infraestrutura de rede que pudesse escalar para 100.000 portas e 1 Pbit/s de largura

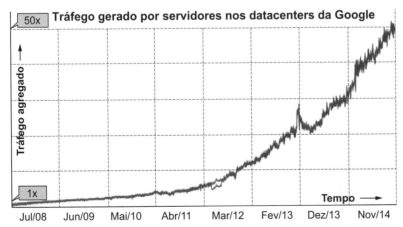

**FIGURA 6.22** Tráfego de rede de todos os servidores nos WSCs da Google durante 7 anos (Singh et al., 2015).

| Switch da geração do datacenter | Implantação inicial | Chip comercial | Conf. do switch ToR | Bloco de agregação | Bloco espinhal | Velocidade de fábrica | Velocidade do host | LB da bisseção |
|---|---|---|---|---|---|---|---|---|
| Four-Post CRs | 2004 | Vendedor | 48 × 1 Gbps | – | – | 10 Gbps | 1 Gbps | 2 Tbps |
| Firehose 1.0 | 2005 | 8 × 10 Gbps<br>4 × 10 Gbps<br>(ToR) | 2 × 10 Gbps up<br>24 × 1 Gbps down | 2 × 32 × 10 Gbps | 32 × 10 Gbps | 10 Gbps | 1 Gbps | 10 Tbps |
| Firehose 1.1 | 2006 | 8 × 10 Gbps | 4 × 10 Gbps up<br>48 × 1 Gbps down | 64 × 10 Gbps | 32 × 10 Gbps | 10 Gbps | 1 Gbps | 10 Tbps |
| Watchtower | 2008 | 16 × 10 Gbps | 4 × 10 Gbps up<br>48 × 1 Gbps down | 4 × 128 × 10 Gbps | 128 × 10 Gbps | 10 Gbps | n × 1 Gbps | 82 Tbps |
| Saturn | 2009 | 24 × 10 Gbps | 24 × 10 Gbps | 4 × 288 × 10 Gbps | 288 × 10 Gbps | 10 Gbps | n × 10 Gbps | 207 Tbps |
| Jupiter | 2012 | 16 × 40 Gbps | 16 × 40 Gbps | 8 × 128 × 40 Gbps | 128 × 40 Gbps | 10/40 Gbps | n × 10 Gbps<br>n × 40 Gbps | 1300 Tbps |

**FIGURA 6.23** Seis gerações de switches de rede empregados nos WSCs da Google (Singh et al., 2015).
Os Four-Post CRs usavam switches Ethernet comerciais de 512 portas, 1 Gbit/s e switches Top of Rach (ToR) Ethernet de 48 portas, 1 Gbit/s, que acomodavam 20.000 servidores no array. O objetivo do Firehose 1.0 era fornecer 1 Gbps de largura de banda de bisseção sem bloqueio a cada um dos 10.000 servidores, mas enfrentou problemas com a baixa conectividade do switch ToR, causando problemas quando os links falhavam. O Firehose 1.1 foi o primeiro switch customizado com melhor conectividade no switch ToR. Watchtower e Saturn seguiram nos mesmos passos, mas usavam chips dcomerciais novos e mais rápidos no switch. Jupiter usa links e switches de 40 Gbps para fornecer mais de 1 Pbit/s de largura de banda de bisseção. A Seção 6.7 descreve o switch Jupiter e os blocos de agregação e espinhal de redes Clos com mais detalhes.

de banda da bisseção. Um benefício importante desses novos switches de datacenter é simplificar os desafios de software devido ao superdimensionamento.

Desde essa época, muitas empresas com WSC projetaram seus próprios switches para contornar esses desafios (Hamilton, 2014). Singh et al. (2015) relataram várias gerações de redes customizadas usadas entro dos WSCs da Google, listadas na Figura 6.23.

Para reduzir os custos, elas construíram seus switches a partir de chips de switch comerciais padrão. Descobriram que os recursos dos switches tradicionais de datacenter, que eram usados em parte para justificar seus altos custos — como o roteamento descentralizado da rede e protocolos para gerenciar o suporte de cenários de implantação arbitrários — eram desnecessários em um WSC, pois a topologia de rede poderia ser planejada antes da implantação e a rede tinha apenas um único operador. A Google, em vez disso, usou o controle centralizado que contava com uma configuração comum, que foi copiada para todos os switches do datacenter. O projeto de hardware modular e o controle de software robusto permitiram que esses switches fossem usados tanto para dentro do WSC quanto para redes remotas entre os WSCs. A Google expandiu a largura de banda de suas redes de WSCs por 100 vezes em uma década, oferecendo mais de 1 Pbit/s de largura de banda de bisseção em 2015.

## Usando energia com eficiência dentro do servidor

Enquanto o PUE mede a eficiência de um WSC, não diz nada sobre o que acontece dentro do próprio equipamento de TI. Assim, outra fonte de ineficiência elétrica é a fonte de energia *dentro* do servidor, que converte uma entrada de anta tensão nas tensões que os chips e discos usam. Em 2007, muitas fontes de alimentação tinham de 60–80% de eficiência; isso significa que houve maiores perdas dentro do servidor em relação ao que havia ao longo das muitas etapas e mudanças de tensão desde as linhas de alta tensão, nas torres de transmissão, para fornecer as linhas de baixa tensão no servidor. Uma razão é que a fonte de alimentação muitas vezes era superdimensionada em watts para o que havia na placa-mãe. Além do mais, tais fontes de alimentação muitas vezes têm sua pior eficiência com carga de 25% ou menos, embora, como mostra a Figura 6.3 muitos servidores WSC operem nessa faixa. As placas-mãe de computadores também têm módulos reguladores de tensão (Voltage Regulator Modules — VRMs), que também podem ter eficiência relativamente baixa.

Barroso e Hölzle (2007) disseram que o objetivo de todo servidor deve ser a *proporcionalidade energética*; ou seja, os servidores devem consumir energia em proporção à quantidade de trabalho realizado. Uma década depois, chegamos perto mas ainda não atingimos esse objetivo ideal. Por exemplo, os servidores com melhor classificação SPECPower no Capítulo 1 ainda usam cerca de 20% da potência total quando ociosos e quase 50% da potência total com carga de somente 20%. Isso representa um grande progresso desde 2007, quando um computador ocioso usava 60% da potência total e 70% em uma carga de 20%, mas ainda há espaço para melhorar.

O software do sistema foi projetado para usar todos os recursos disponíveis se melhorar potencialmente o desempenho, sem preocupação com as implicações energéticas. Por exemplo, os sistemas operacionais usam toda a memória para dados de programas ou para caches de arquivo, apesar de muitos dados provavelmente nunca serem usados. Os arquitetos de software precisam considerar a energia, assim como o desempenho nos projetos futuros (Carter e Rajamani, 2010).

Depois da base oferecida por essas seis seções, estamos prontos para apreciar o trabalho dos arquitetos do WSC da Google.

## 6.7 JUNTANDO TUDO: O COMPUTADOR EM ESCALA WAREHOUSE DA GOOGLE

Como muitas empresas com WSCs estão concorrendo vigorosamente no mercado, a maioria delas estava relutante em compartilhar suas inovações mais recentes com o público (e umas com as outras). Felizmente, a Google continuou sua tradição de fornecer detalhes sobre WSCs recentes para as novas edições deste livro, mais uma vez tornando esta edição provavelmente a descrição pública mais atualizada de um WSC da Google, o qual representa o que há de mais moderno atualmente.

### Distribuição de energia em um WSC da Google

Começamos com a distribuição de energia. Embora haja muitas variações implantadas, na América do Norte, a energia elétrica geralmente passa por diversas variações de tensão no caminho até o servidor, começando com as linhas de alta tensão na torre de transmissão de mais de 110.000 V.

Para locais em grande escala com vários WSCs, a energia é fornecida para subestações no local (Figura 6.24). As subestações são dimensionadas para centenas de megawatts de energia. A tensão é reduzida para entre 10.000 e 35.000 V para distribuição para os WSCs no local.

Perto dos prédios do WSC, a tensão é reduzida ainda mais em torno de 400 V (Figura 6.25) para distribuição às fileiras de servidores no piso do datacenter. (480 V é comum na Amé-

**FIGURA 6.24** Uma subestação no local da instalação.

**FIGURA 6.25** Esta imagem mostra transformadores, mecanismos de comutação e geradores próximos a um WSC.

rica do Norte, mas 400 V no resto do mundo; a Google usa 415 V.) Para evitar que todo o WSC fique off-line se houver falta de energia, os WSCs têm sua versão de uma fonte de alimentação ininterrupta (UPS), assim como a maioria dos servidores faz em datacenters convencionais. Geradores a diesel são conectados ao sistema de distribuição de energia nesse nível para fornecer energia no caso de um problema com a energia da rede elétrica. Embora a maioria das paralisações seja menor que alguns minutos, os WSCs armazenam milhares de litros de diesel no local para o caso de um evento prolongado. Os operadores até fazem provisões com companhias locais de combustível para entrega contínua de diesel, caso uma instalação precise operar por geradores durante dias ou semanas.

Dentro do WSC, a energia é fornecida aos racks através de dutos de barramento de cobre que passam acima de cada fileira de racks, como mostra a Figura 6.26. A última etapa divide a alimentação trifásica em três fontes monofásicas separadas de 240–277 V fornecidas pelos cabos de energia para o rack. Perto da parte superior do rack, os conversores de energia transformam a tensão de 240 V CA em 48 V CC, para reduzir a tensão para aquela que as placas podem usar.

Em resumo, a energia é distribuída em uma hierarquia em um WSC, com cada nível da hierarquia correspondendo a uma unidade distinta de falha e manutenção: o WSC in-

**FIGURA 6.26** Fileira de servidores com os dutos de barramento de cobre acima, distribuindo 400 V para os servidores.
Embora esteja difícil de ver, eles estão acima da prateleira do lado direito da foto. Ela também mostra um corredor frio que os operadores usam para manter o equipamento.

teiro, arrays, fileiras e racks. O software está ciente da hierarquia e espalha o trabalho e o armazenamento topograficamente para aumentar a confiabilidade.

WSCs em todo o mundo têm tensões e frequências de distribuição diferentes, mas o projeto geral é semelhante. Os principais locais para melhoria na eficiência de energia estão nos transformadores de tensão em cada etapa, mas estes são componentes altamente otimizados, portanto, restam poucas oportunidades de melhoria.

### Refrigeração em um WSC da Google
Agora que podemos fornecer energia dos postes de rua para o piso do WSC, precisamos remover o calor gerado pelo seu uso. Existem muito mais oportunidades para melhoria na infraestrutura de refrigeração.

Um dos modos mais fáceis de melhorar a eficiência energética é simplesmente trabalhar com o equipamento de TI em temperaturas mais altas, para que o ar não precise ser tão resfriado. A Google trabalha com seu equipamento a mais de 80 + °F (27 + °C), que é consideravelmente mais alto do que os datacenters tradicionais, que são tão frios que é preciso usar um casaco.

O fluxo de ar é cuidadosamente planejado para o equipamento de TI, usando até mesmo a simulação de Dinâmica de Fluidos Computacional para projetar a instalação. Os projetos mais eficientes preservam a temperatura do ar frio, reduzindo as chances de se misturar com o ar quente.

Por exemplo, a maioria dos WSCs de hoje possui corredores alternativos de ar quente e ar frio, orientando os servidores em direções opostas em fileiras alternadas de racks, para que a exaustão de ar quente sopre em direções alternadas. Estes são chamados de *corredores quentes* e *corredores frios*. A Figura 6.26 mostra um corredor frio que as pessoas usam para trabalhar nos servidores, e a Figura 6.27 mostra o corredor quente. O ar quente do corredor quente sobe pelos dutos no teto.

Em datacenters convencionais, cada servidor conta com ventiladores internos para garantir um fluxo de ar frio suficiente sobre as chips quentes, para manter sua temperatura. Esses ventiladores mecânicos são um dos componentes mais fracos nos servidores; por exemplo,

**FIGURA 6.27** Corredor quente em um datacenter da Google, que certamente não foi projetado para acomodar pessoas.

**FIGURA 6.28** O ar frio sopra para dentro da sala contendo os corredores de servidores.
O ar quente passa através de grandes exaustores nos tetos, onde é resfriado antes de retornar a esses ventiladores.

o MTBF dos ventiladores é de 150.000 h contra 1.200.000 h para os discos. Em um WSC da Google, os ventiladores do servidor trabalham em sinergia com dezenas de ventiladores gigantes na sala, para garantir o fluxo de ar para toda a sala (Figura 6.28). Essa divisão de trabalho significa que os pequenos ventiladores do servidor usam o mínimo de energia possível, ao mesmo tempo em que proporcionam o máximo desempenho nas piores condições de energia e ambiente. Os grandes ventiladores são controlados usando a pressão do ar como a variável de controle. As velocidades do ventilador são ajustadas para manter uma diferença de pressão mínima entre os corredores quentes e frios.

Para resfriar esse ar quente, eles adicionam bobinas de ventilador em larga escala nas extremidades das fileiras de racks. O ar quente dos racks é entregue nas bobinas do ventilador por meio de uma câmara horizontal dentro do corredor quente. (Duas fileiras compartilham o par de bobinas de resfriamento, pois são colocadas acima do corredor frio entre as duas fileiras.) O ar resfriado é enviado através de uma câmara no teto para a parede que contém os grandes ventiladores vistos na Figura 6.28, que retornam o ar resfriado para a sala contendo os racks.

Descreveremos como remover o calor da água nas bobinas de resfriamento em breve, mas vamos refletir sobre a arquitetura vista até o momento. Ela separa os racks da capacidade de resfriamento fornecida pelas bobinas do ventilador, o que permite o compartilhamento de resfriamento entre duas fileiras de racks no WSC. Assim, fornece eficientemente mais refrigeração para racks de alta potência e menos para racks de baixa potência. Com milhares de racks em um WSC, é improvável que sejam idênticos, de modo a variabilidade de energia entre os racks é comum, o que é previsto por esse projeto.

A água fria é fornecida para cada bobina de ventilador individual através de uma rede de tubos de uma planta de refrigeração. O calor é transferido para a água através de convecção forçada nas bobinas de resfriamento e a água quente retorna a uma planta de resfriamento.

Para melhorar a eficiência dos WSCs, os arquitetos tentam usar o ambiente local para remover o calor sempre que possível. *Torres de resfriamento* evaporativas são comuns nos WSCs para aproveitar o ar externo mais frio para resfriar a água, em vez de ser refrigerada mecanicamente. A temperatura que importa é chamada de *temperatura de bulbo úmido*, que é a temperatura mais baixa que pode ser obtida pela evaporação da água com o ar. É a temperatura que um volume de ar teria se fosse resfriado até a saturação (100% de umidade relativa) pela evaporação da água nele existente, com o calor latente sendo fornecido pelo volume. A temperatura do bulbo úmido é medida soprando ar na extremidade do bulbo de um termômetro que tem água no interior.

A água morna é pulverizada no interior da torre de resfriamento e coletada em piscinas no fundo, transferindo calor para o ar externo por evaporação e, assim, resfriando a água. Essa técnica é chamada de *economia do lado da água*. A Figura 6.29 mostra o vapor subindo acima das torres de resfriamento. Uma alternativa é usar água fria em vez de ar fresco. O

**FIGURA 6.29** Vapor subindo das torres de resfriamento que transferem calor para o ar a partir da água usada para refrigerar o equipamento.

WSC da Google na Finlândia usa um trocador de calor água-a-água que retira a água gelada do Golfo da Finlândia para resfriar a água quente de dentro do WSC.

O sistema da torre de refrigeração usa a água causada pela evaporação nas torres de resfriamento. Por exemplo, uma instalação de 8 MW pode precisar de 70.000 a 200.000 galões de água por dia, portanto, o desejo de o WSC estar localizado perto de grandes fontes de água.

Embora a planta de refrigeração seja projetada para que o calor possa ser removido sem refrigeração artificial na maior parte do tempo, os resfriadores mecânicos ajudam a rejeitar o calor em algumas regiões quando o clima está quente.

### Racks de um WSC da Google

Vimos como a Google leva energia ao rack e como ela resfria o ar quente que sai do rack. Agora estamos prontos para explorar o rack em si. A Figura 6.30 mostra um rack típico encontrado dentro de um WSC da Google. Para colocar esse rack em contexto, um WSC consiste em vários arrays (que a Google chama de clusters). Embora os arrays variem em tamanho, algumas têm de uma a duas dúzias de fileiras, com cada fileira armazenando de duas a três dúzias de racks.

Os 20 slots mostrados no meio do rack na Figura 6.30 mantêm os servidores. Dependendo da sua largura, até quatro servidores podem ser colocados em uma única bandeja. Os conversores de energia próximos à parte superior do rack transformam a corrente de

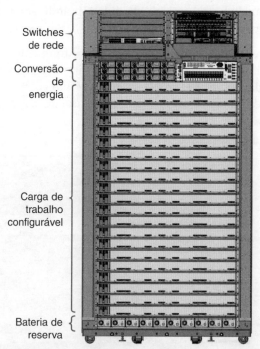

**FIGURA 6.30** Um rack da Google para o seu WSC. Suas dimensões são aproximadamente 2 m de altura, 1,2 m de largura e 0,6 m de profundidade.

Os switches Top of Rack, na verdade, estão no topo desse rack. Em seguida vem o conversor de energia, que converte de 240 V CA para 48 V CC para os servidores no rack usando um barramento na parte traseira do rack. Em seguida existem 20 slots (dependendo da altura do servidor) que podem ser configurados para os diversos tipos de servidores que podem ser colocados no rack. Até quatro servidores podem ser colocados em cada bandeja. No fundo do rack existem baterias de fonte de alimentação CC ininterrupta modular e distribuída, de alta eficiência.

240 V CA em 48 V CC, que seguem pelo barramento de cobre na parte traseira do rack, para alimentar os servidores.

Os geradores a diesel que fornecem energia de reserva para todo o WSC demoram dezenas de segundos para poder oferecer energia. Em vez de ocupar uma sala grande com baterias suficientes para alimentar todo o WSC por vários minutos — o que era uma prática comum nos primeiros WSCs —, a Google coloca pequenas baterias na parte inferior de cada rack. Como o UPS é distribuído para cada rack, o custo é incorrido somente quando os racks são montados, em vez de pagar adiantado pela capacidade de UPS de um WSC completo. Essas baterias também são melhores do que as baterias tradicionais, pois estão no lado CC, após as conversões de tensão, e usam um esquema de carregamento eficiente. Além disso, a substituição das baterias de chumbo com 94% de eficiência pelo UPS local com eficiência de 99,99% ajuda a reduzir o PUE. Esse é um sistema UPS muito eficiente.

É reconfortante saber que a parte superior do rack na Figura 6.30 realmente contém o switch Top of Rack, que descrevemos a seguir.

## Rede em um WSC da Google

A rede WSC da Google usa uma topologia chamada *Clos*, que tem o nome do especialista em telecomunicações que a inventou (Clos, 1953). A Figura 6.31 mostra a estrutura da rede Clos da Google. Essa é uma rede de múltiplos estágios que usa switches com baixo número de portas ("raiz baixa"), oferece tolerância a falhas e aumenta a escala de rede e sua largura de banda de bisseção. A Google aumenta a escala simplesmente acrescentando estágios à rede de múltiplos estágios. A tolerância a falhas é fornecida por sua redundância inerente, o que significa que uma falha de qualquer link tem apenas um pequeno impacto sobre a capacidade geral da rede.

Conforme descreve a Seção 6.6, a Google monta switches do cliente a partir de chips de switch comercial padrão, e usa controle centralizado para o roteamento e gerenciamento de rede. Cada switch recebe uma cópia consistente da topologia atual da rede, o que simplifica o roteamento mais complexo de uma rede Clos.

A opção mais recente da Google é Jupiter, que é a sexta geração do switch. A Figura 6.32 mostra os blocos de construção do switch, e a Figura 6.33 mostra a fiação dos blocos intermediários acomodados em racks. Todos os cabos usam feixes de fibra ótica.

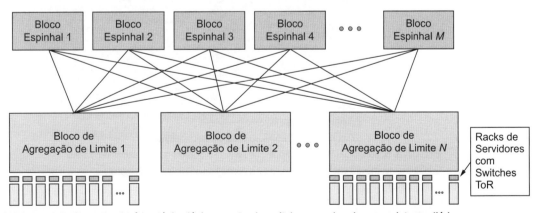

**FIGURA 6.31** Uma rede Clos possui três estágios lógicos contendo switches crossbar: ingresso, intermediário e egresso. Cada entrada para o estágio de ingresso pode passar por qualquer um dos estágios intermediários para ser roteada para qualquer saída do estágio de egresso. Nessa figura, os estágios intermediários são os *M* Blocos Espinhais, e os estágios de ingresso e egresso estão nos *N* Blocos de Agregação de Limite. A Figura 6.22 mostra as mudanças nos blocos espinhais e nos blocos de agregação de limite durante muitas gerações de redes Clos nos WSCs da Google.

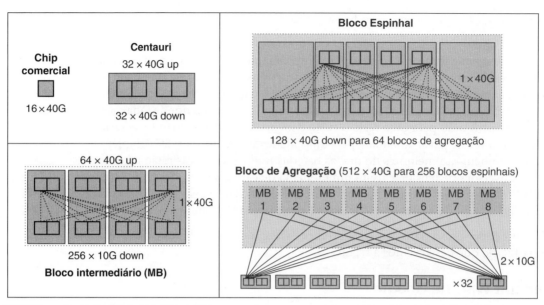

**FIGURA 6.32** Blocos de montagem da rede Clos Jupiter.

**FIGURA 6.33** Blocos intermediários dos switches Jupiter acomodados em racks.
Quatro são acomodados em um rack. Um rack pode manter dois blocos espinhais.

O chip do switch comercial para o Jupiter é um crossbar de $16 \times 16$ usando links de 40 Gbps. O switch Top of Rack possui quatro desses chips, que são configurados com 48 links de 40 Gbps para os servidores e 16 links de 40 Gbps para a malha de rede, gerando um superdimensionamento de apenas 3:1, que é melhor do que as gerações anteriores.

Além disso, esta geração foi a primeira vez que os servidores foram oferecidos com links de 40 Gbps.

Os blocos do meio nas Figuras 6.32 e 6.33 consistem em 16 dos chips do switch. Eles usam dois estágios, com 256 links de 10 Gbps para a conectividade Top of Rack e 64 links de 40 Gbps para se conectar ao restante da malha de rede através da espinha. Cada um dos chips no switch Top of Rack conecta-se a oito blocos intermediários usando links duplos redundantes de 10 Gbps.

Cada bloco de agregação é conectado ao bloco espinhal com 512 links de 40 Gbps. Um bloco espinhal usa 24 chips de switch para oferecer 128 portas de 40 Gbps aos blocos de agregação. Na maior escala, eles usam 64 blocos de agregação para fornecer links duplos redundantes. Neste tamanho máximo, a largura de banda da bissecção é impressionante, de 1,3 Pbit ($10^{15}$) por segundo.

Observe que a internet inteira poderia ter uma largura de banda de bissecção de apenas 0,2 Pbit/s; uma razão é que Jupiter foi construído para uma alta largura de banda de bissecção, mas a internet não.

## Servidores em um WSC Google

Agora que vimos como o WSC é alimentado, refrigerado e interligado em rede, por fim estamos prontos para ver os computadores que realizam o trabalho real do WSC.

O exemplo de servidor mostrado na Figura 6.34 tem dois soquetes, cada qual contendo um processador Intel Haswell com 18 núcleos rodando a 2,3 GHz (ver Seção 5.8). A foto mostra 16 DIMMs, e esses servidores são tipicamente implementadas com um total de 256 GB de DRAM DDR3-1600. A hierarquia da memória Haswell tem duas caches L1 de 32 KiB, uma cache L2 de 256 KiB e 2,5 MiB de cache L3 por núcleo, resultando em uma cache L3 de 45 MiB. A largura de banda da memória local é de 44 GB/s, com uma latência de 70 ns, e a largura de banda entre soquetes é de 31 GB/s, com uma latência de 140 ns

**FIGURA 6.34** Um exemplo de servidor de um WSC da Google.
As CPUs Haswell (2 soquetes × 18 núcleos × 2 threads = 72 "núcleos virtuais" por máquina) têm 2,5 MiB de cache de último nível por núcleo ou 45 MiB usando DDR3-1600. Eles usam o Wellsburg Platform Controller Hub e têm uma TFP de 150 W.

para a memória remota. Kanev et al. (2015) destacaram as diferenças entre o pacote de benchmark SPEC e uma carga de trabalho WSC. Uma cache L3 é pouco necessária para o SPEC, mas é útil para uma carga de trabalho WSC real.

O projeto básico tem uma única placa de interface de rede (Network Interface Card — NIC) para um link Ethernet de 10 Gbit/s, embora existam NICs de 40 Gbit/s. (Outros provedores de nuvem passaram para 25 Gbit/s ou múltiplos disso.) Embora a foto na Figura 6.34 mostre duas unidades de disco SATA, cada uma podendo conter até 8 TB, o servidor também pode ser configurado com unidades Flash SSD, com 1 TB de armazenamento. O pico de potência da base é de cerca de 150 watts. Quatro desses servidores podem ser acomodados em uma bandeja do rack na Figura 6.30.

Esse nó básico é suplementado para oferecer um nó de armazenamento (ou "diskfull"). A segunda unidade contém 12 discos SATA e está conectada ao servidor por meio de PCIe. O pico de potência para um nó de armazenamento é cerca de 300 watts.

## Conclusão

Na edição anterior, o WSC da Google que descrevemos tinha um PUE de 1,23 em 2011. Em 2017, o PUE médio de toda a frota da Google em 16 locais caiu para 1,12, com o WSC da Bélgica conseguindo a liderança com um PUE de 1,09. As técnicas de economia de energia incluem:

- Operar os servidores a temperaturas maiores significa que o ar precisa ser resfriado a somente 27 °C (mais de 80 °F) em vez dos tradicionais 18-22 °C (64-71 °F).
- Uma temperatura-alvo maior para o ar frio ajuda a colocar a instalação com mais frequência dentro de uma faixa que pode ser sustentada pelas torres de resfriamento, que são mais eficientes do que os resfriadores tradicionais em termos de energia.
- Implementar WSCs em climas temperados para permitir o uso de resfriamento exclusivamente evaporativo em grandes períodos do ano.
- Acrescentar grandes ventiladores para salas inteiras, trabalhando em conjunto com os pequenos ventiladores dos servidores, a fim de reduzir a energia e satisfazer os cenários no pior dos casos.
- Nivelar o resfriamento por servidor para racks inteiros de servidores, implementando as bobinas de resfriamento por fileira, a fim de acomodar racks mais quentes e mais frios.
- Implementar hardware e software de monitoramento para medir o PUE real em comparação com o PUE projetado melhora a eficiência operacional.
- Operar mais servidores do que o cenário de pior caso para o sistema de distribuição de energia poderia sugerir. Isso é seguro, já que é estatisticamente improvável que milhares de servidores ficassem muito ocupados simultaneamente, e ainda depender do sistema de monitoramento para reduzir o trabalho em casos improváveis de acontecer (Fan et al., 2007; Ranganathan et al., 2006). O PUE melhora porque a instalação está operando mais próximo de sua capacidade totalmente projetada, em que ela é mais eficiente porque os servidores e sistemas de refrigeração não são proporcionais em termos de energia. O aumento da utilização reduz a demanda por novos servidores e novos WSCs.

Será interessante ver que inovações continuam a melhorar a eficiência dos WSCs de modo que sejamos bons preservadores do nosso meio ambiente. É difícil imaginar agora como os engenheiros poderiam reduzir pela metade o overhead de potência e resfriamento de um WSC antes da próxima edição deste livro, como fizeram entre a edição anterior e esta última.

## 6.8 FALÁCIAS E ARMADILHAS

Apesar de os WSCs terem apenas 15 anos de existência, arquitetos de WSC, como os da Google, já descobriram muitas armadilhas e falácias sobre os WSCs, muitas vezes aprendidas do jeito mais difícil. Como dissemos na introdução, os arquitetos de WSC são os Saymour Crays de hoje.

Quando o AWS foi anunciado, uma questão popular sobre a computação em nuvem é se ele era lucrativo com esses baixos preços na época. Amazon Web Services se tornaram tão grandes que precisaram ser registrados separadamente nos relatórios trimestrais da Amazon. Para a surpresa de alguns, AWS provou ser a parte mais lucrativa da empresa. AWS teve US$12,2 bilhões em receitas para 2016, com uma margem operacional de 25%, enquanto as operações de varejo da Amazon tiveram uma margem operacional de menos de 3%. O AWS é consistentemente responsável por três quartos dos lucros da Amazon.

**Falácia**

Os provedores de computação em nuvem estão perdendo dinheiro.

Conforme observaram Dean e Barroso (2013), os desenvolvedores de serviços WSC se preocupam mais com a cauda do que com a média. Se alguns clientes tiverem um desempenho horrível, essa experiência poderá afastá-los para um concorrente, e nunca mais retornarão.

**Armadilha**

Focalizar o desempenho médio em vez do desempenho do 99° percentil.

A lei de Amdahl ainda se aplica aos WSCs, já que haverá algum trabalho serial para cada requisição e que pode aumentar a latência de requisição se ela rodar em um servidor lento (Hölzle, 2010; Lim et al., 2008). Se o trabalho serial aumentar a latência, então o custo de usar um processador fraco deverá incluir os custos de desenvolvimento de software para otimizar o código a fim de retorná-lo para a menor latência. O maior número de threads de muitos servidores lentos também pode tornar mais difícil escalonar e equilibrar a carga; assim, a variabilidade no desempenho dos threads pode levar a maiores latências. Quando for preciso esperar pela tarefa mais longa, uma chance de uma em 1.000 de mau escalonamento provavelmente não é um problema com 10 tarefas, mas o é com 1.000 tarefas.

**Armadilha**

Usar um processador muito fraco ao tentar melhorar o custo-desempenho do WSC.

Muitos servidores menores também podem levar a menor utilização, já que é obviamente mais fácil escaloná-los quando há menos coisas para escalonar. Por fim, até mesmo alguns algoritmos paralelos ficam menos eficientes quando o problema é muito particionado. Atualmente, a regra de ouro do Google usa a faixa inferior de computadores classe servidor (Barroso e Hölzle, 2009).

Como exemplo concreto, Reddi et al. (2010) compararam microprocessadores embarcados (Atom) e microprocessadores de servidor (Nehalem Xeon) executando o mecanismo de busca Bing. Eles descobriram que a latência de uma busca foi cerca de três vezes maior no Atom do que no Xeon. Além do mais, o Xeon era mais robusto. Conforme a carga aumenta no Xeon, a qualidade do serviço degrada de forma gradual e modesta. O projeto do Atom rapidamente viola seu objetivo de qualidade de serviço conforme tenta absorver carga adicional. Embora o projeto do Atom seja mais eficiente em termos de energia, o tempo de resposta afeta a receita, e a perda de receita provavelmente é muito maior que a economia de custo de menos energia. Os projetos eficientes em termos de energia, mas que não possam corresponder aos objetivos de tempo de resposta, provavelmente não serão implementados; veremos outra versão desta lição de armadilha no próximo capítulo (Seção 7.9).

Esse comportamento se traduz diretamente na qualidade da busca. Dada a importância da latência para o usuário, conforme sugerido na Figura 6.12, o mecanismo de busca Bing usa várias estratégias para refinar os resultados de busca quando a latência da busca ainda não excedeu uma latência-limite. A menor latência dos nós maiores do Xeon significa que eles podem passar mais tempo refinando os resultados da busca. Portanto, mesmo quando

# CAPÍTULO 6: Computadores em escala warehouse para explorar paralelismo

o Atom não tinha quase nenhuma carga, deu respostas piores do que as do Xeon em 1% das consultas. Em cargas normais, 2% das respostas foram piores.

Kanev et al. (2015) possuem resultados mais recentes, e ainda consistentes.

**Armadilha**

Medição inconsistente de PUE por diferentes empresas.

As medições de PUE da Google começam da energia antes que ela chegue na subestação. Algumas medem na entrada do WSC, o que pula a etapa de redução de tensão que representa uma perda de 6%. Também haverá resultados diferentes, dependendo da estação do ano, se o WSC contar com a atmosfera para ajudar a resfriar o sistema. Por fim, algumas relatam o objetivo de projeto do WSC ao invés de medir o sistema resultante. A medição melhor e mais conservadora do PUE é uma média acumulada dos últimos 12 meses de medição do PUE, começando da entrada de alimentação da companhia.

**Falácia**

Custos capitais da instalação WSC são maiores que os dos servidores que ela abriga.

Embora uma rápida olhada na Figura 6.13, possa levar você a essa conclusão, essa rápida olhada ignora o tempo de amortização de cada parte do WSC completo. Entretanto, a instalação dura 10-15 anos, enquanto os servidores precisam ser substituídos a cada 3-4 anos. Usando os tempos de amortização da Figura 6.13, de dez anos e três anos, respectivamente, os gastos de capital ao longo de uma década foram de US$72 milhões para a instalação, e de $3,3 \times$ US$67 milhões, ou US$221 milhões para os servidores. Assim, os gastos de capital para servidores em um WSC ao longo de uma década são fatores três vezes maiores do que aqueles para a instalação do WSC.

**Armadilha**

Tentar economizar energia com modos inativos de baixa energia versus modos ativos de baixa energia.

A Figura 6.3, mostra que a utilização média dos servidores está entre 10-50%. Dada a preocupação com os custos operacionais de um WSC abordados na Seção 6.4, você pode pensar que os modos de baixa energia seriam uma grande ajuda.

Como mencionamos no Capítulo 1, você não pode acessar DRAMs ou discos nesses *modos inativos de baixa energia*, então deve retornar ao modo totalmente ativo para leitura ou escrita, não importa quão baixa seja a taxa. A armadilha é que o tempo e a energia necessários para retornar a um modo totalmente ativo tornam os modos de baixa energia menos atraentes. A Figura 6.3 mostra que quase todos os servidores têm, em média, 10% de utilização, então você poderia esperar longos períodos de baixa atividade, mas não longos períodos de inatividade (Lo et al., 2014).

Ao contrário, os processadores ainda rodam em modos de baixa potência a um pequeno múltiplo da taxa regular, de modo que os *modos ativos de baixa potência* são muito mais fáceis de usar. Observe que o tempo para os processadores mudarem para o modo totalmente ativo também é medido em microssegundos, então os modos ativos de baixa energia também tratam dos problemas de latência dos modos de baixa energia.

**Falácia**

Dadas as melhorias na confiabilidade das DRAMs e a tolerância a falhas dos sistemas de software dos WSCs, não é preciso gastar mais com memória ECC em um WSC.

Como o ECC adiciona 8 bits para cada 64 bits de DRAM, potencialmente você poderia poupar 1/9 dos custos de DRAM eliminando o código de correção de erro (ECC), especialmente uma vez que medições da DRAM têm alegado taxas de falha de 1.000-5.000 FIT (falhas por bilhão de horas de operação) por megabit (Tezzaron Semiconductor, 2004).

Schroeder et al. (2009) estudaram as medições das DRAMS com proteção ECC na maioria dos WSCs da Google, que com certeza possuíam muitas centenas de milhares de servidores, durante um período de dois anos e meio. Eles descobriram taxas FIT 15-25 vezes maiores do que haviam sido publicadas, ou 25.000-70.000 falhas por megabit. As falhas afetaram mais de 8% das DIMMs, e a DIMM média tinha 4.000 erros corrigíveis e 0,2 erros não corrigíveis por ano. Medidas no servidor, cerca de um terço experimentou erros de DRAM a cada ano, com uma média de 22.000 erros corrigíveis e um erro não corrigível por ano. Ou seja, para um terço dos servidores, um erro de memória é corrigido a cada 2,5 horas. Observe que esses sistemas usaram os códigos Chipkill mais poderosos em vez dos códigos

SECDED mais simples. Se o esquema mais simples tivesse sido usado, as taxas de erro não corrigíveis teriam sido 4-10 vezes maiores.

Em um WSC que tem somente proteção de erro de paridade, os servidores precisariam ser reinicializados para cada erro de paridade de memória. Se o tempo de reinicialização fosse de cinco minutos, um terço das máquinas passaria 20% do tempo sendo reinicializadas. Tal comportamento reduziria o desempenho da instalação cara em cerca de 6%. Além do mais, esses sistemas apresentariam muitos erros não corrigíveis sem que os operadores fossem notificados de sua ocorrência.

Nos primeiros anos, a Google usava uma DRAM que não tinha nem mesmo proteção de paridade. Em 2000, durante testes antes do envio da próxima versão do índice de busca, ela começou a sugerir documentos aleatórios em resposta a testes de busca (Barroso e Hölzle, 2009). A razão foi uma falha de *"trava-em-zero"* em algumas DRAMs, que corrompiam o novo índice. A Google adicionou verificações de consistência para detectar tais erros no futuro. Conforme o WSC aumentava de tamanho e as DIMMs ECC ficavam mais baratas, o ECC tornou-se o padrão nos WSCs da Google. O ECC tem a vantagem adicional de tornar muito mais fácil encontrar DIMM com defeito durante reparos.

Tais dados sugerem por que a GPU Fermi (Capítulo 4) adiciona ECC a essa memória onde seus predecessores não tinham nem mesmo proteção de paridade. Além do mais, essas taxas FIT criam dúvidas sobre os esforços relacionados a usar o processador Intel Atom em um WSC — devido à sua eficiência energética melhorada —, uma vez que o chipset não suportava DRAM ECC.

Barroso et al. (2017) relatam que os modernos sistemas de computador facilitam aos programadores mitigar as latências nas escalas de tempo de nanossegundos e milissegundos (como acesso a cache e DRAM em dezenas de nanossegundos e acessos a disco em poucos milissegundos), mas que tais sistemas não suportam significativamente eventos na escala de microssegundos. Os programadores conseguem uma interface síncrona para a hierarquia de memória, com o hardware fazendo um trabalho heroico para que tais acessos pareçam consistentes e coerentes (Capítulo 2). Os sistemas operacionais oferecem aos programadores uma interface síncrona semelhante para uma leitura de disco, com muitas linhas de código do sistema operacional permitindo a comutação segura para outro processo enquanto se aguarda o disco e retornando novamente ao processo original quando os dados estão prontos. Precisamos de novos mecanismos para lidar com os atrasos de microssegundos das tecnologias de memória, como a Flash, ou as interfaces de rede rápidas, como a Ethernet de 100 Gbit/s.

**Armadilha**

Lidar de modo eficaz com atrasos de microssegundos em vez de atrasos de nanossegundos ou milissegundos.

A Figura 6.14, mostra que o custo de amortizar a distribuição de energia e a infraestrutura de refrigeração é 50% maior do que a conta mensal de eletricidade. Portanto, embora isso certamente fosse economizar algum dinheiro por compactar as cargas de trabalho e desligar máquinas ociosas, mesmo que você pudesse economizar metade da energia, reduziria a conta operacional somente em 7%. Haveria também problemas práticos a superar, uma vez que a extensa infraestrutura de monitoramento do WSC depende de ser capaz de sondar o equipamento e ver se ele responde. Outra vantagem da proporcionalidade energética e dos modos ativos de baixa energia é que eles são compatíveis com a infraestrutura de monitoramento dos WSCs, o que permite que um único operador seja responsável por mais de 1.000 servidores. Observe também que a manutenção preventiva é uma das tarefas importantes que ocorrem durante o tempo de ociosidade.

**Falácia**

Desligar o hardware durante períodos de baixa atividade melhora o custo-desempenho de um WSC.

A sabedoria convencional dos WSCs é executar outras tarefas valiosas durante períodos de baixa atividade de modo a recuperar o investimento em distribuição de energia e refrigeração. Um grande exemplo são os serviços MapReduce em lote, que criam índices para busca. Outro exemplo de agregar valor com a baixa utilização são os preços spot no AWS, que o exemplo na Figura 6.17, ilustra. Os usuários do AWS que são flexíveis sobre quando suas tarefas são executadas podem poupar um fator de quatro para a computação ao permitir que o AWS escalone as tarefas com mais flexibilidade usando Instâncias Spot, como quando o WSC, de outra forma, teria baixa utilização.

## 6.9 COMENTÁRIOS FINAIS

Herdando o título de construtores dos maiores computadores do mundo, os arquitetos de computadores WSCs estão projetando a última parte do futuro da TI que dá suporte ao cliente "móvel" e dispositivos IoT. Muitos de nós usamos WSCs muitas vezes por dia, e o número de vezes por dia e o número de pessoas usando WSCs certamente vão aumentar na próxima década. Mais de seis bilhões dos sete bilhões de pessoas no planeta já tem telefones celulares. Conforme esses dispositivos se tornem "prontos" para a internet, muito mais pessoas ao redor do mundo serão capazes de se beneficiar dos WSCs.

Além do mais, as economias de escala desvendadas pelos WSCs realizaram o tão sonhado objetivo da computação como serviço. Computação em nuvem significa que qualquer um, em qualquer lugar, com boas ideias e bons modelos de negócios pode utilizar milhares de servidores para compartilhar sua visão quase instantaneamente. Sem dúvida, existem obstáculos importantes que limitariam o crescimento da computação de nuvem no tocante a padrões, privacidade e a taxa de crescimento da largura de banda da internet, e também as armadilhas que mencionamos na Seção 6.8, mas prevemos que eles serão tratados de modo que a computação em nuvem possa florescer.

Entre os muitos recursos atraentes da computação em nuvem, ela oferece incentivos econômicos para a conservação. Enquanto é difícil convencer os *provedores* de computação em nuvem a desligar equipamentos não utilizados para poupar energia, dado o custo do investimento em infraestrutura, é fácil convencer os *usuários* de computação em nuvem a desistir de instâncias ociosas, uma vez que eles estão pagando por elas, estejam utilizando-as de forma útil ou não. De modo similar, cobrar pelo uso encoraja os programadores a usarem computação, comunicação e armazenamento de modo eficiente, o que pode ser difícil de encorajar sem um esquema de preços compreensível. Os preços explícitos também permitem aos pesquisadores avaliar as inovações em custo-desempenho em vez de apenas o desempenho, já que os custos são agora facilmente mensuráveis e confiáveis. Por fim, computação em nuvem significa que os pesquisadores podem avaliar suas ideias na escala de milhares de computadores, algo pelo que, no passado, somente grandes empresas podiam pagar.

Nós acreditamos que os WSCs estão mudando os objetivos e princípios do projeto de servidores, assim como as necessidades dos clientes "móveis" estão mudando os objetivos e princípios do projeto de microprocessadores. Os dois estão revolucionando também a indústria de software. O desempenho por dólar e o desempenho por joule orientam o hardware dos clientes móveis e o hardware dos WSCs, e o paralelismo e os aceleradores específicos do domínio são a chave para cumprir esses grupos de objetivos. Os arquitetos terão um papel vital nas duas metades desse mundo excitante.

Olhando para o futuro, o fim da Lei de Moore e da escalada de Dennard (Capítulo 1) significa que o desempenho de thread único dos processadores mais recentes não é muito mais rápido do que seus antecessores, o que provavelmente aumentará a vida útil dos servidores nos WSCs. Assim, o dinheiro anteriormente gasto substituindo os servidores mais antigos será usado para expandir para a nuvem, o que poderia significar que a nuvem será ainda mais atraente economicamente na próxima década do que é hoje. A era da Lei de Moore, combinada com inovações no projeto e operação dos WSCs, fez com que a curva de desempenho-custo-energia dos WSCs melhorasse continuamente. Com o fim dessa era gloriosa, além da remoção das maiores causas de ineficiência nos WSCs, o campo provavelmente precisará buscar inovações na arquitetura de computadores dos chips que povoam o WSC para conseguir melhoria sustentada, que é o tópico do próximo capítulo.

## 6.10 PERSPECTIVAS HISTÓRICAS E REFERÊNCIAS

A Seção M.8 (disponível on-line) cobre o desenvolvimento de clusters que foram a base do WSC e da computação como serviço. (Os leitores interessados em aprender mais devem começar com Barroso et al. [2013] e os posts de blog e palestras de James Hamilton em <http://perspectives.mvdirona.com> e suas palestras na conferência anual Amazon Re-Invent).

## ESTUDOS DE CASO E EXERCÍCIOS POR PARTHASARATHY RANGANATHAN

### Estudo de caso 1: Custo total da propriedade influenciando decisões sobre computadores em escala warehouse
*Conceitos ilustrados por este estudo de caso*

- Custo total da propriedade (Total Cost of Ownership — TCO)
- Influência do custo do servidor e energia sobre todo o WSC
- Benefícios e desvantagens dos servidores de baixa potência

O custo total da propriedade é uma medida importante para avaliar a efetividade de um computador em escala warehouse (WSC). O TCO inclui o CAPEX e o OPEX, descritos na Seção 6.4, e reflete o custo de propriedade de todo o datacenter para atingir certo nível de desempenho. Muitas vezes, ao se considerarem diferentes servidores, redes e arquiteturas de armazenamento, o TCO é a medida de comparação mais importante usada pelos proprietários de datacenters para decidir quais são as melhores opções; entretanto, o TCO é um cálculo multidimensional que leva em consideração muitos fatores diferentes. O objetivo deste estudo de caso é fazer um exame detalhado dos WSCs, para ver como diferentes arquiteturas influenciam o TCO e compreender como o TCO orienta as decisões do operador. Nesse estudo de caso vamos usar os números das Figuras 6.13 e 6.14 e da Seção 6.4, e supor que o WSC descrito atingirá o nível de desempenho desejado pelo operador. Muitas vezes, o TCO é usado para comparar diferentes opções de servidor que tenham múltiplas dimensões. Os exercícios neste estudo de caso examinam como tais comparações são feitas no contexto dos WSCs e a complexidade envolvida na tomada das decisões.

**6.1** [5/5/10] <6.2, 6.4> Neste capítulo, o paralelismo em nível de dados foi discutido como um modo de os WSCs atingirem alto desempenho em grandes problemas. É concebível que um desempenho ainda maior possa ser obtido pelo uso de servidores de alto nível; entretanto, servidores com maior desempenho muitas vezes vêm com aumento de preço não linear.

    **a.** [5] <6.4> Supondo que os servidores sejam 10% mais rápidos na mesma utilização, mas 20% mais caros, qual é o CAPEX para o WSC?

    **b.** [5] <6.4> Se esses servidores também usarem 15% mais energia, qual será o OPEX do computador em escala warehouse?

    **c.** [10] <6.2, 6.4> Dado o aumento de velocidade e o aumento de consumo de energia, qual deverá ser o custo dos novos servidores para que eles sejam comparáveis ao cluster original? (*Dica*: Com base nesse modelo de TCO, você pode precisar mudar a carga crítica da instalação.)

| Modo | Desempenho | Potência |
|------|-----------|----------|
| Alto | 100% | 100% |
| Médio | 75% | 60% |
| Baixo | 59% | 38% |

**FIGURA 6.35** Modos de consumo de energia e desempenho para servidores de baixa potência.

**6.2** [5/10] <6.4, 6.6, 6.8> Para atingir um OPEX menor, uma alternativa atraente é usar versões de baixa potência dos servidores para reduzir a eletricidade total necessária para rodar os servidores; entretanto, versões de baixa potência de componentes de alto nível similares aos servidores de alto nível também têm trade-offs não lineares.

    **a.** [5] <6.4, 6.6, 6.8> Se as opções de servidor de baixa potência oferecerem 15% menos de consumo de energia com o mesmo desempenho, mas forem 20% mais caros, serão uma boa troca?

    **b.** [10] <6.4, 6.6, 6.8> A que custo os servidores se tornam comparáveis ao cluster original? E se o preço da eletricidade dobrar?

**6.3** [5/10/15] <6.4, 6.6> Servidores que têm diferentes modos de operação oferecem oportunidades para rodar dinamicamente diferentes configurações no cluster para igualar o uso de carga de trabalho. Use as informações apresentadas na Figura 6.35 para os modos de consumo de energia/desempenho para um dado servidor de baixa potência.

    **a.** [5] <6.4, 6.6> Se um operador de servidor decidisse economizar nos custos com energia rodando todos os servidores com desempenho médio, quantos servidores seriam necessários para atingir o mesmo nível de desempenho?

    **b.** [10] <6.4, 6.6> Quais são o CAPEX e o OPEX de tal configuração?

    **c.** [15] <6.4, 6.6> Considerando que houvesse a alternativa de comprar um servidor 20% mais barato, porém que fosse $x$% mais lento e que usasse $y$% menos energia, descubra a curva desempenho-consumo de energia que proporciona um TCO comparável ao servidor básico.

**6.4** [Discussão] <6.4> Discuta os trade-offs e benefícios das duas opções dadas no Exercício 6.3 supondo que uma carga de trabalho constante seja executada nos servidores.

**6.5** [Discussão] <6.2, 6.4> Ao contrário dos clusters de computação de alto desempenho (High-Performance Computing — HPC), muitas vezes os WSCs experimentam flutuação significativa na carga de trabalho ao longo do dia. Discuta os trade-offs e benefícios das duas opções dadas no Exercício 6.3, desta vez supondo uma carga de trabalho que varie.

**6.6** [Discussão] <6.4, 6.7> O modelo de TCO apresentado até agora ignora um número significativo de detalhes de nível mais baixo. Discuta o impacto dessas abstrações para a precisão geral do modelo TCO. Quando é seguro fazer tais abstrações? Em que casos mais detalhes proporcionariam respostas significativamente diferentes?

## Estudo de caso 2: Alocação de recursos em WSCs e TCO
### *Conceitos ilustrados por este estudo de caso*

- Provisionamento de servidor e energia em um WSC
- Variância das cargas de trabalho no tempo
- Efeitos da variância no TCO

# Estudos de caso e exercícios por Parthasarathy Ranganathan

Alguns dos principais desafios para a implementação de WSCs eficientes são provisionar corretamente recursos e utilizá-los em sua capacidade máxima. Esse problema é complexo, devido ao tamanho dos WSCs, além da variância potencial das cargas de trabalho sendo executadas. Os exercícios neste estudo de caso mostram como usos diferentes de recursos podem afetar o TCO. Considere que os dados contidos nas Figuras 6.13 e 6.14 sejam apropriados.

**6.7** [5/5/10] <6.4> Um dos desafios no provisionamento em um WSC é determinar a carga de energia correta, dado o tamanho da instalação. Como descrito no capítulo, muitas vezes a potência anunciada é um valor de pico raramente encontrado na prática.

  **a.** [5] <6.4> Estime como o TCO por servidor mudará se a potência de servidor anunciada for de 200 watts e o custo de US$3.000.

  **b.** [5] <6.4> Considere também uma opção de servidor com maior consumo de potência, porém mais barata, cuja potência seja de 300 watts e custe US$2.000.

  **c.** [10] <6.4> Como o TCO por servidor mudará se o uso médio de energia real dos servidores for de somente 70% da potência anunciada?

**6.8** [15/10] <6.2, 6.4> No modelo TCO, uma suposição é de que a carga crítica da instalação é fixa, e a quantidade de servidores atende a essa carga crítica. Na verdade, devido às variações de consumo de energia de servidor com base na carga, a potência crítica usada por uma instalação pode variar a qualquer momento. Inicialmente, os operadores devem provisionar o datacenter com base em seus recursos de energia críticos e numa estimativa de quanta energia é usada pelos componentes do datacenter.

  **a.** [15] <6.2, 6.4> Estenda o modelo de TCO para inicialmente provisionar um WSC baseado em um servidor com uma potência anunciada de 300 watts, mas também calcule a energia crítica mensal real usada e o TCO, supondo que o servidor tem, em média, 40% de utilização e, portanto, consome apenas 225 watts. Quanta capacidade não é utilizada?

  **b.** [10] <6.2, 6.4> Repita este exercício com um servidor de 500 watts que tenha, em média, 20% de utilização e consuma apenas 300 watts.

**6.9** [10] <6.4, 6.5> Muitas vezes, WSCs são usados de modo interativo com os usuários finais, como mencionado na Seção 6.5. Esse uso interativo às vezes leva a flutuações durante o dia, com picos correlacionados a períodos de tempo específicos. Por exemplo, para locações da Netflix, há um pico durante os períodos noturnos entre 20-22 h; a totalidade desses efeitos de hora do dia é significativa. Compare o TCO por servidor de um datacenter com uma capacidade de atender a utilização às 4 h em comparação às 21 h.

**6.10** [Discussão/15] <6.4, 6.5> Discuta algumas opções para utilizar melhor os servidores em excesso fora do horário de pico ou opções para poupar custos. Dada a natureza interativa dos WSCs, quais são alguns dos desafios enfrentados para reduzir agressivamente o uso de energia?

**6.11** [Discussão/25] <6.4, 6.6, 6.8> Proponha um modo possível de melhorar o TCO concentrando-se em reduzir a potência do servidor. Quais são os desafios de avaliar sua proposta? Estime as melhoras de TCO com base nessa proposta. Quais são as vantagens e desvantagens?

## Exercícios

**6.12** [10/10/10] <6.1, 6.2> Um dos importantes facilitadores dos WSCs é o amplo paralelismo em nível de requisição, em contraste ao paralelismo em nível de instrução ou thread. Esta questão explora a implicação de diferentes tipos de paralelismo na arquitetura de computadores e no projeto de sistemas.

**a.** [10] <6.1> Discuta cenários em que melhorar o paralelismo em nível de instrução ou thread proporcionaria maiores benefícios do que os alcançáveis através do paralelismo em nível de requisição.

**b.** [10] <6.1, 6.2> Quais são as implicações, em projeto de software, de aumentar o paralelismo em nível de requisição?

**c.** [10] <6.1, 6.2> Quais são as potenciais desvantagens de aumentar o paralelismo em nível de requisição?

**6.13** [Discussão/15/15] <6.2, 6.3> Quando um provedor de serviços de computação em nuvem recebe serviços consistindo em múltiplas máquinas virtuais (VMs) (por exemplo, um serviço MapReduce), existem muitas opções de escalonamento. As VMs podem ser escalonadas de modo round-robin para serem espalhadas por todos os processadores e servidores disponíveis ou podem ser consolidadas para usar o mínimo de processadores possíveis. Usando essas opções de escalonamento, se um serviço com 24 VMs tivesse sido submetido e 30 processadores estivessem disponíveis na nuvem (cada um capaz de rodar até 3 VMs), o round-robin usaria 24 processadores, enquanto o escalonamento consolidado usaria oito processadores. O escalonador também poderia encontrar núcleos de processador disponíveis em diferentes escopos: soquete, servidor, rack e um array de racks.

**a.** [Discussão] <6.2, 6.3> Supondo que os serviços submetidos sejam todos cargas de trabalho pesadas computacionalmente, possivelmente com diferentes requisitos de largura de banda de memória, quais são os prós e contras do round-robin em comparação ao escalonamento consolidado em termos de custos de energia e refrigeração, desempenho e confiabilidade?

**b.** [15] <6.2, 6.3> Supondo que os serviços submetidos tenham todos cargas de trabalho com uso intenso de E/S, quais são os prós e contras do escalonamento round-robin em comparação ao escalonamento consolidado em diferentes escopos?

**c.** [15] <6.2, 6.3> Supondo que os serviços submetidos tenham todos cargas de trabalho com uso intenso de rede, quais são os prós e contras do escalonamento round-robin em comparação ao escalonamento consolidado em diferentes escopos?

**6.14** [15/15/10/10] <6.2, 6.3> O MapReduce permite que grandes quantidades de paralelismo tendo tarefas independentes de dados sejam executadas em múltiplos nós, muitas vezes usando hardware comercial comum; entretanto, há limites para o nível de paralelismo. Por exemplo, por redundância, o MapReduce vai gravar blocos de dados em múltiplos nós, consumindo disco e possivelmente largura de banda de rede. Suponha um tamanho total de conjunto de dados de 300 GB, uma largura de banda de rede de 1 Gb/s, uma taxa de map de 10 s/GB e um taxa de reduce de 20 s/GB. Suponha também que 30% dos dados devem ser lidos a partir dos nós remotos e que cada arquivo de saída é gravado em dois outros nós para redundância. Use a Figura 6.6 para todos os outros parâmetros.

**a.** [15] <6.2, 6.3> Suponha que todos os nós estejam no mesmo rack. Qual é o tempo de execução esperado com cinco nós? 10 nós? 100 nós? 1.000 nós? Discuta os gargalos em cada tamanho de nó.

**b.** [15] <6.2, 6.3> Suponha que existam 40 nós por rack e que qualquer leitura/escrita remota tenha uma chance igual de ir para qualquer nó. Qual é o tempo de execução esperado com 100 nós? E com 1.000 nós?

**c.** [10] <6.2, 6.3> Uma consideração importante é minimizar o movimento dos dados o máximo possível. Dada a significativa redução de velocidade da mudança de local para rack para acessos de arrays, o software deverá ser fortemente otimizado para maximizar a proximidade. Suponha que existam 40 nós por rack e 1.000 nós sejam usados no serviço MapReduce. Qual será o tempo de execução se os acessos remotos estiverem dentro do mesmo rack em 20% do tempo? Em 50% do tempo? Em 80% do tempo?

**d.** [10] <6.2, 6.3> Dado o simples programa MapReduce na Seção 6.2, discuta algumas otimizações possíveis para maximizar a proximidade da carga de trabalho.

**6.15** [20/20/10/20/20/20] <6.2, 6.3> Muitas vezes, os programadores de WSC usam a replicação de dados para superar as falhas no software. O HDFS Hadoop, por exemplo, emprega replicação em três vias (uma cópia local, uma cópia remota no rack e uma cópia remota em um rack separado), mas vale a pena examinar quando tais replicações são necessárias.

**a.** [20] <6.2> Vamos supor que os clusters Hadoop são relativamente pequenos, com 10 nós ou menos, com tamanhos de conjunto de dados de 10 TB ou menos. Usando os dados de frequência de falhas na Figura 6.1, que tipo de disponibilidade um cluster Hadoop de 10 nós tem com replicações de uma, duas ou três vias?

**b.** [20] <6.2> Considerando os dados de falha da Figura 6.1 e um cluster Hadoop de 1000 nós, que tipo de disponibilidade ele tem com replicações de uma, duas ou três vias? Você consegue imaginar os benefícios da replicação, em escala?

**c.** [10] <6.2, 6.3> O overhead relativo da replicação varia com a quantidade de dados escritos por hora local de computação. Calcule a quantidade de tráfego de E/S e tráfego de rede adicional (em um e diversos racks) para um serviço Hadoop com 1.000 nós que ordena 1 PB de dados, em que os resultados imediatos para o embaralhamento de dados são escritos no HDFS.

**d.** [20] <6.2, 6.3> Usando a Figura 6.6, calcule o overhead de tempo para replicações de duas e três vias. Usando as taxas de falha mostradas na Figura 6.1, compare os tempos de execução esperados para nenhuma replicação *versus* replicações de duas e três vias.

**e.** [20] <6.2, 6.3> Agora considere um sistema de base de dados aplicando replicações em logs, supondo que cada transação acessa, em média, o disco rígido uma vez e gera 1 KB dos dados de log. Calcule o overhead de tempo para replicações de duas e três vias. E se a transação for executada na memória e levar 10 μs?

**f.** [20] <6.2, 6.3> Agora considere um sistema de banco de dados com consistência ACID que requer duas idas e voltas da rede para confirmação em duas fases. Qual é o overhead de tempo para manter a consistência, além das replicações?

**6.16** [15/15/20/Discussão] <6.1, 6.2, 6.8> Embora o paralelismo em nível de requisição permita a muitas máquinas trabalhar em um único problema em paralelo, atingindo assim maior desempenho geral, um dos desafios será evitar dividir demais o problema. Se examinarmos esse problema no contexto dos acordos de nível de serviço (SLAs), usando tamanhos menores de problemas através de maior particionamento, atingir o SLA-alvo pode requerer maior esforço. Suponha um SLA de 95% de pesquisas respondidas em 0,5 s ou mais

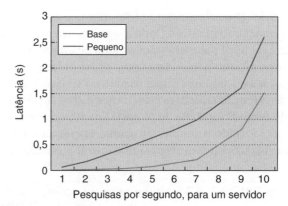

**FIGURA 6.36** Curva de pesquisa-tempo de resposta.

rápido, e uma arquitetura paralela semelhante ao MapReduce que pode lançar múltiplos serviços redundantes para atingir o mesmo resultado. Para as questões a seguir, considere a curva pesquisa-tempo de resposta mostrada na Figura 6.36. A curva mostra a latência de resposta, com base no número de pesquisas por segundo, para um servidor baseline além de um servidor "pequeno" que usa um modelo de processador mais lento.

   a. [15] <6.1, 6.2, 6.8> Quantos servidores são necessários para atingir esse SLA, considerando a curva pesquisa-tempo de resposta mostrada na Figura 6.36 e que o WSC receba 30.000 pesquisas por segundo? Quantos servidores "pequenos" são necessários para atingir esse SLA, dada essa curva de probabilidade de tempo de resposta? Examinando somente os custos de servidor, quão mais baratos os servidores "pequenos" devem ser em relação aos servidores normais para atingir uma vantagem de custo para o SLA-alvo?

   b. [15] <6.1, 6.2, 6.8> Muitas vezes, servidores "pequenos" são também menos confiáveis, devido a componentes mais baratos. Usando os números da Figura 6.1, suponha que o número de eventos devido a máquinas instáveis e memórias ruins aumente em 30%. Quantos servidores "pequenos" são necessários agora? Quão mais baratos esses servidores devem ser em relação aos servidores-padrão?

   c. [20] <6.1, 6.2, 6.8> Agora suponha um ambiente de processamento de lote. Os servidores "pequenos" fornecem 30% do desempenho geral dos servidores regulares. Ainda assumindo o número de confiabilidade do Exercício 6.15, item (b), quantos nós "pequenos" são necessários para fornecer o mesmo throughput esperado de um array de 2.400 nós de servidores-padrão, supondo escalonamento perfeitamente linear de desempenho para o tamanho dos nós e um comprimento médio de tarefa de 10 minutos por nó? E se o escalonamento for de 85%? E de 60%?

   d. [Discussão] <6.1, 6.2, 6.8> Muitas vezes, o escalonamento não é uma função linear, mas uma função logarítmica. Uma resposta natural poderia, em vez disso, comprar nós maiores que tenham mais poder computacional por nó para minimizar o tamanho do array. Discuta alguns dos trade-offs com essa arquitetura.

**6.17** [10/10/15/Discussão] <6.3, 6.8> Uma tendência em servidores de alto nível é a inclusão de memória flash não volátil na hierarquia de memória, seja através de discos de estado sólido (Solid-State Disks — SSDs), seja por meio de placas PCI Express conectadas. OS SSDs típicos têm uma largura de banda de 250 MB/s e latência de 75 μs, enquanto os cartões PCIe têm uma largura de banda de 600 MB/s e latência de 35 μs.

    **a.** [10] Tome a Figura 6.7 e inclua esses pontos na hierarquia local do servidor. Supondo que fatores de escalonamento de desempenho idênticos, como a DRAM, sejam acessados em diferentes níveis de hierarquia, como esses dispositivos de memória flash se comparam quando acessados através do rack? E através do array?

    **b.** [10] Discuta algumas otimizações baseadas em software que podem utilizar o novo nível da hierarquia de memória.

    **c.** [15] Como discutido em "Falácias e Armadilhas" (Seção 6.8), substituir todos os discos com SSDs não é necessariamente uma estratégia efetiva em termos de custo. Considere um operador de WSC que use isso para fornecer serviços de nuvem. Discuta alguns cenários em que usar SSDs ou outra memória flash faria sentido.

    **d.** [Discussão] Recentemente, alguns fornecedores discutiram novas tecnologias de memória que são muito mais rápidas do que Flash. Como um exemplo, pesquise as especificações para a memória Intel 3D X-point e discuta como ela se encaixaria na Figura 6.7.

**6.18** [20/20/Discussão] <6.3> *Hierarquia de memória:* o armazenamento em cache é muito usado em alguns projetos de WSC para reduzir a latência, e há múltiplas opções de cache para satisfazer padrões de acesso e requerimentos variantes.

    **a.** [20] Vamos considerar as opções de projeto para streaming de mídia da Web (por exemplo, Netflix). Primeiro, precisamos estimar o número de vídeos, o número de formatos de codificação por vídeo e usuários vendo o filme ao mesmo tempo. Suponha que o provedor de streaming de vídeo tenha 12.000 títulos para streaming on-line, cada qual com pelo menos quatro formatos de codificação (500, 1.000, 1.600 e 2.200 kbps). Vamos supor que existam 100.000 espectadores ao mesmo tempo para todo o site e que um vídeo em média tenha 75 minutos de duração (considerando shows de 30 minutos e filmes de 2 horas). Estime a capacidade total de armazenamento, larguras de banda de E/S e rede, e requerimentos computacionais relativos ao streaming de vídeo.

    **b.** [20] Quais são os padrões de acesso e características de proximidade de referência por usuário, por filme e através de todos os filmes? (*Dica*: Aleatório *versus* sequencial, localidade temporal e espacial boa *versus* ruim, tamanho de conjunto de trabalho relativamente pequeno *versus* grande.)

    **c.** [Discussão] Que opções de armazenamento de filme existem usando DRAM, SSD e discos rígidos? Compare-os em termos de desempenho e TCO. Novas tecnologias de memória, como aquelas do Problema 6.17(d), seriam úteis?

**6.19** [Discussão/20/Discussão/Discussão] <6.3> Considere um site de rede social com 100 milhões de usuários ativos postando atualizações sobre si mesmos (em texto e figuras), além de navegar e interagir com atualizações em suas redes sociais. Para proporcionar baixa latência, o Facebook e muitos outros sites usam memcached como camada de cache antes das camadas de armazenamento/base de dados em backend. Considere que, em determinado momento, o usuário médio esteja navegando por megabytes de conteúdo, e em determinado dia o usuário faz o upload de megabytes de conteúdo.

    **a.** [20] Para o site de rede social discutido aqui, quanta DRAM é necessária para hospedar seu conjunto de trabalho? Usando servidores com 96 GB de DRAM

# 466 CAPÍTULO 6: Computadores em escala warehouse para explorar paralelismo ELSEVIER

cada um, estime quantos acessos de memória local *versus* memória remota são necessários para gerar a home page de um usuário.

**b.** [Discussão] Agora considere dois projetos de servidor memcached, um usando processadores Xeon convencionais e o outro usando núcleos menores, como processadores Atom. Como memcached requer grande memória física, mas tem pouca utilização de CPU, quais são os prós e os contras desses dois projetos?

**c.** [Discussão] Muitas vezes, o atual acoplamento rígido entre módulos de memória e processadores requer um aumento no número de soquetes de CPU para dar grande suporte à memória. Liste outros projetos para fornecer bastante memória física sem aumentar proporcionalmente o número de soquetes em um servidor. Compare-os com base no desempenho, consumo de energia, custos e confiabilidade.

**d.** [Discussão] As informações do mesmo usuário podem ser armazenadas nos servidores memcached e de armazenamento, e tais servidores podem ser hospedados fisicamente de modos diferentes. Discuta os prós e os contras do seguinte leiaute de servidor no WSC: (1) memcached colocado no mesmo servidor de armazenamento, (2) memcached e servidores de armazenamento em nós separados no mesmo rack ou (3) servidores memcached nos mesmos racks e servidores de armazenamento colocados em racks separados.

**6.20** [5/5/10/10/Discussão/Discussão/Discussão] <6.3, 6.5, 6.6> *Rede de datacenter*: MapReduce e WSC são uma combinação poderosa para atacar o processamento de dados em grande escala. Para este problema, vamos considerar que iremos classificar um petabyte (1 PB) de registros em seis horas usando 4.000 servidores e 48.000 discos rígidos (a Google discutiu isso em 2008).

**a.** [5] Derive a largura de banda da Figura 6.1 e texto associado. Quantos segundos leva para ler os dados na memória principal e escrever os resultados organizados de volta?

**b.** [5] Supondo que cada servidor tenha duas placas de interface de rede (NICs) Ethernet de 1 Gb/s e a infraestrutura de switch de WSC seja superdimensionada por um fator de 4, quantos segundos leva para organizar todo o conjunto de dados em 4.000 servidores?

**c.** [10] Supondo que a transferência de rede seja o gargalo de desempenho para a classificação de petabytes de dados, você pode estimar que taxa de superdimensionamento o Google tem no seu datacenter?

**d.** [10] Agora vamos examinar os benefícios de ter Ethernet de 10 Gb/s sem superdimensionamento — por exemplo, usar uma Ethernet de 10 Gb/s de 48 portas (como utilizada pelo vencedor do benchmark da organização Indy 2010, TritonSort). Quanto tempo leva para embaralhar 1 PB de dados?

**e.** [Discussão] Compare as duas abordagens aqui: (1) a abordagem altamente fora de escala com grande taxa de superdimensionamento da rede; (2) um sistema de escala relativamente pequena com uma rede com grande largura de banda. Quais são seus gargalos em potencial? Quais são suas vantagens e desvantagens, em termos de escalabilidade e TCO?

**f.** [Discussão] A classificação e muitas cargas de trabalho científicas importantes são pesadas em termos de comunicação, enquanto muitas outras cargas de trabalho não o são. Liste três exemplos de carga de trabalho que não se beneficiam da rede de alta velocidade. Que instâncias EC2 você recomendaria usar para essas duas classes de cargas de trabalho?

**g.** [Discussão] Pesquise os diversos benchmarks em www.sortbenchmark.org e os vencedores recentes em cada categoria. Como esses resultados correspondem às ideias da discussão na parte (e), acima? Como a instância da nuvem usada para o vencedor do CloudSort mais recente se compara com a sua resposta na parte (f), acima?

**6.21** [10/25/Discussão] <6.4, 6.6> Devido à grande escala dos WSCs, é muito importante alocar corretamente os recursos de rede com base nas cargas de trabalho que se espera executar. Alocações diferentes podem ter impactos significativos sobre o desempenho e o custo total da propriedade.

**a.** [10] Usando os números na planilha detalhada na Figura 6.13, qual é a taxa de superdimensionamento em cada switch de camada de acesso? Qual será o impacto sobre o TCO se a taxa de superdimensionamento for cortada pela metade? E se ela for dobrada?

**b.** [25] Reduzir a taxa de superdimensionamento pode melhorar o desempenho se uma carga de trabalho for limitada pela rede. Considere um serviço MapReduce que use 120 servidores e leia 5 TB de dados. Suponha a mesma taxa de dados de leitura/intermediários/saída da Figura 6.2 (set/2009) e use a Figura 6.6 para definir as larguras de banda da hierarquia de memória. Para a leitura de dados, suponha que 50% dos dados sejam lidos de discos remotos; destes, 80% são lidos de dentro do rack e 20% são lidos de dentro do array. Para dados intermediários e dados de saída, suponha que 30% dos dados usem discos remotos; destes, 90% estão dentro do rack e 10% dentro do array. Qual é a melhoria geral de desempenho quando se reduz a taxa de superdimensionamento pela metade? Qual será o desempenho se ela for dobrada? Calcule o TCO em cada caso.

**c.** [Discussão] Estamos vendo a tendência de ter mais núcleos por sistema e também a maior adoção de comunicação ótica (com possibilidade de maior largura de banda e melhor eficiência energética). Como você acha que essas e outras tendências tecnológicas emergentes vão afetar o projeto dos WSCs futuros?

**6.22** [5/15/15/20/25/Discussão] <6.5> *Entendendo a capacidade da Nuvem*: Imagine que você seja o gerente de operações de site e infraestrutura de um site Alexa.com e está considerando usar os Amazon Web Services (AWS). Que fatores você precisa considerar ao determinar se deve migrar para os AWS? Que tipos de serviços e instâncias usar e quanto você economizaria nos custos? Você pode usar informações do Alexa e tráfego de site (por exemplo, a Wikipédia fornece estatísticas de visualização de página) para estimar a quantidade de tráfego recebido por um grande site ou usar exemplos concretos da Web, como o seguinte exemplo: *http://2bits.com/sites/2bits.com/files/drupal-single-server-2.8-million-page-views-a-day.pdf*. Os slides descrevem um site Alexa #3400 que recebe 2,8 milhões de page views por dia, usando um único servidor. O servidor tem dois processadores Xeon 2,5 GHz com quatro núcleos, 8 GB de DRAM e três discos rígidos SAS de 15 K RPM em uma configuração RAID1, e custa cerca de US$400 por mês. O site usa muito armazenamento em cache, e a utilização da CPU varia entre 50%-250% (aproximadamente de 0,5-2,5 núcleos ocupados).

**a.** [5] Examinando as instâncias EC2 disponíveis (*http://aws.amazon.com/ec2/instance-types/*), que tipos de instância correspondem à atual configuração do servidor ou a excedem?

**b.** [15] Examinando as informações de preços do EC2 (*http://aws.amazon.com/ec2/pricing/*), selecione as instâncias EC2 mais eficientes em termos de custo (são permitidas combinações) para hospedar o site no AWS. Qual é o custo mensal do EC2?

**c.** [15] Agora adicione os custos dos endereços IP e tráfego de rede à equação, e suponha que o site transfira 100 GB/dia de entrada e saída na internet. Qual é o custo mensal do site agora?

**d.** [20] O AWS também oferece uma microinstância gratuitamente por um ano para novos clientes e 15 GB de largura de banda para tráfego de entrada e saída através do AWS. Com base na sua estimativa de tráfego médio e de pico do servidor web do seu departamento, você pode hospedá-lo gratuitamente no AWS?

**e.** [25] Com base nas características de serviço, se um site muito maior, como o Netflix.com, migrar sua infraestrutura de streaming e codificação para o AWS, que serviços AWS poderiam ser usados pela Netflix e para que objetivos?

**f.** [Discussão] Examine ofertas semelhantes de outros provedores de nuvem (Google, Microsoft, Alibaba etc.). Como as respostas dos itens (a)-(e) mudariam?

**g.** [Discussão] A "computação sem servidor" permite que você monte e execute aplicações e serviços de nível mais alto sem pensar nos servidores específicos. Alguns exemplos são AWS Lambda, Google Cloud Functions, Microsoft Azure Functions etc. Continuando a vestir seu chapéu de gerente de operação e infraestrutura do site, quando você consideraria o uso da computação sem servidor?

**6.23** [Discussão/Discussão/20/20/Discussão] <6.4, 6.8> A Figura 6.12 mostra o impacto do tempo de resposta percebido do usuário sobre a receita, e motiva a necessidade de alcançar alto throughput ao mesmo tempo mantendo baixa latência.

**a.** [Discussão] Usando a busca na Web como exemplo, quais são os modos possíveis de reduzir a latência de pesquisa?

**b.** [Discussão] Que estatísticas de monitoramento você pode coletar para ajudar a entender onde o tempo é gasto? Como você planeja implementar tal ferramenta de monitoramento?

**c.** [20] Supondo que o número de acessos de disco por busca siga uma distribuição normal, com uma média de 2 e desvio-padrão de 3, que tipo de latência de acesso ao disco será necessária para satisfazer um SLA de latência de 0,1 s para 95% das pesquisas?

**d.** [20] A cache na memória pode reduzir as frequências de eventos de longa latência (por exemplo, acessar discos rígidos). Supondo uma taxa de acerto constante de 40%, latência de acerto de 0,05 s e latência de falta de 0,2 s, o armazenamento em cache ajuda a atender um SLA de latência de 0,1 s para 95% das pesquisas?

**e.** [Discussão] Quando o conteúdo em cache pode se tornar antigo ou mesmo inconsistente? Com que frequência isso pode acontecer? Como você pode detectar e invalidar esse conteúdo?

**6.24** [15/15/20/Discussão] <6.4, 6.6> A eficiência das unidades de alimentação (PSUs) típicas varia conforme a carga muda. Por exemplo, a eficiência da PSU pode ser de cerca de 80% com carga de 40% (por exemplo, 40 watts de saída de uma PSU de 100 watts), 75% quando a carga está entre 20%-40% e 65% quando a carga está abaixo de 20%.

a. [15] Considere um servidor com consumo de energia proporcional cujo consumo de energia real seja proporcional à utilização da CPU, com uma curva de utilização como a mostrada na Figura 6.3. Qual é a eficiência média da PSU?
b. [15] Suponha que o servidor empregue redundância 2N para as PSUs (ou seja, dobra o número de PSUs) para garantir alimentação estável quando uma PSU falha. Qual é a eficiência média da PSU?
c. [20] Os fornecedores de servidores blade usam um conjunto compartilhado de PSUs para fornecer redundância, mas também para combinar dinamicamente o número de PSUs com o consumo real de energia do servidor. O conjunto HP c7000 usa até seis PSUs para um total de 16 servidores. Nesse caso, qual é a eficiência de PSU média para o invólucro do servidor com a mesma curva de utilização?
d. [Discussão] Considere o impacto dos diferentes números de eficiência no contexto das discussões mais amplas sobre TCO nas Figuras 6.13 e 6.14: como o projeto diferente afeta o TCO total? Com base nisto, como você otimizaria os projetos para computadores em escala warehouse do futuro?

**6.25** [5/Discussão/10/15/Discussão/Discussão/Discussão] <6.4, 6.8> *Encalhamento de potência* é um nome usado para se referir à capacidade de potência fornecida, mas não usada em um datacenter. Considere os dados apresentados na Figura 6.37 (Fan, Weber e Barroso, 2007) para diferentes grupos de máquinas. (Observe que esse artigo chama de "cluster" o que temos nos referidos como "array" neste capítulo.)
a. [5] Qual é a potência encalhada (1) no nível do rack, (2) no nível da unidade de distribuição de energia e (3) no nível do array (cluster)? Quais são as tendências com superdimensionamento da capacidade de energia em grupos maiores de máquina?
b. [Discussão] O que você acha que causa as diferenças entre encalhamento de potência em diferentes grupos de máquinas?
c. [10] Considere uma coleção de máquinas em nível de array onde o total de máquinas nunca usa mais de 72% da potência agregada (às vezes, também é chamada razão entre o uso pico da soma e soma dos picos). Usando o modelo de custo no estudo de caso, calcule as economias de custo ao comparar um

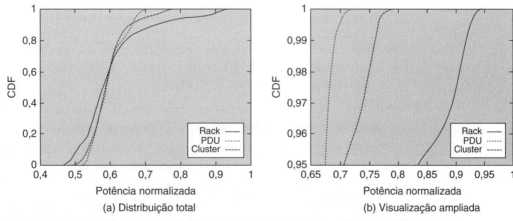

**FIGURA 6.37** Função de distribuição cumulativa (Cumulative Distribution Function — CDF) de um datacenter real.

datacenter provisionado para o pico de capacidade e um provisionado para uso real.

**d.** [15] Suponha que o projetista do datacenter escolha incluir servidores adicionais no nível de array para tirar vantagem da potência encalhada. Usando o exemplo de configuração e suposições no item (a), calcule quantos servidores podem ser incluídos no computador em escala warehouse para o mesmo provisionamento total de potência.

**e.** [Discussão] O que é necessário para fazer a otimização do item (d) funcionar em uma implementação real? (*Dica*: Pense no que precisa acontecer para limitar o consumo de energia no caso raro em que todos os servidores no array são usados no pico de potência.)

**f.** [Discussão] Dois tipos de políticas podem ser imaginados para gerenciar os limites de consumo de energia (Ranganathan et al., 2006): (1) políticas preventivas nas quais os orçamentos de energia sejam predeterminados ("Não suponha que você pode usar mais energia. Pergunte antes!") ou (2) políticas reativas em que os orçamentos de energia sejam estrangulados no caso de uma violação do orçamento de energia ("Use quanta energia precisar até dissermos que você não pode mais!"). Discuta os prós e contras dessas abordagens e quando você deve usar cada tipo.

**g.** [Discussão] O que acontecerá à potência encalhada total se os sistemas se tornarem mais proporcionais energeticamente (suponha cargas de trabalho similares às da Figura 6.4)?

**6.26** [5/20/Discussão] <6.4, 6.7> A Seção 6.7 discutiu o uso das fontes de bateria por servidor no projeto Google. Vamos examinar as consequências desse projeto.

**a.** [5] Suponha que o uso de uma bateria como UPS de nível de minisservidor tenha eficiência de 99,99% e elimine a necessidade de um UPS para toda a instalação que tenha somente 92% de eficiência. Considere que a comutação da subestação tenha eficiência de 99,7% e que a eficiência da PDU, estágios de redução e outros dispositivos de proteção elétrica sejam de 98%, 98% e 99%, respectivamente. Calcule as melhorias de eficiência geral da infraestrutura de fornecimento de energia advindas do uso de uma bateria de backup por servidor.

**b.** [20] Suponha que o UPS corresponda a 10% do custo do equipamento de TI. Usando o restante das suposições do modelo de custo no estudo de caso, qual será o ponto de equilíbrio para os custos da bateria (como uma fração do custo de um único servidor) no qual o custo total da propriedade de uma solução baseada em bateria será melhor do que o custo de um UPS para toda a instalação?

**c.** [Discussão] Quais são os outros trade-offs entre essas duas abordagens? Em particular, como você acha que o modelo de gerenciamento e falhas vai mudar entre esses diferentes projetos?

**6.27** [5/5/Discussão] <6.4> Para este exercício, considere uma equação simplificada para a potência operacional total de um WSC, como a seguir:

$$\text{Potência operacional total} = (1 + \text{Multiplicador de ineficiência de refrigeração})$$
$$* \text{potência de equipamento de TI}.$$

**a.** [5] Considere um datacenter de 8 MW com 80% de uso de energia, custos de eletricidade de US$0,10 por kilowatt-hora e um multiplicador de ineficiência de refrigeração de 0,8. Compare as economias de custo de (1) uma otimização que melhore a eficiência de refrigeração em 20% e (2) uma otimização que melhore a eficiência energética do equipamento de TI em 20%.

**b.** [5] Qual é a melhoria em porcentagem na eficiência energética do equipamento de TI necessária para corresponder às economias de custo de uma melhoria de 20% na eficiência de refrigeração?

**c.** [Discussão/10] Que conclusões você pode tirar sobre a importância relativa das otimizações que se concentram na eficiência energética do servidor e na eficiência energética da refrigeração?

**6.28** [5/5/Discussão] <6.4> Como discutido neste capítulo, o equipamento de refrigeração nos WSCs pode consumir muita energia. Os custos com refrigeração podem ser reduzidos gerenciando proativamente a temperatura. O posicionamento de carga de trabalho ciente da temperatura é uma otimização que foi proposta para gerenciar a temperatura a fim de reduzir os custos de refrigeração. A ideia é identificar o perfil de refrigeração de determinada sala e colocar os sistemas mais quentes nos pontos mais frios, de modo que, no nível do WSC, os requisitos para refrigeração geral sejam reduzidos.

**a.** [5] O coeficiente de desempenho (Coefficient of Performance — COP) de uma unidade de ar-condicionado da sala dos computadores (CRAC) é definida como a razão entre o calor removido (Q) e a quantidade de trabalho (W) necessária para remover esse calor. O COP de uma unidade CRAC aumenta com a temperatura do ar que a unidade CRAC empurra para a câmara de admissão. Se o ar retornar para a unidade CRAC a 20°C e nós removermos 10 kW de calor com um COP de 1,9, quanta energia gastaremos na unidade CRAC? Se refrigerarmos o mesmo volume de ar, mas agora retornando a 25°C, com um COP de 3,1, quanta energia vamos gastar na unidade CRAC?

**b.** [5] Considere um algoritmo de distribuição de carga de trabalho capaz de combinar bem as cargas de trabalho com os pontos frios para permitir que a unidade de ar-condicionado da sala dos computadores (CRAC) funcione com temperaturas maiores a fim de melhorar as eficiências de refrigeração, como no exercício anterior. Quais são as economias de energia nos dois casos descritos?

**c.** [Discussão] Dada a escala dos sistemas WSC, o gerenciamento de energia pode ser um problema complexo e multifacetado. Otimizações para melhorar a eficiência energética podem ser implementadas no hardware e no software, no nível do sistema e no nível do cluster para o equipamento de TI ou no equipamento de refrigeração etc. É importante considerar essas interações quando se projeta uma solução de eficiência energética geral para o WSC. Considere um algoritmo de consolidação que examine a utilização do servidor e consolide diferentes classes de carga de trabalho no mesmo servidor para aumentar sua utilização (isso pode fazer o servidor operar com maior eficiência energética se o sistema não for proporcional em termos de energia). Como essa otimização interagiria com um algoritmo concorrente que tentasse usar diferentes estados de energia (veja alguns exemplos em ACPI, Advanced Configuration Power Interface)? Em que outros exemplos você poderia pensar onde múltiplas otimizações poderiam entrar em conflito umas com as outras em um WSC? Como você solucionaria esse problema?

**6.29** [5/10/15/20] <6.2, 6.6> A proporcionalidade energética (às vezes, chamada redução de escala de energia) é o atributo do sistema de não consumir nenhuma energia quando ocioso, mas — o que é mais importante — consumir gradualmente mais energia *em proporção* ao nível de atividade e ao trabalho realizado. Neste exercício, vamos examinar a sensibilidade do consumo de energia para diferentes modelos de proporcionalidade energética. Os exercícios a seguir, a menos que seja mencionado o contrário, usam os dados na Figura 6.4 como padrão.

**a.** [5] Um modo simples de pensar na proporcionalidade energética é supor a linearidade entre a atividade e o uso de energia. Usando somente os dados de pico de potência e potência ociosa na Figura 6.4 em uma interpolação linear, plote as tendências de eficiência energética em atividades variadas. (A eficiência energética é expressa como desempenho por watt.) O que acontecerá se a potência ociosa (com 0% de atividade) for a metade da suposta na Figura 6.4? O que acontecerá se a potência ociosa for zero?

**b.** [10] Plote as tendências de eficiência energética através de atividades variadas, mas use os dados da coluna 3 da Figura 6.4 para a variação de energia. Plote a eficiência energética supondo que a potência ociosa (sozinha) seja metade da suposta na Figura 6.4. Compare esses gráficos com o modelo linear do exercício anterior. A que conclusões você pode chegar sobre as consequências de se concentrar somente na potência ociosa?

**c.** [15] Suponha o *mix* de utilização do sistema na coluna 7 da Figura 6.4. Para simplificar, suponha uma distribuição discreta através de 1.000 servidores, com 109 servidores com 0% de utilização, 80 servidores com 10% de utilização etc. Compare o desempenho total e a energia total para esse *mix* de carga de trabalho usando as suposições nos itens (a) e (b).

**d.** [20] É possível projetar um sistema com uma relação sublinear de potência *versus* carga na região dos níveis de carga entre 0-50%. Isso teria uma curva de eficiência energética com pico nas utilizações menores (à custa das maiores utilizações). Crie uma nova versão da coluna 3 da Figura 6.4 que mostre essa curva de eficiência energética. Suponha o *mix* de utilização do sistema na coluna 7 da Figura 6.4. Para simplificar, suponha uma distribuição discreta através de 1.000 servidores, com 109 servidores com 0% de utilização, 80 servidores com 10% de utilização etc. Calcule o desempenho total e a energia total para esse *mix* de carga de trabalho.

**6.30** [15/20/20] <6.2, 6.6> Este exercício ilustra as interações dos modelos de proporcionalidade de energia com otimizações como projetos de consolidação de servidor e servidor eficiente em termos energéticos. Considere os cenários mostrados nas Figuras 6.38 e 6.39.

| Atividade (%) | 0 | 10 | 20 | 30 | 40 | 50 | 60 | 70 | 80 | 90 | 100 |
|---|---|---|---|---|---|---|---|---|---|---|---|
| Potência, caso A (W) | 181 | 308 | 351 | 382 | 416 | 451 | 490 | 533 | 576 | 617 | 662 |
| Potência, caso B (W) | 250 | 275 | 325 | 340 | 395 | 405 | 415 | 425 | 440 | 445 | 450 |

**FIGURA 6.38** Distribuição de potência para dois servidores.

| Atividade (%) | 0 | 10 | 20 | 30 | 40 | 50 | 60 | 70 | 80 | 90 | 100 |
|---|---|---|---|---|---|---|---|---|---|---|---|
| Núm. de servidores, caso A e B | 109 | 80 | 153 | 246 | 191 | 115 | 51 | 21 | 15 | 12 | 8 |
| Núm. de servidores, caso C | 504 | 6 | 8 | 11 | 26 | 57 | 95 | 123 | 76 | 40 | 54 |

**FIGURA 6.39** Distribuições de utilização através do cluster, sem e com consolidação.

**a.** [15] Considere dois servidores com as distribuições de potência mostradas na Figura 6.38: caso A (o servidor considerado na Figura 6.4) e caso B (um servidor menos proporcional energeticamente, porém mais eficiente em termos de energia do que o caso A). Considere o *mix* de utilização do sistema da coluna 7 da Figura 6.4. Para simplificar, suponha que haja uma distribuição discreta através de 1.000 servidores, com 109 servidores com 0% de utilização, 80 servidores com 10% de utilização etc., como mostrado na linha 1 da Figura 6.39. Considere uma variação de desempenho baseada na coluna 2 da Figura 6.4. Compare o desempenho total e a energia total para esse *mix* de carga de trabalho nos dois tipos de servidor.

**b.** [20] Considere um cluster de 1.000 servidores com dados semelhantes aos dados mostrados na Figura 6.4 (e resumidos nas primeiras linhas das Figuras 6.38 e 6.39). Quais são o desempenho e a energia totais para o *mix* de carga de trabalho com essas suposições? Agora suponha que sejamos capazes de consolidar as cargas de trabalho para modelar a distribuição mostrada no caso C (segunda linha da Figura 6.39). Quais são o desempenho e a energia totais agora? Como a energia total se compara com um sistema que tenha um modelo linear de proporcionalidade energética com potência ociosa de zero e pico de potência de 662 watts?

**c.** [20] Repita o item (b) com o modelo de energia do servidor B e compare com os resultados do item (a).

**6.31** [10/Discussão] <6.2, 6.4, 6.6> *Tendências de proporcionalidade energética em nível de sistema*: Considere os seguintes detalhamentos do consumo de energia de um servidor:

CPU, 50%; memória, 23%; discos, 11%; rede/outros, 16%
CPU, 33%; memória, 30%; discos, 10%; rede/outros, 27%

**a.** [10] Considere uma faixa de potência dinâmica de 3,0× para a CPU (ou seja, em que o consumo de energia da CPU ociosa seja um terço do seu consumo de energia no pico). Suponha que a faixa dinâmica dos sistemas de memória, discos e rede/outros acima sejam respectivamente 2,0 × , 1,3× e 1,2 × . Qual é a faixa dinâmica geral para o sistema total nesses dois casos?

**b.** [Discussão/10] O que você pode aprender com os resultados do item (a)? Como poderíamos atingir melhor proporcionalidade energética no nível de sistema? (*Dica*: A proporcionalidade energética em nível de sistema não pode ser atingida somente através de otimizações de CPU; em vez disso, requer melhorias em todos os componentes.)

| | | |
|---|---|---|
| **Camada 1** | Caminho simples para distribuições de energia e refrigeração, sem componentes redundantes | 99,0% |
| **Camada 2** | Redundância ($N + 1$) = dois caminhos de distribuição de energia e refrigeração | 99,7% |
| **Camada 3** | Redundância ($N + 2$) = três caminhos de distribuição de energia e refrigeração pelo tempo em atividade, mesmo durante a manutenção | 99,98% |
| **Camada 4** | Dois caminhos ativos de distribuição de energia e refrigeração, com componentes redundantes em cada caminho, para tolerar qualquer falha única de equipamento sem impacto na carga | 99,995% |

**FIGURA 6.40** Visão geral das classificações das camadas do datacenter. *(Adaptado de Pitt Turner IV et al., 2008.)*

**6.32** [30] <6.4> Pitt Turner IV et al. (2008) apresentaram uma boa visão geral das classificações das camadas de datacenter. As classificações de camada definem o desempenho da infraestrutura do site. Para simplificar, considere as principais diferenças como mostradas na Figura 6.40 (adaptada de Pitt Turner IV et al., 2008). Usando o modelo TCO no estudo de caso como uma estrutura de base, compare as implicações de custo das diferentes camadas mostradas.

**6.33** [Discussão] <6.4> Com base nas observações nas Figuras 6.12 e 6.13, o que você poderia dizer qualitativamente sobre os trade-offs entre as perdas de receita de tempo de inatividade (downtime) e os custos para o tempo em atividade (uptime)?

**6.34** [15/Discussão] <6.4> Alguns estudos recentes definiram uma métrica chamada TPUE, que significa "PUE verdadeiro" (true PUE) ou "PUE total" (total PUE). O TPUE é definido como PUE*SPUE. O PUE, eficiência da utilização de energia, é definido na Seção 6.4 como a razão entre o consumo de energia total da instalação e o consumo total de energia do equipamento de TI. O SPUE, ou PUE de servidor, é uma nova métrica semelhante ao PUE, mas aplicada para o equipamento de computação, e é definido como a razão entre a potência total de entrada do servidor e sua potência útil, em que a potência útil é definida como a energia consumida pelos componentes eletrônicos envolvidos diretamente na computação: placa-mãe, discos, CPUs, DRAM, placas de E/S, e assim por diante. Em outras palavras, a métrica SPUE captura ineficiências associadas com as fontes de energia, reguladores de tensão e ventoinhas em um servidor.

   **a.** [15] <6.4> Considere um projeto que use maior temperatura de alimentação para as unidades de ar-condicionado da sala dos computadores (CRAC). A eficiência da unidade CRAC é aproximadamente uma função quadrática da temperatura, portanto, esse projeto melhora o PUE geral em cerca de 7% (considere um PU base de 1,7). Entretanto, a maior temperatura no nível de servidor ativa o controlador da ventoinha na placa para operar a ventoinha a velocidades muito maiores. A potência da ventoinha é uma função cúbica da velocidade, e a maior velocidade da ventoinha leva a uma degradação do SPUE. Considere um modelo de potência de ventoinha:

$$\text{Potência da ventoinha} = 284 * ns * ns * ns - 75 * ns * ns,$$

     onde $ns$ é a velocidade normalizada da ventoinha = velocidade da ventoinha em RPM/18.000 e uma potência base de servidor de 350 W. Calcule o SPU se a velocidade da ventoinha aumentar de (1) 10.000 rpm para 12.500 rpm e (2) de 10.000 rpm para 18.000 rpm. Compare o PUE e o TPUE nos dois casos. (Para simplificar, ignore as ineficiências com entregas de energia no modelo SPUE.)

   **b.** [Discussão] O item (a) ilustra que, embora o PUE seja uma excelente métrica para capturar o overhead da instalação, não captura as ineficiências dentro do próprio equipamento de TI. Você pode identificar outro projeto em que o TPUE seja potencialmente menor do que as mudanças no PUE tradicional? (*Dica*: Ver o Exercício 6.26.)

**6.35** [Discussão/30/Discussão] <6.2> Dois benchmarks fornecem um bom ponto de partida para o controle da eficiência energética nos servidores — o benchmark SPCPower_ssj2008 (disponível em *http://www.spec.org/power_ssj2008/*) e a métrica JouleSort (disponível em *http://sortbenchmark.org/*).

**a.** [Discussão] <6.2> Procure as descrições dos dois benchmarks. Em que eles são similares? Em que são diferentes? O que você faria para melhorar esses benchmarks para alcançar o objetivo de melhorar a eficiência energética de um WSC?

**b.** [30] <6.2> O JouleSort mede a energia total do sistema para realizar uma ordenação (um *sort*) fora do núcleo e tenta derivar uma métrica que permita a comparação de sistemas variando entre dispositivos embarcados e supercomputadores. Procure a descrição da métrica JouleSort em *http://sortbenchmark. org*. Faça o download (procure uma versão disponível para o público) do algoritmo de ordenação em diferentes classes de máquinas — um notebook, um PC, um telefone celular etc. — ou com diferentes configurações. O que você pode aprender com as ordenações JouleSort para diferentes configurações?

**c.** [Discussão] <6.2> Considere o sistema com a melhor ordenação JouleSort a partir dos experimentos anteriores. Como você poderia melhorar a eficiência energética? Por exemplo, tente reescrever o código de ordenação para melhorar a classificação do JouleSort. O que a execução da ordenação na nuvem faz para a eficiência energética?

**6.36** [10/10/15] <6.1, 6.2> A Figura 6.1 é uma listagem de indisponibilidades em um array de servidores. Quando lidamos com a grande escala dos WSCs, é importante equilibrar o projeto do cluster e as arquiteturas de software para alcançar o tempo de atividade (uptime) desejado sem incorrer em custos significativos. Esta questão explora as implicações de atingir a disponibilidade somente através de hardware.

**a.** [10] <6.1, 6.2> Supondo que um operador queira atingir 95% de disponibilidade somente através de melhorias no hardware de servidor, quantos eventos de cada tipo precisariam ser reduzidos? Por enquanto, suponha que as falhas nos servidores individuais sejam completamente tratadas através de máquinas redundantes.

**b.** [10] <6.1, 6.2> Como a resposta ao item (a) mudaria se as falhas nos servidores individuais fossem tratadas por redundância em 50% das vezes? E em 20% do tempo? E nunca?

**c.** [15] <6.1, 6.2> Discuta a importância da redundância de software para atingir um alto nível de disponibilidade. Se um operador de WSC considerasse comprar máquinas mais baratas, porém 10% menos confiáveis, que implicações isso teria na arquitetura de software? Quais são os desafios associados com a redundância de software?

**d.** [Discussão] <6.1> Discuta a importância da eventual consistência no modo como os computadores em escala warehouse podem se expandir.

**6.37** [15] <6.1, 6.8> Procure os preços atuais da DRAM DDR4 padrão em comparação à DRAM DDR4 que tenha código de correção de erro (ECC). Qual é o aumento no preço por bit para atingir a maior disponibilidade proporcionada pelo ECC? Usando somente os preços da DRAM e os dados fornecidos na Seção 6.8, qual é o tempo de atividade (uptime) por dólar de um WSC com DRAM sem ECC *versus* uma DRAM com ECC?

**6.38** [5/Discussão] <6.1> *Problemas de confiabilidade e gerenciamento de WSC:*

**a.** [5] Considere um cluster de servidores custando US$2.000 cada um. Supondo uma taxa anual de falha de 5%, uma média de uma hora de tempo de serviço por reparo e a substituição de peças exigindo 10% do custo do sistema

# CAPÍTULO 6: Computadores em escala warehouse para explorar paralelismo

por falha, qual é o custo anual de manutenção por servidor? Considere uma taxa de US$100 por hora para um técnico de manutenção.

**b.** [Discussão] Comente as diferenças entre esse modelo de gerenciamento *versus* o de um datacenter empresarial tradicional com um grande número de aplicações de tamanho pequeno ou médio, cada uma rodando na sua própria infraestrutura dedicada de hardware.

**c.** [Discussão] Discuta os prós e os contras de ter máquinas heterogêneas em um computador em escala warehouse.

**6.39** [Discussão] <6.4, 6.7, 6.8> O projeto OpenCompute em *www.opencompute.org* fornece uma comunidade para projetar e compartilhar projetos eficientes para computadores em escala warehouse. Examine alguns dos projetos recentemente propostos. Como eles se comparam com os prós e contras de projeto discutidos neste capítulo? Como os projetos diferem do estudo de caso da Google, discutido na Seção 6.7?

**6.40** [15/15] <6.3, 6.4, 6.5> Suponha que o serviço MapReduce, na Seção 6.2 esteja executando uma tarefa com $2^{40}$ bytes de dados de entrada, $2^{37}$ bytes de dados intermediários e $2^{30}$ bytes de dados de saída. Esse serviço é totalmente ligado à memória/armazenamento, portanto, seu desempenho pode ser quantificado pela largura de banda de DRAM/disco da Figura 6.6.

**a.** Quanto custa o serviço para rodar no m4.16xlarge e no m4.large da Figura 6.15? Qual instância do EC2 oferece melhor desempenho? Qual instância do EC2 oferece melhor custo?

**b.** Quanto custaria o serviço se uma SSD fosse adicionada ao sistema, como em m3.medium? Como o desempenho e o custo do m3.medium se comparam com a melhor instância do item (a) acima?

**6.41** <6.1, 6.4> [5/5/10/Discussão] Imagine que você criou um serviço web que funciona muito bem (responde com uma latência de 100 ms) em 99% do tempo e tem problemas de desempenho em 1% do tempo (talvez a CPU tenha entrado em um estado de energia mais baixo e a resposta tenha levado 1000 ms etc).

**a.** [5] Seu serviço se populariza e agora você tem 100 servidores, e sua computação precisa tocar em todos esses servidores para atender à solicitação do usuário. Qual é a porcentagem de tempo que sua consulta provavelmente terá um tempo de resposta lento em 100 servidores?

**b.** [5] Em vez de SLA de latência de servidor único de "dois noves" (99%), quantos "noves" precisamos ter para o SLA de latência de servidor único, para que o SLA de latência de cluster tenha latências ruins apenas 10% do tempo ou menos?

**c.** [10] Como as respostas dos itens (a) e (b) mudarão se tivermos 2000 servidores?

**d.** [Discussão] A Seção 6.4 discute projetos "tolerantes à cauda". Que tipo de otimizações de projeto você precisaria fazer em seu serviço web? (Dica: Veja o artigo "Tail at Scale", de Dean e Barroso, 2013).

CAPÍTULO 7

# Arquiteturas específicas do domínio

A Lei de Moore não pode continuar para sempre... Temos outros 10 a 20 anos antes de chegarmos a um limite fundamental.

**Gordon Moore, *Co-fundador da Intel (2005)***

| | |
|---|---|
| 7.1 Introdução | 477 |
| 7.2 Diretrizes para DSAs | 480 |
| 7.3 Domínio de exemplo: redes neurais profundas | 483 |
| 7.4 Unidade de processamento de tensor da Google, um acelerador de inferência do datacenter | 492 |
| 7.5 Microsoft Catapult, um acelerador flexível do datacenter | 501 |
| 7.6 Intel Crest, um acelerador do datacenter para treinamento | 511 |
| 7.7 Pixel Visual Core, uma unidade de processamento de imagens para dispositivo móvel pessoal | 512 |
| 7.8 Questões cruzadas | 523 |
| 7.9 Juntando tudo: CPUs *versus* GPUs *versus* aceleradores DNN | 525 |
| 7.10 Falácias e armadilhas | 531 |
| 7.11 Comentários finais | 533 |
| 7.12 Perspectivas históricas e referências | 535 |
| Estudos de caso e exercícios por Cliff Young | 535 |

## 7.1 INTRODUÇÃO

Gordon Moore não apenas previu o incrível crescimento do número de transistores por chip em 1965, mas a citação do primeiro capítulo mostra que ele também previu sua morte 50 anos depois. Como evidência disso, a Figura 7.1 mostra que até mesmo a empresa que ele fundou — a qual, durante décadas usava orgulhosamente a Lei de Moore como uma diretriz para investimentos de capital — está retardando o desenvolvimento de novos processos de semicondutores.

Durante o período de crescimento dos semicondutores, os arquitetos seguiram a Lei de Moore para criar novos mecanismos que pudessem transformar a imensidão de transistores em desempenho superior. Os recursos para um processador RISC de 32 bits, com pipeline de cinco estágios — que precisava de apenas 25.000 transistores na década de 1980 — cresceram em um fator de 100.000 para permitir recursos que acelerassem o código de uso geral em processadores de uso geral, conforme documentado em capítulos anteriores:

- Caches de primeiro, segundo, terceiro e até quarto níveis
- Unidades de ponto flutuante SIMD de 512 bits

477

Processo da Intel (nm)
100
10
180
130
90
65
45
32
22
14
2000 2002 2004 2006 2008 2010 2012 2014 2016

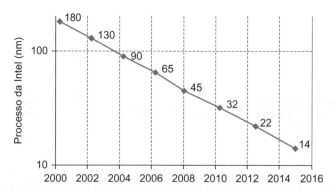

**FIGURA 7.1** **Tempo antes da nova tecnologia de processo de semicondutores na Intel, medida em nm.**
O eixo *y* é uma escala logarítmica. Observe que o espaço de tempo entre os novos processos, que anteriormente era cerca de 24 meses, passou para cerca de 30 meses a partir de 2010.

- Pipelines com mais de 15 estágios
- Previsão de desvio
- Execução fora de ordem
- Pré-busca especulativa
- Multithreading
- Multiprocessamento

Essas arquiteturas sofisticadas visavam programas de milhões de linhas escritos em linguagens eficientes como a C + +. Os arquitetos tratavam esse código como caixas-pretas, geralmente sem entender a estrutura interna dos programas ou mesmo o que eles estavam tentando fazer. Programas de benchmark como os do SPEC2017 eram apenas artefatos para medir e acelerar. Os criadores de compiladores eram as pessoas na interface hardware-software, que remontam à revolução RISC na década de 1980, mas eles têm uma compreensão limitada do comportamento das aplicações de alto nível; é por isso que os compiladores não podem sequer preencher a lacuna semântica entre C ou C + + e a arquitetura das GPUs.

Conforme descrevemos no Capítulo 1, a escalada de Dennard terminou muito antes da Lei de Moore. Assim, mais comutação de transistores agora significa mais potência. O orçamento de energia não está aumentando e já substituímos o único processador ineficiente por vários núcleos eficientes. Portanto, não temos mais nada em nossas mangas para continuar com grandes melhorias no custo-benefício e na eficiência energética para as arquiteturas gerais. Como o orçamento de energia é limitado (por causa da eletromigração, limites mecânicos e térmicos de chips), se quisermos um desempenho mais alto (mais operações/segundo), precisamos diminuir a energia por operação.

A Figura 7.2 é outra visão sobre os custos relativos de energia da memória e lógica, mencionados no Capítulo 1, desta vez calculados como despesas gerais para uma instrução

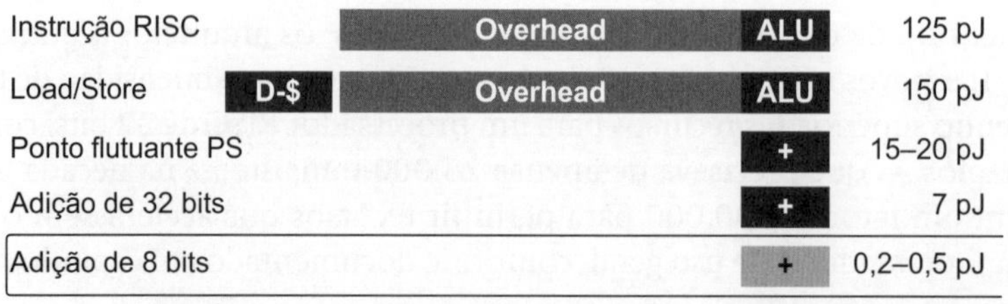

Instrução RISC
Overhead
ALU
125 pJ
Load/Store
D-$
Overhead
ALU
150 pJ
Ponto flutuante PS
+
15–20 pJ
Adição de 32 bits
+
7 pJ
Adição de 8 bits
+
0,2–0,5 pJ

**FIGURA 7.2** **Custos de energia em picoJoules de um processo de 90 nm para buscar instruções ou acessar uma cache de dados em comparação com o custo de energia de operações aritméticas (Qadeer et al., 2015).**

aritmética. Dado esse overhead, pequenas mexidas nos núcleos existentes podem ocasionar melhorias de 10%, mas se quisermos melhorias de ordem de magnitude e oferecer capacidade de programação, precisamos aumentar o número de operações aritméticas por instrução de uma para centenas. Para atingir esse nível de eficiência, precisamos de uma mudança drástica na arquitetura dos computadores, de núcleos de uso geral para *arquiteturas específicas do domínio (DSAs)*.

Portanto, assim como o campo mudou de uniprocessadores para multiprocessadores na última década por necessidade, o desespero é a razão pela qual os arquitetos estão agora trabalhando em DSAs. A nova normalidade é que um computador consistirá em processadores padrão para executar programas grandes e convencionais, como sistemas operacionais, juntamente com processadores específicos do domínio, que fazem apenas uma pequena variedade de tarefas, porém fazendo-as extremamente bem. Assim, esses computadores serão muito mais heterogêneos do que os chips multicore homogêneos do passado.

Parte do argumento é que as inovações anteriores na arquitetura, das décadas passadas, que se aproveitaram da Lei de Moore (caches, execução fora de ordem etc.) podem não combinar muito bem com alguns domínios — especialmente em termos de uso de energia —, de modo que seus recursos podem ser reciclados para tornar o chip mais adequado ao domínio. Por exemplo, caches são excelentes para arquiteturas de uso geral, mas não necessariamente para DSAs; para aplicações com padrões de acesso à memória facilmente previsíveis ou enormes conjuntos de dados, como vídeo, que têm pouca reutilização de dados, as caches multiníveis são um exagero, utilizando espaço e energia que poderiam ser melhor aproveitados. Portanto, a promessa das DSAs é melhorar a eficiência do silício e melhorar a eficiência energética, sendo este último o atributo mais importante atualmente.

Os arquitetos provavelmente não criarão uma DSA para um grande programa em C++ como um compilador, conforme encontrado no benchmark SPEC2017. Algoritmos específicos do domínio são quase sempre para pequenos kernels com uso intenso de computação dos sistemas maiores, como para reconhecimento de objetos ou de voz. As DSAs devem se concentrar no subconjunto e não planejar executar o programa inteiro. Além disso, alterar o código do benchmark não está mais quebrando as regras; é uma fonte perfeitamente válida de aceleração para as DSAs. Consequentemente, se elas fizerem contribuições úteis, os arquitetos interessados na DSA precisam, agora, abrir seus horizontes e aprender sobre domínios de aplicação e algoritmos.

Além de precisar expandir suas áreas de especialização, um desafio para arquitetos específicos do domínio é encontrar um alvo cuja demanda seja grande o suficiente para justificar a alocação de silício dedicado em um SOC ou mesmo em um chip personalizado. Os custos de *engenharia não recorrente* (Nonrecurring Engineering — NRE) de um chip personalizado e o software de suporte são amortizados pelo número de chips fabricados, portanto, é improvável que faça sentido econômico se você precisar de apenas 1.000 chips.

Uma maneira de acomodar aplicações de menor volume é usar chips reconfiguráveis, como FPGAs, porque eles têm NRE menor do que os chips personalizados *e* várias aplicações diferentes podem reutilizar o mesmo hardware reconfigurável para amortizar seus custos (consulte a Seção 7.5). No entanto, como o hardware é menos eficiente que os chips personalizados, os ganhos das FPGAs são mais modestos.

Outro desafio da DSA é como portar o software para ela. Ambientes de programação familiares, como a linguagem de programação e o compilador C++, raramente são os veículos certos para uma DSA.

O restante deste capítulo fornece cinco diretrizes para o projeto de DSAs e, em seguida, um tutorial sobre nosso domínio de exemplo, que são as *redes neurais profundas* (Deep Neural Networks — DNNs). Escolhemos as DNNs porque elas estão revolucionando muitas áreas da computação atualmente. Ao contrário de alguns alvos do hardware, as DNNs são aplicáveis a uma grande variedade de problemas, e por isso podemos reutilizar uma arquitetura específica da DNN para soluções em fala, visão, idioma, tradução, classificação de pesquisa e muitas outras áreas.

Seguimos com quatro exemplos de DSAs: dois chips personalizados para o datacenter, que aceleram DNNs, uma FPGA para o datacenter, que acelera muitos domínios, e uma unidade de processamento de imagem projetada para *dispositivos móveis pessoais* (Personal Mobile Devices — PMDs). Em seguida, comparamos o custo-desempenho das DSAs com as CPUs e GPUs usando os benchmarks de DNN e concluímos com uma previsão de um renascimento futuro da arquitetura de computadores.

## 7.2 DIRETRIZES PARA DSAS

Aqui estão cinco princípios que, em geral, guiaram os projetos das quatro DSAs que veremos nas Seções 7.4 a 7.7. Essas cinco diretrizes não apenas levam a uma maior eficiência de espaço e energia, mas também fornecem dois efeitos de bônus valiosos. Primeiro, eles ocasionam projetos mais simples, que reduzem o custo de NRE das DSAs (veja a falácia na Seção 7.10). Em segundo lugar, para aplicações voltadas ao usuário que são comuns com as DSAs, os aceleradores que seguem esses princípios são mais adequados aos prazos de tempo de resposta do $99°$ percentil que as otimizações de desempenho variáveis no tempo dos processadores tradicionais, como veremos na Seção 7.9. A Figura 7.3 mostra como as quatro DSAs seguiram essas diretrizes.

1.  *Use memórias dedicadas para reduzir a distância pela qual os dados são movidos.* Os muitos níveis de caches em microprocessadores de uso geral usam uma grande quantidade de espaço e energia tentando mover os dados de maneira ideal para um programa. Por exemplo, uma cache associativa em conjunto bidirecional usa

| Diretriz | TPU | Catapult | Crest | Pixel Visual Core |
|---|---|---|---|---|
| Alvo do projeto | ASIC no datacenter | FPGA no datacenter | ASIC no datacenter | PMD ASIC/SOC IP |
| 1. Memórias dedicadas | Buffer unificado de 24 MiB, Acumuladores de 4 MiB | Varia | N.A. | Por núcleo: buffer de linha de 128 KiB, memória P.E. de 64 KiB |
| 2. Unidade aritmética maior | 65.536 acumuladores de multiplicação | Varia | N.A. | Por núcleo: 256 Acumuladores de multiplicação (512 ALUs) |
| 3. Paralelismo fácil | Único thread, SIMD, em ordem | SIMD, MISD | N.A. | MPMD, SIMD, VLIW |
| 4. Tamanho de dados menor | Inteiro de 8 e 16 bits | Inteiro de 8 e 16 bits PF de 32 bits | PF de 21 bits | Inteiro de 8, 16 e 32 bits |
| 5. Linguagem específica do domínio | TensorFlow | Verilog | TensorFlow | Halide/TensorFlow |

**FIGURA 7.3** As quatro DSAs deste capítulo e o quão de perto elas seguiram as cinco diretrizes. Pixel Visual Core geralmente tem 2–16 núcleos. A primeira implementação do Pixel Visual Core não aceita aritmética de 8 bits.

2,5 vezes mais energia do que uma memória de rascunho equivalente, controlada por software. Por definição, os criadores de compiladores e programadores de DSAs entendem seu domínio, portanto, não há necessidade de o hardware tentar mover dados para eles. Em vez disso, o movimento de dados é reduzido com memórias controladas por software que são dedicadas e adaptadas para funções específicas dentro do domínio.

2. *Invista os recursos economizados pela remoção de otimizações avançadas da microarquitetura em mais unidades aritméticas ou memórias maiores.* Conforme descrito na Seção 7.1, os arquitetos transformaram a recompensa da Lei de Moore em otimizações que utilizam muitos recursos para CPUs e GPUs (execução fora de ordem, multithreading, multiprocessamento, pré-busca, junção de endereço etc.). Dada a maior compreensão da execução de programas nesses domínios mais restritos, esses recursos são muito melhor gastos em mais unidades de processamento ou em memória maior no chip.

3. *Use a forma mais fácil de paralelismo que corresponda ao domínio.* Os domínios de destino das DSAs quase sempre possuem paralelismo inerente. As principais decisões de uma DSA são como aproveitar esse paralelismo e como expô-lo ao software. Projete a DSA em torno da granularidade natural do paralelismo do domínio e exponha esse paralelismo de forma simples no modelo de programação. Por exemplo, no que diz respeito ao paralelismo no nível de dados, se a SIMD funcionar no domínio, ela certamente é mais fácil para o programador e para o criador de compilador do que a MIMD. Da mesma forma, se VLIW puder expressar o paralelismo em nível de instrução para o domínio, o projeto pode ser menor e mais eficiente em termos energéticos do que a execução fora de ordem.

4. *Reduza o tamanho e o tipo dos dados para o mais simples que for necessário para o domínio.* Como veremos, já que as aplicações em muitos domínios normalmente estão ligadas à memória, você pode aumentar a largura de banda de memória efetiva e a utilização de memória no chip usando tipos de dados mais restritos. Dados mais simples e mais restritos também permitem que você coloque mais unidades aritméticas na mesma superfície do chip.

5. *Use uma linguagem de programação específica do domínio para portar o código para a DSA.* Conforme mencionado na Seção 7.1, um desafio clássico para as DSAs é fazer as aplicações rodarem em sua nova arquitetura. Uma antiga falácia é assumir que seu novo computador é tão atraente que os programadores irão reescrever seu código apenas para o seu hardware. Felizmente, as linguagens de programação específicas do domínio estavam se tornando populares antes mesmo de os arquitetos serem forçados a voltar sua atenção para as DSAs. Alguns exemplos são Halide para processamento de visão e o framework TensorFlow para as DNNs (Ragan-Kelley et al., 2013; Abadi et al., 2016). Essas linguagens tornam muito mais viável a portabilidade das aplicações para a sua DSA. Como já foi mencionado, apenas uma parte pequena da aplicação, com uso intenso de computação, precisa ser executada na DSA em alguns domínios, o que também simplifica a portabilidade.

As DSAs introduzem muitos termos novos, principalmente dos novos domínios, mas também de novos mecanismos de arquitetura não vistos em processadores convencionais. Como fizemos no Capítulo 4, a Figura 7.4 lista os novos acrônimos, termos e breves explicações para ajudar o leitor.

| Área | Termo | Acrônimo | Explicação resumida |
|---|---|---|---|
| General | Arquitetura específica do domínio | DSA | Um processador de uso especial, projetado para um domínio em particular. Ele conta com outros processadores para tratar do processamento fora desse domínio. |
| General | Bloco de propriedade intelectual | IP | Um bloco de projeto transportável, que pode ser integrado a um SOC. Ele capacita um mercado onde as organizações oferecem blocos de IP para outras que as compõem em SOCs. |
| General | Sistema em um chip | SOC | Um chip que integra todos os componentes de um computador; geralmente encontrado em dispositivos portáveis (PMDs). |
| Deep neural networks | Ativação | — | Resultado de "ativar" o neurônio artificial; a saída das funções não lineares. |
| Deep neural networks | Lote | — | Uma coleção de conjuntos de dados processados juntamente para reduzir o custo da busca por pesos. |
| Deep neural networks | Rede neural convolucional | CNN | Um tipo de DNN que apanha como entradas um conjunto de funções não lineares de regiões próximas no espaço das saídas da camada anterior, que são multiplicadas pelos pesos. |
| Deep neural networks | Rede neural profunda | DNN | Uma sequência de camadas que são coleções de neurônios artificiais, consistindo em uma função não linear aplicada ao produto entre os pesos e as saídas da camada anterior. |
| Deep neural networks | Inferência | — | A fase de produção das DNNs; também chamado de *predição*. |
| Deep neural networks | Memória longa de curto prazo | LSTM | Uma RNN bastante adequada para classificar, processar e prever séries de tempo. É um projeto hierárquico que consiste em módulos chamados de *células*. |
| Deep neural networks | Percepção de múltiplas camadas | MLP | Uma DNN que apanha como entradas um conjunto de funções não lineares de todas as saídas da camada anterior multiplicadas pelos pesos. Essas camadas são denominadas totalmente *conectadas*. |
| Deep neural networks | Unidade linear retificada | *ReLU* | Uma função não linear que executa $f(x)=max(x,0)$. Outras funções não lineares populares são sigmoide e tangente hiperbólica (tanh). |
| Deep neural networks | Rede neural recorrente | RNN | Uma DNN cujas entradas vêm da camada anterior e do estado anterior. |
| Deep neural networks | Treinamento | — | A fase de desenvolvimento das DNNs; também chamado de *aprendizado*. |
| Deep neural networks | Pesos | — | Os valores aprendidos durante o treinamento, que são aplicados às entradas; também chamados de *parâmetros*. |
| TPU | Acumuladores | — | Os 4.096 registradores de $256 \times 32$ bits (4 MiB) que coletam a saída da MMU e são a entrada para a Unidade de Ativação. |
| TPU | Unidade de ativação | — | Realiza as funções não lineares (ReLU, sigmoide, tangente hiperbólica, pool máximo e pool médio). Sua entrada vem dos Acumuladores e sua saída vai para o Buffer Unificado (UB). |
| TPU | Unidade de multiplicação matricial | MMU | Um array sistólico de $256 \times 256$ unidades aritméticas de 8 bits que realizam multiplicação e adição. Suas entradas são a Memória Ponderada e o Buffer Unificado (UB), e sua saída são os Acumuladores. |
| TPU | Array sistólico | — | Um array de unidades de processamento que, em lockstep, recebe dados dos vizinhos anteriores, calcula resultados parciais e passa algumas entradas e resultados para os vizinhos seguintes. |
| TPU | Buffer unificado | UB | Uma memória no chip de 24 MiB, que mantém as ativações. Ela foi dimensionada para tentar evitar o derramamento de ativações para a DRAM ao executar uma DNN. |
| TPU | Memória ponderada | — | Um chip de DRAM externo de 8 MiB, contendo os pesos para a MMU. Os pesos são transferidos para uma fila *FIFO* ponderada antes de entrarem na MMU. |

**FIGURA 7.4** Glossário para os termos de DSA usados nas Seções 7.3–7.6. A Figura 7.29, possui um glossário para a Seção 7.7.

## 7.3 DOMÍNIO DE EXEMPLO: REDES NEURAIS PROFUNDAS

> A inteligência artificial (IA) não é apenas a próxima grande onda na computação —
> é o próximo grande ponto de virada na história da humanidade... a Revolução da
> Inteligência será impulsionada por dados, redes neurais e poder de computação.
> A Intel está comprometida com a IA [assim]... nós adicionamos um conjunto de
> aceleradores de ponta necessários para o crescimento e adoção generalizada da IA.
>
> **Brian Krzanich,** *CEO da Intel* **(2016)**

A inteligência artificial (IA) fez um retorno dramático desde a virada do século. Em vez de *construir* a inteligência artificial como um grande conjunto de regras lógicas, o foco mudou para o *aprendizado de máquina* a partir de dados de exemplo como o caminho para a inteligência artificial. A quantidade de dados necessários para aprender era muito maior do que se pensava. Os computadores em escala de warehouse (WSCs) deste século, que coletam e armazenam petabytes de informações encontradas na Internet a partir de bilhões de usuários e seus smartphones, fornecem dados abundantes. Também subestimamos a quantidade de computação necessária para aprender com os dados em grande escala, mas as GPUs — que possuem excelente custo-desempenho em ponto flutuante de precisão simples — incorporadas nos milhares de servidores de WSCs fornecem computação suficiente.

Uma parte da aprendizagem de máquina, chamada DNNs, tem sido a estrela da IA nos últimos cinco anos. Alguns exemplos de avanços na DNN estão na tradução de idiomas, que as DNNs melhoraram mais em um único salto do que todos os avanços da década anterior (Tung, 2016; Lewis-Kraus, 2016); a mudança para DNNs nos últimos cinco anos reduziu a taxa de erro em uma competição de reconhecimento de imagem de 26% para 3,5% (Krizhevsky et al., 2012; Szegedy et al., 2015; He et al., 2016); e em 2016, as DNNs permitiram pela primeira vez que um programa de computador vencesse um campeão humano de Go (Silver et al., 2016). Embora muitas delas sejam executadas na nuvem, elas também capacitaram o Google Translate em smartphones, o que descrevemos no Capítulo 1. Em 2017, novos e significativos resultados de DNN apareceram quase toda semana.

Os leitores interessados em aprender mais sobre DNNs do que o conteúdo desta seção devem baixar e experimentar os tutoriais em TensorFlow (TensorFlow Tutorials, 2016) ou, para os menos aventureiros, consultar um livro on-line gratuito sobre DNNs (Nielsen, 2016).

### Os neurônios das DNNs

As DNNs foram inspiradas pelo neurônio do cérebro. O neurônio artificial usado para as redes neurais simplesmente calcula a soma sobre um conjunto de produtos de *pesos* ou *parâmetros* e valores de dados, que são então passados por uma função não linear para determinar sua saída. Como veremos, cada neurônio artificial tem um grande fan-in e um grande fan-out.

Para uma DNN de processamento de imagem, os dados de entrada seriam os pixels de uma foto, com os valores de pixel multiplicados pelos pesos. Embora muitas funções não lineares tenham sido experimentadas, uma das mais populares hoje em dia é simplesmente $f(x) = \max(x, 0)$, que retorna 0 se $x$ for negativo ou o valor original se positivo ou zero. (Esta função simples recebe o nome complicado de *unidade linear retificada* ou *ReLU* — Rectified Linear Unit.) A saída de uma função não linear é chamada de *ativação*, já que é a saída do neurônio artificial que foi "ativado".

Um grupo de neurônios artificiais pode processar diferentes partes da entrada, e a saída desse cluster torna-se a entrada para a próxima camada de neurônios artificiais. As camadas entre a camada de entrada e a camada de saída são chamadas de *camadas ocultas*. Para o processamento de imagens, você pode pensar em cada camada como se estivesse à procura de diferentes tipos de recursos, desde os de nível inferior, como bordas e ângulos, até os de nível superior, como olhos e ouvidos. Se a aplicação de processamento de imagens estivesse tentando decidir se a imagem continha um cachorro, a saída da última camada poderia ser um número de probabilidade entre 0 e 1 ou talvez uma lista de probabilidades correspondentes a uma lista de raças de cães.

A quantidade de camadas deu nome às DNNs. A falta original de dados e o poder de computação mantiveram a maioria das redes neurais relativamente rasas. A Figura 7.5 mostra o número de camadas para uma variedade de DNNs recentes, o número de pesos e o número de operações por peso buscado. Em 2017, algumas DNNs possuíam 150 camadas.

## Treinamento *versus* inferência

A discussão anterior diz respeito às DNNs que estão em produção. O desenvolvimento da DNN começa definindo a arquitetura da rede neural, escolhendo a quantidade e o tipo de camadas, as dimensões de cada camada e o tamanho dos dados. Embora os especialistas possam desenvolver novas arquiteturas de redes neurais, a maioria dos profissionais escolherá entre os diversos projetos existentes (por exemplo, veja na Figura 7.5) que demonstraram ter um bom desempenho em problemas semelhantes aos deles.

Uma vez que a arquitetura neural tenha sido selecionada, o próximo passo é descobrir os pesos associados a cada aresta no grafo da rede neural. Os pesos determinam o comportamento do modelo. Dependendo da escolha da arquitetura neural, pode haver de milhares a centenas de milhões de pesos em um único modelo (veja a Figura 7.5). O treinamento é o dispendioso processo de ajuste desses pesos, de modo que a DNN se aproxime da função complexa (por exemplo, mapeamento de imagens aos objetos da imagem) descrita pelos dados de treinamento.

Essa fase de desenvolvimento é universalmente chamada de *treinamento* ou *aprendizado*, enquanto a fase de produção tem muitos nomes: *inferência, previsão, pontuação, implementação, avaliação, execução* ou *teste*. A maioria das DNNs usa o *aprendizado supervisionado*, pois recebem um conjunto de treinamento para descobrir de onde os dados são pré-processados para ter os rótulos corretos. Assim, na competição de DNN ImageNet (Russakovsky et al., 2015), o conjunto de treinamento consiste em 1,2 milhão de fotos, e cada foto foi rotulada como uma das 1000 categorias. Várias dessas categorias são

| Nome | Camadas na DNN | Pesos | Operações/peso |
|------|----------------|-------|----------------|
| MLP0 | 5 | 20M | 200 |
| MLP1 | 4 | 5M | 168 |
| LSTM0 | 58 | 52M | 64 |
| LSTM1 | 56 | 34M | 96 |
| CNN0 | 16 | 8M | 2888 |
| CNN1 | 89 | 100M | 1750 |

**FIGURA 7.5** Seis aplicações de DNN que representam 95% das cargas de trabalho de DNN para inferência na Google em 2016, que usamos na Seção 7.9.

As colunas são o nome da DNN, o número de camadas na DNN, o número de pesos e a quantidade de operações por peso (intensidade operacional). A Figura 7.41 contém mais detalhes sobre estas DNNs.

ELSEVIER    7.3  Domínio de exemplo: redes neurais profundas    **485**

bastante detalhadas, como raças específicas de cães e gatos. O vencedor é determinado pela avaliação de um conjunto secreto separado de 50.000 fotos para ver qual DNN tem a menor taxa de erro.

Definir os pesos é um processo iterativo que *retrocede* através da rede neural usando o conjunto de treinamento. Esse processo é chamado de *retropropagação*. Por exemplo, como você conhece a raça de uma imagem de cachorro no conjunto de treinamento, então vê o que sua DNN diz sobre a imagem e ajusta os pesos para melhorar a resposta. Por incrível que pareça, os pesos no início do processo de treinamento devem ser definidos como dados aleatórios, e você continua repetindo até que esteja satisfeito com a precisão da DNN usando o conjunto de treinamento.

Para os que gostam de matemática, o objetivo do aprendizado é encontrar uma função que mapeie as entradas para as saídas corretas sobre a arquitetura de redes neurais multi-camadas. Retropropagação significa "retropropagação de erros". Ela calcula um gradiente sobre todos os pesos como entrada para um algoritmo de otimização que tenta minimizar os erros atualizando os pesos. O algoritmo de otimização mais popular para DNNs é a *descida de gradiente estocástica*. Ele ajusta os pesos proporcionalmente para maximizar a descida do gradiente obtido pela retropropagação. Os leitores interessados em aprender mais devem consultar Nielsen (2016) ou TensorFlow Tutorials (2016).

O treinamento pode levar semanas de computação, como mostra a Figura 7.6. A fase de inferência normalmente é inferior a 100 ms por amostra de dados, o que é um milhão de vezes menor. Embora o treinamento leve muito mais tempo do que uma única inferência, o tempo total de computação para a inferência é um produto do número de clientes da DNN e com que frequência eles a chamam.

Após o treinamento, você implanta sua DNN, esperando que seu conjunto de treinamento seja representativo do mundo real e que sua DNN seja tão popular que seus usuários gastarão muito mais tempo empregando-a do que você gastou para desenvolvê-la!

Há tarefas que não têm conjuntos de dados de treinamento, como ao tentar prever o futuro de algum evento do mundo real. Embora não cubramos isso aqui, o *aprendizado por reforço* (*RL*) era um algoritmo popular para esse aprendizado em 2017. Em vez de um conjunto de treinamento para aprender, o RL age no mundo real e recebe um sinal de uma função de recompensa, dependendo se essa ação melhorou ou piorou a situação.

Embora seja difícil imaginar um campo com mudanças mais rápidas, apenas três tipos de DNNs eram os mais populares em 2017: *percepção de múltiplas camadas* (*MLPs — MultiLayer Perceptrons*), *redes neurais convolucionais* (*CNNs — Convolutional Neural Networks*) e *redes*

| Tipo de dados | Área de problema | Tamanho do conjunto de treinamento do benchmark | Arquitetura da DNN | Hardware | Tempo de treina-mento |
|---|---|---|---|---|---|
| texto [1] | Previsão de palavra (word2vec) | 100 bilhões de palavras (Wikipedia) | skip gram de 2 camadas | 1 GPU NVIDIA Titan X | 6,2 horas |
| áudio [2] | Reconhecimento de voz | 2.000 horas (Fisher Corpus) | RNN de 11 camadas | 1 GPU NVIDIA K1200 | 3,5 dias |
| imagens [3] | Classificação de imagem | 1 milhão de imagens (ImageNet) | CNN de 22 camadas | 1 GPU NVIDIA K20 | 3 semanas |
| vídeo [4] | Reconhecimento de imagem | 1 milhão de vídeos (Sports-1M) | CNN de 8 camadas | 10 GPUs NVIDIA | 1 mês |

**FIGURA 7.6** Tamanhos de conjunto de treinamento e tempo de treinamento para diversas DNNs (Iandola, 2016).

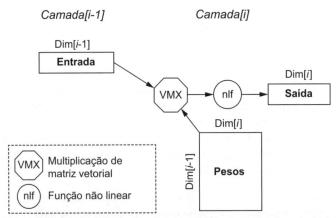

**FIGURA 7.7** MLP mostrando a entrada Camada[*i*–1] à esquerda e a saída Camada [*i*] à direita. ReLU é uma função não linear popular para MLPs. As dimensões das camadas de entrada e saída geralmente são diferentes. Essa camada é chamada de *totalmente conectada* porque depende de todas as entradas da camada anterior, mesmo que muitas delas sejam zeros. Um estudo sugeriu que 44% eram zeros, presumindo-se que isso acontece em parte porque ReLU transforma números negativos em zeros.

*neurais recorrentes* (*RNNs*). Todos eles são exemplos de aprendizado supervisionado, que dependem de conjuntos de treinamento.

### Percepção de múltiplas camadas

MLPs eram as DNNs originais. Cada nova camada é um conjunto de funções não lineares $F$ da soma ponderada de todas as saídas de uma função $y_n = F(W \times y_{n-1})$ anterior. A soma ponderada consiste em uma multiplicação de matriz vetorial das saídas com os pesos (ver Figura 7.7). Essa camada é chamada *totalmente conectada* porque cada resultado de neurônio de saída depende de *todos* os neurônios de entrada da camada anterior.

Podemos calcular o número de neurônios, operações e pesos por camada para cada um dos tipos de DNN. O mais fácil é a MLP, porque é apenas uma multiplicação de matriz vetorial do vetor de entrada vezes a matriz de pesos. Aqui estão os parâmetros e as equações para determinar pesos e operações para inferência (contamos multiplicação e adição como duas operações):

- Dim[*i*]: Dimensão do vetor de saída, que é o número de neurônios
- Dim[*i*1]: Dimensão do vetor de entrada
- Número de pesos: Dim[*i*–1] × Dim[*i*]
- Operações: 2 × Número de pesos
- Operações/Peso: 2

Esse termo final é a *intensidade operacional* do modelo Roofline, discutido no Capítulo 4. Usamos as operações por *peso* porque pode haver milhões de pesos, que geralmente não cabem no chip. Por exemplo, as dimensões de um estágio de uma MLP na Seção 7.9 têm Dim[*i*–1] = 4096 e Dim [*i*] = 2048, portanto, para essa camada, o número de neurônios é 2048, o número de pesos é 8.388.608, o número de operações é 16.777.216, e a intensidade operacional é 2. Como podemos nos lembrar pelo modelo Roofline, a baixa intensidade operacional dificulta a entrega de alto desempenho.

### Rede neural convolucional

CNNs são bastante utilizadas para aplicações de visão por computador. Como as imagens têm uma estrutura bidimensional, os pixels vizinhos são o local natural para procurar

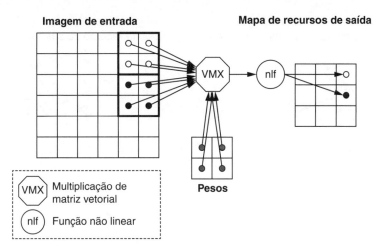

**FIGURA 7.8** Primeiro passo simplificado de uma CNN.
Neste exemplo, cada grupo de quatro pixels da imagem de entrada é multiplicado pelos mesmos quatro pesos para criar as células do mapa de recursos de saída. O padrão representado mostra um passo de dois entre os grupos de pixels de entrada, mas outros passos são possíveis. Para relacionar essa figura à MLP, você pode pensar em cada convolução de 2 × 2 como uma operação minúscula totalmente conectada para produzir um ponto do mapa de recursos de saída. A Figura 7.9 mostra como vários mapas de recursos transformam os pontos de um vetor na terceira dimensão.

relacionamentos. As CNNs tomam como entradas um conjunto de funções não lineares de regiões próximas das saídas da camada anterior e depois multiplicam pelos pesos, que reutilizam os pesos muitas vezes.

A ideia por trás das CNNs é que cada camada aumenta o nível de abstração da imagem. Por exemplo, a primeira camada pode identificar apenas linhas horizontais e linhas verticais. A segunda camada pode combiná-los para identificar cantos. A próxima camada poderia ser retângulos e círculos. A camada seguinte poderia usar essa entrada para detectar partes de um cão, como olhos ou ouvidos. As camadas mais altas estariam tentando identificar características de diferentes raças de cães.

Cada camada neural produz um conjunto de *mapas de recursos* bidimensionais, onde cada célula do mapa bidimensional de recursos está tentando identificar um recurso na área correspondente da entrada.

A Figura 7.8 mostra o ponto de partida em que um cálculo de estampa de 2 × 2 a partir da imagem de entrada cria os elementos do primeiro mapa de recursos. Um *cálculo de estampa* usa células vizinhas em um padrão fixo para atualizar todos os elementos de uma matriz. O número de mapas de recursos de saída dependerá de quantos recursos diferentes você está tentando capturar da imagem e do passo usado para aplicar a estampa.

O processo é realmente mais complicado porque a imagem geralmente não é apenas uma única camada bidimensional plana. Normalmente, uma imagem colorida terá três níveis para vermelho, verde e azul. Por exemplo, uma estampa de 2 × 2 acessará 12 elementos: 2 × 2 de pixels vermelhos, 2 × 2 de pixels verdes e 2 × 2 de pixels azuis. Nesse caso, você precisa de 12 pesos por mapa de recursos de saída para uma estampa de 2 × 2 em três níveis de entrada de uma imagem.

A Figura 7.9 mostra o caso geral de um número qualquer de mapas de recurso de entrada e saída, que ocorre após essa primeira camada. O cálculo é uma estampa tridimensional sobre todos os mapas de recurso de entrada com um conjunto de pesos para produzir um mapa de recursos de saída.

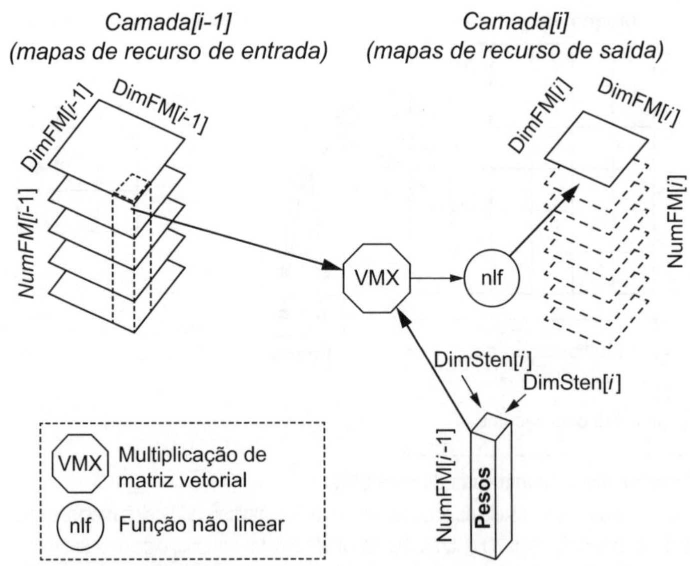

# CAPÍTULO 7: Arquiteturas específicas do domínio

**FIGURA 7.9** Passo geral da CNN mostrando mapas de recurso de entrada de Camada[$i$–1] à esquerda, os mapas de recurso de saída de Camada[$i$] à direita e uma estampa tridimensional sobre os mapas de recurso de entrada para produzir um único mapa de recurso de saída.

Cada mapa de recurso de saída tem seu próprio conjunto exclusivo de pesos, e a multiplicação de matriz vetorial acontece para cada um. As linhas pontilhadas mostram os futuros mapas de recurso de saída nesta figura. Como esta figura ilustra, as dimensões e o número dos mapas de recursos de entrada e saída muitas vezes são diferentes. Tal como acontece com MLPs, ReLU é uma função não linear popular para CNNs.

Para os que gostam de matemática, se o número de mapas de recurso de entrada e mapas de recurso de saída forem iguais a 1 e o passo for 1, então uma única camada de uma CNN bidimensional é o mesmo cálculo que uma convolução discreta bidimensional.

Como vemos na Figura 7.9, as CNNs são mais complicadas que as MLPs. Aqui estão o parâmetro e as equações para calcular os pesos e as operações:

- DimFM[$i$–1]: Dimensão do mapa de recursos da entrada (quadrada)
- DimFM[$i$]: Dimensão do mapa de recursos de saída (quadrada)
- DimStam[$i$]: Dimensão da estampa (quadrada)
- NumFM[$i$–1]: Número de mapas de recursos da entrada
- NumFM[$i$]: Número de mapas de recursos da saída
- Número de neurônios: NumFM[$i$] $\times$ DimFM[$i$]$^2$
- Número de pesos por mapa de recursos da saída: NumFM[$i$–1] $\times$ DimStam[$i$]$^2$
- Número total de pesos por camada: NumFM[$i$] $\times$ Número de pesos por mapa de recursos de saída
- Número de operações por mapa de recursos de saída: 2 $\times$ DimFM[$i$]$^2$ $\times$ Número de pesos por mapa de recursos de saída
- Número total de operações por camada: NumFM[$i$] $\times$ Número de operações por mapa de recursos de saída = 2 $\times$ DimFM[$i$]$^2$ $\times$ NumFM[$i$] $\times$ Número de pesos por mapa de recursos de saída = 2 $\times$ DimFM[$i$]$^2$ $\times$ Número total de pesos por camada
- Operações/Peso: 2 $\times$ DimFM[$i$]$^2$

Uma CNN na Seção 7.9 tem uma camada com DimFM[$i$–1] = 28, DimFM[$i$] = 14, DimStam[$i$] = 3, NumFM[$i$–1] = 64 (número de mapas de recursos de entrada) e NumFM[$i$] = 128 (número de mapas de recursos de saída). Essa camada tem 25.088 neurônios, 73.728 pesos, realiza 28.891.376 operações e tem uma intensidade operacional de 392. Como nosso exemplo indica, as camadas CNN geralmente possuem menos pesos e maior intensidade operacional que as camadas totalmente conectadas encontradas nas MLPs.

## Rede neural recorrente

O terceiro tipo de DNN é a RNN, popular para reconhecimento de voz ou tradução de idiomas. As RNNs adicionam a capacidade de modelar explicitamente entradas sequenciais, adicionando estado ao modelo DNN, de modo que as RNNs consigam se lembrar de fatos. Isso é semelhante à diferença no hardware entre a lógica combinacional e uma máquina de estados. Por exemplo, você pode descobrir o gênero da pessoa, que você gostaria de passar adiante para lembrar mais tarde ao traduzir palavras. Cada camada de uma RNN é uma coleção de somas ponderadas de entradas da camada anterior e do estado prévio. Os pesos são reutilizados nas etapas de tempo.

A *memória longa de curto prazo* (LSTM — Long Short-Term Memory) é de longe a RNN mais popular atualmente. As LSTMs aliviam um problema que as RNNs anteriores tinham com sua incapacidade de se lembrar de informações importantes a longo prazo.

Ao contrário das outras duas DNNs, o LSTM é um projeto hierárquico. A LSTM consiste em módulos chamados *células*. Você pode pensar em células como modelos ou macros que são vinculadas para criar o modelo DNN completo, semelhante a como as camadas de uma linha MLP formam um modelo de DNN completo.

A Figura 7.10 mostra como as células LSTM estão ligadas entre si. Eles são conectados da esquerda para a direita, conectando a saída de uma célula à entrada da próxima. Eles

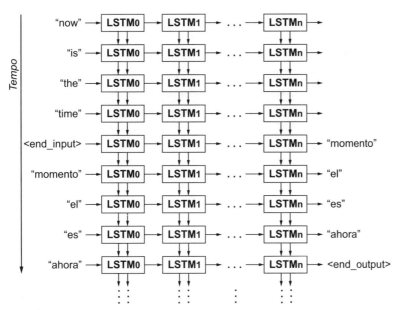

**FIGURA 7.10** Células LSTM conectadas.

As entradas estão à esquerda (palavras em inglês), e as saídas estão à direita (as palavras traduzidas em espanhol). As células podem ser pensadas como sendo desdobradas ao longo do tempo, de cima para baixo. Assim, a memória de curto e longo prazo da LSTM é implementada passando a informação de cima para baixo entre as células desdobradas. Elas são desdobradas o suficiente para traduzir frases inteiras ou até parágrafos. Esses modelos de tradução sequência a sequência atrasam sua saída até chegarem ao final da entrada (Wu et al., 2016). Eles produzem a tradução na ordem inversa, usando a palavra traduzida mais recente como entrada para a próxima etapa, de modo que "now is the time" se torna "ahora es el momento". (Esta figura e a próxima muitas vezes são giradas em 90 graus na literatura sobre LSTM, mas nós as giramos para que sejam coerentes com as Figuras 7.7 e 7.8.)

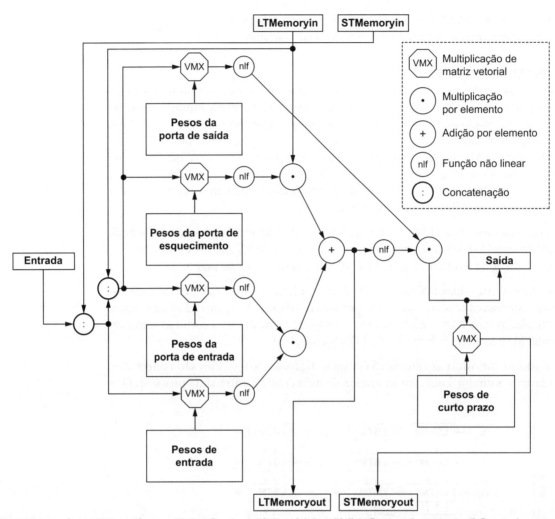

**FIGURA 7.11** Esta célula LSTM contém 5 multiplicações de matriz vetorial, 3 multiplicações por elemento, 1 adição por elemento e 6 funções não lineares.

A entrada padrão e a entrada da memória de curto prazo são concatenadas para formar o operando vetorial para a multiplicação da matriz vetorial de entrada. A entrada padrão, a entrada da memória de longo prazo e a entrada da memória de curto prazo são concatenadas para formar o vetor que é usado em três das outras quatro multiplicações de matriz vetorial. As funções não lineares para as três portas são Sigmoides $f(x) = 1/(1 + \exp(-x))$; as outros são tangentes hiperbólicas. (Essa figura e a anterior muitas vezes são giradas em 90 graus na literatura sobre LSTM, mas nós as giramos para que sejam coerentes com as Figuras 7.7 e 7.8.)

também são desdobrados no tempo, que aparece de cima para baixo na Figura 7.10. Assim, uma frase é inserida uma palavra por vez por iteração do loop desdobrado. As informações de memória de curto e longo prazo que dão nome à LSTM também são passadas de cima para baixo, de uma iteração para a seguinte.

A Figura 7.11 mostra o conteúdo de uma célula LSTM. Como seria de esperar da Figura 7.10, a entrada está à esquerda, a saída está à direita, as duas entradas de memória estão no topo e as duas saídas de memória estão na parte inferior.

Cada célula faz cinco multiplicações de matriz vetorial usando cinco conjuntos exclusivos de pesos. A multiplicação matricial na entrada é exatamente como a MLP da Figura 7.7. Três outras são chamadas *portas* porque elas transportam ou limitam quanta informação de uma fonte é passada para a saída padrão ou para a saída da memória. A quantidade de informações enviadas por porta é definida por seus pesos. Se os pesos são principalmente zeros ou valores pequenos, então pouca coisa passará; ao contrário, se eles são na maior parte grandes, então a porta permitirá que a maioria das informações siga adiante. As três portas são chamadas de *porta de entrada*, *porta de saída* e *porta de esquecimento*. As duas primeiras filtram a entrada e a saída, e a última determina o que esquecer ao longo do caminho da memória de longo prazo.

A saída de memória de curto prazo é uma multiplicação de matriz vetorial usando os pesos de curto prazo e a saída dessa célula. O rótulo de curto prazo é aplicado porque não usa diretamente nenhuma das entradas para a célula.

Como as entradas e saídas da célula LSTM estão conectadas, o tamanho dos três pares de entrada-saída deve ser o mesmo. Olhando para dentro da célula, existem dependências suficientes para que todas as entradas e saídas tenham o mesmo tamanho. Vamos supor que elas tenham todas o mesmo tamanho, chamado *Dim*.

Mesmo assim, as multiplicações de matriz vetorial não são todas do mesmo tamanho. Os vetores para as três multiplicações de porta têm um tamanho igual a $3 \times Dim$, porque a LSTM concatena todas as três entradas. O vetor para a multiplicação da entrada é $2 \times Dim$, porque a LSTM concatena a entrada com a entrada da memória de curto prazo na forma de vetor. O vetor para a última multiplicação é apenas $1 \times Dim$, porque é apenas a saída.

Agora, podemos finalmente calcular os pesos e as operações:

- Número de pesos por célula:
  $3 \times (3 \times Dim \times Dim) + (2 \times Dim \times Dim) + (1 \times Dim \times Dim) = 12 \times Dim^2$
- Número de operações para as 5 multiplicações de matriz vetorial por célula:
  $2 \times$ Número de pesos por célula $= 24 \times Dim^2$
- Número de operações para as multiplicações de 3 elementos e 1 adição (os vetores são todos do tamanho da saída): $4 \times Dim$
- Número total de operações por célula (5 multiplicações de matriz vetorial e as 4 operações por elemento): $24 \times Dim^2 + 4 \times Dim$
- Operações/Peso: $\sim 2$

Dim é 1024 para uma das seis células de uma LSTM na Seção 7.9. Seu número de pesos é de 12.582.912, seu número de operações é de 25.169.920 e sua intensidade operacional é de 2,0003. Assim, as LSTMs são como as MLPs, pois normalmente possuem mais pesos e menor intensidade operacional do que as CNNs.

## Lotes

Como as DNNs podem ter muitos pesos, uma otimização de desempenho é reutilizar os pesos depois de terem sido buscados da memória em um conjunto de entradas, aumentando, assim, a intensidade operacional efetiva. Por exemplo, uma DNN de processamento de imagem pode atuar em um conjunto de 32 imagens de uma vez para reduzir, por um fator de 32, o custo efetivo de buscar pesos. Esses conjuntos de dados são chamados de *lotes* ou *minilotes*. Além de melhorar o desempenho da inferência, a retropropagação precisa de um lote de exemplos em vez de um por vez, para treinar bem.

Olhando para uma MLP na Figura 7.7, um lote pode ser visto como uma sequência de vetores de linha de entrada, que você pode imaginar como uma matriz com uma dimensão de altura que corresponde ao tamanho do lote. Uma sequência de entradas de vetor de linha para as cinco multiplicações de matrizes de LSTMs na Figura 7.11 também pode ser considerada uma matriz. Em ambos os casos, calculá-los como

## Quantização

A precisão numérica é menos importante para DNNs do que para muitas aplicações. Por exemplo, não há necessidade de aritmética de ponto flutuante de precisão dupla, que é o titular padrão da computação de alto desempenho. Ainda não está claro se você precisa da precisão total do padrão IEEE 754 de ponto flutuante, que visa ser preciso dentro da metade de uma unidade na última casa de dígito significativo em ponto flutuante.

Para aproveitar a flexibilidade na precisão numérica, alguns desenvolvedores usam ponto fixo em vez de ponto flutuante para a fase de inferência. (O treinamento é feito quase sempre na aritmética de ponto flutuante.) Essa conversão é chamada de *quantização*, e essa aplicação transformada é considerada *quantizada* (Vanhoucke et al., 2011). A largura dos dados de ponto fixo é geralmente de 8 ou 16 bits, com a operação padrão de multiplicação-adição acumulando no dobro da largura das multiplicações. Essa transformação geralmente ocorre após o treinamento e pode reduzir a precisão da DNN em alguns pontos percentuais (Bhattacharya e Lane, 2016).

## Resumo das DNNs

Mesmo essa rápida visão geral sugere que as DSAs para DNNs precisarão realizar pelo menos estas operações orientadas por matriz: multiplicação de matriz vetorial, multiplicação de matrizes e cálculos de estampa. Elas também precisarão de suporte para as funções não lineares, que incluem no mínimo ReLU, Sigmoid e tanh. Esses requisitos modestos ainda deixam em aberto um espaço de design muito grande, que as próximas quatro seções exploram.

# 7.4 UNIDADE DE PROCESSAMENTO DE TENSOR DA GOOGLE, UM ACELERADOR DE INFERÊNCIA DO DATACENTER

A unidade de processamento de tensor (TPU — Tensor Processing Unit)[1] é a primeira DSA ASIC personalizada da Google para WSCs. Seu domínio é a fase de inferência das DNNs, e é programada usando o framework TensorFlow, que foi projetado para DNNs. A primeira TPU foi implantada nos datacenters da Google em 2015.

O coração da TPU é uma unidade de multiplicação de matrizes com 65.536 ($256 \times 256$) ALUs de 8 bits e uma grande memória no chip, gerenciada por software. O modelo de execução determinística de único thread da TPU combina bem com o requisito de tempo de resposta do 99° percentil da aplicação típica de inferência da DNN.

## Origem da TPU

A partir de 2006, os engenheiros da Google discutiram a implantação de GPUs, FPGAs ou ASICs personalizadas em seus datacenters. Eles concluíram que as poucas aplicações que poderiam ser executadas em hardware especial poderiam se tornar praticamente gratuitas usando o excesso de capacidade dos grandes datacenters, e é difícil melhorar

---

[1] Esta seção é baseada no artigo "In-Datacenter Performance Analysis of a Tensor Processing Unit" Jouppi et al., 2017, do qual um dos autores deste livro foi coautor.

gratuitamente. A conversa mudou em 2013, quando foi previsto que, se as pessoas usassem a busca de voz por três minutos ao dia usando DNNs de reconhecimento de voz, isso exigiria que os datacenters da Google dobrassem para atender às demandas de computação. Isso seria muito caro para satisfazer com as CPUs convencionais. A Google então iniciou um projeto de alta prioridade para produzir rapidamente uma ASIC personalizada para as inferências (e comprou GPUs comerciais para treinamento). O objetivo era melhorar em 10 vezes o fator custo-desempenho sobre as GPUs. Diante desse mandato, a TPU foi projetada, verificada (Steinberg, 2015), construída e implantada nos datacenters em apenas 15 meses.

## Arquitetura da TPU

Para reduzir as chances de atrasar a implantação, a TPU foi projetada para ser um coprocessador no barramento de E/S PCIe, permitindo que seja conectada diretamente aos servidores existentes. Além disso, para simplificar o projeto do hardware e a depuração, o servidor host envia instruções pelo barramento PCIe diretamente para execução na TPU, em vez de fazer com que a TPU busque as instruções. Assim, a TPU está mais próxima em espírito a um coprocessador FPU (unidade de ponto flutuante) do que a uma GPU, que busca instruções a partir de sua memória.

A Figura 7.12 mostra o diagrama de blocos da TPU. A CPU do host envia instruções de TPU através do barramento PCIe para um buffer de instruções. Os blocos internos são

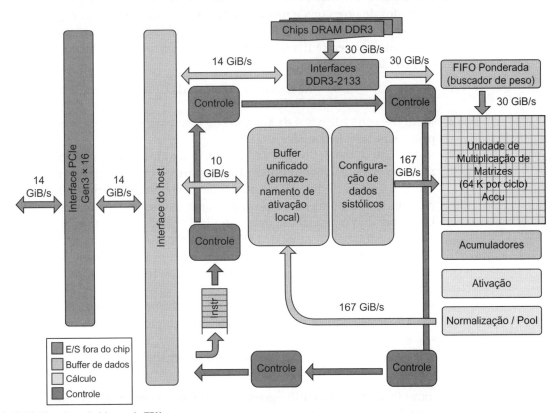

**FIGURA 7.12** Diagrama de blocos da TPU.
O barramento PCIe é o Gen3 × 16. A parte principal da computação é a Unidade de Multiplicação de Matrizes, em cinza claro, no canto superior direito. Suas entradas são o FIFO Ponderado, em cinza mais escuro, e o Buffer Unificado em cinza médio, e sua saída são os Acumuladores no mesmo tom de cinza médio. A Unidade de Ativação em tom cinza claro realiza as funções não lineares dos Acumuladores, que vão para o Buffer Unificado.

normalmente conectados juntos por vias de 256 bytes de largura (2048 bits). Começando no canto superior direito, a *Unidade de Multiplicação de Matrizes* é o coração da TPU. Ela contém $256 \times 256$ ALUs que podem executar multiplicação e adição de 8 bits em números inteiros com ou sem sinal. Os produtos de 16 bits são coletados nos 4 MiB de *Acumuladores* de 32 bits abaixo da Unidade de Matrizes. Ao usar uma mistura de pesos de 8 bits e ativações de 16 bits (ou vice-versa), a Unidade de Matrizes calcula a meia velocidade, e calcula a um quarto da velocidade quando ambos são de 16 bits. Ela lê e escreve 256 valores por ciclo de clock e pode realizar uma multiplicação de matrizes ou uma convolução. As funções não lineares são calculadas pelo hardware de *Ativação*.

Os pesos para a unidade de matrizes são escalonados através de uma FIFO Ponderada no chip que lê a partir de uma DRAM de 8 GiB fora do chip chamada *Memória de Peso* (para inferência, os pesos são apenas de leitura; 8 GiB suporta muitos modelos ativos simultaneamente). Os resultados intermediários são mantidos no *Buffer Unificado* de 24 MiB no chip, que podem servir como entradas para a Unidade de Multiplicação de Matrizes. Um controlador de DMA programável transfere dados para ou da memória da CPU do Host e do Buffer Unificado.

## Arquitetura do conjunto de instruções da TPU

Como as instruções são enviadas pelo barramento PCIe relativamente lento, as instruções da TPU seguem a tradição CISC, incluindo um campo de repetição. A TPU não possui um contador de programa e não possui instruções de desvio; instruções são enviadas a partir da CPU do host. Os ciclos de clock por instrução (CPI) dessas instruções CISC normalmente estão entre 10 e 20. Ela tem cerca de uma dúzia de instruções no geral, mas estas cinco são as principais:

1. `Read_Host_Memory` lê dados da memória da CPU do host para o Buffer Unificado.
2. `Read_Weights` lê pesos da Memória de Peso para a FIFO Ponderada como entrada para a Unidade de Matrizes.
3. `MatrixMultiply/Convolve` faz com que a Unidade de multiplicação de matrizes execute uma multiplicação de matrizes, uma multiplicação de matriz vetorial, uma multiplicação de matriz de elementos, uma multiplicação de vetores de elementos ou uma convolução do Buffer Unificado para os Acumuladores. Uma operação matricial usa uma entrada B*256 de tamanho variável, multiplica-a por uma entrada constante de $256 \times 256$ e produz uma saída B*256, levando B ciclos de pipeline para a conclusão. Por exemplo, se a entrada fosse 4 vetores de 256 elementos, B seria 4, então seriam necessários 4 ciclos de clock para a conclusão.
4. `Activate` executa a função não linear do neurônio artificial, com opções para ReLU, Sigmoid, tanh e assim por diante. Suas entradas são os Acumuladores e sua saída é o Buffer Unificado.
5. `Write_Host_Memory` escreve dados do Buffer Unificado para a memória da CPU do host.

As outras instruções são leitura/gravação alternada da memória do host, configuração, duas versões de sincronização, interrupção do host, tag de depuração, nop e parada. A instrução CISC `MatrixMultiply` tem 12 bytes, dos quais 3 são o endereço do Buffer Unificado; 2 são o endereço do acumulador; 4 são de tamanho (às vezes, 2 dimensões para convoluções); e o restante são o código da operação e flags.

O objetivo é executar modelos inteiros de inferência na TPU para reduzir as interações com a CPU do host e ser flexível o suficiente para atender às necessidades da DNN de 2015 em diante, em vez de apenas o que era necessário para as DNNs de 2013.

## Microarquitetura da TPU

A filosofia da microarquitetura da TPU é manter ocupada a Unidade de Multiplicação de Matrizes. O plano é ocultar a execução das outras instruções sobrepondo sua execução com a instrução `MatrixMultiply`. Assim, cada uma das quatro categorias gerais de instruções vistas anteriormente tem hardware de execução separado (com a leitura e a escrita na memória do host combinadas na mesma unidade). Para aumentar ainda mais o paralelismo de instruções, a instrução `Read_Weights` segue a filosofia de acesso/execução desacoplados (Smith, 1982b), na qual eles podem ser concluídos depois de enviar seus endereços, mas antes que os pesos sejam buscados na Memória de Peso. A unidade de matrizes possui sinais de não pronto do Buffer Unificado e da FIFO Ponderada que farão com que a unidade de matrizes gere um stall caso seus dados ainda não estejam disponíveis.

Observe que uma instrução da TPU pode ser executada por muitos ciclos de clock, diferentemente do pipeline RISC tradicional, com um ciclo de clock por estágio.

Como a leitura de uma SRAM grande é muito mais dispendiosa que a aritmética, a Unidade de Multiplicação de Matrizes utiliza a execução sistólica para economizar energia, reduzindo as leituras e escritas do Buffer Unificado (Kung e Leiserson, 1980; Ramacher et al., 1991; Ovtcharov et al., 2015b). Um *array sistólico* é uma coleção bidimensional de unidades aritméticas, cada uma calculando independentemente um resultado parcial como uma função de entradas de outras unidades aritméticas que são consideradas antes de cada unidade. Ele se baseia em dados de diferentes direções que chegam às células de uma matriz em intervalos regulares, onde são combinados. Como os dados fluem através do array como uma frente de onda avançada, isso é semelhante ao sangue sendo bombeado através do sistema circulatório humano pelo coração, que é a origem do nome sistólico.

A Figura 7.13 demonstra como funciona um array sistólico. Os seis círculos na parte inferior são as unidades de multiplicação-acumulação que são inicializadas com os pesos *wi*. Os dados de entrada escalonados *xi* são mostrados entrando no array a partir de cima. As 10 etapas da figura representam 10 ciclos de clock que vão de cima para baixo da página. O array sistólico passa as entradas para baixo e os produtos e somas para a direita. A soma de produtos desejada surge quando os dados completam seu caminho através do array sistólico. Observe que, em um array sistólico, os dados de entrada são lidos apenas uma vez na memória e os dados de saída são escritos apenas uma vez na memória.

Na TPU, o array sistólico é girado. A Figura 7.14 mostra que os pesos são carregados a partir do topo e os dados de entrada fluem para dentro do array a partir da esquerda. Determinada operação de multiplicação-acumulação de 256 elementos se move através da matriz como uma frente de onda diagonal. Os pesos são pré-carregados e entram em vigor com a onda de avanço ao lado dos primeiros dados de um novo bloco. O controle e os dados são canalizados para dar a ilusão de que as 256 entradas são lidas de uma só vez e, após um atraso de alimentação, elas atualizam uma localização de cada uma das 256 memórias do acumulador. Do ponto de vista da exatidão, o software desconhece a natureza sistólica da unidade de matrizes, mas, para o desempenho, preocupa-se com a latência da unidade.

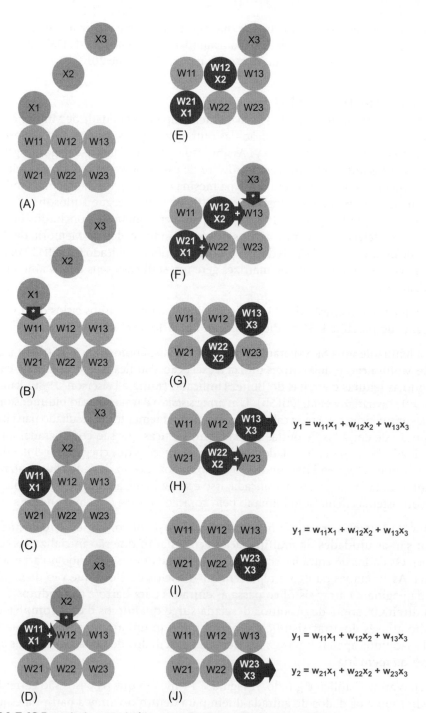

**FIGURA 7.13** Exemplo de array sistólico em ação, de cima para baixo na página.
Neste exemplo, os seis pesos já estão dentro das unidades de multiplicação-acumulação, como é a norma para a TPU. As três entradas são escalonadas a tempo para obter o efeito desejado e, neste exemplo, são mostradas vindas de cima. (Na TPU, os dados na realidade vêm da esquerda.) A matriz passa os dados para baixo, para o próximo elemento, e o resultado do cálculo para a direita, para o próximo elemento. No final do processo, a soma dos produtos é encontrada à direita. Desenhos por cortesia de Yaz Sato.

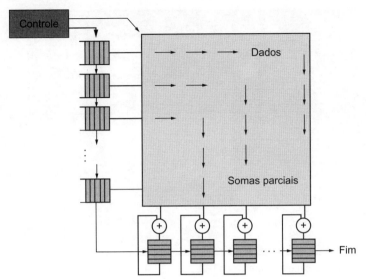

**FIGURA 7.14** Fluxo de dados sistólico da Unidade de Multiplicação de Matrizes.

## Implementação da TPU

O chip da TPU foi fabricado usando o processo de 28 nm. A frequência é de 700 MHz. A Figura 7.15 mostra um diagrama da TPU. embora o tamanho exato do die não seja revelado, ele é menor que a metade do microprocessador de um servidor Intel Haswell, que tem 662 mm². 

O Buffer Unificado de 24 MiB ocupa quase um terço da superfície do die, e a Unidade de Multiplicação de Matrizes ocupa um quarto, de modo que o caminho de dados é quase dois terços do die. O tamanho de 24 MiB foi escolhido em parte para combinar com o passo da Unidade de Matrizes no die e, dado o curto cronograma de desenvolvimento, em parte para simplificar o compilador. O controle ocupa apenas 2%. A Figura 7.16 mostra a TPU em sua placa de circuito impresso, que é inserida nos servidores existentes em um slot de disco SATA.

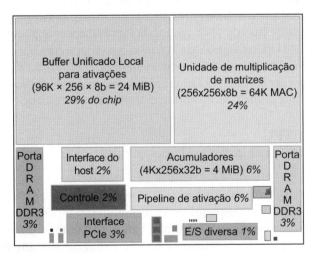

**FIGURA 7.15** Diagrama do die da TPU.
Os sombreados seguem a representação da Figura 7.14. Os buffers de dados claros correspondem a 37%, as unidades de cálculo claras utilizam 30% da área, a E/S em cinza mais escuro ocupam 10% e o controle em cinza mais escuro corresponde a apenas 2% do die. O controle é muito maior (e muito mais difícil de projetar) em uma CPU ou GPU. O espaço aberto não utilizado é uma consequência da ênfase para o crescimento da TPU.

**FIGURA 7.16** Placa de circuito impresso da TPU.
Ela pode ser inserida no slot para um disco SATA de um servidor, mas a placa usa o barramento PCIe.

## Software da TPU

A pilha de software da TPU tinha que ser compatível com aquela desenvolvida para CPUs e GPUs, de modo que as aplicações pudessem ser portadas rapidamente. A parte da aplicação executada na TPU é normalmente escrita usando o TensorFlow e é compilada em uma API que pode ser executada em GPUs ou TPUs (Larabel, 2016). A Figura 7.17 mostra o código TensorFlow para uma parte de uma MLP.

Como as GPUs, a pilha da TPU é dividida em um Driver de Espaço do Usuário e em um Driver do Kernel. O Driver do Kernel é leve e lida apenas com gerenciamento de memória e interrupções. Ele é projetado para estabilidade a longo prazo. O driver de Espaço do Usuário é alterado com frequência. Ele configura e controla a execução da TPU, reformata os dados em ordem de TPU e converte as chamadas de API em instruções de TPU e as transforma em um binário de aplicação. O driver de Espaço do Usuário compila um modelo na primeira vez em que é avaliado, armazenando em cache a imagem do programa e gravando a imagem do peso na Memória de Peso da TPU; a segunda e as avaliações seguintes são executadas a toda velocidade. A TPU executa a maioria dos modelos completamente a partir das entradas para as saídas, maximizando a relação entre o tempo de computação da TPU e o tempo da E/S. A computação é geralmente feita uma camada por vez, com execução sobreposta permitindo que a unidade de matrizes esconda a maioria das operações de caminho não crítico.

## Melhorando a TPU

Os arquitetos da TPU examinaram variações da microarquitetura para ver se poderiam ter melhorado a TPU.

Assim como uma FPU, o coprocessador da TPU tem uma microarquitetura relativamente fácil de avaliar, portanto, os arquitetos de TPU criaram um modelo de desempenho e estimaram o desempenho conforme a largura de banda da memória, o tamanho da unidade de matrizes, a taxa de clock e o número de acumuladores variavam. Medições usando contadores de hardware da TPU descobriram que o desempenho modelado era em média dentro de 8% do hardware.

A Figura 7.18 mostra a sensibilidade de desempenho da TPU à medida que esses parâmetros escalam no intervalo de 0,25 × a 4 ×. (A Seção 7.9 lista os benchmarks usados).

```
#Parâmetros de rede
n_hidden_1 = 256 # número de recursos da primeira camada
n_hidden_2 = 256# número de recursos da segunda camada
n_input = 784 # Dados de entrada MNIST (img shape: 28*28)
n_classes = 10 # Total de classes MNIST (0-9 dígitos)

# entrada tf Graph
x = tf.placeholder("float",[None, n_input])
y = tf.placeholder("float",[None, n_classes])

# Cria modelo
def multilayer_perceptron(x, weights, biases):
    # Camada oculta com ativação da ReLU
    layer_1 = tf.add(tf.matmul(x,weights['h1']), biases['b1'])
    layer_1 = tf.nn.relu(layer_1)
    # Camada oculta com ativação da ReLU
    layer_2 = tf.add(tf.matmul(layer_1,weights['h2']), biases['b2'])
    layer_2 = tf.nn.relu(layer_2)
    # Camada de saída com ativação linear
    out_layer = tf.matmul(layer_2,weights['out'])+biases['out']
    return out_layer
# Armazena camadas de peso & bias
weights={
    'h1': tf.Variable(tf.random_normal([n_input, n_hidden_1])),
    'h2': tf.Variable(tf.random_normal([n_hidden_1, n_hidden_2])),
    'out': tf.Variable(tf.random_normal([n_hidden_2, n_classes]))
}
biases={
    'b1': tf.Variable(tf.random_normal([n_hidden_1])),
    'b2': tf.Variable(tf.random_normal([n_hidden_2])),
    'out': tf.Variable(tf.random_normal([n_classes]))
}
```

**FIGURA 7.17** Parte do programa TensorFlow para a MLP MNIST.
Ele tem duas camadas 256 × 256 ocultas, com cada camada usando uma ReLU como sua função não linear.

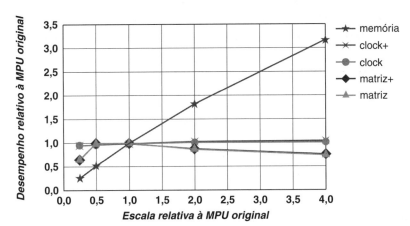

**FIGURA 7.18** Desempenho como escala de métricas de 0,25 × a 4 ×: largura de banda de memória, taxa de clock + acumuladores, taxa clock, dimensão da unidade de matrizes + acumuladores e uma dimensão da unidade de matriz quadrada.

Esse é o desempenho médio calculado a partir de seis aplicações DNN na Seção 7.9. As CNNs tendem a ser ligadas à computação, mas as MLPs e LSTMs são ligadas à memória. A maioria das aplicações se beneficia de uma memória mais rápida, mas um clock mais rápido faz pouca diferença, e uma unidade de matrizes maior realmente prejudica o desempenho. Esse modelo de desempenho é apenas para código executado dentro da TPU e não leva em consideração a sobrecarga da CPU do host.

Além de avaliar o impacto de apenas aumentar as taxas de clock (*clock* na Figura 7.18), a Figura 7.18 também representa um projeto (*clock* + ) que aumenta a taxa de clock e dimensiona o número de acumuladores de modo correspondente, para que o compilador possa manter mais referências de memória durante a execução. Da mesma forma, a Figura 7.18 representa a expansão da unidade de matrizes se o número de acumuladores aumentar conforme o quadrado do aumento em uma dimensão (*matriz* + ), porque a matriz cresce em ambas as dimensões, assim como aumenta apenas a unidade de matrizes (*matriz*).

Primeiro, aumentar a largura de banda de memória (*memória*) tem o maior impacto: o desempenho melhora 3 × em média quando a largura de banda de memória aumenta 4 ×, porque reduz o tempo de espera pela memória de peso. Em segundo lugar, a taxa de clock tem pouco benefício, em média, com ou sem mais acumuladores. Terceiro, o desempenho médio da Figura 7.18 se *degrada* ligeiramente quando a unidade matricial se expande de 256 × 256 para 512 × 512 para todas as aplicações, com ou sem mais acumuladores. A questão é análoga à fragmentação interna de páginas grandes, só pior porque está em duas dimensões.

Considere a matriz 600 × 600 usada na LSTM1. Com uma unidade matricial de 256 × 256, são necessários nove passos para colocar 600 × 600 lado a lado, para um tempo total de 18 μs. A unidade de 512 × 512 maior requer apenas quatro etapas, mas cada etapa leva quatro vezes mais tempo, ou 32 μs de tempo. As instruções CISC da TPU são longas, portanto, a decodificação é insignificante e não oculta a sobrecarga de carga da DRAM.

Dados esses insights do modelo de desempenho, os arquitetos da TPU em seguida avaliaram uma TPU alternativa e hipotética que eles poderiam ter projetado na mesma tecnologia de processo se tivessem mais de 15 meses para isso. A síntese lógica e o design de blocos mais agressivos poderiam ter aumentado a taxa de clock em 50%. Os arquitetos descobriram que projetar um circuito de interface para memória GDDR5, conforme usada pelo K80, melhoraria a largura de banda da Memória de Peso em um fator superior a cinco. Como mostra a Figura 7.18, aumentar a frequência para 1050 MHz, mas não ajudar a memória, quase não causou mudanças no desempenho. Se o clock for deixado em 700 MHz, mas usando GDDR5 em vez de Memória de Peso, o desempenho é aumentado em 3,2 ×, mesmo considerando a sobrecarga da CPU do host de invocar a DNN na TPU revisada. Fazer as duas coisas não melhora ainda mais o desempenho médio.

## Resumo: Como a TPU segue as diretrizes

Apesar de residir em um barramento de E/S e ter relativamente pouca largura de banda de memória, o que limita a utilização total da TPU, uma pequena fração de um número muito grande pode, no entanto, ser relativamente grande. Como veremos na Seção 7.9, a TPU cumpriu sua meta de uma melhoria de dez vezes no custo-desempenho em relação à GPU, ao executar aplicações de inferência da DNN. Além disso, uma TPU redesenhada, com a única mudança sendo uma troca para a mesma tecnologia de memória da GPU, seria três vezes mais rápida.

Uma maneira de explicar o sucesso da TPU é ver como ela seguiu as diretrizes da Seção 7.2.

1. *Utiliza memórias dedicadas para minimizar a distância pela qual os dados são movimentados.* A TPU tem o Buffer Unificado de 24MiB que contém as matrizes e vetores intermediários de MLPs e LSTMs e os mapas de recursos das CNNs. Ela é otimizada para realizar acessos de 256 bytes por vez. Também possui Acumuladores de 4 MiB, cada um com 32 bits de largura, que coletam a saída da Unidade de Matrizes e atuam como entrada para o hardware que calcula as funções não-lineares. Os pesos de 8 bits são armazenados em uma DRAM separada

de memória de peso fora do chip e são acessados por meio de uma fila FIFO Ponderada no chip. Ao contrário, todos esses tipos e tamanhos de dados existiriam em cópias redundantes em vários níveis da hierarquia de memória inclusiva de uma CPU de uso geral.

2. *Investe os recursos economizados de descartar otimizações avançadas de microarquitetura em mais unidades aritméticas ou memórias maiores.* A TPU oferece 28 MiB de memória dedicada e 65.536 ALUs de 8 bits, o que significa que possui cerca de 60% da memória e 250 vezes mais ALUs que uma CPU da classe de servidor, apesar de ter metade do seu tamanho e potência (consulte a Seção 7.9). Comparada a uma GPU da classe de servidor, a TPU tem 3,5 vezes a memória no chip e 25 vezes o número de ALUs.

3. *Utiliza a forma mais fácil de paralelismo que corresponda ao domínio.* A TPU fornece seu desempenho por meio de um paralelismo SIMD bidimensional, com sua Unidade de Multiplicação de Matrizes de $256 \times 256$, que é internamente canalizada com uma organização sistólica, além de um pipeline sobreposto simples para execução de suas instruções. As GPUs dependem, em vez disso, de multiprocessamento, multithreading e SIMD uidimensional, e as CPUs contam com multiprocessamento, execução fora de ordem e SIMD unidimensional.

4. *Reduz o tamanho e o tipo de dados para o mais simples necessário para o domínio.* A TPU realiza cálculos principalmente sobre inteiros de 8 bits, embora ofereça suporte a inteiros de 16 bits e acumule em inteiros de 32 bits. CPUs e GPUs também suportam números inteiros de 64 bits e ponto flutuante de 32 bits e 64 bits.

5. *Usa uma linguagem de programação específica do domínio para codificar a porta para a DSA.* A TPU é programada por meio do framework de programação TensorFlow, enquanto as GPUs dependem de CUDA e OpenCL e as CPUs devem executar praticamente tudo.

# 7.5 MICROSOFT CATAPULT, UM ACELERADOR FLEXÍVEL DO DATACENTER

Na época em que a Google estava pensando em implantar uma ASIC customizada em seus datacenters, a Microsoft estava considerando o uso de aceleradores para os seus. O ponto de vista da Microsoft foi que qualquer solução tinha que seguir estas diretrizes:

- Tinha que preservar a homogeneidade de servidores para permitir a rápida reimplantação de máquinas e evitar que a manutenção e o escalonamento fossem ainda mais complicados, mesmo se essa noção estivesse um pouco em desacordo com o conceito das DSAs.
- Tinha que escalar para aplicações que precisassem de mais recursos do que os que poderiam caber em um único acelerador sem sobrecarregar todos os aplicativos com vários aceleradores.
- Precisava ser eficiente em termos de energia.
- Não poderia se tornar um problema de confiabilidade, sendo um ponto único de falha.
- Tinha que caber dentro do espaço disponível e energia disponível nos servidores existentes.
- Não poderia prejudicar o desempenho ou a confiabilidade da rede do datacenter.
- O acelerador precisava melhorar o custo-desempenho do servidor.

A primeira regra impedia a implantação de uma ASIC que ajudasse apenas algumas aplicações em alguns servidores, que foi a decisão tomada pela Google.

A Microsoft iniciou um projeto chamado Catapult que colocava uma FPGA em uma placa de barramento PCIe nos servidores do datacenter. Essas placas possuem uma rede dedicada para aplicações que precisam de mais de uma FPGA. O plano era usar a flexibilidade da FPGA para adaptar seu uso a aplicações variadas em servidores diferentes e reprogramar o mesmo servidor para acelerar aplicações distintas ao longo do tempo. Esse plano aumentava o retorno do investimento do acelerador. Outra vantagem das FPGAs é que elas devem ter um NRE menor do que as ASICs, o que poderia melhorar o retorno do investimento. Discutimos duas gerações do Catapult, mostrando como o projeto evoluiu para atender às necessidades dos WSCs.

Uma vantagem interessante das FPGAs é que cada aplicação — ou até mesmo cada fase de uma aplicação — pode ser considerada seu próprio DSA, portanto, nesta seção, podemos ver muitos exemplos de novas arquiteturas em uma plataforma de hardware.

### Implementação e arquitetura do Catapult

A Figura 7.19 mostra uma placa PCIe que a Microsoft projetou para caber dentro de seus servidores, o que limitou a potência e o resfriamento para 25 W. Essa restrição levou à seleção da FPGA Altera Stratix V D5 de 28 nm para a sua implementação do Catapult. A placa também possui 32 MiB de memória flash e inclui dois bancos de memória DRAM DDR3-1600, com uma capacidade total de 8 GiB. A FPGA possui 3926 ALUs de 18 bits, 5 MiB de memória no chip e 11 GB/s de largura de banda para DRAMs DDR3.

Cada um dos 48 servidores na metade de um rack do datacenter contém uma placa Catapult. Catapult segue as diretrizes anteriores sobre o suporte a aplicativos que precisam de mais de uma única FPGA sem afetar o desempenho da rede do datacenter. Ela adiciona

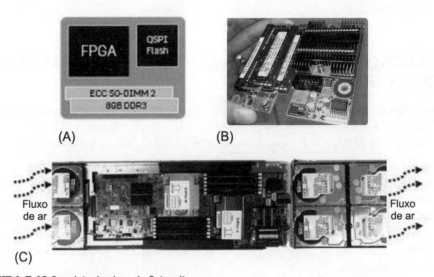

**FIGURA 7.19** O projeto de placa do Catapult.
(A) mostra o diagrama de blocos e (B) é uma fotografia dos dois lados da placa, que possui 10 cm × 9 cm × 16 mm. A PCIe e a rede entre FPGAs estão ligadas a um conector na parte inferior da placa, que se conecta diretamente à placa-mãe. (C) é uma fotografia do servidor, que tem 1U (4,45 cm) de altura e metade da largura de um rack padrão. Cada servidor tem duas CPUs Intel Sandy Bridge Xeon de 12 núcleos, 64 GiB de DRAM, 2 unidades de estado sólido (SSDs), 4 unidades de disco rígido e uma placa de rede Ethernet de 10 Gbit. O retângulo destacado à direita em (C) mostra a localização da placa FPGA Catapult no servidor. O ar frio é sugado pela esquerda em (C) e o ar quente sai para a direita, que passa pela placa Catapult. Esse ponto quente e a quantidade de potência que o conector pode fornecer significam que a placa Catapult está limitada a 25 watts. Quarenta e oito servidores compartilham um switch Ethernet que se conecta à rede do datacenter, e eles ocupam metade de um rack do datacenter.

uma rede separada de 20 Gbit/s de baixa latência que conecta 48 FPGAs. A topologia de rede é uma rede torus bidimensional de 6 × 8.

Para seguir a diretriz de não ser um ponto de falha único, essa rede pode ser reconfigurada para operar mesmo se uma das FPGAs falhar. A placa também possui proteção SECDED em todas as memórias fora da FPGA, o que é necessário para implementação em larga escala em um data center.

Como as FPGAs usam uma grande quantidade de memória no chip para oferecer capacidade de programação, elas são mais vulneráveis do que as ASICs às *ocorrências de evento único* (SEUs — Single-Event Upsets) devido à radiação, à medida que as geometrias do processo diminuem. A FPGA Altera nas placas Catapult inclui mecanismos para detectar e corrigir SEUs dentro da FPGA e reduz as chances de SEUs, periodicamente limpando o estado de configuração da FPGA.

A rede separada tem um benefício adicional de reduzir a variabilidade do desempenho de comunicação em comparação a uma rede do datacenter. A imprevisibilidade da rede aumenta a latência final — o que é especialmente prejudicial para aplicações que encaram os usuários finais —, portanto, uma rede separada facilita a transferência bem-sucedida do trabalho da CPU para o acelerador. Essa rede FPGA pode executar um protocolo muito mais simples do que no datacenter, visto que as taxas de erro são consideravelmente menores e a topologia de rede é bem definida.

Observe que a resiliência requer cuidado ao reconfigurar FPGAs para que eles não apareçam como nós com falha nem causem falha no servidor host ou corrompam seus vizinhos. A Microsoft desenvolveu um protocolo de alto nível para garantir a segurança ao reconfigurar uma ou mais FPGAs.

## Software Catapult

Possivelmente, a maior diferença entre o Catapult e a TPU é ter que programar em uma linguagem de descrição de hardware, como Verilog ou VHDL. Conforme dizem os autores do Catapult (Putnam et al., 2016):

> No futuro, o maior obstáculo à adoção generalizada de FPGAs no datacenter provavelmente será a facilidade de programação. O desenvolvimento de FPGAs ainda requer extensa codificação manual em Register Transfer Level e ajustes manuais.

Para reduzir o peso da programação de FPGAs do Catapult, o código em Register Transfer Level (RTL) é dividido em *shell* e *role*, como mostra a Figura 7.20. O código do shell é como a biblioteca do sistema em uma CPU embarcada. Ele contém o código RTL que será reutilizado em aplicações na mesma placa FPGA, como empacotamento de dados, comunicação de CPU para FPGA, comunicação de FPGA para FPGA, movimentação de dados, reconfiguração e monitoramento de integridade. O código RTL do shell é 23% da FPGA Altera. O código da role é a lógica da aplicação, que o programador Catapult escreve usando os 77% restantes dos recursos da FPGA. Ter um shell tem o benefício adicional de oferecer uma API padrão e comportamento padrão entre as aplicações.

## CNNs no Catapult

A Microsoft desenvolveu um acelerador de CNN configurável como uma aplicação para o Catapult. Os parâmetros de configuração incluem o número de camadas de redes neurais, a dimensão dessas camadas e até mesmo a precisão numérica a ser usada. A Figura 7.21 mostra o diagrama de blocos do acelerador de CNN. Seus principais recursos são:

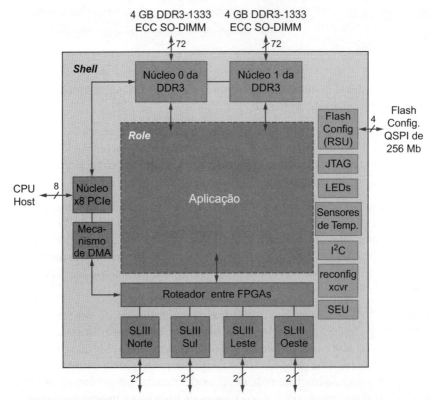

**FIGURA 7.20** Componentes da divisão entre shell e role do Catapult do código RTL.

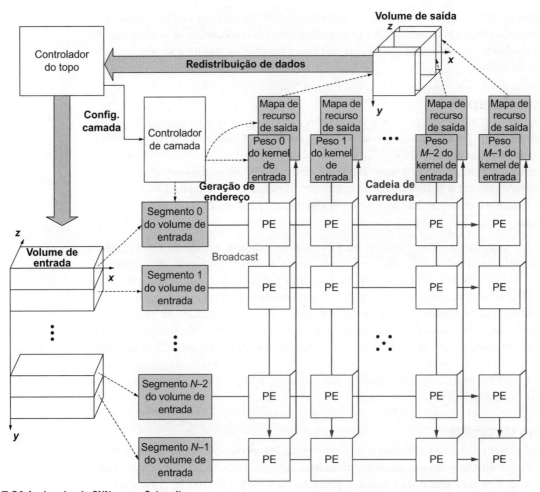

**FIGURA 7.21** Acelerador de CNN para o Catapult.
O volume de entrada da esquerda corresponde a Layer[$i$–1] à esquerda da Figura 7.20, com NumFM[$i$–1] correspondendo a y e DimFM[$i$–1] correspondendo a z. O volume de saída no topo mapeia Layer[$i$], com z mapeando NumFM[$i$] e DimFM[$i$] mapeando x. A próxima figura mostra o interior do elemento de processamento (PE).

ELSEVIER  7.5 Microsoft catapult, um acelerador flexível do datacenter

- Projeto configurável em tempo de execução, sem exigir recompilação usando as ferramentas da FGPA.
- Para minimizar os acessos à memória, ele oferece buffering eficiente das estruturas de dados da CNN (ver Figura 7.21).
- Um array bidimensional de Elementos de Processamento (PEs) que podem se expandir até milhares de unidades.

As imagens são enviadas para a DRAM e, em seguida, inseridas em um buffer multibanco na FPGA. As entradas são enviadas para vários PEs para executar os cálculos de estampa que produzem os mapas de recursos de saída. Um controlador (canto superior esquerdo na Figura 7.21) dita o ritmo do fluxo de dados para cada PE. Os resultados finais são então recirculados para os buffers de entrada para calcular a próxima camada da CNN.

Assim como a TPU, os PEs são projetados para serem usados como uma matriz sistólica. A Figura 7.22 mostra os detalhes de projeto do PE.

## Aceleração de busca no Catapult

A principal aplicação para testar o retorno do investimento do Catapult foi uma função crítica do mecanismo de busca Microsoft Bing, chamada *ranking*. Ela classifica a ordem dos resultados de uma busca. A saída é uma pontuação do documento, que determina a posição do documento na página web que é apresentada ao usuário. O algoritmo possui três estágios:

1. A *Extração de Recursos* extrai milhares de recursos interessantes de um documento com base na consulta da busca, como a frequência em que a frase de consulta aparece em um documento.
2. *Expressões de Forma Livre* calculam milhares de combinações de recursos do estágio anterior.
3. A *Pontuação por Aprendizado de Máquina* usa algoritmos de aprendizado de máquina para avaliar os recursos dos dois primeiros estágios para calcular uma pontuação de ponto flutuante de um documento retornado ao software de pesquisa do host.

A implementação do ranking pelo Catapult produz resultados idênticos ao software Bing equivalente, até mesmo reproduzindo bugs conhecidos!

Aproveitando uma das diretrizes anteriores, a função de classificação não precisa caber em uma única FPGA. Veja como os estágios de pontuação estão divididos em oito FPGAs:

- Uma FPGA realiza Extração de Recursos.
- Duas FPGAs realizam Expressões de Forma Livre.
- Uma FPGA realiza um estágio de compactação que aumenta a eficiência do mecanismo de pontuação.
- Três FPGAs realizam a Pontuação por Aprendizado de Máquina.

A FPGA restante é uma reserva usada para tolerância a falhas. O uso de várias FPGAs para uma aplicação funciona bem por causa da rede FPGA dedicada.

A Figura 7.23 mostra a organização do estágio de Extração de Recursos. Ela usa 43 máquinas de estado de extração de recursos para calcular paralelamente 4.500 recursos por par documento-consulta.

Em seguida vem o próximo estágio, de Expressões de Forma Livre. Em vez de implementar as funções diretamente em portas ou em máquinas de estado, a Microsoft desenvolveu um processador de 60 núcleos que evita operações de longa latência com multithreading.

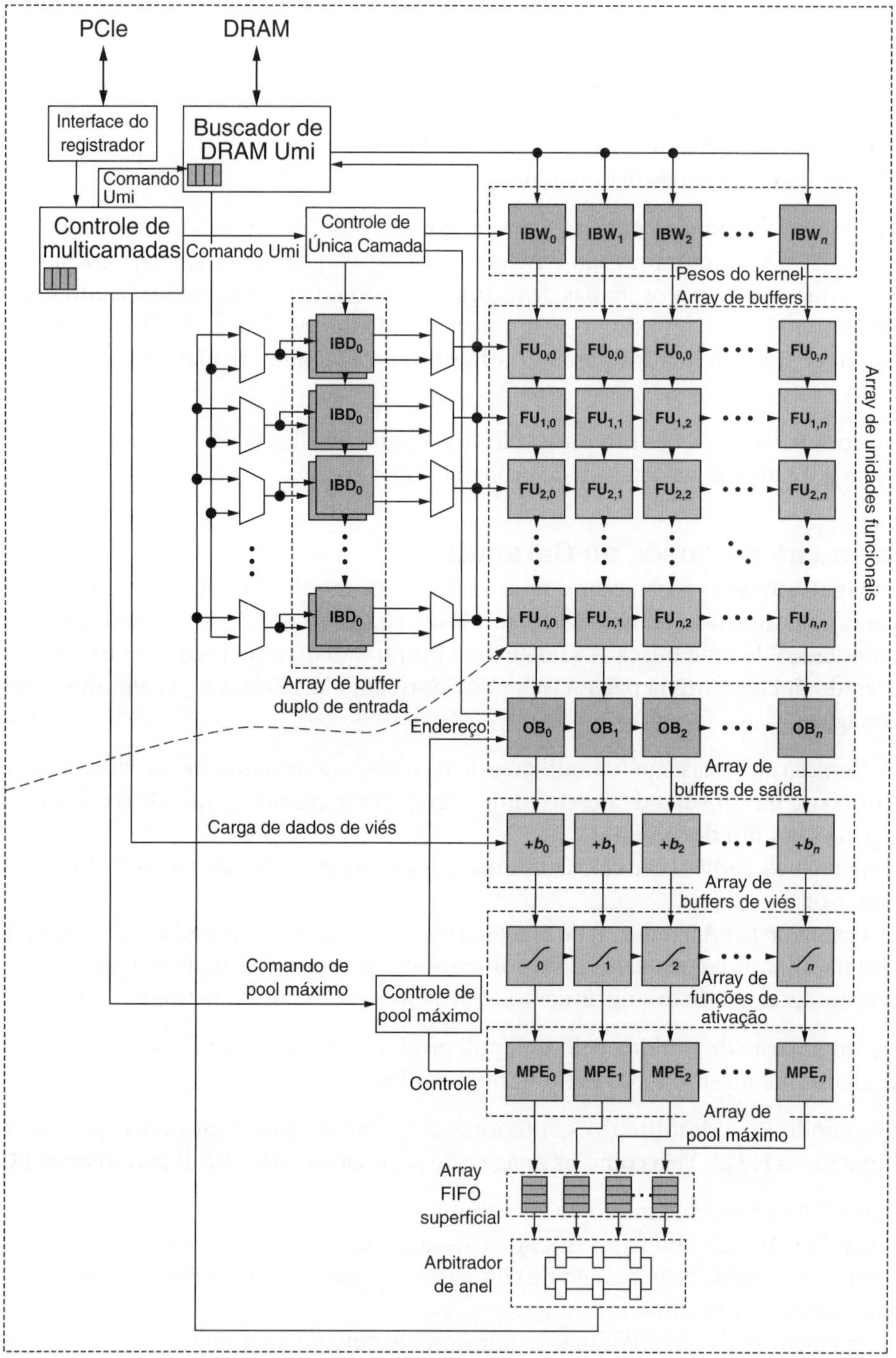

**FIGURA 7.22** O elemento de processamento (PE) do acelerador de CNN para o Catapult da Figura 7.21. As unidades funcionais (FU) bidimensionais consistem em apenas uma ALU e alguns registradores.

Ao contrário de uma GPU, o processador da Microsoft não exige a execução da SIMD. Ele tem três recursos que lhe permitem corresponder à meta de latência:

1. Cada núcleo suporta quatro threads simultâneos, onde um pode ficar parado (stall) em uma operação longa, mas os outros podem continuar. Todas as unidades funcionais são canalizadas, para que possam aceitar uma nova operação a cada ciclo de clock.

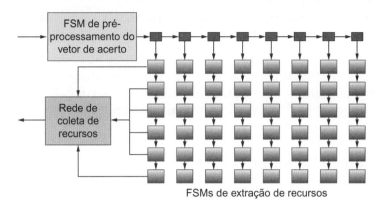

**FIGURA 7.23** Arquitetura da implementação da FPGA do estágio de Extração de Recursos.
Um vetor de acerto, que descreve os locais das palavras de consulta em cada documento, é encaminhado à máquina de estado de pré-processamento do vetor de acerto e depois dividido em tokens de controle e dados. Esses tokens são enviados paralelamente às 43 máquinas de estado de recurso exclusivas. A rede de coleta de recursos reúne os pares recurso-valor gerados e os encaminha para o estágio seguinte, de Expressões de Forma Livre.

2. Os threads são priorizados estaticamente usando um codificador de prioridade. Expressões com a latência mais longa usam o slot de thread 0 em todos os núcleos, depois a segunda mais lenta está no slot 1 em todos os núcleos e assim por diante.
3. Expressões que são muito grandes para caber no tempo alocado para uma única FPGA podem ser divididas entre as duas FPGAs usadas para expressões de forma livre.

Um custo da facilidade de reprogramação em uma FPGA é uma frequência de clock mais lenta que os chips personalizados. A Pontuação por Aprendizado de Máquina usa duas formas de paralelismo para tentar contornar essa desvantagem. A primeira é ter um pipeline que corresponda ao paralelismo de pipeline disponível no aplicativo. Para a pontuação, o limite é 8 μs por estágio. A segunda versão do paralelismo são o raramente visto paralelis-

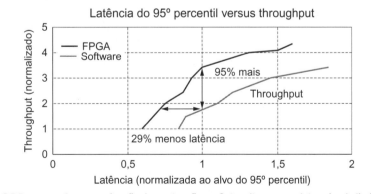

**FIGURA 7.24** Desempenho para a função de pontuação no Catapult para um determinado limite de latência.
O eixo x mostra o tempo de resposta para a função de pontuação do Bing. O tempo de resposta máximo no 95° percentil para a aplicação Bing no eixo x é 1,0; portanto, os pontos de dados à direita podem ter um throughput maior, mas chegam tarde demais para serem úteis. O eixo y mostra os throughputs de 95% no Catapult e no software puro para um determinado tempo de resposta. Em um tempo de resposta normalizado de 1,0, o Catapult possui 1,95 do throughput do servidor Intel em execução no modo de software puro. Dito de forma alternativa, se o Catapult corresponder ao throughput que o servidor Intel tem em um tempo de resposta normalizado de 1,0, o tempo de resposta do Catapult é 29% menor.

mo de *fluxos de instrução múltiplos, fluxo de dados único (MISD)*, em que um grande número de fluxos de instruções independentes opera em paralelo sobre um único documento.

A Figura 7.24 mostra o desempenho da função de pontuação no Catapult. Como veremos na Seção 7.9, os aplicativos voltados ao usuário geralmente têm tempos de resposta rígidos; não importa o quão alto é o throughput se a aplicação não cumprir o prazo. O eixo $x$ mostra o limite de tempo de resposta, com 1,0 sendo o limite. Nesta latência máxima, o Catapult é 1,95 vezes mais rápido que o servidor host da Intel.

## Implantação do Catapult versão 1

Antes de preencher um computador inteiro em escala de warehouse com dezenas de milhares de servidores, a Microsoft fez uma implantação de teste de 17 racks completos, que continham $17 \times 48 \times 2$ ou 1632 servidores Intel. As placas Catapult e os links de rede foram testados na fabricação e na integração do sistema, mas na implantação, sete das 1632 placas falharam (0,43%) e um dos links de rede 3264 FPGA (0,03%) estava com defeito. Após vários meses de implantação, nada mais falhou.

## Catapult versão 2

Embora a implantação do teste tenha sido bem-sucedida, a Microsoft alterou a arquitetura da implantação real para permitir que o Bing e o Azure Networking usem as mesmas placas e arquitetura (Caulfield et al., 2016). O principal problema com a arquitetura V1 era que a rede FPGA independente não permitia que a FPGA visualizasse e processasse pacotes Ethernet/IP padrão, o que impedia que ela fosse usada para acelerar a infraestrutura de rede do datacenter. Além disso, o cabeamento era caro e complicado, limitado a 48 FPGAs, e o redirecionamento de tráfego durante determinados padrões de falha reduzia o desempenho e podia isolar os nós.

A solução foi colocar a FPGA logicamente entre a CPU e a NIC, para que todo o tráfego da rede passasse pela FPGA. Esse colocação de "impacto-no-fio" remove muitos pontos fracos da rede FPGA no Catapult V1. Além disso, permite que as FPGAs executem seu próprio protocolo de rede de baixa latência, permite que sejam tratadas como um pool global de todas as FPGAs no datacenter e até mesmo entre os datacenters.

Três mudanças ocorreram entre a V1 e a V2 para superar as preocupações originais das aplicações Catapult, interferindo no tráfego de rede do datacenter. Primeiro, a rede do datacenter foi atualizada de 10 Gbit/s para 40 Gbit/s, aumentando sua altura. Em segundo lugar, o Catapult V2 adicionou um limitador de taxa para a lógica da FPGA, garantindo que uma aplicação FPGA não sobrecarregasse a rede. A última e talvez a mais importante mudança foi que os engenheiros de rede agora teriam seus próprios casos de uso para a FPGA, devido à sua colocação de de "impacto-no-fio". Esse posicionamento transformou esses espectadores interessados de outrora em colaboradores entusiastas.

Ao implantar o Catapult V2 na maioria de seus novos servidores, a Microsoft basicamente tem um segundo supercomputador composto de FPGAs distribuídas que compartilham os mesmos fios de rede dos servidores de CPU e estão na mesma escala, pois há uma FPGA por servidor. As Figuras 7.25 e 7.26 mostram o diagrama de blocos e a placa para o Catapult V2.

Catapult V2 segue a mesma divisão de shell e role da RTL para simplificar a programação, mas, no momento em que esta edição foi escrita, o shell utilizava quase metade dos recursos da FGA (44%), devido ao protocolo de rede mais complicado, que compartilha os fios da rede do datacenter.

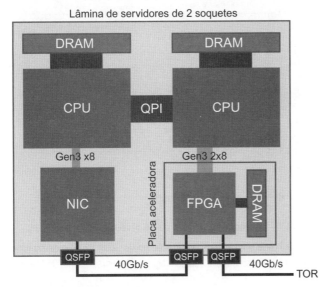

**FIGURA 7.25** O diagrama de blocos do Catapult V2.
Todo o tráfego de rede é roteado através da FPGA para a placa de rede (NIC). Há também um conector PCIe para as CPUs, o que permite que a FPGA seja usada como um acelerador de computação local, como no Catapult V1.

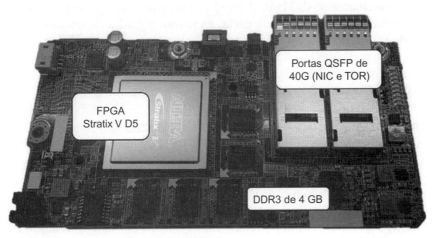

**FIGURA 7.26** A placa Catapult V2 usa um slot PCIe.
Ela usa a mesma FPGA que o Catapult V1 e tem um TDP de 32 W. Um chip Flash de 256 MB contém a *imagem dourada* da FPGA que é carregada na inicialização, assim como uma imagem da aplicação.

O Catapult V2 é usado para aceleração da Pontuação e aceleração da rede de funções. Na aceleração da Pontuação, em vez de realizar quase toda a função de pontuação dentro da FPGA, a Microsoft implementou apenas as partes com uso mais intenso de cálculo e deixou o restante para a CPU host:

- A *unidade funcional de recurso* (FFU) é uma coleção de máquinas de estado finito que medem recursos padrão na pesquisa, como a contagem da frequência de um determinado termo de pesquisa. É semelhante em conceito ao estágio de Extração de Recursos do Catapult V1.
- O *recurso de programação dinâmica (DPF)* cria um conjunto de recursos proprietários da Microsoft usando programação dinâmica e tem alguma semelhança com o estágio de Expressões de Forma Livre do Catapult V1.

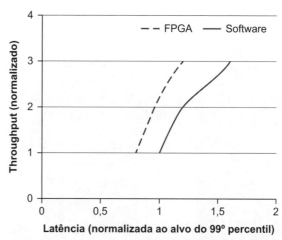

**FIGURA 7.27** Desempenho para a função de pontuação no Catapult V2 no mesmo formato da Figura 7.24. Observe que essa versão mede o 99° percentil, enquanto a figura anterior representa 95° percentil.

Ambos são projetados para que possam usar FPGAs não locais para essas tarefas, o que simplifica o escalonamento.

A Figura 7.27 mostra o desempenho do Catapult V2 em comparação com o software em um formato semelhante ao da Figura 7.24. O throughput pode agora ser aumentado em 2,25 vezes sem colocar em risco a latência, enquanto o ganho de velocidade foi anteriormente de 1,95 vezes. Quando a pontuação foi implantada e medida em produção, o Catapult V2 teve melhores latências de cauda do que o software; ou seja, as latências da FPGA nunca excederam as latências do software em qualquer demanda, apesar de conseguir absorver o dobro da carga de trabalho.

### Resumo: como o Catapult segue as diretrizes

A Microsoft informou que a adição do Catapult V1 aos servidores na fase piloto aumentou o custo total de propriedade (TCO) em menos de 30%. Assim, para esta aplicação, o ganho líquido no custo-desempenho para a Pontuação foi de pelo menos 1,95/1,30, ou um retorno do investimento de cerca de 1,5. Embora nenhum comentário tenha sido feito sobre o TCO relativo ao Catapult V2, a placa tem um número semelhante do mesmo tipo de chips, então podemos supor que o TCO não seja maior. Se for, o custo-desempenho do Catapult V2 é de aproximadamente 2,25/1,30 ou 1,75 para a Pontuação.

Vejamos agora como Catapult seguiu as diretrizes da Seção 7.2.

1. *Use memórias dedicadas para minimizar a distância pela qual os dados são movidos.*
   A FPGA Altera V possui 5 MiB de memória no chip, que uma aplicação pode customizar para seu uso. Por exemplo, para CNNs, ela é usada para os mapas de recursos de entrada e saída da Figura 7.21.
2. *Invista os recursos economizados de descartar otimizações avançadas da microarquitetura em mais unidades aritméticas ou memórias maiores.* A FPGA Altera V também possui 3926 ALUs de 18 bits que são ajustadas para a aplicação. Para CNNs, elas são usadas para criar a matriz sistólica que conduz os Elementos de Processamento na Figura 7.22 e formam os caminhos de dados do multiprocessador de 60 núcleos usado pelo estágio de Expressões de Forma Livre da pontuação.
3. *Use a forma mais fácil de paralelismo que corresponda ao domínio.* O Catapult escolhe a forma de paralelismo que corresponde à aplicação. Por exemplo, o Catapult usa o

paralelismo SIMD bidimensional para a aplicação CNN e o paralelismo MISD na fase de Pontuação de Máquina.

4. *Reduza o tamanho e o tipo de dados para o mais simples necessário para o domínio.* O Catapult pode usar qualquer tamanho e tipo de dados que a aplicação desejar, de um inteiro de 8 bits a um ponto flutuante de 64 bits.

5. *Use uma linguagem de programação específica do domínio para portar o código para a DSA.* Neste caso, a programação é feita na linguagem de transferência de registro (RTL) de hardware Verilog, que é uma linguagem ainda menos produtiva do que C ou C++. A Microsoft não pôde (e possivelmente não poderia) seguir esses critérios para garantir seu uso de FPGAs.

Embora essa diretriz se refira à portabilidade de única vez de uma aplicação do software para a FPGA, as aplicações não ficam congeladas no tempo. Quase por definição, o software evolui para adicionar recursos ou corrigir bugs, especialmente para algo tão importante quanto a pesquisa na web.

A manutenção de programas bem-sucedidos pode compor a maior parte dos custos de desenvolvimento de software. Além disso, quando se programa em RTL, a manutenção do software é ainda mais difícil. Os desenvolvedores da Microsoft, como todos os outros que usam FPGAs como aceleradores, esperam que os avanços futuros em linguagens e sistemas específicos do domínio para o coprojeto do software-hardware reduzam a dificuldade de programar FPGAs.

## 7.6 INTEL CREST, UM ACELERADOR DO DATACENTER PARA TREINAMENTO

A citação do CEO da Intel, que abre a Seção 7.3, veio do comunicado de imprensa anunciando que a Intel iria começar a enviar DSAs ("aceleradores") para a DNN. O primeiro exemplo foi o Crest, que foi anunciado enquanto escrevíamos esta edição. Apesar dos detalhes limitados, nós o incluímos aqui devido à importância de um fabricante tradicional de microprocessadores, como a Intel, dar esse ousado passo de abraçar as DSAs.

O Crest é destinado ao treinamento de DNN. O CEO da Intel disse que o objetivo é acelerar o treinamento da DNN em cem vezes nos próximos três anos. A Figura 7.6 mostra que o treinamento pode levar um mês. É provável que haja uma demanda para diminuir o treinamento da DNN para apenas oito horas, o que seria 100 vezes mais rápido do que o CEO previu. As DNNs certamente se tornarão ainda mais complexas nos próximos 3 anos, o que exigirá um esforço de treinamento muito maior. Assim, parece haver pouco perigo de que uma melhoria de 100 vezes no treinamento seja exagerada.

As instruções Crest operam em blocos de matrizes de $32 \times 32$. O Crest usa um formato numérico chamado *ponto de flexão*, que é uma representação de ponto fixo em escala: matrizes $32 \times 32$ de dados de 16 bits compartilham um único expoente de 5 bits que é fornecido como parte do conjunto de instruções.

A Figura 7.28 mostra o diagrama de blocos do chip Lake Crest. Para calcular essas matrizes, o Crest usa os 12 clusters de processamento da Figura 7.28. Cada cluster inclui uma grande SRAM, uma grande unidade de processamento de álgebra linear e uma pequena quantidade de lógica para roteamento no chip e fora do chip. Os quatro módulos de DRAM HBM2 de 8 GiB oferecem 1 TB/s de largura de banda de memória, que devem levar a um atraente modelo Roofline para o chip Crest. Além dos caminhos de alta largura de banda para a memória principal, o Lake Crest suporta interconexões com alta largura de banda diretamente entre os núcleos de processamento dentro dos clusters de processamento, o

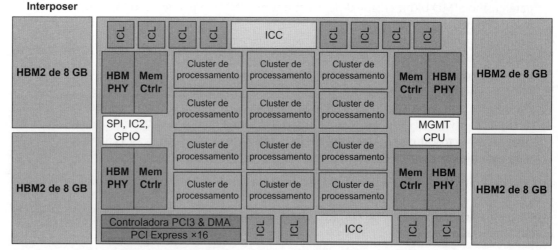

**FIGURA 7.28** Diagrama de blocos do processador Intel Lake Crest.
Antes de ser adquirido pela Intel, a Crest disse que o chip é quase uma retícula completa no TSMC de 28 nm, o que tornaria o tamanho do die 600 a 700 mm². Esse chip deveria estar disponível em 2017. A Intel também está construindo o Knights Crest, que é um chip híbrido contendo núcleos Xeon x86 e aceleradores Crest.

que facilita a rápida comunicação de núcleo a núcleo sem passar pela memória compartilhada. A meta do Lake Crest é um fator de melhoria de 10 no treinamento sobre as GPUs.

A Figura 7.28 mostra 12 Inter-Chip Links (ICLs) e 2 Inter-Chip Controllers (ICCs), portanto o Crest é nitidamente projetado para permitir que muitos chips Crest colaborem, semelhantemente em espírito à rede dedicada que conecta as 48 FPGAs do Catapult. É provável que a melhoria de 100 vezes no treinamento exigirá o agrupamento de vários chips Crest.

## 7.7 PIXEL VISUAL CORE, UMA UNIDADE DE PROCESSAMENTO DE IMAGENS PARA DISPOSITIVO MÓVEL PESSOAL

O Pixel Visual Core é uma DSA programável e escalável, destinada ao processamento de imagens e à visão computacional da Google, inicialmente para celulares e tablets que executam o sistema operacional Android e, possivelmente, para dispositivos da Internet das Coisas (IoT). É um projeto multicore, suportando entre 2 e 16 núcleos para oferecer um custo-desempenho desejado. Ele é projetado para ser seu próprio chip ou para fazer parte de um *sistema em um chip (SOC)*. Tem muito menos área e energia do que seu primo TPU. A Figura 7.29 lista os termos e acrônimos encontrados nesta seção.

O Pixel Visual Core é um exemplo de uma nova classe de arquiteturas específicas de domínio para processamento de visão que chamamos de *unidades de processamento de imagem (IPUs — Image Processing Units)*. As IPUs resolvem o problema inverso das GPUs: elas analisam e modificam uma imagem de entrada em contraste com a geração de uma imagem de saída. Nós os chamamos de IPUs para sinalizar que, como uma DSA, eles não precisam fazer tudo bem, porque também haverá CPUs (e GPUs) no sistema para executar tarefas de visão não de entrada. As IPUs dependem de cálculos de estampa mencionados acima para CNNs.

As inovações do Pixel Visual Core incluem a substituição da unidade SIMD unidimensional de CPUs por um array bidimensional de elementos de processamento (PEs).

| Termo | Acrônimo | Explicação curta |
|---|---|---|
| Núcleo | – | Um processador. O Pixel Visual Core tem de 2 a 16 núcleos. A primeira implementação tem 8; também chamado processador de estampa (STP). |
| Haleto | – | Uma linguagem de programação específica do domínio para processamento de imagem, que separa o algoritmo do seu schedule de execução. |
| Halo | – | Uma região estendida em torno do array de computação $16 \times 16$ para lidar com o cálculo de estampa perto das bordas do array. Ela mantém valores, mas não computação. |
| Processadores de sinal de imagem | ISP | Uma ASIC de função fixa, que melhora a qualidade visual de uma imagem; encontrada em praticamente todos os PMDs com câmeras. |
| Unidade de processamento de imagem | IPU | Uma DSA que resolve o problema inverso de uma GPU: ela analisa e modifica uma imagem de entrada e compara com a geração de uma imagem de saída. |
| Pool de buffers de linha | LB | Um buffer de linha é projetado para capturar um número suficiente de linhas cheias de uma imagem intermediária, para manter o próximo estágio ocupado. Pixel Visual Core usa buffers de linha bidimensionais, cada um mudando de 64 para 128 KiB. O *Pool de Buffer de Linha* contém um LB por núcleo mais um LB por DMA. |
| Rede no chip | NOC | A rede que conecta os núcleos no Pixel Visual Core. |
| ISA física | pISA | A arquitetura do conjunto de instrução (ISA) do Pixel Visual Core que é executada pelo hardware. |
| Array de elementos de processamento | – | O array de $16 \times 16$ de Elementos de Processamento mais o halo que realiza as operações de multiplicação-adição de 16 bits. Cada Elemento de Processamento inclui uma Pista de Vetor e memória local. Ele pode deslocar dados em massa para os vizinhos em qualquer uma das quatro direções. |
| Gerador de planilha | SHG | Realiza acessos à memória dos blocos de $1 \times 1$ a $31 \times 31$ pixels, que são chamados *planilhas*. Os diferentes tamanhos permitem a opção de incluir o espaço para o halo ou não. |
| Pista escalar | SCL | As mesmas operações que a Pista de Vetor, exceto que acrescenta instruções que lidam com saltos, desvios e interrupções, controla o fluxo de instruções para o array de vetores e escalona todos os loads e stores para o gerador de planilha. Ele também tem uma pequena memória de instrução. Ele desempenha o mesmo papel do processador escalar em uma arquitetura vetorial. |
| Pista vetorial | VL | Parte do Elemento de Processamento que realiza a aritmética do computador. |
| ISA virtual | vISA | A ISA do Pixel Visual Core gerada pelo compilador. Ela é mapeada para a pISA antes da execução. |

**FIGURA 7.29** Um guia prático para os termos do Pixel Visual Core da Seção 7.7. A Figura 7.4 tem um guia para as Seções 7.3 a 7.6.

Eles fornecem uma rede de desvio bidimensional para os PEs que está ciente da relação espacial bidimensional entre os elementos e uma versão bidimensional de buffers que reduz os acessos à memória fora do chip. Esse novo hardware facilita a execução de cálculos de estampa que são centrais para o processamento da visão e para os algoritmos da CNN.

## ISPs, os pré-processadores de IPUs fixados

A maioria dos dispositivos móveis portáteis (PMDs) possuem várias câmeras para entrada, o que levou aos aceleradores fixados chamados *processadores de sinais de imagem* (ISPs — *Image Signal Processors*) para melhorar as imagens de entrada. O ISP normalmente é uma ASIC de função fixa. Praticamente todo PMD atualmente inclui um ISP.

A Figura 7.30 mostra uma organização típica de um sistema de processamento de imagens, incluindo a lente, o sensor, o ISP, a CPU, a DRAM e a tela. O ISP recebe imagens, remove artefatos nas imagens da lente e do sensor, interpola as cores ausentes e melhora significativamente a qualidade visual geral da imagem. Os PMDs tendem a ter lentes pequenas e, portanto, pixels pequenos e com ruído, portanto, essa etapa é essencial para a produção de fotos e vídeos de alta qualidade.

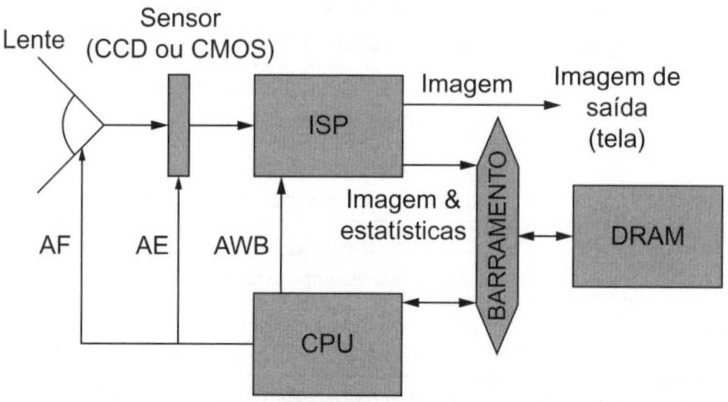

# CAPÍTULO 7: Arquiteturas específicas do domínio

**FIGURA 7.30** Diagrama mostrando a interconexão do Processador de Sinal de Imagem (ISP), CPU, DRAM, lente e sensor.

O ISP envia estatísticas para a CPU, bem como a imagem aprimorada para a exibição ou para DRAM para armazenamento ou processamento posterior. A CPU então processa as estatísticas da imagem e envia informações para permitir que o sistema se adapte: *Balanço de Branco Automático* (AWB) para o ISP, *Exposição Automática* (AE) para o sensor e *Foco Automático* (AF) para a lente, conhecidos como *3As*.

Um ISP processa a imagem de entrada na ordem de varredura por rastreio, calculando uma série de algoritmos em cascata por meio de blocos de construção de hardware configuráveis por software, normalmente organizados como um pipeline para minimizar o tráfego de memória. Em cada estágio do pipeline e para cada ciclo de clock, alguns pixels são inseridos e alguns são emitidos. A computação normalmente é executada em pequenas vizinhanças de pixels (*estampas*). Estágios são conectados por buffers chamados *buffers de linha*. Os buffers de linha ajudam a manter os estágios de processamento utilizados via proximidade espacial, capturando apenas linhas completas suficientes de uma imagem intermediária para facilitar o cálculo exigido pelo próximo estágio.

A imagem aprimorada é enviada para uma tela ou para DRAM, para armazenamento ou para processamento posterior. O ISP também envia estatísticas sobre a imagem (por exemplo, histogramas de cor e luminosidade, nitidez e assim por diante) para a CPU, que por sua vez processa e envia informações para ajudar o sistema a se adaptar.

Embora eficientes, os ISPs têm duas desvantagens principais. Dada a crescente demanda por melhor qualidade de imagem em dispositivos portáteis, a primeira é a inflexibilidade de um ISP, especialmente levando anos para projetar e fabricar um novo ISP dentro de um SOC. A segunda é que esses recursos de computação podem ser usados apenas para a função de aprimoramento de imagem, independentemente do que for necessário no momento no PMD. Como os ISPs da geração atual lidam com cargas de trabalho de até 2 Tera-operações por segundo em um orçamento de potência de PMD, uma substituição de DSA precisa obter desempenho e eficiência semelhantes.

## Software Pixel Visual Core

O Pixel Visual Core generalizou a típica organização de pipeline fixa de kernels de um ISP em um *grafo acíclico direcionado* (*DAG*) de kernels. Os programas de processamento de imagem do Pixel Visual Core normalmente são escritos em Halide, que é uma linguagem de programação funcional específica do domínio para processamento de imagens. A Figura 7.31 é um exemplo em Halide que desfoca uma imagem. Halide possui uma seção funcional para expressar a função sendo programada e uma seção de escalonamento separada para especificar como otimizar essa função para o hardware subjacente.

```
Func buildBlur(Funcinput){
    //Parte funcional (independente do processador alvo)
    Funcblur_x("blur_x"), blur_y("blur_y");
    blur_x(x,y) = (input(x-1,y)+input(x,y)*2 + input(x+1,y))/4;
    blur_y(x,y) = (blur_x(x,y-1) + blur_x(x,y)*2 + blur_x(x,y+1))/4;

    if(has_ipu) {
      //Parte de escalonamento (direciona como otimizar para processador alvo)
      blur_x.ipu(x,y);
      blur_y.ipu(x,y);
    }

    returnblur_y;
}
```

**FIGURA 7.31** Parte de um exemplo em Halide para desfocar uma imagem.

O sufixo ipu (x, y) agenda a função para o Pixel Visual Core. Um borrão tem o efeito de olhar a imagem através de uma tela translúcida, que reduz o ruído e o detalhe. Uma função gaussiana é frequentemente usada para desfocar a imagem.

## Filosofia da arquitetura do Pixel Visual Core

O orçamento de energia dos PMDs é de 6 a 8 W para rajadas de 10 a 20 segundos, caindo para dezenas de miliwatts quando a tela está desligada. Dados os objetivos desafiadores de energia de um chip PMD, a arquitetura Pixel Visual Core foi fortemente moldada pelos custos relativos de energia para as operações primitivas mencionadas no Capítulo 1 e explicitadas na Figura 7.32. Surpreendentemente, um único acesso à DRAM de 8 bits consome tanta energia quanto 12.500 adições de 8 bits ou 7 a 100 acessos à SRAM de 8 bits, dependendo da organização da SRAM. O custo mais elevado em 22 a 150 vezes das operações de ponto flutuante IEEE 754 em operações com inteiros de 8 bits, mais o tamanho do die e os benefícios energéticos de armazenar dados mais estreitos, favorecem fortemente o uso de inteiros estreitos sempre que os algoritmos puderem acomodá-los.

Além das diretrizes da Seção 7.2, essas observações levaram a outros temas que guiaram o design do Pixel Visual Core:

- *Bidimensional é melhor que unidimensional:* Organizações bidimensionais podem ser benéficas para o processamento de imagens, pois minimizam a distância de comunicação e porque a natureza bidimensional e tridimensional dos dados de imagem pode utilizar tais organizações.
- *Mais perto é melhor que mais longe:* Mover dados é caro. Além disso, o custo relativo da movimentação de dados para uma operação da ULA está aumentando. E, é claro, os custos de tempo e energia de DRAM excedem em muito qualquer armazenamento ou movimento de dados local.

| Operação | Energia (pJ) | Operação | Energia (pJ) | Operação | Energia (pJ) |
|---|---|---|---|---|---|
| DRAM LPDDR3 de 8 bits | 125,00 | SRAM de 8 bits | 1,2–17,1 | SRAM de 16 bits | 2,4–34,2 |
| Muladd PF de 32 bits | 2,70 | Muladd de inteiros de 8 bits | 0,12 | Muladd de inteiros de 1 bits | 0,43 |
| Adição de PF de 32 bits | 1,50 | Adição de inteiros de 8 bits | 0,01 | Adição de inteiros de 16 bits | 0,02 |

**FIGURA 7.32** Custos de energia relativos por operação em picoJoules considerando o processo HPM de 28 nm do TSMC, que foi o processo que o Pixel Visual Core utilizou [17][18][19][20].

Os custos absolutos de energia são menos do que na Figura 7.2, devido ao uso de 28 nm em vez de 90 nm, mas os custos relativos de energia são semelhantemente altos.

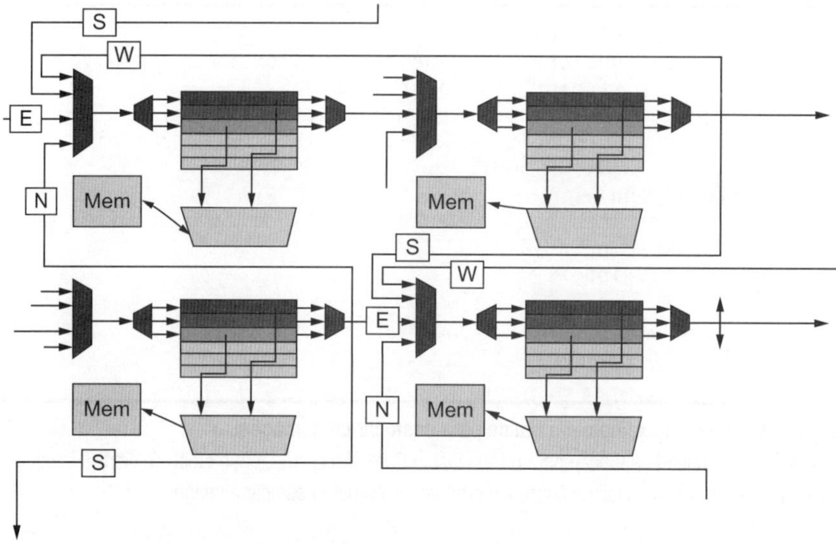

# CAPÍTULO 7: Arquiteturas específicas do domínio

**FIGURA 7.33** O SIMD bidimensional inclui o deslocamento bidimensional "N", "S", "E", "W", mostrando a direção do deslocamento (Norte, Sul, Leste, Oeste).
Cada PE possui uma memória de rascunho controlada por software.

Uma meta principal de ir de um ISP para uma IPU é obter mais reutilização do hardware por meio da facilidade de programação. Aqui estão as três principais características do Pixel Visual Core:

1. Seguindo o tema de que o bidimensional é melhor que o unidimensional, o Pixel Visual Core usa uma arquitetura SIMD bidimensional em vez de uma arquitetura SIMD unidimensional. Assim, ele possui uma matriz bidimensional de *elementos de processamento* (PEs) independentes, cada um contendo 2 ALUs de 16 bits, 1 unidade MAC de 16 bits, 10 registradores de 16 bits e 10 registros de predicado de 1 bit. A aritmética de 16 bits segue a diretriz de fornecer apenas a precisão necessária ao domínio.

2. O Pixel Visual Core precisa de armazenamento temporário em cada PE. Seguindo a diretriz da Seção 7.2 de evitar caches, a memória deste PE é uma memória de rascunho gerenciada por compilador. O tamanho lógico da memória de cada PE é de 128 entradas de 16 bits ou apenas 256 bytes. Como seria ineficiente implementar uma pequena SRAM separada em cada PE, o Pixel Visual Core em vez disso agrupa a memória PE de 8 PEs em um bloco SRAM de largura simples. Como os PEs operam de maneira SIMD, o Pixel Visual Core pode unir todas as leituras e escritas individuais para formar uma SRAM "mais quadrada", que é mais eficiente do que as SRAMs estreitas e profundas ou largas e rasas. A Figura 7.33 mostra quatro PEs.

3. Para ser capaz de executar cálculos de estampa simultâneos em todos os PEs, o Pixel Visual Core precisa coletar entradas dos vizinhos mais próximos. Esse padrão de comunicação requer uma rede "NSEW" (Norte, Sul, Leste, Oeste): ela pode transferir dados em massa entre os PEs em qualquer direção da bússola. Para que não perca pixels ao longo das bordas enquanto desloca imagens, o Pixel Visual Core conecta os terminais da rede para formar um toro.

Observe que a rede de desvio está em contraste com o array sistólico de arrays de elementos de processamento na TPU e no Catapult. Nesse caso, o software move explicitamente os dados na direção desejada pelo array, enquanto a abordagem sistólica é um pipeline bidimensional controlado por hardware que move os dados como uma frente de onda invisível ao software.

## O Pixel Visual Core Halo

Uma estampa de 3 × 3, 5 × 5 ou 7 × 7 obtém entradas de 1, 2 ou 3 pixels externos nas bordas do subconjunto bidimensional sendo calculado (metade da dimensão da estampa menos a metade). Isso deixa duas escolhas. Ou o Pixel Visual Core utiliza menos do hardware nos elementos próximos da borda, pois somente transmitem valores de entrada, ou o Pixel Visual Core estende ligeiramente os PEs bidimensionais com PEs simplificados, que deixam de fora as ALUs. Como a diferença de tamanho entre um PE padrão e um PE simplificado é de aproximadamente 2,2 ×, o Pixel Visual Core tem um array estendido. Essa região estendida é chamada de *halo*. A Figura 7.34 mostra duas fileiras de um halo ao redor de uma matriz PE de 8 × 8 e ilustra como um exemplo de computação de estampa 5 × 5 no canto superior esquerdo depende do halo.

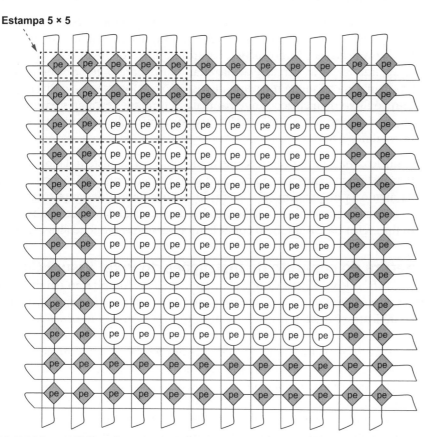

**FIGURA 7.34** O array bidimensional de elementos de processamento completos (*mostrados como círculos não sombreados*) cercados por duas camadas de elementos de processamento simplificados (*losangos sombreados*) chamados de halo.

Nesta figura, existem 8 × 8 ou 64 PEs completos com 80 PEs simplificados no halo. (O Pixel Visual Core, na verdade, tem 16 × 16 ou 256 PEs completos e duas camadas em seu halo e, portanto, 144 PEs simplificados.) As bordas do halo são conectadas (*mostradas como linhas cinzas*) para formar um toro. O Pixel Visual Core realiza uma série de mudanças bidimensionais em todos os elementos de processamento para mover as partes vizinhas de cada cálculo de estampa para o PE central da estampa. Um exemplo de estampa 5 × 5 é mostrado no canto superior esquerdo. Observe que 16 das 25 partes de dados para esse local de estampa 5 × 5 vêm elementos de processamento de halo.

## Um processador do Pixel Visual Core

A coleção de 16 × 16 PEs e 4 pistas de halos em cada dimensão, chamada *matriz de PE* ou *array de vetores*, é a principal unidade de computação do Pixel Visual Core. Ela também tem uma unidade load-store chamada *Gerador de planilha* (*SHG — Sheet Generator*). SHG refere-se a acessos de memória dos blocos de 1 × 1 a 256 × 256 pixels, que são chamados de *planilhas*. Isso acontece durante a redução da resolução, e os valores típicos são 16 × 16 ou 20 × 20.

Uma implementação do Pixel Visual Core pode ter qualquer número par de 2 ou mais núcleos, dependendo dos recursos disponíveis. Assim, é necessária uma rede para conectá-los, de modo que cada núcleo também tenha uma interface com Network on Chip (NOC). No entanto, uma implementação típica de NOC para o Pixel Visual Core não será um switch cruzado caro, pois estes exigem que os dados percorram uma longa distância, o que é caro. Aproveitando a natureza de pipeline da aplicação, a NOC normalmente precisa se comunicar apenas com os núcleos vizinhos. Ela é implementada como uma malha bidimensional, que permite a ativação de pares de núcleos sob o controle do software.

Finalmente, o Pixel Visual Core também inclui um processador escalar chamado *SCL* (*escalar lane*). Ele é idêntico à faixa vetorial, exceto que adiciona instruções que lidam com saltos, ramificações e interrupções, controla o fluxo de instruções para o array de vetores e agenda todas as cargas e armazenamentos para o gerador de planilha. Ele também possui uma pequena memória de instruções. Observe que o Pixel Visual Core tem um único fluxo de instruções que controla as unidades escalares e vetoriais, semelhante ao modo como um núcleo de CPU tem um único fluxo de instruções para suas unidades escalares e SIMD.

Além dos núcleos, há também um mecanismo de DMA para transferir dados entre a DRAM e os buffers de linha, ao mesmo tempo em que convertem com eficiência os formatos de layout da memória de imagem (por exemplo, empacotando/desempacotando). Assim como os acessos sequenciais da DRAM, os mecanismos de DMA executam leituras de coleta do tipo vetor da DRAM, bem como leituras e escritas sequenciais e guiadas.

## Arquitetura do conjunto de instruções do Pixel Visual Core

Como as GPUs, o Pixel Visual Core usa um processo de compilação em dois passos. O primeiro passo é compilar os programas a partir da linguagem de destino (por exemplo, Halide) para instruções *vISA*. A Pixel Visual Core *vISA* (*Virtual Instruction Set Architecture* — arquitetura do conjunto de instruções virtual) é inspirada em parte pelo conjunto de instruções RISC-V, mas usa um modelo de memória específico da imagem e estende o conjunto de instruções para lidar com processamento de imagens e, em particular, a noção bidimensional das imagens. Na vISA, o array bidimensional de um núcleo é infinito, o número de registradores é ilimitado e o tamanho da memória é igualmente ilimitado. As instruções vISA contêm funções puras que não acessam diretamente a DRAM (ver Figura 7.36), o que simplifica muito o mapeamento delas no hardware.

O próximo passo é compilar o programa vISA em um programa *pISA* (*Physical Instruction Set Architecture* — arquitetura física do conjunto de instruções). Usar vISA como destino dos compiladores permite que o processador seja compatível em software com os programas do passado e, ainda assim, aceite mudanças no conjunto de instruções pISA, de modo que a arquitetura vISA desempenha o mesmo papel que o PTX para GPUs (ver Capítulo 4).

Passar de vISA para pISA é feito em duas etapas: compilação e mapeamento com parâmetros de ligação antecipada (early-bound) e, em seguida, a acerto do código com parâmetros de ligação tardia (late-bound). Os parâmetros que devem ser ligados incluem tamanho de

| Campo | Escalar | Matemática | Memória | Imediato | Memória-Imediato |
|---|---|---|---|---|---|
| Núm. de bits | 43 | 38 | 12 | 16 | 10 |

**FIGURA 7.35** Formato VLIW da instrução pISA de 119 bits.

STP, tamanho de halo, número de STPs, mapeamento de buffers de linha, mapeamento de kernels a processadores, bem como alocações de registrador e memória local.

A Figura 7.35 mostra que a pISA é um conjunto de instruções VLIW (Very Long Instruction Word — palavra de instrução muito longa) com instruções de 119 bits. O primeiro campo de 43 bits é para a Pista Escalar, o próximo campo de 38 bits especifica a computação pelo array bidimensional PE e o terceiro campo de 12 bits especifica os acessos à memória pelo array bidimensional PE. Os dois últimos campos são imediatos para computação ou endereçamento. As operações para todos os campos VLIW são o que você espera: aritmética inteira de complemento de dois, saturação de aritmética de inteiros, operações lógicas, turnos, transferências de dados e alguns especiais, como dividir a iteração e contar os zeros iniciais. O Scalar Lane suporta um superconjunto de operações no array PE bidimensional, além de adicionar instruções para fluxo de controle e controle do gerador de planilha. Os registros de Predicado de 1 bit mencionados acima permitem movimentos condicionais para registradores (por exemplo, $A = B$ se $C$).

Embora a instrução VLIW pISA seja muito larga, os kernels Halide são curtos, geralmente contendo de 200 a 600 instruções. Lembre-se de que, como uma IPU (unidade de processamento de imagem), ela só precisa executar a parte com uso intenso de cálculo de uma aplicação, deixando o restante da funcionalidade para as CPUs e as GPUs. Assim, a memória de instrução de um Pixel Visual Core mantém apenas 2.048 instruções pISA (28,5 KiB).

A Pista Escalar emite instruções do gerador de planilha que acessam buffers de linha. Diferente de outros acessos à memória dentro do Pixel Visual Core, a latência pode ser de mais de 1 ciclo de clock, de modo que possuem uma interface tipo DMA. A primeira pista estabelece os endereços e tamanho de transferência em registradores especiais.

## Exemplo do Pixel Visual Core

A Figura 7.36 mostra o código vISA que é gerado pelo compilador Halide para o exemplo de borrão da imagem da Figura 7.31, com comentários incluídos para esclarecimento. Ele calcula um borrão primeiro na direção $x$ e depois na diretório $y$, usando aritmética de 16 bits. O código vISA corresponde à parte funcional do programa Halide. Esse código pode ser considerado como executando por todos os pixels de uma imagem.

## Elemento de processamento do Pixel Visual Core

Uma das decisões arquitetônicas foi o tamanho da montagem do halo. O Pixel Visual Core usa $16 \times 16$ PEs e adiciona um halo de 2 elementos extras, e portanto pode suportar $5 \times 5$ estampas diretamente. Observe que, quanto maior o array de PEs, menor a sobrecarga do halo para suportar determinado tamanho de estampa.

Para o Pixel Visual Core, o tamanho menor dos PEs de halo e dos arrays de $16 \times 16$ significa que ele custa apenas 20% de área adicional para o halo. Para uma estampa de $5 \times 5$, o Pixel Visual Core pode calcular 1,8 vezes mais resultados por ciclo de clock ($16^2/12^2$), e a razão é de 1,3 para uma estampa de $3 \times 3$ ($16^2/14^2$).

O projeto da unidade aritmética do PE é conduzido por multiplicação-acumulação (MAC), que é uma primitiva de computação de estampa. Os MACs nativos do Pixel Visual Core têm

```
//vISA - loop interno do blur na dimensão x
input.b16   t1<-_input[x*1+(-1)][y*1+0][0]; //t1=input[x-1,y]
input.b16   t2<-_input[x*1+0][y*1+0][0];  //t2=input[x,y]
mov.b16     st3<-2;
mul.b16     t4<-t2,st3;  //t4=input[x,y]*2
add.b16     t5<-t1,t4;  //t5=input[x-1,y]+input[x,y]*2
input.b16   t6<-_input[x*1+1][y*1+0][0]; //t6=input[x+1,y]
add.b16     t7<-t5,t6;  //t7=input[x+1,y]+input[x,y]+input[x1,y]*2
mov.b16     st8<-4;
div.b16     t9<-t7,st8; //t9=t7/4
output.b16_blur_x[x*1+0][y*1+0][0]<-t9; //blur_x[x,y]=t7/4
//vISA - loop interno do blur na dimensão y
input.b16   t1<-_blur_x[x*1+0][y*1+(-1)][0]; //t1=blur_x[x,y-1]
input.b16   t2<-_blur_x[x*1+0][y*1+0][0]; //t2=blur_x[x,y]
mov.b16     st3<-2;
mul.b16     t4<-t2,st3; //t4=blur_x[x,y]*2
add.b16     t5<-t1,t4; //t5=blur_x[x,y-1]+blur_x[x,y]*2
input.b16   t6<-_blur_x[x*1+0][y*1+1][0]; //t6=blur_x[x,y+1]
add.b16     t7<-t5,t6; //t7=blurx[x,y+1]+blurx[x,y-1]+blurx[x,y]*2
mov.b16     st8<-4;
div.b16     t9<-t7,st8; //t9=t7/4
output.b16_blur_y[x*1+0][y*1+0][0]<-t9;//blur_y[x,y]=t7/4
```

**FIGURA 7.36** Parte das instruções vISA compiladas do código Blur no Halide, na Figura 7.31.
Este código vISA corersponde à parte funcional do código Halide.

16 bits de largura para as multiplicações, mas podem se acumular em uma largura de 32 bits. O pipelining MAC usaria energia desnecessariamente por causa da leitura e gravação do registro de pipeline adicionado. Assim, o hardware de adição-multiplicação determina o ciclo de clock. As outras operações, mencionadas anteriormente, são as operações lógicas e aritméticas tradicionais, juntamente com versões de saturação das operações aritméticas e algumas instruções especializadas.

O PE tem duas ALUs de 16 bits que podem operar de várias maneiras em um único ciclo de clock:

- Independentemente, produzindo dois resultados de 16 bits: A op B, C op D.
- Fundidas, produzindo apenas um resultado de 16 bits: A op (C op D).
- Unidas, produzindo um resultado de 32 bits: A:C op B:D.

## Buffers de linha bidimensionais e sua controladora

Como os acessos à DRAM usam muita energia (consulte a Figura 7.32), o sistema de memória do Pixel Visual Core foi cuidadosamente projetado para minimizar o número de acessos à DRAM. A principal inovação é o *buffer de linha bidimensional*.

Os kernels são executados logicamente em núcleos separados e são conectados em um DAG com entrada do sensor ou da DRAM e saída para a DRAM. Os buffers de linha mantêm partes da imagem sendo calculadas entre os kernels. A Figura 7.37 mostra o uso lógico dos buffers de linha no Pixel Visual Core.

Aqui estão quatro recursos que o buffer de linha bidimensional deve suportar:

1. Ele deve suportar cálculos de estampa bidimensional de vários tamanhos, que são desconhecidos no momento do projeto.
2. Por causa do halo, para o array de 16 × 16 PE no Pixel Visual Core, os STPs desejarão ler 20 × 20 blocos de pixels a partir do buffer de linha e escrever 16 × 16

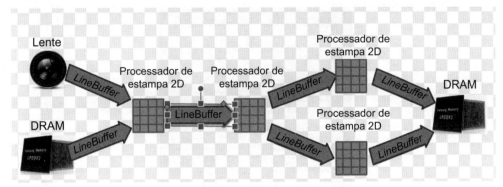

**FIGURA 7.37** Visão do Pixel Visual Core pelo programador: um grafo acíclico direcional de kernels.

blocos de pixels no buffer de linha. (Como mencionado anteriormente, eles chamam esses blocos de planilhas de pixels.)
3. Como o DAG é programável, precisamos de buffers de linha que podem ser alocados por software entre dois núcleos quaisquer.
4. Vários núcleos podem precisar ler dados do mesmo buffer de linha. Assim, um buffer de linha deve suportar vários consumidores, embora precise de apenas um produtor.

Os buffers de linha no Pixel Visual Core são, na verdade, uma abstração FIFO bidirecional e bidimensional sobre uma quantidade relativamente grande de SRAM: 128 KiB por instância. Ela contém "imagens" temporárias que são usadas apenas uma vez, portanto, um FIFO local pequeno e dedicado é muito mais eficiente do que um cache para dados em memória distante.

Para acomodar a incompatibilidade de tamanho entre a leitura de blocos de pixels de $20 \times 20$ e a gravação de blocos de $16 \times 16$, a unidade fundamental de alocação no FIFO é um grupo de 44 pixels. Por processador de estêncil, há um *Pool de buffers de linha (LBP)* que pode ter oito buffers de linha (*LB*) lógicos, além de um LBP para DMA de E / S. O LBP possui três níveis de abstração:

1. No topo, a controladora LBP suporta oito LBs como instâncias lógicas. Cada LB tem um produtor FIFO e até oito consumidores FIFO por LB.
2. A controladora controla um conjunto de ponteiros de início e término para cada FIFO. Note que os tamanhos dos buffers de linha dentro do LBP são flexíveis e a cargo da controladora.
3. Na parte inferior estão muitos bancos de memória física para suportar os requisitos de largura de banda. O Pixel Visual Core possui oito bancos de memória física, cada um com uma interface de 128 bits e 16 KiB de capacidade.

A controladora para o LBP é desafiadora porque deve atender às demandas de largura de banda dos STPs e DMAs de E/S, bem como escalonar todas as suas leituras e escritas nos bancos da memória física da SRAM. A controladora do LBP é uma das partes mais complicadas do Pixel Visual Core.

## Implementação do Pixel Visual Core

A primeira implementação do Pixel Visual Core foi como um chip separado. A Figura 7.38 mostra o diagrama do chip, que possui 8 núcleos. Ele foi fabricado em uma tecnologia TSMC de 28 nm em 2016. As dimensões do chip são de 6 x 7,2 mm, ele funciona a 426 MHz e contém DRAM de 512 MB como Silicon in Package, consumindo (incluindo

**FIGURA 7.38** Diagrama do chip Pixel Visual Core com 8 núcleos.
A53 é um núcleo ARMv7. LPDDR4 é um controlador de DRAM. PCIe e MIPI são barramentos de E/S.

a DRAM) 187 a 4500 mW, dependendo da carga de trabalho. Cerca de 30% da potência do chip é para um núcleo A53 do ARMv7 para controle, a MIPI, o PCIe e as interfaces LPDDR; a interface ocupa pouco mais da metade desse die, com 23 mm². A potência para o Pixel Visual Core rodando um "vírus potente" no pior dos casos pode chegar a até 3200 mW. A Figura 7.39 mostra o diagrama de um núcleo.

## Resumo: como o Pixel Visual Core segue as diretrizes

O Pixel Visual Core é um DSA multicore para processamento de imagem e visão, destinado a ser um chip independente ou atuar como um bloco de IP para SOCs de dispositivos

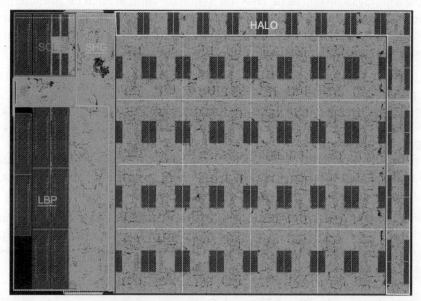

**FIGURA 7.39** Diagrama de um Pixel Visual Core.
Da esquerda para a direita e de cima para baixo: a pista escalar (SCI) ocupa 4% da área do núcleo, NOC ocupa 2%, o pool de buffers de linha (LBP) ocupa 15%, o gerador de planilha (SHG) ocupa 5%, o halo,11%, e o array de elementos de processamento usa 62% da área. A conexão de toro do halo torna vizinhas as quatro bordas da lógica de array. O espaço é usado de modo mais eficiente juntando o halo em apenas dois lados, o que preserva a topologia.

móveis. Como veremos na Seção 7.9, seu desempenho por watt para CNNs são fatores de 25 a 100 vezes melhores que CPUs e GPUs. Veja como o Pixel Visual Core seguiu as diretrizes da Seção 7.2.

1. *Use memórias dedicadas para reduzir a distância pela qual os dados são movidos.* Talvez o recurso de arquitetura que mais destaca o Pixel Visual Core sejam os buffers de linha bidimensionais controlados por software. Com 128 KiB por núcleo, eles são uma fração significativa da área. Cada núcleo também possui 64 KiB de memória do PE controlada por software para armazenamento temporário.

2. *Invista os recursos economizados pela remoção de otimizações avançadas da microarquitetura em mais unidades aritméticas ou memórias maiores.* Duas outras características-chave do Pixel Visual Core são uma matriz bidimensional de $16 \times 16$ de elementos de processamento por núcleo e uma rede de desvio bidimensional entre os elementos de processamento. Ele oferece uma região de halo que atua como um buffer para permitir a plena utilização de suas 256 unidades aritméticas.

3. *Use a forma mais fácil de paralelismo que corresponda ao domínio.* O Pixel Visual Core conta com o paralelismo SIMD bidimensional usando seu array de PEs, VLIW para expressar paralelismo em nível de instrução e o paralelismo de múltiplos programas múltiplos dados (MPMD) para utilizar múltiplos núcleos.

4. *Reduza o tamanho e o tipo dos dados para o mais simples que for necessário para o domínio.* O Pixel Visual Core depende principalmente de números inteiros de 8 e 16 bits, mas também funciona com números inteiros de 32 bits, embora mais lentamente.

5. *Use uma linguagem de programação específica do domínio para portar o código para a DSA.* O Pixel Visual Core é programado no idioma Halide específico do domínio para processamento de imagens e em TensorFlow para CNNs.

## 7.8 QUESTÕES CRUZADAS

### Heterogeneidade e sistema em um chip (SOC)

A maneira mais fácil de incorporar DSAs em um sistema é através do barramento de E/S, que é a abordagem dos aceleradores de datacenter neste capítulo. Para evitar a busca de operandos da memória pelo barramento de E/S lento, esses aceleradores possuem DRAM local.

A Lei de Amdahl nos lembra que o desempenho de um acelerador é limitado pela frequência de envio de dados entre a memória do host e a memória do acelerador. Certamente haverá aplicações que se beneficiariam com a integração entre a CPU do host e os aceleradores no mesmo *sistema em um chip* (SOC — System On a Chip), que é um dos objetivos do Pixel Visual Core e, eventualmente, do Intel Crest.

Esse projeto é chamado de *bloco de IP*, que significa *Propriedade Intelectual*, mas um nome mais descritivo poderia ser bloco de projeto portátil. Blocos de IP geralmente são especificados em uma linguagem de descrição de hardware, como Verilog ou VHDL, para serem integrados ao SOC. Os blocos de IP possibilitam um mercado em que muitas empresas criam blocos de IP que outras empresas podem comprar para criar os SOCs para suas aplicações sem precisar projetar tudo sozinhas. A Figura 7.40 indica a importância dos blocos de IP plotando o número de blocos de IP entre gerações de SOCs do PMD da Apple; eles triplicaram em apenas quatro anos. Outra indicação da importância dos blocos de IP é que a CPU e a GPU utilizam apenas um terço da área dos SOCs da Apple, com os blocos de IP ocupando o restante (Shao e Brooks, 2015).

Projetar um SOC é como o planejamento urbano, onde grupos independentes fazem lobby por recursos limitados e descobrem que um acordo certo é difícil. CPUs, GPUs,

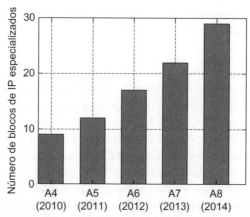

**FIGURA 7.40** Número de blocos de IP nos SOCs da Apple para o iPhone e o iPad entre 2010 e 2014 (Shao e Brooks, 2015).

caches, codificadores de vídeo e outros possuem projetos ajustáveis, que podem diminuir ou expandir para usar mais ou menos área e energia, para oferecer mais ou menos desempenho. Os orçamentos serão diferentes, dependendo se o SOC for para tablets ou para IoT. Assim, um bloco de IP deve ser expansível em área, energia e desempenho. Além disso, é especialmente importante que um novo bloco de IP ofereça uma versão para poucos recursos, pois pode não ter já uma pegada bem estabelecida no ecossistema do SOC; a adoção é muito mais fácil se a solicitação de recurso inicial puder ser modesta. A abordagem do Pixel Visual Core é um projeto multicore, permitindo que o engenheiro do SOC escolha entre 2 e 16 núcleos para corresponder à área e ao orçamento de energia e desempenho desejado.

Será interessante ver se a atratividade da integração faz com que a maioria dos processadores do datacenter venha das empresas tradicionais de CPU com aceleradores IP integrados para o die da DPU, ou se as empresas de sistemas continuarão projetando seus próprios aceleradores e incluindo CPUs IP em suas ASICs.

## Um conjunto de instruções aberto

Um desafio para os projetistas de DSAs é determinar como colaborar com uma CPU para executar o restante da aplicação. Se tiver que ser no mesmo SOC, então uma decisão importante é qual conjunto de instruções da CPU deve ser escolhido, pois até recentemente praticamente todos os conjuntos de instruções pertenciam a uma única empresa. Anteriormente, o primeiro passo prático de um SOC era assinar um contrato com uma empresa para fechar com o conjunto de instruções.

A alternativa era projetar seu próprio processador RISC customizado e portar um compilador e bibliotecas para ele. O custo e o incômodo de licenciar núcleos IP levaram a um número surpreendentemente grande de processadores RISC simples, do tipo "faça você mesmo" em SOCs. Um engenheiro da AMD estimou que havia 12 conjuntos de instruções em um microprocessador moderno!

O RISC-V oferece uma terceira opção: um conjunto de instruções livre e aberto, viável, com muito espaço de opcode reservado para adicionar instruções para coprocessadores específicos do domínio, o que permite a já mencionada integração mais de perto entre CPUs e DSAs. Os projetistas de SOC podem agora selecionar um conjunto de instruções padrão que vem com uma grande base de software de suporte sem ter que assinar um contrato.

Eles ainda precisam escolher o conjunto de instruções no início do projeto, mas não precisam escolher uma empresa e assinar um contrato. Eles mesmos podem projetar um núcleo RISC-V, podem comprar de uma das várias empresas que vendem blocos IP RISC-V, ou podem baixar um dos blocos IP RISC-V de código aberto desenvolvidos por outros. O último caso é semelhante ao software de código aberto, que oferece navegadores, compiladores, sistemas operacionais e assim por diante, que os voluntários mantêm para os usuários baixarem e usarem gratuitamente.

Como bônus, a natureza aberta do conjunto de instruções melhora o caso de negócios para as pequenas empresas que oferecem a tecnologia RISC-V, porque os clientes não precisam se preocupar com a viabilidade de longo prazo de uma empresa com seu próprio conjunto de instruções exclusivo.

Outra atração do RISC-V para os DSAs é que o conjunto de instruções não é tão importante quanto para processadores de uso geral. Se os DSAs são programados em níveis mais altos usando abstrações como DAGs ou padrões paralelos, como é o caso de Halide e TensorFlow, então há menos a ser feito no nível do conjunto de instruções. Além disso, em um mundo onde os custos de desempenho e o custo de energia advêm da adição de DSAs, a compatibilidade binária pode não desempenhar um papel tão importante quanto no passado.

No momento de escrita desta edição, o futuro do conjunto de instruções RISC-V aberto parece ser promissor. (Gostaríamos de poder olhar para o futuro e descobrir o estado do RISC-V de agora até a próxima edição deste livro!)

## 7.9 JUNTANDO TUDO: CPUS *VERSUS* GPUS *VERSUS* ACELERADORES DNN

Agora usamos o domínio DNN para comparar o desempenho de custo dos aceleradores neste capítulo.[2] Começamos com uma comparação completa da TPU com as CPUs e GPUs padrão e, em seguida, adicionamos rápidas comparações com o Catapult e o Pixel Visual Core.

A Figura 7.41 mostra os seis benchmarks que usamos nesta comparação. Eles consistem em dois exemplos de cada um dos três tipos de DNNs da Seção 7.3. Esses seis benchmarks representam 95% da carga de trabalho de inferência da TPU nos datacenters da Google em 2016. Normalmente escritos em TensorFlow, eles são surpreendentemente curtos: apenas 100 a 1500 linhas de código. São pequenos pedaços de aplicações maiores que são executados no servidor host, que podem ter de milhares a milhões de linhas de código C++. As aplicações são tipicamente voltadas para o usuário, o que leva a limites rígidos de tempo de resposta, como veremos.

As Figuras 7.42 e 7.43 mostram os chips e servidores sendo comparados. Eles são computadores da classe servidor implantados nos datacenters da Google ao mesmo tempo em que as TPUs foram implantadas. Para serem implantadas nos datacenters da Google, elas devem pelo menos verificar se há erros internos de memória, o que exclui algumas opções, como a GPU Nvidia Maxwell. Para que a Google as comprasse e implantasse, as máquinas tinham que ser configuradas de maneira razoável, e não com artefatos desajeitados e montados apenas para ganhar benchmarks.

O servidor de CPU tradicional é representado por um processador Haswell de dois soquetes de 18 núcleos da Intel. Essa plataforma também é o servidor host para GPUs ou TPUs.

---

[2] Esta seção, em grande parte, é baseada no artigo "In-Datacenter Performance Analysis of a Tensor Processing Unit" (Jouppi et al., 2017), do qual um dos autores deste livro foi coautor.

| Nome | LDC | Camadas DNN | | | | | Pesos | Ops. TPU/ Peso | % TPUs implantadas em 2016 |
| | | TC | Conv | Elemento | Pool | Total | | | |
| --- | --- | --- | --- | --- | --- | --- | --- | --- | --- |
| MLP0 | 100 | 5 | | | | 5 | 20M | 200 | 61% |
| MLP1 | 1.000 | 4 | | | | 4 | 5M | 168 | |
| LSTM0 | 1.000 | 24 | | 34 | | 58 | 52M | 64 | 29% |
| LSTM1 | 1.500 | 37 | | 19 | | 56 | 34M | 96 | |
| CNN0 | 1.000 | | 16 | | | 16 | 8M | 2.888 | 5% |
| CNN1 | 1.000 | 4 | 72 | | 13 | 89 | 100M | 1.750 | |

**FIGURA 7.41** Seis aplicações DNN (duas por tipo de DNN) que representam 95% da carga de trabalho da TPU.

As 10 colunas são: o nome da DNN; o número de linhas de código; os tipos e número de camadas na DNN (TC é totalmente conectado; Conv é convolução; Elemento é a operação por elemento da LSTM, conforme a Seção 7.3; e Pool é pooling, que é um estágio de downsizing que substitui um grupo de elementos por sua média ou valor máximo); o número de pesos; intensidade operacional da TPU; e a popularidade da aplicação TPU em 2016. A intensidade operacional varia entre TPU, CPU e GPU, pois os tamanhos de lote variam. A TPU pode ter lotes com tamanhos maiores, enquanto ainda permanece sob o limite do tempo de resposta. Uma DNN é RankBrain (Clark, 2015), uma LSTM é GNM Translate (Wu et al., 2016) e uma CNN é DeepMind AlphaGo (Silver et al., 2016; Jouppi, 2016).

| Chip model | mm$^2$ | nm | MHz | TDP | Medido | | TOPS/s | | GB/s | Memória no chip |
| | | | | | Ocioso | Ocupado | 8b | FP | | |
| --- | --- | --- | --- | --- | --- | --- | --- | --- | --- | --- |
| Intel Haswell | 662 | 22 | 2300 | 145W | 41W | 145W | 2,6 | 1,3 | 51 | 51 MiB |
| NVIDIA K80 | 561 | 28 | 560 | 150W | 25W | 98W | – | 2,8 | 160 | 8 MiB |
| TPU | <331* | 28 | 700 | 75W | 28W | 40W | 92 | – | 34 | 28 MiB |

*O tamanho do die da TPU é menos da metade do tamanho do die da Haswell.

**FIGURA 7.42** Os chips usados pelos servidores testados pelo benchmark são CPUs Haswell, GPUs K80 e TPUs. Haswell tem 18 núcleos e a K80 tem 13 processadores SMX.

| Servidor | Dies/Servidor | DRAM | TDP | Potência medida | |
| | | | | Ocioso | Ocupado |
| --- | --- | --- | --- | --- | --- |
| Intel Haswell | 2 | 256 GiB | 504W | 159W | 455W |
| NVIDIA K80 (2 dies/placa) | 8 | 256 GiB (host)+12 GiB × 8 | 1.838W | 357W | 991W |
| TPU | 4 | 256 GiB (host)+8 GiB × 4 | 861W | 290W | 384W |

**FIGURA 7.43** Servidores testados pelo benchmark, que usam os chips da Figura 7.42.

A TPU de baixa potência permite uma melhor densidade em nível de rack do que a GPU de alta potência. Os 8 GiB de DRAM por TPU tem memória ponderada.

Haswell é fabricado em um processo Intel de 22 nm. Tanto CPU quanto GPU são dies muito grandes: cerca de 600 mm$^2$!

O acelerador da GPU é o Nvidia K80. Cada placa K80 contém dois dies e oferece SECDED na memória interna e na DRAM. A Nvidia afirma que (Nvidia, 2016)

> o K80 Accelerator reduz drasticamente o custo do datacenter ao fornecer desempenho de aplicações com menos servidores, mais potentes.

Os pesquisadores de DNN frequentemente usaram o K80 em 2015, quando foram implantados na Google. Observe que os K80 também foram escolhidos para novas GPUs baseadas em nuvem pelo Amazon Web Services e pelo Microsoft Azure no final de 2016.

Como o número de dies por servidor testado varia entre 2 e 8, as figuras a seguir mostram resultados normalizados por matriz, exceto a Figura 7.50, que compara o desempenho/watt de servidores inteiros.

## Desempenho: rooflines, tempo de resposta e throughput

Para ilustrar o desempenho dos seis benchmarks nos três processadores, adaptamos o modelo de desempenho Roofline do Capítulo 4. Para usar o modelo Roofline para a TPU, quando as aplicações DNN são quantizadas, primeiro substituímos as operações de ponto flutuante por operações de multiplicação-acumulação de inteiros. Como os pesos normalmente não cabem na memória do chip para aplicações DNN, a segunda mudança é redefinir a intensidade operacional para operações inteiras por byte de pesos lidos (Figura 7.41).

A Figura 7.44 mostra o modelo Roofline para um único TPU em escalas log-log. O TPU tem uma parte longa "inclinada" de seu Roofline, onde a intensidade operacional significa que o desempenho é limitado pela largura de banda da memória, e não pelo pico de computação. Cinco das seis aplicações estão batendo suas cabeças alegremente contra o teto: os MLPs e LSTMs são ligados à memória e os CNNs são ligados à computação. O DNN único que não está batendo a cabeça contra o teto é CNN1. Apesar das CNNs possuírem uma intensidade operacional muito alta, a CNN1 está operando em apenas 14.1 Tera Operations Por Segundo (TOPS), enquanto a CNN0 opera em 86 TOPS satisfatórios.

Para os leitores interessados em aprofundar no que aconteceu com a CNN1, a Figura 7.45 usa contadores de desempenho para dar visibilidade parcial da utilização da TPU. A TPU gasta menos da metade de seus ciclos executando operações de matriz para CNN1 (coluna 7, linha 1). Em cada um desses ciclos ativos, apenas cerca de metade dos 65.536 MACs possui pesos úteis porque algumas camadas na CNN1 têm profundidades de recursos

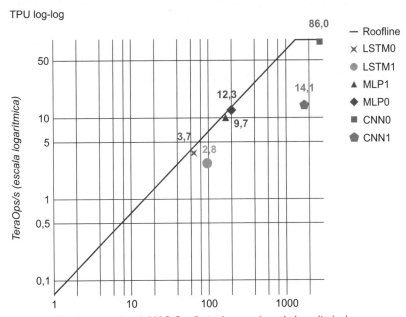

**FIGURA 7.44** Roofline da TPU. Seu cume está muito à direita, em 1350 operações de multiplicação-acumulação por byte de memória de peso.

A CNN1 está muito mais abaixo da linha de Roofline do que as outras DNNs, porque gasta cerca de um terço do tempo esperando que os pesos sejam carregados na unidade de matrizes e porque a profundidade rasa de algumas camadas na CNN resulta em apenas metade dos elementos dentro da unidade de matrizes mantendo valores úteis (Jouppi et al., 2017).

| Aplicação | MLP0 | MLP1 | LSTM0 | LSTM1 | CNN0 | CNN1 | Média | Linha |
|---|---|---|---|---|---|---|---|---|
| Ciclos ativos do array | 12,7% | 10,6% | 8,2% | 10,5% | 78,2% | 46,2% | 28% | 1 |
| MACs úteis na matriz de 64K (% pico) | 12,5% | 9,4% | 8,2% | 6,3% | 78,2% | 22,5% | 23% | 2 |
| MACs não usados | 0,3% | 1,2% | 0,0% | 4,2% | 0,0% | 23,7% | 5% | 3 |
| Ciclos de parada do peso | 53,9% | 44,2% | 58,1% | 62,1% | 0,0% | 28,1% | 43% | 4 |
| Ciclos de desvio do peso | 15,9% | 13,4% | 15,8% | 17,1% | 0,0% | 7,0% | 12% | 5 |
| Ciclos não da matriz | 17,5% | 31,9% | 17,9% | 10,3% | 21,8% | 18,7% | 20% | 6 |
| Paradas RAW | 3,3% | 8,4% | 14,6% | 10,6% | 3,5% | 22,8% | 11% | 7 |
| Paradas de dados de entrada | 6,1% | 8,8% | 5,1% | 2,4% | 3,4% | 0,6% | 4% | 8 |
| TeraOp/s (92 pico) | 12,3 | 9,7 | 3,7 | 2,8 | 86,0 | 14,1 | 21,4 | 9 |

**FIGURA 7.45** Fatores que limitam o desempenho da TPU da carga de trabalho NN com base nos contadores de desempenho de hardware. As linhas 1, 4, 5 e 6 totalizam 100% e são baseadas em medições da atividade da unidade de matrizes. As linhas 2 e 3 dividem ainda mais a fração de 64 K pesos na unidade de matrizes que contém pesos úteis em ciclos ativos. Nossos contadores não podem explicar exatamente a hora em que a unidade de matrizes está ociosa na linha 6; as linhas 7 e 8 mostram contadores para dois possíveis motivos, incluindo riscos de pipeline RAW e paradas de entrada no barramento PCIe. A linha 9 (TOPS) é baseada em medições de código de produção, enquanto as outras linhas são baseadas em medições de contador de desempenho, portanto, não são perfeitamente consistentes. A sobrecarga do servidor host é excluída aqui. MLPs e LSTMs são limitados pela largura de banda de memória, mas as CNNs não são. Os resultados da CNN1 são explicados no texto.

superficiais. Cerca de 35% dos ciclos são gastos aguardando que os pesos sejam carregados da memória para a unidade de matrizes, o que ocorre durante as quatro camadas totalmente conectadas que trabalham a uma intensidade operacional de apenas 32. Isso deixa aproximadamente 19% dos ciclos não explicados pelos contadores relacionados à matriz. Devido à execução sobreposta na TPU, não temos uma contabilidade exata para esses ciclos, mas podemos ver que 23% dos ciclos têm paradas para as dependências RAW na pipeline e que 1% são gastos parados aguardando a entrada no barramento PCIe.

As Figuras 7.46 e 7.47 mostram as Rooflines para Haswell e K80. As seis aplicações NN estão geralmente mais abaixo de seus tetos do que a TPU na Figura 7.44. Os limites no tempo de resposta são o motivo. Muitas dessas aplicações DNN são partes de serviços que

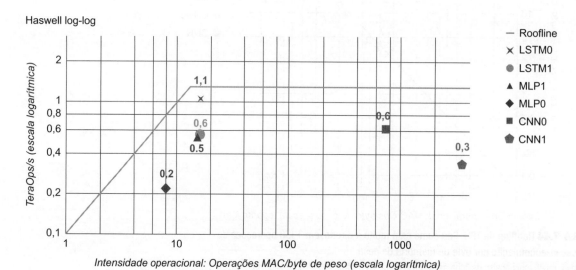

**FIGURA 7.46** Roofline da CPU Haswell da Intel, com seu ponto máximo em 13 operações de multiplicação-acumulação/byte, que é muito mais à esquerda do que na Figura 7.44.

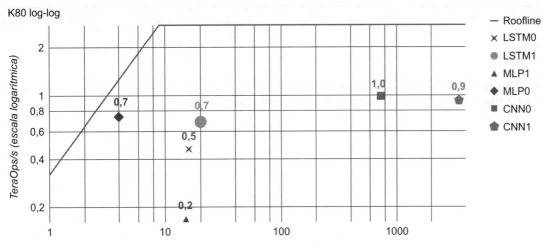

**FIGURA 7.47** Roofline do die da GPU NVIDIA K80.
A largura de banda de memória muito mais alta move o ponto máximo para 9 operações de multiplicação-acumulação por byte de peso, que ainda é muito mais à esquerda do que na Figura 7.46.

compõem os serviços voltados para o usuário final. Pesquisadores demonstraram que pequenos aumentos no tempo de resposta fazem com que os clientes usem menos determinado serviço (ver Capítulo 6). Assim, embora o treinamento possa não ter prazos rígidos para o tempo de resposta, a inferência normalmente tem. Ou seja, a inferência só se preocupa com o throughput, enquanto mantém a latência limitada.

A Figura 7.48 ilustra o impacto do limite de tempo de resposta do 99° percentil de 7 ms para o MLP0 no Haswell e no K80, que foi exigido pelo desenvolvedor da aplicação. (As inferências por segundo e latência de 7 ms incluem o tempo do host do servidor e também o tempo do acelerador.) Elas podem operar a 42% e 37%, respectivamente, com o throughput mais alto possível para MLP0, se o limite do tempo de resposta for aliviado. Assim, embora CPUs e GPUs tenham um throughput potencialmente muito maior, isso é desperdiçado se elas não atingirem o limite de tempo de resposta. Esses limites também afetam a TPU, mas, em 80% na Figura 7.48, ela está operando muito mais perto de seu mais alto throughput MLP0. Em comparação com CPUs e GPUs, a TPU de único thread não possui nenhum dos sofisticados recursos de microarquitetura discutidos na Seção 7.1, que consomem transistores e energia para melhorar o caso médio, mas não o caso do 99° percentil.

| Tipo | Lote | 99ª resposta | Inf/s (IPS) | % máx IPS |
|---|---|---|---|---|
| CPU | 16 | 7,2 ms | 5.482 | 42% |
| CPU | 64 | 21,3 ms | 13.194 | 100% |
| GPU | 16 | 6,7 ms | 13.461 | 37% |
| GPU | 64 | 8,3 ms | 36.465 | 100% |
| TPU | 200 | 7,0 ms | 225.000 | 80% |
| TPU | 250 | 10,0 ms | 280.000 | 100% |

**FIGURA 7.48** 99° tempo de resposta e throughput por die (IPS) para MLP0 com a variação do tamanho do lote.
A latência mais longa permitida é de 7 ms. Para a GPU e a TPU, o throughput MLP0 máximo é limitado pelo overhead do servidor host.

| Tipo | MLP0 | MLP1 | LSTM0 | LSTM1 | CNN0 | CNN1 | Média |
|------|------|------|-------|-------|------|------|-------|
| GPU | 2,5 | 0,3 | 0,4 | 1,2 | 1,6 | 2,7 | 1,9 |
| TPU | 41,0 | 18,5 | 3,5 | 1,2 | 40,3 | 71,0 | 29,2 |
| Ratio | 16,7 | 60,0 | 8,0 | 1,0 | 25,4 | 26,3 | 15,3 |

**FIGURA 7.49** Desempenho da GPU K80 e TPU em relação à CPU para a carga de trabalho da DNN.
A média utiliza o mix real das seis aplicações da Figura 7.41. O desempenho relativo para a GPU e a TPU inclui o overhead do servidor host. A Figura 7.48 corresponde à segunda coluna desta tabela (MLP0), mostrando o IPS relativo que cumpre o limite de latência de 7 ms.

A Figura 7.49 fornece a conclusão do desempenho de inferência relativo por die, incluindo o overhead do servidor host para os dois aceleradores. Lembre-se de que os arquitetos usam a média geométrica quando não conhecem o mix real de programas que serão executados. Para essa comparação, no entanto, *conhecemos* o mix (Figura 7.41). A média ponderada na última coluna da Figura 7.49 usando o mix real torna a GPU até 1,9 vezes e a TPU 29,2 vezes mais rápida que a CPU, de modo que a TPU é 15,3 vezes mais rápida que a GPU.

## Custo-desempenho, TCO e Desempenho/watt

Ao comprar computadores aos milhares, o custo-desempenho supera o desempenho geral. A melhor métrica de custo em um datacenter é o custo total de propriedade (TCO — Total Cost of Ownership). O preço real que a Google paga por milhares de chips depende das negociações entre as empresas envolvidas. Por motivos comerciais, a Google não pode publicar informações de preços ou dados que possam ser usados para deduzi-los. No entanto, a potência está correlacionada com o TCO, e a Google pode publicar watts por servidor. Por isso, usamos o desempenho/watt como nosso proxy para o desempenho/TCO. Nesta seção, comparamos os servidores (Figura 7.43) em vez dos dies isolados (Figura 7.42).

A Figura 7.50 mostra o desempenho médio ponderado por watt da GPU K80 e da TPU em relação à CPU Haswell. Apresentamos dois cálculos diferentes de desempenho/watt. O primeiro ("total") inclui a potência consumida pelo servidor da CPU host ao calcular o desempenho/watt da GPU e da TPU. O segundo ("incremental") subtrai a potência do servidor da CPU host do total para a GPU e a TPU antecipadamente.

Para o desempenho total/watt, o servidor K80 é $2,1 \times$ Haswell. Para o desempenho incremental/watt, quando a potência Haswell é omitida, o servidor K80 é $2,9 \times$.

O servidor TPU tem 34 vezes melhor desempenho total/watt que o Haswell, o que faz com que o servidor TPU tenha 16 vezes o desempenho/watt do servidor K80. O desempenho/watt incremental relativo — que foi a justificativa da Google para um ASIC personalizado — é de 83 para a TPU, o que eleva a TPU para 29 vezes o desempenho/watt da GPU.

## Avaliando o Catapult e o Pixel Visual Core

O Catapult V1 executa CNNs $2,3 \times$ mais rápido que um servidor de 2,1 GHz, 16 núcleos e dois soquetes (Ovtcharov et al., 2015a). Usando a próxima geração de FPGAs (Arria 10 de 14 nm), o desempenho sobe $7 \times$, e talvez até $17 \times$, com planejamento e ampliação mais cuidadosos dos Elementos de Processamento (Ovtcharov et al., 2015b). Em ambos os casos, o Catapult aumenta a potência em menos de $1,2 \times$. Embora sejam maçãs comparadas com laranjas, a TPU executa suas CNNs de $40 \times$ a $70 \times$ em comparação com um servidor um pouco mais rápido (consulte as Figuras 7.42, 7.43 e 7.49).

Como o Pixel Visual Core e a TPU são fabricados pela Google, a boa notícia é que podemos comparar diretamente o desempenho para o CNN1, que é uma DNN comum, embora

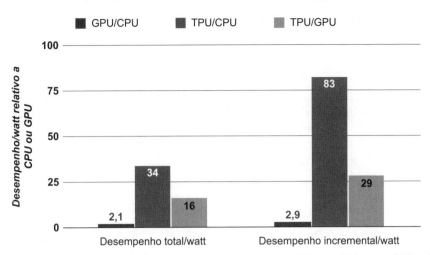

**FIGURA 7.50** Desempenho/watt relativo entre servidores com GPU e TPU e servidores com CPU ou GPU. O desempenho total/watt inclui a potência do servidor host, mas o desempenho incremental não. Esta é uma métrica bastante citada, mas a usamos como um substituto para desempenho/TCO no datacenter.

tenha sido traduzida do TensorFlow. Ele é executado com tamanho de lote de 1 em vez de 32, como na TPU. A TPU executa o CNN1 cerca de 50 vezes mais rápido que o Pixel Visual Core, o que torna o Pixel Visual Core mais ou menos tão rápido quanto a GPU e um pouco mais rápido que o Haswell. O desempenho incremental/watt para o CNN1 aumenta o Pixel Visual Core para cerca de metade da TPU, 25 vezes a GPU e 100 vezes a CPU. Como o Intel Crest foi projetado para treinamento, em vez de inferência, não seria justo incluí-lo nesta seção, mesmo que estivesse disponível para medição.

## 7.10 FALÁCIAS E ARMADILHAS

Nestes primeiros dias das DSAs e DNNs, surgem muitas falácias.

A Figura 7.51 mostra um gráfico de um artigo que desmascara o amplamente citado mito de US$100 milhões que era "apenas" US$50 milhões, com a maior parte do custo sendo salários (Olofsson, 2011). Observe que a estimativa do autor é para processadores sofisticados, que incluem recursos que as DSAs, por definição, omitem; por isso, mesmo que não haja melhorias no processo de desenvolvimento, você esperaria que o custo do projeto de uma DSA fosse menor.

**Falácia**

Custa US$100 milhões para projetar um chip customizado.

Por que estamos mais otimistas seis anos depois, quando os custos de máscara são ainda maiores para as tecnologias de processo menores?

Primeiro, o software é a maior categoria, com quase um terço do custo. A disponibilidade de aplicações escritas em linguagens específicas do domínio permite que os compiladores façam a maior parte do trabalho de portar as aplicações para a sua DSA, como vimos para a TPU e o Pixel Visual Core. O conjunto de instruções RISC-V aberto também ajudará a reduzir o custo de obtenção de software do sistema, além de reduzir os grandes custos de IP.

Os custos com máscara e fabricação podem ser reduzidos por meio de múltiplos projetos compartilhando uma única retícula. Contanto que você tenha um chip pequeno, por incrível que pareça, por US$30.000, qualquer um pode obter 100 peças não testadas em tecnologia de TSMC de 28 nm (Patterson e Nikolic, 2015).

Talvez a maior mudança seja a engenharia de hardware, que é mais do que um quarto do custo total. Os engenheiros de hardware começaram a seguir seus colegas de software

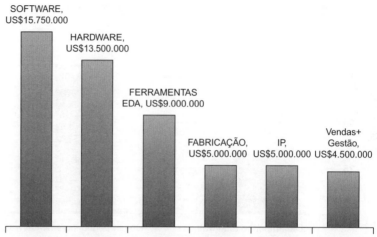

**FIGURA 7.51** O detalhamento do custo de US$50 milhões de uma ASIC customizada, que veio de outros levantamentos (Olofsson, 2011).
O autor escreveu que sua empresa gasta apenas US$2 milhões para a sua ASIC.

para usar o desenvolvimento ágil. O processo tradicional do hardware não só tem fases separadas para requisitos de projeto, arquitetura, projeto lógico, layout, verificação e assim por diante, mas também usa diferentes cargos para as pessoas que executam cada uma das fases. Esse processo é pesado no planejamento, documentação e cronograma, em parte devido à mudança de pessoal em cada fase.

O software também seguia esse modelo de "cascata", mas os projetos ficavam quase sempre atrasados, acima do orçamento e até cancelados, o que levava a uma abordagem radicalmente diferente. O Manifesto Ágil em 2001 basicamente dizia que era muito mais provável que uma pequena equipe que repetisse um protótipo incompleto, mas funcionando, mostrado regularmente aos clientes, produzia software útil dentro do cronograma e do orçamento, mais do que a abordagem tradicional de planejar-e-documentar do processo em cascata.

Pequenas equipes de hardware agora fazem iterações ágeis (Lee et al., 2016). Para melhorar a longa latência de uma fabricação de chips, os engenheiros fazem algumas iterações usando FPGAs, porque os sistemas de projeto modernos podem produzir o EDIF para FPGAs e o layout de chips a partir de um único projeto. Os protótipos do FPGA são 10 a 20 vezes mais lentos que os chips, mas isso ainda é muito mais rápido do que os simuladores. Eles também fazem iterações "tape-in", em que você faz todo o trabalho de "tape-out" para o seu protótipo funcional, mas incompleto, mas não paga os custos de fabricar um chip.

**Armadilha**

Contadores de desempenho acrescentados como uma reflexão tardia para o hardware de DSA.

**Falácia**

Os arquitetos estão se esforçando para realizar as tarefas certas para a DNN.

Além de um processo de desenvolvimento aprimorado, linguagens de projeto de hardware mais modernas para apoiá-los (Bachrach et al., 2012) e avanços na geração automática de hardware a partir de linguagens específicas de domínio de alto nível (Canis et al., 2013; Huang et al., 2016; Prabhakar et al., 2016). Os núcleos de código aberto que você pode baixar gratuitamente e modificar também devem reduzir o custo do projeto do hardware.

A TPU tem 106 contadores de desempenho e os projetistas queriam ainda mais (ver Figura 7.45). A razão de ser das DSAs é o desempenho, e é muito cedo na sua evolução para ter uma boa ideia sobre o que está acontecendo.

A comunidade de arquitetura está prestando atenção à aprendizagem profunda: 15% dos artigos da ISCA 2016 eram sobre aceleradores de hardware para DNNs! Infelizmente, todos os nove artigos analisaram as CNNs e apenas dois mencionaram outras DNNs. As CNNs são mais complexas do que as MLPs e são proeminentes nas competições de DNN

(Russakovsky et al., 2015), o que pode explicar seu fascínio, mas são apenas cerca de 5% da carga de trabalho NN do datacenter da Google. Parece sensato tentar acelerar MLPs e LSTMs com pelo menos tanto gosto.

IPS não é apropriado como um resumo de desempenho geral e único para o hardware de DNN, porque é simplesmente o inverso da complexidade da inferência típica na aplicação (por exemplo, o número, o tamanho e o tipo de camadas NN). Por exemplo, a TPU executa MLP1 de 4 camadas em 360.000 IPS, mas executa CNN1 de 89 camadas em apenas 4.700 IPS; assim, a IPS da TPU varia em 75 vezes! Portanto, usar a IPS como resumo de velocidade única é muito mais equivocado para os aceleradores NN do que MIPS ou FLOPS para os processadores tradicionais; portanto, IPS deve ser ainda mais depreciativo. Para comparar melhor as máquinas DNN, precisamos de um pacote de benchmark escrito em alto nível para transportá-lo para a grande variedade de arquiteturas DNN. O Fathom é uma nova tentativa promissora para se obter tal conjunto de benchmark (Adolf et al., 2016).

Ideias que não voam para a computação de uso geral podem ser ideais para as DSAs; portanto, os arquitetos com conhecimento histórico podem ter uma vantagem competitiva. Para a TPU, três características arquitetônicas importantes datam do início da década de 1980: arrays sistólicos (Kung e Leiserson, 1980), acesso/execução desacoplados (Smith, 1982b) e instruções CISC (Patterson e Ditzel, 1980). A primeira reduzia a área e a potência da grande Unidade de Multiplicação de Matrizes, a segunda buscava pesos simultaneamente durante a operação da Unidade de Multiplicação de Matrizes, e a terceira utilizava melhor a largura de banda limitada do barramento PCIe para fornecer instruções. Aconselhamos o estudo das seções de perspectivas históricas, ao final de cada capítulo deste livro, para descobrir as joias que podem embelezar as DSAs que você projeta.

## 7.11  COMENTÁRIOS FINAIS

Neste capítulo, vimos vários exemplos comerciais da mudança recente do objetivo tradicional de melhorar os computadores de uso geral para que todos os programas se beneficiem da aceleração de um subconjunto de programas com as arquiteturas específicas do domínio (DSA).

Ambas as versões do Catapult preservaram a homogeneidade do datacenter projetando uma pequena placa FPGA de baixo consumo que caberia dentro de um servidor. A esperança é que a flexibilidade das FPGAs permita que o Catapult seja útil para muitas aplicações atuais e novas que surgiram após a implantação. O Catapult executa pontuações de busca e CNNs mais rápido que as GPUs, oferecendo um ganho de 1,5 a 1,75 no desempenho/ TCO para a pontuação em relação a CPUs.

O projeto da TPU, na verdade, começou com FPGAs, mas os abandonou quando os projetistas concluíram que as FPGAs da época não eram competitivos em desempenho em comparação com as GPUs. Eles também acreditavam que a TPU usaria muito menos energia do que as GPUs, sendo tão rápida ou mesmo mais rápida, potencialmente tornando a TPU muito melhor do que as FPGAs e GPUs. Por fim, a TPU não foi o dispositivo que quebrou a homogeneidade do datacenter na Google, porque alguns servidores em seus datacenters já tinham GPUs. A TPU basicamente seguiu os passos da GPU e era apenas outro tipo de acelerador.

Os custos de engenharia não recorrentes foram provavelmente muito mais altos para a TPU do que para o Catapult, mas as recompensas também foram maiores: tanto o desempenho absoluto quanto o desempenho/watt foram muito maiores para uma ASIC do que para uma FPGA. O risco era de que a TPU fosse apropriada apenas para a inferência da DNN, mas, como dissemos, as DNNs são um alvo atraente porque podem ser usadas para muitas

**Falácia**

Para o hardware de DNN, inferências por segundo (IPS) é uma métrica justa para o resumo do desempenho.

**Armadilha**

Ignorar a história da arquitetura ao projetar uma DSA.

aplicações. Em 2013, a administração da Google deu um salto de fé ao confiar que os requisitos da DNN de 2015 em diante justificariam o investimento na TPU.

O modelo de execução determinístico do Catapult e da TPU corresponde melhor ao prazo de tempo de resposta das aplicações voltadas para o usuário do que as otimizações de CPUs e GPUs variáveis no tempo (caches, execução fora de ordem, multithreading, multiprocessamento, pré-busca etc.), que ajudam no throughput médio mais do que na latência. A falta de tais recursos ajuda a explicar por que, apesar de ter inúmeras ALUs e uma grande memória, a TPU é relativamente pequena e de baixa potência. Essa conquista sugere um "corolário requintado" para a Lei de Amdahl: *a baixa utilização de um recurso enorme e barato ainda pode proporcionar um desempenho alto e econômico.*

Em resumo, a TPU foi bem-sucedida para DNNs devido à grande unidade de matrizes; a memória substancial no chip controlada por software; a capacidade de executar modelos inteiros de inferência para reduzir a dependência da CPU do host; um modelo de execução determinístico e de único thread, que provou ser uma boa combinação para limites de tempo de resposta do $99°$ percentil; flexibilidade suficiente para coincidir com as DNNs de 2017, bem como as de 2013; a omissão de recursos de uso geral que possibilitaram um die pequeno e de baixo consumo de energia, apesar do maior caminho de dados e memória; o uso de inteiros de 8 bits pelas aplicações quantizadas; e o fato de que as aplicações eram escritas usando TensorFlow, o que facilitou sua portabilidade para a DSA em alto desempenho, em vez de precisar reescrevê-las para que funcionassem bem em um hardware muito diferente.

O Pixel Visual Core demonstrou as restrições de projetar uma DSA para um PMD em termos de tamanho do die e de potência. Ao contrário da TPU, é um processador separado do host, que busca suas próprias instruções. Apesar de ser voltado principalmente para a visão do computador, o Pixel Visual Core pode executar CNNs de uma a duas ordens de grandeza melhor em desempenho/watt do que a GPU K80 e a CPU Haswell.

É muito cedo para julgar o Intel Crest, embora seu anúncio entusiasta do CEO da Intel sinalize uma mudança no cenário da computação.

## Um renascimento da arquitetura

Pelo menos nos últimos dez anos, os pesquisadores em arquitetura têm publicado inovações baseadas em simulações usando benchmarks limitados, alegando melhorias para processadores de uso geral de *10% ou menos*, enquanto as empresas estão relatando ganhos de produtos de hardware DSA de *10 vezes ou mais*.

Achamos que isso é um sinal de que o campo está passando por uma transformação, e esperamos ver um renascimento na inovação da arquitetura na próxima década, devido a:

- O fim histórico da escalada de Dennard e da Lei de Moore, o que significa que, para melhorar o custo-energia-desempenho, será preciso inovar a arquitetura de computadores.
- A produtividade avança na construção de hardware tanto do desenvolvimento ágil do hardware quanto de novas linguagens de projeto de hardware que alavancam os avanços nas linguagens de programação modernas.
- O custo reduzido do desenvolvimento de hardware devido a conjuntos de instruções gratuitos e abertos, blocos IP de código aberto e blocos IP comerciais (que até o momento é o local onde se encontra a maioria das DSAs).
- As melhorias mencionadas acima em produtividade e custo de desenvolvimento significam que os pesquisadores podem demonstrar suas ideias construindo-as em FPGAs ou mesmo em chips personalizados, em vez de tentar convencer os céticos com simuladores.

- O potencial elevado das DSAs e sua sinergia com linguagens de programação específicas de domínio.

Acreditamos que muitos pesquisadores em arquitetura montarão DSAs que levantarão ainda mais a barra do que aquelas discutidas neste capítulo. E esperamos ansiosamente para ver como será o mundo da arquitetura de computadores na próxima edição deste livro!

## 7.12 PERSPECTIVAS HISTÓRICAS E REFERÊNCIAS

A Seção M.9 (disponível on-line) aborda o desenvolvimento das DSAs.

## ESTUDOS DE CASO E EXERCÍCIOS POR CLIFF YOUNG

### Estudo de caso: TPU da Google e aceleração de DNNs
#### Conceitos ilustrados por este estudo de caso
- Estrutura de operações de multiplicação de matrizes
- Capacidades de memórias e taxas de cálculos ("speeds and feeds") para um modelo de rede neural simples
- Construção de uma ISA de uso especial
- Ineficiências no mapeamento entre convoluções e hardware de TPU
- Aritmética de ponto fixo
- Aproximação de função

**7.1** [10/20/10/25/25] <7.3,7.4> A multiplicação de matriz é uma operação importante, com suporte do hardware por meio da TPU. Antes de entrar nos detalhes do hardware da TPU, vale a pena analisar o cálculo em si da multiplicação de matrizes. Uma forma comum de representar a multiplicação de matrizes é com o seguinte loop triplamente aninhado:

```
float a[M][K], b[K][N], c[M][N];
// M,N e K são constantes.
for(int i = 0;i < M; ++i)
        for(int j = 0; j < N; ++j)
                for(int k = 0; k < K; ++k)
                        c[i][j] + = a[i][k]*b[k][j];
```

**a.** [10] Suponha que M, N e K sejam todos iguais. Qual é a complexidade assintótica no tempo desse algoritmo? Qual é a complexidade assintótica no espaço dos argumentos? O que isso significa para a intensidade operacional da multiplicação de matrizes à medida que M, N e K aumentam?

**b.** [20] Suponha que M = 3, N = 4 e K = 5, de modo que todas as dimensões sejam primas entre si. Escreva a ordem dos acessos aos locais de memória em cada uma das três matrizes A, B e C (você poderia começar com índices bidimensionais e depois traduzi-los em endereços de memória ou offsets a partir do início de cada matriz). Para quais matrizes os elementos são acessados sequencialmente? Para quais não são? Considere uma ordenação de memória por linha (padrão na linguagem C).

**c.** [10] Suponha que você transponha a matriz B, trocando seus índices para que eles sejam B[N][K]. Então, agora a instrução mais interna do loop se parece com:

```
c[i][j] += a[i][k] * b[j][k];
```

Agora, para quais matrizes os elementos são acessados sequencialmente?

**d.** [25] O loop mais interno (indexado por k) de nossa rotina original executa uma operação de produto de ponto. Suponha que você receba uma determinada unidade de hardware que possa executar um produto de ponto de 8 elementos com mais eficiência do que o código C puro, comportando-se efetivamente como essa função C:

```
void hardware_dot(float*accumulator,
    const float *a_slice, const float *b_slice){
        float total = 0.;
        for(int k = 0; k < 8; ++k){
                total += a_slice[k] * b_slice[k];
        }
        *accumulator += total;
    }
```

Como você reescreveria a rotina com a matriz B do item (c) transposta para usar essa função?

**e.** [25] Suponha que, em vez disso, você receba uma unidade de hardware que executa uma operação "saxpy" de 8 elementos, que se comporta como esta função em C:

```
void hardware_saxpy(float *accumulator,
    float a, const float *input){
        for(int k = 0; k < 8; ++k){
                accumulator[k] += a * input[k];
        }
    }
```

Escreva outra rotina que usa a primitiva saxpy para oferecer resultados equivalentes ao loop original, sem a ordenação com memória transposta para a matriz B.

**7.2** [15/10/10/20/15/15/20/20] <7.3,7.4> Considere o modelo de rede neural MLP0 da Figura 7.5. Esse modelo tem 20 M pesos em cinco camadas totalmente conectadas (os pesquisadores de redes neurais contam a camada de entrada como se fosse uma camada na pilha, mas não tem pesos associados a ela). Para simplificar, vamos supor que essas camadas tenham o mesmo tamanho, de modo que cada camada mantém 4 M pesos. Então, suponha que cada camada tenha geometria idêntica, de modo que cada grupo de 4 M pesos represente uma matriz de 2 K*2 K. Como a TPU normalmente usa valores numéricos de 8 bits, 20 M pesos ocupam 20 MB.

**a.** [15] Para tamanhos de lote de 128, 256, 512, 1024 e 2048, quais são os tamanhos das ativações de entrada para cada camada do modelo (que, com exceção da camada de entrada, também são as ativações de saída da camada anterior)? Agora, considerando o modo inteiro (ou seja, há apenas a entrada da primeira camada e a saída da última camada), para cada tamanho de lote, qual é o tempo de transferência para entrada e saída através do PCIe Gen3 x16, que tem uma velocidade de transferência de cerca de 100 Gibit/s?

**b.** [10] Dada a velocidade do sistema de memória de 30 GiB/s, forneça um limite inferior para o tempo que a TPU leva para ler da memória os pesos do modelo MLP0. Quanto tempo leva para a TPU ler da memória um "bloco" de $256 \times 256$ pesos?

**c.** [10] Mostre como calcular as 92 T operações/segundo da TPU, visto que sabemos que o multiplicador de matrizes do array sistólico tem $256 \times 256$ elementos, cada um executando uma operação de multiplicação-acumulação de 8 bits

(MAC) em cada ciclo. Em termos de marketing da computação de alto desempenho, um MAC conta como duas operações.

**d.** [20] Uma vez que um bloco de peso tenha sido carregado na unidade de matrizes da TPU, ele pode ser reutilizado para multiplicar um vetor de entrada de 256 elementos pela matriz de pesos de $256 \times 256$ representada pelo bloco para produzir um vetor de saída de 256 elementos a cada ciclo. Quantos ciclos se passam durante o tempo que leva para carregar um bloco de peso? Este é o tamanho do lote de "equilíbrio", onde os tempos de cálculo e carga da memória são iguais, também conhecidos como "cume" da roofline.

**e.** [15] O pico de computação para o servidor Intel Haswell x86 é de cerca de 1 T FLOPS, enquanto o pico de computação para a GPU NVIDIA K80 é de cerca de 3 T FLOPS. Supondo que eles atinjam esses valores de pico, calcule seu melhor tempo de computação para o tamanho de lote 128. Como esses tempos se comparam ao tempo que a TPU leva para carregar todos os 20 M pesos da memória?

**f.** [15] Supondo que o programa TPU não sobrepõe a computação com E/S sobre PCIe, calcule o tempo decorrido desde o momento em que a CPU começa a enviar o primeiro byte de dados para a TPU até o momento em que o último byte de saída é retornado. Que fração de largura de banda PCIe é usada?

**g.** [20] Suponha que implementamos uma configuração em que uma CPU estava conectada a cinco TPUs em um único barramento PCIe Gen3 x16 (com os switches PCIe apropriados). Suponha que paralelizemos colocando uma camada MLP0 em cada TPU e que as TPUs possam se comunicar diretamente entre si por meio do PCIe. No lote = 128, qual é a melhor latência para o cálculo de uma única inferência, e qual throughput, em termos de inferências por segundo, essa configuração forneceria? Como isso se compara a uma única TPU?

**h.** [20] Suponha que cada exemplo em um lote de inferências exija 50 microssegundos de tempo de processamento na CPU. Quantos núcleos na CPU do host serão necessários para executar uma configuração de única TPU no lote = 128?

**7.3** [20/25/25/25/Discussão] <7.3.7.4> Considere uma linguagem pseudo-assembly para a TPU e considere o programa que manipula um lote de tamanho 2048 para uma camada minúscula totalmente conectada com uma matriz de pesos de $256 \times 256$. Se não houvesse restrições nos tamanhos ou alinhamentos de cálculos em cada instrução, o programa inteiro para essa camada poderia ser semelhante ao seguinte:

```
read_host u#0, 256*2048
read_weights w#0, 256*256
// pesos matmul são implicitamente lidos da FIFI.
activate u#256*2048, a#0, 256*2048
write_host, u#256*2048, 256*2048
```

Nesta linguagem pseudo-assembly, um prefixo "u#" refere-se a um endereço de memória no buffer unificado; um prefixo "w#" refere-se a um endereço de memória na DRAM de peso fora do chip e um prefixo "a#" refere-se a um endereço de acumulador. O último argumento de cada instrução de montagem descreve o número de bytes a serem operados.

Vamos percorrer o programa instrução por instrução:

- A instrução `read_host` lê 512 KB de dados da memória do host, armazenando-os no início do buffer unificado (u#0).
- A instrução `read_weights` informa a unidade de busca de peso para ler 64 KB de pesos, carregando-os na FIFO de pesos no chip. Esses 64 KB de pesos representam uma única matriz de pesos de $256 \times 256$, que chamaremos de "bloco de peso".

- A instrução `matmul` lê os 512 KB de dados de entrada do endereço 0 no buffer unificado, executa uma multiplicação de matrizes com o bloco de pesos e armazena as 256 * 2048 = 524.288 ativações de 32 bits resultantes no endereço do acumulador 0 (a#0). Intencionalmente, encobrimos os detalhes da ordenação de pesos; o exercício expandirá esses detalhes.
- A instrução `activate` pega esses 524.288 acumuladores de 32 bits em a#0, aplica uma função de ativação a eles, e armazena os 524.288 valores de saída de 8 bits resultantes no próximo local livre no buffer unificado, u#524288.
- A instrução `write_host` grava os 512 KB de ativações de saída, começando em u#524288, de volta à CPU do host.

Vamos adicionar progressivamente detalhes realistas à linguagem pseudo-assembly para explorar alguns aspectos do projeto da TPU.

a. [20] Embora tenhamos escrito nosso pseudocódigo em termos de bytes e endereços de byte (ou, no caso dos acumuladores, em termos de endereços para valores de 32 bits), a TPU opera em um comprimento de vetor natural de 256. Isso significa que o buffer unificado é geralmente endereçado em limites de 256 bytes, os acumuladores são endereçados em grupos de 256 valores de 32 bits (ou em limites de 1 KB) e os pesos são carregados em grupos de 65.536 valores de 8 bits. Reescreva os endereços e os tamanhos de transferência do programa para levar em consideração esses tamanhos de vetor e peso. Quantos vetores de ativações de entrada de 256 elementos serão lidos pelo programa? Quantos bytes de valores acumulados serão usados ao calcular os resultados? Quantos vetores de 256 elementos de ativações de saída serão escritos de volta ao host?

b. [25] Suponha que os requisitos da aplicação mudem e, em vez de uma multiplicação por uma matriz de pesos de 256 × 256, a forma da matriz de pesos agora se torne 1024 × 256. Pense na instrução `matmul` como colocando os pesos como o argumento correto do operador de multiplicação de matrizes, então 1024 corresponde a K, a dimensão na qual a multiplicação de matrizes soma valores. Suponha que agora há duas variantes da instrução de acumulação, uma das quais substitui os acumuladores por seus resultados, e a outra soma os resultados da multiplicação de matrizes ao acumulador especificado. Como você mudaria o programa para lidar com essa matriz de 1024 × 256? Você precisa de mais acumuladores? O tamanho da unidade de matrizes permanece o mesmo em 256 × 256; quantos blocos de peso de 256 × 256 seu programa precisa?

c. [25] Agora escreva o programa para manipular uma multiplicação por uma matriz de peso de tamanho 256 × 512. Seu programa precisa de mais acumuladores? Você pode reescrever seu programa para que ele use apenas 2048 acumuladores de 256 entradas? De quantos blocos de peso seu programa precisa? Em que ordem eles devem ser armazenados na DRAM de pesos?

d. [25] Em seguida, escreva o programa para tratar de uma multiplicação por uma matriz de pesos de tamanho 1024 × 768. De quantos blocos de peso seu programa precisa? Escreva seu programa para que ele use somente 2048 acumuladores de 256 entradas. Em que ordem os blocos de pesos devem ser armazenados na DRAM de pesos? Para este cálculo, quantas vezes cada ativação de entrada foi lida?

e. [Discussão] O que seria necessário para construir uma arquitetura que lê cada conjunto de 256 elementos das ativações de entrada somente uma vez? Quantos acumuladores isso exigiria? Se você fez dessa forma, qual seria o tamanho da memória do acumulador? Compare essa abordagem com a TPU, que usa 4096 acumuladores, de modo que um conjunto de 2048 acumuladores possa ser gravado pela unidade de matrizes enquanto outro está sendo usado para ativações.

**7.4** [15/15/15] <7.3.7.4> Considere a primeira camada convolucional do AlexNet, que usa um núcleo convolucional de $7 \times 7$, com uma profundidade de recurso de entrada de 3 e uma profundidade de recurso de saída de 48. A largura da imagem original é $220 \times 220$.

   **a.** [15] Ignore o kernel convolucional de $7 \times 7$ e considere apenas o elemento central desse kernel. Um kernel convolutional de $1 \times 1$ é matematicamente equivalente a uma multiplicação de matrizes, usando uma matriz de pesos que tem dimensões de profundidade_entrada $\times$ profundidade_saída. Com essas profundidades, e usando uma multiplicação de matrizes padrão, que fração das 65.536 ALUs da TPU pode ser utilizada?

   **b.** [15] Para redes neurais convolucionais, as dimensões espaciais também são fontes de reutilização de peso, uma vez que o kernel convolucional é aplicado a diferentes posições de coordenadas $(x, y)$. Suponha que a TPU atinja computação e memória balanceadas em um tamanho de lote de 1400 (como você pode ter calculado no exercício 1d). Qual é o menor tamanho de imagem quadrada que a TPU pode processar com eficiência em um tamanho de lote de 1?

   **c.** [15] A primeira camada convolucional do AlexNet implementa um *passo de kernel* de 4, o que significa que, em vez de se mover por um pixel X ou Y em cada aplicação, o kernel $7 \times 7$ move-se por 4 pixels de cada vez. Esse passo significa que podemos permutar os dados de entrada de $220 \times 220 \times 3$ para $55 \times 55 \times 48$ (dividindo as dimensões X e Y por 4 e multiplicando a profundidade de entrada por 16) e, simultaneamente, podemos reposicionar os $7 \times 7 \times 3 \times 48$ pesos convolucionais como $2 \times 2 \times 48 \times 48$ (assim como os dados de entrada são reposicionados por 4 em X e Y, nós fazemos o mesmo com os $7 \times 7$ elementos do kernel convolucional, ficando com ceiling(7/4) = 2 elementos em cada uma das dimensões X e Y). Como o kernel agora é $2 \times 2$, precisamos executar apenas quatro operações de multiplicação de matrizes, usando matrizes de peso de tamanho $48 \times 48$. Qual é a fração das 65.536 ALUs que podem ser usadas agora?

**7.5** [15/10/20/20/20/25] <7.3> A TPU usa *aritmética de ponto fixo* (às vezes também chamada de *aritmética quantificada*, com definições sobrepostas e conflitantes), onde inteiros são usados para representar valores na reta dos números reais. Existem vários esquemas diferentes para a aritmética de ponto fixo, mas eles compartilham o tema comum de que há uma projeção de afinidade do inteiro usado pelo hardware para o número real que o inteiro representa. Uma projeção afim tem a forma r = i * s + b, onde i é o inteiro, r é o valor real representado, e s e b são uma escala e um viés. É claro que você pode escrever a projeção em qualquer direção, de inteiros a reais ou vice-versa (embora você precise arredondar ao converter de reais para inteiros).

   **a.** [15] A função de ativação mais simples aceita pela TPU é "ReLUX", que é uma unidade linear retificada com um máximo de X. Por exemplo, ReLU6 é definido por Relu6(x) = {0, quando x < 0; x, quando 0 <= x <= 6; e 6, quando x > 6}. Portanto, 0,0 e 6,0 na reta dos números reais são os valores mínimo e máximo que o Relu6 pode produzir. Suponha que você use um inteiro de 8 bits sem sinal no hardware e que você deseja fazer 0 mapear para 0,0 e 255 para 6,0. Determine s e b.

   **b.** [10] Quantos valores na reta dos números reais são exatamente representáveis por uma representação quantizada de 8 bits da saída de ReLU6? Qual é o espaçamento de números reais entre eles?

   **c.** [20] A diferença entre valores representáveis é algumas vezes chamada de "unidade na menor casa", ou *ulp* (de "unit in the least place"), quando se realiza a análise numérica. Se você mapear um número real para sua representação de ponto fixo, depois mapear de volta, raramente receberá de volta o número real original. A diferença entre o número original e sua representação é chamada de *erro de quantização*. Ao mapear um número real no intervalo [0,0-6,0] para um inteiro de

8 bits, mostre que o erro de quantização no pior dos casos é metade de uma ulp (não se esqueça de arredondar para o valor representável mais próximo). Você pode considerar o gráfico dos erros como uma função do número real original.

**d.** [20] Mantenha o intervalo de números reais [0,0-6,0] para um inteiro de 8 bits da última etapa. Qual inteiro de 8 bits sem sinal representa 1,0? Qual é o erro de quantização para 1,0? Suponha que você peça à TPU para somar 1,0 a 1,0. Que resposta você recebe de volta e qual é o erro nesse resultado?

**e.** [20] Se você escolher um número aleatório uniformemente no intervalo [0,0-6,0] e, em seguida, quantificá-lo em um inteiro de 8 bits sem sinal, que distribuição você esperaria ver para os 256 valores inteiros?

**f.** [25] A função de tangente hiperbólica, *tanh*, é outra função de ativação comumente usada em aprendizado profundo: $\tanh(x) = \dfrac{1 - e^{-2x}}{1 + e^{-2x}}$

**g.** Tanh também possui um intervalo limitado, mapeando toda a reta de números reais para o intervalo (–1,0 - 1,0). Determine s e b para esse intervalo, usando uma representação de 8 bits sem sinal. Em seguida, determine s e b usando uma representação de complemento de dois com 8 bits. Para ambos os casos, que número real o inteiro 0 representa? Qual inteiro representa o número real 0,0? Você consegue imaginar algum problema que possa resultar do erro de quantização incorrido ao representar 0,0?

**7.6** [20/25/15/15/30/30/30/40/40/25/20/Discussão] <7.3> Além de tanh, outra função uniforme em forma de s, a função de sigmoide logístico $y = 1/(1 + \exp(-x))$,

$$sigmoide\_logístico(x) = \frac{1}{1 + e^{-x}}$$

normalmente é usada como uma função de ativação em redes neurais. Um modo comum de implementá-las na aritmética de ponto fixo usa uma aproximação quadrática por partes, onde os bits mais significativos do valor de entrada selecionam qual entrada de tabela usar. Depois, os bits menos significativos do valor de entrada são enviados a um polinômio de grau 2 que descreve uma parábola ajustada à subfaixa da função aproximada.

**a.** [20] Usando uma ferramenta gráfica (experimente www.desmos.com/calculator), desenhe os gráficos para as funções de sigmoide logístico e tanh.

**b.** [25] Agora desenhe o gráfico de $y = \tanh(x/2)/2$. Compare esse gráfico com a função de sigmoide logístico. O quanto eles diferem? Construa uma equação que mostre como transformar um no outro. Prove que sua equação está correta.

**c.** [15] Dada esta identidade algébrica, você precisa usar dois conjuntos diferentes de coeficientes para aproximar o sigmoide logístico e o tanh?

**d.** [15] Tanh é uma função ímpar, significando que $f(-x) = -f(x)$. Você pode explorar esse fato para economizar espaço de tabela?

**e.** [30] Vamos voltar nossa atenção na aproximação de *tanh* no intervalo $x \in [0,0 - 6,4]$ na linha numérica. Usando a aritmética de ponto flutuante, escreva um programa que divida o intervalo em 64 subintervalos (cada um com comprimento de 0,1) e, em seguida, aproxime o valor de *tanh* sobre cada subintervalo usando um único valor de ponto flutuante constante (então você precisará escolher 64 diferentes valores de ponto flutuante, um para cada subintervalo). Se você marcar 100 valores diferentes (podem ser escolhidos aleatoriamente) dentro de cada subintervalo, qual é o erro de aproximação no pior caso que você vê em todos os subintervalos? Você pode escolher sua constante para minimizar o erro de aproximação para cada subintervalo?

**f.** [30] Agora, considere a montagem de uma aproximação linear de ponto flutuante para cada subintervalo. Nesse caso, você deseja escolher um par de valores de ponto flutuante $m$ e $b$, para a equação de linha tradicional $y = mx + b$, para aproximar cada um dos 64 subintervalos. Crie uma estratégia que considere razoável para construir essa interpolação linear em 64 subintervalos para tanh. Meça o erro de aproximação no pior caso nos 64 intervalos. Sua aproximação é monótona quando atinge um limite entre subintervalos?

**g.** [40] Em seguida, monte uma aproximação quadrática, usando a fórmula padrão $y = ax^2 + bx + c$. Experimente várias maneiras diferentes de ajustar a fórmula. Tente encaixar a parábola nos pontos finais e no ponto intermediário do bucket, ou usando uma aproximação de Taylor em torno de um único ponto no bucket. Qual o erro no pior dos casos que você obtém?

**h.** [40] (crédito extra) Vamos combinar as aproximações numéricas deste exercício com a aritmética de ponto fixo do exercício anterior. Suponha que a entrada $x \in$ [0,0 – 6,4] seja representada por um valor não assinado de 15 bits, com 0x0000 representando 0,0 e 0x7FFF representando 6,4. Para a saída, use um valor de 15 bits sem sinal, com 0x0000 representando 0,0 e 0x7FFF representando 1,0. Para cada uma das suas aproximações constantes, lineares e quadráticas, calcule o efeito combinado dos erros de aproximação e quantização. Como existem poucos valores de entrada, você pode escrever um programa para verificá-los exaustivamente.

**i.** [25] Para a aproximação quantizada quadrática, sua aproximação é monotônica dentro de cada subintervalo?

**j.** [20] Uma diferença de uma ulp na escala de saída deve corresponder a um erro de 1,0/32.767. Quantas ulps de erro você está vendo em cada caso?

**k.** [Discussão] Escolhendo aproximar o intervalo [0,0-6,4], nós efetivamente cortamos a "cauda" da função de tangente hiperbólica, para valores de $x > 6,4$. Não é uma aproximação irracional definir o valor de saída de toda a cauda para 1,0. Qual é o erro de pior caso, em termos de números reais e ulps, de tratar a cauda dessa maneira? Existe um lugar melhor para cortar a cauda, a fim de melhorar nossa precisão?

## Exercícios

**7.7** [10/20/10/15] <7.2, 7.5> Uma família popular de FPGAs, a série Virtex-7, é fabricada pela Xilinx. Uma FPGA Virtex-7 XC7VX690T contém 3.600 "fatias DSP" de multiplicação-adição de inteiros com $25 \times 18$ bits. Considere a criação de um projeto no estilo TPU usando essa FPGA.

**a.** [10] Usando um multiplicador de inteiros de $25 \times 18$ por célula de array sistólico, qual é a maior unidade de multiplicação de matrizes que poderia ser construída? Suponha que a unidade de multiplicação de matrizes seja quadrada.

**b.** [20] Suponha que você pudesse construir uma unidade de multiplicação de matrizes retangular, não quadrada. Que implicações esse projeto teria para o hardware e para o software? (Dica: pense no comprimento de vetor com que o software precisa lidar.)

**c.** [10] Muitos projetos de FPGA têm a sorte de alcançar uma operação com 500 MHz. Nessa velocidade, calcule o pico de operações de 8 bits por segundo que esse dispositivo poderia alcançar. Compare isso com os 3 T FLOPS de uma GPU K80.

**d.** [15] Suponha que você possa compensar a diferença entre 3600 e 4096 fatias de DSP usando LUTs, mas que isso reduza sua taxa de clock para 350 MHz. Essa troca seria vantajosa?

**7.8** [15/15/15] <7.9> O Amazon Web Services (AWS) oferece uma ampla variedade de "instâncias de computação", que são máquinas configuradas para atingir diferentes aplicações e escalas. Os preços do serviço AWS nos dizem dados úteis sobre o Custo Total de Propriedade (TCO) de diversos dispositivos de computação, particularmente porque os equipamentos de computação são frequentemente depreciados[3] em um cronograma de 3 anos. Em julho de 2017, uma instância de computação "c4" dedicada, e orientada a cálculo, inclui dois chips x86 com 20 núcleos físicos no total. Ela aluga por demanda a US$1,75/hora, ou US$17.962 por três anos. Ao contrário, uma instância de computação "p2" dedicada também possui dois chips x86, mas com 36 núcleos no total, e adiciona 16 GPUs NVIDIA K80. Uma p2 é alugada por demanda a US$15,84/hora, ou US$184.780 por três anos.

**a.** [15] A instância c4 usa processadores Intel Xeon E5-2666 v3 (Haswell). A instância p2 usa processadores Intel Xeon E5-2686 v4 (Broadwell). Nenhum dos números de peça está listado oficialmente no site de produtos da Intel, o que sugere que essas peças são especialmente criadas pela Intel para a Amazon. A peça E5-2660 v3 tem uma quantidade de núcleos semelhante à E5-2666 v3 e tem um preço de mercado de cerca de US$1.500. A peça E5-2697 v4 tem uma quantidade de núcleos semelhante à E5-2686 v4 e tem um preço de mercado de cerca de US$3.000. Suponha que a parte não-GPU da instância p2 teria um preço proporcional à razão entre os preços de mercado. Qual é o TCO, durante 3 anos, para uma única GPU K80?

**b.** [15] Suponha que você tenha uma carga de trabalho dominada por cálculo e throughput, que seja executada na taxa 1 na instância c4 e na taxa T na instância p2 acelerada pela GPU. Qual deve ser o valor de T para que a solução baseada em GPU seja mais econômica? Suponha que cada núcleo de CPU de uso geral possa realizar computação a uma taxa de aproximadamente 30G FLOPS de precisão simples. Ignorando as CPUs da instância p2, qual fração dos FLOPs de pico da K80 seria necessária para atingir a mesma taxa de computação que a instância c4?

**c.** [15] O serviço AWS também oferece instâncias "f1" que incluem 8 FPGAs Xilinx Ultrascale + VU9P. Elas são alugadas a US$13,20/hora, ou US$165.758 por três anos. Cada dispositivo VU9P inclui 6840 fatias de DSP, que podem realizar operações de multiplicação-acumulação de inteiros de $27 \times 18$ bits (lembre-se de que uma multiplicação-acumulação conta como duas "operações"). A 500 MHz, qual é o pico de operações/ciclo de multiplicação-acumulação que um sistema baseado em f1 poderia alcançar, contando todas as 8 FPGAs em relação ao total de computação? Supondo que as operações com inteiros nas FPGAs possam substituir as operações de ponto flutuante, como isso se compara ao pico de operações/ciclos de multiplicação-acumulação de precisão simples das GPUs da instância p2? Como eles se comparam em termos de economia?

**7.9** [20/20/25] <7.7> Conforme mostrado na Figura 7.34 (mas simplificado para menos PEs), cada Pixel Visual Core inclui um conjunto de $16 \times 16$ elementos de processamento completos, cercados por duas camadas adicionais de elementos de processamento "simplificados". PEs simplificados podem armazenar e comunicar dados, mas omitem o hardware de computação de PEs completos. Os PEs simplificados armazenam cópias de dados que podem ser os "dados residenciais" de um núcleo vizinho, portanto há $(16 + 2 + 2)^2 = 400$ PEs no total, 256 completos e 144 simplificados.

**a.** [20] Suponha que você deseje processar uma imagem de $64 \times 32$ em escala de cinza com uma estampa de $5 \times 5$ usando 8 Pixel Visual Cores. Por enquanto, suponha que a imagem esteja organizada na ordem de varredura (pixels adjacentes em X são adjacentes na memória, enquanto pixels adjacentes em Y são afastados por 64 locais de memória). Para cada um dos 8 núcleos, descreva a região de memória que o núcleo deve importar para manipular sua parte da

---

[3] Os gastos de capital são considerados por toda a vida útil de um bem, usando um "cronograma de depreciação". Em vez de calcular um valor uma única vez, no momento em que o bem é adquirido, a prática contábil padrão espalha o custo do capital pelo tempo de vida útil do bem. Assim, poderíamos considerar que um dispositivo de US$30.000 tem uma vida útil de 3 anos atribuindo US$10.000 de depreciação a cada ano.

imagem. Certifique-se de incluir a região do halo. Quais partes da região do halo devem ser zeradas pelo software para garantir a operação correta? Você pode achar conveniente referir-se a sub-regiões da imagem usando uma notação de fatia 2D, onde por exemplo image[2:5][6:13] se refere ao conjunto de pixels cujo componente x é 2 <= x < 5 e cujo componente y é 6 <= y < 13 (as fatias são meio abertas seguindo a prática de cortar em fatias do Python).

b. [20] Se mudarmos para uma estampa de 3 × 3, como as regiões importadas da memória mudam? Quantos PEs simplificados por halo não são usados?

c. [25] Agora considere como dar suporte a uma estampa de 7 × 7. Nesse caso, não temos tantos PEs simplificados suportados por hardware quanto precisamos para cobrir os três pixels de dados do halo que "pertencem" a núcleos vizinhos. Para lidar com isso, usamos o anel mais externo dos PEs completos como se fossem PEs simplificados. Quantos pixels podemos manipular em um único núcleo usando essa estratégia? Quantos "blocos" agora são necessários para lidar com a imagem de entrada de 64 × 32? Qual é a utilização de nossos PEs completos durante todo o tempo de processamento da estampa de 7 × 7 em relação à imagem de 64 × 32?

**7.10** [20/20/20/25/25] <7.7> Considere um caso em que cada um dos oito núcleos em um dispositivo Pixel Visual Core é conectado por meio de um switch de quatro portas a uma SRAM 2D, formando uma unidade de núcleo + memória. As duas portas restantes no switch ligam essas unidades em um anel, de modo que cada núcleo é capaz de acessar qualquer uma das oito SRAMs. No entanto, essa topologia de rede no chip (NOC — Network-On-Chip) baseada em anel torna alguns padrões de acesso a dados mais eficientes do que outros.

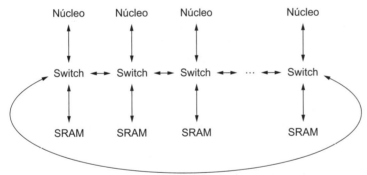

a. [20] Suponha que cada link na topologia NOC tenha a mesma largura de banda B e que cada link seja full-duplex, de modo que possa transferir simultaneamente pela largura de banda B em cada direção. Os links conectam o núcleo ao switch, o switch à SRAM e pares de switches no anel. Suponha que cada memória local tenha pelo menos largura de banda B, para que possa saturar seu link. Considere um padrão de acesso à memória em que cada um dos oito PEs acesse apenas a memória mais próxima (aquela conectada via switch da unidade núcleo + memória). Qual é a largura de banda máxima de memória que o núcleo será capaz de alcançar?

b. [20] Agora considere um padrão de acesso com defasagem de 1, onde o núcleo *i* acessa a memória *i* + 1, passando por três links para chegar a essa memória (o núcleo 7 acessará a memória 0, devido à topologia em anel). Qual é a largura de banda de memória máxima que o núcleo será capaz de alcançar neste caso? Para conseguir essa largura de banda, você precisa fazer alguma suposição sobre as capacidades do switch de 4 portas? E se o switch só puder mover dados na taxa B?

c. [20] Considere um padrão de acesso com defasagem de 2, em que núcleo *i* acessa a memória *i* + 2. Mais uma vez, qual é a largura de banda de memória

# CAPÍTULO 7: Arquiteturas específicas do domínio

máxima que o núcleo será capaz de alcançar neste caso? Onde estão os links de gargalo na topologia NOC?

**d.** [25] Considere um padrão de acesso uniforme à memória aleatória, em que cada núcleo usa cada uma das SRAMs para ⅛ de suas solicitações de memória. Considerando esse padrão de tráfego, quanto tráfego percorre um link de switch-a-switch, comparado à quantidade de tráfego entre um núcleo e seu switch associado ou entre uma SRAM e seu switch associado?

**e.** [25] (avançado) Você consegue pensar em um caso (carga de trabalho) onde esta rede pode travar por deadlock? Do ponto de vista de soluções somente de software, o que o compilador deve fazer para evitar esse cenário? Se você puder fazer alterações no hardware, quais mudanças na topologia de roteamento (e no esquema de roteamento) garantiriam a ausência de deadlocks?

**7.11** <7.2> O primeiro supercomputador de dinâmica molecular Anton normalmente simulava uma caixa de água com 64 Å de lado. O computador em si poderia ser aproximado como uma caixa com um comprimento lateral de 1 m. Um único passo de simulação representava 2,5 fs de tempo de simulação e levava cerca de 10 μs de tempo comum (do relógio). Os modelos da física usados na dinâmica molecular agem como se cada partícula no sistema exercesse uma força sobre todas as outras partículas no sistema em cada passo de tempo ("externo"), exigindo o que equivale a uma sincronização global por todo o computador.

**a.** Calcule o fator de expansão espacial do espaço da simulação para o hardware no espaço real.

**b.** Calcule o fator de desaceleração temporal do tempo simulado para o tempo comum.

**c.** Esses dois números são surpreendentemente próximos. Isso é apenas uma coincidência, ou existe algum outro limite que os restrinja de alguma forma? (Dica: a velocidade da luz se aplica tanto ao sistema químico simulado quanto ao hardware que faz a simulação.)

**d.** Dados esses limites, o que seria necessário para usar um supercomputador em escala warehouse para realizar simulações de dinâmica molecular nas velocidades do Anton? Ou seja, qual é o tempo de passo de simulação mais rápido que pode ser alcançado com uma máquina de $10^2$ ou $10^3$ m em um lado? Que tal simular em um serviço de nuvem com abrangência mundial?

**7.12** <7.2> A rede de comunicação da Anton é um toro 3D de $8 \times 8 \times 8$, em que cada nó do sistema tem seis links para nós vizinhos. A latência de um pacote para transitar pelo link único é de cerca de 50 ns. Para este exercício, ignore o tempo de comutação no chip entre os links.

**a.** Qual é o diâmetro (número máximo de saltos entre um par de nós) da rede de comunicação? Dado esse diâmetro, qual é a menor latência necessária para transmitir um único valor de um nó da máquina para todos os 512 nós da máquina?

**b.** Supondo que a soma de dois valores leva tempo zero, qual é a latência mais curta para acumular uma soma de 512 valores em um único nó, onde cada valor começa em um nó diferente da máquina?

**c.** Mais uma vez, suponha que você queira executar a soma sobre 512 valores, mas deseja que cada um dos 512 nós do sistema acabe com uma cópia da soma. Claro que você poderia realizar uma redução global seguida de uma transmissão via broadcast. Você consegue fazer a operação combinada em menos tempo? Esse padrão é chamado de *redução total*. Compare os tempos do seu padrão de redução total com o tempo de um broadcast de um único nó ou uma soma global para um único nó. Compare a largura de banda usada pelo padrão de redução total com os outros padrões.

# APÊNDICE A

# Princípios e exemplos de conjuntos de instruções

A $n$     Some o número no local de armazenamento $n$ ao acumulador.

E $n$     Se o número no acumulador for maior ou igual a zero, execute a próxima ordem que está no local de armazenamento $n$; caso contrário, proceda serialmente.

Z     Pare a máquina e toque a campainha de aviso.

**Wilkes e Renwick,**
*Seleção da Lista das 18 Instruções de Máquina para o EDSAC* (1949)

A.1 Introdução .......................................................................................... A-1

A.2 Classificando as arquiteturas de conjunto de instruções ................... A-3

A.3 Endereçamento de memória ............................................................. A-6

A.4 Tipo e tamanho dos operandos ......................................................... A-12

A.5 Operações no conjunto de instruções ............................................... A-13

A.6 Instruções para fluxo de controle ..................................................... A-15

A.7 Codificação de um conjunto de instruções ....................................... A-19

A.8 Questões gerais: o papel dos compiladores ...................................... A-22

A.9 Juntando tudo: a arquitetura RISC-V ................................................ A-29

A.10 Falácias e armadilhas ...................................................................... A-36

A.11 Comentários finais ........................................................................... A-41

A.12 Perspectiva histórica e referências .................................................. A-42

Exercícios por Gregory D. Peterson ......................................................... A-42

## A.1   INTRODUÇÃO

Neste apêndice, nos concentraremos na arquitetura do conjunto de instruções — a parte do computador visível ao programador ou projetista de compiladores. A maior parte deste material deverá servir de revisão para os leitores; nós o incluímos aqui apenas como base. Este apêndice apresenta a grande variedade de alternativas de projeto disponíveis para o projetista do conjunto de instruções. Quatro tópicos serão enfocados. Primeiro, vamos apresentar uma taxonomia alternativa de conjunto de instruções fixas e uma avaliação qualitativa das vantagens e desvantagens dos vários métodos. Segundo, vamos apresentar e analisar algumas medidas de um conjunto de instruções que são bastante independentes de um conjunto de instruções específico. Terceiro, vamos tratar do problema das linguagens e dos compiladores e de sua relação com a arquitetura do conjunto de instruções. Por fim, a seção "Juntando tudo" vai mostrar como essas ideias são refletidas no conjunto de ins-

# CAPÍTULO A: Princípios e exemplos de conjuntos de instruções

truções RISC-V, típico das arquiteturas RISC. Concluiremos com as falácias e as armadilhas do projeto do conjunto de instruções.

Para ilustrar melhor os princípios e oferecer uma comparação com o RISC-V, o Apêndice K mostra quatro exemplos de arquiteturas de RISC de propósito geral (MIPS, PowerISA, SPARC e Armv8), quatro processadores de RISC embarcados (ARM Thumb2, RISC-V Compressed e microMIPS) e três arquiteturas mais antigas (80x86, IBM 360/370 e VAX). Antes de discutirmos como classificar as arquiteturas, precisamos dizer algo sobre a medida do conjunto de instruções.

Ao longo deste apêndice, examinaremos uma grande variedade de medidas referentes à arquitetura. Obviamente, essas medidas dependem dos programas medidos e dos compiladores utilizados para fazer as medições. Os resultados não devem ser interpretados como absolutos, pois você poderia ver dados diferentes se fizesse a medição com um compilador ou um conjunto de programas diferente. Acreditamos que as medidas apresentadas neste apêndice indicam razoavelmente uma classe de aplicações típicas. Muitas dessas medidas são apresentadas usando um pequeno conjunto de benchmarks, de forma que os dados podem ser exibidos de modo lógico e as diferenças entre os programas podem ser vistas. Diante de um computador novo, um projetista provavelmente gostaria de analisar um conjunto maior de programas antes de tomar decisões sobre a arquitetura. As medidas mostradas normalmente são *dinâmicas* — ou seja, a frequência de um evento medido é ponderada de acordo com o número de vezes que o evento acontece durante a execução do programa medido.

Antes de começar a tratar dos princípios gerais, vamos revisar as três áreas de aplicação do Capítulo 1. A *computação de desktop* enfatiza o desempenho de programas com tipos de dados de inteiro e de ponto flutuante, com pouca consideração sobre o tamanho do programa. Por exemplo, o tamanho do código nunca foi informado nas cinco gerações de benchmarks SPEC. Hoje, os *servidores* são usados principalmente para banco de dados, servidor de arquivos e aplicações Web, assim como para algumas aplicações de tempo compartilhado para muitos usuários. Consequentemente, o desempenho em ponto flutuante é muito menos importante do que para os inteiros e strings de caracteres, embora quase todo processador ainda inclua instruções de ponto flutuante. Os *dispositivos móveis pessoais* e as *aplicações embarcadas* avaliam custo e energia; assim, o tamanho de código é importante porque menos memória é sinônimo de memória mais barata e que consome menos energia; além disso, algumas classes de instrução (como ponto flutuante) podem ser opcionais para reduzir custos de chip, e uma versão compactada do conjunto de instruções, projetada para economizar espaço de memória, poderá ser usada.

Portanto, os conjuntos de instruções para as três aplicações são muito semelhantes. Na verdade, arquiteturas semelhantes a RISC-V, que analisamos neste apêndice, foram usadas com sucesso em aplicações de desktop, servidores e embarcadas.

Uma arquitetura bem-sucedida muito diferente da RISC é a 80x86 (ver Apêndice K, on-line). Surpreendentemente, seu sucesso não desmente necessariamente as vantagens de um conjunto de instruções RISC. A importância comercial da compatibilidade binária com o software de PC, combinada com a abundância de transistores fornecida pela lei de Moore, levou a Intel a usar um conjunto de instruções RISC internamente, enquanto aceitava um conjunto de instruções 80x86 externamente. Os microprocessadores 80x86 recentes, incluindo todos os microprocessadores Intel Core fabricados na década passada, usam hardware para traduzir instruções 80x86 para instruções tipo RISC e então executar as operações traduzidas dentro do chip. Eles mantêm a ilusão da arquitetura 80x86 para o programador enquanto permitem ao projetista de computador implementar um processador no estilo RISC para ganhar desempenho. No entanto, ainda permanecem sérias desvantagens para um conjunto de instruções complexo como o do 80x86, e discutimos um pouco mais sobre isso nas conclusões.

Agora que a base está preparada, começamos explorando o modo como as arquiteturas de conjunto de instruções podem ser classificadas.

## A.2 CLASSIFICANDO AS ARQUITETURAS DE CONJUNTO DE INSTRUÇÕES

O tipo de armazenamento interno em um processador é a diferenciação mais básica; portanto, nesta seção, vamos nos concentrar nas alternativas para essa parte da arquitetura. As principais escolhas são: uma pilha, um acumulador ou um conjunto de registradores. Os operandos podem ser nomeados explícita ou implicitamente: os operandos em uma *arquitetura de pilha* estão implicitamente no topo da pilha e, em uma *arquitetura de acumulador*, um operando é implicitamente o acumulador. As *arquiteturas de registradores de propósito geral* possuem apenas operandos explícitos — registradores ou locais de memória. A Figura A.1 mostra um diagrama de bloco dessas arquiteturas, e a Figura A.2 mostra como a sequência de código C = A + B normalmente se pareceria nessas três classes de conjuntos

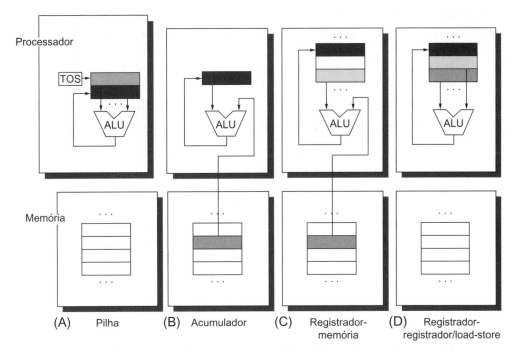

**FIGURA A.1** Locais de operandos para as quatro classes de arquitetura de conjunto de instruções.
As setas indicam se o operando é uma entrada ou o resultado da operação da unidade lógica e aritmética (ALU) ou se é ao mesmo tempo uma entrada e o resultado. Os sombreados mais claros indicam entradas, e o sombreado mais escuro indica o resultado. Em (A), um registrador de topo da pilha (TOS) aponta para o operando de entrada superior, que é combinado com o operando abaixo. O primeiro operando é removido da pilha, o resultado assume o lugar do segundo operando, e o TOS é atualizado para apontar para o resultado. Todos os operandos estão implícitos. Em (B), o acumulador é tanto um operando de entrada implícito quanto um resultado. Em (C), um operando de entrada é um registrador, um está em memória e o resultado vai para um registrador. Todos os operandos são registradores em (D) e, como a arquitetura de pilha, só pode ser transferido para a memória através de instruções separadas: push ou pop para (A) e load ou store para (D).

| Pilha | Acumulador | Registrador (registrador-memória) | Registrador (load-store) |
|---|---|---|---|
| Push A | Load A | Load R1,A | Load R1,A |
| Push B | Add B | Add    R3,R1,B | Load R2,B |
| Add | Store C | Store R3,C | Add    R3,R1,R2 |
| Pop C | | | Store R3,C |

**FIGURA A.2** A sequência de código para $C = A + B$ para quatro classes de conjuntos de instruções. Observe que a instrução Add possui operandos implícitos para arquiteturas de pilha e de acumulador, e operandos explícitos para arquiteturas de registrador. Considera-se que A, B e C pertençam à memória e que os valores de A e B não podem ser destruídos. A Figura A.1 mostra a operação Add para cada classe da arquitetura.

de instruções. Os operandos explícitos podem ser acessados diretamente da memória ou precisar ser primeiramente carregados no armazenamento temporário, dependendo da classe da arquitetura e da escolha da instrução específica.

Como mostram as figuras, na realidade, há duas classes de registradores. Uma classe que pode acessar a memória como parte de qualquer instrução, chamada arquitetura *registrador-memória*, e a outra que só pode acessar a memória com instruções de carregamento (load) e armazenamento (store), chamada de arquitetura load-store. Uma terceira classe, não encontrada em computadores modernos, mantém todos os operandos na memória e é chamada arquitetura *memória-memória*. Algumas arquiteturas de conjunto de instruções possuem mais registradores do que um único acumulador, mas impõem restrições sobre os usos desses registradores especiais. Às vezes tal arquitetura é chamada *acumulador estendido* ou computador *registrador de propósito específico*.

Embora a maioria dos primeiros computadores usasse arquiteturas em estilo de pilha ou de acumulador, quase todas as novas arquiteturas projetadas após 1980 usam uma arquitetura de registrador de load-store. São duas as principais razões para o surgimento dos computadores com registradores de propósito geral (GPR). Primeiro, os registradores, assim como outras formas de armazenamento internas ao processador, são mais rápidos do que a memória. Segundo, para um compilador, usar registradores é mais eficiente do que empregar outras formas de armazenamento interno. Por exemplo, em um computador de registrador, a expressão $(A*B) - (B*C) - (A*D)$ pode ser avaliada efetuando-se as multiplicações em qualquer ordem, o que pode ser mais eficiente, devido ao local dos operandos ou às preocupações com o pipelining (ver Capítulo 3). Entretanto, em um computador de pilha, o hardware precisa avaliar a expressão apenas em uma ordem, já que os operandos são ocultos na pilha e pode ser necessário carregar um operando diversas vezes.

Mais importante ainda, podem ser usados os registradores para armazenar as variáveis. Quando as variáveis são alocadas em registradores, o tráfego de memória reduz, o programa acelera (já que os registradores são mais rápidos que a memória) e a densidade de código melhora (já que um registrador pode ser nomeado com menos bits do que um local de memória).

Como explicado na Seção A.8, os projetistas de compilador prefeririam que todos os registradores fossem equivalentes e não reservados. Os computadores mais antigos comprometem esse desejo dedicando registradores a usos especiais, diminuindo efetivamente o número de registradores de propósito geral. Se o número de registradores de propósito geral for muito pequeno, tentar alocar variáveis para registradores não será proveitoso. Em vez disso, o compilador reservará todos os registradores não comprometidos para uso na avaliação de expressões.

| Número de endereços de memória | Número máximo de operandos permitidos | Tipo de arquitetura | Exemplos |
|---|---|---|---|
| 0 | 3 | Load-store | Alpha, MIPS, PowerPC, SPARC, RISC-V |
| 1 | 2 | Registrador-memória | IBM 360/370, Intel 80x86, Motorola 68000,TI TMS320C54x |
| 2 | 2 | Memória-memória | VAX (também possui formatos de três operandos) |
| 3 | 3 | Memória-memória | VAX (também possui formatos de dois operandos) |

**FIGURA A.3** Combinações típicas de operandos de memória e totais de operandos por instruções típicas da ALU com exemplos de computadores.

Os computadores sem referência à memória por instrução da ALU são chamados de computadores de load-store ou registrador-registrador. As instruções com vários operandos de memória por instrução típica da ALU são chamadas de registrador-memória ou memória-memória, conforme tenham um ou mais de um operando de memória.

Quantos registradores são suficientes? A resposta, é claro, depende da eficiência do compilador. A maioria dos compiladores reserva alguns registradores para avaliação de expressões, usa alguns para passagem de parâmetros e permite que o restante seja alocado para armazenar variáveis. A tecnologia de compiladores modernos e sua capacidade de usar eficientemente um número maior de registradores levaram a um aumento no número de registradores nas arquiteturas mais novas.

Duas grandes características de conjuntos de instruções dividem as arquiteturas GPR. Essas duas características se relacionam à natureza dos operandos para uma instrução aritmética ou lógica típica (instrução da ALU). A primeira é sobre se uma instrução da ALU tem dois ou três operandos. No formato de três operandos, a instrução contém um operando de resultado e dois operandos de origem. No formato de dois operandos, um dos operandos é, ao mesmo tempo, uma origem e um resultado para a operação. A segunda distinção entre as arquiteturas GPR se refere a quantos dos operandos podem ser endereços de memória nas instruções da ALU. O número de operandos de memória aceito por uma instrução da ALU típica pode variar de zero a três. A Figura A.3 mostra combinações desses dois atributos com exemplos de computadores. Embora haja sete combinações possíveis, três servem para classificar quase todos os computadores existentes. Como já mencionamos, essas três são load-store (também chamada registrador-registrador), registrador-memória e memória-memória.

A Figura A.4 mostra as vantagens e desvantagens de cada uma dessas alternativas. Sem dúvida, essas vantagens e desvantagens não são absolutas: elas são qualitativas e seu verdadeiro impacto depende do compilador e da estratégia de implementação. Um computador GPR com operações memória-memória poderia ser facilmente ignorado pelo compilador e usado como um computador de load-store. Um dos impactos arquitetônicos mais penetrantes é sobre a codificação de instrução e o número de instruções necessárias para executar uma tarefa. Examinamos o impacto dessas alternativas arquitetônicas sobre os métodos de implementação no Apêndice C e no Capítulo 3.

## Resumo: classificando as arquiteturas de conjunto de instruções

Aqui e no final das Seções A.3 a A.8, resumimos as características que esperaríamos encontrar em uma nova arquitetura de conjunto de instruções, construindo os fundamentos para a arquitetura RISC-V introduzida na Seção A.9. A partir desta seção, devemos claramente esperar o uso de registradores de propósito geral. A Figura A.4, combinada com o Apêndice C sobre pipelining, leva à expectativa de uma versão load-store de uma arquitetura de registrador de propósito geral.

| Tipo | Vantagens | Desvantagens |
|---|---|---|
| Registrador-registrador (0, 3) | Codificação de instruções simples e de tamanho fixo. As instruções são executadas com um número de clocks semelhantes (Apêndice C). | Maior quantidade de instruções do que as arquiteturas com referências à memória nas instruções. Mais instruções e menor densidade de instruções levam a programas maiores, o que pode ter alguns efeitos na cache de instruções. |
| Registrador-memória (1, 2) | Os dados podem ser acessados sem executar uma instrução de carregamento (load) primeiro. O formato de instrução costuma ser fácil de codificar e produz boa densidade. | Os operandos não são equivalentes, já que um operando de origem em uma operação binária é destruído. Codificar um número de registrador e um endereço de memória em cada instrução pode restringir o número de registradores. O número de clocks por instrução varia conforme o local do operando. |
| Memória-memória (2, 2) ou (3, 3) | Mais compacto. Não desperdiça registradores para temporários. | Grande variação no tamanho de instrução, especialmente para instruções de três operandos. Além disso, grande variação no trabalho por instrução. Os acessos à memória criam gargalos de memória. (Não usado atualmente.) |

**FIGURA A.4** Vantagens e desvantagens dos três tipos mais comuns de computadores com registradores de propósito geral. A notação (*m, n*) significa *m* operandos de memória e *n* operandos totais. Em geral, os computadores com menos alternativas simplificam a tarefa do compilador, já que existem menos decisões para o compilador tomar (ver Seção A.8). Os computadores com grande variedade de formatos de instrução flexíveis reduzem o número de bits necessários para codificar o programa. O número de registradores também afeta o tamanho da instrução, já que $\log_2$ (número de registradores) é necessário para cada especificador de registrador em uma instrução. Portanto, dobrar o número de registradores consome 3 bits extras para uma arquitetura registrador-registrador ou aproximadamente 10% de uma instrução de 32 bits.

Depois que discutimos sobre a classe da arquitetura, o próximo tópico é o endereçamento dos operandos.

## A.3 ENDEREÇAMENTO DE MEMÓRIA

Quer a arquitetura seja load-store, quer permita que qualquer operando seja uma referência à memória, ela precisa definir como os endereços de memória são interpretados e como são especificados. As medições apresentadas aqui são, em grande parte — mas não completamente — independentes do computador. Em alguns casos, as medições são significativamente afetadas pela tecnologia do compilador. Essas medições foram feitas usando um compilador otimizado, já que a tecnologia de compiladores desempenha um papel vital.

### Interpretando endereços de memória

Como um endereço de memória é interpretado? Ou seja, que objeto é acessado como uma função do endereço e do comprimento? Todos os conjuntos de instruções discutidos neste livro são endereçados por byte e fornecem acesso para bytes (8 bits), meias palavras (16 bits) e palavras (32 bits). A maioria dos computadores também fornece acesso para palavras duplas (64 bits).

Existem duas convenções diferentes para ordenar os bytes dentro de um objeto maior. A ordem de bytes *Little Endian* coloca o byte cujo endereço é "x ... x000" na posição menos significativa da palavra dupla (a extremidade de menor ordem). Os bytes são numerados desta forma:

| 7 | 6 | 5 | 4 | 3 | 2 | 1 | 0 |
|---|---|---|---|---|---|---|---|

A ordem de byte *Big Endian* coloca o byte cujo endereço é "x ... x000" na posição mais significativa da palavra dupla (a extremidade de maior ordem). Os bytes são numerados desta forma:

| 0 | 1 | 2 | 3 | 4 | 5 | 6 | 7 |
|---|---|---|---|---|---|---|---|

Ao operar dentro de um computador, a ordem de byte costuma ser imperceptível — apenas programas que acessam os mesmos locais, como palavras e bytes, por exemplo, podem notar a diferença. Entretanto, a ordem de byte é um problema ao trocar dados entre computadores com ordenações diferentes. A ordenação Little Endian também não corresponde à ordenação normal de palavras quando strings são comparadas. As strings aparecem ao "SADITREVNI" (invertidas) nos registradores.

Um segundo aspecto da memória é que, em muitos computadores, os acessos a objetos maiores que um byte devem estar *alinhados*. Um acesso a um objeto de tamanho $s$ bytes no endereço de byte $A$ é alinhado se $A \bmod s = 0$. A Figura A.5 mostra os endereços em que um acesso está alinhado ou desalinhado.

Por que alguém projetaria um computador com restrições de alinhamento? O desalinhamento causa complicações de hardware, já que a memória normalmente é alinhada em um múltiplo de um limite de uma palavra ou palavra dupla. Um acesso à memória desalinhado, portanto, pode envolver múltiplas referências de memória alinhadas. Assim, até mesmo em computadores que permitem acesso desalinhado, os programas com acessos alinhados são executados mais rapidamente.

| | Valor dos 3 bits de ordem inferior do endereço de byte | | | | | | | |
|---|---|---|---|---|---|---|---|---|
| Largura do objeto | 0 | 1 | 2 | 3 | 4 | 5 | 6 | 7 |
| 1 byte (byte) | Alinhado | Alinhado | Alinhado | Alinhado | Alinhado | Alinhado | Alinhado | Alinhado |
| 2 bytes (meia palavra) | Alinhado | | Alinhado | | Alinhado | | Alinhado | |
| 2 bytes (meia palavra) | | Desalinhado | | Desalinhado | | Desalinhado | | Desalinhado |
| 4 bytes (palavra) | Alinhado | | | | Alinhado | | | |
| 4 bytes (palavra) | | Desalinhado | | | | Desalinhado | | |
| 4 bytes (palavra) | | | Desalinhado | | | | Desalinhado | |
| 4 bytes (palavra) | | | | Desalinhado | | | | Desalinhado |
| 8 bytes (palavra dupla) | Alinhado | | | | | | | |
| 8 bytes (palavra dupla) | | Desalinhado | | | | | | |
| 8 bytes (palavra dupla) | | | Desalinhado | | | | | |
| 8 bytes (palavra dupla) | | | | Desalinhado | | | | |
| 8 bytes (palavra dupla) | | | | | Desalinhado | | | |
| 8 bytes (palavra dupla) | | | | | | Desalinhado | | |
| 8 bytes (palavra dupla) | | | | | | | Desalinhado | |
| 8 bytes (palavra dupla) | | | | | | | | Desalinhado |

**FIGURA A.5** Endereços alinhados e desalinhados de objetos com tamanho de byte, meia palavra, palavra e palavra dupla para computadores endereçados por byte.

Para cada exemplo de objeto desalinhado, alguns objetos exigem dois acessos à memória para serem completados. Cada objeto alinhado sempre pode ser completado em um acesso à memória, desde que a memória seja tão grande quanto o objeto. A figura mostra a memória organizada como 8 bytes de extensão. Os deslocamentos de byte que rotulam as colunas especificam os 3 bits de ordem inferior do endereço.

Mesmo se os dados estiverem alinhados, o suporte a byte, meia palavra e palavra exige uma rede de alinhamento para alinhar bytes, meias palavras e palavras nos registradores de 64 bits. Por exemplo, na Figura A.5, considere a leitura de um byte de um endereço com seus 3 bits de baixa ordem tendo o valor 4. Precisaremos deslocar 3 bytes para a direita para alinhar o byte com o lugar correto em um registrador de 64 bits. Dependendo da instrução, o computador também pode precisar estender o sinal da quantidade representada. Os stores são fáceis: apenas os bytes endereçados na memória podem ser alterados. Em alguns computadores, uma operação de byte, meia palavra e palavra não afeta a parte superior de um registrador. Embora todos os computadores discutidos neste livro permitam acessos de byte, meia palavra e palavra à memória, apenas o IBM 360/370, o Intel 80x86 e o VAX aceitam operações da ALU em operandos de registradores menores que a largura total.

Agora que discutimos as interpretações alternativas dos endereços de memória, podemos discutir as maneiras como os endereços são especificados pelas instruções, chamadas *modos de endereçamento*.

## Modos de endereçamento

Dado um endereço, sabemos que bytes acessar na memória. Nesta subseção, veremos os modos de endereçamento — como as arquiteturas especificam o endereço de um objeto que elas acessarão. Os modos de endereçamento especificam constantes e registradores, além de posições na memória. Quando um local da memória é usado, o endereço de memória real especificado pelo modo de endereçamento é chamado *endereço efetivo*.

A Figura A.6 mostra todos os modos de endereçamento de dados que têm sido usados em computadores modernos. Imediatos ou literais normalmente são considerados modos de endereçamento de memória (ainda que o valor que acessam esteja no fluxo de instrução), embora os registradores frequentemente sejam separados, já que eles normalmente não possuem endereços de memória. Mantivemos separados os modos de endereçamento que dependem do contador de programa, chamado *endereçamento relativo ao PC* (contador de programa). O endereçamento relativo ao PC é usado principalmente para especificar endereços de código em instruções de transferência de controle, discutidas na Seção A.6.

A Figura A.6 mostra os nomes mais comuns para os modos de endereçamento, embora os nomes difiram entre as arquiteturas. Nessa figura e em todo o livro, usamos uma extensão para a linguagem de programação C como uma notação de descrição de hardware. Nessa figura, apenas um recurso não C é usado: a seta para a esquerda (←) é usada para atribuição. Também usamos o array Mem como o nome para a memória principal e o array Regs para registradores. Portanto, Mem[Regs[R1]] se refere ao conteúdo do local de memória cujo endereço é dado pelo conteúdo do registrador 1 (R1). Mais adiante, introduziremos extensões para acessar e transferir dados menores que uma palavra.

Os modos de endereçamento possuem a capacidade de reduzir significativamente a quantidade de instruções; eles também aumentam a complexidade de construir um computador e podem elevar o CPI (ciclos de clock por instrução) médio dos computadores que implementam esses modos. Assim, o uso de vários modos de endereçamento é muito importante para ajudar o projetista a escolher aquele que irá incluir.

A Figura A.7 mostra os resultados de medir padrões de uso de modos de endereçamento em três programas na arquitetura VAX. Usamos a velha arquitetura VAX para algumas medições neste apêndice porque ela tem o conjunto mais rico de modos de endereçamento e o mínimo de restrições sobre o endereçamento de memória. Por exemplo, a Figura A.6 mostra todos os modos que o VAX aceita. A maioria das medições neste apêndice, contudo,

| Modo de endereçamento | Instrução de exemplo | Significado | Quando é usado |
|---|---|---|---|
| Registrador | Add R4,R3 | Regs[R4]←Regs[R4] + Regs[R3] | Quando um valor está em um registrador. |
| Imediato | Add R4,3 | Regs[R4]←Regs[R4] + 3 | Para constantes. |
| Deslocamento | Add R4,100(R1) | Regs[R4]←Regs[R4] +Mem[100+Regs[R1]] | Ao acessar variáveis locais (+ simula modos de endereçamento indireto por registrador e direto). |
| Indireto de registrador | Add R4,(R1) | Regs[R4]←Regs[R4] + Mem[Regs[R1]] | Ao acessar usando um ponteiro ou um endereço calculado. |
| Indexado | Add R3,(R1+R2) | Regs[R3]←Regs[R3] +Mem[Regs[R1]+Regs[R2]] | Algumas vezes útil no endereçamento de array: R1 = base do array; R2 = valor de índice. |
| Direto ou absoluto | Add R1,(1001) | Regs[R1]←Regs[R1] + Mem[1001] | Algumas vezes útil para acessar dados estáticos; a constante do endereço pode precisar ser grande. |
| Indireto de memória | Add R1,@(R3) | Regs[R1]←Regs[R1] + Mem[Mem[Regs[R3]]] | Se R3 é o endereço de um ponteiro $p$, então o modo produz $*p$. |
| Autoincremento | Add R1,(R2)+ | Regs[R1]←Regs[R1] +Mem[Regs[R2]]  Regs[R2]←Regs[R2] + $d$ | Útil para percorrer os arrays passo a passo dentro de um loop. R2 aponta para o início do array; cada referência incrementa R2 pelo tamanho de um elemento, $d$. |
| Autodecremento | Add R1,-(R2) | Regs[R2]←Regs[R2] - $d$  Regs[R1] ← Regs[R1] + Mem[Regs[R2]] | Mesmo uso do autoincremento. Autodecremento/autoincremento também podem agir como push/pop para implementar uma pilha. |
| Escalonado | Add R1,100(R2)[R3] | Regs[R1]←Regs[R1] +Mem[100+Regs[R2] +Regs[R3] * $d$] | Usado para indexar arrays. Pode ser aplicado para qualquer modo de endereçamento indexado em alguns computadores. |

**FIGURA A.6** Seleção dos modos de endereçamento com exemplos, significado e uso.

Nos modos de endereçamento escalonado e de autoincremento/autodecremento, a variável $d$ indica o tamanho do item de dados sendo acessado (ou seja, se a instrução está acessando 1, 2, 4 ou 8 bytes). Esses modos de endereçamento são úteis apenas quando os elementos que estão sendo acessados são adjacentes na memória. Os computadores RISC usam o deslocamento para simular o endereçamento indireto por registrador com 0 como o endereço e para simular endereçamento direto usando 0 no registrador de base. Em nossas medições, usamos o primeiro nome mostrado para cada modo.

usará as arquiteturas registrador-registrador mais recentes para mostrar como os programas usam conjuntos de instruções de computadores atuais.

Como mostra a Figura A.7, o endereçamento imediato e o de deslocamento dominam o uso dos modos de endereçamento. Vejamos algumas propriedades desses dois modos bastante utilizados.

## Modo de endereçamento de deslocamento

A principal questão que surge para um modo de endereçamento no estilo de deslocamento é a da faixa de deslocamentos usada. Com base no uso de vários tamanhos de deslocamento, uma decisão de que tamanhos serão aceitos pode ser tomada. É importante escolher os tamanhos de campo de deslocamento porque eles afetam diretamente o tamanho da instrução. A Figura A.8 mostra as medições feitas no acesso a dados em uma arquitetura load-store usando nossos programas de benchmark. Examinamos os offsets de desvio na

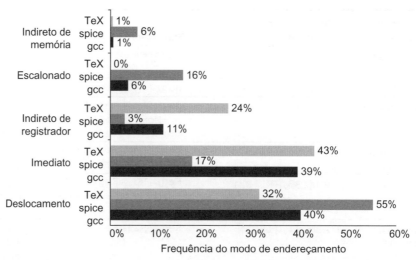

**FIGURA A.7** Resumo do uso dos modos de endereçamento de memória (incluindo imediatos).
Estes principais modos de endereçamento são responsáveis por apenas 0-3% dos acessos à memória. Os modos de registrador, que não são contados, respondem por metade das referências de operando, enquanto os modos de endereçamento de memória (incluindo imediato) respondem pela outra metade. Obviamente, o compilador afeta os modos de endereçamento que são usados; veja a Seção A.8. O modo indireto de memória no VAX pode usar deslocamento, autoincremento ou autodecremento para formar o endereço de memória inicial; nesses programas, quase todas as referências indiretas à memória usam o modo de deslocamento como base. O modo de deslocamento inclui todos os tamanhos de deslocamento (8, 16 e 32 bits). Os modos de endereçamento relativos ao PC, usados quase exclusivamente para desvios, não estão incluídos. Apenas os modos de endereçamento com frequência média de mais de 1% são mostrados.

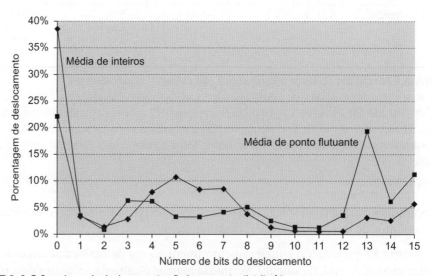

**FIGURA A.8** Os valores de deslocamento são largamente distribuídos.
Existe grande número de valores pequenos e um razoável número de valores grandes. A ampla distribuição dos valores de deslocamento é devida às múltiplas áreas de armazenamento para variáveis e diferentes deslocamentos para acessá-las (ver Seção A.8), bem como ao esquema de endereçamento geral que o compilador usa. O eixo $x$ é $\log_2$ do deslocamento, ou seja, o tamanho de um campo necessário para representar a magnitude do deslocamento. O zero no eixo $x$ mostra a porcentagem de deslocamentos de valor 0. O gráfico não inclui o bit de sinal, que é enormemente afetado pelo leiaute do armazenamento. A maioria dos deslocamentos é positiva, mas uma maioria dos deslocamentos maiores (mais de 14 bits) é negativa. Como esses dados foram coletados em um computador com deslocamentos de 16 bits, eles nada podem nos dizer sobre deslocamentos maiores. Esses dados foram tirados em uma arquitetura Alpha com otimização total (ver Seção A.8) sobre o SPEC CPU2000, mostrando a média dos programas de inteiro (CINT2000) e a média dos programas de ponto flutuante (CFP2000).

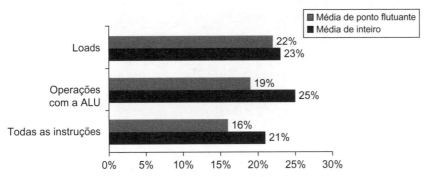

**FIGURA A.9** Aproximadamente 1/4 das transferências de dados e operações da ALU possui um operando imediato.
As barras inferiores mostram que os programas de inteiro usam imediatos em cerca de 1/5 das instruções, enquanto os programas de ponto flutuante usam imediatos em aproximadamente 1/6 das instruções. Para loads, a instrução de load imediato carrega 16 bits em uma das metades de um registrador de 32 bits. Os loads imediatos não são loads em um sentido estrito porque não acessam a memória. Ocasionalmente, um par de loads imediatos é usado para carregar uma constante de 32 bits, mas isso é raro. (Para operações com a ALU, deslocamentos por um valor constante são incluídos como operações com operandos imediatos.) Os programas e o computador usados para coletar essas estatísticas são iguais aos da Figura A.8.

Seção A.6 — os padrões de acesso a dados e desvios são diferentes; há pouca vantagem em combiná-los, embora, na prática, os tamanhos dos imediatos sejam considerados iguais para simplificar.

## Modo de endereçamento imediato ou literal

Os imediatos podem ser usados nas operações aritméticas, em comparações (principalmente para desvios) e em movimentos onde uma constante é necessária em um registrador. O último caso ocorre para constantes escritas no código, que tendem a ser pequenas, e para constantes de endereço, que costumam ser grandes. Para uso dos imediatos, é importante saber se eles precisam ser aceitos para todas as operações ou apenas para um subconjunto. A Figura A.9 mostra a frequência dos imediatos para as classes gerais das operações de inteiro e ponto flutuante em um conjunto de instruções.

Outra importante medição de conjunto de instruções é a faixa de valores para imediatos. Assim como os valores de deslocamento, o tamanho dos valores de imediato afeta o tamanho da instrução. Como mostra a Figura A.10, valores de imediato pequenos são bastante utilizados. Imediatos grandes, no entanto, algumas vezes são usados, mais provavelmente em cálculos de endereçamento.

## Resumo: endereçamento de memória

Primeiro, devido à sua popularidade, esperaríamos que uma nova arquitetura aceitasse pelo menos os seguintes modos de endereçamento: deslocamento, imediato e indireto por registrador. A Figura A.7 mostra que eles representam 75% a 99% dos modos de endereçamento usados em nossas medições. Segundo, esperaríamos que o tamanho do endereço para o modo de deslocamento fosse pelo menos 12-16 bits, já que a legenda na Figura A.8 sugere que esses tamanhos cobririam 75% a 99% dos deslocamentos. Terceiro, esperaríamos que o tamanho do campo imediato fosse de pelo menos 8-16 bits. Essa afirmação não é substanciada pela legenda da figura à qual se refere.

Tendo coberto as classes de conjunto de instruções e decidido pelas arquiteturas registrador-registrador, além das recomendações anteriores sobre os modos de endereçamento de dados, examinaremos a seguir os tamanhos e os significados dos dados.

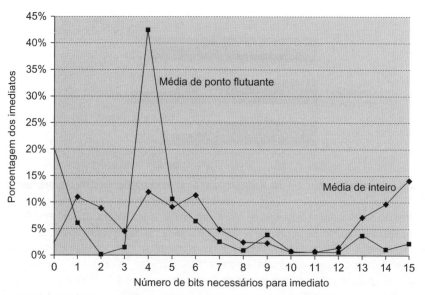

**FIGURA A.10** Distribuição de valores imediatos.
O eixo *x* mostra o número de bits necessários para representar a magnitude de um valor imediato — 0 significa que o valor do campo imediato era 0. A maioria dos valores imediatos é positiva. Cerca de 20% foram negativos para CINT2000 e aproximadamente 30% foram negativos para CFP2000. Essas medições foram realizadas no Alpha, onde o imediato máximo tem 16 bits, para os mesmos programas da Figura A.8. Uma medição semelhante no VAX, que aceitava imediatos de 32 bits, mostrou que cerca de 20% a 25% dos imediatos eram mais longos que 16 bits. Portanto, 16 bits capturariam aproximadamente 80% e 8 bits, cerca de 50%.

## A.4 TIPO E TAMANHO DOS OPERANDOS

Como é designado o tipo de um operando? Normalmente, a codificação no opcode designa o tipo de operando — esse é o método utilizado com mais frequência. Como alternativa, os dados podem ser anotados com etiquetas que são interpretadas pelo hardware. Essas etiquetas especificam o tipo do operando, e a operação é escolhida de acordo. Contudo, os computadores com dados identificados por etiquetas só podem ser encontrados em museus.

Vamos começar com as arquiteturas de desktop e de servidores. Em geral, o tipo de operando — inteiro, ponto flutuante de precisão simples, caractere e assim por diante — efetivamente fornece seu tamanho. Tipos de operando comuns incluem caractere (8 bits), meia palavra (16 bits), palavra (32 bits), ponto flutuante de precisão simples (também uma palavra) e ponto flutuante de precisão dupla (duas palavras). Inteiros são quase universalmente representados como números binários em complemento de dois. Os caracteres normalmente estão em ASCII, mas o Unicode de 16 bits (usado em Java) está ganhando popularidade com a internacionalização dos computadores. Até o início da década de 1980, a maioria dos fabricantes de computador escolhia sua própria representação de ponto flutuante. Quase todos os computadores a partir daquela época seguiram o mesmo padrão para ponto flutuante, o padrão IEEE 754, embora esse nível de precisão recentemente tenha sido abandonado nos processadores específicos da aplicação. O padrão de ponto flutuante IEEE será discutido em detalhes no Apêndice J on-line.

Algumas arquiteturas fornecem operações sobre strings de caracteres, embora essas operações normalmente sejam muito limitadas e tratem cada byte na string como um único caractere. Operações típicas baseadas em strings de caracteres são comparações e movimentações.

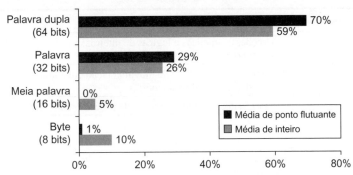

**FIGURA A.11** Distribuição de acessos a dados por tamanho para os programas de benchmark.
O tipo de dados palavra dupla é usado para ponto flutuante de dupla precisão em programas de ponto flutuante e para endereços, desde que o computador use endereços de 64 bits. Em um computador que usa endereços de 32 bits, os endereços de 64 bits seriam substituídos por endereços de 32 bits e, portanto, quase todos os endereços de palavra dupla nos programas de inteiro se tornariam endereços de palavra simples.

Para aplicações comerciais, algumas arquiteturas aceitam um formato decimal, normalmente chamado de *decimal compacto* ou *decimal codificado em binário* (*código BCD*) — 4 bits são usados para codificar os valores 0-9 e dois dígitos decimais são compactados em cada byte. As strings de caracteres numéricos às vezes são chamadas *decimal não compactado*, e normalmente são fornecidas operações — chamadas *compactação* ou *descompactação* — para a conversão entre elas.

Uma razão para usar operandos decimais é obter resultados que coincidam exatamente com números decimais, já que algumas frações decimais não têm uma representação exata em binário. Por exemplo, $0,10_{10}$ é uma fração simples em decimal, mas, em binário, ela requer uma quantidade infinita de dígitos repetitivos: $0,000110011\overline{0011}\ldots_2$. Assim, cálculos que são exatos em decimal podem estar próximos mas imprecisos em binário, o que pode ser um problema para transações financeiras (veja mais sobre aritmética de precisão no Apêndice J on-line).

Os benchmarks SPEC usam tipos de dados de byte ou caractere, meia palavra (inteiro curto), palavra (inteiro e ponto flutuante de precisão simples), palavra dupla (inteiro longo) e ponto flutuante. A Figura A.11 mostra a distribuição dinâmica dos tamanhos dos objetos referenciados pela memória para esses programas. A frequência de acesso a tipos de dados diferentes ajuda a decidir quais os tipos mais importantes para se ter um suporte eficiente. O computador deve ter um caminho de dados de 64 bits ou seria satisfatório dois ciclos para acessar uma palavra dupla? Como vimos anteriormente, os acessos de byte requerem uma rede de alinhamento: qual é a importância de aceitar bytes como primitivos? A Figura A.11 usa referências de memória para examinar os tipos de dados que estão sendo acessados.

Em algumas arquiteturas, objetos em registradores podem ser acessados como bytes ou meias palavras. Porém, tal acesso é muito raro — no VAX, isso representa não mais de 12% das referências de registradores ou aproximadamente 6% de todos os acessos de operandos nesses programas.

## A.5 OPERAÇÕES NO CONJUNTO DE INSTRUÇÕES

Os operadores aceitos pela maioria das arquiteturas de conjunto de instruções podem ser categorizados como na Figura A.12. Uma regra geral para todas as arquiteturas é que as instruções mais frequentemente executadas são as operações simples de um conjunto de

| Tipo de operador | Exemplos |
|---|---|
| Aritmético e lógico | Operações aritméticas e lógicas de inteiros: adição, subtração e (and), ou (or), multiplicação, divisão |
| Transferência de dados | Loads-stores (instruções de movimentação em computadores com endereçamento de memória) |
| Controle | Desvio, salto, chamada e retorno de procedimento, traps |
| Sistema | Chamada de sistema operacional, instruções de gerenciamento de memória virtual |
| Ponto flutuante | Operações de ponto flutuante: adição, multiplicação, divisão, comparação |
| Decimal | Adição decimal, multiplicação decimal, conversão decimal para caracteres |
| String | Movimento de string, comparação de string, pesquisa de string |
| Gráficos | Operações de pixels e vértices, operações de compactação/descompactação |

**FIGURA A.12** Categorias dos operadores de instrução e exemplos de cada uma.

Todos os computadores normalmente fornecem um conjunto completo de operações para as três primeiras categorias. O suporte para funções de sistema no conjunto de instruções varia bastante entre as arquiteturas, mas todos os computadores precisam ter algum suporte de instrução para as funções básicas do sistema. A quantidade de suporte no conjunto de instruções para as quatro últimas categorias pode variar de nenhum até um extenso conjunto de instruções especiais. As instruções de ponto flutuante serão fornecidas em qualquer computador destinado a uma aplicação que utiliza intensamente ponto flutuante. Algumas vezes, essas instruções são parte de um conjunto de instruções opcional. As instruções de decimais e string são, às vezes, primitivas, como no VAX ou IBM 360, ou podem ser sintetizadas pelo compilador a partir de instruções mais simples. As instruções gráficas normalmente operam em muitos itens de dados menores em paralelo, por exemplo, realizando oito adições de 8 bits em operandos de 64 bits.

| Classificação | Instrução do 80x86 | Média de inteiro (% total executada) |
|---|---|---|
| 1 | Load | 22% |
| 2 | Desvio condicional | 20% |
| 3 | Compare | 16% |
| 4 | Store | 12% |
| 5 | Add | 8% |
| 6 | And | 6% |
| 7 | Sub | 5% |
| 8 | Move registrador-registrador | 4% |
| 9 | Call | 1% |
| 10 | Return | 1% |
| **Total** | | **96%** |

**FIGURA A.13** As 10 instruções principais para o 80x86.

As instruções simples dominam essa lista e são responsáveis por 96% das instruções executadas. Essas porcentagens são a média dos cinco programas SPECint92.

instruções. Por exemplo, a Figura A.13 mostra 10 instruções simples que respondem por 96% das instruções executadas para uma coleção de programas de inteiro sendo executados no popular Intel 80x86. Consequentemente, o implementador dessas instruções deve cuidar para torná-las rápidas, já que elas são o caso comum.

Como já dissemos, as instruções na Figura A.13 são encontradas em todo computador para qualquer aplicação — desktop, servidor, embarcado — com as variações das operações na Figura A.12 dependendo fortemente dos tipos de dados tratados pelo conjunto de instruções.

## A.6 INSTRUÇÕES PARA FLUXO DE CONTROLE

Como as medidas de comportamento de desvios e saltos são completamente independentes das outras medidas e aplicações, examinamos agora o uso das instruções de fluxo de controle, que têm pouco em comum com as operações das seções anteriores.

Não há uma terminologia consistente para instruções que mudam o fluxo de controle. Na década de 1950, elas normalmente eram chamadas *transferências*. A partir de 1960, o nome *desvio* começou a ser usado. Mais tarde, os computadores introduziram nomes adicionais. Em todo este livro, usamos *salto* quando a mudança no controle for incondicional e *desvio* quando a mudança for condicional.

Podemos distinguir quatro tipos diferentes de mudança de fluxo de controle:

- Desvios condicionais
- Saltos
- Chamadas de procedimento
- Retornos de procedimento

Queremos saber a frequência relativa desses eventos, já que cada evento é diferente, pode usar instruções diferentes e ter comportamento diferente. A Figura A.14 mostra as frequências dessas instruções de fluxo de controle para um computador de load-store executando nossos benchmarks.

### Modos de endereçamento para instruções de fluxo de controle

O endereço de destino de uma instrução de fluxo de controle sempre deve ser especificado. Esse destino é especificado explicitamente na instrução, na grande maioria dos casos — sendo o retorno de procedimento a principal exceção, já que, para o retorno, o destino não é conhecido em tempo de compilação. O modo mais comum de especificar o destino é fornecer um deslocamento que seja acrescentado ao *contador de programa* (PC). As ins-

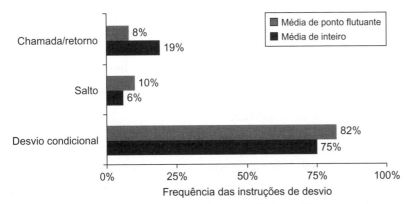

**FIGURA A.14** As instruções de fluxo de controle podem ser divididas em três classes: chamadas ou retornos, saltos e desvios condicionais.
Os desvios condicionais dominam claramente. Cada tipo é contado em uma de três barras. Os programas e o computador usados para coletar essas estatísticas são os mesmos daqueles na Figura A.8.

truções de fluxo de controle desse tipo são chamadas *relativas ao PC*. Os *desvios* ou saltos relativos ao PC são vantajosos porque, frequentemente, o destino está próximo à instrução atual, e especificar a posição relativa ao PC atual requer menos bits. Usar o endereçamento relativo ao PC também permite que o código seja executado independentemente de onde esteja carregado. Essa propriedade, chamada *independência de posição*, pode eliminar algum trabalho quando o programa é linkeditado e também é útil em programas linkeditados dinamicamente durante a execução.

Para implementar retornos e saltos indiretos quando o destino não é conhecido em tempo de compilação, é necessário um método diferente do endereçamento relativo ao PC. Aqui deve haver uma maneira de especificar o destino dinamicamente, para que ele possa mudar em tempo de execução. Esse endereço dinâmico pode ser tão simples quanto nomear um registrador que contém o endereço de destino; como alternativa, o salto pode permitir que qualquer modo de endereçamento seja usado para fornecer o endereço de destino.

Esses saltos indiretos de registrador também são úteis para outros quatro recursos importantes:

- Instruções *case* ou *switch*, encontradas na maioria das linguagens de programação (que selecionam uma entre várias alternativas).
- *Funções* ou *métodos virtuais* em linguagens orientadas a objeto, como C + + ou Java (que permitem que diferentes rotinas sejam chamadas dependendo do tipo de argumento).
- *Funções de ordem superior* ou *ponteiros de função* em linguagens como C ou C + + (que permitem que funções sejam passadas como argumentos, dando um pouco do "sabor" da programação orientada a objeto).
- *Bibliotecas compartilhadas dinamicamente* (que permitem carregar e linkeditar uma biblioteca em tempo de execução apenas quando é efetivamente chamada pelo programa em vez de carregada e link editada estaticamente antes de o programa ser executado).

Nos quatro casos, o endereço de destino não é conhecido em tempo de compilação e, consequentemente, costuma ser carregado da memória em um registrador antes do salto indireto por registrador.

Como os desvios geralmente usam endereçamento relativo ao PC para especificar seus destinos, uma importante questão é a distância entre os desvios e os destinos do desvio. Saber a distribuição desses deslocamentos ajudará na escolha dos offsets de desvio que devem ser suportados e, assim, afetará o tamanho das instruções e a codificação. A Figura A.15 mostra a distribuição dos deslocamentos para desvios relativos ao PC nas instruções. Aproximadamente 75% dos desvios estão voltados para a frente.

## Opções do desvio condicional

Como a maioria das mudanças no fluxo ocorre em desvios, é importante decidir como especificar a condição do desvio. A Figura A.16 mostra as três principais técnicas em uso atualmente e suas vantagens e desvantagens.

Uma das propriedades mais notáveis dos desvios é que um grande número de comparações consiste em testes simples e outro grande número em comparações com zero. Assim, algumas arquiteturas escolhem tratar essas comparações como casos especiais, sobretudo se estiver sendo usada uma instrução de *comparação e desvio*. A Figura A.17 mostra a frequência das diferentes comparações usadas para desvio condicional.

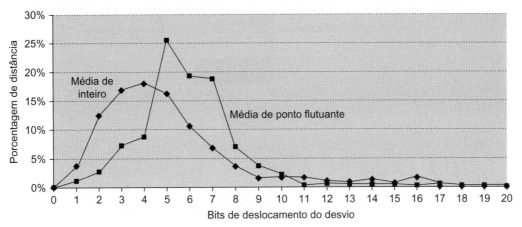

**FIGURA A.15** Distâncias de desvio em termos do número de instruções entre a instrução de desvio e seu destino.
Os desvios mais frequentes nos programas de inteiro são para destinos que podem ser codificados em 4-8 bits. Esse resultado nos diz que campos de deslocamento curtos normalmente são suficientes para desvios e que o projetista pode ganhar alguma densidade de codificação tendo uma instrução mais curta com um deslocamento de desvio menor. Essas medições foram feitas em um computador de load-store (arquitetura Alpha) com todas as instruções alinhadas nos limites de palavra. Uma arquitetura que exige menos instruções para o mesmo programa, como um VAX, teria distâncias de desvio mais curtas. Entretanto, o número de bits necessários para o deslocamento pode aumentar se o computador tiver instruções de tamanho variável para serem alinhadas em qualquer limite de byte. Os programas e o computador usados para coletar essas estatísticas são os mesmos da Figura A.8.

| Nome | Exemplos | Como a condição é testada | Vantagens | Desvantagens |
|---|---|---|---|---|
| Código de condição (CC) | 80x86, ARM, PowerPC, SPARC, SuperH | Testa bits especiais definidos por operações com a ALU, possivelmente sob o controle do programa | Algumas vezes, a condição é definida sem custo | CC é um estado extra. Os códigos de condição restringem a ordenação das instruções, já que eles passam informações de uma instrução para um desvio |
| Registrador de condição/ comparação limitada | Alpha, MIPS | Testa um registrador qualquer com o resultado de uma comparação (testes de igualdade ou zero) | Simples | Comparação limitada pode afetar o caminho crítico ou exigir comparação extra para condição geral |
| Comparação e desvio | PA-RISC, VAX, RISC-V | A comparação faz parte do desvio. São permitidas comparações bastante gerais (maior que, menor que) | Uma instrução em vez de duas para um desvio | Pode definir caminho crítico para instruções de desvio |

**FIGURA A.16** Os principais métodos para avaliar condições de desvio, suas vantagens e suas desvantagens.
Embora os códigos de condição possam ser definidos por operações da ALU necessárias para outros fins, as medições nos programas mostram que isso raramente acontece. Os principais problemas de implementação com códigos de condição surgem quando o código de condição é definido por um subconjunto de instruções grande ou aleatoriamente escolhido, em vez de ser controlado por um bit na instrução. Os computadores com comparação e desvio normalmente limitam o conjunto de comparações e usam um registrador de condição para comparações mais complexas. Muitas vezes, diferentes técnicas são usadas para desvios baseados em comparação de ponto flutuante e aqueles baseados em comparação de inteiro. Essa dicotomia faz sentido, já que o número de desvios que dependem das comparações de ponto flutuante é muito menor do que o número de desvios que dependem das comparações de inteiro.

## Opções de chamada de procedimento

Chamadas e retornos de procedimento incluem transferência de controle e, possivelmente, a gravação de algum estado; no mínimo, o endereço de retorno deve ser salvo em algum lugar, às vezes em um registrador de link especial ou simplesmente em um registrador de propósito geral. Algumas arquiteturas mais antigas fornecem um mecanismo para salvar

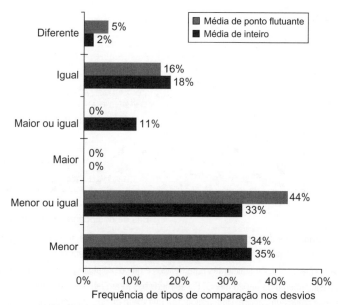

**FIGURA A.17** Frequência de diferentes tipos de comparações em desvios condicionais.
Desvios com comparações do tipo menor (ou igual) dominam essa combinação de compilador e arquitetura. Essas medições incluem as comparações de inteiros e ponto flutuante nos desvios. Os programas e o computador utilizados para coletar essas estatísticas são iguais aos da Figura A.8.

muitos registradores, enquanto arquiteturas mais novas exigem que o compilador gere operações store e load para cada registrador salvo e restaurado.

Há duas convenções básicas em uso para salvar registradores: ou no local de chamada ou dentro do procedimento que está sendo chamado (invocado). *Salvamento por quem chama* significa que o procedimento que chama precisa salvar os registradores que deseja preservar para o acesso depois da chamada; assim, o procedimento chamado não precisa se preocupar com registradores. *Salvamento pelo chamado* é o contrário: o procedimento chamado precisa salvar os registradores que deseja usar, deixando quem chama livre. Há ocasiões em que o salvamento de quem chama precisa ser usado devido a padrões de acesso a variáveis visíveis globalmente em dois procedimentos diferentes. Por exemplo, suponha que tenhamos um procedimento P1 que chama o procedimento P2 e ambos os procedimentos manipulem a variável global $x$. Se P1 tiver alocado $x$ para um registrador, ele deve se certificar que salvará $x$ em um local conhecido por P2 antes da chamada a P2. A habilidade de um compilador para descobrir quando um procedimento chamado pode acessar quantidades alocadas em registradores é complicada pela possibilidade da compilação separada. Suponha que P2 não possa acessar $x$, mas possa chamar outro procedimento, P3, que pode acessar $x$, embora P2 e P3 sejam compilados separadamente. Devido a essas complicações, a maioria dos compiladores salvará de modo conservador, por quem chama, *qualquer* variável que possa ser acessada durante uma chamada.

Nos casos em que qualquer convenção poderia ser usada, alguns programas serão mais eficientes com salvamento pelo chamado e outros serão mais eficientes com salvamento por quem chama. Como resultado, a maioria dos sistemas reais de hoje usa uma combinação dos dois mecanismos. Essa convenção é especificada em uma interface binária da aplicação (ABI — Application Binary Interface) que estabelece as regras básicas quanto aos registradores que devem ser salvos por quem chama e quais devem ser salvos pelo chamado. Mais adiante, neste apêndice, examinaremos a divergência entre instruções sofisticadas para salvar automaticamente registradores e as necessidades do compilador.

## Resumo: instruções para fluxo de controle

As instruções de fluxo de controle são algumas das instruções mais executadas. Embora haja muitas opções para desvios condicionais, esperávamos que o endereçamento de desvio em uma nova arquitetura fosse capaz de saltar centenas de instruções acima ou abaixo do desvio. Essa exigência sugere um deslocamento de desvio relativo ao PC de pelo menos 8 bits. Esperávamos, também, ver o endereçamento indireto por registrador e o relativo ao PC para instruções de salto, a fim de aceitar retornos, bem como muitos outros recursos dos sistemas atuais.

Agora completamos nosso "passeio" pela arquitetura da instrução no nível visto por um programador de linguagem assembly ou um projetista de compilador. Estamos nos voltando para uma arquitetura load-store com os modos de endereçamento de deslocamento, imediato e indireto por registrador. Esses dados são inteiros de 8, 16, 32 e 64 bits e dados de ponto flutuante de 32 e 64 bits. As instruções incluem operações simples, desvios condicionais relativos ao PC, instruções de salto e link para chamada de procedimento e saltos indiretos por registrador para retorno de procedimento (além de alguns outros usos).

Agora precisamos escolher como representar essa arquitetura de uma forma que facilite a execução pelo hardware.

## A.7    CODIFICAÇÃO DE UM CONJUNTO DE INSTRUÇÕES

Obviamente, as escolhas mencionadas anteriormente afetarão o modo como as instruções são codificadas em uma representação binária para execução pelo processador. Essa representação afeta não só o tamanho do programa compilado, mas também a implementação do processador, que precisa decodificá-la para encontrar rapidamente a operação e seus operandos. A operação normalmente é especificada em um campo chamado *opcode* (código de operação). Como veremos, uma decisão importante é como codificar os modos de endereçamento com as operações.

Essa decisão depende da faixa dos modos de endereçamento e do grau de independência entre opcodes e modos. Alguns computadores mais antigos possuem de um a cinco operandos com 10 modos de endereçamento para cada operando (ver Figura A.6). Para um número tão grande de combinações, normalmente um *especificador de endereço* separado é necessário para cada operando: o especificador de endereço informa que modo de endereçamento é usado para acessar o operando. No outro extremo estão computadores load-store com um único operando de memória e apenas um ou dois modos de endereçamento; obviamente, nesse caso, o modo de endereçamento pode ser codificado como parte do opcode.

Ao codificar as instruções, o número de registradores e o número de modos de endereçamento têm um impacto significativo no tamanho das instruções, já que o campo de registrador e o campo de modo de endereçamento podem aparecer muitas vezes em uma única instrução. Na realidade, para a maioria das instruções, muito mais bits são consumidos nos campos de modo de endereçamento e de registrador do que na especificação do opcode. O arquiteto precisa equilibrar várias forças concorrentes ao codificar o conjunto de instruções:

1.  O desejo de ter o máximo de registradores e modos de endereçamento possíveis.
2.  O impacto do tamanho dos campos de registrador e do modo de endereçamento no tamanho médio da instrução e, consequentemente, no tamanho médio do programa.
3.  O desejo de ter instruções codificadas em tamanhos que sejam fáceis de controlar em uma implementação com pipeline (a importância das instruções facilmente

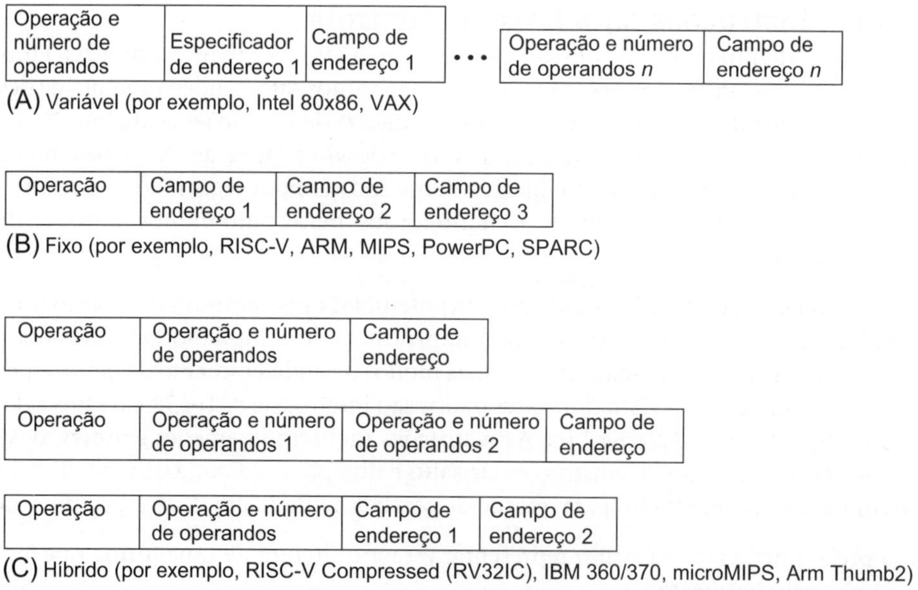

| Operação e número de operandos | Especificador de endereço 1 | Campo de endereço 1 | ··· | Operação e número de operandos *n* | Campo de endereço *n* |
|---|---|---|---|---|---|

(A) Variável (por exemplo, Intel 80x86, VAX)

| Operação | Campo de endereço 1 | Campo de endereço 2 | Campo de endereço 3 |
|---|---|---|---|

(B) Fixo (por exemplo, RISC-V, ARM, MIPS, PowerPC, SPARC)

| Operação | Operação e número de operandos | Campo de endereço |
|---|---|---|

| Operação | Operação e número de operandos 1 | Operação e número de operandos 2 | Campo de endereço |
|---|---|---|---|

| Operação | Operação e número de operandos | Campo de endereço 1 | Campo de endereço 2 |
|---|---|---|---|

(C) Híbrido (por exemplo, RISC-V Compressed (RV32IC), IBM 360/370, microMIPS, Arm Thumb2)

**FIGURA A.18** Três variações básicas na codificação de instrução: tamanho variável, tamanho fixo e híbrido.

O formato variável pode aceitar qualquer número de operandos, com cada especificador de endereço determinando o modo de endereçamento e o tamanho do especificador para esse operando. Ele geralmente permite a menor representação de código, já que não é preciso incluir os campos não usados. O formato fixo sempre tem o mesmo número de operandos, com os modos de endereçamento (se houver opções) especificados como parte do opcode. Normalmente, ele resulta no tamanho de código maior. Embora os campos não costumem variar em seu local, eles serão usados para diferentes finalidades por diferentes instruções. O método híbrido possui vários formatos especificados pelo opcode, acrescentando um ou dois campos para especificar o modo de endereçamento e um ou dois campos para especificar o endereço do operando.

decodificadas é discutida no Apêndice C e no Capítulo 3). Como um mínimo, o arquiteto deseja que as instruções sejam em múltiplos de bytes, e não em um comprimento em bits arbitrário. Muitos arquitetos de computadores desktop e de servidores escolhem usar uma instrução de tamanho fixo para ganhar vantagens de implementação enquanto sacrificam o tamanho médio do código.

A Figura A.18 mostra três escolhas comuns para codificar o conjunto de instruções. À primeira chamamos *variável*, já que permite que quase todos os modos de endereçamento estejam com todas as operações. Esse estilo é melhor quando há muitos modos de endereçamento e operações. À segunda opção, chamamos *fixa*, uma vez que combina a operação e o modo de endereçamento no opcode. Frequentemente, a codificação fixa terá um único tamanho para todas as instruções; ela funciona melhor quando há poucos modos de endereçamento e operações. O compromisso entre codificação variável e codificação fixa é o do tamanho dos programas contra a facilidade de decodificação no processador. A variável tenta usar o mínimo possível de bits para representar o programa, mas as instruções individuais podem variar bastante em tamanho e na quantidade de trabalho a ser executado.

Vejamos uma instrução do 80x86 para ter um exemplo da codificação variável:

```
add EAX,1000(EBX)
```

O nome `add` significa uma instrução de adição de inteiros de 32 bits com dois operandos, e esse opcode utiliza 1 byte. Um especificador de endereço do 80x86 ocupa 1 ou 2 bytes, especificando o registrador de origem/destino (`EAX`) e o modo de endereçamento (des-

ELSEVIER A.7 Codificação de um conjunto de instruções A-21

locamento, nesse caso) e o registrador-base (EBX) para o segundo operando. Essa combinação leva 1 byte para especificar os operandos. Quando no modo de 32 bits (Apêndice K), o tamanho do campo endereço é 1 byte ou 4 bytes. Como 1.000 é maior que $2^8$, o tamanho total da instrução é

$$1 + 1 + 4 = 6 \text{ bytes}$$

O tamanho das instruções 80x86 varia entre 1 e 17 bytes. Os programas 80x86 normalmente são maiores do que as arquiteturas RISC, que usam formatos fixos (Apêndice K).

Dados esses dois polos do projeto do conjunto de instruções, codificação variável e fixa, a terceira alternativa imediatamente vem à mente: reduzir a variabilidade em tamanho e trabalho da arquitetura variável, mas fornecer vários tamanhos de instrução para reduzir o tamanho do código. Esse método *híbrido* é a terceira alternativa de codificação, e veremos exemplos em breve.

## Tamanho de código reduzido nos RISCs

Quando os computadores RISC começaram a ser usados em aplicações embarcadas, o formato fixo de 32 bits tornou-se um problema, pois o custo e, consequentemente, o tamanho menor do código são importantes. Em resposta, vários fabricantes ofereceram uma nova versão híbrida de seus conjuntos de instruções RISC, com instruções de 16 bits e 32 bits. As instruções curtas aceitam menos operações, menos campos de endereço e campos imediato, menor quantidade de registradores e um formato de dois endereços em vez do clássico formato de três endereços dos computadores RISC. RISC-V oferece tal extensão, chamada RV32IC, com o C significando compactado. Ocorrências de instrução comuns, como intermediários com pequenos valores e operações comuns com a ALU, com o registrador de origem e de destino sendo idênticos, são codificadas em formatos de 16 bits. O Apêndice K fornece dois exemplos, o ARM Thumb e o microMIPS, que ostentam uma redução no tamanho do código de até 40%.

Em contraste com essas extensões de conjunto de instruções, a IBM simplesmente compacta seu conjunto de instruções-padrão e, depois, acrescenta hardware para descompactar instruções, como se elas fossem buscadas da memória em uma falta na cache (cache miss) de instruções. Portanto, a cache de instruções contém instruções de 32 bits completas, mas o código compactado é mantido na memória principal, em ROM e no disco. A vantagem de um formato compactado, como o RV32IC. microMIPS e do Thumb2, é que as caches de instrução agem como se fossem aproximadamente 25% maiores, enquanto o CodePack da IBM significa que os compiladores não precisam ser alterados para controlar diferentes conjuntos de instruções, e a decodificação da instrução pode permanecer simples.

O CodePack começa com compactação de codificação run-length em qualquer programa PowerPC e, depois, carrega as tabelas de compactação resultantes em uma tabela de 2 KB no chip. Consequentemente, todo programa tem sua própria codificação única. Para manipular desvios, que não são mais para um limite alinhado de palavra, o PowerPC cria uma tabela de hash na memória que faz o mapeamento entre endereços compactados e descompactados. Como um TLB (ver Capítulo 2), ele coloca na cache os mapas de endereço mais recentemente usados, para reduzir o número de acessos à memória. A IBM alega um custo de desempenho geral de 10%, resultando em uma redução de tamanho de código de 35% a 40%.

## Resumo: codificando um conjunto de instruções

As decisões tomadas nos componentes do projeto de conjunto de instruções, discutidas nas seções anteriores, determinam se o arquiteto tem a escolha entre codificações de

# A-22 CAPÍTULO A: Princípios e exemplos de conjuntos de instruções

instruções variáveis e fixas. Dada a escolha, o arquiteto mais interessado no tamanho de código do que no desempenho escolherá a codificação variável, e o mais interessado no desempenho do que no tamanho de código escolherá a codificação fixa. RISC-V, MIPS e ARM possuem uma extensão ao conjunto de instruções que usa instrução de 16 bits, além de 32 bits; as aplicações com sérias restrições no tamanho do código podem optar por usar a variante de 16 bits, a fim de diminuir o tamanho do código. O Apêndice E traz 13 exemplos dos resultados das escolhas de arquitetos. No Apêndice C e no Capítulo 3, o impacto da variabilidade sobre o desempenho do processador será discutido em detalhes.

Estamos quase terminando de preparar a base para a arquitetura do conjunto de instruções RISC-V que será introduzida na Seção A.9. Antes disso, porém, será útil dar uma olhada na tecnologia do compilador e seu efeito nas propriedades do programa.

## A.8 QUESTÕES GERAIS: O PAPEL DOS COMPILADORES

Hoje, quase toda programação é feita em linguagens de alto nível para aplicações de desktops e servidores. Esse desenvolvimento significa que, como a maioria das instruções executadas é a saída de um compilador, uma arquitetura de conjunto de instruções é essencialmente o destino de um compilador. Antigamente, para essas aplicações, muitas vezes eram tomadas decisões arquitetônicas para facilitar a programação em linguagem assembly ou para um kernel específico. Como o compilador afetará significativamente o desempenho de um computador, hoje, entender a tecnologia de compilador é vital para projetar e implementar um conjunto de instruções de modo eficiente.

Já foi comum tentar isolar a tecnologia de compiladores e seu efeito sobre o desempenho de hardware, da arquitetura e seu desempenho, da mesma maneira que era comum tentar separar a arquitetura da sua implementação. Essa separação é praticamente impossível com os compiladores e computadores desktop atuais. As escolhas arquitetônicas afetam positiva ou negativamente a qualidade do código que pode ser gerado para um computador e a complexidade do projeto de um bom compilador para ele.

Nesta seção, discutiremos os principais objetivos no conjunto de instruções, sobretudo do ponto de vista do compilador. Ela começa com uma revisão da anatomia dos compiladores atuais. Em seguida, discutiremos como a tecnologia do compilador afeta as decisões do arquiteto e como o arquiteto pode dificultar ou facilitar a produção de um bom código pelo compilador. Concluiremos com uma revisão dos compiladores e operações de multimídia, o que, infelizmente, é um mau exemplo de cooperação entre os projetistas de compilador e arquitetos.

### A estrutura dos compiladores modernos

Para começar, vejamos como são os compiladores de otimização de hoje. A Figura A.19 mostra a estrutura de compiladores recentes.

O primeiro objetivo de um projetista de compilador é a exatidão — todos os programas válidos precisam ser compilados corretamente. O segundo objetivo normalmente é a velocidade do código compilado. Em geral, todo um conjunto de outros objetivos segue esses dois, incluindo compilação rápida, suporte à depuração (debugging) e interoperabilidade entre linguagens. Normalmente, os passos no compilador transformam as representações de alto nível e mais abstratas em representações de nível progressivamente mais baixos. Por fim, ele atinge o conjunto de instruções. Essa estrutura ajuda a gerenciar a complexidade das transformações e facilita a escrita de um compilador livre de bugs.

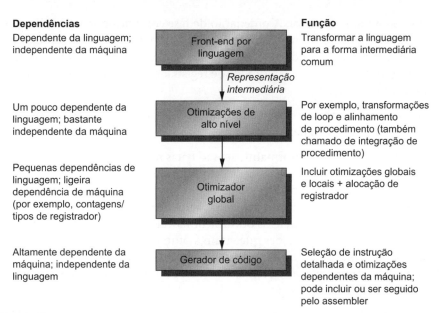

**FIGURA A.19** Os compiladores normalmente consistem em 2-4 passos, com os compiladores de otimização mais alta tendo mais passos.
Essa estrutura maximiza a probabilidade de um programa compilado em vários níveis de otimização produzir a mesma saída quando recebe a mesma entrada. Os passos de otimização se destinam a ser opcionais e podem ser ignorados quando o objetivo é a compilação mais rápida e o código de qualidade inferior é aceitável. Um *passo* é simplesmente uma fase em que o compilador lê e transforma o programa inteiro. (O termo *fase* normalmente é usado com o mesmo significado de *passo*.) Como os passos de otimização são separados, várias linguagens podem usar os mesmos passos de otimização e de geração código. Apenas um novo front-end é necessário para uma nova linguagem.

A complexidade de escrever um compilador correto é uma grande limitação sobre a quantidade de otimização que pode ser feita. Embora a estrutura de passos múltiplos ajude a reduzir a complexidade do compilador, isso também significa que o compilador precisa ordenar e realizar algumas transformações antes de outras. No diagrama do compilador otimizado na Figura A.19, podemos ver que certas otimizações de alto nível são realizadas muito antes de se saber como será o código resultante. Quando essa transformação é feita, o compilador não pode voltar e revisitar todas as etapas, possivelmente desfazendo as transformações. Essa iteração seria proibitiva, tanto em tempo de compilação quanto em complexidade. Portanto, os compiladores fazem suposições sobre a capacidade de etapas futuras lidarem com certos problemas. Por exemplo, os compiladores normalmente precisam escolher quais chamadas de procedimento expandir inline antes de saberem o tamanho exato do procedimento que está sendo chamado. Os projetistas de compilador chamam esse problema de *problema de ordenação de fases*.

Como essa ordenação de transformações interage com a arquitetura do conjunto de instruções? Um bom exemplo ocorre com a otimização chamada *eliminação global de subexpressão comum*. Essa otimização encontra duas instâncias de uma expressão que calculam o mesmo valor e salvam o valor do primeiro cálculo em um local temporário. Depois, ela usa o valor temporário, eliminando o segundo cálculo da expressão comum.

Para que essa otimização seja significativa, o valor temporário deve ser alocado a um registrador. Caso contrário, o custo de armazenar esse valor na memória e depois recarregá-lo pode superar as economias obtidas por não recalcular a expressão. Na verdade, há casos em que essa otimização efetivamente torna o código mais lento, quando o valor temporário não é alocado a um registrador. A ordenação de fase complica esse problema, porque a alocação de registradores normalmente é feita próximo do fim do passo de otimização global, imediatamente antes da geração do código. Assim, um otimizador que executa essa otimização deve *supor* que o alocador de registradores vai alocar o valor temporário a um registrador.

As otimizações executadas por compiladores modernos podem ser classificadas pelo estilo da transformação, como segue:

- As *otimizações de alto nível* normalmente são feitas no código-fonte, com a saída usada como entrada para os passos de otimização posteriores.
- As *otimizações locais* só otimizam código dentro de um fragmento de código em linha reta (chamado *bloco básico* pelo pessoal de compiladores).
- As *otimizações globais* estendem as otimizações locais através de desvios e introduzem um conjunto de transformações que visam à otimização de loops.
- A *alocação de registradores* associa registradores com operandos.
- As *otimizações dependentes de processador* tentam tirar proveito de conhecimento de arquiteturas específicas.

## Alocação de registradores

Devido ao importante papel desempenhado pela alocação de registradores, tanto em acelerar o código quanto em tornar outras otimizações úteis, ela é uma das mais importantes — se não a mais importante — das otimizações. Os algoritmos de alocação de registradores atuais são baseados em uma técnica chamada *coloração de grafo*. A ideia básica por trás da coloração de grafo é construir um grafo que represente os possíveis candidatos para alocação a um registrador e, depois, usar o grafo para alocar registradores. Geralmente, o problema é como usar um conjunto limitado de cores de modo que nenhum par de nós adjacentes em um grafo de dependência tenha a mesma cor. A ênfase do método é alcançar 100% de alocação das variáveis ativas a registradores. O problema de colorir um grafo em geral pode levar um tempo exponencial em função do tamanho do grafo (NP completo). Entretanto, existem algoritmos heurísticos que funcionam bem na prática, produzindo alocações aproximadas que são executadas em tempo quase linear.

A coloração de grafo funciona melhor quando há pelo menos 16 (e preferivelmente mais) registradores de propósito geral disponíveis para alocação global de variáveis inteiras e registradores adicionais para ponto flutuante. Infelizmente, a coloração de grafos não funciona muito bem quando o número de registradores é pequeno, porque os algoritmos heurísticos para colorir o grafo provavelmente falharão.

## Impacto das otimizações no desempenho

Às vezes é difícil separar algumas das otimizações mais simples — otimizações locais e dependentes do processador — das transformações feitas no gerador de código. Exemplos de otimizações típicas são fornecidos na Figura A.20. A última coluna da Figura A.20 indica a frequência com que as transformações de otimização listadas foram aplicadas ao programa de origem.

A Figura A.21 mostra o efeito de várias otimizações em instruções executadas para dois programas. Nesse caso, os programas otimizados executaram aproximadament 25% a 90% 90% menos instruções do que programas não otimizados. A figura ilustra a importância de olhar o código otimizado antes de sugerir novos recursos do conjuntos de instruções, já que um compilador poderia remover completamente as instruções que o arquiteto estava tentando melhorar.

| Nome da otimização | Explicação | Porcentagem do número total das transformações otimizadoras |
|---|---|---|
| *Alto nível* | *No nível de código-fonte ou próximo dele; independente do processador* | |
| Integração de procedimento | Substitui a chamada de procedimento pelo corpo do procedimento | N.M. |
| *Local* | *Dentro do código em linha reta* | |
| Eliminação da subexpressão comum | Substitui duas instâncias do mesmo cálculo por uma única cópia | 18% |
| Propagação constante | Substitui todas as instâncias de uma variável a que é atribuída uma constante pela constante | 22% |
| Redução da altura da pilha | Rearranja a árvore de expressões para minimizar recursos necessários para a avaliação da expressão | N.M. |
| *Global* | *Através de um desvio* | |
| Eliminação global da subexpressão comum | O mesmo que a eliminação local, mas esta versão se estende a todos os desvios | 13% |
| Propagação de cópia | Substitui todas as instâncias de uma variável $A$ a que foi atribuído $X$ (por exemplo, $A = X$) por $X$ | 11% |
| Movimento de código | Remove código de um loop que calcula o mesmo valor a cada iteração do loop | 16% |
| Eliminação da variável de indução | Simplifica/elimina os cálculos de endereçamento de array dentro dos loops | 2% |
| *Dependente do processador* | *Depende do conhecimento do processador* | |
| Redução de força | Muitos exemplos, como substituir multiplicação por uma sequência de adições e deslocamentos | N.M. |
| Programação de pipeline | Reordena instruções para melhorar o desempenho do pipeline | N.M. |
| Otimização do deslocamento de desvio | Escolhe o menor deslocamento de desvio que atinja o destino | N.M. |

**FIGURA A.20** Principais tipos de otimizações e exemplos em cada classe.
Esses dados informam sobre a frequência de ocorrência relativa das várias otimizações. A terceira coluna lista a frequência estática com a qual algumas otimizações comuns são aplicadas em um conjunto de 12 pequenos programas Fortran e Pascal. Existem nove otimizações locais e globais feitas pelo compilador incluído na medição. Seis dessas otimizações são cobertas na figura e as outras três respondem por 18% das ocorrências estáticas totais. A abreviatura N.M. significa que o número de ocorrências dessa otimização não foi medido. As otimizações dependentes de processador geralmente são feitas em um gerador de código, e nenhuma delas foi medida nessa experiência. A porcentagem é a parte das otimizações estáticas que são do tipo especificado. Dados de Chow, F.C., 1983. A Portable Machine-Independent Global Optimizer—Design and Measurements (tese de doutorado). Stanford University, Palo Alto, CA (coletados usando o compilador Stanford UCODE).

## O impacto da tecnologia de compilador nas decisões do arquiteto

A interação entre os compiladores e as linguagens de alto nível afeta significativamente a maneira como os programas usam a arquitetura do conjunto de instruções. Há duas questões importantes: como as variáveis são alocadas e endereçadas; e quantos registradores são necessários para alocar as variáveis corretamente. Para tratar dessas questões, precisamos examinar três áreas separadas em que as linguagens de alto nível atuais alocam seus dados:

- A *pilha* é usada para alocar variáveis locais. A pilha aumenta ou diminui na chamada ou no retorno de um procedimento, respectivamente. Os objetos na pilha são endereçados em relação ao ponteiro da pilha e são principalmente escalares (variáveis simples) em vez de arrays. A pilha é usada para registros de ativação,

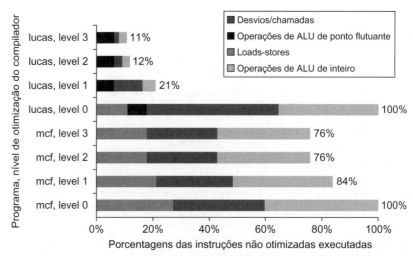

**FIGURA A.21** Mudança na quantidade de instruções para os programas lucas e mcf do SPEC2000 conforme a variação dos níveis de otimização do compilador. O nível 0 é igual ao código não otimizado. O nível 1 inclui otimizações locais, programação de código e alocação de registrador local. O nível 2 inclui otimizações globais, transformações de loop (pipelining de software) e alocação de registrador global. O nível 3 acrescenta integração de procedimento. Essas experiências foram realizadas nos compiladores Alpha.

*não* como uma pilha para avaliar expressões. Portanto, valores quase nunca são enviados ou recuperados na pilha.

- A *área de dados globais* é usada para alocar objetos estaticamente declarados, como variáveis globais e constantes. Grande parte desses objetos é de arrays e outras estruturas de dados agregadas.
- A *pilha heap* é usada para alocar objetos dinâmicos que não aderem a uma disciplina de pilha. Os objetos na pilha heap são acessados com ponteiros e normalmente não são escalares.

A alocação de registradores é muito mais eficiente para objetos alocados na pilha do que para variáveis globais, e a alocação de registradores é praticamente impossível para objetos alocados na pilha heap, pois eles são acessados com ponteiros. As variáveis globais e algumas variáveis de pilha são impossíveis de alocar, já que usam aliases ou *nomes alternativos* — existem várias maneiras de se referir ao endereço de uma variável, tornando inválido colocá-la em um registrador. (A maioria das variáveis de heap, na prática, recebe nomes alternativos eficientes para a tecnologia de compilador atual.)

Por exemplo, considere esta sequência de código, em que & retorna o endereço de uma variável e * desreferencia um ponteiro:

```
p = &a     - obtém endereço de a em p
a = ...    - atribui diretamente à variável a
*p = ...   - usa p para atribuir à variável a
...a...    - acessa a
```

A variável a não poderia ser alocada a um registrador pela atribuição a *p sem gerar código incorreto. O uso de um nome alternativo causa um grande problema, porque normalmente é difícil ou impossível decidir a quais objetos um ponteiro pode se referir. Um compilador precisa ser conservador; alguns compiladores não alocarão *quaisquer* variáveis locais de um procedimento em um registrador quando houver um ponteiro que possa se referir a *uma* das variáveis locais.

## Como o arquiteto pode ajudar o projetista de compiladores

Hoje, a complexidade de um compilador não vem de traduzir declarações simples, como A = B + C. A maioria dos programas é *localmente simples* e as traduções simples funcionam bem. Em vez disso, a complexidade surge porque os programas são grandes e globalmente complexos em suas interações e porque a estrutura dos compiladores significa que, em cada etapa, são tomadas decisões sobre qual é a melhor sequência de código.

Os projetistas de compiladores normalmente estão trabalhando sob seu próprio corolário de um princípio básico na arquitetura: *torne os casos frequentes rápidos e os casos raros corretos*. Ou seja, se soubermos quais casos são frequentes e quais deles são raros, e se a geração de código para ambos for direta, então a qualidade do código para o caso raro pode não ser muito importante, mas ele precisa estar correto!

Algumas propriedades do conjunto de instruções ajudam o projetista de compiladores. Essas propriedades não devem ser consideradas regras rígidas, mas orientações que facilitarão a escrita de um compilador que gere um código eficiente e correto.

- *Proporcionar regularidade.* Sempre que fizer sentido, os três componentes primários de um conjunto de instruções — as operações, os tipos de dados e os modos de endereçamento — devem ser *ortogonais*. Dizemos que dois aspectos de uma arquitetura são ortogonais se eles forem independentes. Por exemplo, as operações e os modos de endereçamento são ortogonais se, para cada operação à qual um modo de endereçamento puder ser aplicado, todos os modos de endereçamento forem aplicáveis. Essa regularidade ajuda a simplificar a geração de código e é particularmente importante quando a decisão sobre que código gerar é dividida em duas passagens no compilador. Um bom contraexemplo dessa propriedade é restringir os registradores que podem ser usados para certa classe de instruções. Os compiladores para arquiteturas de registrador de propósito especial normalmente ficam presos nesse dilema. Essa restrição pode fazer com que o compilador acabe com um monte de registradores disponíveis, mas nenhum do tipo certo!
- *Fornecer primitivas, não soluções.* Os recursos especiais que "correspondem" a uma construção de linguagem ou a uma função de kernel normalmente são inúteis. As tentativas de dar suporte a linguagens de alto nível podem funcionar apenas com uma linguagem ou fazer mais ou menos o que é necessário para uma implementação correta e eficiente da linguagem. Um exemplo de como essas tentativas falharam é dado na Seção A.10.
- *Simplificar os compromissos entre alternativas.* Uma das tarefas mais difíceis de um projetista de compilador é descobrir que sequência de instruções será a melhor para cada segmento de código que surge. Antigamente, as contagens de instruções ou o tamanho de código total podem ter sido boas métricas, mas — como vimos no Capítulo 1 — isso não é mais verdade. Com caches e pipelining, os compromissos se tornaram muito complexos. Qualquer coisa que o arquiteto puder fazer para ajudar o projetista de compilador a entender os custos das sequências alternativas de código ajudará a melhorar o código. Uma das instâncias mais difíceis dos compromissos complexos ocorre na arquitetura de registrador-memória, ao se decidir quantas vezes uma variável deve ser referenciada antes que seja menos oneroso carregá-la em um registrador. É difícil calcular esse limiar; na verdade, pode variar entre modelos da mesma arquitetura.
- *Fornecer instruções que associem as quantidades conhecidas em tempo de compilação como constantes.* Um projetista de compilador detesta a ideia de o processador interpretar,

em tempo de execução, um valor que foi conhecido em tempo de compilação. Bons contraexemplos desse princípio incluem instruções que interpretam valores que foram fixados em tempo de compilação. Por exemplo, a chamada de procedimento do VAX (CALLS) interpreta dinamicamente uma máscara dizendo quais registradores salvar em uma chamada, mas a máscara é fixada em tempo de compilação (ver Seção A.10).

## O suporte do compilador (ou a falta dele) para instruções de multimídia

Infelizmente, os projetistas das instruções SIMD (Seção 4.3, no Capítulo 4) basicamente ignoraram a subseção anterior. Essas instruções costumam ser soluções, não primitivas; elas têm escassez de registradores; e os tipos de dados não correspondem às linguagens de programação existentes. Os arquitetos esperavam encontrar uma solução barata que ajudasse a alguns usuários, mas, na realidade, apenas algumas rotinas de biblioteca gráfica de baixo nível as utilizam.

As instruções SIMD são, na verdade, uma versão abreviada de um estilo de arquitetura elegante que possui sua própria tecnologia de compilador. Como explicamos na Seção 4.2, as *arquiteturas vetoriais* operam sobre vetores de dados. Criados originalmente para códigos científicos, em geral os kernels de multimídia são vetorizáveis também, embora frequentemente com vetores menores. Como a Seção 4.3 sugere, podemos pensar no MMX e SSE da Intel, no PowerPC AltiVec ou na extensão RISC-V P simplesmente como computadores de vetor curto: o MMX, com vetores de oito elementos de 8 bits, quatro elementos de 16 bits ou dois elementos de 32 bits, e o AltiVec, com vetores com o dobro disso. Eles são implementados simplesmente como elementos estreitos adjacentes em grandes registradores.

Essas arquiteturas de microprocessador aumentaram o tamanho de registrador vetorial na arquitetura: a soma dos tamanhos dos elementos é limitada a 64 bits para o MMX e a 128 bits para o AltiVec. Quando a Intel decidiu expandir para vetores de 128 bits, ela acrescentou todo um novo conjunto de instruções, chamado Streaming SIMD Extension (SSE).

Uma grande vantagem dos computadores vetoriais é ocultar a latência do acesso à memória carregando muitos elementos de uma vez e, depois, sobrepondo a execução com transferência de dados. O objetivo dos modos de endereçamento vetoriais é coletar dados espalhados na memória, colocá-los em uma forma compacta para que possam ser operados eficientemente e, depois, colocar os resultados nos lugares a que pertencem.

Os computadores vetoriais tradicionais acrescentaram *endereçamento espaçado* e *endereçamento gather-scatter* (ver Seção 4.2) para aumentar o número de programas que podem ser vetorizados. O endereçamento espaçado salta um número fixo de palavras entre cada acesso, de modo que o endereçamento sequencial normalmente é chamado *endereçamento de espaço único*. *Gather-scatter* encontra seus endereços em outro registrador vetorial: pense nele como endereçamento indireto por registrador para computadores vetoriais. Por outro lado, sob uma perspectiva vetorial, esses computadores SIMD de vetor curto aceitam apenas acessos com espaçamento unitário: os acessos à memória carregam ou armazenam todos os elementos ao mesmo tempo a partir de um único grande espaço da memória. Como os dados para aplicações de multimídia geralmente são fluxos que começam e terminam na memória, os modos de endereçamento espaçado e *gather-scatter* são essenciais para uma vetorização bem-sucedida (ver Seção 4.7).

Exemplo   Como exemplo, compare um computador de vetor com o MMX para a conversão da representação de cor dos pixels de RGB (vermelho, verde, azul) para YUV (luminosidade, cromaticidade), com cada pixel representado por 3 bytes. A conversão envolve apenas três linhas de código C colocadas em um loop:

```
Y = (9798*R + 19235*G + 3736*B) / 32768;
U = (-4784*R - 9437*G + 4221*B) / 32768 + 128;
V = (20218*R - 16941*G - 3277*B) / 32768 + 128;
```

Um computador vetorial de 64 bits pode calcular 8 pixels simultaneamente. Um computador vetorial para mídia com endereços espaçados usa:

- 3 cargas vetoriais (para obter RGB)
- 3 multiplicações vetoriais (para converter R)
- 6 multiplicações/adições vetoriais (para converter G e B)
- 3 deslocamentos vetoriais (para dividir por 32.768)
- 2 adições vetoriais (para somar 128)
- 3 armazenamentos vetoriais (para armazenar YUV)

O total é de 20 instruções para realizar as 20 operações no código C anterior, a fim de converter 8 pixels (Kozyrakis, 2000). (Como um vetor pode ter 32 elementos de 64 bits, esse código, na verdade, converte até $32 \times 8 = 256$ pixels.)

Por sua vez, o site da Intel mostra que uma rotina de biblioteca para realizar o mesmo cálculo em 8 pixels usa 116 instruções MMX mais seis instruções 80x86 (Intel, 2001). Esse aumento de seis vezes nas instruções é devido ao grande número de instruções para carregar e desempacotar pixels RGB e para empacotar e armazenar pixels YUV, já que não existem acessos espaçados à memória.

Ter vetores curtos e limitados à arquitetura, com poucos registradores e modos de endereçamento de memória simples, torna mais difícil usar tecnologia de compilador de vetorização. Assim, essas instruções SIMD têm maior probabilidade de serem encontradas em bibliotecas codificadas à mão do que em código compilado.

## Resumo: o papel dos compiladores

Esta seção leva a várias recomendações. Primeiro, esperamos que uma nova arquitetura do conjunto de instruções tenha pelo menos 16 registradores de propósito geral — sem contar os registradores separados para números de ponto flutuante — para simplificar a alocação de registradores usando coloração de grafo. O conselho sobre a ortogonalidade sugere que todos os modos de endereçamento aceitos se aplicam a todas as instruções que transferem dados. Finalmente, os três últimos conselhos — fornecer primitivas em vez de soluções, simplificar compromissos entre alternativas e não associar constantes em tempo de execução — sugerem que é melhor errar pela simplicidade. Em outras palavras, entenda que menos é melhor no projeto de um conjunto de instruções. Infelizmente, as extensões SIMD são mais um exemplo de bom marketing do que um grande sucesso do projeto conjunto de hardware-software.

## A.9  JUNTANDO TUDO: A ARQUITETURA RISC-V

Nesta seção, descreveremos uma arquitetura de load-store chamada RISC-V. RISC-Você é um padrão aberto e livremente licenciado, semelhante a muitas das arquiteturas RISC, e baseado em observações semelhantes às discutidas nas últimas seções. (Na Seção M.3 discutiremos como e por que essas arquiteturas se tornaram populares.) RISC-V é baseada em 30 anos de experiência com arquiteturas RISC e "coloca em ordem" a maioria das inclusões e omissões de curto prazo, levando a uma arquitetura mais fácil e mais eficiente de implementar. RISC-V oferece um conjunto de instruções de 32 bits e outro de 64 bits, além de uma série de extensões para recursos como ponto flutuante; essas extensões podem ser acrescentadas ao conjunto de instruções básico de 32 ou 64 bits. Discutimos sobre a versão de 64 bits do RISC-V, RV64, que é um superconjunto da versão RV32, de 32 bits.

Revendo nossas expectativas de cada seção, para aplicações de desktop e servidor:

- *Seção A.2.* Usar registradores de propósito geral com uma arquitetura de load-store.
- *Seção A.3.* Aceitar esses modos de endereçamento: deslocamento (com tamanho de deslocamento de endereço de 12-16 bits), imediato (tamanho de 8-16 bits) e indireto por registrador.
- *Seção A.4.* Aceitar esses tamanhos e tipos de dados: inteiros de 8, 16, 32 e 64 bits e números de ponto flutuante IEEE 754 de 64 bits.
- *Seção A.5.* Aceitar essas instruções simples, já que elas dominarão o número de instruções executadas: load, store, adição, subtração, mover registrador-registrador e deslocamento.
- *Seção A.6.* Comparação de igualdade, comparação de desigualdade, comparação de menor que, desvio (com um endereço relativo ao PC de pelo menos 8 bits), salto, chamada e retorno de procedimento.
- *Seção A.7.* Usar codificação de instrução fixa, se estiver interessado em desempenho, e codificação de instrução variável, se estiver interessado em tamanho de código. Em algumas aplicações embarcadas, mais simples, com caches pequenas ou de apenas um nível, o tamanho de código maior pode ter implicações significativas no desempenho. ISAs que oferecem uma extensão com conjunto de instruções comapcto oferecem um modo de tratar dessa diferença.
- *Seção A.8.* Fornecer pelo menos 16 registradores de propósito geral (de preferência, 32), certificar que todos os modos de endereçamento se aplicam a todas as instruções de transferência de dados e objetivar um conjunto mínimo de instruções. Esta seção não aborda programas de ponto flutuante, mas eles normalmente usam registradores de ponto flutuante separados. A justificativa é aumentar o número total de registradores sem causar problemas no formato de instrução ou na velocidade do banco de registradores de propósito geral. Esse compromisso, no entanto, não é ortogonal.

Introduzimos o RISC-V mostrando como ele segue essas recomendações. Como a maioria dos predecessores do RISC, o RISC-V enfatiza:

- Um conjunto de instruções de load-store simples.
- Um projeto que visa à eficiência do pipelining (discutido no Apêndice C), incluindo uma codificação fixa do conjunto de instruções.
- Eficiência como uma meta do compilador.

O RISC-V fornece um bom modelo arquitetônico para estudo, não só devido à popularidade desse tipo de processador, mas porque essa é uma arquitetura fácil de entender. Usamos essa arquitetura também no Apêndice C e no Capítulo 3, e ela forma a base para diversos exercícios e projetos de programação.

## Organização do conjunto de instruções RISC-V

O conjunto de instruções RISC-V é organizado como três conjuntos de instruções básicos que aceitam inteiros de 32 ou 64 bits e diversas extensões opcionais para um dos conjuntos de instruções básicos. Isso permite que o RISC-V seja implementado para uma grande variedade de aplicações em potencial, desde um pequeno processador embarcado, com um orçamento mínimo para lógica e memória, custando provavelmente US$1 ou

| Nome da base ou extensão | Funcionalidade |
|---|---|
| RV32I | Conjunto de instruções básico de inteiros de 32 bits com 32 registradores |
| RV32E | Conjunto de instruções básico de 32 bits mas com apenas 16 registradores; voltado para aplicações embarcadas mais simples |
| RV64I | Conjunto de instruções básico de 64 bits; todos os registradores são de 64 bits e as instruções para mover 64 bits de/para os registradores (LD e SD) foram acrescentadas |
| M | Acrescenta instruções de multiplicação e divisão de inteiros |
| A | Acrescenta instruções indivisíveis necessárias para processamento simultâneo; ver Capítulo 5 |
| F | Acrescenta ponto flutuante IEEE de precisão simples (32 bits), inclui 32 registradores de ponto flutuante de 32 bits, instruções para carregar e armazenar esses registradores e operar sobre eles |
| D | Estende o ponto flutuante para precisão dupla, 64 bits, tornando os registradores de 64 bits, acrescentando instruções para carregar, armazenar e operar sobre os registradores |
| Q | Estende ainda mais o ponto flutuante para acrescentar suporte para precisão quádrupla, acrescentando operações de 128 bits |
| L | Acrescenta suporte para ponto flutuante decimal de 64 e 128 bits para o padrão IEEE |
| C | Define uma versão compactada do conjunto de instruções, voltada para aplicações embarcadas com menor tamanho de memória. Define versões de 16 bits de instruções RV32I comuns |
| V | Uma extensão futura para dar suporte a operações de vetor (ver Capítulo 4) |
| B | Uma extensão futura para dar suporte a operações sobre campos de bit |
| T | Uma extensão futura para dar suporte a memória transacional |
| P | Uma extensão para dar suporte a instruções SIMD empacotadas: ver Capítulo 4 |
| FV128I | Um futuro conjunto de instruções básico oferecendo um espaço de endereços de 128 bits |

**FIGURA A.22** RISC-V possui três conjuntos de instruções básicos (e um espaço reservado para um quarto futuro); todas as extensões estendem um dos conjuntos de instruções básicos.
Portanto, um conjunto de instruções tem o nome do conjunto básico seguido pelas extensões. Por exemplo, RISC-V64IMAFD refere-se ao conjunto de instruções básico de 64 bits com extensões M, A, F e D. Por coerência de nomeação e de software, essa combinação recebeu o nome abreviado RV64G, e usamos esse nome na maior parte deste texto.

menos, até configurações de processador de última geração, com suporte completo para ponto flutuante, vetores e configurações de multiprocessadores. A Figura A.22 resume os três conjuntos de instruções básicos e as extensões do conjunto de instruções, com sua funcionalidade básica. Para os propósitos deste texto, usamos RV64IMAFD (também conhecido como RV64G, para abreviar) nos exemplos. RV32G é o subconjunto de 32 bits da arquitetura RV64G de 64 bits.

## Registradores para RISC-V

O RV64G possui 32 registradores de propósito geral (GPRs) de 64 bits, denominados x0, x1, ..., x31. Às vezes, os GPRs são chamados *registradores de inteiros*. Além disso, com as extensões F e D para ponto flutuante, que fazem parte do RV64G, existe um conjunto de 32 registradores de ponto flutuante (FPRs), denominados f0, f1, ..., f31, que podem armazenar 32 valores de precisão simples (32 bits) ou 32 valores de precisão dupla (64 bits). (Quando armazena um número de precisão simples, a outra metade do FPR fica ociosa.) Tanto as operações de ponto flutuante de precisão simples quanto as de precisão dupla (32 bits e 64 bits) são disponibilizadas.

O valor de x0 é sempre 0. Mais adiante, veremos como podemos usar esse registrador para sintetizar uma série de operações úteis a partir de um conjunto de instruções simples.

Alguns registradores especiais podem ser transformados de e para os registradores de propósito geral. Um exemplo disso é o registrador de status de ponto flutuante, usado para guardar informações sobre os resultados das operações de ponto flutuante. Também existem instruções para mover entre um FPR e um GPR.

### Tipos de dados para RISC-V

Os tipos de dados são bytes de 8 bits, meias palavras de 16 bits, palavras de 32 bits, palavras duplas de 64 bits para dados de inteiro e, para ponto flutuante, precisão simples de 32 bits e precisão dupla de 64 bits. As meias palavras foram acrescentadas porque são encontradas em linguagens como C e são populares em alguns programas, como os sistemas operacionais, preocupados com o tamanho das estruturas de dados. Elas também se tornarão mais comuns se o Unicode se tornar bastante usado.

As operações do RV64G atuam sobre inteiros de 64 bits e ponto flutuante de 32 ou 64 bits. Bytes, meias palavras e palavras são carregados nos registradores de propósito geral com zeros ou o bit de sinal replicado para preencher os 64 bits dos GPRs. Uma vez carregados, eles são usados em operações de inteiros de 64 bits.

### Modos de endereçamento para transferências de dados RISC-V

Os únicos modos de endereçamento de dados são o modo imediato e o de deslocamento, ambos com campos de 12 bits. O modo indireto por registrador é conseguido simplesmente colocando 0 no campo de deslocamento de 12 bits, e o endereçamento absoluto com um campo de 12 bits é realizado usando o registrador 0 como o registrador-base. Usar zero nos dá quatro modos efetivos, embora apenas dois sejam aceitos na arquitetura.

A memória do RV64G é endereçável por byte com um endereço de 64 bits e usa a ordenação de byte Little Endian. Por se tratar de uma arquitetura de load-store, todas as referências entre a memória e os GPRs ou FPRs são através de loads ou stores. Aceitando os tipos de dados mencionados, os acessos à memória envolvendo GPRs podem ser para um byte, meia palavra, palavra ou palavra dupla. Os FPRs podem ser carregados e armazenados com números de precisão simples ou precisão dupla. Os acessos à memória não precisam ser alinhados; porém, pode ser que os acessos desalinhados funcionem extremamente lentos. Na prática, programadores e compiladores não teriam benefício algum se usassem acessos desalinhados.

### Formato de instrução do RISC-V

Como o RISC-V possui apenas dois modos de endereçamento, eles podem ser codificados no opcode. Seguindo o conselho sobre tornar fácil o pipeline e a decodificação do processador, todas as instruções são de 32 bits com um opcode primário de 7 bits. A Figura A.23 mostra o leiaute da instrução para os quatro principais tipos de instrução. Esses formatos são simples, embora fornecendo campos de 12 bits para endereçamento de deslocamento, constantes imediatas ou endereços de desvio relativos ao PC.

Os formatos de instrução e o uso dos campos da instrução são descritos na Figura A.24. O opcode especifica o tipo geral da instrução (instrução da ALU, imediato da ALU, load,

## FIGURA A.23 Leiaute de instrução para RISC-V.

| | | | | | | | |
|---|---|---|---|---|---|---|---|
| funct7 | rs2 | rs1 | funct3 | rd | opcode | | Tipo R |
| imed[11:0] | | rs1 | funct3 | rd | opcode | | Tipo I |
| imed[11:5] | rs2 | rs1 | funct3 | imed[4:0] | opcode | | Tipo S |
| imed[31:12] | | | | rd | opcode | | Tipo U |

Existem duas variações nesses formatos, chamados formatos SB e UJ; eles lidam com um tratamento ligeiramente diferente para campos imediatos.

| Formato da instrução | Uso primário | rd | rs1 | rs2 | Imediato |
|---|---|---|---|---|---|
| Tipo R | Instruções da ALU registrador-registrador | Destino | Primeira origem | Segunda origem | |
| Tipo I | Imediatos da ALU Load | Destino | Primeiro registrador base de origem | | Deslocamento do valor |
| Tipo S | Store Comparação e desvio | | Origem do primeiro registrador base | Origem de dados para segunda origem do store | Offset do deslocamento |
| Tipo U | Salto e link Registrador de salto e link | Destino do registrador para retornar PC | Endereço de destino para registrador de salto e link | | Endereço de destino para salto e link |

**FIGURA A.24** O uso dos campos da instrução para cada tipo de instrução.

O uso primário mostra as principais instruções que utilizam o formato. Um espaço indica que o campo correspondente não está presente nesse tipo de instrução. O formato I é usado tanto para loads quanto para imediatos da ALU, com o imediato de 12 bits mantendo ou o valor para um imediato ou o deslocamento para um load. De modo semelhante, o formato S codifica tanto instruções store (onde o primeiro registrador de origem é o registrador de base e o segundo contém o registrador de origem para o valor a armazenar) quanto instruções de comparação e desvio (onde os campos de registrador contêm as origens para comparar e o campo imediato especifica o offset do destino do desvio). Na realidade, existem outros dois formatos: SB e UJ, que seguem a mesma organização básica de S e J, mas modificam ligeiramente a interpretação dos campos imediatos.

store, desvio ou salto), enquanto os campos funct são usados para operações específicas. Por exemplo, uma instrução da ALU é codificada com um único opcode, com o campo funct indicando a operação exata: adição, subtração, and etc. Observe que vários formatos codificam diversos tipos de instruções, incluindo o uso do formato I para imediatos da ALU e loads, e o uso do formato S para stores e desvios condicionais.

## Operações RISC-V

O RISC-V (ou, mais precisamente, o RV64G) aceita a lista das operações simples recomendada a seguir, além de algumas outras. Existem quatro grandes classes de instruções: loads e stores, operações da ALU, desvios e saltos, e operações de ponto flutuante.

Qualquer um dos registradores de propósito geral ou de ponto flutuante pode ser carregado ou armazenado, exceto que o carregamento de x0 não tem qualquer efeito. A Figura A.25 dá exemplos das instruções de load e store. Os números de ponto flutuante de precisão simples ocupam metade de um registrador de ponto flutuante. As conversões entre precisão simples e dupla precisam ser feitas explicitamente. O formato de ponto flutuante é o IEEE 754 (ver Apêndice J). Uma lista de todas as instruções RV64G aparece na Figura A.28.

| Instrução de exemplo | Nome da instrução | Significado |
|---|---|---|
| `ld x1,80(x2)` | Load doubleword | $Regs[x1] \leftarrow Mem[80+Regs[x2]]$ |
| `lw x1,60(x2)` | Load word | $Regs[x1] \leftarrow_{64} (Mem[60+Regs[x2]]_0)^{32}$ `##` $Mem[60+Regs[x2]]$ |
| `lwu x1,60(x2)` | Load word unsigned | $Regs[x1] \leftarrow_{64} 0^{32}$ `##` $Mem[60+Regs[x2]]$ |
| `lb x1,40(x3)` | Load byte | $Regs[x1] \leftarrow_{64} (Mem[40+Regs[x3]]_0)^{56}$ `##` $Mem[40+Regs[x3]]$ |
| `lbu x1,40(x3)` | Load byte unsigned | $Regs[x1] \leftarrow_{64} 0^{56}$ `##` $Mem[40+Regs[x3]]$ |
| `lh x1,40(x3)` | Load half word | $Regs[x1] \leftarrow_{64} (Mem[40+Regs[x3]]_0)^{48}$ `##` $Mem[40+Regs[x3]]$ |
| `flw f0,50(x3)` | Load FP single | $Regs[f0] \leftarrow_{64} Mem[50+Regs[x3]]$ `##` $0^{32}$ |
| `fld f0,50(x2)` | Load FP double | $Regs[f0] \leftarrow_{64} Mem[50+Regs[x2]]$ |
| `sd x2,400(x3)` | Store double | $Mem[400+Regs[x3]] \leftarrow_{64} Regs[x2]$ |
| `sw x3,500(x4)` | Store word | $Mem[500+Regs[x4]] \leftarrow_{32} Regs[x3]_{32..63}$ |
| `fsw f0,40(x3)` | Store FP single | $Mem[40+Regs[x3]] \leftarrow_{32} Regs[f0]_{0..31}$ |
| `fsd f0,40(x3)` | Store FP double | $Mem[40+Regs[x3]] \leftarrow_{64} Regs[f0]$ |
| `sh x3,502(x2)` | Store half | $Mem[502+Regs[x2]] \leftarrow_{16} Regs[x3]_{48..63}$ |
| `sb x2,41(x3)` | Store byte | $Mem[41+Regs[x3]] \leftarrow_8 Regs[x2]_{56..63}$ |

**FIGURA A.25** As instruções de load e store no RISC-V.

Loads mais curtos que 64 bits estão disponíveis nos formatos com extensão de sinal e extensão de zeros. Todas as referências de memória usam um único modo de endereçamento. Obviamente, tanto os loads quanto os stores estão disponíveis para todos os tipos de dados mostrados. Como RV64G aceita ponto flutuante de precisão dupla, todos os loads de ponto flutuante com precisão simples precisam estar alinhados no registrador de FP, que possuem 64 bits de largura.

Para entender essas figuras, precisamos introduzir algumas extensões adicionais em nossa linguagem de descrição C, usada inicialmente:

- Um subscrito é anexado ao símbolo $\leftarrow$ sempre que o tamanho do dado que está sendo transferido pode não ser claro. Assim, $\leftarrow_n$ significa uma quantidade de $n$ bits. Usamos $x, y \leftarrow z$ para indicar que $z$ deve ser transferido para $x$ e $y$.
- Um subscrito é usado para indicar a seleção de um bit de um campo. Os bits são rotulados a partir do bit mais significativo começando em 0. O subscrito pode ser um único dígito (por exemplo, $Regs[x4]_0$ produz o bit de sinal de $x4$) ou uma subfaixa (por exemplo, $Regs[R3]_{56..63}$ produz o byte menos significativo de $x3$).
- A variável $Mem$, usada como um array que representa a memória principal, é indexada por um endereço de byte e pode transferir qualquer número de bytes.
- Um sobrescrito é usado para reproduzir um campo (por exemplo, $0^{48}$ produz um campo de zeros de 48 bits de extensão).
- O símbolo `##` é usado para concatenar dois campos e pode aparecer em qualquer lado de uma transferência de dados, e os símbolos $<<$ e $>>$ deslocam o primeiro operando para a esquerda ou para a direita pela quantidade indicada no segundo operando.

Como exemplo, considerando que x8 e x10 são registradores de 64 bits:

$$Regs[x10] \leftarrow_{64} (Mem[Regs[x8]]_0)^{32} \text{ \#\# } Mem[Regs[x8]]$$

significa que o byte no local de memória endereçado pelo conteúdo do registrador x8 é estendido com o sinal para formar uma quantidade de 64 bits, que é armazenada no registrador x10.

| Instrução de exemplo | Nome da instrução | Significado |
|---|---|---|
| add x1,x2,x3 | Add | Regs[x1]←Regs[x2]+Regs[x3] |
| addi x1,x2,3 | Add immediate unsigned | Regs[x1]←Regs[x2]+3 |
| lui x1,42 | Load upper immediate | Regs[x1]←$0^{32}$ ##42##$0^{12}$ |
| sll x1,x2,5 | Shift left logical | Regs[x1]←Regs[x2]<<5 |
| slt x1,x2,x3 | Set less than | if (Regs[x2]<Regs[x3]) Regs[x1]←1 else Regs[x1]←0 |

**FIGURA A.26** As instruções básicas da ALU no RISC-V estão disponíveis com operandos registrador-registrador e com um operando imediato.

LUI utiliza o formato U, que emprega o campo rs1 como parte do imediato, resultando em um imediato de 20 bits.

Todas as instruções da ALU são instruções registrador-registrador. A Figura A.26 fornece alguns exemplos das instruções aritméticas/lógicas. As operações incluem aritmética simples e operações lógicas: adição, subtração, AND, OR, XOR e deslocamentos. As formas imediatas de todas essas instruções são fornecidas usando um imediato de 16 bits estendido com o sinal. A operação LUI (load upper immediate — carregar imediato superior) carrega os bits 32 a 47 de um registrador, enquanto define o restante do registrador em 0. LUI permite que uma constante de 32 bits seja construída em duas instruções ou uma transferência de dados usando qualquer endereço constante de 32 bits em uma instrução extra.

Como mencionamos, x0 é usado para sintetizar operações populares. Carregar uma constante é simplesmente um add imediato onde o operando de origem é x0, e um move de registrador-registrador é simplesmente um add (ou um or) onde uma das origens é x0. (Algumas vezes usamos o mnemônico li, significando load immediate [carregar imediato], para representar o primeiro, e o mnemônico mv para o último).

## Instruções de fluxo de controle do RISC-V

O controle é manipulado através de um conjunto de saltos e um conjunto de desvios, e a Figura A.27 fornece algumas instruções típicas de desvio e de salto. As duas instruções de salto ("jump and link" e "jump and link register") são transferências incondicionais e sempre armazenam o "link", que é o endereço da instrução sequencialmente após a instrução de salto, no registrador especificado pelo campo rd. Caso o endereço do link não seja necessário, o campo rd pode ser simplesmente definido como x0, o que resulta em um salto incondicional típico. As duas instruções de salto são diferenciadas da seguinte forma: se o endereço é calculado somando um campo imediato ao PC ou somando o

| Instrução de exemplo | Nome da instrução | Significado |
|---|---|---|
| jal x1,offset | Jump and link | Regs[x1]←PC+4; PC←PC+(offset<<1) |
| jalr x1,x2,offset | Jump and link register | Regs[x1]←PC+4; PC←Regs[x2]+offset |
| beq x3,x4,offset | Branch equal zero | if (Regs[x3]==Regs[x4]) PC←PC+(offset<<1) |
| bgt x3,x4,nome | Branch not equal zero | if (Regs[x3]>Regs[x4]) PC←PC+(offset<<1) |

**FIGURA A.27** Instruções de fluxo de controle típicas do RISC-V.

Todas as instruções de controle, exceto saltos para um endereço em um registrador, são relativas ao PC.

campo imediato ao conteúdo de um registrador. O offset é interpretado como um offset de meia palavra por compatibilidade com o conjunto de instrução compactado, R64C, que inclui instruções de 16 bits.

Todos os desvios são condicionais. A condição de desvio é especificada pela instrução, e qualquer comparação aritmética (igual, maior que, menor que e seus inversos) é permitida. O endereço de destino do desvio é especificado com um offset sinalizado com 12 bits, que é deslocado em uma posição à esquerda (para chegar ao alinhamento de 16 bits) e, depois, adicionado ao contador de programa atual. Os desvios baseados no conteúdo dos registradores de ponto flutuante são implementados executando uma comparação de ponto flutuante (por exemplo, feq.d ou fle.d), que define um registrador inteiro como 0 ou 1, baseado na comparação, e depois executando um beq ou bne com x0 como operando.

O leitor atento terá notado que existem muito poucas instruções apenas de 64 bits no RV64G. Esta são, principalmente, loads e stores de 64 bits e versões de loads de 32 bits, 16 bits e 8 bits que não estendem o sinal (o default é estender o sinal). Para dar suporte à aritmética modular de 32 bits sem instruções adicionais, existem versões das instruções que ignoram os 32 bits superiores de um registrador de 64 bits, como add e subtract word (addw, subw). Incrivelmente, tudo o mais simplesmente funciona.

### Operações de ponto flutuante do RISC-V

As instruções de ponto flutuante manipulam os registradores de ponto flutuante e indicam se a operação a ser realizada é de precisão simples ou dupla. As operações de ponto flutuante são add, subtract, multiply, divide, square root, além das instruções combinadas multiply-add e multiply-subtract. Todas as instruções de ponto flutuante começam com a letra f e usam o sufixo d para precisão dupla e s para precisão simples (por exemplo, fadd.d, fadd.s, fmul.d, fmul.s, fmadd.d, fmadd.s). As comparações de ponto flutuante definem um registrador inteiro com base na comparação, de modo semelhante à instrução de inteiro set-less-than e set-great-than.

Além de loads e stores de ponto flutuante (flw, fsw, fld, fsd), existem instruções para converter entre diferentes precisões de ponto flutuante, para mover entre registradores inteiros e de ponto flutuante (fmv) e para converter entre ponto flutuante e inteiro (fcvt, que usa os registradores inteiros para origem ou destino, como for preciso).

A Figura A.28 contém uma lista de quase todas as instruções RV64G e um resumo de seu significado.

### Uso do conjunto de instruções RISC-V

Para dar uma ideia de quais instruções são comuns, a Figura A.29 mostra a frequência das instruções e classes de instrução para os programas SPECint2006, usando RV32G.

## A.10 FALÁCIAS E ARMADILHAS

**Armadilha**

Projetar um recurso de conjunto de instruções de "alto nível" especificamente orientado para dar suporte a uma estrutura de linguagem de alto nível.

Os arquitetos repetidamente tropeçam em crenças comuns, mas errôneas. Nesta seção veremos algumas delas.

As tentativas de incorporar recursos de linguagem de alto nível no conjunto de instruções levaram os arquitetos a disponibilizar instruções poderosas com grande flexibilidade. Entretanto, muitas vezes, essas instruções fazem mais do que é necessário no caso frequente ou não atendem exatamente aos requisitos de algumas linguagens. Muitos desses esforços visavam à eliminação do que, na década de 1970, era chamado de *lacuna semântica*. Embora

| Tipo de instrução/opcode | Significado da instrução |
|---|---|
| *Transferências de dados* | *Move dados entre registradores e memória ou entre os registradores de inteiro e FP; apenas o modo de endereço de memória é deslocamento de 12 bits + conteúdo de um GPR* |
| `lb, lbu, sb` | Carrega byte, carrega byte não sinalizado, armazena byte (de/para registradores de inteiros) |
| `lh, lhu, sh` | Carrega meia palavra, carrega meia palavra sem sinal, armazena meia palavra (de/para registradores de inteiros) |
| `lw, lwu, sw` | Carrega palavra, armazena palavra (de/para registradores de inteiros) |
| `ld, sd` | Carrega palavra dupla, armazena palavra dupla |
| *Aritmética/lógica* | *Operações sobre dados em GPRs; versões de palavra ignoram os 32 bits superiores* |
| `add, addi, addw, addiw, sub, subi, subw, subiw` | Soma e subtrai, com versões de palavra e imediato |
| `slt, sltu, slti, sltiu` | Set-less-than com sinalizado, não sinalizado e imediato |
| `and, or, xor, andi, ori, xori` | And, or, xor, tanto registrador-registrador quanto registrador-imediato |
| `lui` | Carrega imediato superior: carrega bits 31..12 de um registrador com o valor imediato; 32 bits superiores são definidos em 0 |
| `auipc` | Soma um imediato e os 20 bits superiores do PC em um registrador; usado para montar um desvio para qualquer endereço de 32 bits |
| `sll, srl, sra, slli, srli, srai, sllw, slliw, srli, srliw, srai, sraiw` | Deslocamentos: deslocamento lógico à esquerda e direita, e deslocamento aritmético à direita, nas versões imediato e de palavra (as versões de palavra deixam os 32 bits superiores inalterados) |
| `mul, mulw, mulh, mulhsu, mulhu, div, divw, divu, rem, remu, remw, remuw` | Multiplicação, divisão e resto de inteiro, sinalizado e não sinalizado, com suporte para produtos de 64 bits em duas instruções; também há versões para palavra |
| *Controle* | *Saltos e desvios condicionais; relativo ao PC ou através do registrador* |
| `beq, bne, blt, bge, bltu, bgeu` | Desvio baseado na comparação de dois registradores (igual, diferente, menor, maior ou igual, sinalizado e não sinalizado |
| `jal, jalr` | Salto e link de endereço relativo a um registrador ou ao PC |
| *Ponto flutuante* | *Todas as operações de ponto flutuante nos formatos de precisão dupla (.d) e simples (.s)* |
| `flw, fld, fsw, fsd` | Carrega e armazena palavra (precisão simples) e palavra dupla (precisão dupla) |
| `fadd, fsub, fmult, fdiv, fsqrt, fmadd, fmsub, fnmadd, fnmsub, fmin, fmax, fsgn, fsgnj, fsjnx` | Adição, subtração, multiplicação, divisão, raiz quadrada, multiplicação-adição, multiplicação-subtração, negação de multiplicação-adição, negação de multiplicação-subtração, máximo, mínimo e instruções para substituir o bit de sinal; para precisão simples, o opcode é seguido por: .s para precisão simples e .d para precisão dupla (exemplo: fadd.s, fadd.d) |
| `feq, flt, fle` | Comapra dois registradores de ponto flutuante; o resultado é 0 ou 1 armazenado em um GPR |
| `fmv.x.*, fmv.*.x` | Move entre o registrador de PF e GPR, "*" é s ou d |
| `fcvt.*.l, fcvt.l.*, fcvt.*.lu, fcvt.lu.*, fcvt.*.w, fcvt.w.*, fcvt.*.wu, fcvt.wu.*` | Converte entre um registrador de PF e um registrador de inteiro, onde "*" é S ou D para precisão simples ou dupla; versões com e sem sinal, e para palavra e palavra dupla |

**FIGURA A.28** Uma lista da grande maioria das instruções em RV64G.
A lista também pode ser encontrada na contracapa deste livro. Esta tabela omite as instruções do sistema, instruções de sincronismo e indivisíveis, instruções de configuração, instruções para reiniciar e acessar contadores de desempenho, cerca de 10 instruções no total.

a ideia seja suplementar o conjunto de instruções com acréscimos que trazem o hardware até o nível da linguagem, os acréscimos podem gerar o que Wulf et al. (1981) chamou de *conflito semântico*:

[...] fornecendo conteúdo semântico excessivo à instrução, o projetista de computador possibilitava o uso da instrução apenas em contextos limitados [pág. 43].

| Programa | Loads | Stores | Desvios | Saltos | Operações da ALU |
|---|---|---|---|---|---|
| astar | 28% | 6% | 18% | 2% | 46% |
| bzip | 20% | 7% | 11% | 1% | 54% |
| gcc | 17% | 23% | 20% | 4% | 36% |
| gobmk | 21% | 12% | 14% | 2% | 50% |
| h264ref | 33% | 14% | 5% | 2% | 45% |
| hmmer | 28% | 9% | 17% | 0% | 46% |
| libquantum | 16% | 6% | 29% | 0% | 48% |
| mcf | 35% | 11% | 24% | 1% | 29% |
| omnetpp | 23% | 15% | 17% | 7% | 31% |
| perlbench | 25% | 14% | 15% | 7% | 39% |
| sjeng | 19% | 7% | 15% | 3% | 56% |
| xalancbmk | 30% | 8% | 27% | 3% | 31% |

**FIGURA A.29** Mix de instrução dinâmica RISC-V para os programas SPECint2006.
Omnetpp inclui 7% das instruções que são loads, stores, operações ou comparações de ponto flutuante; nenhum outro programa inclui sequer 1% de outros tipos de instruções. Uma alteração no gcc do SPECint2006 cria uma anomalia no comportamento. Programas de inteiros típicos possuem frequências de load que são de 1/5 a 3× a frequência de store. No gcc, a frequência de store é realmente maior que a frequência de load! Isso ocorre porque uma grande parte do tempo de execução é gasta em um loop que limpa a memória armazenando x0 (não onde um compilador como o gcc normalmente gastaria a maior parte de seu tempo de execução!). Uma instrução store que armazena um par de registradores, que algumas outras ISAs RISC incluíram, resolveria esse problema.

Muitas vezes, as instruções são simplesmente arrasadoras — elas são gerais demais para o caso mais frequente, resultando em trabalho desnecessário e uma instrução mais lenta. Novamente, CALLS no VAX é um bom exemplo. CALLS usa uma estratégia de gravação pelo procedimento chamado (os registradores a serem salvos são especificados pelo procedimento chamado), *mas* o salvamento é feito pela instrução de chamada no procedimento de quem chama. A instrução CALLS começa com os argumentos colocados na pilha e, depois, realiza as seguintes etapas:

1. Alinhar a pilha, se necessário.
2. Colocar a quantidade de argumentos na pilha.
3. Salvar os registradores indicados pela máscara da chamada de procedimento na pilha (como mencionado na Seção A.8). A máscara é mantida no código do procedimento chamado — isso permite que o procedimento chamado especifique os registradores a serem salvos por quem chamou, mesmo com uma compilação separada.
4. Colocar o endereço de retorno na pilha e, depois, enviar o topo e a base dos ponteiros da pilha (para o registro de ativação).
5. Limpar os códigos de condição, o que define a habilitação de trap para um status conhecido.
6. Colocar uma palavra para informação de status e uma palavra zero na pilha.
7. Atualizar os dois ponteiros de pilha.
8. Desviar para a primeira instrução do procedimento.

A grande maioria das chamadas nos programas reais não exige essa quantidade de overhead. A maioria dos procedimentos conhece suas quantidades de argumentos, e uma convenção de encadeamento muito mais rápida pode ser estabelecida usando registradores para passar argumentos em vez da pilha na memória. Além disso, a instrução CALLS força dois registradores a serem usados para o encadeamento, enquanto muitas

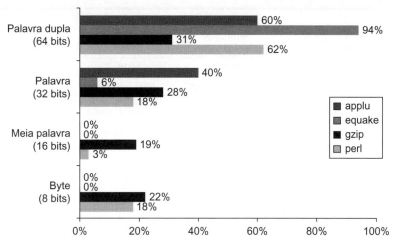

**FIGURA A.30** Tamanho da referência de dados de quatro programas do SPEC2000.
Embora seja possível calcular um tamanho médio, seria difícil afirmar que a média é típica dos programas.

linguagens exigem apenas um registrador de encadeamento. Muitas tentativas de aceitar gerenciamento de chamada de procedimento e de ativação de pilha falharam, seja porque não atendiam às necessidades da linguagem, seja porque eram muito gerais e, portanto, muito onerosas para usar.

Os projetistas do VAX forneceram uma instrução mais simples, JSB, que é muito mais rápida, já que coloca o PC de retorno na pilha e salta para o procedimento. Entretanto, a maioria dos compiladores VAX usa as instruções CALLS mais onerosas. As instruções de chamada foram incluídas na arquitetura para padronizar a convenção de encadeamento de procedimento. Outros computadores padronizaram sua convenção de chamada por acordo entre os projetistas de compilador e sem exigir o overhead de uma instrução de chamada de procedimento complexa e muito geral.

Muitas pessoas gostam de acreditar que existe um único programa "típico" que poderia ser usado para projetar um conjunto de instruções ideal. Por exemplo, veja os benchmarks sintéticos discutidos no Capítulo 1. Os dados neste apêndice mostram claramente que os programas podem variar de modo significativo na maneira como usam um conjunto de instruções. Por exemplo, a Figura A.30 mostra o mix dos tamanhos da transferência de dados para quatro programas do SPEC2000: seria difícil dizer o que é típico nesses quatro programas. As variações são ainda maiores em um conjunto de instruções que aceita uma classe de aplicações, como instruções de decimal, que não são usadas por outras aplicações.

**Falácia**

Existe algo chamado de programa típico.

A Figura A.31 mostra os tamanhos de código relativos de quatro compiladores para o conjunto de instruções MIPS. Enquanto os arquitetos se esforçam para reduzir o tamanho de código em 30-40%, diferentes estratégias de compilador podem mudar o tamanho de código por fatores muito maiores. Assim como no que se refere às técnicas de otimização de desempenho, o arquiteto deve começar com o código mais compacto que os compiladores podem produzir antes de propor inovações de hardware para ganhar espaço.

**Armadilha**

Inovar na arquitetura do conjunto de instruções para reduzir o tamanho do código sem levar em conta o compilador.

O 80x86 oferece um exemplo drástico: a arquitetura do conjunto de instruções é uma que só poderia ser amada por seus criadores (Apêndice K). Sucessivas gerações de engenheiros da Intel tentaram corrigir as decisões arquitetônicas impopulares tomadas no projeto do 80x86. Por exemplo, a arquitetura aceita a segmentação, enquanto todas as outras escolheram a paginação; ela usa acumuladores estendidos para dados de inteiro, enquanto outros processadores usam registradores de propósito geral; ela usa uma pilha

**Falácia**

Uma arquitetura com falhas não pode ser bem-sucedida.

| Compilador | Apogee Software Versão 4.1 | Green Hills Multi2000 Versão 2.0 | Algorithmics SDE4.0B | IDT/c 7.2.1 |
|---|---|---|---|---|
| Arquitetura | MIPS IV | MIPS IV | MIPS 32 | MIPS 32 |
| Processador | NEC VR5432 | NEC VR5000 | IDT 32334 | IDT 79RC32364 |
| Kernel de autocorrelação | 1,0 | 2,1 | 1,1 | 2,7 |
| Kernel de codificador convolucional | 1,0 | 1,9 | 1,2 | 2,4 |
| Kernel de alocação de bit de ponto fixo | 1,0 | 2,0 | 1,2 | 2,3 |
| Kernel de FFT complexo de ponto fixo | 1,0 | 1,1 | 2,7 | 1,8 |
| Kernel de decodificador Viterbi GSM | 1,0 | 1,7 | 0,8 | 1,1 |
| Média geométrica dos cinco kernels | 1,0 | 1,7 | 1,4 | 2,0 |

**FIGURA A.31** Tamanho de código relativo para o compilador C Apogee Software Versão 4.1 para aplicação da Telecom dos benchmarks EEMBC.

As arquiteturas do conjunto de instruções são praticamente idênticas, embora os tamanhos de código variem por fatores de 2. Esses resultados foram relatados de fevereiro a junho de 2000.

para dados de ponto flutuante, quando todo mundo abandonou as pilhas de execução há muito tempo.

Apesar dessas grandes dificuldades, a arquitetura 80x86 foi enormemente bem-sucedida. As razões são três: primeiro, sua seleção como o microprocessador no IBM PC inicial torna a compatibilidade binária do 80x86 extremamente valiosa; segundo, a lei de Moore forneceu recursos suficientes para os microprocessadores 80x86 traduzirem para um conjunto de instruções RISC interno e, depois, executarem instruções tipo RISC. Esse mix permite a compatibilidade binária com a valiosa base de software do PC e desempenho compatível com processadores RISC; terceiro, os altíssimos volumes dos microprocessadores de PC significam que a Intel pode facilmente pagar pelo maior custo de projeto da tradução de hardware. Além disso, os altos volumes permitem que o fabricante suba a curva de aprendizagem, o que baixa o custo do produto.

O maior tamanho do die e o aumento do consumo de energia para tradução são problemas para as aplicações embarcadas, mas faz muito sentido econômico para o desktop. E sua relação custo-desempenho no desktop também o torna atraente para servidores, com sua principal fraqueza para servidores de 32 bits de endereços, o que foi resolvido com a extensão de 64 bits de endereço.

**Falácia**

Você pode projetar uma arquitetura sem falhas.

Todo projeto de arquitetura envolve compromissos feitos no contexto de um conjunto de tecnologias de hardware e software. Com o passar do tempo, essas tecnologias costumam mudar e as decisões que podem ter sido corretas na época em que foram tomadas parecem ter sido equivocadas. Por exemplo, em 1975, os projetistas do VAX enfatizaram demais a importância da eficiência de tamanho de código, subestimando a importância que a facilidade de decodificação e o pipelining teriam cinco anos depois. Um exemplo no campo do RISC é o desvio atrasado (delayed branch) (ver Apêndice K). Foi uma simples questão de controlar os hazards de pipeline, com pipeline de cinco estágios, mas foi um desafio para processadores com pipelines mais longos que emitem múltiplas instruções por ciclo de clock. Além do mais, quase todas as arquiteturas por fim sucumbem à falta de espaço de endereço suficiente. Este é um motivo pelo qual o RISC-V planejou a possibilidade de endereços de 128 bits, embora possam se passar décadas antes que tal capacidade seja necessária.

Em geral, evitar essas falhas em longo prazo provavelmente significaria comprometer a eficiência da arquitetura em curto prazo, o que é arriscado, já que uma nova arquitetura de conjunto de instruções precisa lutar para sobreviver aos seus primeiros anos.

## A.11 COMENTÁRIOS FINAIS

As arquiteturas mais antigas eram limitadas em seus conjuntos de instruções pela tecnologia de hardware da época. Tão logo a tecnologia de hardware permitia, os arquitetos de computadores começavam a procurar meios de oferecer suporte a linguagens de alto nível. Essa procura levou a três períodos distintos de pensamento sobre como dar um suporte eficiente aos programas. Na década de 1960, as arquiteturas de pilha se tornaram populares. Elas eram vistas como uma boa opção para linguagens de alto nível — e provavelmente eram, dada a tecnologia dos compiladores da época. Na década de 1970, a principal preocupação dos arquitetos era como reduzir custos de software. Essa preocupação foi satisfeita principalmente substituindo software por hardware ou fornecendo arquiteturas de alto nível que poderiam simplificar a tarefa dos projetistas de software. O resultado foi migração para arquitetura de computador de linguagem de alto nível e para arquiteturas poderosas como VAX, que tinha grande número de modos de endereçamento, diversos tipos de dados e uma arquitetura altamente ortogonal. Na década de 1980, uma tecnologia de compilador mais sofisticada e uma nova ênfase no desempenho do processador provocaram um retorno às arquiteturas mais simples, com base principalmente no estilo load-store de computador.

As seguintes mudanças de arquitetura de conjunto de instruções ocorreram na década de 1990:

- *Duplicações no tamanho de endereço*. Os conjuntos de instruções de endereço de 32 bits para a maioria dos processadores de desktops e servidores foram estendidos para endereços de 64 bits, aumentando o tamanho dos registradores (entre outras coisas) para 64 bits. O Apêndice K on-line fornece três exemplos de arquiteturas que foram de 32 bits para 64 bits.
- *Otimização dos desvios condicionais através de execução condicional*. No Capítulo 3, vimos que os desvios condicionais podem limitar o desempenho dos projetos agressivos de computador. Portanto, houve interesse em substituir os desvios condicionais por conclusão condicional das operações, como movimentação condicional (ver Apêndice H), o que foi acrescentado na maioria dos conjuntos de instruções.
- *Otimização do desempenho da cache através de pré-busca (prefetch)*. O Capítulo 2 explica o papel cada vez maior da hierarquia de memória no desempenho dos computadores, com falta de cache em alguns computadores exigindo tantos tempos de instrução quantas faltas de página nos computadores mais antigos. Portanto, as instruções de pré-busca foram acrescentadas para tentar ocultar o custo das faltas de cache pela realização da busca prévia (ver Capítulo 2).
- *Suporte para multimídia*. A maioria dos conjuntos de instruções de desktops e embarcados foi estendida com suporte para aplicações de multimídia.
- *Operações de ponto flutuante mais rápidas*. O Apêndice J on-line descreve as operações acrescentadas para melhorar o desempenho de ponto flutuante, como operações que realizam uma multiplicação e uma adição com uma única execução, que fazem parte do RISC-V.

Entre 1970 e 1985, muitos achavam que o principal trabalho do arquiteto de computador era o projeto de conjuntos de instruções. Como resultado, os livros dessa época enfatizam o projeto de conjunto de instruções, assim como os livros das décadas de 1950 e 1960 enfatizam a aritmética de computador. Esperava-se que o arquiteto inteligente tivesse opiniões sobre os pontos fortes e, especialmente, os pontos fracos dos computadores populares. A importância da compatibilidade binária em anular inovações no projeto de conjunto de instruções não era reconhecida por muitos pesquisadores e escritores de livros, dando a impressão de que muitos arquitetos teriam a chance de projetar um conjunto de instruções.

A definição de arquitetura de computador atualmente foi expandida para incluir o projeto e a avaliação do sistema de computador inteiro — não apenas a definição do conjunto de instruções e não apenas o processador — e, portanto, existem muitos tópicos para o arquiteto estudar. Na verdade, o assunto deste apêndice foi um ponto central do livro em sua primeira edição em 1990, mas agora está incluído em um apêndice principalmente como material de referência!

O Apêndice K pode satisfazer os leitores interessados na arquitetura do conjunto de instruções; ele descreve uma variedade de conjuntos de instruções, que são importantes no mercado de hoje ou historicamente importantes, e compara nove computadores de load-store conhecidos com o RISC-V.

## A.12 PERSPECTIVA HISTÓRICA E REFERÊNCIAS

A Seção M.4 (disponível on-line) apresenta um estudo sobre a evolução dos conjuntos de instruções e inclui referências de leitura complementar e exploração de tópicos relacionados.

## EXERCÍCIOS POR GREGORY D. PETERSON

**A.1** [10] <A.9> Calcule o CPI efetivo para uma implementação de uma CPU embarcada do RISC-V usando a Figura A.29. Suponha que tenhamos realizado as seguintes medições do CPI médio para cada um dos tipos de instruções:

| Instrução | Ciclos de clock |
|---|---|
| Todas as instruções da ALU | 1,0 |
| Loads | 5,0 |
| Stores | 3,0 |
| Desvios | |
|    Tomados | 5,0 |
|    Não tomados | 3,0 |
|    Saltos | 3,0 |

Calcule a média das frequências de instruções de astar e gcc para obter o mix de instruções.

**A.2** [10] <A.9> Calcule o CPI efetivo para RISC-V usando a Figura A.29 e a tabela anterior. Tire a média das frequências de instrução de bzip e hmmer para obter o mix de instruções. Você pode considerar que todas as outras instruções (para as instruções não consideradas pelos tipos na Tabela A.29) exigem 3,0 ciclos e clock cada.

**A.3** [10] <A.9> Calcule o CPI efetivo para uma implementação de uma CPU RISC-V usando a Figura A.29. Suponha que tenhamos realizado as seguintes medições do CPI médio para cada um dos tipos de instruções:

| Instrução | Ciclos de clock |
| --- | --- |
| Todas as instruções da ALU | 1,0 |
| Loads | 3,5 |
| Stores | 2,8 |
| Desvios | |
| Tomados | 4,0 |
| Não tomados | 2,0 |
| Saltos | 2,4 |

Calcule a média das frequências de instrução de gobmk e mcf para obter o mix de instruções. Você pode considerar que todas as outras instruções (para instruções não consideradas pelos tipos na Tabela A.29) exigem 3,0 ciclos de clock cada.

**A.4** [10] <A.9> Calcule o CPI efetivo para RISC-V usando a Figura A.29 e a tabela anterior. Tire a média das frequências de instrução de perlbench e sjeng para obter o mix de instruções.

**A.5** [10] <A.8> Considere esta sequência de código de alto nível com três declarações:

```
A = B + C;
B = A + C;
D = A - B;
```

Use a técnica de propagação de cópia (ver Figura A.20) para transformar a sequência de código até o ponto em que nenhum operando seja um valor calculado. Observe as instâncias nas quais a transformação reduziu o trabalho computacional de uma declaração e os casos em que o trabalho foi aumentado. O que isso sugere sobre o desafio técnico enfrentado quando se tenta satisfazer o desejo de otimizar os compiladores?

**A.6** [30] <A.8> As otimizações de compilador podem resultar em melhorias reais no tamanho e/ou desempenho do código. Considere um ou mais dos programas da suíte de benchmarks SPEC CPU2017 ou EEMBC. Use um processador RISC-V ou um processador disponível para você e o compilador GNU C para otimizar o(s) programa(s) de benchmark usando nenhuma otimização, –O1, –O2 e –O3. Compare o desempenho e o tamanho dos programas resultantes. Compare também seus resultados com a Figura A.21.

**A.7** [20/20/20/25/10] <A.2, A.9> Considere o seguinte fragmento de código C:

```
for (i = 0; i < 100; i++) {
    A[i] = B[i] + C;
}
```

Suponha que A e B sejam arrays de inteiros de 64 bits, e C e i sejam inteiros de 64 bits. Suponha que todos os valores de dados e seus endereços sejam mantidos na memória (nos endereços 1.000, 3.000, 5.000 e 7.000 para A, B, C e i, respectivamente), exceto quando eles estão sendo operados. Suponha que os valores nos registradores sejam perdidos entre iterações do loop. Considere que todos os endereços e palavras sejam de 64 bits.

   **a.** [20] <A.2, A.9> Escreva o código para RISC-V. Quantas instruções são necessárias dinamicamente? Quantas referências de dados de memória serão executadas? Qual é o tamanho do código em bytes?

**b.** [20] <A.2> Escreva o código para x86. Quantas instruções são necessárias dinamicamente? Quantas referências de dados de memória serão executadas? Qual é o tamanho do código em bytes?

**c.** [20] <A.2> Escreva o código para uma máquina de pilha. Suponha que todas as operações ocorrem no topo da pilha. Push e pop são as únicas instruções que acessam a memória; todas as outras removem seus operandos da pilha e os substituem pelo resultado. A implementação usa uma pilha fixa apenas para as duas entradas do topo da pilha, o que mantém o circuito do processador muito pequeno e com baixo custo. As posições adicionais da pilha são mantidas em locais da memória, e os acessos para essas posições da pilha exigem referências à memória. Quantas instruções são exigidas dinamicamente? Quantas referências a dados da memória serão executadas?

**d.** [25] <A.2, A.9> Em vez do fragmento de código acima, escreva uma rotina para calcular uma multiplicação de matriz para matrizes densas, de precisão simples, também conhecidas como SGEMM. Para matrizes de entrada de tamanho $100 \times 100$, quantas instruções são exigidas dinamicamente? Quantas referências de dados da memória serão executadas?

**e.** [10] <A.2, A.9> À medida que o tamanho da matriz aumenta, como isso afeta o número de instruções executadas dinamicamente ou o número de referências a dados da memória?

**A.8** [25/25] <A.2, A.8, A.9> Considere o seguinte fragmento de código em C:

```
for(p = 0;  p < 8;  p + +) {
    Y[p] = (9798*R[p] + 19235*G[p] + 3736*B[p])/32768;
    U[p] = (−4784*R[p]−9437*G[p] + 4221*B[p])/32768 + 128;
    V[p] = (20218*R[p]−16941*G[p]−3277*B[p]/32768 + 128;
}
```

Suponha que R, G, B, Y, U e V sejam arrays de inteiros de 64 bits. Suponha que todos os valores de dados e seus endereços sejam mantidos na memória (nos endereços 1000, 2000, 3000, 4000, 5000 e 6000 para R, G, B, Y, U e V, respectivamente), exceto quando são operados. Suponha que os valores nos registradores sejam perdidos entre as iterações do loop. Suponha que todos os endereços e palavras sejam de 64 bits.

**a.** [25] <A.2, A.9> Escreva o código para RISC-V. Quantas instruções são exigidas dinamicamente? Quantas referências a dados da memória serão executadas? Qual é o tamanho do código em bytes?

**b.** [25] <A.2> Escreva o código para o x86. Quantas instruções são exigidas dinamicamente? Quantas referências a dados da memória serão executadas? Qual é o tamanho do código em bytes? Compare seus resultados com as instruções de multimídia (MMX) e as implementações de vetor discutidas no item A.8.

**A.9** [10/10/10/10] <A.2, A.7> Para o seguinte, consideramos a codificação de instruções para arquiteturas de conjunto de instruções.

**a.** [10] <A.2, A.7> Considere o caso de um processador com comprimento de instrução de 14 bits e com 64 registradores de uso geral, de modo que o tamanho dos campos de endereço é 6 bits. É possível ter codificações de instrução para o seguinte?

- 3 instruções com dois endereços
- 30 instruções com um endereço
- 45 instruções com zero endereço

**b.** [10] <A.2, A.7> Supondo o mesmo comprimento de instrução e tamanhos de campo de endereço anteriores, determine se é possível ter:

- 3 instruções com dois endereços
- 65 instruções com um endereço
- 35 instruções com zero endereço

Explique sua resposta.

**c.** [10] <A.2, A.7> Considere o mesmo comprimento de instrução e tamanhos de campo de endereço acima. Além disso, suponha que já haja três instruções com dois endereços e 24 instruções com zero endereço. Qual é o número máximo de instruções de um endereço que podem ser codificadas para esse processador?

**d.** [10] <A.2, A.7> Considere o mesmo comprimento de instrução e tamanhos de campo de endereço de antes. Considere ainda que existem 3 instruções de dois endereços e 65 instruções de zero endereço. Qual é o número máximo de instruções de um endereço que podem ser codificadas para esse processador?

**A.10** [10/15] <A.2> Para o seguinte, suponha que os valores A, B, C, D, E e F residam na memória. Suponha também que os códigos de operação de instrução sejam representados em 8 bits, os endereços de memória tenham 64 bits, e os endereços de registrador tenham 6 bits.

**a.** [10] <A.2> Para cada arquitetura de conjunto de instruções mostrada da Figura A.2, quantos endereços, ou nomes, aparecem em cada instrução para o código calcular C = A + B, e qual é o tamanho total do código?

**b.** [15] <A.2> Algumas das arquiteturas do conjunto de instruções na Figura A.2 destroem operandos durante o curso do cálculo. Essa perda de valores de dados no armazenamento interno do processador tem consequências no desempenho. Para cada arquitetura na Figura A.2, escreva a sequência de código para calcular:

```
C = A + B
D = A–E
F = C + D
```

No seu código, marque cada operando destruído durante a execução e marque cada instrução de "overhead" que é incluída só para superar essa perda de dados no armazenamento interno do processador. Qual é o tamanho total do código, o número de bytes de instrução e dados movidos para/da memória, o número de instruções de overhead e o número de bytes de dados de overhead para cada uma das suas sequências de código?

**A.11** [15] <A.2, A.7, A.9> O projeto do RISC-V oferece 32 registradores de uso geral e 32 registradores de ponto flutuante. Se os registradores são bons, mais registradores são melhores? Liste e discuta o máximo de compromissos que seriam considerados por projetistas da arquitetura do conjunto de instruções examinando se devem, e o quanto devem, aumentar o número de registradores RISC-V.

**A.12** [5] <A.3> Considere um struct C que inclua os seguintes membros:

```
struct foo {
    char a;
    bool b;
    int c;
    double d;
    short e;
    float f;
    double g;
    char *cptr;
    float *fptr;
    int x;
};
```

Observe que, para C, o compilador precisa manter os elementos do struct na mesma ordem da definição de struct. Para uma máquina de 32 bits, qual é o tamanho do struct foo? Qual é o tamanho mínimo necessário para esse struct, supondo que você possa organizar a ordem dos membros struct como quiser? E para uma máquina de 64 bits?

**A.13** [30] <A.7> Hoje, muitos fabricantes de computadores incluem ferramentas ou simuladores para permitir a medição do uso do conjunto de instruções de um programa de usuário. Entre os métodos em uso estão a simulação de máquina, o trapping suportado por hardware e uma técnica de compilador que instrumenta o módulo de código de objeto inserindo contadores. Encontre um processador e ferramentas para instrumentar os programas do usuário. (A arquitetura RISC-V de fonte aberto admite uma coleção de ferramentas. Ferramentas como Performance API (PAPI) funcionam com processadores x86.) Use o processador e as ferramentas para medir o mix de conjunto de instruções para um dos benchmarks SPEC CPU2017. Compare os resultados aos mostrados neste capítulo.

**A.14** [30] <A.8> Processadores mais novos, como o Intel i7 Kaby Lake incluem suporte para instruções de vetor/multimídia AVX.2 Escreva uma função de multiplicação de matriz densa usando valores de precisão simples e compile-a com diferentes compiladores e flags de otimização. Códigos de álgebra linear usando rotinas Basic Linear Algebra Subroutine (BLAS) como SGEMM incluem versões otimizadas de multiplicação de matriz densa. Compare o tamanho e o desempenho do código ao do BLAS SGEMM. Explore o que acontece quando se usam valores de precisão dupla e DGEMM.

**A.15** [30] <A.8> Para o código SGEMM desenvolvido anteriormente para o processador i7, inclua o uso de intrínsecos AVX para melhorar o desempenho. Em particular, tente vetorizar seu código para utilizar melhor o hardware AVX. Compare o tamanho e o desempenho do código aos do código original. Compare seus resultados com a implementação Math Kernel Library (MKL) da Intel para o SGEMM.

**A.16** [30] <A.7, A.9> O processador RISC-V é open source e possui uma impressionante coleção de simuladores, compiladores e outras ferramentas. Consulte riscv.org para obter uma visão geral das ferramentas, inclusive spike, um simulador para processadores RISC-V. Use spike ou outro simulador para medir o mix do conjunto de instruções para alguns programas do benchmark SPEC CPU2017.

**A.17** [35/35/35/35] <A.2-A.8> O gcc visa à maioria das arquiteturas de conjunto de instrução modernas (www.gnu.org/software/gcc/). Crie uma versão do gcc para diversas arquiteturas a que você tenha acesso, como x86, RISC-V, PowerPC ARM.

    **a.** [35] <A.2-A.8> Compile um subconjunto de benchmarks inteiros do SPEC CPU2006 e crie uma tabela de tamanhos de código. Que arquitetura é melhor para cada programa?

    **b.** [35] <A.2-A.8> Compile um subconjunto de benchmarks de ponto flutuante do SPEC CPU2006 e crie uma tabela de tamanhos de código. Que arquitetura é melhor para cada programa?

    **c.** [35] <A.2-A.8> Compile um subconjunto de benchmarks EEMBC AutoBench (www.eembc.org/home.php) e crie uma tabela de tamanhos de código. Que arquitetura é melhor para cada programa?

    **d.** [35] <A.2-A.8> Compile um subconjunto de benchmarks de ponto flutuante do EEMBC FPBench e crie uma tabela de tamanhos de código. Que arquitetura é melhor para cada programa?

**A.18** [40] <A.2-A.8> A eficiência energética se tornou muito importante para os processadores modernos, especialmente para sistemas embutidos. Crie uma versão do gcc para duas arquiteturas a que você tenha acesso, como x86, RISC-V, PowerPC ARM. Compile um subconjunto de benchmarks EEMBC usando o EnergyBench para medir o uso de energia durante a execução. Compare o tamanho de código, o desempenho e o uso de energia para os processadores. Qual é melhor para cada programa?

**A.19** [20/15/15/20] Sua tarefa é comparar a eficiência de memória de quatro diferentes estilos de arquitetura de conjunto de instrução. Os estilos de arquitetura são:

■ *Acumulador.* Todas as operações acontecem entre um único registrador e um local de memória.

■ *Memória-memória.* Todos os endereços de instruções se referem somente a locais de memória.

■ *Pilha.* Todas as operações ocorrem no topo da pilha. Push e pop são as únicas instruções que acessam a memória. Todas as outras removem seus operandos da pilha e os substituem com o resultado. A implementação usa uma pilha hardwired somente para as duas primeiras entradas da pilha, o que mantém o circuito do processador muito pequeno e de baixo custo. Posições adicionais de pilha são mantidas em locais de memória, e acessos a essas posições de pilha demandam referências de memória.

■ *Load-store.* Todas as operações ocorrem nos registradores, e instruções registrador para registrador têm três nomes de registrador por instrução.

Para medir a eficiência da memória, faça as seguintes suposições sobre os quatros conjuntos de instruções:

■ Todas as instruções têm um número inteiro de bytes de comprimento.

■ O opcode é sempre um byte (8 bits).

■ Os acessos de memória usam endereçamento direto ou absoluto.

■ As variáveis A, B, C e D estão inicialmente na memória.

**a.** [20] <A.2, A.3> Invente seus próprios mnemônicos de linguagem assembly (a Figura A.2 dá uma amostra útil para generalizar), e para cada arquitetura escreva o melhor equivalente em código de linguagem assembly para esta sequência de código de alto nível:

```
A = B + C;
B = A + C;
D = A-B;
```

**b.** [15] <A.3> Etiquete cada instância dos seus códigos assembly para o item *a* em que um valor seja carregado da memória depois de ter sido carregado uma vez. Etiquete também cada instância do seu código em que o resultado de uma instrução seja enviado para outra instrução como operando e classifique esses eventos como envolvendo armazenamento dentro do processador ou na memória.

**c.** [15] <A.7> Suponha que a sequência de código dada seja de uma aplicação de computador pequena e embutida, como um controlador de forno de micro-ondas, que usa um endereço de memória de 16 bits e operandos de dados. Se uma arquitetura load-store for usada, suponha que ela tenha 16 registradores de uso geral. Para cada arquitetura, responda às seguintes perguntas: Quantos bytes de instruções são buscados? Quantos bytes de dados são transferidas da/para a memória? Que arquitetura é a mais eficiente como medida em tráfego total de memória (código + dados)?

# CAPÍTULO A: Princípios e exemplos de conjuntos de instruções

**d.** [20] <A.7> Agora suponha um processador com endereços de memória e operandos de dados de 64 bits. Para cada arquitetura, responda às perguntas do item *c*: como os méritos relativos das arquiteturas mudaram para as métricas selecionadas?

**A.20** [30] <A.2, A.3> Use os quatro estilos de arquitetura de conjunto de instruções anterior, mas suponha que as operações de memória incluam registradores indiretos além de endereçamento direto. Invente seus próprios mnemônicos de linguagem assembly (a Figura A.2 dá uma amostra útil para generalizar), e para cada arquitetura escreva o melhor equivalente em código de linguagem assembly para este fragmento de código C:

```
for (i =0; i <=100; i ++) {
    A[i] =B[i]* C+D ;
}
```

Suponha que A e B sejam arrays de inteiros de 64 bits, e C, D e i sejam inteiros de 64 bits.

**A.21** [20/20] <A.3, A.6, A.9> O tamanho dos valores de deslocamento necessários para o modo de endereçamento de deslocamento ou para endereçamento relativo ao PC pode ser extraído das aplicações compiladas. Use um disassembler com um ou mais dos benchmarks SPEC CPU2017 ou EEMBC compilados para o processador RISC-V.

**a.** [20] <A.3, A.9> Para cada instrução usando endereçamento de deslocamento, registre o valor de deslocamento usado. Crie um histograma para os valores de deslocamento. Compare os resultados aos mostrados neste capítulo na Figura A.8.

**b.** [20] <A.6, A.9> Para cada instrução de desvio usando endereçamento relacionado ao PC, registre o valor de offset usado. Crie um histograma para os valores de offset. Compare os resultados aos mostrados neste capítulo na Figura A.15.

**A.22** [15/15/10/10/10/10] <A.3> O valor representado pelo número hexadecimal 5249 5343 5643 5055 deve ser armazenado em uma palavra dupla de 64 bits.

**a.** [15] <A.3> Usando a organização física da primeira linha na Figura A.5, escreva o valor a ser armazenado usando a ordem de byte Big Endian. A seguir, interprete cada byte com um caractere ASCII e debaixo de cada byte escreva o caractere correspondente, formando a string de caracteres como ela seria armazenada na ordem Big Endian.

**b.** [15] <A.3> Usando a mesma organização física do item (a), escreva o valor a ser armazenado usando a ordem de byte Little Endian; embaixo de cada byte escreva o caractere ASCII correspondente.

**c.** [10] <A.3> Quais são os valores hexadecimais de todas as palavras de 2 bytes desalinhadas que podem ser lidas a partir da palavra dupla de 64 bits quando armazenadas na ordem de byte Big Endian?

**d.** [10] <A.3> Quais são os valores hexadecimais de todas as palavras de 2 bytes desalinhadas que podem ser lidas a partir da palavra dupla de 64 bits quando armazenadas na ordem de byte Big Endian?

**e.** [10] <A.3> Quais são os valores hexadecimais de todas as palavras de 2 bytes desalinhadas que podem ser lidas a partir da palavra dupla de 64 bits quando armazenadas na ordem de byte Little Endian?

**f.** [10] <A.3> Quais são os valores hexadecimais de todas as palavras de 4 bytes desalinhadas que podem ser lidas a partir da palavra dupla de 64 bits quando armazenadas na ordem de byte Little Endian?

**A.23** [25,25] <A.3, A.9> A frequência relativa de diferenças modos de endereçamento afeta as escolhas de suporte dos modos de endereçamento para uma arquitetura do conjunto de instruções. A Figura A.7 ilustra a frequência relativa dos modos de endereçamento para três aplicações no VAX.

    **a.** [25] <A.3> Compile um ou mais programas das suites de benchmark SPEC CPU2017 ou EEMBC para visar a arquitetura x86. Usando um disassembler, inspecione as instruções e a frequência relativa dos diversos modos de endereçamento. Crie um histograma para ilustrar a frequência relativa dos modos de endereçamento. Qual é a comparação dos seus resultados com a Figura A.7?

    **b.** [25] <A.3, A.9> Compile um ou mais programas das suites de benchmark SPEC CPU2017 ou EEMBC para visar a arquitetura RISC-V. Usando um disassembler, inspecione as instruções e a frequência relativa dos diversos modos de endereçamento. Crie um histograma para ilustrar a frequência relativa dos modos de endereçamento. Qual é a comparação dos seus resultados com a Figura A.7?

**A.24** [Discussão] <A.2-A.12> Considere aplicações típicas para desktop, servidor, nuvem e computação embarcada. Qual seria o impacto sobre a arquitetura de conjunto de instruções para máquinas visando cada um desses mercados?

**APÊNDICE B**

# Revisão da hierarquia da memória

Cache: um local seguro para esconder ou armazenar coisas.

**Webster's New World Dictionary of the American Language**
Second College Edition (1976)

B.1 Introdução .......................................................................................................... B-1

B.2 Desempenho de cache ....................................................................................... B-13

B.3 Seis otimizações de cache básicas ..................................................................... B-19

B.4 Memória virtual ................................................................................................. B-35

B.5 Proteção e exemplos de memória virtual .......................................................... B-43

B.6 Falácias e armadilhas ........................................................................................ B-50

B.7 Comentários finais ............................................................................................ B-52

B.8 Perspectivas históricas e referências ................................................................. B-52

Exercícios por Amr Zaky ........................................................................................... B-52

## B.1 INTRODUÇÃO

Este apêndice é uma revisão rápida da hierarquia da memória, incluindo os fundamentos da memória cache e da memória virtual, equações de desempenho e otimizações simples. Esta primeira seção revisa os 36 termos a seguir:

| | | |
|---|---|---|
| *cache* | *totalmente associativo* | *write allocate* |
| *memória virtual* | *bit de modificação* | *cache unificada* |
| *ciclos de stall da memória* | *offset de bloco* | *faltas por instrução* |
| *mapeamento direto* | *write-back* | *bloco* |
| *bit de validade* | *cache de dados* | *proximidade* |
| *endereço de bloco* | *tempo de acerto* | *rastreio de endereço* |
| *write-through* | *falta na cache* | *conjunto* |
| *cache de instrução* | *falta de página* | *substituição aleatória* |
| *tempo médio de acesso à memória* | *taxa de falta* | *campo de índice* |
| *acerto na cache* | *associativo por conjunto com n vias* | *no-write allocate* |
| *página* | *uso menos recente* | *buffer de escrita* |
| *penalidade por falta* | *campo de tag* | *stall de escrita* |

**B-1**

Se esta revisão for muito avançada, você pode examinar o Capítulo 7 do livro *Organização e Projeto de Computador*, que escrevemos para os leitores com menos experiência.

*Cache* é o nome dado ao nível mais alto ou ao primeiro nível de hierarquia da memória, encontrada quando o endereço sai do processador. Como o princípio de proximidade se aplica a muitos níveis — e tirar proveito da proximidade para melhorar o desempenho é algo popular —, o termo *cache* é aplicado sempre que o buffering é empregado para reutilizar itens que ocorrem comumente. Alguns exemplos incluem *caches de arquivos*, *caches de nomes*, e assim por diante.

Quando o processador encontra um item de dados solicitado na cache, isso é chamado *acerto na cache* (cache hit). Quando o processador não encontra na cache o item de dados de que precisa, ocorre uma *falta na cache* (cache miss). Uma coleção de dados de tamanho fixo contendo a palavra solicitada, chamada *bloco* ou linha, é apanhada da memória principal e colocada na cache. *Proximidade temporal* nos diz que provavelmente precisamos dessa palavra novamente no futuro próximo e, por isso, é útil colocá-la na cache, onde pode ser acessada rapidamente. Devido à *proximidade espacial*, existe alta probabilidade de que os outros dados no bloco logo serão necessários.

O tempo exigido para a falta na cache depende tanto da latência quanto da largura de banda da memória. A latência determina o tempo para apanhar a primeira palavra do bloco, e a largura de banda determina o tempo para apanhar o restante desse bloco. Uma falta na cache é tratada pelo hardware e faz com que os processadores usando a execução em ordem parem ou atrasem até que os dados estejam disponíveis. Com a execução fora de ordem, uma instrução usando o resultado ainda precisa esperar, mas outras instruções podem prosseguir durante a falta.

De modo semelhante, nem todos os objetos referenciados por um programa precisam residir na memória principal. *Memória virtual* significa que alguns objetos podem residir em disco. O espaço de endereço normalmente é desmembrado em blocos de tamanho fixo, chamados *páginas*. A qualquer momento, cada página reside ou na memória principal ou no disco. Quando o processador referencia um item dentro de uma página que não está presente na cache ou na memória principal, ocorre uma *falta de página*, e a página inteira é movida do disco para a memória principal. Como as faltas de página levam muito tempo, elas são tratadas pelo software, e o processador não fica em stall. O processador normalmente passa para alguma outra tarefa enquanto ocorre o acesso ao disco. De um ponto de vista de alto nível, a confiança na proximidade das referências e os relacionamentos relativos em tamanho e custo relativo por bit de cache contra a memória principal são semelhantes aos da memória principal *versus* o disco.

A Figura B.1 mostra o intervalo de tamanhos e os tempos de acesso de cada nível na hierarquia de memória para os computadores variando de desktops de última geração até servidores mais básicos.

## Revisão de desempenho da cache

Devido à proximidade e à velocidade mais alta das memórias menores, uma hierarquia de memória pode melhorar substancialmente o desempenho. Um método para avaliar o desempenho da cache é expandir nossa equação de tempo de execução do processador do Capítulo 1. Agora, levamos em consideração o número de ciclos durante os quais o processador fica em stall, esperando por um acesso à memória, que chamamos *ciclos de stall da memória*. O desempenho é, então, o produto do tempo de ciclo de clock pela soma dos ciclos de processador e ciclos de stall da memória:

| Nível | 1 | 2 | 3 | 4 |
|---|---|---|---|---|
| Nome | Registradores | Cache | Memória principal | Armazenamento em disco |
| Tamanho típico | < 4 KiB | 32 KiB–8 MiB | < 1 TB | > 1 TB |
| Tecnologia de implementação | Memória própria com múltiplas portas, CMOS | CMOS SRAM no chip | CMOS DRAM | Disco magnético ou Flash |
| Tempo de acesso (ns) | 0,1–0,2 | 0,5–10 | 30–150 | 5.000.000 |
| Largura de banda (MiB/s) | 1.000.000-10.000.000 | 20.000–50.000 | 10.000–30.000 | 100–1.000 |
| Gerenciado por | Compilador | Hardware | Sistema operacional | Sistema operacional |
| Com apoio de | Cache | Memória principal | Disco ou Flash | Outros discos e DVD |

**FIGURA B.1** Os níveis típicos na hierarquia ficam mais lentos e maiores enquanto nos afastamos do processador para uma estação de trabalho grande ou servidor pequeno.

Os computadores embarcados podem não ter armazenamento em disco e ter memórias e caches muito menores. Cada vez mais, a memória Flash está substituindo os discos magnéticos, pelo menos para o primeiro nível de armazenamento de arquivo. Os tempos de acesso aumentam à medida que passamos para níveis mais baixos da hierarquia, tornando viável gerenciar a transferência de modo menos responsivo. A tecnologia de implementação mostra a tecnologia típica usada para essas funções. O tempo de acesso é dado em nanossegundos para os valores típicos em 2018; esses tempos diminuirão com o tempo. A largura de banda é dada em megabytes por segundo entre os níveis na hierarquia de memória. A largura de banda para armazenamento em disco/Flash inclui a mídia e as interfaces em buffer.

$$\text{Tempo de execução da CPU} = (\text{Ciclos de clock da CPU} + \text{Ciclos de stall da memória}) \times \text{Tempo do ciclo de clock}$$

Esta equação considera que os ciclos de clock da CPU incluem o tempo para tratar de um acerto na cache e que o processador é interrompido com stall durante uma falta na cache. A Seção B.2 reexamina essa suposição simplificada.

O número de ciclos de stall da memória depende do número de faltas e do custo por falta, o que é chamado *penalidade por falta*:

$$\text{Ciclos de stall da memória} = \text{Número de faltas} \times \text{penalidade de falta}$$
$$= \text{IC} \times \frac{\text{Faltas}}{\text{Instrução}} \times \text{Penalidade de falta}$$
$$= \text{IC} \times \frac{\text{Acessos à memória}}{\text{Instrução}} \times \text{Taxa de falta} \times \text{Penalidade de falta}$$

A vantagem do último formato é que os componentes podem ser facilmente medidos. Já sabemos como medir o número de instruções (IC — instruction count). (Para processadores especulativos, só contamos instruções que são confirmadas.) A medição do número de referências de memória por instrução pode ser feita no mesmo padrão; cada instrução exige um acesso à instrução, e é fácil decidir se também exige um acesso a dados.

Observe que calculamos a penalidade por falta como uma média, mas a usaremos a seguir como se ela fosse uma constante. A memória por trás da cache pode estar ocupada no momento da falta, devido às solicitações de memória anteriores ou atualização da memória. O número de ciclos de clock também varia nas interfaces entre os diferentes clocks do processador, barramento e memória. Assim, lembre-se de que o uso de um único número para a penalidade por falta é uma simplificação.

O componente *taxa de falta* é simplesmente a fração dos acessos à cache que resultam em uma falta (ou seja, o número de acessos que se perdem dividido pelo número de acessos). As taxas de falta podem ser medidas com simuladores de cache que assumem um *rastreio de endereço* da instrução e referências a dados, simulam o comportamento da

## CAPÍTULO B: Revisão da hierarquia da memória

cache para determinar quais referências acertam e quais perdem, e depois informam os totais de acerto e falta. Hoje, muitos microprocessadores oferecem hardware para contar o número de faltas e referências de memória, que é um modo muito mais fácil e mais rápido de medir a taxa de falta.

A fórmula anterior é uma aproximação, pois as taxas de falta e as penalidades por falta normalmente são diferentes para leituras e escritas. Os ciclos de clock de stall da memória poderiam, então, ser definidos em termos do número de acessos à memória por instrução, penalidade por falta (em ciclos de clock) para leituras e escritas, e taxa de falta para leituras e escritas:

$$\text{Ciclos de clock de stall da memória} = \text{IC} \times \text{Leituras por instrução} \times \text{Taxa de falta na leitura}$$
$$\times \text{Penalidade por falta na leitura} + \text{IC} \times \text{Escritas por instrução}$$
$$\times \text{Taxa de falta na escrita} \times \text{Penalidade por falta na escrita}$$

Normalmente, simplificamos a fórmula completa, combinando as leituras e escritas e encontrando as taxas médias de falta e a penalidade por falta para leituras *e* escritas:

$$\text{Ciclos de stall da memória} = \text{IC} \times \frac{\text{Acessos à memória}}{\text{Instrução}} \times \text{Taxa de falta} \times \text{Penalidade de falta}$$

A taxa de falta é uma das medidas mais importantes do projeto de cache, mas, conforme veremos nas próximas seções, não é a única.

**Exemplo**  Considere que temos um computador onde os ciclos de clock por instrução (CPI) seja de 1,0 quando todos os acessos à memória têm acertos na cache. Os únicos acessos a dados são loads e stores, e estes totalizam 50% das instruções. Se a penalidade por falta for 50 ciclos de clock e a taxa de falta for 1%, quão mais rápido o computador será se todas as instruções forem acertos de cache?

**Resposta**  Primeiro, calcule o desempenho para o computador que sempre acerta:

$$\text{Tempo de execução da CPU} = (\text{Ciclos de clock da CPU} + \text{Ciclos de stall da memória})$$
$$\times \text{Ciclo de clock}$$
$$= (\text{IC} \times \text{CPI} + 0) \times \text{Ciclo de clock}$$
$$= (\text{IC} \times 1,0 \times \text{Ciclo de clock})$$

Agora, para o computador com a cache real, primeiro calculamos os ciclos de stall da memória:

$$\text{Ciclos de stall da memória} = \text{IC} \times \frac{\text{Acesso à memória}}{\text{Instrução}} \times \text{Taxa de falta} \times \text{Penalidade de falta}$$
$$= \text{IC} \times (1 + 0,5) \times 0,01 \times 50$$
$$= \text{IC} \times 0,75$$

onde o termo do meio (1 + 0,5) representa um acesso à instrução e 0,5 acesso a dados por instrução. O desempenho total é, então:

$$\text{Tempo execução CPU}_{\text{cache}} = (\text{IC} \times 1,0 + \text{IC} \times 0,75) \times \text{Ciclo de clock}$$
$$= 1,75 \times \text{IC} \times \text{Ciclo de clock}$$

A razão de desempenho é o inverso dos tempos de execução:

$$\frac{\text{Tempo execução CPU}_{\text{cache}}}{\text{Tempo execução CPU}} = \frac{1,75 \times \text{IC} \times \text{Ciclo de clock}}{1,0 \times \text{IC} \times \text{Ciclo de clock}} = 1,75$$

O computador sem faltas de cache é 1,75 vez mais rápido.

Alguns projetistas preferem medir a taxa de falta como *faltas por instrução* em vez de faltas por referência de memória. As duas estão relacionadas da seguinte forma:

$$\frac{\text{Faltas}}{\text{Instrução}} = \frac{\text{Taxas de falta} \times \text{Acessos à memória}}{\text{Contador de instruções}} = \frac{\text{Taxas de falta} \times \text{Acessos à memória}}{\text{Instrução}}$$

Esta última fórmula é útil quando se conhece o número médio de acessos à memória por instrução, pois permite converter a taxa de falta em faltas por instrução e vice-versa. Por exemplo, podemos transformar a taxa de falta por referência à memória, do exemplo anterior, em faltas por instrução:

$$\frac{\text{Faltas}}{\text{Instrução}} = \text{Taxas de falta} \times \frac{\text{Acessos à memória}}{\text{Instrução}} = 0,02 \times (1,5) = 0,030$$

A propósito, as faltas por instrução normalmente são relatadas como faltas por 1.000 instruções para mostrar inteiros no lugar de frações. Assim, a resposta anterior também poderia ser expressa como 30 faltas por 1.000 instruções.

A vantagem das faltas por instrução é que isso independe da implementação do hardware. Por exemplo, processadores especulativos apanham cerca do dobro das instruções que são realmente confirmadas, o que pode reduzir artificialmente a taxa de falta se for medida como faltas por referência à memória em vez de faltas por instrução. A desvantagem é que as faltas por instrução dependem da arquitetura; por exemplo, o número médio de acessos à memória por instrução pode ser muito diferente para um 80x86 e para um RISC-V. Assim, as faltas por instrução são mais populares com arquitetos que trabalham com uma única família de computadores, embora a semelhança das arquiteturas RISC permita que alguém ofereça ideias para outras.

**Exemplo**    Para mostrar a equivalência entre as duas equações de taxa de falta, vamos refazer o exemplo anterior, desta vez considerando uma taxa de falta por 1.000 instruções igual a 30. Qual é o tempo de stall da memória em termos de quantidade de instruções?

**Resposta**    Recalculando os ciclos de stall da memória:

$$\text{Ciclos de stall da memória} = \text{Número de faltas} \times \text{Penalidade de falta}$$
$$= \text{IC} \times \frac{\text{Faltas}}{\text{Instrução}} \times \text{Penalidade de falta}$$
$$= \text{IC} / 1.000 \times \frac{\text{Faltas}}{\text{Instrução} \times 1.000} \times \text{Penalidade de falta}$$
$$= \text{IC} / 1.000 \times 30 \times 25$$
$$= \text{IC} / 1.000 \times 750$$
$$= \text{IC} \times 0,75$$

Obtemos a mesma resposta do exemplo anterior, mostrando a equivalência das duas equações.

## Quatro perguntas sobre hierarquia de memória

Continuamos nossa introdução às caches respondendo às quatro perguntas mais comuns para o primeiro nível da hierarquia de memória:

P1: Onde um bloco pode ser colocado no nível superior? (*posicionamento de bloco*)
P2: Como um bloco é localizado se estiver no nível superior? (*identificação de bloco*)
P3: Qual bloco deverá ser substituído em caso de falta? (*substituição de bloco*)
P4: O que acontece em uma escrita? (*estratégia de escrita*)

As respostas para essas perguntas nos ajudam a entender as diferentes escolhas em relação à memória em diferentes níveis de uma hierarquia; logo, fazemos essas quatro perguntas em cada exemplo.

### P1: Onde um bloco pode ser colocado em uma cache?

A Figura B.2 mostra que as restrições sobre o local onde um bloco é colocado criam três categorias de organização de cache:

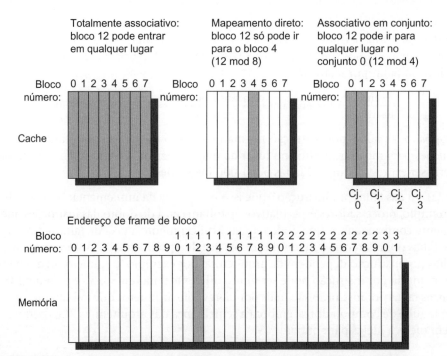

**FIGURA B.2** Essa cache de exemplo possui oito frames em bloco e a memória tem 32 blocos. As três opções para caches aparecem da esquerda para a direita. Na cache totalmente associativa, o bloco 12 do nível inferior pode entrar em qualquer um dos oito frames de bloco da cache. Com o mapeamento direto, o bloco 12 só pode ser colocado no frame de bloco 4 (12 módulo 8). A cache associativa por conjunto, que possui algo dos dois recursos, permite que o bloco seja colocado em qualquer lugar no conjunto 0 (12 módulo 4). Com dois blocos por conjunto, isso significa que o bloco 12 pode ser colocado no bloco 0 ou no bloco 1 da cache. As caches reais contêm milhares de frames de bloco, e as memórias reais contêm milhões de blocos. A organização associativa por conjunto possui quatro conjuntos com dois blocos por conjunto, chamada *associativa por conjunto com duas vias*. Suponha que não exista nada na cache e que o endereço de bloco em questão identifique o bloco de nível inferior 12.

- Se cada bloco tiver apenas um local onde pode aparecer na cache, essa cache é considerada de *mapeamento direto*. O mapeamento normalmente é

   $(Endereço\ de\ bloco)\ \text{MOD}\ (Número\ de\ blocos\ na\ cache)$

- Se um bloco puder ser colocado em qualquer lugar na cache, a cache é considerada *totalmente associativa*.
- Se um bloco puder ser colocado em um conjunto restrito de locais na cache, a cache é *associativa por conjunto*. Um *conjunto* é um grupo de blocos na cache. Um bloco é primeiro mapeado em um conjunto e depois pode ser colocado em qualquer lugar dentro desse conjunto. O conjunto normalmente é escolhido pela *seleção de bits*, ou seja,

   $(Endereço\ de\ bloco)\ \text{MOD}\ (Número\ de\ conjuntos\ na\ cache)$

Se houver *n* blocos em um conjunto, o local da cache é chamado *associativo por conjunto com n vias*.

O intervalo de caches entre o mapeamento direto e o totalmente associativo é, na realidade, uma continuidade de níveis de associatividade em conjunto. O mapeamento direto é simplesmente associativo em conjunto com uma via, e uma cache totalmente associativa com *m* blocos poderia ser chamada "associativa por conjunto com *m* vias". De modo equivalente, o mapeamento direto pode ser considerado como tendo $m$ conjuntos, e o totalmente associativo como tendo um conjunto.

Hoje, a grande maioria das caches de processadores é mapeada diretamente, associativa por conjunto com duas vias ou associativa por conjunto com quatro vias, por motivos que veremos em breve.

### P2: Como um bloco é localizado se estiver na cache?

As caches possuem uma tag de endereço em cada frame de bloco, que indica o endereço do bloco. A tag de cada bloco da cache que poderia conter a informação desejada é verificada, para saber se corresponde ao endereço de bloco do processador. Em geral, todas as tags possíveis são pesquisadas em paralelo, pois a velocidade é crítica.

É preciso haver um meio de saber que um bloco de cache não tem informação válida. O procedimento mais comum é acrescentar um *bit de validade* à tag para dizer se essa entrada contém ou não um endereço válido. Se o bit não for definido, não poderá haver uma combinação nesse endereço.

Antes de passar à próxima pergunta, vamos explorar o relacionamento de um endereço do processador com a cache. A Figura B.3 mostra como um endereço é dividido. A primeira divisão ocorre entre o *endereço de bloco* e o *offset de bloco*. O endereço do frame de bloco pode ser dividido ainda mais, em *campo de tag* e *campo de índice*. O campo de offset de bloco seleciona os dados desejados do bloco, o campo de índice seleciona o conjunto e o campo de tag é comparado com ele para ver se há um acerto. Embora a comparação pudesse ser feita sobre mais de um endereço do que a tag, isso não é necessário, devido ao seguinte:

- O offset não deve ser usado na comparação, pois ou o bloco inteiro está presente ou não, e por isso todos os offsets de bloco resultam em uma combinação por definição.
- A verificação do índice é redundante, pois foi usada para selecionar o conjunto a ser verificado. Um endereço armazenado no conjunto 0, por exemplo, precisa ter 0 no campo de índice ou não poderia ser armazenado no conjunto 0; o conjunto 1 precisa ter um valor de índice igual a 1, e assim por diante. Essa otimização economiza hardware e energia, reduzindo o tamanho da memória para a tag de cache.

Se o tamanho total da cache for mantido igual, o aumento da associatividade aumentará o número de blocos por conjunto, diminuindo assim o tamanho do índice e aumentando o tamanho da tag. Ou seja, o limite de índice de tag na Figura B.3 se move para a direita aumentando-se a associatividade, com a extremidade das caches totalmente associativas não possuindo campo de índice.

### P3: Qual bloco deverá ser substituído em uma falta na cache?

Quando ocorre uma falta, a controladora de cache precisa selecionar um bloco a ser substituído pelos dados desejados. Um benefício do posicionamento mapeado diretamente é que as decisões de hardware são simplificadas — na verdade, isso é tão simples que não

| Endereço de bloco | | Offset de |
|---|---|---|
| Tag | Índice | bloco |

**FIGURA B.3** As três partes de um endereço em uma cache associativa em conjunto ou com mapeamento direto.

A tag é usada para verificar todos os blocos no conjunto, e o índice é usado para selecionar o conjunto. O offset de bloco é o endereço dos dados desejados dentro do bloco. As caches totalmente associativas não possuem campo de índice.

existe escolha: somente um frame de bloco é verificado em busca de um acerto, e somente esse bloco pode ser substituído. Com o posicionamento totalmente associativo ou associativo por conjunto, existem muitos blocos para escolher em uma falta. Existem três estratégias principais empregadas para selecionar qual bloco será substituído:

- *Aleatória.* Para espalhar a alocação uniformemente, os blocos candidatos são selecionados aleatoriamente. Alguns sistemas geram números de bloco pseudoaleatórios para obter um comportamento reprodutível, o que é particularmente útil quando se realiza a depuração do hardware.
- *Uso menos recente* (LRU). Para reduzir a chance de perder informações que serão necessárias em breve, os acessos aos blocos são registrados. Contando com o passado para prever o futuro, o bloco substituído é aquele que não foi utilizado por mais tempo. O LRU conta com um corolário da proximidade: se os blocos recém-utilizados provavelmente serão usados de novo, então um bom candidato ao descarte é o bloco usado menos recentemente.
- *Primeiro a entrar, primeiro a sair* (FIFO). Como a estratégia LRU pode ser complicada de calcular, isso é próximo do LRU, determinando o bloco *mais antigo* em vez do LRU.

Uma virtude da substituição aleatória é que ela é simples de criar no hardware. À medida que o número de blocos a registrar aumenta, o LRU torna-se cada vez mais dispendioso e, geralmente, é apenas aproximado. Uma aproximação comum (muitas vezes chamada pseudo-LRU) tem um conjunto de bits para cada conjunto na cache com cada bit correspondendo a uma única via na cache. (Uma *via* é um banco em uma cache associativa por conjunto; existem quatro vias em uma cache associativa por conjunto com quatro vias.) Quando um conjunto é acessado, o bit correspondente à via contendo o bloco desejado é ligado. Se todos os bits associados com um conjunto estiverem ligados, eles são reiniciados, com exceção do bit ligado mais recentemente. Quando um bloco precisa ser substituído, o processador seleciona um bloco da via cujo bit está desligado, muitas vezes aleatoriamente, se mais de uma opção estiver disponível. Isso aproxima o LRU, uma vez que o bloco que é substituído não terá sido acessado desde a última vez que todos os blocos no conjunto foram acessados. A Figura B.4 mostra a diferença em taxas de falta entre a substituição LRU, aleatória e FIFO.

### P4: O que acontece em uma escrita?

As leituras dominam os acessos à cache do processador. Todos os acessos à instrução são leituras, e a maioria das instruções não escreve na memória. As Figuras A.32 e

| | Associatividade | | | | | | | | |
| | Duas vias | | | Quatro vias | | | Oito vias | | |
| Tamanho | LRU | Aleatório | FIFO | LRU | Aleatório | FIFO | LRU | Aleatório | FIFO |
|---|---|---|---|---|---|---|---|---|---|
| 16 KiB | 114,1 | 117,3 | 115,5 | 111,7 | 115,1 | 113,3 | 109,0 | 111,8 | 110,4 |
| 64 KiB | 103,4 | 104,3 | 103,9 | 102,4 | 102,3 | 103,1 | 99,7 | 100,5 | 100,3 |
| 256 KiB | 92,2 | 92,1 | 92,5 | 92,1 | 92,1 | 92,5 | 92,1 | 92,1 | 92,5 |

**FIGURA B.4** Faltas de cache de dados por 1.000 instruções comparando a substituição LRU (usada menos recentemente), aleatória e FIFO (primeiro a entrar, primeiro a sair) para vários tamanhos e associatividades.

Há pouca diferença entre LRU e aleatório para a cache de maior tamanho, com LRU sendo superior às outras estratégias em caches menores. FIFO geralmente é superior à técnica aleatória nos tamanhos de cache menores. Esses dados foram coletados para um tamanho de bloco de 64 bytes, para a arquitetura Alpha, usando 10 benchmarks SPEC2000. Cinco são do SPECint2000 (gap, gcc, gzip, mcf e perl) e cinco são do SPECfp2000 (applu, art, equake, lucas e swim). Usaremos esse computador e esses benchmarks na maioria das figuras deste apêndice.

A33 no Apêndice A sugerem uma mistura de 10% de stores e 26% de loads para os programas RISC-V, tornando as escritas 10%/(100% + 26% + 10%) ou cerca de 7% do tráfego geral da memória. Do tráfego da *cache de dados*, as escritas representam 10%/(26% + 10%) ou cerca de 28%. Tornar o caso comum rápido significa otimizar as caches para leituras, especialmente porque os processadores tradicionalmente esperam que as leituras terminem, mas não precisam esperar pelas escritas. Contudo, a lei de Amdahl (Seção 1.9) nos lembra que os projetos de alto desempenho não podem desconsiderar a velocidade das escritas.

Felizmente, o caso comum também é o caso fácil de tornar rápido. O bloco pode ser lido da cache ao mesmo tempo que a tag é lida e comparada, de modo que a leitura do bloco começa assim que o endereço do bloco está disponível. Se a leitura for um acerto, a parte solicitada do bloco é passada para o processador imediatamente. Se for uma falta, não existe um benefício — mas também nenhum prejuízo, exceto mais potência nos computadores desktop e servidor; basta ignorar o valor lido.

Tal otimismo não é permitido para as escritas. A modificação de um bloco não pode ser iniciada até que a tag seja verificada para saber se o endereço é um acerto. Como a verificação de tag não pode ocorrer em paralelo, as escritas normalmente levam mais tempo do que as leituras. Outra complexidade é que o processador também especifica o tamanho da escrita, normalmente entre 1-8 bytes; somente essa parte de um bloco pode ser alterada. Ao contrário, as leituras podem acessar mais bytes do que o necessário sem qualquer receio.

As políticas de escrita normalmente distinguem os projetos de cache. Existem duas opções básicas quando se escreve na cache:

- *Write-through*. A informação é escrita tanto no bloco da cache *quanto* no bloco na memória de nível inferior.
- *Write-back*. A informação é escrita somente no bloco da cache. O bloco de cache modificado é escrito na memória principal somente quando for substituído.

Para reduzir a frequência de escrita dos blocos na substituição, normalmente é usado um recurso chamado *bit de modificação* (*dirty bit*). Esse bit de estado indica se o bloco está modificado enquanto na cache (*dirty — sujo*) ou não modificado (*clean — limpo*). Se não estiver modificado, o bloco não é escrito de volta em uma falta, pois informações idênticas na cache são encontradas nos níveis inferiores.

Tanto o write-back quanto o write-through possuem vantagens. Com o write-back, as escritas ocorrem na velocidade da memória cache, e várias escritas dentro de um bloco exigem apenas uma escrita na memória de nível inferior. Como algumas escritas não vão para a memória, o write-back usa menos largura de banda de memória, tornando-se atraente nos multiprocessadores. Como o write-back utiliza o restante da hierarquia da memória e menos interconexão de memória do que o write-through, ele também economiza energia, tornando-se atraente para aplicações embarcadas.

O write-through é mais fácil de implementar do que o write-back. A cache sempre está limpa, de modo que, ao contrário do write-back, as faltas de leitura nunca resultam em escritas no nível inferior. O write-through também tem a vantagem de que o próximo nível inferior tem a cópia mais atualizada dos dados, o que simplifica a coerência dos dados. A coerência dos dados é importante para multiprocessadores e para a E/S, que examinamos no Capítulo 4 e no Apêndice D on-line. As caches multiníveis tornam o write-through mais viável para as caches de nível superior, pois as escritas só precisam se propagar para o próximo nível inferior, e não até a memória principal.

Conforme veremos, a E/S e os multiprocessadores são inconstantes: eles querem write-back para caches de processador, para reduzir o tráfego da memória, e write-through para manter a cache coerente com os níveis inferiores da hierarquia de memória.

Quando o processador precisa esperar que as escritas terminem durante o write-through, o processador é considerado *stall de escrita*. Uma otimização comum para reduzir os stalls de escrita é um *buffer de escrita*, que permite ao processador continuar assim que os dados forem escritos no buffer, sobrepondo a execução do processador à atualização da memória. Conforme veremos em breve, stalls de escrita podem ocorrer mesmo com buffers de escrita.

Como os dados não são necessários em uma escrita, existem duas opções em uma falta na escrita:

- *Write allocate.* O bloco é alocado em uma falta na escrita, seguido das ações de acerto na escrita, acima. Nessa opção natural, as faltas de escrita atuam como faltas de leitura.
- *No-write allocate.* Nessa alternativa aparentemente incomum, as faltas de escrita *não* afetam a cache. Em vez disso, o bloco é modificado apenas na memória de nível inferior.

Assim, os blocos permanecem fora da cache no w*rite allocate* até que o programa tente ler os blocos, mas até mesmo os blocos que são apenas escritos ainda estarão na cache com a opção w*rite allocate*. Vejamos um exemplo.

**Exemplo**  Considere uma cache write-back totalmente associativa com muitas entradas de cache que começam vazias. A seguir apresentamos uma sequência de cinco operações de memória (o endereço está entre colchetes):

```
Write Mem[100];
Write Mem[100];
Read Mem[200];
Write Mem[200];
Write Mem[100].
```

Quais são os números de acertos e faltas quando se usam a *no-write allocate* e a *write allocate*?

**Resposta**  Para a *no-write allocate*, o endereço 100 não está na cache e não existe alocação na escrita, de modo que as duas primeiras escritas resultarão em faltas. O endereço 200 também não está na cache, de modo que a leitura também ocasiona uma falta. A escrita subsequente no endereço 200 é um acerto. A última escrita em 100 ainda é uma falta. O resultado para a alocação sem escrita são quatro faltas e um acerto.

Para a alocação de escrita, os primeiros acessos a 100 e 200 são faltas, e o restante são acertos, pois 100 e 200 são encontrados na cache. Assim, o resultado para a alocação de escrita são duas faltas e três acertos.

Qualquer uma das políticas de falta de escrita poderia ser usada com write-through ou write-back. Normalmente, caches write-back utilizam *write allocate*, esperando que escritas subsequentes nesse bloco sejam capturadas pela cache. As caches write-through normalmente utilizam *no-write allocate*. O motivo é que, mesmo se houver escritas subsequentes nesse bloco, as escritas ainda precisarão ir para a memória de nível inferior; logo, o que se ganha?

## Um exemplo: a cache de dados do Opteron

Para dar fundo a essas ideias, a Figura B.5 mostra a organização da cache de dados no microprocessador AMD Opteron. A cache contém 65.536 (64K) bytes de dados em blocos

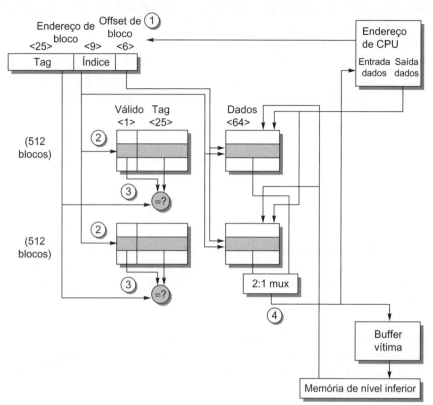

**FIGURA B.5** A organização da cache de dados no microprocessador Opteron.
A cache de 64 KiB é associativa por conjunto com duas vias, com blocos de 64 bytes. O índice de 9 bits seleciona entre 512 conjuntos. As quatro etapas de um acerto na leitura, mostradas como números circulados na ordem de ocorrência, rotulam essa organização. Três bits do offset de bloco se juntam ao índice para fornecer o endereço da RAM a fim de selecionar os 8 bytes apropriados. Assim, a cache mantém dois grupos de 4.096 palavras de 64 bits, com cada grupo contendo metade dos 512 conjuntos. Embora não ilustrado neste exemplo, a linha da memória de nível inferior para a cache é usada em uma falta para carregar a cache. O tamanho do endereço que sai do processador é de 40 bits, pois é um endereço físico, e não um endereço virtual. A Figura B.24, explica como o Opteron mapeia da memória virtual para a física para um acesso à cache.

de 64 bytes com alocação associativa por conjunto com duas vias, substituição LRU (usada menos recentemente), write-back e write allocate em uma falta na escrita.

Vamos rastrear um acerto na cache pelas etapas de um acerto, conforme rotulado na Figura B.5. (As quatro etapas são mostradas como números circulados.) Conforme descrevemos na Seção B.5, o Opteron apresenta para a cache um endereço virtual de 48 bits para comparação de tag, que é simultaneamente traduzido para um endereço físico de 40 bits.

O motivo para o Opteron não usar todos os 64 bits do endereço virtual é que seus projetistas não acharam que alguém precisaria de um espaço de endereços virtuais tão grande, e o tamanho menor simplifica o mapeamento de endereços virtuais do Opteron. Os projetistas planejam aumentar o endereço virtual nos futuros microprocessadores.

O endereço físico vindo para a cache é dividido em dois campos: o endereço de bloco de 34 bits e o offset de bloco de 6 bits ($64 = 2^6$ e $34 + 6 = 40$). O endereço do bloco é dividido ainda em mais uma tag de endereço e índice de cache. A etapa 1 mostra essa divisão.

O índice de cache seleciona a tag a ser testada para saber se o bloco desejado está na cache. O tamanho do índice depende do tamanho da cache, do tamanho do bloco e da associatividade por conjunto. Para a cache do Opteron, a associatividade por conjunto é definida como dois, e calculamos o índice da seguinte forma:

$$2^{\text{Índice}} = \frac{\text{Tamanho de cache}}{\text{Tamanho de bloco} \times \text{Associatividade por conjunto}} = \frac{65.536}{64 \times 2} = 512 = 2^9$$

Logo, o índice tem 9 bits de largura, e a tag tem 34 – 9 ou 25 bits de largura. Embora esse seja o índice necessário para selecionar o bloco apropriado, 64 bytes é muito mais do que o processador deseja consumir ao mesmo tempo. Logo, faz mais sentido organizar a parte de dados da memória cache com 8 bytes de largura, que é uma palavra de dados natural do processador Opteron de 64 bits. Assim, além dos 9 bits para indexar o bloco de cache apropriado, mais 3 bits do offset de bloco são usados para indexar os 8 bytes apropriados. A seleção de índice é a etapa 2 da Figura B.5.

Depois de ler as duas tags da cache, elas são comparadas com a parte da tag do endereço de bloco do processador. Essa comparação é a etapa 3 da figura. Para ter certeza de que a tag contém informações válidas, o bit de validade precisa estar marcado ou os resultados da comparação serão ignorados.

Supondo que uma tag não seja igual, a última etapa é sinalizar o processador para carregar os dados apropriados da cache, usando a entrada escolhida de um multiplexador 2:1. O Opteron permite dois ciclos de clock para essas quatro etapas, de modo que as instruções nos dois ciclos de clock seguintes esperariam se tentassem usar o resultado do load.

O tratamento das escritas é mais complicado do que o tratamento das leituras no Opteron, como em qualquer cache. Se a palavra a ser escrita estiver na cache, as três primeiras etapas serão iguais. Como o Opteron executa fora de ordem, somente depois de sinalizar que a instrução foi confirmada e a comparação da tag de cache indicar um acerto é que os dados serão escritos na cache.

Até aqui, consideramos o caso comum de um acerto na cache. O que acontece em uma falta? Em uma falta na leitura, a cache envia um sinal ao processador, dizendo que os dados ainda não estão disponíveis, e 64 bytes são lidos do próximo nível da hierarquia. A latência é de sete ciclos de clock para os oito primeiros bytes do bloco, e depois dois ciclos de clock por 8 bytes para o restante do bloco. Como a cache de dados é associativa por conjunto, existe uma escolha sobre qual bloco substituir. O Opteron usa LRU, que seleciona o bloco que foi referenciado há mais tempo, de modo que cada acesso precisa atualizar o bit LRU. Substituir o bloco significa atualizar os dados, a tag de endereço, o bit de validade e o bit LRU.

Como o Opteron utiliza write-back, o bloco de dados antigo poderia ter sido modificado e, portanto, não pode simplesmente ser descartado. O Opteron mantém 1 bit de modificação por bloco para registrar se o bloco foi escrito. Se a "vítima" foi modificada, seus dados e endereço são enviados ao buffer de vítima. (Essa estrutura é semelhante a um *buffer de escrita* em outros computadores.) O Opteron tem espaço para oito blocos de vítima. Em paralelo com outras ações de cache, ele escreve os blocos de vítima no próximo nível da hierarquia. Se o buffer de vítima estiver cheio, a cache precisará esperar.

Uma falta na escrita é muito semelhante a uma falta na leitura, pois o Opteron aloca um bloco em uma falta na leitura ou na escrita.

Vimos como ela funciona, mas a cache de *dados* não pode fornecer todas as necessidades de memória do processador: o processador também precisa de instruções. Embora uma única

| Tamanho (KiB) | Cache de instruções | Cache de dados | Cache unificada |
|---|---|---|---|
| 8 | 8,16 | 44,0 | 63,0 |
| 16 | 3,82 | 40,9 | 51,0 |
| 32 | 1,36 | 38,4 | 43,3 |
| 64 | 0,61 | 36,9 | 39,4 |
| 128 | 0,30 | 35,3 | 36,2 |
| 256 | 0,02 | 32,6 | 32,9 |

**FIGURA B.6** Falta por 1.000 instruções para caches de instruções, dados e unificada de tamanhos diferentes.
A porcentagem de referências de instruções é de cerca de 74%. Os dados são para as caches associativas com duas vias, com blocos de 64 bytes para o mesmo computador e benchmarks usados na Figura B.4.

cache pudesse tentar fornecer ambos, isso pode ser um gargalo. Por exemplo, quando uma instrução load ou store é executada, o processador com pipeline solicita simultaneamente a palavra de dados *e* uma palavra de instrução. Logo, uma única cache apresentaria um hazard estrutural para loads e stores, ocasionando stalls. Um modo simples de vencer esse problema é dividi-lo: uma cache é dedicada a instruções e outra aos dados. As caches separadas são encontradas na maioria dos processadores recentes, incluindo o Opteron. Logo, ele tem uma cache de instruções de 64 KiB e também uma cache de dados de 64 KiB.

O processador sabe se está enviando um endereço de instrução ou um endereço de dados, de modo que pode haver portas separadas para ambos, dobrando assim a largura de banda entre a hierarquia de memória e o processador. Caches separadas também oferecem a oportunidade de otimizar cada cache separadamente: diferentes capacidades, tamanhos de bloco e associatividades podem levar a um desempenho melhor. (Ao contrário das caches de instruções e das caches de dados do Opteron, os termos *unificada* e *mista* são aplicados às caches, que podem conter instruções ou dados.)

A Figura B.6 mostra que as caches de instruções possuem menores taxas de falta do que as caches de dados. A separação entre instruções e dados remove as faltas decorrentes de conflitos entre blocos de instruções e blocos de dados, mas a divisão também fixa o espaço da cache dedicado a cada tipo. O que é mais importante para as taxas de falta? Uma comparação justa entre caches separadas para instruções e dados e as caches unificadas requer que o tamanho total da cache seja o mesmo. Por exemplo, uma cache de instruções de 16 KiB separada e uma cache de dados de 16 KiB devem ser comparadas com uma cache unificada de 32 KiB. Para calcular a taxa de falta média com caches separadas para instruções e dados, é preciso saber a porcentagem de referências de memória a cada cache. A partir dos dados no Apêndice A, descobrimos que a divisão é de 100%/(100% + 26% + 10%) ou cerca de 74% de referências de instruções para (26% + 10%)/(100% + 26% + 10%) ou cerca de 26% de referências de dados. A divisão afeta o desempenho além do que é indicado pela mudança nas taxas de falta, conforme veremos em breve.

## B.2 DESEMPENHO DE CACHE

Como o número de instruções é independente do hardware, é tentador avaliar o desempenho do processador usando esse número. Essas medidas de desempenho indiretas têm armado emboscadas para muitos projetistas de computador. A tentação correspondente para avaliar o desempenho da hierarquia de memória é concentrar-se na taxa de falta, porque ela também é independente da velocidade do hardware. Conforme veremos, a taxa de falta pode ser tão enganosa quanto o número de instruções. Uma medida melhor do desempenho da hierarquia de memória é o *tempo médio de acesso à memória*:

$$\text{Tempo médio de acesso à memória} = \text{Tempo de acerto} + \text{Taxa de falta} \times \text{Penalidade de falta}$$

onde o *tempo de acerto* é o tempo para acertar na cache; já vimos os dois outros termos. Os componentes do tempo médio de acesso podem ser medidos em tempo absoluto — por exemplo, 0,25-1,0 nanossegundo em um acerto — ou em número de ciclos de clock que o processador espera pela memória — como uma penalidade por falta de 150-200 ciclos de clock. Lembre-se de que o tempo médio de acesso à memória ainda é uma medida indireta do desempenho; embora sendo uma medida melhor do que a taxa de falta, isso não substitui o tempo de execução.

Essa fórmula pode nos ajudar a decidir entre caches divididas e uma cache unificada.

**Exemplo**   Qual tem a menor taxa de falta: uma cache de instruções de 16 KiB com uma cache de dados de 16 KiB ou uma cache unificada de 32 KiB? Use as taxas de falta da Figura B.6 para ajudar a calcular a resposta correta, considerando que 36% das instruções são instruções de transferência de dados. Considere que um acerto utiliza um ciclo de clock e a penalidade por falta é de 100 ciclos de clock. Um acerto no load ou store utiliza um ciclo de clock extra em uma cache unificada se houver apenas uma porta de cache para atender a duas solicitações simultâneas. Usando a terminologia de pipelining do Capítulo 3, a cache unificada leva a um hazard estrutural. Qual é o tempo médio de acesso à memória em cada caso? Considere caches write-through com um buffer de escrita e ignore os stalls devidos ao buffer de escrita.

**Resposta**   Primeiro, vamos converter as faltas por 1.000 instruções em taxas de falta. Resolvendo a fórmula geral apresentada, a taxa de falta é

$$\text{Taxa de falta} = \frac{\dfrac{\text{Faltas}}{1.000\,\text{Instruções}}\Big/100}{\dfrac{\text{Acessos à memória}}{\text{Instrução}}}$$

Como cada acesso à instrução tem exatamente um acesso à memória para apanhar a instrução, a taxa de falta de instrução é

$$\text{Taxa de falta}_{16\text{KB de instruções}} = \frac{3{,}82/100}{1{,}00} = 0{,}004$$

Como 36% das instruções são transferências de dados, a taxa de falta de dados é

$$\text{Taxa de falta}_{16\text{KB de instruções}} = \frac{40{,}9/100}{0{,}36} = 0{,}114$$

A taxa de falta unificada precisa levar em consideração os acessos a instruções e dados:

$$\text{Taxa de falta}_{32\text{KB unificados}} = \frac{43{,}3/100}{1{,}00+0{,}36} = 0{,}0318$$

Como já dissemos, cerca de 74% dos acessos à memória são referências a instruções. Assim, a taxa de falta geral para as caches divididas é de

$$(74\% \times 0{,}004) + (26\% \times 0{,}114) = 0{,}0326$$

Então, uma cache unificada de 32 KiB possui uma taxa de falta efetiva ligeiramente menor do que duas caches de 16 KiB.

A fórmula do tempo médio de acesso à memória pode ser dividida em acessos a instruções e dados:

Tempo médio de acesso à memória
$= \%$ instruções $\times$ (Tempo de acerto + Taxa de falta de instrução $\times$ Penalidade de falta)
$+\%$ dados (Tempo de acerto + Taxa de falta de dados $\times$ Penalidade de falta)

Portanto, o tempo para cada organização é

$$\text{Tempo médio de acesso à memória}_{\text{dividida}}$$
$$= 74\% \times (1 + 0,004 \times 200) + 26\% \times (1 + 0,114 \times 200)$$
$$= (74\% \times 1,80) + (26\% \times 23,80) = 1,332 + 6,188 = 7,52$$

$$\text{Tempo médio de acesso à memória}_{\text{unificada}}$$
$$= 74\% \times (1 + 0,0318 \times 200) + 26\% \times (1 + 1 + 0,0318 \times 200)$$
$$= (74\% \times 7,36) + (26\% \times 8,36) = 5,446 + 2,174 = 7,62$$

Logo, as caches divididas neste exemplo — que oferecem duas portas de memória por ciclo de clock, evitando assim o hazard estrutural — têm tempo médio de acesso à memória melhor do que a cache unificada de única porta, apesar de uma taxa de falta efetiva pior.

## Tempo médio de acesso à memória e desempenho do processador

Uma questão óbvia é se o tempo médio de acesso à memória devido a faltas de cache prevê o desempenho do processador.

Primeiro, existem outros motivos para os stalls, como a disputa devida a dispositivos de E/S usando memória. Os projetistas normalmente consideram que todos os stalls da memória são devidos a faltas de cache, pois a hierarquia da memória normalmente domina outros motivos para stalls. Usamos essa suposição simplificada aqui, mas tenha o cuidado de levar em consideração *todos* os stalls de memória ao calcular o desempenho final.

Em segundo lugar, a resposta também depende do processador. Se tivermos um processador com execução em ordem (ver Capítulo 3), então basicamente a resposta será sim. O processador atrasa durante as faltas, e o tempo de stall da memória é fortemente ligado ao tempo médio de acesso à memória. Vamos fazer essa suposição por enquanto, mas retornaremos aos processadores fora de ordem na próxima subseção.

Conforme indicamos na seção anterior, podemos modelar o tempo de CPU como:

Tempo de CPU $=$ (Ciclos de clock de execução da CPU + Ciclos de clock de stall da memória)
$\times$ Tempo do ciclo de clock

Essa fórmula levanta a questão a respeito de os ciclos de clock para um acerto na cache deverem ser considerados parte dos ciclos de clock de execução da CPU ou parte dos ciclos de clock de stall da memória. Embora qualquer convenção possa ser defendida, a mais aceita é incluir os ciclos de clock de acerto nos ciclos de clock de execução da CPU.

Agora, podemos explorar o impacto das caches sobre o desempenho.

**Exemplo**     Vamos usar um computador com execução em ordem para o primeiro exemplo. Considere que a penalidade por falta da cache seja 200 ciclos de clock e todas as instruções normalmente utilizem 1,0 ciclo de clock (ignorando os stalls de memória). Suponha que a taxa de falta média seja de 2%, que exista uma média de 1,5 referência de memória por instrução e que o número médio de faltas de cache por 1.000 instruções seja 30. Qual é o impacto no desempenho quando o comportamento da cache é incluído? Calcule o impacto usando faltas por instrução e a taxa de falta.

**Resposta**

$$\text{Tempo de CPU} = IC \times \left( \text{CPI}_{\text{execução}} + \frac{\text{Ciclos de stall da memória}}{\text{Instrução}} \right) \times \text{Tempo de ciclo de clock}$$

O desempenho, incluindo as faltas de cache, é

$$\text{Tempo de CPU}_{\text{com cache}} = IC \times [1,0 + (30 / 1.000 \times 200)] \times \text{Tempo de ciclo de clock}$$
$$= IC \times 7,00 \times \text{Tempo de ciclo de clock}$$

Agora, calculando o desempenho usando a taxa de falta:

$$\text{Tempo de CPU} = IC \times \left( \text{CPI}_{\text{execução}} + \text{Taxa de perda} \times \frac{\text{Acessos à memória}}{\text{Instrução}} \times \text{Penalidade de falta} \right)$$
$$\times \text{Tempo de ciclo de clock}$$

$$\text{Tempo de CPU}_{\text{com cache}} = IC \times [1,0 + (1,5 \times 2\% \times 200)] \times \text{Tempo de ciclo de clock}$$
$$= IC \times 7,00 \times \text{Tempo de ciclo de clock}$$

O tempo do ciclo de clock e o número de instruções são iguais, com ou sem cache. Assim, o tempo de CPU aumenta sete vezes, com CPI de 1,00 para uma "cache perfeita" a 7,00 com uma cache que pode ter faltas. Sem qualquer hierarquia de memória, o CPI aumentaria novamente para $1,0 + 200 \times 1,5$ ou 301 — um fator de mais de 40 vezes em relação a um sistema com uma cache!

Como esse exemplo ilustra, o comportamento da cache pode ter um impacto enorme sobre o desempenho. Além do mais, as faltas de cache possuem um impacto duplo sobre um processador com CPI baixo e clock rápido:

1. Quanto menor o $\text{CPI}_{\text{execução}}$, maior o impacto *relativo* de um número fixo de ciclos de clock na falta na cache.
2. Ao calcular o CPI, a penalidade por falta na cache é medida em ciclos de clock do processador para uma falta. Portanto, mesmo que as hierarquias de memória para dois computadores sejam idênticas, o processador com a taxa de clock mais alta tem número maior de ciclos de clock por falta e, daí, uma parte de memória mais alta do CPI.

A importância da cache para os processadores com CPI baixo e taxas de clock altas é, portanto, maior; consequentemente, maior é o perigo de desconsiderar o comportamento da cache na avaliação do desempenho de tais computadores. A lei de Amdahl ataca novamente!

Embora minimizar o tempo médio de acesso à memória seja um objetivo razoável — e usaremos isso em grande parte deste apêndice —, lembre-se de que o objetivo final é reduzir o tempo de execução do processador. O próximo exemplo mostra como esses dois podem diferir.

**Exemplo**

Qual é o impacto de duas organizações de caches diferentes sobre o desempenho de um processador? Considere que o CPI com uma cache perfeita é de 1,0, o tempo de ciclo de clock é de 0,35 ns, existe 1,4 referência de memória por instrução, o tamanho das duas caches é de 128 KiB e ambos possuem tamanho de bloco de 64 bytes. Uma cache é mapeada diretamente e a outra é associativa por conjunto com duas vias. A Figura B.5 mostra que, para caches associativas por conjunto, temos que acrescentar um multiplexador para selecionar entre os blocos no conjunto, dependendo do resultado da comparação das tags. Como a velocidade do processador pode estar ligada diretamente à velocidade de um acerto na cache, considere que o tempo de ciclo de clock do processador deva ser esticado 1,35 vez para acomodar o multiplexador de seleção da cache associativa por conjunto. Para a primeira aproximação, a penalidade por falta na cache é de 65 ns para qualquer organização de cache. (Na prática, normalmente ela é arredondada para cima ou para baixo, para um número inteiro de ciclos de clock.) Primeiro, calcule o tempo médio de acesso à memória e depois o desempenho do processador. Considere que o tempo de acerto seja de um ciclo de clock, a taxa de falta de uma cache de 128 KiB mapeado diretamente seja de 2,1% e a taxa de falta para uma cache associativa por conjunto com duas vias do mesmo tamanho seja de 1,9%.

***Resposta***      O tempo médio de acesso à memória é

$$\text{Tempo médio de acesso à memória} = \text{Tempo de acerto} + \text{Taxa de falta} \times \text{Penalidade de falta}$$

Assim, o tempo para cada organização é

$$\text{Tempo médio de acesso à memória}_{1\text{via}} = 0,35 + (0,021 \times 65) = 1,72 \, \text{ns}$$
$$\text{Tempo médio de acesso à memória}_{2\text{vias}} = 0,35 \times 1,35 + (0,019 \times 65) = 1,71 \, \text{ns}$$

O tempo médio de acesso à memória é melhor para a cache associativa por conjunto com duas vias.

O desempenho do processador é

$$\text{Tempo de CPU} = \text{IC} \times \left( \text{CPI}_{\text{execução}} + \frac{\text{Faltas}}{\text{Instrução}} \times \text{Penalidade de falta} \right) \times \text{Tempo de ciclo de clock}$$

$$= \text{IC} \times \left[ \left( \text{CPI}_{\text{execução}} \times \text{Tempo de ciclo de clock} \right) \right.$$
$$\left. + \left( \text{Taxa de faltas} \times \frac{\text{Acessos à memória}}{\text{Instrução}} \times \text{Penalidade de falta} \times \text{Tempo de ciclo de clock} \right) \right]$$

Substituindo (Penalidade por falta $\times$ Tempo de ciclo de clock) por 65 ns, o desempenho de cada organização de cache é

$$\text{Tempo de CPU}_{1\text{via}} = \text{IC}[1,0 \times 0,35 + (0,021 \times 1,4 \times 65)] = 2,26 \times \text{IC}$$
$$\text{Tempo de CPU}_{2\text{vias}} = \text{IC}[1,0 \times 0,35 \times 1,35 + (0,019 \times 1,4 \times 65)] = 2,20 \times \text{IC}$$

e o desempenho relativo é

$$\frac{\text{Tempo de CPU}_{2\text{vias}}}{\text{Tempo de CPU}_{1\text{via}}} = \frac{2,26 \times \text{Número de instruções}}{2,20 \times \text{Número de instruções}} = 1,03$$

Ao contrário dos resultados da comparação do tempo médio de acesso à memória, a cache com mapeamento direto leva a um desempenho ligeiramente melhor, pois o ciclo de clock é esticado para *todas* as instruções para o caso associativo por conjunto com duas vias, mesmo que existam menos faltas. Como o tempo de CPU é nossa avaliação final e como o mapeamento direto é mais simples de se montar, a cache preferida é mapeada diretamente neste exemplo.

## Penalidade por falta e processadores com execução fora de ordem

Para um processador com execução fora de ordem, como você define a "penalidade por falta"? Ela é a latência completa da falta para a memória ou apenas a latência "exposta" ou não sobreposta quando o processador precisar gerar um stall? Essa questão não surge nos processadores que geram stall até que a falta nos dados termine.

Vamos redefinir os stalls da memória para levar a uma nova definição de penalidade por falta como latência não sobreposta:

$$\frac{\text{Ciclos de stall da memória}}{\text{Instrução}} = \frac{\text{Faltas}}{\text{Instrução}} \times (\text{Latência de falta total} - \text{latência de falta sobreposta})$$

De modo semelhante, como alguns processadores com execução fora de ordem esticam o tempo de acerto, essa parte da equação de desempenho poderia ser dividida pela latência de acerto total menos a latência de acerto sobreposta. Essa equação poderia ser expandida ainda mais para levar em consideração a disputa pelos recursos de memória em um processador fora de ordem, dividindo a latência de falta total pela latência sem disputa e a latência devida à disputa. Vamos nos concentrar apenas na latência de falta.

Agora, temos que decidir o seguinte:

- *Tamanho da latência da memória.* O que considerar como início e final de uma operação de memória em um processador fora de ordem.
- *Tamanho da sobreposição de latência.* Qual é o início da sobreposição com o processador (ou, de forma equivalente, quando dizemos que uma operação com a memória está fazendo com que o processador fique em stall)?

Dada a complexidade dos processadores com execução fora de ordem, não existe uma única definição correta.

Como somente as operações confirmadas são vistas no estágio de retirada da pipeline, dizemos que um processador ficará em stall em um ciclo de clock se não retirar o número máximo possível de instruções nesse ciclo. Atribuímos esse stall à primeira instrução que poderia não ser retirada. Essa definição não é infalível, de forma alguma. Por exemplo, aplicar uma otimização para melhorar certo tempo de stall pode nem sempre melhorar o tempo de execução, pois outro tipo de stall — escondido por trás do stall visado — pode estar exposto agora.

Para a latência, poderíamos começar medindo a partir do momento em que a instrução da memória é enfileirada na janela de instruções ou quando o endereço é gerado ou quando a instrução é realmente enviada para o sistema de memória. Qualquer opção funciona desde que seja usada de forma coerente.

**Exemplo**  Vamos refazer o exemplo anterior, mas desta vez consideraremos que o processador com o maior tempo de ciclo de clock aceita a execução fora de ordem, mesmo ainda tendo uma cache com mapeamento direto. Considere que 30% da penalidade por falta de 65 ns podem ser sobrepostos; ou seja, o tempo médio de stall de memória da CPU agora é de 45,5 ns.

***Resposta***  O tempo médio de acesso à memória para o computador fora de ordem (OOO) é

$$\text{Tempo médio de acesso à memória}_{1\text{via,OOO}} = 0,35 \times 1,35 + (0,021 \times 45,5) = 1,43\,\text{ns}$$

O desempenho da cache OOO é

$$\text{Tempo CPU}_{1\text{via,OOO}} = IC \times [1,6 \times 0,35 \times 1,35 + (0,021 \times 1,4 \times 45,5)] = 2,09 \times IC$$

Logo, apesar de um tempo de ciclo de clock muito mais lento e da taxa de falta mais alta de uma cache mapeada diretamente, o computador fora de ordem pode ser ligeiramente mais rápido se puder ocultar 30% da penalidade por falta.

Resumindo, embora o que há de mais moderno na definição e medição de stalls de memória para processadores fora de ordem seja complexo, esteja ciente dos problemas, porque eles afetam significativamente o desempenho. A complexidade cresce porque o processador fora de ordem tolera algumas latências devido a faltas de caches sem prejudicar o desempenho. Consequentemente, os projetistas normalmente utilizam simuladores de processador fora de ordem e de memória na avaliação das escolhas na hierarquia da memória, para ter certeza de que uma melhoria que ajuda a latência média da memória realmente ajuda no desempenho do programa.

Para ajudar a resumir esta seção e atuar como uma referência prática, a Figura B.7 lista as equações de cache deste apêndice.

$$2^{\text{índice}} = \frac{\text{Tamanho da cache}}{\text{Tamanho de bloco} \times \text{Associatividade por conjunto}}$$

$$\text{Tempo de execução da CPU} = (\text{Ciclos de clock da CPU} + \text{Ciclos de stall da memória}) \times \text{Tempo do ciclo de clock}$$

$$\text{Ciclos de stall da memória} = \text{Número de faltas} \times \text{Penalidade de falta}$$

$$\text{Ciclos de stall da memória} = \text{IC} \times \frac{\text{Faltas}}{\text{Instrução}} \times \text{Penalidade de falta}$$

$$\text{Instrução} \quad \frac{\text{Faltas}}{\text{Instrução}} = \text{Taxa de falta} \times \frac{\text{Acessos à memória}}{\text{Instrução}}$$

$$\text{Tempo médio de acesso à memória} = \text{Tempo de acerto} + \text{Taxa de falta} \times \text{Penalidade de falta}$$

$$\text{Tempo de execução de CPU} = \text{IC} \times \left( \text{CPI}_{\text{execução}} + \frac{\text{Ciclos de clock de stall de memória}}{\text{Instrução}} \right) \times \text{Tempo de ciclo de clock}$$

$$\text{Tempo de execução de CPU} = \text{IC} \times \left( \text{CPI}_{\text{execução}} + \frac{\text{Faltas}}{\text{Instrução}} \times \text{Penalidade de falta} \right) \times \text{Tempo de ciclo de clock}$$

$$\text{Tempo de execução de CPU} = \text{IC} \times \left( \text{CPI}_{\text{execução}} + \text{Taxa de falta} \times \frac{\text{Acessos à memória}}{\text{Instrução}} \times \text{Penalidade de falta} \right) \times \text{Tempo de ciclo de clock}$$

$$\frac{\text{Ciclos de stall da memória}}{\text{Instrução}} = \frac{\text{Faltas}}{\text{Instrução}} \times (\text{Latência de falta total} - \text{Latência de falta sobreposta})$$

$$\text{Tempo médio de acesso à memória} = \text{Tempo de acerto}_{L1} + \text{Taxa de falta}_{L1} \times (\text{Tempo de acerto}_{L2} + \text{Taxa de falta}_{L2} \times \text{Penalidade de falta}_{L2})$$

$$\frac{\text{Ciclos de stall da memória}}{\text{Instrução}} = \frac{\text{Faltas}_{L1}}{\text{Instrução}} \times \text{Tempo de acerto}_{L2} + \frac{\text{Faltas}_{L2}}{\text{Instrução}} \times \text{Penalidade de falta}_{L2}$$

**FIGURA B.7** Resumo das equações de desempenho deste apêndice.
A primeira equação calcula o tamanho do índice de cache, e o restante ajuda na avaliação do desempenho. As duas últimas equações tratam das caches multiníveis, que serão explicadas no início da próxima seção. Elas foram incluídas aqui para que a figura possa se tornar uma referência útil.

## B.3   SEIS OTIMIZAÇÕES DE CACHE BÁSICAS

A fórmula do tempo médio de acesso nos deu uma estrutura para apresentar otimizações de cache para melhorar o desempenho da cache:

$$\text{Tempo médio de acesso à memória} = \text{Tempo de acerto} + \text{Taxa de acerto} \times \text{Penalidade por falta}$$

Daí, organizamos as seis otimizações da cache em três categorias:

- *Reduzir a taxa de falta* — tamanho de bloco maior, tamanho de cache maior e associatividade mais alta
- *Reduzir a penalidade por falta* — caches multiníveis e prioridade para leituras em vez das escritas
- *Reduzir o tempo para acerto na cache* — evitar tradução de endereço ao indexar a cache

A Figura B.18, conclui esta seção com um resumo da complexidade da implementação e os benefícios de desempenho dessas seis técnicas.

O método clássico para melhorar o comportamento da cache é reduzir as taxas de falta, e apresentamos três técnicas para fazer isso. Para ter uma ideia melhor das causas de faltas, primeiro começamos com um modelo que classifica todas as faltas em três categorias simples:

- *Compulsória*. O primeiro acesso a um bloco *não pode* ser feito na cache, por isso o bloco precisa ser trazido para a cache. Essas também são chamadas *faltas de partida a frio* ou *faltas de primeira referência*.
- *Capacidade*. Se a cache não puder conter todos os blocos necessários durante a execução de um programa, as faltas de capacidade (além das faltas compulsórias) ocorrerão por causa dos blocos sendo descartados e recuperados mais tarde.
- *Conflito*. Se a estratégia de colocação do bloco é a associatividade em conjunto ou o mapeamento direto, faltas por conflito (além das faltas compulsórias e

por capacidade) ocorrerão porque um bloco pode ser descartado e mais tarde recuperado se muitos blocos forem mapeados para o seu conjunto. Essas faltas também são chamadas *faltas por colisão*. A ideia é que os acertos em uma cache totalmente associativa, que se tornam faltas em uma cache associativa por conjunto com *n* vias, devem-se a mais do que *n* solicitações em alguns conjuntos populares.

(O Capítulo 5 acrescenta um quarto C, para faltas de *coerência*, decorrentes de esvaziamentos de cache para manter várias caches coerentes em um multiprocessador; não vamos considerá-las aqui.)

A Figura B.8 mostra a frequência relativa das faltas de cache, desmembradas pelos "três Cs". As faltas compulsórias são aquelas que ocorrem em uma cache infinita. As faltas por capacidade são aquelas que ocorrem em uma cache totalmente associativa. As faltas por conflito são aquelas que ocorrem de uma cache totalmente associativa para uma associativa com oito vias, associativa com quatro vias, e assim por diante. A Figura B.9 apresenta os mesmos dados graficamente. O gráfico superior mostra as taxas de falta absolutas; o gráfico inferior desenha a porcentagem de todas as faltas por tipo de falta como uma função do tamanho da cache.

Para mostrar o benefício da associatividade, as faltas por conflito são divididas em faltas causadas por cada diminuição na associatividade. Aqui estão as quatro divisões das faltas por conflito e como elas são calculadas:

- *Oito vias.* Faltas por conflito devidas à passagem de totalmente associativa (sem conflitos) para associativa com oito vias.
- *Quatro vias.* Faltas por conflito devidas à passagem de associativa com oito vias para associativa com quatro vias.
- *Duas vias.* Faltas por conflito devidas à passagem de associativa com quatro vias para associativa com duas vias.
- *Uma via.* Faltas por conflito devidas à passagem de associativa com duas vias para associativa com uma via (mapeamento direto).

Como podemos ver pelas figuras, a taxa de falta compulsória dos programas SPEC2000 é muito pequena, assim como para muitos programas de longa duração.

Tendo identificado os três Cs, o que um projetista de computador pode fazer com eles? Por conceito, os conflitos são os mais fáceis: o mapeamento totalmente associativo evita todas as faltas por conflito. Porém, a associatividade total é dispendiosa no hardware e pode atrasar a taxa de clock do processador (veja o exemplo adiante), levando a um desempenho geral mais baixo.

Existe pouco a ser feito a respeito da capacidade, exceto ampliar a cache. Se a memória de nível superior for muito menor do que a necessária para um programa e uma porcentagem significativa do tempo for gasta movendo dados entre dois níveis na hierarquia, a hierarquia de memória será considerada *thrashing*. Como são exigidas muitas substituições, o thrashing significa que o computador trabalha perto da velocidade da memória de nível inferior ou, talvez, até menos que isso, devido ao overhead da falta.

Outro método para melhorar os três Cs é tornar os blocos maiores, para reduzir o número de faltas compulsórias, mas, como veremos em breve, blocos grandes podem aumentar outros tipos de faltas.

Os três Cs dão uma ideia da causa das faltas, mas esse modelo simples tem seus limites; ele lhe dá uma ideia do comportamento médio, mas não explica uma falta individual. Por exemplo, alterar o tamanho da cache muda as faltas por conflito e também as faltas

| Tamanho da cache (Kib) | Grau de associatividade | Taxa de falta total | Componentes da taxa de falta (porcentagem relativa) (soma = 100% da taxa de falta total) | | | | | |
|---|---|---|---|---|---|---|---|---|
| | | | Compulsória | | Capacidade | | Conflito | |
| 4 | 1 vias | 0,098 | 0,0001 | 0,1% | 0,070 | 72% | 0,027 | 28% |
| 4 | 2 vias | 0,076 | 0,0001 | 0,1% | 0,070 | 93% | 0,005 | 7% |
| 4 | 4 vias | 0,071 | 0,0001 | 0,1% | 0,070 | 99% | 0,001 | 1% |
| 4 | 8 vias | 0,071 | 0,0001 | 0,1% | 0,070 | 100% | 0,000 | 0% |
| 8 | 1 vias | 0,068 | 0,0001 | 0,1% | 0,044 | 65% | 0,024 | 35% |
| 8 | 2 vias | 0,049 | 0,0001 | 0,1% | 0,044 | 90% | 0,005 | 10% |
| 8 | 4 vias | 0,044 | 0,0001 | 0,1% | 0,044 | 99% | 0,000 | 1% |
| 8 | 8 vias | 0,044 | 0,0001 | 0,1% | 0,044 | 100% | 0,000 | 0% |
| 16 | 1 vias | 0,049 | 0,0001 | 0,1% | 0,040 | 82% | 0,009 | 17% |
| 16 | 2 vias | 0,041 | 0,0001 | 0,2% | 0,040 | 98% | 0,001 | 2% |
| 16 | 4 vias | 0,041 | 0,0001 | 0,2% | 0,040 | 99% | 0,000 | 0% |
| 16 | 8 vias | 0,041 | 0,0001 | 0,2% | 0,040 | 100% | 0,000 | 0% |
| 32 | 1 vias | 0,042 | 0,0001 | 0,2% | 0,037 | 89% | 0,005 | 11% |
| 32 | 2 vias | 0,038 | 0,0001 | 0,2% | 0,037 | 99% | 0,000 | 0% |
| 32 | 4 vias | 0,037 | 0,0001 | 0,2% | 0,037 | 100% | 0,000 | 0% |
| 32 | 8 vias | 0,037 | 0,0001 | 0,2% | 0,037 | 100% | 0,000 | 0% |
| 64 | 1 vias | 0,037 | 0,0001 | 0,2% | 0,028 | 77% | 0,008 | 23% |
| 64 | 2 vias | 0,031 | 0,0001 | 0,2% | 0,028 | 91% | 0,003 | 9% |
| 64 | 4 vias | 0,030 | 0,0001 | 0,2% | 0,028 | 95% | 0,001 | 4% |
| 64 | 8 vias | 0,029 | 0,0001 | 0,2% | 0,028 | 97% | 0,001 | 2% |
| 128 | 1 vias | 0,021 | 0,0001 | 0,3% | 0,019 | 91% | 0,002 | 8% |
| 128 | 2 vias | 0,019 | 0,0001 | 0,3% | 0,019 | 100% | 0,000 | 0% |
| 128 | 4 vias | 0,019 | 0,0001 | 0,3% | 0,019 | 100% | 0,000 | 0% |
| 128 | 8 vias | 0,019 | 0,0001 | 0,3% | 0,019 | 100% | 0,000 | 0% |
| 256 | 1 vias | 0,013 | 0,0001 | 0,5% | 0,012 | 94% | 0,001 | 6% |
| 256 | 2 vias | 0,012 | 0,0001 | 0,5% | 0,012 | 99% | 0,000 | 0% |
| 256 | 4 vias | 0,012 | 0,0001 | 0,5% | 0,012 | 99% | 0,000 | 0% |
| 256 | 8 vias | 0,012 | 0,0001 | 0,5% | 0,012 | 99% | 0,000 | 0% |
| 512 | 1 vias | 0,008 | 0,0001 | 0,8% | 0,005 | 66% | 0,003 | 33% |
| 512 | 2 vias | 0,007 | 0,0001 | 0,9% | 0,005 | 71% | 0,002 | 28% |
| 512 | 4 vias | 0,006 | 0,0001 | 1,1% | 0,005 | 91% | 0,000 | 8% |
| 512 | 8 vias | 0,006 | 0,0001 | 1,1% | 0,005 | 95% | 0,000 | 4% |

**FIGURA B.8** Taxa de falta total para cada tamanho de cache e porcentagem de cada um de acordo com os "três Cs".

As faltas compulsórias são independentes do tamanho da cache, enquanto as faltas por capacidade diminuem à medida que a capacidade aumenta, e as faltas por conflito diminuem à medida que a associatividade aumenta. A Figura B.9 mostra a mesma informação em forma de gráfico. Observe que uma cache mapeada diretamente com tamanho $N$ tem aproximadamente a mesma taxa de falta em uma cache associativa em conjunto com duas vias, de tamanho $N/2$, até 128 K. As caches maiores que 128 KiB não provam essa regra. Observe que a coluna Capacidade também é a taxa de falta totalmente associativa. Os dados foram coletados como na Figura B.4, usando a substituição LRU.

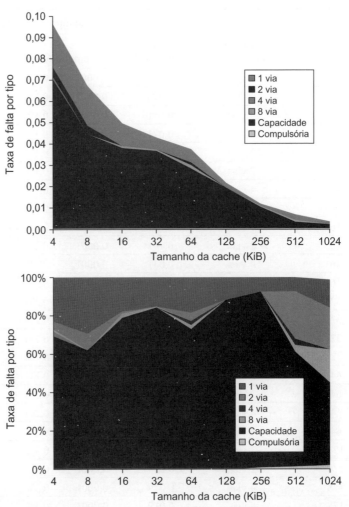

**FIGURA B.9** A taxa de falta total (superior) e a distribuição da taxa de falta (inferior) para cada tamanho de cache de acordo com os três Cs para os dados da Figura B.8.
O diagrama superior são as taxas de falta na cache com dados reais, enquanto o diagrama inferior mostra a porcentagem em cada categoria. (O *espaço permite* que os gráficos mostrem um tamanho de cache extra, além do que pode caber na Figura B.8.)

por capacidade, pois uma cache maior espalha referências a mais blocos. Assim, uma falta poderia passar de uma falta na capacidade para uma falta por conflito, enquanto o tamanho da cache muda. De modo semelhante, mudar o tamanho do bloco às vezes pode reduzir as faltas por capacidade (além da redução esperada nas faltas compulsórias), conforme indicado por Gupta et al. (2013).

Observe também que os três C também ignoram a política de substituição, pois ela é difícil de modelar e porque, em geral, é menos significativa. Em circunstâncias específicas, a política de substituição pode realmente levar a um comportamento anômalo, como taxas de falta mais fracas para associatividade maior, o que contradiz o modelo dos três Cs. (Alguns propuseram usar um rastreio de endereço para determinar o posicionamento ideal na memória, para evitar faltas de posicionamento do modelo dos três Cs; não seguimos esse conselho aqui.)

Infelizmente, muitas das técnicas que reduzem as taxas de falta também aumentam o tempo de acerto ou a penalidade de falta. O desejo de reduzir as taxas de falta usando as três

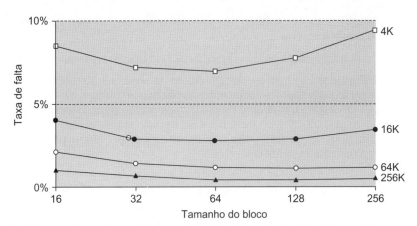

**FIGURA B.10** Taxa de falta *versus* tamanho de bloco para cinco caches de tamanhos diferentes. Observe que a taxa de falta realmente sobe quando o tamanho do bloco for muito grande em relação ao tamanho da cache. Cada linha representa uma cache de tamanho diferente. A Figura B.11 mostra os dados usados para desenhar essas linhas. Infelizmente, os registros do SPEC2000 seriam muito longos se o tamanho do bloco fosse incluído, de modo que esses dados são baseados no SPEC92 em um DECstation 5000 (Gee et al., 1993).

otimizações precisa ser balanceado com o objetivo de tornar o sistema mais rápido como um todo. Esse primeiro exemplo mostra a importância de uma perspectiva balanceada.

### Primeira otimização: tamanho de bloco maior para reduzir a taxa de falta

O modo mais simples de reduzir a taxa de falta é aumentar o tamanho do bloco. A Figura B.10 mostra a escolha entre tamanho de bloco e taxa de falta para um conjunto de programas e tamanhos de cache. Tamanhos de bloco maiores reduzirão também as faltas compulsórias. Essa redução ocorre porque o princípio da proximidade tem dois componentes: proximidade temporal e proximidade espacial. Blocos maiores tiram proveito da proximidade espacial.

Ao mesmo tempo, blocos maiores aumentam a penalidade por falta. Como eles reduzem o número de blocos na cache, blocos maiores podem aumentar as faltas por conflito e até mesmo as faltas por capacidade se a cache for pequena. Nitidamente, existe pouco motivo para aumentar o tamanho do bloco para um tamanho tal que *aumente* a taxa de falta. Também não existe benefício em reduzir a taxa de falta se isso aumentar o tempo médio de acesso à memória. O aumento na penalidade por falta pode ser superior à diminuição na taxa de falta.

**Exemplo**  A Figura B.11 mostra as taxas de falta reais desenhadas na Figura B.10. Considere que o sistema de memória usa 80 ciclos de clock de overhead e depois entrega 16 bytes a cada dois ciclos de clock. Assim, ele pode fornecer 16 bytes em 82 ciclos de clock, 32 bytes em 84 ciclos de clock, e assim por diante. Qual tamanho de bloco tem o menor tempo médio de acesso à memória para cada tamanho de cache da Figura B.11?

**Resposta**  O tempo médio de acesso à memória é

Tempo médio de acesso à memória = Tempo de acerto + Taxa de falta × Penalidade por falta

Se considerarmos que o tempo de acerto é um ciclo de clock, independentemente do tamanho do bloco, então o tempo de acesso para um bloco de 16 bytes em uma cache de 4 KB é

Tempo médio de acesso à memória = 1 + (8,57% × 82) = 8,027 ciclos de clock e para um bloco de 256 bytes em uma cache de 256 KiB, o tempo médio de acesso à memória é

$$\text{Tempo médio de acesso à memória} = 1 + (0,49\% \times 112) = 1,549 \text{ ciclo de clock}$$

A Figura B.12 mostra o tempo médio de acesso à memória para todos os tamanhos de bloco e cache entre esses dois extremos. As entradas em negrito mostram o tamanho de bloco mais rápido para determinado tamanho de cache: 32 bytes para 4 KB e 64 bytes para as caches maiores. Esses tamanhos, na verdade, são referentes a bloco populares para as caches de processador hoje em dia.

Como em todas essas técnicas, o projetista de cache está tentando minimizar a taxa de falta e a penalidade por falta. A seleção de tamanho de bloco depende tanto da latência quanto da largura de banda da memória de nível inferior. Alta latência e alta largura de banda encorajam o grande tamanho de bloco, pois a cache recebe muito mais bytes por falta para um pequeno aumento na penalidade de falta. Ao contrário, baixa latência e baixa largura de banda encorajam menores tamanhos de bloco, pois pouco tempo é economizado com um bloco maior. Por exemplo, o dobro da penalidade por falta de um bloco pequeno pode ser próximo da penalidade de um bloco com o dobro do tamanho. O número maior de blocos pequenos também pode reduzir as faltas por conflito. Observe que as Figuras B.10 e B.12 mostram a diferença entre selecionar um tamanho de bloco com base na redução da taxa de falta contra a redução do tempo médio de acesso à memória.

| | Tamanho da cache | | | |
|---|---|---|---|---|
| Tamanho do bloco | 4K | 16K | 64K | 256K |
| 16 | 8,57% | 3,94% | 2,04% | 1,09% |
| 32 | 7,24% | 2,87% | 1,35% | 0,70% |
| 64 | 7,00% | 2,64% | 1,06% | 0,51% |
| 128 | 7,78% | 2,77% | 1,02% | 0,49% |
| 256 | 9,51% | 3,29% | 1,15% | 0,49% |

**FIGURA B.11** Taxa de falta real contra tamanho de bloco para cinco caches de tamanhos diferentes na Figura B.10.
Observe que, para uma cache de 4 KiB, blocos de 256 bytes possuem uma taxa de falta mais alta do que os blocos de 32 bytes. Nesse exemplo, a cache teria que ser de 256 KiB para que um bloco de 256 bytes diminuísse as faltas.

| Tamanho de bloco | Penalidade de falta | Tamanho da cache | | | |
|---|---|---|---|---|---|
| | | 4K | 16K | 64K | 256K |
| 16 | 82 | 8,027 | 4,231 | 2,673 | 1,894 |
| 32 | 84 | **7,082** | 3,411 | 2,134 | 1,588 |
| 64 | 88 | 7,160 | **3,323** | **1,933** | **1,449** |
| 128 | 96 | 8,469 | 3,659 | 1,979 | 1,470 |
| 256 | 112 | 11,651 | 4,685 | 2,288 | 1,549 |

**FIGURA B.12** Tempo médio de acesso à memória contra tamanho de bloco para cinco caches de tamanhos diferentes na Figura B.10.
Os tamanhos de bloco de 32 e 64 bytes dominam. O menor tempo médio por tamanho de cache aparece em negrito.

Depois de ver os impactos positivo e negativo do tamanho de bloco maior nas faltas compulsórias e por capacidade, as duas subseções seguintes examinam o potencial da maior capacidade e da maior associatividade.

## Segunda otimização: caches maiores para reduzir a taxa de falta

O modo óbvio de reduzir as faltas por capacidade nas Figuras B.8 e B.9 é aumentar a capacidade da cache. A desvantagem óbvia é o tempo de acerto potencialmente maior, além de maior custo e maior potência. Essa técnica tem sido popular especialmente nas caches fora do chip.

## Terceira otimização: associatividade maior para reduzir a taxa de falta

As Figuras B.8 e B.9 mostram como as taxas de falta melhoram com a associatividade maior. Existem duas regras práticas gerais que podem ser concluídas dessas figuras. A primeira é que a associatividade por conjunto com oito vias é, para fins práticos, tão eficiente na redução de faltas para esses tamanhos de cache quanto a associatividade total. Você pode ver a diferença comparando as entradas de oito vias com a coluna de falta por capacidade na Figura B.8, pois as faltas por capacidade são calculadas usando caches totalmente associativas.

A segunda observação, chamada *regra prática de cache 2:1*, é que uma cache com mapeamento direto de tamanho $N$ tem aproximadamente a mesma taxa de falta de uma cache associativa por conjunto com duas vias, com tamanho $N/2$. Isso se manteve nas figuras dos três Cs para os tamanhos de cache menores que 128 KiB.

Como em muitos desses exemplos, melhorar um aspecto do tempo médio de acesso à memória custará outro aspecto. Aumentar o tamanho do bloco reduz a taxa de falta, enquanto aumenta a penalidade por falta, e uma associatividade maior pode ter o custo de um aumento no tempo de acerto. Logo, a pressão de um ciclo de clock de um processador rápido encoraja projetos de cache simples, mas o aumento da penalidade por falta recompensa a associatividade, como sugere o exemplo a seguir.

**Exemplo**  Considere que a associatividade maior aumentaria o tempo do ciclo de clock, conforme listado a seguir:

$$\text{Tempo de ciclo de clock}_{2\,vias} = 1,36 \times \text{Tempo de ciclo de clock}_{1\,via}$$
$$\text{Tempo de ciclo de clock}_{4\,vias} = 1,44 \times \text{Tempo de ciclo de clock}_{1\,via}$$
$$\text{Tempo de ciclo de clock}_{8\,vias} = 1,52 \times \text{Tempo de ciclo de clock}_{1\,via}$$

Considere que o tempo de acerto seja de um ciclo de clock, que a penalidade por falta para o caso de mapeamento direto seja de 25 ciclos de clock para uma cache nível 2 (ver a próxima subseção), que nunca ocorre falta e que a penalidade por falta não precise ser arredondada para um número inteiro de ciclos de clock. Usando a Figura B.8 para as taxas de falta, para quais tamanhos de cache cada uma dessas três afirmações é verdadeira?

$$\text{Tempo médio de acesso à memória}_{8\,vias} < \text{Tempo médio de acesso à memória}_{4\,vias}$$
$$\text{Tempo médio de acesso à memória}_{4\,vias} < \text{Tempo médio de acesso à memória}_{2\,vias}$$
$$\text{Tempo médio de acesso à memória}_{2\,vias} < \text{Tempo médio de acesso à memória}_{1\,via}$$

**Resposta**  O tempo médio de acesso à memória para cada associatividade é

$$\text{Tempo médio de acesso à memória}_{8\,vias} = \text{Tempo de acerto}_{8\,vias} + \text{Taxa de falta}_{8\,vias} \times \text{Penalidade por falta}_{8\,vias}$$
$$= 1,52 + \text{Taxa de falta}_{8\,vias} \times 25$$
$$\text{Tempo médio de acesso à memória}_{4\,vias} = 1,44 + \text{Taxa de falta}_{4\,vias} \times 25$$
$$\text{Tempo médio de acesso à memória}_{2\,vias} = 1,36 + \text{Taxa de falta}_{2\,vias} \times 25$$
$$\text{Tempo médio de acesso à memória}_{1\,via} = 1,00 + \text{Taxa de falta}_{1\,vias} \times 25$$

A penalidade por falta tem o mesmo tempo em cada caso, de modo que a deixamos como 25 ciclos de clock. Por exemplo, o tempo médio de acesso à memória para uma cache de 4 KiB mapeado diretamente é

$$\text{Tempo médio de acesso à memória}_{1\,via} = 1,00 + (0,098 \times 25) = 3,44$$

e o tempo para uma cache associativa em conjunto com oito vias é

$$\text{Tempo médio de acesso à memória}_{8\,vias} = 1,52 + (0,006 \times 25) = 1,66$$

Usando essas fórmulas e as taxas de falta da Figura B.8, a Figura B.13 mostra o tempo médio de acesso à memória para cada cache e para cada associatividade. A figura mostra que as fórmulas nesse exemplo se mantêm para caches menores ou iguais a 8 KiB para uma associatividade de até quatro vias. A partir de 16 KB, o maior tempo de acerto da associatividade maior é superior ao tempo economizado devido à redução nas faltas.

Observe que não levamos em consideração a taxa de clock mais lenta no restante do programa neste exemplo, subestimando assim a vantagem da cache mapeada diretamente.

## Quarta otimização: caches multiníveis para reduzir a penalidade por falta

Reduzir as faltas na cache tem sido o foco tradicional da pesquisa da cache, mas a fórmula de desempenho da cache nos garante que as melhorias na penalidade por falta podem ser tão benéficas quanto as melhorias na taxa de falta. Além do mais, a Figura 2.2, mostra que as tendências da tecnologia tornaram a velocidade dos processadores maior que a das DRAMs, fazendo com que o custo relativo das penalidades por falta aumente com o tempo.

Essa lacuna de desempenho entre os processadores e a memória leva o arquiteto a esta pergunta: devo tornar a cache mais rápida para acompanhar a velocidade dos processadores ou tornar a cache maior para contornar a maior lacuna entre o processador e a memória principal?

Uma resposta é: faça ambos. Incluir outro nível de cache entre a cache original e a memória simplifica a decisão. A cache de primeiro nível pode ser pequena o suficiente para corresponder ao tempo de ciclo de clock do processador veloz. Porém, a cache de segundo nível pode ser grande o suficiente para capturar muitos acessos que iriam para a memória principal, reduzindo assim a penalidade por falta efetiva.

| Tamanho da cache (KiB) | Associatividade | | | |
|---|---|---|---|---|
| | 1 via | 2 vias | 4 vias | 8 vias |
| 4 | 3,44 | 3,25 | 3,22 | **3,28** |
| 8 | 2,69 | 2,58 | 2,55 | **2,62** |
| 16 | 2,23 | **2,40** | **2,46** | **2,53** |
| 32 | 2,06 | **2,30** | **2,37** | **2,45** |
| 64 | 1,92 | **2,14** | **2,18** | **2,25** |
| 128 | 1,52 | **1,84** | **1,92** | **2,00** |
| 256 | 1,32 | **1,66** | **1,74** | **1,82** |
| 512 | 1,20 | **1,55** | **1,59** | **1,66** |

**FIGURA B.13** Tempo médio de acesso à memória usando taxas de falta da Figura B.8 para os parâmetros no exemplo.

O texto em negrito significa que esse tempo é maior que o número à esquerda; ou seja, maior associatividade *aumenta* o tempo médio de acesso à memória.

## B.3 Seis otimizações de cache básicas

Embora o conceito de acrescentar outro nível na hierarquia seja simples, isso complica a análise de desempenho. As definições para um segundo nível de cache nem sempre são simples. Vamos começar com a definição de *tempo médio de acesso à memória* para uma cache de nível dois. Usando os subscritos L1 e L2 para nos referir, respectivamente, a uma cache de primeiro e segundo nível, a fórmula original é

$$\text{Tempo médio de acesso à memória} = \text{Tempo de acerto}_{L1} + \text{Taxa de falta}_{L1} \times \text{Penalidade por falta}_{L1}$$

e

$$\text{Penalidade por falta}_{L1} = \text{Tempo de acerto}_{L2} + \text{Taxa de falta}_{L2} \times \text{Penalidade de falta}_{L2}$$

portanto,

$$\text{Tempo médio de acesso à memória} = \text{Tempo de acerto}_{L1} + \text{Taxa de falta}_{L1}$$
$$\times (\text{Tempo de acerto}_{L2} + \text{Taxa de falta}_{L2} \times \text{Penalidade por falta}_{L2})$$

Nessa fórmula, a taxa de falta de segundo nível é medida sobre os remanescentes da cache de primeiro nível. Para evitar ambiguidade, esses termos são adotados aqui para um sistema de cache de dois níveis:

- *Taxa de falta local.* Essa taxa é simplesmente o número de faltas em uma cache dividido pelo número total de acessos à memória para essa cache. Como você poderia esperar, para a cache de primeiro nível isso é igual à Taxa de falta$_{L1}$, e para a cache de segundo nível é igual à Taxa de falta$_{L2}$.
- *Taxa de falta global.* O número de faltas na cache dividido pelo número total de acessos à memória gerados pelo processador. Usando os termos anteriores, a taxa de falta global para a cache de primeiro nível ainda é apenas Taxa de falta$_{L1}$, mas para a cache de segundo nível é Taxa de falta$_{L1}$ × Taxa de falta$_{L2}$.

Essa taxa de falta local é grande para as caches de segundo nível porque a cache de primeiro nível recebe o máximo dos acessos à memória. É por isso que a taxa de falta global é a medida mais útil: ela indica qual fração dos acessos à memória que deixam o processador vai até a memória.

Aqui está um lugar onde brilha a medida das faltas por instrução. Em vez da confusão sobre taxas de falta locais e globais, simplesmente expandimos os stalls da memória por instrução para acrescentar o impacto de uma cache de segundo nível.

$$\text{Média de stalls de memória por instrução} = \text{Faltas por instrução}_{L1} \times \text{Tempo de acerto}_{L2}$$
$$+ \text{Faltas por instrução}_{L2} \times \text{Penalidade de falta}_{L2}$$

**Exemplo**     Suponha que, em 1.000 referências à memória, existam 40 faltas na cache de primeiro nível e 20 faltas na cache de segundo nível. Quais são as diversas taxas de falta? Considere que a penalidade por falta da cache L2 para a memória seja de 200 ciclos de clock, o tempo de acerto da cache L2 seja de 10 ciclos de clock, o tempo de acerto de L1 seja de um ciclo de clock e exista 1,5 referência de memória por instrução. Qual é o tempo médio de acesso à memória e a média de ciclos de stall por instrução? Ignore o impacto das escritas.

**Resposta**     A taxa de falta (seja local ou global) para a cache de primeiro nível é 40/1.000 ou 4%. A taxa de falta local para a cache de segundo nível é 20/40 ou 50%. A taxa de falta global da cache de segundo nível é 20/1.000 ou 2%. Então,

$$\text{Tempo médio de acesso à memória} = \text{Tempo de acerto}_{L1} + \text{Taxa de falta}_{L1} \times (\text{Tempo de acerto}_{L2}$$
$$+ \text{Taxa de falta}_{L2} \times \text{Penalidade de falta}_{L2})$$
$$= 1 + 4\% \times (10 + 50\% \times 200) = 1 + 4\% \times 110 = 5,4 \text{ ciclos de clock}$$

Para ver quantas faltas obtemos por instrução, dividimos 1.000 referências à memória por 1,5 referência à memória por instrução, o que gera 667 instruções. Assim, precisamos multiplicar as faltas por 1,5 para obter o número de faltas por 1.000 instruções. Temos 40 × 1,5 ou 60 faltas L1 e 20 × 1,5, ou 30 faltas L2 por 1.000 instruções. Para a média dos stalls de memória por instrução, considerando que as faltas são distribuídas uniformemente entre instruções e dados:

$$\text{Média de stalls de memória por instrução} = \text{Faltas por instrução}_{L1} \times \text{Tempo de acerto}_{L2}$$
$$+ \text{Faltas por instrução}_{L2} \times \text{Penalidade de falt}$$
$$= (60/1.000) \times 10 + (30/1.000) \times 200$$
$$= 0,060 \times 10 + 0,030 \times 200 = 6,6 \text{ ciclos de clock}$$

Se subtrairmos o tempo de acerto L1 do tempo médio de acesso à memória e depois multiplicarmos pelo número médio de referências à memória por instrução, obteremos a mesma média de stalls de memória por instrução:

$$(5,4 - 1,0) \times 1,5 = 4,4 \times 1,5 = 6,6 \text{ ciclos de clock}$$

Conforme mostra esse exemplo, pode haver menos confusão com caches multiníveis quando se calcula usando faltas por instrução, ao contrário das taxas de falta.

Observe que essas fórmulas são para leituras e escritas combinadas, considerando uma cache write-back de primeiro nível. Obviamente, uma cache write-through de primeiro nível enviará *todas* as escritas para o segundo nível, e não apenas as faltas, e um buffer de escrita poderá ser usado.

As Figuras B.14 e B.15 mostram como as taxas de falta e o tempo de execução relativo mudam com o tamanho de uma cache de segundo nível para um projeto. A partir dessas

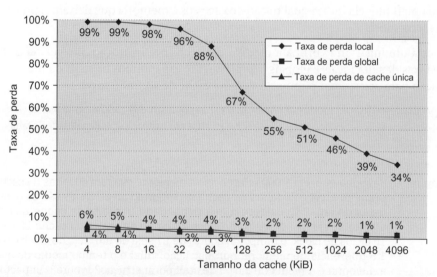

**FIGURA B.14** Taxas de falta *versus* tamanho de cache para caches multiníveis.
Caches de segundo nível *menores* que a soma das duas caches de primeiro nível de 64 KiB fazem pouco sentido, conforme refletido nas taxas de falta altas. Depois de 256 KiB, a única cache está dentro de 10% das taxas de falta globais. A taxa de falta de uma cache de único nível *versus* o tamanho é desenhado contra a taxa de falta local e a taxa de falta global de uma cache de segundo nível usando uma cache de primeiro nível de 32 KiB. As caches L2 (unificadas) foram associativas por conjunto com duas vias, com substituição LRU. O tamanho de bloco para caches L1 e L2 foi de 64 bytes. Os dados foram coletados como na Figura B.4.

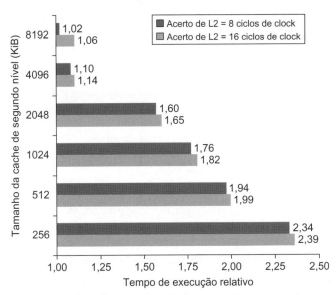

**FIGURA B.15** Tempo de execução relativo pelo tamanho da cache de segundo nível. As duas barras são para diferentes ciclos de clock para um acerto na cache L2. O tempo de execução de referência de 1,00 é para uma cache de segundo nível com 8.192 KiB, com uma latência de um ciclo de clock em um acerto no segundo nível. Esses dados foram coletados da mesma maneira que na Figura B.14, usando um simulador para imitar o Alpha 21264.

figuras, podemos descobrir duas coisas. A primeira é que a taxa de falta de cache global é muito semelhante à taxa de falta de única cache da cache de segundo nível, desde que a cache de segundo nível seja muito maior que a cache de primeiro nível. Daí se aplicam nossa intuição e nosso conhecimento sobre as caches de primeiro nível. A segunda coisa é que a taxa de falta da cache local *não* é uma boa medida das caches secundárias; essa é uma função da taxa de falta da cache de primeiro nível, e por isso pode variar alterando-se a cache de primeiro nível. Assim, a taxa de falta da cache global deverá ser usada na avaliação das caches de segundo nível.

Com essas definições estabelecidas, podemos considerar os parâmetros das caches de segundo nível. A diferença principal entre os dois níveis é que a velocidade da cache de primeiro nível afeta a taxa de clock do processador, enquanto a velocidade da cache de segundo nível só afeta a penalidade por falta da cache de primeiro nível. Assim, podemos considerar muitas alternativas na cache de segundo nível, que poderiam ser mal escolhidas para a cache de primeiro nível. Assim, podemos considerar muitas alternativas na cache de segundo nível que seriam mal escolhidas para a cache de primeiro nível. Existem duas perguntas principais no projeto da cache de segundo nível: ela reduzirá a parte do tempo médio de acesso à memória do CPI, e quanto isso custa?

A decisão inicial é o tamanho de uma cache de segundo nível. Como tudo na cache de primeiro nível provavelmente estará na cache de segundo nível, esta deverá ser muito maior que o primeiro. Se as caches de segundo nível forem apenas um pouco maiores, a taxa de falta local será alta. Essa observação inspira o projeto de enormes caches de segundo nível — do tamanho da memória principal nos computadores mais antigos!

Uma questão é se a associatividade em conjunto faz mais sentido para as caches de segundo nível.

**Exemplo** Com os dados a seguir, qual é o impacto da associatividade da cache de segundo nível sobre sua penalidade por falta?

- Tempo de acerto$_{L2}$ para mapeamento direto = 10 ciclos de clock.
- Associatividade por conjunto com duas vias aumenta o tempo de acerto por 0,1 ciclo de clock até 10,1 ciclos de clock.
- Taxa de falta local$_{L2}$ para mapeamento direto = 25%.
- Taxa de falta local$_{L2}$ para associatividade por conjunto com duas vias = 20%.
- Penalidade de falta$_{L2}$ = 200 ciclos de clock.

**Resposta** Para uma cache de segundo nível mapeada diretamente, a penalidade por falta da cache de primeiro nível é

$$\text{Penalidade por falta}_{1\,\text{via}\,L2} = 10 + 25\% \times 200 = 60,0\,\text{ciclos de clock}$$

O acréscimo do custo de associatividade aumenta o custo de acerto apenas em 0,1 ciclo de clock, tornando a nova penalidade por falta da cache de primeiro nível

$$\text{Penalidade de falta}_{2\,\text{vias}\,L2} = 10,1 + 20\% \times 200 = 50,1\,\text{ciclos de clock}$$

Na realidade, as caches de segundo nível são quase sempre sincronizadas com a cache de primeiro nível e o processador. De acordo com isso, o tempo de acerto no segundo nível precisa ser um número inteiro de ciclos de clock. Se tivermos sorte, mantemos o tempo de acerto no segundo nível em 10 ciclos; senão, arredondamos para 11 ciclos. Qualquer escolha é uma melhoria em relação à cache de segundo nível mapeada diretamente:

$$\text{Penalidade de falta}_{2\,\text{vias}\,L2} = 10 + 20\% \times 200 = 50,0\,\text{ciclos de clock}$$
$$\text{Penalidade de falta}_{2\,\text{vias}\,L2} = 11 + 20\% \times 200 = 51,0\,\text{ciclos de clock}$$

Agora, podemos reduzir a penalidade por falta reduzindo a *taxa de falta* das caches de segundo nível.

Outra consideração refere-se ao fato de os dados na cache de primeiro nível estarem na cache de segundo nível. A *inclusão multinível* é a política natural para hierarquias de memória: dados L1 estão sempre presentes em L2. A inclusão é desejável, porque a consistência entre a E/S e as caches (ou entre as caches em um multiprocessador) pode ser determinada simplesmente verificando-se a cache de segundo nível.

Uma desvantagem da inclusão é que as medições podem sugerir blocos menores para a cache menor de primeiro nível e blocos maiores para a cache maior de segundo nível. Por exemplo, o Pentium 4 possui blocos de 64 bytes em suas caches L1 e blocos de 128 bytes em sua cache L2. A inclusão ainda pode ser mantida com mais trabalho em uma falta no segundo nível. A cache de segundo nível precisa invalidar todos os blocos de primeiro nível que são mapeados para o bloco de segundo nível a serem substituídos, ocasionando uma taxa de falta de primeiro nível ligeiramente maior. Para evitar esses problemas, muitos projetistas de cache mantêm o tamanho do bloco igual em todos os níveis de caches.

Porém, e se o projetista só puder usar uma cache L2 que seja ligeiramente maior que a cache L1? Será que uma parte significativa de seu espaço deve ser usada como uma cópia redundante da cache L1? Nesses casos, uma política oposta sensível é a *exclusão multinível*: dados L1 *nunca* são encontrados em uma cache L2. Normalmente, com a exclusão, uma falta na cache em L1 resulta em uma permuta dos blocos entre L1 e L2, em vez de uma substituição de um bloco L1 por um bloco L2. Essa política impede o desperdício de espaço na cache L2. Por exemplo, um chip AMD Opteron obedece à propriedade de exclusão usando duas caches L1 de 64 KB e uma cache L2 de 1 MB.

ELSEVIER

B.3 Seis otimizações de cache básicas B-31

Conforme ilustram essas questões, embora um novato possa projetar as caches de primeiro e segundo nível independentes uma da outra, o projetista da cache de primeiro nível tem uma tarefa mais simples, dado uma cache de segundo nível compatível. É uma aposta menor usar um write-through, por exemplo, se houver uma cache write-back no próximo nível para atuar como uma parada para as escritas repetidas e ele usar a inclusão multinível.

A essência de todos os projetos de cache é balancear acertos rápidos e poucas faltas. Para as caches de segundo nível, existem muito menos acertos do que na cache de primeiro nível, de modo que a ênfase passa para menos faltas. Essa *percepção* leva a caches muito maiores e técnicas para reduzir a taxa de falta, como associatividade mais alta e blocos maiores.

## Quinta otimização: dando prioridade a faltas de leitura em relação a escritas para reduzir a penalidade por falta

Essa otimização atende às leituras antes que as escritas tenham sido concluídas. Começamos examinando as complexidades de um buffer de escrita.

Com uma cache write-through, a melhoria mais importante é um buffer de escrita do tamanho apropriado. Porém, os buffers de escrita complicam os acessos à memória, pois poderiam manter o valor atualizado de um local necessário em uma falta na leitura.

**Exemplo**   Examine esta sequência de código:

```
sd x3, 512(x0)   ;M[512]←R3   (índice de cache 0)
ld x1, 1024(x0)  ;x1←M[1024]  (índice de cache 0)
ld x2, 512(x0)   ;x2←M[512]   (índice de cache 0)
```

Considere uma cache write-through, mapeada diretamente, que mapeia 512 e 1.024 no mesmo bloco, e um buffer de escrita de quatro palavras que não é verificado em uma falta na leitura. O valor em x2 será sempre igual ao valor em x3?

**Resposta**   Usando a terminologia do Capítulo 2, esse é um hazard de dados de leitura após escrita na memória. Vamos acompanhar um acesso à cache para ver o perigo. Os dados em x3 são colocados no buffer de escrita após o store. O load seguinte utiliza o mesmo índice de cache e, portanto, é uma falta. A segunda instrução load tenta colocar o valor no local 512 no registrador x2; isso também resulta em uma falta. Se o buffer de escrita não tivesse completado a escrita no local 512 da memória, a leitura do local 512 colocaria o valor errado antigo no bloco de cache e depois em x2. Sem precauções apropriadas, x3x1 não seria igual a x2!

O modo mais simples de sair desse dilema é fazer com que a falta na leitura espere até que o buffer de escrita esteja vazio. A alternativa é verificar o conteúdo do buffer de escrita em uma falta na leitura e, se não houver conflitos e o sistema de memória estiver disponível, deixar que a falta na leitura continue. Quase todos os processadores de desktop e servidor utilizam a segunda técnica, dando prioridade às leituras em relação às escritas.

O custo das escritas pelo processador em uma cache write-back também pode ser reduzido. Suponha que uma falta na leitura substituirá um bloco de memória modificado. Em vez de escrever o bloco modificado na memória e depois ler a memória, poderíamos copiar o bloco modificado para um buffer, ler a memória e *depois* escrever na memória. Desse modo, a leitura do processador, pela qual ele está provavelmente esperando, terminará mais cedo. De modo semelhante à situação anterior, se houver uma falta na leitura, o processador poderá ficar em stall até que o buffer esteja vazio ou verificar os endereços das palavras no buffer em busca de conflitos.

Agora que temos cinco otimizações que reduzem as penalidades por falta na cache ou taxas de falta, é hora de vermos a redução do último componente do tempo médio de acesso à memória. O tempo de acerto é crítico porque pode afetar a taxa de clock do processador; em muitos processadores de hoje, o tempo de acesso à cache limita a taxa de ciclo de clock, mesmo para processadores que usam múltiplos ciclos de clock para acessar a cache. Daí um tempo de acerto rápido ser multiplicado em importância, além da fórmula do tempo médio de acesso à memória, pois isso ajuda tudo.

## Sexta otimização: evitando tradução de endereço durante a indexação da cache para reduzir o tempo de acerto

Até mesmo uma cache pequena e simples precisa estar de acordo com a tradução de um endereço virtual do processador para um endereço físico, a fim de acessar a memória. Conforme descrevemos na Seção B.4, os processadores tratam a memória principal como apenas outro nível da hierarquia de memória e, por isso, o endereço da memória virtual que existe no disco precisa ser mapeado para a memória principal.

A orientação de tornar o caso comum rápido sugere que usemos endereços virtuais para a cache, pois os acertos são muito mais comuns que as faltas. Essas são as chamadas *caches virtuais*, com a *cache física* usada para identificar a cache tradicional, que usa endereços físicos. Como veremos em breve, é importante distinguir duas tarefas: indexar a cache e comparar endereços. Assim, a questão é se um endereço virtual ou físico será usado para indexar a cache e se um endereço virtual ou físico será usado na comparação de tags. O endereçamento virtual completo para índices e tags elimina o tempo de tradução de endereço de um acerto na cache. Então, por que nem todos montam caches endereçadas virtualmente?

Um motivo é a proteção. A proteção em nível de página é verificada como parte da tradução de endereço virtual para físico e precisa ser imposta, não importa o que aconteça. Uma solução é copiar a informação de proteção do TLB em uma falta, acrescentar um campo para mantê-la e verificá-la em cada acesso à cache endereçada virtualmente.

Outro motivo é que, toda vez que um processo é trocado, os endereços virtuais se referem a diferentes endereços físicos, exigindo que a cache seja esvaziada. A Figura B.16 mostra o impacto das taxas de falta desse esvaziamento. Uma solução é aumentar a largura da tag de endereço de cache com uma *tag identificadora de processo* (Process-Identifier Tag — PID). Se o sistema operacional atribuir essas tags aos processos, ele só precisará esvaziar a cache quando um PID for reciclado, ou seja, o PID distingue se os dados na cache são ou não para esse programa. A Figura B.16 mostra a melhoria das taxas de falta usando PIDs para evitar esvaziamentos de cache.

Um terceiro motivo pelo qual as caches virtuais não são mais populares é que os sistemas operacionais e os programas do usuário podem utilizar dois endereços virtuais diferentes para o mesmo endereço físico. Esses endereços duplicados, chamados *sinônimos* ou *aliases*, poderiam resultar em duas cópias dos mesmos dados em uma cache virtual; se um for modificado, o outro terá o valor errado. Com uma cache física, isso não aconteceria, pois os acessos seriam primeiro traduzidos para o mesmo bloco de cache física.

As soluções de hardware para o problema do sinônimo, chamadas *antialiasing*, garantem a cada bloco de cache um endereço físico exclusivo. Por exemplo, o AMD Opteron utiliza uma cache de instruções de 64 KiB com uma página de 4 KiB e associatividade por conjunto com duas vias, daí o hardware ter de tratar de aliases envolvidos com os três bits de endereço virtuais no índice do conjunto. Isso evita aliases simplesmente verificando todos os oito locais possíveis em uma falta — dois blocos em cada um dos quatro conjuntos —

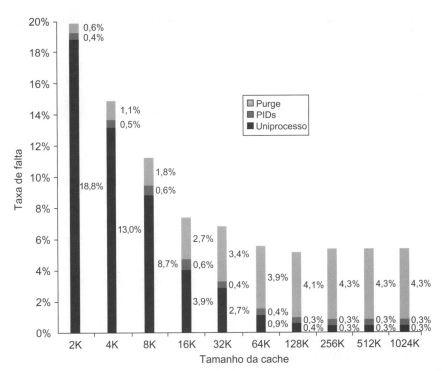

**FIGURA B.16** Taxa de falta contra tamanho de cache endereçada virtualmente de um programa medida de três maneiras: sem trocas de processo (uniprocesso), com trocas de processo usando uma tag identificadora de processo (PID) e com trocas de processo mas sem PIDs (purge).
As PIDS aumentam a taxa de falta absoluta uniprocesso em 0,3-0,6% e economizam de 0,6-4,3% em relação ao purging. Agarwal (1987) coletou essas estatísticas para o sistema operacional Ultrix rodando em um VAX, considerando caches mapeadas diretamente com tamanho de bloco de 16 bytes. Observe que a taxa de falta sobe de 128 K para 256 K. Esse comportamento não intuitivo pode ocorrer nas caches porque a mudança do tamanho muda o mapeamento dos blocos de memória para blocos de cache, o que pode mudar a taxa de falta por conflito.

para ter certeza de que nenhum combina com o endereço físico dos dados sendo lidos. Se algum for encontrado, ele será invalidado, de modo que, quando os novos dados forem carregados na cache, seu endereço físico certamente será exclusivo.

O software pode tornar esse problema muito mais fácil, forçando os aliases a compartilhar alguns bits de endereço. Uma versão mais antiga do UNIX da Sun Microsystems, por exemplo, exigia que todos os aliases fossem idênticos nos últimos 18 bits de seus endereços; essa restrição é chamada *coloração de página*. Observe que a coloração de página é simplesmente um mapeamento associativo por conjunto aplicado à memória virtual: as páginas de 4 KiB ($2^{12}$) são mapeadas usando 64 ($2^6$) conjuntos, para garantir que os endereços físicos e virtuais correspondam nos últimos 18 bits. Essa restrição significa que uma cache mapeada diretamente com $2^{18}$ (256 K) bytes ou menor nunca poderá ter endereços físicos duplicados para os blocos. Do ponto de vista da cache, a coloração de página efetivamente aumenta o offset de página, pois o software garante que os últimos poucos bits do endereço de página virtual e físico são idênticos.

A última área de preocupação com os endereços virtuais é a E/S. A E/S normalmente usa endereços físicos e, portanto, exige que o mapeamento para endereços virtuais interaja com uma cache virtual. (O impacto da E/S sobre as caches será discutido no Apêndice D.)

Uma alternativa para conseguir o melhor das caches virtual e física é usar parte do offset de página — a parte idêntica nos endereços virtual e físico — para indexar a cache. Ao mesmo tempo em que a cache está sendo lida usando esse índice, a parte virtual do endereço é traduzida e a combinação de tag usa endereços físicos.

Essa alternativa permite que a leitura da cache comece imediatamente, e ainda assim a comparação de tags se dá com os endereços físicos. A limitação dessa alternativa *indexada virtualmente, marcada fisicamente* é que uma cache mapeada diretamente não pode ser maior do que o tamanho da página. Por exemplo, na cache de dados da Figura B.5, na página B.13, o índice é de 9 bits e o offset do bloco de cache é de 6 bits. Para usar esse truque, o tamanho da página virtual teria de ser pelo menos $2^{(9+6)}$ bytes ou 32 KiB. Senão, uma parte do índice precisaria ser traduzida de endereço virtual para físico. A Figura B.17 mostra a organização das caches, os translation lookaside buffers (TLBs) e a memória virtual quando essa técnica é usada.

A associatividade pode manter o índice na parte física do endereço e, ainda assim, admitir uma cache grande. Lembre-se de que o tamanho do índice é controlado por esta fórmula:

$$2^{\text{índice}} = \frac{\text{Tamanho da cache}}{\text{Tamanho de bloco} \times \text{Associatividade por conjunto}}$$

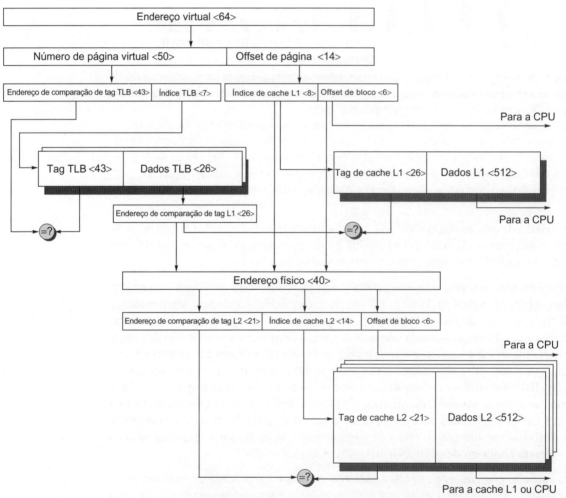

**FIGURA B.17** A imagem geral de uma hierarquia de memória hipotética, indo dos endereços virtuais para o acesso à cache L2. O tamanho da página é de 16 KiB. O TLB é associativo por conjunto com duas vias e com 256 entradas. A cache L1 é de 16 KiB mapeada diretamente, e a cache L2 é associativa por conjunto de quatro vias com um total de 4 MiB. Os dois usam blocos de 64 bytes. O endereço virtual é de 64 bits e o endereço físico é de 40 bits.

| Técnica | Tempo de acerto | Penalidade de falta | Taxa de falta | Complexidade do hardware | Comentário |
|---|---|---|---|---|---|
| Tamanho de bloco maior | | − | + | 0 | Trivial; L2 do Pentium 4 usa 128 bytes |
| Tamanho de cache maior | − | | + | 1 | Muito usado, especialmente para caches L2 |
| Associatividade mais alta | − | | + | 1 | Muito usado |
| Caches multiníveis | | + | | 2 | Hardware caro; mais difícil se tamanho do bloco L1 ≠ tamanho do bloco L2; muito usado |
| Prioridade de leitura sobre as escritas | | + | | 1 | Muito usado |
| Evitar tradução de endereço durante indexação da cache | + | | | 1 | Muito usado |

**FIGURA B.18** Resumo das otimizações básicas de cache mostrando o impacto sobre o desempenho da cache e a complexidade para as técnicas neste apêndice.
Geralmente, uma técnica ajuda apenas um fator. + significa que a técnica melhora o fator, − significa que ela prejudica esse fator, e um espaço significa que ela não tem impacto. A medida de complexidade é subjetiva, com 0 sendo o mais fácil e 3 sendo um desafio.

Por exemplo, dobrar a associatividade e dobrar o tamanho da cache não mudam o tamanho do índice. A cache do IBM 3033, como um exemplo extremo, é associativo por conjunto com 16 vias, embora os estudos mostrem que existe pouco benefício nas taxas de falta acima da associatividade em conjunto com oito vias. Essa alta associatividade permite que uma cache de 64 KiB seja endereçada com um índice físico, apesar do obstáculo das páginas de 4 KiB na arquitetura da IBM.

## Resumo da otimização básica da cache

As técnicas apresentadas nesta seção para melhorar a taxa de falta, a penalidade por falta e o tempo de acerto geralmente têm impacto em outros componentes da equação do tempo médio de acesso à memória, além da complexidade da hierarquia da memória. A Figura B.18 resume essas técnicas e estima o impacto sobre a complexidade, com + significando que a técnica melhora o fator, − significando que prejudica o fator e espaço significando que não tem impacto. Nenhuma otimização nessa figura ajuda mais do que uma categoria.

## B.4 MEMÓRIA VIRTUAL

> […] um sistema foi idealizado para fazer com que a combinação da memória de núcleo apareça ao programador como um armazenamento de único nível, com as transferências de requisitos ocorrendo automaticamente.
>
> **Kilburn et al. (1962)**

A qualquer momento, os computadores estão executando múltiplos processos, cada qual com seu próprio espaço de endereços (os processos serão descritos na próxima seção). Seria muito dispendioso dedicar todo um espaço de endereços de memória a cada processo, especialmente porque muitos processos usam apenas pequena parte de seu espaço de endereços. Logo, é preciso haver um meio de compartilhar uma quantidade menor de memória física entre muitos processos.

Um modo de fazer isso, a *memória virtual*, divide a memória física em blocos e os aloca a diferentes processos. Inerente a tal técnica deve existir um esquema de *proteção* que restrinja um processo aos blocos que pertencem apenas a esse processo. A maioria das formas de memória virtual também reduz o tempo para iniciar um programa, pois nem todo código e dados precisam estar na memória física antes que um programa possa iniciar.

Embora a proteção fornecida pela memória virtual seja essencial para os computadores atuais, o compartilhamento não é o motivo pelo qual a memória virtual foi inventada. Se um programa ficasse muito grande para a memória física, era função do programador fazer com que ele coubesse. Os programadores dividiam os programas em partes, depois identificavam as partes que eram mutuamente exclusivas e carregavam e descarregavam esses *overlays* sob controle do programa do usuário durante a execução. O programador garantia que o programa nunca tentaria acessar mais memória física principal do que existia no computador e que o overlay apropriado era carregado no momento certo. Como você pode imaginar, essa responsabilidade afetava a produtividade do programador.

A memória virtual foi inventada para tirar esse peso das costas dos programadores; ela controla automaticamente os dois níveis da hierarquia de memória representados pela memória principal e armazenamento secundário. A Figura B.19 mostra o mapeamento entre a memória virtual e a memória física para um programa com quatro páginas.

Além de compartilhar o espaço de memória protegida e gerenciar automaticamente a hierarquia da memória, a memória virtual também simplifica o carregamento do programa para execução. Chamado *relocação*, esse mecanismo permite que o mesmo programa seja executado em qualquer local na memória física. O programa na Figura B.19 pode ser colocado em qualquer lugar na memória física ou disco simplesmente alterando o mapeamento entre eles. (Antes da popularidade da memória virtual, os processadores incluíam um registrador de relocação apenas para essa finalidade.) Uma alternativa a uma solução de hardware seria um software que mudasse os endereços em um programa toda vez que fosse executado.

Várias ideias de hierarquia geral da memória a respeito de caches, do Capítulo 1, são semelhantes à memória virtual, embora muitos dos termos sejam diferentes. *Página* ou *segmento* é usado para o bloco, e *falta de página* (*page fault*) ou *falta de endereço* (*address fault*) é usado para a falta (*miss*). Com a memória virtual, o processador produz *endereços virtuais* que são

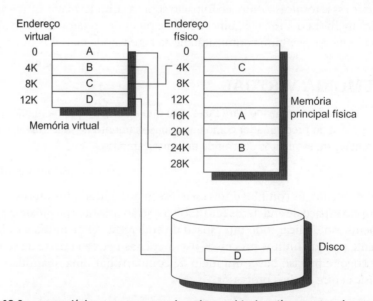

**FIGURA B.19** O programa lógico em seu espaço de endereço virtual contíguo aparece à esquerda. Ele consiste em quatro páginas: A, B, C e D. O local real de três dos blocos está na memória física principal, e o outro está localizado no disco.

| Parâmetro | Cache de primeiro nível | Memória virtual |
|---|---|---|
| Tamanho do bloco (página) | 16–128 bytes | 4096–65.536 bytes |
| Tempo de acerto | 1–3 ciclos de clock | 100–200 ciclos de clock |
| Penalidade por falta | 8–200 ciclos de clock | 1.000.000–10.000.000 ciclos de clock |
| (tempo de acesso) | (6–160 ciclos de clock) | (800.000–8.000.000 ciclos de clock) |
| (tempo de transferência) | (2–40 ciclos de clock) | (200.000–2.000.000 ciclos de clock) |
| Taxa de falta | 0,1%–10% | 0,00001%–0,001% |
| Mapeamento de endereço | 25-45 bits de endereço físico para 14-20 bits de endereço de cache | 32-64 bits de endereço virtual para 25-45 bits de endereço físico |

**FIGURA B.20** Intervalos típicos de parâmetros para caches e memória virtual. Os parâmetros da memória virtual representam aumentos de 10-1.000.000 de vezes em relação aos parâmetros da cache.
Normalmente, as caches de primeiro nível contêm no máximo 1 MB de dados, enquanto a memória física contém de 256 MB a 1 TB.

traduzidos por uma combinação de hardware e software para *endereços físicos*, que acessam a memória principal. Esse processo é chamado de *mapeamento de memória* ou *tradução de endereço*. Hoje, os dois níveis de hierarquia de memória controlados pela memória virtual são DRAMs e discos magnéticos. A Figura B.20 mostra um intervalo típico de parâmetros de hierarquia de memória para a memória virtual.

Existem outras diferenças entre as caches e a memória virtual, além das quantitativas, mencionadas na Figura B.20:

- A substituição nas faltas de cache é controlada principalmente pelo hardware, enquanto a substituição da memória virtual é controlada principalmente pelo sistema operacional. A penalidade por falta maior significa que é mais importante tomar uma boa decisão, de modo que o sistema operacional possa estar envolvido e gastar tempo decidindo o que substituir.
- O tamanho de endereço do processador determina o tamanho da memória virtual, mas o tamanho da cache independe do tamanho de endereço do processador.
- Além de atuar como um armazenamento de apoio de nível inferior para a memória principal na hierarquia, o armazenamento secundário também é usado para o sistema de arquivos. Na verdade, o sistema de arquivos ocupa a maior parte do armazenamento secundário. Normalmente, ele não está no espaço de endereços.

A memória virtual também abrange várias técnicas relacionadas. Os sistemas de memória virtual podem ser categorizados em duas classes: aqueles com blocos de tamanho fixo, chamados *páginas*, e aqueles com blocos de tamanho variável, chamados *segmentos*. As páginas normalmente são fixadas em 4.096-8.192 bytes, enquanto o tamanho do segmento varia. O maior segmento admitido em qualquer processador varia de $2^{16}$ bytes a $2^{32}$ bytes; o menor segmento é de 1 byte. A Figura B.21 mostra como as duas técnicas poderiam dividir código e dados.

A decisão de usar a memória virtual paginada *versus* a memória virtual segmentada afeta o processador. O endereçamento paginado tem um único endereço de tamanho fixo, dividido em número de página e offset dentro de uma página, semelhante ao endereçamento da cache. Um único endereço não funciona para endereços segmentados; o tamanho variável dos segmentos exige uma palavra para um número de segmento e uma palavra para um offset dentro de um segmento, um total de duas palavras. Um espaço de endereços não segmentado é mais simples para o compilador.

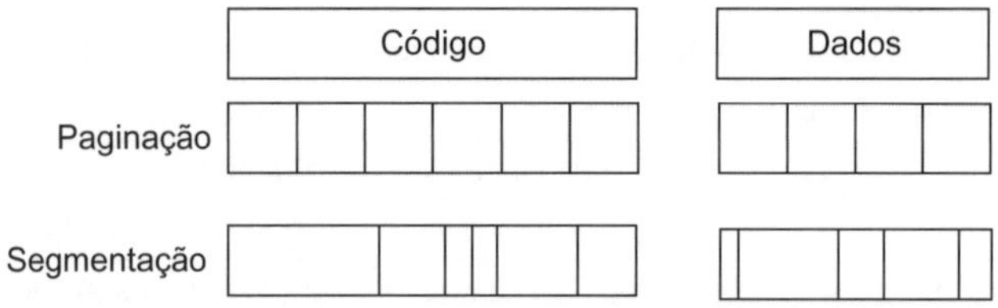

FIGURA B.21 Exemplo de como a paginação e a segmentação dividem um programa.

|  | Página | Segmento |
|---|---|---|
| Palavras por endereço | Uma | Duas (segmento e offset) |
| Visível ao programador? | Invisível ao programador de aplicações | Pode ser visível ao programador de aplicações |
| Substituindo um bloco | Trivial (todos os blocos têm o mesmo tamanho) | Difícil (precisa encontrar uma parte contígua, de tamanho variável e não usada da memória principal) |
| Ineficiência de uso da memória | Fragmentação interna (parte não usada da página) | Fragmentação externa (partes não usadas da memória principal) |
| Tráfego de disco eficiente | Sim (ajuste do tamanho da página para balancear o tempo de acesso e o tempo de transferência) | Nem sempre (pequenos segmentos podem transferir apenas alguns bytes) |

FIGURA B.22 Paginação contra segmentação.
Ambas podem desperdiçar memória, dependendo do tamanho do bloco e de como os segmentos se encaixam na memória principal. As linguagens de programação com ponteiros irrestritos exigem que o segmento e o endereço sejam passados. Uma técnica híbrida, chamada *segmentos paginados*, alcança o melhor dos dois mundos: segmentos são compostos de páginas, de modo que a substituição de um bloco é fácil, enquanto um segmento pode ser tratado como uma unidade lógica.

Os prós e os contras dessas duas técnicas foram bem documentados nos livros sobre sistemas operacionais; a Figura B.22 resume os argumentos. Hoje, devido ao problema da substituição (a terceira linha da figura), poucos computadores utilizam a segmentação pura. Alguns usam uma técnica híbrida, chamada *segmentos paginados*, em que um segmento é um número inteiro de páginas. Isso simplifica a substituição, pois a memória não precisa ser contígua, e os segmentos inteiros não precisam estar na memória principal. Um híbrido mais recente é um computador oferecendo múltiplos tamanhos de página, com os tamanhos maiores sendo potências de duas vezes o menor tamanho de página. O processador embarcado 405CR da IBM, por exemplo, permite 1 KiB, 4 KiB ($2^2 \times 1$ KiB), 16 KiB ($2^4 \times 1$ KiB), 64 KiB ($2^6 \times 1$ KiB), 256 KB ($2^8 \times 1$ KiB), 1.024 KB ($2^{10} \times 1$ KiB) e 4.096 KiB ($2^{12} \times 1$ KiB) para atuar como uma única página.

## Revisão das quatro perguntas sobre hierarquia da memória
Agora, estamos prontos para responder às quatro perguntas sobre hierarquia de memória para a memória virtual.

### P1: Em que parte da memória principal um bloco pode ser alocado?
A penalidade por falta para a memória virtual envolve o acesso a um dispositivo de armazenamento magnético rotativo e, portanto, é muito alta. Dada a escolha de taxas de falta mais baixas ou um algoritmo de posicionamento mais simples, os projetistas de sistemas operacionais normalmente escolhem taxas de falta mais baixas, devido à penalidade por falta exorbitante. Assim, os sistemas operacionais permitem que os blocos sejam alocados

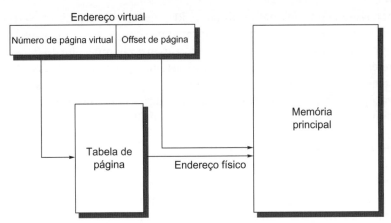

**FIGURA B.23** Mapeamento de um endereço virtual para um endereço físico por meio de uma tabela de página.

em qualquer lugar na memória principal. De acordo com a terminologia da Figura B.2, essa estratégia seria rotulada como totalmente associativa.

### P2: Como um bloco é localizado se estiver na memória principal?

Tanto a paginação quanto a segmentação contam com uma estrutura de dados que é indexada por número de página ou segmento. Essa estrutura de dados contém o endereço físico do bloco. Para a segmentação, o offset é acrescentado ao endereço físico do segmento para obter o endereço físico final. Para a paginação, o offset é simplesmente concatenado com esse endereço de página físico (ver Figura B.23).

Essa estrutura de dados, contendo os endereços de páginas físicas, normalmente toma a forma de uma *tabela de página*. Indexado pelo número de página virtual, o tamanho da tabela é o número de páginas no espaço de endereços virtuais. Dado um endereço virtual de 32 bits, páginas de 4 KiB e 4 bytes por entrada na tabela de página (Page Table Entry — PTE), o tamanho da tabela de página seria $(2^{32}/2^{12}) \times 2^2 = 2^{22}$ ou 4 MiB.

Para reduzir o tamanho dessa estrutura de dados, alguns computadores aplicam uma função de hashing ao endereço virtual. O hash permite que a estrutura de dados tenha o tamanho do número de páginas *físicas* na memória principal. Esse número poderia ser muito menor do que o número de páginas virtuais. Tal estrutura é chamada de *tabela de página invertida*. Usando o exemplo anterior, uma memória física de 512 MiB só precisaria de 1 MiB ($8 \times 512$ MiB/4 KiB) para uma tabela de página invertida; os 4 bytes extras por entrada da tabela de página são para o endereço virtual. O HP/Intel IA-64 cobre as duas bases, oferecendo tabelas de página tradicionais *e* tabelas de página invertidas, deixando a escolha do mecanismo para o programador do sistema operacional.

Para reduzir o tempo de tradução de endereço, os computadores usam uma cache dedicada a essas traduções de endereço, chamada *translation lookaside buffer* ou simplesmente *translation buffer*, descrita com detalhes em breve.

### P3: Qual bloco deverá ser substituído em caso de falta da memória virtual?

Como já dissemos, a diretriz principal do sistema operacional é minimizar as faltas de página. Coerentes com essa diretriz, quase todos os sistemas operacionais tentam substituir o bloco usado menos recentemente (LRU) porque, se o passado prevê o futuro, esse é o menos provavelmente necessário.

Para ajudar o sistema operacional a estimar o LRU, muitos processadores oferecem um *bit de uso* ou *bit de referência*, que é definido logicamente sempre que uma página é acessada. (Para reduzir o trabalho, ele é realmente definido apenas em uma falta do *translation buffer*, que será descrita em breve.) Periodicamente, o sistema operacional apaga os bits de uso e depois os registra de modo que possa determinar quais páginas foram acessadas durante determinado período de tempo. Acompanhando dessa maneira, o sistema operacional pode selecionar uma página que está entre as referenciadas menos recentemente.

### P4: O que acontece em uma escrita?

O nível abaixo da memória principal contém discos magnéticos rotativos que exigem milhões de ciclos de clock para acessar. Devido à grande discrepância no tempo de acesso, ninguém criou ainda um sistema operacional de memória virtual que escreva diretamente da memória principal para o disco em cada armazenamento pelo processador. (Esse comentário não deverá ser interpretado como uma oportunidade de se tornar famoso sendo o primeiro a criar um!). Assim, a estratégia de escrita é sempre write-back.

Como o custo de um acesso desnecessário para o próximo nível inferior é muito alto, os sistemas de memória virtual normalmente incluem um bit de modificação. Ele permite que os blocos sejam escritos em disco somente se tiverem sido alterados desde que foram lidos do disco.

## Técnicas para uma tradução de endereço rápida

As tabelas de página normalmente são tão grandes que são armazenadas na memória principal e, às vezes, elas mesmas são paginadas. A paginação significa que cada acesso à memória utiliza pelo menos o dobro do tempo, com um primeiro acesso à memória para obter o endereço físico e um segundo acesso para obter os dados. Como dissemos no Capítulo 2, usamos a proximidade para evitar o acesso extra à memória. Mantendo as traduções de endereço em uma cache especial, um acesso à memória raramente exige um segundo acesso para traduzir os dados. Essa cache de tradução de endereço especial é conhecida como *translation lookaside buffer* (TLB), também chamado *buffer de tradução* (*translation buffer* — TB).

Uma entrada do TLB é como uma entrada da cache onde a tag mantém partes do endereço virtual e a parte de dados mantém um número de frame da página física, do campo de proteção, do bit de validade e, normalmente, de um bit de uso e um bit de modificação. Para alterar o número do frame da página física ou a proteção de uma entrada na tabela de página, o sistema operacional precisa certificar-se de que a entrada antiga não está no TLB; caso contrário, o sistema não se comportará corretamente. Observe que esse bit de modificação significa que a *página* correspondente foi modificada, e não que a tradução de endereço no TLB está modificada nem que um bloco em particular na cache de dados está modificado. O sistema operacional reinicia esses bits alterando o valor na tabela de página e, depois, invalidando a entrada de TLB correspondente. Quando a entrada é recarregada da tabela de página, o TLB recebe uma cópia precisa dos bits.

A Figura B.24 mostra a organização do TLB de dados do Opteron, com cada etapa da tradução sendo rotulada. Esse TLB usa o mapeamento totalmente associativo; assim, a tradução começa (etapas 1 e 2) enviando o endereço virtual a todas as tags. Naturalmente, a tag precisa ser marcada como válida para permitir uma comparação. Ao mesmo tempo, o tipo de acesso à memória é verificado em busca de uma violação (também na etapa 2) contra informações de proteção no TLB.

Por motivos semelhantes aos do caso da cache, não é preciso incluir os 12 bits do offset de página no TLB. A tabela que combina envia o endereço físico correspondente efetivamente

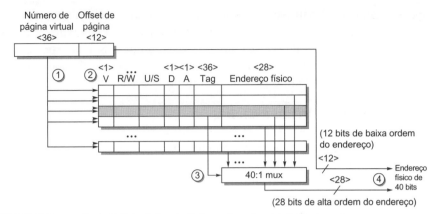

**FIGURA B.24** Operação do TLB de dados do Opteron durante a tradução de endereço. As quatro etapas do acerto do TLB aparecem como *números circulados*. Esse TLB possui 40 entradas. A Seção B.5 descreve os diversos campos de proteção e acesso de uma entrada de tabela de página do Opteron.

através de um multiplexador 40:1 (etapa 3). O offset de página é, então, combinado com o frame de página física para formar um endereço físico completo (etapa 4). O tamanho do endereço é de 40 bits.

A tradução de endereço pode estar facilmente no caminho crítico determinando o ciclo de clock do processador, de modo que o Opteron utiliza caches L1 endereçadas virtualmente e marcadas fisicamente com tags.

## Selecionando um tamanho de página

O parâmetro de arquitetura mais óbvio é o tamanho da página. A escolha da página é uma questão de equilibrar as forças que favorecem um tamanho de página maior contra aquelas que favorecem um tamanho menor. Os seguintes fatores favorecem um tamanho maior:

- O tamanho da tabela de página é inversamente proporcional ao tamanho da página; a memória (ou outros recursos usados para o mapa de memória) pode, portanto, ser economizada, tornando as páginas maiores.
- Como dissemos na Seção B.3, um tamanho de página maior pode permitir caches maiores com menores tempos de acerto na cache.
- A transferência de páginas maiores de/para o armazenamento secundário, possivelmente por uma rede, é mais eficiente do que a transferência de páginas menores.
- O número de entradas do TLB é restrito, de modo que um tamanho de página maior significa que mais memória pode ser mapeada de modo eficiente, reduzindo assim o número de faltas do TLB.

É por esse motivo final que os microprocessadores recentes decidiram dar suporte a múltiplos tamanhos de página; para alguns programas, as faltas de TLB podem ser tão significativas no CPI quanto as faltas de cache.

A motivação principal para um tamanho de página menor é economizar armazenamento. Um tamanho de página pequeno resultará em menos armazenamento desperdiçado quando uma região contígua de memória virtual não for igual em tamanho a um múltiplo do tamanho de página. O nome para essa memória não usada em uma página é *fragmentação interna*. Supondo que cada processo tenha três segmentos principais (texto, heap e pilha), o armazenamento médio desperdiçado por processo será 1,5 vez o tamanho da página. Essa quantidade é insignificante para computadores com centenas de megabytes de memória e tamanhos de página de 4-8 KiB. Naturalmente, quando os tamanhos de página se tornam muito grandes (mais de 32 KiB), o armazenamento (tanto principal quanto secundário) poderá ser desperdiçado, assim como a largura de banda de E/S. Um aspecto final é o tempo de partida do processo; muitos processos são pequenos, de modo que um tamanho de página grande esticaria o tempo para invocar um processo.

### Resumo de memória virtual e caches

Com a memória virtual, os TLBs, as caches de primeiro e de segundo nível — todos mapeando partes do espaço de endereço virtual e físico —, podem ficar confusos sobre quais bits vão para onde. A Figura B.25 oferece um exemplo hipotético, passando de um endereço virtual de 64 bits para um endereço físico de 41 bits, com dois níveis de cache. Essa cache L1 é indexada virtualmente e marcada fisicamente, pois o tamanho da cache e o tamanho da página são de 8 KiB. A cache L2 é de 4 MiB. O tamanho do bloco para ambos é de 64 bytes.

Primeiro, o endereço virtual de 64 bits é dividido logicamente em um número de página virtual e offset de página. O primeiro é enviado ao TLB para ser traduzido para um endereço

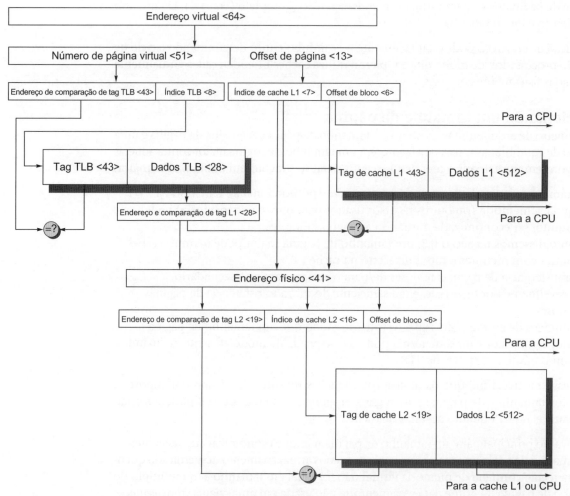

**FIGURA B.25** Imagem geral de uma hierarquia de memória hipotética passando do endereço virtual para o acesso à cache L2. O tamanho de página é de 8 KiB. O TLB é mapeado diretamente com 256 entradas. A cache L1 é mapeada diretamente com 8 KiB, e a cache L2 é mapeada diretamente com 4 MiB. Ambos usam blocos de 64 bytes. O endereço virtual ocupa 64 bits e o endereço físico ocupa 41 bits. A principal diferença entre esta figura simples e uma cache real é a replicação das partes da figura.

físico, e os bits mais significativos do segundo são enviados à cache L1 para atuar como um índice. Se a comparação do TLB resultar em igualdade, então o número de página físico é enviado à tag da cache L1 para verificar uma comparação. Se for igual, é um acerto na cache L1. O offset de bloco então seleciona a palavra para o processador.

Se a verificação da cache L1 resultar em uma falta, o endereço físico é então usado para testar a cache L2. A parte do meio do endereço físico é usada como um índice para a cache L2 de 4 MiB. A tag da cache L2 resultante é comparada com a parte superior do endereço físico para comparação. Se for igual, temos um acerto na cache L2, e os dados são enviados ao processador, que usa o offset de bloco para selecionar a palavra desejada. Em uma falta na L2, o endereço físico é então usado para obter o bloco da memória.

Embora esse seja um exemplo simples, a principal diferença entre esse desenho e uma cache real é a replicação. Primeiro, há apenas uma cache L1. Quando existem duas caches L1, a metade superior do diagrama é duplicada. Observe que isso levaria a dois TLBs, o que é típico. Daí uma cache e TLB serem para instruções, controladas pelo PC, e uma cache e TLB serem para dados, controlados pelo endereço efetivo.

A segunda simplificação é que todas as caches e TLBs são mapeados diretamente. Se qualquer um fosse associativo por conjunto com $n$ vias, então replicaríamos cada conjunto de memória de tag, comparadores e memória de dados $n$ vezes e conectaríamos as memórias de dados com um multiplexador $n$:1 para selecionar um acerto. Naturalmente, se o tamanho total da cache permanecesse igual, o índice da cache também encolheria por log $2n$ bits, de acordo com a Figura B.7.

# B.5 PROTEÇÃO E EXEMPLOS DE MEMÓRIA VIRTUAL

A invenção da multiprogramação, pela qual um computador seria compartilhado por vários programas sendo executados simultaneamente, levou a novas demandas para proteção e compartilhamento entre programas. Essas demandas estão bastante ligadas à memória virtual nos computadores de hoje, e por isso abordamos o assunto aqui, junto com dois exemplos de memória virtual.

A multiprogramação leva ao conceito de *processo*. Metaforicamente, um processo é o ar que o programa respira, o espaço em que ele vive, ou seja, um programa em execução mais qualquer status necessário para continuar executando-o. Tempo compartilhado (*time sharing*) é uma variação da multiprogramação, que compartilha o processador e a memória com vários usuários interativos ao mesmo tempo, dando a ilusão de que todos os usuários têm seus próprios computadores. Assim, a qualquer momento, deverá ser possível passar de um processo para outro. Essa troca é chamada *troca de processo* ou *troca de contexto*.

Um processo precisa operar corretamente, não importando se ele executa continuamente do início ao fim ou se é interrompido repetidamente e trocado com outros processos. A responsabilidade por manter o comportamento correto do processo é compartilhada pelos projetistas do computador e do sistema operacional. O projetista do computador precisa garantir que parte do estado processador, relativo à execução do processo, pode ser salva e restaurada. O projetista do sistema operacional precisa garantir que os processos não interfiram na computação um do outro.

O modo mais seguro de proteger o estado de um processo do outro seria copiar a informação atual em disco. Porém, uma troca de processo levaria segundos — muito tempo para um ambiente de tempo compartilhado.

Esse problema é solucionado pelos sistemas operacionais particionando a memória principal de modo que vários processos diferentes tenham seu estado na memória ao mesmo tempo. Essa divisão significa que o projetista do sistema operacional precisa da ajuda do projetista do computador para oferecer proteção para que um processo não possa modificar outro. Além da proteção, os computadores também providenciam compartilhamento de código e dados entre os processos, para permitir a comunicação entre os processos e economizar memória, reduzindo o número de cópias de informações idênticas.

## Protegendo processos

Os processos podem ser protegidos uns dos outros tendo suas próprias tabelas de página, cada qual apontando para páginas de memória distintas. Obviamente, os programas do usuário precisam ser impedidos de modificar suas tabelas de página ou a proteção seria contornada.

A proteção pode ser escalada, dependendo da apreensão do projetista de computador ou do comprador. *Anéis* acrescentados à estrutura de proteção do processador expandem a proteção de acesso à memória a partir de dois níveis (usuário e kernel) para muito mais. Assim como um sistema de classificação militar ultrassecreto, secreto, confidencial e público, os anéis concêntricos dos níveis de segurança permitem que os mais confiáveis acessem qualquer coisa, o segundo mais confiável tenha acesso a tudo, menos ao nível mais interno, e assim por diante. Os programas "civis" são os menos confiáveis e, portanto, têm intervalo de acessos mais limitado. Também pode haver restrições sobre as partes da memória que podem conter código — proteção de execução — e ainda sobre o ponto de entrada entre os níveis. A estrutura de proteção do Intel 80x86, que utiliza anéis, será descrita mais adiante nesta seção. Não está claro se os anéis são uma melhoria na prática em relação ao sistema simples, que utiliza modos usuário e kernel.

À medida que o projetista passa a ficar apreensivo, esses anéis simples podem não ser suficientes. Restringir a liberdade dada a um programa no átrio interno exige um novo sistema de classificação. Em vez de um modelo militar, a analogia desse sistema é feita com chaves e trancas: um programa não pode destrancar o acesso aos dados, a menos que tenha a chave. Para que essas chaves (ou *capacidades*) sejam úteis, o hardware e o sistema operacional precisam ser capazes de passá-las explicitamente de um programa para outro sem permitir que um programa as falsifique. Essa verificação exige muito suporte do hardware, pois o tempo para verificar as chaves precisar ser curto.

A arquitetura do 80x86 experimentou várias dessas alternativas com o passar dos anos. Como a compatibilidade é uma das diretrizes dessa arquitetura, as versões mais recentes da arquitetura incluem todos os seus experimentos na memória virtual. Veremos duas das opções aqui: primeiro, o espaço de endereços segmentados mais antigo; depois, o espaço de endereços plano de 64 bits, mais recente.

## Exemplo de memória virtual segmentada: proteção no Intel Pentium

> O segundo sistema é o sistema mais perigoso que um homem jamais projeta... A tendência geral é exagerar no projeto do segundo sistema, usando todas as ideias e enfeites que foram cuidadosamente deixados de lado no primeiro.
>
> **F. P. Brooks Jr.,**
> *The Mythical Man-Month* (1975)

O 8086 original usava segmentos para o endereçamento, embora não fornecesse nada para a memória virtual ou para a proteção. Os segmentos tinham registradores de base, mas nenhum registrador vinculado e nenhuma verificação de acesso, e, antes que um registrador de segmento pudesse ser carregado, o segmento correspondente tinha que estar na memória física. A dedicação da Intel à memória virtual e à proteção é evidente nos sucessores do 8086, com alguns campos estendidos para dar suporte a endereços maiores. Esse esquema de proteção é elaborado com muitos detalhes projetados cuidadosamente para tentar evitar as brechas de segurança. Vamos nos referir a ele como IA-32. As próximas páginas destacam algumas das medidas de segurança da Intel; se você achar a leitura difícil, imagine a dificuldade para implementá-las!

A primeira melhoria é dobrar o modelo de proteção tradicional de dois níveis: o IA-32 possui quatro níveis de proteção. O nível mais interno (0) corresponde ao modo kernel tradicional, e o nível mais externo (3) é o modo menos privilegiado. O IA-32 possui pilhas separadas para cada nível, para evitar brechas de segurança entre os níveis. Há também estruturas de dados semelhantes às tabelas de página tradicionais, que contêm os endereços físicos para segmentos, além de uma lista de verificações a serem feitas nos endereços traduzidos.

Os projetistas da Intel não pararam aí. O IA-32 divide o espaço de endereços, permitindo que tanto o sistema operacional quanto o usuário acessem o espaço inteiro. O usuário do IA-32 pode chamar uma rotina do sistema operacional nesse espaço e até mesmo passar parâmetros para ele, enquanto retém proteção total. Essa chamada segura não é uma ação trivial, pois a pilha para o sistema operacional é diferente da pilha do usuário. Além do mais, o IA-32 permite que o sistema operacional mantenha o nível de proteção da rotina *chamada* para os parâmetros que são passados a ela. Essa brecha de proteção em potencial é impedida, não permitindo que o processo do usuário peça que o sistema operacional acesse indiretamente algo que não teria sido capaz de acessar por si só (essas brechas de segurança são chamadas *cavalos de Troia — Trojan horses*).

Os projetistas da Intel foram guiados pelo princípio de confiar no sistema operacional o mínimo possível, enquanto dão suporte ao compartilhamento e à proteção. Como exemplo do uso de tal compartilhamento protegido, suponha que um programa de folha de pagamento imprima contracheques e também atualize os valores acumulados no ano sobre os pagamentos totais de salário e benefícios. Assim, queremos dar ao programa a capacidade de ler a informação de salário e o acumulado no ano, e modificar a informação de acumulado no ano, mas não o salário. Em breve, veremos o mecanismo para dar suporte a esses recursos. No restante desta subseção, veremos a figura completa da proteção do IA-32 e examinaremos sua motivação.

### Acrescentando verificação de limites e mapeamento de memória

O primeiro passo na melhoria do processador da Intel foi fazer com que o endereçamento segmentado verificasse os limites, além de fornecer uma base. Em vez de um endereço-base, os registradores de segmento no IA-32 contêm um índice para uma estrutura de dados da memória virtual chamada *tabela de descritores*. As tabelas de descritores desempenham o papel das tabelas de página tradicionais. No IA-32, o equivalente de uma entrada de tabela de página é um *descritor de segmento*. Ele contém campos encontrados nos PTEs:

- *Bit de presença.* Equivalente ao bit de validade do PTE, usado para indicar que essa é uma tradução válida.
- *Campo de base.* Equivalente a um endereço de frame de página contendo o endereço físico do primeiro byte do segmento.
- *Bit de acesso.* Semelhante ao bit de referência ou bit de uso em algumas arquiteturas, que é útil para algoritmos de substituição.
- *Campo de atributos.* Especifica as operações válidas e níveis de proteção para as operações que usam esse segmento.

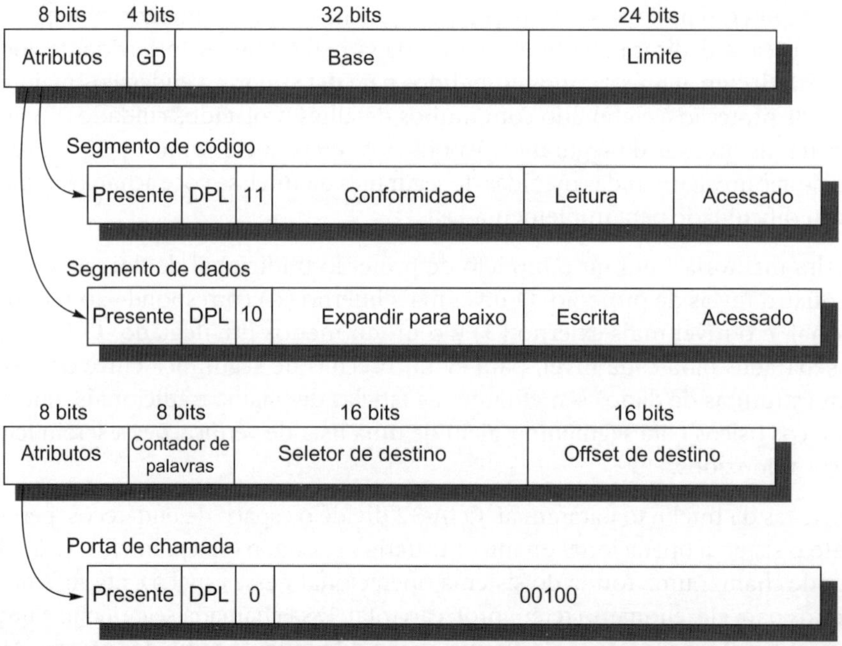

**FIGURA B.26** Os descritores de segurança do IA-32 são distinguidos por bits no campo de atributos.
*Base, limite, presente, leitura* e *escrita* são autoexplicativos. D indica o tamanho de endereçamento default das instruções: 16 bits ou 32 bits. G indica a granularidade do limite de segmento: 0 significa em bytes e 1 significa em páginas de 4 KiB. G é definido como 1 quando a paginação é ativada para definir o tamanho das tabelas de página. DPL significa *Descriptor Privilege Level* (nível de privilégio do descritor) — este é verificado contra o nível de privilégio de código para ver se o acesso será permitido. *Conformidade* diz que o código assume o nível de privilégio do código sendo chamado, em vez do nível de privilégio de quem chamou, usado para rotinas de biblioteca. O *campo expandir para baixo* inverte a verificação para permitir que o campo de base seja a marca de limite superior e o campo de limite seja a marca de limite inferior. Como é de se esperar, isso é usado para segmentos de pilha que crescem para baixo. O *contador de palavras* controla o número de palavras copiadas da pilha atual para a nova pilha em uma porta de chamada. Os dois outros campos do descritor de porta de chamada, *seletor de destino* e *offset de destino*, selecionam o descritor do destino da chamada e seu offset, respectivamente. Há muito mais do que esses três descritores de segmento no modelo de proteção IA-32.

Há também um *campo de limite*, não encontrado nos sistemas paginados, que estabelece o limite superior dos offsets válidos para esse segmento. A Figura B.26 mostra exemplos de descritores de segmento IA-32.

O IA-32 oferece um sistema de paginação opcional, além desse endereçamento segmentado. A parte superior do endereço de 32 bits seleciona o descritor de segmento, e a parte do meio é um índice para a tabela de página selecionada pelo descritor. A seguir, descreveremos o sistema de proteção que não conta com a paginação.

### Adicionando compartilhamento e proteção

Para oferecer o compartilhamento protegido, metade do espaço de endereços é compartilhada por todos os processos e metade é exclusiva a cada processo, o que chamamos de *espaço de endereços global* e *espaço de endereços local*, respectivamente. Cada metade recebe uma tabela de descritor com o nome apropriado. Um descritor apontando para um segmento compartilhado é colocado na tabela de descritor global, enquanto um descritor para um segmento privado é colocado na tabela de descritor local.

Um programa carrega um registrador de segmento IA-32 com um índice para a tabela *e* um bit dizendo qual tabela ele deseja. A operação é verificada de acordo com os atributos no descritor, o endereço físico é formado pela inclusão do offset no processador à base no descritor, desde que o offset seja menor que o campo de limite. Cada descritor de segmento possui um campo de 2 bits separado para dar o nível de acesso legal desse segmento. Uma violação ocorrerá somente se o programa tentar usar um segmento com um nível de proteção menor no descritor de segmento.

Agora podemos mostrar como chamar o programa de folha de pagamento mencionado anteriormente para atualizar a informação acumulada no ano sem permitir a atualização de salários. O programa poderia receber um descritor para a informação que possui o campo de escrita apagado, significando que pode ler, mas não pode escrever os dados. Então, um programa confiável pode ser fornecido e escrever apenas a informação de valor acumulado no ano. Ele recebe um descritor com o campo de escrita marcado (Figura B.26). O programa de folha de pagamento chama o código confiável usando um descritor de segmento de código com o campo de conformidade marcado. Essa definição significa que o programa chamado assume o nível de privilégio do código sendo chamado, em vez do nível de privilégio de quem chamou. Logo, o programa de folha de pagamento pode ler os salários e chamar um programa confiável para atualizar os totais acumulados no ano, enquanto o programa de folha de pagamento não pode modificar os salários. Se houver um cavalo de Troia nesse sistema, para ser eficaz ele precisará estar localizado no código confiável, cuja única tarefa é atualizar a informação de valor acumulado no ano. O argumento para esse estilo de proteção é que limitar o escopo da vulnerabilidade melhora a segurança.

### Adicionando chamadas seguras do usuário para as portas do SO e nível de proteção para parâmetros

Permitir que o usuário salte para dentro do sistema operacional é um passo corajoso. Como, então, um projetista de hardware pode aumentar as chances de obter um sistema seguro sem confiar no sistema operacional ou em qualquer outra parte do código? A técnica do IA-32 é restringir onde o usuário pode entrar com um trecho do código, para colocar com segurança os parâmetros na pilha apropriada e certificar-se de que os parâmetros do usuário não recebem o nível de proteção do código que chamou.

Para restringir a entrada no código dos outros, o IA-32 oferece um descritor de segmento especial, ou *porta de chamada*, identificado por um bit no campo de atributos. Diferentemente de outros descritores, as portas de chamada são endereços físicos completos de um objeto na memória; o offset fornecido pelo processador é ignorado. Como já dissemos, sua finalidade é impedir que o usuário salte aleatoriamente para qualquer lugar em um segmento de código protegido ou mais privilegiado. Em nosso exemplo de programação, isso significa que o único lugar onde o programa de folha de pagamento pode invocar o código confiável é no limite apropriado. Essa restrição é necessária para fazer com que os segmentos em conformidade funcionem como desejado.

O que acontece se quem chama e quem é chamado forem "mutuamente desconfiados", de modo que um não confia no outro? A solução é encontrada no campo de contador de palavras no descritor de baixo, na Figura B.26. Quando uma instrução de chamada invoca um descritor de porta de chamada, esse descritor copia o número de palavras especificado no descritor da pilha local para a pilha correspondente ao nível desse segmento. A cópia permite que o usuário passe parâmetros colocando-os primeiro na pilha local. O hardware, então, os transfere com segurança para a pilha correta. Um retorno de uma porta de chamada removerá os parâmetros das pilhas e copiará quaisquer valores de retorno para a pilha apropriada. Observe que esse modelo é incompatível com a atual prática de passar parâmetros nos registradores.

Esse esquema ainda deixa aberta a possível brecha de ter o sistema operacional usando o endereço do usuário, passado como parâmetros, com o nível de segurança do sistema operacional em vez do nível de segurança do usuário. O IA-32 resolve esse problema dedicando 2 bits a cada registrador de segmento do processador ao *nível de proteção solicitado*. Quando uma rotina do sistema operacional é invocada, ela pode executar uma instrução que define esse campo de 2 bits em todos os parâmetros de endereço com o nível de proteção do usuário que chamou a rotina. Assim, quando esses parâmetros de endereço são carregados nos registradores de segmento, eles definem o nível de proteção solicitado com o valor apropriado. O hardware do IA-32, então, utiliza o nível de proteção solicitado para impedir qualquer tolice: nenhum segmento poderá ser acessado a partir da rotina do sistema usando esses parâmetros se tiver um nível de proteção mais privilegiado do que o solicitado.

## Um exemplo de memória virtual paginada: o gerenciamento de memória de 64 bits do Opteron

Os engenheiros da AMD encontraram poucos usos para o modelo de proteção elaborado que acabamos de descrever. O modelo popular é um espaço de endereços plano, de 32 bits, introduzido pelo 80386, que define todos os valores de base dos registradores de segmento como zero. Daí a AMD ter dispensado os segmentos múltiplos no modo de 64 bits. Ela assume que a base do segmento é zero e ignora o campo de limite. Os tamanhos de página são de 4 KiB, 2 MiB e 4 MiB.

O endereço virtual de 64 bits da arquitetura AMD64 é mapeado nos endereços físicos de 52 bits, embora as implementações possam implementar menos bits para simplificar o hardware. O Opteron, por exemplo, utiliza endereços virtuais de 48 bits e endereços físicos de 40 bits. O AMD64 exige que os 16 bits mais significativos do endereço virtual sejam apenas a extensão de sinal dos 48 bits inferiores, o que é chamado *forma canônica*.

O tamanho das tabelas de página para o espaço de endereços de 64 bits é alarmante. Logo, o AMD64 utiliza uma tabela de página hierárquica multinível para mapear o espaço de endereços, a fim de manter um tamanho razoável. O número de níveis depende do tamanho do espaço de endereços virtuais. A Figura B.27 mostra a tradução de quatro níveis dos endereços virtuais de 48 bits do Opteron.

Os offsets para cada uma dessas tabelas de página vêm dos quatro campos de 9 bits. A tradução de endereço começa com a adição do primeiro offset ao registro de base 4 em nível de mapa de página e depois lendo a memória desse local para obter a base da tabela de página do nível seguinte. O próximo offset de endereço é, por sua vez, somado a esse endereço recém-apanhado, e a memória é acessada novamente para determinar a base da terceira tabela de página. Isso acontece novamente da mesma maneira. O último campo de endereço é somado a esse endereço de base final, e a memória é lida usando essa soma para (finalmente) apanhar o endereço físico da página sendo referenciada. Esse endereço é concatenado ao offset de página de 12 bits para obter o endereço físico completo. Observe que a tabela de página na arquitetura do Opteron se ajusta dentro de uma única página de 4 KiB.

O Opteron usa uma entrada de 64 bits em cada uma dessas tabelas de página. Os 12 primeiros bits são reservados para uso futuro, os próximos 52 bits contêm o número do frame da página física e os últimos 12 bits mostram a informação de proteção e uso. Embora os campos variem um pouco entre os níveis da tabela de página, aqui estão os básicos:

- *Presença*. Diz que a página está presente na memória.
- *Leitura/escrita*. Diz se a página é apenas de leitura ou de leitura/escrita.

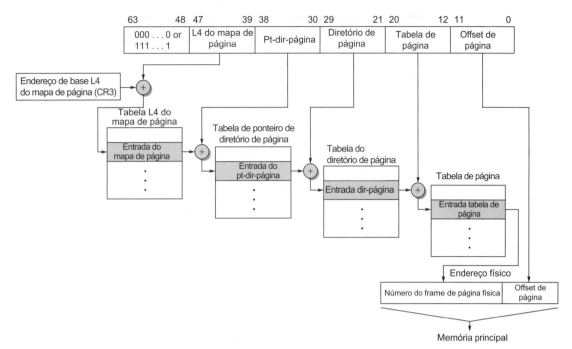

**FIGURA B.27** Mapeamento de um endereço virtual do Opteron.
A implementação de memória virtual do Opteron com quatro níveis de tabela de página admite um tamanho de endereço físico efetivo de 40 bits. Cada tabela de página possui 512 entradas, de modo que cada campo de nível tem 9 bits de largura. O documento da arquitetura AMD64 permite que o tamanho do endereço virtual cresça dos atuais 48 bits para 64 bits, e o tamanho do endereço físico cresça dos atuais 40 bits para 52 bits.

- *Usuário/supervisor.* Diz se um usuário pode acessar a página ou se ela é limitada aos três níveis de privilégio superiores.
- *Modificação.* Diz se a página foi modificada.
- *Acessado.* Diz se a página foi lida ou escrita desde que o bit foi apagado pela última vez.
- *Tamanho de página.* Diz se o último nível é para páginas de 4 KiB ou páginas de 4 MiB; se for o segundo, então o Opteron só usa três em vez de quatro níveis de páginas.
- *Não executar.* Não encontrado no esquema de proteção do 80386, esse bit foi acrescentado para impedir que o código seja executado em algumas páginas.
- *Desativação da cache em nível de página.* Diz se a página pode ser colocada em cache ou não.
- *Write-through em nível de página.* Diz se a página permite write-back ou write-through para as caches de dados.

Como o Opteron normalmente passa por quatro níveis de tabelas em uma falta no TLB, existem três lugares em potencial para verificar as restrições de proteção. O Opteron obedece apenas à entrada da tabela de página (Page Table Entry — PTE) de nível inferior, verificando as outras somente para ter certeza de que o bit de validade está marcado.

Como a entrada tem 8 bytes de extensão, cada tabela de página possui 512 entradas, e o Opteron possui 4 KiB de páginas, as tabelas de página possuem exatamente uma página de extensão. Cada um dos quatro campos de nível possui 9 bits de extensão e o offset de página possui 12 bits. Essa derivação deixa $64 - (4 \times 9 + 12)$ ou 16 bits para serem estendidos por sinal, a fim de garantir endereços canônicos.

Embora tenhamos explicado a tradução válida dos endereços, o que impede que o usuário crie traduções de endereço ilegais e faça uma bagunça? As próprias tabelas de página são

| Parâmetro | Descrição |
|---|---|
| Tamanho de bloco | 1 PTE (8 bytes) |
| Tempo de acerto L1 | 1 ciclo de clock |
| Tempo de acerto L2 | 7 ciclos de clock |
| Tamanho do TLB L1 | O mesmo para TLBs de instrução e dados: 40 PTEs por TLB, com 32 páginas de 4 KiB e 8 para páginas de 2MiB ou 4MiB |
| Tamanho do TLB L2 | O mesmo para TLBs de instrução e dados: 512 PTEs de páginas de 4 KiB |
| Seleção de bloco | LRU |
| Estratégia de escrita | (Não se aplica) |
| Alocação do bloco L1 | Totalmente associativo |
| Alocação do bloco L2 | Associativo por conjunto com 4 vias |

**FIGURA B.28** Parâmetros de hierarquia da memória dos TLBs de instrução e dados L1 e L2 do Opteron.

protegidas contra escrita pelos programas do usuário. Assim, o usuário pode experimentar qualquer endereço virtual, mas, controlando as entradas da tabela de página, o sistema operacional controla qual memória física é acessada. O compartilhamento da memória entre os processos é obtido fazendo-se com que uma entrada de tabela de página em cada espaço de endereço aponte para a mesma página de memória física.

O Opteron emprega quatro TLBs para reduzir o tempo de tradução de endereço: dois para acessos de instrução e dois para acessos de dados. Assim como as caches multiníveis, o Opteron reduz as faltas de TLB tendo dois TLBs L2 maiores: um para instruções e um para dados. A Figura B.28 descreve o TLB de dados.

### Resumo: proteção no Intel Pentium de 32 bits contra AMD Opteron de 64 bits

O gerenciamento de memória no Opteron é típico da maioria dos computadores desktops e servidores de hoje, contando com a tradução de endereço em nível de página e a operação correta do sistema operacional para fornecer segurança a múltiplos processos que compartilham o computador. Embora apresentadas como alternativas, a Intel seguiu o caminho da AMD e abraçou a arquitetura AMD64. Logo, tanto AMD quanto Intel admitem uma extensão de 64 bits do 80x86, embora, por motivos de compatibilidade, ambos admitam o esquema de proteção segmentado, mais elaborado.

Se o modelo de proteção segmentado parece mais difícil de ser montado do que o modelo AMD64, isso é porque realmente ele é. Esse esforço deverá ser especialmente frustrante para os engenheiros, pois poucos clientes utilizam o mecanismo de proteção elaborado. Além disso, o fato de o modelo de proteção ser divergente da proteção de página simples dos sistemas tipo UNIX, significa que ele será usado apenas por alguém que esteja escrevendo um sistema operacional especialmente para esse computador, o que ainda não aconteceu.

## B.6 FALÁCIAS E ARMADILHAS

Até mesmo uma revisão sobre hierarquia de memória possui falácias e armadilhas!

**Armadilha**

Um espaço de endereços muito pequeno.

Apenas cinco anos depois que a DEC e a Carnegie Mellon University colaboraram para projetar uma nova família de computadores PDP-11, ficou nítido que sua criação tinha um erro fatal. Uma arquitetura anunciada pela IBM seis anos *antes* do PDP-11 ainda estava florescendo, com pequenas modificações, 25 anos depois. E o VAX da DEC, criticado por incluir funções desnecessárias, vendeu milhões de unidades depois que o PDP-11 saiu de produção. Por quê?

O erro fatal do PDP-11 foi o tamanho de seus endereços (16 bits) em comparação com os tamanhos de endereço do IBM 360 (24 a 31 bits) e do VAX (32 bits). O tamanho do endereço limita a extensão do programa, pois o tamanho de um programa e a quantidade de dados necessários pelo programa precisam ser menores que $2^{\text{Tamanho de endereço}}$. O motivo do tamanho de endereço ser tão difícil de mudar é que ele determina a largura mínima de qualquer coisa que possa conter um endereço: PC, registrador, palavra da memória e aritmética do endereço efetivo. Se não houver um plano para expandir o endereço do início, então as chances de alterar o tamanho do endereço com sucesso são tão pequenas que isso normalmente significa o final dessa família de computadores. Bell e Strecker (1976) colocam isso desta forma:

> Há somente um erro que pode ser cometido no projeto de computador que é difícil de se recuperar — não tem bits de endereço suficientes para o endereçamento e gerenciamento de memória. O PDP-11 seguiu a tradição imutável de quase todo computador conhecido. [p. 2]

A lista parcial de computadores bem-sucedidos que acabaram sucumbindo por falta de bits de endereço inclui PDP-8, PDP-10, PDP-11, Intel 8080, Intel 8086, Intel 80186, Intel 80286, Motorola 6800, AMI 6502, Zilog Z80, CRAY-1 e CRAY X-MP.

**Armadilha**

Ignorar o impacto do sistema operacional sobre o desempenho da hierarquia de memória.

A venerável linha 80x86 leva a distinção de ter sido estendida duas vezes, primeiro para 32 bits com o Intel 80386, em 1985, e recentemente para 64 bits, com o AMD Opteron.

A Figura B.29 mostra o tempo de stall da memória devido ao sistema operacional gasto em três cargas de trabalho grandes. Cerca de 25% do tempo de stall é gasto em faltas no sistema operacional ou resulta de faltas nos programas de aplicação, devido a interferências no sistema operacional.

**Armadilha**

Contar com os sistemas operacionais para alterar o tamanho da página com o tempo.

Os arquitetos do Alpha tinham um plano elaborado para fazer crescer a arquitetura com o tempo, aumentando seu tamanho de página, até mesmo com base no tamanho de

| | | | | | Tempo | | | | |
|---|---|---|---|---|---|---|---|---|---|
| | **Faltas** | | **% tempo devido a faltas da aplicação** | | **% tempo devido diretamente a faltas do SO** | | | | |
| **Carga de trabalho** | **% nas aplicações** | **% no SO** | **Faltas inerentes à aplicação** | **Conflitos do SO com aplicações** | **Faltas de instrução do SO** | **Faltas de dados para migração** | **Faltas de dados nas operações em bloco** | **Restante das faltas do SO** | **% tempo de faltas do SO e conflitos da aplicação** |
| Pmake | 47% | 53% | 14,1% | 4,8% | 10,9% | 1,0% | 6,2% | 2,9% | 25,8% |
| Multipgm | 53% | 47% | 21,6% | 3,4% | 9,2% | 4,2% | 4,7% | 3,4% | 24,9% |
| Oracle | 73% | 27% | 25,7% | 10,2% | 10,6% | 2,6% | 0,6% | 2,8% | 26,8% |

**FIGURA B.29** Faltas e tempo gasto nas faltas para aplicações e o sistema operacional.
O sistema operacional aumenta cerca de 25% o tempo de execução da aplicação. Cada processador possui uma cache de instruções de 64 KiB e uma cache de dados de dois níveis com 64 KiB no primeiro nível e 256 KiB no segundo nível; todas as caches são mapeadas diretamente com blocos de 16 bytes. Coletados na estação Silicon Graphics POWER 4D/340, um multiprocessador com quatro processadores R3000 de 33 MHz rodando três cargas de trabalho de aplicação sob um UNIX System V-Pmake, uma compilação paralela de 56 arquivos; Multipgm: o programa numérico paralelo MP3D rodando simultaneamente com Pmake e uma sessão de edição de cinco telas; e Oracle: rodando uma versão restrita do benchmark TP-1 usando o banco de dados Oracle. Dados de Torrellas, Gupta e Hennessy, 1992. Characterizing the caching and synchronization performance of a multiprocessor operating system. Em: Proceedings of the Fifth International Conference on Architectural Support for Programming Languages and Operating Systems (ASPLOS), 12–15 de outubro de 1992, Boston (SIGPLAN Notices 27:9 (setembro)), p. 162–174.

seu endereço virtual. Quando chegou o momento de aumentar os tamanhos de página com os últimos Alphas, os projetistas de sistema operacional se frustraram e o sistema de memória virtual foi revisado para aumentar o espaço de endereços enquanto mantinha a página de 8 KiB.

Os arquitetos de outros computadores observaram taxas de falta de TLB muito altas, e por isso acrescentaram múltiplos tamanhos de página ao TLB. A esperança foi de que os programadores de sistema operacional alocassem na maior página um objeto que fizesse sentido, preservando assim as entradas de TLB. Após uma década de tentativa, a maioria dos sistemas operacionais utiliza essas "superpáginas" somente para funções escolhidas a dedo: mapear a memória de vídeo ou outros dispositivos de E/S ou usar páginas muito grandes para o código de banco de dados.

## B.7 COMENTÁRIOS FINAIS

A dificuldade de se montar um sistema de memória para acompanhar o ritmo dos processadores mais rápidos é enfatizada pelo fato de que o material bruto para a memória principal é o mesmo encontrado no computador mais barato. É o princípio da proximidade que nos ajuda aqui — sua firmeza é demonstrada em todos os níveis da hierarquia da memória nos computadores atuais, de discos a TLBs.

Porém, a latência relativa crescente para a memória, levando centenas de ciclos de clock em 2016, significa que os programadores e projetistas de compilador precisam estar cientes dos parâmetros das caches e TLBs, se quiserem que seus programas funcionem bem.

## B.8 PERSPECTIVAS HISTÓRICAS E REFERÊNCIAS

Na Seção M.3 (disponível on-line), examinamos a história das caches, memória virtual e máquinas virtuais (a seção histórica cobre este apêndice e o Capítulo 3). A IBM desempenha um papel de destaque na história de todas as três. Também estão incluídas referências para leitura adicional.

Referência adicional: Gupta, S. Xiang, P., Yang, Y., Zhou, H., Locality principle revisited: a probability-based quantitative approach. J. Parallel Distrib. Comput. 73 (7), p. 1011–1027.

## EXERCÍCIOS POR AMR ZAKY

**B.1** [10/10/10/15] <B.1> Você está tentando apreciar a importância do princípio da proximidade para justificar o uso de uma memória de cache, e experimenta isso usando um computador com uma cache de dados L1 e uma memória principal (você se concentra exclusivamente nos acessos de dados). As latências (em ciclos de CPU) dos diferentes tipos de acessos são as seguintes: acerto na cache, 1 ciclo; falta na cache, 110 ciclos; acesso à memória principal com a cache desabilitada, 105 ciclos.

   **a.** [10] <B.1> Quando você executa um programa com taxa de falta geral de 3%, qual será o tempo de acesso à memória geral (em ciclos de CPU)?

   **b.** [10] <B.1> Em seguida, você executa um programa projetado especificamente para produzir endereços de dados completamente aleatórios sem proximidade. Para isso, você usa um array de tamanho 1 GB (ele cabe inteiro na memória principal). Acessos a elementos aleatórios desse array são feitos continuamente (usando um gerador uniforme de números aleatórios para gerar os

| Bloco de cache | Conjunto | Via | Blocos de memória possíveis |
|:---:|:---:|:---:|:---:|
| 0 | 0 | 0 | M0, M8, M16, M24 |
| 1 | 1 | 0 | M1, M9, M17, M25 |
| 2 | 2 | 0 | M2, M10, M18, M26 |
| 3 | 3 | 0 | .... |
| 4 | 4 | 0 | .... |
| 5 | 5 | 0 | .... |
| 6 | 6 | 0 | .... |
| 7 | 7 | 0 | M7, M15, M23, M31 |

**FIGURA B.30** Blocos de memória distribuídos para cache mapeada diretamente.

índices de elementos). Se o tamanho de sua cache de dados for de 64 KB, qual será o tempo médio de acesso à memória?

**c.** [10] <B.1> Se você comparar o resultado obtido no item (b) com o tempo de acesso à memória principal quando a cache estiver desabilitada, o que pode concluir sobre o papel do princípio da proximidade para justificar o uso de memória de cache?

**d.** [15] <B.1> Você observou que um acerto na cache produz um ganho de 104 ciclos (1 ciclo *versus* 105), mas produz uma perda de 5 ciclos no caso de uma falta (110 ciclos *versus* 105). No caso geral, podemos expressar essas duas quantidades como G (ganho) e L (perda — *loss*). Usando essas duas quantidades (G e L), identifique a taxa de falta mais alta depois da qual o uso da cache não seria vantajoso.

**B.2** [15/15] <B.1> Para fins deste exercício, consideramos que temos uma cache de 512 bytes com blocos de 64 bytes. Consideramos também que a memória principal tem 2 KB. Podemos considerar a memória como um array de blocos de 64 bytes: M0, M1, ..., M31. A Figura B.30 delineia os blocos de memória que podem residir em diferentes blocos de cache se a cache fosse totalmente associativa.

**a.** [15] <B.1> Mostre o conteúdo da tabela se a cache for organizada como uma cache totalmente associativa.

**b.** [15] <B.1> Repita o item (a) com a cache organizada como a cache associativa por conjunto com quatro vias.

**B.3** [10/10/10/10/15/10/15/20] <B.1> Muitas vezes, a organização da cache é influenciada pelo desejo de reduzir o consumo de energia da cache. Para isso, supomos que a cache é distribuída fisicamente em um array de dados (contendo os dados), array de tags (contendo as tags) e array de substituição (contendo informações necessárias para a política de substituição). Além do mais, cada um desses arrays é distribuído fisicamente em múltiplos subarrays (um por via), que podem ser acessados individualmente. Por exemplo, uma cache associativa por conjunto com quatro vias usada menos recentemente (Least Recently Used — LRU) teria quatro subarrays de dados, quatro subarrays de tags e quatro subarrays de substituição. Nós supomos que os subarrays de substituição são acessados uma vez por acesso quando a política de substituição LRU for usada, e uma vez por falta se a política de substituição primeiro a entrar, primeiro a sair (FIFO) for usada. Isso não é necessário quando se utiliza uma política de substituição aleatória. Para uma cache específica, foi determinado que os acessos aos diferentes arrays têm os seguintes pesos de consumo de energia (Figura B.31):

| Array | Peso do consumo de energia (por via acessada) |
| --- | --- |
| Array de dados | 20 unidades |
| Array de tags | Array de 5 unidades |
| Array de miscelânea | 1 unidade |
| Acesso à memória | 200 unidades |

**FIGURA B.31** Custos do consumo de energia em diferentes operações.

Estime o uso de potência (em unidades de potência) do sistema de memória (cache + memória) para as configurações a seguir. Nós supomos que a cache é associativa por conjunto com quatro vias. Dê resposta para as políticas de substituição LRU, FIFO e aleatória.

a. [10] <B.1> Um acerto na leitura de cache. Todos os arrays são lidos simultaneamente.

b. [10] <B.1> Repita o item (a) para uma falta na leitura de cache.

c. [10] <B.1> Repita o item (a) supondo que o acesso à cache seja dividido entre dois ciclos. No primeiro ciclo, todos os subarrays de tag são acessados. No segundo ciclo, somente o subarray correspondente será acessado.

d. [10] <B.1> Repita o item (c) para uma falta na leitura de cache (não há acessos ao array de dados no segundo ciclo).

e. [15] <B.1> Repita o item (c) supondo que seja adicionada uma lógica para prever a via da cache a ser acessada. Somente o subarray de tags da via prevista é acessado no ciclo um. Um acerto na via (endereços correspondendo na via prevista) implica um acerto na cache. Uma falta na via exige o exame de todos os subarrays de tag no segundo ciclo. No caso de um acerto na via, somente um subarray de dados (aquele em que houve correspondência de tag) é acessado no ciclo dois. Suponha que há um acerto na previsão da via.

f. [10] <B.1> Repita o item (e) supondo que o previsor de via errou (a via que ele escolheu está errada). Quando ele falha, o previsor de via adiciona um ciclo extra no qual ele acessa todos os subarrays de tag. Suponha que a falta no previsor de via seja acompanhada de um acerto na leitura de cache.

g. [15] <B.1> Repita o item (f) supondo uma falta na leitura de cache.

h. [20] <B.1> Use os itens (e), (f) e (g) para o caso geral em que a carga de trabalho tenha as seguintes estatísticas: taxa de falta do previsor de via = 5% e taxa de falta de cache = 3% (considere diferentes políticas de substituição).

Estime o uso de potência (em unidades de potência) do sistema de memória (cache + memória) para as configurações a seguir. Nós supomos que a cache é associativa por conjunto com quatro vias. Dê resposta para as políticas de substituição LRU, FIFO e aleatória.

**B.4** [10/10/15/15/15/20] <B.1> Nós comparamos os requisitos de largura de banda de escrita do write-through em comparação com o write-back usando um exemplo concreto. Vamos supor que temos uma cache de 64 KB com tamanho de linha de 32 bytes. A cache vai alocar uma linha ao ocorrer uma falta na escrita. Se configurada como cache write-back, ela vai realizar o write-back de toda a linha modificada se ela precisar ser substituída. Vamos também supor que a cache seja conectada ao nível inferior na hierarquia através de um barramento com 64 bits (8 bytes) de largura. O número de ciclos de CPU para um acesso de escrita de B bytes neste barramento é

$10+5\lceil\frac{B}{8}-1\rceil$, onde os colchetes representam a função "ceiling" (teto). Por exemplo, uma escrita de 8 bytes leva

# ELSEVIER

Exercícios por Amr Zaky  **B-55**

$10 + 5\left[\frac{8}{8} - 1\right] = 10$ ciclos, enquanto usar a mesma fórmula em uma escrita de 12 bytes levaria 15 ciclos.

Responda às seguintes perguntas consultando o trecho de código C a seguir:

```
... #define PORTION 1
    ...
    base = 8*i;
    for (unsigned int j = base; j < base + PORTION; j++)
//Suponha que j seja armazenado em um registrador
        {
            data[j] = j;
        }
```

**a.** [10] <B.1> Para uma cache write-through, quantos ciclos de CPU são gastos em transferências de escrita para a memória para todas as iterações combinadas do loop j?

**b.** [10] <B.1> Se a cache for configurada como uma cache write-back, quantos ciclos de CPU são gastos no write-back de uma linha de cache?

**c.** [15] <B.1> Mude PORTION para 8 e repita o item (a).

**d.** [15] <B.1> Qual é o número mínimo de atualizações de array para a mesma linha de cache (antes de substituí-la) que tornaria a cache write-back superior?

**e.** [15] <B.1> Pense em um cenário em que todas as palavras da linha de cache serão escritas (não necessariamente usando o código anterior), e uma cache write-through vai precisar de menos ciclos totais de CPU do que a cache write-back.

**B.5** [10/10/10/10] <B.2> Você está construindo um sistema em torno de um processador com execução em ordem que roda a 1,1 GHz e tem CPI de 1,35, excluindo os acessos à memória. As únicas instruções que leem ou escrevem dados na memória são loads (20% de todas as instruções) e stores (10% de todas as instruções). O sistema de memória para esse computador é composto de uma cache L1 dividida, que não impõe penalidade para os acertos. A cache I e a cache D são mapeadas diretamente e contêm 32 KB cada uma. A cache I tem taxa de falta de 2% e blocos de 32 bytes, e a cache D é write-through, com taxa de falta de 5% e blocos de 16 bytes. Existe um buffer de escrita na cache D que elimina stalls para 95% de todas as escritas. A cache L2 write-back e unificada de 512 KB tem blocos de 64 bytes e tempo de acesso de 15 ns. Ela é conectada à cache L1 através de um barramento de dados de 128 bits que roda a 266 MHz e pode transferir uma palavra de 128 bits por ciclo de barramento. De todas as referências de memória enviadas para a cache L2 nesse sistema, 80% são satisfeitas sem ir para a memória principal. Além disso, 50% de todos os blocos substituídos são modificados (dirty). A memória principal, com 128 bits de largura, tem latência de acesso de 60 ns, depois do que qualquer número de palavras no barramento pode ser transferido à taxa de uma palavra por ciclo no barramento de memória principal de 133 MHz, com 128 bits de largura.

**a.** [10] <B.2> Qual é o tempo médio de acesso à memória por acesso de instrução?

**b.** [10] <B.2> Qual é o tempo médio de acesso à memória por leitura de dados?

**c.** [10] <B.2> Qual é o tempo médio de acesso à memória por escrita de dados?

**d.** [10] <B.2> Qual é o CPI geral, incluindo os acessos de memória?

**B.6** [10/15/15] <B.2> Converter a taxa de falta (faltas por referência) em faltas por instrução depende de dois fatores: referências por instrução buscada e a fração de instruções buscadas que realmente são confirmadas.

**a.** [10] <B.2> A fórmula para faltas por instrução na página B-5 é escrita primeiro em termos de três fatores: taxa de falta, acessos à memória e número de instruções. Cada um desses fatores representa eventos reais. O que muda nas faltas de escrita por instrução como tempos de *taxa de falta* vezes o fator *acessos à memória por instrução*?

b. [15] <B.2> Processadores especulativos vão buscar instruções que não são confirmadas. A fórmula para faltas por instrução na página B-5 refere-se a faltas por instrução no caminho de execução, ou seja, somente as instruções que devem realmente ser executadas para realizar o programa. Converta a fórmula para faltas por instrução, naquela que usa somente a taxa de faltas, referências por instrução buscada e fração das instruções buscadas que são confirmadas. Por que depender desses fatores em vez daqueles na fórmula?

c. [15] <B.2> A conversão no item (b) poderia gerar um valor incorreto no sentido de que o valor do fator referências por instrução buscada não é igual ao número de referências para qualquer instrução particular. Reescreva a fórmula do item (b) para corrigir essa deficiência.

**B.7** [20] <B.1, B.3> Em sistemas com cache L1 write-through suportada por uma cache L2 write-back em vez da memória principal, um buffer merging de escrita pode ser simplificado. Explique como isso pode ser feito. Existem situações em que ter um buffer de escrita total (em vez da versão simples que você acabou de propor) poderia ser útil?

**B.8** [5/5/5] <B.3> Queremos observar o seguinte cálculo

$$d_i = a_i + b_i * c_i, \qquad i : (0{:}511)$$

O arranjo físico da memória dos arrays $a$, $b$, $c$ e $d$ é exibido abaixo (cada um tem 512 elementos inteiros com 4 bytes de largura).

Considere uma cache associativa por conjunto com 4 vias de 32 KB, com um tempo de acesso de único ciclo. A penalidade pela falta é de 100 ciclos de CPU/acesso, e esse é o custo de um write-back. A cache é write-back nos acertos e write-allocate nas faltas de cache (Figura B.32).

a. [5] <B.3> Quantos ciclos uma iteração levará se todos os três loads e um único store causarem falta na cache de dados?

b. [5] <B.3> Se o tamanho da linha de cache for 16 bytes, qual é o número médio de ciclos que uma iteração média levará? (Dica: Proximidade espacial!)

c. [5] <B.3> Se o tamanho da linha de cache for 64 bytes, qual é o número médio de ciclos que uma iteração média levará?

d. Se a cache for mapeada diretamente e seu tamanho for reduzido para 2048 bytes, qual é o número médio de ciclos que uma iteração média levará?

**B.9** [20] <B.3> Aumentar a associatividade de uma cache (com os demais parâmetros mantidos constantes), reduz estatisticamente a taxa de falta. Entretanto, pode haver casos patológicos em que aumentar a associatividade de uma cache vai aumentar a taxa de falta para uma carga de trabalho particular.

| Endereço da memória em bytes | Conteúdo |
|---|---|
| 0–2047 | Array $a$ |
| 2048–4095 | Array $b$ |
| 4096–6143 | Array $c$ |
| 6144–8191 | Array $d$ |

**FIGURA B.32** Arranjo físico dos arrays na memória.

Considere o caso do mapeamento direto em comparação com uma cache associativa por conjunto com duas vias de tamanho igual. Considere que a cache associativa por conjunto usa a política de substituição LRU. Para simplificar, suponha que o tamanho de bloco seja uma palavra. Agora mostre a sequência de acessos de palavra que vai produzir mais faltas na cache associativa com duas vias.

(Dica: Concentre-se em construir uma sequência de acessos que sejam direcionados exclusivamente a um único conjunto da cache associativa por conjunto de duas vias, de tal modo que a mesma sequência acesse exclusivamente dois blocos na cache mapeada diretamente.)

**B.10** [10/10/15] <B.3> Considere uma hierarquia de memória de dois níveis composta de caches de dados L1 e L2. Suponha que as duas caches usem a política write-back em um acerto na escrita e que as duas tenham o mesmo tamanho de bloco. Liste as ações realizadas em resposta aos seguintes eventos:

**a.** [10] <B.3> Uma falta na cache L1 quando as caches são organizadas em uma hierarquia inclusiva.

**b.** [10] <B.3> Uma falta na cache L1 quando as caches são organizadas em uma hierarquia exclusiva.

**c.** [15] <B.3> Nos itens (a) e (b), considere a possibilidade de que a linha retirada pode ser não modificada ou modificada.

**B.11** [15/20] <B.2, B.3> Impedir algumas instruções de entrar na cache pode reduzir as faltas por conflito.

**a.** [15] <B.3> Esboce uma hierarquia de programa em que é melhor impedir que partes do programa entrem na cache de instruções. (Dica: Considere um programa com blocos de código que são colocados em ninhos de loop mais profundos do que outros blocos.)

**b.** [20] <B.2, B.3> Sugira técnicas de software ou hardware para implantar a exclusão de certos blocos da cache de instruções.

**B.12** [5/15] <B.3> Embora caches maiores tenham taxas de perda mais baixas, elas também costumam ter tempos de acerto maiores.

**a.** Suponha que uma cache de mapeamento direto com 8 KB tenha 0,22 ns de tempo de acerto e taxa de falta m1; considere também que uma cache associativa com 4 vias de 64 KB tenha 0,52 ns de tempo de acerto e uma taxa de falta m2.

**b.** [5] <B.3> Se a penalidade por perda for 100 ns, quando seria vantajoso usar a cache menor para reduzir o tempo de acesso geral à memória?

**c.** [15] <B.3> Repita o item (a) para penalidades por perda de 10 e 1000 ciclos. Conclua quando poderia ser vantajoso usar uma cache menor.

**B.13** [15] <B.4> Um programa está sendo executado em um computador com um translation lookaside buffer (TLB) totalmente associativo (micro) de quatro entradas (Figura B.33):

| VP# | PP# | Entrada válida |
|-----|-----|----------------|
| 5   | 30  | 1              |
| 7   | 1   | 0              |
| 10  | 10  | 1              |
| 15  | 25  | 1              |

**FIGURA B.33** Conteúdo da TLB (Problema B.12).

| Índice de página virtual | N.° da página física | Presente |
|:---:|:---:|:---:|
| 0 | 3 | S |
| 1 | 7 | N |
| 2 | 6 | N |
| 3 | 5 | S |
| 4 | 14 | S |
| 5 | 30 | S |
| 6 | 26 | S |
| 7 | 11 | S |
| 8 | 13 | N |
| 9 | 18 | N |
| 10 | 10 | S |
| 11 | 56 | S |
| 12 | 110 | S |
| 13 | 33 | S |
| 14 | 12 | N |
| 15 | 25 | S |

**FIGURA B.34** Conteúdo da tabela de página.

| Página virtual acessada | TLB (acerto ou falta) | Tabela de página (acerto ou falta) |
|:---:|:---:|:---:|
| 1 | | |
| 5 | | |
| 9 | | |
| 14 | | |
| 10 | | |
| 6 | | |
| 15 | | |
| 12 | | |
| 7 | | |
| 2 | | |

**FIGURA B.35** Sequência de acesso à página.

O que mostramos a seguir é a sequência de números de página virtual acessados por um programa. Para cada acesso, indique se ele produz um acerto/falta no TLB e, se ele acessar a tabela da página, se produz um acerto ou falta na página. Faça um X na coluna da tabela de página se ela não for acessada (Figuras B.34 e B.35).

**B.14** [15/15/15/15] <B.4> Alguns sistemas de memória lidam com faltas TLB no software (como exceção), enquanto outros usam hardware para faltas de TLB.

**a.** [15] <B.4> Quais são os trade-offs entre esses dois métodos de lidar com as faltas TLB?

**b.** [15] <B.4> O tratamento das faltas TLB no software será sempre mais lento do que tratar as faltas TLB por hardware? Explique.

**c.** [15] <B.4> Existem estruturas de tabela de página que seriam difíceis de tratar no hardware, mas que são possíveis no software? Existem estruturas que seriam difíceis de o software tratar, porém fáceis para o hardware?

**d.** [15] <B.4> Por que as taxas de falta TLB para programas de ponto flutuante são geralmente mais altas do que aquelas para programas de inteiros?

**B.15** [20/20] <B.5> É possível proporcionar uma proteção mais flexível que a da arquitetura Intel Pentium usando um esquema de proteção semelhante ao usado na arquitetura Precision da Hewlett-Packard (HP/PA). Em um esquema assim, cada entrada da tabela de página contém uma "ID de proteção" (chave) juntamente com os direitos de acesso para a página. Em cada referência, a CPU compara a ID de proteção na entrada da tabela de página com aquelas armazenadas em cada um dos quatro registradores de ID de proteção (o acesso a esses registradores requer que a CPU esteja em modo de supervisor). Se não houver correspondência para a ID de proteção na entrada da tabela de página ou se o acesso não for um acesso permitido (escrever em uma página somente para leitura, por exemplo), será gerada uma exceção.

**a.** [20] <B.5> Explique como esse modelo poderia ser usado para facilitar a construção de sistemas operacionais a partir de trechos de código relativamente pequenos que não possam se sobrescrever um ao outro (microkernels). Que vantagens tal sistema operacional poderia ter sobre um sistema operacional monolítico no qual qualquer código no SO pode escrever em qualquer local da memória?

**b.** [20] <B.5> Uma simples mudança de projeto para esse sistema permitiria duas IDs de proteção para cada entrada de tabela de página, uma para acessos de leitura e outra para acessos de escrita ou execução (o campo não será usado, se nem o bit de escrita nem o bit execução estiverem setados). Que vantagens poderia haver em ter diferentes IDs de proteção para os recursos de leitura e escrita? (Dica: Isso poderia tornar mais fácil compartilhar dados e código entre processos?)

# APÊNDICE C

# Pipelining: conceitos básicos e intermediários

Esse é bem um problema dos três cachimbos.[1]

Sir Arthur Conan Doyle, As aventuras de Sherlock Holmes

C.1 Introdução.................................................................................................C-1

C.2 O principal obstáculo do pipelining — hazards do pipeline.........................C-9

C.3 Como o pipelining é implementado?..........................................................C-22

C.4 O que torna o pipelining difícil de implementar?........................................C-32

C.5 Estendendo o pipeline de inteiros do RISC-V para lidar com operações multiciclos.................C-39

C.6 Juntando tudo: o pipeline MIPS R4000 ....................................................C-48

C.7 Questões cruzadas....................................................................................C-55

C.8 Falácias e armadilhas ..............................................................................C-60

C.9 Comentários finais ..................................................................................C-60

C.10 Perspectivas históricas e referências .......................................................C-61

Exercícios atualizados por Diana Franklin ........................................................C-61

## C.1 INTRODUÇÃO

Muitos leitores deste apêndice já devem ter visto os fundamentos do pipelining em outro lugar (como em nosso texto mais básico, *Organização e projeto de computador*), em outro curso. Como o Capítulo 3 trabalha bastante com esse material, antes de prosseguir os leitores deverão garantir que estejam familiarizados com os conceitos discutidos aqui. Ao ler o Capítulo 3, você poderá achar útil voltar a este material para fazer uma rápida revisão.

Iniciamos o apêndice com os fundamentos do pipelining, incluindo a discussão sobre implicações do datapath, uma introdução sobre hazards e o exame do desempenho dos pipelines. Esta seção descreve o pipeline RISC básico em cinco estágios, que é a base para o restante do apêndice. A Seção C.2 descreve a questão dos hazards, por que eles causam problemas de desempenho e como podem ser tratados. A Seção C.3 discute como o pipeline simples em cinco estágios é realmente implementado, enfocando o controle e o modo como os hazards são tratados.

A Seção C.4 analisa a interação entre o pipelining e diversos aspectos do projeto do conjunto de instruções, incluindo uma discussão dos tópicos importantes das exceções e sua interação com o pipelining. Os leitores não familiarizados com os conceitos das interrupções precisas e imprecisas e a retomada após as exceções acharão esse material útil, pois são a chave para entender as técnicas mais avançadas do Capítulo 3.

---

[1] **Nota da Tradução:** *Three-pipe problem*: trocadilho em inglês com a palavra *pipe*, também usada em *pipeline*.

A Seção C.5 mostra como o pipeline de cinco estágios pode ser estendido para lidar com instruções de ponto flutuante, que têm maior duração. A Seção C.6 reúne esses conceitos em um estudo de caso de um processador com pipeline de maior profundidade, o MIPS R4000/4400, que inclui o pipeline de inteiros com oito estágios e o pipeline de ponto flutuante. O MIPS R40000 é semelhante a um processador embarcado de emissão simples, como o ARM Cortex-A5, que foi disponibilizado em 2010, e foi usado em diversos smartphones e tablets.

A Seção C.7 introduz o conceito de escalonamento dinâmico e o uso de scoreboards para implementar o escalonamento dinâmico. Ele é apresentado como uma questão cruzada, pois pode ser usado para servir de introdução aos conceitos centrais do Capítulo 3, que enfocou as técnicas escalonadas dinamicamente. A Seção C.7 também é uma breve introdução ao algoritmo de Tomasulo mais complexo, abordado no Capítulo 3. Embora o algoritmo de Tomasulo possa ser abordado e entendido sem a introdução ao scoreboarding, a técnica de scoreboarding é mais simples e mais fácil de compreender.

## O que é pipelining?

*Pipelining* é uma técnica de implementação na qual várias instruções são sobrepostas na execução; ela tira proveito do paralelismo que existe entre as ações necessárias para executar uma instrução. Hoje, o pipelining é a principal técnica de implementação usada para tornar as os processadores rápidos, e até mesmo processadores que custam menos de um dólar utilizam essa técnica.

Um pipeline é como uma linha de montagem. Em uma linha de montagem de automóveis, existem muitas etapas, cada qual contribuindo com algo para a construção do carro. Cada etapa opera em paralelo com as demais, embora para carros diferentes. Em um pipeline de computador, cada etapa completa uma parte de uma instrução. Assim como a linha de montagem, diferentes etapas completam diferentes partes de diferentes instruções em paralelo. Cada uma dessas etapas é chamada *estágio de pipe* ou *segmento de pipe*. Os estágios são conectados um ao outro para formar uma pipe — instruções entram em uma ponta, prosseguem pelos estágios e saem na outra ponta, assim como aconteceria com os carros em uma linha de montagem.

Em uma linha de montagem de automóveis, o *throughput* é definido como o número de carros por hora e determinado pela frequência com que um carro completo sai da linha de montagem. Da mesma forma, o throughput de um pipeline de instruções é determinado pela frequência com que uma instrução sai do pipeline. Como os estágios de pipe são conectados, todos os estágios precisam estar prontos para prosseguir ao mesmo tempo, exatamente como ocorreria em uma linha de montagem. O tempo exigido entre acionar uma instrução e um passo no pipeline é chamado *ciclo do processador*. Como todas as etapas ocorrem ao mesmo tempo, a extensão de um ciclo do processador é determinada pelo tempo exigido para o estágio de pipe mais lento, assim como em uma linha de montagem de automóveis a etapa mais longa determinaria o tempo de avanço na fila. Em um computador, esse ciclo de processador normalmente é quase sempre um ciclo de um clock.

O objetivo do projetista do pipeline é balancear o tamanho de cada estágio do pipeline, assim como o projetista da linha de montagem tenta balancear o tempo para cada etapa no processo. Se os estágios estiverem perfeitamente balanceados, o tempo por instrução no processador com pipeline, considerando condições ideais, será igual a

$$\frac{\text{Tempo por instrução na máquina sem pipeline}}{\text{Número de estágios de pipe}}$$

Sob essas condições, o ganho de velocidade do pipelining é igual ao número de estágios de pipe, assim como uma linha de montagem com $n$ estágios pode produzir carros, de modo ideal, *n* vezes mais rápido. Porém, normalmente, os estágios não serão perfeitamente balanceados; além do mais, o pipelining envolve algum overhead. Assim, o tempo por instrução no processador em pipeline não terá seu valor mínimo possível, embora possa ser próximo.

O pipelining gera uma redução no tempo médio de execução por instrução. Se o ponto de partida for um processador que gasta múltiplos ciclos de clock por instrução, o então o pipelining reduz o CPI. Esta é a principal visão que teremos.

O pipelining é uma técnica de implementação que explora o paralelismo entre as instruções em um fluxo sequencial de instruções. Ele tem a vantagem substancial — diferentemente de algumas técnicas de ganho de velocidade (ver Capítulo 4) — de não ser visível ao programador.

### Fundamentos de um conjunto de instruções RISC-V

Por todo este livro, usamos uma arquitetura RISC-V (Reduced Instruction Set Computer) ou uma arquitetura load-store para ilustrar os conceitos básicos. Quase todas as ideias que introduzimos neste livro se apliquem a outros processadores, mas a implementação pode ser muito mais complicada com instruções complexas. Nesta seção, apresentamos o núcleo de uma arquitetura RISC-V típica; veja uma descrição completa no Capítulo 1. Embora usemos o RISC-V, os conceitos são muito parecidos e se aplicarão a qualquer RISC, incluindo as arquiteturas de núcleo do ARM e MIPS. Todas as arquiteturas RISC são caracterizadas por algumas propriedades-chave:

- Todas as operações sobre dados se aplicam aos dados nos registradores e normalmente mudam o registrador inteiro (32 ou 64 bits por registrador).
- As únicas operações que afetam a memória são operações de carregamento (load) e armazenamento (store) que movem dados da memória para um registrador ou de um registrador para a memória, respectivamente. Operações de load e store que carregam e armazenam menos do que um registrador inteiro (por exemplo, um byte, 16 bits ou 32 bits) normalmente estão disponíveis.
- Os formatos de instrução são poucos, e todas as instruções normalmente são do mesmo tamanho. No RISC-V, os especificadores de registrador rs1, rs2 e rd estão sempre no mesmo lugar, simplificando o controle.

Essas propriedades simples ocasionam simplificações drásticas na implementação do pipelining, que é o motivo desses conjuntos de instruções terem sido projetados dessa maneira. O Capítulo 1 contém uma descrição completa da ISA do RISC-V, e estamos supondo que o leitor já leu o Capítulo 1.

## Uma implementação simples de um conjunto de instruções RISC

Para entender como um conjunto de instruções RISC pode ser implementado em um padrão de pipeline, precisamos entender como ele é implementado *sem* o pipelining. Esta seção mostra uma implementação simples, em que cada instrução utiliza no máximo cinco ciclos de clock. Estenderemos essa implementação básica a uma versão em pipeline, resultando em um CPI muito menor. Nossa implementação sem pipeline não é a mais econômica ou a implementação de mais alto desempenho sem o pipelining. Em vez disso, ela foi projetada para levar naturalmente a uma implementação em pipeline. A implementação do conjunto de instruções exige a introdução de vários registradores temporários que não fazem parte da arquitetura; estes são introduzidos nesta seção para simplificar o pipelining. Nossa implementação enfocará apenas um pipeline para um subconjunto inteiro de uma arquitetura RISC, que consiste em load-store de palavra, desvio e operações com inteiros na ALU.

# APÊNDICE C:  Pipelining: conceitos básicos e intermediários

Cada instrução nesse subconjunto RISC pode ser implementada em, no máximo, cinco ciclos de clock. Os cinco ciclos de clock são os seguintes:

1. *Ciclo de busca de instrução* (Instruction Fetch — IF):

   Envia o contador de programa (PC — Program Counter) à memória e busca a instrução atual a partir da memória. Atualiza o PC para a próxima instrução sequencial somando 4 (pois cada instrução utiliza 4 bytes) ao PC.

2. *Ciclo de decodificação de instrução/busca do registrador* (Instruction Decode — ID):

   Decodifica a instrução e lê os registradores correspondentes aos especificadores de registradores, do banco de registradores (register file). Testa a igualdade nos registradores à medida que eles forem lidos, para um possível desvio. Estende o campo de offset da instrução com o valor do sinal, caso seja necessário. Calcula o possível endereço de destino do desvio somando o offset estendido com o valor do sinal ao PC incrementado.

   A decodificação é feita em paralelo com a leitura dos registradores, o que é possível porque os especificadores de registradores ficam em um local fixo em uma arquitetura RISC. Essa técnica é conhecida como *decodificação de campo fixo*. Observe que podemos ler um registrador que não iremos usar, o que não ajuda mas também não atrapalha o desempenho. (Isso desperdiça energia para ler um registrador desnecessário, e os projetos sensíveis à potência poderão evitar isso.) Para loads e operações imediatas com a ALU, o campo imediato está sempre no mesmo lugar, e por isso podemos facilmente estendê-lo com o sinal. (Para ter uma implementação mais completa do RISC-V, precisaríamos calcular dois valores diferentes com sinal estendido, pois o campo imediato para store está em um local diferente.)

3. *Ciclo de execução/endereço efetivo* (EX):

   A ALU opera sobre os operandos preparados no ciclo anterior, realizando uma das quatro funções a seguir, dependendo do tipo de instrução:
   - Referência de memória: a ALU soma o registrador de base e o offset para formar o endereço efetivo.
   - Instrução da ALU Registrador-Registrador: a ALU realiza a operação especificada pelo opcode da ALU sobre os valores lidos do banco de registradores.
   - Instrução da ALU Registrador-Imediato: a ALU realiza a operação especificada pelo opcode da ALU sobre o primeiro valor lido do banco de registradores e o imediato com sinal estendido.
   - Desvio condicional: determina se a condição é verdadeira.

   Em uma arquitetura load-store, o endereço efetivo e os ciclos de execução podem ser combinados em um único ciclo de clock, pois nenhuma instrução precisa calcular simultaneamente um endereço de dados e realizar uma operação sobre os dados.

4. *Acesso à memória* (MEM):

   Se a instrução for um load, a memória faz uma leitura usando o endereço efetivo calculado no ciclo anterior. Se for um store, a memória escreve os dados do segundo registrador lido do banco de registradores usando o endereço efetivo.

5. *Ciclo de write-back* (WB):

   - Instrução da ALU Registrador-Registrador ou instrução load:

   Escreve o resultado no banco de registradores, venha ele do sistema de memória (para um load) ou da ALU (para uma instrução da ALU).

| Número da instrução | Número do clock | | | | | | | | |
|---|---|---|---|---|---|---|---|---|---|
| | 1 | 2 | 3 | 4 | 5 | 6 | 7 | 8 | 9 |
| Instrução $i$ | IF | ID | EX | MEM | WB | | | | |
| Instrução $i + 1$ | | IF | ID | EX | MEM | WB | | | |
| Instrução $i + 2$ | | | IF | ID | EX | MEM | WB | | |
| Instrução $i + 3$ | | | | IF | ID | EX | MEM | WB | |
| Instrução $i + 4$ | | | | | IF | ID | EX | MEM | WB |

**FIGURA C.1** Pipeline RISC simples.
A cada ciclo de clock, outra instrução é lida e inicia sua execução em cinco ciclos. Se uma instrução for iniciada a cada ciclo de clock, o desempenho será até cinco vezes o de um processador sem pipeline. Os nomes para os estágios no pipeline são iguais aos usados para os ciclos na implementação sem pipeline: IF = instruction fetch (busca de instrução), ID = instruction decode (decodificação de instrução), EX = execução, MEM = acesso à memória e WB = write-back.

Nessa implementação, as instruções de desvio exigem três ciclos, as instruções store exigem quatro ciclos e todas as outras instruções exigem cinco ciclos. Considerando uma frequência de desvio de 12% e uma frequência de store de 10%, uma distribuição de instrução típica leva a um CPI geral de 4,66. Porém, essa implementação não é ideal para conseguir o melhor desempenho nem no uso da quantidade mínima de hardware, dado o nível de desempenho; deixaremos a melhoria desse projeto como exercício para você e enfocaremos o pipelining nessa versão.

## O pipeline clássico de cinco estágios para um processador RISC

Podemos usar o pipeline para a execução descrita quase sem mudanças, simplesmente iniciando uma nova instrução em cada ciclo de clock (é por isso que escolhemos esse projeto!). Cada um dos ciclos de clock da seção anterior se torna um *estágio de pipe* — um ciclo no pipeline. Isso resulta no padrão de execução mostrado na Figura C.1, que é a representação típica de uma estrutura de pipeline. Embora cada instrução utilize cinco ciclos de clock para ser concluída, durante cada ciclo de clock o hardware iniciará uma nova instrução e estará executando alguma parte das cinco instruções diferentes.

Podemos achar difícil acreditar que o pipelining seja tão simples, e não é. Nesta e nas próximas seções, tornaremos nosso pipeline RISC "real", tratando dos problemas que o pipelining introduz.

Para começar, temos que determinar o que acontece em cada ciclo de clock do processador e nos certificar de não tentarmos realizar duas operações diferentes com o mesmo recurso do datapath no mesmo ciclo de clock. Por exemplo, uma única ALU não pode ser solicitada a calcular um endereço efetivo e realizar uma operação de subtração ao mesmo tempo. Assim, temos que garantir que a sobreposição de instruções no pipeline não cause tal conflito. Felizmente, a simplicidade de um conjunto de instruções RISC torna a avaliação de recurso relativamente fácil. A Figura C.2 mostra uma versão simplificada de um datapath RISC, desenhado na forma de pipeline. Como você pode ver, as principais unidades funcionais são usadas em ciclos diferentes, por isso a sobreposição da execução de múltiplas instruções introduz relativamente poucos conflitos. Existem três observações em que esse fato se baseia.

Primeiro, usamos memórias separadas para instruções e dados, o que normalmente implementaríamos com caches de instruções e dados separadas (discutido no Capítulo 2). O uso de caches separadas elimina um conflito para uma única memória, que surgiria entre a busca da instrução e o acesso à memória de dados. Observe que, se o seu proces-

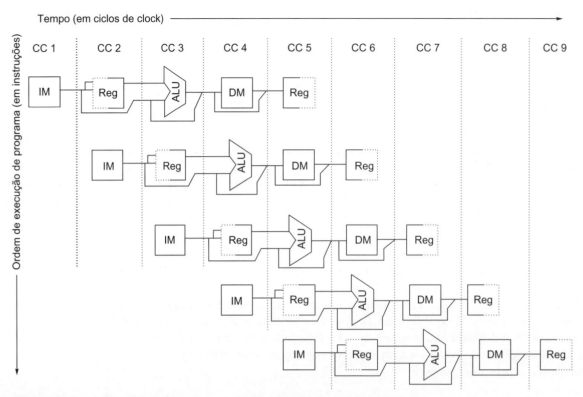

**FIGURA C.2** O pipeline pode ser imaginado como uma série de datapaths deslocados no tempo.
A figura mostra a sobreposição entre as partes do datapath, com o ciclo de clock 5 (CC 5) mostrando a situação de estado fixo. Como o banco de registradores é usado como uma fonte no estágio ID e como um destino no estágio WB, ele aparece duas vezes. Mostramos que ele é lido em uma parte do estágio e escrito em outra usando uma linha sólida, à direita ou à esquerda, respectivamente, e uma linha tracejada no outro lado. A abreviação IM é usada para Instruction Memory (memória de instrução), DM para Data Memory (memória de dados) e CC para ciclo de clock.

sador com pipeline tiver um ciclo de clock igual ao da versão sem pipeline, o sistema de memória precisará oferecer cinco vezes a largura de banda. Essa demanda aumentada é um custo do desempenho mais alto.

Segundo, o banco de registradores é usado nos dois estágios: um para leitura em ID e um para escrita em WB. Esses usos são distintos, de modo que simplesmente mostramos o banco de registradores em dois locais. Logo, precisamos realizar duas leituras e uma escrita a cada ciclo de clock. Para lidar com duas leituras e uma escrita para o mesmo registrador (e por outro motivo, que se tornará óbvio em breve), realizamos a escrita do registrador na primeira metade do ciclo de clock e a leitura na segunda metade.

Terceiro, a Figura C.2 não lida com o PC. Para iniciar uma nova instrução a cada clock, temos que incrementar e armazenar o PC a cada clock, e isso precisa ser feito durante o estágio de IF em preparação para a próxima instrução. Além do mais, também precisamos ter um somador para calcular o alvo do desvio em potencial durante o estágio ID. Outro problema é que precisamos da ALU no estágio ALU para avaliar a condição do desvio. Na realidade, não precisamos realmente de uma ALU completa para avaliar a comparação entre dois registradores, mas precisamos do suficiente da função que precisa ocorrer nesse estágio do pipeline.

Embora seja fundamental garantir que as instruções no pipeline não tentem usar os recursos de hardware ao mesmo tempo, também temos que assegurar que as instruções em diferentes estágios do pipeline não interfiram umas nas outras. Essa separação é feita

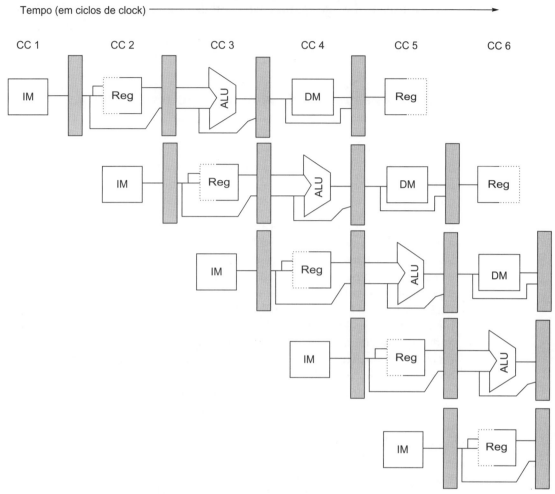

**FIGURA C.3** Pipeline mostrando os registradores de pipeline entre os sucessivos estágios de pipeline.
Observe que os registradores impedem a interferência entre duas instruções diferentes em estágios adjacentes no pipeline. Os registradores também desempenham o papel crítico de transportar dados para determinada instrução de um estágio para o outro. A propriedade "sensível à borda" dos registradores — ou seja, os valores mudam instantaneamente em uma borda de clock — é crítica. Caso contrário, os dados de uma instrução poderiam interferir na execução de outra!

com a introdução de *registradores de pipeline* entre os estágios sucessivos do pipeline, de modo que, ao final de um ciclo de clock, todos os resultados de determinado estágio sejam armazenados em um registrador que é usado como entrada para o estágio seguinte no próximo ciclo de clock. A Figura C.3 mostra o pipeline desenhado com esses registradores de pipeline.

Embora muitas figuras omitam tais registradores para simplificar, eles são necessários para que o pipeline opere corretamente e precisam estar presentes. Naturalmente, registradores semelhantes seriam necessários até mesmo em um datapath multiciclos que não tivesse pipelining (pois somente os valores nos registradores são preservados entre os limites de clock). No caso de um processador com pipeline, os registradores de pipeline também desempenham o papel-chave de transportar resultados intermediários de um estágio para outro, onde a origem e o destino podem não ser diretamente adjacentes. Por exemplo, o valor do registrador a ser armazenado durante uma instrução load é lido durante o ID, mas não é realmente utilizado antes do MEM; ele é passado por dois registradores de pipeline para alcançar a memória de dados durante o estágio MEM. De modo semelhante, o resultado de uma instrução com a

# APÊNDICE C: Pipelining: conceitos básicos e intermediários

ALU é calculado durante EX, mas não é realmente armazenado antes de WB; ele chega lá pela passagem por dois registradores de pipeline. Às vezes é útil nomear os registradores de pipeline, e seguimos a convenção de nomeá-los pelos estágios de pipeline a que se conectam, de modo que os registradores são chamados IF/ID, ID/EX, EX/MEM e MEM/WB.

## Questões básicas de desempenho no pipelining

O pipelining aumenta o throughput de instruções da CPU — número de instruções completadas por unidade de tempo —, mas não reduz o tempo de execução de uma instrução individual. Na verdade, em geral ele aumenta ligeiramente o tempo de execução de cada instrução, devido ao overhead no controle do pipeline. O aumento no throughput da instrução significa que um programa roda mais rápido e possui tempo de execução total menor, embora nenhuma instrução isolada seja mais rápida!

O fato de que o tempo de execução de cada instrução não diminui coloca limites sobre a profundidade prática de um pipeline, conforme veremos na próxima seção. Além das limitações que surgem da latência do pipeline, os limites surgem do desequilíbrio entre os estágios de pipe e do overhead do pipelining. O desequilíbrio entre os estágios de pipe reduz o desempenho, pois o clock pode não executar mais rápido do que o tempo necessário para o estágio de pipeline mais lento. O overhead do pipeline surge da combinação do atraso de registrador de pipeline e do clock skew. Os registradores de pipeline aumentam o tempo de setup, que é o tempo que uma entrada de um registrador precisa estar estável antes que ocorra o sinal de clock que dispare uma escrita mais o atraso de propagação para o ciclo de clock. O clock skew, que é o atraso máximo entre a chegada do clock a dois registradores quaisquer, também contribui para um limite menor no ciclo de clock. Quando o ciclo de clock é tão pequeno quanto a soma do clock skew e o overhead do latch, nenhum outro pipelining é útil, pois não existe tempo restante no ciclo para um trabalho útil. O leitor interessado deverá consultar Kunkel e Smith (1986).

**Exemplo**      Considere o processador sem pipeline da seção anterior. Suponha que ele tenha um clock de 4 GHz (ou um ciclo de clock de 0,5 ns) e que use quatro ciclos para as operações da ALU e desvios, e cinco ciclos para operações com a memória. Suponha também que as frequências relativas dessas operações sejam 40%, 20% e 40%, respectivamente. Suponha ainda que, devido ao clock skew e ao setup, o pipelining do processador acrescente 0,1 ns de overhead ao clock. Ignorando qualquer impacto na latência, quanto ganho de velocidade na taxa de execução da instrução obteremos com um pipeline?

**Resposta**      O tempo médio de execução de uma instrução no processador sem pipeline é

$$\text{Tempo médio de execução da instrução} = \text{Ciclo de clock} \times \text{CPI médio}$$
$$= 0,5 \, \text{ns} \times [(40\% + 20\%) \times 4 + 40\% \times 5]$$
$$= 0,5 \, \text{ns} \times 4,4$$
$$= 2,2 \, \text{ns}$$

Na implementação com pipeline, o clock precisa rodar na velocidade do estágio mais lento mais o overhead, que será 0,5 + 0,1 ou 0,6 ns; esse é o tempo médio de execução da instrução. Assim, o ganho de velocidade advindo do pipelining é

$$\text{Ganho de velocidade do pipeline} = \frac{\text{Tempo médio de instrução sem pipeline}}{\text{Tempo médio de instrução com pipeline}}$$
$$= \frac{2,2 \, \text{ns}}{0,6 \, \text{ns}} = 3,7 \, \text{vezes}$$

O overhead de 0,1 ns basicamente estabelece um limite sobre a eficácia do pipelining. Se o overhead não for afetado pelas mudanças no ciclo de clock, a lei de Amdahl nos diz que o overhead limita o ganho de velocidade.

ELSEVIER                    C.2   O principal obstáculo do pipelining — hazards do pipeline   **C-9**

Esse pipeline RISC simples funcionaria muito bem para instruções de inteiros se cada instrução fosse independente de outra no pipeline. Na realidade, as instruções no pipeline podem depender umas das outras; esse é o assunto da próxima seção.

## C.2   O PRINCIPAL OBSTÁCULO DO PIPELINING — HAZARDS DO PIPELINE

Existem situações, chamadas *hazards* (ou *riscos*), que impedem que a próxima instrução no fluxo de instruções seja executada durante seu ciclo de clock designado. Os hazards reduzem o desempenho do ganho de velocidade ideal obtido pelo pipelining. Existem três classes de hazards:

1.  *Hazards estruturais* surgem de conflitos de recursos quando o hardware não pode aceitar todas as combinações possíveis de instruções simultaneamente em execução sobreposta. Nos processadores modernos, os hazards estruturais ocorrem principalmente em unidades funcionais de finalidade especial que são usadas com menos frequência (como divisões de ponto flutuante ou outras instruções complexas de longa duração). Eles não são um fator importante para o desempenho, supondo que os programadores e os projetistas de compiladores estejam cientes do menor throughput dessas instruções. Em vez de gastar mais tempo neste caso pouco frequente, concentramo-nos nos dois outros hazards que são muito mais frequentes.
2.  *Hazards de dados* surgem quando uma instrução depende dos resultados de uma instrução anterior de uma maneira que é exposta pela sobreposição de instruções no pipeline.
3.  *Hazards de controle* surgem no pipelining de desvios e outras instruções que mudam o PC.

Os hazards nos pipelines podem tornar necessário um *stall* no pipeline. Evitar um hazard normalmente exige que algumas instruções no pipeline tenham permissão para prosseguir, enquanto outras são adiadas. Para os pipelines que discutimos neste apêndice, quando uma instrução sofre um stall, todas as instruções despachadas *depois* da instrução com stall — e, portanto, não tão longe no pipeline — também são adiadas. As instruções despachadas *antes* da instrução com stall — e, portanto, mais distantes no pipeline — precisam continuar, pois de outra forma o hazard nunca será limpo. Como resultado, nenhuma instrução nova é apanhada durante o stall. Nesta seção veremos diversos exemplos de como os stalls do pipeline operam — mas não se preocupe, eles não são tão complexos quanto parecem!

### Desempenho dos pipelines com stalls

Um stall faz com que o desempenho do pipeline fique menor do que o desempenho ideal. Vejamos uma equação simples para descobrir o ganho de velocidade real advindo do pipelining, começando com a fórmula da seção anterior:

$$\text{Ganho de velocidade do pipeline} = \frac{\text{Tempo médio de instrução sem pipeline}}{\text{Tempo médio de instrução com pipeline}}$$

$$= \frac{\text{CPI sem pipeline} \times \text{Ciclo de clock sem pipeline}}{\text{CPI com pipeline} \times \text{Ciclo de clock com pipeline}}$$

O pipelining pode ser considerado como diminuindo o CPI ou o tempo de ciclo de clock. Como é tradicional usar o CPI para comparar os pipelines, vamos começar com essa suposição. O CPI ideal em um processador com pipeline é quase sempre 1. Logo, podemos calcular o CPI com pipeline:

$$\text{CPI com pipeline} = \text{CPI ideal} + \text{Ciclos de clock de stall do pipeline por instrução}$$
$$= 1 + \text{Ciclos de clock de stall do pipeline por instrução}$$

Se ignorarmos o overhead do tempo de ciclo do pipelining e assumirmos que os estágios estão perfeitamente balanceados, o tempo de ciclo dos dois processadores pode ser igual, levando a

$$\text{Ganho de velocidade} = \frac{\text{CPI sem pipeline}}{1 + \text{Ciclos de stall do pipeline por instrução}}$$

Um caso simples importante é aquele em que todas as instruções utilizam o mesmo número de ciclos, que também precisa ser igual ao número de estágios de pipeline (também chamado *profundidade do pipeline*). Nesse caso, o CPI sem pipeline é igual à profundidade do pipeline, levando a

$$\text{Ganho de velocidade} = \frac{\text{Profundidade do pipeline}}{1 + \text{Ciclos de stall do pipeline por instrução}}$$

Se não houver stalls no pipeline, isso levará ao resultado intuitivo de que o pipelining pode melhorar o desempenho pela profundidade do pipeline.

## Hazards de dados

Um efeito importante do pipelining é alterar os tempos relativos das instruções sobrepondo sua execução. Essa sobreposição introduz hazards de dados e controle. Os hazards de dados ocorrem quando o pipeline muda a ordem de acessos de leitura/escrita para os operandos, de modo que a ordem difere da ordem vista pela execução sequencial das instruções em um processador sem pipeline. Suponha que a instrução $i$ ocorre na ordem do programa antes da instrução $j$ e as duas instruções usem o registrador $x$, de modo que existem três tipos diferentes de hazards que podem ocorrer entre $i$ e $j$:

1. Hazard Read After Write (RAW). Este é o tipo mais comum, que ocorre quando uma leitura do registrador $x$ pela instrução $j$ ocorre antes da escrita do registrador $x$ pela instrução $i$. Se esse hazard não fosse evitado, a instrução $j$ usaria o valor errado de $x$.
2. Hazard Write After Read (WAR). Este hazard ocorre quando a leitura do registrador $x$ pela instrução $i$ ocorre depois de uma escrita do registrador $x$ pela instrução $j$. Neste caso, a instrução $i$ usaria o valor errado de $x$. Os hazards WAR são impossíveis no pipeline simples de inteiros, com cinco estágios, mas eles ocorrem quando as instruções são reordenadas, conforme veremos quando discutirmos os pipelines escalonados dinamicamente.
3. Hazard Write After Write (WAW). Este hazard ocorre quando a escrita do registrador $x$ pela instrução $i$ ocorre após uma escrita do registrador $x$ pela instrução $j$. Quando isso ocorrer, o registrador $x$ terá o valor errado seguindo adiante. Os hazards WAW também são impossíveis no pipeline simples de inteiros, com cinco estágios, mas eles ocorrem quando as instruções são reordenadas ou quando os tempos de execução variam, como veremos mais adiante.

O Capítulo 3 explora as questões de dependência de dados e hazards com muito mais detalhes. Por enquanto, vamos nos concentrar apenas nos hazards RAW.

Considere a execução em pipeline destas instruções:

```
add     x1,x2,x3
sub     x4,x1,x5
and     x6,x1,x7
or      x8,x1,x9
xor     x10,x1,x11
```

Todas as instruções após o add utilizam o resultado dessa instrução. Como vemos na Figura C.4, a instrução add escreve o valor de x1 no estágio de pipe WB, mas a instrução sub lê o valor durante seu estágio ID, o que resulta em um hazard RAW. A menos que sejam tomadas precauções para evitar isso, a instrução sub lerá o valor errado e tentará usá-lo. De fato, o valor usado pela instrução sub nem sequer é determinístico: embora possamos achar lógico considerar que sub sempre use o valor de x1 que foi atribuído por uma instrução antes do add, isso nem sempre acontece. Se houver uma interrupção entre as instruções add e sub, o estágio WB do add terminará e o valor de x1 nesse ponto será o resultado do add. Esse comportamento imprevisível obviamente é inaceitável.

A instrução and também cria um possível hazard RAW. Como podemos ver pela Figura C.4, a escrita de x1 não se completa até o final do ciclo de clock 5. Assim, a instrução and que lê os registradores durante o ciclo de clock 4 receberá os resultados errados.

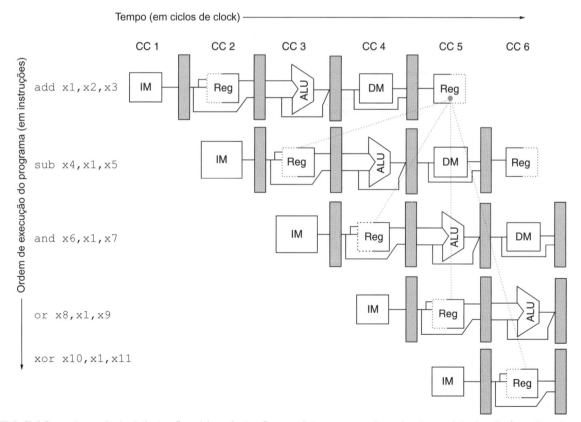

**FIGURA C.4** O uso do resultado da instrução add nas instruções seguintes causa um hazard, pois o registrador não é escrito antes que essas instruções o leiam.

A instrução xor opera corretamente porque sua leitura de registrador ocorre no ciclo de clock 6, depois da escrita do registrador. A instrução or também opera sem incorrer em um hazard, pois realizamos as leituras do banco de registradores na segunda metade do ciclo e as escritas na primeira metade. Observe que a instrução xor ainda depende do add, mas não cria um hazard; esse é um tópico que exploramos com mais detalhes no Capítulo 3.

A próxima subseção discutirá uma técnica para eliminar os stalls para o hazard envolvendo as instruções sub e and.

### Minimizando os stalls de hazard de dados pelo adiantamento

O problema imposto na Figura C.4 pode ser resolvido com uma técnica de hardware simples, chamada *adiantamento* (também chamado *bypassing* e, às vezes, *curto-circuito*). A ideia principal no adiantamento é de que o resultado não é realmente necessário pelo sub antes que o add realmente o produza. Se o resultado puder ser movido do registrador do pipeline onde o add o armazena para onde o sub precisa dele, então a necessidade de um stall pode ser evitada. Usando essa observação, o adiantamento funciona da seguinte maneira:

1. O resultado da ALU dos registradores de pipeline EX/MEM e MEM/WB é sempre alimentado de volta às entradas da ALU.
2. Se o hardware de adiantamento detectar que a operação anterior da ALU escreverá no registrador correspondente à fonte para a operação atual da ALU, a lógica de controle seleciona o resultado adiantado como entrada da ALU, em vez do valor lido do banco de registradores.

Observe que, com o adiantamento, se o sub for adiado, o add será completado e o bypass não será ativado. Esse relacionamento também é verdadeiro para o caso de uma interrupção entre as duas instruções.

Como mostra o exemplo na Figura C.4, precisamos encaminhar os resultados não apenas da instrução imediatamente anterior, mas possivelmente de uma instrução que se iniciou dois ciclos antes. A Figura C.5 mostra nosso exemplo com os caminhos de bypass incluídos e destacando os tempos de leitura e escrita de registrador. Essa sequência de código pode ser executada sem stalls.

O adiantamento pode ser generalizado para incluir a passagem de um resultado diretamente para a unidade funcional que o exige: um resultado é adiantado do registrador de pipeline correspondente à saída de uma unidade para a entrada de outro, e não simplesmente do resultado de uma unidade para a entrada da mesma unidade. Considere, por exemplo, a sequência a seguir:

```
add     x1,x2,x3
ld      x4,0(x1)
sd      x4,12(x1)
```

Para evitar um stall nessa sequência, você precisaria adiantar os valores da saída da ALU e da saída da unidade de memória dos registradores de pipeline para a ALU e para as entradas da memória de dados. A Figura C.6 mostra todas as vias de adiantamento para este exemplo.

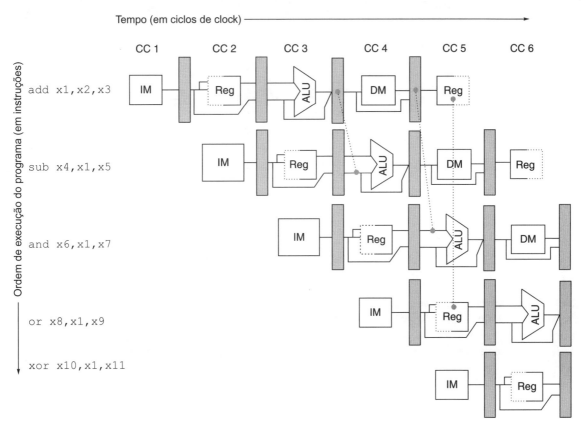

**FIGURA C.5** Um conjunto de instruções que depende do resultado do add usa vias de adiantamento para evitar o hazard de dados. As entradas para as instruções sub e and adiantam os valores calculados, dos registradores de pipeline para a primeira entrada da ALU. O or recebe seu resultado no banco de registradores, que é facilmente obtido pela leitura dos registradores na segunda metade do ciclo e pela escrita na primeira metade, conforme indicam as linhas tracejadas nos registradores. Observe que o resultado adiantado pode ir para qualquer entrada da ALU; na verdade, as duas entradas da ALU poderiam usar as entradas adiantadas do mesmo registrador de pipeline ou de diferentes registradores de pipeline. Isso ocorreria, por exemplo, se a instrução and fosse and x6,x1,x4.

### Hazards de dados que exigem stalls

Infelizmente, nem todos os hazards de dados em potencial podem ser tratados pelo bypassing. Considere esta sequência de instruções:

```
ld      x1,0(x2)
sub     x4,x1,x5
and     x6,x1,x7
or      x8,x1,x9
```

O datapath com pipeline, com os caminhos de bypass para esse exemplo aparece na Figura C.7. Esse caso é diferente da situação com as operações da ALU de ponta a ponta. A instrução ld não tem os dados antes do final do ciclo de clock 4 (seu ciclo MEM), enquanto a instrução sub precisa ter os dados no início desse ciclo de clock. Assim, o hazard de dados do uso do resultado de uma instrução de load não pode ser eliminado completamente com o hardware simples. Como mostra a Figura C.7, essa via de adiantamento teria que operar ao contrário no tempo — uma capacidade ainda não disponível aos projetistas

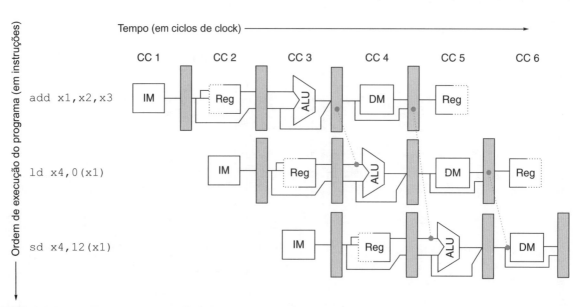

**FIGURA C.6** Adiantamento do operando exigido pelos stores durante MEM.
O resultado do load é adiantado da saída da memória para a entrada da memória, a fim de ser armazenado. Além disso, a saída da ALU é adiantada para a entrada da ALU para o cálculo de endereço do load e do store (isso não é diferente de adiantar para outra operação da ALU). Se o store dependesse de uma operação da ALU imediatamente anterior (não mostrada aqui), o resultado precisaria ser adiantado para impedir um stall.

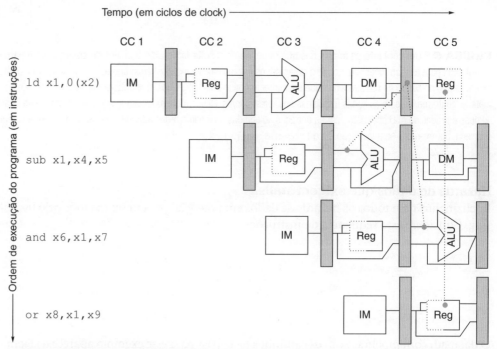

**FIGURA C.7** A instrução load pode passar seus resultados para as instruções and e or, mas não para o sub, pois isso significaria adiantar o resultado em "tempo negativo".

de computador! *Podemos* adiantar o resultado imediatamente para a ALU a partir dos registradores de pipeline para uso na operação and, que inicia dois ciclos de clock após o load. De modo semelhante, a instrução or não tem problema, pois recebe o valor através do banco de registradores. Para a instrução sub, o resultado encaminhado chega muito tarde — no final de um ciclo de clock, quando é necessário no início.

| ld x1,0(x2) | IF | ID | EX | MEM | WB | | | |
|---|---|---|---|---|---|---|---|---|
| sub x4,x1,x5 | | IF | ID | EX | MEM | WB | | |
| and x6,x1,x7 | | | IF | ID | EX | MEM | WB | |
| or x8,x1,x9 | | | | IF | ID | EX | MEM | WB |
| ld x1,0(x2) | IF | ID | EX | MEM | WB | | | |
| sub x4,x1,x5 | | IF | ID | Stall | EX | MEM | WB | |
| and x6,x1,x7 | | | IF | Stall | ID | EX | MEM | WB |
| or x8,x1,x9 | | | | Stall | IF | ID | EX | MEM | WB |

**FIGURA C.8** Na metade superior, podemos ver por que um stall é necessário: o ciclo MEM do load produz um valor que é necessário no ciclo EX do sub, que ocorre ao mesmo tempo.
Esse problema é solucionado pela inserção de um stall, como mostra a metade inferior.

A instrução load possui um atraso ou latência que não pode ser eliminado apenas pelo adiantamento. Em vez disso, precisamos acrescentar um hardware, chamado *interbloqueio (interlock) de pipeline*, para preservar a execução-padrão correta. Em geral, um interbloqueio de pipeline detecta um hazard e atrasa o pipeline até que o hazard seja resolvido. Nesse caso, o interbloqueio atrasa o pipeline, começando com a instrução que deseja usar os dados até a instrução de origem que os produz. Esse interbloqueio de pipeline introduz um stall ou bolha, como acontecia para o hazard estrutural. O CPI para a instrução atrasada aumenta pela extensão do stall (um ciclo de clock nesse caso).

A Figura C.8 mostra o pipeline antes e depois do stall, usando os nomes dos estágios do pipeline. Como o stall faz com que as instruções começando com o sub se movam um ciclo adiante no tempo, o adiantamento para a instrução and agora passa pelo banco de registradores e nenhum adiantamento é necessário para a instrução or. A inserção da bolha faz com que o número de ciclos para terminar essa sequência aumente em um. Nenhuma instrução é iniciada durante o ciclo de clock 4 (e nenhuma termina durante o ciclo 6).

## Hazards de desvio condicional

Os *hazards de controle* podem causar uma perda de desempenho maior para o nosso pipeline RISC-V do que os hazards de dados. Quando um desvio é executado, ele pode ou não alterar o PC para algo diferente do seu valor atual mais 4. Lembre-se de que, se um desvio mudar o PC para o seu endereço de destino, ele será um desvio *tomado*; se ele passar direto, será um desvio *não tomado*. Se a instrução i for um desvio tomado, o PC normalmente não será alterado antes do final do ID depois do término do cálculo e comparação de endereço.

A Figura C.9 mostra que o modo mais simples de lidar com os desvios é refazer a busca da instrução após um desvio, uma vez detectado o desvio durante ID (quando as instruções são decodificadas). O primeiro ciclo IF é basicamente um stall, pois nunca realiza um trabalho útil. Você pode ter notado que, se o desvio não for tomado, a repetição do estágio IF será desnecessária, pois a instrução correta foi realmente buscada. Em breve, desenvolveremos vários esquemas para tirar proveito desse fato.

Um ciclo de stall para cada desvio gerará uma perda de desempenho de 10-30%, dependendo da frequência do desvio, de modo que examinaremos algumas técnicas para lidar com essa perda.

| Instrução de desvio | IF | ID | EX | MEM | WB | | |
|---|---|---|---|---|---|---|---|
| Sucessor do desvio | | IF | IF | ID | EX | MEM | WB |
| Sucessor do desvio + 1 | | | | IF | ID | EX | MEM |
| Sucessor do desvio + 2 | | | | | IF | ID | EX |

**FIGURA C.9** Um desvio causa um stall de um ciclo no pipeline de cinco estágios.
A instrução após o desvio é buscada, mas a instrução é ignorada e a busca é reiniciada quando o alvo do desvio é conhecido. Provavelmente, é óbvio que, se o desvio não for tomado, o segundo IF para o sucessor do desvio é redundante. Isso será resolvido em breve.

### Reduzindo as penalidades de desvio do pipeline

Existem muitos métodos para lidar com os stalls do pipeline causados por atraso de desvio condicional; nesta subseção, discutiremos quatro esquemas simples em tempo de compilação. Nesses esquemas, as ações para um desvio são estáticas — elas são fixadas para cada desvio durante a execução inteira. O software pode tentar minimizar a penalidade do desvio usando o conhecimento do esquema de hardware e do comportamento do desvio. Depois, veremos os esquemas baseados em hardware que preveem dinamicamente o comportamento do desvio, e o Capítulo 3 examina técnicas mais poderosas de hardware para a previsão de desvio dinâmica.

O esquema mais simples para lidar com os desvios é *congelar* (*freeze*) ou *esvaziar* (*flush*) o pipeline, mantendo ou excluindo quaisquer instruções após o desvio até que o destino desse desvio seja conhecido. A atratividade dessa solução está principalmente na sua simplicidade, tanto para o hardware quanto para o software. Essa é a solução usada anteriormente no pipeline mostrado na Figura C.9. Nesse caso, a penalidade do desvio é fixa e não pode ser reduzida pelo software.

Um esquema de maior desempenho e apenas ligeiramente mais complexo é tratar cada desvio como não tomado, simplesmente permitindo que o hardware continue como se o desvio não fosse executado. Aqui, deve-se ter o cuidado de não mudar o estado do processador antes que o resultado do desvio seja definitivamente conhecido. A complexidade desse esquema surge de se ter de saber quando o estado poderia ser mudado por uma instrução e como "reverter" tal mudança.

Em um pipeline simples de cinco estágios, esse esquema de *previsto não tomado* (*predicted-not-taken* ou *predicted-untaked*) é implementado continuando-se a buscar instruções como se o desvio fosse uma instrução normal. O pipeline aparece como se nada fora do comum estivesse acontecendo. Porém, se o desvio for tomado, precisamos transformar a instrução buscada em uma no-op e reiniciar a busca no endereço de destino. A Figura C.10 mostra as duas situações.

Um esquema alternativo é tratar cada desvio como tomado. Assim que o desvio é decodificado e o endereço de destino é calculado, assumimos que o desvio foi tomado e começamos a buscar e executar no destino. Isso nos dá uma melhoria de um ciclo quando o desvio é realmente tomado, pois conhecemos o endereço de destino no final do estágio ID. Em um esquema previsto-tomado ou previsto-não-tomado, o compilador pode melhorar o desempenho organizando o código de modo que o caminho mais frequente corresponda à escolha do hardware.

Um quarto esquema, que foi bastante usado nos primeiros processadores RISC, é chamado *desvio adiado*. Em um desvio adiado, o ciclo de execução com um atraso de desvio condicional de um é

```
instrução de desvio
sucessor na sequência₁
alvo do desvio se for tomado
```

| Instrução de desvio não tomado | IF | ID | EX | MEM | WB | | | |
|---|---|---|---|---|---|---|---|---|
| Instrução $i + 1$ | | IF | ID | EX | MEM | WB | | |
| Instrução $i + 2$ | | | IF | ID | EX | MEM | WB | |
| Instrução $i + 3$ | | | | IF | ID | EX | MEM | WB |
| Instrução $i + 4$ | | | | | IF | ID | EX | MEM | WB |

| Instrução de desvio tomado | IF | ID | EX | MEM | WB | | | |
|---|---|---|---|---|---|---|---|---|
| Instrução $i + 1$ | | IF | ocioso | ocioso | ocioso | ocioso | | |
| Alvo do desvio | | | IF | ID | EX | MEM | WB | |
| Alvo do desvio + 1 | | | | IF | ID | EX | MEM | WB |
| Alvo do desvio + 2 | | | | | IF | ID | EX | MEM | WB |

**FIGURA C.10** O esquema "previsto não tomado" e a sequência de pipeline quando o desvio não é tomado (em cima) e é tomado (embaixo). Quando o desvio não é tomado, determinado durante o estágio ID, buscamos a instrução seguinte e simplesmente continuamos. Se o desvio for tomado durante ID, reiniciamos a busca no destino do desvio. Isso faz com que todas as instruções após o desvio atrasem por um ciclo de clock.

O sucessor em sequência está no *slot de atraso de desvio condicional* (*branch delayed slot*). Essa instrução é executada independentemente de o desvio ter sido tomado ou não. O comportamento do pipeline de cinco estágios com um atraso de desvio condicional aparece na Figura C.11. Embora seja possível ter um atraso de desvio condicional maior do que 1, na prática quase todos os processadores com desvio adiado possuem um único atraso de instrução; outras técnicas são usadas se o pipeline tiver uma penalidade de desvio em potencial maior. A tarefa do compilador é tornar as instruções sucessoras válidas e úteis.

Embora o desvio adiado tenha sido útil para pipelines simples e curtas em uma época em que a previsão do hardware era muito dispendiosa, a técnica complica a implementação quando existe previsão de desvio dinâmica. Por esse motivo, RISC-V corretamente omitiu os desvios adiados.

| Instrução de desvio não tomado | IF | ID | EX | MEM | WB | | | |
|---|---|---|---|---|---|---|---|---|
| Instrução de atraso de desvio condicional ($i+1$) | | IF | ID | EX | MEM | WB | | |
| Instrução $i + 2$ | | | IF | ID | EX | MEM | WB | |
| Instrução $i + 3$ | | | | IF | ID | EX | MEM | WB |
| Instrução $i + 4$ | | | | | IF | ID | EX | MEM | WB |

| Instrução de desvio tomado | IF | ID | EX | MEM | WB | | | |
|---|---|---|---|---|---|---|---|---|
| Instrução de atraso de desvio condicional ($i + 1$) | | IF | ID | EX | MEM | WB | | |
| Alvo do desvio | | | IF | ID | EX | MEM | WB | |
| Alvo do desvio + 1 | | | | IF | ID | EX | MEM | WB |
| Alvo do desvio + 2 | | | | | IF | ID | EX | MEM | WB |

**FIGURA C.11** O comportamento de um desvio adiado é o mesmo, não importa se o desvio é tomado ou não. As instruções no slot de atraso (existe apenas um slot de atraso para a maioria das arquiteturas RISC que os incorporaram) são executadas. Se o desvio não for tomado, a execução continua com a instrução após a instrução de atraso de desvio condicional; se o desvio for tomado, a execução continua no destino do desvio. Quando a instrução no slot de atraso de desvio condicional também é um desvio, o significado é incerto: se o desvio não for tomado, o que deverá acontecer ao desvio no slot de atraso de desvio condicional? Devido a essa confusão, as arquiteturas com desvios de atraso normalmente não permitem a colocação de um desvio no slot de atraso.

### Desempenho dos esquemas de desvio

Qual é o desempenho efetivo de cada um desses esquemas? O ganho de velocidade efetivo do pipeline com penalidades de desvio, considerando um CPI ideal de 1, é

$$\text{Ganho de velocidade do pipeline} = \frac{\text{Profundidade do pipeline}}{1 + \text{Ciclos de stall do pipeline dos desvios}}$$

Devido ao seguinte:

$$\text{Ciclos de stall do pipeline dos desvios} = \text{Frequência de desvio} \times \text{Penalidade de desvio}$$

obtemos

$$\text{Ganho de velocidade do pipeline} = \frac{\text{Profundidade do pipeline}}{1 + \text{Frequência de desvio} \times \text{Penalidade de desvio}}$$

A frequência de desvio e a penalidade de desvio podem ter um componente dos desvios incondicional e condicional. Porém, o último domina, pois é mais frequente.

**Exemplo** Para um pipeline mais profundo, como aquele em um MIPS R4000 e processadores RISC mais recentes, leva-se pelo menos três estágios de pipeline antes que o endereço de destino de desvio seja conhecido, e um ciclo adicional antes que a condição de desvio seja avaliada, considerando que não haja stalls nos registradores na comparação condicional. Um atraso de três estágios leva às penalidades de desvio para os três esquemas de previsão mais simples, listados na Figura C.12.

Encontre o acréscimo efetivo ao CPI que surge dos desvios para esse pipeline, considerando as seguintes frequências:

| | |
|---|---|
| Desvio incondicional | 4% |
| Desvio condicional, não tomado | 6% |
| Desvio condicional, tomado | 10% |

**Resposta** Achamos os CPIs multiplicando a frequência relativa dos desvios incondicional, condicional não tomado e condicional tomado pelas respectivas penalidades. Os resultados aparecem na Figura C.13.

As diferenças entre os esquemas são aumentadas substancialmente com esse atraso mais longo. Se o CPI básico fosse 1 e os desvios fossem a única fonte de stalls, o pipeline ideal seria 1,56 vez mais rápido do que um pipeline que usasse o esquema de pipeline com stall. O esquema previsto e não tomado seria 1,13 vez melhor do que o esquema de pipeline com stall sob as mesmas suposições.

### Reduzindo o custo dos desvios através da previsão

Conforme os pipelines ficam mais profundos e a penalidade potencial dos desvios aumenta, usar desvios adiados e esquemas similares se torna insuficiente. Em vez disso,

| Esquema de desvio | Penalidade por desvio incondicional | Penalidade por desvio não tomado | Penalidade por desvio tomado |
|---|---|---|---|
| Esvaziar pipeline | 2 | 3 | 3 |
| Desvio previsto e tomado | 2 | 3 | 2 |
| Desvio previsto e não tomado | 2 | 0 | 3 |

**FIGURA C.12** Penalidades de desvio para os três esquemas de previsão mais simples para um pipeline mais profundo.

|  | Acréscimos ao CPI vindos dos custos de desvio ||||
| Esquema de desvio | Desvios incondicionais | Desvios condicionais não tomado | Desvios condicionais tomados | Todos os desvios |
|---|---|---|---|---|
| Frequência do evento | 4% | 6% | 10% | 20% |
| Pipeline com stall | 0.08 | 0.18 | 0.30 | 0.56 |
| Desvio previsto e tomado | 0.08 | 0.18 | 0.20 | 0.46 |
| Desvio previsto e não tomado | 0.08 | 0.00 | 0.30 | 0.38 |

**FIGURA C.13** Penalidades de CPI para os três esquemas de previsão de desvio e um pipeline mais profundo.

precisamos nos voltar para meios mais agressivos de prever os desvios. Tais esquemas se encaixam em duas classes: esquemas estáticos de baixo custo, que dependem da informação disponível no momento da compilação, e estratégias que preveem desvios dinamicamente com base no comportamento do programa. Vamos discutir aqui as duas abordagens.

## Previsão estática de desvio

O principal modo de melhorar a previsão de desvio em tempo de compilador é usar informações de perfil coletadas das execuções anteriores. A principal observação que faz isso valer a pena é de que, muitas vezes, o comportamento dos desvios é distribuído de forma bimodal; ou seja, um desvio individual tem forte tendência a ser tomado ou não. A Figura C.14 mostra o sucesso da previsão de desvio usando essa estratégia. Os mesmos dados de entrada foram usados para as execuções e para coletar o perfil. Outros estudos têm mostrado que mudar as entradas para que o perfil seja para uma execução diferente ocasiona somente uma pequena mudança na exatidão da previsão baseada em perfil.

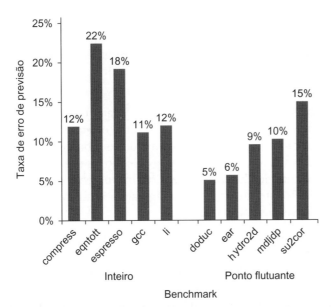

**FIGURA C.14** A taxa de previsão incorreta no SPEC92 para um previsor baseado em perfil varia bastante, mas geralmente é melhor para os programas de ponto flutuante, que têm taxa média de previsão incorreta de 9% com desvio-padrão de 4%, do que para os programas de inteiros, que têm taxa média de previsão incorreta de 15% com desvio-padrão de 5%.
O desempenho real depende da precisão de previsão e da frequência de desvio, que variam entre 3% a 24%.

A eficácia de qualquer esquema de previsão de desvio depende da precisão do esquema e da frequência dos desvios condicionais, que variam no SPEC de 3%-24%. O fato de que a taxa de previsão incorreta para os programas de inteiros é maior e de que esses programas geralmente têm frequência de desvio maior é uma grande limitação para a previsão estática de desvio. Na próxima seção, consideraremos os previsores dinâmicos de desvio, que têm sido empregados pelos processadores mais recentes.

## Previsão dinâmica de desvio e buffers de previsão de desvio

O esquema de previsão dinâmica de desvio é um *buffer de previsão de desvio* ou *tabela de histórico de desvios*. Um buffer de previsão de desvio é uma pequena memória indexada pela parte inferior do endereço da instrução de desvio. A memória contém um bit que diz se o desvio foi tomado recentemente ou não. Esse esquema é o tipo de buffer mais simples. Ele não possui tags e é útil somente para reduzir o adiamento do desvio quando este é maior do que o tempo para calcular os possíveis PCs-alvo.

Com um buffer assim, não sabemos de fato se a previsão está correta — ela pode ter sido colocada lá por outro desvio que tenha os mesmos bits de endereço de baixa ordem. Mas isso não importa. A previsão é uma dica que se supõe estar correta, e a busca começa na direção prevista. Se a dica estiver errada, o bit de previsão será invertido e armazenado.

Esse buffer é efetivamente uma cache em que cada acesso é um acerto, e, como veremos, o desempenho do buffer depende da frequência em que a previsão é feita para o desvio em que estamos interessados e da exatidão dessa previsão quando há correspondência. Antes de analisarmos o desempenho, é útil fazer uma pequena mas importante melhoria na exatidão do esquema de previsão de desvio.

Esse esquema simples de previsão com 1 bit tem uma desvantagem no desempenho: mesmo que um desvio seja quase sempre tomado, provavelmente vamos fazer uma previsão errada duas vezes, e não apenas uma, quando ele não for tomado, já que a previsão incorreta faz com que o bit de previsão seja invertido.

Para solucionar esse ponto fraco, muitas vezes são usados esquemas de previsão com 2 bits. Em um esquema com 2 bits, uma previsão precisa estar errada duas vezes antes de ser mudada. A Figura C.15 mostra um processador de estado finito para um esquema de previsão de 2 bits.

Um buffer de previsão de desvio pode ser implementado com uma pequena "cache" especial acessada com o endereço de instrução durante o estágio IF do pipe ou como um par de bits ligado a cada bloco na cache de instruções e buscado com a instrução. Se a instrução for decodificada como um desvio e se o desvio for previsto como sendo tomado, a busca começará a partir do alvo assim que o PC for conhecido. Caso contrário, a busca e a execução sequenciais continuam. Como a Figura C.15 mostra que, se a previsão estiver errada, os bits de previsão serão mudados.

Que tipo de exatidão pode-se esperar de um buffer de previsão de desvio usando 2 bits por entrada em aplicações reais? A Figura C.16 mostra que, para os benchmarks SPEC89, um buffer de previsão de desvio com 4.096 entradas resulta em uma exatidão de previsão variando de mais de 99% a 82%, ou uma *taxa de erro de previsão* de 1%-18%. Um buffer de entrada de 4 K, como o usado para esses resultados, é considerado pequeno pelos padrões de 2017, e um buffer maior poderia produzir resultados um pouco melhores.

Conforme tentamos explorar mais o ILP, a exatidão da nossa previsão de desvio se torna crítica. Como podemos ver na Figura C.16, a exatidão dos previsores para programas in-

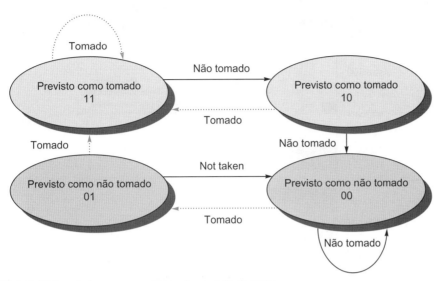

**FIGURA C.15** Os estados em um esquema de previsão de 2 bits.
Ao usar 2 bits em vez de 1, um desvio que favoreça fortemente o caso tomado ou não tomado — como fazem muitos desvios — será previsto incorretamente com menos frequência do que um previsor de 1 bit. Os 2 bits são usados para codificar os quatro estados do sistema. O esquema de 2 bits, na verdade, é uma especialização de um esquema mais geral que tem um contador de saturação de $n$ bits para cada entrada no buffer de previsão. Com um contador de $n$ bits, o contador pode assumir valores entre 0 e $2^n - 1$: quando o contador é maior ou igual à metade do seu valor máximo ($2^n - 1$), o desvio é previsto como tomado; caso contrário, ele é previsto como não tomado. Estudos sobre os previsores de $n$ bits mostraram que os previsores de 2 bits têm desempenho quase tão bom e, assim, a maioria dos sistemas despende em previsores de desvio de 2 bits em vez dos previsores de $n$ bits mais gerais.

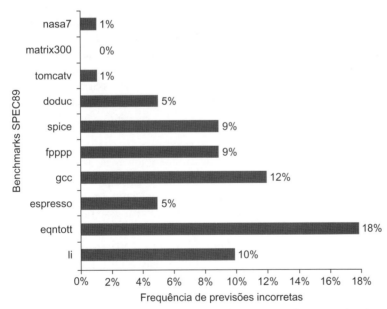

**FIGURA C.16** Exatidão da previsão de um buffer de 2 bits com 4.096 entradas para os benchmarks SPEC89.
A taxa de erro de previsão para os benchmarks de inteiros (gcc, espresso, egntott e li) é substancialmente maior (média de 11%) do que aquela para os programas de ponto flutuante (média de 4%). Omitir os kernels de ponto flutuante (nasa7, matrix300 e tomcatv) ainda gera uma precisão maior para os benchmarks de PF do que para os benchmarks de inteiros. Esses dados, assim como o restante dos dados nesta seção, foram tirados de um estudo sobre previsão de desvio realizado usando a arquitetura Power da IBM e código otimizado para esse sistema. Veja Pan et al. (1992). Embora esses dados sejam para uma versão mais antiga do subconjunto dos benchmarks SPEC, os benchmarks mais novos são maiores e vão apresentar comportamento ligeiramente pior, especialmente para os benchmarks de inteiros.

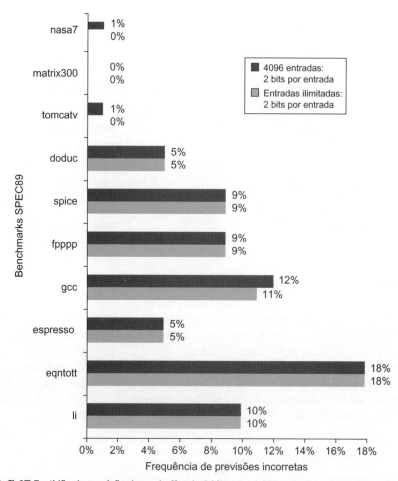

**FIGURA C.17** Exatidão da previsão de um buffer de 2 bits com 4.096 entradas em comparação a um buffer infinito para os benchmarks SPEC89.
Embora esses dados sejam para uma versão mais antiga de um subconjunto dos benchmarks SPEC, os resultados seriam comparáveis para versões mais novas, talvez com o mesmo número de entradas de 8 K necessárias para corresponder a um previsor infinito de 2 bits.

teiros, que costumam ter frequências de desvio maiores, é menor do que para os programas científicos, intensos em termos de loops. Podemos atacar esse problema de dois modos: aumentando o tamanho do buffer ou aumentando a exatidão do esquema que usamos para cada previsão. Um buffer com 4 K entradas, entretanto, como mostra a Figura C.17, tem desempenho comparável a um buffer infinito, pelo menos para os benchmarks como aqueles no SPEC. Os dados da Figura C.17 deixam claro que a taxa de acerto do buffer não é o principal fator limitante. Como mencionamos, simplesmente aumentar o número de bits por previsor, sem mudar a estrutura do previsor, também tem pouco impacto. Em vez disso, precisamos examinar como podemos aumentar a exatidão de cada previsor, como vimos no Capítulo 3.

## C.3 COMO O PIPELINING É IMPLEMENTADO?

Antes de prosseguirmos para o pipelining básico, precisamos rever uma implementação simples de uma versão do RISC-V sem pipeline.

## Uma implementação simples do RISC-V

Nesta seção, seguimos o estilo da Seção C.1, mostrando primeiro uma implementação sem pipeline simples e depois uma com pipeline. Porém, desta vez, nosso exemplo é específico para a arquitetura RISC-V.

Nesta subseção, enfocaremos um pipeline para um subconjunto de inteiros do RISC-V, que consiste em load-store de palavra, "branch equal" e operações da ALU com inteiros. Mais adiante neste apêndice, incorporaremos as operações básicas de ponto flutuante. Embora discutamos apenas um subconjunto do RISC-V, os princípios básicos podem ser estendidos para lidar com todas as instruções; por exemplo, acrescentar store envolve algum cálculo adicional do campo imediato. Inicialmente, usamos uma implementação menos agressiva de uma instrução de desvio. Mostramos como implementar a versão mais agressiva ao final desta seção.

Cada instrução RISC-V pode ser implementada, no máximo, em cinco ciclos de clock. Os cinco ciclos de clock são os seguintes:

1. *Ciclo de busca de instrução* (IF):

```
IR ← Mem[PC];
NPC ← PC + 4;
```

*Operação:* Enviar o PC e buscar a instrução da memória para o registrador de instruções (IR), incrementar o PC em 4 para endereçar a próxima instrução sequencial. O IR é usado para manter a instrução que será necessária nos ciclos de clock subsequentes; da mesma forma, o NPC do registrador é usado para manter o próximo PC sequencial.

2. *Ciclo de decodificação de instrução/busca de registrador* (ID):

```
A ← Regs[rs1];
B ← Regs[rs2];
Imm ← campo imediato do IR estendido por sinal;
```

*Operação:* Decodificar a instrução e acessar o banco de registradores para ler os registradores (rs1 e rs2 são os especificadores de registrador). As saídas dos registradores de uso geral são lidas para dois registradores temporários (A e B) para uso em outros ciclos de clock. Os 16 bits inferiores do IR também são estendidos com o valor do sinal e armazenados no registrador temporário Imm, para uso no próximo ciclo de clock.

A decodificação é feita em paralelo com a leitura de registradores, o que é possível porque esses campos estão em um local fixo no formato de instrução do RISC-V. Como a parte imediata de uma instrução está localizada em um local idêntico em cada instrução RISC-V, o imediato estendido com o valor do sinal também é calculado durante esse ciclo, caso seja necessário no próximo ciclo. Para stores, é preciso haver uma extensão de sinal separada, pois o campo imediato é dividido em duas partes.

3. *Ciclo de execução/endereço efetivo* (EX):

A ALU opera sobre os operandos preparados no ciclo anterior, realizando uma das quatro funções, dependendo do tipo de instrução RISC-V:

■ Referência de memória:

```
ALUOutput ← A + Imm;
```

*Operação:* A ALU soma os operandos para formar o endereço efetivo e coloca o resultado no registrador ALUOutput.

■ Instrução da ALU registrador-registrador:

```
ALUOutput ← A func B;
```

*Operação:* A ALU realiza a operação especificada pelo código de função (uma combinação dos campos func3 e func7) sobre o valor no registrador A e sobre o valor no registrador B. O resultado é colocado no registrador temporário ALUOutput.

- Instrução da ALU registrador-imediato:

```
ALUOutput ← A op Imm;
```

*Operação:* A ALU realiza a operação especificada pelo opcode sobre o valor no registrador A e sobre o valor no registrador Imm. O resultado é colocado no registrador temporário ALUOutput.

- Desvio:

```
ALUOutput ← NPC + (Imm << 2);
Cond ← (A == B)
```

*Operação:* A ALU soma o NPC ao valor imediato estendido com o valor do sinal em Imm, que é deslocado à esquerda por 2 bits para criar um offset de palavra, a fim de calcular o endereço do destino do desvio. O registrador A, que foi lido no ciclo anterior, é verificado para se determinar se o desvio foi tomado, em comparação com o registrador B, pois consideramos apenas o "branch equal".

A arquitetura load-store do RISC-V significa que os ciclos de endereço efetivo e de execução podem ser combinados em um único ciclo de clock, pois nenhuma instrução precisa calcular simultaneamente um endereço de dados, calcular um endereço de destino de instrução e realizar uma operação sobre os dados. As outras instruções com inteiros não incluídas anteriormente são saltos de várias formas, semelhantes a desvios condicionais.

4. *Ciclo de acesso à memória/término de desvio* (MEM):

O PC é atualizado para todas as instruções: `PC ← NPC;`

- Referência à memória:

```
LMD ← Mem[ALUOutput] ou
Mem[ALUOutput] ← B;
```

*Operação:* Acessar a memória, se necessário. Se a instrução for um load, os dados retornam da memória e são colocados no registrador LMD (Load Memory Data); se for um store, os dados do registrador B são escritos na memória. De qualquer forma, o endereço usado é aquele calculado durante o ciclo anterior e armazenado no registrador ALUOutput.

- Desvio:

```
if (cond) PC ← ALUOutput
```

*Operação:* Se a instrução desviar, o PC é substituído pelo endereço de destino do desvio no registrador ALUOutput.

5. *Ciclo de write-back* (WB):
   - Instrução da ALU registrador-registrador ou registrador-imediato:

```
Regs[rd] ← ALUOutput;
```

   - Instrução load:

```
Regs[rd] ← LMD;
```

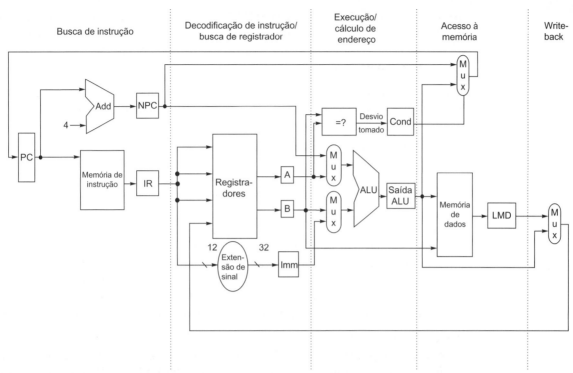

**FIGURA C.18** A implementação do datapath do RISC-V permite que cada instrução seja executada em quatro ou cinco ciclos de clock. Embora o PC seja mostrado na parte do datapath usado na busca de instrução e os registradores apareçam na parte do datapath usado na decodificação de instrução/busca no registrador, ambas as unidades funcionais são lidas e escritas por uma instrução. Embora mostremos essas unidades funcionais no ciclo correspondente onde elas são lidas, o PC é escrito durante o ciclo de clock de acesso à memória, e os registradores são escritos durante o ciclo de clock de write-back. Nos dois casos, as escritas em outros estágios de pipe posteriores são indicadas pela saída do multiplexador (no acesso à memória ou write-back), que transporta um valor de volta ao PC ou aos registradores. Esses sinais fluindo ao contrário introduzem grande parte da complexidade do pipelining, pois indicam a possibilidade de hazards.

*Operação:* Escrever o resultado no banco de registradores, venha ele do sistema de memória (que está no registrador LMD) ou da ALU (que está em ALUOutput), com rd designando o registrador.

A Figura C.18 mostra como uma instrução flui pelo datapath. Ao final de cada ciclo de clock, cada valor calculado durante esse ciclo de clock e requisitado em um ciclo de clock posterior (seja para essa instrução seja para a seguinte) é escrito em um dispositivo de armazenamento, que pode ser a memória, um registrador de uso geral, o PC ou um registrador temporário (ou seja, LMD, Imm, A, B, IR, NPC, ALUOutput ou Cond). Os registradores temporários mantêm valores entre os ciclos de clock para uma instrução, enquanto os outros elementos de armazenamento são partes visíveis do estado e mantêm valores entre instruções sucessivas.

Embora hoje todos os processadores tenham pipeline, essa implementação multiciclos é uma aproximação razoável de como a maioria dos processadores teria sido implementada em épocas anteriores. Uma máquina de estado finito simples poderia ser usada para implementar o controle seguindo a estrutura de cinco ciclos mostrada aqui. Para um processador muito mais complexo, o controle com microcódigo poderia ser usado. De qualquer forma, uma sequência de instruções como a anterior determinaria a estrutura do controle.

Existem algumas redundâncias de hardware que poderiam ser eliminadas nessa implementação multiciclos. Por exemplo, existem duas ALUs: uma para incrementar o PC e outra usada para o endereço efetivo e cálculo da ALU. Como elas não são necessárias no mesmo ciclo de clock, poderíamos mesclá-las acrescentando multiplexadores adicionais e compartilhando a mesma ALU. De modo semelhante, instruções e dados poderiam ser armazenados na mesma memória, pois os acessos a dados e instruções acontecem em ciclos de clock diferentes.

Em vez de otimizar essa implementação simples, deixaremos o projeto como está na Figura C.18, pois isso nos dá uma base melhor para a implementação em pipeline.

### Um pipeline básico para o RISC-V

Como antes, podemos implementar um pipeline no datapath da Figura C.18 quase sem mudanças, iniciando uma nova instrução em cada ciclo de clock. Como cada estágio de pipe está ativo em cada ciclo de clock, todas as operações em um estágio de pipe precisam concluir em um ciclo de clock, e qualquer combinação de operações precisa ser capaz de ocorrer ao mesmo tempo. Além do mais, o pipelining do datapath requer que os valores passados de um estágio de pipe para o seguinte devam ser colocados em registradores. A Figura C.19 mostra o pipeline RISC-V com os registradores apropriados, chamados *registradores de pipeline* ou *latches de pipeline*, entre cada estágio do pipeline. Os registradores são rotulados com os nomes dos estágios a que se conectam. A Figura C.19 é desenhada de modo que as conexões através dos registradores de pipeline de um estágio para outro sejam claras.

Todos os registradores necessários para manter valores temporariamente entre os ciclos de clock dentro de uma instrução estão agrupados nesses registradores de pipeline. Os campos do registrador de instruções (IR), que faz parte do registrador IF/ID, são rotulados quando usados para fornecer nomes de registradores. Os registradores de pipeline transportam

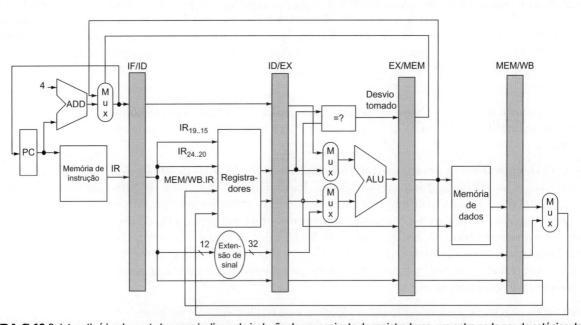

**FIGURA C.19** O datapath é implementado com pipeline pela inclusão de um conjunto de registradores, um entre cada par de estágios de pipe. Os registradores servem para conduzir valores e informações de controle de um estágio para o próximo. Também podemos pensar no PC como um registrador de pipeline, que fica antes do estágio IF do pipeline, levando a um registrador de pipeline para cada estágio de pipe. Lembre-se de que o PC é um registrador acionado pela borda, escrito ao final do ciclo de clock; daí não existir condição de race (corrida) na escrita do PC. O multiplexador de seleção para o PC foi movido de modo que o PC seja escrito exatamente em um estágio (IF). Se não o movêssemos, haveria um conflito quando ocorresse um desvio, pois duas instruções tentariam escrever valores diferentes no PC. A maior parte dos datapaths flui da esquerda para a direita, que é de um ponto anterior no tempo para outro posterior. As vias fluindo da direita para a esquerda (que transportam a informação de write-back do registrador e a informação do PC em um desvio) introduzem complicações ao nosso pipeline.

dados e controle de um estágio do pipeline para o seguinte. Qualquer valor necessário em um estágio posterior do pipeline precisa ser colocado em tal registrador e copiado de um registrador do pipeline para o seguinte, até que não seja mais necessário. Se tentássemos simplesmente usar os registradores temporários que tínhamos em nosso datapath sem pipeline anterior, os valores poderiam ser modificados antes que todos os usos fossem concluídos. Por exemplo, o campo de um operando de registrador usado para uma escrita em um load ou operação da ALU é fornecido a partir do registrador de pipeline MEM/WB, em vez do registrador IF/ID. Isso porque queremos que um load ou uma operação da ALU escreva no registrador designado por essa operação, e não no campo de registrador da instrução atualmente fazendo a transição de IF para ID! Esse campo de registrador de destino é simplesmente copiado de um registrador de pipeline para o seguinte, até que seja necessário durante o estágio WB.

Qualquer instrução está ativa em exatamente um estágio do pipeline de cada vez; portanto, quaisquer ações tomadas em favor de uma instrução ocorrem entre um par de registradores de pipeline. Assim, também podemos ver as atividades do pipeline examinando o que precisa acontecer em qualquer estágio do pipeline, dependendo do tipo de instrução. A Figura C.20 mostra essa visão. Os campos dos registradores

| Estágio | Qualquer instrução | | |
|---|---|---|---|
| IF | `IF/ID.IR ← Mem[PC];` `IF/ID.NPC,PC ← (if ((EX/MEM.opcode == branch) & EX/MEM.cond){EX/MEM.ALUOutput} else {PC+4});` | | |
| ID | `ID/EX.A ← Regs[IF/ID.IR[rs1]]; ID/EX.B ← Regs[IF/ID.IR[rs2]];` `ID/EX.NPC ← IF/ID.NPC; ID/EX.IR←IF/ID.IR;` `ID/EX.Imm ← extensão-de-sinal(IF/ID.IR[campo imediato]);` | | |
| | **Instrução da ALU** | **Instrução load** | **Instrução de desvio** |
| EX | `EX/MEM.IR ← ID/EX.IR;` `EX/MEM.ALUOutput ←` `ID/EX.A func ID/EX.B; ou` `EX/MEM.ALUOutput ←` `ID/EX.A op ID/EX.Imm;` | `EX/MEM.IR to ID/EX.IR` `EX/MEM.ALUOutput ←` `ID/EX.A + ID/EX.Imm;` | `EX/MEM.ALUOutput ←` `ID/EX.NPC+` `(ID/EX.Imm << 2);` |
| | | `EX/MEM.B←ID/EX.B;` | `EX/MEM.cond ←` `(ID/EX.A == ID/EX.B);` |
| MEM | `MEM/WB.IR ← EX/MEM.IR;` `MEM/WB.ALUOutput ←` `EX/MEM.ALUOutput;` | `MEM/WB.IR ← EX/MEM.IR;` `MEM/WB.LMD ←` `Mem[EX/MEM.ALUOutput];` `ou` `Mem[EX/MEM.ALUOutput] ←` `EX/MEM.B;` | |
| WB | `Regs[MEM/WB.IR[rd]] ←` `MEM/WB.ALUOutput;` | `For load only:` `Regs[MEM/WB.IR[rt]] ←` `MEM/WB.LMD;` | |

**FIGURA C.20** Eventos em cada estágio de pipe do pipeline RISC-V.
Vamos rever as ações nos estágios que são específicos à organização do pipeline. Em IF, além de buscar a instrução e calcular o novo PC, armazenamos o PC incrementado tanto no PC quanto em um registrador de pipeline (NPC) para uso posterior no cálculo do endereço de destino do desvio. Essa estrutura é a mesma que a organização na Figura C.19, onde o PC é atualizado no IF a partir de uma ou duas origens. Em ID, buscamos os registradores, estendemos o sinal dos 12 bits do IR (o campo imediato) e passamos o IR e o NPC. Durante EX, realizamos uma operação da ALU ou um cálculo de endereço; passamos o IR e o registrador B (se a instrução for um store). Também definimos o valor de cond como 1 se a instrução for um desvio tomado. Durante a fase MEM, alternamos a memória, escrevemos o PC, se for necessário, e passamos os valores necessários no estágio de pipe final. Finalmente, durante WB, atualizamos o campo do registrador a partir da saída da ALU ou do valor carregado. Para simplificar, sempre passamos o IR inteiro de um estágio para o seguinte, embora, à medida que uma instrução prossegue pelo pipeline, cada vez menos do IR é necessário.

| Situação | Sequência de código de exemplo | Ação |
|---|---|---|
| Sem dependência | `ld   x1,45(x2)`<br>`add  x5,x6,x7`<br>`sub  x8,x6,x7`<br>`or   x9,x6,x7` | Nenhum hazard possível, pois não existe dependência em R1 nas três instruções imediatamente seguintes. |
| Dependência exigindo stall | `ld   x1,45(x2)`<br>`add  x5,x1,x7`<br>`sub  x8,x6,x7`<br>`or   x9,x6,x7` | Comparadores detectam o uso de x1 no add e adiam o `add` (e `sub` e `or`) antes que o `add` inicie EX. |
| Dependência contornada pelo adiantamento | `ld   x1,45(x2)`<br>`add  x5,x6,x7`<br>`sub  x8,x1,x7`<br>`or   x9,x6,x7` | Comparadores detectam o uso de x1 em `sub` e encaminham o resultado do load para a ALU em tempo para `sub` a fim de iniciar EX. |
| Dependência com acessos em ordem | `ld   x1,45(x2)`<br>`add  x5,x6,x7`<br>`sub  x8,x6,x7`<br>`or   x9,x1,x7` | Nenhuma ação exigida, pois a leitura de x1 por `or` ocorre na segunda metade da fase ID, enquanto a escrita dos dados carregados ocorreu na primeira metade. |

**FIGURA C.21** Situações que o hardware de detecção de hazard do pipeline pode ver comparando o destino e as origens de instruções adjacentes.

Essa tabela indica que a única comparação necessária é entre o destino e as origens nas duas instruções após a instrução que escreveu no destino. No caso de um stall, as dependências do pipeline se parecerão com o terceiro caso quando a execução continuar (dependência contornada pelo adiantamento). Naturalmente, os hazards que envolvem x0 podem ser ignorados, pois o registrador sempre contém 0, e o teste anterior poderia ser estendido para fazer isso.

de pipeline são nomeados de modo a mostrar o fluxo de dados de um estágio para o seguinte. Observe que as ações nos dois primeiros estágios são independentes do tipo de instrução atual; elas precisam ser independentes, porque a instrução não é decodificada antes do final do estágio ID. A atividade IF depende de a instrução em EX/MEM ser um desvio tomado. Se for, então o endereço de destino de desvio para a instrução de desvio em EX/MEM é escrito no PC ao final do IF; caso contrário, o PC incrementado será escrito de volta. (Como já dissemos, esse efeito de desvios condicionais ocasiona complicações no pipeline, das quais trataremos nas próximas seções.) A codificação de posição fixa dos operandos de origem dos registradores é crítica para permitir que os registradores sejam buscados durante o estágio ID.

Para controlar esse pipeline simples, só precisamos determinar como configurar o controle para os quatro multiplexadores no datapath da Figura C.19. Os dois multiplexadores no estágio da ALU são definidos de acordo com o tipo de instrução, que é ditado pelo campo IR do registrador ID/EX. O multiplexador da entrada superior da ALU é definido dependendo de a instrução ser um desvio ou não, e o multiplexador inferior é definido dependendo de a instrução ser uma operação da ALU registrador-registrador ou qualquer outro tipo de operação. O multiplexador no estágio IF escolhe se vai usar o valor do PC incrementado ou o valor do EX/MEM.ALUOutput (o destino do desvio) para escrever no PC. Esse multiplexador é controlado pelo campo EX/MEM. cond. O quarto multiplexador é controlado dependendo de a instrução no estágio WB ser um load ou uma operação da ALU. Além desses quatro multiplexadores, existe um multiplexador adicional necessário, que não aparece desenhado na Figura C.19, mas cuja existência é clara, se olharmos para o estágio WB de uma operação da ALU. O campo do registrador de destino é um de dois lugares diferentes, de acordo com o tipo de instrução (ALU registrador-registrador contra ALU imediato ou load). Assim, precisaremos de um multiplexador para escolher a parte correta do IR no registrador

| Campo opcode de ID/EX (ID/EX.IR$_{0..5}$) | Campo opcode de IF/ID (IF/ID.IR$_{0..5}$) | Campos de operando combinando |
|---|---|---|
| Load | ALU registrador-registrador, load, store, ALU imediato ou desvio | `ID/EX.IR[rd] == IF/ID.IR[rs1]` |
| Load | ALU registrador-registrador ou desvio | `ID/EX.IR[rd] == IF/ID.IR[rs2]` |

**FIGURA C.22** A lógica para detectar a necessidade de interbloqueios de load durante o estágio ID de uma instrução exige duas comparações, uma para cada origem possível.

Lembre-se de que o registrador IF/ID mantém o estado da instrução em ID, que potencialmente utiliza o resultado do load, enquanto ID/EX mantém o estado da instrução em EX, que é a instrução de load.

MEM/WB a fim de especificar o campo de destino do registrador, considerando que a instrução escreve em um registrador.

## Implementando o controle para o pipeline RISC-V

O processo de permitir que uma instrução se mova do estágio de decodificação de instrução (ID) para o estágio de execução (EX) desse pipeline normalmente é chamado *despacho de instrução*; uma instrução que fez essa etapa é considerada como *despachada*. Para o pipeline de inteiros do RISC-V, todos os hazards de dados podem ser verificados durante a fase ID do pipeline. Se houver um hazard de dados, a instrução é adiada antes de ser despachada. De modo semelhante, podemos determinar que adiantamento será necessário durante ID e definir os controles apropriados. A detecção de interbloqueios antecipadamente no pipeline reduz a complexidade do hardware, pois o hardware nunca precisa suspender uma instrução que atualizou o estado do processador, a menos que o processador inteiro fique em stall. Como alternativa, podemos detectar o hazard ou o adiantamento no início de um ciclo de clock que usa um operando (EX e MEM para esse pipeline). Para mostrar as diferenças nessas duas técnicas, mostraremos como o interbloqueio para um hazard RAW com uma origem vindo de uma instrução de load (chamado *interbloqueio de load — load interlock*) pode ser implementado por uma verificação no ID, enquanto a implementação das vias de adiantamento para as entradas da ALU podem ser feitas durante EX. A Figura C.21 lista a variedade de circunstâncias com que precisamos lidar.

Vamos começar implementando o interbloqueio de load. Se houver um hazard RAW com a instrução de origem sendo um load, a instrução de load estará no estágio EX quando uma instrução que precisa dos dados de load estiver no estágio ID. Assim, podemos descrever todas as situações de hazard possíveis com uma pequena tabela, que pode ser traduzida diretamente para uma implementação. A Figura C.22 mostra uma tabela que detecta todos os interbloqueios de load quando a instrução usando o resultado do load estiver no estágio ID.

Quando um hazard tiver sido detectado, a unidade de controle precisará inserir o stall no pipeline e impedir que as instruções nos estágios IF e ID avancem. Como já dissemos, toda informação de controle é transportada nos registradores de pipeline (transportar a instrução é suficiente, pois todo o controle é derivado disso). Assim, quando detectarmos um hazard, só precisamos mudar a parte de controle do registrador de pipeline ID/EX para valores 0, que é uma no-op (uma instrução que não faz nada, como `add x0,x0,x0`). Além disso, simplesmente recirculamos o conteúdo dos registradores IF/ID para manter a instrução adiada. Em um pipeline com hazards mais complexos, as mesmas ideias se

| Registrador de pipeline da instrução de origem | Opcode da instrução de origem | Registrador de pipeline da instrução de destino | Opcode da instrução de destino | Destino do resultado adiantado | Comparação (se igual então adianta) |
|---|---|---|---|---|---|
| EX/MEM | ALU registrador-registrador, ALU imediato | ID/EX | ALU registrador-registrador, ALU imediato, load, store, desvio | Entrada superior da ALU | `EX/MEM.IR[rd] == ID/EX.IR[rs1]` |
| EX/MEM | ALU registrador-registrador, ALU imediato | ID/EX | ALU registrador-registrador | Entrada inferior da ALU | `EX/MEM.IR[rd] == ID/EX.IR[rs2]` |
| MEM/WB | ALU registrador-egistrador, ALU imediato, Load | ID/EX | ALU registrador-registrador, ALU imediato, load, store, desvio | Entrada superior da ALU | `MEM/WB.IR[rd] == ID/EX.IR[rs1]` |
| MEM/WB | ALU registrador-registrador, ALU imediato, Load | ID/EX | ALU registrador-registrador | Entrada inferior da ALU | `MEM/WB.IR[rd] == ID/EX.IR[rs2]` |

**FIGURA C.23** O adiantamento de dados às duas entradas da ALU (para as instruções em EX) pode ocorrer a partir do resultado da ALU (em EX/MEM ou em MEM/WB) ou do resultado do load em MEM/WB.

Existem 10 comparações separadas necessárias para saber se uma operação de adiantamento deve ocorrer. As entradas superior e inferior da ALU referem-se às entradas correspondentes ao primeiro e segundo operandos-fonte da ALU, respectivamente, e aparecem explicitamente nas Figuras C.18 e C.24. Lembre-se de que o latch do pipeline para a instrução de destino em EX é ID/EX, enquanto os valores-fonte vêm da parte ALUOutput de EX/MEM ou de MEM/WB, ou da parte LMD de MEM/WB. Existe uma complicação não resolvida por essa lógica: o tratamento de múltiplas instruções que escrevem no mesmo registrador. Por exemplo, durante a sequência de código `add x1, x2, x3; addi x1, x1, #2; sub x4, x3, x1`, a lógica precisa garantir que a instrução `sub` usa o resultado da instrução `addi` em vez do resultado da instrução `add`. A lógica mostrada pode ser estendida para lidar com esse caso simplesmente testando se o adiantamento de MEM/WB está habilitado apenas quando o adiantamento de EX/MEM não está habilitado para a mesma entrada. Como o resultado de `addi` estará em EX/MEM, ele será encaminhado, em vez do resultado de `add` em MEM/WB.

aplicariam: podemos detectar o hazard comparando algum conjunto de registradores do pipeline e deslocando no-ops para impedir a execução errônea.

A implementação da lógica de adiantamento é semelhante, embora existam mais casos a considerar. A principal observação necessária para implementar a lógica de adiantamento é de que os registradores do pipeline contenham os dados a serem adiantados e também os campos do registrador de origem e destino. Todo o adiantamento logicamente acontece da ALU ou da saída da memória de dados para a entrada da ALU, a entrada da memória de dados ou a unidade de detecção de zero. Assim, podemos implementar o adiantamento com uma comparação dos registradores de destino do IR contidos nos estágios EX/MEM e MEM/WB contra os registradores-fonte do IR contidos nos registradores ID/EX e EX/MEM. A Figura C.23 mostra as comparações e possíveis operações de adiantamento, onde o destino do resultado encaminhado é uma entrada da ALU para a instrução atualmente em EX.

Além dos comparadores e da lógica combinatória que precisamos determinar quando uma via de adiantamento precisa ser habilitada, também precisamos ampliar os multiplexadores nas entradas da ALU e acrescentar as conexões dos registradores de pipeline que são usados para adiantar os resultados. A Figura C.24 mostra os segmentos relevantes do datapath em pipeline com os multiplexadores e as conexões adicionais.

Para o RISC-V, o hardware de detecção de hazard e adiantamento é razoavelmente simples; veremos que as coisas se tornam um pouco mais complicadas quando estendemos

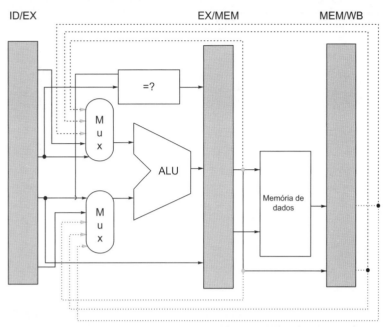

**FIGURA C.24** O adiantamento de resultados para a ALU exige o acréscimo de três entradas extras em cada multiplexador da ALU e o acréscimo de três vias para as novas entradas.
As vias correspondem a um bypass de (1) saída da ALU no final do estágio EX, (2) saída da ALU no final do estágio MEM e (3) saída da memória no final do estágio MEM.

esse pipeline para lidar com ponto flutuante. Antes de fazermos isso, precisamos tratar dos desvios condicionais.

## Tratando dos desvios condicionais no pipeline

No RISC-V, os desvios condicionais dependem da comparação de dois valores de registrador, que consideramos que ocorre durante o ciclo EX e usa a ALU para essa função. Também precisaremos calcular o endereço de destino de desvio. Como o teste da condição de desvio e a determinação do próximo PC determinarão a penalidade pelo desvio, gostaríamos de calcular os dois PCs possíveis e escolher o PC correto antes do final do ciclo EX. Isso pode ser feito com o acréscimo de um somador separado, que calcula o endereço de destino do desvio durante o estágio ID. Como a instrução ainda não está decodificada, calcularemos um destino possível como se cada instrução fosse um desvio condicional. Isso provavelmente é mais rápido do que calcular o destino e avaliar a condição, ambos no estágio EX, mas utiliza um pouco mais de energia.

A Figura C.25 mostra o datapath do pipeline considerando o somador em ID e a avaliação da condição de desvio em EX, uma pequena mudança da estrutura do pipeline. Esse pipeline estará sujeito a uma penalidade de dois ciclos nos desvios condicionais. Em alguns processadores RISC mais antigos, como o MIPS, o teste da condição nos desvios era restrito a permitir o teste no estágio ID, reduzindo o atraso por desvio a um ciclo. Naturalmente, isso significava que uma operação da ALU para um registrador seguida por um desvio condicional baseado nesse registrador incorria em um hazard de dados, o que não ocorre se a condição de desvio for avaliada em EX.

Com o aumento das profundidades do pipeline, o atraso pelo desvio aumentou, tornando necessária a previsão de desvio dinâmica. Por exemplo, um processador com estágios separados de decodificação e busca de registrador provavelmente terá um atraso pelo

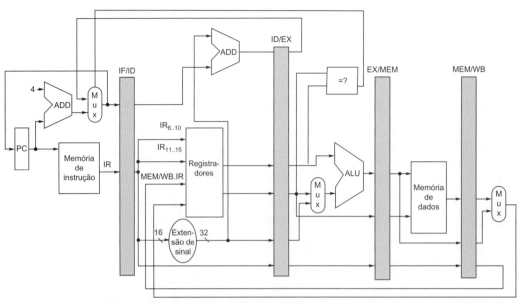

**FIGURA C.25** Para minimizar o impacto de decidir se um desvio condicional foi tomado, calculamos o endereço de destino do desvio em ID, enquanto realizamos o teste condicional e a seleção final do próximo PC em EX.
Como dissemos na Figura C.19, o PC pode ser considerado como um registrador de pipeline (por exemplo, como parte de ID/IF), que recebe o endereço da próxima instrução ao final de cada ciclo IF.

desvio com pelo menos um ciclo de clock a mais. O atraso pelo desvio, a menos que seja tratado, se transforma em uma penalidade de desvio. Muitos processadores mais antigos, que implementam conjuntos de instruções mais complexos, possuem atrasos de desvio de quatro ciclos de clock ou mais, e processadores grandes, com pipelines profundos, normalmente possuem penalidades de desvio de seis ou sete. Processadores superescalares de ponta, como o Intel i7, discutido no Capítulo 3, podem ter penalidades de desvio de 10 a 15 ciclos! Em geral, quanto mais profundo o pipeline, pior a penalidade de desvio nos ciclos de clock, e mais crítico é que os desvios sejam previstos com exatidão.

## C.4 O QUE TORNA O PIPELINING DIFÍCIL DE IMPLEMENTAR?

Agora que entendemos como detectar e resolver os hazards, podemos lidar com algumas complicações que evitamos até o momento. A primeira parte desta seção considera os desafios das situações excepcionais cuja ordem de execução da instrução é alterada de maneiras inesperadas. Na segunda parte, discutiremos alguns dos desafios levantados por diferentes conjuntos de instruções.

### Tratando de exceções

As situações excepcionais são mais complicadas de tratar em um processador com pipeline, pois a sobreposição de instruções dificulta saber se uma instrução pode mudar com segurança o estado do processador. Em um processador com pipeline, uma instrução é executada parte por parte, e não é concluída por vários ciclos de clock. Infelizmente, outras instruções no pipeline podem levantar exceções que podem forçar o processador a abortar as instruções no pipeline antes que elas sejam concluídas. Antes de discutirmos esses problemas e suas soluções com detalhes, precisamos entender que tipos de situações podem surgir e que requisitos de arquitetura existem para dar suporte a elas.

## Tipos de exceções e requisitos

A terminologia usada para descrever situações excepcionais em que a ordem de execução normal da instrução é alterada varia entre os processadores. Os termos *interrupção*, *falta* e *exceção* são utilizados, embora não de maneira coerente. Usamos o termo *exceção* para abranger todos esses mecanismos, incluindo os seguintes:

- Solicitação de dispositivo de E/S
- Chamada de um serviço do sistema operacional a partir de um programa do usuário
- Tracing da execução da instrução
- Breakpoint (interrupção solicitada pelo programador)
- Overflow aritmético de inteiros
- Anomalia na aritmética de ponto flutuante
- Falta de página (não na memória principal)
- Acessos desalinhados à memória (se o alinhamento for exigido)
- Violação de proteção de memória
- Uso de uma instrução não definida ou não implementada
- Defeitos do hardware
- Falta de energia

Quando quisermos nos referir a alguma classe em particular de tais exceções, usaremos um nome mais longo, como interrupção de E/S, exceção de ponto flutuante ou falta de página.

Embora usemos o termo *exceção* para abranger todos esses eventos, eventos individuais possuem características importantes que determinam que ação é necessária no hardware. Os requisitos nas exceções podem ser caracterizados em cinco eixos semi-independentes:

1. *Síncrono* versus *assíncrono*. Se o evento ocorre no mesmo lugar toda vez que o programa é executado com os mesmos dados e alocação de memória, ele é *síncrono*. Com a exceção dos defeitos de hardware, os eventos *assíncronos* são causados por dispositivos externos ao processador e à memória. Os eventos assíncronos normalmente podem ser tratados após o término da instrução atual, que os torna mais fáceis de lidar.

2. *Solicitado pelo usuário* versus *forçado*. Se a tarefa do usuário o exigir, esse é um evento *solicitado pelo usuário*. De certa forma, as exceções solicitadas pelo usuário não são realmente exceções, pois são previsíveis. Porém, elas são tratadas como exceções, porque os mesmos mecanismos usados para salvar e restaurar o estado são usados para os eventos solicitados pelo usuário. Como a única função de uma instrução que dispara essa exceção é causar uma exceção, as exceções solicitadas pelo usuário sempre podem ser tratadas após a instrução terminar. As exceções *forçadas* são causadas por algum evento de hardware que não está sob o controle do programa do usuário. As exceções forçadas são mais difíceis de implementar porque não são previsíveis.

3. *Mascarável pelo usuário ou não mascarável.* Se um evento puder ser mascarado ou desativado por uma tarefa do usuário, ele será *mascarável pelo usuário*. Essa máscara simplesmente controla se o hardware responde à exceção ou não.

4. *Dentro ou entre instruções.* Essa classificação depende de o evento impedir que o término da instrução ocorra no meio da execução — não importa o tempo — ou se ele é reconhecido *entre* as instruções. As exceções que ocorrem *dentro* das instruções normalmente são síncronas, pois a instrução dispara a exceção. É mais difícil implementar exceções que ocorrem dentro das instruções do que aquelas entre as instruções, pois a instrução precisa ser terminada e reiniciada. As exceções assíncronas que ocorrem dentro das instruções surgem de situações

| Tipo de exceção | Síncrona ou assíncrona | Solicitação do usuário ou forçada | Mascarável pelo usuário ou não mascarável | Dentro ou entre instruções | Retomar ou terminar |
|---|---|---|---|---|---|
| Solicitação de dispositivo de E/S | Assíncrona | Forçada | Não mascarável | Entre | Retomar |
| Invocar sistema operacional | Síncrona | Solicitação do usuário | Não mascarável | Entre | Retomar |
| Tracing de execução de instrução | Síncrona | Solicitação do usuário | Mascarável pelo usuário | Entre | Retomar |
| Breakpoint | Síncrona | Solicitação do usuário | Mascarável pelo usuário | Entre | Retomar |
| Overflow aritmético de inteiro | Síncrona | Forçada | Mascarável pelo usuário | Dentro | Retomar |
| Overflow ou underflow aritmético de ponto flutuante | Síncrona | Forçada | Mascarável pelo usuário | Dentro | Retomar |
| Falta de página | Síncrona | Forçada | Não mascarável | Dentro | Retomar |
| Acessos à memória desalinhados | Síncrona | Forçada | Mascarável pelo usuário | Dentro | Retomar |
| Violações de proteção de memória | Síncrona | Forçada | Não mascarável | Dentro | Retomar |
| Uso de instruções indefinidas | Síncrona | Forçada | Não mascarável | Dentro | Terminar |
| Defeitos do hardware | Assíncrona | Forçada | Não mascarável | Dentro | Terminar |
| Falta de energia | Assíncrona | Forçada | Não mascarável | Dentro | Terminar |

**FIGURA C.26** Cinco categorias são usadas para definir que ações são necessárias para os diferentes tipos de exceção.
As exceções que devem permitir a retomada são marcadas como retomar, embora o software normalmente possa decidir terminar o programa. Exceções síncronas e forçadas ocorrendo dentro de instruções que podem ser retomadas são as mais difíceis de implementar. Poderíamos esperar que as violações de acesso de proteção de memória sempre resultem em término; porém, os sistemas operacionais modernos utilizam proteção de memória para detectar eventos como a primeira tentativa de usar uma página ou a primeira escrita em uma página. Assim, as CPUs precisam ser capazes de retomar após essas exceções.

catastróficas (por exemplo, defeito de hardware) e sempre causam o término do programa.

5. *Retomar ou terminar.* Se a execução do programa sempre termina após a interrupção, esse é um evento de *término*. Se a execução do programa continua após a interrupção, esse é um evento de *retomada*. É mais fácil implementar exceções que terminam a execução, pois a CPU não precisa ser capaz de reiniciar a execução do mesmo programa depois de tratar da exceção.

A Figura C.26 classifica os exemplos anteriores de acordo com essas cinco categorias. A tarefa difícil é implementar as interrupções que ocorrem dentro das instruções, quando a instrução precisa ser retomada. A implementação de tais exceções exige que outro programa seja invocado para salvar o estado do programa em execução, corrigir a causa da exceção e depois restaurar o estado do programa antes que a instrução que causou a exceção possa ser tentada novamente. Esse processo precisa ser efetivamente invisível ao programa em execução. Se um pipeline oferece a capacidade para o processador tratar da exceção, salvar o estado e reiniciar sem afetar a execução do programa, o pipeline ou o processador é considerado *reiniciável*. Embora os primeiros supercomputadores e microprocessadores geralmente não tivessem essa propriedade, quase todos os processadores de hoje possuem suporte, pelo menos para o pipeline de inteiros, pois isso é necessário para implementar a memória virtual (ver Capítulo 2).

### Terminando e reiniciando a execução

Assim como nas implementações sem pipeline, as exceções mais difíceis possuem duas propriedades: (1) elas ocorrem dentro das instruções (ou seja, no meio da execução da instrução correspondente a estágios de pipe EX ou MEM); e (2) precisam ser reiniciáveis. Em nosso pipeline RISC-V, por exemplo, uma falta de página de memória virtual resultante de uma busca de dados não pode ocorrer até algum tempo no estágio MEM da instrução. Quando essa falta for vista, várias outras instruções estarão em execução. Uma falta de página precisa ser reiniciável e requer a intervenção de outro processo, como o sistema operacional. Assim, o pipeline precisa ser desligado seguramente e o estado salvo de modo que a instrução possa ser reiniciada no estado correto. O reinício normalmente é implementado salvando o PC da instrução que será reiniciada. Se a instrução reiniciada não for um desvio, continuaremos a buscar os sucessores sequenciais e iniciar sua execução no modo normal. Se a instrução reiniciada for um desvio, reavaliaremos a condição de desvio e começaremos a buscar a partir do destino ou do fall-through. Quando ocorre uma exceção, o controle do pipeline pode tomar os seguintes passos para salvar o estado do pipeline com segurança:

1.  Forçar uma instrução de trap no pipeline, no próximo IF.
2.  Até que o trap seja tomado, desativar todas as escritas para a instrução que falhou e para todas as instruções seguintes no pipeline; isso pode ser feito colocando-se zeros nos latches do pipeline de todas as instruções no pipeline, começando com a instrução que gera a exceção, mas não aquelas que precedem essa instrução. Isso impede quaisquer mudanças de estado para as instruções que não serão concluídas antes que a exceção seja tratada.
3.  Depois que a rotina de tratamento de exceção no sistema operacional recebe o controle, ela imediatamente salva o PC da instrução que falhou. Esse valor será usado para retornar da exceção mais tarde.

Depois que a exceção tiver sido tratada, instruções especiais retornam o processador da exceção recarregando os PCs e reiniciando o fluxo de instruções (usando o retorno de exceção no RISC-V). Se o pipeline puder ser interrompido de modo que as instruções imediatamente antes da interface com falha sejam completadas e as que vêm depois possam ser reiniciadas do zero, diz-se que o pipeline possui *exceções precisas*. O ideal é que a instrução que falha não tenha mudado de estado, e o tratamento correto de algumas exceções exige que a instrução que falha não tenha efeitos. Para outras exceções, como as exceções de ponto flutuante, a instrução que falha em alguns processadores escreve seu resultado antes que a exceção possa ser tratada. Nesses casos, o hardware precisa ser preparado para apanhar os operandos-fonte, mesmo que o destino seja idêntico a um dos operandos-fonte. Como as operações de ponto flutuante podem ser executadas por muitos ciclos, é altamente provável que alguma outra instrução possa ter escrito os operandos-fonte (conforme veremos na próxima seção, as operações de ponto flutuante normalmente são completadas fora de ordem). Para contornar isso, muitos processadores de alto desempenho recentes introduziram dois modos de operação. Um modo possui exceções precisas, e o outro (modo rápido ou de desempenho), não. Naturalmente, o modo de exceções precisas é mais lento, pois permite menos sobreposição entre as instruções de ponto flutuante.

O suporte a exceções precisas é um requisito em muitos sistemas, enquanto em outros é "simplesmente" valioso, pois simplifica a interface com o sistema operacional. No mínimo, qualquer processador com paginação por demanda ou manipuladores de trap aritmético IEEE precisa tornar suas exceções precisas, seja no hardware ou com algum suporte do software. Para pipelines de inteiros, a tarefa de criar exceções precisas é mais fácil, e a

| ld | IF | ID | EX | MEM | WB | |
|---|---|---|---|---|---|---|
| add | | IF | ID | EX | MEM | WB |

| Estágio do pipeline | Exceções problemáticas ocorrendo |
|---|---|
| IF | Falta de página na busca de instruções; acesso desalinhado à memória; violação de proteção de memória |
| ID | Opcode indefinido ou inválido |
| EX | Exceção aritmética |
| MEM | Falta de página na busca de dados; acesso desalinhado à memória; violação de proteção de memória |
| WB | Nenhuma |

**FIGURA C.27** Exceções que podem ocorrer no pipeline do RISC-V.
As exceções levantadas pelo acesso à memória de instruções ou dados são responsáveis por seis dos oito casos.

acomodação da memória virtual motiva fortemente o suporte para exceções precisas para referências à memória. Na prática, esses motivos têm levado os projetistas e arquitetos a sempre oferecer exceções precisas para o pipeline de inteiros. Nesta seção, descreveremos como implementar essas exceções para o pipeline de inteiros do RISC-V. Descreveremos as técnicas para tratar dos desafios mais complexos que surgem do pipeline de ponto flutuante na Seção C.5.

### Exceções no RISC-V

A Figura C.27 mostra os estágios do pipeline do RISC-V e quais exceções "problemáticas" poderiam ocorrer em cada estágio. Com o pipelining, múltiplas exceções podem ocorrer no mesmo ciclo de clock, pois existem múltiplas instruções em execução. Por exemplo, considere esta sequência de instruções:

Esse par de instruções pode causar uma falta de página de dados e uma exceção aritmética ao mesmo tempo, pois o ld está no estágio MEM enquanto o add está no estágio EX. Esse caso pode ser tratado lidando-se apenas com a falta de página de dados e depois reiniciando a execução. A segunda exceção ocorrerá novamente (mas não a primeira, se o software estiver correto), e, quando isso acontecer, ela poderá ser tratada de modo independente.

Na realidade, a situação não é tão fácil quanto nesse exemplo simples. As exceções podem ocorrer fora de ordem, ou seja, uma instrução pode causar uma exceção antes que uma instrução anterior cause uma. Considere novamente a sequência de instruções anterior, ld seguido por add. O ld pode gerar uma falta de página de dados, vista quando a instrução está em MEM, e o add pode gerar uma falta de página de instrução, vista quando a instrução add está em IF. A falta de página de instrução realmente ocorrerá primeiro, embora seja causada por uma instrução posterior!

Como estamos implementando exceções precisas, o pipeline precisa tratar da exceção causada pela instrução ld primeiro. Para explicar como isso funciona, vamos chamar a instrução na posição da instrução ld de $i$ e a instrução na posição da instrução add de $i + 1$. O pipeline não pode simplesmente lidar com uma exceção quando ela ocorre no tempo, pois isso levará a exceções ocorrendo fora da ordem sem pipeline. Em vez disso, o hardware posta todas as exceções causadas por determinada instrução em um vetor de estado associado a essa instrução. O vetor de estado de exceção é transportado quando a instrução desce pelo pipeline. Quando uma indicação de exceção é definida no vetor de estado da exceção, qualquer sinal de controle que possa fazer com que um valor de dados seja escrito é desativado (isso inclui tanto escritas de registrador quanto escritas de memória). Como um store pode causar uma exceção durante MEM, o hardware precisa ser preparado para impedir que o store complete, se levantar uma exceção.

Quando uma instrução entra em WB (ou está para sair de MEM), o vetor de estado da exceção é verificado. Se quaisquer exceções forem lançadas, elas serão tratadas na ordem em que ocorreriam no tempo, em um processador sem pipeline — a exceção correspondente à instrução mais antiga (e normalmente o estágio de pipe mais antigo para essa instrução) é tratada primeiro. Isso garante que todas as exceções serão vistas na instrução $i$ antes que quaisquer sejam vistas em $i + 1$. Naturalmente, qualquer ação tomada nos estágios de pipe anteriores em favor da instrução $i$ pode ser inválida, pois como as escritas no banco de registradores e memória foram desativadas nenhum estado poderia ter sido alterado. Conforme veremos na Seção C.5, a manutenção desse modelo preciso para operações de ponto flutuante é muito mais difícil.

Na próxima subseção, descreveremos os problemas que surgem na implementação de exceções nas pipelines de processadores com instruções mais poderosas, de mais longa duração.

## Complicações do conjunto de instruções

Nenhuma instrução do RISC-V possui mais de um resultado, e nosso pipeline do RISC-V escreve esse resultado apenas no final da execução de uma instrução. Quando uma instrução tem garantias de que completará, ela é chamada *confirmada*. No pipeline de inteiros do RISC-V, todas as instruções são confirmadas quando alcançam o final do estágio MEM (ou início do WB) e nenhuma instrução atualiza o estado antes desse estágio. Assim, exceções precisas são simples. Alguns processadores possuem instruções que mudam o estado no meio da execução da instrução, antes que a instrução e seus predecessores tenham garantias de término. Por exemplo, os modos de endereçamento de autoincremento na arquitetura IA-32 causam a atualização dos registradores no meio da execução de uma instrução. Nesse caso, se a instrução for abortada devido a uma exceção, ela deixará o estado do processador alterado. Embora saibamos qual instrução causou a exceção, sem suporte adicional do hardware a exceção será imprecisa, pois a instrução será terminada pela metade. É difícil reiniciar o fluxo de instruções depois de tal exceção imprecisa. Como alternativa, poderíamos evitar a atualização do estado antes que a instrução seja confirmada, mas isso pode ser difícil e dispendioso, pois pode haver dependências no estado atualizado: considere uma instrução do VAX que autoincrementa o mesmo registrador várias vezes. Assim, para manter um modelo de exceção preciso, a maioria dos processadores com tais instruções tem a capacidade de desfazer quaisquer mudanças de estado feitas antes que a instrução seja confirmada. Se houver uma exceção, o processador usará essa capacidade para reiniciar o estado do processador no seu valor antes que a instrução interrompida seja iniciada. Na próxima seção, veremos que um pipeline RISC-V de ponto flutuante mais poderoso pode introduzir problemas semelhantes, e a Seção C.7 introduz técnicas que complicam substancialmente o tratamento da exceção.

Uma fonte de dificuldades relacionada surge de instruções que atualizam o estado da memória durante a execução, como as operações de cópia de string na arquitetura Intel ou no IBM 360 (Apêndice K, on-line). Para permitir a interrupção e o reinício dessas instruções, as instruções são definidas para usar registradores de uso geral como registradores de trabalho. Assim, o estado da instrução parcialmente completada está sempre nos registradores, que são salvos em uma exceção e restaurados após a exceção, permitindo que a instrução continue.

Um conjunto de dificuldades diferente surge dos bits de estado ímpares que podem criar hazards adicionais de pipeline ou exigir hardware extra para salvar e restaurar. Os códigos de condição são um bom exemplo disso. Muitos processadores definem os códigos de condição implicitamente como parte da instrução. Essa técnica tem vantagens, pois os códigos de condição desacoplam a avaliação da condição do desvio real. Porém, códigos de condição definidos implicitamente podem causar dificuldades no escalonamento de quaisquer atrasos de pipeline entre o estabelecimento do código de condição e o desvio, pois a maior parte das instruções define o código de condição e não pode ser usada nos slots de atraso entre a avaliação da condição e o desvio.

Além do mais, nos processadores com códigos de condição, o processador precisa decidir quando a condição de desvio é fixada. Isso envolve descobrir quando o código de condição foi definido pela última vez antes do desvio. Na maioria dos processadores com códigos de condição definidos implicitamente, isso é feito adiando-se a avaliação da condição de desvio até que todas as instruções anteriores tenham tido uma chance de definir o código de condição.

Naturalmente, as arquiteturas com códigos de condição definidos explicitamente permitem que o atraso entre o teste da condição e o desvio sejam programados; porém, o controle do pipeline ainda precisa rastrear a última instrução que define o código de condição para saber quando a condição de desvio é decidida. Com efeito, o código de condição precisa ser tratado como um operando que exige detecção de hazard para os hazards RAW com desvios condicionais, assim como o RISC-V precisa fazer nos registradores.

Uma última área difícil no pipelining são as operações multiciclos. Imagine tentar canalizar uma sequência de instruções x86 como esta:

```
mov        BX, AX            ; move entre registradores
add        42(BX + SI),BX    ; soma conteúdo da memória e registrador
                             ; para o mesmo local de memória
sub        BX,AX             ; subtrai registradores
rep movsb                    ; move uma string de caracteres com o
                             ; tamanho indicado pelo registrador CX
```

Embora nenhuma dessas instruções seja particularmente longa (uma instrução x86 pode ter até 15 bytes), elas diferem radicalmente no número de ciclos de clock que exigirão, desde um até centenas de ciclos de clock. Essas instruções também exigem diferentes números de acessos à memória de dados, de zero até possivelmente centenas. Os hazards de dados são muito complexos e ocorrem entre e dentro das instruções (nada impede que movsb tenha origem e destino sobrepostos!). A solução simples de fazer com que todas as instruções sejam executadas pelo mesmo número de ciclos de clock é inaceitável, pois introduz grande número de hazards e condições de bypass e cria um pipeline imensamente longo. O pipelining do x86 no nível de instrução é difícil, mas uma solução inteligente foi descoberta, semelhante à que é usada para o VAX. Eles implementam um pipeline para a execução da *microinstrução*: uma microinstrução é uma instrução simples, usada nas sequências para implementar um conjunto de instruções mais complexas. Como as microinstruções são simples (elas se parecem muito com RISC-V), o controle do pipeline é muito mais fácil. Desde 1995, todos os microprocessadores IA-32 da Intel têm utilizado essa estratégia de converter as instruções IA-32 para micro-operações e depois canalizar as micro-operações. De fato, essa técnica é usada até mesmo para algumas das instruções mais complexas na arquitetura ARM.

Em comparação, processadores load-store possuem operações simples com quantidades semelhantes de trabalho e implementadas mais facilmente com pipeline. Se os arquitetos realizarem o relacionamento entre o projeto do conjunto de instruções e o pipelining, poderão projetar arquiteturas para o pipelining mais eficiente. Na próxima seção, veremos como o pipeline RISC-V lida com instruções de longa duração, especificamente operações de ponto flutuante.

Durante muitos anos, acreditou-se que a interação entre os conjuntos de instruções e as implementações era pequena, e as questões de implementação não eram o foco principal no projeto de conjuntos de instruções. Nos anos 1980, ficou claro que a dificuldade e a ineficiência do pipelining poderiam ser aumentadas pelas complicações do conjunto de instruções. Nos anos 1990, todas as empresas passaram para conjuntos de instruções mais simples, com o objetivo de reduzir a complexidade de implementações agressivas.

## C.5 ESTENDENDO O PIPELINE DE INTEIROS DO RISC-V PARA LIDAR COM OPERAÇÕES MULTICICLOS

Agora queremos explorar como nosso pipeline RISC-V pode ser estendido para lidar com operações de ponto flutuante. Esta seção se concentra na técnica básica e nas alternativas de projeto, fechando com algumas medidas de desempenho de um pipeline de ponto flutuante RISC-V.

É pouco prático exigir que todas as operações de ponto flutuante RISC-V concluam em um ciclo de clock ou ainda em dois. Isso significaria aceitar um clock lento ou usar enorme quantidade de lógica nas unidades de ponto flutuante ou ambos. Em vez disso, o pipeline de ponto flutuante permitirá uma latência maior para as operações. Isso é mais fácil de entender se imaginarmos as instruções de ponto flutuante como tendo a mesmo pipeline das instruções de inteiros, com duas mudanças importantes. Primeiro, o ciclo EX pode ser repetido tantas vezes quantas forem necessárias para concluir a operação — o número de repetições pode variar para operações diferentes. Segundo, pode haver múltiplas unidades funcionais de ponto flutuante. Haverá um stall se a instrução a ser despachada causar um hazard estrutural para a unidade funcional que ela utiliza ou se ela causar um hazard de dados.

Para esta seção, vamos considerar que existam quatro unidades funcionais separadas em nossa implementação RISC-V:

1. A unidade de inteiros principal que trata de loads e stores, operações de ALU com inteiros e desvios.
2. Multiplicador de ponto flutuante e inteiros.
3. Somador de ponto flutuante que trata de adição, subtração e conversão de PF.
4. Divisor de ponto flutuante e inteiros.

Se também considerarmos que os estágios de execução dessas unidades funcionais não estão em pipeline, então a Figura C.28 mostra a estrutura de pipeline resultante. Como EX não está em pipeline, nenhuma outra instrução usando essa unidade funcional poderá ser despachada até que a instrução anterior saia de EX. Além do mais, se uma instrução não puder prosseguir para o estágio EX, o pipeline inteiro por trás dessa instrução será adiado.

Na realidade, os resultados intermediários provavelmente não realizam um ciclo em torno da unidade EX, como sugere a Figura C.28; em vez disso, o estágio EX do pipeline possui atrasos de mais de um ciclo de clock. Podemos generalizar a estrutura do pipeline de PF mostrada na Figura C.28 para permitir o pipelining de alguns estágios e múltiplas operações

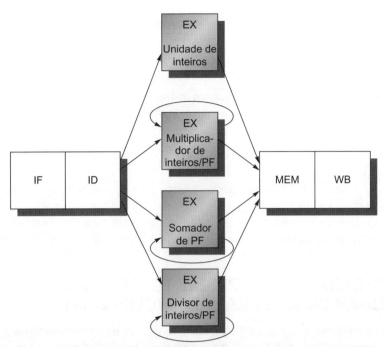

**FIGURA C.28** O pipeline RISC-V com três unidades funcionais de ponto flutuante adicionais, em não pipeline. Como somente uma instrução é despachada em cada ciclo de clock, todas as instruções passam pelo pipeline-padrão para as operações com inteiros. As operações de ponto flutuante simplesmente fazem o loop quando atingem o estágio EX. Depois de terminarem o estágio EX, elas prosseguem para MEM e WB, para concluir a execução.

em andamento. Para descrever tal pipeline, temos que definir tanto a latência das unidades funcionais quanto o *intervalo de iniciação* ou *intervalo de repetição*. Definimos latência como fizemos anteriormente: o número de ciclos intercalados entre uma instrução que produz um resultado e uma instrução que usa o resultado. O intervalo de iniciação ou de repetição é o número de ciclos que precisam passar entre o despacho de duas operações de determinado tipo. Por exemplo, usaremos as latências e os intervalos de iniciação mostrados na Figura C.29.

Com essa definição de latência, as operações da ALU com inteiros possuem uma latência 0, pois os resultados podem ser usados no próximo ciclo de clock, e os loads têm uma latência de 1, pois seus resultados podem ser usados após um ciclo intermediário. Como a maioria das operações consome seus operandos no início de EX, a latência normalmente é o número de estágios após o EX em que uma instrução produz um resultado — por exemplo, zero estágio para operações da ALU e um estágio para loads. A principal exceção são os stores, que consomem o valor sendo armazenado um ciclo depois. Daí a latência para um store, para o valor sendo armazenado, mas não para o registrador de endereço básico, ser um ciclo a menos. A latência do pipeline é basicamente igual a um ciclo a menos

| Unidade funcional | Latência | Intervalo de iniciação |
|---|---|---|
| ALU de inteiros | 0 | 1 |
| Memória de dados (loads de inteiros e PF) | 1 | 1 |
| Adição de PF | 3 | 1 |
| Multiplicação de PF (também multiplicação de inteiros) | 6 | 1 |
| Divisão de PF (também divisão de inteiros) | 24 | 25 |

**FIGURA C.29** Latências e intervalos de iniciação para as unidades funcionais.

que a profundidade do pipeline de execução, que é o número de estágios desde o estágio EX até o estágio que produz o resultado. Assim, para o pipeline do exemplo anterior, o número de estágios em uma adição de PF é quatro, enquanto o número de estágios em uma multiplicação de PF é sete. Para conseguir uma taxa de clock mais alta, os projetistas precisam colocar menos níveis lógicos em cada estágio de pipe, o que aumenta o número de estágios de pipe exigidos para operações mais complexas. A penalidade para a taxa de clock mais rápida é, portanto, latência maior para as operações.

A estrutura de pipeline de exemplo na Figura C.29 permite até quatro adições de PF pendentes, sete multiplicações de PF/inteiros pendentes e uma divisão de PF. A Figura C.30 mostra como esse pipeline pode ser projetado, estendendo a Figura C.28. O intervalo de repetição é implementado na Figura C.30 pela inclusão de estágios de pipeline adicionais, que serão separados por registradores de pipeline adicionais. Como as unidades são independentes, nomeamos os estágios de forma diferente. Os estágios de pipeline que utilizam vários ciclos de clock, como a unidade de divisão, são subdivididos ainda mais para mostrar a latência desses estágios. Como não são estágios completos, somente uma operação pode estar ativa. A estrutura do pipeline também pode ser mostrada usando-se os conhecidos diagramas apresentados anteriormente, como mostra a Figura C.31 para um conjunto de operações de PF independentes e loads e stores de PF. Naturalmente, a latência maior das operações de PF aumenta a frequência dos hazards RAW e stalls resultantes, conforme veremos mais adiante nesta seção.

A estrutura do pipeline na Figura C.30 requer a introdução de registradores de pipeline adicionais (por exemplo, A1/A2, A2/A3, A3/A4) e a modificação das conexões com esses registradores. O registrador ID/EX precisa ser expandido para conectar o ID a EX, DIV, M1 e A1; podemos nos referir à parte do registrador associado a um dos próximos estágios

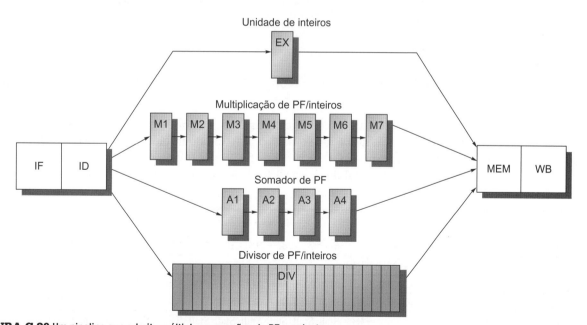

**FIGURA C.30** Um pipeline que admite múltiplas operações de PF pendentes.
O multiplicador e o somador de PF estão totalmente em pipeline e possuem uma profundidade de sete e quatro estágios, respectivamente. O divisor de PF não está em pipeline, mas exige 24 ciclos de clock para concluir. A latência nas instruções entre o despacho de uma operação de PF e o uso do resultado dessa operação sem incorrer em um stall RAW é determinada pelo número de ciclos gastos nos estágios de execução. Por exemplo, a quarta instrução após uma adição de PF pode usar o resultado da adição de PF. Para operações da ALU com inteiros, a profundidade do pipeline de execução é sempre um e a próxima instrução pode usar os resultados.

| | | | | | | | | | | |
|---|---|---|---|---|---|---|---|---|---|---|
| fmul.d | IF | ID | *M1* | M2 | M3 | M4 | M5 | M6 | **M7** | MEM | WB |
| fadd.d | | IF | ID | *A1* | A2 | A3 | **A4** | **MEM** | WB | |
| fadd.d | | | IF | ID | *EX* | **MEM** | WB | | | |
| fsd | | | | IF | ID | *EX* | **MEM** | WB | | |

**FIGURA C.31** Temporização do pipeline de um conjunto de operações de PF independentes.

Os estágios em itálico mostram onde os dados são necessários, enquanto os estágios em negrito mostram onde um resultado está disponível. Loads e stores de PF utilizam uma via de 64 bits para a memória, de modo que a temporização do pipelining é exatamente como um load ou store de inteiros.

com a notação ID/EX, ID/DIV, ID/M1 ou ID/A1. Os registradores de pipeline entre ID e todos os outros estágios podem ser imaginados como registradores separados logicamente e, na verdade, ser implementados como registradores separados. Como somente uma operação pode estar em um estágio de pipe de cada vez, a informação de controle pode ser associada ao registrador no início do estágio.

## Hazards e adiantamento nos pipelines de latência maior

Existem diversos aspectos diferentes na detecção de hazard e adiantamento para um pipeline como o da Figura C.30.

1. Como a unidade de divisão não está totalmente em pipeline, podem ocorrer hazards estruturais. Estes precisarão ser detectados, e o despacho das instruções terá de ser atrasado.
2. Como as instruções possuem tempos de execução variáveis, o número de escritas necessárias nos registradores em um ciclo pode ser maior do que 1.
3. Hazards WAW (Write After Write) são possíveis, pois as instruções não atingem mais o WB em ordem. Observe que os hazards WAR (Write After Read) não são possíveis, pois as leituras de registradores sempre ocorrem em ID.
4. As instruções podem ser completadas em uma ordem diferente das que foram despachadas, causando problemas com exceções; trataremos disso na próxima subseção.
5. Devido à latência maior das operações, os stalls para os hazards RAW serão mais frequentes.

O aumento nos stalls, que surge das latências de operação mais longas, é fundamentalmente o mesmo que é usado para o pipeline de inteiros. Antes de descrever os novos problemas que surgem nesse pipeline de PF e de procurar as soluções, vamos examinar o impacto em potencial dos hazards RAW. A Figura C.32 mostra uma sequência de código

| | Número do ciclo de clock | | | | | | | | | | | | | | | | |
|---|---|---|---|---|---|---|---|---|---|---|---|---|---|---|---|---|---|
| **Instrução** | 1 | 2 | 3 | 4 | 5 | 6 | 7 | 8 | 9 | 10 | 11 | 12 | 13 | 14 | 15 | 16 | 17 |
| fld    f4,0(x2) | IF | ID | EX | MEM | WB | | | | | | | | | | | | |
| fmul.d f0,f4,f6 | | IF | ID | Stall | M1 | M2 | M3 | M4 | M5 | M6 | M7 | MEM | WB | | | | |
| fadd.d f2,f0,f8 | | | IF | Stall | ID | Stall | Stall | Stall | Stall | Stall | Stall | A1 | A2 | A3 | A4 | MEM | WB |
| fsd    f2,0(x2) | | | | IF | Stall | Stall | Stall | Stall | Stall | Stall | Stall | ID | | EX | Stall | Stall | Stall | MEM |

**FIGURA C.32** Uma sequência de código de PF típica mostrando os stalls que surgem de hazards RAW.

O pipeline mais longo aumenta substancialmente a frequência de stalls em comparação com o pipeline de inteiros mais superficial. Cada instrução nessa sequência é dependente da anterior e prossegue assim que os dados estão disponíveis, o que assume que o pipeline possui bypassing e adiantamento completos. O fsd precisa ser adiado por um ciclo extra, de modo que seu MEM não entre em conflito com o fadd.d. Um hardware extra poderia facilmente tratar desse caso.

## Número do ciclo de clock

| Instrução | 1 | 2 | 3 | 4 | 5 | 6 | 7 | 8 | 9 | 10 | 11 |
|---|---|---|---|---|---|---|---|---|---|---|---|
| `fmul.d f0,f4,f6` | IF | ID | M1 | M2 | M3 | M4 | M5 | M6 | M7 | MEM | WB |
| ... | | IF | ID | EX | MEM | WB | | | | | |
| ... | | | IF | ID | EX | MEM | WB | | | | |
| `fadd.d f2,f4,f6` | | | | IF | ID | A1 | A2 | A3 | A4 | MEM | WB |
| ... | | | | | IF | ID | EX | MEM | WB | | |
| ... | | | | | | IF | ID | EX | MEM | WB | |
| `fld    f2,0(x2)` | | | | | | | IF | ID | EX | MEM | WB |

**FIGURA C.33** Três instruções desejam realizar um write-back no banco de registradores de PF simultaneamente, como mostra o ciclo de clock 11. Este *não* é o pior caso, pois uma divisão anterior na unidade de PF também poderia terminar no mesmo ciclo de clock. Observe que, embora `fmul.d`, `fadd.d` e `fld` estejam no estágio MEM no ciclo de clock 10, somente o `fld` realmente utiliza a memória, de modo que não existe um hazard estrutural para MEM.

de PF típica e os stalls resultantes. Ao final desta seção, examinaremos o desempenho desse pipeline de PF para o nosso subconjunto SPEC.

Agora veja os problemas que surgem com as escritas, descritos como (2) e (3) na lista anterior. Se considerarmos que o banco de registradores de PF possui uma porta de escrita, as sequências de operações de ponto flutuante, além de um load de PF junto com operações de PF, podem causar conflitos para a porta de escrita do registrador. Considere a sequência de pipeline mostrada na Figura C.33. No ciclo de clock 11, todas as três instruções alcançarão WB e desejarão escrever no banco de registradores. Com apenas uma única porta de escrita do banco de registradores, o processador precisa serializar o término da instrução. Essa única porta de registrador representa um hazard estrutural. Poderíamos aumentar o número de portas de escrita para resolver isso, mas essa solução pode não ser atraente, pois as portas de escrita adicionais seriam usadas apenas raramente. Isso porque o número máximo de portas de escrita necessárias no estado fixo é 1. Em vez disso, escolhemos detectar e forçar o acesso à porta de escrita como um hazard estrutural.

Existem duas maneiras diferentes de implementar esse interbloqueio. A primeira é rastrear o uso da porta de escrita no estágio ID e adiar uma instrução antes que ela seja despachada, assim como faríamos para qualquer outro hazard estrutural. Rastrear o uso da porta de escrita pode ser feito com um registrador de deslocamento que indica quando as instruções já despachadas usarão o banco de registradores. Se a instrução em ID precisar usar o banco de registradores ao mesmo tempo em que uma instrução já despachada, a instrução em ID será adiada por um ciclo. Em cada clock, o registrador de reserva é deslocado em 1 bit. Essa implementação tem uma vantagem: ela mantém a propriedade de que toda a detecção de interbloqueio e inserção de stall ocorre no estágio ID. O custo é o acréscimo do registrador de deslocamento e da lógica de conflito de escrita. Assumiremos esse esquema durante toda esta seção.

Um esquema alternativo é adiar uma instrução em conflito quando ela tentar entrar no estágio MEM ou WB. Se esperarmos para adiar as instruções em conflito até que queiram entrar no estágio MEM ou WB, podemos escolher a instrução que será adiada. Uma heurística simples, embora às vezes abaixo da ideal, é dar prioridade à unidade com maior latência, pois essa é aquela que provavelmente terá causado o stall de outra instrução para um hazard RAW. A vantagem desse esquema é que ele não exige que detectemos o conflito antes da entrada do estágio MEM ou WB, onde é fácil de ser visto. A desvantagem é que isso complica o controle do pipeline, pois os stalls agora podem surgir de dois lugares. Observe que o adiamento antes de entrar em MEM fará com que o estágio EX, A4 ou M7 seja ocupado, possivelmente forçando o stall a recuar no pipeline. De modo semelhante, o stall antes de WB causaria o recuo de MEM.

Nosso outro problema é a possibilidade de hazards WAW. Para ver que eles existem, considere o exemplo da Figura C.33. Se a instrução fld fosse despachada um ciclo antes e tivesse um destino de f2, ela criaria um hazard WAW, pois escreveria f2 um ciclo antes do add.d. Observe que esse hazard só ocorre quando o resultado do fadd.d é sobrescrito *sem* qualquer instrução sequer o utilizar! Se houvesse um uso de f2 entre o fadd.d e o fld, o pipeline precisaria ser atrasado para um hazard RAW, e o fld não seria despachado até que o fadd.d fosse concluído. Argumentaríamos que, para a nosso pipeline, os hazards WAW só ocorrem quando uma instrução sem utilidade é executada, mas ainda precisamos detectá-los e nos certificar de que o resultado do fld aparece em f2 quando terminarmos. (Conforme veremos na Seção C.8, às vezes tais sequências *ocorrem* em um código razoável.)

Existem duas maneiras possíveis de lidar com esse hazard WAW. A primeira técnica é atrasar o despacho da instrução load até que o fadd.d entre em MEM. A segunda técnica é estampar o resultado do fadd.d detectando o hazard e alterando o controle de modo que o fadd.d não escreva seu resultado. Depois, o fld pode ser despachado imediatamente. Como esse hazard é raro, qualquer esquema funcionará bem — você pode escolher o que for mais simples de implementar. De qualquer forma, o hazard pode ser detectado durante ID quando o fld estiver sendo emitido. Depois, será fácil atrasar o fld ou tornar o fadd.d um no-op. A situação difícil é detectar que o fld poderia terminar antes do fadd.d, pois isso exige saber a extensão do pipeline e a posição atual do fadd.d. Felizmente, essa sequência de código (duas escritas sem uma leitura no intervalo) será muito rara, de modo que podemos usar uma solução simples: se uma instrução em ID quiser escrever o mesmo registrador que uma instrução já despachada, não despache a instrução para EX. Na Seção C.7, veremos como o hardware adicional pode eliminar stalls para esses hazards. Primeiro, vamos juntar as partes para implementar o hazard e a lógica de despacho em nosso pipeline de PF.

Detectando os hazards possíveis, temos de considerar os hazards entre as instruções de PF, além de hazards entre uma instrução de PF e uma instrução de inteiros. Exceto por loads-stores de PF e moves de registrador de PF-inteiros, os registradores de PF e inteiros são distintos. Todas as instruções com inteiros operam sobre os registradores de inteiros, enquanto as operações de ponto flutuante operam apenas sobre seus próprios registradores. Assim, só precisamos considerar os loads-stores de PF e os moves de registradores de PF na detecção de hazards entre instruções de PF e inteiros. Essa simplificação de controle de pipeline é uma vantagem adicional de se ter arquivos de registradores separados para dados inteiros e de ponto flutuante. (As principais vantagens são a duplicação número de registradores sem tornar qualquer conjunto maior, e um aumento na largura de banda sem acrescentar mais portas a qualquer conjunto. A principal desvantagem, além da necessidade de um banco de registradores extra, é o pequeno custo de moves ocasionais necessários entre os dois conjuntos de registradores.) Supondo que o pipeline faça toda a detecção de hazard em ID, existem três verificações que precisam ser realizadas antes que uma instrução possa ser despachada:

1. *Verificar hazards estruturais.* Espere até que a unidade funcional solicitada não esteja ocupada (isso só é necessário para divisões nesse pipeline) e certifique-se de que a porta de escrita do registrador esteja disponível quando ela for necessária.
2. *Verificar um hazard de dados RAW.* Espere até que os registradores de origem não estejam listados como destinos pendentes em um registrador de pipeline que não estará disponível quando essa instrução precisar do resultado. Diversas verificações precisam ser feitas aqui, dependendo da instrução de origem, que determina quando o resultado estará disponível, e da instrução de destino, que determina quando o valor será necessário. Por exemplo, se a instrução em ID for uma operação de PF com registrador de origem f2, então f2 não poderá ser listado como um destino em ID/A1, A1/A2 ou A2/

A3, que correspondem às instruções de adição de PF que não serão terminadas quando a instrução em ID precisar de um resultado (ID/A1 é a parte do registrador de saída de ID que é enviada a A1). A divisão é um pouco mais complicada, se quisermos permitir que os últimos poucos ciclos de uma divisão sejam sobrepostos, pois temos de lidar com o caso em que uma divisão está perto de terminar como especial. Na prática, os projetistas poderiam ignorar essa otimização em favor de um teste de despacho mais simples.

3. *Verificar um hazard de dados WAW.* Determine se qualquer instrução em A1, ..., A4, D, M1, ..., M7 tem o mesmo destino de registrador dessa instrução. Se tiver, atrase o despacho da instrução em ID.

Embora a detecção de hazard seja mais complexa com as operações de PF multiciclos, os conceitos são iguais aos do pipeline de inteiros do RISC-V. O mesmo acontece para a lógica de adiantamento. O adiantamento pode ser implementado verificando se o registrador de destino em qualquer um dos registradores EX/MEM, A4/MEM, M7/MEM, D/MEM ou MEM/WB é um dos registradores de origem de uma instrução de ponto flutuante. Se for, o multiplexador de entrada apropriado terá de ser ativado de modo a escolher os dados adiantados. Nos exercícios, você terá a oportunidade de especificar a lógica para a detecção de hazard RAW e WAW, e também para o adiantamento.

As operações de PF multiciclos também introduzem problemas para os nossos mecanismos de exceção, de que trataremos em seguida.

### Mantendo exceções precisas

Outro problema causado por essas instruções de longa duração pode ser ilustrado com a seguinte sequência de código:

```
fdiv      d f0,f2,f4
fadd      d f10,f10,f8
fsub      d f12,f12,f14
```

Essa sequência de código parece simples; não existem dependências. Porém, surge um problema porque uma instrução despachada anteriormente pode ser completada antes de uma instrução despachada depois. Neste exemplo, podemos esperar que `fadd.d` e `fsub.d` sejam concluídas *antes* que `fdiv.d` termine. Isso é chamado *término fora de ordem* e é comum nos pipelines com operações de longa duração (Seção C.7). Como a detecção de hazard impedirá que qualquer dependência entre as instruções seja violada, por que o término fora de ordem é um problema? Suponha que o `fsub.d` cause uma exceção aritmética de ponto flutuante em um ponto em que o `fadd.d` tiver terminado, mas o `fdiv.d` não. O resultado será uma exceção imprecisa, algo que estamos tentando evitar. Pode parecer que isso seria tratado permitindo-se o dreno do pipeline de ponto flutuante, como fazemos para o pipeline de inteiros. Mas a exceção pode estar em uma posição onde isso não é possível. Por exemplo, se o `fdiv.d` decidisse apanhar uma exceção aritmética de ponto flutuante após a conclusão da adição, poderíamos não ter uma exceção precisa no nível de hardware. De fato, como o `fadd.d` destrói um de seus operandos, não poderíamos restaurar o estado para o que era antes do `fdiv.d`, mesmo com a ajuda do software.

Esse problema aparece porque as instruções estão completando em uma ordem diferente daquela em que foram despachadas. Existem quatro técnicas possíveis para lidar com o término fora de ordem. A primeira é ignorar o problema e conformar-se com as exceções imprecisas. Essa técnica foi usada nos anos 1960 e no início dos anos 1970. Ela ainda foi usada em alguns supercomputadores nos últimos quinze anos, nos quais certas classes de exceções não são permitidas ou são tratadas pelo hardware sem concluir o pipeline. É difícil usar essa técnica na maioria dos processadores montados atualmente, devido aos recursos como memória virtual e padrão de ponto flutuante IEEE, que basicamente exigem exceções precisas por uma combinação de hardware e software. Como já dissemos, alguns processadores recentes solucionaram esse problema introduzindo dois modos de execução: um modo rápido, mas possivelmente impreciso, e um modo mais lento, porém preciso. O modo preciso mais lento é implementado com uma troca de modo ou pela inserção de instruções explícitas que testam exceções de PF. De qualquer forma, a quantidade de sobreposição e reordenação permitida no pipeline de PF é significativamente restrita, de modo que efetivamente apenas uma instrução de PF está ativa de uma só vez. Essa solução foi usada no DEC Alpha 21064 e 21164, no IBM Power1 e Power2, e no MIPS R8000.

Uma segunda técnica é colocar em buffer os resultados de uma operação até que todas as operações que foram despachadas anteriormente sejam concluídas. Alguns processadores realmente utilizam essa solução, mas ela se torna dispendiosa quando a diferença nos tempos de execução entre as operações é muito grande, pois o número de resultados a colocar em buffer pode se tornar grande. Além do mais, os resultados da fila precisam ser contornados para continuar emitindo instruções enquanto se espera pela instrução maior. Isso exige um número grande de comparadores e um multiplexador muito grande.

Existem duas variações visíveis nessa técnica básica. A primeira é um *arquivo de histórico*, usado no CYBER 180/990. O arquivo de histórico registra os valores originais dos registradores. Quando ocorre uma exceção e o estado precisa ser revertido antes de alguma instrução que foi concluída fora de ordem, o valor original do registrador pode ser restaurado a partir do arquivo de histórico. Uma técnica semelhante é usada para o endereçamento por autoincremento e autodecremento em processadores como VAXes. Outra técnica, o *arquivo futuro*, proposta por Smith e Pleszkun (1988), mantém o valor mais recente de um registrador; quando todas as instruções anteriores tiverem sido concluídas, o banco de registradores principal é atualizado a partir do arquivo futuro. Em uma exceção, o banco de registradores principal tem os valores precisos para o estado interrompido. No Capítulo 3, vemos outra técnica que é necessária para dar suporte à especulação, um método para executar instruções antes de sabermos o resultado dos desvios anteriores.

Uma terceira técnica em uso é permitir que as exceções se tornem um tanto imprecisas, mas manter informações suficientes para que as rotinas de tratamento de interceptação (*trap*) possam criar uma sequência precisa para a exceção. Isso significa saber quais operações estavam no pipeline e seus PCs. Depois, após tratar da exceção, o software termina quaisquer instruções anteriores à última instrução concluída, e a sequência pode ser reiniciada. Considere esta sequência de código do pior caso:

Instrução$_1$ — Uma instrução de longa duração que, por fim, interrompe a execução.
Instrução$_2$ ..., Instrução$_{n-1}$ — Uma série de instruções que não estão concluídas.
Instrução$_n$ — Uma instrução que está concluída.

Dados os PCs de todas as instruções no pipeline e o PC de retorno da exceção, o software pode encontrar o estado da instrução$_1$ e da instrução$_n$. Como a instrução$_n$ foi concluída, desejaremos reiniciar a execução na instrução$_{n+1}$. Depois de tratar da exceção, o software precisa simular a execução de instrução$_1$ ..., instrução$_{n-1}$. Depois, podemos retornar da exceção e reiniciar na instrução$_{n+1}$. A complexidade da execução dessas instruções corretamente pelo manipulador é a maior dificuldade desse esquema.

Existe uma simplificação importante para pipelines simples do tipo RISC-V: se instrução$_2$, ..., instrução$_n$ forem instruções de inteiros, saberemos que, se instrução$_n$ tiver sido concluída, todas entre instrução$_2$ ..., instrução$_{n-1}$ também terão sido concluídas. Assim, somente operações de ponto flutuante precisam ser tratadas. Para tornar esse esquema tratável, o número de instruções de ponto flutuante que podem ser sobrepostas na execução pode ser limitado. Por exemplo, se somente sobrepormos duas instruções, somente a instrução interrompendo precisa ser concluída pelo software. Essa restrição pode reduzir o throughput em potencial se os pipelines de PF forem profundos ou se houver número significativo de unidades funcionais de PF. Essa técnica é utilizada em algumas implementações SPARC para permitir a sobreposição de operações de ponto flutuante e inteiros.

A técnica final é um esquema híbrido, que permite ao despacho de instruções continuar apenas se for certo que todas as instruções antes da instrução despachada terminem sem causar uma exceção. Isso garante que, quando houver uma exceção, nenhuma instrução após a que está interrompendo será concluída e todas as instruções antes da que está interrompendo podem ser concluídas. Isso, às vezes, significa atrasar a CPU para manter exceções precisas. Para que esse esquema funcione, as unidades funcionais de ponto flutuante precisam determinar se uma exceção é possível antes no estágio EX (nos três primeiros ciclos de clock no pipeline RISC-V), de modo a impedir que outras instruções sejam concluídas. Esse esquema é usado no MIPS R2000/3000, no R4000 e no Intel Pentium. Isso será discutido melhor no Apêndice J on-line.

## Desempenho do pipeline de PF simples do RISC-V

O pipeline de ponto flutuante do RISC-V, visto na Figura C.30, pode gerar stalls estruturais para a unidade de divisão e stalls para hazards RAW (ele também pode ter hazards WAW, mas isso raramente ocorre na prática). A Figura C.34 mostra o número de ciclos de stall

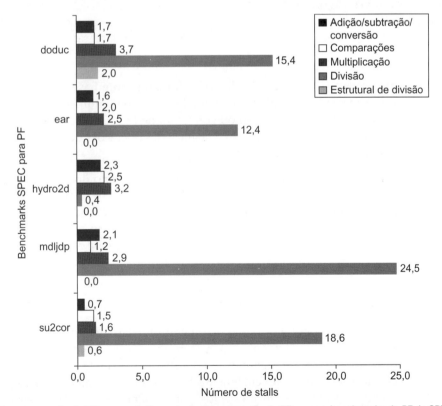

**FIGURA C.34** Stalls por operação de PF para cada tipo principal da operação de PF para os benchmarks de PF do SPEC89.
Exceto para os hazards estruturais de divisão, esses dados não dependem da frequência de uma operação, somente de sua latência e do número de ciclos antes que o resultado seja usado. O número de stalls dos hazards RAW rastreia aproximadamente a latência da unidade de PF. Por exemplo, o número médio de stalls por adição, subtração ou conversão de PF é de 1,7 ciclo ou 56% da latência (três ciclos). De modo semelhante, o número médio de stalls para multiplicações e divisões é de 2,8 e 14,2, respectivamente, ou 46% e 59% da latência correspondente. Os hazards estruturais para divisões são raros, pois a frequência de divisão é baixa.

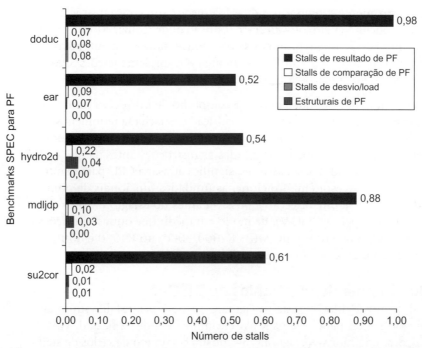

**FIGURA C.35** Stalls ocorrendo para o pipeline de PF simples do RISC-V para cinco dos benchmarks de PF do SPEC89.
O número total de stalls por instrução varia de 0,65 para o su2cor até 1,21 para o dudoc, com uma média de 0,87. Os stalls de resultado de PF dominam em todos os casos, com média de 0,71 stall por instrução ou 82% dos ciclos adiados. As comparações geram uma média de 0,1 stall por instrução e são a segunda maior fonte. O hazard estrutural de divisão só é significativo para o doduc. Os stalls por desvio não são considerados, mas seriam pequenos.

para cada tipo de operação de ponto flutuante com base em cada instância (ou seja, a primeira barra para cada benchmark de PF mostra o número de stalls de resultado de PF para cada adição, subtração ou conversão de PF). Como poderíamos esperar, os ciclos de stall por operação rastreiam a latência das operações de PF, variando de 46%-59% da latência da unidade funcional.

A Figura C.35 oferece o desmembramento completo dos stalls de inteiros e de ponto flutuante para cinco benchmarks SPECfp. Aparecem quatro classes de stalls: stalls de resultado de PF, stalls de comparação de PF, atrasos de load e desvio condicional, e atrasos estruturais de PF. Não estão incluídos stalls por atraso de desvio, que seriam pequenos com um atraso de um ciclo e até mesmo um previsor de desvio modesto. O número total de stalls por instrução varia de 0,65 a 1,21.

## C.6 JUNTANDO TUDO: O PIPELINE MIPS R4000

Nesta seção, vemos a estrutura do pipeline e o desempenho da família de processadores MIPS R4000, que inclui o 4400. A arquitetura MIPS e o RISC-V são muito semelhantes, diferindo apenas em algumas poucas instruções, incluindo um desvio adiado na ISA do MIPS. O R4000 implementa MIPS64, mas usa um pipeline mais profundo do que o do nosso projeto de cinco estágios, para programas tanto de inteiros quanto de ponto flutuante. Esse pipeline mais profundo permite que ele atinja taxas de clock mais altas, decompondo o pipeline de inteiros de cinco estágios para oito estágios. Como o acesso à cache tem um tempo particularmente crítico, os estágios de pipeline extras vêm da decomposição do acesso à memória. Esse tipo de pipelining mais profundo às vezes é chamado *superpipelining*.

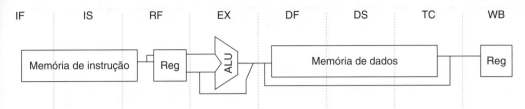

**FIGURA C.36** A estrutura de pipeline de oito estágios do R4000 usa caches de instrução e dados em pipeline.
Os estágios de pipe são rotulados e sua função detalhada é descrita no texto. As linhas verticais tracejadas representam os limites de estágio e também o local dos latches do pipeline. A instrução na realidade está disponível ao final do IS, mas a verificação de tag é feita em RF, enquanto os registradores são lidos. Assim, mostramos a memória de instruções como operando por meio do RF. O estágio TC é necessário para o acesso à memória de dados, pois não podemos escrever os dados no registrador até sabermos se o acesso à cache foi um acerto ou não.

A Figura C.36 mostra a estrutura de pipeline de oito estágios usando uma versão resumida do datapath. A Figura C.37 mostra a sobreposição de instruções bem-sucedidas no pipeline. Observe que, embora a memória de instrução e de dados ocupe vários ciclos, ela utiliza totalmente o pipeline, de modo que uma nova instrução pode iniciar a cada clock. De fato, o pipeline usa os dados antes que a detecção de acerto de cache se complete; o Capítulo 3 discute com mais detalhes como isso pode ser feito.

A função de cada estágio é a seguinte:

- IF. Primeira metade da busca de instrução; na realidade, a seleção do PC acontece aqui, junto com o início do acesso à cache de instruções.
- IS. Segunda metade da busca de instrução, completa o acesso à cache de instruções.
- RF. Decodificação de instrução e busca de registrador, verificação de hazard e detecção de acerto da cache de instruções.
- EX. Execução, que inclui cálculo do endereço efetivo, operação da ALU e avaliação de cálculo e condição de destino do desvio.

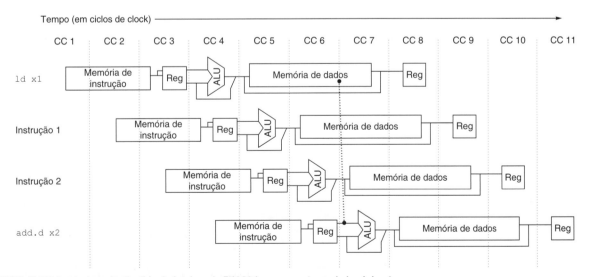

**FIGURA C.37** A estrutura do pipeline de inteiros do R4000 leva a um atraso de load de x1.
Um atraso de x1 é possível porque o valor de dados está disponível ao final do DS e pode ser evitado. Se a verificação de tag no TC indicar uma falta, o pipeline é recuado por um ciclo, quando os dados corretos estarão disponíveis.

| Número da instrução | Número do clock | | | | | | | | |
|---|---|---|---|---|---|---|---|---|---|
| | 1 | 2 | 3 | 4 | 5 | 6 | 7 | 8 | 9 |
| ld x1,... | IF | IS | RF | EX | DF | DS | TC | WB | |
| add x2,x1,... | | IF | IS | RF | Stall | Stall | EX | DF | DS |
| sub x3,x1,... | | | IF | IS | Stall | Stall | RF | EX | DF |
| or x4,x1,... | | | | IF | Stall | Stall | IS | RF | EX |

**FIGURA C.38** Uma instrução de load seguida por um uso imediato resulta em um stall de x1.

As vias de adiantamento normais podem ser usadas após dois ciclos, de modo que o add e o sub recebem o valor pelo adiantamento após o stall. A instrução or apanha o valor do banco de registradores. Como as duas instruções após o load poderiam ser independentes, e portanto não adiar, o bypass pode ser para instruções que estão 3-4 ciclos após o load.

- DF. Busca de dados, primeira metade do acesso à cache de dados.
- DS. Segunda metade da busca de dados, término do acesso à cache de dados.
- TC. Verificação de tag, para determinar se houve acerto no acesso à cache de dados.
- WB. Write-back para operações de load e operações registrador-registrador.

Além de aumentar substancialmente a quantidade de adiantamento exigida, esse pipeline de maior latência aumenta os atrasos tanto de load quanto de desvio condicional. A Figura C.37 mostra que os atrasos de load são de dois ciclos, pois o valor de dados está disponível no final do DS. A Figura C.38 mostra o escalonamento de pipeline resumido quando um uso é seguido imediatamente de um load. Ela mostra que o adiantamento é exigido para o resultado de uma instrução de load a um destino que está 3-4 ciclos mais adiante.

A Figura C.39 mostra que o atraso de desvio condicional básico é de três ciclos, pois a condição de destino é calculada durante EX. A arquitetura MIPS possui um desvio adiado de único ciclo. O R4000 utiliza uma estratégia de desvio previsto-não-tomado para os dois ciclos restantes do atraso de desvio condicional. Como mostra a Figura C.40, os desvios não tomados são simplesmente desvios adiados de um ciclo, enquanto os desvios tomados possuem um slot de atraso de um ciclo, seguido por dois ciclos ociosos.

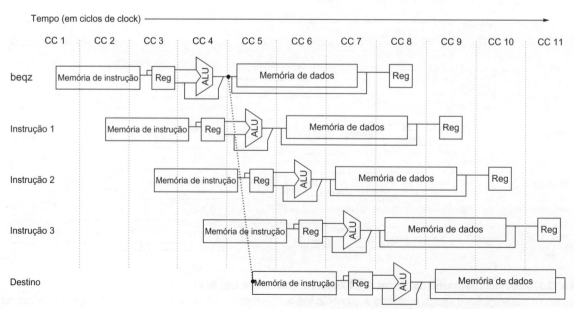

**FIGURA C.39** O atraso de desvio condicional básico é de três ciclos, pois a avaliação da condição é realizada durante EX.

| Número da instrução | Número do clock | | | | | | | | |
|---|---|---|---|---|---|---|---|---|---|
| | 1 | 2 | 3 | 4 | 5 | 6 | 7 | 8 | 9 |
| Instrução de desvio | IF | IS | RF | EX | DF | DS | TC | WB | |
| Slot de atraso | | IF | IS | RF | EX | DF | DS | TC | WB |
| Stall | | | Stall | Stall | Stall | Stall | Stall | Stall | Stall |
| Stall | | | | Stall | Stall | Stall | Stall | Stall | Stall |
| Destino do desvio | | | | | IF | IS | RF | EX | DF |
| | | | | | | | | | |
| Instrução de desvio | IF | IS | RF | EX | DF | DS | TC | WB | |
| Slot de atraso | | IF | IS | RF | EX | DF | DS | TC | WB |
| Instrução de desvio + 2 | | | IF | IS | RF | EX | DF | DS | TC |
| Instrução de desvio + 3 | | | | IF | IS | RF | EX | DF | DS |

**FIGURA C.40** Um desvio tomado, mostrado na parte superior da figura, possui um slot de atraso de um ciclo seguido por um stall de x1, enquanto um desvio não tomado, mostrado na parte inferior, tem simplesmente um slot de atraso de um ciclo.
A instrução de desvio pode ser um desvio adiado comum ou um desvio provável, que cancela o efeito da instrução no slot de atraso se o desvio não for tomado.

O conjunto de instruções oferece uma instrução de desvio provável, que descrevemos anteriormente e que ajuda no preenchimento do slot de atraso de desvio condicional. Os interbloqueios de pipeline impõem uma penalidade de stall de desvio de x1 em um desvio tomado e qualquer stall de hazard de dados que surge do uso de um resultado de load. Após o R4000, todas as implementações do processador MIPS utilizam a previsão dinâmica de desvio condicional.

Além do aumento nos stalls para loads e desvios, o pipeline mais profundo aumenta o número de níveis de adiantamento para as operações com a ALU. Em nosso pipeline RISC-V de cinco estágios, o adiantamento entre duas instruções da ALU registrador-registrador poderia acontecer dos registradores ALU/MEM ou MEM/WB. No pipeline R4000, existem quatro fontes possíveis para o bypass da ALU: EX/DF, DF/DS, DS/TC e TC/WB.

## O pipeline de ponto flutuante

A unidade de ponto flutuante R4000 consiste em três unidades funcionais: um divisor de ponto flutuante, um multiplicador de ponto flutuante e um somador de ponto flutuante. A lógica do somador é usada na etapa final de uma multiplicação ou divisão. As operações de PF de precisão dupla podem levar de dois ciclos (para uma negação) até 112 ciclos (para uma raiz quadrada). Além disso, as diversas unidades possuem diferentes taxas de iniciação. A unidade funcional de ponto flutuante pode ser imaginada como tendo oito estágios diferentes, listados na Figura C.41; esses estágios são combinados em diferentes ordens para executar diversas operações de PF.

Existe uma única cópia de cada um desses estágios, e diversas instruções podem usar um estágio zero ou mais vezes e em diferentes ordens. A Figura C.42 mostra a latência, a taxa de iniciação e os estágios de pipeline usados pelas operações mais comuns de PF de precisão dupla.

Pela informação da Figura C.42, podemos determinar se uma sequência de operações de PF diferentes e independentes pode ser despachada sem stalls. Se a temporização da sequência for tal que ocorra um conflito para um estágio de pipeline compartilhado, um stall será necessário. As Figuras C.43 a C.46 mostram quatro sequências possíveis de duas instruções: uma

## APÊNDICE C: Pipelining: conceitos básicos e intermediários

| Estágio | Unidade funcional | Descrição |
|---|---|---|
| A | Somador de PF | Estágio de adição de mantissa |
| D | Divisor de PF | Estágio de divisão do pipeline |
| E | Multiplicador de PF | Estágio de teste de exceção |
| M | Multiplicador de PF | Primeiro estágio do multiplicador |
| N | Multiplicador de PF | Segundo estágio do multiplicador |
| R | Somador de PF | Estágio de arredondamento |
| S | Somador de PF | Estágio de deslocamento de operando |
| U | | Desempacotamento de números de PF |

**FIGURA C.41** Os oito estágios usados nos pipelines de ponto flutuante do R4000.

| Instrução de PF | Latência | Intervalo de iniciação | Estágios de pipe |
|---|---|---|---|
| Adição, subtração | 4 | 3 | U, S+A, A+R, R+S |
| Multiplicação | 8 | 4 | U, E+M, M, M, M, N, N+A, R |
| Divisão | 36 | 35 | U, A, R, D28, D+A, D+R, D+A, D+R, A, R |
| Raiz quadrada | 112 | 111 | U, E, (A+R)108, A, R |
| Negação | 2 | 1 | U, S |
| Valor absoluto | 2 | 1 | U, S |
| Comparação de PF | 3 | 2 | U, A, R |

**FIGURA C.42** As latências e os intervalos de iniciação para as operações de PF dependem dos estágios da unidade de PF que determinada operação precisa utilizar.

Os valores de latência consideram que a instrução de destino é uma operação de PF; as latências são um ciclo a menos quando o destino é um store. Os estágios de pipe aparecem na ordem em que são usados para qualquer operação. A notação S + A indica um ciclo de clock em que os estágios S e A são utilizados. A notação $D^{28}$ indica que o estágio D é usado 28 vezes em seguida.

| Operação | Despacho /stall | Ciclo de clock | | | | | | | | | | | |
|---|---|---|---|---|---|---|---|---|---|---|---|---|---|
| | | 0 | 1 | 2 | 3 | 4 | 5 | 6 | 7 | 8 | 9 | 10 | 11 | 12 |
| Multiplicação | Despacho | U | E+M | M | M | M | N | N+A | R | | | | |
| Adição | Despacho | | U | S+A | A+R | R+S | | | | | | | |
| | Despacho | | | U | S+A | A+R | R+S | | | | | | |
| | Despacho | | | | U | S+A | A+R | R+S | | | | | |
| | Stall | | | | | U | S+A | A+R | R+S | | | | |
| | Stall | | | | | | U | S+A | A+R | R+S | | | |
| | Despacho | | | | | | | U | S+A | A+R | R+S | | |
| | Despacho | | | | | | | | U | S+A | A+R | R+S | |

**FIGURA C.43** Uma multiplicação de PF despachada no clock 0 é seguida por uma única adição de PF despachada entre os clocks 1 e 7.

A segunda coluna indica se uma instrução do tipo especificado é adiada quando é despachada $n$ ciclos mais tarde, onde $n$ é o número do ciclo de clock em que ocorre o estágio U da segunda instrução. O estágio ou estágios que causam um stall estão destacados em negrito. Observe que esta tabela lida apenas com a interação entre a multiplicação e *uma* adição despachada entre os clocks 1 e 7. Nesse caso, a adição será adiada se for despachada quatro ou cinco ciclos após a multiplicação; caso contrário, ela é despachada sem o adiamento. Observe que a adição será adiada por dois ciclos se for despachada no ciclo 4, pois no próximo ciclo de clock ela ainda entrará em conflito com a multiplicação; porém, se a adição for despachada no ciclo 5, ela será adiada por apenas um ciclo de clock, pois isso eliminará os conflitos.

| Operação | Despacho /Stall | Ciclo de clock | | | | | | | | | | | | |
|---|---|---|---|---|---|---|---|---|---|---|---|---|---|---|
| | | 0 | 1 | 2 | 3 | 4 | 5 | 6 | 7 | 8 | 9 | 10 | 11 | 12 |
| Adição | Despacho | U | S+A | A+R | R+S | | | | | | | | | |
| Multiplicação | Despacho | | U | E+M | M | M | M | N | N+A | R | | | | |
| | Despacho | | | U | | M | M | M | N | N+A | R | | | |

**FIGURA C.44** Uma multiplicação despachada após uma adição sempre pode prosseguir sem stalls, pois a instrução mais curta limpa os estágios do pipeline compartilhado antes que a instrução mais longa os alcance.

| Operação | Despacho/stall | Ciclo de clock | | | | | | | | | | | |
|---|---|---|---|---|---|---|---|---|---|---|---|---|---|
| | | 25 | 26 | 27 | 28 | 29 | 30 | 31 | 32 | 33 | 34 | 35 | 36 |
| Divide | Despachada no ciclo 0... | D | D | D | D | D | **D+A** | **D+R** | **D+A** | **D+R** | **A** | **R** | |
| Adição | Despacho | | U | S+A | A+R | R+S | | | | | | | |
| | Despacho | | | U | S+A | A+R | R+S | | | | | | |
| | Stall | | | | U | S+A | **A+R** | **R+S** | | | | | |
| | Stall | | | | | U | **S+A** | **A+R** | R+S | | | | |
| | Stall | | | | | | U | S+A | **A+R** | **R+S** | | | |
| | Stall | | | | | | | U | **S+A** | **A+R** | R+S | | |
| | Stall | | | | | | | | U | S+A | **A+R** | **R+S** | |
| | Stall | | | | | | | | | U | **S+A** | **A+R** | R+S |
| | Despacho | | | | | | | | | | U | S+A | A+R |
| | Despacho | | | | | | | | | | | U | S+A |
| | Despacho | | | | | | | | | | | | U |

**FIGURA C.45** Uma divisão de ponto flutuante pode causar um stall para uma adição que começa perto do final da divisão.

A divisão começa no ciclo 0 e termina no ciclo 35; os 10 últimos ciclos da divisão são mostrados aqui. Como a divisão utiliza bastante o hardware de arredondamento necessário pela adição, ela adia uma adição que inicia em qualquer um dos ciclos 28-33. Observe que a adição começando no ciclo 28 será adiada para o ciclo 36. Se a adição começasse imediatamente após a divisão, ela não entraria em conflito, pois a adição poderia concluir antes que a divisão precisasse dos estágios compartilhados, exatamente como vimos na Figura C.44 para uma multiplicação e adição. Assim como na figura anterior, este exemplo assume *exatamente* uma adição que atinge o estágio U entre os ciclos de clock 26 e 35.

| Operação | Despacho/ stall | Ciclo de clock | | | | | | | | | | | | |
|---|---|---|---|---|---|---|---|---|---|---|---|---|---|---|
| | | 0 | 1 | 2 | 3 | 4 | 5 | 6 | 7 | 8 | 9 | 10 | 11 | 12 |
| Adição | Despacho | U | S+A | **A+R** | **R+S** | | | | | | | | | |
| Divisão | Stall | | U | **A** | **R** | D | D | D | D | D | D | D | D | D |
| | Despacho | | | U | A | R | D | D | D | D | D | D | D | |
| | Despacho | | | | U | A | R | D | D | D | D | D | D | |

**FIGURA C.46** Uma adição de precisão dupla é seguida por uma divisão de precisão dupla.
Se a divisão começar um ciclo após a adição, a divisão é adiada, mas depois disso não existe conflito.

multiplicação seguida por uma adição, uma adição seguida por uma multiplicação, uma divisão seguida por uma adição e uma adição seguida por uma divisão. As figuras mostram todas as posições iniciais interessantes para a segunda instrução e se essa segunda instrução será despachada ou adiada para cada posição. Naturalmente, podem existir três instruções ativas, quando as possibilidades de stalls são muito mais altas e as figuras mais complexas.

## Desempenho do pipeline R4000

Nesta seção examinaremos os stalls que ocorrem para os benchmarks SPEC92 na execução da estrutura de pipeline R4000. Existem quatro causas principais de stalls ou perdas do pipeline:

1. *Stalls de load.* Os atrasos que surgem do uso de um load resultam em 1-2 ciclos após o load.
2. *Stalls de desvio condicional.* Stalls de dois ciclos em cada desvio tomado mais slots de atraso de desvio condicional não preenchidos ou cancelados. A versão do conjunto de instruções MIPS implementada no R4000 tem suporte para instruções que preveem um desvio em tempo de compilação e fazem com que a instrução no slot de atraso de desvio seja cancelada quando o comportamento do desvio difere do previsto. Isso facilita o preenchimento de slots de atraso de desvio.
3. *Stalls de resultado de PF.* Stalls devidos a hazards RAW para um operando de PF.
4. *Stalls estruturais de PF.* Atrasos devidos a restrições de despacho que surgem dos conflitos pelas unidades funcionais no pipeline de PF.

A Figura C.47 mostra o desmembramento do CPI para o pipeline do R4000 nos 10 benchmarks SPEC92. A Figura C.48 mostra os mesmos dados, mas em formato tabular.

A partir dos dados das Figuras C.47 e C.48, podemos ver a penalidade do pipelining mais profundo. O pipeline do R4000 possui atrasos de desvio muito mais longos do que o pipeline clássico de cinco estágios. O atraso de desvio condicional mais longo aumenta substancialmente os ciclos gastos nos desvios, especialmente para os programas de inteiros com uma frequência de desvio mais alta. É por isso que quase todos os processadores subsequentes, com pipelines de moderada a profunda (8-16 estágios são comuns hoje em dia), empregam previsores dinâmicos de desvio.

Um efeito interessante observado nos programas de PF é que a latência das unidades funcionais de PF levam a mais stalls de resultado do que os hazards estruturais, que surgem

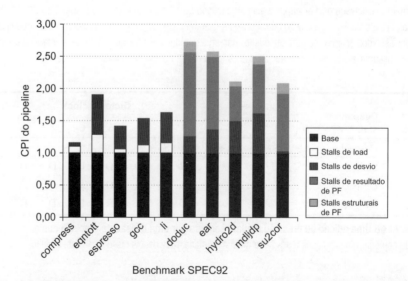

**FIGURA C.47** O CPI do pipeline para 10 dos benchmarks SPEC92, assumindo uma cache perfeita. O CPI do pipeline varia de 1,2 a 2,8. Os cinco programas mais à esquerda são programas de inteiros, e os atrasos de desvio são um importante colaborador do CPI para eles. Os cinco programas mais à direita são de PF, e os stalls de resultado de PF são os principais colaboradores para eles. A Figura C.48 mostra os números usados para construir esse gráfico.

| Benchmark | CPI do pipeline | Stalls de load | Stalls de desvio | Stalls de resultado de PF | Stalls estruturais de FP |
|---|---|---|---|---|---|
| Compress | 1,20 | 0,14 | 0,06 | 0,00 | 0,00 |
| Eqntott | 1,88 | 0,27 | 0,61 | 0,00 | 0,00 |
| Espresso | 1,42 | 0,07 | 0,35 | 0,00 | 0,00 |
| Gcc | 1,56 | 0,13 | 0,43 | 0,00 | 0,00 |
| Li | 1,64 | 0,18 | 0,46 | 0,00 | 0,00 |
| **Média para inteiros** | 1,54 | 0,16 | 0,38 | 0,00 | 0,00 |
| Doduc | 2,84 | 0,01 | 0,22 | 1,39 | 0,22 |
| Mdljdp2 | 2,66 | 0,01 | 0,31 | 1,20 | 0,15 |
| Ear | 2,17 | 0,00 | 0,46 | 0,59 | 0,12 |
| Hydro2d | 2,53 | 0,00 | 0,62 | 0,75 | 0,17 |
| Su2cor | 2,18 | 0,02 | 0,07 | 0,84 | 0,26 |
| **Média para PF** | 2,48 | 0,01 | 0,33 | 0,95 | 0,18 |
| **Média geral** | 2,00 | 0,10 | 0,36 | 0,46 | 0,09 |

**FIGURA C.48** O CPI de pipeline total e as contribuições das quatro principais fontes de stalls aparecem aqui. As principais contribuições são os stalls de resultado de PF (tanto para desvios quanto para entradas de PF) e stalls de desvio, com loads e stalls estruturais de PF tendo pouca influência.

das limitações do intervalo de iniciação e dos conflitos para as unidades funcionais a partir de diferentes instruções de PF. Assim, a redução da latência das operações de PF devem ser o primeiro alvo, em vez de mais pipelining ou replicação das unidades funcionais. Naturalmente, reduzir a latência provavelmente aumentaria os stalls estruturais, por mais que stalls estruturais em potencial sejam escondidos por trás dos hazards de dados.

## C.7 QUESTÕES CRUZADAS

### Conjuntos de instruções RISC e eficiência do pipelining

Já discutimos as vantagens da simplicidade do conjunto de instruções na criação de pipelines. Os conjuntos de instruções simples oferecem outra vantagem: eles facilitam o escalonamento de código para alcançar eficiência de execução em um pipeline. Para ver isso, considere um exemplo simples: suponha que precisemos somar dois valores da memória e armazenar o resultado de volta para a memória. Em alguns conjuntos de instruções sofisticados, isso exigirá uma única instrução; em outros, serão necessárias duas ou três. Uma arquitetura RISC típica exigiria quatro instruções (dois loads, um add e um store). Essas instruções não podem ser escalonadas sequencialmente na maioria dos pipelines sem utilização de stalls.

Com um conjunto de instruções RISC, as operações individuais são instruções separadas e podem ser escalonadas individualmente, seja pelo compilador (usando as técnicas que discutimos anteriormente e técnicas mais poderosas, discutidas no Capítulo 3), seja usando técnicas dinâmicas de escalonamento de hardware (que discutiremos em seguida e com detalhes no Capítulo 3). Essas vantagens na eficiência, aliadas à maior facilidade de implementação, parecem ser tão significativas que quase todas as implementações em pipeline dos conjuntos de instruções complexos na realidade traduzem suas instruções complexas para operações simples tipo RISC, e depois escalonam e colocam em pipeline essas operações. Todos os processadores recentes da Intel utilizam essa técnica, que também é usada nos processadores ARM para algumas das instruções mais complexas.

## Pipelines escalonados dinamicamente

Pipelines simples buscam uma instrução e a despacham, a menos que haja uma dependência de dados entre uma instrução já no pipeline e a instrução lida, que não pode ser ocultada com bypass ou adiantamento. A lógica de adiantamento reduz a latência efetiva do pipeline, de modo que certas dependências não resultem em hazards. Se houver um hazard inevitável, o hardware de detecção de hazard atrasará o pipeline (começando com a instrução que usa o resultado). Nenhuma instrução nova é buscada ou despachada até que a dependência seja resolvida. Para contornar essas perdas de desempenho, o compilador pode tentar escalonar instruções para evitar o hazard; essa técnica é chamada *escalonamento de compilador* ou *escalonamento estático*.

Vários processadores mais antigos usavam outra técnica, chamada *escalonamento dinâmico*, na qual o hardware reorganiza a execução da instrução para reduzir os stalls. Esta seção oferece uma introdução mais simples ao escalonamento dinâmico, explicando a técnica de scoreboarding do CDC 6600. Alguns leitores acharão mais fácil ler este material antes de mergulhar no método de Tomasulo, mais complicado, que explicamos no Capítulo 3.

Todas as técnicas discutidas até aqui neste apêndice utilizam o despacho de instrução em ordem, o que significa que, se uma instrução for adiada no pipeline, nenhuma outra instrução poderá prosseguir. Com o despacho em ordem, se duas instruções tiverem um hazard entre elas, o pipeline será atrasado, mesmo que haja instruções mais adiante, que sejam independentes e não gerem stalls.

No pipeline RISC-V desenvolvido anteriormente, hazards estruturais e de dados foram verificados durante a decodificação da instrução (ID): quando uma instrução podia ser executada corretamente, ela era despachada a partir do ID. Para permitir que uma instrução inicie a execução assim que seus operandos estejam disponíveis, mesmo que um predecessor seja adiado, temos de separar o processo de despacho em duas partes: verificar os hazards estruturais e esperar pela ausência de um hazard de dados. Decodificamos e despachamos instruções em ordem; porém, queremos que as instruções iniciem a execução assim que seus operandos de dados estiverem disponíveis. Assim, o pipeline fará a *execução fora de ordem*, que implica *término fora de ordem*. Para implementar a execução fora de ordem, temos de dividir o estágio ID do pipe em dois estágios:

1. *Despacho*. Decodificar instruções, procurar hazards estruturais.
2. *Ler operandos*. Esperar até que não haja hazards de dados, depois ler operandos.

O estágio IF prossegue após o estágio de despacho, e o estágio EX segue o estágio de leitura de operandos, assim como no pipeline RISC-V. Como no pipeline RISC-V de ponto flutuante, a execução pode exigir vários ciclos, dependendo da operação. Assim, podemos ter de distinguir quando uma instrução *inicia a execução* e quando ela *termina a execução*; entre os dois tempos, a instrução está *em execução*. Isso permite que várias instruções estejam em execução ao mesmo tempo. Além dessas mudanças na estrutura do pipeline, também mudaremos o projeto da unidade funcional variando o número de unidades, a latência das operações e o pipelining da unidade funcional, a fim de explorar melhor essas técnicas de pipelining mais avançadas.

### Escalonamento dinâmico com um scoreboard

Em um pipeline escalonado dinamicamente, todas as instruções passam pelo estágio de despacho em ordem (*in-order issue*); porém, elas podem ser adiadas ou puladas no segundo estágio (ler operandos) e, portanto, entrar na execução fora de ordem. *Scoreboarding* é uma técnica para permitir que as instruções sejam executadas fora de ordem quando houver recursos suficientes e nenhuma dependência de dados; ele foi assim denominado devido ao scoreboard do CDC 6600, que desenvolveu essa capacidade.

Antes de vermos como o scoreboarding poderia ser usado no pipeline RISC-V, é importante observar que os hazards WAR, que não existiam nos pipelines de ponto flutuante ou inteiros do RISC-V, podem surgir quando as instruções forem executadas fora de ordem. Por exemplo, considere estas sequências de código:

```
fdiv.d      f0,f2,f4
fadd.d      f10,f0,f8
fsub.d      f8,f8,f14
```

Existe um hazard WAR em potencial entre o `fadd.d` e o `fsub.d`: se o pipeline executar o `fsub.d` antes do `fadd.d`, ele o violará, gerando uma execução incorreta. De modo semelhante, o pipeline precisa evitar hazards WAW (por exemplo, para evitar violar as dependências de saída, os hazards WAW (por exemplo, conforme ocorreria se o destino do `fsub.d` fosse `f10`). Conforme veremos, esses dois hazards são evitados em um scoreboard adiando-se a instrução posterior envolvida no hazard.

O objetivo de um scoreboard é manter uma taxa de execução de uma instrução por ciclo de clock (quando não existem hazards estruturais) executando uma instrução o mais cedo possível. Assim, quando a próxima instrução a executar for adiada, outras instruções poderão ser despachadas e executadas se não dependerem de qualquer instrução ativa ou adiada. O scoreboard assume total responsabilidade pelo despacho e execução da instrução, incluindo toda detecção de hazard. Para tirar proveito da execução fora de ordem, é preciso que múltiplas instruções estejam em seu estágio EX simultaneamente. Isso pode ser conseguido com múltiplas unidades funcionais, com unidades funcionais em pipeline ou com ambos. Como essas duas capacidades — unidades funcionais em pipeline e múltiplas unidades funcionais — são basicamente equivalentes para fins de controle de pipeline, assumiremos que o processador possui múltiplas unidades funcionais.

O CDC 6600 possui 16 unidades funcionais separadas, incluindo quatro unidades de ponto flutuante, cinco unidades para referências de memória e sete unidades para operações com inteiros. Em um processador para a arquitetura RISC-V, os scoreboards fazem sentido principalmente na unidade de ponto flutuante, pois a latência das outras unidades funcionais é muito pequena. Vamos supor que existam dois multiplicadores, um somador, uma unidade de divisão e uma única unidade de inteiros para todas as referências de memória, desvios e operações com inteiros. Embora esse exemplo seja mais simples do que o CDC 6600, ele é suficientemente poderoso para demonstrar os princípios sem que se tenha uma quantidade de detalhes ou que se precise de exemplos muito longos. Como o RISC-V e o CDC 6600 são arquiteturas do tipo load-store, as técnicas são quase idênticas para os dois processadores. A Figura C.49 mostra como é o processador.

Cada instrução passa pelo scoreboard, onde é construído um registro das dependências de dados; essa etapa corresponde ao despacho da instrução e substitui parte da etapa ID no pipeline RISC-V. O scoreboard, então, determina quando uma instrução pode ler seus operandos e iniciar a execução. Se o scoreboard decidir que a instrução não pode ser executada imediatamente, ele monitora cada mudança no hardware e decide quando a instrução *pode* ser executada. O scoreboard também controla quando uma instrução pode escrever seu resultado no registrador de destino. Assim, toda detecção e solução de

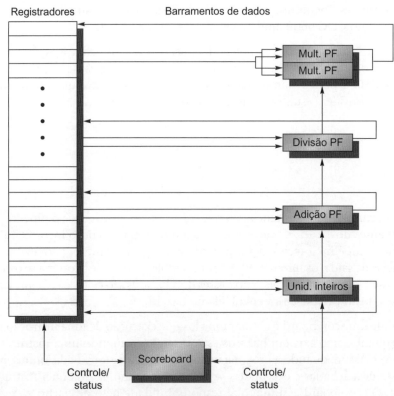

**FIGURA C.49** Estrutura básica de um processador RISC-V com um scoreboard.
A função do scoreboard é controlar a execução da instrução (linhas de controle verticais). Todos os dados fluem entre o banco de registradores e as unidades funcionais pelos barramentos (as linhas horizontais, chamadas de *trunks* no CDC 6600). Existem dois multiplicadores de PF, um divisor de PF, um somador de PF e uma unidade de inteiros. Um conjunto de barramentos (duas entradas e uma saída) serve a um grupo de unidades funcionais. Exploramos mais detalhes do scoreboarding e suas extensões no Capítulo 3.

hazard é centralizada no scoreboard. Veremos uma figura do scoreboard mais adiante (Fig. C.49), mas primeiro temos de entender as etapas no segmento de despacho e execução do pipeline.

Cada instrução passa por quatro etapas na execução. (Como estamos nos concentrando nas operações de PF, não vamos considerar uma etapa para acesso à memória.) Primeiro, vamos examinar as etapas informalmente, para depois examinar com detalhes como o scoreboard mantém as informações necessárias, que determinam quando prosseguir de uma etapa para a seguinte. As quatro etapas, que substituem as etapas ID, EX e WB no pipeline RISC-V padrão, são as seguintes:

1. *Despacho.* Se uma unidade funcional para a instrução estiver livre e nenhuma outra instrução ativa tiver o mesmo registrador de destino, o scoreboard despacha a instrução para a unidade funcional e atualiza sua estrutura de dados interna. Essa etapa substitui uma parte da etapa de ID no pipeline RISC-V. Garantindo que nenhuma outra unidade funcional ativa deseja escrever seu resultado no registrador de destino, garantimos que os hazards WAW não podem estar presentes. Se existe um hazard estrutural ou WAW, a instrução emite stalls, e nenhuma outra instrução será despachada até que esses hazards sejam resolvidos. Quando o estágio de despacho é adiado, ele faz com que o buffer entre a busca e o despacho da instrução seja preenchido; se o buffer tiver uma única entrada, a busca de instrução é adiada

imediatamente. Se o buffer é uma fila com múltiplas instruções, ele é adiado quando a fila é preenchida.

2. *Leitura de operandos.* O scoreboard monitora a disponibilidade dos operandos-fonte. Um operando-fonte está disponível se nenhuma instrução ativa despachada anteriormente tiver que atualizá-lo. Quando os operandos-fonte estão disponíveis, o scoreboard diz à unidade funcional para prosseguir e ler os operandos dos registradores e iniciar a execução. O scoreboard resolve os hazards RAW dinamicamente nessa etapa, e as instruções podem ser enviadas para execução fora de ordem. Essa etapa, junto com o despacho, completa a função da etapa ID no pipeline RISC-V simples.

3. *Execução.* A unidade funcional inicia a execução ao receber operandos. Quando o resultado está pronto, ela notifica o scoreboard e o avisa que completou a execução. Essa etapa substitui a etapa EX no pipeline do RISC-V e utiliza múltiplos ciclos no pipeline de PF do RISC-V.

4. *Escrita do resultado.* Quando o scoreboard está ciente de que a unidade funcional completou a execução, o scoreboard verifica os hazards WAR e adia a instrução terminando, se for necessário.

Existirá um hazard WAR se houver uma sequência de código como nosso exemplo anterior, com `fadd.d` e `fsub.d`, que utilizam `f8`. Nesse exemplo, tínhamos o código

```
fdiv.d      f0,f2,f4
fadd.d      f10,f0,f8
fsub.d      f8,f8,f14
```

O `fadd.d` possui um operando-fonte `f8`, que é o mesmo registrador do destino de `fsub.d`. Mas `fadd.d` na realidade depende de uma instrução anterior. O scoreboard ainda adiará o `fsub.d` em seu estágio Write Result até que `fadd.d` leia seus operandos. Em geral, então, uma instrução terminando não pode ter permissão para escrever seus resultados quando:

- Houver uma instrução que seus operandos não tenham lido que precede (ou seja, na ordem de despacho) a instrução que está sendo completada.
- Um dos operandos é o mesmo registrador do resultado da instrução que está sendo completada.

Se esse hazard WAR não existir ou quando ele for resolvido, o scoreboard dirá à unidade funcional para armazenar seu resultado no registrador de destino. Essa etapa substitui a etapa WB no pipeline RISC-V simples.

À primeira vista, pode parecer que o scoreboard terá dificuldade para separar os hazards RAW e WAR.

Como os operandos para uma instrução são lidos apenas quando os dois operandos estão disponíveis no banco de registradores, esse scoreboard não tira proveito do adiantamento. Em vez disso, os registradores só são lidos quando ambos estão disponíveis. Essa não é uma penalidade tão grande quanto você poderia pensar inicialmente. Diferentemente do nosso pipeline anterior simples, as instruções escreverão seu resultado no banco de registradores assim que completarem a execução (supondo que não haja hazards WAR), em vez de esperar por um slot de escrita atribuído estaticamente, que pode estar a vários ciclos de distância. O efeito é uma latência de pipeline reduzida e os benefícios do adiantamento. Ainda existe um ciclo de latência adicional, pois os estágios de escrita de resultados e leitura de operandos não podem se sobrepor. Precisaríamos de buffers adicionais para eliminar esse overhead.

Com base em sua própria estrutura de dados, o scoreboard controla o progresso da instrução de uma etapa para a seguinte, comunicando-se com as unidades funcionais. Porém, há uma pequena complicação. Há apenas um número limitado de barramentos do operando-fonte e barramentos de resultado para o banco de registradores, o que representa um hazard estrutural. O scoreboard precisa garantir que o número de unidades funcionais permitidas para prosseguir para as etapas 2 e 4 não exceda o número de barramentos disponíveis. Não entraremos em mais detalhes sobre isso, além de mencionar que o CDC 6600 resolveu esse problema agrupando as 16 unidades funcionais em quatro grupos e dando suporte a um conjunto de barramentos, chamados *trunks de dados*, para cada grupo. Somente uma unidade em um grupo poderia ler seus operandos ou escrever seu resultado durante um clock.

## C.8 FALÁCIAS E ARMADILHAS

> **Armadilha**
>
> Sequências de execução inesperadas podem causar hazards inesperados.

À primeira vista, parece que hazards WAW nunca deveriam ocorrer em uma sequência de código, pois nenhum compilador sequer geraria duas escritas no mesmo registrador sem uma leitura intercalada, mas eles podem ocorrer quando a sequência é inesperada. Por exemplo, considere uma divisão de ponto flutuante de longa duração, que cause um trap. Se a rotina de trap escrever no mesmo registrador usado pela divisão anteriormente, ela pode causar um hazard WAW, se escrever no registrador antes do término da divisão. O hardware ou o software deverá evitar essa possibilidade.

> **Armadilha**
>
> Pipelining muito grande pode ter impacto em outros aspectos de um projeto, levando a um custo-desempenho geral pior.

O melhor exemplo desse fenômeno vem de duas implementações do VAX, o 8600 e o 8700. Quando o 8600 foi entregue inicialmente, ele tinha um tempo de ciclo de 80 ns. Mais tarde, foi introduzida uma versão reprojetada, chamada 8650, com um clock de 55 ns. O 8700 tem um pipeline muito mais simples, que opera no nível de microinstrução, gerando um processador menor, com um ciclo de clock mais rápido, de 45 ns. O resultado geral é que o 8650 possui uma vantagem de CPI de cerca de 20%, mas o 8700 tem uma taxa de clock que é cerca de 20% mais rápida. Assim, o 8700 alcança o mesmo desempenho com muito menos hardware.

> **Armadilha**
>
> Avaliando o escalonamento dinâmico ou estático com base no código não otimizado.

O código não otimizado — contendo loads, stores e outras operações redundantes, que poderiam ser eliminadas por um otimizador — é muito mais fácil de escalonar do que o código otimizado "rígido". Isso acontece para o escalonamento de atrasos de controle (com desvios adiados) e atrasos que surgem de hazards RAW. No gcc rodando em um R3000, que tem um pipeline quase idêntico ao da Seção C.1, a frequência dos ciclos de clock ociosos aumenta em 18% do código não otimizado e escalonado para o código otimizado e escalonado. Naturalmente, o programa otimizado é muito mais rápido, pois tem menos instruções. Para avaliar de forma justa um escalonador em tempo de compilação ou o escalonamento dinâmico em tempo de execução, você precisa usar o código otimizado, pois no sistema real terá um bom desempenho de outras otimizações, além do escalonamento.

## C.9 COMENTÁRIOS FINAIS

No início da década de 1980, o pipelining era uma técnica reservada principalmente para supercomputadores e grandes mainframes de milhões de dólares. Em meados da mesma década, os primeiros microprocessadores em pipeline apareceram e ajudaram a transformar o mundo da computação, permitindo que os microprocessadores ul-

ELSEVIER                                    Exercícios atualizados por Diana Franklin    **C-61**

trapassem os minicomputadores em desempenho e, por fim, assumam o lugar e sejam superiores aos mainframes. No início da década de 1990, os microprocessadores embarcados de alto nível adotaram o pipelining, e os desktops se voltaram para o uso das técnicas sofisticadas de despacho múltiplo, escalonadas dinamicamente, discutidas no Capítulo 3. O material neste apêndice, que foi considerado razoavelmente avançado para alunos formados quando este texto apareceu inicialmente em 1990, agora é considerado material básico de curso de formação e pode ser encontrado em processadores custando menos de US\$1!

## C.10 PERSPECTIVAS HISTÓRICAS E REFERÊNCIAS

A Seção M.5 (disponível on-line) contém uma discussão sobre o desenvolvimento do pipelining e paralelismo em nível de instrução, incluindo o material deste apêndice e do Capítulo 3. Oferecemos diversas referências para leitura adicional e uma exploração desses tópicos.

## EXERCÍCIOS ATUALIZADOS POR DIANA FRANKLIN

**C.1.** [15/15/15/15/25/10/15] <C.2> Use o seguinte fragmento de código:

```
Loop:    ld      x1,0(x2)    ;carrega x1 do endereço 0 + x2
         addi    x1,x1,1     ;x1 = x1 + 1
         sd      x1,0,(x2)   ;armazena x1 no endereço 0 + x2
         addi    x2,x2,4     ;x2 = x2 + 4
         sub     x4,x3,x2    ;x4 = x3 - x2
         bnez    x4,Loop     ;desvia para Loop se x4! = 0
```

Suponha que o valor inicial de R3 seja R2 + 396.

**a.** [15] <C.2> Hazards de dados são causados por dependências de dados no código. Se uma dependência que causa um hazard depende da implementação da máquina (por exemplo, número de estágios no pipeline). Liste todas as dependências de dados no código anterior. Anote o registrador, instrução de origem e instrução de destino. Por exemplo, há uma dependência de dados para o registrador x1 vinda do `ld` para o `addi`.

**b.** [15] <C.2> Mostre a temporização dessa sequência de instruções para o pipeline RISC de cinco estágios sem nenhum hardware de adiantamento ou bypassing, mas supondo que uma leitura e uma escrita de registrador no mesmo ciclo de clock "adiantam" através do banco de registradores, como entre `add` e `or`, mostrado na Figura C.5. Use uma tabela de temporização de pipeline como a da Figura C.8. Suponha que o desvio seja tratado esvaziando o pipeline. Se todas as referências de memória levam um ciclo, de quantos ciclos esse loop precisa para ser executado?

**c.** [15] <C.2> Mostre a temporização dessa sequência de instruções para o pipeline RISC de cinco estágios com hardware completo de adiantamento e bypassing. Use uma tabela de temporização de pipeline como aquela mostrada na Figura C.8. Suponha que o desvio seja tratado prevendo-o como não sendo tomado. Se todas as referências de memória levam um ciclo, quantos ciclos esse loop precisa para ser executado?

**d.** [15] <C.2> Mostre a temporização dessa sequência de instruções para o pipeline RISC de cinco estágios com hardware completo de adiantamento e bypassing. Use uma tabela de temporização de pipeline como aquela mostrada na Figura C.8. Suponha que o desvio seja tratado prevendo-o como sendo tomado. Se todas as referências de memória levam um ciclo, de quantos ciclos esse loop precisa para ser executado?

e. [25] <C.2> Processadores de alto desempenho têm pipelines muito profundos — mais de 15 estágios. Imagine que você tenha um pipeline de 10 estágios no qual cada estágio de um pipeline de cinco estágios foi dividido em dois. A pegadinha é que, para o adiantamento de dados, os dados são adiantados do final de um *par de estágios* para o início dos dois estágios onde eles são necessários. Por exemplo, dados são adiantados da saída do segundo estágio de execução para a entrada do primeiro estágio de execução, ainda causando um atraso de um ciclo. Mostre a temporização dessa sequência de instruções para o pipeline RISC de 10 estágios com hardware completo de adiantamento e bypassing. Use uma tabela de temporização de pipeline como aquela mostrada na Figura C.8 (mas com estágios rotulados IF1, IF2, ID1 etc.). Suponha que o desvio seja tratado prevendo-o como sendo tomado. Se todas as referências de memória levam um ciclo, de quantos ciclos esse loop precisa para ser executado?

f. [10] <C.2> Suponha que, no pipeline de cinco estágios, o estágio mais longo requer 0,8 ns e o atraso do registrador de pipeline é de 0,1 ns. Qual é o tempo do ciclo de clock do pipeline de cinco estágios? Se o pipeline de 10 estágios tiver todos os estágios divididos pela metade, qual é o tempo do ciclo para a máquina de 10 estágios?

g. [15] <C.2> Usando suas respostas dos itens (d) e (e), determine os ciclos por instrução (CPI) para o loop em um pipeline de cinco estágios e um pipeline de 10 estágios. Tenha certeza de contar somente a partir de quando a primeira instrução atinge o estágio write-back até o final. Não conte a partida da primeira instrução. Usando o tempo de ciclo de clock calculado no item (f), calcule o tempo médio de execução de instrução para cada máquina.

C.2. [15/15] <C.2> Suponha que as frequências de desvio (como porcentagens de todas as instruções) sejam as seguintes:

| | |
|---|---|
| Desvios condicionais | 15% |
| Saltos e chamadas | 1% |
| Desvios condicionais tomados | 60% são tomados |

a. [15] <C.2> Estamos examinando um pipeline de quatro estágios, onde o desvio é resolvido no fim do segundo ciclo para desvios incondicionais e no fim do terceiro ciclo para desvios condicionais. Supondo que somente o primeiro estágio de pipe possa sempre ser realizado independentemente de para onde o desvio vai e ignorando outros stalls de pipeline, o quanto a máquina seria mais rápida sem nenhum hazard de desvio?

b. [15] <C.2> Agora considere um processador de alto desempenho no qual tenhamos um pipeline com profundidade de 15, onde o desvio é resolvido no fim do quinto ciclo para desvios incondicionais e no fim do décimo ciclo para desvios condicionais. Supondo que somente o primeiro estágio de pipe possa sempre ser realizado independentemente de para onde o desvio vai e ignorando outros stalls de pipeline, o quanto a máquina seria mais rápida sem nenhum hazard de desvio?

C.3. [5/15/10/10] <C.2> Nós começamos com um computador com uma implementação de ciclo único. Quando os estágios são divididos por

funcionalidade, não requerem exatamente a mesma quantidade de tempo.
A máquina original tinha um tempo de ciclo de clock de 7 ns. Depois que os
estágios foram divididos, os tempos medidos foram IF, 1 ns; ID, 1,5 ns; EX,
1 ns; MEM, 2 ns; e WB, 1,5 ns. O atraso do registrador de pipeline é de 0,1 ns.

**a.** [5] <C.2> Qual é o tempo de ciclo de clock da máquina com pipeline em
5 estágios?

**b.** [15] <C.2> Se houver um atraso a cada quatro instruções, qual será o CPI
da nova máquina?

**c.** [10] <C.2> Qual é o ganho de velocidade da máquina com pipeline em
relação à máquina de ciclo único?

**d.** [10] <C.2> Se a máquina com pipeline tivesse um número infinito de estágios, qual seria seu ganho de velocidade em relação à máquina de ciclo
único?

**C.4.** [15] <C.1, C.2> Uma implementação reduzida de hardware do clássico
pipeline de cinco estágios pode usar o hardware do estágio EX para realizar
uma comparação de instrução de desvio e não entregar realmente o PC-alvo do
desvio para o estágio IF até o ciclo de clock no qual a instrução de desvio atinge
o estágio MEM. Stalls de hazard de controle podem ser reduzidos resolvendo as
instruções de desvio no ID, mas melhorar o desempenho em um aspecto pode
reduzir o desempenho em outras circunstâncias. Escreva um pequeno trecho
de código no qual calcular o desvio no estágio ID causa um hazard de dados,
mesmo com adiantamento de dados.

**C.5.** [12/13/20/20/15/15] <C.2, C.3> Para estes problemas, vamos explorar um
pipeline para uma arquitetura registrador-memória. A arquitetura tem dois
formatos de instrução: um formato registrador-registrador e um formato
registrador-memória. Há um modo de endereçamento de memória única
(offset + registrador base). Há um conjunto de operações de ALU com o
formato:

```
ALUop Rdest, Rsrc1, Rsrc2
```

ou

```
ALUop Rdest, Rsrc1, MEM
```

onde o `ALUop` é um dos seguintes: add, subtract, AND, OR, load (Rsrc1
ignorado) ou store. Rsrc ou Rdest são registradores. MEM é um par de
registradores de base e de offset. Os desvios usam uma comparação completa
de dois registradores e são relativos ao PC. Suponha que essa máquina possua
um pipeline de modo que uma nova instrução seja iniciada a cada ciclo de
clock. A estrutura de pipeline, semelhante à usada no micropipeline do VAX
8700 (Clark, 1987), é

| IF | RF | ALU1 | MEM | ALU2 | WB | | | |
|----|----|------|-----|------|-----|------|-----|-----|
| | IF | RF | ALU1 | MEM | ALU2 | WB | | |
| | | IF | RF | ALU1 | MEM | ALU2 | WB | |
| | | | IF | RF | ALU1 | MEM | ALU2 | WB |
| | | | | IF | RF | ALU1 | MEM | ALU2 | WB |
| | | | | | IF | RF | ALU1 | MEM | ALU2 | WB |

O primeiro estágio da ALU é usado para cálculo de endereço efetivo
para referências de memória e desvios. O segundo ciclo da ALU é usado

para operações e comparação de desvio. O RF é um ciclo de decodificação e de busca de registrador. Suponha que, quando uma leitura de registrador e uma escrita de registrador do mesmo registrador ocorrem no mesmo ciclo de clock, os dados de escrita são adiantados.

a. [12] <C.2> Encontre o número de somadores necessário, contando qualquer somador ou incrementador; mostre uma combinação de instruções e estágios de pipe que justifiquem essa resposta. Você só precisa dar uma combinação que maximize a contagem de somador.

b. [13] <C.2> Encontre o número de portas de leitura e escrita de registrador e portas de leitura e escrita de memória necessárias. Prove que sua resposta está correta mostrando uma combinação de instruções e estágio de pipeline indicando a instrução e número de portas de leitura e portas de escrita necessárias para essa instrução.

c. [20] <C.3> Determine quaisquer adiantamentos de dados para quaisquer ALUs que serão necessários. Suponha que existam ALUs separadas para os estágios de pipe ALU1 e ALU2. Coloque todos os avanços entre ALUs necessários para evitar ou reduzir stalls. Mostre o relacionamento entre as duas instruções envolvidas no avanço usando o formato da tabela na Figura C.23, mas ignorando as duas últimas colunas. Tenha certeza de considerar o adiantamento através de uma instrução que esteja no meio — por exemplo,

```
add x1, ...
qualquer instrução
add ..., x1, ...
```

d. [20] <C.3> Mostre todos os requisitos de adiantamento de dados necessários para evitar ou reduzir stalls quando a unidade de origem ou de destino não for uma ALU. Use o mesmo formato da Figura C.23, ignorando novamente as duas últimas colunas. Lembre-se de adiantar para e das referências de memória.

e. [15] <C.3> Mostre todos os hazards restantes que envolvem pelo menos uma unidade diferente de uma ALU como unidade de origem ou de destino. Use uma tabela como aquela mostrada na Figura C.25, mas substitua a última coluna pelos comprimentos dos hazards.

f. [15] <C.2> Mostre todos os hazards de controle por meio de exemplos e declare a duração do stall. Use um formato como o da Figura C.11, rotulando cada exemplo.

C.6. [12/13/13/15/15] <C.1, C.2, C.3> Vamos agora adicionar suporte a operações ALU registrador-memória ao clássico pipeline RISC de cinco estágios. Para compensar esse aumento em complexidade, *todo* o endereçamento de memória será restrito ao endereçamento indireto de registrador (por exemplo, todos os endereços são simplesmente um valor contido em um registrador; nenhum offset ou deslocamento poderá ser somado ao valor do registrador). Por exemplo, a instrução registrador-memória add x4, x5, (x1) significa adicionar o conteúdo do registrador x5 ao conteúdo do local de memória com endereço igual ao valor do registrador x1 e colocar a soma no registrador x4. Operações registrador-registrador da ALU não são modificadas. Os seguintes itens se aplicam ao pipeline RISC de inteiros:

a. [12] <C.1> Liste uma ordem modificada dos cinco estágios tradicionais do pipeline RISC que vão suportar operações registrador-memória implementadas exclusivamente por endereçamento indireto de registrador.

**b.** [13] <C.2, C.3> Descreva novos caminhos de adiantamento que são necessários para o pipeline modificado, declarando a origem, o destino e as informações transferidas em cada novo caminho necessário.

**c.** [13] <C.2, C.3> Para os estágios reordenados do pipeline RISC, que novos hazards de dados são criados por esse modo de endereçamento? Forneça uma sequência de instruções ilustrando cada novo hazard.

**d.** [15] <C.3> Liste todos os modos em que o pipeline RISC com operações de ALU registrador-memória podem ter um número de instruções para um dado programa diferente do que o pipeline RISC original. Forneça um par de sequências de instruções específicas, um para o pipeline original e um para o pipeline rearranjado, para ilustrar cada caminho.

**e.** [15] <C.3> Suponha que todas as instruções levem um ciclo de clock por estágio. Liste todos os modos em que o pipeline RISC-V registrador-memória pode ter um CPI diferente para um dado programa em comparação ao pipeline RISC-V original.

**C.7.** [10/10] <C.3> Neste problema vamos explorar como o aprofundamento do pipeline afeta o desempenho de duas maneiras: ciclo de clock mais rápido e stalls maiores devido a hazards de dados e controle. Suponha que a máquina original seja um pipeline de cinco estágios com um ciclo de clock de 1 ns. A segunda máquina é um pipeline de 12 estágios com um ciclo de clock de 0,6 ns. O pipeline de cinco estágios tem um stall devido a um hazard de dados a cada cinco instruções, enquanto o pipeline de 12 estágios tem três stalls a cada oito instruções. Além disso, os desvios constituem 20% da instrução, e a taxa de previsão incorreta para as duas máquinas é de 5%.

**a.** [10] <C.3> Qual é o ganho de velocidade do pipeline de 12 estágios em relação ao pipeline de cinco estágios, levando em conta somente os hazards de dados?

**b.** [10] <C.3> Se a penalidade por previsão de desvio incorreta para a primeira máquina for de dois ciclos, mas para a segunda máquina for de cinco ciclos, quais serão os CPIs para cada uma, levando em conta os stalls devidos aos erros de previsão de desvio?

**C.8.** [15] <C.5> Crie uma tabela como aquela mostrada na Figura C.21 para verificar os stalls WAW no pipeline RISC-V de PF da Figura C.30. Não considere as divisões de PF.

**C.9.** [20/20/20] <C.4, C.6> Neste exercício vamos examinar como um loop comum que manipula vetor é executado em versões escalonadas estática e dinamicamente do pipeline RISC-V. O loop é o chamado DAXPY (discutido em detalhes no Apêndice G on-line) e a operação central em eliminação gaussiana. O loop implementa a operação de vetor Y = $a * X + Y$ para um vetor de tamanho 100. Este está o código MIPS para o loop:

```
foo:  fld             f2,0(x1)          ;carrega X(i)
      fmul.d          f4,f2,f0          ;multiplica a*X(i)
      fld             f6,0(x2)          ;carrega Y(i)
      fadd.d          f6,f4,f6          ;soma a*X(i)+Y(i)
      fsd             0(x2),f6          ;armazena Y(i)
      addi            x1,x1,8           ;incrementaíndice X
      addi            x2,x2,8           ;incrementaíndice Y
      sltiu x3,x1,done ;testa se terminou
      bnez            x3,foo            ;repete se não terminou
```

Para os itens de (a) a (c), suponha que as operações com inteiros sejam despachadas e completadas em um ciclo de clock (incluindo os loads) e que

# APÊNDICE C: Pipelining: conceitos básicos e intermediários

seus resultados sejam totalmente contornados. Você vai usar as latências de PF (somente) mostradas na Figura C.29, mas suponha que a unidade de PF seja implementada totalmente em pipeline. Para os scoreboards a seguir, suponha que uma instrução aguardando por um resultado de outra unidade funcional possa passar por operandos de leitura ao mesmo tempo que o resultado é escrito. Suponha também que uma instrução na conclusão de WR permita que uma instrução ativa no momento, esperando pela mesma unidade funcional, despache no mesmo ciclo de clock no qual a primeira instrução completa o WR.

a. [20] <C.5> Para este problema, use o pipeline RISC-V da Seção C.5 com as latências de pipeline da Figura C.29, mas uma unidade de PF totalmente implementada em pipeline, de modo que o intervalo de iniciação seja de 1. Trace um diagrama de tempo, semelhante ao da Figura C.32, mostrando a execução de cada instrução. Quantos ciclos de clock leva cada iteração de loop, contando desde quando a primeira instrução entra no estágio WB até quando a última instrução entra no estágio WB?

b. [20] <C.8> Realize a *reordenação estática de instruções* para reordenar as instruções a fim de minimizar os stalls para esse loop, renomeando os registradores onde for necessário. Use todas as suposições do item (a). Desenhe um diagrama de tempo, semelhante ao da Figura C.32, mostrando a temporização da execução de cada instrução. Quantos ciclos de clock leva cada iteração do loop, contando desde quando a primeira instrução entra no estágio WB até quando a última instrução entra nesse mesmo estágio?

c. [20] <C.8> Usando o código original acima, considere como as instruções teriam sido executadas usando o scoreboarding, uma forma de escalonamento dinâmico. Desenhe um diagrama de tempo, semelhante ao da Figura C.32, mostrando a temporização da execução das instruções através dos estágios IF, IS (despacho), RO (leitura de operandos), EX (execução) e WR (escrita de resultado). Quantos ciclos de clock leva cada iteração do loop, contando desde quando a primeira instrução entra no estágio WB até quando a última instrução entra nesse mesmo estágio?

C.10. [25] <C.8> É fundamental que o scoreboard seja capaz de distinguir entre hazards RAW e WAR, porque um hazard WAR requer o stall da instrução realizando a escrita até que a instrução lendo um operando inicie a execução, mas um hazard RAW requer o atraso da instrução de leitura até que a instrução de escrita seja finalizada — o oposto. Por exemplo, considere a sequência:

```
fmul.d    f0,f6,f4
fsub.d    f8,f0,f2
fadd.d    f2,f10,f2
```

O fsub.d depende do fmul.d (um hazard RAW); assim, deve-se permitir que o fmul.d seja completado antes do fsub.d. Se o fmul.d fosse atrasado para o fsub.d devido à incapacidade de distinguir entre hazards RAW e WAR, o processador ficaria travado (em deadlock). Essa sequência contém um hazard WAR entre o fadd.d e o fsub.d, e o fadd.d, e não podemos permitir que o fadd.d seja completado até que o fsub.d comece sua execução. A dificuldade está em distinguir o hazard RAW entre fmul.d e fsub.d, e o hazard WAR entre o fsub.d e o fadd.d. Para ver exatamente por que o cenário de três instruções é importante, rastreie o tratamento de cada instrução, estágio por estágio, através de despacho, leitura de operandos, execução e escrita do resultado. Suponha que cada estágio do scoreboard (menos o de execução) leve um ciclo de clock. Suponha que a instrução `fmul.d` requeira três ciclos de clock para ser executada e que as instruções `fsub.d` e `fadd.d` levem um ciclo cada uma para serem executadas. Por fim, suponha que o processador tenha duas unidades funcionais de multiplicação e duas unidades funcionais de adição. Apresente o rastreamento como a seguir.

1. Crie uma tabela com os títulos de coluna Instrução, Despacho, Leitura de Operandos, Execução, Escrita do Resultado e Comentário. Na primeira coluna, liste as instruções na ordem do programa (seja generoso com o espaço entre as instruções; células maiores de tabela vão conter melhor os resultados da sua análise). Comece a tabela escrevendo um 1 na coluna Despacho da linha da instrução `fmul.d` para mostrar que o `fmul.d` completa o estágio de despacho no ciclo de clock 1. Depois, preencha as colunas de estágio da tabela através do ciclo no qual o scoreboard faz o stall de uma função pela primeira vez.

2. Para uma instrução em stall, escreva as palavras "esperando pelo ciclo de clock X", onde X é o número do ciclo de clock atual, na coluna apropriada da tabela, para mostrar que o scoreboard está resolvendo um hazard RAW ou WAR pelo stall desse estágio. Na coluna Comentário, declare o tipo de hazard e a instrução dependente que está causando a espera.

3. Adicionando as palavras "completa com o ciclo de clock Y" a uma entrada "em espera" da tabela, preencha o restante da tabela ao longo do tempo, quando todas as instruções forem completadas. Para uma instrução que sofreu stall, adicione uma descrição à coluna Comentário dizendo por que a espera acabou e como o deadlock foi evitado. (*Dica*: Pense em como os hazards WAW são impedidos e o que isso implica em relação às sequências de instruções ativas). Observe a ordem de conclusão das três instruções em relação à sua ordem de programa.

**C.11.** [10/10] <C.5> Para este problema, você criará uma série de pequenos trechos de código que ilustram os problemas que surgem quando se usam diferentes unidades funcionais com diferentes latências. Para cada uma, trace um diagrama de tempo semelhante ao da Figura C.32, que ilustre cada conceito e indique claramente o problema.

    **a.** [10] <C.5> Demonstre, usando código diferente do usado na Figura C.32, o hazard estrutural de ter o hardware para somente um estágio MEM e WB.

    **b.** [10] <C.5> Demonstre um hazard WAW exigindo um stall.

# Referências

Abadi, M., Barham, P., Chen, J., Chen, Z., Davis, A., Dean, J., Devin, M., Ghemawat, S., Irving, G., Isard, M., Kudlur, M., 2016. TensorFlow: A System for Large-Scale Machine Learning. Em: OSDI (novembro), vol. 16, pp. 265-283.

Adolf, R., Rama, S., Reagen, B., Wei, G.Y., Brooks, D., 2016. Fathom: reference workloads for modern deep learning methods. Em: IEEE International Symposium on Workload Characterization (IISWC).

Adve, S.V., Gharachorloo, K., 1996. Shared memory consistency models: a tutorial. IEEE Comput. 29 (12), 66-76.

Adve, S.V., Hill, M.D., 1990. Weak ordering: a new definition. Em: Proceedings of 17th Annual International Symposium on Computer Architecture (ISCA), 28-31 de maio de 1990, Seattle, Washington, pp. 2-14.

Agarwal, A., 1987. Analysis of Cache Performance for Operating Systems and Multiprogramming (Tese de Doutorado). Tech. Rep. No. CSL-TR-87-332. Stanford University, Palo Alto, CA.

Agarwal, A., 1991. Limits on interconnection network performance. IEEE Trans. Parallel Distrib. Syst. 2 (4), 398-412.

Agarwal, A., Pudar, S.D., 1993. Column-associative caches: a technique for reducing the miss rate of direct-mapped caches. Em: 20th Annual International Symposium on Computer Architecture (ISCA), 16-19 de maio de 1993, San Diego, California. Também aparece em Computer Architecture News 21:2 (maio), 179-190, 1993.

Agarwal, A., Hennessy, J.L., Simoni, R., Horowitz, M.A., 1988. An evaluation of directory schemes for cache coherence. Em: Proceedings of 15th International Symposium on Computer Architecture (junho), pp. 280-289.

Agarwal, A., Kubiatowicz, J., Kranz, D., Lim, B.-H., Yeung, D., D'Souza, G., Parkin, M., 1993. Sparcle: an evolutionary processor design for large-scale multiprocessors. IEEE Micro 13, 48-61.

Agarwal, A., Bianchini, R., Chaiken, D., Johnson, K., Kranz, D., 1995. The MIT Alewife machine: architecture and performance. Em: International Symposium on Computer Architecture (Denver, CO), 2-13 de junho.

Agerwala, T., Cocke, J., 1987. High Performance Reduced Instruction Set Processors. IBM Tech. Rep. RC12434, IBM, Armonk, NY.

Akeley, K., Jermoluk, T., 1988. High-performance polygon rendering. Em: Proceedings of 15th Annual Conference on Computer Graphics and Interactive Techniques (SIGGRAPH 1988), 1-5 de agosto de 1988, Atlanta, GA, pp. 239-246.

Alexander, W.G., Wortman, D.B., 1975. Static and dynamic characteristics of XPL programs. IEEE Comput. 8 (11), 41-46.

Alles, A., 1995. ATM Internetworking. White Paper (maio). Cisco Systems, Inc., San Jose, CA. www.cisco.com/warp/public/614/12.html.

Alliant, 1987. Alliant FX/Series: Product Summary. Alliant Computer Systems Corp, Acton, MA.

Almasi, G.S., Gottlieb, A., 1989. Highly Parallel Computing. Benjamin/Cummings, Redwood City, CA.

Alverson, G., Alverson, R., Callahan, D., Koblenz, B., Porterfield, A., Smith, B., 1992. Exploiting heterogeneous parallelism on a multithreaded multiprocessor. Em: Proceedings of ACM/IEEE Conference on Supercomputing, 16-20 de novembro de 1992, Minneapolis, MN, pp. 188-197.

Amdahl, G.M., 1967. Validity of the single processor approach to achieving large scale computing capabilities. Em: Proceedings of AFIPS Spring Joint Computer Conference, 18-20 de abril de 1967, Atlantic City, NJ, pp. 483-485.

Amdahl, G.M., Blaauw, G.A., Brooks Jr., F.P., 1964. Architecture of the IBM System 360. IBM J. Res. Dev. 8 (2), 87-101.

Amodei, D., Ananthanarayanan, S., Anubhai, R., Bai, J., Battenberg, E., Case, C., Casper, J., Catanzaro, B., Cheng, Q., Chen, G., Chen, J., 2016. Deep speech 2: End-to-end speech recognition in english and mandarin. Em: International Conference on Machine Learning (junho), pp. 173-182.

Amza, C., Cox, A.L., Dwarkadas, S., Keleher, P., Lu, H., Rajamony, R., Yu, W., Zwaenepoel, W., 1996. Treadmarks: shared memory computing on networks of workstations. IEEE Comput. 29 (2), 18-28.

Anderson, M.H., 1990. Strength (and safety) in numbers (RAID, disk storage technology). Byte 15 (13), 337-339.

Anderson, D., 2003. You don't know jack about disks. Queue 1 (4), 20-30.

Anderson, D.W., Sparacio, F.J., Tomasulo, R.M., 1967. The IBM 360 Model 91: processor philosophy and instruction handling. IBM J. Res. Dev. 11 (1), 8-24.

Anderson, T.E., Culler, D.E., Patterson, D., 1995. A case for NOW (networks of workstations). IEEE Micro 15 (1), 54-64.

Anderson, D., Dykes, J., Riedel, E., 2003. SCSI vs. ATA—more than an interface. Em: Proceedings of 2nd USENIX Conference on File and Storage Technology (FAST'03), 31 de março a 2 de abril.

Ang, B., Chiou, D., Rosenband, D., Ehrlich, M., Rudolph, L., Arvind, A., 1998. StarTVoyager: a flexible platform for exploring scalable SMP issues. Em: Proceedings of ACM/IEEE Conference on Supercomputing, 7-13 de novembro de 1998, Orlando, FL.

Anjan, K.V., Pinkston, T.M., 1995. An efficient, fully-adaptive deadlock recovery scheme: Disha. Em: Proceedings of 22nd Annual International Symposium on Computer Architecture (ISCA), 22-24 de junho de 1995, Santa Margherita, Itália.

Anon. et al., 1985. A Measure of Transaction Processing Power. Tandem Tech. Rep. TR85.2. Também aparece em Datamation 31:7 (abril), 112-118, 1985.

Apache Hadoop, 2011. http://hadoop.apache.org.

Archibald, J., Baer, J.-L., 1986. Cache coherence protocols: evaluation using a multiprocessor simulation model. ACM Trans. Comput. Syst. 4 (4), 273-298.

Armbrust, M., Fox, A., Griffith, R., Joseph, A.D., Katz, R., Konwinski, A., Lee, G., Patterson, D., Rabkin, A., Stoica, I., Zaharia, M., 2009. Above the Clouds: A Berkeley View of Cloud Computing, Tech. Rep. UCB/EECS-2009-28, University of California, Berkeley. http://www.eecs.berkeley.edu/Pubs/TechRpts/2009/EECS-2009-28.html.

Armbrust, M., Fox, A., Griffith, R., Joseph, A.D., Katz, R., Konwinski, A., Lee, G., Patterson, D., Rabkin, A., Stoica, I., Zaharia, M., 2010. A view of cloud computing. Commun. ACM. 53 (4), 50-58.

Arpaci, R.H., Culler, D.E., Krishnamurthy, A., Steinberg, S.G., Yelick, K., 1995. Empirical evaluation of the CRAY-T3D: a compiler perspective. Em: 22nd Annual International Symposium on Computer Architecture (ISCA), 22-24 de junho de 1995, Santa Margherita, Itália.

Asanovic, K., 1998. Vector Microprocessors (Tese de Doutorado). Computer Science Division, University of California, Berkeley.

Asanovic, K., 2002. Programmable neurocomputing. Em: Arbib, M.A., ed., The Handbook of Brain Theory and Neural Networks, second ed. MIT Press, Cambridge, MA. ISBN: 0-262-01197-2. https://people.eecs.berkeley. edu/krste/papers/neurocomputing.pdf.

Asanovic, K., Beck, A., Johnson, J., Wawrzynek, J., Kingsbury, B., Morgan, N., 1998. Training neural networks with Spert-II. Em: Sundararajan, N., Saratchandran, P., eds., Parallel Architectures for Artificial Networks: Paradigms and Implementations. IEEE Computer Society Press, Califórnia, EStados Unidos. ISBN: 0-8186-8399-6. (Capítulo 11) https://people.eecs.berkeley.edu/krste/papers/annbook.pdf.

Associated Press, 2005. Gap Inc. shuts down two Internet stores for major overhaul. USATODAY.com, 8 de agosto de 2005.

Atanasoff, J.V., 1940. Computing Machine for the Solution of Large Systems of Linear Equations. Internal Report. Iowa State University, Ames.

Atkins, M., 1991. Performance and the i860 microprocessor. IEEE Micro 11 (5), 24-27. 72-78.

Austin, T.M., Sohi, G., 1992. Dynamic dependency analysis of ordinary programs. Em: Proceedings of 19th Annual International Symposium on Computer Architecture (ISCA), 19-21 de maio de 1992, Gold Coast, Austrália, pp. 342-351.

Azizi, O., Mahesri, A., Lee, B.C., Patel, S.J., Horowitz, M., 2010. Energy-performance tradeoffs in processor architecture and circuit design: a marginal cost analysis. Em: Proceedings of the International Symposium on Computer Architecture, pp. 26-36.

Babbay, F., Mendelson, A., 1998. Using value prediction to increase the power of speculative execution hardware. ACM Trans. Comput. Syst. 16 (3), 234-270.

Bachrach, J., Vo, H., Richards, B., Lee, Y., Waterman, A., Avižienis, R., Wawrzynek, J., Asanovic, K., 2012. Chisel: constructing hardware in a Scala embedded language. Em: Proceedings of the 49th Annual Design Automation Conference, pp. 1216-1225.

Baer, J.L., Wang, W.-H., 1988. On the inclusion property for multi-level cache hierarchies. Em: Proceedings of 15th Annual International Symposium on Computer Architecture, 30 de maio a 2 de junho de 1988, Honolulu, Havaí, pp. 73-80.

Bailey, D.H., Barszcz, E., Barton, J.T., Browning, D.S., Carter, R.L., Dagum, L., Fatoohi, R.A., Frederickson, P.O., Lasinski, T.A., Schreiber, R.S., Simon, H.D., Venkatakrishnan, V., Weeratunga, S.K., 1991. The NAS parallel benchmarks. Int. J. Supercomput. Appl. 5, 63-73.

Bakoglu, H.B., Grohoski, G.F., Thatcher, L.E., Kaeli, J.A., Moore, C.R., Tattle, D.P., Male, W.E., Hardell, W.R., Hicks, D.A., Nguyen Phu, M., Montoye, R.K., Glover, W.T., Dhawan, S., 1989. IBM second-generation RISC processor organization. Em: Proceedings of IEEE International Conference on Computer Design, 30 de setembro a 4 de outubro de 1989, Rye, NY, pp. 138-142.

Balakrishnan, H., Padmanabhan, V.N., Seshan, S., Katz, R.H., 1997. A comparison of mechanisms for improving TCP performance over wireless links. IEEE/ACM Trans. Netw. 5 (6), 756-769.

Ball, T., Larus, J., 1993. Branch prediction for free. Em: Proceedings of ACM SIGPLAN'93 Conference on Programming Language Design and Implementation (PLDI), 23-25 de junho de 1993, Albuquerque, NM, pp. 300-313.

Banerjee, U., 1979. Speedup of Ordinary Programs (Tese de Doutorado). Department of Computer Science, University of Illinois em Urbana-Champaign.

Barham, P., Dragovic, B., Fraser, K., Hand, S., Harris, T., Ho, A., Neugebauer, R., 2003. Xen and the art of virtualization. Em: Proceedings of the 19th ACM Symposium on Operating Systems Principles, 19-22 de outubro de 2003, Bolton Landing, NY.

Barnes, G.H., Brown, R.M., Kato, M., Kuck, D.J., Slotnick, D.L., Stokes, R., 1968. The ILLIAC IV computer. IEEE Trans. Comput. 100 (8), 746-757.

Barroso, L.A., 2010. Warehouse scale computing [keynote address]. Em: Proceedings of ACM SIGMOD, 8-10 de junho de 2010, Indianápolis, IN.

Barroso, L.A., Hölzle, U., 2007. The case for energy-proportional computing. IEEE Comput. 40 (12), 33-37.

Barroso, L.A., Hölzle, U., 2009. The Datacenter as a Computer: An Introduction to the Design of Warehouse-Scale Machines. Morgan & Claypool, San Rafael, CA.

Barroso, L.A., Gharachorloo, K., Bugnion, E., 1998. Memory system characterization of commercial workloads. Em: Proceedings of 25th Annual International Symposium on Computer Architecture (ISCA), 3-14 de julho de 1998, Barcelona, Espanha, pp. 3-14.

Barroso, L.A., Clidaras, J., Hölzle, U., 2013. The datacenter as a computer: An introduction to the design of warehouse-scale machines. Synth. Lect. Comput. Architect. 8 (3), 1-154.

Barroso, L.A., Marty, M., Patterson, D., Ranganathan, P., 2017. Attack of the killer microseconds. Commun. ACM 56(2).

Barton, R.S., 1961. A new approach to the functional design of a computer. Em: Proceedings of Western Joint Computer Conference, 9-11 de maio de 1961, Los Angeles, CA, pp. 393-396.

Bashe, C.J., Buchholz, W., Hawkins, G.V., Ingram, J.L., Rochester, N., 1981. The architecture of IBM's early computers. IBM J. Res. Dev. 25 (5), 363-375.

Bashe, C.J., Johnson, L.R., Palmer, J.H., Pugh, E.W., 1986. IBM's Early Computers. MIT Press, Cambridge, MA.

Baskett, F., Keller, T.W., 1977. An evaluation of the Cray-1 processor. Em: Kuck, D.J., Lawrie, D.H., Sameh, A.H., eds., High Speed Computer and Algorithm Organization. Academic Press, San Diego, pp. 71-84.

Baskett, F., Jermoluk, T., Solomon, D., 1988. The 4D-MP graphics superworkstation: Computing + graphics = 40 MIPS + 40 MFLOPS and 10,000 lighted polygons per second. Em: Proceedings of IEEE COMPCON, 29 de fevereiro a 4 de março de 1988, San Francisco, pp. 468-471.

BBN Laboratories, 1986. Butterfly Parallel Processor Overview, Tech. Rep. 6148. BBN Laboratories, Cambridge, MA.

Bell, C.G., 1984. The mini and micro industries. IEEE Comput. 17 (10), 14-30.

Bell, C.G., 1985. Multis: a new class of multiprocessor computers. Science 228 (6), 462-467.

Bell, C.G., 1989. The future of high performance computers in science and engineering. Commun. ACM 32 (9), 1091-1101.

Bell, G., Gray, J., 2001. Crays, Clusters and Centers, Tech. Rep. MSR-TR-2001-76. Microsoft Research, Redmond, WA.

Bell, C.G., Gray, J., 2002. What's next in high performance computing? CACM 45 (2), 91-95.

Bell, C.G., Newell, A., 1971. Computer Structures: Readings and Examples. McGraw-Hill, Nova York.

Bell, C.G., Strecker, W.D., 1976. Computer structures: what have we learned from the PDP11? Em: Third Annual International Symposium on Computer Architecture (ISCA), 19-21 de janeiro de 1976, Tampa, FL, pp. 1-14.

Bell, C.G., Strecker, W.D., 1998. Computer structures: what have we learned from the PDP11? Em: 25 Years of the International Symposia on Computer Architecture (Selected Papers), ACM, Nova York, pp. 138-151.

Bell, C.G., Cady, R., McFarland, H., DeLagi, B., O'Laughlin, J., Noonan, R., Wulf, W., 1970. A new architecture for mini-computers: The DEC PDP-11. Em: Proceedings of AFIPS Spring Joint Computer Conference, 5-7 de maio de 1970, Atlantic City, NJ, pp. 657-675.

Bell, C.G., Mudge, J.C., McNamara, J.E., 1978. A DEC View of Computer Engineering. Digital Press, Bedford, MA.

Benes, V.E., 1962. Rearrangeable three stage connecting networks. Bell Syst. Tech. J. 41, 1481-1492.

Bertozzi, D., Jalabert, A., Murali, S., Tamhankar, R., Stergiou, S., Benini, L., De Micheli, G., 2005. NoC synthesis flow for customized domain specific multiprocessor systems-on-chip. IEEE Trans. Parallel Distrib. Syst. 16 (2), 113-130.

Bhandarkar, D.P., 1995. Alpha Architecture and Implementations. Digital Press, Newton, MA.

Bhandarkar, D.P., Clark, D.W., 1991. Performance from architecture: comparing a RISC and a CISC with similar hardware organizations. Em: Proceedings of Fourth International Conference on Architectural Support for Programming Languages and Operating Systems (ASPLOS), 8-11 de abril de 1991, Palo Alto, CA, pp. 310-319.

Bhandarkar, D.P., Ding, J., 1997. Performance characterization of the Pentium Pro processor. Em: Proceedings of Third International Symposium on High-Performance Computer Architecture, 1-5 de fevereiro de 1997, San Antonio, TX, pp. 288-297.

Bhattacharya, S., Lane, N.D., 2016. Sparsification and separation of deep learning layers for constrained resource inference on wearables. Em: Proceedings of the 14th ACM Conference on Embedded Network Sensor Systems CD-ROM, pp. 176-189.

Bhuyan, L.N., Agrawal, D.P., 1984. Generalized hypercube and hyperbus structures for a computer network. IEEE Trans. Comput. 32 (4), 322-333.

Bienia, C., Kumar, S., Jaswinder, P.S., Li, K., 2008. The Parsec Benchmark Suite: Characterization and Architectural Implications, Tech. Rep. TR-811-08. Princeton University, Princeton, NJ.

Bier, J., 1997. The evolution of DSP processors. Em: Presentation at University of California, Berkeley, 14 de novembro.

Bird, S., Phansalkar, A., John, L.K., Mericas, A., Indukuru, R., 2007. Characterization of performance of SPEC CPU benchmarks on Intel's Core Microarchitecture based processor. Em: Proceedings of 2007 SPEC Benchmark Workshop, 21 de janeiro de 2007, Austin, TX.

Birman, M., Samuels, A., Chu, G., Chuk, T., Hu, L., McLeod, J., Barnes, J., 1990. Developing the WRL3170/3171 SPARC floating-point coprocessors. IEEE Micro 10 (1), 55-64.

Blackburn, M., Garner, R., Hoffman, C., Khan, A.M., McKinley, K.S., Bentzur, R., Diwan, A., Feinberg, D., Frampton, D., Guyer, S.Z., Hirzel, M., Hosking, A., Jump, M., Lee, H., Moss, J.E.B., Phansalkar, A., Stefanovic, D., VanDrunen, T., von Dincklage, D., Wiedermann, B., 2006. The DaCapo benchmarks: Java benchmarking development and analysis. Em: ACM SIGPLAN Conference on Object-Oriented Programming, Systems, Languages, and Applications (OOPSLA), 22-26 de outubro de 2006, pp. 169-190.

Blaum, M., Brady, J., Bruck, J., Menon, J., 1994. EVENODD: an optimal scheme for tolerating double disk failures in RAID architectures. Em: Proceedings of 21st Annual International Symposium on Computer Architecture (ISCA), 18-21 de abril de 1994, Chicago, IL, pp. 245-254.

Blaum, M., Brady, J., Bruck, J., Menon, J., 1995. EVENODD: an optimal scheme for tolerating double disk failures in RAID architectures. IEEE Trans. Comput. 44 (2), 192-202.

Blaum, M., Bruck, J., Vardy, A., 1996. MDS array codes with independent parity symbols. IEEE Trans. Inf. Theory 42, 529-542.

Blaum, M., Brady, J., Bruck, J., Menon, J., Vardy, A., 2001. The EVENODD code and its generalization. Em: Jin, H., Cortes, T., Buyya, R., eds., High Performance Mass Storage and Parallel I/O: Technologies and Applications. Wiley-IEEE, Nova York, pp. 187-208.

Bloch, E., 1959. The engineering design of the Stretch computer. Em: 1959 Proceedings of the Eastern Joint Computer Conference, dezembro 1-3, 1959, Boston, MA, pp. 48-59. Boddie, J.R.,;1; 2000. History of DSPs, www.lucent.com/micro/dsp/dsphist.html.

Boggs, D., Baktha, A., Hawkins, J., Marr, D.T., Miller, J.A., Roussel, P., et al., 2004. The Microarchitecture of the Intel Pentium 4 processor on 90 nm technology. Intel Technol. J. 8 (1), 7-23.

Bolt, K.M., 2005. Amazon sees sales rise, profit fall. Seattle Post-Intelligencer. http://seattlepi.nwsource.com/business/245943_techearns26.html.

Bordawekar, R., Bondhugula, U., Rao, R., 2010. Believe it or not!: multi-core CPUs can match GPU performance for a FLOP-intensive application! Em: 19th International Conference on Parallel Architecture and Compilation Techniques (PACT 2010). Viena, Áustria, 11-15 de setembro de 2010, pp. 537-538.

Borg, A., Kessler, R.E., Wall, D.W., 1990. Generation and analysis of very long address traces. Em: 19th Annual International Symposium on Computer Architecture (ISCA), maio 19-21, 1992, Gold Coast, Austrália, pp. 270-279.

Bouknight, W.J., Deneberg, S.A., McIntyre, D.E., Randall, J.M., Sameh, A.H., Slotnick, D.L., 1972. The Illiac IV system. Proc. IEEE 60 (4), 369-379. Também aparece em Siewiorek, D.P., Bell, C.G., Newell, A.;1; 1982. Computer Structures: Principles and Examples. McGraw-Hill, Nova York, pp. 306-316.

Brady, J.T., 1986. A theory of productivity in the creative process. IEEE Comput. Graph. Appl. 6 (5), 25-34.

Brain, M., 2000. Inside a Digital Cell Phone. www.howstuffworks.com/-inside-cellphone.htm.

Brandt, M., Brooks, J., Cahir, M., Hewitt, T., Lopez-Pineda, E., Sandness, D., 2000. The Benchmarker's Guide for Cray SV1 Systems. Cray Inc., Seattle, WA.

Brent, R.P., Kung, H.T., 1982. A regular layout for parallel adders. IEEE Trans. Comput. C-31, 260-264.

Brewer, E.A., Kuszmaul, B.C., 1994. How to get good performance from the CM-5 data network. Em: Proceedings of Eighth International Parallel Processing Symposium, 26-27 de abril de 1994, Cancun, México.

Brin, S., Page, L., 1998. The anatomy of a large-scale hypertextual Web search engine. Em: Proceedings of 7th International World Wide Web Conference, 14-18 de abril de 1998, Brisbane, Queensland, Austrália, pp. 107-117.

Brown, A., Patterson, D.A., 2000. Towards maintainability, availability, and growth benchmarks: a case study of software RAID systems. Em: Proceedings of 2000 USENIX Annual Technical Conference, 18-23 de junho de 2000, San Diego, CA.

Brunhaver, J.S., 2015. Design and optimization of a stencil engine, Dissertação de Doutorado. Stanford University.

Bucher, I.Y., 1983. The computational speed of supercomputers. Em: Proceedings of International Conference on Measuring and Modeling of Computer Systems (SIGMETRICS 1983), 29-31 de agosto de 1983, Minneapolis, MN, pp. 151-165.

Bucher, I.V., Hayes, A.H., 1980. I/O performance measurement on Cray-1 and CDC 7000 computers. Em: Proceedings of Computer Performance Evaluation Users Group, 16th Meeting, NBS 500-65, pp. 245-254.

Bucholtz, W., 1962. Planning a Computer System: Project Stretch. McGraw-Hill, Nova York.

Burgess, N., Williams, T., 1995. Choices of operand truncation in the SRT division algorithm. IEEE Trans. Comput. 44 (7), 933-938.

Burkhardt III, H., Frank, S., Knobe, B., Rothnie, J., 1992. Overview of the KSR1 Computer System, Tech. Rep. KSR-TR-9202001. Kendall Square Research, Boston, MA.

Burks, A.W., Goldstine, H.H., von Neumann, J., 1946. Preliminary discussion of the logical design of an electronic computing instrument. Relatório para o Departamento de Artilharia do Exército dos Estados Unidos, p. 1; aparece também em artigos de John von Neumann, Aspray, W., Burks, A., eds., MIT Press, Cambridge, MA, e Tomash Publishers, Los Angeles, CA, 1987, pp. 97-146.

Calder, B., Grunwald, D., Jones, M., Lindsay, D., Martin, J., Mozer, M., Zorn, B., 1997. Evidence-based static branch prediction using machine learning. ACM Trans. Program. Lang. Syst. 19 (1), 188-222.

Calder, B., Reinman, G., Tullsen, D.M., 1999. Selective value prediction. Em: Proceedings of 26th Annual International Symposium on Computer Architecture (ISCA), 2-4 de maio de 1999, Atlanta, GA.

Callahan, D., Dongarra, J., Levine, D., 1988. Vectorizing compilers: a test suite and results. Em: Proceedings of ACM/IEEE Conference on Supercomputing, 12-17 de novembro de 1988, Orlando, FL, pp. 98-105.

Canis, A., Choi, J., Aldham, M., Zhang, V., Kammoona, A., Czajkowski, T., Brown, S.D., Anderson, J.H., 2013. LegUp: an open-source high-level synthesis tool for FPGA-based processor/accelerator systems. ACM Trans. Embed. Comput. Syst. 13(2).

Canny, J., et al., 2015. Machine learning at the limit. Em: IEEE International Conference on Big Data.

Cantin, J.F., Hill, M.D., 2001. Cache performance for selected SPEC CPU2000 benchmarks. www.jfred.org/cache-data.html.

Cantin, J.F., Hill, M.D., 2003. Cache performance for SPEC CPU2000 benchmarks, version 3.0. www.cs.wisc.edu/multifacet/misc/spec2000cache-data/index.html.

Carles, S., 2005. Amazon reports record Xmas season, top game picks. Gamasutra, dezembro 27. http://www.gamasutra.com/php-bin/news_index.php?story=7630.

Carter, J., Rajamani, K., 2010. Designing energy-efficient servers and data centers. IEEE Comput. 43 (7), 76-78.

Case, R.P., Padegs, A., 1978. The architecture of the IBM System/370. Commun. ACM 21 (1), 73-96. Também aparece em Siewiorek, D.P., Bell, C.G., Newell, A.,;1; 1982. Computer Structures: Principles and Examples. McGraw-Hill, Nova York, pp. 830-855.

Caulfield, A.M., Chung, E.S., Putnam, A., Haselman, H.A.J.F.M., Humphrey, S.H.M., Daniel, P.K.J.Y.K., Ovtcharov, L.T.M.K., Lanka, M.P.L.W.S., Burger, D.C.D., 2016. A cloud-scale acceleration architecture. Em: MICRO Conference.

Censier, L., Feautrier, P., 1978. A new solution to coherence problems in multicache systems. IEEE Trans. Comput. C-27 (12), 1112-1118.

Chandra, R., Devine, S., Verghese, B., Gupta, A., Rosenblum, M., 1994. Scheduling and page migration for multiprocessor compute servers. Em: Sixth International Conference on Architectural Support for Programming Languages and Operating Systems (ASPLOS), 4-7 de outubro de 1994, San Jose, CA, pp. 12-24.

Chang, P.P., Mahlke, S.A., Chen, W.Y., Warter, N.J., Hwu, W.W., 1991. IMPACT: an architectural framework for multiple-instruction-issue processors. Em: 18th Annual International Symposium on Computer Architecture (ISCA), 27-30 de maio de 1991, Toronto, Canadá, pp. 266-275.

Chang, F., Dean, J., Ghemawat, S., Hsieh, W.C., Wallach, D.A., Burrows, M., Chandra, T., Fikes, A., Gruber, R.E., 2006. Bigtable: a distributed storage system for structured data. Em: Proceedings of 7th USENIX Symposium on Operating Systems Design and Implementation (OSDI'06), 6-8 de novembro de 2006, Seattle, WA.

Chang, J., Meza, J., Ranganathan, P., Bash, C., Shah, A., 2010. Green server design: beyond operational energy to sustainability. Em: Proceedings of Workshop on Power Aware Computing and Systems (HotPower'10), 3 de outubro de 2010, Vancouver, British Columbia.

Charlesworth, A.E., 1981. An approach to scientific array processing: the architectural design of the AP-120B/FPS-164 family. Computer 9, 18-27.

Charlesworth, A., 1998. Starfire: extending the SMP envelope. IEEE Micro 18 (1), 39-49.

Chen, T.C., 1980. Overlap and parallel processing. Em: Stone, H., ed., Introduction to Computer Architecture. Science Research Associates, Chicago, pp. 427-486.

Chen, S., 1983. Large-scale and high-speed multiprocessor system for scientific applications. Em: Proceedings of NATO Advanced Research Workshop on High-Speed Computing, junho 20-22, 1983, Jülich, West Germany. Também aparece em Hwang, K., ed., 1984. Superprocessors: design and applications, IEEE (agosto), 602-609.

Chen, P.M., Lee, E.K., 1995. Striping in a RAID level 5 disk array. Em: Proceedings of ACM SIGMETRICS Conference on Measurement and Modeling of Computer Systems, 15-19 de maio de 1995, Ottawa, Canadá, pp. 136-145.

Chen, P.M., Gibson, G.A., Katz, R.H., Patterson, D.A., 1990. An evaluation of redundant arrays of inexpensive disks using an Amdahl 5890. Em: Proceedings of ACM SIGMETRICS Conference on Measurement and Modeling of Computer Systems, 22-25 de maio de 1990, Boulder, CO.

Chen, P.M., Lee, E.K., Gibson, G.A., Katz, R.H., Patterson, D.A., 1994. RAID: highperformance, reliable secondary storage. ACM Comput. Surv. 26 (2), 145-188.

Chow, F.C., 1983. A Portable Machine-Independent Global Optimizer—Design and Measurements (Tese de Doutorado). Stanford University, Palo Alto, CA.

Chrysos, G.Z., Emer, J.S., 1998. Memory dependence prediction using store sets. Em: Proceedings of 25th Annual International Symposium on Computer Architecture (ISCA), 3-14 de julho de 1998, Barcelona, Espanha, pp. 142-153.

Clark, W.A., 1957. The Lincoln TX-2 computer development. Em: Proceedings of Western Joint Computer Conference, fevereiro 26-28, 1957, Los Angeles, pp. 143-145.

Clark, D.W., 1983. Cache performance of the VAX-11/780. ACM Trans. Comput. Syst. 1 (1), 24-37.

Clark, D.W., 1987. Pipelining and performance in the VAX 8800 processor. Em: Proceedings of Second International Conference on Architectural Support for Programming Languages and Operating Systems (ASPLOS), 5-8 de outubro de 1987, Palo Alto, CA, pp. 173-177.

Clark, J., 2014. Five Numbers That Illustrate the Mind-Bending Size of Amazon's Cloud. Bloomberg. https://www.bloomberg.com/news/2014-11-14/5-numbers-that-illustrate-the-mind-bending-size-of-amazon-s-cloud.html.

Clark, J., 26 de outubro de 2015. Google Turning Its Lucrative Web Search Over to AI Machines. Bloomberg Technology, www.bloomberg.com.

Clark, D.W., Emer, J.S., 1985. Performance of the VAX-11/780 translation buffer: simulation and measurement. ACM Trans. Comput. Syst. 3 (1), 31-62.

Clark, D., Levy, H., 1982. Measurement and analysis of instruction set use in the VAX-11/ 780. Em: Proceedings of Ninth Annual International Symposium on Computer Architecture (ISCA), 26-29 de abril de 1982, Austin, TX, pp. 9-17.

Clark, D., Strecker, W.D., 1980. Comments on 'the case for the reduced instruction set computer'. Comput. Architect. News 8 (6), 34-38.

Clark, B., Deshane, T., Dow, E., Evanchik, S., Finlayson, M., Herne, J., Neefe Matthews, J., 2004. Xen and the art of repeated research. Em: Proceedings of USENIX Annual Technical Conference, 27 de junho a 2 de julho de 2004, pp. 135-144.

Clidaras, J., Johnson, C., Felderman, B., 2010. Comunicação particular.

Climate Savers Computing Initiative, 2007. Efficiency Specs. http://www.climatesaverscomputing.org/.

Clos, C., 1953. A study of non-blocking switching networks. Bell Syst. Tech. J. 32 (2), 406-424.

Cloud, Bloomberg, n.d. https://www.bloomberg.com/news/2014-11-14/5-numbers-that-illustrate-the-mind-bending-size-of-amazon-s-cloud.html.

Cody, W.J., Coonen, J.T., Gay, D.M., Hanson, K., Hough, D., Kahan, W., Karpinski, R., Palmer, J., Ris, F.N., Stevenson, D., 1984. A proposed radix- and word-length independent standard for floating-point arithmetic. IEEE Micro 4 (4), 86-100.

Colwell, R.P., Steck, R., 1995. A 0.6 (m BiCMOS processor with dynamic execution. Em: Proceedings of IEEE International Symposium on Solid State Circuits (ISSCC), 15-17 de fevereiro de 1995, San Francisco, pp. 176-177.

Colwell, R.P., Nix, R.P., O'Donnel, J.J., Papworth, D.B., Rodman, P.K., 1987. A VLIW architecture for a trace scheduling compiler. Em: Proceedings of Second International Conference on Architectural Support for Programming Languages and Operating Systems (ASPLOS), 5-8 de outubro de 1987, Palo Alto, CA, pp. 180-192.

Comer, D., 1993. Internetworking with TCP/IP, second ed. Prentice Hall, Englewood Cliffs, NJ.

Compaq Computer Corporation, 1999. Compiler Writer's Guide for the Alpha 21264, Order Number EC-RJ66A-TE, junho, www1.support.compaq.com/alpha-tools/-documentation/current/21264_EV67/ec-rj66a-te_comp_writ_gde_for_alpha21264.pdf.

Conti, C., Gibson, D.H., Pitkowsky, S.H., 1968. Structural aspects of the System/360 Model 85. Part I. General organization. IBM Syst. J. 7 (1), 2-14.

Coonen, J., 1984. Contributions to a Proposed Standard for Binary Floating-Point Arithmetic (Tese de Doutorado). University of California, Berkeley.

Corbett, P., English, B., Goel, A., Grcanac, T., Kleiman, S., Leong, J., Sankar, S., 2004. Row-diagonal parity for double disk failure correction. Em: Proceedings of 3rd USENIX Conference on File and Storage Technology (FAST'04), 31 de março a 2 de abril de 2004, San Francisco.

Crawford, J., Gelsinger, P., 1988. Programming the 80386. Sybex Books, Alameda, CA.

Culler, D.E., Singh, J.P., Gupta, A., 1999. Parallel Computer Architecture: A Hardware/Software Approach. Morgan Kaufmann, San Francisco.

Curnow, H.J., Wichmann, B.A., 1976. A synthetic benchmark. Comput. J. 19 (1), 43-49.

Cvetanovic, Z., Kessler, R.E., 2000. Performance analysis of the Alpha 21264-based Compaq ES40 system. Em: Proceedings of 27th Annual International Symposium on Computer Architecture (ISCA), 10-15 de junho de 2000, Vancouver, Canadá, pp. 192-202.

Dally, W.J., 1990. Performance analysis of k-ary n-cube interconnection networks. IEEE Trans. Comput. 39 (6), 775-785.

Dally, W.J., 1992. Virtual channel flow control. IEEE Trans. Parallel Distrib. Syst. 3 (2), 194-205.

Dally, W.J., 1999. Interconnect limited VLSI architecture. Em: Proceedings of the International Interconnect Technology Conference, 24-26 de maio de 1999, San Francisco.

Dally, W.J., 2002. Computer architecture is all about interconnect. Em: Proceedings of the 8th International Symposium High Performance Computer Architecture.

Dally, W.J., 2016. High Performance Hardware for Machine Learning. Cadence Embedded Neural Network Summit, 9 de fevereiro de 2016. http://ip.cadence.com/uploads/presentations/1000AM_Dally_Cadence_ENN.pdf.

Dally, W.J., Seitz, C.I., 1986. The torus routing chip. Distrib. Comput. 1 (4), 187-196.

Dally, W.J., Towles, B., 2001. Route packets, not wires: on-chip interconnection networks. Em: Proceedings of 38th Design Automation Conference, 18-22 de junho de 2001, Las Vegas.

Dally, W.J., Towles, B., 2003. Principles and Practices of Interconnection Networks. Morgan Kaufmann, San Francisco.

Darcy, J.D., Gay, D., 1996. FLECKmarks: measuring floating point performance using a full IEEE compliant arithmetic benchmark. CS 252 class project, University of California, Berkeley. *Veja* http.CS. Berkeley.EDU/darcy/Projects/cs252/.

Darley, H.M., et al., 1989. Floating Point/Integer Processor with Divide and Square Root Functions, U.S. Patent 4,878,190, 31 de outubro.

Davidson, E.S., 1971. The design and control of pipelined function generators. Em: Proceedings of IEEE Conference on Systems, Networks, and Computers, 19-21 de janeiro de 1971, Oaxtepec, México, pp. 19-21.

Davidson, E.S., Thomas, A.T., Shar, L.E., Patel, J.H., 1975. Effective control for pipelined processors. Em: Proceedings of IEEE COMPCON, 25-27 de fevereiro de 1975, San Francisco, pp. 181-184.

Davie, B.S., Peterson, L.L., Clark, D., 1999. Computer Networks: A Systems Approach, second ed. Morgan Kaufmann, San Francisco.

Dean, J., 2009. Designs, lessons and advice from building large distributed systems [discurso principal]. Em: Proceedings of 3rd ACM SIGOPS International Workshop on Large-Scale Distributed Systems and Middleware, co-localizado com o 22nd ACM Symposium on Operating Systems Principles, 11-14 de outubro de 2009, Big Sky, Mont.

Dean, J., Barroso, L.A., 2013. The tail at scale. Commun. ACM 56 (2), 74-80.

Dean, J., Ghemawat, S., 2004. MapReduce: simplified data processing on large clusters. Em: Proceedings of Operating Systems Design and Implementation (OSDI), 6-8, 2004 de dezembro, San Francisco, CA, pp. 137-150.

Dean, J., Ghemawat, S., 2008. MapReduce: simplified data processing on large clusters. Commun. ACM 51 (1), 107-113.

DeCandia, G., Hastorun, D., Jampani, M., Kakulapati, G., Lakshman, A., Pilchin, A., Sivasubramanian, S., Vosshall, P., Vogels, W., 2007. Dynamo: Amazon's highly available key-value store. Em: Proceedings of 21st ACM Symposium on Operating Systems Principles, 14-17 de outubro de 2007, Stevenson, WA.

Dehnert, J.C., Hsu, P.Y.-T., Bratt, J.P., 1989. Overlapped loop support on the Cydra 5. Em: Proceedings of Third International Conference on Architectural Support for Programming Languages and Operating Systems (ASPLOS), 3-6 de abril de 1989, Boston, MA, pp. 26-39.

Demmel, J.W., Li, X., 1994. Faster numerical algorithms via exception handling. IEEE Trans. Comput. 43 (8), 983-992.

Denehy, T.E., Bent, J., Popovici, F.I., Arpaci-Dusseau, A.C., Arpaci-Dusseau, R.H., 2004. Deconstructing storage arrays. Em: Proceedings of 11th International Conference on Architectural Support for Programming Languages and Operating Systems (ASPLOS), 7-13 de outubro de 2004, Boston, MA, pp. 59-71.

Desurvire, E., 1992. Lightwave communications: the fifth generation. Sci. Am. (Int. Ed.) 266 (1), 96-103.

Diep, T.A., Nelson, C., Shen, J.P., 1995. Performance evaluation of the PowerPC 620 microarchitecture. Em: Proceedings of 22nd Annual International Symposium on Computer Architecture (ISCA), 22-24 de junho de 1995, Santa Margherita, Itália.

Digital Semiconductor, 1996. Alpha Architecture Handbook, Version 3. Digital Press, Maynard, MA.

Ditzel, D.R., McLellan, H.R., 1987. Branch folding in the CRISP microprocessor: reducing the branch delay to zero. Em: Proceedings of 14th Annual International Symposium on Computer Architecture (ISCA), 2-5 de junho de 1987, Pittsburgh, PA, pp. 2-7.

Ditzel, D.R., Patterson, D.A., 1980. Retrospective on high-level language computer architecture. Em: Proceedings of Seventh Annual International Symposium on Computer Architecture (ISCA), 6-8 de maio de 1980, La Baule, França, pp. 97-104.

Doherty, W.J., Kelisky, R.P., 1979. Managing VM/CMS systems for user effectiveness. IBM Syst. J. 18 (1), 143-166.

Doherty, W.J., Thadhani, A.J., 1982. The economic value of rapid response time. IBM Report.

Dongarra, J.J., 1986. A survey of high performance processors. Em: Proceedings of IEEE COMPCON, 3-6 de março de 1986, San Francisco, pp. 8-11.

Dongarra, J.J., Luszczek, P., Petitet, A., 2003. The LINPACK benchmark: past, present and future. Concurr. Comput. Pract. Exp. 15 (9), 803-820.

Dongarra, J., Sterling, T., Simon, H., Strohmaier, E., 2005. High-performance computing: clusters, constellations, MPPs, and future directions. Comput. Sci. Eng. 7 (2), 51-59.

Douceur, J.R., Bolosky, W.J., 1999. A large scale study of file-system contents. Em: Proceedings of ACM SIGMETRICS Conference on Measurement and Modeling of Computer Systems, 1-9 de maio de 1999, Atlanta, GA, pp. 59-69.

Douglas, J., 2005. Intel 8xx series and Paxville Xeon-MP microprocessors. Em: Paper Presented at Hot Chips 17, 14-16 de agosto de 2005, Stanford University, Palo Alto, CA.

Duato, J., 1993. A new theory of deadlock-free adaptive routing in wormhole networks. IEEE Trans. Parallel Distrib. Syst. 4 (12), 1320-1331.

Duato, J., Pinkston, T.M., 2001. A general theory for deadlock-free adaptive routing using a mixed set of resources. IEEE Trans. Parallel Distrib. Syst. 12 (12), 1219-1235.

Duato, J., Yalamanchili, S., Ni, L., 2003. Interconnection Networks: An Engineering Approach, 2ª impressão, Morgan Kaufmann, San Francisco.

Duato, J., Johnson, I., Flich, J., Naven, F., Garcia, P., Nachiondo, T., 2005a. A new scalable and cost-effective congestion management strategy for lossless multistage interconnection networks. Em: Proceedings of 11th

International Symposium on High-Performance Computer Architecture, 12-16 de fevereiro de 2005, San Francisco.

Duato, J., Lysne, O., Pang, R., Pinkston, T.M., 2005b. Part I: a theory for deadlock-free dynamic reconfiguration of interconnection networks. IEEE Trans. Parallel Distrib. Syst. 16 (5), 412-427.

Dubois, M., Scheurich, C., Briggs, F., 1988. Synchronization, coherence, and event ordering. IEEE Comput. 21 (2), 9-21.

Dunigan, W., Vetter, K., White, K., Worley, P., 2005. Performance evaluation of the Cray X1 distributed shared memory architecture. IEEE Micro, 30-40.

Eden, A., Mudge, T., 1998. The YAGS branch prediction scheme. Em: Proceedings of the 31st Annual ACM/ IEEE International Symposium on Microarchitecture, 30 de novembro a 2 de dezembro de 1998, Dallas, TX, pp. 69-80.

Edmondson, J.H., Rubinfield, P.I., Preston, R., Rajagopalan, V., 1995. Superscalar instruction execution in the 21164 Alpha microprocessor. IEEE Micro 15 (2), 33-43.

Eggers, S., 1989. Simulation Analysis of Data Sharing in Shared Memory Multiprocessors (Tese de Doutorado). University of California, Berkeley.

Elder, J., Gottlieb, A., Kruskal, C.K., McAuliffe, K.P., Randolph, L., Snir, M., Teller, P., Wilson, J., 1985. Issues related to MIMD shared-memory computers: the NYU ultracomputer approach. Em: Proceedings of 12th Annual International Symposium on Computer Architecture (ISCA), 17-19 de junho de 1985, Boston, MA, pp. 126-135.

Ellis, J.R., 1986. Bulldog: A Compiler for VLIW Architectures. MIT Press, Cambridge, MA.

Emer, J.S., Clark, D.W., 1984. A characterization of processor performance in the VAX-11/ 780. Em: Proceedings of 11th Annual International Symposium on Computer Architecture (ISCA), 5-7 de junho de 1984, Ann Arbor, MI, pp. 301-310.

Enriquez, P., 2001. What happened to my dial tone? A study of FCC service disruption reports. Em: Poster, Richard Tapia Symposium on the Celebration of Diversity in Computing, 18-20 de outubro, Houston, TX.

Erlichson, A., Nuckolls, N., Chesson, G., Hennessy, J.L., 1996. SoftFLASH: analyzing the performance of clustered distributed virtual shared memory. Em: Proceedings of Seventh International Conference on Architectural Support for Programming Languages and Operating Systems (ASPLOS), 1-5 de outubro de 1996, Cambridge, MA, pp. 210-220.

Esmaeilzadeh, H., Cao, T., Xi, Y., Blackburn, S.M., McKinley, K.S., 2011. Looking back on the language and hardware revolution: measured power, performance, and scaling. Em: Proceedings of 16th International Conference on Architectural Support for Programming Languages and Operating Systems (ASPLOS), 5-11 de março de 2011, Newport Beach, CA.

Esmaeilzadeh, H., Blem, E., St Amant, R., Sankaralingam, K., Burger, D., 2012. Power limitations and dark silicon challenge the future of multicore. ACM Trans. Comput. Syst. 30 (3), 115-138.

Evers, M., Patel, S.J., Chappell, R.S., Patt, Y.N., 1998. An analysis of correlation and predictability: what makes two-level branch predictors work. Em: Proceedings of 25th Annual International Symposium on Computer Architecture (ISCA), 3-14 de julho de 1998, Barcelona, Espanha, pp. 52-61.

Fabry, R.S., 1974. Capability based addressing. Commun. ACM 17 (7), 403-412.

Falsafi, B., Wood, D.A., 1997. Reactive NUMA: a design for unifying S-COMA and CCNUMA. Em: Proceedings of 24th Annual International Symposium on Computer Architecture (ISCA), 2-4 de junho de 1997, Denver, CO, pp. 229-240.

Fan, X., Weber, W., Barroso, L.A., 2007. Power provisioning for a warehouse-sized computer. Em: Proceedings of 34th Annual International Symposium on Computer Architecture (ISCA), 9-13 de junho de 2007, San Diego, CA.

Farkas, K.I., Jouppi, N.P., 1994. Complexity/performance trade-offs with non-blocking loads. Em: Proceedings of 21st Annual International Symposium on Computer Architecture (ISCA), 18-21 de abril de 1994, Chicago.

Farkas, K.I., Jouppi, N.P., Chow, P., 1995. How useful are non-blocking loads, stream buffers and speculative execution in multiple issue processors? Em: Proceedings of First IEEE Symposium on High-Performance Computer Architecture, 22-25 de janeiro de 1995, Raleigh, NC, pp. 78-89.

Farkas, K.I., Chow, P., Jouppi, N.P., Vranesic, Z., 1997. Memory-system design considerations for dynamically-scheduled processors. Em: Proceedings of 24th Annual International Symposium on Computer Architecture (ISCA), 2-4 de junho de 1997, Denver, CO, pp. 133-143.

Fazio, D., 1987. It's really much more fun building a supercomputer than it is simply inventing one. Em: Proceedings of IEEE COMPCON, 23-27 de fevereiro de 1987, San Francisco, pp. 102-105.

Fikes, A., 2010. Storage architecture and challenges. Em: Google Faculty Summit.

Fisher, J.A., 1981. Trace scheduling: a technique for global microcode compaction. IEEE Trans. Comput. 30 (7), 478-490.

Fisher, J.A., 1983. Very long instruction word architectures and ELI-512. Em: 10th Annual International Symposium on Computer Architecture (ISCA), 5-7 de junho de 1982, Estocolmo, Suécia, pp. 140-150.

Fisher, J.A., Freudenberger, S.M., 1992. Predicting conditional branches from previous runs of a program. Em: Proceedings of Fifth International Conference on Architectural Support for Programming Languages and Operating Systems (ASPLOS), 12-15 de outubro de 1992, Boston, MA, pp. 85-95.

Fisher, J.A., Rau, B.R., 1993. J. Supercomput., janeiro (edição especial).

Fisher, J.A., Ellis, J.R., Ruttenberg, J.C., Nicolau, A., 1984. Parallel processing: a smart compiler and a dumb processor. Em: Proceedings of SIGPLAN Conference on Compiler Construction, 17-22 de junho de 1984, Montreal, Canadá, pp. 11-16.

Flemming, P.J., Wallace, J.J., 1986. How not to lie with statistics: the correct way to summarize benchmarks results. Commun. ACM 29 (3), 218-221.

Flynn, M.J., 1966. Very high-speed computing systems. Proc. IEEE 54 (12), 1901-1909.

Forgie, J.W., 1957. The Lincoln TX-2 input-output system. Em: Proceedings of Western Joint Computer Conference (fevereiro), Institute of Radio Engineers, Los Angeles, pp. 156-160.

Foster, C.C., Riseman, E.M., 1972. Percolation of code to enhance parallel dispatching and execution. IEEE Trans. Comput. C-21 (12), 1411-1415.

Frank, S.J., 1984. Tightly coupled multiprocessor systems speed memory access time. Electronics 57 (1), 164-169.

Freescale as part of i.MX31 Applications Processor, 2006. http://cache.freescale.com/files/32bit/doc/white_paper/IMX31MULTIWP.pdf.

Freiman, C.V., 1961. Statistical analysis of certain binary division algorithms. Proc. IRE 49 (1), 91-103.

Friesenborg, S.E., Wicks, R.J., 1985. DASD Expectations: The 3380, 3380-23, and MVS/XA, Tech. Bulletin GG22-9363-02. IBM Washington Systems Center, Gaithersburg, MD.

Fuller, S.H., Burr, W.E., 1977. Measurement and evaluation of alternative computer architectures. Computer 10 (10), 24-35.

Furber, S.B., 1996. ARM System Architecture. Addison-Wesley, Harlow, Inglaterra. www.cs.man.ac.uk/amulet/publications/books/ARMsysArch.

Gagliardi, U.O., 1973. Report of workshop 4—software-related advances in computer hardware. Em: Proceedings of Symposium on the High Cost of Software, 17-19 de setembro de 1973, Monterey, CA, pp. 99-120.

Gajski, D., Kuck, D., Lawrie, D., Sameh, A., 1983. CEDAR — a large scale multiprocessor. Em: Proceedings of International Conference on Parallel Processing (ICPP), agosto, Columbus, Ohio, pp. 524-529.

Galal, S., Shacham, O., Brunhaver II, J.S., Pu, J., Vassiliev, A., Horowitz, M., 2013. FPU generator for design space exploration. Em: 21st IEEE Symposium on Computer Arithmetic (ARITH).

Gallagher, D.M., Chen, W.Y., Mahlke, S.A., Gyllenhaal, J.C., Hwu, W.W., 1994. Dynamic memory disambiguation using the memory conflict buffer. Em: Proceedings of Sixth International Conference on Architectural Support for Programming Languages and Operating Systems (ASPLOS), 4-7 de outubro, Santa Jose, CA, pp. 183-193.

Galles, M., 1996. Scalable pipelined interconnect for distributed endpoint routing: the SGI SPIDER chip. Em: Proceedings of IEEE HOT Interconnects'96, 15-17 de agosto, 1996, Stanford University, Palo Alto, CA.

Game, M., Booker, A., 1999. CodePack code compression for PowerPC processors. MicroNews. 5 (1). www.chips.ibm.com/micronews/vol5_no1/codepack.html.

Gao, Q.S., 1993. The Chinese remainder theorem and the prime memory system. Em: 20th Annual International Symposium on Computer Architecture (ISCA), 16-19 de maio de 1993, San Diego, CA, Computer Architecture News 21:2 (maio), pp. 337-340.

Gap, 2005. Gap Inc. Reports Third Quarter Earnings. http://gapinc.com/public/documents/PR_Q405Earnings-Feb2306.pdf.

Gap, 2006. Gap Inc. Reports Fourth Quarter and Full Year Earnings. http://-gapinc.com/public/documents/Q32005PressRelease_Final22.pdf.

Garner, R., Agarwal, A., Briggs, F., Brown, E., Hough, D., Joy, B., Kleiman, S., Muchnick, S., Namjoo, M., Patterson, D., Pendleton, J., Tuck, R., 1988. Scalable processor architecture (SPARC). Em: Proceedings of IEEE COMPCON, 29 de fevereiro a 4 de março de 1988, San Francisco, pp. 278-283.

Gebis, J., Patterson, D., 2007. Embracing and extending 20th-century instruction set architectures. IEEE Comput. 40 (4), 68-75.

Gee, J.D., Hill, M.D., Pnevmatikatos, D.N., Smith, A.J., 1993. Cache performance of the SPEC92 benchmark suite. IEEE Micro 13 (4), 17-27.

Gehringer, E.F., Siewiorek, D.P., Segall, Z., 1987. Parallel Processing: The Cm* Experience. Digital Press, Bedford, MA.

Gharachorloo, K., Lenoski, D., Laudon, J., Gibbons, P., Gupta, A., Hennessy, J.L., 1990. Memory consistency and event ordering in scalable shared-memory multiprocessors. Em: Proceedings of 17th Annual International Symposium on Computer Architecture (ISCA), 28-31 de maio de 1990, Seattle, WA, pp. 15-26.

Gharachorloo, K., Gupta, A., Hennessy, J.L., 1992. Hiding memory latency using dynamic scheduling in shared-memory multiprocessors. Em: Proceedings of 19th Annual International Symposium on Computer Architecture (ISCA), 19-21 de maio de 1992, Gold Coast, Austrália.

Ghemawat, S., Gobioff, H., Leung, S.-T., 2003. The Google file system. Em: Proceedings of 19th ACM Symposium on Operating Systems Principles, 19-22 de outubro de 2003, Bolton Landing, NY.

Gibson, D.H., 1967. Considerations in block-oriented systems design. AFIPS Conf. Proc. 30, 75-80.

Gibson, J.C., 1970. The Gibson mix, Rep. TR. 00.2043. IBM Systems Development Division, Poughkeepsie, NY (pesquisa feita em 1959).

Gibson, G.A., 1992. Em: Redundant Disk Arrays: Reliable, Parallel Secondary Storage. ACM Distinguished Dissertation Series, MIT Press, Cambridge, MA.

Gibson, J., Kunz, R., Ofelt, D., Horowitz, M., Hennessy, J., Heinrich, M., 2000. FLASH vs. (simulated) FLASH: Closing the simulation loop. Em: Proceedings of Ninth International Conference on Architectural Support for Programming Languages and Operating Systems (ASPLOS), 12-15 de novembro, Cambridge, MA, pp. 49-58.

Glass, C.J., Ni, L.M., 1992. The Turn Model for adaptive routing. Em: 19th Annual International Symposium on Computer Architecture (ISCA), 19-21 de maio de 1992, Gold Coast, Austrália.

Goldberg, I.B., 1967. 27 bits are not enough for 8-digit accuracy. Commun. ACM 10 (2), 105-106.

Goldberg, D., 1991. What every computer scientist should know about floating-point arithmetic. Comput. Surv. 23 (1), 5-48.

Goldstein, S., 1987. Storage Performance—An Eight Year Outlook, Tech. Rep. TR 03.3081. Santa Teresa Laboratory, IBM Santa Teresa Laboratory, San Jose, CA.

Goldstine, H.H., 1972. The Computer: From Pascal to von Neumann. Princeton University Press, Princeton, NJ.

González, A., Day, M., 2016. Amazon, Microsoft invest billions as computing shifts to cloud. The Seattle Times. http://www.seattletimes.com/business/technology/amazonmicrosoft-invest-billions-as-computing-shifts-to-cloud/.

González, J., González, A., 1998. Limits of instruction level parallelism with data speculation. Em: Proceedings of Vector and Parallel Processing (VECPAR) Conference, 21-23 de junho de 1998, Porto, Portugal, pp. 585-598.

Goodman, J.R., 1983. Using cache memory to reduce processor memory traffic. Em: Proceedings of 10th Annual International Symposium on Computer Architecture (ISCA), 5-7 de junho de 1982, Estocolmo, Suécia, pp. 124-131.

Goralski, W., 1997. SONET: A Guide to Synchronous Optical Network. McGraw-Hill, Nova York.

Gosling, J.B., 1980. Design of Arithmetic Units for Digital Computers. Springer-Verlag, Nova York.

Gray, J., 1990. A census of Tandem system availability between 1985 and 1990. IEEE Trans. Reliab. 39 (4), 409-418.

Gray, J., ed., 1993. The Benchmark Handbook for Database and Transaction Processing Systems, segunda ed. Morgan Kaufmann, San Francisco.

Gray, J., 2006. Sort benchmark home page. http://sortbenchmark.org/.

Gray, J., Reuter, A., 1993. Transaction Processing: Concepts and Techniques. Morgan Kaufmann, San Francisco.

Gray, J., Siewiorek, D.P., 1991. High-availability computer systems. Computer 24 (9), 39-48.

Gray, J., van Ingen, C., 2005. Empirical Measurements of Disk Failure Rates and Error Rates, MSR-TR-2005-166. Microsoft Research, Redmond, WA.

Greenberg, A., Jain, N., Kandula, S., Kim, C., Lahiri, P., Maltz, D., Patel, P., Sengupta, S., 2009. VL2: a scalable and flexible data center network. Em: Proceedings of ACM SIGCOMM, 17-21 de agosto de 2009, Barcelona, Espanha.

Grice, C., Kanellos, M., 2000. Cell phone industry at crossroads: go high or low? CNET News.technews.netscape.com/news/0-1004-201-2518386-0.html?tag=st.ne.1002.tgif.sf.

Groe, J.B., Larson, L.E., 2000. CDMA Mobile Radio Design. Artech House, Boston.

Gunther, K.D., 1981. Prevention of deadlocks in packet-switched data transport systems. IEEE Trans. Commun. 29 (4), 512-524.

Hagersten, E., Koster, M., 1998. WildFire: a scalable path for SMPs. Em: Proceedings of Fifth International Symposium on High-Performance Computer Architecture, 9-12 de janeiro de 1999, Orlando, FL.

Hagersten, E., Landin, A., Haridi, S., 1992. DDM—a cache-only memory architecture. IEEE Comput. 25 (9), 44-54.

Hamacher, V.C., Vranesic, Z.G., Zaky, S.G., 1984. Computer Organization, second ed. McGraw-Hill, Nova York.

Hameed, R., Qadeer, W., Wachs, M., Azizi, O., Solomatnikov, A., Lee, B.C., Richardson, S., Kozyrakis, C., Horowitz, M., 2010. Understanding sources of inefficiency in general-purpose chips. ACM SIGARCH Comput. Architect. News 38 (3), 37-47.

Hamilton, J., 2009. Data center networks are in my way. Em: Paper Presented at the Stanford Clean Slate CTO Summit, 23 de outubro de 2009. http://mvdirona.com/jrh/TalksAndPapers/JamesHamilton_CleanSlateCTO2009.pdf.

Hamilton, J., 2010. Cloud computing economies of scale. Em: Paper Presented at the AWS Workshop on Genomics and Cloud Computing, 8 de junho de 2010, Seattle, WA. http://mvdirona.com/jrh/TalksAndPapers/James-Hamilton_GenomicsCloud20100608.pdf.

Hamilton, J., 2014. AWS Innovation at Scale, AWS Re-invent conference. https://www.youtube.com/watch?v=JIQETrFC_SQ.

Hamilton, J., 2015. The Return to the Cloud. http://perspectives.mvdirona.com/2015/05/the-return-to-the-cloud//.

Hamilton, J., 2017. How Many Data Centers Needed World-Wide. http://perspectives.mvdirona.com/2017/04/how-many-data-centers-needed-worldwide/.

Hammerstrom, D., 1990. A VLSI architecture for high-performance, low-cost, on-chip learning. Em: IJCNN International Joint Conference on Neural Networks.

Handy, J., 1993. The Cache Memory Book. Academic Press, Boston.

Hauck, E.A., Dent, B.A., 1968. Burroughs' B6500/B7500 stack mechanism. Em: Proceedings of AFIPS Spring Joint Computer Conference, 30 de abril a 2 de maio de 1968, Atlantic City, NJ, pp. 245-251.

He, K., Zhang, X., Ren, S., Sun, J., 2016. Identity mappings in deep residual networks. Também em arXiv pré-impressão arXiv:1603.05027.

Heald, R., Aingaran, K., Amir, C., Ang, M., Boland, M., Das, A., Dixit, P., Gouldsberry, G., Hart, J., Horel, T., Hsu, W.J., Kaku, J., Kim, C., Kim, S., Klass, F., Kwan, H., Lo, R., McIntyre, H., Mehta, A., Murata, D., Nguyen, S., Pai, Y.P, Patel, S., Shin, K., Tam, K., Vishwanthaiah, S., Wu, J., Yee, G., You, H., 2000. Implementation of third-generation SPARC V9 64-b microprocessor. Em: ISSCC Digest of Technical Papers, pp. 412-413.

Heinrich, J., 1993. MIPS R4000 User's Manual. Prentice Hall, Englewood Cliffs, NJ.

Henly, M., McNutt, B., 1989. DASD I/O Characteristics: A Comparison of MVS to VM, Tech. Rep. TR 02.1550 (maio). IBM General Products Division, San Jose, CA.

Hennessy, J., 1984. VLSI processor architecture. IEEE Trans. Comput. C-33 (11), 1221-1246. Hennessy, J., 1985. VLSI RISC processors. VLSI Syst. Des. 6 (10), 22-32.

Hennessy, J., Jouppi, N., Baskett, F., Gill, J., 1981. MIPS: a VLSI processor architecture. Em: CMU Conference on VLSI Systems and Computations. Computer Science Press, Rockville, MD.

Hewlett-Packard, 1994. PA-RISC 2.0 Architecture Reference Manual, third ed. HewlettPackard, Palo Alto, CA.

Hewlett-Packard, 1998. HP's '5NINES:5MINUTES' Vision Extends Leadership and Redefines High Availability in Mission-Critical Environments. www.future.enterprisecomputing.hp.com/ia64/news/5nines_vision_pr.html.

Hill, M.D., 1987. Aspects of Cache Memory and Instruction Buffer Performance (Tese de Doutorado). Tech. Rep. UCB/CSD 87/381. Computer Science Division, University of California, Berkeley.

Hill, M.D., 1988. A case for direct mapped caches. Computer 21 (12), 25-40.

Hill, M.D., 1998. Multiprocessors should support simple memory consistency models. IEEE Comput. 31 (8), 28-34.

Hillis, W.D., 1985. The Connection Multiprocessor. MIT Press, Cambridge, MA.

Hillis, W.D., Steele, G.L., 1986. Data parallel algorithms. Commun. ACM 29 (12), 1170-1183.

Hinton, G., Sager, D., Upton, M., Boggs, D., Carmean, D., Kyker, A., Roussel, P., 2001. The microarchitecture of the Pentium 4 processor. Intel Technol. J.

Hintz, R.G., Tate, D.P., 1972. Control data STAR-100 processor design. Em: Proceedings of IEEE COMPCON, 12-14 de setembro de 1972, San Francisco, pp. 1-4.

Hirata, H., Kimura, K., Nagamine, S., Mochizuki, Y., Nishimura, A., Nakase, Y., Nishizawa, T., 1992. An elementary processor architecture with simultaneous instruction issuing from multiple threads. Em: Proceedings of 19th Annual International Symposium on Computer Architecture (ISCA), 19-21 de maio de 1992, Gold Coast, Austrália, pp. 136-145.

Hitachi, 1997. SuperH RISC Engine SH7700 Series Programming Manual. Hitachi, Santa Clara, CA. www.halsp. hitachi.com/tech_prod/.

Ho, R., Mai, K.W., Horowitz, M.A., 2001. The future of wires. Em: Proc. of the IEEE, 89. 4, pp. 490-504.

Hoagland, A.S., 1963. Digital Magnetic Recording. Wiley, Nova York.

Hockney, R.W., Jesshope, C.R., 1988. Parallel Computers 2: Architectures, Programming and Algorithms. Adam Hilger, Ltd., Bristol, Inglaterra.

Holland, J.H., 1959. A universal computer capable of executing an arbitrary number of subprograms simultaneously. Proc. East Joint Comput. Conf. 16, 108-113.

Holt, R.C., 1972. Some deadlock properties of computer systems. ACM Comput. Surv. 4 (3), 179-196.

Hölzle, U., 2010. Brawny cores still beat wimpy cores, most of the time. IEEE Micro 30, 4 (julho/agosto).

Hopkins, M., 2000. A critical look at IA-64: massive resources, massive ILP, but can it deliver? Microprocessor Rep. Fevereiro.

Hord, R.M., 1982. The Illiac-IV, The First Supercomputer. Computer Science Press, Rockville, MD.

Horel, T., Lauterbach, G., 1999. UltraSPARC-III: designing third-generation 64-bit performance. IEEE Micro 19 (3), 73-85.

Hospodor, A.D., Hoagland, A.S., et al., 1993. The changing nature of disk controllers. Proc. IEEE 81 (4), 586-594.

Hristea, C., Lenoski, D., Keen, J., 1997. Measuring memory hierarchy performance of cache-coherent multiprocessors using micro benchmarks. Em: Proceedings of ACM/ IEEE Conference on Supercomputing, 16-21 de novembro de 1997, San Jose, CA.

Hsu, P., 1994. Designing the TFP microprocessor. IEEE Micro 18(2).

Huang, M., Wu, D., Yu, C.H., Fang, Z., Interlandi, M., Condie, T., Cong, J., 2016. Programming and runtime support to blaze FPGA accelerator deployment at datacenter scale. Em: Proceedings of the Seventh ACM Symposium on Cloud Computing. ACM, pp. 456-469.

Huck, J., et al., 2000. Introducing the IA-64 Architecture. IEEE Micro 20 (5), 12-23.

Hughes, C.J., Kaul, P., Adve, S.V., Jain, R., Park, C., Srinivasan, J., 2001. Variability in the execution of multimedia applications and implications for architecture. Em: Proceedings of 28th Annual International Symposium on Computer Architecture (ISCA), 30 de junho a 4 de julho de 2001, Goteborg, Sweden, pp. 254-265.

Hwang, K., 1979. Computer Arithmetic: Principles, Architecture, and Design. Wiley, Nova York.

Hwang, K., 1993. Advanced Computer Architecture and Parallel Programming. McGraw-Hill, Nova York.

Hwu, W.-M., Patt, Y., 1986. HPSm, a high performance restricted data flow architecture having minimum functionality. Em: Proceedings of 13th Annual International Symposium on Computer Architecture (ISCA), 2-5 de junho de 1986, Tóquio, pp. 297-307.

Hwu, W.W., Mahlke, S.A., Chen, W.Y., Chang, P.P., Warter, N.J., Bringmann, R.A., Ouellette, R.O., Hank, R.E., Kiyohara, T., Haab, G.E., Holm, J.G., Lavery, D.M., 1993. The superblock: an effective technique for VLIW and superscalar compilation. J. Supercomput. 7 (1), 229-248.

Iandola, F., 2016. Exploring the Design Space of Deep Convolutional Neural Networks at Large Scale, Dissertação de Doutorado. UC Berkeley.

IBM, 1982. The Economic Value of Rapid Response Time, GE20-0752-0. IBM, White Plains, NY, pp. 11-82.

IBM, 1990. The IBM RISC System/6000 processor. IBM J. Res. Dev. 34(1).

IBM, 1994. The PowerPC Architecture. Morgan Kaufmann, San Francisco.

IBM, 2005. Blue Gene. IBM J. Res. Dev. 49 (2/3) (edição especial).

IEEE, 1985. IEEE standard for binary floating-point arithmetic. SIGPLAN Notices 22 (2), 9-25.

IEEE, 2005. Intel virtualization technology, computer. IEEE Comput. Soc. 38 (5), 48-56.

IEEE 754-2008 Working Group, 2006. DRAFT Standard for Floating-Point Arithmetic 754-2008, https://doi.org/10.1109/IEEESTD. 2008.4610935.

Ienne, P., Cornu, T., Kuhn, G., 1996. Special-purpose digital hardware for neural networks: an architectural survey. J. VLSI Signal Process. Syst. Signal Image Video Technol. 13(1).

Imprimis Product Specification, 97209 Sabre Disk Drive IPI-2 Interface 1.2 GB, Document No. 64402302, Imprimis, Dallas, TX.

InfiniBand Trade Association, 2001. InfiniBand Architecture Specifications Release 1.0.a. www.infinibandta.org.

Inoue, K., Ishihara, T., Murakami, K., 1999. Way-predicting set-associative cache for high performance and low energy consumption. Em: Proc. 1999 International Symposium on Low Power Electronics and Design, ACM, pp. 273-275.

Intel, 2001. Using MMX Instructions to Convert RGB to YUV Color Conversion. cedar. intel.com/cgi-bin/ids.dll/content/content.jsp?cntKey=Legacy::irtm_AP548_9996&cntType=IDS_EDITORIAL.

Internet Retailer, 2005. The Gap launches a new site—after two weeks of downtime. Internet Retailer. http://www.internetretailer.com/2005/09/28/the-gap-launches-a-new-siteafter-two-weeks-of-downtime.

Jain, R., 1991. The Art of Computer Systems Performance Analysis: Techniques for Experimental Design, Measurement, Simulation, and Modeling. Wiley, Nova York.

Jantsch, A., Tenhunen, H., eds., 2003. Networks on Chips. Kluwer Academic Publishers, The Netherlands.

Jimenez, D.A., Lin, C., 2001. Dynamic branch prediction with perceptrons. Em: Proceedings of the 7th International Symposium on High-Performance Computer Architecture (HPCA '01). IEEE, Washington, DC, pp. 197-206.

Jimenez, D.A., Lin, C., 2002. Neural methods for dynamic branch prediction. ACM Trans. Comput. Syst. 20 (4), 369-397.

Johnson, M., 1990. Superscalar Microprocessor Design. Prentice Hall, Englewood Cliffs, NJ.

Jordan, H.F., 1983. Performance measurements on HEP—a pipelined MIMD computer. Em: Proceedings of 10th Annual International Symposium on Computer Architecture (ISCA), 5-7 de junho de 1982, Estocolmo, Suécia, pp. 207-212.

Jordan, K.E., 1987. Performance comparison of large-scale scientific processors: scalar mainframes, mainframes with vector facilities, and supercomputers. Computer 20 (3), 10-23.

Jouppi, N.P., 1990. Improving direct-mapped cache performance by the addition of a small fully-associative cache and prefetch buffers. Em: Proceedings of 17th Annual International Symposium on Computer Architecture (ISCA), 28-31 de maio de 1990, Seattle, WA, pp. 364-373.

Jouppi, N.P., 1998. Retrospective: Improving direct-mapped cache performance by the addition of a small fully-associative cache and prefetch buffers. Em: 25 Years of the International Symposia on Computer Architecture (Selected Papers). ACM, Nova York, pp. 71-73.

Jouppi, N., 2016. Google supercharges machine learning tasks with TPU custom chip. https://cloudplatform.googleblog.com.

Jouppi, N.P., Wall, D.W., 1989. Available instruction-level parallelism for super-scalar and superpipelined processors. Em: Proceedings of Third International Conference on Architectural Support for Programming Languages and Operating Systems (ASPLOS), 3-6 de abril de 1989, Boston, pp. 272-282.

Jouppi, N.P., Wilton, S.J.E., 1994. Trade-offs in two-level on-chip caching. Em: Proceedings of 21st Annual International Symposium on Computer Architecture (ISCA), 18-21 de abril de 1994, Chicago, pp. 34-45.

Jouppi, N., Young, C., Patil, N., Patterson, D., Agrawal, G., et al., 2017. Datacenter performance analysis of a matrix processing unit. Em: 44th International Symposium on Computer Architecture.

Kaeli, D.R., Emma, P.G., 1991. Branch history table prediction of moving target branches due to subroutine returns. Em: Proceedings of 18th Annual International Symposium on Computer Architecture (ISCA), 27-30 de maio de 1991, Toronto, Canadá, pp. 34-42.

Kahan, W., 1968. 7094-II system support for numerical analysis, SHARE Secretarial Distribution SSD-159. Department of Computer Science, University of Toronto.

Kahan, J., 1990. On the advantage of the 8087's stack, unpublished course notes. Computer Science Division, University of California, Berkeley.

Kahaner, D.K., 1988. Benchmarks for 'real' programs. SIAM News. Novembro.

Kahn, R.E., 1972. Resource-sharing computer communication networks. Proc. IEEE 60 (11), 1397-1407.

Kane, G., 1986. MIPS R2000 RISC Architecture. Prentice Hall, Englewood Cliffs, NJ.

Kane, G., 1996. PA-RISC 2.0 Architecture. Prentice Hall, Upper Saddle River, NJ.

Kane, G., Heinrich, J., 1992. MIPS RISC Architecture. Prentice Hall, Englewood Cliffs, NJ.

Kanev, S., Darago, J.P., Hazelwood, K., Ranganathan, P., Moseley, T., Wei, G.Y., Brooks, D., 2015. Profiling a warehouse-scale computer. Em: ACM/IEEE 42nd Annual International Symposium on Computer Architecture (ISCA).

Karpathy, A., et al., 2014. Large-scale video classification with convolutional neural networks. CVPR.

Katz, R.H., Patterson, D.A., Gibson, G.A., 1989. Disk system architectures for high performance computing. Proc. IEEE 77 (12), 1842-1858.

Keckler, S.W., Dally, W.J., 1992. Processor coupling: integrating compile time and runtime scheduling for parallelism. Em: Proceedings of 19th Annual International Symposium on Computer Architecture (ISCA), 19-21 de maio de 1992, Gold Coast, Austrália, pp. 202-213.

Keller, R.M., 1975. Look-ahead processors. ACM Comput. Surv. 7 (4), 177-195.

Keltcher, C.N., McGrath, K.J., Ahmed, A., Conway, P., 2003. The AMD Opteron processor for multiprocessor servers. IEEE Micro 23 (2), 66-76.

Kembel, R., 2000. Fibre channel: a comprehensive introduction. Internet Week. Abril.

Kermani, P., Kleinrock, L., 1979. Virtual cut-through: a new computer communication switching technique. Comput. Netw. 3, 267-286.

Kessler, R., 1999. The Alpha 21264 microprocessor. IEEE Micro 19 (2), 24-36.

Kilburn, T., Edwards, D.B.G., Lanigan, M.J., Sumner, F.H., 1962. One-level storage system. IRE Trans. Electron. Comput. EC-11, 223-235. Também aparece em Siewiorek, D.P., Bell, C.G., Newell, A. 1982. Computer Structures: Principles and Examples. McGrawHill, Nova York. pp. 135-148.

Killian, E., 1991. MIPS R4000 technical overview–64 bits/100 MHz or bust. Em: Hot Chips III Symposium Record, 26-27 de agosto de 1991, Stanford University, Palo Alto, CA. pp. 1.6-1.19.

Kim, M.Y., 1986. Synchronized disk interleaving. IEEE Trans. Comput. 35 (11), 978-988.

Kim, K., 2005. Technology for sub-50nm DRAM and NAND flash manufacturing. Em: Electron Devices Meeting Technical Digest (dezembro), pp. 323-326.

Kissell, K.D., 1997. MIPS16: High-density for the embedded market. Em: Proceedings of Real Time Systems'97, 15 de junho de 1997, Las Vegas, Nev. www.sgi.com/MIPS/arch/MIPS16/MIPS16.whitepaper.pdf.

Kitagawa, K., Tagaya, S., Hagihara, Y., Kanoh, Y., 2003. A hardware overview of SX-6 and SX-7 supercomputer. NEC Res. Dev. J. 44 (1), 2-7.

Knuth, D., 1981. second ed. The Art of Computer Programming, vol. II. Addison-Wesley, Reading, MA.

Kogge, P.M., 1981. The Architecture of Pipelined Computers. McGraw-Hill, Nova York.

Kohn, L., Fu, S.-W., 1989. A 1,000,000 transistor microprocessor. Em: Proceedings of IEEE International Symposium on Solid State Circuits (ISSCC), 15-17 de fevereiro de 1989, Nova York, pp. 54-55.

Kohn, L., Margulis, N., 1989. Introducing the Intel i860 64-Bit Microprocessor. IEEE Micro 9 (4), 15-30.

Kontothanassis, L., Hunt, G., Stets, R., Hardavellas, N., Cierniak, M., Parthasarathy, S., Meira, W., Dwarkadas, S., Scott, M., 1997. VM-based shared memory on low-latency, remote-memory-access networks. Em: Proceedings of 24th Annual International Symposium on Computer Architecture (ISCA), 2-4 de junho de 1997, Denver, CO.

Koren, I., 1989. Computer Arithmetic Algorithms. Prentice Hall, Englewood Cliffs, NJ.

Kozyrakis, C., 2000. Vector IRAM: a media-oriented vector processor with embedded DRAM. Em: Artigo apresentado na Hot Chips 12, 13-15 de agosto de 2000, Palo Alto, CA, pp. 13-15.

Kozyrakis, C., Patterson, D., 2002. Vector vs. superscalar and VLIW architectures for embedded multimedia benchmarks. Em: Proceedings of 35th Annual International Symposium on Microarchitecture (MICRO-35), 18-22 de novembro de 2002, Istambul, Turquia.

Krizhevsky, A., Sutskever, I., Hinton, G., 2012. Imagenet classification with deep convolutional neural networks. Adv. Neural Inf. Process. Syst.

Kroft, D., 1981. Lockup-free instruction fetch/prefetch cache organization. Em: Proceedings of Eighth Annual International Symposium on Computer Architecture (ISCA), 12-14 de maio de 1981, Minneapolis, MN, pp. 81-87.

Kroft, D., 1998. Retrospective: lockup-free instruction fetch/prefetch cache organization. Em: 25 Years of the International Symposia on Computer Architecture (artigos selecionados), ACM, Nova York, pp. 20-21.

Kuck, D., Budnik, P.P., Chen, S.-C., Lawrie, D.H., Towle, R.A., Strebendt, R.E., Davis Jr., E.W., Han, J., Kraska, P.W., Muraoka, Y., 1974. Measurements of parallelism in ordinary FORTRAN programs. Computer 7 (1), 37-46.

Kuhn, D.R., 1997. Sources of failure in the public switched telephone network. IEEE Comput. 30 (4), 31-36.

Kumar, A., 1997. The HP PA-8000 RISC CPU. IEEE Micro 17 (2), 27-32.

Kung, H.T., Leiserson, C.E., 1980. Algorithms for VLSI processor arrays. Introduction to VLSI systems.

Kunimatsu, A., Ide, N., Sato, T., Endo, Y., Murakami, H., Kamei, T., Hirano, M., Ishihara, F., Tago, H., Oka, M., Ohba, A., Yutaka, T., Okada, T., Suzuoki, M., 2000. Vector unit architecture for emotion synthesis. IEEE Micro 20 (2), 40-47.

Kunkel, S.R., Smith, J.E., 1986. Optimal pipelining in supercomputers. Em: Proceedings of 13th Annual International Symposium on Computer Architecture (ISCA), 2-5 de junho de 1986, Tóquio, pp. 404-414.

Kurose, J.F., Ross, K.W., 2001. Computer Networking: A Top-Down Approach Featuring the Internet. Addison-Wesley, Boston.

Kuskin, J., Ofelt, D., Heinrich, M., Heinlein, J., Simoni, R., Gharachorloo, K., Chapin, J., Nakahira, D., Baxter, J., Horowitz, M., Gupta, A., Rosenblum, M., Hennessy, J.L., 1994. The Stanford FLASH multiprocessor. Em: Proceedings of 21st Annual International Symposium on Computer Architecture (ISCA), 18-21 de abril de 1994, Chicago.

Lam, M., 1988. Software pipelining: an effective scheduling technique for VLIW processors. Em: SIGPLAN Conference on Programming Language Design and Implementation, 22-24 de junho de 1988, Atlanta, GA, pp. 318-328.

Lam, M.S., Wilson, R.P., 1992. Limits of control flow on parallelism. Em: Proceedings of 19th Annual International Symposium on Computer Architecture (ISCA), 19-21 de maio de 1992, Gold Coast, Austrália, pp. 46-57.

Lam, M.S., Rothberg, E.E., Wolf, M.E., 1991. The cache performance and optimizations of blocked algorithms. Em: Proceedings of Fourth International Conference on Architectural Support for Programming Languages and Operating Systems (ASPLOS), abril 8-11, 1991, Santa Clara, CA. (SIGPLAN Notices 26:4 (abril), 63-74).

Lambright, D., 2000. Experiences in measuring the reliability of a cache-based storage system. Em: Proceedings of First Workshop on Industrial Experiences with Systems Software (WIESS 2000), Co-Located with the 4th Symposium on Operating Systems Design and Implementation (OSDI), 22 de outubro de 2000, San Diego, CA.

Lamport, L., 1979. How to make a multiprocessor computer that correctly executes multiprocess programs. IEEE Trans. Comput. C-28 (9), 241-248.

Landstrom, B., 2014. The Cost of Downtime. http://www.interxion.com/blogs/2014/07/thecost-of-downtime/.

Lang, W., Patel, J.M., Shankar, S., 2010. Wimpy node clusters: what about non-wimpy workloads? Em: Proceedings of Sixth International Workshop on Data Management on New Hardware (DaMoN), 7 de junho, Indianapolis, IN.

Laprie, J.C., 1985. Dependable computing and fault tolerance: concepts and terminology. Em: Proceedings of 15th Annual International Symposium on Fault-Tolerant Computing, 19-21 de junho de 1985, Ann Arbor, Mich, pp. 2-11.

Larabel, M., 2016. Google Looks To Open Up StreamExecutor To Make GPGPU Programming Easier. Phoronix, 10 de março. https://www.phoronix.com/.

Larson, E.R., 1973. Findings of fact, conclusions of law, and order for judgment, File No. 4-67, Civ. 138, Honeywell v. Sperry-Rand and Illinois Scientific Development, U.S. District Court for the State of Minnesota, Fourth Division (19 de outubro).

Laudon, J., Lenoski, D., 1997. The SGI Origin: a ccNUMA highly scalable server. Em: Proceedings of 24th Annual International Symposium on Computer Architecture (ISCA), 2-4 de junho de 1997, Denver, CO, pp. 241-251.

Laudon, J., Gupta, A., Horowitz, M., 1994. Interleaving: a multithreading technique targeting multiprocessors and workstations. Em: Proceedings of Sixth International Conference on Architectural Support for Programming Languages and Operating Systems (ASPLOS), outubro 4-7, San Jose, CA, pp. 308-318.

Lauterbach, G., Horel, T., 1999. UltraSPARC-III: designing third generation 64-bit performance. IEEE Micro 19, 3 (maio/junho).

Lazowska, E.D., Zahorjan, J., Graham, G.S., Sevcik, K.C., 1984. Quantitative System Performance: Computer System Analysis Using Queueing Network Models. Prentice Hall, Englewood Cliffs, NJ (embora esgotado, está disponível on-line em www.cs.washington.edu/homes/lazowska/qsp/).

Lebeck, A.R., Wood, D.A., 1994. Cache profiling and the SPEC benchmarks: a case study. Computer 27 (10), 15-26.

Lee, R., 1989. Precision architecture. Computer 22 (1), 78-91.

Lee, W.V., et al., 2010. Debunking the 100X GPU vs. CPU myth: an evaluation of throughput computing on CPU and GPU. Em: Proceedings of 37th Annual International Symposium on Computer Architecture (ISCA), 19-23 de junho de 2010, Saint-Malo, França.

Lee, Y., Waterman, A., Cook, H., Zimmer, B., Keller, B., Puggelli, A., Kwak, J., Jevtic, R., Bailey, S., Blagojevic, M., Chiu, P.F., Avizienis, R., Richards, B., Bachrach, J., Patterson, D., Alon, E., Nikolic, B., Asanovic, K., 2016. An agile approach to building RISC-V microprocessors. IEEE Micro 36 (2), 8-20.

Leighton, F.T., 1992. Introduction to Parallel Algorithms and Architectures: Arrays, Trees, Hypercubes. Morgan Kaufmann, San Francisco.

Leiner, A.L., 1954. System specifications for the DYSEAC. J. ACM 1 (2), 57-81.

Leiner, A.L., Alexander, S.N., 1954. System organization of the DYSEAC. IRE Trans. Electron. Comput. 3 (1), 1-10.

Leiserson, C.E., 1985. Fat trees: universal networks for hardware-efficient supercomputing. IEEE Trans. Comput. C-34 (10), 892-901.

Lenoski, D., Laudon, J., Gharachorloo, K., Gupta, A., Hennessy, J.L., 1990. The Stanford DASH multiprocessor. Em: Proceedings of 17th Annual International Symposium on Computer Architecture (ISCA), 28-31 de maio de 1990, Seattle, WA, pp. 148-159.

Lenoski, D., Laudon, J., Gharachorloo, K., Weber, W.-D., Gupta, A., Hennessy, J.L., Horowitz, M.A., Lam, M., 1992. The Stanford DASH multiprocessor. IEEE Comput. 25 (3), 63-79.

Levy, H., Eckhouse, R., 1989. Computer Programming and Architecture: The VAX. Digital Press, Boston.

Lewis-Kraus, G., 2016. The Great A.I. Awakening. Nova York Times Magazine.

Li, K., 1988. IVY: a shared virtual memory system for parallel computing. Em: Proceedings of 1988 International Conference on Parallel Processing. Pennsylvania State University Press, University Park, PA.

Li, S., Chen, K., Brockman, J.B., Jouppi, N., 2011. Performance Impacts of Non-blocking Caches in Out-of-order Processors. HP Labs Tech Report HPL-2011-65 (texto completo disponível em http://Library.hp.com/techpubs/2011/Hpl-2011-65.html).

Lim, K., Ranganathan, P., Chang, J., Patel, C., Mudge, T., Reinhardt, S., 2008. Understanding and designing new system architectures for emerging warehouse-computing environments. Em: Proceedings of 35th Annual International Symposium on Computer Architecture (ISCA), 21-25 de junho de 2008, Beijing, China.

Lincoln, N.R., 1982. Technology and design trade offs in the creation of a modern supercomputer. IEEE Trans. Comput. C-31 (5), 363-376.

Lindholm, T., Yellin, F., 1999. The Java Virtual Machine Specification, 2nd ed. Addison-Wesley, Reading, MA (Também disponível on-line em java.sun.com/docs/books/vmspec/).

Lipasti, M.H., Shen, J.P., 1996. Exceeding the dataflow limit via value prediction. Em: Proceedings of 29th International Symposium on Microarchitecture, 2-4 de dezembro de 1996, Paris, França.

Lipasti, M.H., Wilkerson, C.B., Shen, J.P., 1996. Value locality and load value prediction. Em: Proceedings of Seventh Conference on Architectural Support for Programming Languages and Operating Systems (ASPLOS), 1-5 de outubro de 1996, Cambridge, MA, pp. 138-147.

Liptay, J.S., 1968. Structural aspects of the System/360 Model 85, Part II: The cache. IBM Syst. J. 7 (1), 15-21.

Lo, J., Eggers, S., Emer, J., Levy, H., Stamm, R., Tullsen, D., 1997. Converting thread-level parallelism into instruction-level parallelism via simultaneous multithreading. ACM Trans. Comput. Syst. 15 (2), 322-354.

Lo, J., Barroso, L., Eggers, S., Gharachorloo, K., Levy, H., Parekh, S., 1998. An analysis of database workload performance on simultaneous multithreaded processors. Em: Proceedings of 25th Annual International Symposium on Computer Architecture (ISCA), 3-14 de julho de 1998, Barcelona, Espanha, pp. 39-50.

Lo, D., Cheng, L., Govindaraju, R., Barroso, L.A., Kozyrakis, C., 2014. Towards energy proportionality for large-scale latency-critical workloads. Em: ACM/IEEE 41st Annual International Symposium on Computer Architecture (ISCA).

Loh, G.H., Hill, M.D., 2011. Efficiently enabling conventional block sizes for very large die-stacked DRAM caches. Em: Proc. 44th Annual IEEE/ACM International Symposium on Microarchitecture, ACM, pp. 454-464.

Lovett, T., Thakkar, S., 1988. The symmetry multiprocessor system. Em: Proceedings of 1988 International Conference of Parallel Processing, University Park, PA, pp. 303-310.

Lubeck, O., Moore, J., Mendez, R., 1985. A benchmark comparison of three supercomputers: Fujitsu VP-200, Hitachi S810/20, and Cray X-MP/2. Computer 18 (12), 10-24.

Luk, C.-K., Mowry, T.C., 1999. Automatic compiler-inserted prefetching for pointer-based applications. IEEE Trans. Comput. 48 (2), 134-141.

Lunde, A., 1977. Empirical evaluation of some features of instruction set processor architecture. Commun. ACM 20 (3), 143-152.

Luszczek, P., Dongarra, J.J., Koester, D., Rabenseifner, R., Lucas, B., Kepner, J., McCalpin, J., Bailey, D., Takahashi, D., 2005. Introduction to the HPC challenge benchmark suite. Lawrence Berkeley National Laboratory, Paper LBNL-57493 (25 de abril), repositories.cdlib.org/lbnl/LBNL-57493.

Maberly, N.C., 1966. Mastering Speed Reading. New American Library, Nova York.

Magenheimer, D.J., Peters, L., Pettis, K.W., Zuras, D., 1988. Integer multiplication and division on the HP precision architecture. IEEE Trans. Comput. 37 (8), 980-990.

Mahlke, S.A., Chen, W.Y., Hwu, W.-M., Rau, B.R., Schlansker, M.S., 1992. Sentinel scheduling for VLIW and superscalar processors. Em: Proceedings of Fifth International Conference on Architectural Support for Programming Languages and Operating Systems (ASPLOS), 12-15 de outubro de 1992, Boston, pp. 238-247.

Mahlke, S.A., Hank, R.E., McCormick, J.E., agosto, D.I., Hwu, W.W., 1995. A comparison of full and partial predicated execution support for ILP processors. Em: Proceedings of 22nd Annual International Symposium on Computer Architecture (ISCA), 22-24 de junho de 1995, Santa Margherita, Itália, pp. 138-149.

Major, J.B., 1989. Are queuing models within the grasp of the unwashed? Em: Proceedings of International Conference on Management and Performance Evaluation of Computer Systems, 11-15 de dezembro de 1989, Reno, Nev, pp. 831-839.

Markstein, P.W., 1990. Computation of elementary functions on the IBM RISC System/6000 processor. IBM J. Res. Dev. 34 (1), 111-119.

Mathis, H.M., Mercias, A.E., McCalpin, J.D., Eickemeyer, R.J., Kunkel, S.R., 2005. Characterization of the multithreading (SMT) efficiency in Power5. IBM J. Res. Dev. 49 (4/5), 555-564.

McCalpin, J., 2005. STREAM: Sustainable Memory Bandwidth in High Performance Computers. www.cs.virginia.edu/stream/.

McCalpin, J., Bailey, D., Takahashi, D., 2005. Introduction to the HPC Challenge Benchmark Suite, Paper LBNL-57493. Lawrence Berkeley National Laboratory, University of California, Berkeley, repositories.cdlib.org/lbnl/LBNL-57493.

McCormick, J., Knies, A., 2002. A brief analysis of the SPEC CPU2000 benchmarks on the Intel Itanium 2 processor. Em: Paper Presented at Hot Chips 14, 18-20 de agosto de 2002, Stanford University, Palo Alto, CA.

McFarling, S., 1989. Program optimization for instruction caches. Em: Proceedings of Third International Conference on Architectural Support for Programming Languages and Operating Systems (ASPLOS), 3-6 de abril de 1989, Boston, pp. 183-191.

McFarling, S., 1993. Combining Branch Predictors, WRL Technical Note TN-36, Digital Western Research Laboratory, Palo Alto, CA.

McFarling, S., Hennessy, J., 1986. Reducing the cost of branches. Em: Proceedings of 13th Annual International Symposium on Computer Architecture (ISCA), 2-5 de junho de 1986, Tóquio, pp. 396-403.

McGhan, H., O'Connor, M., 1998. PicoJava: a direct execution engine for Java bytecode. Computer 31 (10), 22-30.

McKeeman, W.M., 1967. Language directed computer design. Em: Proceedings of AFIPS Fall Joint Computer Conference, 14-16 de novembro de 1967, Washington, DC, pp. 413-417.

McMahon, F.M., 1986. The Livermore FORTRAN Kernels: A Computer Test of Numerical Performance Range, Tech. Rep. UCRL-55745. Lawrence Livermore National Laboratory, University of California, Livermore.

McNairy, C., Soltis, D., 2003. Itanium 2 processor microarchitecture. IEEE Micro 23 (2), 44-55.

Mead, C., Conway, L., 1980. Introduction to VLSI Systems. Addison-Wesley, Reading, MA.

Mellor-Crummey, J.M., Scott, M.L., 1991. Algorithms for scalable synchronization on shared-memory multi-processors. ACM Trans. Comput. Syst. 9 (1), 21-65.

Menabrea, L.F., 1842. Sketch of the analytical engine invented by Charles Babbage. Bibliothèque Universelle de Genève. 82.

Menon, A., Renato Santos, J., Turner, Y., Janakiraman, G., Zwaenepoel, W., 2005. Diagnosing performance overheads in the xen virtual machine environment. Em: Proceedings of First ACM/USENIX International Conference on Virtual Execution Environments, 11-12 de junho de 2005, Chicago, pp. 13-23.

Merlin, P.M., Schweitzer, P.J., 1980. Deadlock avoidance in store-and-forward networks. Part I. Store-and-forward deadlock. IEEE Trans. Commun. 28 (3), 345-354.

Metcalfe, R.M., 1993. Computer/network interface design: lessons from Arpanet and Ethernet. IEEE J. Sel. Area. Commun. 11 (2), 173-180.

Metcalfe, R.M., Boggs, D.R., 1976. Ethernet: distributed packet switching for local computer networks. Commun. ACM 19 (7), 395-404.

Metropolis, N., Howlett, J., Rota, G.C., eds., 1980. A History of Computing in the Twentieth Century. Academic Press, Nova York.

Meyer, R.A., Seawright, L.H., 1970. A virtual machine time sharing system. IBM Syst. J. 9 (3), 199-218.

Meyers, G.J., 1978. The evaluation of expressions in a storage-to-storage architecture. Comput. Architect. News 7 (3), 20-23.

Meyers, G.J., 1982. Advances in Computer Architecture, second ed. Wiley, Nova York.

Micron, 2004. Calculating Memory System Power for DDR2. http://download.micron.com/pdf/pubs/designline/dl1Q04.pdf.

Micron, 2006. The Micron System-Power Calculator. http://www.micron.com/-systemcalc.

MIPS, 1997. MIPS16 Application Specific Extension Product Description. www.sgi.com/MIPS/arch/MIPS16/mips16.pdf.

Miranker, G.S., Rubenstein, J., Sanguinetti, J., 1988. Squeezing a Cray-class supercomputer into a single-user package. Em: Proceedings of IEEE COMPCON, 29 de fevereiro a 4 de março de 1988, San Francisco, pp. 452-456.

Mitchell, D., 1989. The transputer: the time is now. Comput. Des. (RISC suppl.) 40-41.

Mitsubishi, 1996. Mitsubishi 32-Bit Single Chip Microcomputer M32R Family Software Manual. Mitsubishi, Cypress, CA.

Miura, K., Uchida, K., 1983. FACOM vector processing system: VP100/200. Em: Proceedings of NATO Advanced Research Workshop on High-Speed Computing, 20-22 de junho de 1983, Jülich, Alemanha Ocidental. Também aparece em Hwang, K., ed., 1984. Superprocessors: Design and Applications. IEEE (agosto), pp. 59-73.

Miya, E.N., 1985. Multiprocessor/distributed processing bibliography. Comput. Architect. News 13 (1), 27-29.

Money, M.S.N., 2005. Amazon Shares Tumble after Rally Fizzles. http://moneycentral.msn.com/content/CNBCTV/Articles/Dispatches/P133695.asp.

Montoye, R.K., Hokenek, E., Runyon, S.L., 1990. Design of the IBM RISC System/6000 floating-point execution. IBM J. Res. Dev. 34 (1), 59-70.

Moore, G.E., 1965. Cramming more components onto integrated circuits. Electronics 38 (8), 114-117.

Moore, B., Padegs, A., Smith, R., Bucholz, W., 1987. Concepts of the System/370 vector architecture. Em: 14th Annual International Symposium on Computer Architecture (ISCA), junho 2-5, 1987, Pittsburgh, PA, pp. 282-292.

Morgan, T., 2014. A rare peek into the massive scale of AWS. Enterprise Tech. https://www.enterprisetech.com/2014/11/14/rare-peek-massive-scale-aws/.

Morgan, T., 2016. How long can AWS keep climbing its steep growth curve? https://www.nextplatform.com/2016/02/01/how-long-can-aws-keep-climbingits-steep-growth-curve/.

Morse, S., Ravenal, B., Mazor, S., Pohlman, W., 1980. Intel microprocessors—8080 to 8086. Computer 13, 10.

Moshovos, A., Sohi, G.S., 1997. Streamlining inter-operation memory communication via data dependence prediction. Em: Proceedings of 30th Annual International Symposium on Microarchitecture, 1-3 de dezembro, Research Triangle Park, NC, pp. 235-245.

Moshovos, A., Breach, S., Vijaykumar, T.N., Sohi, G.S., 1997. Dynamic speculation and synchronization of data dependences. Em: 24th Annual International Symposium on Computer Architecture (ISCA), 2-4 de junho de 1997, Denver, CO.

Moussouris, J., Crudele, L., Freitas, D., Hansen, C., Hudson, E., Przybylski, S., Riordan, T., Rowen, C., 1986. A CMOS RISC processor with integrated system functions. Em: Proceedings of IEEE COMPCON, 3-6 de março de 1986, San Francisco, p. 191.

Mowry, T.C., Lam, S., Gupta, A., 1992. Design and evaluation of a compiler algorithm for prefetching. Em: Proceedings of Fifth International Conference on Architectural Support for Programming Languages and Operating Systems (ASPLOS), 12-15 de outubro de 1992, Boston, SIGPLAN Notices 27:9 (setembro), pp. 62-73.

Muchnick, S.S., 1988. Optimizing compilers for SPARC. Sun Technol. 1 (3), 64-77.

Mueller, M., Alves, L.C., Fischer, W., Fair, M.L., Modi, I., 1999. RAS strategy for IBM S/390 G5 and G6. IBM J. Res. Dev. 43 (5-6), 875-888.

Mukherjee, S.S., Weaver, C., Emer, J.S., Reinhardt, S.K., Austin, T.M., 2003. Measuring architectural vulnerability factors. IEEE Micro 23 (6), 70-75.

Murphy, B., Gent, T., 1995. Measuring system and software reliability using an automated data collection process. Qual. Reliab. Eng. Int. 11 (5), 341-353.

Myer, T.H., Sutherland, I.E., 1968. On the design of display processors. Commun. ACM 11 (6), 410-414.

Narayanan, D., Thereska, E., Donnelly, A., Elnikety, S., Rowstron, A., 2009. Migrating server storage to SSDs: analysis of trade-offs. Em: Proceedings of 4th ACM European Conference on Computer Systems, 1-3 de abril de 2009, Nuremberg, Alemanha.

National Research Council, 1997. The Evolution of Untethered Communications. Computer Science and Telecommunications Board, National Academy Press, Washington, DC.

National Storage Industry Consortium, 1998. Tape Roadmap. www.nsic.org.

Nelson, V.P., 1990. Fault-tolerant computing: fundamental concepts. Computer 23 (7), 19-25. Ngai, T.F., Irwin, M.J., 1985. Regular, area-time efficient carry-lookahead adders. Em: Proceedings of Seventh IEEE Symposium on Computer Arithmetic, 4-6 de junho de 1985, University of Illinois, Urbana, pp. 9-15.

Nicolau, A., Fisher, J.A., 1984. Measuring the parallelism available for very long instruction word architectures. IEEE Trans. Comput. C33 (11), 968-976.

Nielsen, M., 2016. NeuralNetworks and Deep Learning. http://neuralnetworksanddeeplearning.com/.

Nikhil, R.S., Papadopoulos, G.M., Arvind, 1992. *T: a multithreaded massively parallel architecture. Em: Proceedings of 19th Annual International Symposium on Computer Architecture (ISCA), maio 19-21, 1992, Gold Coast, Austrália, pp. 156-167.

Noordergraaf, L., van der Pas, R., 1999. Performance experiences on Sun's WildFire prototype. Em: Proceedings of ACM/IEEE Conference on Supercomputing, 13-19 de novembro de 1999, Portland, Ore.

Nvidia, 2016. Tesla GPU Accelerators For Servers. http://www.nvidia.com/object/tesla-servers.html.

Nyberg, C.R., Barclay, T., Cvetanovic, Z., Gray, J., Lomet, D., 1994. AlphaSort: a RISC machine sort. Em: Proceedings of ACM SIGMOD, 24-27 de maio de 1994, Minneapolis, Minn.

Oka, M., Suzuoki, M., 1999. Designing and programming the emotion engine. IEEE Micro 19 (6), 20-28.

Okada, S., Okada, S., Matsuda, Y., Yamada, T., Kobayashi, A., 1999. System on a chip for digital still camera. IEEE Trans. Consum. Electron. 45 (3), 584-590.

Oliker, L., Canning, A., Carter, J., Shalf, J., Ethier, S., 2004. Scientific computations on modern parallel vector systems. Em: Proceedings of ACM/IEEE Conference on Supercomputing, 6-12 de novembro de 2004, Pittsburgh, Penn, p. 10.

Olofsson, A., 2011. Debunking the myth of the $100M ASIC. EE Times. http://www.eetimes.com/author.asp?section_id=36&doc_id=1266014.

Ovtcharov, K., Ruwase, O., Kim, J.Y., Fowers, J., Strauss, K., Chung, E.S., 2015a. Accelerating deep convolutional neural networks using specialized hardware. Microsoft Research Whitepaper. https://www.microsoft.com/en-us/research/publication/accelerating-deep-convolutional-neural-networks-using-specialized-hardware/.

Ovtcharov, K., Ruwase, O., Kim, J.Y., Fowers, J., Strauss, K., Chung, E.S., 2015b. Toward accelerating deep learning at scale using specialized hardware in the datacenter. Em: 2015 IEEE Hot Chips 27 Symposium.

Pabst, T., 2000. Performance Showdown at 133 MHz FSB—The Best Platform for Coppermine. www6.toms-hardware.com/mainboard/00q1/000302/.

Padua, D., Wolfe, M., 1986. Advanced compiler optimizations for supercomputers. Commun. ACM 29 (12), 1184-1201.

Palacharla, S., Kessler, R.E., 1994. Evaluating stream buffers as a secondary cache replacement. Em: Proceedings of 21st Annual International Symposium on Computer Architecture (ISCA), 18-21 de abril de 1994, Chicago, pp. 24-33.

Palmer, J., Morse, S., 1984. The 8087 Primer. John Wiley & Sons, Nova York, p. 93.

Pan, S.T., So, K., Rameh, J.T., 1992. Improving the accuracy of dynamic branch prediction using branch correlation. Em: Proceedings of Fifth International Conference on Architectural Support for Programming Languages and Operating Systems (ASPLOS), 12-15 de outubro de 1992, Boston, pp. 76-84.

Partridge, C., 1994. Gigabit Networking. Addison-Wesley, Reading, MA.

Patterson, D., 1985. Reduced instruction set computers. Commun. ACM 28 (1), 8-21.

Patterson, D., 2004. Latency lags bandwidth. Commun. ACM 47 (10), 71-75.

Patterson, D.A., Ditzel, D.R., 1980. The case for the reduced instruction set computer. ACM SIGARCH Comput. Architect. News 8 (6), 25-33.

Patterson, D.A., Hennessy, J.L., 2004. Computer Organization and Design: The Hardware/ Software Interface, third ed. Morgan Kaufmann, San Francisco.

Patterson, D., Nikolic, B., 7/25/2015, Agile Design for Hardware, Parts I, II, and III. EE Times, http://www.ee-times.com/author.asp?doc_id=1327239.

Patterson, D.A., Garrison, P., Hill, M., Lioupis, D., Nyberg, C., Sippel, T., Van Dyke, K., 1983. Architecture of a VLSI instruction cache for a RISC. Em: 10th Annual International Conference on Computer Architecture Conf. Proc., 13-16 de junho de 1983, Estocolmo, Suécia, pp. 108-116.

Patterson, D.A., Gibson, G.A., Katz, R.H., 1987. A Case for Redundant Arrays of Inexpensive Disks (RAID), Tech. Rep. UCB/CSD 87/391, University of California, Berkeley. Also appeared in Proc. ACM SIGMOD, 1-3 de junho de 1988, Chicago, pp. 109-116.

Pavan, P., Bez, R., Olivo, P., Zanoni, E., 1997. Flash memory cells—an overview. Proc. IEEE 85 (8), 1248-1271.

Peh, L.S., Dally, W.J., 2001. A delay model and speculative architecture for pipe-lined routers. Em: Proceedings of 7th International Symposium on High-Performance Computer Architecture, 22-24 de janeiro de 2001, Monterrey, México.

Peng, V., Samudrala, S., Gavrielov, M., 1987. On the implementation of shifters, multipliers, and dividers in VLSI floating point units. Em: Proceedings of 8th IEEE Symposium on Computer Arithmetic, 19-21 de maio de 1987, Como, Itália, pp. 95-102.

Pfister, G.F., 1998. In Search of Clusters, segunda, ed., Prentice Hall, Upper Saddle River, N.J., in, press.,

Pfister, G.F., Brantley, W.C., George, D.A., Harvey, S.L., Kleinfekder, W.J., McAuliffe, K.P., Melton, E.A., Norton, V.A., Weiss, J., 1985. The IBM research parallel processor prototype (RP3): introduction and architecture. Em: Proceedings of 12th Annual International Symposium on Computer Architecture (ISCA), 17-19 de junho de 1985, Boston, MA, pp. 764-771.

Pinheiro, E., Weber, W.D., Barroso, L.A., 2007. Failure trends in a large disk drive population. Em: Proceedings of 5th USENIX Conference on File and Storage Technologies (FAST '07), 13-16 de fevereiro de 2007, San Jose, CA.

Pinkston, T.M., 2004. Deadlock characterization and resolution in interconnection networks. Em: Zhu, M.C., Fanti, M.P., eds., Deadlock Resolution in Computer-Integrated Systems. CRC Press, Boca Raton, FL, pp. 445-492.

Pinkston, T.M., Shin, J., 2005. Trends toward on-chip networked microsystems. Int. J. High Perform. Comput. Netw. 3 (1), 3-18.

Pinkston, T.M., Warnakulasuriya, S., 1997. On deadlocks in interconnection networks. Em: 24th Annual International Symposium on Computer Architecture (ISCA), 2-4 de junho de 1997, Denver, CO.

Pinkston, T.M., Benner, A., Krause, M., Robinson, I., Sterling, T., 2003. InfiniBand: the 'de facto' future standard for system and local area networks or just a scalable replacement for PCI buses? Cluster Comput. 6 (2), 95-104 (edição especial sobre arquitetura de comunicação para clusters).

Postiff, M.A., Greene, D.A., Tyson, G.S., Mudge, T.N., 1999. The limits of instruction level parallelism in SPEC95 applications. Comput. Architect. News 27 (1), 31-40.

Prabhakar, R., Koeplinger, D., Brown, K.J., Lee, H., De Sa, C., Kozyrakis, C., Olukotun, K., 2016. Generating configurable hardware from parallel patterns. Em: Proceedings of the Twenty-First International Conference on Architectural Support for Programming Languages and Operating Systems. ACM, pp. 651-665.

Prakash, T.K., Peng, L., 2008. Performance characterization of spec cpu2006 benchmarks on intel core 2 duo processor. ISAST Trans. Comput. Softw. Eng. 2 (1), 36-41.

Przybylski, S.A., 1990. Cache Design: A Performance-Directed Approach. Morgan Kaufmann, San Francisco.

Przybylski, S.A., Horowitz, M., Hennessy, J.L., 1988. Performance trade-offs in cache design. Em: 15th Annual International Symposium on Computer Architecture, 30 de maio a 2 de junho de 1988, Honolulu, Havaí, pp. 290-298.

Puente, V., Beivide, R., Gregorio, J.A., Prellezo, J.M., Duato, J., Izu, C., 1999. Adaptive bubble router: a design to improve performance in torus networks. Em: Proceedings of the 28th International Conference on Parallel Processing, 21-24 de setembro de 1999, Aizu-Wakamatsu, Fukushima, Japão.

Putnam, A., Caulfield, A.M., Chung, E.S., Chiou, D., Constantinides, K., Demme, J., Esmaeilzadeh, H., Fowers, J., Gopal, G.P., Gray, J., Haselman, M., Hauck, S., Heil, S., Hormati, A., Kim, J.-Y., Lanka, S., Larus, J., Peterson, E., Pope, S., Smith, A., Thong, J., Xiao, P.Y., Burger, D., 2014. A reconfigurable fabric for accelerating larges-cale datacenter services. Em: 41st International Symposium on Computer Architecture.

Putnam, A., Caulfield, A.M., Chung, E.S., Chiou, D., Constantinides, K., Demme, J., Esmaeilzadeh, H., Fowers, J., Gopal, G.P., Gray, J., Haselman, M., Hauck, S., Heil, S., Hormati, A., Kim, J.-Y., Lanka, S., Larus, J., Peterson, E., Pope, S., Smith, A., Thong, J., Xiao, P.Y., Burger, D., 2015. A reconfigurable fabric for accelerating large-scale datacenter services. IEEE Micro. 35(3).

Putnam, A., Caulfield, A.M., Chung, E.S., Chiou, D., Constantinides, K., Demme, J., Esmaeilzadeh, H., Fowers, J., Gopal, G.P., Gray, J., Haselman, M., Hauck, S., Heil, S., Hormati, A., Kim, J.-Y., Lanka, S., Larus, J., Peterson, E., Pope, S., Smith, A., Thong, J., Xiao, P.Y., Burger, D., 2016. A reconfigurable fabric for accelerating large-scale datacenter services. Commun. ACM. 59 (11), 114-122.

Qadeer, W., Hameed, R., Shacham, O., Venkatesan, P., Kozyrakis, C., Horowitz, M.A., 2015. Convolution engine: balancing efficiency & flexibility in specialized computing. Commun. ACM 58(4).

Qureshi, M.K., Loh, G.H., 2012. Fundamental latency trade-off in architecting dram caches: Outperforming impractical sram-tags with a simple and practical design. Em: Proc. 2012 45th Annual IEEE/ACM International Symposium on Microarchitecture, IEEE Computer Society, pp. 235-246.

Radin, G., 1982. The 801 minicomputer. Em: Proceedings of Symposium Architectural Support for Programming Languages and Operating Systems (ASPLOS), 1-3 de março de 1982, Palo Alto, CA, pp. 39-47.

Ragan-Kelley, J., Barnes, C., Adams, A., Paris, S., Durand, F., Amarasinghe, S., 2013. Halide: a language and compiler for optimizing parallelism, locality, and recomputation in image processing pipelines. ACM SIGPLAN Not. 48 (6), 519-530.

Ramacher, U., Beichter, J., Raab, W., Anlauf, J., Bruels, N., Hachmann, A., Wesseling, M., 1991. Design of a 1st generation neurocomputer. VLSI Design of Neural Networks. Springer, Estados Unidos.

Ramamoorthy, C.V., Li, H.F., 1977. Pipeline architecture. ACM Comput. Surv. 9 (1), 61-102.

Ranganathan, P., Leech, P., Irwin, D., Chase, J., 2006. Ensemble-level power management for dense blade servers. Em: Proceedings of 33rd Annual International Symposium on Computer Architecture (ISCA), 17-21 de junho de 2006, Boston, MA, pp. 66-77.

Rau, B.R., 1994. Iterative modulo scheduling: an algorithm for software pipelining loops. Em: Proceedings of 27th Annual International Symposium on Microarchitecture, 30 de novembro a 2 de dezembro de 1994, San Jose, CA, pp. 63-74.

Rau, B.R., Fisher, J.A., 1993. Instruction-level parallelism. J. Supercomput. 235, Springer Science & Business Media.

Rau, B.R., Glaeser, C.D., Picard, R.L., 1982. Efficient code generation for horizontal architectures: compiler techniques and architectural support. Em: Proceedings of Ninth Annual International Symposium on Computer Architecture (ISCA), 26-29 de abril de 1982, Austin, TX, pp. 131-139.

Rau, B.R., Yen, D.W.L., Yen, W., Towle, R.A., 1989. The Cydra 5 departmental supercomputer: design philosophies, decisions, and trade-offs. IEEE Comput. 22 (1), 12-34.

Reddi, V.J., Lee, B.C., Chilimbi, T., Vaid, K., 2010. Web search using mobile cores: quantifying and mitigating the price of efficiency. Em: Proceedings of 37th Annual International Symposium on Computer Architecture (ISCA), 19-23 de junho de 2010, Saint-Malo, França.

Redmond, K.C., Smith, T.M., 1980. Project Whirlwind—The History of a Pioneer Computer. Digital Press, Boston.

Reinhardt, S.K., Larus, J.R., Wood, D.A., 1994. Tempest and typhoon: user-level shared memory. Em: 21st Annual International Symposium on Computer Architecture (ISCA), 18-21 de abril de 1994, Chicago, pp. 325-336.

Reinman, G., Jouppi, N.P., 1999. Extensions to CACTI. research.compaq.com/wrl/people/jouppi/CACTI.html.

Rettberg, R.D., Crowther, W.R., Carvey, P.P., Towlinson, R.S., 1990. The Monarch parallel processor hardware design. IEEE Comput. 23 (4), 18-30.

Riemens, A., Vissers, K.A., Schutten, R.J., Sijstermans, F.W., Hekstra, G.J., La Hei, G.D., 1999. Trimedia CPU64 application domain and benchmark suite. Em: Proceedings of IEEE International Conference on Computer Design: VLSI in Computers and Processors (ICCD'99), 10-13 de outubro de 1999, Austin, TX, pp. 580-585.

Riseman, E.M., Foster, C.C., 1972. Percolation of code to enhance parallel dispatching and execution. IEEE Trans. Comput. C-21 (12), 1411-1415.

Robin, J., Irvine, C., 2000. Analysis of the Intel Pentium's ability to support a secure virtual machine monitor. Em: Proceedings of USENIX Security Symposium, 14-17 de agosto de 2000, Denver, CO.

Robinson, B., Blount, L., 1986. The VM/HPO 3880-23 Performance Results, IBM Tech. Bulletin GG66-0247-00. IBM Washington Systems Center, Gaithersburg, MD.

Ropers, A., Lollman, H.W., Wellhausen, J., 1999. DSPstone: Texas Instruments TMS320C54x, Tech. Rep. IB 315 1999/9-ISS-Version 0.9. Aachen University of Technology, Aachen, Alemanha (www.ert.rwth-aachen. de/Projekte/Tools/coal/dspstone_c54x/index.html).

Rosenblum, M., Herrod, S.A., Witchel, E., Gupta, A., 1995. Complete computer simulation: the SimOS approach. IEEE Parallel Distrib. Technol. 4 (3), 34-43.

Rowen, C., Johnson, M., Ries, P., 1988. The MIPS R3010 floating-point coprocessor. IEEE Micro 8 (3), 53-62.

Russakovsky, O., Deng, J., Su, H., Krause, J., Satheesh, S., Ma, S., Huang, Z., Karpathy, A., Khosla, A., Bernstein, M., Berg, A.C., 2015. Imagenet large scale visual recognition challenge. Int. J. Comput. Vis. 115(3).

Russell, R.M., 1978. The Cray-1 processor system. Commun. ACM 21 (1), 63-72.

Rymarczyk, J., 1982. Coding guidelines for pipelined processors. Em: Proceeding of Symposium Architectural Support for Programming Languages and Operating Systems (ASPLOS), 1-3 de março de 1982, Palo Alto, CA, pp. 12-19.

Saavedra-Barrera, R.H., 1992. CPU Performance Evaluation and Execution Time Prediction Using Narrow Spectrum Benchmarking, Dissertação de Doutorado. University of California, Berkeley.

Salem, K., Garcia-Molina, H., 1986. Disk striping. Em: Proceedings of 2nd International IEEE Conference on Data Engineering, 5-7 de fevereiro de 1986, Washington, DC, pp. 249-259.

Saltzer, J.H., Reed, D.P., Clark, D.D., 1984. End-to-end arguments in system design. ACM Trans. Comput. Syst. 2 (4), 277-288.

Samples, A.D., Hilfinger, P.N., 1988. Code Reorganization for Instruction Caches, Tech. Rep. UCB/CSD 88/447, University of California, Berkeley.

Santoro, M.R., Bewick, G., Horowitz, M.A., 1989. Rounding algorithms for IEEE multipliers. Em: Proceedings of Ninth IEEE Symposium on Computer Arithmetic, 6-8 de setembro, Santa Monica, CA, pp. 176-183.

Satran, J., Smith, D., Meth, K., Sapuntzakis, C., Wakeley, M., Von Stamwitz, P., Haagens, R., Zeidner, E., Dalle Ore, L., Klein, Y., 2001. "iSCSI," IPS Working Group of IETF, Internet draft. www.ietf.org/internet-drafts/draft-ietf-ips-iscsi-07.txt.

Saulsbury, A., Wilkinson, T., Carter, J., Landin, A., 1995. An argument for simple COMA. Em:;1; Proceedings of First IEEE Symposium on High-Performance Computer Architectures, 22-25 de janeiro de 1995, Raleigh, NC, pp. 276-285.

Schneck, P.B., 1987. Superprocessor Architecture. Kluwer Academic Publishers, Norwell, MA.

Schroeder, B., Gibson, G.A., 2007. Understanding failures in petascale computers. J. Phys. Conf. Ser. 78 (1), 188-198.

Schroeder, B., Pinheiro, E., Weber, W.-D., 2009. DRAM errors in the wild: a large-scale field study. Em: Proceedings of Eleventh International Joint Conference on Measurement and Modeling of Computer Systems (SIGMETRICS), 15-19 de junho de 2009, Seattle, WA.

Schurman, E., Brutlag, J., 2009. The user and business impact of server delays. Em: Proceedings of Velocity: Web Performance and Operations Conference, 22-24 de junho de 2009, San Jose, CA.

Schwartz, J.T., 1980. Ultracomputers. ACM Trans. Program. Lang. Syst. 4 (2), 484-521.

Scott, N.R., 1985. Computer Number Systems and Arithmetic. Prentice Hall, Englewood Cliffs, NJ.

Scott, S.L., 1996. Synchronization and communication in the T3E multiprocessor. Em: Seventh International Conference on Architectural Support for Programming Languages and Operating Systems (ASPLOS), 1-5 de outubro de 1996, Cambridge, MA.

Scott, S.L., Goodman, J., 1994. The impact of pipelined channels on k-ary n-cube networks. IEEE Trans. Parallel Distrib. Syst. 5 (1), 1-16.

Scott, S.L., Thorson, G.M., 1996. The Cray T3E network: adaptive routing in a high performance 3D torus. Em: Proceedings of IEEE HOT Interconnects '96, 15-17 de agosto de 1996, Stanford University, Palo Alto, CA, pp. 14-156.

Scranton, R.A., Thompson, D.A., Hunter, D.W., 1983. The Access Time Myth. Tech. Rep. RC 10197 (45223). IBM, Yorktown Heights, NY.

Seagate, 2000. Seagate Cheetah 73 Family: ST173404LW/LWV/LC/LCV Product Manual, vol. 1. Seagate, Scotts Valley, CA. www.seagate.com/support/disc/manuals/scsi/29478b.pdf.

Seitz, C.L., 1985. The Cosmic Cube (concurrent computing). Commun. ACM 28 (1), 22-33. Senior, J.M.,;1; 1993. Optical Fiber Communications: Principles and Practice, segunda ed. Prentice Hall, Hertfordshire, UK.

Sergio Guadarrama, 2015. BVLC googlenet. https://github.com/BVLC/caffe/tree/master/models/bvlc_googlenet.

Seznec, A., Michaud, P., 2006. A case for (partially) TAgged GEometric history length branch prediction. J. Instruction Level Parallel. 8, 1-23.

Shao, Y.S., Brooks, D., 2015. Research infrastructures for hardware accelerators. Synth. Lect. Comput. Architect. 10 (4), 1-99.

Sharangpani, H., Arora, K., 2000. Itanium processor microarchitecture. IEEE Micro 20 (5), 24-43.

Shurkin, J., 1984. Engines of the Mind: A History of the Computer. W.W. Norton, Nova York.

Shustek, L.J., 1978. Analysis and Performance of Computer Instruction Sets. Dissertação de Doutorado. Stanford University, Palo Alto, CA.

Silicon Graphics, 1996. MIPS V Instruction Set. http://www.sgi.com/MIPS/arch/ISA5/#MIPSV_indx.

Silver, D., Huang, A., Maddison, C.J., Guez, A., Sifre, L., Van Den Driessche, G., Schrittwieser, J., Antonoglou, I., Panneershelvam, V., Lanctot, M., Dieleman, S., 2016. Mastering the game of Go with deep neural networks and tree search. Nature 529(7587).

Singh, J.P., Hennessy, J.L., Gupta, A., 1993. Scaling parallel programs for multiprocessors: methodology and examples. Em: Computer, 2. 7, pp. 22-33.

Singh, A., Ong, J., Agarwal, A., Anderson, G., Armistead, A., Bannon, R., Boving, S., Desai, G., Felderman, B., Germano, P., Kanagala, A., Provost, J., Simmons, J., Eiichi Tanda, E., Wanderer, J., Hölzle, U., Stuart, S., Vahdat, A., 2015. Jupiter rising: a decade of CLOS topologies and centralized control in Google's datacenter network. ACM SIGCOMM Comput. Commun. Rev. 45 (4), 183-197.

Sinharoy, B., Koala, R.N., Tendler, J.M., Eickemeyer, R.J., Joyner, J.B., 2005. POWER5 system microarchitecture. IBM J. Res. Dev. 49 (4-5), 505-521.

Sites, R., 1979. Instruction Ordering for the CRAY-1 Computer, Tech. Rep. 78-CS-023. Dept. of Computer Science, University of California, San Diego.

Sites, R.L., ed., 1992. Alpha Architecture Reference Manual. Digital Press, Burlington, MA.

Sites, R.L., Witek, R., eds., 1995. Alpha Architecture Reference Manual, segunda ed. Digital Press, Newton, MA.

Skadron, K., Clark, D.W., 1997. Design issues and tradeoffs for write buffers. Em: Proceedings of Third International Symposium on High-Performance Computer Architecture, 1-5 de fevereiro de 1997, San Antonio, TX, pp. 144-155.

Skadron, K., Ahuja, P.S., Martonosi, M., Clark, D.W., 1999. Branch prediction, instructionwindow size, and cache size: performance tradeoffs and simulation techniques. IEEE Trans. Comput. 48(11).

Slater, R., 1987. Portraits in Silicon. MIT Press, Cambridge, MA.

Slotnick, D.L., Borck, W.C., McReynolds, R.C., 1962. The Solomon computer. Em: Proceedings of AFIPS Fall Joint Computer Conference, 4-6 de dezembro de 1962, Philadelphia, PA, pp. 97-107.

Smith, B.J., 1978. A pipelined, shared resource MIMD computer. Em: Proceedings of International Conference on Parallel Processing (ICPP), agosto, Bellaire, MI, pp. 6-8.

Smith, B.J., 1981a. Architecture and applications of the HEP multiprocessor system. Real Time Signal Process. IV 298, 241-248.

Smith, J.E., 1981b. A study of branch prediction strategies. Em: Proceedings of Eighth Annual International Symposium on Computer Architecture (ISCA), 12-14 de maio de 1981, Minneapolis, MN, pp. 135-148.

Smith, A.J., 1982a. Cache memories. Comput. Surv., 14, 3, pp. 473-530.

Smith, J.E., 1982b. Decoupled access/execute computer architectures. Em: Proceedings of the 11th International Symposium on Computer Architecture.

Smith, J.E., 1984. Decoupled access/execute computer architectures. ACM Trans. Comput. Syst. 2 (4), 289-308.

Smith, J.E., 1988. Characterizing computer performance with a single number. Commun. ACM 31 (10), 1202-1206.

Smith, J.E., 1989. Dynamic instruction scheduling and the Astronautics ZS-1. Computer 22 (7), 21-35.

Smith, J.E., Goodman, J.R., 1983. A study of instruction cache organizations and replacement policies. Em: Proceedings of 10th Annual International Symposium on Computer Architecture (ISCA), 5-7 de junho de 1982, Estocolmo, Suécia, pp. 132-137.

Smith, A., Lee, J., 1984. Branch prediction strategies and branch-target buffer design. Computer 17 (1), 6-22.

Smith, J.E., Pleszkun, A.R., 1988. Implementing precise interrupts in pipelined processors. IEEE Trans. Comput. 37 (5), 562-573. Este artigo é baseado em um artigo anterior que apareceu em Proceedings of the 12th Annual International Symposium on Computer Architecture (ISCA), 17-19 de junho de 1985, Boston, MA.

Smith, J.E., Dermer, G.E., Vanderwarn, B.D., Klinger, S.D., Rozewski, C.M., Fowler, D.L., Scidmore, K.R., Laudon, J.P., 1987. The ZS-1 central processor. Em: Proceedings of Second International Conference on Architectural Support for Programming Languages and Operating Systems (ASPLOS), 5-8 de outubro de 1987, Palo Alto, CA, pp. 199-204.

Smith, M.D., Johnson, M., Horowitz, M.A., 1989. Limits on multiple instruction issue. Em: Proceedings of Third International Conference on Architectural Support for Programming Languages and Operating Systems (AS-PLOS), 3-6 de abril de 1989, Boston, pp. 290-302.

Smith, M.D., Horowitz, M., Lam, M.S., 1992. Efficient superscalar performance through boosting. Em: Proceedings of Fifth International Conference on Architectural Support for Programming Languages and Operating Systems (ASPLOS), 12-15 de outubro de 1992, Boston, pp. 248-259.

Smotherman, M., 1989. A sequencing-based taxonomy of I/O systems and review of historical machines. Comput. Architect. News 17 (5), 5-15. Reprinted in Computer Architecture Readings, Hill, M.D., Jouppi, N.P., Sohi, G.S., eds., 1999. Morgan Kaufmann, San Francisco, pp. 451-461.

Sodani, A., Sohi, G., 1997. Dynamic instruction reuse. Em: Proceedings of 24th Annual International Symposium on Computer Architecture (ISCA), 2-4 de junho de 1997, Denver, CO.

Sohi, G.S., 1990. Instruction issue logic for high-performance, interruptible, multiple functional unit, pipelined computers. IEEE Trans. Comput. 39 (3), 349-359.

Sohi, G.S., Vajapeyam, S., 1989. Tradeoffs in instruction format design for horizontal architectures. Em: Proceedings of Third International Conference on Architectural Support for Programming Languages and Operating Systems (ASPLOS), 3-6 de abril de 1989, Boston, pp. 15-25.

Sony/Toshiba, 1999. 'Emotion Engine' in PS2 ("IPU is basically an MPEG2 decoder…"). http://www.cpu-collection.de/?l0=co&l1=Sony&l2=Emotion+Engine http://arstechnica.com/gadgets/2000/02/ee/3/.

Soundararajan, V., Heinrich, M., Verghese, B., Gharachorloo, K., Gupta, A., Hennessy, J.L., 1998. Flexible use of memory for replication/migration in cachecoherent DSM multiprocessors. Em: Proceedings of 25th Annual International Symposium on Computer Architecture (ISCA), 3-14 de julho de 1998, Barcelona, Espanha, pp. 342-355.

SPEC, 1989. SPEC Benchmark Suite Release 1.0 (2 de outubro). SPEC, 1994. SPEC Newsletter (junho).

Sporer, M., Moss, F.H., Mathais, C.J., 1988. An introduction to the architecture of the Stellar Graphics supercomputer. Em: Proceedings of IEEE COMPCON, 29 de fevereiro a 4 de março de 1988, San Francisco, p. 464.

Spurgeon, C., 2001. Charles Spurgeon's Ethernet Web Site. www.host.ots.utexas.edu/ethernet/ethernet-home.html.

Steinberg, D., 2015. Full-Chip Simulations, Keys to Success. Em: Proceedings of the Synopsys Users Group (SNUG) Silicon Valley 2015.

Stenström, P., Joe, T., Gupta, A., 1992. Comparative performance evaluation of cachecoherent NUMA and COMA architectures. Em: Proceedings of 19th Annual International Symposium on Computer Architecture (ISCA), 19-21 de maio de 1992, Gold Coast, Austrália, pp. 80-91.

Sterling, T., 2001. Beowulf PC Cluster Computing with Windows and Beowulf PC Cluster Computing with Linux. MIT Press, Cambridge, MA.

Stern, N., 1980. Who invented the first electronic digital computer? Ann. Hist. Comput. 2 (4), 375-376.

Stevens, W.R., 1994-1996. TCP/IP Illustrated (três volumes). Addison-Wesley, Reading, MA.

Stokes, J., 2000. Sound and Vision: A Technical Overview of the Emotion Engine. arstechnica.com/reviews/1q00/playstation2/ee-1.html.

Stone, H., 1991. High Performance Computers. Addison-Wesley, Nova York.

Strauss, W., 1998. DSP Strategies 2002. www.usadata.com/market_research/spr_05/spr_r127-005.htm.

Strecker, W.D., 1976. Cache memories for the PDP-11? Em: Proceedings of Third Annual International Symposium on Computer Architecture (ISCA), 19-21 de janeiro de 1976, Tampa, FL, pp. 155-158.

Strecker, W.D., 1978. VAX-11/780: a virtual address extension of the PDP-11 family. Em: Proceedings of AFIPS National Computer Conference, 5-8 de junho de 1978, Anaheim, CA. vol. 47, pp. 967-980.

Sugumar, R.A., Abraham, S.G., 1993. Efficient simulation of caches under optimal replacement with applications to miss characterization. Em: Proceedings of ACM SIGMETRICS Conference on Measurement and Modeling of Computer Systems, 17-21 de maio de 1993, Santa Clara, CA, pp. 24-35.

Sun Microsystems, 1989. The SPARC Architectural Manual, Version 8, Part No. 800139909. Sun Microsystems, Santa Clara, CA.

Sussenguth, E., 1999. IBM's ACS-1 machine. IEEE Comput. 22, 11.

Swan, R.J., Bechtolsheim, A., Lai, K.W., Ousterhout, J.K., 1977a. The implementation of the Cm* multi-micro-processor. Em: Proceedings of AFIPS National Computing Conference, 13-16 de junho de 1977, Dallas, TX, pp. 645-654.

Swan, R.J., Fuller, S.H., Siewiorek, D.P., 1977b. Cm*—a modular, multi-microprocessor. Em: Proceedings of AFIPS National Computing Conference, 13-16 de junho de 1977, Dallas, TX, pp. 637-644.

Swartzlander, E., ed., 1990. Computer Arithmetic. IEEE Computer Society Press, Los Alamitos, CA.

Szegedy, C., Liu, W., Jia, Y., Sermanet, P., Reed, S., Anguelov, D., Erhan, D., Vanhoucke, V., Rabinovich, A., 2015. Going deeper with convolutions. Em: Proceedings of the IEEE Conference on Computer Vision and Pattern Recognition.

Takagi, N., Yasuura, H., Yajima, S., 1985. High-speed VLSI multiplication algorithm with a redundant binary addition tree. IEEE Trans. Comput. C-34 (9), 789-796.

Talagala, N., 2000. Characterizing Large Storage Systems: Error Behavior and Performance Benchmarks, Dissertação de Doutorado. Computer Science Division, University of California, Berkeley.

Talagala, N., Patterson, D., 1999. An Analysis of Error Behavior in a Large Storage System, Tech. Report UCB// CSD-99-1042. Computer Science Division, University of California, Berkeley.

Talagala, N., Arpaci-Dusseau, R., Patterson, D., 2000a. Micro-Benchmark Based Extraction of Local and Global Disk Characteristics, CSD-99-1063. Computer Science Division, University of California, Berkeley.

Talagala, N., Asami, S., Patterson, D., Futernick, R., Hart, D., 2000b. The art of massive storage: a case study of a Web image archive. Computer 33 (11), 22-28.

Tamir, Y., Frazier, G., 1992. Dynamically-allocated multi-queue buffers for VLSI communication switches. IEEE Trans. Comput. 41 (6), 725-734.

Tanenbaum, A.S., 1978. Implications of structured programming for machine architecture. Commun. ACM 21 (3), 237-246.

Tanenbaum, A.S., 1988. Computer Networks, second ed. Prentice Hall, Englewood Cliffs, NJ. Tang, C.K., 1976. Cache design in the tightly coupled multiprocessor system. Em: Proceedings of AFIPS National Computer Conference, 7-10 de junho de 1976, Nova York, pp. 749-753.

Tanqueray, D., 2002. The Cray X1 and supercomputer road map. Em: Proceedings of 13th Daresbury Machine Evaluation Workshop, 11-12 de dezembro de 2002, Daresbury Laboratories, Daresbury, Cheshire, UK.

Tarjan, D., Thoziyoor, S., Jouppi, N., 2005. HPL Technical Report on CACTI 4.0. www.hpl.hp.com/techeports/2006/HPL=2006+86.html.

Taylor, G.S., 1981. Compatible hardware for division and square root. Em: Proceedings of 5th IEEE Symposium on Computer Arithmetic, maio 18-19, 1981, University of Michigan, Ann Arbor, MI, pp. 127-134.

Taylor, G.S., 1985. Radix 16 SRT dividers with overlapped quotient selection stages. Em: Proceedings of Seventh IEEE Symposium on Computer Arithmetic, 4-6 de junho de 1985, University of Illinois, Urbana, IL, pp. 64-71.

Taylor, G., Hilfinger, P., Larus, J., Patterson, D., Zorn, B., 1986. Evaluation of the SPUR LISP architecture. Em: Proceedings of 13th Annual International Symposium on Computer Architecture (ISCA), 2-5 de junho de 1986, Tóquio.

Taylor, M.B., Lee, W., Amarasinghe, S.P., Agarwal, A., 2005. Scalar operand networks. IEEE Trans. Parallel Distrib. Syst. 16 (2), 145-162.

Tendler, J.M., Dodson, J.S., Fields Jr., J.S., Le, H., Sinharoy, B., 2002. Power4 system microarchitecture. IBM J. Res. Dev. 46 (1), 5-26.

TensorFlow Tutorials, 2016. https://www.tensorflow.org/versions/r0.12/tutorials/index.html.

Texas Instruments, 2000. History of Innovation: 1980s. www.ti.com/corp/docs/company/history/1980s.shtml.

Tezzaron Semiconductor, 2004. Soft Errors in Electronic Memory, White Paper. Tezzaron Semiconductor, Naperville, IL http://www.tezzaron.com/about/papers/soft_errors_1_1_secure.pdf.

Thacker, C.P., McCreight, E.M., Lampson, B.W., Sproull, R.F., Boggs, D.R., 1982. Alto: a personal computer. Em: Siewiorek, D.P., Bell, C.G., Newell, A., eds., Computer Structures: Principles and Examples. McGraw-Hill, Nova York, pp. 549-572.

Thadhani, A.J., 1981. Interactive user productivity. IBM Syst. J. 20 (4), 407-423.

Thekkath, R., Singh, A.P., Singh, J.P., John, S., Hennessy, J.L., 1997. An evaluation of a commercial CC-NUMA architecture—the CONVEX Exemplar SPP1200. In , Proceedings of 11th International Parallel Processing Symposium (IPPS), 1–7 de abril de 1997, Genebra, Suíça.

Thorlin, J.F., 1967. Code generation for PIE (parallel instruction execution) computers. Em: Proceedings of Spring Joint Computer Conference, 18-20 de abril de 1967, Atlantic City, NJ, p. 27.

Thornton, J.E., 1964. Parallel operation in the Control Data 6600. Em: Proceedings of AFIPSFall Joint Computer Conference, Part II, 27-29 de outubro de 1964, San Francisco. 26, pp. 33-40.

Thornton, J.E., 1970. Design of a Computer, the Control Data 6600. Scott Foresman, Glenview, IL.

Tjaden, G.S., Flynn, M.J., 1970. Detection and parallel execution of independent instructions. IEEE Trans. Comput. C-19 (10), 889-895.

Tomasulo, R.M., 1967. An efficient algorithm for exploiting multiple arithmetic units. IBM J. Res. Dev. 11 (1), 25-33.

Torrellas, J., Gupta, A., Hennessy, J., 1992. Characterizing the caching and synchronization performance of a multiprocessor operating system. Em: Proceedings of Fifth International Conference on Architectural Support for Programming Languages and Operating Systems (ASPLOS), 12-15 de outubro de 1992, Boston, SIGPLAN Notices 27:9 (setembro), pp. 162-174.

Touma, W.R., 1993. The Dynamics of the Computer Industry: Modeling the Supply of Workstations and Their Components. Kluwer Academic, Boston.

Tuck, N., Tullsen, D., 2003. Initial observations of the simultaneous multithreading Pentium 4 processor. Em: Proceedings of 12th International Conference on Parallel Architectures and Compilation Techniques (PACT'03), 27 de setembro a 1 de outubro de 2003, New Orleans, LA, pp. 26-34.

Tullsen, D.M., Eggers, S.J., Levy, H.M., 1995. Simultaneous multithreading: Maximizing on-chip parallelism. Em: Proceedings of 22nd Annual International Symposium on Computer Architecture (ISCA), 22-24 de junho de 1995, Santa Margherita, Itália, pp. 392-403.

Tullsen, D.M., Eggers, S.J., Emer, J.S., Levy, H.M., Lo, J.L., Stamm, R.L., 1996. Exploiting choice: instruction fetch and issue on an implementable simultaneous multithreading processor. Em: Proceedings of 23rd Annual International Symposium on Computer Architecture (ISCA), 22-24 de maio de 1996, Filadélfia, PA, pp. 191-202.

Tung, L., 2016. Google Translate: 'This landmark update is our biggest single leap in 10 years', ZDNet. http://www.zdnet.com/article/google-translate-this-landmarkupdate-is-our-biggest-single-leap-in-10years/.

Ungar, D., Blau, R., Foley, P., Samples, D., Patterson, D., 1984. Architecture of SOAR: Smalltalk on a RISC. Em: Proceedings of 11th Annual International Symposium on Computer Architecture (ISCA), 5-7 de junho de 1984, Ann Arbor, MI, pp. 188-197.

Unger, S.H., 1958. A computer oriented towards spatial problems. Proc. Inst. Radio Eng. 46 (10), 1744-1750.

Vahdat, A., Al-Fares, M., Farrington, N., Niranjan Mysore, R., Porter, G., Radhakrishnan, S., 2010. Scale-out networking in the data center. IEEE Micro 30 (4), 29-41.

Vaidya, A.S., Sivasubramaniam, A., Das, C.R., 1997. Performance benefits of virtual channels and adaptive routing: an application-driven study. Em: Proceedings of ACM/IEEE Conference on Supercomputing, 16-21 de novembro de 1997, San Jose, CA.

Vajapeyam, S., 1991. Instruction-Level Characterization of the Cray Y-MP Processor (Tese de Doutorado). Computer Sciences Department, University of Wisconsin-Madison.

van Eijndhoven, J.T.J., Sijstermans, F.W., Vissers, K.A., Pol, E.J.D., Tromp, M.I.A., Struik, P., Bloks, R.H.J., van der Wolf, P., Pimentel, A.D., Vranken, H.P.E., 1999. Trimedia CPU64 architecture. Em: Proceedings of IEEE International Conference on Computer Design: VLSI in Computers and Processors (ICCD'99), 10-13 de outubro de 1999, Austin, TX, pp. 586-592.

Van Vleck, T., 2005. The IBM 360/67 and CP/CMS. http://www.multicians.org/thvv/360-67.html.

Vanhoucke, V., Senior, A., Mao, M.Z., 2011. Improving the speed of neural networks on CPUs. https://static.googleusercontent.com/media/research.google.com/en/pubs/archive/37631.pdf.

von Eicken, T., Culler, D.E., Goldstein, S.C., Schauser, K.E., 1992. Active messages: a mechanism for integrated communication and computation. Em: Proceedings of 19th Annual International Symposium on Computer Architecture (ISCA), 19-21 de maio de 1992, Gold Coast, Austrália.

Waingold, E., Taylor, M., Srikrishna, D., Sarkar, V., Lee, W., Lee, V., Kim, J., Frank, M., Finch, P., Barua, R., Babb, J., Amarasinghe, S., Agarwal, A., 1997. Baring it all to software: raw machines. IEEE Comput. 30, 86-93.

Wakerly, J., 1989. Microcomputer Architecture and Programming. Wiley, Nova York.

Wall, D.W., 1991. Limits of instruction-level parallelism. Em: Proceedings of Fourth International Conference on Architectural Support for Programming Languages and Operating Systems (ASPLOS), 8-11 de abril de 1991, Palo Alto, CA, pp. 248-259.

Wall, D.W., 1993. Limits of Instruction-Level Parallelism, Research Rep. 93/6, Western Research Laboratory. Digital Equipment Corp., Palo Alto, CA.

Walrand, J., 1991. Communication Networks: A First Course. Aksen Associates/Irwin, Homewood, IL.

Wang, W.H., Baer, J.L., Levy, H.M., 1989. Organization and performance of a two-level virtual-real cache hierarchy. Em: Proceedings of 16th Annual International Symposium on Computer Architecture (ISCA), 29 de maio a 1 de junho de 1989, Jerusalém, pp. 140-148.

Watanabe, T., 1987. Architecture and performance of the NEC supercomputer SX system. Parallel Comput. 5, 247-255.

Waters, F., ed., 1986. IBM RT Personal Computer Technology, SA 23-1057. IBM, Austin, TX.

Watson, W.J., 1972. The TI ASC—a highly modular and flexible super processor architecture. Em: Proceedings of AFIPS Fall Joint Computer Conference, 5-7 de dezembro de 1972, Anaheim, CA, pp. 221-228.

Weaver, D.L., Germond, T., 1994. The SPARC Architectural Manual, Version 9. Prentice Hall, Englewood Cliffs, NJ.

Weicker, R.P., 1984. Dhrystone: a synthetic systems programming benchmark. Commun. ACM 27 (10), 1013-1030.

Weiss, S., Smith, J.E., 1984. Instruction issue logic for pipelined supercomputers. Em: Proceedings of 11th Annual International Symposium on Computer Architecture (ISCA), 5-7 de junho de 1984, Ann Arbor, MI, pp. 110-118.

Weiss, S., Smith, J.E., 1987. A study of scalar compilation techniques for pipelined supercomputers. Em: Proceedings of Second International Conference on Architectural Support for Programming Languages and Operating Systems (ASPLOS), 5-8 de outubro de 1987, Palo Alto, CA, pp. 105-109.

Weiss, S., Smith, J.E., 1994. Power and PowerPC. Morgan Kaufmann, San Francisco.

Wendel, D., Kalla, R., Friedrich, J., Kahle, J., Leenstra, J., Lichtenau, C., Sinharoy, B., Starke, W., Zyuban, V., 2010. The Power7 processor SoC. Em: Proceedings of International Conference on IC Design and Technology, 2-4 de junho de 2010, Grenoble, França, pp. 71-73.

Weste, N., Eshraghian, K., 1993. Principles of CMOS VLSI Design: A Systems Perspective, 2nd ed. Addison-Wesley, Reading, MA.

Wiecek, C., 1982. A case study of the VAX 11 instruction set usage for compiler execution. Em: Proceedings of Symposium on Architectural Support for Programming Languages and Operating Systems (ASPLOS), 1-3 de março de 1982, Palo Alto, CA, pp. 177-184.

Wilkes, M., 1965. Slave memories and dynamic storage allocation. IEEE Trans. Electron. Comput. EC-14 (2), 270-271.

Wilkes, M.V., 1982. Hardware support for memory protection: capability implementations. Em: Proceedings of Symposium on Architectural Support for Programming Languages and Operating Systems (ASPLOS), 1-3 de março de 1982, Palo Alto, CA, pp. 107-116.

Wilkes, M.V., 1985. Memoirs of a Computer Pioneer. MIT Press, Cambridge, MA.

Wilkes, M.V., 1995. Computing Perspectives. Morgan Kaufmann, San Francisco.

Wilkes, M.V., Wheeler, D.J., Gill, S., 1951. The Preparation of Programs for an Electronic Digital Computer. Addison-Wesley, Cambridge, MA.

Williams, T.E., Horowitz, M., Alverson, R.L., Yang, T.S., 1987. A self-timed chip for division. Em: Losleben, P., ed., 1987 Stanford Conference on Advanced Research in VLSI. MIT Press, Cambridge, MA.

Williams, S., Waterman, A., Patterson, D., 2009. Roofline: an insightful visual performance model for multicore architectures. Commun. ACM 52 (4), 65-76.

Wilson Jr., A.W., 1987. Hierarchical cache/bus architecture for shared-memory multiprocessors. Em: Proceedings of 14th Annual International Symposium on Computer Architecture (ISCA), 2-5 de junho de 1987, Pittsburgh, PA, pp. 244-252.

Wilson, R.P., Lam, M.S., 1995. Efficient context-sensitive pointer analysis for C programs. Em: Proceedings of ACM SIGPLAN'95 Conference on Programming Language Design and Implementation, 18-21 de junho de 1995, La Jolla, CA, pp. 1-12.

Wolfe, A., Shen, J.P., 1991. A variable instruction stream extension to the VLIW architecture. Em: Proceedings of Fourth International Conference on Architectural Support for Programming Languages and Operating Systems (ASPLOS), 8-11 de abril de 1991, Palo Alto, CA, pp. 2-14.

Wood, D.A., Hill, M.D., 1995. Cost-effective parallel computing. IEEE Comput. 28 (2), 69-72.

Wu, Y., Schuster, M., Chen, Z., Le, Q., Norouzi, M., Macherey, W., Krikun, M., Cao, Y., Gao, Q., Macherey, K., Klingner, J., Shah, A., Johnson, M., Liu, X., Kaiser, Ł., Gouws, S., Kato, Y., Kudo, T., Kazawa, H., Stevens, K., Kurian, G., Patil, N., Wang, W., Young, C., Smith, J., Riesa, J., Rudnick, A., Vinyals, O., Corrado, G., Hughes, M., Dean, J., 2016. Google's Neural Machine Translation System: Bridging the Gap between Human and Machine Translation. http://arxiv.org/abs/1609.08144.

Wulf, W., 1981. Compilers and computer architecture. Computer 14 (7), 41-47.

Wulf, W., Bell, C.G., 1972. C.mmp—a multi-mini-processor. Em: Proceedings of AFIPS Fall Joint Computer Conference, 5-7 de dezembro de 1972, Anaheim, CA, pp. 765-777.

Wulf, W., Harbison, S.P., 1978. Reflections in a pool of processors—an experience report on C.mmp/Hydra. Em: Proceedings of AFIPS National Computing Conference, 5-8 de junho de 1978, Anaheim, CA, pp. 939-951.

Wulf, W.A., McKee, S.A., 1995. Hitting the memory wall: implications of the obvious. ACM SIGARCH Comput. Architect. News 23 (1), 20-24.

Wulf, W.A., Levin, R., Harbison, S.P., 1981. Hydra/C.mmp: An Experimental Computer System. McGraw-Hill, Nova York.

Yamamoto, W., Serrano, M.J., Talcott, A.R., Wood, R.C., Nemirosky, M., 1994. Performance estimation of multis-treamed, superscalar processors. Em: Proceedings of 27th Annual Hawaii International Conference on System Sciences, 4-7 de janeiro de 1994, Maui, pp. 195-204.

Yang, Y., Mason, G., 1991. Nonblocking broadcast switching networks. IEEE Trans. Comput. 40 (9), 1005-1015.

Yeager, K., 1996. The MIPS R10000 superscalar microprocessor. IEEE Micro 16 (2), 28-40.

Yeh, T., Patt, Y.N., 1993a. Alternative implementations of two-level adaptive branch prediction. Em: Proceedings of 19th Annual International Symposium on Computer Architecture (ISCA), 19-21 de maio de 1992, Gold Coast, Austrália, pp. 124-134.

Yeh, T., Patt, Y.N., 1993b. A comparison of dynamic branch predictors that use two levels of branch history. Em: Proceedings of 20th Annual International Symposium on Computer Architecture (ISCA), 16-19 de maio de 1993, San Diego, CA, pp. 257-266.

# Índice

Referências de página em negrito representam figuras, tabelas e quadros.

## A

Accelerated Strategic Computing Initiative (ASCI)
  ASCI Red, F-104–105
  ASCI White, F-71, F-105
Acerto de cache, B-2
  cache de dados do Opteron, B-14
  exemplo de cálculo, B-5
Acerto de escrita
  coerência de cache, **384–385**, 386, **387**
  definição, B-11
Acesso à memória
  ALUs, adiantamento de dados, **C-36–37**
  arquiteturas de vetor, **G-10**
  cálculo de acerto de cache, B-5
  complicações do conjunto de instruções, C-43–44
  conjunto de instruções RISC, C-5, **C-6**
  Cray Research T3D, F-91, **F-91**
  exceção RISC, **C-42–43**, C-43
  implementação RISC simples, C-28
  interrupção/reinício de exceção, C-41
  minimização de stalls dos hazards de dados, C-14, **C-16**
  multiprocessador de memória distribuída, **I-32**
  operações de PF em múltiplos ciclos, C-52
  pipeline MIPS R4000, C-59
  pipeline RISC, C-32–35, **C-36**
  pipeline RISC clássica, C-8
  pipelines de latências maiores, C-51
  questões cruzadas, 127–128
  unidades de busca de instrução integradas, 234
Acesso por demanda, projeto da hierarquia de memória, 138
Acesso em passos, 346
Acesso total
  roteamento da ordem de dimensão, F-47–48
  topologia da rede de interconexão, F-30
ACM. *Ver* Association for Computing Machinery (ACM)
ACS, projeto, M-29–30

Acumulador, 557–558
  arquitetura, A-3
  estendido, A-3, K-30
Adiantamento, C-14
  instrução load, C-17
  minimização de stall em hazards de dados, C-14–15, C-15–16
  pipelines de latência mais longa, C-49–52
  tabela, F-56–58
  unidades lógicas e aritméticas, C-36–37
Adição de precisão múltipla, J-13
Advanced load address table (ALAT) IA-64 ISA, H-40
  matrizes dispersas de vetor, G-12–13
Advanced mobile phone service (AMPS), telefones celulares, E-25
Advanced Research Project Agency (ARPA), F-102–103
Advanced RISC Machine (ARM), 12
  arquitetura, K-22
  história da computação GPU, M-53
Advanced Simulation and Computing (ASC), programa, F-106
Advanced Switching Interconnect (ASI), F-107
Advanced Switching SAN, F-71
Advanced Technology Attachment (ATA), discos
  armazenamento em disco, D-4
  fundamentos históricos, M-88
  potência do disco, D-5
  projeto Tertiary Disk da Berkeley, D-12–13
  RAID 6, D-8–9
Advanced vector extensions (AVX), 282, 305, **306**
Affine, dependências de paralelismo em nível de loop, H-6
AI. *Ver* Inteligência artificial (IA)
Aiken, Howard, M-3–4
ALAT. *Ver* Advanced load address table (ALAT)
Alewife, máquina, M-62
ALGOL, M-17–18
Algoritmo de arbitração
  características da SAN, F-76–77
  detecção de colisão, F-23–24
  impacto na rede, F-52–53
  microarquitetura do switch, F-56
  pipelining, F-65–66

Algoritmo de arbitração *(Cont.)*
  rede de área do sistema, F-104–105
  redes comerciais de interconexão, **F-57**
  redes de interconexão, F-21–22, F-49–51
  redes de mídia comutada, F-24–25
Algoritmo de Fourier-Motzkin, M-32
Algoritmo de roteamento, F-21–22, F-45–49
Algoritmo de roteamento determinístico, F-46–47
Algoritmo de substituição não ideal, M-11
Algoritmo de Tomasulo
  definição, 194–195
  escalonamento dinâmico, 195–201
  etapas, **216**
  RAW, 217
  RISC-V, unidade de ponto flutuante, **198**
  vantagens, 201
Algoritmos de escalonamento global, 219–220
Algoritmos de *n* corpos, aplicações Barnes, I-8–9
Aliases, tradução de endereços, B-38
Allen, Fran, M-29–30
Alliant, processadores, G-26
Alocação de escrita, B-11–12
Alocação de registrador, A-26–27
Alocação sem escrita, B-11–12
Alpha 21164
  caches L1, **395**
  características da hierarquia de cache, **395**
AlphaServer, 395–396
AlphaServer 4100, 395
AltaVista, histórico do cluster de busca, M-63, M-74–75
ALUs. *Ver* Arithmetic-logical units (ALUs)
AMAT. *Ver* Average memory access time (AMAT)
Amazon
  computadores em escala warehouse, 10
  Dynamo, sistema de armazenamento de chave-valor, 485–486
  Elastic Computer Cloud, 491–492
  Simple Storage Service, 491–492
Amazon Elastic Computer Cloud (EC2), computação utilitária, M-75–76

**I-1**

## Índice

Amazon Web Services (AWS)
baixo custo, 492
computação em nuvem, 491–497
crescimento, **500**
dependência do software aberto, 492
EC2, unidade de computador, **493–494**
garantia de serviço, 492
máquina virtual Xen, 126
máquinas virtuais, 491
zonas de disponibilidade, 497–501, **497**
Amdahl, Gene, M-29–30
AMD Athlon 64, comparação com Itanium 2, **H-43**
AMD Fusion, M-53
AMD K-5, M-35
AMD Opteron, 387–388
exemplo de cache de dados, B-12–15, **B-13**
exemplo de memória virtual paginada, B-54–57
faltas por instrução, **B-15**
implementação, 391
microprocessador, 27
NetApp FAS6000, arquivador, D-42
previsores de torneio, 185–187
processadores, 403
TLB durante tradução de endereço, **B-47**
tradução de endereço, B-38
*versus* proteção do Pentium, B-57
AMD processors
avanços recentes, M-35
consumo de energia, F-89
história do RISC, M-23
histórico de computação da GPU, M-53
Amortização de overhead, D-64–67
Amplificador de frequência de rádio, receptor de rádio, **E-23**
Análise criptográfica, M-4
Análise de dependência
abordagem básica, H-5
exemplos de cálculo, H-7
limitações, H-8–9
Análise entre procedimentos, H-10
Andreessen, Marc, F-102
Andrew, benchmark, 399
Anéis, F-43
bidirecionais, F-36
processos de proteção, B-50
Antena no receptor de rádio, E-23
Antialiasing, B-38
Antidependência
definição, 172
descobrindo, H-7–8
história do compilador, M-32
renomeação de registrador, 196
Aplicações científicas
Barnes, I-8–9
características, I-6–12
computação/comunicação de programa paralelo, I-10–12, **I-11**
história do cluster, M-62–63
kernel FFT, I-7
kernel LU, I-8

Aplicações científicas *(Cont.)*
multiprocessadores de memória distribuída, I-26–32, **I-28–32**
multiprocessador simétrico de memória compartilhada, I-21–26, **I-23–26**
Ocean, I-9–10
processadores paralelos, I-33–34
programação paralela, I-2
Aplicações embarcadas, A-2
Aplicações multimídia, suporte para processador desktop, **E-11**
Apollo DN 10000, M-32
Applied Minds, M-76
Aprendizado de máquina, 546, 573
Aprendizado supervisionado, 547–548
Architectural Support for Compilers and Operating Systems (ASPLOS), M-12
Área de dados global, A-29
Arithmetic-logical units (ALUs)
adiantamento de dados, **C-36–37**
ciclo de endereço efetivo, C-5
conjunto de instruções RISC, C-5
deslocamento de inteiros sobre zeros, J-45
despachos com desvio no pipeline, C-35–36
divisão de inteiros, J-54
extensões de mídia DSP, E-10
fusão de micro-operação, 254
implementação de multiciclos, C-29
instruções IA-64, **H-35**
interbloqueios de load, C-35
latência, C-46–48
minimização do stall em hazards de dados, C-14–17
multiplicação de inteiros, J-48
operação, C-27–28
operações com inteiros, C-46–48
pipeline do MIPS R4000, C-59
pipeline RISC, C-31–32, C-35
pipeline RISC clássico, C-8
TX-2, M-50
Aritmética de computador
adição de ponto flutuante
ganho de velocidade, J-25–26
não normal, J-26–27
regras, **J-24**
visão geral, J-21–25
aritmética de inteiros
comparação de linguagem, **J-12**
divisão com e sem restauração, J-5, **J-6**
multiplicação/divisão Radix-2, J-4–7, **J-4**
números com sinal, J-7–10
overflow, **J-11**
problemas de sistemas, J-10–13
ripply-carry, adição, J-2–3
comparação de chips, J-57–61, **J-58–60**
conversões entre inteiros e ponto flutuante, J-62
divisão de inteiros
com único somador, J-54–57
divisão radix-2, **J-55**
divisão radix-4, **J-56**

Aritmética de computador *(Cont.)*
divisão radix-4 SRT, **J-57**
divisão SRT, J-45–47, **J-46**, J-55–57
ganho de velocidade na adição de inteiros
carry-lookahead, árvore, **J-40**
carry-lookahead, circuito, **J-38**
carry-lookahead, J-37–41
carry-lookahead, somador de árvore, **J-41**
carry-select, somador, J-43–44, **J-43–44**
carry-skip, somador, J-41–43, **J-42**
visão geral, J-37
modos de arredondamento, J-14, J-17–20, J-18, **J-20**
multiplicação de inteiros
array par/ímpar, **J-52**
árvore de Wallace, **J-53**
com único somador, J-47–49, **J-48–49**
muitos somadores, J-50–54, **J-50**
multiplicador de array, **J-50**
multiplicador de array em múltiplas passadas, **J-51**
recodificação de Booth, **J-49**
tabela de adição de dígito com sinal, **J-54**
multiplicação de ponto flutuante
arredondamento, **J-18**, J-19
exemplos, **J-19**
não normal, J-20–21
visão geral, J-17–20
multiplicação/divisão de inteiros, deslocando sobre zeros, J-45
ponto flutuante
denormais, J-26–27
ganho de velocidade, J-25–26
regras, **J-24**
visão geral, J-21–25
visão geral, J-2
Aritmética de inteiros
adição com ripply-carry, J-2–3
comparação de linguagens, **J-12**
conversões de PF, J-62
divisão
com único somador, J-54–57
divisão radix-2, **J-55**
divisão radix-4, **J-56**
divisão radix-4 SRT, **J-57**
divisão SRT, J-45–47, **J-46**, J-55–57
divisão com e sem restauração, J-5, **J-6**
divisão SRT, J-45–47, **J-46**
ganho de velocidade na adição
árvore de carry-lookahead, **J-40**
carry-lookahead, J-37–41
circuito de carry-lookahead, **J-38**
somador da árvore de carry-lookahead, **J-41**
somador de carry-select, J-43–44, **J-43–44**
somador de carry-skip, J-41–43, **J-42**
visão geral, J-37
multiplicação
arredondamento, **J-18**, J-19
exemplos, **J-19**
não normais, J-20–21
visão geral, J-17–20

# ELSEVIER

Índice I-3

Aritmética de inteiros *(Cont.)*
multiplicação/divisão, deslocando sobre zeros, J-45
números com sinal, J-7–10
overflow, **J-11**
problemas com sistemas, J-10–13
Radix-2, multiplicação/divisão, J-4–7, **J-4**
Aritmética de número sinalizado, J-7–10
Aritmética de ponto fixo, DSP, E-5–6
Aritmética de ponto flutuante com precisão simples estendida, J-33–34
Aritmética de ponto flutuante de meia precisão, 329
Aritmética de ponto flutuante de precisão simples, 329
Aritmética de ponto flutuante duplamente estendida, J-33–34
Aritmética em bloco de ponto flutuante, DSP, E-6
Aritmética por saturação, extensões de mídia DSP, E-11
ARM AMBA, OCNs, F-3
Armazenamento em disco, D-2–10, D-48–50
Armazenamento magnético
base histórica, M-85–86
custo *versus* tempo de acesso, **D-3**
tempo de acesso, D-3
ARM Cortex-A53
características, **259**
ciclos de clock por instrução, 251–252, **252**
desempenho do pipeline, **249**, 250–252
endereço virtual, físico e blocos de dados, **131**
processadores com despacho múltiplo, 247–252
projeto de hierarquia da memória, 129–131, **130**
taxa de perda de dados, **132**
taxa de previsão incorreta, **250**
ARM. *Ver* Advanced RISC Machine (ARM)
ARMv8, **K-4**, **K-9**, 13, **K-15**, K-16, K-22
ARPANET, F-102
Arquitetura. Ver também Arquitetura de computador; Instruction Set Architecture (ISA)
e projetista de compilador, A-30–31
microarquitetura, 266–273
Arquitetura de computador
arquitetura do conjunto de instruções, 12–17
definição, 11–12, M-18–19
em escala warehouse, 477–482
limites de energia, 28–29
linguagem de alto nível, M-19–20
objetivos, 17–18
regra da adição de ponto flutuante, **J-24**
requisitos funcionais, 17–18, **18**
Arquitetura de pilha estendida, K-30
Arquitetura de vetor, 10, A-31, 282
armadilha, 355–356
arrays multidimensionais, 299–301
bancos de memória, 298–299
características de registrador de vetor, **G-3**

Arquitetura de vetor *(Cont.)*
desenvolvimento do computador, M-45–46
exemplo de processador, 288–290
falácia, 356
latência de partida e tempo morto, **G-8**
matrizes dispersas, 301–302
pistas múltiplas, 293–294
programação, 302–304
registradores de predicado, 296–298
registradores de tamanho de vetor, 294–296
RV64V, extensão, 283–287, **284**
sistemas de memória, G-9–11
tempo de execução, 290–293
*versus* unidades de processamento gráfico, 331–334
Arquitetura heterogênea, 282
Arquitetura load-store, A-3
Arquitetura load-store do conjunto de instruções, C-5, 12, C-28
história do RISC, M-20
Arquitetura memória-memória, A-3
Arquitetura paralelas, classes de, 10–11
Arquitetura Pascal GPU, 328–331, **329**
diagrama de blocos de chip completo, **318**
processador SIMD, **330**
Arquiteturas RISC para desktop/servidor, formatos de instrução para, **K-8**
Arquivadores
arquivador NetApp FAS6000, D-41–43
servidores, benchmarking SPEC, D-20–21
*versus* servidores de blocos, D-34–35
Arquivo futuro, técnica, C-54
Arranjo físico de disco, previsão de desempenho do RAID, D-57–59
Array
aplicação Ocean, I-9–10
kernel FFT, I-7
recorrências, H-12
Array de vetor, 585
Array sistólico, 560
Array par/ímpar
exemplo, J-52
multiplicação de inteiros, J-51–52
Arrays de disco
estudo de caso de desmontagem, D-51–54
níveis de RAID, D-6–10
RAID 6, D-8–9
Arrays multidimensionais, 299–301
Arredondamento duplo
precisões de PF, J-34
underflow de PF, J-36–37
Árvore balanceada, MINs com nonblicking, F-34
Árvore de combinação, sincronização de multiprocessador de grande escala, I-18
Árvores gordas, F-34, **F-38**
ASC Purple, F-71, F-105
ASPLOS. *Ver* Architectural Support for Compilers and Operating Systems (ASPLOS)
Associação em conjunto com *M* vias, B-8

Associação em conjunto com *N* vias, B-8
faltas por conflito, B-23
hierarquia de memória, 81
TLB, B-49
Association for Computing Machinery (ACM), M-3
Associatividade. *Ver* também
Associatividade de conjunto
cache de dados do Opteron, B-13–14, B-13
tamanhos e, B-10
Associatividade de conjunto, 81
bloco de cache, B-8, **B-8**
cache de dados do AMD Opteron, B-13
faltas de cache, **B-10**
Associatividade de conjunto com uma via, faltas por conflito, B-23
Associatividade de conjunto de duas vias, B-8
2:1, regra prática de cache, B-29
data cache do Opteron, B-13–14, **B-13**
faltas por conflito, B-23
tempo médio de acesso à memória, B-19
Associatividade de conjunto com oito vias
faltas na cache de dados, **B-10**
faltas por conflito, B-23
otimização de cache, B-28–29
Associatividade em conjunto com quatro vias, B-23
Astronautics ZS-1, M-31
Asynchronous Transfer Mode (ATM)
estatísticas de tempo total, **F-94**
formato de pacote, **F-79**
LAN, F-93–94
redes de interconexão, F-102–103
VOQs, F-60–61
WANs, F-4, F-84–85, F-102–103
ATA, discos. *Ver* Advanced Technology Attachment (ATA), discos
Atanasoff Berry Computer (ABC), M-5
Atanasoff, John, M-5
ATI Radeon, 9700, M-51–52
Atlas, computador, M-9
ATM, sistema, benchmarks TP, D-18
Atom 230, 258, **259**
Atraso no fio atravessando o chip, F-3, F-74, F-108
Atraso por disputa, F-26
Atrasos em pipeline, C-44
Autocorreção, algoritmo de Newton, J-28–30
Autonet, F-49
Average memory access time (AMAT)
cálculos de tamanho de bloco, B-26–28, **B-28**
computador com execução fora de ordem, B-21
desempenho de cache, B-15–17, **B-22**
e desempenho do processador, B-17–20
otimizações de cache, B-22, B-26–28
projeto da hierarquia de memória, 82
taxa de falta, B-29–30, **B-30**
usando taxas de falta, **B-30**
AWS. *Ver* Amazon Web Services (AWS)

# B

**Backoff exponencial**
sincronização de multiprocessador de grande escala, I-17–18
spin lock, **I-17**

Backpressure, gerenciamento de congestionamento, F-69

Banco de dados Oracle, estatísticas de falta, B-59

Banco de registradores, C-27, 200–201
conjunto de instruções RISC, C-5, C-7–8
exceções precisas, C-54
hazards de dados, C-16–17
implementação RISC simples, C-29
OCNs, F-3
operações de ponto flutuante, **C-50**

Bancos de memória. *Ver também* Memória em bancos
arquitetura de vetor, 298–299
exemple, 301
sistemas de vetor, G-9–11

Banerjee, Uptal, M-32

Barcelona Supercomputer Center, **F-80**

**Barnes**
características, I-8–9
multiprocessador de memória compartilhada simétrica, I-21–22, **I-23**, I-25–26
multiprocessador de memória distribuída, **I-32**

Barnes-Hut, algoritmo de n-corpos, I-8–9

Barramento backside, 377

Barramento de E/S
base histórica, M-88–89
Sony PlayStation 2 Emotion Engine, estudo de caso, E-15
substituição ponto a ponto, **D-34**

Barramento de memória (M-bus), 377
redes de interconexão, F-91–92

Barramento PCI, base histórica, M-88

**Barramentos**
cargas de trabalho científicas em multiprocessadores simétricos de memória compartilhada, **I-25**
comunicação NEWS, F-42
microarquitetura de switch, F-56
sincronização de barreira, **I-16**
sincronização de multiprocessador de grande escala, I-12–13
Sony PlayStation 2 Emotion Engine, E-18
substitutos do barramento de E/S, **D-34**
*versus* redes comutadas, F-2

Barreira baseada em árvore, sincronização de multiprocessador de grande escala, **I-19**

Barreira de inversão de sentido
exemplo de código, I-15, **I-21**
multiprocessador de grande escala, sincronização, I-14–16

**Barreiras**
busca e incremento, I-20–21
Cray X1, G-23
sincronização de multiprocessador de grande escala, I-13–16, **I-14**, **I-16**, **I-19**, I-20–21

Bay Area Research Network (BARRNet), **F-83**

BBN Butterfly, M-61

BBN Monarch, M-61

Benchmarks com uso intenso de gráficos, 41

Benchmarks de desktop, 41–43

Benchmarks de E/S, restrições no tempo de resposta, D-18

Benchmarks de uso intenso do processador, 41

Benchmark SFS, NFS, D-20–21

**Benchmarks.** *Ver também* Bloco de Threads; *benchmark específico*
aplicações embarcadas
considerações básicas, E-12
consumo de energia e eficiência, E-13, **E-13–14**
benchmarks de desktop, 41–43
conjunto, 41
distribuição de acessos aos dados por, **A-14**
EEMBC, E-12, **E-12**
estudo de caso de ordenação, D-64–67
falácia, 61
medição do desempenho, 40–45
restrições no tempo de resposta, **D-18**
sintéticos, 40

Berners-Lee, Tim, F-102

Bertram, Jack, M-29–30

Bibliotecas compartilhadas dinamicamente, A-18

**Big Endian**
ordenação de byte, A-7
redes de interconexão, F-12

BINAC, M-5

Binary-Coded Decimal (BCD), A-14

**Bing, mecanismo de busca**
impacto negativo, **486**
WSCs, 485

Bit de acesso, B-52

Bit de modificação, B-11, B-46, D-61–64

Bit de presente, B-52

Bit de referência, B-45, B-52

Bit de uso, B-45–46, B-52

Bit de validade, B-8, 383, 393–394
cache de dados do AMD Opteron, B-14
entrada da tabela de página, B-52
tradução de endereço, B-46

Bit error rate (BER), redes sem fio, E-21

Bit rot, estudo de caso, D-61–64

Bits de controle, mensagens, F-7

Bits de veneno, especulação baseada em compilador, H-28, H-30–31

Bits *p*, J-21–23, J-25, J-36–37

Block. *Ver também* Bloco de cache
cabeça de fila, F-59–60
definição, B-2
desempenho e topologia da rede, F-41

**Block** *(Cont.)*
desmontagem de array de disco, D-51–54
endereçamento, B-7–9
escalonamento de código global, H-15–16
estudo de caso de desmontagem de disco, D-48–50
fator, 108
hierarquia de memória, 81
identificação
hierarquia de memória, B-8–9
memória virtual, B-44–45
kernel LU, I-8
multithreading, M-35–36
offset, B-8–9
cache de dados do Opteron, **B-13**, B-14
identificação do bloco, B-8–9
otimização de cache, B-38
otimização de cache, 107–109
posicionamento
hierarquia de memória, B-7–8, **B-7**
memória virtual, B-44
RAID, previsão de desempenho, D-57–59
redes comutadas centralizadas, F-33
substituição
hierarquia de memória, B-9–10
memória virtual, B-45
tamanho, taxa de falta e, B-26–28, **B-27**
TI TMS320C55 DSP, E-8

Block transfer engine (BLT), F-91

**Bloco de cache**
definição, B-2
estado compartilhado, 386
estratégia de escrita, B-10–12
multiprocessadores simétricos de memória compartilhada, I-22, I-25–26, **I-25**
protocolo de coerência de cache, 382–383, **384–385**
redução da taxa de falta, B-26–28

Bloco IP, DSAs, 593

Bloco limpo, B-11

Bloco modificado, B-11, B-36

Blocos de computação, OCNs, F-3

Bloqueio de linha, sistemas embarcados, E-4

**Bloqueios**
caching, 415
sincronização de multiprocessador de grande escala, I-18–21
spin, 414–416
usando coerência, 414–417, **416**

Bloqueios de caching, 415

Bloqueios de enfileiramento, sincronização do multiprocessador de grande escala, I-18–21

Boggs, David, F-103

Bolhas, F-47–48, **F-54**

BOMB, M-4

Brewer, Eric, M-74–75

Buckets, D-26

Buffers. *Ver também* Buffers de destino de desvio
coerência de cache de multiprocessador DSM, I-38–40

ELSEVIER

Índice I-5

Buffers *(Cont.)*
escrita, B-11, B-14
funções de interface de rede, F-7
Intel Core i7, 256
organizações, F-59–61
previsão de desvio, C-23–25, C-24–26
redes de interconexão, F-10–11
Translation Lookaside Buffer, B-37, B-46, B-47
unidades integradas de busca de instrução, 234
Buffer de escrita, B-11, B-14, 382
hierarquia de memória, 81
mesclagem, 105–106, 106
Buffer de linha bidimensional, 589–590
Buffer unificado, 558
Buffers de destino de desvio
contador de programa, 228–229, 229
largura de banda de busca de instrução, 228–232, 229–230
penalidade por desvio, 230–231, 231
tratando de uma instrução com, 230
Buffers de rede, interfaces de rede, F-8
Bundles
cálculos de exemplo, H-35–36
IA-64, H-34–35, **H-37**
Itanium 2, H-41
Burks, Arthur, M-3
Burroughs B5000, M-17–18
Buscar-e-incrementar, 413–414
barreira de reversão de sentido, **I-21**
sincronização de multiprocessador de grande escala, I-20–21
Bypassing, C-14
exemplo de SAN, F-77
Byte de desvio, K-57

# C

Cabeçalho
formato de pacote, **F-7**
mensagens, F-7
pipelining da microarquitetura de switch, F-64
TCP/IP, F-87–89
Cache(s). *Ver também* Hierarquia de memória
benefícios, 350
conceito, M-11
definição, B-2
e memória virtual, B-42–43, B-42, B-48–49, B-48
exemplo do AMD Opteron, B-12–15, B-13, B-15
frames de bloco e memória, B-7
Itanium 2, H-42–43
parâmetros, B-42
processadores vetoriais, G-25
sistemas embarcados, E-4
Sony PlayStation 2 Emotion Engine, E-18
Cache de dados
desempenho de cache, B-16–17
TLB, B-46
Cache de destino de desvio, 228

Cache de instruções
exemplo do AMD Opteron, B-15, **B-15**
faltas da aplicação/SO, **B-59**
previsão de desvio, C-24
TI TMS320C55 DSP, E-8
Cache de liga, 115
Cache de mapeamento direto, B-7, **B-8**
hierarquia de memória, **B-48**, 81
trabalho inicial, M-11
tradução de endereço, B-38
Cache física, B-36–37
Cache L1. *Ver também* Caches de primeiro nível
Alpha 21164, **395**
ARM Cortex-A53, 251–252
caches de primeiro nível, 95–98
hierarquia de memória, **B-39**, B-48–49, **B-48**
inclusão, 423–424
Intel i7, **395**
memória do Opteron, **B-57**
tamanho da cache de dados, **402**
taxa de falta, **402**
tradução de endereço, B-46
Cache L2. *Ver também* Caches de segundo nível
Alpha 21164, **395**
ARM Cortex-A53, 251–252
hierarquia de memória, **B-39**, B-48–49, **B-48**, **B-57**
IBM Blue Gene/L, I-42
inclusão, 423–424
Intel i7, 395
otimização de cache, **B-34**, B-35
sistema de memória, 241
Cache L3. *Ver também* Caches de terceiro nível
Alpha 21164, **395**
deslocamento do ciclo de acesso à memória, 396–397, **397**
IBM Blue Gene/L, I-42
IBM Power8, 371
IBM Power, processadores, **265**
inclusão, 424
Intel i7, **395**
largura de banda de snoop, 390
taxa de falta, 397–399, **398**
Cache misto, B-15
Cache-only memory architecture (COMA), M-61–62
Caches de instrução especiais, 128
Caches de múltiplos bancos, 99–100
Caches de primeiro nível
faixas de parâmetros, **B-42**
hierarquia de memória, B-48–49, **B-48**
Itanium 2, **H-41**
otimização de cache, B-30–35
rede de interconexão, F-74
redução de tempo de acerto/potência, 95–98
Caches de segundo nível
cálculos da taxa de falta, B-30–35, **B-34**
hierarquia de memória, B-48–49, **B-48**

Caches de segundo nível *(Cont.)*
Itanium 2, **H-41**
otimização de cache, B-30–35, **B-34**
rede de interconexão, F-74
tempo de execução, B-32, **B-34**
Caches de terceiro nível, 166, 262
rede de interconexão, F-91–92
Cache sem bloqueio, 100–104
Cache totalmente associativa, B-7–9, B-12, 81
Cache unificada
exemplo do AMD Opteron, B-15, B-15
taxa de falta, B-16
Caches multinível
arquiteturas centralizadas de memória compartilhada, 377
história da hierarquia de memória, M-12
processo de escrita, B-11
redução da penalidade por falta, B-30–35, **B-33**
Caches sem bloqueio
efetividade, **102**
estudo de caso, 148–164
história da hierarquia de memória, M-11–12
implementando, 103–104
largura de banda de cache, 100–104
Cache virtual, B-36–38
CACTI
caches de primeiro nível, 95–98, **96**
consumo de energia, 97
Cálculos dependentes, H-10–12, 344–345
Camada de aplicação, **F-84**
Camada de apresentação, **F-84**
Camada de link de dados
definição, **F-84**
redes de interconexão, F-10
Camada de protocolo de rede, F-10
Camada de rede, **F-84**
Camada de sessão, **F-84**
Camada de transporte, **F-84**
Camada física, **F-84**
Camadas ocultas, 546–547
Camada totalmente conectada, 549
Caminho adiante em telefones celulares, E-24
Caminho crítico
escalonamento de código global, H-16
escalonamento de rastreio, H-19–21, **H-20**
Caminho inverso em telefones celulares, E-24
Campo de atributos, B-52
Campo de base, B-52
Campo de expansão para baixo, **B-53**
Campo de índice, B-8–9
Campo de limite, B-52
Campo de tag, B-8–9
Canais de telefones celulares, E-24
Canais físicos, F-47–48
Capacidade de conexão, F-30, **F-48**
Capital expenditures (CAPEX), 36, 486–490

# I-6 Índice

Carga de trabalho, 39–40
  commercial, 394–399
  computadores em escala warehouse, 471–476
  escalabilidade no Xeon E7 com, 433–434
  fases, 399–400
  medições, 400
  multiprocessadores simétricos de memória compartilhada, I-21–26, **I-23–26**
  multiprogramação e SO, 399–404
  RAID, previsão de desempenho, D-57–59
Carga de vetor
  definição, 285
  largura de banda para, 298–299
Cargas de trabalho de processamento em lote, 467
Cargas de trabalho interativas, 467
Carry-lookahead adder (CLA)
  aritmética antecipada do computador, J-63
  árvore, **J-40–41**
  circuito, **J-38**
  comparação de chips, J-61
  com somador ripple-carry, **J-42**
  exemplos de cálculo, J-39
  ganho de velocidade na adição de inteiros, J-37–41
Carry-out
  circuito de carry-lookahead, **J-38**
  ganho de velocidade na adição de ponto flutuante, J-25
Carry-Propagate Adder (CPA)
  multiplicação de inteiros, J-48, J-51
  multiplicador de array de múltiplas passadas, **J-51**
Carry-save adder (CSA)
  divisão de inteiros, J-54–55
  multiplicação de inteiros, J-47–48, **J-48**
Carry-Select Adder
  características, J-43–44
  comparação de chips, J-61
  exemplo, **J-43–44**
Carry-skip adder (CSA)
  características, J-41–43
  exemplo, J-42, J-44
Case, instruções, A-17
Catapult
  aceleração de busca na, 573–574
  avaliando, 601–602
  CNNs na, 570–572, **571–572**
  diretrizes, 577–579
  implantação da versão 1, 574
  implantação da versão 2, 575–577, **576–577**
  implementação e arquitetura, 568–569
  projeto da placa, **568**
  software, 569
Cavalos de Tróia, B-51–53
C/C++, linguagem de programação
  análise de dependência, H-6
  divisão/resto de inteiros, **J-12**
  história da computação GPU, M-52–53
CDB. *Ver* Common data bus (CDB)
Cedar, projeto, M-61

Cell, Barnes-Hut, algoritmo de n-corpos, I-9
Central processing unit (CPU)
  DNN e GPUs *versus*, 595–602
  história da computação GPU, M-53
  história da medição de desempenho, M-6
  primeiras versões em pipeline, M-27–28
  sistemas de memória vetoriais, **G-10**
  Sony PlayStation 2 Emotion Engine, E-17–18
  tempo, 39
  tempo de execução, B-3, B-5, **B-22**
  tempo médio de acesso à memória, B-18–20
  TI TMS320C55 DSP, E-8
Cerf, Vint, F-102
CFM. *Ver* Current frame pointer (CFM)
Chamada do sistema, memória virtual, 119
Chamadas de procedimento
  modelo de registrador do IA-64, H-33–34
  VAX, K-57
Charge-Coupled Device (CCD), câmera digital Sanyo VPC-SX500, E-19
Chime, 291
  desempenho de vetor, G-2–4
  encadeamento de vetor, G-11–12
  tempo de execução de vetor, G-4
Chipkill, 94
Chunk
  algoritmo de Shear, D-51–54
  desmontagem de array de disco, D-51–54
Ciclo de clock
  arquiteturas vetoriais, G-4
  escalonamento de pipeline, 177–179
  exceção RISC, C-42–43
  implementação RISC, **C-30**
  operações de ponto flutuante, **C-50**
  pipeline RISC clássico, C-6
  pipelining de microarquitetura de switch, F-66
Ciclo de execução (EX)
  conjunto de instruções RISC, C-5, **C-6**
  exceção RISC, **C-42–43**, C-43
  hazards de dados exigindo stalls, **C-18**
  implementação RISC simples, C-27
  interrompendo/reiniciando exceção, C-41
  minimização de stall por hazards de dados, C-14
  pipeline de ponto flutuante, C-46
  pipeline MIPS R4000, C-58–59
  pipeline RISC, C-32–35
  pipelines de escalonamento dinâmico, C-66
  pipelines de latência mais longa, C-51
  questões de desvio de pipeline, C-35–36
Ciclo do processador
  definição, C-3
  desempenho da cache, B-3
Ciclos de clock por instrução (CPI), 53, 559
  ARM Cortex-A53, 251–252, **252**
  avanços no microprocessador, M-35
  benchmarks SPEC92, **C-64**
  benchmarks SPECCPUint2006, 256, 257
  cálculo, 375–376

Ciclos de clock por instrução (CPI) *(Cont.)*
  cálculo de acerto de cache, B-5
  conceito de pipelining, C-3
  equação de desempenho do processador, 52
  esquema de desvio, C-21–22, **C-22**
  hazards de dados exigindo stalls, C-17
  história do RISC, M-22
  impacto sobre o comportamento da cache, B-19–20
  Intel Core i7 6700, 256, **257**
  paralelismo em nível de instrução, 168–169
  pipeline com stalls, C-11
  processador em pipeline, 168–169
  stalls, **C-64**
  taxa de clock, 261
Ciclos de stall da memória
  cálculo da taxa de falta, B-6
  definição, B-3–4, **B-22**
  execução fora de ordem, B-20
  tempo de acesso médio à memória, B-18
Ciclos de stall do pipeline
  ARM Cortex-A53, 250–251
  desempenho do esquema de desvio, C-21
CIFS. *Ver* Common Internet File System (CIFS)
Circuitos integrados
  confiabilidade, 36–38
  custo de, 31–35
  fundamentos para telefones celulares, E-24, **E-24**
  potência e energia em, 23–29
  tecnologia da lógica, 19
Circulating water system (CWS), **483**
CISC. *Ver* Complex Instruction Set Computer (CISC)
CLA. *Ver* Carry-lookahead adder (CLA)
Classes de computadores
  arquiteturas paralelas, 10–11
  clusters, 9–10
  computação desktop, 8
  computadores embarcados, 6–7
  computadores em escala warehouse, 9–10
  dispositivo móvel pessoal, 7–8
  e características do sistema, **E-4**
  Internet of things, 6–7
  paralelismo, 10–11
  servidores, 8–9
Classificação de consumo de energia, 482
Clos, rede, F-33, **F-34**, 510–511, **510–511**
Cluster comercial, características, **I-45**
Cluster customizado
  características, **I-45**
  IBM Blue Gene/L, I-41–44, **I-43–44**
Clusters, 9–10, 369, 478
  base histórica, M-62–65
  características, **I-45**
  como precursores de WSC, M-74–75
  computação utilitária, M-75–76
  consumo de energia, F-89

# Índice I-7

Clusters (Cont.)
contêineres, M-76
Cray X1, G-22
de computadores, 470
domínios da rede de interconexão, F-3
IBM Blue Gene/L, I-41–44, **I-43–44**
multiprocessadores de grande escala, I-6
tendências em multiprocessadores de grande escala, M-63–64
Cm*, M-57
C.mmp, M-57
CMOS
adição ripply-carry, J-3
escalada, 442–443
primeiros computadores vetoriais, M-48
processadores vetoriais, G-25–27
telefone celular, E-24
CNN. *Ver* Convolutional neural network (CNN)
Cocke, John, M-20, M-29–31
Code division multiple access (CDMA), telefones celulares, E-25
Codificador Motion JPEG, câmera digital Sanyo VPC-SX500, E-19
Código de função, 569, **570**
Código não otimizado, C-70
Códigos de condição, K-11, C-44, K-57
Código vetorizado, 289
Coeficiente de variância ao quadrado, D-27
Coeficiente de variância, D-27
Coerência de cache
baseada em diretório. *Ver* Coerência de cache baseada em diretório
Cray X1, G-22
de dados em cache, 128–129
definição, 377–379
diagrama de estado, **385**, **387**
exemplo de protocolo, 383–387, **384**
extensões, 388
história dos multiprocessadores de grande escala, M-61
implementando bloqueios com, 414–417, **416**
imposição, 379–380
mecanismo, **384**
multiprocessador, 377–379, 387
multiprocessadores de grande escala, I-34–36
controladora de diretório, I-40–41
deadlock e buffering, I-38–40
implementação DSM, I-36–37
operações atômicas, 386
operações não atômicas, 386
ordem do programa, 378–379
problema, 377, **378**
snooping. *Ver* Snooping, coerência de cache
Coerência de cache baseada em diretório, 380, 391–392
diagrama de transição de estado, 408, **409–410**
estudo de caso, 451–452
exemplo de protocolo, 408–412

Coerência de cache baseada em diretório (Cont.)
história dos multiprocessadores de grande escala, M-61
nó inicial, 406
nó local, 406
nó remoto, 406–407
operações, 406
Coerência de cache de E/S, 128–129
Colisão, redes de mídia compartilhada, F-23–24
Colocalização de sites, redes de interconexão, F-89
Coloração gráfica, A-27
COLOSSUS, M-4
Column Access Strobe (CAS), 85–86
COMA. *Ver* Cache-only memory architecture (COMA)
Comboio, 290–292
DAXPY sobre VMIPS, G-20–21
encadeado, código DAXPY, **G-16**
loop strip-mined, G-5
tempo de inicialização de vetor, G-4
Commoditização e custo, 30–31
Common data bus (CDB), 197, 201
desempenho, 207
escrita de resultados, 211
estações de reserva e tags de registradores, **202**
Common Internet File System (CIFS), D-35
arquivador NetApp FAS6000, D-41–42
Compactação de rastreio, H-19
Compare-select-store unit (CSSU), TI TMS320C55 DSP, E-8
Compartilhamento falso, 393–394, **398**
Compartilhando adição, memória virtual segmentada, B-52–53
Compatibilidade do código binário, sistemas embarcados, E-15
Compilador(es)
constantes, A-31
definição, C-65
estrutura, A-25–26
fase, 399
interação, A-27–30
papel, A-24–33
para instruções de multimídia, A-31–32
primitivas, A-30
projetista, A-30–31
regularidade, A-30
vantagens e desvantagens, A-30
Compiladores de vetorização
eficácia, G-14
FORTRAN, kernels de teste, **G-15**
matrizes dispersas, G-12–13
Complemento de dois, J-7–8
Complemento de um, J-7–8
Complex Instruction Set Computer (CISC), K-51
história do RISC, M-23
Componentes da transação, D-16, I-38–39
Computação de desktop, A-2, 8
Computação de estampa, 550

Computação de grid, M-75
Computação eficiente com baixa utilização, 468
Computação em nuvem
AWS. *Ver* Amazon Web Services (AWS)
economias de escala, 491
falácia, 514
história da computação utilitária, M-75–76
provedores, 518
vantagens, 490
Computação sem servidor, 496
Computação utilitária, M-75–76
Computador com registrador de propósito especial, A-3
Computador embarcado, 6–7
estudo de arquiteturas RISC para, K-3–29
Computadores desktop
análise de arquiteturas RISC para, K-3–29
características do sistema, **E-4**
história do RAID, M-87
redes de interconexão, **F-72**
suporte de multimídia, **E-11**
Computadores eletrônicos de propósito geral, M-2–4
Computadores pessoais, 4, 6
LANs, F-4
PCIe, F-67
redes, F-2
Computadores portáteis, redes de interconexão, F-89
Computador servidor, análise de arquiteturas RISC para, K-3–29
Computer room air-conditioning (CRAC), 482
Compute Unified Device Architecture (CUDA), 311
CUDA Thread, 311
instruções SIMD, 325–326
programação da GPU, 320
história da computação GPU, M-52–53
Comunicação de memória compartilhada, multiprocessadores de grande escala, I-4–5
Comunicação em nível de usuário, F-8
Comunicação entre processadores, multiprocessadores de grande escala, I-3–6
Comunicação por passagem de mensagens
base histórica, M-60–61
vantagens, I-5–6
Comutação cut-through virtual, F-52
Comutação de circuitos em pipeline, F-51
Comutação de circuitos, F-51
Comutação wormhole em buffer, F-52
Conceito de processo, B-49, 119
Confiabilidade
circuitos integrados, 36–38
definição, D-10–11
exemplos de benchmark, D-21–23
Internet Archive Cluster, D-38–40
nos sistemas de memória, 93–94
operadores de disco, D-13–15
via redundância, 467

Confiabilidade de operador, discos, D-13–15
Confiabilidade do módulo, 37
Confirmação de instrução, C-43–44, 209, 235
Confirmação em ordem, origens do conceito de especulação, M-31
Confirmação, pacotes, F-17
Congelamento, redução da penalidade por desvio, C-19
Conjunto, definição, B-8
Conjunto de instruções aberto, DSAs, 594
Conjunto de instruções, extensão, 124–125
Conjunto de recursos de escape, F-47–48
Conjuntos de instruções multimídia, 10
Connection Machine CM-5, F-96
Connection Multiprocessor 2, M-46, M-56
Consistência da memória, 377–378, 417–422
  consistência sequencial, 417
  desenvolvimento de modelos, M-64–65
  especulação para ocultar a latência, 422–423
  estudo de caso, 456–458
  modelos de consistência relaxados, 419–422, **421**
  otimização do compilador, 422
  visão do programador, 418–419
Consistência do processador, 420
Constelação, características, **I-45**
Consumo de energia. *Ver também* Eficiência energética
  benchmarks embutidos, E-13
  especulação, 238–239
  estudo de caso, 69–71
  multithreading simultâneo, 246
  redes de interconexão, F-61, F-89
  TI TMS320C55 DSP, E-8
Contador de custos operacionais, 468
Contador de palavras, **B-53**
Contadores de local, WSCs, 468
Contagem de hops, F-30
Contêineres, história do cluster, M-76
Controladora de diretório, coerência de cache, I-40–41
Controladoras, base histórica, M-88–89
Controlador de interface do sistema (SIF), F-74
Control Data Corporation (CDC)
  CDC, 6600, C-66–67
    antiga aritmética do computador, J-64–65
    definição da arquitetura de computadores, M-19
    desenvolvimento de processador de despacho múltiplo, M-28–29
    história do multithreading, M-35
    história do RISC, M-28–29
    primeiro escalonamento dinâmico, M-28–29
  primeiros computadores vetoriais, M-47
  processador STAR, G-26
  STAR-100, primeiros computadores vetoriais, M-47

Controle de congestionamento, F-68, F-70
Controle de fluxo
  e arbitração, F-22
  redes de interconexão, F-9–12
Controle de fluxo ponto a ponto, F-69
Controle de máscara de vetor, 297
Conversão de binário para decimal, precisões de PF, J-33–34
Convex Exemplar, M-62
Convex, processadores, G-26
Convolução, DSP, E-5
Convolutional neural network (CNN), 550–552, **551**
  elemento de processamento da, **572**
  na Catapult, 570–572, **571**
Conway, Lynn, M-29–30
Cópia velha, coerência de cache, 128
Core i7, 346–353
Core plus ASIC, sistemas embarcados, E-3
Corredores frios, 506, **507**
Corredores quentes, 506, **506**
Corrida até parar, 28
Corridas de dados, 419
Cortex-A53
  ARM, 129–131, **130**
  desempenho, 132
Cosmic Cube, M-60–61
CP-67, programa, M-10
CPA. *Ver* Carry-propagate adder (CPA)
CPI ideal do pipeline, 169
CPI. *Ver* Ciclos de clock por instrução (CPI)
CPU. *Ver* Central processing unit (CPU)
CPUs em pipeline, primeiras versões, M-27–28
Cray-1
  história do RISC, M-20
  medidas de desempenho de vetor, G-16
  primeiros computadores vetoriais, M-47–48
  profundidades de pipeline, G-4
Cray-2
  DRAM, G-25
  primeiros computadores vetoriais, M-47–48
  tailgating, G-20–21
Cray-3, G-27
Cray-4, G-27
Cray C90
  cálculos de desempenho de vetor, G-8
  primeiros computadores vetoriais, M-48
Cray J90, M-48
Cray Research, programadores, 303
Cray Research T3D, F-91
Cray, Seymour, G-25, G-27, M-47–48
Cray T3D, M-61, F-104–105
Cray T3E, M-49, M-61, F-71, F-98–99
Cray T90, 299
Cray X1E, G-24, F-91, F-95
Cray X1, M-64
  história dos clusters, M-64
  módulo MSP, G-22, G-23–24
  primeiros computadores vetoriais, M-49
  visão geral, G-21–23

Cray X2, primeiros computadores vetoriais, M-49
Cray X, 370
Cray X-MP, M-47–48
Cray XT3, M-59, M-63
Cray XT3 SeaStar, F-67
Cray Y-MP
  debates sobre processamento paralelo, M-58
  primeiros computadores vetoriais, M-48
Create Vector Index (CVI), instrução, G-13
CRISP, M-29
Crossbar sem bloqueio, F-33
Crossbars, F-31, **F-31**
  Convex Exemplar, M-62
Crossbar switch
  cálculos de nó de interconexão, **F-32–33**
  redes comutadas centralizadas, F-31
Crusoe, M-32–33
CSA. *Ver* Carry-save adder (CSA)
CUDA. *Ver* Compute Unified Device Architecture (CUDA)
Current Frame Pointer (CFM), H-33–34
Curva de aprendizagem, 30
Custo
  armazenamento de disco, D-2
  cálculos de nó de interconexão, **F-32–33**
  desenvolvimento de supercomputador SIMD, M-45
  DRAM/disco magnético, **D-3**
  história do armazenamento magnético, M-85–86
  Internet Archive Cluster, D-38–40
  previsão de desvio, C-22
  projeto/avaliação de sistema de E/S, D-36
Custo de fabricação, 67–68
Custo de fabricação do chip, 67–68
Custo-desempenho, 467
  DSAs, 600–601, **601**
  estudo de caso de ordenação, D-64–67
  multiprocessador IBM eServer p5, 440, **441**
  pipelining extenso, C-70
Cut-through, comutação de pacotes, F-51–53
CVI. *Ver* Create Vector Index (CVI), instrução
CYBER 205, M-47
  história do processador vetorial, G-26–27
Cyclic Redundancy Check (CRC)
  IBM Blue Gene/L, 3D, rede de toro, F-76
  interface de rede, F-8
Cydrome, M-31–33

# D

Dados compartilhados, 377
Dados, livres de corrida, 419
Dados privativos, 377
DAG. *Ver* Directed acyclic graph (DAG)
DASH, multiprocessador, M-61
Datacenters, contêineres, M-76
Data Fetch (DF), C-58–59
Data Integration (DI), 44

## ELSEVIER · Índice · I-9

Data-Level Parallelism (DLP), 5, 10–11
  arquitetura vetorial, 282
    arrays multidimensionais, 299–301
    bancos de memória, 298–299
    exemplo de processador, 288–290
    extensão RV64V, 283–287, **284**
    matrizes dispersas, 301–302
    múltiplas pistas, 293–294
    programação, 302–304
    registradores de predicado, 296–298
    tempo de execução, 290–293
    *versus* unidades de processamento
      gráfico, 331–334
  energia e, 345
  paralelismo em nível de loop
    análise, 337–339
    cálculos dependentes, 344–345
    encontrando dependências, 339–344
    termos CUDA/NVIDIA, **337–338**
  princípios de projeto de computador, 48
  questões cruzadas
    acessos em passos e faltas de TLB, 346
    energia e DLP, 345
    memória em bancos e memória de
      gráficos, 346
  registradores de tamanho de vetor, 294–296
  SIMD Multimedia Extensions, 304–310
  unidades de processamento de gráficos
    arquitetura da GPU Pascal, 328–331
    arquitetura do conjunto de instruções
      da GPU NVIDIA, 320–323
    arquiteturas de vetor *versus*,
      331–334, **332**
    computadores SIMD multimídia
      *versus*, 335
    desvios condicionais, 323–326
    estrutura de memória da GPU NVIDIA,
      326–328, **327**
    estruturas computacionais NVIDIA,
      313–320
    guia rápido, **314**
    programação, 310–313
  WSCs, 467
Dauber, Phil, M-29–30
DAXPY, loop
  comboios encadeados, **G-16**
  medidas de desempenho de vetor, G-16
  no VMIPS avançado, G-19–21
  VMIPS, G-19–21
    cálculos, G-18
    desempenho máximo, G-17
    no Linpack, G-18
D-cache, previsão de via, 98–99
DDR. *Ver* Double data rate (DDR)
DDR3, sistemas de memória, 153–155
Deadlock, F-45–46, 386
  coerência de cache do multiprocessador de
    grande escala, I-34–35, I-38–40
  evitando, F-46
  recuperação, F-46
Deadlock de protocolo, roteamento, F-45–46
Deadlock de reconfiguração, F-45–46
Deadlock de requisição-réplica, F-45–46

Deadlock induzido por falha, F-45–46
DEC Alpha, processador, K-3
Decimal compactado, A-14
Decimal não compactado, A-14, J-16
Declive de gradiente estocástico, 548
Decodificação de campo fixo, C-5
Decodificação de micro-operação, 253
Decodificador de receptor de rádio, **E-23**
DEC PDP-11, espaço de endereços, B-57–58
DECstation 5000, **F-73**
DEC VAX
  antiga aritmética do computador, J-63–64
  arquitetura do computador, definição,
    M-19
  espaço de endereços, B-57–58
  falhas, D-13–15
  história do cluster, M-62, M-74
  história do RISC, M-20
  overflow de inteiros, **J-11**
  primeiras CPUs em pipeline, M-28
DEC VAX-11/780, M-6–7, M-11, M-19
DEC VAX, 8700
  história do RISC, M-22
  *versus* MIPS M2000, **M-22**
Deep Neural Networks (DNNs)
  aceleração, 606–613
  aplicações, **547**, **595**
  ativação, 546
  CPUs e GPUs *versus*, 595–602
  lotes, 556
  neurônios de, 546–547
  perceptron em múltiplas camadas,
    549–550
  pesos/parâmetros, 546
  quantização, 556
  rede neural convolucional, 550–552
  rede neural recorrente, 553–555
  resumo do desempenho, 603
  tamanhos/tempo do conjunto de
    treinamento, **548**
  treinamento *versus* inferência, 547–549
Dell PowerEdge, servidores, 55–58, **56**
Dell Poweredge Thunderbird, **F-80**
Demodulador do receptor de rádio, **E-23**
Densidade de área, D-2
Dependência de saída, 173
  encontrando, H-7–8
  história do compilador, M-32
Dependências
  controle, 174–176
  dados, 170–172
  encontrando, H-6–10
  matrizes dispersas, G-12–13
  nomes, 172–173
  paralelismo em nível de loop, H-3
  tipos, 170–171
Dependências de controle
  escalonamento de código global, H-16
  especulação baseada em hardware, 208
  instruções condicionais, H-24
  manutenção, 175
  paralelismo em nível de instrução,
    174–176

Dependências de dados
  definição, 170–172
  exemplos de cálculo, H-3–4
  instruções condicionais, H-24
  manutenção, 175
  paralelismo em nível de instrução,
    170–172
Dependências de nome
  paralelismo em nível de instrução,
    172–173
  renomeação de registrador, 196
Dependência transportada pelo loop, 289,
  312, 337–339
  distância da dependência, H-6
  exemplos de cálculo, H-4–5
  forma de recorrência, H-5
  paralelismo em nível de loop, H-3
Dependência verdadeira, encontrando,
  H-7–8
Descriptor privilege level (DPL), **B-53**
Descritor de segmento, B-52, **B-53**
Desdobramento de loop
  e escalonamento, 181–182
  limitação, 181
  pipelining de software, H-12–15, **H-13**,
    **H-15**
Desdobramento simbólico do loop,
    pipelining de software, H-12–15,
    **H-13**
Desempenho de cache, B-3–6, B-15–16
  equações, **B-22**
  execução fora de ordem, B-20–21
  exemplo de cálculo, B-16–17
  impacto das otimizações de cache sobre,
    **B-40**
  penalidade por falta, B-20–21
  tempo médio de acesso à memória, B-
    17–20
Desempenho de pico
  Cray X1E, G-24
  DAXPY sobre VMIPS, G-21
  em arquiteturas de vetor, 355
  falácia, 63, **63**
  VMIPS sobre DAXPY, G-17
Desempenho de potência
  de servidores, **57**
  servidores Dell PowerEdge, 55–58, **56**
Desempenho do processador
  equação, 52–55
  multiprocessadores, 371–372
  tempo médio de acesso à memória e,
    B-17–20
Desempenho em tempo real, 7–8
  requisito, definição, E-3–4
Desempenho. *Ver também* Custo-
    desempenho; Desempenho de pico
  arquitetura do conjunto de instruções, 258
  barramento de dados comum, 207
  benchmarks, 40–45
  bits de modificação, D-61–64
  cache. *Ver* Desempenho da cache
  computadores embarcados, **E-13–14**
  comunicação entre processos, I-3

# Índice

**Desempenho** *(Cont.)*
desmontagem de array de discos, D-51–54
desmontagem de disco, D-48–50
dispositivos de E/S, D-15–23
DSAs, 600–601, **601**
esquema de desvio, C-21–22, **C-22**
estudo de caso de ordenação, D-64–67
Fujitsu SPARC64 X+, 429–431, **432**
IBM Power8, 431–432, **432**
Intel Core i7 6700, 138–142, 255–257
Intel Core i7 920, 434–437
Internet Archive Cluster, D-36–41
Itanium 2, H-43, **H-43**
latência, 20, **21**
medidas quantitativas, M-6–7
medindo, 39–47
microprocessador, **22**
multiprocessadores de grande escala, aplicação científica
multiprocessadores de memória distribuída, I-26–32, **I-28–32**
multiprocessador simétrico de memória compartilhada, I-21–26, **I-23–26**
processadores paralelos, I-33–34
sincronização, I-12–16
multiprocessador simétrico de memória compartilhada, I-21–26, **I-23–26**
processador multicore, 426–437, **432**
processador vetorial, G-2–9
DAXPY sobre VMIPS, G-19–21
desencadeando, **G-12**
encadeamento, G-11–12, **G-12**
matrizes dispersas, G-12–14
parida e múltiplas pistas, G-7–9
projeto/avaliação do sistema de E/S, D-36–41
projeto do subsistema de E/S, D-59–61
redes neurais profundas, 603
relatando, 39–47
resumindo, 39–47
tendências, 20
VMIPS sobre Linpack, G-17–19
**Deslocando sobre zeros, multiplicação/divisão de inteiros, J-45–47**
**Despacho de instruções, C-33–34**
Itanium 2, H-41–43
**Desvio**
adiado, C-20, **C-20**
ciclo de término, C-28
conjunto de instruções RISC, C-5
desdobramento, 231
tabela de histórico, C-23
VAX, K-57
WCET, E-4
**Desvio adiado**
comportamento, **C-20**
definição, C-20
história do compilador, M-33
**Desvios condicionais**
escalonamento global do código, H-16, **H-16**
opções, A-18–19, **A-19**

**Desvios condicionais** *(Cont.)*
previsão estática de desvio, C-22
unidades de processamento gráfico, 323–326
**Detecção de colisão, redes de mídia compartilhada, F-23–24**
**Detecção de falha, 64**
**Detecção de fluxo de loop, 254**
**Detecção de portadora, F-23–24**
**DF.** *Ver* Data fetch (DF)
**Digital Alpha**
Digital Alpha 21064, M-48
história da sincronização, M-64–65
instruções condicionais, H-27
processadores
avanços recentes, M-35
MAX, suporte para multimídia, **E-11**
**Digital Equipment Vax, 2**
**Digital Linear Tape, M-85**
**Digital signal processor (DSP)**
definição, E-3
exemplos e características, E-6
extensões de mídia, E-10–11
RISCs embarcadas, K-28
suporte de multimídia para desktop, **E-11**
telefones celulares, E-23–24, **E-23**
TI TMS320C55, **E-6–7**, E-7–8
TI TMS320C64x, **E-9**
TI TMS320C6x, E-8–10
TI TMS320C6x, pacote de instruções, **E-10**
visão geral, E-5–7
**Dígito de arredondamento, J-18**
**Dimension-order routing (DOR), F-46–47**
**Directed acyclic graph (DAG), 582**
**Direct memory access (DMA)**
base histórica, M-89
câmera digital Sanyo VPC-SX500, E-19
funções da interface de rede, F-7
protocolos de cópia zero, F-95
Sony PlayStation 2 Emotion Engine, E-18
TI TMS320C55 DSP, E-8
**DirectX 9, M-51–52**
**DirectX 10, geração, M-52–53**
**Discos conectados diretamente, D-35**
**Discos flexíveis, M-85–86**
**Disponibilidade**
projeto/avaliação do sistema de E/S, D-36–37
sistemas de computação, D-43
**Disponibilidade do módulo, 37**
**Dispositivos de E/S**
base histórica, M-88–89
desempenho, D-15–23
estratégia de escrita, B-11
redes comutadas, F-2
redes de mídia compartilhada, F-23
SANs, F-4
switch *versus* NIC, F-90
tradução de endereço, B-38
**Dispositivos inteligentes, base histórica, M-88**
**Distância de busca, D-46, D-46–47**

**Distância de dependência, dependências transportadas pelo loop, H-6**
**Distribuição de Poisson**
equação básica, D-28
variáveis aleatórias, D-26–34
**Distribuição exponencial, D-27**
**Distributed shared memory (DSM), 371, 373**
arquitetura, **373**
características, **I-45**
coerência de cache baseada em diretório, 404–412, **405**
desvantagens, 372–373
processador multicore, 373, **405**, **452**
tempo de acesso, 372–373
**Divisão com raiz mais alta, J-54–55**
**Divisão com restauração, J-5, J-6**
**Divisão de inteiros sem sinal com *n* bits, J-4**
**Divisão iterativa de ponto flutuante, J-27–31**
**Divisão sem restauração, J-5, J-6**
**DLP.** *Ver* Data-level parallelism (DLP)
**DLX, aritmética com inteiros, J-11–12**
**DNNs.** *Ver* Deep Neural Networks (DNNs)
**Domain-specific architectures (DSAs), 5**
array sistólico, 561
chip customizado, 602
conjunto de instruções aberto, 594
contadores de desempenho, 603
CPUs e GPUs *versus* aceleradores de DNN, 595–602
custo-desempenho, 600–601
desempenho/watt, 600–601
diretrizes para, 543–544, **543**
heterogeneidade, 592–594
Intel Crest, 579
ISPs, 580–582
Microsoft Catapult
aceleração de busca na, 573–574
avaliando, 601–602
CNNs na, 570–572, **571–572**
diretrizes, 577–579
implantação da versão 1, 574
implantação da versão 2, 575–577, **576–577**
implementação e arquitetura, 568–569
projeto da placa, **568**
software, 569
Pixel Visual Core
arquitetura do conjunto de instruções, 587–588
array bidimensional, **586**
avaliando, 601–602
buffers de linha bidimensionais, 589–590
buffers de linha no, 590
diagrama, **592**
elemento de processamento, 588–589
exemplo, 588
filosofia da arquitetura, 583–584
Halo, 584–585
implementação, 590–591
processador, 585–587
software, 582
projetando, 604

**ELSEVIER** Índice I-11

Domain-specific architectures (DSAs) *(Cont.)*
  redes neurais profundas
    aplicações, **547**
    ativação, 546
    batches, 556
    neurônios de, 546–547
    perceptron multicamadas, 549–550
    pesos/parâmetros, 546
    quantização, 556
    rede neural convolucional, 550–552
    rede neural recorrente, 553–555
    tamanhos/tempo de conjunto de
      treinamento, **548**
    treinamento *versus* inferência,
      547–549
  renascença da arquitetura, 605–606
  rooflines, 596–600
  sistema em um chip, 592–594
  TCO, 600–601
  tempo de resposta, 596–600
  throughput, 596–600
  unidade de processamento de tensor
    arquitetura, 557–558
    arquitetura do conjunto de instruções,
      559
    diagrama de blocos, **558**
    diretrizes, 566–567
    estudo de caso, 606–617
    implementação, 560–563
    melhorando, 564–566
    microarquitetura, 559–560
    origem, 557
    placa de circuito impresso, **563**
    programa TensorFlow, **564**
    software, 563
    substrato, **562**
Domínios convidados, 126
Domínios de driver, máquina virtual
  Xen, 126
Domínios ociosos, TI TMS320C55 DSP,
  E-8
Double data rate (DDR), 87, 399
  IBM Blue Gene/L, I-43
  InfiniBand, F-81
DPL. *Ver* Descriptor privilege level (DPL)
DRAM embarcada, 91
DRAM empilhada, 91
DRAM. *Ver* Dynamic random-access memory
  (DRAM)
DRDRAM, Sony PlayStation 2, E-16
DSAs. *Ver* Domain-specific architectures
  (DSAs)
DSM. *Ver* Distributed shared memory (DSM)
DSP, E-7
DSP. *Ver* Digital signal processor (DSP)
Dual inline memory modules (DIMMs),
  F-74, 89
Duplas palavras, A-7, **A-8**, **A-14**, K-35, 300
Duplicação de cauda, escalonamento de
  superbloco, H-21
Dynamically allocatable multi-queues
  (DAMQs), F-56
Dynamic programming feature (DPF), 577

Dynamic random-access memory (DRAM)
  armazenamento em disco, D-3
  benchmarks embutidos, E-13
  confiabilidade, 516
  Cray X1, G-22
  custo *versus* tempo de acesso, **D-3**
  empilhada/embutida, 91
  empilhamento de substrato, **91**
  erros e falhas, D-11
  história do armazenamento magnético,
    M-86
  IBM Blue Gene/L, I-43–44
  melhoria de desempenho da memória,
    87–90
  operações aritméticas e custo de
    energia, **29**
  organização interna, 86
  parâmetros de temporização, 153–155
  PlayStation 2, **E-16**, E-17
  pressões no preço, 34
  primeiros computadores vetoriais,
    M-47–49
  processador vetorial, G-9–10, G-25
  projeto da hierarquia de memória, 85–87
  semicondutor, 19
  sistemas de memória vetoriais, G-9–10
  taxas de clock, largura de banda e
    nomes, **89**
Dynamic voltage-frequency scaling
  (DVFS), 27

# E

E-24 RF. *Ver* Register fetch (RF)
Earth Simulator, M-48–49, M-63
ECC. *Ver* Error-Correcting Code (ECC)
Eckert, J. Presper, M-2–5, M-20
Eckert-Mauchly Computer Corporation, M-5,
  M-57
ECL, minicomputador, M-20
Economia do lado da água, 508
EEMBC. *Ver* Electronic Design News
    Embedded Microprocessor
    Benchmark Consortium (EEMBC)
Efeito do conjunto de trabalho, I-24
Eficiência energética, 434–437, 467. *Ver*
    *também* Consumo de energia
  benchmarks embutidos, E-13
Electronically erasable programmable
    read-only memory (EEPROM), 92
Electronic Design News Embedded
    Microprocessor Benchmark
    Consortium (EEMBC), 41
  classes de benchmark, E-12
  conjuntos de kernel, **E-12**
  métricas de consumo de energia e de
    eficiência, E-13, **E-13–14**
Electronic Discrete Variable Automatic
    Computer (EDVAC), M-2–3
Electronic Numerical Integrator and
    Calculator (ENIAC), M-2–3, M-85
Elemento de vetor, 289
Eliminação global de subexpressão comum,
  A-26

EMC, M-87–88
Emotion Engine
  modos de organização, **E-18**
  Sony PlayStation 2, estudo de caso,
    E-15–18
    diagrama de blocos, **E-16**
    organização, **E-18**
empowerTel Networks, processador MXP,
  E-14–15
Encadeamento
  comboios no código DAXPY, **G-16**
  desempenho de processador vetorial,
    G-11–12, **G-12**
Encadeamento flexível, 290–291
  processador vetorial, G-11
Enclaves, extensões do conjunto de
  instruções, 125
Encore Multimax, M-59–60
Endereçamento adiado com autoincremento,
  K-52–53
Endereçamento adiado do registrador,
  K-52–53
Endereçamento adiado por deslocamento de
  byte/word/long, K-52–53
Endereçamento de memória, 13
  arquiteturas de vetor, **G-10**
  especulação baseada em compilador,
    H-32
  imediato/literal, A-12, A-12
  interpretando, A-7–8
  modo de endereçamento por
    deslocamento, A-11–12
  modos de endereçamento, A-8–11, **A-10**
Endereçamento de passo unitário, A-31–32
Endereçamento de registrador, K-52
Endereçamento em passos, A-31–32. *Ver*
    *também* Endereçamento de passo
    unitário
Endereçamento imediato, K-52
Endereçamento indexado, K-34, K-53
Endereçamento indireto, K-52
Endereçamento por deslocamento de
  byte, K-52
Endereçamento por deslocamento de
  palavra, K-52
Endereçamento por deslocamento, K-52
Endereçamento por deslocamento longo,
  K-52
Endereçamento relativo ao PC, A-9, K-52
Endereço de destino
  buffers de destino de desvio, 231
  conjunto de instruções RISC, C-5
  hazards de desvio, C-18–19
  problemas de desvio do pipeline,
    C-35–36
  redução da penalidade por desvio,
    C-19–20
Endereço de destino de desvio
  conjunto de instruções RISC, C-5
  hazards de desvio, **C-38**
  problemas de desvio do pipeline, C-35–36
Endereço de movimento, K-55–56
Endereço de retorno, previsores, 232–234

## Índice

Endereço efetivo, A-8–9
  conjunto de instruções RISC, C-5
  implementação RISC simples, C-27
  pipeline RISC clássico, C-8
  TLB, B-49
Endereço físico
  cache de dados do AMD Opteron, B-12–13
  chamadas seguras, B-54
  endereço virtual, **B-45**
  memória virtual, B-42, B-51
  memória virtual paginada do AMD64, B-55
  tradução, B-36–40
Endereço, previsão de aliasing, 239–240
Endereço virtual
  cache de dados AMD Opteron, B-12–13
  endereço físico, **B-45**
  e tamanho de página, B-58
  gerenciamento de memória do Opteron, B-54–57, **B-55**
  hierarquia de memória, **B-39**
  mapeamento do Opteron, **B-55**
  memória virtual, **B-41**, B-42, B-44
  taxa de falta *versus* tamanho de cache, **B-37**
  tradução, B-36–40
Energia
  dentro do microprocessador, 25–28
  e DLP, 345
  limites de, 28–29
  perspectiva de sistemas, 23–24
  proporcionalidade, 503
Energia dinâmica, 25
Engineering Research Associates (ERA), M-4–5
ENIAC. *Ver* Electronic Numerical Integrator and Calculator (ENIAC)
Entrega de instruções, 228–240
  estágio, Itanium 2, H-42
EPIC, abordagem
  base histórica, M-33
  IA-64, H-33
Error correcting codes (ECCs), 93–94
  armazenamento de disco, D-11
  confiabilidade do hardware, D-15
  RAID 2, D-6
Erros, definição, D-10
Erros de software, 93
Erros rígidos, projeto de hierarquia de memória, 93
E/S assíncrona, D-35–36
Escalabilidade
  princípios de projeto de computador, 48
  sistemas de servidor, 9
Escalada de Dennard, 4–5, 58, 368–369, 442
Escalada forte, 439
Escalada fraca, 439
Escalada restrita à memória, I-33–34
Escalada restrita no tempo, I-33–34
Escalonamento
  aplicações científicas no processamento paralelo, I-34

Escalonamento *(Cont.)*
  benchmarks SPECintRate, 429–431, **431**
  CMOS, 442–443
  forte, 439
  fraco, 439
  paralelismo em nível de instrução, 442
  processador multicore, **432**, 442–444
  razões entre computação e comunicação, **I-11**
Escalonamento de código
  escalonamento de rastreio, H-19–21, **H-20**
  escalonamento de superbloco, H-21–23, **H-22**
  exemplo, **H-16**
  paralelismo, H-15–23
Escalonamento de código global
  escalonamento de rastreio, H-19–21, **H-20**
  escalonamento de superbloco, H-21–23, **H-22**
  exemplo, **H-16**
  paralelismo, H-15–23
Escalonamento de pipeline
  estudo de caso de técnicas microarquitetônicas, 266–273
  paralelismo em nível de instrução, 177–182
Escalonamento de rastreio, H-19–21, **H-20**
Escalonamento de superbloco
  história do compilador, M-33
  processo básico, H-21–23, **H-22**
Escalonamento dinâmico
  algoritmo de Tomasulo, 195–204
    etapas, **205**
    exemplo baseado em loop, 204–208, **206**
  código não otimizado, C-70
  com scoreboard, C-66–70, **C-68**
  definição, C-65–66
  execução fora de ordem, 193–194
  hazards de dados, 191–201
  primeiro uso, M-28–29
  vantagens, 191–192
Escalonamento do compilador, suporte do hardware, M-32–33
Escalonamento estático
  código não otimizado, C-70
  definição, C-65
  paralelismo em nível de instrução, 218–222
Escalonamento policíclico, M-32
Escrita, protocolo de atualização, 381
Escrita, protocolo de broadcast, 381
E/S de rede, 467
E/S, operações voltadas para, 121, 123–124
Espaço de endereços
  global, B-52
  hierarquia de memória, B-57
  local, B-52
  memória compartilhada, 373
  memória virtual, B-12, B-40, **B-41**, B-44, B-55
Espaço de endereços global, B-52

Espaço de endereços local, B-52
Espaço tridimensional, redes diretas, F-39
Especificador de endereço, A-21, K-54
Especulação
  baseada no hardware, 208–217
    buffer de reordenação, 209–212, 214–215
    definição, 208
    desvantagem, 241
    escrita de resultados, 217
    etapa de execução de instrução, 211–212
    execução de fluxo de dados, 209
    principais ideias, 208
    *versus* especulação de software, 240–241
  dependência de controle, 175–176
  desafio de despachos por clock, 236–237
  desvantagens, 238
  desvios múltiplos, 238
  e eficiência energética, 238–239
  estudo de caso de técnicas microarquitetônicas, 266–273
  estudos de ILP, M-33–34
  execução, 241
  IA-64, H-38–40
  origens do conceito, M-31
  previsão de aliasing de endereço, 239–240
  questões cruzadas, 127–128
  referência de memória, suporte do hardware, H-32
  renomeação de registrador *versus* ROB, 234–236
  software, 176, 240–241
  técnicas avançadas, 228–240
  tratamento de exceção, 199
  vantagens, 237–238
Especulação baseada em hardware, 208–217
  buffer de reordenação, 209–212, 214–215
  definição, 208
  desvantagem, 241
  escrita de resultados, 217
  etapa de execução de instrução, 211–212
  execução do fluxo de dados, 209
  principais ideias, 208
  *versus* especulação de software, 240–241
Especulação de software
  baseada em hardware *versus*, 240–241
  definição, 176
Especulação do compilador, suporte do hardware
  exemplos de cálculo, H-29
  preservando o comportamento da exceção, H-28–32
  referências de memória, H-32
  visão geral, H-27
esquema previsto-não-tomado, C-19–20, **C-19**
Esquemas de proteção
  chamadas seguras, B-54
  desenvolvimento, M-9–12
  interfaces de rede, F-8
  memória virtual, B-41
  memória virtual segmentada, B-51–54
  Pentium *versus* Opteron, B-57

Esquemas de proteção *(Cont.)*
processos, B-50
questões cruzadas, 126–127
E/S síncrona, definição, D-35
Estação base, E-22–23
Estações de reserva
barramento de dados comum, **202**
campos, 199–200
renomeação de registrador, 196–197,
199–200
Estado balanceado no fluxo, **D-24**
Estado compartilhado
bloco de cache, 386
definição, 383–384
Estado local, 377
Estado modificado, 383–384, 406
coerência de cache do multiprocessador de
grande escala, I-35–36
Estado sem cache, 406
Estágio de busca, TI, 320C55 DSP, E-7
Estágio de confirmação, 211
Estágio de decodificação, TI, 320C55 DSP,
E-7
Estágio de despacho
estágio ID do pipe, 194
etapa de instrução, 197, 211
Estágio de despacho, 266–273
Estágio de endereço, TI, 320C55
Estágio de entrega de operando, Itanium 2,
H-42
Estágio de front-end, Itanium 2, H-42
Estágio de pipe
acréscimos de registradores, C-31
contador de programa, **C-31–32**
definição, C-3
interrupção/reinício de exceção, C-41
problemas de desempenho, C-8–10
processador RISC, C-8
Estágios Access 1/Access 2, TI 320C55 DSP,
E-7
Estrangulamento, pacotes de, F-10
Estratégia de escrita
hierarquia de memória, B-45–46
memória virtual, B-45–46
Etapa de execução
Itanium 2, H-42
TI, 320C55 DSP, E-7
ETA, processador, G-26–27
Ethernet, 478
e largura de banda, **F-82**, F-93
estatísticas de tempo total, **F-94**
formato de pacote, **F-79**
LANs, F-4, F-82–84, F-103–104
redes de área de sistema (SANs), F-76–77
redes de mídia compartilhada, F-23–24
redes de mídia compartilhada *versus*
comutada, **F-23**
switch *versus* NIC, **F-90**
WAN, F-84–85
Eugene, Miya, M-65
European Center for Particle Research
(CERN), F-102

EVEN-ODD, desenvolvimento de
esquema, D-10
Evento de retomada, exceção, C-40
Eventos assíncronos, exceção, C-39
Eventos mascaráveis pelo usuário,
exceção, C-39
Eventos não mascaráveis do usuário,
exceção, C-39
Eventos síncronos, exceção, C-39
Eventos solicitados pelo usuário,
exceção, C-39
Exceção
aritmética de ponto flutuante, J-34–35
categorias, **C-40**
dependência de controle, 174–175
imprecisa, 194
interrompendo/reiniciando, C-41–42
ponto flutuante, C-41–42
precisa, C-41–44
preservação por meio do suporte do
hardware, H-28–32
proteção da memória, 175
RISC-V, C-42–43, **C-42**
sequências inesperadas, C-70
tipos e requisitos, C-38–41, **C-40**
unidade lógica e aritmética, C-5
Exceção dentro de instruções, C-39
complicações do conjunto de
instruções, C-45
interrompendo/reiniciando exceção, C-41
Exceção entre instruções, C-39, C-45
Exceção forçada, C-39
Exceção inexata
aritmética de ponto flutuante, J-35
underflow de ponto flutuante, J-36
Exceção inválida, aritmética de ponto
flutuante, J-35
Exceções imprecisas, 194
Exceções precisas
definição, C-41–44
mantendo, C-53–55
Exclusão multinível, B-35
Execução, C-69, 198, 211
Execução em ordem
falta de cache, B-2
processadores IBM Power, **265**
tempo médio de acesso à memória, B-18
Execução fora de ordem
e falta de cache, B-2
escalonamento dinâmico, 193–194
esquema de Tomasulo, 208
estudo de caso de técnicas
microarquitetônicas, 266–273
hierarquia de memória, B-2
penalidade por falta, B-20–21
pipelines de escalonamento dinâmico,
C-66
Exploração baseada estaticamente, ILP, H-2
Expoente não enviesado, J-15
Exponent enviesado, J-15–16
Expressões em forma livre, 573–574
Extensões da mídia, DSPs, E-10–11

Extensões SIMD de multimídia, M-49–50
DSPs, E-11
Extração de recursos, 573, **574**

# F

Fabricação de chip de computador Cray X1E,
G-24
Fábrica de rede, F-24–25
Fábrica de switch de múltiplos estágios, F-31
Fábrica de switch, redes de mídia comutada,
F-24–25
Failures in time (FIT), 37
Falha, 111
benchmarks de confiabilidade, D-21
definição, D-10
erros de programação, D-11
Tandem Computers, D-13
Falha. *Ver também* Mean time between
failures (MTBF); Mean time to
failure (MTTF)
bits de modificação, D-61–64
confiabilidade, 37–38
definição, D-10
projeto Tertiary Disk de Berkeley, D-12
RAID
paridade diagonal da linha, **D-9**
reconstrução, D-55–57
sistema de armazenamento, D-6–10
componentes, D-43
taxas de subsistema de disco, 51–52
Tertiary Disk, D-13
Falha parcial do disco, bits de modificação,
D-61–64
Falha permanente, redes de interconexão
comerciais, F-70
Falhas ambientais, sistemas de
armazenamento, D-11
Falhas de operação, D-11
Falhas de projeto, D-11
Falhas duplas, reconstrução RAID, D-55–57
Falhas intermitentes, D-11
Falhas permanentes, D-11, 93
Falha transiente, F-70
Falta de cache
definição, B-2
multiprocessador de memória distribuída,
**I-32**
multiprocessadores de grande escala,
I-34–35
rede de interconexão, F-91–92
substituição de bloco, **B-10**
WCET, E-4
Falta de cache de dados
aplicações *versus* SO, B-59
escritas, **B-10**
Opteron, B-12–15, **B-13**
tamanhos e associatividades, **B-10**
Falta de endereço, B-42
Falta de escrita, 411, 418
cache de dados do AMD Opteron, B-12
cache de dados do Opteron, B-12, B-14
ciclos de clock de stall da memória, B-4

## I-14 Índice

Falta de escrita (Cont.)
  coerência de cache, **384–385**, 385, **387**
  opções, B-11
  operação, 408
  protocolo de coerência de cache baseado
      em diretório, 411
  redução da penalidade de falta, B-35–36
Falta de leitura, 382–383, 410
  cache de dados do Opteron, B-14
  ciclos de clock de stall da memória, B-4
  coerência de cache, **384–385**, 386, 388
  protocolo de coerência de cache baseada
      em diretório, 410–411
  redução de penalidade por falta, B-35–36
Falta de página
  definição, B-2–3, B-42, B-45
  interrupção/reinício de exceção, C-41
Faltas com partida a frio, B-23
Faltas compulsórias, B-23
  projeto de hierarquia de memória, 81
  tamanho da cache, **B-24**
Faltas de coerência, I-22, 82, 393
Faltas de compartilhamento verdadeiro,
      393–394, 397, **398**
Faltas de primeira referência, B-23
Faltas de recursos
  cargas de trabalho científicas em
      multiprocessadores simétricos de
      memória compartilhada, I-22,
      I-24, **I-24**
  definição, B-23
  projeto da hierarquia de memória, 81
  tamanho de cache, **B-24**
Faltas por colisão, B-23
Faltas por conflito
  otimizações de cache, B-23
  projeto de hierarquia de memória, 82
  tamanho da cache, **B-24**
Faltas por instrução
  desempenho da cache, B-5–6
  estatísticas da aplicação/SO, **B-59**
  e tamanho de bloco, 397–399, **398**
  projeto de hierarquia de memória, 82
  vantagem, B-6
Faltas transientes, D-11, 93
Fase de concessão, arbitração, F-49–50
Fase de requisição, F-49–50
Fast Fourier transformation (FFT)
  características, I-7
  exemplos de cálculo, I-27–29
  multiprocessador de memória
      distribuída, **I-32**
  multiprocessadores simétricos de memória
      compartilhada, I-22, **I-23**, I-25–26
Fator de complexidade do processo, 34
Fator de eficiência, F-53, F-55–56
Fator de recepção médio
  redes comutadas centralizadas, F-33
  redes de interconexão de múltiplos
      dispositivos, F-26–27
FC-AL. Ver Fiber Channel Arbitrated
      Loop (FC-AL)

FC. Ver Fiber Channel (FC)
Feature Functional Unit (FFU), 576
FEC. Ver Forward error correction (FEC)
Federal Communications commission
      (FCC), D-15
FENCE no RISC-V, 420–422
FFT. Ver Fast Fourier transformation (FFT)
Fiação de cobre
  Ethernet, F-82
  redes de interconexão, F-9–10
Fibra multimodos, redes de interconexão,
      F-9–10
Fibre Channel Arbitrated Loop (FC-AL),
      M-88, F-106
  servidores de blocos versus arquivadores,
      D-35
Fibre Channel (FC), F-106
  arquivador NetApp FAS6000, D-41–42
  benchmarking do sistema de arquivos,
      **D-20**
Fibre Channel Switched (FC-SW), F-106
FIFO ponderado, 558
Fila
  cálculos de tempo de espera, D-26
  definição, D-25
  discipline, D-26
  Intel Core i7, **256**
Filtros, receptor de rádio, **E-23**
Fingerprint, sistema de armazenamento,
      D-48
Fios, escalonamento, 21–23
Firmware, interfaces de rede, F-7–8
First-In First-Out (FIFO), B-9, **B-10**, 197
  definição, D-26
FLASH, multiprocessador, M-62
Floating-point registers (FPRs)
  IA-64, H-34
  IBM Blue Gene/L, I-42
Floating Point Systems AP-120B, M-30
Fluent, F-80–81
Flush, redução de penalidade por desvio, C-19
Fluxo de controle baseado em crédito, F-10,
      F-18, F-69, F-75
Fluxo de dados
  dependência de controle, 174–176
  escalonamento de código global, H-17–18
  execução, especulação baseada em
      hardware, 209
  limite, M-34
Forma canônica, B-55
Formatos de instrução
  arquitetura de computador com
      linguagem de alto nível, M-20
  IA-64 ISA, H-34–38, **H-39**
  modos de endereçamento e, K-6–9
Form factor, redes de interconexão, F-9–10
Fórmula de Bose-Einstein, 34
FORTRAN
  análise de dependência, H-6
  divisão/resto de inteiros, J-12
  histórica da medição de desempenho, M-6
  vetorização do compilador, G-14, G-15

Forward error correction (FEC), E-5–7
FPGA, 568–569
  Catapult, 567
  Feature Extraction, **574**
Fração do tráfego da bisseção, F-41–42
Fragmentação interna, B-47
Frame de pilha, K-57
Frequência modulada (FM), redes sem fio,
      E-21
FU. Ver Functional unit (FU)
Fujitsu Primergy BX3000, servidor de
      lâminas, F-89
Fujitsu SPARC64 X+, 389, 426, 429
  desempenho, 429–431, **432**
  recurso, **427**
Fujitsu VP100, M-48
Fujitsu VP200, M-48
Full-duplex, modo, F-23
Funções de alta ordem, A-18
Funções virtuais, A-17
Functional unit (FU), C-46
  Itanium 2, H-41–43
  latência, **C-47**, 177
  OCNs, F-3
  slots de execução em processadores
      superescalares, 244–245, **244**
Fusão de macro-operação, 253
Fusão de micro-operação, ALU, 254

# G

Ganho de velocidade
  adição de inteiros
    carry-lookahead, árvore, **J-40**
    carry-lookahead, circuito, **J-38**
    carry-lookahead, J-37–41
    carry-lookahead, somador de árvore,
        **J-41**
    carry-select, somador, J-43–44, **J-43–44**
    carry-skip, somador, J-41–43, **J-42**
    visão geral, J-37
  adição de ponto flutuante, J-25–26
  divisão de inteiros
    com único somador, J-54–57
    divisão radix-2, **J-55**
    divisão radix-4, **J-56**
    divisão radix-4 SRT, **J-57**
    divisão SRT, J-45–47, **J-46**, J-55–57
    divisão SRT de inteiros, J-45–47, **J-46**
  do multithreading, 248
  Lei de Amdahl, 374–375
  linear, 438–439, **440**
  multiplicação de inteiros
    array par/ímpar, **J-52**
    árvore de Wallace, **J-53**
    com único somador, J-47–49, **J-48–49**
    muitos somadores, J-50–54, **J-50**
    multiplicador de array, **J-50**
    multiplicador de array em múltiplas
        passadas, **J-51**
    recodificação de Booth, **J-49**
    tabela de adição de dígito com sinal,
        **J-54**

## Índice    I-15

Ganho de velocidade *(Cont.)*
multiplicação/divisão de inteiros,
deslocando sobre zeros, J-45
organizações de buffer do switch, F-59–60
pipeline com stalls, C-11–12
princípios de projeto de computador,
49–52
SPECfpRate, benchmarks, 440, **440**
SPECintRate, benchmarks, 440, **440**
TPC-C, benchmarks, 440, **440**
Ganho de velocidade escalado. *Ver*
Escalonamento fraco
Ganho de velocidade linear,
multiprocessador, 438–439, **440**
Gateways Ethernet, F-83
Gather-scatter, A-31–32, 301–302, 352
matrizes dispersas, G-13–14
GE, 645, M-9–10
GeForce, 8800, M-52
General-Purpose Computing on GPUs
(GPGPU), M-52
General-purpose registers (GPRs)
arquiteturas, A-3
IA-64, H-38
Gerenciamento de congestionamento,
F-68–70
Gibson, mistura de, M-6
Global Environment for Network Innovation
(GENI), F-102
Global Positioning System, CDMA, E-25
Global system for mobile (GSM),
comunicação por telefones
celulares, E-25
Goldschmidt, algoritmo de divisão,
J-29–30
Goldstine, Herman, M-2–3
Google
contêineres, M-76
história dos clusters, M-63
Google App Engine, M-75–76
Google Clusters, 94
consumo de energia, F-89
Google File System (GFS), 474
Google Translate, 4, 7, 40–45
Google, WSCs
distribuição de energia, 504–506
eficiência na utilização de energia, **485**
fluxo de ar, 506
geradores, **505**
mecanismo de chaveamento, **505**
racks, 509–510, **509**, 512
redes, 510–511
refrigeração, 506–508
servidores, **505**, 512–513, 513
subestação no local, **504**
switches de rede, **502**
tráfego de rede, **501**
transformadores, **505**
zonas de disponibilidade, **498**
Gordon Bell Prize, M-58
GPGPU. *Ver* General-Purpose Computing on
GPUs (GPGPU)

GPRs. *Ver* General-purpose registers (GPRs)
GPUs escaláveis, M-51
Graphical Processor Units (GPUs)
base histórica, M-50–51
escalável, M-51
história da computação, M-52–53
Graphics data RAMs (GDRAMs), 90
Graphics processing unit (GPU), 10
arquitetura de GPU Pascal, 328–331
arquiteturas de vetor *versus*, 331–334,
**332**
computadores SIMD multimídia
*versus*, 335
desvio condicional, 323–326
DNN e CPUs *versus*, 595–602
embarcada *versus* servidor, 346–353
falácia, 353
guia rápido, **314**
implementação do kernel de vetor,
357–359
NVIDIA, estruturas computacionais,
313–320
NVIDIA GPU, arquitetura do conjunto de
instruções, 320–323
NVIDIA GPU, estruturas de memória,
326–328, **327**
programação, 310–313
SIMD e MIMD multimídia *versus*,
347–353
Graphics synchronous DRAMs
(GSDRAMs), 90
Graphics Synthesizer, Sony PlayStation 2,
E-16–18, E-16
Gravação em serpentina, M-85
Grupos de instruções, IA-64, H-34
Gshare, previsores
híbrido marcado *versus*, **190**
previsor de dois bits, 184, **186**, 262

## H

Half-duplex, modo, F-23
Halo, 584–585
HAMR, 19
Handshaking, redes de interconexão, F-10
Hardware, 17
detecção de hazard do pipeline, **C-34**
falhas, D-11
para expor o paralelismo, H-23–27
projetando, 17–18
redes de interconexão, F-8
suporte à especulação do compilador
preservando o comportamento da
exceção, H-28–32
referências de memória, H-32
visão geral, H-27
suporte ao escalonamento do compilador,
M-32–33
Hardware de ativação, 557–558
Harvard, arquitetura, M-3–4
Hazards. *Ver também* Hazards de dados
complicações do conjunto de
instruções, C-45

Hazards *(Cont.)*
dados. *Ver* Hazards de dados
definição, C-10–11
estruturais. *Ver* Hazards estruturais
funcionais, 266–273
hardware de detecção, C-34
hazards de controle, C-11
pipelines de maior latência, C-49–52
Read After Write (RAW), C-12–14
Write after read (WAR), C-12
Write after write (WAW), C-12
Hazards de controle, C-11
Hazards de dados
complicações do conjunto de instruções,
C-45
definição, C-11
escalonamento dinâmico, 191–201
estudo de caso de técnicas
microarquitetônicas, 266–273
execução de instruções em pipeline, C-13
minimização do stall por adiantamento,
C-14–15, **C-15–16**
ordem do programa, 173–174
requisitos do stall, C-16–17
tipos, C-12
Hazards de desvio, C-18–22
desempenho de esquema, C-21–22, **C-22**
exemplos de esquema simples, C-21–22
problemas de pipeline, C-35–37
redução de penalidade, C-19–20
Hazards estruturais
definição, C-11
verificação, C-52
Hazards funcionais, 266–273
Head-of-line (HOL), bloqueio, F-59–61,
**F-60**
Heap, A-29
HEP, processador, M-35
Heterogeneidade, DSAs, 592–594
Hewlett-Packard AlphaServer, F-104–105
Hewlett-Packard, microprocessadores RISC,
G-26
Hewlett-Packard PA-RISC
MAX2, suporte para multimídia, **E-11**
método EPIC, M-33
precisões de ponto flutuante, J-33
Hewlett-Packard, PA-RISC, K-3
Hewlett Packard, WSCs de servidores, 476
Hierarquia de memória, F-91–92
desempenho de cache, B-3–6, B-15–16,
**B-40**
equações, **B-22**
execução fora de ordem, B-20–21
exemplo de cálculo, B-16–17
penalidade por falta, B-20–21
tempo de acesso médio à memória,
B-17–20
desenvolvimento, M-9–12
endereço virtual para cache L2, **B-39**
espaço de endereços, B-57
estratégia de escrita, B-45–46
identificação de bloco, B-8–9

## Índice

Hierarquia de memória *(Cont.)*
memória virtual, B-2–3, B-40–49
caches e, B-42–43, **B-42**, B-48–49, **B-48**
classes, B-43
espaço de endereços, B-12, **B-41**, B-44, B-55
exemplo paginado, B-54–57
exemplo segmentado, B-51–54
faixas de parâmetros, **B-42**
Intel Pentium *versus* AMD Opteron, B-57
proteção, B-49–50
proteção do Pentium *versus* Opteron, B-57
questões, B-44–46
seleção do tamanho de página, B-46–47
tradução de endereço, B-46, **B-47**
níveis na redução de velocidade, **B-3**
Opteron, exemplo de cache de dados, B-12–15, **B-13**, **B-15**
Opteron L1/L2, **B-57**
otimizações de cache, B-22–40, **B-40**
categorias de falta, B-23–25
redução da penalidade por falta, B-30–36
redução da taxa de falta, B-26–30, **B-27**
redução do tempo de acerto, B-36–40
posicionamento de bloco, B-7–8, **B-7**
questões, B-6–12
SO e tamanho de página, B-58
substituição de bloco, B-9, **B-10**
terminologia, B-2
WSCs, 479–482, **479**
High bandwidth memory (HBM), 346
arquitetura da GPU Pascal, 329
otimização de cache, 114–117
projeto de hierarquia de memória, 91
High-level language computer architecture (HLLCA), M-20
High-performance computing (HPC), 466
história do processador vetorial, G-27–28
High Performance Fortran (HPF), programas, 422
Hillis, Danny, M-46, M-56, M-58–59, M-76
Histograma, D-26
Hitachi S810, M-48
HLLCA. *Ver* High-level language computer architecture (HLLCA)
Hops, F-36, **F-40**
Hora do relógio, 39
aplicações científicas em processadores paralelos, I-33
Host
estrutura de memória da GPU NVIDIA, 327
máquina virtual, 121
Host channel adapters (HCAs), F-90
base histórica, M-89
Hot swapping, F-71–73
HPC. *Ver* High-performance computing (HPC)
HP Precision Architecture, aritmética de inteiros, J-11–12

HP ProLiant BL10e G2, servidor de lâminas, F-89
HPSm, M-31
HyperTransport, F-67
arquivador NetApp FAS6000, D-42
Hypervisor. *Ver* Virtual machine monitor (VMM)

## I

IAS, máquina, M-3, M-5
IBM
armazenamento magnético, M-85–86
BlueGene, 370
Chipkill, 94
desenvolvimento do processador de despacho múltiplo, M-29–30
história do cluster, M-62, M-74
história do computador, M-5
história do RAID, M-87
IBM 360, espaço de endereços, B-58
IBM 370, arquitetura, 124
trabalho inicial na VM, M-10
IBM 360
arquitetos, M-10
debates sobre processamento paralelo, M-58
definição da arquitetura do computador, M-18
desenvolvimento da hierarquia de memória, M-9–10
história do barramento de E/S, M-89
IBM 360/370, arquitetura, K-69–70
definição, K-69
desvios e instruções lógicas e de ponto flutuante — formato RX, K-71
desvios e loads/stores especiais — formato RX, K-72
instruções no formato RS e SI, K-72
instruções no formato SS, K-73
instruções R-R de desvio e definição de status, K-71
instruções R-R de inteiros/lógica e de ponto flutuante, K-70
medições detalhadas do 360, K-70–74
medições, K-70–74
perspectiva histórica e referências, K-75
IBM 360/85, M-11, M-29
IBM 360/91
antiga aritmética do computador, J-63
história, M-29
origens do conceito de especulação, M-31
IBM 370
antiga aritmética do computador, J-63–64
história do processador vetorial, G-27
overflow de inteiros, **J-11**
IBM 370/158, M-6–7
IBM 650, M-5
IBM 701, M-5
IBM 702, M-5
IBM 7030, M-27–28
IBM 704, M-5, M-27–28

IBM 705, M-5
IBM 801, M-20
IBM 3081, M-61
IBM 3090 Vector Facility, G-27
IBM 3840, cartucho, M-85
IBM 9840, cartucho, M-85
IBM AS/400, M-87
IBM Blue Gene/L, F-4, **I-44**
como cluster customizado, I-41–44, **I-43–44**
debates sobre processamento paralelo, M-59
histórico de cluster, M-64
nó de computação, I-42–44, **I-43**
rede de área de sistema (SAN), F-76–77
rede de toros, 3D, F-39
roteamento determinístico *versus* adaptativo, **F-53–56**
IBM CoreConnect
interoperabilidade entre empresas, F-68
OCNs, F-3
IBM eServer p5, multiprocessador
benchmarks, 440
custo-desempenho, 440, **441**
IBM Federation, interfaces de rede, F-18
IBM Power 1, M-31
IBM Power 2, M-31
IBM Power 4
avanços recentes, M-35
história do multithreading, M-36
IBM Power 5, 424
história do multithreading, M-36
Itanium 2, comparação, **H-43**
IBM Power 8, 371, 389–390, 426
desempenho, 431–432, 432
organizações no chip, **428**
projeto, 429
recurso, **427**
IBM Power, processadores
buffer de previsão de desvio, C-25
características, 265
IBM Pulsar, processador, M-35–36
IBM RP3, M-61
IBM RS/6000, M-58
IBM RT-PC, M-21
IBM SAGE, M-89
IBM Stretch, M-6
IBM zSeries, G-27
I-cache, previsão de via, 98–99
IC. *Ver* Instruction count (IC)
IDE, projeto de discos Tertiary Disk da Berkeley, D-12
ID. *Ver* Instruction decode (ID)
Idle Control Register (ICR), TI TMS320C55 DSP, E-8
IEEE, aritmética
base histórica, J-63–65
divisão iterativa, J-30
$-x$ *versus* $0 -x$, J-62
modos de arredondamento, **J-20**
NaN, J-14
números de precisão simples, J-15

IEEE, aritmética *(Cont.)*
  ponto flutuante, J-13–14
    adição, J-21–27
    exceções, J-34–35
    multiplicação, J-17–21
    resto, J-31–32
    underfl ow, J-36–37
IEEE 1394, Sony PlayStation 2 Emotion
    Engine, estudo de caso, E-15
IEEE 754, padrão de ponto fl utuante, J-16
IEEE padrão 802.3 (Ethernet), F-82
  história da LAN, F-82
IF, ciclo. *Ver* Instruction fetch (IF), ciclo
Illiac IV, M-45, M-55, F-104
ILP. *Ver* Instruction-level parallelism (ILP)
Image processing units (IPUs), 580–582
Image signal processors (ISPs), 580–582
  interconexão dos, **582**
  predecessores hardwired dos, 580–581
IMPACT, M-33
Implementação de kernel de vetor, estudo de
    caso, 357–359
Inclusão, 383
  caches L1, 423–424
  caches L2, 423–424
  caches L3, 424
  desvantagem, B-35
  história da hierarquia de memória,
    M-12
  implementação, 423–424
  multinível, B-34, 423
  propriedade, 78
Inclusão multinível, B-34, 423
  história da hierarquia de memória, M-12
Independência de posição, A-17
Índices
  cache de dados do Opteron, B-13
  recorrências, H-12
  tradução de endereço durante, B-36–40
InfiniBand, F-62, F-68, F-77–81, **F-79**
  história do cluster, M-64
Inktomi, M-63, M-74–75
Instrução de vetor
  definição, 289
  paralelismo em nível de instrução, 170
Instruções atômicas, sincronização de
    barreira, **I-14**
Instruções condicionais
  exemplos de cálculo, H-23–24
  expondo o paralelismo, H-23–27
  limitações, H-26–27
Instruções de destino
  buffers de destino de desvio, 231
  desvio condicional da GPU, 323
Instruções de fluxo de controle, 14
  classes, **A-17**
  compiladores
    estrutura, A-25–26, A-25
    papel, A-24–33
  instruções condicionais, H-27
  modos de endereçamento para, A-17–18
  opções de chamada de procedimento,
    A-19–20

Instruções de fluxo de controle *(Cont.)*
  opções de desvio condicional, A-18–19,
    **A-19**
  RISC-V, A-39–40
  tipos, A-16
Instruções predicadas
  exemplos de cálculo, H-25
  expondo o paralelismo, H-23–27
  IA-64, H-38–40
Instruction Count (IC), B-4, 53
  desempenho da cache, B-15–16
  equação de desempenho do processador, 52
  história do RISC, M-23
Instruction Decode (ID)
  conjunto de instruções RISC, C-5, C-6
  escalonamento dinâmico, C-66, 193
  hazards de dados exigindo stalls, **C-18**
  hazards de desvio, C-18
  implementação RISC simples, C-27
  pipeline MIPS R4000, C-56
  pipeline RISC, C-32–34, C-35
  pipeline RISC clássico, C-8
  pipelines com latência mais longa, C-50–51
  problemas de desvio de pipeline, C-35–36
Instruction Fetch (IF), 253
  ciclo
    ARM Cortex-A53, 249–250
    buffer de previsão de desvio, C-24
    conjunto de instruções RISC, C-4, **C-6**
    exceção RISC, **C-42–43**, C-43
    hazards de dados exigindo stalls, **C-18**
    hazards de desvio, C-18
    implementação RISC simples, C-27
    interrupção/reinício de exceção, C-41
    pipeline MIPS R4000, C-56
    pipeline RISC, C-31–33
  largura de banda, 228–232, **229–230**
  unidades integradas, 233–234
Instruction-level parallelism (ILP), 5, 10,
    368, 370
  buffer de previsão de desvio, C-25, C-25
  ciclos de clock por instrução, 168–169
  conceitos, 169–170
  definição, 168
  dependências de controle, 174–176
  dependências de dados, 170–172
  dependências de nomes, 172–173
  desdobramento de loop, 177–182
  escalonamento, 442
  escalonamento de compilador, M-32
  escalonamento dinâmico, 222–227
    algoritmo de Tomasulo, 195–208,
      **205–206**
    execução fora de ordem, 193–194
    hazards de dados, 191–201
    vantagens, 191–192
  escalonamento do pipeline, 177–182
  escalonamento estático, 218–222
  especulação, 222–227
    dependência de controle, 175–176
    desafio de despachos por clock,
      236–237
    desvantagens, 238

Instruction-level parallelism (ILP) *(Cont.)*
  desvios múltiplos, 238
  e eficiência energética, 238–239
  estudo de caso de técnicas
    microarquitetônicas, 266–273
  execução, 241
  hardware *versus* software, 240–241
  previsão de aliasing de endereço,
    239–240
  renomeação de registrador *versus* ROB,
    234–236
  técnicas avançadas, 228–240
  tratamento de exceção, 199
  vantagens, 237–238
  estudo de caso de técnicas
    microarquitetônicas, 266–273
  estudos preliminares, M-33–34
  exploração de, 2
  explorando estatisticamente, H-2
  expondo com suporte do hardware,
    H-23–27
  hazards de dados, 173–174
  história do multithreading, M-36
  IA-64, H-32
  limite do fluxo de dados, M-34
  métodos de exploração, H-21–23
  previsão de desvio
    correlacionando previsores de desvio,
      182–184
    especializada, 232–234
    Intel Core i7, 190–191
    previsores de torneio, 184–188, **186**
    previsores híbridos marcados, 188–190,
      **188**, **190**
  processadores de despacho múltiplo,
    M-31, 218–227
    características, **219**
    come speculação, **223**
    desafios, 182, 221–222
    estudo de caso de técnicas
      microarquitetônicas, 266–273
    processador escalonado
      dinamicamente, 222, 224
    superescalares, 218, 223
    técnica EPIC, 221
    técnica VLIW, 218–222, **220**
    vantagens, 221–222
  técnicas, 168
  técnicas agressivas baseadas em
    compilador, 168
  técnicas de compilador, 176–182
  TI, 320C6x DSP, E-8
Instruction register (IR)
  implementação RISC simples, C-27
  pipeline RISC, C-31–32
Instruction set architecture (ISA), 12–17. *Ver
    também* Intel 80x86, processadores;
    Reduced instruction set computer
    (RISC)
  alocação de registrador, A-27
  arquitetura de computador com
    linguagem de alto nível, M-20
  classe de, 12

Instruction set architecture (ISA) *(Cont.)*
classes, **A-4**
classificando, A-3–6
codificando, 14, A-21–24, A-22
complicações, C-43–45
computadores com registrador de propósito geral, **A-6**
computadores endereçados por byte, **A-8**
Cray X1, G-21–22
definição da arquitetura do computador, M-18–19
desempenho e eficiência energética, 258
endereçamento de memória, A-7–13
falácias e armadilhas, A-42–55
IA-64
formatos de instrução, H-34–37, **H-39**
fundamentos do conjunto de instruções, H-38
instruções, **H-35–37**
modelo de registrador, H-33–34
predicação e especulação, H-38–40
visão geral, H-32–40
impacto das otimizações sobre o desempenho, A-27
máquina virtual, 120–121
memória e operandos totais, A-5
MIPS
arquiteturas de pilha, M-17–18
história do RISC, M-20–23, **M-22**
mudanças, A-46–47
operações em, A-15–16
operandos, **A-4**, A-13–15
para máquina virtual, 122–123
Pixel Visual Core, 587–588
primeiros computadores vetoriais, M-49
questões cruzadas, 126–127
RISC-V, A-34
TPU, 559
Instructions per clock (IPC), 52, 169
Intel 80286, M-9–10
Intel 8087, resto de ponto flutuante, J-31
Intel 80x86
codificação de instrução, K-40–43
endereçamento de operando, K-44–45
medições de operação comparativas, K-45–48
medições de uso do conjunto de instruções, K-44–48
operações com inteiros, K-35–37
operações de ponto flutuante, K-38–40
processadores
avanços recentes, M-35
MAX, suporte para multimídia, **E-11**
programas SPECint92, **K-44**, **K-46**, **K-48–50**
registradores e modos de endereçamento de dados, K-32–35
Intel Core i7, 100
buffers e filas, **256**
pré-busca do hardware, 110
previsão de desvio, 190–191
Intel Core i7 6700, 55–56
ciclos de clock por instrução, 256, **257**
desempenho, 138–142, 255–257

Intel Core i7 6700 *(Cont.)*
estrutura do pipeline, 254
processadores de despacho múltiplo, 247, 252–257
projeto de hierarquia de memória, 133–142, **134–135**
taxa de previsão incorreta, **192**
Intel Core i7 920
características, **259**
ciclos de clock por instrução, 256, **257**
desempenho relativo e eficiência energética, **260**
taxa de previsão incorreta, **192**
Intel Core i7 920, computador multicore, **309**
Intel Core i7, microprocessador
diagrama, **32**
falácia, 61
substrato, 32
Intel Crest, 579, **580**
Intel Haswell CPU Roofline, **599**
Intel i7, 388, **395**
Intel i7 920
desempenho e eficiência energética, 434–437
multithreading simultâneo, 246
Intel i860, M-30, M-32, M-50, M-60–61
Intel IA-32, arquitetura
complicações do conjunto de instruções, C-45
descritor de segmento, B-52, **B-53**
memória virtual segmentada, B-51–54
OCNs, F-3
porta de chamada, B-53, B-54
tabela de descritor, B-52
Intel IA-64, arquitetura
base histórica, M-33
explorando o paralelismo estaticamente, H-2
história da sincronização, M-64–65
história de escalonamento do compilador, M-32–33
história do RISC, M-23
instruções condicionais, H-27
ISA
formatos de instrução, H-34–37, **H-39**
fundamentos do conjunto de instruções, H-38
instruções, **H-35–37**
predicação e especulação, H-38–40
visão geral, H-32–40
Itanium 2, processador
desempenho, H-43, **H-43**
latência de instrução, **H-41**
visão geral, H-40–41
modelo de registrador, H-33–34
paralelismo explícito, H-34–37
pipelining por software, H-14–15
Inteligência Artificial (IA), 546
Intel iPSC 860, M-60–61
Intel Itanium, 168
especulação, 241
matrizes dispersas, G-13
paralelismo em nível de instrução, 261–262

Intel Itanium 2
IA-64
formatos de instrução, H-34–37, **H-39**
fundamentos do conjunto de instruções, H-38
instruções, **H-35–37**
modelo de registrador, H-33–34
predicação e especulação, H-38–40
visão geral, H-32–40
Intel Paragon, M-60–61, F-96
Intel Pentium 4, **110**, 261–262
comparação com Itanium 2, **H-43**
Extreme, M-35
história do multithreading, M-36
Intel Pentium II, M-35
Intel Pentium III, consumo de energia, F-89
Intel Pentium M, F-89
Intel Pentium MMX, suporte para multimídia, **E-11**
Intel Pentium, processadores
aritmética antiga do computador, J-65
memória virtual segmentada, B-51–54
*versus* proteção de memória do Opteron, B-57
Intel Pentium Pro, M-35
Intel processador, **261**
consumo de energia, F-89
extensões do conjunto de instruções, 125
múltiplos processadores, 5
Intel Teraflops, OCNs de processadores, F-3
Intel Thunder Tiger 4 QsNet[II], F-67
Intel x86, instruções condicionais, H-27
Intel Xeon, F-80, 354, 387
Intel Xeon E7, 426
Intensidade aritmética, 307–308
Intensidade de tráfego, teoria de enfileiramento, D-26
Interbloqueio no pipeline, C-17
Intercalação sequencial, 100
Intercâmbio de loop, otimização de cache, 107
Interconexão de chip-a-chip em alta velocidade, 329
Interface de rede
composição/processamento de mensagem, F-6–9
funções, F-6
tolerância a falhas, F-67
Interfaces de E/S, história da rede de área de armazenamento, F-107
Interligação de redes, F-2, **F-84**, F-85–89
International Computer Architecture Symposium (ISCA), M-12
International Mobile Telephony 2000 (IMT-2000), padrões de telefone celular, E-25
International Technology Roadmap for Semiconductors (ITRS), 58–59, 59
Internet Archive Cluster, D-36–41
contêineres, M-76
Internet of Things (IoT), 6–7
Internet Protocol (IP), F-85–89
núcleos, OCNs, F-3
roteadores, VOQs, F-31, F-103

Interoperabilidade entre empresas, F-67–68
Interrupção de serviço, 36
Interrupt Enable (IE), flag, 127
IPC. *Ver* Instructions per clock (IPC)
IPoIB, F-81
IR. *Ver* Instruction register (IR)
ISA. *Ver* Instruction set architecture (ISA)
iSCSI
  NetApp FAS6000, arquivador, D-41–42
  rede de área de armazenamento,
    F-106–107
ISPs. *Ver* Image signal processors (ISPs)
Iteração de Newton, J-27–30, **J-28**

# J
Janela, F-69
  cabeçalhos TCP/IP, **F-88**
Java, análise de dependência da linguagem,
    H-10
Java, benchmark, 435–437, **435**, **437**
Java Virtual Machine (JVM), antigas
    arquiteturas de pilha, M-18
Johnson, Reynold B., M-85
Just-in-time (JIT), M-18

# K
Kahle, Brewster, M-76
Kahn, Robert, F-102
Kendall Square Research KSR-1, M-61–62
Kernels
  benchmarks EEMBC, **E-12**
  FFT, I-7
  FORTRAN, vetorização de compilador,
    **G-15**
  LU, I-8
  processo, 40
    calculando o throughput, 350
    DAG of, 582
    Driver, 563
    implementação do kernel vetorial,
      357–359
    memória virtual, 119
    memória virtual segmentada, B-51

# L
LabVIEW, benchmarks embutidos, E-13
Lacuna do tempo de acesso, D-3
Lampson, Butler, F-103
Largura de banda. *Ver também* Largura
      de banda de cache; Throughput
  arbitração, F-49–50
  aritmética de PF, J-62
  bisseção, F-39–40, F-93, 478
  busca de instrução, 228–232, 229–230
  cálculo, 350
  Cray Research T3D, F-91
  defi nição, F-13
  desempenho e topologia da rede, F-41
  disparidade, F-29
  e falta de cache, B-2
  gerenciamento de congestionamento, F-68
  gráfi co log-log, 21

Largura de banda *(Cont.)*
  lacuna no armazenamento de disco, D-3
  latência e efetiva, F-25–30
  links e switches ponto a ponto, D-34
  mecanismo de comunicação, I-3
  memória, 350, 356
  para unidades vetoriais de load/store,
    298–299
  redes com dois dispositivos, F-13–20
  redes de mídia compartilhada versus
    comutada, F-23, F-25
  snooping, 389–390
  sobre a latência, 20
Largura de banda agregada
  cálculos da largura de banda efetiva,
    F-18–19
  definição, F-13
  microarquitetura de switch, F-56
  redes de mídia compartilhada *versus*
    comutada, **F-23**, F-25
  redes de mídia comutada, F-24–25
Largura de banda de bisseção, 478
  como restrição de custo da rede, F-93
  comunicação NEWS, F-42
  desempenho e topologia da rede, F-93
  topologia, F-39
Largura de banda de cache
  armadilha, 143
  aumentando, 94
  caches de múltiplos bancos, 99–100
  caches sem bloqueio, 100–104
  endereçamento de bloco, **100**
Largura de banda de cálculo, 350
Largura de banda de comunicação, I-3
Largura de banda de E/S, D-15–16
Largura de banda de injeção de link
  cálculo, F-17
  redes de interconexão, F-26–27
Largura de banda de injeção de rede
  rede de interconexão, F-19–20
  redes de interconexão de múltiplos
    dispositivos, F-26
Largura de banda de memória, 350, 356
Largura de banda de pinagem,
    topologia, F-39
Largura de banda de recepção de rede,
    F-19–20
Largura de banda de recepção do link,
    cálculo, F-17
Largura de banda de rede, rede de
    interconexão, F-18
Largura de banda efetiva
  definição, F-13
  exemplos de cálculo, F-18–19
  redes com dois dispositivos, F-13–20
  *versus* tamanho de pacote, **F-19**
Latches do pipeline, C-30–31
Latência, 20. *Ver também* Tempo de resposta
  ALU, C-46–48
  coerência de cache snooping, 447, **448**
  computação utilitária, M-75
  definição, D-15–16, C-46–48
  e falta de cache, B-2

Latência *(Cont.)*
  estudo de caso de técnicas
    microarquitetônicas, 266–273
  execução fora de ordem, B-20–21
  hazards e encaminhamento, C-49–52
  história do cluster, M-74
  inicialização do vetor, **G-8**
  instruções do Itanium 2, **H-41**
  largura de banda, F-25–30
  mecanismo de comunicação, I-3
  memória Flash, D-3
  multiprocessadores de memória
    distribuída, I-30, **I-32**
  OCNs *versus* SANs, **F-28**
  operações de PF, **C-61**, C-63, 177
  pacotes, F-13, **F-13**
  redes de interconexão, F-13–20
  roteamento determinístico *versus*
    adaptativo, **F-53–56**
  sincronização de barreira, I-16
  sistemas de memória vetoriais, G-9
  Sony PlayStation 2 Emotion Engine, E-17
  tendências de desempenho, 20, 21
  throughput *versus* tempo de resposta, D-16
  unidades funcionais, **C-47**
Latência da memória, 85
Latência de cauda, 473
Latência de comunicação, I-3
  ocultando, I-4
Latência de transporte
  tempo de voo, F-14
  topologia, F-25–26
Latência não sobreposta, B-20
Least Common Ancestor (LCA), F-48–49
Least Recently Used (LRU)
  AMD Opteron, cache de dados, B-14
  história da hierarquia de memória, M-11
  substituição de bloco, B-9–10, **B-10**
  substituição de bloco da memória virtual,
    B-45
Lei de Amdahl, 5
  armadilha, 61
  cálculos de processamento paralelo,
    373–377
  escalada do multicore, 436, 438, 442
  estudo de caso do consumo de energia do
    sistema de computação, 69–71
  ganho de velocidade, 374–375
  overhead do software, F-96
  princípios de projeto de computador, 49–52
  tempo de execução, 50
  VMIPS no Linpack, G-18
Lei de Little, 328
  cálculo de utilização do servidor, D-29
  definição, D-24
Lei de Moore, 19
  armadilha, 58
  história do RISC, M-23
  links e switches ponto a ponto, D-34
  manufatura de semicondutor, 4
  redes de interconexão, F-74
  tamanho do switch, F-29
  transistores, 5, 540

**Índice**

Limites inferiores no melhor caso, F-26
Limites superiores no melhor caso, F-26
Line Buffer Pool (LBP), 590
Linguagem Ada, divisão/resto de inteiros, **J-12**
Linguagem Assembly, 2
Linha de espera, D-25
Linha, hierarquia de memória, 81
Links ponto a ponto
   Ethernet, F-30
   redes de mídia comutada, F-24–25
   sistemas de armazenamento, D-34
   substituição de barramento, **D-34**
Linpack, benchmark
   debates sobre processamento paralelo, M-59
   desempenho do VMIPS, G-17–19
   história do cluster, M-64
Linux, sistema operacional, benchmarks RAID, **D-22**
Liquid Crystal Display (LCD), câmera digital Sanyo VPC-SX500, E-19
LISP, K-21–22
   história do RISC, M-20–21
Listas de exibição, Sony PlayStation 2 Emotion Engine, E-17
Little Endian
   byte, A-7
   redes de interconexão, F-12
Livelock, roteamento de rede, F-45–46
Liveness, dependências de controle, 176
Livermore Fortran Kernels, M-6
Load, instrução
   conjunto de instruções RISC, C-5
   dependência de controle, 175
   hazards de dados exigindo stalls, C-17, **C-17**
Load, interbloqueio, C-33–34, **C-35**
Load Memory Data (LMD), C-28–29
Load reservado, 413–414, 416
Loads avançados, ISA IA-64, H-40
Loads, instrução, 199
Local Area Networks (LANs)
   cálculos de tolerância a falhas, **F-72**
   características, F-4
   Ethernet como, F-82
   InfiniBand, F-77–78
   interoperabilidade entre empresas, F-67–68
   largura de banda efetiva, F-18–19
   latência do pacote, F-13–16, F-13
   latência e largura de banda efetiva, F-27–29
   mecanismos offload, F-8
   redes de mídia compartilhada, F-23
   relacionamento de domínio da rede de interconexão, F-4, F-5
   tempo de voo, F-14
Lógica de despacho, 236
Long Instruction Word (LIW)
   desenvolvimento de processador de despacho múltiplo, M-30, M-32
   técnica EPIC, M-33

Long, modo, K-32
Long short-term memory (LSTM), células, 553, **554–555**
Loop de vetor strip-mined
   comboios, G-5
   DAXPY sobre VMIPS, G-20–21
Lotes, DNNs, 556
LRU. *Ver* Least recently used (LRU)
LU, kernel
   características, I-8
   multiprocessador de memória distribuída, I-32
   multiprocessadores simétricos de memória compartilhada, I-22, **I-23**, I-25–26

# M

MAC. *Ver* Multiply-accumulate (MAC)
Magnitude do sinal, J-7–8
Mapa de renomeação, 235
Mapas de recursos bidimensionais, 550
Mapeamento de grid, 315, **316**
Mapeamento de memória, B-52
MapReduce
   AWS, 495, **495**
   WSCs, 471–476, **472**
Máquina de codificação Enigma, M-4
Máquina de estados finitos, F-49, F-56–58
Máquinas de propósito especial
   base histórica, M-4–5
   história do computador SIMD, M-56–57
Máquina virtual convidada, 121
Máquinas virtuais (VMs), 491
   arquitetura do conjunto de instruções para, 122–123
   gerenciamento de hardware, 121
   gerenciamento de software, 121
   impacto sobre a memória virtual, 123–124
   protection via, 120–122
   trabalho inicial da IBM, M-10
Máquinas virtuais do sistema, 120–121
Mark-III, M-3–4
Mark-II, M-3–4
Mark-I, M-3–4, M-6
Mark-IV, M-3–4
MasPar, M-46, M-56
Massively Parallel Processors (MPPs)
   características, **I-45**
   história do cluster, M-62–63, M-74
   rede de área do sistema, F-104
Matrix300, buffer de previsão do kernel, **C-25**
Matrizes dispersas, arquitetura de vetor, G-12–14, 301–302
Mauchly, John, M-2–3, M-5, M-20
Máximo divisor comum (MDC), 342–343
   teste, dependências do paralelismo em nível de loop, H-7
McCreight, Ed, F-103
McFarling, previsor gshare de, 184
MCP, sistema operacional, M-17–18
Mean time between failures (MTBF), 37

Mean time to failure (MTTF)
   arrays de disco, D-6
   cluster TB-80, D-41
   confiabilidade, 37–38
   estudo de caso de consumo de energia do sistema de computação, 69–71
   falácia, 62
   projeto do subsistema de E/S, D-59–61
   RAID, M-86–87
   reconstrução RAID, D-55–57
   WSCs, 468
Mean time to repair (MTTR), 37
   arrays de disco, D-6
   benchmarks de confiabilidade, D-21
   RAID 6, D-8–9
   reconstrução RAID, D-55–56
Mean time until data loss (MTDL), D-55–57
Mecanismo de comunicação, 375–376
   comunicação NEWS, **F-42–44**
   interconexão de redes, F-85–89
   interfaces de rede, F-7–8
   multiprocessadores de grande escala métricas, I-3–4
   vantagens, I-4–6
Mecanismo de pilha de registradores do IA-64, H-34
Mecanismos offload
   confiança no TCP/IP, F-100
   interfaces de rede, F-8
Média geométrica, 46
Medidas quantitativas de desempenho, desenvolvimento, M-6–7
Meio somador, J-2–3
Mellanox MHEA28-XT, F-80
Memória compartilhada, 373, 379, 406
   distribuída. *Ver* Distributed shared memory (DSM)
   espaço de endereços, 373
Memória de máquina, máquina virtual, 123
Memória em bancos, 346
   arquiteturas vetoriais, **G-10**
Memória física
   coerência de cache baseada em diretório, 380
   hierarquia de memória, B-40–42
   máquina virtual, 123
   multiprocessador centralizado de memória compartilhada, **372**
Memória Flash
   armazenamento em disco, D-3–4
   benchmarks embutidos, E-13
   projeto da hierarquia de memória, 92–93
   tendências da tecnologia, 19
Memória gráfica, 346
Memória local
   arquitetura do multiprocessador, 371–373
   arquiteturas centralizadas de memória compartilhada, 377
   NVIDIA GPU, estruturas de memória, 326–327
Memória no chip, sistemas embarcados, E-4
Memória ponderada, 558

**ELSEVIER**

**Índice I-21**

Memória principal, B-2–3, 377, 400
  estratégia de escrita, B-45–46
  função da cache, B-2
  identificação de bloco, B-44–45
  posicionamento de bloco, B-44
  processador de vetor, G-25
  *versus* memória virtual, B-41
Memória privativa, estruturas de memória da
    GPU NVIDIA, 326
Memória real, 123, 126
Memória virtual, B-2–3, B-40–49
  caches e, B-42–43, **B-42**, B-48–49, **B-48**
  classes, B-43
  espaço de endereços, B-12, **B-41**, B-44,
      B-55
  exemplo paginado, B-54–57
  exemplo segmentado, B-51–54
  extensão do conjunto de instruções,
      124–125
  faixas de parâmetros, **B-42**
  Intel Pentium *versus* AMD Opteron, B-57
  máquina virtual, 123–124
  proteção, B-49–50, 119–120
  proteção do Pentium *versus* Opteron, B-57
  questões, B-44–46
  seleção do tamanho de página, B-46–47
  tradução de endereço, B-46, **B-47**
Memória virtual paginada, B-54–57
Memória virtual segmentada
  chamadas seguras, B-54
  compartilhamento e proteção, B-52–53
  mapeamento de memória, B-52
  processadores Intel Pentium, B-51–54
  verificação de limites, B-52
Memória virtual unificada, 330
Memristor, 93
Mensagens
  protocolos de cópia zero, F-95
  redes de interconexão, F-6–9
  roteamento adaptativo, **F-64**
Mesh interface unit (MIU), F-74
MESI, protocolo, 388, 449
MESIF, protocolo, 388
Message ID, cabeçalho de pacote, F-8, F-17
Message Passing Interface (MPI)
  falta em multiprocessadores de memória
      compartilhada, I-5
  função, F-8
  InfiniBand, F-80–81
Métodos multigrades, aplicação Ocean,
    I-9–10
MFLOPS. *Ver* Millions of floating-point
    operations per second (MFLOPS)
Microarquitetura, 17, **272**
  Cray X1, G-21–22
  estudo de caso, 266–273
  OCNs, F-3
  TPU, 559–560
Microarquitetura de switch, microarquitetura
    básica
Microbenchmarks
  desmontagem de array de discos, D-51–54
  desmontagem de discos, D-48–50

Microinstruções, complicações, C-45
MicroMIPS64, K-3
  codificações de registrador, **K-7**
  instrução de 16 bits, **K-7**, **K-10**, **K-17**
Microprocessador
  AMD Opteron, 27
  avanços recentes, M-35
  discos internos, D-4
  energia e potência dentro do, 25–28
  marcos de desempenho, **22**
  não faz nada bem, 27
  projeto para caso típico, 27
  taxa de clock, **26**
  taxa de crescimento, 2, 3
  VAX 11/780, **3**
Microprocessor without Interlocked
    Pipeline Stages (MIPS)
  história da medição de desempenho,
      M-6–7
  história do RISC, M-20
  primeiras CPUs em pipeline, M-28
  processador de despacho múltiplo,
      M-30
Microsoft
  contêineres, M-76
  zonas de disponibilidade, **499**
Microsoft Azure, M-75–76
Microsoft Catapult
  aceleração de busca na placa, 573–574
  avaliando, 601–602
  CNNs na, 570–572, **571–572**
  diretrizes, 577–579
  implantação da versão 1, 574
  implantação da versão 2, 575–577,
      576–577
  implementação e arquitetura, 568–569
  mecanismo de busca Bing, 573
  projeto da placa, **568**
  software, 569
Microsoft's DirectX 8, M-51–52
Microsoft Windows, benchmarks RAID,
    **D-22**
Microsoft XBox, M-51–52
Mídia ótica, redes de interconexão,
    F-9–10
Mídia, redes de interconexão, F-9–12
Migração, 379
Million instructions per second (MIPS)
  conjunto de instruções RISC, C-3–4
  instruções condicionais, H-27
  MIPS16, **K-4**, K-5
  MIPS64 R6, K-19, **K-19**
  MIPS M2000 *versus* VAX, 8700, **M-22**
  MIPS M2000, M-22, **M-22**
  MIPS R10000, 423
  MIPS R2000, M-21
  MIPS R4000, pipeline, C-55–64
    desempenho, C-61–64
    operações de ponto flutuante, C-60–61,
        **C-60**
  sistemas embarcados, E-15
  Sony PlayStation 2 Emotion Engine,
      E-17

Millions of floating-point operations per
    second (MFLOPS)
  debates sobre processamento paralelo,
      M-58–59
  desenvolvimento do supercomputador
      SIMD, M-46
  história do computador SIMD, M-56
  medidas de desempenho de vetor,
      G-15–16
  primeiras medidas de desempenho, M-7
Minicomputadores, 4
Minilotes, DNNs, 556
MIPS. *Ver* Million instructions per second
    (MIPS)
MIPS R3000
  divisão/resto de inteiros, J-11–12
  overflow de inteiros, **J-11**
MIPS R3010
  arranjo físico de chip, **J-59–60**
  comparação de chips, **J-58**
  exceções de ponto flutuante, J-35
  funções aritméticas, J-57–61
MIPS R4000, CPUs com pipeline adiantada,
    M-28
Miss status handling registers (MSHRs), 104
MIT Raw, **F-78**
Mixer, receptor de rádio, E-23
M/M/1, modelo, D-30, D-32, D-57
M/M/2, modelo, D-57
Modelo de população infinita, D-30
Modelo produtor-servidor, D-15–16, **D-16**
Modelos de consistência relaxada,
    419–422, **421**
Modelos de programação, computadores em
    escala warehouse, 471–476
Modified, shared, invalid (MSI),
    protocolo, 388
Modo de endereçamento absoluto, K-34
Modo de endereçamento base mais indexado
    escalado, K-34–35
Modo de endereçamento indexado na base,
    K-34
Modo de endereçamento indireto pelo
    registrador, K-34
Modo de endereçamento no estilo de
    deslocamento, A-11–12
Modo de endereçamento real, K-31
Modo real, **K-36**
Modos de arredondamento, J-14, J-17–20,
    **J-18**, **J-20**
  multiplicação-adição reunidas, J-33
  precisões de ponto flutuante, J-34
Modos de endereçamento
  absoluto, K-34
  arquitetura do conjunto de instruções, 13
  baseado em endereçamento indexado, K-34
  base mais indexado escalado, K-34
  deslocamento, A-11–12
  e formatos de instrução, K-6–9
  endereçamento de memória, A-8–11, **A-10**
  indireto por registrador, K-34
  modos de endereçamento de dados,
      K-32–35

Modos de endereçamento *(Cont.)*
    para instruções de fluxo de controle, A-17–18
    RISC-V, A-36
Modos de endereçamento de dados, K-32–35
Modo turbo em 2008, 28
Modula-3, divisão/resto de inteiros, **J-12**
Módulos de múltiplos chips, OCNs, F-3
MOESI, 388
Motorola, 68000, proteção de memória, M-10
Motorola, 68882, precisões de ponto flutuante, J-33
MPEG
    câmera digital Sanyo VPC-SX500, E-19
    história das extensões SIMD de multimídia, M-50
    Sony PlayStation 2 Emotion Engine, E-17
MPPs. *Ver* Massively parallel processors (MPPs)
MTTF. *Ver* Mean time to failure (MTTF)
MTTR. *Ver* Mean time to repair (MTTR)
Multicomputadores, 370
    base histórica, M-64–65
    definição, M-59
    história do cluster, M-65
Multics, software de proteção, M-9–10
Multilayer perceptrons (MLPs), 549–550
Multimedia Extensions (MMX), K-31, M-49–50
Multiple instruction streams, Multiple data streams (MIMD), 11, 282, 369–370, 438–439
    primeiros computadores, M-57
    primeiros computadores vetoriais, M-49
    SIMD e GPU multimídia *versus*, 347–353
Multiple instruction streams, Single data stream (MISD), 11
Multiplicação-adição juntas, ponto flutuante, J-32–33
Multiplicação de array
    exemplo, **J-50**
    inteiros, **J-50**
    sistema de múltiplas passadas, **J-51**
Multiplicação de inteiros com raiz mais alta, J-48
Multiplicação de matriz densa, kernel LU, I-8
Multiplicação de matrizes, kernel LU, I-8
Multiplicação redundante de inteiros, J-47
Multiplicador de array com múltiplas passadas, **J-51**
Multiply-accumulate (MAC), 589
    DSP, E-5
    TI TMS320C55 DSP, E-8
Multiprocessador
    aplicação, 373–374
    avanços e desenvolvimentos recentes, M-59–60
    coerência de cache, 377–379
    coerente baseado em barramento, M-59–60
    computadores SIMD, M-55–57

Multiprocessador *(Cont.)*
    debates sobre processamento paralelo, M-57–59
    definição, 369
    desafios do processamento paralelo, 373–377
    desempenho do processador, 371–372
    escalabilidade Xeon E7 MP, 433–434
    falácia, 60
    fatores, 368
    ganho de velocidade linear, 438–439, **440**
    ganhos de desempenho, 424–426
    grande escala. *Ver* Multiprocessadores de grande escala
    história do cluster, M-62–65
    Intel, 5
    invenção do termo, M-59
    memória compartilhada. *Ver* Shared-memory multiprocessors (SMPs)
    modelos de sincronização e consistência, M-64–65
    primeiras máquinas, M-57
    primeiros computadores, M-57
    questões de arquitetura e método, 370–373
    sistemas embarcados, E-14–15
    tempo de execução, 438
Multiprocessador baseado em diretório
    características, **I-31**
    cargas de trabalho científicas, I-26, I-29
    sincronização, I-16, I-19–20
Multiprocessador centralizado de memória compartilhada, 371, 377
    estrutura, **372**
    implementação do protocolo de invalidação, 382–383
    memória local, 377
    protocolo de coerência de cache, 377–379, **378**, **384**
        diagrama de estado, **385**, **387**
        exemplo de protocolo, 383–387, **384**
        extensões, 388
        imposição, 379–380
    protocolos de coerência snooping, 380, **381**
        exemplo de protocolo, 383–387, **384**
        implementação, 392–393
        limitações, 389–392
        manutenção, 380–381
        protocolo de invalidação, **381**
    SMP e limitações do snooping, 389–392
Multiprocessadores coerentes baseados em barramento, M-59–60
Multiprocessadores de grande escala
    aplicações científicas, I-6–12
        multiprocessadores de memória distribuída, I-26–32, **I-28–32**
        multiprocessador simétrico de memória compartilhada, I-21–26, **I-23–26**
        processamento paralelo, I-33–34
    base histórica, M-60–62
    características, I-45

Multiprocessadores de grande escala *(Cont.)*
    comunicação entre processadores, I-3–6
    espaço e relação de classes, **I-46**
    exemplos de cálculo, I-12–13
    história do cluster, M-63–64
    IBM Blue Gene/L, I-41–44, **I-43–44**
    implementação de coerência de cache, I-34–35
        controlador de diretório, I-40–41
        deadlock e buffering, I-38–40
        multiprocessador DSM, I-36–37
    para programação paralela, I-2
    sincronização
        desempenho, I-12–16
        mecanismos, I-17–21
Multiprocessadores de memória compartilhada distribuída
    desempenho da aplicação científica, I-26–32, **I-28–32**
    implementação de coerência de cache, I-36–37
Multiprocessadores embarcados, características, E-14–15
Multiprocessadores simétricos de memória compartilhada, 371
    cargas de trabalho científicas, I-21–26, **I-23–26**
    desempenho, 393–404
        carga de trabalho comercial, 394–399
        multiprogramação e carga de trabalho do SO, 399–404
    limitações, 389–392
Multiprogramação, 369
    carga de trabalho, 399–404, 426–432
    memória virtual, B-49, 119
Multistage interconnection networks (MINs)
    bidirecionais, F-34
    cálculos de switch crossbar, **F-32–33**
    topologia, F-32
    *versus* custos diretos de rede, F-96
Multi-Streaming Processor (MSP)
    Cray X1E, G-24
    Cray X1, G-21–24, **G-22**
    primeiros computadores vetoriais, M-49
Multithreaded SIMD Processor, 311, 315, **317**
Multithreading, 369
    base histórica, M-35–36
    benchmarks paralelos, **247**
    ganho de velocidade do, **248**
    ganhos de desempenho, 424–426
    paralelismo em nível de instrução, 242–247
    processadores superescalares, 245–247
    simultâneo. *Ver* Simultaneous multithreading (SMT)
    técnicas de hardware, 243–244
Multithreading detalhado, 243–244
Multithreading grão grosso
    definição, 243–244
    processador superescalar, 245
MVAPICH, F-81, **F-81**
Myrinet SAN, F-49, M-63, M-74, F-90, **F-90**

# N

NAK. *Ver* Negative acknowledge (NAK)
NaN. *Ver* Not a Number (NaN)
Não bloqueio de forma reordenada, F-33
Não normais, J-14–15, J-20–21
 adição de ponto flutuante, J-26–27
 underflow de ponto flutuante, J-36
NASA Ames Research Center, M-46, M-65
NAS, benchmarks paralelos, história do
 processador vetorial, G-27–28
National Science Foundation, F-102
NBS DYSEAC, M-89
NEC SX/2, M-48
NEC SX/5, M-48–49
NEC SX/6, M-48–49
NEC SX-8, M-48–49
NEC SX-9, M-49
 primeiros computadores vetoriais, M-49
NEC VR 4122, benchmarks embutidos, E-13
Negative acknowledge (NAK)
 coerência de cache do multiprocessador
 DSM, I-37
 coerência de cache, I-39
 controladora de diretório, I-41
Netscape, F-102
Network Appliance (NetApp), D-9, D-41–43
Network-attached storage (NAS), M-88, 478
Network-Based Computer Laboratory (Ohio
 State), F-80–81
Network File System (NFS)
 benchmarking, D-20, **D-20**
 redes de interconexão, F-93–94
 servidores de bloco *versus* arquivadores,
 D-35
 TCP/IP, F-86
Network Interface Card (NIC)
 funções, F-8
 protocolos de cópia zero, F-95
 subsistema de E/S, F-95
 *versus* switches, F-90, **F-90**
Network of Workstations, M-63, M-74–75
Network on chip (NoC), F-3
Nicely, Thomas, J-65
*N* cubos de nível *k*, F-38–39
Nível de proteção requisitado, B-54
Nó inicial, 406
Nó local, 406
Nó remoto, 406–407
Nokia, placa de circuito do telefone celular,
 E-24, **E-24**
Nonrecurring Engineering (NRE), custos, 542
Nonuniform cache access (NUCA), 371,
 390, 426
Nonuniform memory access (NUMA),
 372–373, 391, 426–429
 história dos multiprocessadores de grande
 escala, M-61
Nós
 análise "aponta para", H-9
 desempenho e custos da topologia de
 rede, **F-40**
 IBM Blue Gene/L, 3D, rede de toros, F-76
 IBM Blue Gene/L, I-42–44, **I-43**

Nós *(Cont.)*
 largura de banda de comunicação, I-3
 redes comutadas distribuídas, F-35–40
 topologia de rede direta, **F-37**
Nós de rede, F-23, F-35, **F-36**
 redes comutadas distribuídas, F-35
Not a Number (NaN), J-14–16, J-21, J-34–35
Notificações, redes de interconexão, F-10
NOW, projeto, M-74–75
NSFNET, F-102
NTSC/PAL, codificador, câmera digital Sanyo
 VPCSX500, E-19
Núcleo, 17
Núcleos de hardware, Cortex-A53, 130
Núcleos de software, 130
NUMA. *Ver* Nonuniform memory access
 (NUMA)
Número de porta, interfaces de rede, F-7–8
Número de sequência, cabeçalho de pacote,
 F-8
Números reais, K-39
NVIDIA GeForce, M-51–52
NVIDIA K80 GPU, Roofline do substrato, 599
NVIDIA, sistema
 arquitetura do conjunto de instruções,
 320–323
 arquitetura do conjunto de instruções da
 GPU, 320–323
 estruturas computacionais, 313–320
 estruturas computacionais da GPU, 313–320
 estruturas de memória da GPU, 326–328,
 **327**
 GPUs escaláveis, M-51
 história da computação GPU, M-52–53
 história do pipeline gráfico, M-51–52
 NVIDIA P100, **354**
 sistema Tegra Parker *versus* Core i7, 346–353
NYU Ultracomputer, M-61

# O

Ocean, aplicação
 características, I-9–10
 exemplos de cálculo, I-11–12
 multiprocessador de memória distribuída,
 I-30, **I-32**
 multiprocessadores simétricos de memória
 compartilhada, **I-23**
 taxas de falta, **I-28**
Ocupação, largura de banda de
 comunicação, I-3
Offset, B-8–9
 cache de dados do Opteron, **B-13**, B-14
 destino, segmento IA-32, **B-53**
 endereço, B-55–56
 extensão de sinal, C-5
 identificação de bloco, B-8–9
 memória virtual, B-43–44, B-46, B-55–56
 otimização de cache, B-38
 página, B-38
 palavra, C-28
 segmento IA-32, **B-53**
Offset com extensão de sinal, RISC, C-5
Offset de destino, segmento IA-32, **B-53**

Offset de endereço, B-55–56
Offset de página
 definição, B-38
 memória virtual, B-43–44, B-46
Offset de palavra, C-28
OLTP. *Ver* Online transaction processing
 (OLTP)
Omega, **F-31**, F-32–33
On-Chip Networks (OCNs)
 comutação wormhole, F-52
 considerações básicas, F-3
 implementações comerciais, F-73–74
 interoperabilidade entre empresas, F-68
 largura de banda efetiva, F-19
 latência de pacotes, **F-13**, F-14–16
 latência *versus* nós, **F-28**
 redes de interconexão comerciais, F-63
 relacionamento de domínio da rede de
 interconexão, F-4, **F-5**
 tempo de voo, F-14
 topologia, F-30
Ondas de rádio, redes sem fio, E-21
Online Transaction Processing (OLTP), 44,
 395–396, **396**, 401
 benchmarks do sistema de
 armazenamento, D-18
Opcode, A-21
Opções de chamada de procedimento,
 A-19–20
OpenGL, M-51–53
Open Systems Interconnect (OSI)
 camadas, **F-84**
 Ethernet, F-86
Operação de adição particionada, extensões
 de mídia DSP, E-10
Operações, 14. *Ver também tipos específicos de
 operações*
 atômicas, 386
 no conjunto de instruções, A-15–16, **A-15**
Operações com inteiros
 ARM Cortex-A53, **249**
 dependências de dados, 171
 erro de especulação, **239**
 Itanium 2, **H-41**
 pipeline RISC, C-45–55
 previsão de desvio estática, C-22, **C-23**
 stalls, C-55
Operações de adição
 comparação de chip, J-61
 inteiros, ganho de velocidade
 carry-lookahead, árvore, **J-40**
 carry-lookahead, circuito, **J-38**
 carry-lookahead, J-37–41
 carry-lookahead, somador de árvore, **J-41**
 carry-select, somador, J-43–44, **J-43–44**
 carry-skip, somador, J-41–43, **J-42**
 visão geral, J-37
 ponto flutuante
 denormais, J-26–27
 ganho de velocidade, J-25–26
 regras, **J-24**
 visão geral, J-21–25
 ripply-carry, adição, J-2–3, **J-3**

# Índice

Operações de divisão
  com e sem restauração, J-5, **J-6**
  comparação de chips, J-61
  comparação de linguagens, **J-12**
  deslocamento de inteiros sobre zeros, J-45
  divisão SRT, J-45–47, **J-46**
  inteiros, ganho de velocidade
    carry-lookahead, árvore, **J-40**
    carry-lookahead, circuito, **J-38**
    carry-lookahead, J-37–41
    carry-lookahead, somador de árvore, **J-41**
    carry-select, somador, J-43–44, **J-43–44**
    carry-skip, somador, J-41–43, **J-42**
    visão geral, J-37
  inteiros sem sinal com $n$ bits, **J-4**
  iterativa de ponto flutuante, J-27–31
  Radix-2, J-4–7, **J-4**
Operações de multiplicação
  aritmética de inteiros
    comparação de linguagem, **J-12**
    divisão com e sem restauração, J-5, **J-6**
    multiplicação/divisão Radix-2, J-4–7, **J-4**
    números com sinal, J-7–10
    overflow, **J-11**
    problemas de sistemas, J-10–13
    ripply-carry, adição, J-2–3
  comparação de chip, J-61
  deslocamento de inteiros sobre zeros, J-45
  ponto flutuante
    denormais, J-26–27
    ganho de velocidade, J-25–26
    regras, **J-24**
    visão geral, J-21–25
Operações de ponto flutuante (PF), K-38–40
  adição
    ganho de velocidade, J-25–26
    não normais, J-26–27
    regras, **J-24**
    visão geral, J-21–25
  algoritmo de Tomasulo, **198**
  aritmética de computador inicial, J-64–65
  banco de registradores, **C-50**
  comparação de chips, **J-58**
  conversões de inteiros, J-62
  CPI, **C-64**
  dependências de dados, 171
  desempenho, 308
  divisão iterativa, J-27–31
  e largura de banda da memória, J-62
  encadeamento de vetores, G-11
  erro de especulação, **239**
  escalonamento de pipeline, 178
  exceção RISC, C-43
  exceções, J-34–35, C-41–42
  extensões de mídia DSP, E-10–11
  fusão de micro-operações, 254
  IEEE, 754, **J-16**
  Itanium 2, **H-41**
  latência, **C-61**, C-63, **177**

Operações de ponto flutuante (PF) (*Cont.*)
  multiplicação
    arredondamento, **J-18**, J-19
    exemplos, **J-19**
    não normais, J-20–21
    visão geral, J-17–20
  multiplicação e adição reunidas, J-32–33
  não normais, J-14–15, J-20–21, J-26–27
  operação de multiplicação e adição, **C-62**
  operações de multiciclos RISC, C-45–55
  overflow, **J-11**
  pipeline MIPS R4000, C-60–61, **C-60**
  pipeline RISC, C-45–55, **C-47–48**, **C-57**
  precisão da multiplicação, J-21
  precisão dupla, **C-63**
  precisões, J-33–34
  previsão estática de desvio, **C-23**
  programas, 101–102
  raiz quadrada, 51
  representação numérica, J-15–16
  resto, J-31–32
  RISC-V, A-40–41
  stalls do resultado, C-61, **C-64**
  stalls estruturais, C-61, **C-64**
  underflow, J-36–37, J-62
  valores especiais, J-14–15, **J-16**
  visão geral, J-13–14
Operações multiciclos, pipeline RISC, C-45–49
  desempenho do pipeline de ponto flutuante, C-55
  hazards e adiantamento, C-49–52
  mantendo exceções precisas, C-53–55
Operações não atômicas, coerência de cache, 386
Operações únicas emparelhadas, extensões de mídia DSP, E-10–11
Operando de leitura, C-68
  estágio de pipe ID, 194
  pipelines de escalonamento dinâmico, C-66
Operandos
  arquitetura do conjunto de instruções, **A-4**, A-13–15
  DSP, E-6
  leitura, C-68
    estágio ID do pipe, 194
    pipelines de escalonamento dinâmico, C-66
  tipo e tamanho, A-13–15
  TMS320C55 DSP, **E-6**
Operational expenditures (OPEX), 36, 486–490, **488**
Opteron Data Cache, B-11
Ordem do programa
  coerência de cache, 378–379
  definição, 173
  dependência de controle, 174–175
  hazards de dados, 173–174
Ordem principal por colunas, 107
Ordem principal por linhas, bloqueio, 107
Ordenação e deadlock, F-47–48

Ordenação fraca, 420, **421**
Organização de cache
  cache de dados do Opteron, B-12–15, **B-13**
  posicionamento de blocos, B-7–8, **B-7**
Organização do pipeline, dependências de dados, 172
Organizações, 17
  benchmarks SPEC, 433–434
  buffer, F-59–61
  cache de dados do Opteron, B-12–15, **B-13**
  dependências de dados, 172
  Dynamic random-access memory (DRAM), 86
  no chip
    IBM Power8, **428**
    Xeon E7, **428**
  posicionamento de bloco, B-7–8, **B-7**
  projetando, 17–18
  Sony PlayStation Emotion Engine, **E-18**
Otimização de cache, B-22–40
  acesso em pipeline, 99–100
  avanço, **117**
  caches de múltiplos bancos, 99–100
  caches sem bloqueio, 100–104
  categorias de falta, B-23–25
  consumo de energia, **97**
  empacotamento HBM, 114–117
  estudo de caso, 148–164
  falácia, 142
  faltas de cache, 112–113
  impacto, **B-40**, 148–150
  mesclagem do buffer de escrita, 105–106, **106**
  otimizações do compilador, 107–109
  palavra crítica primeiro, 104–105
  pré-busca controlada por compilador, 111–114
  pré-busca pelo hardware, 109–111
  previsão de via, 98–99
  programas de ponto flutuante, 101–102
  redução da taxa de falta
    via associatividade, B-28–30
    via tamanho da cache, B-28
    via tamanho do bloco, B-26–28, **B-27**
  redução de energia, 95–98
  redução do tempo de acerto, B-36–40, 95–98
  redução na penalidade por falta
    faltas de leitura *versus* escrita, B-35–36
    por meio de caches multiníveis, B-30–35
  reinício antecipado, 104–105
Otimização do compilador
  consistência de memória, 422
  para caches, 107–109, 148–164
  paralelismo em nível de instrução, 176–182
Otimizações de alto nível, A-26
Otimizações dependentes do processador, A-26
Otimizações globais, A-26

Otimizações locais, A-26
Overclocking, 28
Overflow, aritmética de inteiros, J-8, J-10–11, **J-11**
Overhead
 calculando, **F-94**
 estudo de caso de ordenação, D-64–67
 latência de comunicação, I-4
 lei de Amdahl, F-96
 OCNs *versus* SANs, **F-28**
 processador, **G-4**
 redes de interconexão, **F-27–29**
 software, F-96
 tempo de voo, F-14
Overhead de envio, latência da comunicação, I-3
Overhead de recebimento, F-28, **F-28**, F-41, F-67
Overhead de recebimento, latência de comunicação, I-3
Overhead do envio
 OCNs *versus* SANs, **F-27–29**
 tempo de voo, F-14
Oversubscription, 478

# P

Pacotes
 anéis bidirecionais, F-36
 ATM, **F-79**
 comutação, F-51
 descartando, F-69
 exemplo de formato, **F-7**
 InfiniBand, **F-79**
 interfaces de rede, F-8
 largura de banda efetiva *versus* tamanho de pacote, **F-19**
 microarquitetura de switch, F-56–59
  pipelining, F-64–66
 problemas de latência, F-13, **F-13**
 redes comutadas centralizadas, F-33
 redes sem perdas *versus* com perdas, F-12
 roteamento de rede, F-22
 TI TMS320C6x DSP, **E-10**
 topologia, F-21–22
 transporte, redes de interconexão, F-9–12
Pacotes choke, F-69–70
Padrão, desmontagem de array de discos, D-51
Padronização das redes de interconexão comerciais, F-67–68
Page table entry (PTE)
 campos na, B-52
 definição, B-44, 136
Página(s)
 coloração, B-38
 definição, B-43
 *versus* segmentos, **B-43**
Palavra(s)
 cache de dados do AMD Opteron, B-14–15
 DSP, E-6
 duplas, A-7, **A-8**, **A-14**, **A-44**, 300
 meias, A-8, **A-8**, **A-14**, **A-44**

Palavra crítica primeiro, otimização de cache, 104–105
Palavra de desvio, K-57
Palt, definição, B-2–3
Papadopolous, Greg, M-76
Paralelismo
 análise de dependência, H-8–9
 classes de, 10–11
 desafios, 373–377
 em nível de solicitação, 369
 em nível de thread. *Ver* Thread-level parallelism (TLP)
 escalonamento de código global, H-15–23, **H-16**
 escalonamento de rastreio, H-19–21, **H-20**
 escalonamento de superbloco, H-21–23, **H-22**
 Ethernet, F-74, F-82–83
 exploração estatística, H-2
 expondo com suporte do hardware, H-23–27
 formato de instrução do IA-64, H-34–37
 ILP. *Ver* Instruction-level parallelism (ILP)
 pipelining de software, H-12–15
 princípios de projeto de computador, 48
 tirando proveito do, 48
Paralelismo amplo, 467
Paralelismo de dados, M-56
Paralelismo em nível de loop, H-2–12
 análise, 337–339
 cálculos dependentes, 344–345
 definição, 169–170
 detecção e melhoria, H-2–12
  análise de dependência, H-6–10
  eliminação de cálculo dependente, H-10–12
 encontrando dependências, 339–344
 história, M-32–33
 SIMD, 170
 termo CUDA/NVIDIA, **337–338**
Paralelismo explícito, H-34–37
Parallel thread execution (PTX), 320–323, **322**
Paravirtualização, 126
Paridade, bits de modificação, D-61–64
Paridade linha-diagonal, D-9–10, **D-9**, D-41–42
PA-RISC, K-3
PARSEC, benchmark
 multithreading simultâneo, 246
 sem SMT, 435–437, **435**, **437**
Partial store order (PSO), 420, **421**, 457
Particionamento, 480–482
Passo, 300
 sistemas de memória de vetor, G-10–11
Passo unitário explícito, 333
Passo unitário implícito, 333
Passsos não unitários, 300
 processador de vetores, G-25
Payload
 formato de pacote, **F-7**
 mensagens, F-6

PCI-Express (PCIe), rede de área de armazenamento, F-29
PC. *Ver* Program Counter (PC)
PCI-X 2.0, F-67
PCI-X, M-88
 rede de área de armazenamento, F-29
PCMCIA slot, estudo de caso do Sony PlayStation 2 Emotion Engine, E-15
PDP-11, M-10–11, M-19, M-57, M-88
Peer-to-peer, redes sem fio, E-22
Pegasus, M-17
Penalidade por desvio
 buffers de destino de desvio, 230–231, **231**
 esquemas de previsão, **C-21**
 redução, C-19–20
Penalidade por falta, B-20–21
 buffers de escrita, 83
 otimização de cache, B-30–36, 105–106, **106**
 palavra crítica primeiro, 104–105
 pré-busca controlada por compilador, 111–114
 pré-busca do hardware, 109–111
 projeto de hierarquia de memória, 82
 redução por meio de caches multinível, B-30–35
 reduzindo, 95
 reduzindo caches multinível, 83
 reinício antecipado, 104–105
PennySort, competição, D-66
Pentium, K-31–32
Perfect Club, benchmarks
 história do processador vetorial, G-27–28
 vetorização, 303, **303**
Performabilidade, reconstrução RAID, D-55–57
Personal Mobile Device (PMD), A-2, 7–8
 hierarquia de memória no, **79**
 unidade de processamento de imagens para, 542
PetaBox GB2000, Internet Archive Cluster, D-37
PF, operações. *Ver* Operações de ponto flutuante (PF)
Phase-Change Memory (PCM)
 chips de memória da Xpoint, 93
 projeto de hierarquia de memória, 93
PicoJoules, **541**
PID. *Ver* Process-identifier tag (PID)
Pilha, A-3, A-28
 arquitetura, base histórica, M-17–18
Pilha de protocolo, F-86–87
Pipeline reinicializável
 definição, C-40–41
 exceção, C-41–42
Pipelines de autodreno, M-30
Pipelines gráficos, M-51–52
Pipelining
 acesso à cache, 99–100
 buffers de previsão de desvio, C-23–25, **C-24–26**

Pipelining *(Cont.)*
complicações do conjunto de instruções, C-43–45
conceito, C-2–3
definição, C-2
desempenho com stalls, C-11–12
desempenho do esquema de desvio, C-21–22, **C-22**
detecção de hazard, **C-34**
escalonamento do compilador, M-32
esquema previsto-não-tomado, C-19–20, **C-19**
estágios clássicos para processador RISC, C-6–8, **C-7**
exceção
categorias, **C-40**
interrompendo/reiniciando, C-41–42
ponto flutuante, C-41–42
precisa, C-41–44
RISC-V, C-42–43, **C-42**
sequências inesperadas, C-70
tipos e requisitos, C-38–41, **C-40**
unidades lógicas e aritméticas, C-5
exemplo, **C-7**
ganho de velocidade do, C-11–12
ganho de velocidade na adição de ponto flutuante, J-25
hazards, C-10–25
hazards de dados, C-12–17
complicações do conjunto de instruções, C-45
definição, C-11
execução de instruções em pipeline, C-13
minimização de stall pelo adiantamento, C-14–15, **C-15–16**
requisitos do stall, C-16–17
tipos, C-12
hazards de desvio, C-18–22
história do pipeline gráfico, M-51–52
implementação simples, C-26–37
microarquitetura de switch, F-64–66
MIPS R4000, C-55–64
previsão de desvio estática, C-22, **C-23**
princípios de projeto de computadores, 48
problemas de desempenho, C-8–10
problemas de desvio, C-35–37
redes de interconexão, F-12
redução da penalidade por desvio, C-19–20
redução do custo de desvio, C-22
RISC-V, C-30–33
complicações do conjunto de instruções, C-43–45
conjunto de instruções, C-3–4, C-65
controle, C-33–35
controle de pipeline, C-33–35
estágios clássicos do pipeline, C-6–8
exceção, C-42–43, **C-42**
implementação simples, C-4–6, **C-6**, C-26–29, **C-30**
operações de ponto flutuante com múltiplos ciclos, C-45–55

Pipelining *(Cont.)*
pipeline de inteiros para lidar com operações de múltiplos ciclos, C-45–55
pipeline de ponto flutuante, C-45–55, C-57
Pipelining de software
exemplos de cálculo, H-13–14
loops, padrão de execução, **H-15**
técnica, H-12–15, **H-13**
Pipelining do link, F-16–17
Pixel Visual Core
arquitetura do conjunto de instruções, 587–588
array bidimensional, **586**
avaliando, 601–602
buffers de linha bidimensionais, 589–590
buffers de linha no, 590
diagrama, **592**
elemento de processamento, 588–589
exemplo, 588
filosofia da arquitetura, 583–584
Halo, 584–585
implementação, 590–591
processador, 585–587
software, 582
visão do programador, **589**
PLA, antiga aritmética do computador, J-65
Placas de interface inteligentes *versus* switches inteligentes, F-90
Points-to, análise, H-9
Poisson, Siméon, D-28
Ponteiro de argumento, K-57
Ponteiro de frame, K-57
Ponteiro de pilha, K-57
Ponteiros de função, A-18
Pontes, **F-82**, F-83
Ponto flexível, 579
Ponto flutuante de precisão dupla, **C-63**, 329
comparação de chips, **J-58**
extensões de mídia DSP, E-10
Ponto flutuante de precisão simples
aritmética, J-33–34
representação, J-15
Pontuação, 573
Portable Mobile Devices (PMDs), 580–581
Porta de chamada, **B-53**, B-54
Porta de entrada, 553
Porta de saída, 553
Porta Forget, 553
Portas, 553
Portas de rede, F-30
Portas de switch, F-30
Potência, 442–443
caches de primeiro nível, 95–98
dentro do microprocessador, 25–28
perspectiva dos sistemas, 23–24
Potência dinâmica, 80
Potência do disco, D-5
Potência estática, 80
Power 3, K-25
instruções adicionais, **K-24**
registradores de desvio, K-23–25

Power gating, 28
PowerPC AltiVec, suporte para multimídia, **E-11**
PowerPC, K-6, K-11, K-25
história do cluster, M-64
história do RISC, M-21
IBM Blue Gene/L, I-41–42
instruções condicionais, H-27
Power Utilization Effectiveness (PUE)
armadilha, 515
WSCs, 483, **484–485**
Pré-busca, 376
instrução, 234
Itanium 2, H-42
projeto de hierarquia de memória, 138
software e hardware, 148–164
Pré-busca controlada pelo compilador, 111–114
Pré-busca de cache, 111
Pré-busca de hardware, 109–111, 148–164
Pré-busca de instrução, 234
Pré-busca de registrador, 111
Pré-busca de software, 148–164
Pré-busca sem vínculo, 111
Pré-buscas sem falhas, 111
Precisões, aritmética de ponto flutuante, J-33–34
Preço, custo *versus*, 35
Preço-desempenho, 8
Predicação, TI TMS320C6x DSP, E-10
Prediction by Partial Matching (PPM), 188
Prefixo, operações com inteiros no Intel 80x86, K-35
Pressão do registrador, 182
Previsão de desvio
buffers, C-23–25, **C-24–26**
correlação, 182–184
dinâmica, C-23–25
escalonamento de rastreio, H-19
esquemas iniciais, M-29
estática, C-22, C-23
exatidão, **C-25–26**
integrada, 233
paralelismo em nível de instrução
correlacionando previsores de desvio, 182–184
Intel Core i7, 190–191
previsão de desvio especializada, 232–234
previsores de torneio, 184–188, **186**
previsores híbridos marcados, 188–190, **188, 190**
redução de custo, C-22, 182–191
Previsão de desvio dinâmica, C-23–25
Previsão de desvio integrada, 233
Previsão de desvios de loop, 232–234
Previsão de valor, 228, 234
Previsão de via, tempo de acerto, 98–99
Previsão. *Ver também* Taxa de previsão incorreta
buffers de previsão de desvio, C-23–25, **C-24–26**

**ELSEVIER**

Índice I-27

Previsão *(Cont.)*
desvio
dinâmico, C-23–25
estático, C-22, **C-23**
exatidão, **C-25–26**
paralelismo em nível de instrução,
182–191
redução de custo, C-22
endereço de retorno, 232–234
esquema de 2 bits, **C-24**, 182, 184, **185**
tamanho, **187**
Previsor baseado em perfil, taxa de previsão
incorreta, **C-23**
Previsores de dois níveis, 183, 191
Previsores de torneio, 184–188, **186**
endereço de desvio, **186**
esquemas iniciais, M-29
previsores locais/globais, 184–188, **186**
vantagem, 185–187
Previsores globais, 184–188
Previsores híbridos, 184
Previsores híbridos marcados, 188–190,
**188, 190**
Previsores ligados, 184
Previsores locais, 184–188
Primitivas de hardware, 412–414
sincronização do multiprocessador de
grande escala, I-18–21
Primitivas, sincronização, M-64–65
Princípio da proximidade
cargas de trabalho científicas em
multiprocessadores simétricos
de memória compartilhada,
I-25–26
criação do termo, M-11
definição, B-2
princípios de projeto de computador,
48–49
Princípios de projeto de computador
caso comum, 49
equação de desempenho de processor,
52–55
lei de Amdahl, 49–52
localidade, 48–49
paralelismo, 48
Problema de fragmentação, 114
Problema de ordenação de fase, A-26
Procedimento de classificação, VAX
alocação de registrador, K-62
exemplo de código, K-62–64
preservação de registrador, K-64–65
procedimento completo, K-65
Processador de E/S (IOP)
primeiro escalonamento dinâmico,
M-28–29
Sony PlayStation 2 Emotion Engine,
estudo de caso, E-15
Processador de múltiplos fluxos,
M-31–33
Processador de vetor
base histórica, G-26–28
Cray X1E, G-24
Cray X1, G-21–24, **G-22–23**

Processador de vetor *(Cont.)*
DAXPY sobre VMIPS, G-17, G-19–21
definição, 370
desempenho, G-2–9
DAXPY sobre VMIPS, G-17
desencadeamento, **G-12**
encadeamento, G-11–12, **G-12**
matrizes dispersas, G-12–14
partida e pistas múltiplas, G-7–9
extensões de mídia DSP, E-10
implementação de kernel de vetor,
357–359
medições, G-15–16
NEC SX-9, processador de vetor, **309**
overhead de partida, **G-4**
Sony PlayStation 2 Emotion Engine,
E-17–18
tempo de execução, **G-7**
*versus* processador escalar, G-19
visão geral, G-25–26
VMIPS sobre DAXPY, G-17, G-19–21
VMIPS sobre Linpack, G-17–19
Processadores de despacho múltiplo
características, **219**
com especulação, **223**
desafios, 182, 221–222
desenvolvimento inicial, M-29–32
estudo de caso de técnicas
microarquitetônicas, 266–273
método EPIC, 221
paralelismo em nível de instrução,
218–227
processador escalonado dinamicamente,
222, 224
superescalares, 218, 223
técnica VLIW, 218–222, **220**
vantagens, 221–222
Processadores escalares, 310, 326, **332,**
334. *Ver também* Processadores
superescalares
CPUs de pipeline adiantado, M-28
*versus* vetor, G-19
Processadores fora de ordem, história da
hierarquia de memória, M-12
Processadores otimizados para cálculo,
F-92
Processadores otimizados para densidade
*versus* para SPEC, F-89
Processadores paralelos
aplicações científicas, I-33–34
áreas de debate, M-57–59
avanços e desenvolvimentos recentes,
M-59–60
história da memória virtual, M-65
história do cluster, M-62–65
história dos computadores SIMD,
M-55–57
história dos multiprocessadores de grande
escala, M-60–62
modelos de sincronização e consistência,
M-64–65
multiprocessadores coerentes baseados em
barramento, M-59–60

Processadores superescalares, 223
anúncio, M-35
avanços recentes, M-35
criação do termo, M-31, M-34
escalonados dinamicamente, M-36, 224
ILP, M-33–34
multithreading coarse-grained, 245
multithreading simultâneo, 245–247
slots de execução da unidade funcional,
244–245, **244**
Processador multicore, 17, 369, 371–372,
382, 408
arquitetura, **430**
coerência, 387
Cray X1E, G-24
desempenho, 426–437, **432**
desenvolvimento, 404
DSM, **373, 405, 452**
escalada, **432,** 442–444
e SMT, 436–437
Intel i7, desempenho e eficiência
energética, 434–437
na carga de trabalho multiprogramada,
426–432
OCN, F-101
ponto a ponto, **446**
técnicas, 389
único chip, 382, **391,** 446–451
Processador multicore de único chip, 382,
**391,** 446–451
Processador MXP, componentes, E-14–15
Processamento em tempo real, sistemas
embarcados, E-3–4
Processamento paralelo, 369
Process-Identifier Tag (PID), B-37–38, **B-37**
Processing Element (PE), array, 570, **572,**
580, 584–585, 587, 592
Processo supervisor, memória virtual, 119
Profundidade da fila de comandos, *versus*
throughput de disco, **D-4**
Programação paralela
com multiprocessadores de grande
escala, I-2
comunicação de computação, I-10–12
Programador de linguagem de
máquina, M-18
Programador, visão da consistência de
memória, 418–419
Programas Pascal, divisão/resto de
inteiros, **J-12**
Program counter (PC), A-17
buffers de destino do desvio,
228–229, **229**
conjunto de instruções RISC-V, C-4
estágio de pipe, **C-31–32**
exceções precisas, C-54
hazards de desvio, C-18
implementação RISC simples, C-27–29
interrupção/reinício de exceção, C-41–42
previsão de desvio dinâmica, C-23–24
previsores híbridos marcados, 188–189
problemas de desvio do pipeline,
C-35–36

Projeto da hierarquia de memória
 armadilha, 143
 ARM Cortex-A53, 129–131, **130**
 C, avaliação de programa, **151**
 Cortex-A53, desempenho, 132
 em dispositivo móvel pessoal, **79**
 fundamentos, 81–84
 Intel Core i7 6700, 133–142, **134**
 máquina virtual
  arquitetura do conjunto de instruções
   para, 122–123
  gerenciamento de hardware, 121
  gerenciamento de software, 121
  impacto sobre a memória virtual,
   123–124
  proteção via, 120–122
 memória virtual
  extensão do conjunto de instruções,
   124–125
  impacto das máquinas virtuais sobre,
   123–124
  proteção via, 119–120
 monitor de máquina virtual
  extensão do conjunto de instruções,
   124–125
  requisitos, 122
  Xen, máquina virtual, 126
 otimização de cache
  acesso por pipeline, 99–100
  avanço, **117**
  caches em múltiplos bancos, 99–100
  caches sem bloqueio, 100–104
  consumo de energia, **97**
  empacotamento HBM, 114–117
  faltas de cache, 112–113
  mesclagem do buffer de escrita,
   105–106, **106**
  otimizações do compilador, 107–109
  palavra crítica primeiro, 104–105
  pré-busca controlada por compilador,
   111–114
  pré-busca do hardware, 109–111
  previsão de via, 98–99
  programas de ponto flutuante,
   101–102
  redução do tempo de acerto/energia,
   95–98
  reinício antecipado, 104–105
 questões cruzadas
  acessos em passos e faltas de TLB, 346
  energia e DLP, 345
  memória em bancos e memória de
   gráficos, 346
 tecnologia e otimizações
  confiabilidade, 93–94
  DRAMs empilhadas/embutidas, 91
  DRAM síncrona, 87–90
  GDRAMs, 90
  memória Flash, 92–93
  tecnologia de memória por mudança de
   fase, 93
  tecnologia DRAM, 85–87
  tecnologia SRAM, 85

Propagação de cópia, H-10
Propagação para trás, 548
Propriedade de subconjunto, 423
Propriedade intelectual, DSAs, 593
Proteção da memória
 chamadas seguras, B-54
 exceção, 175
 memória virtual segmentada, B-51–54
 Pentium *versus* Opteron, B-57
 processos, B-49–50
Protocol de diretório, 404
Protocolo de comunicação, F-8
Protocolo de invalidação, 380
 coerência de snooping, **381**
 exemplo, 385, **385**
 implementação, 382–383
Protocolo de invalidação de escrita, 380
 coerência de snooping, **381**
 exemplo, 385, **385**
 implementação, 382–383
Protocolos de cópia zero, F-8
Protocolos de passagem de mensagens, 373
Proximidade espacial, B-26
 criação do termo, M-11
 definição, B-2
 princípios de projeto de computador, 49
Proximidade temporal, B-26
 criação do termo, M-11
 definição, B-2
 princípios de projeto de computador, 49
PSO. *Ver* Partial Store Order (PSO)
PTE. *Ver* Page Table Entry (PTE)
Pulse Amplitude Modulation
 (PAM-4), 59

# Q

QCDOD, M-64
QPI. *Ver* QuickPath Interconnect (QPI)
QsNetII, F-67, **F-80**
Quadrics SAN, **F-80**
Quality of service (QoS)
 benchmarks de confiabilidade, D-21
 WAN, F-102–103
Quantização, DNNs, 556
QuickPath Interconnect (QPI), 426–429

# R

Radix-2, multiplicação/divisão, J-4–7, **J-4,**
 **J-55**
Radix-4, multiplicação/divisão, J-49, **J-49,**
 J-56, **J-56–58**, J-61
Radix-8, multiplicação, J-49
RAID. *Ver* Redundant array of inexpensive
 disks (RAID)
Random access memory (RAM), F-56
Random Access Method of Accounting
 Control (RAMAC), M-85,
 M-88–89
Ransomware, 491
Rastreio de endereço, B-4
Ray casting (RC), 350

Read after write (RAW), C-12–14
 algoritmo de Tomasulo, 195, 217
 complicações do conjunto de instruções,
  C-44
 controle de pipeline no RISC, C-34
 ordem do programa, 173
 primeiros computadores vetoriais,
  M-47–48
 stalls, C-49, **C-50**, C-51
 TI TMS320C55 DSP, E-8
 verificando, C-52
Realização de serviço, 36
Receptor de rádio, componentes, **E-23**
Recodificação de Booth, J-8–10, **J-9**, J-17
 multiplicação de inteiros, **J-49**
Reconfiguração da rede, F-70–71
Reconfiguração dinâmica da rede, F-71–73
Reconstrução off-line, RAID, D-55
Reconstrução on-line, RAID, D-55
Recorrências
 dependências transportadas pelo loop,
  H-5
 método básico, H-11
Rectified linear unit (ReLU), 546
Recurrent neural network (RNN), 553–555
Recursos, esquemas de proteção, M-9
Red-black Gauss-Seidel, I-9–10
Rede de caixa preta
 conceito básico, F-5–6
 desempenho, F-13
 largura de banda eficaz, F-18
 redes de mídia comutada, F-24–25
 topologias de rede comutadas, F-41
Rede de E/S, F-67
Rede de link dedicado
 exemplo, **F-6**
 largura de banda efetiva, F-18
 rede caixa preta, F-5–6
Rede em malha, F-43, **F-47**
Redes
 marcos de desempenho, **22**
 WSCs da Google, 510–511
Redes comerciais de interconexão
 conectividade, F-67
 gerenciamento de congestionamento,
  F-68–70
 interoperabilidade entre empresas,
  F-67–68
 reinicializações no DECstation 5000, **F-73**
 tolerância a falhas, F-70–72
Redes com perdas, definição, F-12
Redes comutadas
 centralizadas, F-31–35
 distribuídas, F-35–40
Redes comutadas centralizadas, F-31–35,
 **F-31**
Redes comutadas distribuídas, F-35–40
Redes de área de armazenamento, F-77–81,
 F-106–108
 benchmarks de confiabilidade, D-21–23
Redes de área do sistema, F-76–77, **F-80,**
 F-104–106
Redes de hipercubo, F-44, F-96

# ELSEVIER

## Índice I-29

Redes de interconexão
  arbitração, F-49–51
  arquitetura de alto nível, F-75
  bloqueio HOL, F-59–61
  características básicas, F-2, **F-21**
  comerciais
    conectividade, F-67
    DECstation 5000, reinicializações, **F-73**
    gerenciamento de congestionamento,
      F-68–70
    interoperabilidade entre empresas,
      F-67–68
    tolerância a falhas, F-70–72
  comutação, F-51–52
  conexões de múltiplos dispositivos
    caracterização do desempenho, F-25–30
    considerações básicas, F-20–21
    largura de banda efetiva *versus* nós, **F-29**
    latência *versus* nós, **F-28**
    redes de mídia compartilhada, F-23–24
    redes de mídia compartilhada *versus*
      comutada, **F-23**, F-25
    redes de mídia comutada, F-24–25
    topologia, roteamento, arbitração,
      comutação, F-21–22
  custos de rede MIN *versus* diretos, F-96
  definição, F-2
  diretas *versus* altamente dimensionais,
    F-96
  domínios, F-3–4, F-3
  Ethernet, F-82–84
  exemplo de dispositivo, F-3
  exemplos, F-73–85
  IBM Blue Gene/L, I-43
  impacto no roteamento/arbitração/
    comutação, F-21–22
  InfiniBand, F-77–81
  interconexões de dois dispositivos
    canais virtuais e throughput, F-47–48
    considerações básicas, F-6
    desempenho da comutação wormhole,
      F-52
    desempenho, F-13–20
    estrutura e funções, F-9–12
    exemplo, **F-6**
    funções da interface, F-6–9
    largura de banda efetiva *versus* tamanho
      do pacote, **F-19**
    protocolos de cópia zero, F-95
    WAN, F-84–85
  interface da hierarquia de memória,
    F-91–92
  LAN, F-82–84
  largura de banda de bisseção, F-93
  largura de banda de comunicação, I-3
  largura de banda do link, F-94
  microarquitetura do switch, F-56–66
  OCN, **F-27–29**
  overhead do software, F-96
  processadores otimizados para cálculo
    *versus* overhead do receptor, F-92
  processadores otimizados para densidade
    *versus* SPEC, F-89

Redes de interconexão *(Cont.)*
  proteção, F-91
  redes de área de armazenamento (SANs),
    F-106–108
  redes de área de sistema/armazenamento,
    F-77–81
  redes de área de sistema, F-104–106
  roteamento adaptativo e tolerância a
    falhas, F-98
  roteamento adaptativo, F-97
  roteamento de rede de malhas, **F-47**
  roteamento, F-22, F-44–56
  SAN, características, **F-27–29**
  switch *versus* NIC, **F-90**
  topologia, F-30–44
Redes de interconexão bidirecional de
    múltiplos estágios, F-33–34
Redes de mídia compartilhada, F-23–25
Redes de mídia comutada, F-2, F-24–25
Redes de toros, **F-53–56**, F-76–77
Redes diretas, F-35, **F-37**, F-96
Redes indiretas, F-32–33
Redes locais. *Ver* Local Area Networks (LANs)
Redes sem fio
  desafios básicos, **E-21**
  e telefones celulares, E-21–22
Redes sem perdas
  definição, F-12
  organizações de buffer de switch, F-59–60
Redução de altura da árvore, H-11
Reduced Instruction Set Computer (RISC),
    413–414, 423
  base histórica, M-20–23, **M-22**
  câmera digital Sanyo VPC-SX500, E-19
  desempenho de cache, B-6
  desenvolvimento, 2
  escalonamento de pipeline e
    desdobramento de loop, 177–178
  FENCE no, 420–422
  história das extensões SIMD de
    multimídia, M-50
  história do compilador, M-33
  história do processador vetorial, G-26
  previsores correlacionados, 183
  primeiras CPUs em pipeline, M-28
  RISC-II, M-20–21
  RISC-I, M-20–21
  tamanho de código reduzido no, A-23–24
Reduced Instruction Set Computer (RISC),
    arquiteturas, A-33–42
  arquitetura ARM, K-22
  comparação e desvio condicional,
    K-11–16
  desvios condicionais, **K-17**
  estudo das, K-3–29
  extensões além do RV64G, K-18–19
  extensões de processamento digital de
    sinais, K-28
  extensões SIMD, K-25–27
  instrução RV64G, K-5, **K-10**, **K-12**
  instruções de 16 bits do núcleo do
    RV64GC, K-16–17
  instruções de 16 bits, K-3, **K-4**, K-5, **K-10**

Reduced Instruction Set Computer (RISC),
    arquiteturas *(Cont.)*
  instruções de controle, **K-18**
  instruções de transferência de dados,
    **K-18**
  instruções do núcleo do RV64G, K-11
  ISA de inteiros do RISC-V, **K-13**
  MIPS64 R6, K-19
  modos de endereçamento e formatos de
    instrução, K-6–9
  multimídia e operações gráficas, K-25–27
  para aplicações inferiores, K-3
  Power3, K-23–25
  SPARC v.9, K-20–22
Reduced Instruction Set Computer (RISC) V,
    12–17, **13**, 413–414, 423
  algoritmo de Tomasulo
    conjunto de instruções, 195
    operação de ponto flutuante, 198
  arquitetura escalar, RV64V, **284**
  FENCE no, 420–422
  formato de instrução, A-36–37
  formatos da arquitetura do conjunto de
    instruções, **16**
  instruções de fluxo de controle, A-39–40
  instruções de ponto flutuante para, **16**
  instruções load e store, **A-38**
  modos de endereçamento, A-36
  operações, A-37–39
  operações de ponto flutuante, A-40–41
  organização do conjunto de instruções,
    A-34
  pipelining, C-30–33
    complicações do conjunto de
      instruções, C-43–45
    conjunto de instruções, C-3–4, C-65
    controle, C-33–35
    controle de pipeline, C-33–35
    estágios clássicos do pipeline, C-6–8
    exceção, C-42–43, **C-42**
    implementação simples, C-4–6, **C-6**,
      C-26–29, **C-30**
    operações de ponto flutuante de
      múltiplos ciclos, C-45–55
    pipeline de inteiros para lidar com
      operações de múltiplos ciclos,
      C-45–55
    pipeline de ponto flutuante, C-45–55,
      **C-57**
  processador SIMD, 306–307
  programas do SPECint2006, **A-42**
  registradores para, A-34–35
  subconjunto de instruções no, **15**
  substratos, 33
  tipos de dados para, A-35–36
Reduções, 344–345
Redundância
  estudo de caso do consumo de energia do
    sistema de computação, 69–71
  estudo de caso do custo de fabricação de
    chip, 67–68
  implementação RISC simples, C-29
  verificações de índice, B-9

Redundant array of inexpensive disks (RAID)
  arquivador NetApp FAS6000, D-41–43
  base histórica, M-86–88
  benchmarks de confiabilidade, D-21–23
  confiabilidade do hardware, D-15
  estudo de caso de desmontagem de array de discos, D-51–54
  estudo de caso de desmontagem de disco, D-48–50
  paridade linha-diagonal, D-9–10, **D-9**, D-41–42
  previsão de desempenho, D-57–59
  projeto do subsistema de E/S, D-59–61
  RAID 0, D-6
  RAID 10, D-8
  RAID 1, D-6, M-87
  RAID 2, D-6, M-87
  RAID 3, D-6, M-87
  RAID 4, D-7, M-87
  RAID 5, D-8, M-87
  RAID 6, D-8–10
  unidades lógicas, D-35
  visão geral, D-6–8
Regional explicit congestion notification (RECN), F-70
Register Fetch (RF)
  ciclo, C-5
  implementação RISC simples, C-27
  pipeline do MIPS R4000, C-56
Register Transfer Level (RTL), código, 569
Registrador contador, K-25
Registrador de link, K-25
Registrador(es)
  estágio do pipe, **C-31**
  exemplos de DSP, **E-6**
  funções de interface de rede, F-7
  IA-64, H-33–34
  instruções e hazards, **C-13**
  tag, **202**
Registradores arquitetonicamente visíveis, 234
Registradores de desvio, IA-64, H-34
Registradores de inteiros, IA-64, H-33–34
Registradores de máscara de vetor
  Cray X1, G-21–22
Registradores de pipeline
  definição, C-30–32
  desempenho do pipelining, C-8–10
  minimização de stall nos hazards de dados,C-14
Registradores de vetor, 284
Registradores escalares
  conjunto de, 285
  Cray X1, G-21–22
Registradores predicados, 296–298
  IA-64, H-34
Registrador físico
  instrução, **237**
  instruções SIMD, 320
  renomeação de registrador, 235
  usos do, 234–235
Registrador-memória
  arquitetura, A-3
  ISAs, 12

Registrador reservado, 414
Regra antes do arredondamento, J-36
Regra após arredondamento, J-36
Regularidade, MINs bidirecionais, F-33–34
Reinforcement learning (RL), 549
Reinício antecipado, otimização de cache, 104–105
Relações entre computação e comunicação
  escalada, **I-11**
  programas paralelos, I-10–12
Release consistency (RC), 420–422, **421**, 457
Relocação de memória virtual, B-41–42
Remington-Rand, M-5
Remote Direct Memory Access (RDMA), F-80
Rendimento da fabricação, 67–68
Renomeação do registrador
  antidependência, 196
  definição, 173, 195–196
  dependências de nome, 196
  desalocando registradores, 235
  estações de reserva, 196–197, 199–200
  estudo de caso de técnicas microarquitetônicas, 266–273
  exemplo de código, **269–270**
  saída esperada, **269**
  tabela de estado inicial, **270**
  *versus* buffers de reordenação, 234–236
Reorder buffer (ROB)
  especulação baseada em compilador, H-31–32
  especulação baseada em hardware, 209–212, 214–215
  problema com, 236
  renomeação de registrador *versus*, 234–236
Replicação
  definição, 377, 379
  memória virtual, B-49
Réplica, mensagens, F-6
Representação de dígito sinalizado
  exemplo, **J-54**
  multiplicação de inteiros, J-53
Representação numérica de $n$ bits, J-7–10
Reprodutibilidade, 45
Request-level parallelism (RLP)
  definição, 5, 10–11, 369
  WSCs, 467
Requisição
  mensagens, F-6
  microarquitetura do switch, F-58–59
Reserva de recursos, F-70–71
Restaurações de confiabilidade, 37
Resto em ponto flutuante, J-31–32
Restrições em tempo real, E-2
Resultado da escrita, 199
  escalonamento dinâmico com scoreboard, C-69
  especulação baseada em hardware, 217
  etapa de instrução, 211
Retornos, coerência de cache, 378–379
RF. *Ver* Register fetch (RF)
Ripple-carry, somador, J-2–3, J-3
  comparação de chips, J-61
  somador carry-lookahead com, J-42

Ripply-carry, adição, J-2–3
RISC. *Ver* Reduced Instruction Set Computer (RISC)
ROB. *Ver* Reorder buffer (ROB)
Roofline, modelo, **349**
  aplicações de DNN, 596–600, **597**
  CPUs *versus* GPUs, **355**
Roteadores, **F-64**, F-83
Roteamento adaptativo
  definição, F-47–48
  e overhead, F-97
  tolerância a falhas de rede, F-98
  *versus* roteamento determinístico, **F-53–56**
Roteamento automático de MINs, F-48–49
Roteamento de origem, F-49
Roteamento distribuído, F-49
Roteamento North-last, F-48
Roteamento primeiro negativo, F-48
Roteamento tolerante a falhas, F-70–71, F-98–99
Rotinas de tratamento de interceptação, C-54
Round-robin (RR), F-49
Row access strobe (RAS), projeto de hierarquia de memória, 85–86
RV32E, **K-4**
RV64c, formatos de instrução de 16 bits, **K-7**
RV64GC, K-3
  codificações de registrador, **K-7**
  instruções básicas de 16 bits, K-16–17
  instruções da ALU no, **K-17**
  instruções de 16 bits, **K-10**
RV64G, extensões além do, K-18–19
RV64G, instrução, **K-12**
RV64G, instruções básicas, K-11
RV64V, conjunto de instruções, 293
RV64V, extensão
  arquitetura de vetor, 283–287, **284**
  instruções de vetor, **286**
  tamanhos de dados, **287**

## S

Saltos indiretos, previsão de desvio, 232–234
Saltos, VAX, K-57
Salvando por quem chamou/chamado, A-19–20
Sanyo, câmera digital VPC-SX500, estudo de caso do sistema embarcado, E-19
Sanyo, câmeras digitais SOC, **E-20**
SASI, M-88
SATA, discos. *Ver* Serial Advanced Technology Attachment (SATA), discos
Scalar Lane (SCL), 586–588
Scan Line Interleave (SLI), M-51
Schorr, Herb, M-29–30
Scoreboarding
  definição, 194–195
  escalonamento dinâmico com, C-66–70, **C-68**
SCSI. *Ver* Small Computer System Interface (SCSI)
SDRWAVE, J-62
Secure Virtual Machine (SVM), 146
Segmento de pipe, C-3

Segmentos
definição, B-43
páginas *versus*, **B-43**
Segmentos paginados, B-43–44, **B-43**
Seleção de bits, B-8
Seleção de rastreio, definição, H-19
Semicondutores
DRAM, 19
flash, 19
ITRS, 58–59, **59**
manufatura, 4
Sem memória, D-27–28
Sequential consistency (SC), 417, **421**, 457
implementação, 418, 423
visão do programador, 418–419
Sequent Symmetry, M-59–60
Serial Advanced Technology Attachment
(SATA), discos
arquivador NetApp FAS6000, D-42
consumo de energia, D-5
RAID 6, D-8–9
*versus* SAS drives, D-5, **D-5**
Serial Attach SCSI (SAS), drive
base histórica, M-88
consumo de energia, D-5
*versus* drives SATA, **D-5**
Serialização
coerência de cache, 378–381
coerência de cache do multiprocessador
DSM, I-37
definição, 380–382, 413
sincronização de barreira, I-16
Serialização da escrita
coerência de cache, 378–379
definição, 380–382, 413
Serve-longest-queue (SLQ), arbitração do
esquema, F-49
ServerNet, rede de interconexão, F-70–71
Service level agreements (SLAs), 36–37
Service level objectives (SLOs), 36, 485–486
Servidor(es), A-2, 8–9. *Ver também*
Warehouse-Scale Computer (WSC)
benchmarks, 43–45
características do sistema, **E-4**
definição, D-25
Google WSCs, 512–513, **513**
modelo de único servidor, **D-25**
utilização de CPU, **475**
Servidores de bloco *versus* arquivadores,
D-34–35
Servidores de correio, D-20–21
Servidores web
benchmarking, D-21
WAN, F-102
Sharding, 480–482
Shared-Memory Multiprocessors (SMPs),
371, 373
base histórica, M-61
definição, M-64
protocolos de coerência de snooping, 380
tempo de acesso, 371
Shear, algoritmos de array de disco, D-51–54
Sheet Generator (SHG), 585

Shell, código, 569, **570**
SiFive, **33**
Signal-to-noise ratio (SNR), redes sem fio,
E-21
Significando, J-15
Silício negro, 28
Silicon Graphics, 4D/240, M-59–60
Silicon Graphics Altix, M-64
Silicon Graphics Challenge, M-60
Silicon Graphics Origin, M-62, M-64
Silicon Graphics (SGI), sistemas, história do
processador vetorial, G-27
Simultaneous multithreading (SMT),
424–426, **425**, 435
base histórica, M-35–36
benchmark Java e PARSEC sem, 435–437,
**435**, **437**
definição, 244
implementações, 245
processadores superescalares, 245–247
processador multicore e, 436–437
Sinais, definição, E-2
Sinal de portadora em redes sem fio, E-21
Sincronização, 352, 412
base histórica, M-64–65
bloqueios usando coerência, 414–417, **416**
busca e incremento, 413–414
comunicação para passagem de
mensagens, I-5
Cray X1, G-23
multiprocessadores de grande escala
métricas, I-3–4
vantagens, I-4–6
primitivas de hardware, 412–414
Single-event upsets (SEUs), 569
Single Instruction Multiple Data (SIMD), 11,
170, 282
desenvolvimento de supercomputador,
M-45–46
escalonamento de threads, 315–317
extensões de multimídia
GPU e MIMD *versus*, 347–353
Intel Core i7 920, computador
multicore, **309**
modelo visual de desempenho roofline,
307–310
NEC SX-9, processador de vetor, **309**
operações com 256 bits de largura, **304**
paralelismo em nível de dados, 304–310
programação, 307
RISC-V, 306–307
*versus* GPUs, 335, **335**
história da rede de área do sistema, F-104
instrução
DSP, extensões de mídia, E-10
IBM Blue Gene/L, I-42
Sony PlayStation 2, **E-16**
instruções de thread, 315–317, **316**, **319**
Intel Core i7 920, computador
multicore, **309**
NEC SX-9, processador de vetor, **309**
paralelismo em nível de loop, 170
processadores

Single Instruction Multiple Data (SIMD)
*(Cont.)*
avanços recentes, M-35
MAX, suporte para multimídia, **E-11**
TI, 320C6x DSP, E-9
visão geral histórica, M-55–57
Single instruction, multiple thread
(SIMT), 311
Single instruction stream, Single data stream
(SISD), 11, M-56
SIMD, M-46
Single-Streaming Processor (SSP)
Cray X1E, G-24
Cray X1, G-21–24
Sinônimos, tradução de endereço, B-38
Sistema de disco
marcos de desempenho, **22**
medições de carga de trabalho, 400
subsistema, taxa de falha de, 51–52
Sistema de memória, 377–378
arquitetura do multiprocessador, 369,
371–373
arquiteturas de vetor, G-9–11
coerência, 378
encadeamento de vetor, G-11
execução especulativa, 241
Intel Core i7 6700, estrutura do
pipeline, **254**
mudanças no tamanho de página, B-58
virtual. *Ver* Memória virtual
Sistemas balanceados, D-64–67
Sistemas de armazenamento
acesso a disco escalonado pelo SO, D-44
Amazon, valor-chave do Dynamo,
485–486
armazenamento de disco, D-2–10
arquivador NetApp FAS6000, D-41–43
arrays de disco, D-6–10
benchmarking de servidor web, D-20–21
benchmarking do servidor de correio,
D-20–21
benchmarking do sistema de arquivos,
D-20–21
benchmarks de confiabilidade, D-21–23
benchmarks TP, D-18–20
bits de modificação, D-61–64
buscas de disco, D-45
cálculo de utilização do servidor, D-28–29
comparação da distância de busca, **D-47**
componentes de transações, **D-17**
confiabilidade, D-15–23
confiabilidade do operador, D-13–15
defeitos e falhas reais, D-10–15
desempenho de E/S, D-15–23
desmontagem de array de discos, D-51–54
desmontagem de disco, D-48–50
disponibilidade do sistema de
computador, D-43
E/S e sistemas operacionais assíncronos,
D-35–36
estudo de caso de classificação, D-64–67
estudo de caso de reconstrução com RAID,
D-55–57

Sistemas de armazenamento *(Cont.)*
  falha de componente, D-43
  Internet Archive Cluster. *Ver* Internet
    Archive Cluster
  links ponto a ponto, D-34
  potência do disco, D-5
  previsão de desempenho com RAID,
    D-57–59
  projeto/avaliação do sistema de E/S,
    D-59–61
  projeto Tertiary Disk da Berkeley, D-12–13
  restrições no tempo de resposta para os
    benchmarks, **D-18**
  servidores de blocos *versus* arquivadores,
    D-34–35
  substituição de barramento, D-34
  Tandem Computers, D-13
  tempo de busca *versus* distância, **D-46**
  teoria do enfileiramento, D-23–34
  throughput *versus* tempo de resposta,
    D-16–18
  WSCs, 478
Sistemas de E/S
  assíncronos, D-35–36
  bits de modificação, D-61–64
  cálculos de fila, D-29
  como caixa preta, **D-24**
  distribuição aleatória de variável, D-26
  história do multithreading, M-35
  teoria do enfileiramento, D-23
Sistemas de hardware em tempo real,
  definição, E-3–4
Sistemas de memória altamente paralelos,
  150–153
Sistemas de memória altamente paralelos,
  150–153
Sistemas de refrigeração, **483**
Sistemas embarcados
  benchmarks
    considerações básicas, E-12
    consumo de energia e eficiência, E-13,
      E-13–14
  câmera digital Sanyo VPC-SX500, estudo
    de caso, E-19
  câmeras digitais Sanyo, SOC, **E-20**
  características, **E-4**
  desempenho, **E-13–14**
  EEMBC, pacote de benchmark, E-12
  estudo de caso do telefone celular
    características, E-22–24
    diagrama de blocos, **E-23**
    Nokia, placa de circuito, **E-24**
    padrões e evolução, E-25
    receptor de rádio, **E-23**
    redes sem fio, E-21–22
    visão geral, E-20
  processador de sinal digital
    definição, E-3
    exemplos e características, **E-6**
    extensões de mídia, E-10–11
    suporte para multimídia no desktop,
      **E-11**

Sistemas embarcados *(Cont.)*
  telefones celulares, E-23–24, E-23
  TI TMS320C55, **E-6–7**, E-7–8
  TI TMS320C64x, **E-9**
  TI TMS320C6x, E-8–10
  TI TMS320C6x, pacote de instruções,
    **E-10**
  visão geral, E-5–7
  processamento em tempo real, E-3–4
  Sony PlayStation 2, estudo de caso,
    E-15–18
    diagrama de blocos, **E-16**
    organização, **E-18**
  visão geral, E-2
Sistemas embarcados de paralelismo natural,
  E-15
Sistemas operacionais (gerais)
  carga de trabalho, 399–404
  desempenho da comunicação, F-8
  desempenho da proteção de memória,
    B-58
  escalonamento de acesso ao disco, D-44
  estatísticas de falta, **B-59**
  e tamanho de página, B-58
  independentes de vendedor, 2
  memória virtual segmentada, B-54
  sistemas de armazenamento, D-35–36
  tradução de endereço, B-38
Sistemas tolerantes a cauda, 486
Skippy, algoritmo, D-49, **D-50**
Small Computer System Interface (SCSI)
  armazenamento de disco, D-4
  base histórica, M-88
  benchmarks de confiabilidade, D-21
  história da rede de área de
    armazenamento, F-106–107
  projeto do subsistema de E/S, D-59–61
  projeto Tertiary Disk da Berkeley, D-4
  reconstrução RAID, D-56
Small Form Factor (SFF), disco, M-86
Smalltalk, K-21–22
SMPs. *Ver* Shared-memory multiprocessors
  (SMPs)
SMT. *Ver* Simultaneous multithreading (SMT)
Snooping, coerência de cache, 380, **381**
  exemplo de protocolo, 383–387, **384**
  implementação, 392–393
  latências, 447, **448**
  limitações, 389–392
  manutenção, 380–381
  multiprocessadores de grande escala,
    I-34–35, M-61
  protocolo de invalidação, **381**
  tipos de amostra, **M-60**
Snooping, largura de banda, 389–390
SoC. *Ver* System-on-chip (SoC)
Software as a Service (SaaS)
  crescimento do, 9
  WSCs, 467
Software de gerenciamento de registrador
  loops em pipeline, H-14
Software de sistemas, 503

Software Guard Extensions (SGX), 125
Solaris, benchmarks RAID, D-21, **D-22**, D-23
Soma de verificação
  bits de modificação, D-61–64
  formato de pacote, **F-7**
Somador carry-in, carry-skip, J-41–42
Somador de *n* bits, carry-lookahead, **J-38**
Somadores
  carry-lookahead, J-37–41
  comparação de chips, J-61
  completos, J-2–3, **J-3**
  ganho de velocidade na divisão de
    inteiros, J-54–57
  ganho de velocidade na multiplicação de
    inteiros
    array par/ímpar, **J-52**
    árvore de Wallace, **J-53**
    muitos somadores, J-50–54, **J-50**
    multiplicador de array em múltiplas
      passadas, **J-51**
    somador único, J-47–49, **J-48–49**
    tabela de adição com dígito sinalizado,
      **J-54**
  metade, J-2–3
  radix-2, divisão, **J-55**
  radix-4, divisão, **J-56**
  radix-4 SRT, divisão, **J-57**
  requisitos de tempo e espaço, **J-44**
  ripple-carry, J-3, **J-3**
Sonic Smart Interconnect, OCNs, F-3
Sony PlayStation 2
  diagrama de blocos, **E-16**
  Emotion Engine, estudo de caso, E-15–18
  Emotion Engine, organização, **E-18**
  multiprocessadores embarcados, E-14–15
SPARC64 X+, 389, 426, 429
  desempenho, 429–431, **432**
  recurso, **427**
SPARC "anulando" desvio, K-18–19
SPARCLE, processador, M-35–36
SPARC v, 9
  aritmética de inteiros, **K-21**
  instruções adicionais, **K-22**
  interceptação desalinhada, **K-21**
  interceptações rápidas, K-20–21
  janelas de registradores, K-20
  LISP, K-21–22
  Smalltalk, K-21–22
SPARC VIS, K-25–26, **K-27**
SPEC2000, benchmarks
  benchmark perl, **144**
  especulação, 238–239
  taxa de falta compulsória, B-23
SPEC2006Cint, tempos de execução, **47**
SPEC89, benchmark, 41
  buffer de previsão de desvio, C-24–25, **C-25**
  previsores de torneio, 187
  taxa de precisões incorretas, **C-26**
  taxa de previsão incorreta, 187
SPEC92, benchmarks
  CPI, **C-64**
  stalls, C-61–62

SPEC95, benchmarks
endereço de retorno buffer, 232, **233**
retornos de procedimento, 232
SPEC, benchmark
benchmarks ativos, **44**
correlacionando previsores, 182
desempenho do servidor, 43–45
desempenho no desktop, 41–43, **42**
história do processador vetorial,
G-27–28
organização, 433–434
previsão de desvio estática, C-22,
**C-23**
primeiras medidas de desempenho, M-7
sistemas de armazenamento, D-20–21
SPECCPU2006, benchmark
caches sem bloqueio, 101–102
Intel Core i7 920/6700, **192**
máquina virtual, 121
SPEC CPU95, benchmark, endereço de
retorno buffer, 232, **233**
SPECCPUint2006, benchmark, ciclos de
clock por instrução, 256, **257**
SPECfp, benchmark
Intel Core i7, 253
Itanium 2, **H-43**
rede de interconexão, F-91–92
stalls, C-55, **C-56–57**
SPECfpRate benchmark
custo-desempenho, 440, **441**
ganho de velocidade, 440, **440**
SPEChpc96, benchmark, G-27–28
SPECInt2006, benchmark
ARM Cortex-A53, 132, **132–133**, 250
taxa de falta de cache de dados L1, **139**
SPECINT92, benchmark, caches sem
bloqueio, 101–102
SPECint95, benchmarks, F-92
SPECINT, benchmarks
Itanium 2, **H-43**
rede de interconexão, F-91–92
SPECintRate, benchmarks
custo-desempenho, 440, **441**
escalada de desempenho, 429–431, **431**
ganho de velocidade, 440, **440**
SPEC Mail, benchmark, D-20–21
SPECpower, benchmark, WSCs, 475–476
SPEC, processadores otimizados, *versus*
otimização por densidade, F-89
SPECRate, benchmark, 439
desempenho do servidor, 43
para benchmarks com uso intenso de
memória, 116, **116**
SPECRatios, 46–47
SPEC SFS, benchmarks, D-20
SPEC Web, benchmarks, D-20–21
Sperry-Rand, M-4–5
Spin locks, 414–416
sincronização de multiprocessador de
grande escala
backoff exponencial, **I-17**
sincronização de barreira, I-16

SPRAM, organização do Sony PlayStation 2
Emotion Engine, **E-18**
Sprowl, Bob, F-103
SRAM. *Ver* Static random-access memory
(SRAM)
SRT, divisão
aritmética de computador inicial, J-65
base histórica, J-63
comparação de chips, J-61
complicações, J-45–47
exemplo, **J-46**
inteiros, com somador, J-55–57
radix-4, J-56–57, **J-57**
Stall
benchmarks SPEC92, C-61–62
benchmarks SPECfp, C-55, **C-56–57**
ciclos
cálculo da taxa de perda, B-6
definição, B-3–4, B-6, **B-22**
desempenho do esquema de
desvio, C-21
execução fora de ordem, B-20
tempo médio de acesso à
memória, B-18
dependências de controle, 176
desempenho do pipelining com,
C-11–12
hazards de dados exigindo, C-16–17
minimização dos hazards de dados, **C-13**,
C-14–15
pipelines com latência mais longa,
C-49, **C-50**
RAW, C-49, **C-50**, C-51
Stall da escrita, B-11
Stalls do load, C-61, **C-64**
Stalls por desvio, C-61, **C-64**
Standard Performance Evaluation
Corporation (SPEC), 41
Static random-access memory (SRAM)
operações aritméticas e custo de
energia, **29**
pressões de preço, 34
processador de vetor, G-9–10, G-25
projeto de hierarquia de memória, 85
sistemas de memória de vetor, G-9–10
Sticky, bit, J-18
Store-and-forward, comutação de pacotes,
F-51
Store condicional
definição, 413–414
vantagem, 414, 416
Store disperso, 301–302
Store, instruções, C-5–6, 199. *Ver também*
Arquitetura do conjunto de
instruções load-store
Streaming SIMD Extensions (SSE), 305
Striping, D-51
arrays de disco, D-6
RAID, D-8
Strip mining, 180, 296, **297**
DAXPY sobre VMIPS, G-20–21
Sub-bloqueio, otimização de cache, 114

Subsistemas de E/S
projeto, D-59–61
protocolos de cópia zero, F-95
velocidade da rede de interconexão, F-92
*versus* NIC, F-95
Substituição aleatória, B-9–10, **B-10**
Substratos, 31
microprocessador Intel Core i7, **32**
rendimento, 33–34
RISC-V, **33**
sistemas embarcados, E-15
Sun Microsystems, B-38
Sun Microsystems Enterprise, M-60
Sun Microsystems Niagara (T1/T2), história
do multithreading, M-35
Sun Microsystems SPARC
aritmética de inteiros, J-11–12
história da sincronização, M-64–65
história do RISC, M-21
instruções condicionais, H-27
overflow de inteiros, **J-11**
Sun Microsystems SPARCCenter, M-60
Sun Microsystems SPARCstation-20, F-92
Sun Microsystems SPARCstation-2, F-92
Sun Microsystems SPARC V8, precisões de
ponto flutuante, J-33
Sun Microsystems SPARC VIS, suporte para
multimídia, **E-11**
Sun Microsystems UltraSPARC, M-63, M-74
Sun Microsystems UltraSPARC T1,
processador, **F-78**
Sun Modular Datacenter, M-76
SUN, servidores, 94
Sun Ultra 5, **47**
Supercomputadores, 10
clusters, **F-80**
redes de interconexão comercial, **F-37**
SAN, características, F-30–31
SIMD, desenvolvimento, M-45–46
topologia de rede direta, **F-37**
Supercomputadores Cray, aritmética de
computador inicial, J-63–64
Superpipelining, C-55
Suporte de paginação, 330
Sussenguth, Ed, M-29–30
Sutherland, Ivan, M-35
Swap, procedimento, VAX, K-57
alocação de registrador para, K-59
exemplo de código, K-59–60
preservação de registrador, K-60–61
procedimento completo, K-61
Switch com buffer central, F-56
Switch com buffer de saída, F-56, **F-58**, F-61,
**F-65**
Switch crossbar em buffer, F-66
Switch em buffer de entrada, F-56
Switch em buffer de entrada-saída, F-56,
**F-58**, **F-65**
Switches inteligentes *versus* placas de
interface inteligentes, F-90
Switching, F-21–22, F-44–56
Syllable, IA-64, H-35

Symmetric Multiprocessors (SMP), F-106
  características, **I-45**
  primeiros computadores de vetor, M-49
Synapse N+1, M-59-60
Synchronous dynamic random-access memory (SDRAM)
  capacidade e tempos de acesso, **88**
  IBM Blue Gene/L, I-42-43
  projeto de hierarquia de memória, 87-90
  redução do consumo de energia, 89-90
System-on-chip (SoC)
  câmera digital Sanyo VPC-SX500, E-19
  câmeras digitais Sanyo, **E-20**
  DSAs, 592-594
  interoperabilidade entre empresas, F-23
  sistemas embarcados, E-3
  telefone celular, E-24
  tendências de custo, 31
System/storage area networks (SANs)
  árvores gordas, F-34-35
  características, F-3
  gerenciamento de congestionamento, F-68-70
  InfiniBand, F-77-81
  interoperabilidade entre empresas, F-67-68
  largura de banda efetiva, F-19
  latência de pacote, **F-13**, F-14-16
  latência e largura de banda efetiva, F-29-30
  protocolos de comunicação, F-8
  relacionamento de domínio da rede de interconexão, F-4, **F-5**
  tempo de voo, F-14
  tolerância a falhas, F-71

# T

Tabela de página de sombra, 123
Tabela de página invertida, B-44-45
Tabelas de descritores, B-52
Tabelas de página
  AMD64, memória virtual paginada, B-55
  aninhadas, 146
  bloco da memória principal, B-44-45
  endereço virtual para endereço físico, **B-45**
  memória virtual segmentada, B-51-52
  processos de proteção, B-50
  sombra, 123
  tabelas de descritor como, B-52
  tamanho, B-47
Tabelas de página aninhadas, 146
Tag, 383
  cache de dados do AMD Opteron, B-13-14
  estratégia de escrita, B-10
  hierarquia de memória, 81
  registradores, **202**
  tradução de endereço rápida da memória virtual, B-46
Tailgating, G-20-21

Tamanho de cache, B-13
  cargas de trabalho científicas
    multiprocessadores de memória distribuída, **I-29-31**
    multiprocessadores simétricos de memória compartilhada, I-22-24, **I-24**
  taxa de falta *versus*, **B-24-25**, B-28, **B-33**, **B-37**
  virtualmente endereçados, **B-37**
Tamanho de página, B-56
  memória virtual, B-46-47
  seleção, B-46-47
  sistemas operacionais e, B-58
Tamanho do caminho de instrução, 52
Tamanho do grão, 370
Tamanho do recurso, 21
Tamanho fixo, 14
Tamanho variável, 14
Tandem Computers, D-13
  história do cluster, M-62, M-74, M-87
Target channel adapters (TCAs), F-90
Task-level parallelism (TLP), 10
Taxa de clock, 261, **261**
  avanços no microprocessador, M-35
Taxa de falha anual, 62
Taxa de falta
  caches L1, **402**
  caches L3, 397-399, **398**
  cargas de trabalho científicas
    multiprocessadores de memória distribuída, **I-29-31**
    multiprocessadores simétricos de memória compartilhada, I-22-24, **I-24**
  ciclos de clock de stall da memória, B-4
  dados, B-16
  desempenho de cache, B-16-17
  e tamanho da cache de dados, **402**
  e tamanho de cache, **B-24-25**, B-28, **B-33**, **B-37**
  exemplo do AMD Opteron, B-15
  exemplos de cálculo, B-6
  fórmula, B-16
  global, B-31
  hierarquia de memória, 81
  instrução, B-16
  local, B-31
  medição, B-4-5
  otimização de cache
    acesso por pipeline, 99-100
    avanço, **117**
    caches em múltiplos bancos, 99-100
    caches sem bloqueio, 100-104
    consumo de energia, **97**
    empacotamento HBM, 114-117
    faltas de cache, 112-113
    mesclagem do buffer de escrita, 105-106, **106**
    otimizações do compilador, 107-109
    palavra crítica primeiro, 104-105
    pré-busca controlada por compilador, 111-114

Taxa de falta *(Cont.)*
  pré-busca do hardware, 109-111
  previsão de via, 98-99
  programas de ponto flutuante, 101-102
  redução do tempo de acerto/energia, 95-98
  reinício antecipado, 104-105
  pré-busca controlada pelo compilador, 111-114
  pré-busca do hardware, 109-111
  primeiros computadores IBM, M-11
  reduzindo, 95
  reduzindo a associatividade mais alta, 83
  reduzindo blocos maiores, 82
  reduzindo caches maiores, 83
  tempo de acesso médio à memória, B-29-30, **B-30**
  total e distribuição, B-25
  unificada, B-16
Taxa de falta global, B-31
Taxa de falta local, B-31
Taxa de iniciação, 290
Taxa de previsão incorreta
  ARM Cortex-A53, **250**
  benchmark SPEC89, **C-26**
  buffers de previsão de desvio, **C-25**
  previsão de desvio estática, C-22, **C-23**
  previsor baseado em perfil, **C-23**
  previsores híbridos marcados *versus* gshare, **190**
  SPEC89 *versus* tamanho do previsor, **187**
TB-80 VME, rack, **D-38**, D-41
Técnica de arquivo de histórico, C-54
Técnica de pistas múltiplas
  arquitetura de vetor, 293-294, **294**
  desempenho de vetor, G-7-9
Técnicas de escalonamento local, 219-220
Técnicas de ocultação da latência, 418
Técnicas do compilador
  análise de dependência, H-7-8
  Cray X1, G-21-22
  escalonamento global do código, H-17-18
  matrizes vetoriais dispersas, G-12
  vetorização, G-12-14
Tecnologia de computador, melhorias, 2-6
Tecnologia de disco magnético, 19
Tecnologia de rede, 20
  computadores pessoais, F-2
Tecnologia de software
  interfaces de rede, F-7-8
  multiprocessador de grande escala, I-6
  sincronização, I-17-18
Telefones celulares
  desafios da comunicação sem fio, **E-21**
  diagrama de blocos, **E-23**
  estudo de caso do sistema embarcado
    características, E-22-24
    padrões e evolução, E-25
    placa de circuito Nokia, **E-24**
    receptor de rádio, **E-23**
    redes sem fio, E-21-22
    visão geral, E-20

Telefones celulares *(Cont.)*
  memória Flash, D-3–4
  placa de circuito Nokia, **E-24**
  redes sem fio, E-21–22
Tempo compartilhado, B-49–50
Tempo de acerto, B-15–16
  caches de primeiro nível, 95–98
  latência, **115**
  previsão de via, 98–99
  projeto de hierarquia de memória, 82
  redução B-36–40
  reduzindo, 94
  tradução de endereço, 83
Tempo de acesso. *Ver também* Average
    memory access time (AMAT)
  causas de atraso, B-3, **B-3**
  DRAM/disco magnético, **D-3**
  DSM, 372–373
  projeto de hierarquia de memória, 85
  SMPs, 371
Tempo de acomodação, D-46
Tempo de busca, discos de armazenamento,
    D-45–46, **D-46**
Tempo de ciclo de clock, 53
  desempenho de cache, B-3
  desempenho de pipeline, C-11
  e associatividade, B-29–30
  implementação RISC, **C-30**
  otimização de cache, B-19–20
  pipelining, C-3
  redes de mídia compartilhada *versus*
    comutada, F-25
Tempo de ciclo. *Ver também* Tempo de ciclo
    de clock
  cálculo de CPI, 375–376
  projeto da hierarquia de memória, 85
Tempo decorrido, 39
Tempo de entrada, transações, D-16, **D-17**
Tempo de execução, 39
  carga de trabalho "make" paralela
    multiprogramada, **400**
  componentes, 400
  desempenho da cache, B-3
  desempenho do pipelining, C-3, C-8–10
  e tempo de stall, B-21
  faltas da aplicação/SO, **B-59**
  lei de Amdahl, 50
  multiprocessador, 438
  tamanho da cache de segundo nível,
    B-32, **B-34**
  tamanho do vetor, **G-7**
  unidade central de processamento,
    B-3, B-5, B-22
Tempo de início
  arquiteturas de vetor, G-4, **G-4**, **G-8**
  comboios de vetores, **G-4**
  DAXPY sobre VMIPS, G-20–21
  definição, 292
  desempenho de vetor, G-2–4, G-16
  processador de vetor, G-7–9, G-25
  seleção do tamanho de página, B-47
  VMIPS, **G-5**

Tempo de ocupação do banco, sistemas de
    memória vetorial, G-9
Tempo de pensamento, D-16
Tempo de recuo, redes de mídia
    compartilhada, F-103
Tempo de recuperação, processador
    vetorial, G-8
Tempo de resposta do sistema, D-16
Tempo de resposta. *Ver também* Latência
  aplicações de DNN, 596–600
  benchmarks de E/S, **D-18**
  definição, 20, 39
  modelo produtor-servidor, **D-16**
  *versus* throughput, D-16–18, **D-17**
Tempo de transmissão, F-14
  latência de comunicação, I-3
Tempo de voo
  latência de comunicação, I-3
  redes de interconexão, F-14
Tempo e custo, 30–31
Tempo médio aritmético ponderado, D-27
Tempo médio de execução de instrução, M-6
Tempo morto, pipeline de vetores, G-8, **G-8**
Tempo real flexível, 7–8
  definição, E-3–4
Temporização, independência, M-18
Tempos entre chegadas, D-30
Tendências da tecnologia
  escalada de desempenho do transistor e
    fios, 21–23
  largura de banda sobre latência, 20
  tecnologias de implementação, 19–20
Tendências no clock, C-8–10
Tendências no custo
  circuito integrado, 31–35
  manufatura *versus* operação, 36
  projetos sensíveis ao custo, 29
  tempo, volume e comoditização, 30–31
  *versus* preço, 35
Tensor processing unit (TPU)
  arquitetura, 557–558
  arquitetura do conjunto de instruções, 559
  diagrama de blocos, **558**
  diretrizes, 566–567
  estudo de caso, 606–617
  fatores limitando, **598**
  implementação, 560–563
  melhorando, 564–566
  microarquitetura, 559–560
  origem, 557
  placa de circuito impresso, **563**
  software, 563
  substrato, **562**
  TensorFlow, programa, **564**
Teoria do enfileiramento, D-23–34
TERA, processador, M-35
Término de evento, exceção, C-40
Término fora de ordem
  definição, C-53
  pipelines de escalonamento dinâmico,
    C-66
Tertiary Disk, projeto, D-12–13

Tertiary Disk, projeto da Berkeley
  falhas dos componentes, **D-12**
  log do sistema, **D-43**
  visão geral, D-12–13
Tesla, M-52
Teste e configure, operação, sincronização, 413
Texas Instruments, 8847
  arranjo físico de chip, **J-59–60**
  comparação de chips, **J-58**
  funções aritméticas, J-57–62
Texas Instruments ASC, primeiros
    computadores de vetor, M-47
TFLOPS, debates sobre processamento
    paralelo, M-58
Thacker, Chuck, F-103
Thermal design power (TDP), 24
Thin-Film Transistor (TFT), câmera digital
    Sanyo VPC-SX500, E-19
Thinking Machines, M-46, M-56, M-87
Thinking Multiprocessors CM-5, M-60–61
Thrash, B-25–26
Thread Block, 311, 315
Thread Block Scheduler, 315, **316**
Thread de instruções SIMD
  escalonamento, **319**
  programação da GPU, 315–317, **316**
Thread-level parallelism (TLP), 5, 10–11, 369
  arquitetura do multiprocessador, 370–373
  coerência de cache baseada em
    diretório, 380
  consistência de memória, 379, 417–422
    especulação para ocultar latência,
      422–423
    estudo de caso, 456–458
    modelos de consistência relaxados,
      419–422, **421**
    otimização do compilador, 422
    visão do programador, 418–419
  definição, 242
  desafios de processamento paralelo,
    373–377
  memória compartilhada distribuída, 371,
    373
    arquitetura, **373**
    coerência de cache baseada em
      diretório, 404–412, **405**
    desvantagens, 372–373
    tempo de acesso, 372–373
  multiprocessador centralizado de
    memória compartilhada, 371, 377
    esquemas básicos para impor a
      coerência, 379–380
    estrutura, **372**
    extensões para protocolo de coerência,
      388
    protocolo de coerência de cache,
      377–379, **378**, 383–387, **384**
    protocolos de coerência de snooping,
      380–381, **381**, 392–393
    SMP e limitações do snooping,
      389–392
    técnicas de implementação, 382–383

Thread-level parallelism (TLP) *(Cont.)*
  processador multicore, 369, 371–372, 382, 387, 408
    arquitetura, **430**
    coerência, 387
    desempenho, 426–437, **432**
    desenvolvimento, 404
    DSM, **373**, **405**, **452**
    escalabilidade no Xeon E7 com diferentes cargas de trabalho, 433–434
    escalada, **432**, 442–444
    e SMT, 436–437
    Intel i7 920, desempenho e eficiência energética, 434–437
    na carga de trabalho multiprogramada, 426–432
    técnicas, 389
    único chip, 382, **391**, 446–451
  processador multicore de único chip, 446–451
  sincronização, 412
    bloqueios usando coerência, 414–417, **416**
    primitivas de hardware, 412–414
  sistemas embarcados, E-15
  *versus* multithreading, M-36
Throughput, 20, 39. *Ver também* Largura de banda
  aplicações DNN, 596–600
  armazenamento de disco, **D-4**
  comparação de roteamento, **F-54**
  definição, C-3, F-13
  kernel de computação, 350, 351
  modelo produtor-servidor, D-15–16, **D-16**
  uniprocessador, 242–247
  *versus* tempo de resposta, D-16–18
Thumb-2, K-3
  codificações de registrador, **K-7**
  instruções de 16 bits, **K-7**, **K-10**
Tilera TILE-Gx, processadores, OCNs, F-3
Time division multiple access (TDMA), telefones celulares, E-25
Tipagem dinâmica de registrador, 287
Tipos de dados, análise de dependência, H-10
TI TMS320C55 DSP
  arquitetura, E-7
  características, E-7–8
  operandos de dados, E-6
TI TMS320C6x DSP
  arquitetura, **E-9**
  características, E-8–10
  pacote de instruções, **E-10**
TLB. *Ver* Translation lookaside buffer (TLB)
TLP. *Ver* Thread-level parallelism (TLP)
Tolerância a defeitos, 67–68
Tolerância a falhas, F-70–72, F-98
  benchmarks de confiabilidade, D-21
  RAID, **D-7**
TOP500, M-59
Top of Rack (ToR), switch, 477–478
Topologia de Beneš, F-33, **F-34**

Topologia de grid, F-36–38
Topologia de *N* cubos, F-36–38
Topologia em malha, F-74
Topologia, F-21–22, F-30–44
Topologia totalmente conectada, F-35–36, **F-35–36**
Torres de resfriamento, 508
Total cost of ownership (TCO), 577
  alocação de recursos, 521–522
  DSAs, 600–601, **601**
  estudo de caso, 519–521
Total store ordering (TSO), 420, **421**
Toy, programas, 40
TPC-C, benchmarking do sistema de arquivos, D-18–20
TPC-C, benchmarks
  definição, 44, 439
  ganho de velocidade, 440, **440**
TPU. *Ver* Tensor Processing Unit (TPU)
Tradução de endereço, B-42
  durante a indexação, B-36–40, 83
  memória virtual, B-46, **B-47**, 120
  memória virtual paginada do AMD64, B-55
  TLB de dados do Opteron, **B-47**
  translation lookaside buffers (TLBs), B-37, B-46, **B-47**
Trailer
  formato de pacote, **F-7**
  mensagens, F-6
Transaction Processing Council (TPC), 43–45
  visão geral dos benchmarks, D-18–20
Transaction-Processing (TP)
  benchmarks, desempenho do servidor, 43–44
  benchmarks do sistema de armazenamento, D-18–20
Transferências, A-16. *Ver também* Transferências de dados
Transferências de dados
  cálculos da taxa de falta de cache, B-16
  RISC-V, A-36
Transformações, DSP, E-5
Transformada de Fourier, DSP, E-5
Transformada discreta de cosseno, DSP, E-5
Transistor, escalada de desempenho, 21–23
Translation lookaside buffer (TLB)
  ARM Cortex-A53, 251–252
  criação do termo, M-9
  especulação, 237–238
  faltas, 346
  Opteron, **B-47**, B-56–57
  proteção da rede de interconexão, F-91
  tradução de endereço, B-37, B-46, **B-47**
Transmission Control Protocol/Internet Protocol (TCP/IP), F-86
  ATM, F-102–103
  cabeçalhos, **F-88**
  dependência do, F-99
  interligação de redes, F-85–89
  WAN, F-102

Transmission Control Protocol (TCP), gerenciamento de congestionamento, F-69
Transputer, F-105
Tratamento de erros, redes de interconexão, F-9–12
Trellis, códigos, definição, E-6–7
Tripés sobrepostos, multiplicação de inteiros, J-49
TRIPS Edge, processador, F-67
Troca atômica, 413
Troca com embaralhamento perfeito, F-32
Troca de contexto, B-49, 119
Troca de processo
  definição, **B-37**, B-49
  memória virtual, B-49, 119
Trocas
  cálculos do nó de interconexão, **F-32–33**
  contexto, B-49
  instruções, A-17
  LANs e WANs iniciais, F-29
  redes de mídia comutada, F-24–25
  sistemas de armazenamento, D-34
  troca de processo, B-49
  *versus* NIC, **F-90**
Trunks de dados, C-70
TSMC, Stratton, F-3
TSO. *Ver* Total store ordering (TSO)
TSS, sistema operacional, M-9
Turing, Alan, M-4, M-20
Turn Model, algoritmo de roteamento, F-48
TX-2, M-35, M-50

# U
Ultrix, reinicializações do DECstation 5000, **F-73**
UMA. *Ver* Uniform Memory Access (UMA)
Underflow
  aritmética de ponto flutuante, J-36–37, J-62
  gradual, J-15, J-36
Unicasting, redes de mídia compartilhada, F-24
Unidade de multiplicação de matrizes, 557–558, 558, 562
Unidade de store
  definição, 285
  largura de banda para, 298–299
Unidade de transferência máxima, interfaces de rede, F-8
Unidades autônomas de busca de instrução, 127
Unidades físicas de transferência (phits), F-64
Unidades funcionais de vetor, 285
Unidades lógicas, sistemas de armazenamento, D-34
Uniform memory access (UMA), 371
Uninterruptible power supply (UPS), 504
Uniprocessador, 377–378
  mecanismo de coerência de cache, **384**, 386
  throughput, 242–247

UNIVAC I, M-5, M-17
UNIX, sistemas, B-38
  carga de trabalho, 399
  comparação de distância de busca, **D-47**
  estatísticas de falta, **B-59**
  história do processador vetorial, G-26
  resto de ponto flutuante, J-32
  servidores de bloco *versus* arquivadores, D-34
Unshielded twisted pair (UTP), F-104
Up*/down*, roteamento, F-49
USB, Sony PlayStation 2 Emotion Engine, estudo de caso, E-15
User Space Driver, 563
Utilização
  cálculos do sistema de E/S, D-26
  do servidor, D-25, D-28–29
  teoria do enfileiramento, D-25

# V

Valores especiais em ponto flutuante, J-14–15, **J-16**
VAPI, InfiniBand, F-81
Variáveis aleatórias, distribuição, D-26–34
Variáveis, distribuição aleatória, D-26–34
VAX, arquitetura
  classificação, K-62–65
  codificação de instruções, K-54–55
  falácias e armadilhas, K-65–67
  operações, K-56–57
  operandos e modos de endereçamento, K-51–54
  swap, K-59–61
Vector-length register (VLR), 294–296
  desempenho, G-4–5
Velocidade de transmissão, rede de interconexão desempenho, F-13
Verificação de limites, B-52
Verificação de tag
  estratégia de escrita, B-10
  pipeline MIPS R4000, C-58–59
Very-large-scale integration (VLSI)
  aritmética de computador inicial, J-63
  árvore de Wallace, J-52–53
  história do RISC, M-21
  topologia da rede de interconexão, F-30
Very long instruction word (VLIW)
  abordagem EPIC, M-33
  conjunto de instruções, 587, **587**
  história do compilador, M-32
  história do multithreading, M-36
  IA-64, H-33
  processadores de despacho múltiplo, 218–222, **220**, **271**
  processadores de despacho múltiplo, M-30
  TI, 320C6x DSP, E-8–10
Vetor de índice, 301–302
VGA, controlador, M-51
VI, interface, M-63, M-74
Virtual channels (VCs), F-47–48
  bloqueio HOL, **F-60**
  comutação, F-52

Virtual channels (VCs) *(Cont.)*
  e throughput, F-97
  pipelining de microarquitetura de switch, F-66
  redes de área do sistema, F-105–106
Virtual Instruction Set Architecture (VISA), 587–588
Virtualização
  instrução Intel 80x86, **145**
  projeto de hierarquia de memória, 126–127
Virtual Machine Control State (VMCS), 146
Virtual Machine Monitor (VMM), 121
  armadilha, 145
  atitude laissez faire, 145
  extensão do conjunto de instruções, 124–125
  requisitos, 122
  Xen, máquina virtual, 126
Virtual output queues (VOQs), F-60–61
VLIW. *Ver* Very long instruction word (VLIW)
VLR. *Ver* Vector-length register (VLR)
VLSI. *Ver* Very-large scale integration (VLSI)
VME, rack, D-37–38, **D-38**
VMIPS
  DAXPY, G-18–21
  desempenho DAXPY melhorado, G-19–21
  desempenho de pico sobre DAXPY, G-17
  desempenho, G-4
    sobre Linpack, G-17–19
  matrizes dispersas, G-13
  medidas de desempenho de vetor, G-16
  penalidades da partida, **G-5**
  tempo de execução de vetor, G-6–7
Voltage regulator controller (VRC), F-74
Volume e custo, 30–31
Volumes físicos, D-35
Volumes lógicos, D-34
Von Neumann, computador, M-2–3
Von Neumann, John, M-2–5
Voodoo2, M-51

# W

Wafer
  definição, 31
  rendimento, 34
  substratos RISC-V, **33**
Wallace, árvore
  base histórica, J-63
  exemplo, J-52–53, **J-53**
Warehouse-scale computer (WSC), 4–5, 9–10, 369–370, 466
  alocação de recursos, 521–522
  armazenamento, 478
  arquitetura do computador, 477–482
  atrasos de microssegundo, 517
  computação em nuvem
    AWS. *Ver* Amazon Web Services (AWS)
    economias de escala, 491
    falácia, 514
    vantagens, 490
  custo, 486–490

Warehouse-scale computer (WSC) *(Cont.)*
  custo-desempenho, 515, 517
  custo e potência do servidor, 519–521
  custos de capital, 516
  custo total de propriedade, 519–521
  desempenho, 514
  eficácia da utilização de energia, 483, **484**
  eficiência
    e custo, 482–490
    energia, 503
    medindo, 483–486
  estudo de caso, **487**
  evitando, 501–503
  Google
    distribuição de energia, 504–506
    racks, 509–510
    redes, 510–511
    refrigeração, 506–508
    servidores, 512–513
  hierarquia de memória, 479–482
  hierarquia de switches, **477**
  história do cluster, M-74–75
  latência média da memória, 480
  modelos de programação e cargas de trabalho, 471–476
  modos de baixa potência ativo *versus* inativo, 516
  oportunidades/problemas, 468
  rede de nível 3, **481**
  servidores de baixa potência, 519–521
  tendências no custo, 36
  tolerância a falhas, 516
WAR. *Ver* Write after read (WAR)
Warp, M-32
Wavelength division multiplexing (WDM), F-103
WAW. *Ver* Write after write (WAW)
WB, ciclo. *Ver* Write-back (WB), ciclo
WCET. *Ver* Worst-case execution time (WCET)
Weitek 3364
  arranjo físico de chips, **J-59–60**
  comparação de chips, **J-58**
  funções aritméticas, J-57–61
West, roteamento primeiro, F-48
Wet-bulb, temperatura, 508
Whirlwind, projeto, M-4
Wide area networks (WANs)
  ATM, F-4
  características, F-4
  comutação, F-51
  InfiniBand, F-77–78
  interoperabilidade entre empresas, F-68
  largura de banda efetiva, F-19
  latência de pacotes, **F-13**, F-14–16
  latência e largura de banda efetiva, **F-27–29**
  mecanismos offload, F-8
  relação de domínio da rede de interconexão, F-4, **F-5**
  tempo de voo, F-14
  tolerância a falhas, F-71–73
  visão geral histórica, F-102–103
Wilkes, Maurice, M-3

Winchester, projeto de disco, M-86
Wormhole, comutação, F-52, F-97, F-105
Worst-case execution time (WCET), E-4
Write after read (WAR)
    algoritmo de Tomasulo, 195, 207
    escalonamento dinâmico, 193
    hazard, C-12, C-69
    ordem do programa, 174
    processadores de despacho múltiplo, M-30
    renomeação de registrador, 196
    TI TMS320C55 DSP, E-8
Write after write (WAW), C-12
    algoritmo de Tomasulo, 195
    escalonamento dinâmico, 193
    ordem do programa, 173
    pipelines de latência mais longa, C-49, C-51
    processadores de despacho múltiplo, M-30
    renomeação de registrador, 196
    verificação, C-52
Write-back, cache, B-11–12
    coerência de snooping, 380–384, **381**
    hierarquia de memória, 81

Write-back, cache (*Cont.*)
    protocolo de coerência de cache, 385, **385**
    protocolo de coerência de cache baseado
      em diretório, 411
    uniprocessador, 386
Write-back (WB), ciclo
    conjunto de instruções RISC, C-5, **C-6**
    controle de pipeline RISC, C-35, **C-36**
    exceção RISC, C-43
    implementação RISC simples, C-29
    minimização de stall em hazards de
      dados, C-13–14
    operações de ponto flutuante com
      múltiplos ciclos, C-52
    pipeline MIPS R4000, C-58–59
    pipeline RISC, C-33
    pipeline RISC clássico, C-8
Write-through, cache, B-11–12
    hierarquia de memória, 81
    protocolo de coerência, **378**, 382–384
    tempo médio de acesso à memória,
      B-16–17

# X

XALANCBMK, benchmarks, 138
XBox, M-51–52
Xen, máquina virtual, 126
Xeon E7, 389, 426–429
    desempenho, 431, **432**
    escalabilidade, 433–434, **434**
    organizações no chip, **428**
    QuickPath Interconnect, 429
    recurso, **427**
Xerox Palo Alto Research Center,
    F-103
XIMD, arquitetura, M-36
Xon/Xoff, redes de interconexão, F-10–11,
    F-18

# Z

Z-80, microcontrolador de telefones
    celulares, E 24
Zero, latência de load, F-75
Zuse, Konrad, M-4–5

## FÓRMULAS DE ARQUITETURA DE COMPUTADORES

1. *Tempo de CPU* = Contador de instrução $\times$ Ciclos de clock por instrução $\times$ Tempo do ciclo de clock
2. X é $n$ vezes mais rápido que Y: $n$ = Tempo de execução$_Y$ / Tempo de execução$_X$ = Desempenho$_X$/Desempenho$_Y$

3. *Lei de Amdahl:* $\text{Ganho de velocidade}_{geral} = \dfrac{\text{Tempo de execução}_{antigo}}{\text{Tempo de execução}_{novo}} = \dfrac{1}{(1 - \text{Fração}_{melhorada}) + \dfrac{\text{Fração}_{melhorada}}{\text{Ganho de velocidade}_{melhorada}}}$

4. *Energia*$_{dinâmica}$ $\propto$ $1/2 \times$ Carga capacitiva $\times$ Tensão$^2$
5. *Potência*$_{dinâmica}$ $\propto$ $1/2 \times$ Carga capacitiva $\times$ Tensão$^2$ $\times$ Frequência comutada
6. *Potência*$_{estática}$ $\propto$ Corrente$_{estática}$ $\times$ Tensão
7. *Disponibilidade* = Tempo médio para falha / (Tempo médio para falha + Tempo médio para reparo)
8. *Rendimento do die* = Rendimento do wafer $\times$ $1/(1 +$ Defeitos por unidade de área $\times$ Área do die$)^N$
   onde o rendimento do wafer considera que os wafers são tão ruins que não precisam ser testados e $N$ é um parâmetro chamado fator de complexidade do processo, uma medida da dificuldade de manufatura. $N$ variava de 11,5 a 15,5 em 2011.
9. *Médias — aritmética (MA), aritmética ponderada (MAP) e geométrica (MG):*

$$\text{MA} = \frac{1}{n}\sum_{i=1}^{n}\text{Tempo}_i \quad \text{MAP} = \sum_{i=1}^{n}\text{Peso}_i \times \text{Tempo}_i \quad \text{MG} = \sqrt[n]{\prod_{i-1}^{n}\text{Tempo}_i}$$

   onde Tempo$_i$ é o tempo de execução para o $_i$-ésimo programa de um total de $n$ na carga de trabalho, Peso$_i$ é o peso do $_i$-ésimo programa na carga de trabalho.
10. *Tempo médio de acesso à mensagem* = Tempo de acerto + Taxa de perda $\times$ Penalidade de perda
11. *Perdas por instrução* = Taxa de perda $\times$ Acesso à memória por instrução
12. *Tamanho do índice de cache:* $2^{índice}$ = Tamanho da cache/(Tamanho do bloco $\times$ Associatividade em conjunto)
13. *Eficiência da Utilização de Potência (EUP) de um Computador em Escala*

$$\text{Warehouse} = \frac{\text{Potência Total da Instalação}}{\text{Potência do Equipamento de TI}}$$

## REGRAS PRÁTICAS

1. *Regra de Amdahl/Caso:* Um sistema de computação balanceado precisa de aproximadamente 1 MB de capacidade da memória principal e 1 megabit por segundo de largura de banda de E/S por MIPS de desempenho da CPU.
2. *Regra da localidade 90/10:* Um programa executa cerca de 90% de suas instruções em 10% de seu código.
3. *Regra da linguagem:* A largura de banda aumenta em pelo menos o quadrado da melhoria na latência.
4. *Regra da cache 2:1:* A taxa de perda de uma cache mapeada diretamente com tamanho $N$ é aproximadamente a mesma que uma cache associativa em conjunto em duas vias com tamanho $N/2$.
5. *Regra da confiabilidade:* Projete sem um ponto de falha isolado.
6. *Regra do Watt por ano:* O custo totalmente sobrecarregado de um Watt por ano em um Computador em Escala Warehouse na América do Norte em 2011, incluindo o custo da amortização de infraestrutura de energia e resfriamento, é cerca de US$ 2.

# Tradução entre termos de GPU usados no livro e termos NVIDIA e OpenCL oficiais

| Tipo | Nome mais descritivo usado neste livro | Termo oficial CUDA/NVIDIA | Definição do livro e termos OpenCL | Definição CUDA/NVIDIA oficial |
|---|---|---|---|---|
| **Abstrações de programa** | Loop vetorizável | Grid | Loop vetorizável, executado na GPU, composto de um ou mais blocos de threads (corpos de loop vetorizado) que podem ser executados em paralelo. O nome OpenCL é "intervalo de índice". | Um Grid é um array de Blocos de Threads que podem ser executados simultaneamente, sequencialmente ou de ambas as formas. |
| | Corpo do loop vetorizado | Bloco de threads | Loop vetorizado executado em um "multiprocessador streaming" (processador SIMD multithreaded), composto de um ou mais "Warps" (ou threads de instruções SIMD). Esses "Warps" (threads SIMD) podem se comunicar através da "Memória Compartilhada" (memória local). OpenCL chama um bloco de threads de "grupo de trabalho". | Um Bloco de Threads é um array de threads CUDA que são executados simultaneamente juntos e podem cooperar e se comunicar por meio da Memória Compartilhada e pela sincronização de barreira. Um Bloco de Threads tem um ID de Bloco de Threads dentro do seu Grid. |
| | Sequência de operações de pista SIMD | Thread CUDA | Corte vertical de um "Warp" (ou thread de instruções SIMD) correspondendo a um elemento executado por um "Processador de threads" (ou pista SIMD). O resultado é armazenado de acordo com a máscara. OpenCL chama um thread CUDA de "item de trabalho". | Um Thread CUDA é um thread leve, que executa um programa sequencial e pode cooperar com outros threads CUDA executando no mesmo Bloco de Threads. Um thread CUDA possui um ID de thread dentro do seu Bloco de Threads. |
| **Objeto de máquina** | Thread de instruções SIMD | Warp | Um thread tradicional, mas contém somente instruções SIMD que são executadas em um "Multiprocessador Streaming" (processador SIMD multithreaded). Resultados armazenados dependendo de uma máscara por elemento. | Um Warp é um conjunto de Threads CUDA paralelos (por exemplo, 32) que executam a mesma instrução em conjunto em um processador SIMT/SIMD multithreaded. |
| | Instrução SIMD | Instrução PTX | Uma única instrução SIMD executada através dos "Processadores de Threads" (pistas SIMD). | Uma instrução PTX especifica uma instrução executada por um Thread CUDA. |
| **Hardware de processamento** | Processador SIMD multithread | Multiprocessador streaming | Processador SIMD multithreaded executa "Warps" (thread de instruções SIMD), independentemente de outros processadores SIMD. OpenCL chama de "Unidade de Computação". No entanto, o programador CUDA escreve programa para uma pista e não para um "vetor" de múltiplas pistas SIMD. | Um Multiprocessador Streming (SM) é um processador SIMT/SIMD multithreaded que executa Warps de Threads CUDA. Um programa SIMT especifica a execução de um thread CUDA, em vez de um vetor de múltiplas pistas SIMD. |
| | Escalonador de blocos de threads | Giga Thread Engine | Designa múltiplos "Blocos de Threads" (ou corpos de loops vetorizados) a "Multiprocessadores Streaming" (processadores SIMD multithreaded). | Distribui e escalona Blocos de Threads de um Grid para Multiprocessadores Streaming à medida que os recursos se tornam disponíveis. |
| | Escalonador de threads SIMD | Escalonador de warps | Unidade de hardware que escalona e despacha "Warps" (threads de instruções SIMD) quando estiverem prontos para executar; inclui um scoreboard para rastrear a execução do "Warp" (thread SIMD). | Um Escalonador de Warp em um Multiprocessador Streaming escalona Warps para execução quando sua próxima instrução estiver pronta para executar. |
| | Pista SIMD | Processador de threads | Uma pista SIMD do hardware que executa as operações em um "Warp" (thread de instruções SIMD) sobre um único elemento. Os resultados são armazenados de acordo com a máscara. OpenCL o chama de "Elemento de Processamento". | Um Processador de threads é um datapath e parte do banco de registradores de um Multiprocessador Streaming que executa operações para uma ou mais pistas de um Warp. |
| **Hardware de memória** | Memória da GPU | Memória global | Memória DRAM acessível por todos os "Multiprocessadores Streaming" (ou processadores SIMD multithreaded) em uma GPU. OpenCL a chama de "Memória Global". | A Memória Global é acessível por todos os Threads CUDA em qualquer Bloco de Threads em qualquer Grid. Implementada como uma região da DRAM, e pode ser mantida em cache. |
| | Memória privativa | Memória local | Parte da memória DRAM privativa a cada "Processador de Threads" (pista SIMD). OpenCL a chama de "Memória Privativa". | A memória privativa "local ao thread" para um Thread CUDA. Implementada como uma região da DRAM em cache. |
| | Memória local | Memória compartilhada | SRAM local rápida para um "Multiprocessador Streaming" (processador SIMD multithreaded), indisponível para outros Multiprocessadores Streaming. OpenCL a chama de "Memória Local". | Memória SRAM rápida, compartilhada pelos Threads CUDA e composta de um Bloco de Threads, e privativa a esse Bloco de Threads. Usada para a comunicação entre Threads CUDA em um Bloco de Threads nos pontos de sincronização de barreira. |
| | Registradores de pista SIMD | Registradores | Registradores em um único "Processador de Threads" (pista SIMD) alocado através de todo um "Bloco de Threads" (ou corpo de loop vetorizado). | Registradores privativos para um Thread CUDA. Implementados como banco de registradores multithreaded para certas pistas de vários warps para cada processador de threads. |

# Subconjunto de instruções RV64G

| Mnemônico | Função |
|---|---|
| *Transferência de dados* | *Mover dados de/para GPRs e FPRs* |
| lb, lbu, lh, lhu, lw, lwu | Carregar byte, meia word ou word para parte inferior do GPR com/sem extensão de sinal |
| ld, sd | Carregar ou armazenar uma dupla word no GPR |
| sb, sh, sw | Armazenar um byte, meia word ou word da parte mais baixa do GPR para a memória |
| fld, flw, fsd, fsw | Carregar ou armazenar uma dupla word ou word de/para os FPRs |
| *Operações com a ALU* | *Operações com a ALU registrador-registrador e registrador imediato* |
| add, addi, addw, addiw | Somar, somar imediato, somar word ou somar word imediata. A versão para word afeta os 32 bits inferiores. |
| and, andi, or, ori, xor, xori | AND, AND imediato ou OR imediato, OR exclusivo, OR exclusivo imediato |
| auipc | Somar imediato superior ao PC; coloca a soma de um imediato deslocado e o PC em um registrador |
| lui | Carregar um valor imediato para a parte superior de uma word. |
| mul, mulw, mulh, mulhsu, mulhu | Multiplicar, multiplicar word, multiplicar meia word, multiplicar metade superior, sinalizada e não sinalizada. A versão para word afeta os 32 bits inferiores. |
| div, diw, divu | Dividir, dividir word, dividir sem sinal. |
| rem, remw, remu, remuw | Resto, resto de word, resto sem sinal. |
| sll, slli, srl, srli, sra, srai | Deslocar lógico à esquerda/direita, aritmético à direita, imediato e com quantidade de deslocamento em um GPR. |
| sllw, sllwi, srlw, srlwi, sraw, sraiw | Definir menor que: se o primeiro operando for menor que o segundo, definir destino em 1, senão, 0; forma imediata e com sinal/sem sinal. |
| sub, subi, subw, subwi | Subtrair, subtrair imediato. A versão para word afeta os 32 bits inferiores. |
| *Transferência de controle* | *Desvios, saltos, chamadas de procedimento* |
| beq, bge, bgeu, blt, bltu, bne | Comparar dois registradores; se a condição for verdadeira, desvia para PC + deslocamento |
| jal, jalr | Saltar, saltar para conteúdo do registrador. O endereço da próxima instrução é salvo no registrador designado. Salto incondicional sem link definindo o registrador de destino como x0. |
| *Operações de ponto flutuante* | *Operação de instruções de ponto flutuante dos FPRs* |
| fadd.*, fsub.*, fmul.*, fdiv.*, fsrt.* | Somar, subtrair, multiplicar, dividir e calcular raiz quadrada em PF; versões para precisão simples (.s) e dupla (.d). |
| fmadd.*, fmsub.*, fmnadd.*, fmnsub.* | Multiplicar-somar, multiplicar-subtrair, negar multiplicar-somar, negar multiplicar-subtrair; versões para precisão simples (.s) e dupla (.d). |
| fsgnj.*, sgnjn.*, fsgnjx.* | Copiar sinal, inverter sinal, ou XOR do sinal com primeiro operando; versões para precisão simples (.s) e dupla (.d). |
| fmin.*, fmax.* | Mínimo e máximo de dois valores; versões para precisão simples (.s) e dupla (.d). |
| feq.*, flt.*, fle.* | Comparar em ponto flutuante; versões para precisão simples (.s) e dupla (.d). |
| fclass.* | Classificar tipo de valor de PF; versões para precisão simples (.s) e dupla (.d). |
| fmv.*.x, fmv.x.* | Mover de/para GPRs; versões para precisão simples (.s) e dupla (.d). |
| fcvt.d.s, fcvt.s.d | Converter de precisão simples para dupla ou vice-versa. |
| fcvt.*.w, fcvt.*.wu, fcvt.*.i, fct.*.lu | Converter de word ou dupla word, com ou sem sinal, para precisão dupla ou simples. |
| fcvt.w.*, fcvt.wu.*, fcvt.i.*, fcvt.lu.* | Converter para word ou dupla word, com ou sem sinal. |

Este livro foi impresso nas oficinas gráficas da Editora Vozes Ltda.,
Rua Frei Luís, 100 – Petrópolis, RJ.